Lernfeld Bautechnik
Grundstufe

Von
Dipl.-Ing. Balder Batran
Dipl.-Ing. Herbert Bläsi
Dipl.-Gwl. Volker Frey
Dipl.-Ing. Gerd Hillberger
Gwl. Klaus Hühn
Dr. rer. nat. Klaus Köhler
Dipl.-Gwl. Eduard Kraus
Dipl.-Gwl. Günter Rothacher
Dipl.-Ing. Architekt Kai-Michael Stumm

15., überarbeitete Auflage

Mit vielen Versuchen, Beispielen, projektbezogenen und handlungsorientierten Aufgaben sowie zahlreichen mehrfarbigen Abbildungen.

HANDWERK UND TECHNIK – HAMBURG

ISBN 978-3-582-52634-2 Best.-Nr. 3520

Die Normblattangaben werden wiedergegeben mit Erlaubnis des DIN Deutsches Institut für Normung e.V. Maßgebend für das Anwenden der Norm ist deren Fassung mit dem neuesten Ausgabedatum, die bei der Beuth Verlag GmbH, Burggrafenstraße 6, 10787 Berlin, erhältlich ist.

Verlag Handwerk und Technik GmbH, Lademannbogen 135, 22339 Hamburg; Postfach 630500, 22331 Hamburg – 2019
E-Mail: info@handwerk-technik.de – Internet: www.handwerk-technik.de

Satz: CMS – Cross Media Solutions GmbH, 97082 Würzburg
Druck und Bindung: Mohn Media, 33311 Gütersloh

VORWORT

Die aktuellen Rahmenlehrpläne des Bundes orientieren sich an **beruflichen Handlungsabläufen**, um die **Ganzheitlichkeit** der Lernprozesse zu fördern. Selbstständiges und verantwortungsbewusstes Denken und Handeln sowie der Erwerb von Sozial- und Methodenkompetenz stehen im Vordergrund.

Das vorliegende Werk folgt diesen Intentionen und ist dem Rahmenlehrplan entsprechend nach **Lernfeldern** strukturiert. Die Lehrplanverfasser geben keine bestimmten Methoden vor, die aufgeführten Ziele sind aber eindeutig auf die Entwicklung von **Handlungskompetenz** gerichtet. Deshalb wird im vorliegenden Buch handlungsorientierten Betrachtungsweisen und Aufgabenstellungen Vorrang gegeben. Dies wird auch durch das den Lernfeldern vorangestellte **Projekt** erreicht, auf das stets Bezug genommen wird.

Im Hinblick auf unterschiedliche Vorkenntnisse und im Sinne des Erwerbs von **Methodenkompetenz** dienen die **Ergänzenden Informationen** der Vertiefung, Erweiterung und erforderlichenfalls Wiederholung. Sie können je nach Bedarf eingesetzt werden. Damit sind alle lehrplan- und prüfungsrelevanten Inhalte und Ziele der Grundstufe abgedeckt.

Bei der Gestaltung wurde auf Bewährtes zurückgegriffen. Besondere Sorgfalt wurde der **Veranschaulichung** gewidmet. Die erläuternden Abbildungen sind jeweils neben dem zugehörigen Text angeordnet. Dadurch wird größere **Schülernähe** erreicht. Die zusätzliche **Strukturierung der Inhalte** durch entsprechende Farbgebung, die unter didaktischen und methodischen Gesichtspunkten entwickelten farbigen **Abbildungen** und die zahlreichen **aktuellen farbigen Fotos** steigern die **Motivation** und tragen wesentlich zu einem verbesserten **Lernerfolg** bei.

Hinweise zur **Arbeitssicherheit**, zur **Schadenverhütung** und zum **Umweltschutz** werden durch besondere Symbole einprägsam hervorgehoben. Außerdem wird durch Randhinweise auf die Vernetzung der Lernfelder und auf ergänzende Informationsmöglichkeiten aufmerksam gemacht.

VORWORT ZUR 15. AUFLAGE

Auch diese Neuauflage wurde intensiv genutzt, um das Werk in Wort und Bild auf den neuesten Stand zu bringen. Dabei wurden nicht nur die **aktuellen Entwicklungen von Technik und Normung** berücksichtigt, sondern auch den Belangen des **Umweltschutzes** verstärkt Rechnung getragen.

Viele **Verbesserungen** ergaben sich aber auch aus dem **ständigen intensiven Dialog** mit den Benutzern. Wir danken deshalb an dieser Stelle ausdrücklich allen, die durch Anregungen und Hinweise zur **Weiterentwicklung** des Buches beigetragen haben.

Im Herbst 2019

Die Verfasser

Hinweise an den Seitenrändern

Unfallgefahr!

Gefahr für das Bauwerk!

Umweltschutz

Gefahr durch schädliche Stoffe!

Gefahr durch elektrischen Strom!

L 1.2.3 — **Verweis auf Abschnitt eines Lernfeldes**

i 1.2.1 — **Verweis auf Abschnitt der Ergänzenden Informationen**

Das Projekt

Die Lernfelder

Ergänzende Informationen

Das Projekt

P

Im Folgenden wird das Projekt, ein Reihenhaus mit Garage, vorgestellt.
Das Projekt steht im Mittelpunkt der sechs Lernfelder. Viele Lerninhalte werden am Beispiel des Projektes erarbeitet.
Es wird auch aufgezeigt, wie man projektbezogen arbeitet und was man im Einzelnen am Projekt lernt.

Was ist ein Projekt?

Im vorliegenden Buch werden viele Lerninhalte am Beispiel eines Reihenhauses mit Garage dargestellt.

Dies soll

- den **Praxisbezug**
- den **Wirklichkeitsbezug**
- die **Anschaulichkeit** und
- das **Interesse** am Lernen herstellen und fördern

Das Reihenhaus mit Garage steht im Mittelpunkt von sechs Lernfeldern. Das Lernen an einem solchen Beispiel wird als projektbezogenes Lernen bezeichnet, wobei dann das im Mittelpunkt des Lernens stehende Reihenhaus mit Garage auch als **Projekt** bezeichnet wird.

In den sechs Lernfeldern

	Lernfeld 1	Einrichten der Baustelle
	Lernfeld 2	Erschließen und Gründen des Bauwerks
	Lernfeld 3	Mauern eines einschaligen Baukörpers
	Lernfeld 4	Herstellen eines Stahlbetonbauteils
	Lernfeld 5	Herstellen einer Holzkonstruktion
	Lernfeld 6	Beschichten und Bekleiden eines Baukörpers

werden die Lerninhalte des ersten Ausbildungsjahres (= Grundstufe des Berufsfeldes Bautechnik) erarbeitet, wobei das Projekt, also unser Reihenhaus mit Garage, immer im Mittelpunkt steht. Außerdem wird der lenfeldübergreifende Lerninhalt **„Umweltschutz"** immer wieder in den einzelnen Lernfeldern eingebunden. Als Hinweis dafür ist dann am Seitenrand der „grüne Baum" abgebildet.

Wichtige Informationen, die nicht durch die sechs Lernfelder abgedeckt sind und trotzdem für Baufachleute von Interesse sein können, sind am Schluss des Buches im Kapitel „Ergänzende Informationen" aufgeführt.

Am Ende eines jeden Lernschrittes werden, nach einer kurzen Zusammenfassung, Aufgaben zur Wiederholung und zur Verfestigung des Gelernten angeboten, die bei entsprechender Mitarbeit im Unterricht selbstständig gelöst werden können.

Das Projekt – Reihenhaus mit Garage

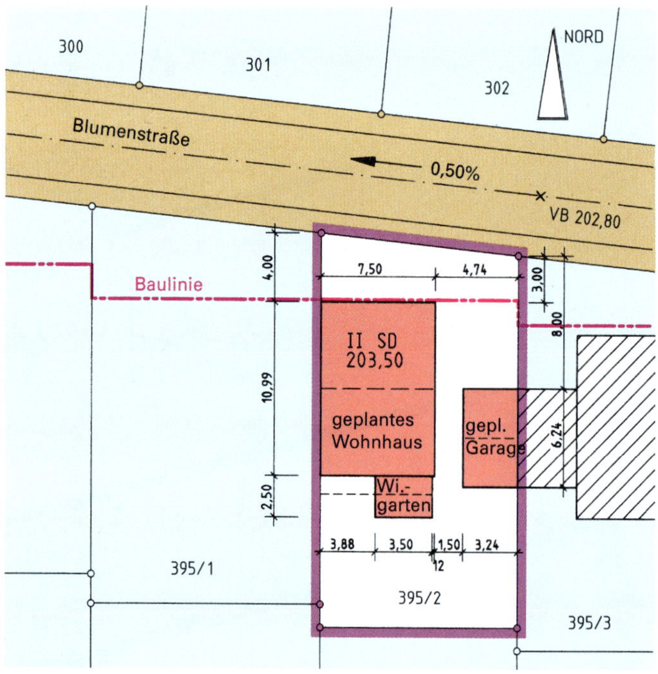

Lageplan

Zu jedem Lernfeld werden auch **projektbezogene Aufgaben** angeboten, die in Partnerarbeit oder Gruppenarbeit zu bearbeiten sind.

Im **Lageplan** wird das geplante Gebäude im Grundstück dargestellt. Der Ausschnitt und der Maßstab (1:500 oder 1:1000) werden so gewählt, dass auch die benachbarten Grundstücke und die öffentliche Straße, über die das Grundstück erschlossen wird, noch sichtbar sind. Im Lageplan wird das Gebäude in seinen Außenabmessungen bemaßt. Außerdem werden die Abstände zu den Grundstücksgrenzen angegeben.

Das Projekt, ein Reihenhaus mit Garage, steht im Mittelpunkt eines jeden Lernfeldes. Viele Lerninhalte werden am Beispiel des Projektes dargeboten.

Projektbeschreibung

Beim Projekt handelt es sich um ein Einfamilien-Reihenendhaus mit Garage. Das Reihenhaus besteht aus einem Untergeschoss, einem Erdgeschoss und einem Obergeschoss. Über dem Obergeschoss befindet sich ein nur zum Teil ausgebautes Dachgeschoss. Das Dach hat die Form eines symmetrischen Satteldaches.

Die Garage besitzt ebenfalls ein Satteldach.

> Im Folgenden ist der Untergeschoss-Grundriss dargestellt.
> Die Umfassungswände bestehen aus Stahlbeton, die Innenwände aus Mauerwerk. Für den Wintergarten an der Südseite des Reihenhauses sind die Fundamente dargestellt.
> Die Oberkante des Rohfußbodens (RFB) ist mit „–2,50" angegeben; das bedeutet, dass der senkrechte Abstand der Oberkante des Rohfußbodens im Erdgeschoss vom Rohfußboden im Untergeschoss 2,50 m beträgt.

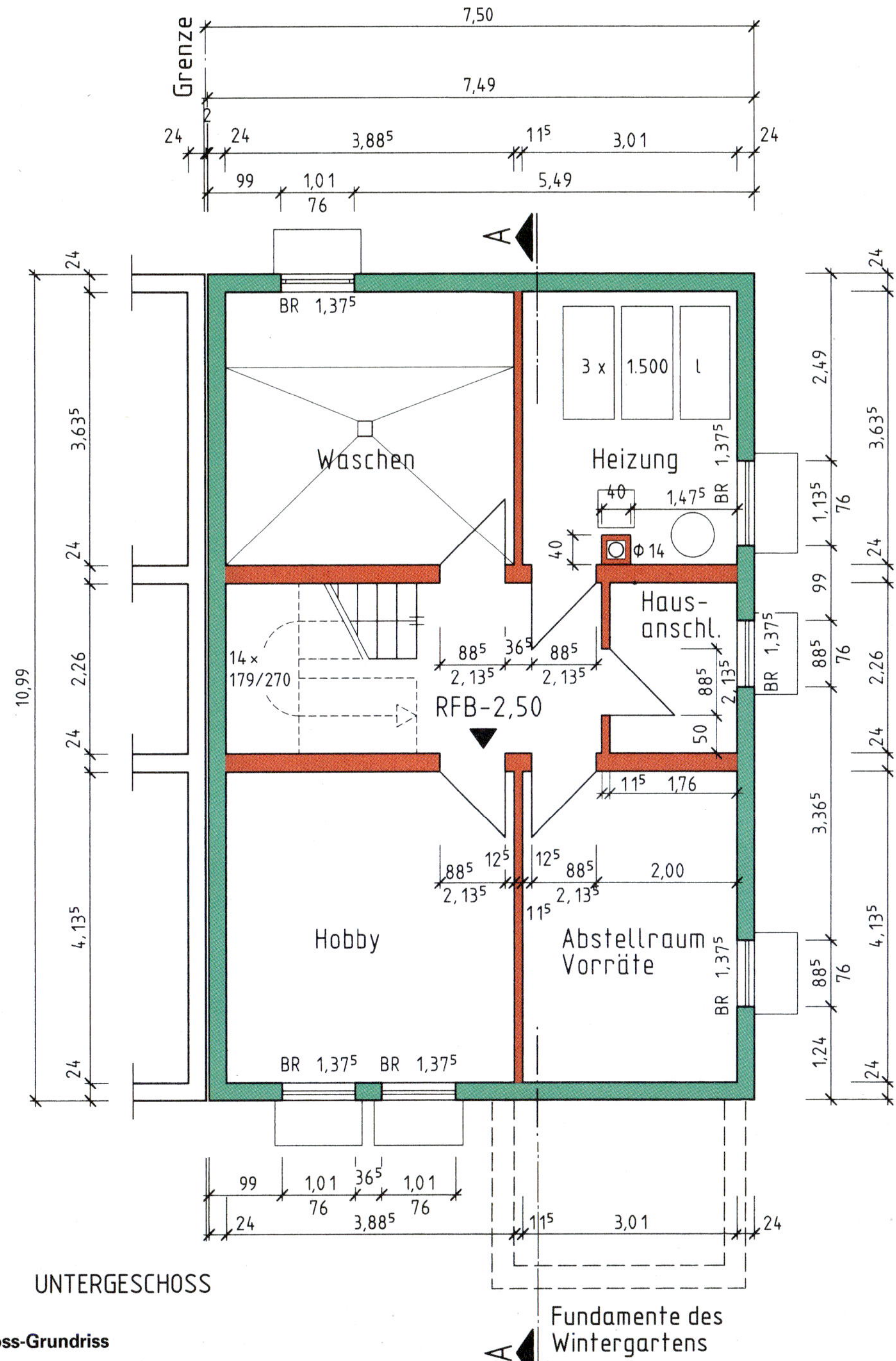

Untergeschoss-Grundriss

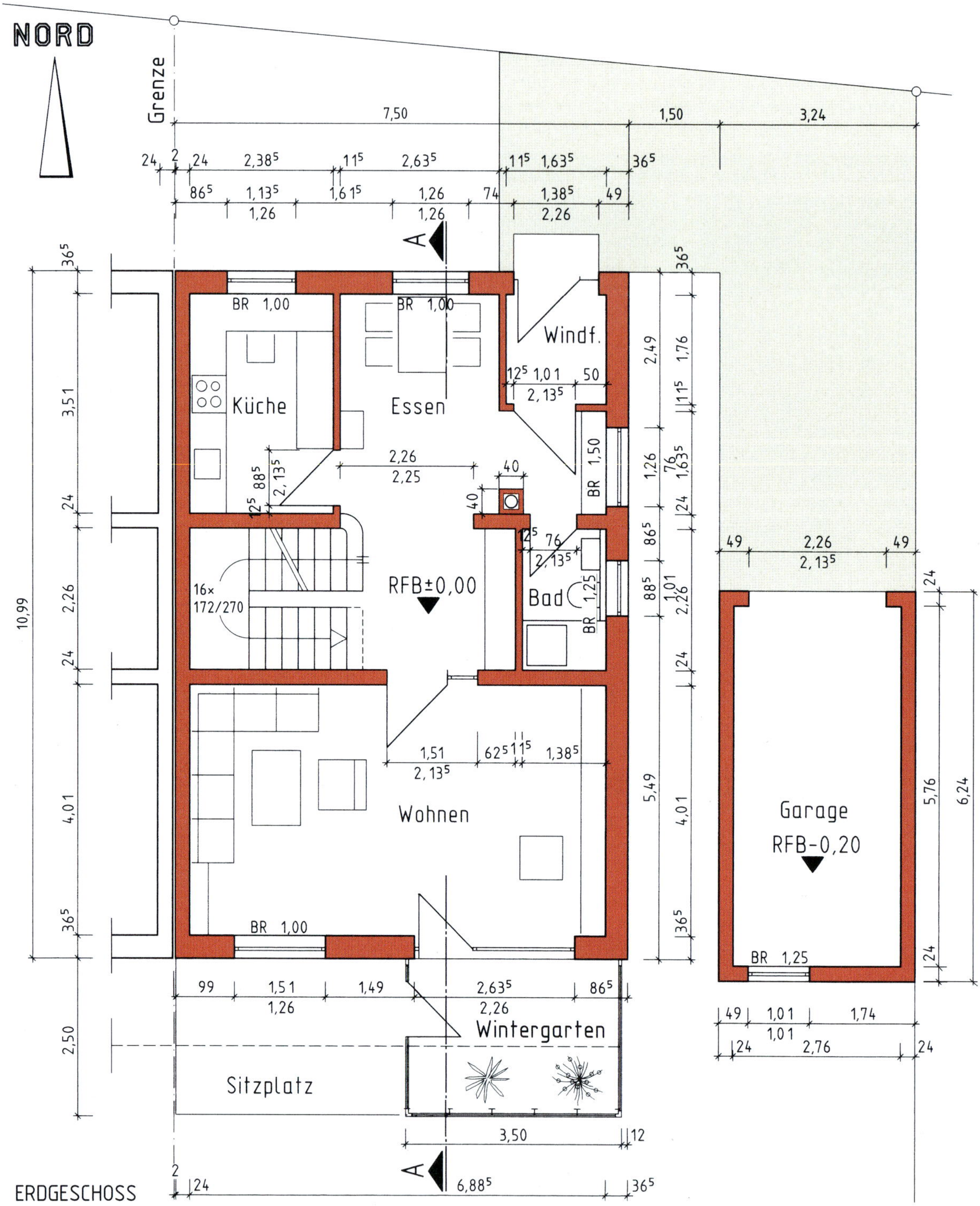

Erdgeschoss-Grundriss

Die Wände im Erdgeschoss des Reihenhauses und der Garage bestehen aus Mauerwerk. Der Erdgeschoss-Grundriss enthält alle wichtigen Maße. Bei den Fenster- und Türabmessungen steht auf der Maßlinie die Öffnungsbreite und unter der Maßlinie die Öffnungshöhe.
Die Oberkante des Rohfußbodens (RFB) ist mit der Höhe 0,00 m angegeben. Sie ist die Bezugshöhe für die Oberkanten der Rohfußböden im Untergeschoss, Obergeschoss, Dachgeschoss und in der Garage.

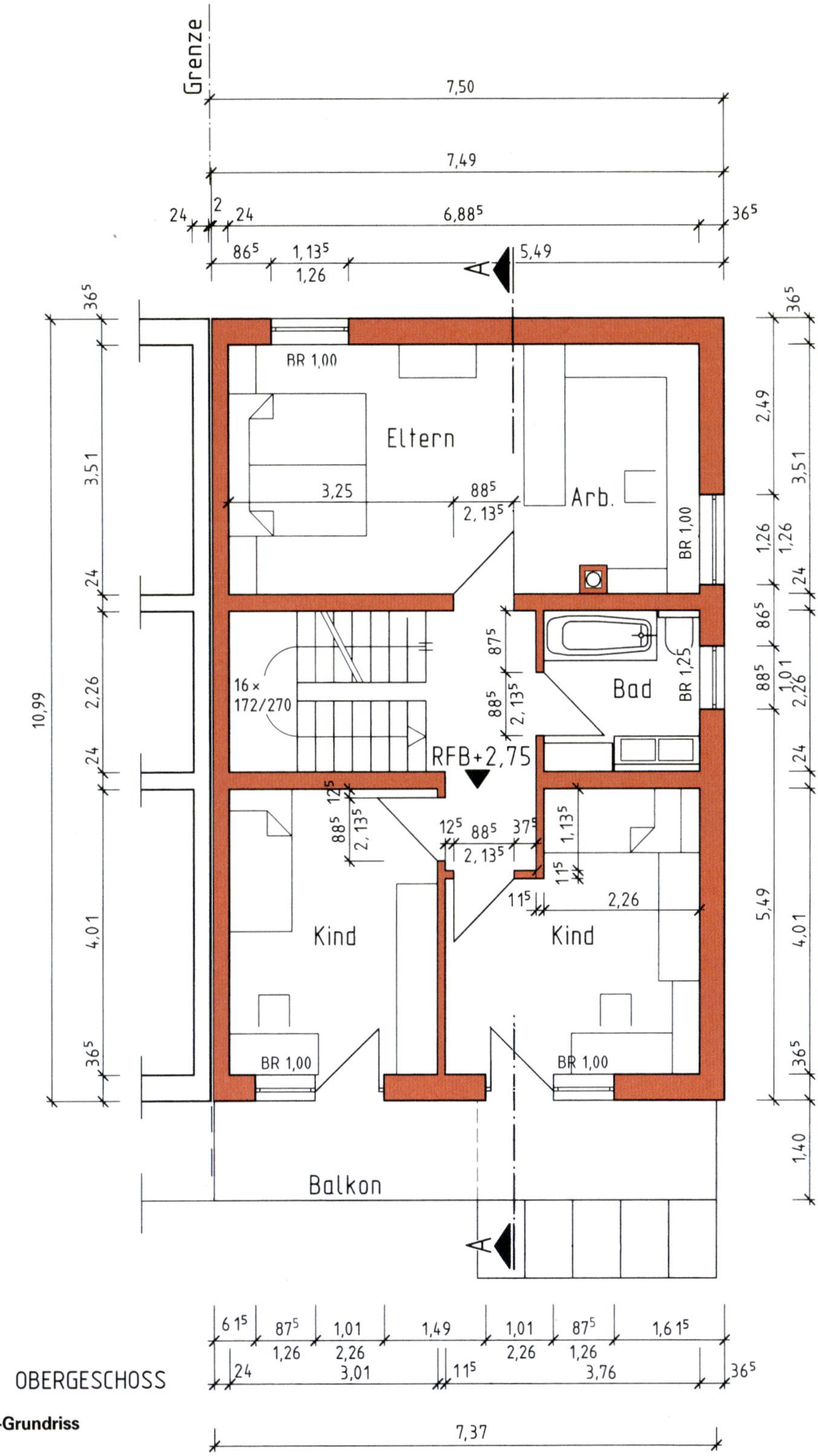

Obergeschoss-Grundriss

Die Wände des Obergeschosses bestehen wie die Wände des Erdgeschosses aus Mauerwerk. Alle wichtigen Maße sind angegeben. Der senkrechte Abstand von der Oberkante des Rohfußbodens (RFB) im Obergeschoss zur Oberkante des Rohfußbodens im Erdgeschoss beträgt 2,75 m.
In den Grundriss-Zeichnungen wird die Schnittführung für den Schnitt A–A dargestellt. Die Pfeile geben die Blickrichtung für die Schnittdarstellung an.

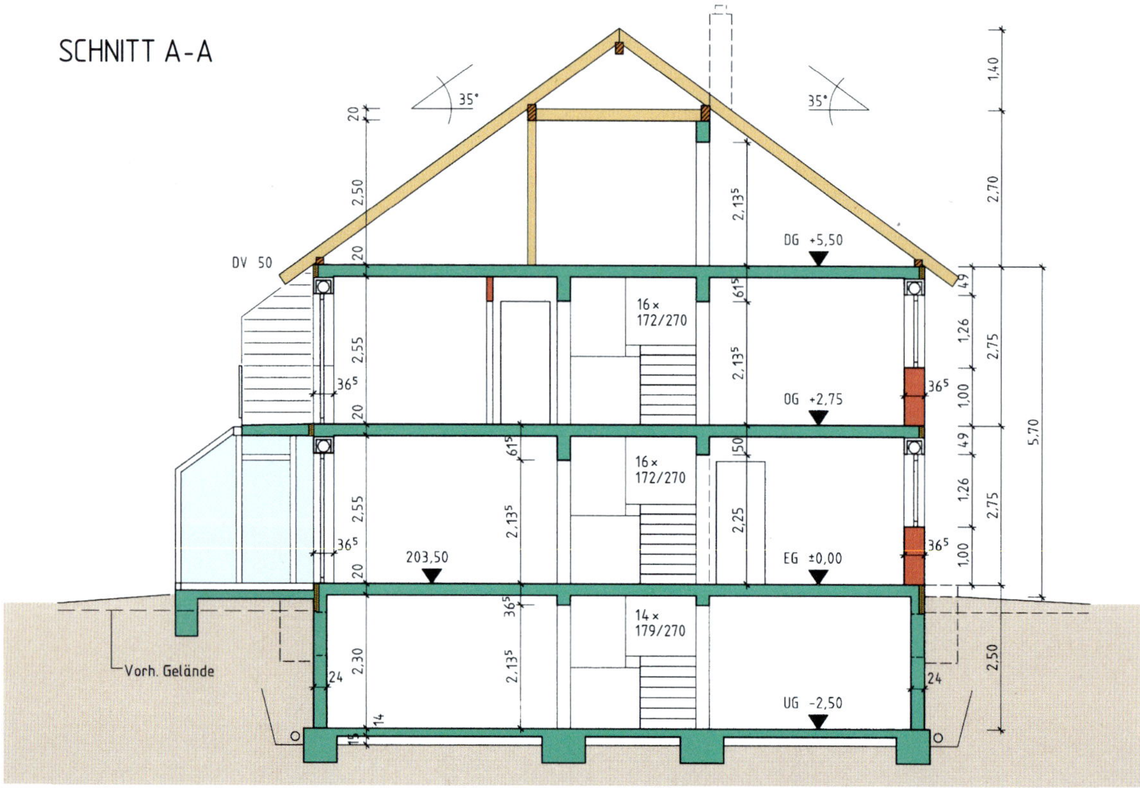

Schnitt

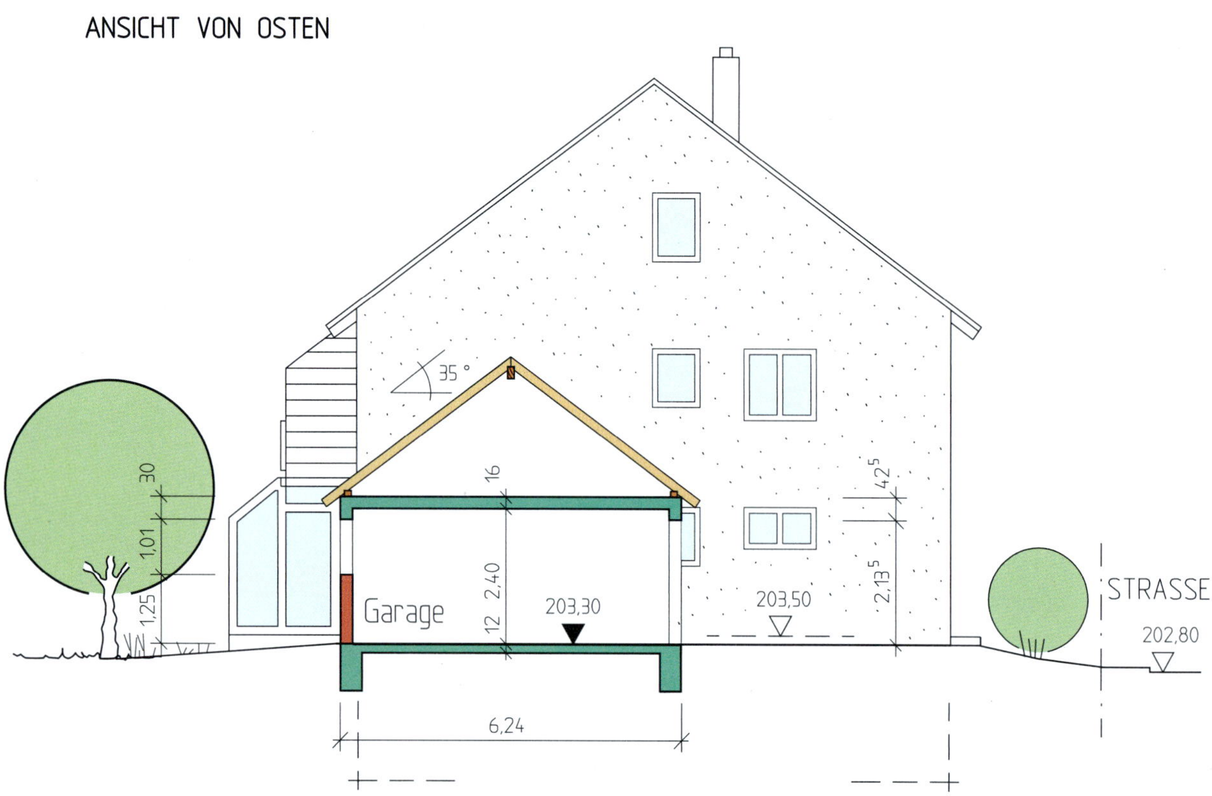

Ansicht von Osten und **Schnitt durch die Garage**

ANSICHT VON NORDEN

ANSICHT VON SÜDEN

Ansichten

Was wir im Einzelnen am Projekt lernen werden

Lernfeld 1 – Einrichten der Baustelle

Wir lernen, die Baustelle einzurichten. Dabei planen wir für das Projekt die Baustelleneinrichtung, wir beachten rationelle Arbeitsabläufe, die Arbeitsschutzvorschriften und den Unfallschutz.

Wir lernen die Verantwortungsbereiche bei der Bauplanung, bei der Baudurchführung und bei der Bauabnahme zu unterscheiden.

Wegen der Vielzahl der am Bau beteiligten Berufe entwickeln wir Verständnis für die Arbeit des anderen, und wir erkennen, dass Rücksichtnahme und Arbeitssicherheit die Voraussetzungen für ein erfolgreiches Arbeiten sind.

Wir lernen, Maßnahmen für das Absperren der Baustelle zu treffen, und wir werden in der Lage sein, Baustelleneinrichtungspläne zu lesen.

Für das Projekt zeichnen wir einen Baustelleneinrichtungsplan und lernen, die Messverfahren zu dessen Umsetzung anzuwenden.

Baustelle

Lernfeld 2 – Erschließen und Gründen des Bauwerks

Wir lernen das Erschließen und Gründen eines Bauwerks. Dabei planen wir unter Berücksichtigung der Unfallverhütungsvorschriften das Herstellen der Baugrube und der Gräben, wir fertigen die dazugehörigen Zeichnungen an und ermitteln die Mengen.

Wir unterscheiden, prüfen und beurteilen die Bodenarten und bewerten den Einfluss des Wassers.

Wir lernen, die Baugrube abzustecken und eine Gebäudehöhe einzumessen.

Zum Ausheben, Einbauen und Verdichten des Bodens wählen wir Geräte aus.

Wir entscheiden uns, unter Berücksichtigung der anstehenden Bodenart und der vorliegenden Belastung, für eine Flachgründung und stellen diese zeichnerisch dar.

Durch einfache Berechnungen erkennen wir die Zusammenhänge zwischen Kraft, Fläche und Spannung.

Wir wählen für die Garagenzufahrt einen geeigneten Aufbau der Tragschicht sowie einen Belag aus und planen die Hofentwässerung.

Streifenfundament

Lernfeld 3 – Mauern eines einschaligen Baukörpers

Wir lernen, die Herstellung von einschaligen Wänden einschließlich deren Öffnungen aus klein- und mittelformatigen künstlichen Mauersteinen zu planen. Dabei treffen wir auch Entscheidungen über die Baustoffe und über die Art des Mauerverbandes.

Außerdem wählen wir geeignete Materialien zum Abdichten gegen Bodenfeuchtigkeit aus und erarbeiten Lösungen für deren Einbau. Bei diesen Entscheidungen entwickeln wir Verantwortungsbewusstsein für einen wirtschaftlichen und ökologisch vertretbaren Materialeinsatz.

Mauern

In Anlehnung an die Arbeitsabläufe entwickeln wir Materiallisten und ermitteln den Baustoffbedarf.

Wir informieren uns über den Aufbau von Arbeitsgerüsten unter besonderer Beachtung des Arbeitsschutzes.

Für die Wände des Projektes fertigen wir Arbeitspläne an und führen Mengen- und Baustoffermittlungen mithilfe von Tabellen durch.

Zur Qualitätssicherung von Mauerwerk, also zur Beurteilung des Arbeitsprozesses und der Arbeitsergebnisse, fertigen wir Aufmaßskizzen und erstellen Kriterienkataloge.

Lernfeld 4 – Herstellen eines Stahlbetonbauteils

Wir lernen, die Herstellung eines Stahlbetonbalkens zu planen, führen dazu Berechnungen durch, erwerben Kenntnisse über die Verarbeitung von Beton, und wir stellen den Stahlbetonbalken zeichnerisch dar.

Wir konstruieren die Schalung samt erforderlicher Hilfs- und Tragkonstruktionen.

Anhand von Tabellen bestimmen wir die Zusammensetzung des Betons.

Aufgrund der im Balken auftretenden Spannungen erkennen wir die Lage der Bewehrung und wir berücksichtigen die Voraussetzungen für das Zusammenwirken von Beton und Betonstahl.

Wir vergleichen den Beton mit anderen Baustoffen im Hinblick auf Schönheit, Tragfähigkeit, Haltbarkeit, Reparaturfreundlichkeit und Umweltverträglichkeit.

Lernfeld 5 – Herstellen einer Holzkonstruktion

Wir lernen, die Konstruktion einer Fachwerkwand und des Pfettendachstuhls unseres Projektes zu entwickeln. Dabei berücksichtigen wir den Kräfteverlauf in den Bauteilen, wählen die entsprechenden Bearbeitungswerkzeuge aus und treffen Entscheidungen zur Holzauswahl, zu den Holzverbindungen, zu den Verbindungsmitteln und zum Holzschutz. Beim Umgang mit Bauholz entwickeln wir Einsichten in die gesellschaftliche und ökologische Bedeutung des Waldes.

Wir fertigen Arbeitspläne für eine Fachwerkwand und den Pfettendachstuhl des Projektes an, wir stellen dabei die Verbindungen im Detail dar und ermitteln den Materialbedarf.

Lernfeld 6 – Beschichten und Bekleiden eines Baukörpers

Wir lernen das Beschichten und Bekleiden von horizontalen und vertikalen Bauteilen; d.h., wir eignen uns Kenntnisse über Putze, Estriche, Fliesen- und Plattenbeläge an.

Wir beurteilen Untergründe und unterscheiden und bewerten Beschichtungs-, Bekleidungs- und Belagmaterialien. Wir lernen dabei, geeignete Materialien auszuwählen und ziehen Schlussfolgerungen für den konstruktiven Aufbau unter Berücksichtigung von Wärmespannungen und Feuchtigkeitseinfluss.

Wir entwickeln für Fliesenbeläge gestalterische Lösungen und stellen diese in Verlegeplänen dar.

Stahlbetonbalken

Holzkonstruktion

Herstellen eines Fliesenbelages

Wie werden projektbezogene Aufgaben bearbeitet?

Zu jedem Kapitel sind auch projektbezogene Aufgaben gestellt. Diese sollen und können die **berufliche Handlungsfähigkeit** fördern.

Für projektbezogenes Lernen eignet sich besonders **Partner-** oder **Gruppenarbeit**. Bei Partner- und Gruppenarbeiten können sich die Lernenden gegenseitig helfen, sie können miteinander diskutieren, und sie können füreinander Verantwortung übernehmen.

Beim Lösen der projektbezogenen Aufgaben empfiehlt sich folgende Vorgehensweise:

1 Wir klären das Ziel

Soweit nicht durch die Aufgabenstellung vorgegeben, setzen sich die Lernenden ein **Ziel** und stellen sich dabei die Frage, **was** sie im Einzelnen erreichen wollen, **wie** sie dabei vorgehen und in **welcher Zeit** sie ihr Ziel erreichen wollen.

2 Wir informieren uns

Die Lernenden beschaffen sich Informationen aus dem Buch, aus Aufschrieben des vorangegangenen Unterrichts, durch gegenseitiges Austauschen und Befragen der Lehrer.

Wichtige Informationen, die über die sechs Lernfelder hinausgehen, finden wir am Schluss des Buches im Kapitel „Ergänzende Informationen".

Außerdem müssen alle Hilfsmittel beschafft werden, die eventuell zur Durchführung von Versuchen, Anfertigen von Modellen oder Zeichnungen erforderlich sind.

3 Wir planen die Arbeit und wir überlegen Lösungswege

Jetzt kann die konkrete Arbeit geplant werden. Die Arbeit wird zunächst „gedanklich" ausgeführt. Es entsteht dabei ein Probehandeln, wobei mehrere Möglichkeiten durchgespielt werden sollen.

Besteht die Aufgabe darin, eine bestimmte Baukonstruktion (z. B. Außenwände der Garage) zu entwickeln, können dabei folgende Fragen hilfreich sein:

⇒ Welche Anforderungen werden an die Baukonstruktion gestellt?

⇒ Welche Baustoffe stehen uns für die Baukonstruktion zur Verfügung?

⇒ Welche Eigenschaften besitzen die Baustoffe?

⇒ Welche Baustoffe sind zu verwenden?

⇒ Sind Pläne (Zeichnungen) für die Herstellung der Baukonstruktion erforderlich?

⇒ Wie groß ist der Bedarf an Baustoffen?

⇒ Welche Werkzeuge, Maschinen und Hilfsmittel (z. B. Schalung, Gerüst) sind für die Herstellung erforderlich?

⇒ Wie lange benötigt man für die Herstellung?

⇒ Sind die angedachten Lösungen umweltverträglich und entsprechen sie den Prinzipien der Nachhaltigkeit?

⇒ ... usw.

4 Wir entscheiden uns für eine Lösung

Da es auf jede dieser Fragen mehrere Antworten gibt, müssen mehrere Möglichkeiten durchdacht und diskutiert werden. Erst danach soll eine Entscheidung getroffen werden.

Entscheidungen können aber nur gefällt werden, wenn bekannt ist, ob z. B. das schöne Aussehen der Konstruktion, die reine Zweckmäßigkeit der Konstruktion oder die Herstellungskosten ausschlaggebend sind (= Entscheidungskriterien).

Hat man sich für einen möglichen Weg entschieden, so kann begonnen werden, die Aufgabe schrittweise zu lösen. Liegt ein Teilergebnis vor, so muss es auf seine Richtigkeit hin geprüft werden. Dies kann geschehen, indem z. B. die erarbeitete Konstruktion mit Konstruktionen, die im Buch dargestellt sind, verglichen wird, oder indem Ergebnisse von Berechnungen an Vergleichbarem gemessen werden.

5 Wir beurteilen die Arbeit

Am Ende einer Aufgabe oder Teilaufgabe wird eine Beurteilung durchgeführt. Hierbei ist es sehr wichtig, dass die Lernenden sich selbst und sich auch untereinander beurteilen. Die Lernenden sollen in die Lage versetzt werden, sich selbst einzuschätzen, d. h., selbstständig ihre **Stärken** und ihre **Schwächen** zu erkennen. Sie sollen feststellen können, wo noch Lücken in ihrem Wissen und bei ihren Fähigkeiten vorhanden sind und die Lernenden müssen bestrebt sein, diese Lücken zu schließen.

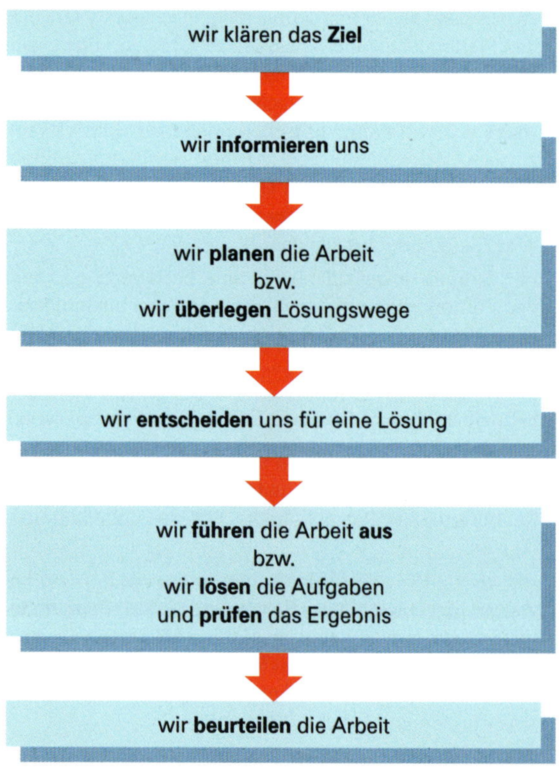

Vorgehensweise bei der Lösung projektbezogener Aufgaben

Die Lernfelder

L

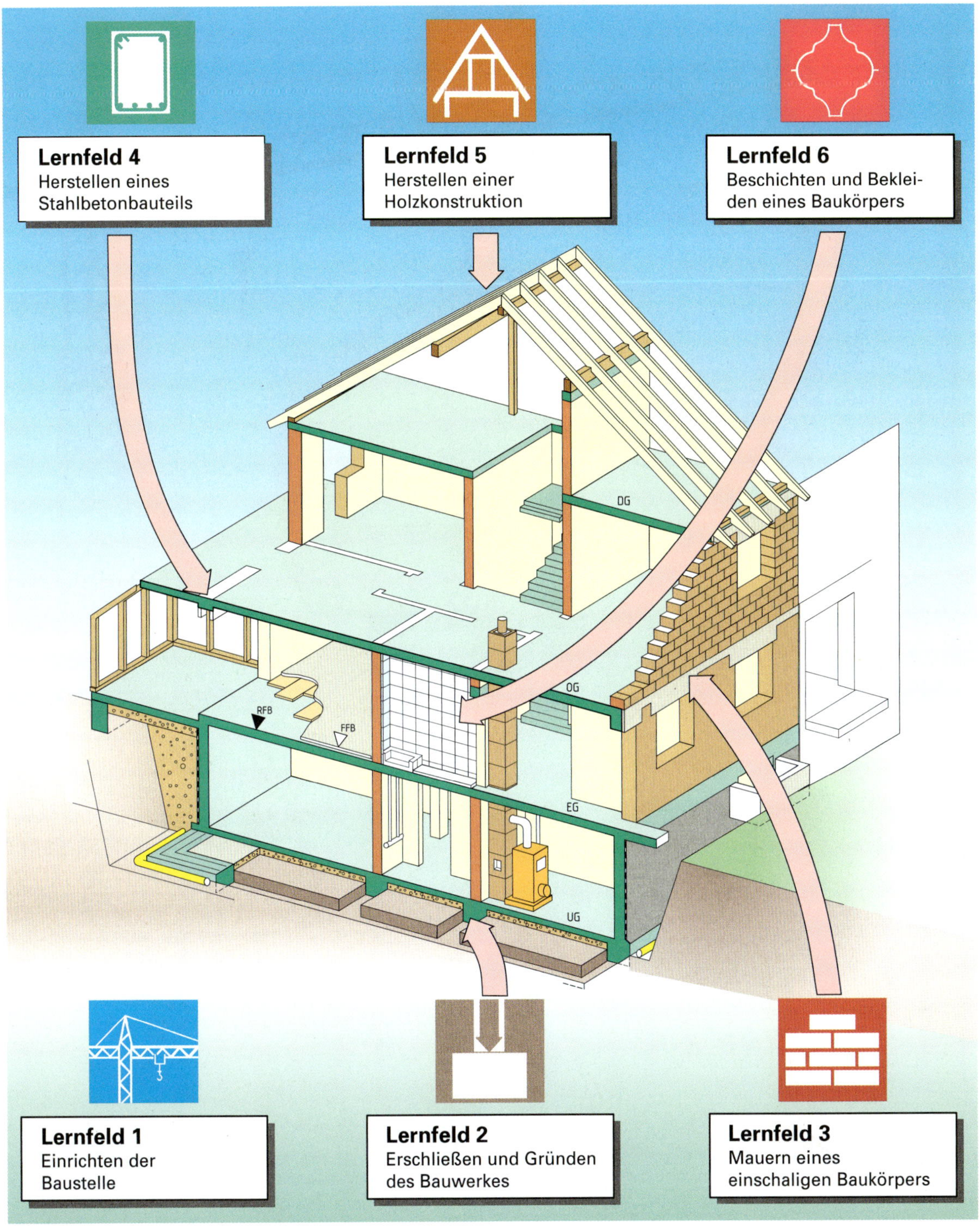

Lernfeld 1:
Einrichten der Baustelle

Die Arbeitsvorbereitung für ein Bauwerk beinhaltet auch die Planung für die Baustelleneinrichtung. Wie bei allen Bauwerken muss auch bei unserem Reihenhaus Klarheit über die Lage und die Größe des Baugrundstücks und des Bauwerks bestehen. Die Baustoffe und die erforderlichen Baugeräte sind im Hinblick auf die geplante Baumaßnahme festzulegen. Die Bauzeit wird aus dem Umfang der Bauaufgabe unter Berücksichtigung des Fertigstellungstermins ermittelt. Die Baufachleute sind verpflichtet, die Vorgaben und die Regelungen der Baubehörden einzuhalten. Von besonderer Bedeutung ist die Beachtung der Vorschriften zur Arbeitssicherheit und zur Unfallverhütung. Die öffentliche Verkehrssicherheit darf durch die Baustelle nicht beeinträchtigt werden. Alle Baufachleute gehören Berufsgruppen an, die auf eine lange und bedeutungsvolle Tradition zurückblicken.

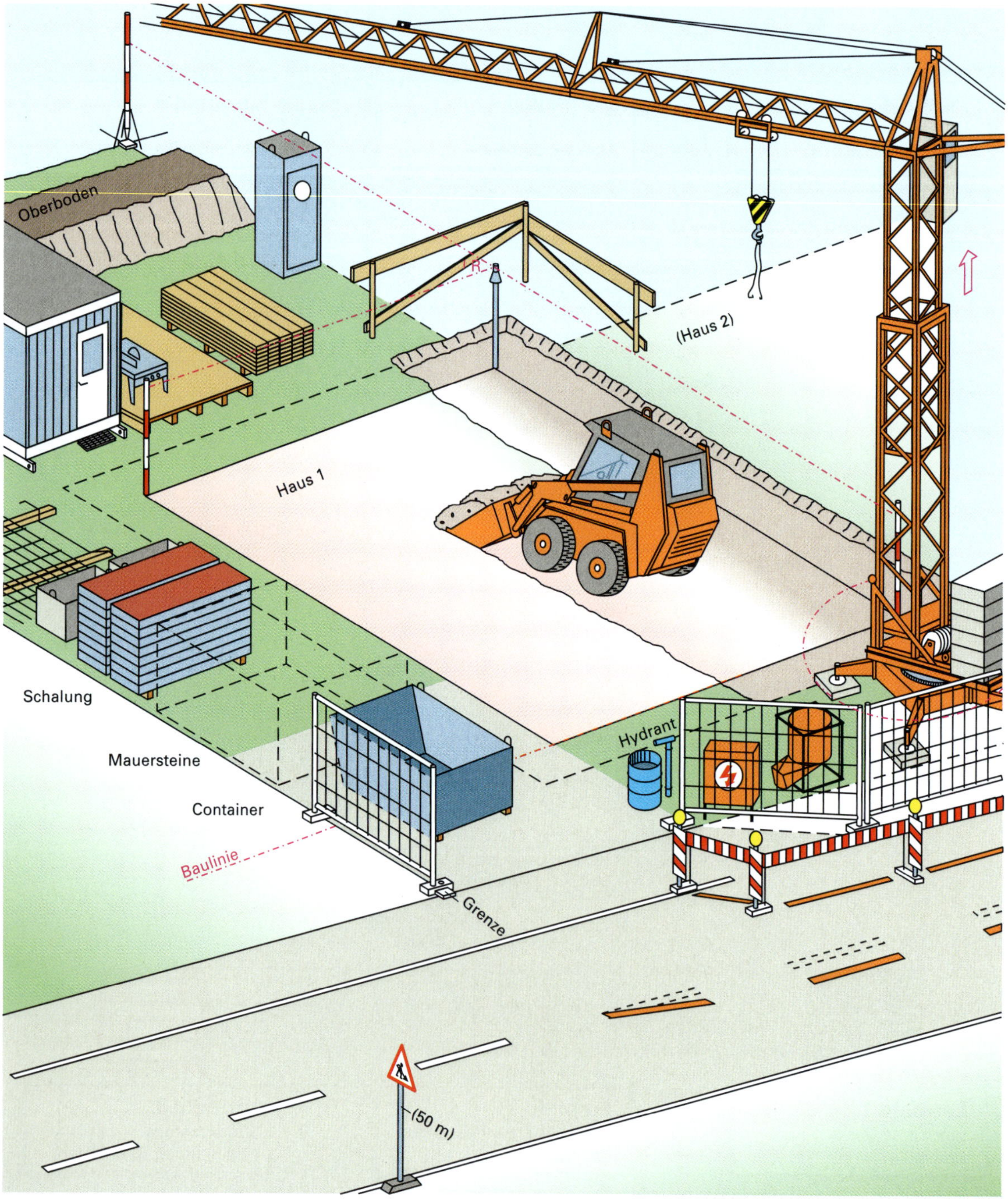

1.1 Bedeutung der Bauwirtschaft

1.1.1 Geschichte des Bauens

Unser Reihenhaus ist ein vergleichsweise einfaches Bauwerk. Viele der Techniken, die zu seinem Bau angewendet werden, sind jahrhunderte- oder jahrtausendealt. Dieselben Techniken wurden auch eingesetzt, um großartige Baudenkmäler zu erstellen, die wir heute staunend bewundern. Sie sind Zeugnisse des technischen Wagemuts und der Tüchtigkeit der Baumeister und Bauhandwerker.

In Deutschland begann um etwa 800 n.Chr. die erste eigenständige Bauweise, die **Romanik** (800–1250). Vorzugsweise wurden Klöster und Kirchen gebaut, die durch Rundbögen, wuchtige Mauern und wehrhafte Türme gekennzeichnet sind. Eine erste Entfaltung des Bauhandwerks ist festzustellen. Es entwickelt sich ein freies, städtisches Handwerkertum, das sein Ansehen durch den Zusammenschluss in **Zünften** (Gilden, Bruderschaften, Innungen) zu wahren wusste. Zunftzeichen und Zunftkleidung waren äußere Kennzeichen.

Im Mittelalter wurden dann bei den Domen und Kirchen mehr die senkrechte Linie betont, Wände aufgelöst, Fenster und Portale mit Spitzbögen versehen und Kreuzgewölbe auf gegliederte Pfeiler und Säulen abgestützt. In diese Zeit der **Gotik** (1250–1530) fiel auch der Fachwerkbau.

Die bedeutsamsten Handwerker des gotischen Kirchenbaus waren die Steinmetzen, die sich in Verbänden, den **Bauhütten**, zusammenschlossen. Die Bauhütten, die bei Dombauten (Straßburg, Köln) betrieben wurden, pflegten und lehrten die „Hüttengeheimnisse", das handwerkliche, technische und künstlerische Wissen.

Im Spätmittelalter trat dann gleichbedeutend neben den Kirchenbau der Profanbau (Schlösser, Stadtanlagen, Rat- und Bürgerhäuser). Wurde in der **Renaissance** (1530–1600) die waagerechte Linie besonders betont, bevorzugte die **barocke Baukunst** (1600–1800) geschwungene und lebhafte Formen. Der Innenraum wurde durch Stuck und Farbe belebt. So erforderte das Entstehen barocker Bauwerke das Zusammenwirken vieler Berufe: Maurer, Stuckateur, Maler, Bildhauer, Glaser, Zimmerer, Stellmacher, Schreiner.

Am Ende des 18. Jahrhunderts erfolgte im Bauen ein Stilwandel. Anknüpfungspunkte fand man bei der griechischen und römischen Baukunst. In der Epoche des **Klassizismus** (1800–1850) wurde die Form der Bauwerke durch eine strenge, klare Gliederung bestimmt.

Das 19. Jahrhundert mit seiner **technischen Revolution** hatte auch auf das Bauwesen umwälzende Auswirkungen. Neue Baustoffe wie Beton, Stahl, Stahl- und Spannbeton, Glas und die Einsicht in die Eigenschaften und die richtige Anwendung dieser Materialien führten zu neuen Konstruktionen und Bauformen.

Historische Bauten (Dom zu Erfurt)

Barocke Baukunst (Würzburger Residenz)

Moderne Baukunst (Haus der Kulturen der Welt in Berlin)

Art und Charakter der Bauwerke änderten sich mit der Entwicklung der Kultur und der Technik.

Materialgefühl und werkgerechtes Ausführen waren in allen Bauepochen Voraussetzungen bauhandwerklichen Schaffens.

Erhaltenswerte Bausubstanz

In den letzten fünf Jahrzehnten haben sich in unseren Städten und Orten Veränderungen eingestellt, die zum Abbruch alter Häuser führten. Der erfolgte Neubauboom, häufig verbunden mit „Flächensanierungen", hatte die Zerstörung ganzer Stadtteile und ihrer gewachsenen sozialen Strukturen zur Folge. Hand in Hand mit dieser Entwicklung ging auch wertvolle handwerkliche Tradition im Umgang mit alter Bausubstanz verloren. In den letzten Jahren ist ein Sinneswandel eingetreten und es wächst das Bewusstsein für den Wert alter Bauwerke und deren Erhaltung. Jedoch können nicht immer Neubauerfahrungen ohne weiteres auch auf die Altbauinstandsetzung übertragen werden. Es muss deshalb **traditionellen Handwerkstechniken** wieder stärkere Beachtung beigemessen werden.

So ist die Kunst, **Gewölbe** zu bauen, heute nahezu verloren gegangen. Zur Ausführung von Gewölbebögen gehören Erfahrung, eingehende Kenntnis und Verständnis für die statischen Verhaltensweisen.

Auch im Zuge der Sanierung von **Fachwerkhäusern** wird beispielsweise der Instandsetzung von Lehmgefachen besondere Aufmerksamkeit gewidmet.

Die natürlichen Materialvorkommen der Umgebung des Hauses lieferten früher auch den Baustoff für die **Dachhaut**. So wurde in Gegenden mit langfaserigem Weichholz dieses als Schindelholz verwendet. In anderen Gegenden wurden geeignete Natursteine (Schiefer) eingesetzt. In Norddeutschland bildeten Stroh oder Reet die Dachhaut.

Handwerkliches Brauchtum

Wohl in keinen anderen Berufen als den Berufen des Bauhandwerks sind die alten Bräuche in so ausgeprägter Weise bis in die heutige Zeit überliefert worden. Handwerkliches **Brauchtum** und **Traditionsbewusstsein** zeigen sich nicht zuletzt in der in unserer Zeit zu beobachtenden Wanderschaft der Handwerksgesellen. Nach feierlicher Lossprechung gehen die Gesellen in Zunftkleidung auf die Wanderschaft, um neue Arbeitsweisen und Gebräuche anderer Länder kennen zu lernen.

Auch das noch allgemein übliche „Richtfest" wird als altes Brauchtum in unserer Zeit gefeiert. Wenn das Haus durch den Zimmermann „gerichtet" ist, also sich mit der Dachkonstruktion die Form des Hauses abzeichnet, befestigen die Zimmerer einen „Richtbaum" oder eine „Richtkrone". Ein Zimmerer verliest den „Richtspruch", verbunden mit den besten Wünschen für das Haus und seine Bewohner.

Saniertes Fachwerkhaus

Handwerksgesellen auf Wanderschaft

Zusammenfassung

Romanik, Gotik, Renaissance, Barock und Klassizismus sind wesentliche Bauepochen.

Art und Charakter der Bauwerke ändern sich mit der Entwicklung der Kultur und der Technik.

Pflege und Erneuerung alter Bauten mit wertvoller Bausubstanz sind heute eine wichtige Aufgabe für qualifizierte Handwerker.

Aufgaben:

1. *Unterscheiden Sie die baulichen Merkmale der Renaissance von denen der Gotik.*
2. *Erklären Sie den geschichtlichen Ursprung der Innungen.*
3. *Weshalb hatte die technische Revolution eine große Bedeutung für das Bauwesen?*
4. *Beschreiben Sie die geschichtliche Entwicklung handwerklichen Brauchtums.*

1.1.2 Die Bauberufe

Handwerkliche Fachverbandzeichen

Übersicht

Das Bauen ist für unsere Volkswirtschaft von großer Bedeutung. Der steigende Lebensstandard und die technische Entwicklung haben die Aufgaben der Bauindustrie und des Bauhandwerks erheblich ausgeweitet. Dazu gehören z. B. in dem Bereich der Industrie und der Verkehrserschließung: weit gespannte Hallen, Kraftwerke, Kläranlagen, Straßen, Brücken, Talsperren usw., in dem gesellschaftlich-kulturellen Bereich: Schulen, Bibliotheken, Museen, Freizeitzentren, Krankenhäuser, Altersheime, Sportstätten und Schwimmbäder. Eine besondere Bedeutung hat der Wohnhausbau. Ein- oder Mehrfamilienhäuser werden frei stehend oder als Reihenhäuser ausgeführt.

Zur Erstellung solcher Gebäude ist eine große Zahl von Bauberufen mit ihren jeweiligen Spezialkenntnissen und -fertigkeiten erforderlich. Die Anforderungen sind vielfältig und hoch, daher ist eine gute Grundausbildung notwendig.

Ausbildung im Berufsfeld

In der im Mai 1974 im Bundesgesetzblatt veröffentlichten „Verordnung über die Berufsausbildung in der Bauwirtschaft" ist die Ausbildung in Stufen festgelegt. Die Ausbildung erfolgt im Betrieb, in der Berufsschule und in überbetrieblichen Ausbildungsstätten.

Berufsausbildung und Weiterbildung im Berufsfeld Bautechnik (Übersicht)

Jahre	Ausbildung	Stufe	Prüfung
3	**Meisterschule** (für Maurer/-in, Zimmerer/Zimmerin, Stuckateur/-in, Fliesenleger/-in, Beton- und Stahlbetonbauer/-in, Straßenbauer/-in, usw.) **oder** **Fachschule für Technik** (Bautechnik) (Schwerpunkte Hochbau, Tiefbau, Baubetrieb, Bauerneuerung), Mindestpraxis 2 Jahre	Weiterbildung	**Staatl. gepr. Bautechniker/-in** oder **Meisterprüfung**
2	Bauzeichner/-in; Hochbau: Maurer/-in, Beton- und Stahlbetonbauer/-in, Feuerungs- und Schornsteinbauer/-in; Ausbau: Zimmerer/Zimmerin, Betonstein- und Terrazzohersteller/-in, Stuckateur/-in, Fliesen-, Platten- und Mosaikleger/-in, Estrichleger/-in, Wärme-, Kälte-, Schallschutzisolierer/-in Isoliermonteur/-in, Trockenbaumonteur/-in; Tiefbau: Straßenbauer/-in, Rohrleitungsbauer/-in, Kanalbauer/-in, Brunnenbauer/-in, Spezialtiefbauer/-in, Gleisbauer/-in, Baugeräteführer/-in; Dachdecker/-in, Wasserbauer/-in, Straßenwärter/-in, Baustoffprüfer/-in, Bauwerksabdichter/-in	Fachstufe II	**Abschlussprüfung** *Spezialausbildung*
	Hochbaufacharbeiter/-in; Ausbaufacharbeiter/-in; Tiefbaufacharbeiter/-in		
1	**Bauplanung**; **Hochbau**; **Ausbau** mit Schwerpunktbildung; **Tiefbau**	Fachstufe I	**Zwischen-** bzw. **Abschlussprüfung** *Fachausbildung*
	Oft als **Berufsfachschule Bau (BFB)** oder Berufsgrundbildungsjahr (BGJ) Die im ersten Ausbildungsjahr enthaltene praktische Grundausbildung kann in überbetrieblichen Ausbildungsstätten oder in den Werkstätten der beruflichen Schulen erfolgen. Hierbei sind ein oder mehrere Betriebstage pro Woche möglich.	Grundstufe	**Zwischenprüfung** oder **Abschlussprüfung (BGS)** *Grundausbildung*

1.1.3 Zusammenarbeit der Baubeteiligten

Die Erstellung unseres Reihenhauses erfordert die Mitarbeit einer Vielzahl verschiedener Fachkräfte und Berufssparten. Die Entwicklung der Technik hat die Anforderungen an die Bauberufe sehr stark verändert. Der Einsatz neuer Baustoffe und neuer Arbeitstechniken hat zu einer Spezialisierung der Bauberufe geführt, d. h., für bestimmte Tätigkeiten am Bau werden besonders ausgebildete Fachkräfte gefordert. Jeder Einzelne hat seine bestimmte Aufgabe und trägt seinen Anteil zum Ganzen bei. Diese Vorgänge müssen reibungslos nach einem bestimmten Plan ablaufen. Die Bauhandwerker sind aufeinander angewiesen. So benötigen z. B. Bauklempner oder Maler für die Ausführungen ihrer Arbeiten das Gerüst des Maurers.

Neben der Bereitschaft zur Zusammenarbeit ist eine **sorgfältige** und **fachgerechte** Ausführung der Arbeiten eine Voraussetzung dafür, dass keine Nacharbeiten nötig sind. Die nachfolgenden Handwerker müssen sich auf die richtige Ausführung der Vorarbeiten verlassen können und ihrerseits darauf achten, keine Beschädigungen an bereits vorhandenen Bauteilen hervorzurufen. Arbeitssicherheitsvorschriften sind zu beachten.

Das Team mauert,

schalt und bewehrt

und zimmert.

Bauhandwerk und Bauindustrie

Im Rahmen der Gesamtwirtschaft unseres Volkes spielt die Bauwirtschaft – Bauhandwerk und Bauindustrie – eine bedeutende Rolle. Eine große Zahl anderer Wirtschaftszweige hängt durch Zulieferung von Produkten aufs engste mit ihr zusammen.

Das **Bauhandwerk** setzt sich in der Hauptsache aus kleineren und mittleren Betrieben zusammen. Sie sind Mitglieder der Kreishandwerkerschaft, der zuständigen Handwerkskammer und sind in den Innungen organisiert.

Die **Bauindustrie** umfasst die größeren Betriebe, wobei Hoch-, Tief- und Ingenieurbau die Schwerpunkte bilden.

Viele Arbeitnehmer sind gewerkschaftlich organisiert. Die Vertreterorganisationen der Arbeitgeber und der Arbeitnehmer handeln u. a. die Tarifverträge aus.

Nur durch eine reibungslose Zusammenarbeit aller Fachkräfte auf der Baustelle wird Qualitätsarbeit erreicht. Die Bauwirtschaft setzt sich aus dem Bauhandwerk und der Bauindustrie zusammen.

	Arbeitgeberorganisationen		**Arbeitnehmerorganisationen**
Verbände	Bauindustrie	Bauhandwerk	Gewerkschaft
Branchen-übergreifende Spitzenverbände	Bundesverband der Deutschen Industrie (www.bdi-online.de)	Zentralverband des Deutschen Handwerks (www.zdh.de)	Deutscher Gewerkschaftsbund (www.dgb.de)
Dachverbände	Hauptverband der Deutschen Bauindustrie (www.bauindustrie.de)	Zentralverband Deutsches Baugewerbe (www.zdb.de)	Industriegewerkschaft Bauen-Agrar-Umwelt (www.igbau.de)
Regionale Verbände	Bauindustrielle Landesverbände (Beispiel: www.bauwirtschaft-bw.de)	Bauhandwerkliche Landesverbände (Innungen)	Bezirksstellen der IG Bauen-Agrar-Umwelt

Überörtliche Organisationen in der Bauwirtschaft

1.1.4 Baustoffe

Die Übersicht zeigt die Vielzahl der Baustoffe, die bei einem Bauwerk verwendet werden können. Jeder Baustoff hat besondere Eigenschaften und wird nach den gestellten Anforderungen ausgewählt. Falsch gewählte Baustoffe führen zu Bauschäden, deren Beseitigung zusätzliche Kosten verursacht. Um Ressourcen (Rohstoffe, Energie) zu sparen, sollten möglichst rezyklierte Baustoffe verwendet werden.

Arten	Haupteigenschaften	Verwendung
Natursteine:		
Erstarrungsgesteine Ablagerungsgesteine Umprägungsgesteine	Druckfest, witterungsbeständig, gute Bearbeitbarkeit, schönes Aussehen	Mauerbau, Bekleidungen, Straßenbau
Künstliche Steine:		
Mauerziegel	Druckfest, z. T. witterungsbeständig	Wände
Betonsteine	Druckfest, witterungsbeständig	Wände, Böden, Deckenelemente
Leichtbetonsteine	Beschränkt druckfest, wärmedämmend	Außenwände
Porenbetonsteine	Beschränkt druckfest, wärmedämmend	Außenwände, Deckenelemente
Kalksandsteine	Druckfest, schalldämmend, beständig	Wände
	Dicht, sehr druckfest, beständig	Böden, Pflaster
Fliesen und Platten	Spröde, abriebfest, schmückend	Wand- und Bodenbeläge
Holz:		
Nadelhölzer wie Fichte, Tanne, Kiefer, Lärche	Gut bearbeitbar, biegefest, im Trockenen dauerhaft	Schalung, Dachstühle Innenausbau, Möbel
Laubhölzer wie Eiche, Buche	Hart, gut bearbeitbar, dauerhaft	Innenausbau, Möbel Bauholz
Bindemittel:		
Kalk Zement	Erhärten nach Verarbeitung, verbinden andere Stoffe, z. B. Sand und Kies, fest	Mörtel, Beton
Gips	Erhärtet nach Verarbeitung, verbindet sich mit Sand, feuerbeständig	Innenputz, Stuckarbeiten
Gesteinskörnungen:		
Kies Sand Rezyklierte Baustoffe	Druckfest, bilden tragendes Gerüst vieler Baustoffe	Beton Mörtel Künstliche Steine
Baustähle:		
Stabstahl Stahlmatten Profilstahl	Sehr hart, zugfest, bilden mit Beton Verbundbaustoff	Stahlbeton Stahlbeton Stahlbauten
Nichteisenmetalle:		
Aluminium	Leicht formbar, beständig	Außenverkleidungen, Fenster
Kupfer	Leicht formbar, beständig	Rohre, Dachdeckung
Blei	Geschmeidig, geringe Festigkeit	Bleche, Folien
Zink	Witterungsbeständig	Bleche, Verzinken von Stahl
Dämmstoffe	Leicht, porös, wärmedämmend	Wärmedämmung, Schallschutz
Dichtungsstoffe	Dicht, feuchtigkeitssperrend	Abdichtung gegen Feuchtigkeit
Kunststoffe	Leicht verarbeitbar, beständig, dämmend	Rohre, Bahnen, Bodenbeläge, Dämmstoffe usw.
Bitumen	Veränderliche Festigkeit, wasserundurchlässig	Asphalt, Pappen, Dichtungsbahnen, Anstriche und Beschichtungen

Zusammenfassung

Nur durch eine reibungslose Zusammenarbeit aller Fachkräfte auf der Baustelle wird Qualitätsarbeit erreicht. Die Bauwirtschaft setzt sich aus dem Bauhandwerk und der Bauindustrie zusammen.

Die Auswahl der geeigneten Baustoffe ist für die Qualität eines Bauwerkes mitentscheidend.

Aufgaben:

1. *Erklären Sie die volkswirtschaftliche Bedeutung der Bauwirtschaft.*
2. *Wodurch unterscheidet sich das Bauhandwerk von der Bauindustrie?*
3. *Wer handelt die Tarifverträge aus?*
4. *Welche Auswirkungen können falsch ausgewählte Baustoffe haben?*

1.2 Bauplanung und Bauausführung

1.2.1 Planung und Vergabe

Soll ein Reihenhaus oder ein anderes Bauwerk erstellt werden, wird die **Planung** durch den Zweck des Gebäudes sowie Lage und Größe des Grundstücks bestimmt. Als **Bauherr** können eine Privatperson, eine Gesellschaft, eine Behörde usw. auftreten. Die Wünsche des Bauherrn werden von einem Architekten oder Fachplaner aufgenommen und unter Berücksichtigung planerischer Gesichtspunkte sowie bestehender **Vorschriften** zu einem **Vorentwurf** zusammengefasst. Diesen bespricht er mit dem Bauherrn und nach Einigung beider Parteien werden die Entwurfspläne gezeichnet.

Die Vorschriften sind im **Baugesetzbuch**, in der **Landesbauordnung** und den **örtlichen Bauvorschriften** festgehalten. Im Baugenehmigungsverfahren wird die Einhaltung der bestehenden Vorschriften geprüft. Dazu ist bei der zuständigen Baugenehmigungsbehörde ein **Bauantrag** zu stellen. Er besteht aus:

a) dem Lageplan (1:500 oder 1:1000)

b) den Entwurfszeichnungen (1:100)

c) der Baubeschreibung

d) den Berechnungen (GRZ, GFZ)

e) den Technischen Nachweisen (Standsicherheits-, Wärmeschutz-, Schallschutznachweis)

f) dem Entwässerungsgesuch

Der **Lageplan** wird von einem beauftragten Vermessungsbüro gefertigt. Der Plan zeigt das geplante Gebäude (rot) bemaßt.

Die **Entwurfszeichnungen** werden meist im Maßstab 1:100 dargestellt. Sie bestehen aus Grundrissen, den Längs- und Querschnitten sowie den Ansichten.

Die **Baugenehmigung** wird durch die zuständige Baubehörde erteilt. An der Prüfung des Bauantrages sind neben dem Baurechtsamt Stellen wie Tiefbauamt, Technische Werke, Feuerpolizei usw. beteiligt. Die Nachbarn müssen gehört werden. Wenn die Baugenehmigung erteilt ist, kann mit der **Bauausführung** begonnen werden. Dazu werden die **Ausführungszeichnungen** (1:50, 1:20, 1:10, 1:5) gezeichnet und die **Leistungsverzeichnisse** aufgestellt.

Die Bauausführung darf erst nach der Baugenehmigung begonnen werden.

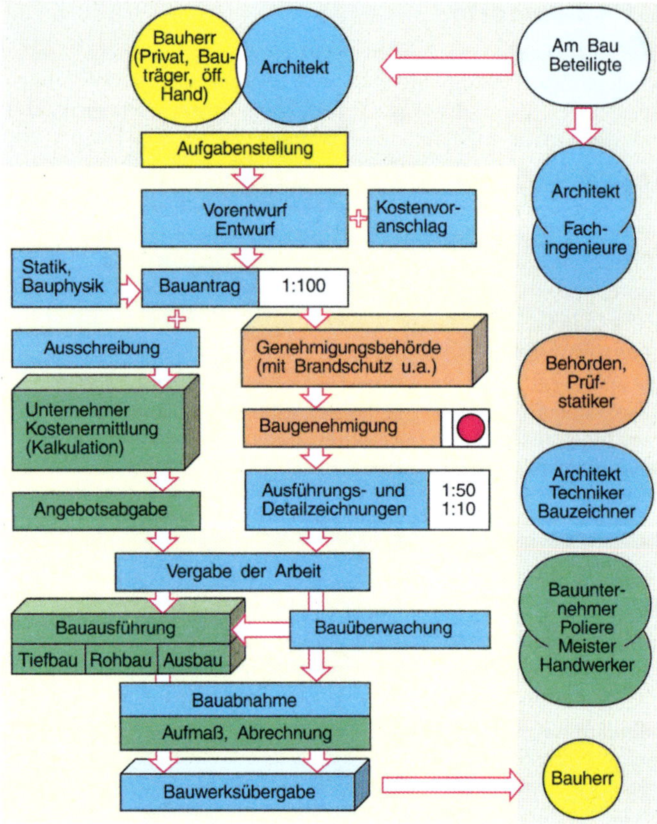

Darstellung der Bauplanung und des Bauablaufs

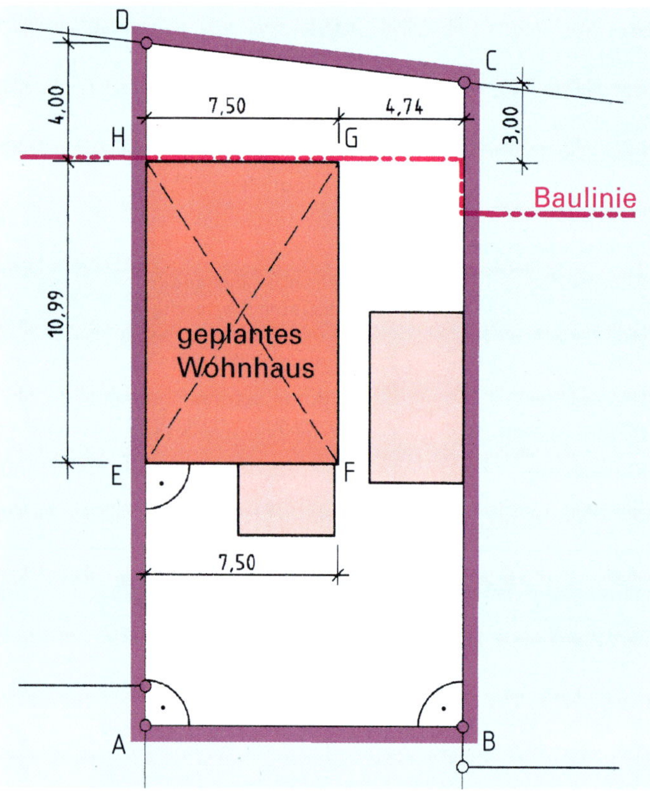

Auszug aus dem Lageplan eines Bauantrages für ein Reihenhaus

Die **Ausschreibung** der Arbeiten erfolgt nach Abschluss der Planung oder nach Eintreffen der Baugenehmigung. Dazu erstellt
.3 der Architekt die **Leistungsverzeichnisse**. Dies sind Zusammenstellungen der verschiedenen Arbeiten, die bei der Ausführung des Bauwerks anfallen. Der Unternehmer füllt die Verzeichnisse aus, setzt die Preise ein und fertigt damit ein Angebot an. Unter Umständen braucht er dazu Ausführungszeichnungen. Zur Sicherung von Festpreisen und zur Einhaltung von Fristen werden mit den Unternehmern **Bauverträge** abgeschlossen. Weil Terminüberschreitungen eine Vielzahl negativer Folgen auslösen, werden sie zum Teil mit hohen Vertragsstrafen, sogenannten **Konventionalstrafen**, geahndet.

Die **Vergabe der Arbeiten** muss so rechtzeitig erfolgen, dass der Unternehmer Zeit genug hat, die nötigen Vorbereitungen für den Beginn der Arbeiten zu treffen. Der Architekt oder Fachingenieur holt für die gleiche Arbeit Angebote verschiedener Unternehmer ein. Bei der Angebotseröffnung werden die Preise der einzelnen Unternehmer verglichen. Für den Zuschlag, d.h. die Wahl des Unternehmers, sind neben den Preisen die Leistungsfähigkeit der Firma, die zu erwartende Qualität der Arbeiten und der mögliche Zeitraum für die Beendigung der Arbeiten mit entscheidend.

Unter Ausschreibung versteht man die Weitergabe der vom Architekten aufgestellten Leistungsverzeichnisse an die einzelnen Unternehmer, die ihrerseits Preisangebote einreichen.

1.2.2 Maßstäbe

Der Bau des Reihenhauses erfolgt anhand vieler Pläne. Die Bauteile des Reihenhauses können zeichnerisch nicht in der wirklichen Größe, sondern nur verkleinert abgebildet werden. Da dabei die Proportionen erhalten bleiben sollen, wird die Verkleinerung in einem bestimmten Verhältnis ausgeführt. Dieses Verhältnis wird als Maßstab auf den Plänen angegeben. Unter dem **Maßstab 1:*n*** versteht man das Verhältnis, in dem eine Strecke vergrößert oder verkleinert dargestellt wird. Die Zahl ***n*** wird als **Verhältniszahl** bezeichnet. **1** bedeutet dabei die **Länge in der Zeichnung**, ***n*** bedeutet dabei die **wirkliche Länge** und gibt an, welches Vielfache bzw. welcher Teil der Zeichnungslänge der wirklichen Länge entspricht. Bei $n > 1$ handelt es sich also um eine Verkleinerung und bei $n = 1$ handelt es sich um eine Darstellung in natürlicher Größe.

Pos. Nr.	Menge	Gegenstand	Preis je Einheit		Betrag	
			€	C	€	C
		ROHBAUARBEITEN				
1		**BAUSTELLENEINRICHTUNG**				
1.1	1,000	pauschal Einrichten, Vorhalten über die vereinbarte Leistungszeit sowie Räumen der Baustelle und Wiederherstellen des Geländes einschl. Entfernen von Fundamenten und Verunreinigung, mit folgenden in den Pauschalpreis einzurechnenden Leistungen: – Baustraße, Bauweg – Lager- und Arbeitsplatz – Verkehrssicherungseinrichtung einschl. Leistung zur Verkehrssicherung – Baustellenbeleuchtung – Baustrom, Bauwasser, Bauabwasser einschl. Verteilung und Anschlussleitung – Kommunikationseinrichtung – Tages- und Wohnunterkunft einschl. Sanitäreinrichtung – Lagerraum, Werkstatt, Magazin, Unterstelleinrichtung – Bauzaun, Schutzwand, Schutzdach – Bauschild – Maschinen, Geräte Leistungszeit: ..... Monate				
		BAUSTELLENEINRICHTUNG PAUSCHAL				
2		**ERDARBEITEN**				
2.1	80,000	m² Oberboden abtragen und nach Angabe der Bauleitung im Bereich der Baustelle in Mieten aufsetzen; Mengenermittlung nach Aufmaß an der Entnahmestelle. Abtragsdicke: i.M. 30 cm Entfernung zur Lagerstelle: i.M. 50 m				
2.2	120,000	m³ Baugrube profilgerecht ausheben und Grobplanum herstellen. Das Aushubmaterial ist zu entsorgen. Aushubtiefe: ..... m Homogenbereich: Bogengruppe SW nach DIN 18196 Massenanteil Steine und Blöcke < 5 % Lagerungsdichte I_D = 0,3 ... 0,7 %				
		SUMME ERDARBEITEN				
3		**BETONARBEITEN**				
3.1	60,000	m² Sauberkeitsschicht aus unbewehrtem Beton C 8/10 unter Gründungsbauteilen aller Art (Einzel- und Streifenfundamente, Boden- und Fundamentplatten) Beton: C 8/10 Dicke: 5 ... 10 cm				
3.2	6,000	m³ Streifenfundamente aus unbewehrtem Beton, beidseitig geschalt; Schalung in gesonderter Position. Beton: C 12/15 Abmessung:				
3.3	60,000	m² Kiesfilterschicht, kapillarbrechend, unter Stahlbeton-Bodenplatte etc. einbauen und verdichten. Körnung: 16 ... 32 mm Dicke: 15 ... 30 cm				
		SUMME BETONARBEITEN				
4		**MAUERARBEITEN**				
4.1	35,000	m² Außenmauerwerk (*d* = 36,5 cm / 12 DF) Leichthochlochziegel-Mauerwerk der einschaligen Außenwand nach DIN EN 771 und Zulassungsbescheid. Die Ziegel sind entsprechend der Leistungsbeschreibung mit Dünnbettmörtel gedeckelt, entsprechend dem Zulassungsbescheid Z-17.1-1021 und EC-6-Kommentar, DIN EN 1996, zu vermauern, einschl. Ergänzungs- und Ausgleichsziegel. Mauerwerk, mörtelfreie Stoßfugenverzahnung, Dünnbettmörtel. Rohdichteklasse: 0,90 Festigkeitsklasse: 12 Bemessungswert der Wärmeleitfähigkeit λ: 0,10 W/(mK) Charakteristische Festigkeit f_k: 2,8 N/mm² Wanddicke: d = 36,5 cm Format: 12 DF (247/365/249 mm)				
4.2	50,000	m² Kalksandsteinmauerwerk aus Hohlblocksteinen für Innenwände. Steinart: KSL-R Festigkeitsklasse: 12 Rohdichteklasse: 1,4 Wärmeleitwert: ..... Format: ..... Mörtelgruppe: II a Wanddicke: 11,5 cm				
		SUMME MAUERARBEITEN				

Leistungsverzeichnis (Ausschnitt) mit Standardtexten

Beim Zeichnen müssen wirkliche Maße in Zeichenmaße umgerechnet werden; für Ausführung und Abrechnung müssen Zeichenmaße in wirkliche Maße umgerechnet werden. Da beide Male ein Verhältnis und eine dritte Größe gegeben sind, lassen sich die Aufgaben mit dem Dreisatz lösen. Dieser wird dadurch vereinfacht, dass Zeichenmaßstäbe immer im Verhältnis 1:... angegeben werden. Für die Umrechnung wirklicher Maße in Zeichenmaße ergibt sich:

i 6.3
i 7.4.1

Beispiel:
In welcher Abmessung ist ein Streifenfundament mit einer Länge von 7,50 m im Fundamentplan 1:50 darzustellen?
Lösung:
Zeichnungslänge = 7,50 m/50 = 0,15 m = 15 cm

Aufgaben:
1. Messen Sie die zeichnerischen Längen des Reihenhauses aus dem Lageplan (s. 1.2.1). Die wahren Längen betragen 10,99 m und 7,50 m. Berechnen Sie die Verhältniszahl für den abgebildeten Lageplan.
2. Ermitteln Sie aus den zeichnerischen Längen und der Verhältniszahl die wahre Grundstücksgröße.

1.2.3 Bauzeitenplan

Der Bauzeitenplan stellt den zeitlichen Ablauf der Arbeiten an einem Bauwerk dar. Jeder Unternehmer kann darin sehen, wann er mit seinen Arbeiten beginnen und wann er fertig sein muss. Beim Bauzeitenplan einer Baufirma gibt die Arbeitsvorbereitung die zeitlichen Soll-Werte für die einzelnen Gewerke vor. Die Ist-Werte sind die tatsächlich aufgewendeten Arbeitszeiten. Sie werden in den Bauzeitenplan eingetragen.

Der Bauzeitenplan regelt den Ablauf der Arbeiten der einzelnen Unternehmer.

1.2.4 Abrechnung

Die **Abrechnung** ist in der **„Vergabe- und Vertragsordnung für Bauleistungen" (VOB)** geregelt. Danach hat der Unternehmer seine Leistungen **prüfbar**, d. h. Art und Umfang der Leistungen durch Massenberechnungen, Zeichnungen und andere Belege nachzuweisen.

Zusammenfassung

Unter Ausschreibung versteht man die Weitergabe der vom Architekten aufgestellten Leistungsverzeichnisse an die einzelnen Bauunternehmer, die ihrerseits Preisangebote einreichen.

Mit der Bauausführung darf erst nach der Baugenehmigung begonnen werden.

Mengenberechnungen und Zeichnungen bilden die Grundlage der Abrechnung.

VOB bedeutet Vergabe- und Vertragsordnung für Bauleistungen.

Der Bauzeitenplan regelt den Ablauf der Arbeiten der einzelnen Unternehmer.

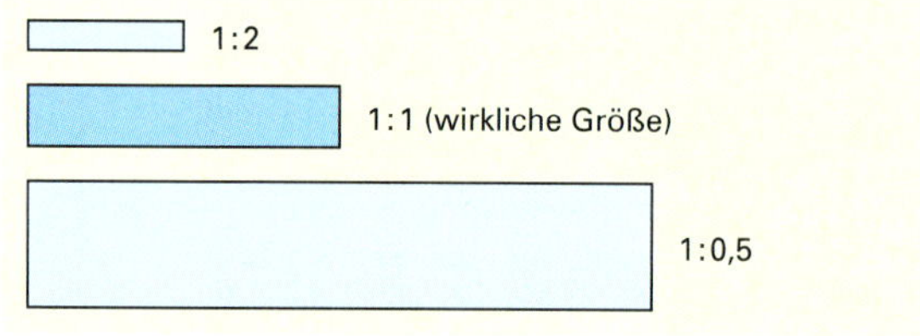

Auswirkung der Maßstabsfaktoren

Umrechnung wirklicher Maße in Zeichenmaße:

$$\text{Zeichnungslänge} = \frac{\text{wirkliche Länge}}{\text{Verhältniszahl } n}$$

Ist der Maßstab nicht bekannt, so kann bei bekannter Zeichnungslänge und bekannter wahrer Länge der Maßstab errechnet werden:

$$\text{Verhältniszahl } n = \frac{\text{wirkliche Länge}}{\text{Zeichnungslänge}}$$

Für die Umrechnung von Zeichenmaßen in wirkliche Maße ergibt sich:

$$\text{Wirkliche Länge} = \text{Zeichnungslänge} \cdot \text{Verhältniszahl } n$$

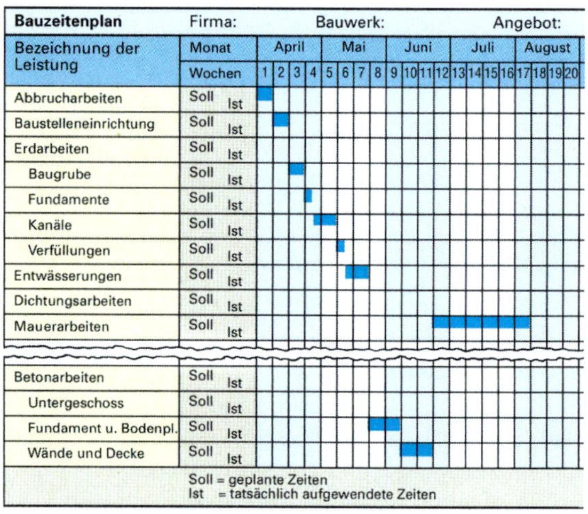

Auszug aus einem Bauzeitenplan

Aufgaben:
1. *Welche Behörden sind an der Prüfung des Bauantrages beteiligt?*
2. *Erklären Sie die Begriffe*
   a) Ausschreibung,
   b) Vergabe.
3. *Wozu dient die Abrechnung von Bauleistungen?*
4. *Fertigen Sie einen Bauzeitenplan an (AT bedeutet Arbeitstage) für die Gewerke Baustelleneinrichtung (2 AT), Erdarbeiten (3 AT), Entwässerungsarbeiten (3 AT), Fundamentarbeiten (2 AT), Betonarbeiten (8 AT), Mauerarbeiten (10 AT) und Zimmerarbeiten (6 AT).*

1.3 Baustelleneinrichtungsplanung

1.3.1 Arbeitsvorbereitung

In der Bauwirtschaft sind, im Gegensatz zur Industrie, ortsfeste Werkstätten oder Fertigungsbetriebe in nur geringem Maße vorhanden. Jede einzelne Baustelle muss neu eingerichtet werden, weil bei jedem Auftrag die örtlichen Gegebenheiten verschieden sind. Der Aufwand für den Einsatz von Maschinen und Geräten sowie der Arbeitskräfte muss so klein wie möglich gehalten werden, um Kosten einzusparen. Es bedarf einer **betrieblichen Arbeitsvorbereitung**, indem Werkstoffbedarfslisten und Verzeichnisse der anfallenden Arbeiten erstellt werden.

Auch der **Einzelne** hat die benötigten Werkstoffe, das Funktionieren der Schutzvorrichtungen an den Maschinen und den Zustand der Werkzeuge zu prüfen.

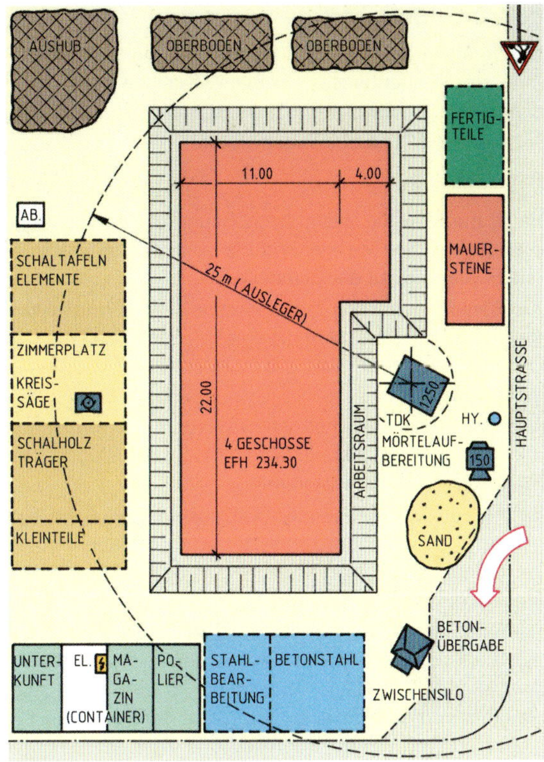

Plan für Baustelleneinrichtung

Baustelle

Bestandteile der Baustelle

Zur Durchführung eines Bauvorhabens müssen die dazu notwendigen Maschinen, Geräte, Werkzeuge, Baumaterialien und Bauhütten, wie Magazine, Mannschaftsräume usw., bereitgestellt werden. Platz und Beschaffenheit des Geländes (eben oder Hanglage) beeinflussen die Einrichtung.

Bei einer größeren Baustelle ist ein wohl überlegter Plan anzufertigen. Besonders die Transportwege innerhalb der Baustelle wirken sich auf die Transportzeiten und daher auf die Kosten aus. Plätze für Holz, Zuschlag, Stahl, Bindemittel, Geräteschuppen, Kran usw. müssen entsprechend angeordnet, Wasser- und Stromversorgung gesichert werden. Für jede Baustelle ist eine gut zugängliche **Zufahrt** notwendig und wichtig. Sie soll wetterfest ausgebaut und nicht zu steil sein. Wenn möglich, ist die Zufahrt als **Durchfahrt** anzulegen, dies ist in jedem Fall günstiger als eine Zufahrt mit Wendeplatte oder eine Zufahrt, aus der die Lkw rückwärts wieder herausfahren müssen. Bei Hochbauten und Ingenieurbauten mit **Kranbetrieb** richtet sich die weitere Einrichtung wesentlich nach der Anordnung des Krans. Im Schwenkbereich des Krans müssen liegen:

- das gesamte Bauwerk;
- die Lager für Stahl, Steine, Fertigteile und andere schwere Baustoffe;
- ein Teil der Zufahrt als Ladezone;
- evtl. auf der Baustelle vorhandene Mischer bzw. Übergabesilos usw.

Außerhalb des Schwenkbereichs sollten liegen:

- die Unterkünfte;
- mindestens ein Teil des Zimmerplatzes;
- der Oberboden usw.

Bei der Zuordnung der einzelnen Einrichtungsgegenstände untereinander sind die Wege möglichst gering zu halten, so sollte z. B. das Magazin dem Zimmerplatz zugeordnet werden, und der Weg von der Unterkunft zur eigentlichen Arbeitsstelle sollte nicht länger als höchstens 150 m sein. Sonst müssten gegebenenfalls Transportmittel für den Transport der Arbeitskräfte eingesetzt werden. Gebäude der Baustelleneinrichtung sollten möglichst geschlossen angelegt werden, weil dann die Elektro- und Wasserinstallationen billiger erstellt werden können. Bei **innerörtlichen Baustellen** steht in der Regel nicht genügend Platz zur Verfügung, um Baustoffe auf der Baustelle zu lagern. Hier werden Baustoffe und Bauteile nach genauen **Ablaufplänen** zu dem Zeitpunkt angeliefert, an dem sie benötigt werden, und mit dem Kran vom Lkw direkt zur Einbaustelle verbracht (Just-in-time-Baustelle).

Eine gut geplante Baustelleneinrichtung hilft Wege und damit Kosten sparen und verbessert die Arbeitsbedingungen sowie die Arbeitssicherheit.

1.3.2 Baugeräte

L 2.2.2
L 4.3.5
L 4.6.2

Baugeräte erleichtern den Baufachleuten die Herstellung des Reihenhauses. Erdbaugeräte werden in Abschnitt 2.2.2, Betonverdichtungsgeräte in 4.3.5 und Schalungsgeräte in 4.6.2 beschrieben.

Baukrane

Baukrane sind die wichtigsten Baugeräte im Hochbau. Sie übernehmen weitgehend die vertikale und horizontale Förderung auf der Baustelle.

Als Baukrane werden fast ausschließlich **Turmdrehkrane** eingesetzt. Dabei sind die verschiedenen Bauarten zu unterscheiden, die jeweils besonderen Anforderungen entsprechen.

Nach der Auslegerkonstruktion werden Turmdrehkrane mit Katzausleger, Nadelausleger (Verstellausleger) und Knickausleger unterschieden.

Beim heute überwiegenden **Katzausleger** wird die aufgenommene Last horizontal bewegt und kann durch Verfahren der Laufkatze verhältnismäßig nahe an den Mast herangebracht werden.

Die **Nutzlast** eines Krans hängt außer von der Konstruktion auch von der jeweiligen Ausladung ab. Je größer die Ausladung ist, desto geringer ist die Nutzlast. Zum Ausgleich der aufgenommenen Last dient der Ballast. Er besteht meist aus Betonfertigteilen und kann im Untergestell oder auf Höhe des Auslegers angebracht sein. Wegen der heute üblichen großen Aktionsfläche der Turmdrehkrane mit Katzausleger ist das Untergestell nur noch selten als Fahrwerk ausgebildet. Angetrieben werden die Krane (mit Ausnahme der Fahrzeugkrane) elektrisch.

Die Wirtschaftlichkeit des Kraneinsatzes ist auch durch die Aufstellzeit bedingt, die bei modernen **Schnellaufbaukranen** nur noch wenige Stunden beträgt. Bei Kurzeinsätzen wird auf **Fahrzeugkrane** zurückgegriffen.

Autokrane sind Baukrane auf Lkw-Fahrgestellen, **Mobilkrane** sind auf selbst fahrenden Unterwagen montiert. Häufig werden Teleskopausleger verwendet, wodurch ein verhältnismäßig großer Arbeitsbereich entsteht.

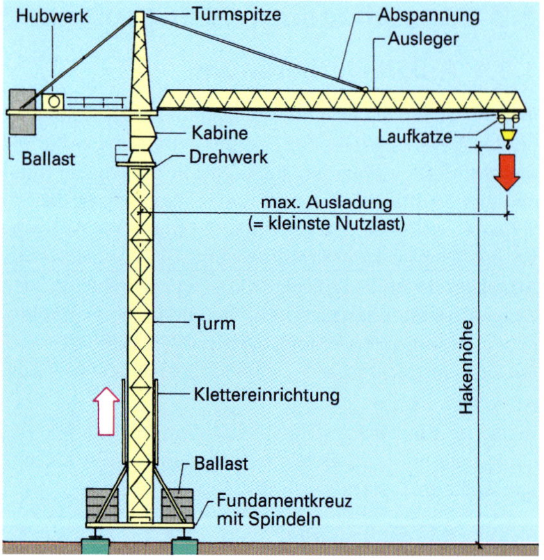

Turmdrehkran mit Katzausleger (oben drehend)

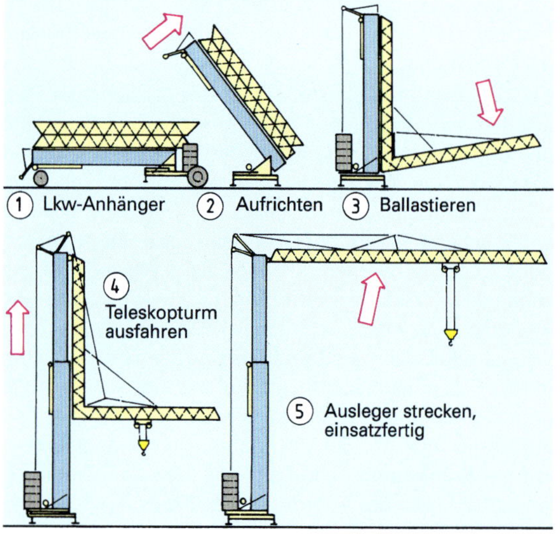

Aufbauphasen für Schnellaufbaukrane (unten drehend)

Kranwerkzeug

Entsprechend der Vielfalt der mit dem Baukran zu fördernden Baustoffe und Bauteile gibt es jeweils entsprechendes **Kranwerkzeug**. Neben **Sicherheitslasthaken**, Seilen, Ketten und Bändern sind dies vor allem **Lastaufnahmemittel** wie Steinkörbe, Steingabeln, Steingreifer, Zangen, Klemmen, Einseilgreifer, Köcher für Langmaterialien, Mörtelcontainer und Betonierkübel.

Personen dürfen mit Lastaufnahmemitteln grundsätzlich nicht befördert werden. Einzige Ausnahme sind Betonierkübel, wenn der Arbeitsplatz entsprechend gesichert und die Personen angeseilt sind.

> Heute werden überwiegend Krane mit Katzausleger eingesetzt. Autokrane sind Baukrane auf Lkw-Fahrgestellen.

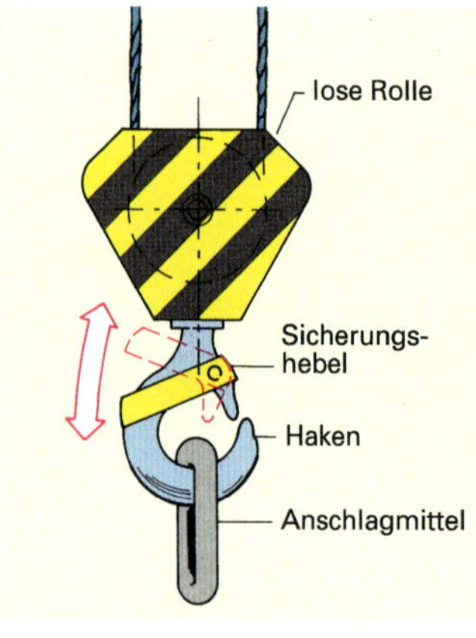

Sicherheitslasthaken

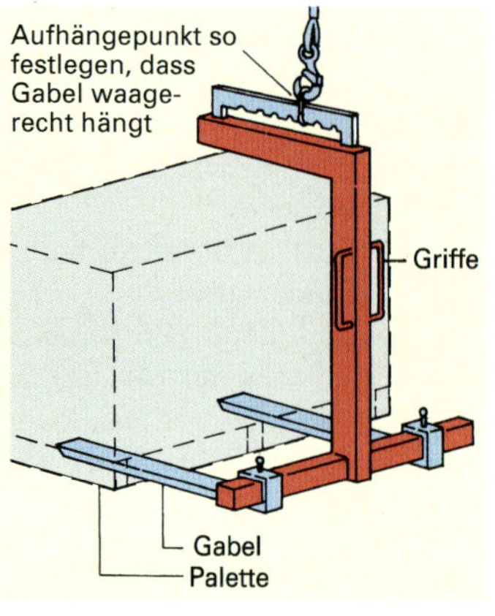

Steingabel

Betonpumpen

Das Betonieren mit Krankübeln oder Förderbändern wird immer mehr durch das Betonieren mit der Betonpumpe verdrängt. Dabei wird der Beton mittels Pumpen durch Rohre von der Herstellungsstelle oder einem Aufgabekübel zur Einbaustelle gefördert. Dies bietet vor allem bei beengten und schwierigen Platzverhältnissen Vorteile, außerdem werden für die Förderung keine zusätzlichen Arbeitskräfte benötigt.

Allerdings ist nicht jeder Beton zum Pumpen geeignet. Es müssen ein mittlerer Wasserzementwert, eine geeignete Sieblinie und ein Mindestgehalt an Feinteilen eingehalten werden.

Stationäre Betonpumpen haben schon Förderhöhen von über 175 Metern und mehrere hundert Meter Förderweite überwunden. Da die Pumpenstöße nicht auf die Schalung übertragen werden dürfen, darf die Rohrleitung nicht fest mit dem Schalgerüst verbunden sein. Die Rohre müssen schonend behandelt werden; Verformungen können zu zeitraubenden Verstopfern führen. Die Verteilung des Betons erfolgt über einen stationären Verteilermast.

3.5 In starkem Maße haben sich **Autobetonpumpen mit Verteilermast** durchgesetzt. Sie sind nur während des Betonierens auf der Baustelle und erreichen durch einen Schlauchschwenkbereich von bis zu 60 Metern auch schwer zugängliche Stellen. Häufig werden sie in Verbindung mit Transportbeton eingesetzt, sodass auf der Baustelle keinerlei Geräte zur Herstellung und Förderung von Beton vorgehalten werden müssen. Für die Autobetonpumpe muss eine ausreichend große Stellfläche auf der Baustelle vorgesehen werden. Das Fahrzeug wird durch hydraulisch ausfahrbare Stützen gegen Kippen während des Pumpvorgangs gesichert. Bei beengten Baustellenverhältnissen wird ein Pumpenmischer eingesetzt. Auf dem Fahrzeuggestell sind die Betonpumpe und der Verteilermast sowie eine Mischtrommel montiert. Stationäre Betonpumpen und Autobetonpumpen werden meist für die Dauer des Betoniervorgangs oder der Betonarbeiten gemietet.

> Betonpumpen sind ein moderner und wirtschaftlicher Weg der Betonförderung.

Autobetonpumpe mit Verteilermast (fahrbereit)

Autobetonpumpe mit Verteilermast

Kleinhebezeuge

Als Kleinhebezeuge zum Heben nicht allzu schwerer Lasten werden Rollen und Flaschenzüge in verschiedenen Ausführungen verwendet. Neben der einfachen Rolle haben sogenannte Schwenkarm-Hebezeuge, vor allem bei Umbauten und Sanierungen, eine gewisse Bedeutung erlangt. Bei diesen kann der Ausleger eingeschwenkt werden. Dadurch wird ein sicheres An- und Abschlagen der Last ermöglicht.

> Wenn nur geringe Lasten zu heben sind, werden Kleinhebezeuge eingesetzt. Hier ist insbesondere auf gute Befestigung und Verankerung zu achten.

Schwenkarm-Hebezeug

1.3.3 Baustellensicherung

Der Bauunternehmer ist verpflichtet, die von ihm betriebenen Baustellen ausreichend zu sichern. Dies gilt auch für die Baustelle Reihenhaus. Da er aber nicht von sich aus in die Verkehrsregelung eingreifen darf, muss vor Aufnahme von Bauarbeiten, die den Straßenverkehr beeinträchtigen, bei der zuständigen Behörde, in der Regel der **Straßenbaubehörde**, ein Verkehrszeichenplan vorgelegt werden. Die Behörde prüft diesen Plan und genehmigt ihn, gegebenenfalls mit besonderen Auflagen.

Die genehmigten Maßnahmen sind vom Bauunternehmen verantwortlich durchzuführen. Verstöße werden mit **Bußgeld** geahndet. Außerdem kann der Unternehmer bei Unfällen zum **Schadenersatz** herangezogen werden.

Baustellen werden durch Verkehrszeichen, Absperrgeräte, Lichtsignalanlagen und Warnleuchten gesichert.

Als **Verkehrszeichen** kommen nur die in der Straßenverkehrsordnung aufgeführten Verkehrszeichen in Betracht. Sie müssen rückstrahlend und erforderlichenfalls beleuchtet sein. Verkehrszeichen sind nur dann sinnvoll, wenn sie gut erkennbar sind. Dazu gehört, dass sie gut sichtbar auf der rechten Straßenseite aufgestellt und dass sie sauber und gut lesbar sind. Verkehrszeichen dürfen die Sicht nicht behindern und müssen eindeutig sein. Ein Schilderwald schafft oft mehr Verwirrung als Klarheit.

Die Verkehrszeichen müssen stets rechtzeitig vor dem Hindernis aufgestellt werden, damit der Kraftfahrer genügend Zeit hat, um zu reagieren. Dies gilt insbesondere bei Geschwindigkeitsbegrenzungen. Geschwindigkeitsbegrenzungen dürfen nicht abrupt erfolgen, sondern bei schnellem Verkehr muss der Verkehr stufenweise auf die zulässige Geschwindigkeit verlangsamt werden. Hierbei ist eine Verlangsamung um jeweils 20 km/h üblich, diese Art der Verkehrsverlangsamung wird als **Geschwindigkeitstrichter** bezeichnet.

Bei starkem und schnellem Verkehr sollten die Verkehrsschilder beidseits der Straße aufgestellt werden.

Verkehrsschilder müssen standsicher aufgestellt werden, sodass sie weder durch Wind noch durch leichte Berührungen umgeworfen werden können.

Absperrgeräte dienen der Warnung, der Führung des Verkehrs und der Absperrung. Die wichtigsten Absperrgeräte sind:

- Absperrschranken,
- fahrbare Absperrtafeln,
- Leitbaken, Warnbaken,
- Leitkegel.

Einige an Baustellen gebräuchliche Verkehrsschilder

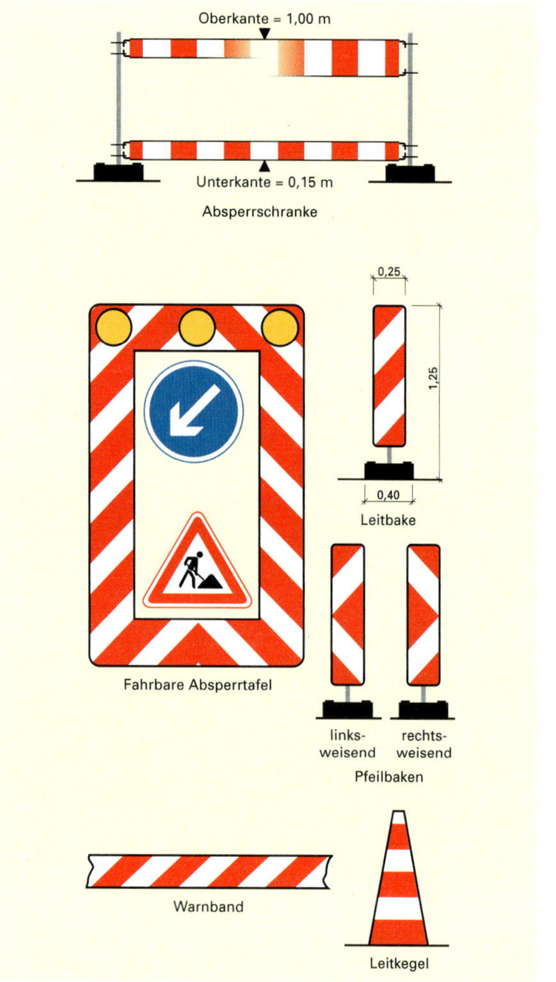

Absperrgeräte und Warnband

Rot-weiße **Warnbänder** können an Arbeitsstellen innerorts zusätzlich zur optischen Führung und Kennzeichnung eingesetzt werden.

Ebenfalls zusätzlich oder zur Vorwarnung durch Warnposten können weiß-rot-weiße **Warnfahnen** verwendet werden.

Die vorgeschriebenen Abmessungen der Verkehrseinrichtungen sind teilweise in der Zeichnung angegeben. Selbstverständlich müssen auch alle Verkehrseinrichtungen deutlich sichtbar aufgestellt und stets gut erkennbar sein. Die Sichtflächen von Absperrschranken, -tafeln und Baken müssen rückstrahlend sein.

Lichtsignalanlagen dienen meist der Verkehrsregelung bei halbseitiger Sperrung der Straße. Die Phasendauer muss verstellbar sein, da häufig morgens und abends in verschiedenen Richtungen der stärkere Verkehr herrscht. Auch bei Signalanlagen muss natürlich auf gut sichtbare Aufstellung geachtet werden. Gegebenenfalls sind die Signalanlagen rechtzeitig vorher durch Warnschilder anzuzeigen.

Die Kennzeichnung der Baustelle mit **Warnleuchten** ist außerordentlich wichtig, da schlecht beleuchtete Baustellen nachts zu schweren Unfällen führen können. Die Warnleuchten müssen hell sein, und es muss gesichert sein, dass sie die ganze Nacht brennen. Dies wird heute in der Regel durch elektrischen Betrieb erreicht.

Beim Sperren der gesamten Fahrbahn sind mindestens **5 rote Warnleuchten** auf der Absperrschranke bzw. den Leitbaken anzubringen. Werden nur einzelne Fahrstreifen gesperrt, dann sind pro Fahrstreifen mindestens **3 gelbe Warnleuchten** anzubringen. Die Warnleuchten sollten nicht in einer Linie, sondern versetzt angebracht werden, damit eine Verwechslung mit den Rücklichtern eines Fahrzeuges unmöglich wird. Zur rechtzeitigen Warnung der Verkehrsteilnehmer können auch gelbe **Vorwarn-Blinkleuchten** verwendet werden.

Regelverkehrspläne für typische Baustellen sind in den **Richtlinien für die Sicherung von Arbeitsstellen an Straßen (RSA)** (www.rsa-online.com) enthalten.

Im dargestellten Verkehrszeichenplan wird eine beispielhafte Lösung für eine bestimmte Bausituation angegeben. Es sind jedoch stets in erster Linie die örtlichen Gegebenheiten zu berücksichtigen.

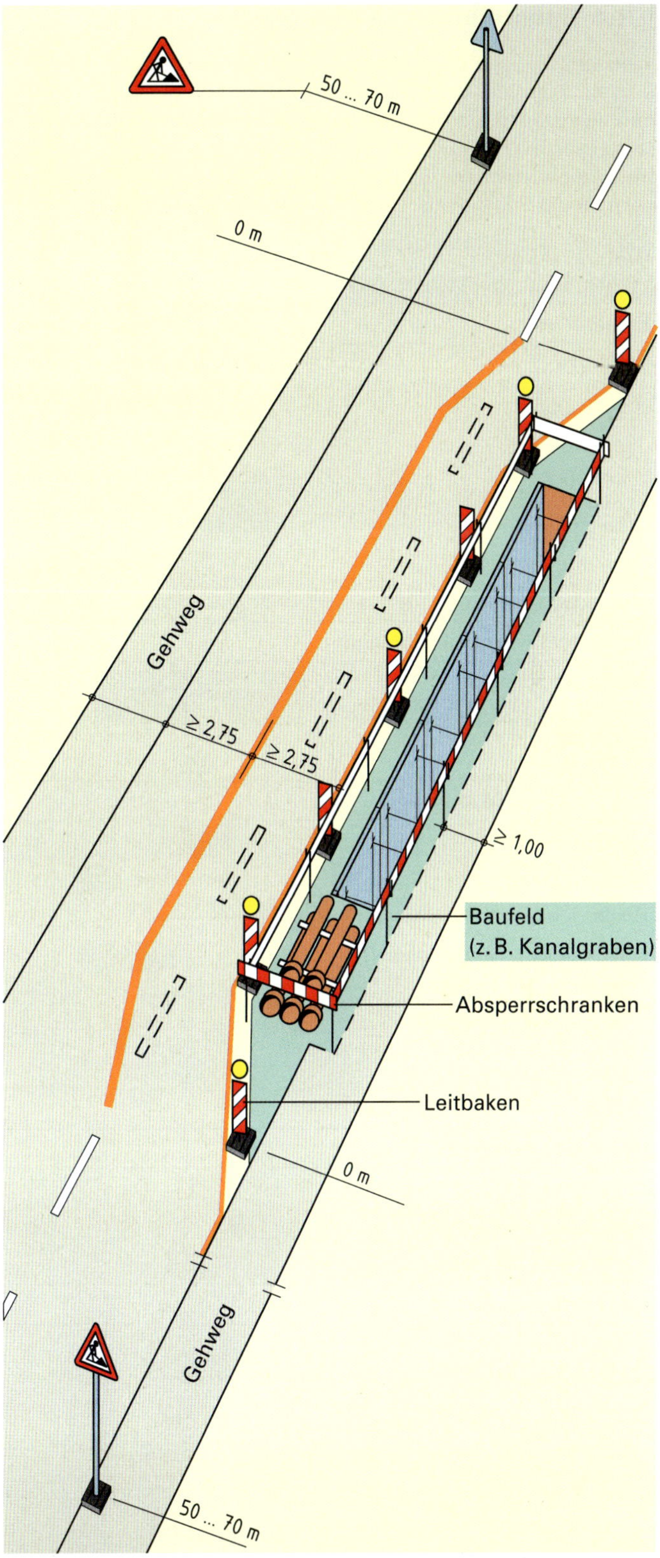

Verkehrszeichenplan für eine innerörtliche Arbeitsstelle mit geringer Einengung

Verkehrszeichen und Verkehrseinrichtungen müssen stets gut sichtbar, gut erkennbar und eindeutig sein. Die Energieversorgung von Lichtsignal- und Warnblinkanlagen muss sichergestellt sein.

1.3.4 Baustelleneinrichtungsplan

Nachdem die Lage des Gebäudes auf dem Grundstück durch die Planer vorgegeben und die Bauverfahren festgelegt wurden, wählt die Baufirma die Baugeräte und die Einrichtungsgegenstände aus, die auf der Baustelle zum Einsatz kommen werden. Danach wird unter Berücksichtigung der örtlichen Gegebenheiten der Baustelleneinrichtungsplan gezeichnet. In die Planung sind die Straßenverkehrsverhältnisse und die Ver- und Entsorgungsmöglichkeiten der Baustelle mit einzubeziehen. Die Tabelle enthält Hinweise zu den Bestandteilen und den Einrichtungsgegenständen unserer Baustelle für das Reihenhaus. Der BE-Plan ist ein Beispiel für die Einrichtung einer Baustelle auf einem großen Grundstück.

Bestandteile und Einrichtungsgegenstände	Symbol	Platzbedarf	Bemerkungen, Lage
Erdarbeiten			
Baugrube Böschungen		Außenmaße des Gebäudes Böschungswinkel je nach Bodenart	einschließlich Arbeitsraum lastfreien Streifen beachten
Oberboden Aushub zum Verfüllen des Arbeitsraums		≥ 8 m^2 ~ 2 m^3/m Arbeitsraum	Mutterboden in Mieten bei Bedarf abfahren und zwischenlagern
Schnurgerüst		1 m Abstand	ab Böschungsrand
Einfriedung			mindestens entlang Gehweg
Sozial- und Sanitäreinrichtungen			
Arbeitsraum Polier	Personal / Polier Tel.	≥ 6 m^2	Bauwagen oder Container
Aufenthaltsraum Belegschaft		≥ 12 m^2	je nach Belegschaftsanzahl
Toilette	WC	2 m^2	außerhalb Schwenkbereich Kran
Baugeräte und Maschinen			
Magazin	Magazin	≥ 8 m^2	Werkzeug, Kleingeräte
Kran	R	≥ 16 m^2	4 × 4 m, Ausleger ≥ 25 m
Betonpumpe mit Verteilermast	R	15 m^2	2,5 × 6 m, Abstützung beachten
Lkw-Stellplatz, Fahrmischer		15 m^2	Zufahrtsbereich
Kreissäge		6 m^2	auf Geschossdecke
Krankübel, Steingabel		je 1 m^2	Nähe Kran
Mörtelsilo		4 m^2	Zufahrtsbereich
Gerüste			nach Anlieferung aufstellen
Ver- und Entsorgung			
Baustromverteiler		1 m^2	geschützte Lage
Hydrant, Kanalanschluss	Hy	je 0,5 m^2	Zufahrtsbereich
Schuttmulde, klein	Schutt	4 m^2	Zufahrtsbereich, abschließbar
Lagerflächen			
Schalmaterial – Schaltafeln (2 Paletten) – Rahmentafeln (2 Paletten) – Decken- und Richtstützen – Kleinteile – Bretter, Kanthölzer – Schalungsträger	Schalung Schalung	3 m^2 3 m^2 3 m^2 1 m^2 4 m^2 4 m^2	Schalmaterial für UG-Außenwände nach Einsatz abtransportiert in Stapelboxen dto. gestapelt dto.
Mauersteine (≥ 6 Paletten)	M.-Steine	6 m^2	je 2 Paletten gestapelt
Bewehrung – Betonstabstahl, teils gebogen – Betonstahlmatten		8 m^2 6 m^2	getrennt nach Durchmesser in Stellvorrichtung
Betonfertigteile		6 m^2	Unterzüge, Treppen („Just in time")

Hinweise zur Baustelleneinrichtung

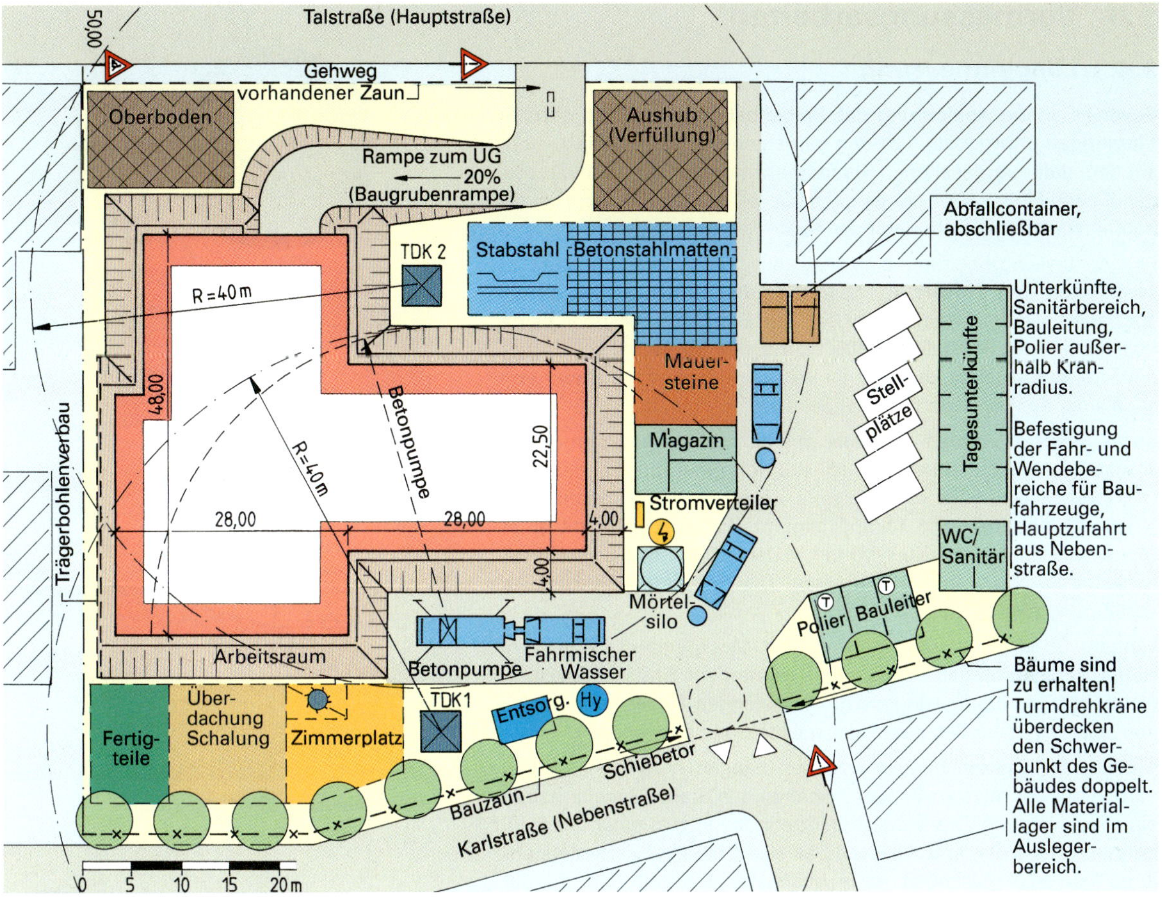

Baustelleneinrichtungsplan (BE-Plan) für ein Industriegebäude

Zusammenfassung

Die Lager- und Stellflächen für die Bestandteile der Baustelle müssen ausreichend bemessen sein. Die Baustelle ist auch gegen das Betreten von Unbefugten zu sichern.

Eine gut geplante Baustelleneinrichtung hilft Wege und damit Kosten sparen und verbessert die Arbeitsbedingungen sowie die Arbeitssicherheit.

Baukrane werden überwiegend mit Katzausleger ausgerüstet. Schnellaufbaukrane sind nach kurzer Aufstellzeit einsatzbereit. Ein Kran muss alle Stellen des Bauplatzes erreichen können, an denen Lasten aufzunehmen oder abzusetzen sind. Autokrane sind Baukrane auf Lkw-Fahrgestellen.

Betonpumpen ermöglichen die wirtschaftliche Betonförderung.

Wenn nur geringe Lasten zu heben sind, werden Kleinhebezeuge eingesetzt.

Verkehrszeichen und Verkehrseinrichtungen müssen stets gut sichtbar, gut erkennbar und eindeutig sein. Die Energieversorgung von Lichtsignal- und Warnblinkanlagen ist sicherzustellen.

Aufgaben:

1. *Erläutern Sie*
   a) *die Arbeitsvorbereitung des Einzelnen,*
   b) *die betriebliche Arbeitsvorbereitung.*
2. *Worauf ist bei der Bemessung der Lager- und Stellflächen zu achten?*
3. *Erklären Sie den Begriff „Just in time" für die Anlieferung von Baustoffen, Bauteilen und Geräten zur Baustelle.*
4. *Aus dem Baustelleneinrichtungsplan für ein Industriegebäude sind folgende Größen zu ermitteln:*
   a) *Breite der Baustellenzufahrt von der Karlstraße,*
   b) *die Länge des Bauzaunes,*
   c) *die Größe der Stellfläche für die Betonpumpe und den Fahrmischer,*
   d) *die Größe der Lagerflächen.*
5. *Baustelleneinrichtungsplan für das Reihenhaus:*
   a) *übertragen Sie den Lageplan des Reihenhauses auf ein A4-Blatt (Maßstab 1 : 100),*
   b) *entwerfen Sie in Arbeitsgruppen den Baustelleneinrichtungsplan mit den Bestandteilen Baugrube und Schnurgerüst sowie den Standorten für Bauwagen, Kran und Lkw,*
   c) *erörtern Sie die Ergebnisse und vervollkommnen Sie die Lösungsvorschläge.*

1.4 Vermessungsarbeiten

1.4.1 Längenmessung

Bevor es an die Ausführung des Reihenhauses geht, sind genaue Messungen erforderlich, um den geplanten Grundriss maßgerecht auf dem dafür vorgesehenen Standort abzustecken. Werden die vorgegebenen Planmaße nicht eingehalten, so entstehen zwangsläufig Baufehler, deren Beseitigung hohe Kosten verursacht.

Längenmessung bedeutet, eine Strecke mit einer Längeneinheit zu vergleichen. Die **Einheit der Länge ist der Meter**. Es wurde ursprünglich als der 40-millionste Teil des Erdumfanges, über beide Pole gemessen, festgelegt. 1985 wurde der Meter als die Länge der Strecke festgelegt, die Licht im Vakuum während der Dauer von etwa einer dreihundertmillionstel Sekunde durchläuft.

Kurze Strecken werden meistens mit dem **Meterstab** gemessen. Meterstäbe sind fast ausschließlich aus Holz gefertigte Gliederstäbe von zwei Meter Länge. Die gesamte Länge ist in Zentimeter und Millimeter unterteilt. Die Teilung beginnt an den Enden mit einer Metalleinfassung. Deshalb wird der Meterstab beim Messen direkt angestoßen. Stets geradlinig messen! Die Gerade ist die kürzeste Verbindung zweier Punkte.

Längere Strecken werden meistens mit Messbändern gemessen. Hölzerne **Messstangen** (Messlatten) werden zur Streckenmessung nicht mehr so häufig eingesetzt. Messstangen haben eine Länge von 5,00 m und werden paarweise geliefert und verwendet.

Messbänder werden in verschiedenen Längen hergestellt (20, 30 und 50 m). Die meisten Bänder bestehen aus Stahl. Manche haben eine Beschichtung. Die Messbänder befinden sich in einem Aufrollrahmen oder einer Aufrollkapsel. Das Band hat eine Zentimeterteilung. Der erste Dezimeter ist in Millimeter unterteilt. Die Bänder werden bei einer Temperatur von +20 °C und einer Zugspannung von 50 N geeicht. Stahlbänder müssen oft gereinigt, sorgfältig getrocknet und leicht geölt werden, damit sie nicht rosten.

Bei der **Bandmessung** in geneigtem Gelände ist das ausgerollte Band so zu halten, dass sich beide Bandenden in gleicher Höhe befinden (waagerechte Messung). Nur die **waagerechte Länge** entspricht den Maßen des Bauplans. Die waagerechte Länge ist die kürzeste Verbindung zwischen zwei Messungspunkten.

Ein gewisser Durchhang des Bandes ist nicht vermeidbar und beim Eichen des Bandes berücksichtigt worden. Deshalb sollte das Band beim Messen weder zu stark noch zu schwach gespannt werden (etwa 50 N). Zum **Waagerechtmessen** wird die Nullmarke des Bandes genau senkrecht über der Mitte des Messungspunktes abgelotet.

Elektronische Entfernungsmessgeräte (Tachymeter, Totalstationen, Drohnen) gewährleisten hohe Messgenauigkeit und schnelles, wirtschaftliches Messen. Durch eingebaute Anwendungsprogramme (automatische Funktionen) ist die Bedienung vereinfacht. Aufwendige Absteckungen, Überprüfungen und Aufmessungen werden schnell und sicher durchgeführt.

Bei der Längenmessung werden Strecken mit der Längeneinheit Meter verglichen. Stets geradlinig und waagerecht messen.

Bei der Bandmessung muss sich die Nullmarke des Bandes genau über der Mitte des Messungspunktes befinden. Messbänder beim Messen mit etwa 50 N spannen.

Einheiten der Länge
1 m = 10 dm = 100 cm = 1000 mm
1000 m = 1 km

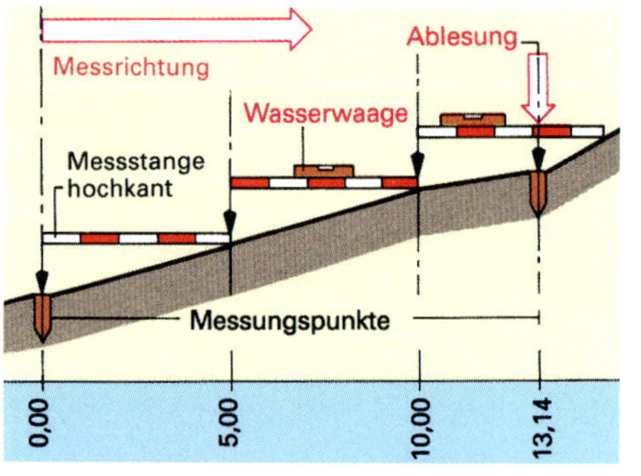

Stangenmessung (Staffelmessung)

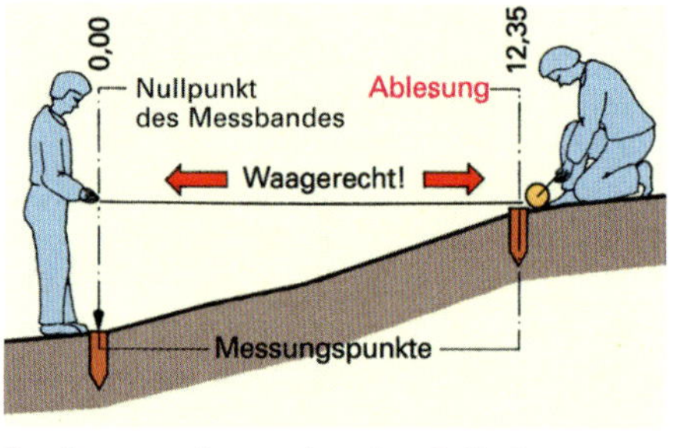

Bandmessung in ansteigendem Gelände

Elektronisches Tachymeter zur Entfernungsmessung

1.4.2 Abstecken von Geraden

Zur Kennzeichnung von Messungspunkten beim Abstecken von Gebäudegrundrissen, Straßen und Kanälen werden **Fluchtstäbe** verwendet. Fluchtstäbe bestehen aus Holz, sind etwa 2 m lang und durch rote und weiße Farbfelder von 50 cm Länge gekennzeichnet. Eine Stahlspitze am unteren Stabende dient zum Einrammen in den Boden. Fluchtstäbe werden senkrecht über Messungspunkten aufgesteckt. Bei langen Messungslinien ist es erforderlich, weitere Fluchtstäbe zwischen die aufgesteckten Stäbe in die Gerade einzuweisen (Zwischenpunkte).

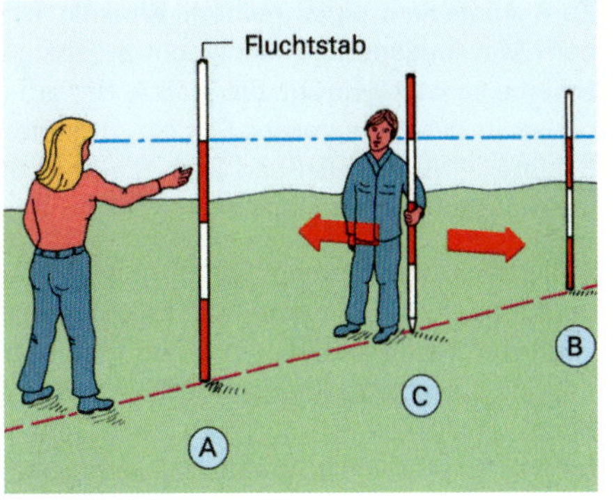

Einfluchten zwischen Stäben

Zum **Einfluchten eines Stabes** stellt sich der Einweisende einige Meter hinter einem Fluchtstab der Messungslinie auf. Durch Zuruf oder Handzeichen weist er den Fluchtstab seines Helfers in die Gerade ein, indem er an den Stäben seitlich entlang schaut (visiert).

Zum Abstecken einer **Messungslinie** ist es erforderlich, dass die Fluchtstäbe genau senkrecht stehen. Zum **Senkrechtstellen der Stäbe** verwendet man ein **Senklot**. Es besteht aus einem meist kegelförmigen Metallkörper, der zentrisch an einer Schnur aufgehängt ist. Die Fluchtstäbe werden nach der senkrecht gespannten Schnur des frei hängenden Lotes mehrseitig ausgerichtet.

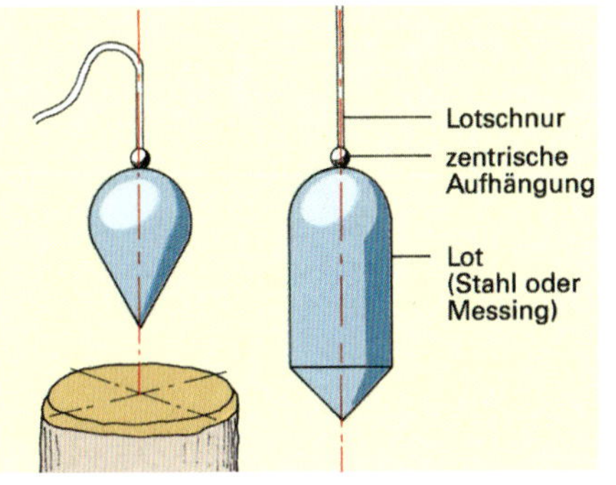

Senklote

Außerdem kommen auch sogenannte **Lattenrichter** zur Anwendung. Das sind kleine Wasserwaagen von etwa 12 cm Länge, die zum Senkrechtstellen von Fluchtstäben und Nivellierlatten und zum Waagerechthalten von Messstangen verwendet werden. Lattenrichter haben in einer schmalen Längsseite eine durchgehende Einkerbung zum Anlegen an Stäbe. In der anderen Längsseite ist eine Röhrenlibelle, in einer Stirnseite eine Dosenlibelle eingelassen

Fluchtstäbe werden über Messungspunkten aufgesteckt. In langen Messungslinien werden Fluchtstäbe als Zwischenpunkte eingewiesen. Fluchtstäbe werden mit Senklot oder Lattenrichter senkrecht gestellt.

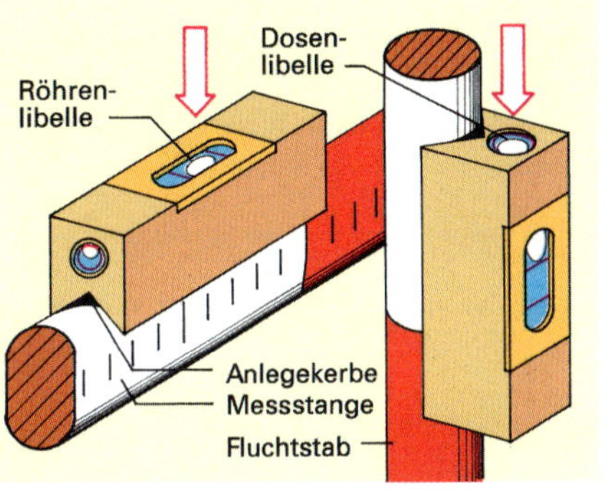

Lattenrichter

1.4.3 Abstecken rechter Winkel

Zur Absteckung rechter Winkel bei kleineren Grundrissen kann ein
5 sogenannter **Bauwinkel** verwendet werden. Ein Bauwinkel wird aus Brettern zusammengenagelt. Die Dreieckseiten bilden das Verhältnis 3:4:5.

Rechte Winkel lassen sich schneller und genauer mit dem Winkelprisma oder der Kreuzscheibe abstecken. Dies sind relativ einfache und preiswerte Geräte, die meist auch auf kleineren Baustellen vorhanden sind. Die **Kreuzscheibe** besteht aus einem kegelstumpfförmigen Blechkörper, dem Kreuzscheibenkopf, der auf einem Stahlstab von etwa 1,40 m Länge aufgeschraubt ist. Mit der Spitze des Stabes kann die Kreuzscheibe in den Boden gesteckt werden. In dem Kreuzscheibenkopf sind vier senkrechte Sehschlitze eingearbeitet, die sich paarweise gegenüberliegen. Die beiden Zielebenen bilden einen rechten Winkel. Auf dem Kreuzscheibenkopf befindet sich eine Dosenlibelle.

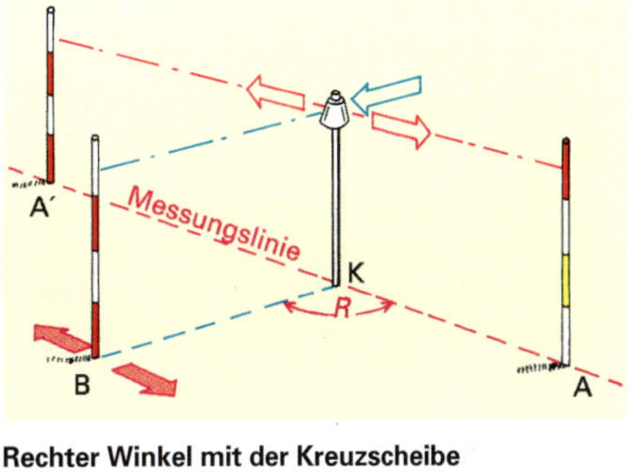

Rechter Winkel mit der Kreuzscheibe

Zum **Abstecken eines rechten Winkels** wird die Kreuzscheibe auf dem Messungspunkt K senkrecht aufgestellt. Dann wird die Kreuzscheibe so weit gedreht, bis Stab A, der auf der Messungslinie steht, genau in der Mitte zweier Schlitze zu sehen ist. Durch die anderen Schlitze wird anschließend Stab B eingewiesen. Die Gerade BK bildet mit der Messungslinie einen rechten Winkel.

Auf dem Kreuzscheibenkopf ist meistens ein **Doppelpentagonprisma** (doppeltes Fünfeckprisma) aufgeschraubt, das sich in einem zylinderförmigen Metallgehäuse befindet. Man kann die Kreuzscheibe mithilfe dieses Doppelprismas ohne Helfer genau in die Flucht einer Messungslinie stellen und außerdem Gebäudeeckpunkte oder andere Punkte rechtwinklig auf die Messungslinie aufnehmen.

Das **Winkelprisma** dient ebenfalls zum Abstecken rechter Winkel. Die am häufigsten verwendete Prismenart ist das **Doppelpentagonprisma**. Die beiden Pentagonprismen befinden sich übereinander in einem offenen Metallgehäuse. Zwischen beiden Prismen befindet sich ein schmaler Durchblick, durch den man einen Fluchtstab, der hinter dem Winkelprisma steht, direkt anvisieren kann. Unten am Gehäuse ist ein stielförmiger Handgriff angeschraubt, an dem ein Schnurlot hängt oder an den ein Lotstab gesteckt werden kann.

Beim Abstecken eines rechten Winkels wird das Winkelprisma genau senkrecht über Punkt P abgelotet. Dann wird das Prisma seitlich gedreht, bis der über A aufgestellte Stab im unteren Prisma sichtbar wird. Nun weist man einen Stab S durch den schmalen Durchblick so ein, dass der Fluchtstab S mit dem Fluchtstab A im Prisma eine senkrechte Linie bildet. Der Winkel APS ist ein rechter Winkel.

Liegt Punkt P nicht fest, so sucht man mit dem Winkelprisma den Fußpunkt P (auch Fluchtpunkt genannt) auf, indem man das Winkelprisma quer zur Messungslinie so lange hin und her bewegt, bis Stab A im unteren Prisma und Stab B im oberen Prisma miteinander eine senkrechte Linie bilden. Das Winkelprisma befindet sich nun in der Flucht der Messungslinie AB. Jetzt weist man, durch den Durchblick schauend, Stab S so ein, dass Stab S, Stab A und Stab B eine senkrechte Linie bilden. Dann ist der Winkel APS ein rechter Winkel.

Ein rechter Winkel kann mit einem Bauwinkel abgesteckt werden, dessen Dreiecksseiten im Verhältnis 3:4:5 stehen. Genauer und müheloser lassen sich rechte Winkel mit der Kreuzscheibe oder dem Winkelprisma abstecken und überprüfen. Mit Kreuzscheibe und Winkelprisma muss schonend umgegangen werden. Schon geringe Geräteschäden mindern die Absteckungsgenauigkeit.

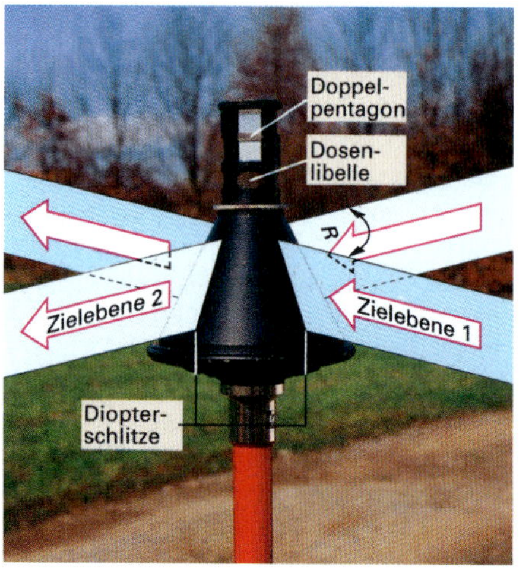

Kreuzscheibe mit Doppelpentagon

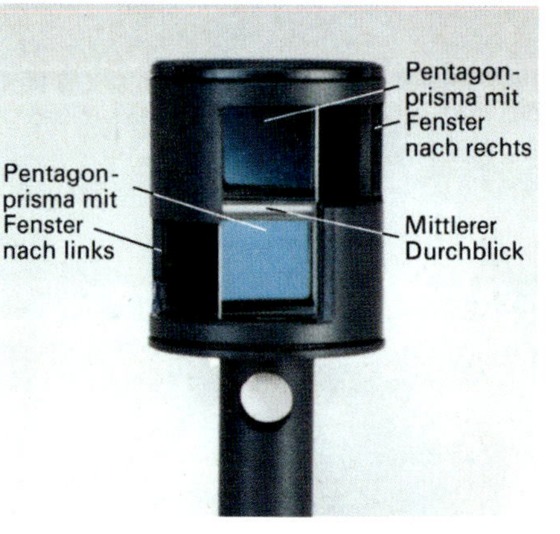

Winkelprisma mit Doppelpentagon

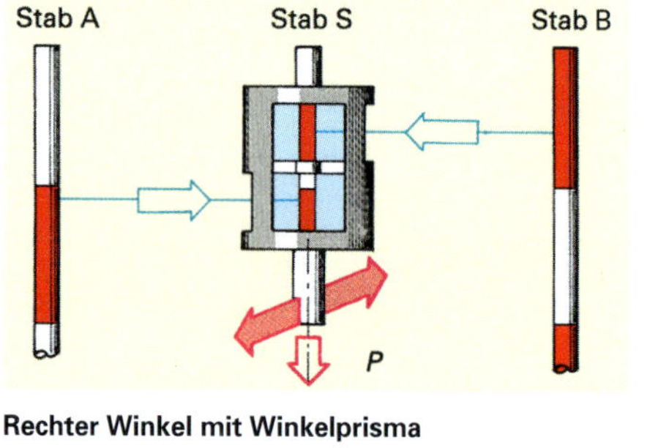

Rechter Winkel mit Winkelprisma

Zusammenfassung

Längenmessungen müssen stets geradlinig und waagerecht durchgeführt werden. Die Strecken werden mit der Längeneinheit Meter verglichen.

Fluchtstäbe dienen der Kennzeichnung von Messpunkten. Ein rechter Winkel kann mit einem Bauwinkel abgesteckt werden, dessen Dreiecksseiten im Verhältnis 3:4:5 stehen. Auf dem Baugelände werden rechte Winkel mit der Kreuzscheibe oder mit dem Winkelprisma abgesteckt.

Aufgaben:

1. *Erläutern Sie die Durchführung der Bandmessung in geneigtem Gelände.*
2. *Welche Fehler können bei der Bandmessung gemacht werden?*
3. *Beschreiben Sie die Absteckung eines rechten Winkels mit der Kreuzscheibe.*
4. *Stecken Sie für das Reihenhaus die rechten Winkel ab*
   a) mit der Kreuzscheibe,
   b) mit dem Doppelpentagonprisma.

1.5 Arbeitssicherheit und Unfallverhütung

1.5.1 Sicherheit am Bau

Die Baustelle Reihenhaus als Arbeitsplatz

Für die Baufacharbeiter ist die Baustelle entweder dauernd (z.B. für Maurer und Betonbauer) oder zeitweise (z.B. für Zimmerer) der **Arbeitsplatz**. Im weitesten Sinne ist damit der gesamte Baustellenbereich mit den Einrichtungen, Baugeräten und Materiallager gemeint. Im engeren Sinne ist es der Arbeitsplatz am oder im Reihenhaus, wo Bauteile erstellt oder montiert werden. Die Vielfalt und Menge der notwendigen Baustoffe und der oft knappe Baustellenplatz zwingen dazu, aus wirtschaftlichen Gründen und aus Sicherheitsgründen Ordnung zu planen und zu halten. **Ordnung am Arbeitsplatz** spart Zeit, erleichtert die Arbeit und verhindert Unfälle. Herumliegende und nicht benötigte Werkzeuge, Bretter, Steine und Betonstähle bergen Stolper- und Sturzgefahr. Natürlich soll unser Reihenhaus auch zügig fertiggestellt werden. Diese Forderung darf jedoch die **Sorgfalt** bei der Bauausführung nicht einschränken. Der Bauherr kann einen **Sicherheits- und Gesundheitsschutzkoordinator (SiGeKo)** bestellen, der die Einhaltung der entsprechenden Vorschriften überwacht.

Wichtige Voraussetzungen für Sicherheit am Arbeitsplatz sind Ordnung und Sorgfalt.

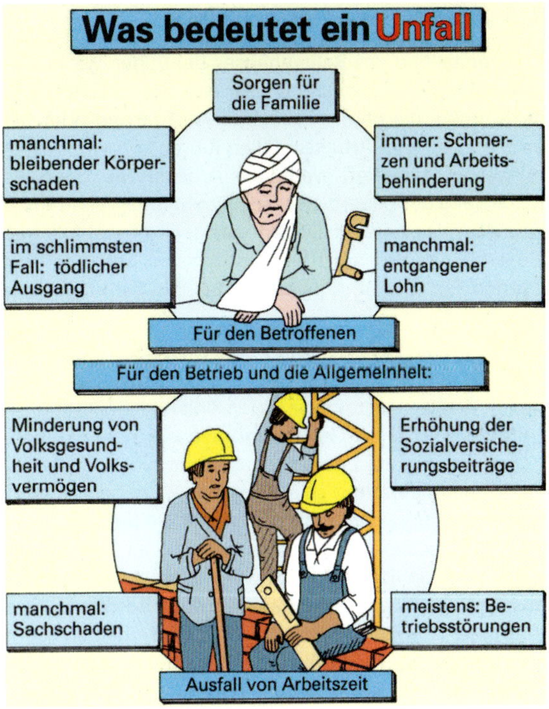

Der Arbeitsunfall und seine Folgen

Gebotszeichen

Sicherheit am Bau

Unfallverhütungsvorschriften

Unfälle können schwerwiegende Folgen für den Betroffenen, den Betrieb und die Volkswirtschaft haben. Wegen der großen Bedeutung der Arbeitssicherheit gibt es Vorschriften und Gesetze, um die Gefährdungen am Arbeitsplatz zu vermeiden oder zu verringern. Für die Sicherheit am Bau gelten die **Unfallverhütungsvorschriften** der **Berufsgenossenschaft der Bauwirtschaft (BG BAU)**. Jeder Beschäftigte ist verpflichtet, diese Vorschriften einzuhalten. Fachleute kennen die besonderen Gefahren ihres Berufes. Sie geben ihr Wissen weiter an Mitarbeiter, insbesondere an Auszubildende und an Neulinge im Betrieb.

Verhaltensregeln zur Vermeidung von Unfällen:

- Ordnung am Arbeitsplatz halten.
- Beim Arbeiten auf Baustellen stets eng anliegende Arbeitskleidung, Sicherheitsschuhe und Schutzhelm tragen.
- Kein Aufenthalt unter schwebenden Lasten (Kran).
- Nur einwandfreie und sichere Werkzeuge nutzen.
- Sicherheitstechnische Mängel sofort melden.
- Sicherheitszeichen und Gefahrensignale beachten.
- Kein Alkohol am Arbeitsplatz!

Die Sicherheit am Arbeitsplatz hängt in hohem Maße vom Verhalten ab. Der verantwortungsbewusste Fachmann beachtet die Unfallverhütungsvorschriften.

Gefahr! Nichtbeachten der Unfallverhütungsvorschriften

1.5.2 Benutzen von Gerüsten

Zur Herstellung des Reihenhauses benötigen wir neben vielen anderen Geräten auch **Gerüste**. Sie sind Hilfskonstruktionen, die bei mangelhafter Ausführung oder falscher Nutzung zu Arbeitsunfällen führen können. Gerüste werden benötigt, wenn die Arbeitshöhe über die Reichweite der Bauarbeiter hinausgeht und wenn Personen gegen tieferes Abstürzen und gegen herabfallende Gegenstände geschützt werden müssen. Entsprechend werden Gerüste in **Arbeitsgerüste** und **Schutzgerüste** eingeteilt.

Arbeitsgerüste, wie z.B. Bock-, Stangen-, Stahlrohr- und Auslegergerüste, müssen die beschäftigten Personen, deren Werkzeuge und die erforderlichen Baustoffe sicher tragen können. Gerüste müssen kippsicher stehen, sicher befestigt und gegen waagerecht wirkende Kräfte ausreichend verstrebt sein. Zum Schutz gegen Absturz ist an Arbeitsgerüsten ein dreiteiliger **Seitenschutz** anzubringen, wenn der genutzte Gerüstbelag 2,00 m und mehr über dem Boden liegt. Der Seitenschutz besteht aus **Geländerholm**, **Zwischenholm** und **Bordbrett**. Das Bordbrett soll verhindern, dass Material oder auf dem Gerüstbelag liegendes Werkzeug hinabfallen kann.

Grundsätze für die Benutzung von Gerüsten:

- Gerüste dürfen vor der Fertigstellung nicht benutzt werden.
- Arbeitsgerüste dürfen nicht überlastet werden.
- Die Lasten müssen möglichst gleichmäßig verteilt werden.
- Die Betriebssicherheit muss überwacht werden.
- Von Gerüstlagen darf nicht abgesprungen werden.

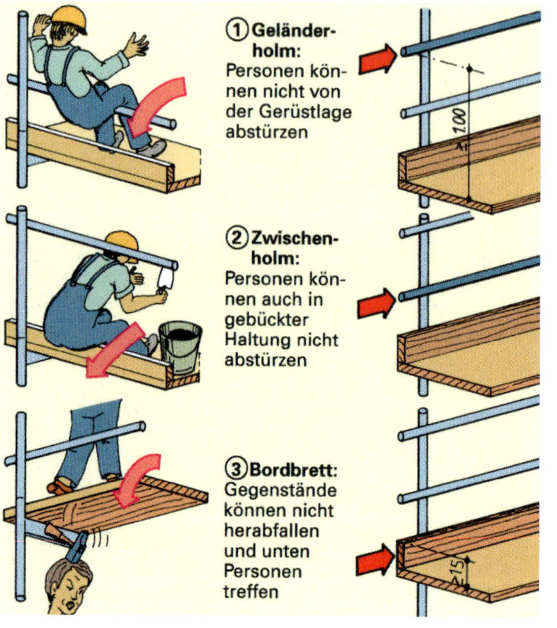

Unfallgefahren ohne richtigen Seitenschutz

Höhenverstellbares Bockgerüst

1.5.3 Arbeiten mit Leitern

Die Leiter ist ein Hilfsgerät, das zum Erreichen von höher oder tiefer gelegenen Arbeitsplätzen benutzt wird. Auf Baustellen sind Anlegeleitern als Verkehrswege unerlässlich. Die **Bauleiter** ist eine für die Zwecke der Baustelle entwickelte Art der Anlegeleiter.

Anlegeleitern können einteilig sein oder aus mehreren Teilen bestehen, die man aufeinander schiebt. Dabei muss stets die obere Leiter über die untere zu liegen kommen. Die Gesamtlänge darf nicht mehr als 8 m betragen.

Etwa 80% aller Leiterunfälle werden durch fehlerhafte Benutzung von Anlegeleitern verursacht. Häufige Unfallursachen sind das Abrutschen der Leiter sowie das „Hinauslehnen“ beim Arbeiten auf der Leiter. Besonders ist darauf zu achten, dass die Leiter standsicher steht und an einem sicher tragenden Bauteil unter einem Winkel von etwa 70° anlehnt.

Soll von einer Leiter auf ein Gebäudeteil übergetreten werden, muss sie mindestens 1 m über den Austritt hinausragen.

Unfälle mit Leitern sind häufig auf mangelhaften Zustand der Leitern und auf unsachgemäße Benutzung zurückzuführen.

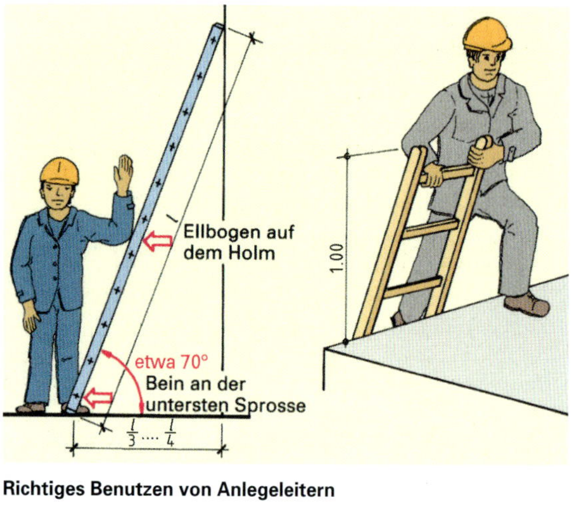

Richtiges Benutzen von Anlegeleitern

1.5.4 Umgang mit elektrischen Betriebsmitteln

Auf unserer Baustelle für das Reihenhaus werden auch viele elektrisch betriebene Geräte eingesetzt. Der Kran und die Kreissäge erleichtern uns die Arbeit ebenso wie der Betonmischer und die Betonverdichtungsgeräte. Falls die Geräte und der Baustromverteiler nicht in einwandfreiem Zustand sind, droht für die Mitarbeiter große Gefahr. So kann der Stromleiter einer beschädigten Anschlussleitung das Gehäuse eines Gerätes unter Strom setzen. Berührt nun ein Mitarbeiter das Gehäuse, so erhält er einen Stromschlag, da er den **Stromkreis** schließt. Worum handelt es sich bei einem Stromkreis?

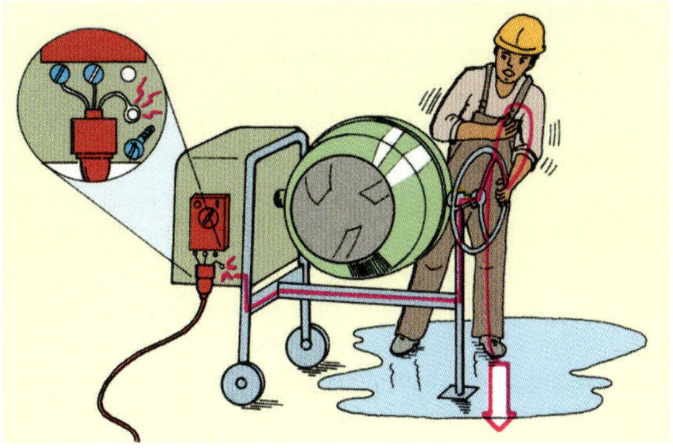

Stromunfall

Der Stromkreis

Versuch: Ein 3,8-V-Lämpchen mit Fassung wird mit zwei Kupferdrähten an eine Taschenlampenbatterie angeschlossen.

Beobachtung: Das Lämpchen leuchtet auf, wenn beide Drähte mit den Kontaktfedern der Batterie verbunden sind.

Ergebnis: Strom fließt nur bei geschlossenem Stromkreis.

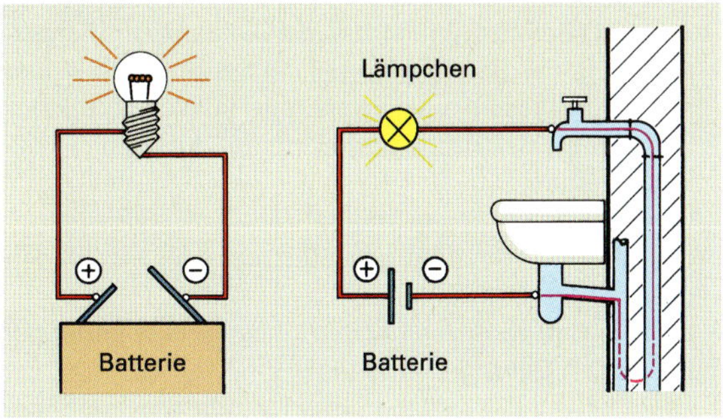

Elektrische Stromkreise

Der **Stromkreis** besteht aus einer Spannungsquelle (Batterie, Steckdose), einem Verbraucher (z. B. eine Lampe), je einem Hin- und Rückleiter und einem Schalter zum Öffnen und Schließen des Stromkreises. Da Metalle gute elektrische Leiter sind, kann ein Stromkreis auch durch Anschluss an Wasserleitungsrohre geschlossen werden. Die Abbildung zeigt einen Schulversuch mit einer Batterie als Stromquelle (sonst Lebensgefahr bei direkter Berührung der Wasserleitung).

Strom fließt nur bei geschlossenem Stromkreis.

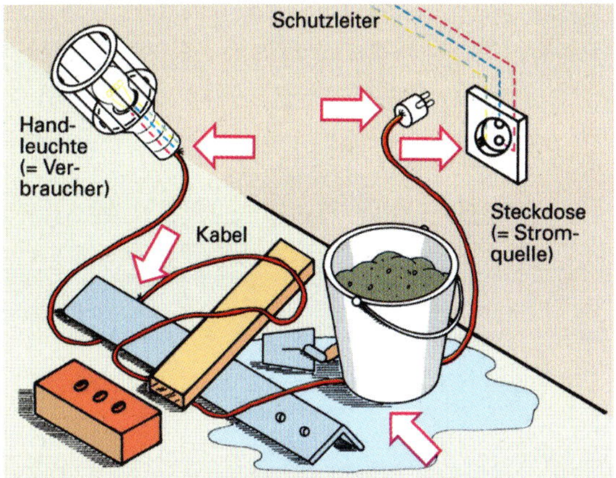

Gefahrenstellen am Stromkreis

Gefahren bei Berührung von Spannungen

Auch der menschliche Körper leitet elektrischen Strom. Kommt ein Mensch mit einem unter elektrischer Spannung stehenden Gehäuse in Berührung, kommt es zum **Körperschluss**. Das heißt, der Körper schließt den Stromkreis, sodass der Strom über den menschlichen Körper zur Erde fließen kann. Bei Stromstärken über 0,05 A ist die Stromwirkung bereits lebensgefährlich.

Der Strom wird durch Muskeln und Nerven geleitet. Das Herz liegt fast immer im Stromweg. Der Strom bewirkt eine Verkrampfung der Muskeln und bei bestimmter Stromstärke Herzstillstand oder Herzkammerflimmern. Bei Verkrampfung der Brustmuskulatur droht Erstickungstod. Bleibt das Herz länger als drei Minuten stehen oder flimmert es, so stirbt der Mensch infolge der fehlenden Durchblutung des Gehirns.

Elektrischer Strom wird für den Menschen ab einer Stromstärke von 0,05 A lebensgefährlich.

Verhalten nach Stromunfall

Verhütung von Stromunfällen

Unfälle können beim Bau unseres Reihenhauses vermieden werden, wenn die elektrischen Baugeräte vorschriftsmäßig über einen Baustromverteiler an das Netz angeschlossen werden. Die **Fehlerstrom-Schutzschaltung** des Baustromverteilers unterbricht beim Auftreten eines Fehlerstroms die Stromzufuhr in Sekundenbruchteilen und kann so Menschenleben schützen.

Kenntnis und Einhaltung der Sicherheitsvorschriften verhindern Stromunfälle. Folgende wichtige Bestimmungen müssen beachtet werden:

- Elektrische Maschinen und Geräte müssen mit den amtlichen Prüfzeichen versehen sein.
- Elektrische Betriebsmittel auf Baustellen müssen von **Baustromverteilern** aus mit Strom versorgt werden.
- Aus Sicherheitsgründen ist die Fehlerstrom-Schutzschaltung des Baustromverteilers täglich durch Bedienen der Prüftasten auf einwandreie Funktion zu prüfen.
- Schadhafte elektrische Betriebsmittel dürfen nicht benutzt werden.
- Bewegliche Leitungen müssen an stark beanspruchten Stellen besonders geschützt werden (Hochlegen oder Schutzabdeckung).
- Nicht in der Nähe von ungeschützten und spannungsführenden Leitungen arbeiten!
- Leuchten auf Baustellen müssen mindestens regengeschützt sein.

Kein Risiko beim Umgang mit elektrischem Strom! Defekte elektrische Betriebsmittel sind lebensgefährlich.

Zusammenfassung

Die Ordnung am Arbeitsplatz verhindert Unfälle und erleichtert die Arbeit.

Die Unfallverhütungsvorschriften dienen dem Schutz des Lebens und der körperlichen Unversehrtheit des Bauschaffenden.

Leitern müssen so gestellt sein, dass sie nicht wegrutschen können und der Ausstieg sicher ist.

Der menschliche Körper ist elektrisch leitfähig. Stromstärken über 0,05 A wirken lebensgefährlich.

Aufgaben:

1. *Welche Auswirkungen hat ein Arbeitsunfall?*
2. *Nennen und begründen Sie die allgemeinen Verhaltensregeln.*
3. *Welche Unfallverhütungsvorschriften müssen bei Arbeiten auf Gerüsten beachtet werden?*
4. *Warum sollten Leitern mindestens 1 m über den Ausstieg hinausragen?*
5. *Im Baustelleneinrichtungsplan für unser Reihenhaus legten Sie den Kranstandort fest. Informieren Sie sich bei der Berufsgenossenschaft der Bauwirtschaft über die Vorschriften für die Aufstellung und für das sichere Arbeiten mit dem Kran. Präsentieren Sie Ihr Arbeitsergebnis.*

Baustrom nur vom Baustromverteiler

VDE Verband der Elektrotechnik Elektronik Informationstechnik e.V.
Nur geprüfte Geräte verwenden!

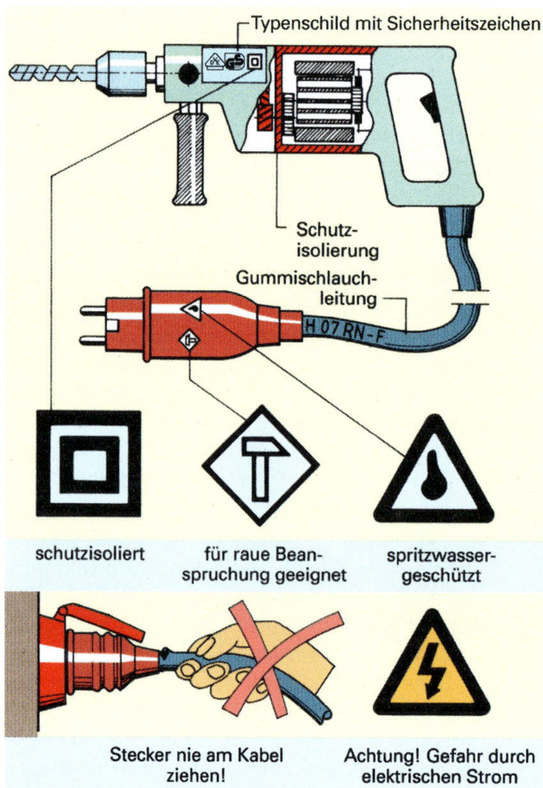

Schutz gegen elektrische Unfälle

Lernfeld 2:
Erschließen und Gründen des Bauwerks

Wie unser Reihenhaus muss jedes Bauwerk sicher mit dem Baugrund verbunden werden. Dazu sind nicht nur Kenntnisse über den Baugrund und jeweils geeignete Gründungsarten erforderlich. Das Bauwerk muss nach Lage und Höhe eingemessen werden. Fast immer sind Erdarbeiten nötig. Da Arbeiten in Baugruben und Gräben immer mit erhöhter Gefahr für die Beschäftigten verbunden sind, werden besondere Sicherungsmaßnahmen erforderlich. Die Herstellung der Fundamente als dauerhafte und hochbeanspruchte Basis des Bauwerks erfordert sorgfältige Ausführung. Im Gebäude und durch Regen anfallendes Wasser muss abgeleitet werden, um Schäden am Bauwerk zu vermeiden. Im Boden vorhandenes Grundwasser kann den Bauablauf nachhaltig stören, dies erfordert gegebenenfalls besondere Maßnahmen. Die Zufahrten und die Verkehrsflächen auf dem Grundstück müssen dauerhaft angelegt, befestigt und eingefasst werden.

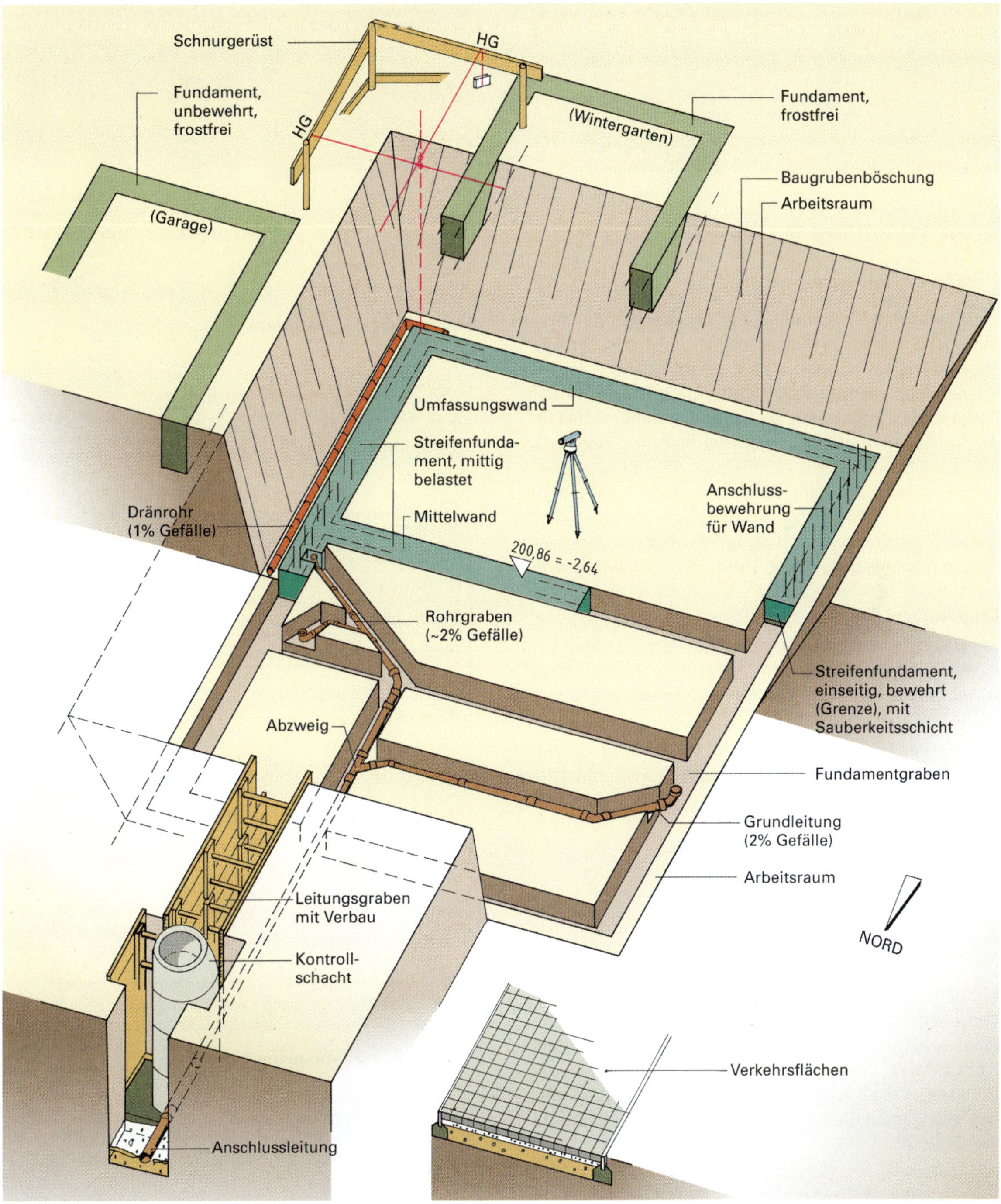

2.1 Böden

2.1.1 Beschaffenheit des Baugrundes

Bei unserem Reihenhaus muss, wie bei jedem anderen Bauwerk, eine Verbindung zur Erdoberfläche hergestellt werden. Dabei treffen wir in der Regel Böden an, da Festgestein in unserem Klima durch Einfluss von Temperaturwechseln, Wasser und Pflanzen rasch zu Böden verwittert. Die Erdoberfläche ist deshalb fast immer von einer mehr oder weniger dicken Bodenschicht überzogen.

Die Art des Bodens ist vom Ausgangsgestein abhängig, die Dicke der Bodenschicht von der zeitlichen Dauer der Verwitterung sowie evtl. Abtragung bzw. Anschwemmung.

Die verschiedenen Bodenarten sind nicht nur als Baugrund, sondern auch als Baustoffe (Kies, Sand, Herstellung von Ziegeln usw.) von großer Bedeutung.

Verwitterung des Festgesteins

Der Baugrund besteht in der Regel aus Böden; Kenntnisse über deren Eigenschaften sind deshalb zur Beurteilung des Baugrundes notwendig.

2.1.2 Einteilung der Bodenarten

Einteilung in Homogenbereiche

Sind bei einem Bauvorhaben Erdbewegungen durchzuführen, so interessiert vor allem der dazu erforderliche Arbeitsaufwand. Dieser ist bei verschiedenen Bodenarten verschieden groß; so lässt sich z. B. Sand in der Regel leichter bearbeiten als Lehm. Ein hoher Anteil an großen Steinen erfordert dagegen erhöhten Aufwand. Für Ausschreibung und Abrechnung von Bauvorhaben müssen die Boden- und Felsarten deshalb nach dem beim Lösen erforderlichen Arbeitsaufwand eingeteilt werden. Hierzu werden **Homogenbereiche** unterschieden, in denen jeweils Boden- bzw. Felsschichten zusammengefasst werden, die für einsetzbare Erdbaugeräte vergleichbare Eigenschaften aufweisen.

Zur Beschreibung dieser Homogenbereiche werden bestimmte Eigenschaften und Kennwerte sowie deren Bandbreite angegeben. Die Kennwerte müssen in der Regel im Labor ermittelt werden.

In einfachen Fällen genügen die für die jeweilige Boden- bzw. Felsart charakteristischen Angaben aus nebenstehender Tabelle.

Beispiel (Sand):
Bodengruppe nach DIN 18196: SW*
Massenanteil Steine und Blöcke < 5 %
Lagerungsdichte 0,3 ... 0,7 %

Für Homogenbereiche anzugebende Eigenschaften und Kennwerte*
für Böden
Bodengruppe
Massenanteil Steine, Blöcke und große Blöcke
Konsistenz
Plastizität
Lagerungsdichte
für Fels
Benennung
Verwitterung und Veränderungen
Veränderlichkeit
Trennflächenrichtung und Trennflächenabstand
Gesteinskörperform

* Gilt für Baumaßnahmen in waagerechtem oder schwach geneigtem Gelände, wenn der Baugrund nach gesicherter örtlicher Erfahrung als tragfähig und setzungsarm bekannt ist.

Einteilung in Homogenbereiche

Nach dem zum Lösen erforderlichen Arbeitsaufwand werden die Boden- und Felsarten in Homogenbereiche eingeteilt.

Einteilung nach der Korngröße

Mit der Einteilung nach der Bearbeitbarkeit sind aber Eigenschaften wie **Tragfähigkeit**, **Setzungsverhalten** und **Frostverhalten**, die beim Baugrund maßgeblich sind, nicht erfasst. Diese physikalischen Eigenschaften der Böden sind maßgeblich von der Korngröße abhängig. Deshalb werden die Bodenarten auch nach der Korngröße eingeteilt.

* **S** = Sandkorn, **W** = weit gestuft

Nach der **Korngröße** werden **Ton, Schluff, Sand, Kies, Steine** und **Blöcke** unterschieden. Die jeweiligen Korngrößenbereiche sind in nebenstehender Abbildung dargestellt. (Die Kurzzeichen gehen wie in der gesamten europäischen Normung von den englischen Bezeichnungen aus: Ton = **Cl**ay, Schluff = **Si**lt, Sand = **Sa**nd, Kies = **Gr**avel, Steine = **Co**bble, Blöcke = **Bo**ulder.)

Die 0,06-mm-Grenze ist die Grenze, bis zu der Körner durch Sieben getrennt werden können; gleichzeitig können Körner bis zu etwa dieser Größe mit dem bloßen Auge als Einzelkörner erkannt werden.

In den natürlich vorkommenden Böden sind meist verschiedene Korngrößen enthalten, so ist z.B. Kiessand ein Gemenge von Kies und Sand, Lehm ist ein Gemenge aus Ton, Schluff und Sand.

Neben der Bezeichnung nach der Korngröße sind noch einige **andere Bezeichnungen** gebräuchlich:

Mergel ist ein Gemenge von Ton und Kalk. Er entsteht, wenn gleichzeitig Ton abgelagert und Kalk ausgefällt werden. Nicht alle Mergel können als Bodenart bezeichnet werden. Kalkreiche Mergel sind oft stark verfestigt und werden dann den Ablagerungsgesteinen zugerechnet.

Löss ist in der Eiszeit vom Wind verwehter und abgelagerter feinkörniger Quarz-, Feldspat- und Kalkstaub. Heute ist der Löss zumindest oberflächlich durch Auswaschen des Kalkes und Verwittern des Feldspates zu Ton in **Lösslehm** übergegangen.

Organische Bodenarten wie Faulschlamm und Torf entstehen in stehenden Gewässern (Sauerstoffmangel!) aus den Resten abgestorbener Pflanzen und Tiere.

Bindige und nichtbindige Böden

Böden, die plastische Eigenschaften haben, also einen inneren Zusammenhang besitzen (z.B. Lehm, Schluff, Ton), werden als **bindige Böden** bezeichnet. Böden ohne inneren Zusammenhalt (z.B. Sand, Kies) werden als **nichtbindige Böden** bezeichnet. Der innere Zusammenhalt ist ebenfalls von der Korngröße abhängig. Je mehr Feinteile ein Boden enthält, desto bindiger ist er. Für die wesentlichen bautechnischen Beanspruchungen ist diese Unterscheidung von ausschlaggebender Bedeutung.

Die **Zustandsform** (Konsistenz) bindiger Böden ändert sich mit dem Wassergehalt. Ein bindiger Boden kann je nach Wassergehalt breiig, weich, steif oder fest sein.

Bei bindigen Böden ist meist nicht ohne weiteres zu erkennen, um welche Bodenart es sich handelt. Statt aufwendiger Laborversuche können hier aber in den meisten Fällen schon einfache **Handversuche** wie Reibeversuch, HCl-Probe und Riechversuch Aufschluss geben.

Die physikalischen Eigenschaften der Bodenarten hängen maßgeblich von der Korngröße ab.
Plastische Böden mit innerem Zusammenhalt werden als bindig, Böden ohne einen inneren Zusammenhalt werden als nichtbindig bezeichnet.

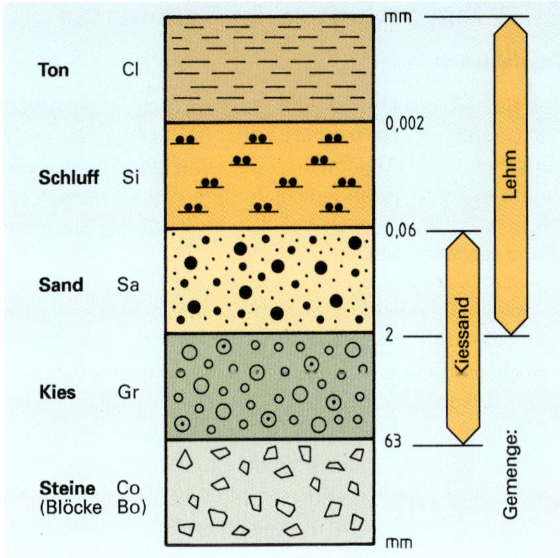

Einteilung der Böden nach Korngrößen

Zustandsbereich	Beschreibung
breiig	Boden tritt beim Drücken mit der Hand zwischen den Fingern hervor.
sehr weich/ weich	Finger kann leicht bis 1 cm eingedrückt und der Boden mit leichtem Fingerdruck geknetet werden.
weich/steif	Daumen erzeugt leicht einen Eindruck. Boden kann nicht geknetet, aber in der Hand zu 3 mm dicken Walzen ausgerollt werden.
steif/halbfest	Kann mit Daumen nur wenig eingedrückt werden. Boden bröckelt und reißt beim Ausrollen zu 3 mm dicken Walzen, kann aber erneut zu Klumpen geformt werden.
halbfest/fest	Kann mit Daumennagel eingedrückt werden. Boden kann nicht geknetet werden, zerbricht unter Druck.

Zustandsbereiche bindiger Böden

Ton	Schluff	Lehm	Mergel	Organ. Böden
Z.B. Reibeversuch mit nassem Boden			Chemischer Versuch	Riechversuch
seifig, lässt sich trocken nicht von Fingern entfernen	mehlig, lässt sich trocken leicht von Fingern entfernen	zusätzlich Sandkörner spürbar	schäumt bei HCl-Probe	moderiger Geruch der frischen Probe

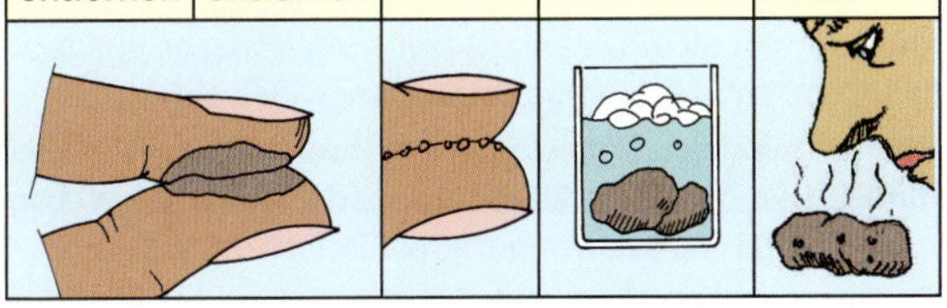

Erkennen wichtiger bindiger Böden

2.1.3 Eigenschaften der Bodenarten

Tragfähigkeit

Das Reihenhaus könnte nicht beständig sein, wenn der Untergrund nicht tragfähig und frostsicher ist. Bei Festgesteinen sind diese Eigenschaften im Allgemeinen gegeben und durch normale äußere Einflüsse kaum veränderlich. Anders verhält es sich mit Tragfähigkeit und Frostsicherheit bei den Bodenarten, aus denen der Baugrund meistens besteht.

Versuch: Drei bindige Bodenproben werden in Wannen mit verschiedenen Wassermengen vermischt und dann belastet.

Beobachtung: Je feuchter der Boden, desto tiefer sinkt der Belastungskörper ein.

Ergebnis: Mit zunehmendem Wassergehalt nimmt die Tragfähigkeit bindiger Bodenarten ab. Dies rührt daher, dass die Einzelkörner bei höherem Wassergehalt gegeneinander beweglicher sind und der Boden bei Belastung deshalb besser ausweichen kann.

Dieselbe Beobachtung lässt sich auch auf unbefestigten Wegen bei trockener und nasser Witterung machen.

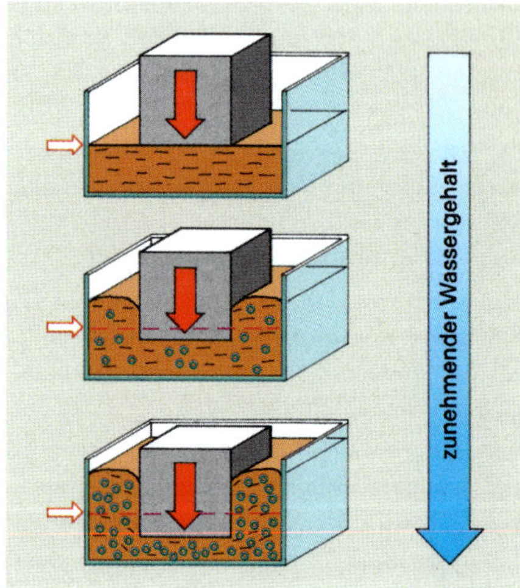

Tragfähigkeit bindiger Bodenarten bei verschiedenen Wassergehalten

Wird der Belastungsversuch mit nichtbindigen Bodenproben verschiedener Wassergehalte durchgeführt, so ergibt sich keine Abhängigkeit vom Wassergehalt. Die Tragfähigkeit nichtbindiger Bodenarten muss also von anderen Ursachen abhängen.

Versuch: Feinsand und Grobsand, Kies und Splitt werden in der Hand „geknetet".

Beobachtung: Grobsand lässt sich schlechter kneten als Feinsand, Splitt gar nicht.

Ergebnis: Die Einzelkörner lassen sich umso schlechter gegeneinander verschieben, je größer und rauer sie sind, je größer also die Reibung ist. Die Tragfähigkeit ist hier also von der inneren Reibung abhängig, da der Boden bei Belastung weniger ausweichen kann, wenn die Einzelkörner gegeneinander nur schwer beweglich sind.

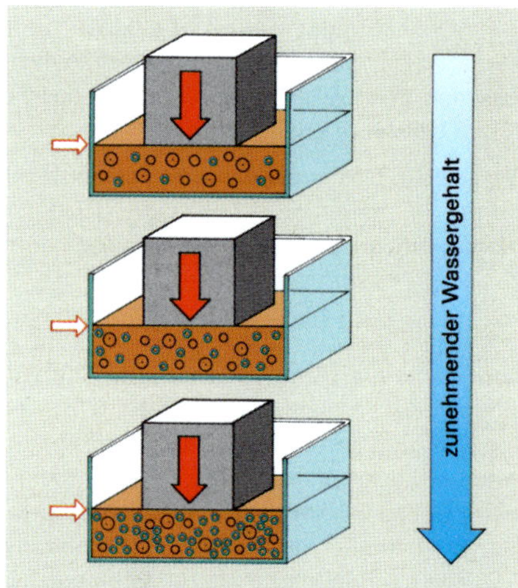

Tragfähigkeit nichtbindiger Bodenarten bei verschiedenen Wassergehalten

Die Tragfähigkeit bindiger Bodenarten ist vom Wassergehalt abhängig, die nichtbindiger Bodenarten von der inneren Reibung.

Bindige Bodenarten müssen deshalb als Baugrund vor Durchnässung geschützt werden. Auf durchnässtem und aufgeweichtem bindigen Boden darf keinesfalls gegründet werden.

Zu nasser und damit unbrauchbarer bindiger Boden muss gegebenenfalls gegen nichtbindigen Boden ausgetauscht werden.

Setzungsverhalten

Bindige Bodenarten enthalten relativ viel Wasser; die Einzelkörner sind jeweils von Wasserfilmen umgeben. Wird ein solcher Boden belastet, gerät das Wasser unter Überdruck und wird ausgepresst. Dies geht wegen der geringen Durchlässigkeit feinkörniger Böden langsam vor sich. Da andererseits viel Wasser ausgepresst werden kann, setzen sich bindige Böden lange und stark.

Bei nichtbindigen Bodenarten berühren sich die Einzelkörner bereits direkt. Die durch Verklemmung oder günstigere Lagerung noch mögliche geringe Setzung tritt bei Belastung sofort ein.

Setzungen unter Bauwerken sollten durch Wahl einer angemessenen Gründungsart (s. Abschn. 2.3.2) gering gehalten werden.

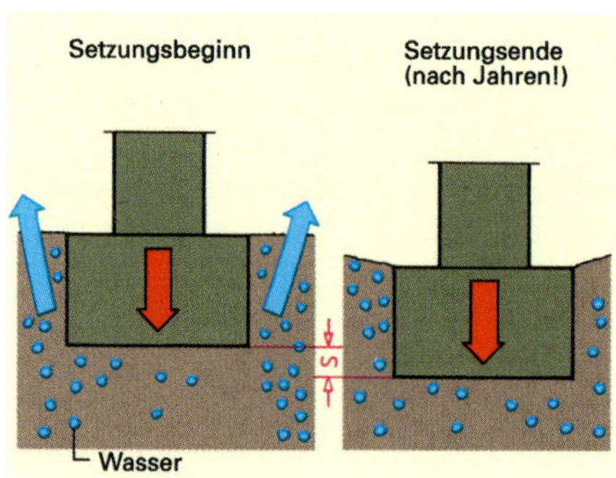

Setzungsverhalten bindiger Bodenarten

Muss mit ungleichen Setzungen gerechnet werden, sind Bewegungsfugen im Bauwerk vorzusehen.

Bindige Böden setzen sich langsam und um große Setzungsbeträge.
Nichtbindige Böden setzen sich rasch und nur wenig.

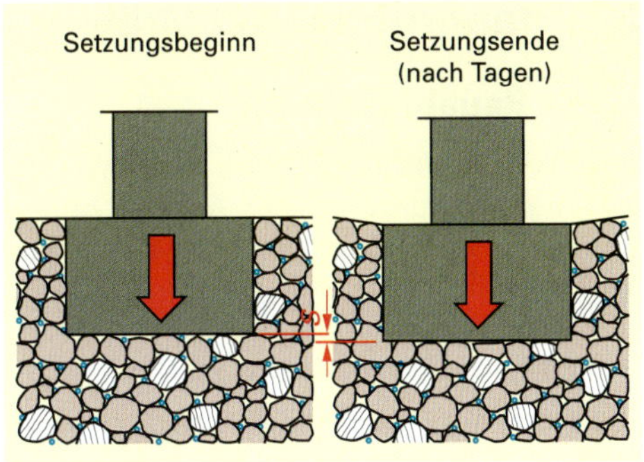

Setzungsverhalten nichtbindiger Bodenarten

Frostverhalten

Versuch: Ein Lehmziegel wird in eine Wanne mit etwas Wasser gestellt. Kies wird in ein Glasgefäß mit etwas Wasser geschüttet.

Beobachtung: Nach einiger Zeit steigt im Lehm Feuchtigkeit über den Wasserspiegel hoch, im Kies dagegen nicht.

3.2 **Ergebnis:** Bindige Bodenarten sind kapillar, in ihnen steigt Wasser hoch. Nichtbindige Bodenarten enthalten große Poren und sind deshalb nicht kapillar.

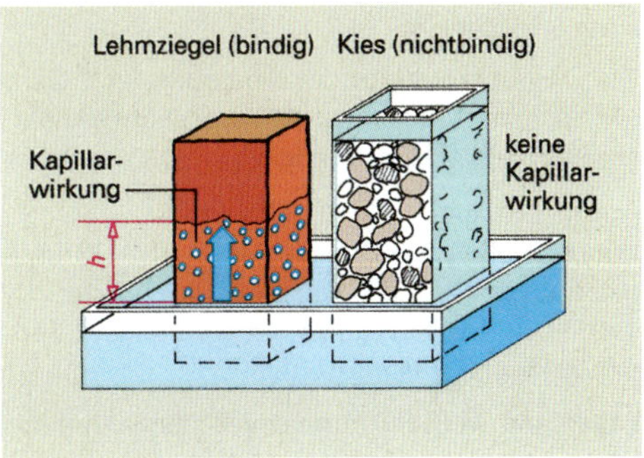

Kapillarität bindiger Bodenarten (im Vergleich mit nichtbindigen Bodenarten)

Dieser Unterschied ist für das Verhalten bei Frost von ausschlaggebender Bedeutung.

In nichtbindigen Bodenarten gefriert bei Frost nur das oberhalb der Frostgrenze im Boden befindliche Wasser. Die Ausdehnung dieses Wassers um 10 Volumenprozente wird weitgehend vom Luftporenraum aufgenommen. Es tritt keine merkbare Hebung des Bodens ein.

In bindigen Bodenarten steigt ständig Wasser aus dem nicht gefrorenen Untergrund kapillar hoch und gefriert an der Frostgrenze. Durch den ständigen Nachschub bilden sich dort Eislinsen, die bis zu mehreren Zentimetern dick werden können. Verändert sich bei abnehmenden Temperaturen die Frostgrenze nach unten, so bilden sich weitere Eislinsenschichten. Durch die Eislinsen hebt sich der Boden stellenweise.

Bindige Bodenarten sind stets frostgefährdet. Saubere nichtbindige Bodenarten sind frostsicher.

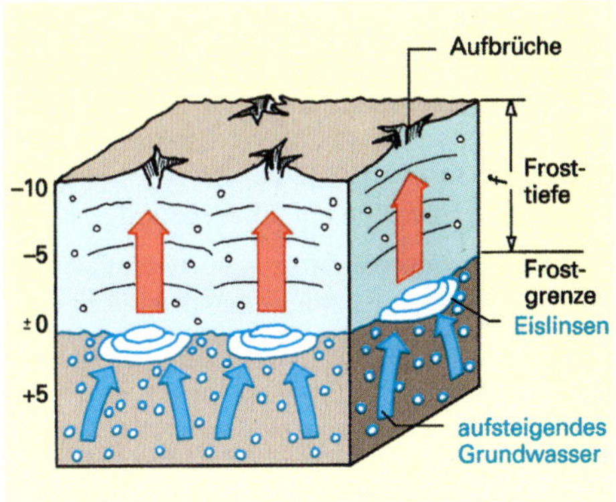

Eislinsenbildung bei bindigen Bodenarten

In bindigen Bodenarten muss deshalb entweder in frostsicherer Tiefe (80 ... 120 cm) gegründet werden oder es muss eine Frostschutzschicht aus sauberem nichtbindigem Material eingebracht werden, die den kapillaren Aufstieg von Wasser verhindert.

Vor Beginn einer Baumaßnahme muss der Baugrund erkundet werden, um erforderlichenfalls entsprechende Maßnahmen zu ergreifen.

Zusammenfassung

Böden sind die locker abgelagerten Verwitterungsreste der Gesteine. Ihre Eigenschaften sind von der Korngröße abhängig.

Für Ausschreibung und Abrechnung werden die Boden- und Felsarten in Homogenbereiche eingeteilt.

Bodenarten mit innerem Zusammenhalt werden als bindige Bodenarten bezeichnet, die übrigen als nichtbindige Bodenarten.

Bindige Bodenarten setzen sich langsam und stark; nichtbindige Bodenarten rasch und wenig.

Die Tragfähigkeit ist bei bindigen Bodenarten vom Wassergehalt, bei nichtbindigen Bodenarten von der inneren Reibung abhängig.

Bindige Bodenarten sind kapillar und deshalb frostgefährdet. Saubere nichtbindige Bodenarten sind frostsicher.

Aufgaben:

1. *Warum kann man die Korngrößenverteilung bei bindigen Bodenarten nicht durch Sieben ermitteln?*
2. *Welches sind die wichtigsten*
   a) bindigen Bodenarten,
   b) nichtbindigen Bodenarten?
3. *Weshalb sinkt man bei Regen im Lehm ein, im Sand aber nicht?*
4. *Wodurch heben sich manche Böden im Winter?*
5. *Erläutern Sie die Bildung von Eislinsen.*
6. *Versuchen Sie Böden, die Sie auf Baustellen antreffen, zu erkennen und einzuordnen.*

2.2 Baugruben und Gräben

2.2.1 Bauabsteckung

Wurde von der Baubehörde das Reihenhaus genehmigt, kann mit den vorbereitenden Arbeiten begonnen werden. Hierzu zählt insbesondere das Einmessen und Abstecken des Reihenhauses.

Abstecken des Reihenhauses

Unter dem Abstecken versteht man das genaue Einmessen eines Gebäudes auf dem Grundstück. Hierzu sind Kenntnisse über **Längenmessung, Abstecken von Geraden, Abstecken von rechten Winkeln** und **Höhenmessung** erforderlich.

L 1.4
Die Längenmessung, das Abstecken von Geraden und von rechten Winkeln wurde bereits im Lernfeld „Einrichten der Baustelle" behandelt.

L 1.2.2
Wichtiger Bestandteil der planerischen Grundlagen eines Bauwerks ist der **Lageplan** im Maßstab 1:500 oder 1:1000. In ihm werden das Baugrundstück und die Lage des Reihenhauses dargestellt.

Lagepläne werden immer nach den Angaben des Vermessungsamtes (Katasteramtes) angefertigt.

Die Grundstücksgrenzen verlaufen geradlinig und sind an den Knick- und Endpunkten durch Grenzzeichen markiert.

Als Grenzzeichen werden Grenzsteine aus Granit, Grenzpfähle aus Stahlbeton oder Holz, Grenzbolzen aus nicht korrodierendem Metall sowie Grenzzeichen aus Kunststoff oder Metall verwendet. Oft ist es erforderlich, die Lage der Grenzzeichen durch Messung zu kontrollieren.

Die Grenzpunkte werden zuerst durch Fluchtstäbe markiert, wobei die Fluchtstäbe senkrecht über der Mitte der Grenzzeichen mit Stabstativen aufgestellt werden.

Danach kann die Baulinie abgesteckt werden. Sie hat bei unserem Reihenhaus vom Grenzpunkt D den Abstand 4,00 m und vom Grenzpunkt C den Abstand 3,00 m. Die Gebäudeecke H ergibt sich durch den Schnittpunkt der Grundstücksgrenze $\overline{AD}$ mit der Baulinie.

Die Gebäudeecke G wird vom Punkt H auf der Baulinie eingemessen, ebenso der Gebäudeeckpunkt E auf der Grundstücksgrenze $\overline{AD}$.

Für die Gebäudeecke F muss von der Gebäudeecke E aus ein rechter Winkel mit der Kreuzscheibe oder dem Prisma abgesteckt werden. Auf dem neu abgesteckten Schenkel des rechten Winkels wird dann der Gebäudeeckpunkt F im Abstand von 7,50 m eingemessen.

Nun muss eine Prüfung der Absteckung erfolgen. Dafür wird der Abstand $\overline{FG}$ gemessen, sowie die Diagonalen $\overline{EG}$ und $\overline{FH}$, die gleich lang sein müssen. Die Gebäudeeckpunkte werden durch Pflöcke markiert.

Unter Bauabsteckung versteht man das genaue Einmessen eines Bauwerks auf dem Grundstück.

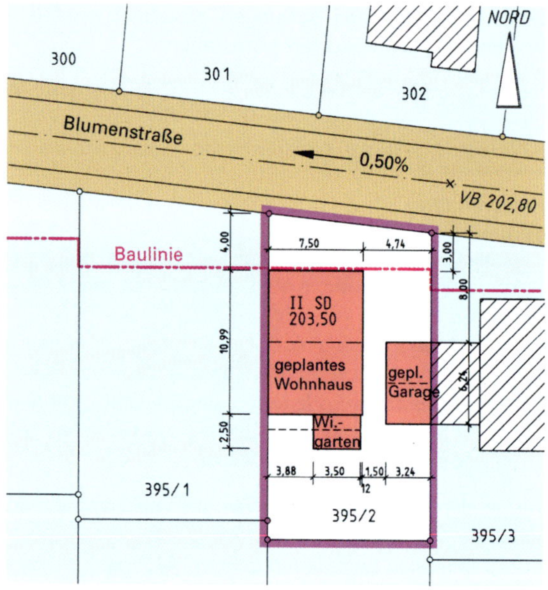

Lageplan Maßstab 1:500

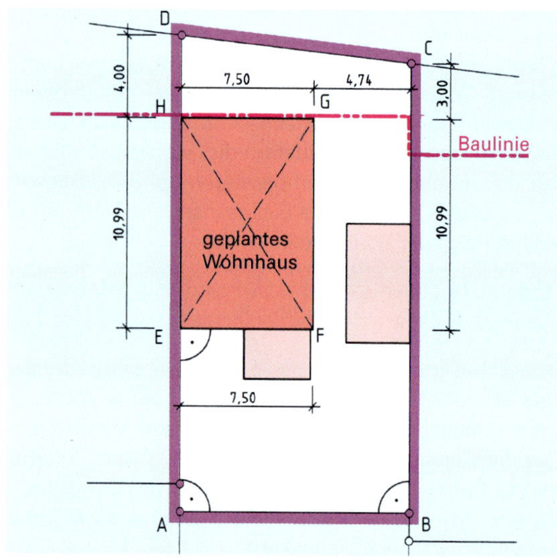

Abstecken des geplanten Reihenhauses

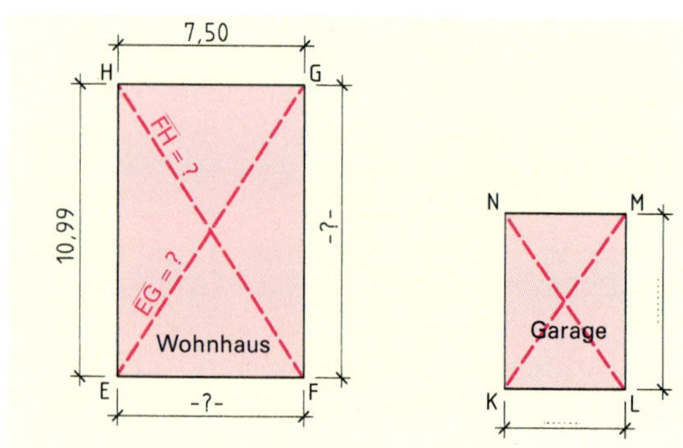

$\overline{FG} = 10{,}99$ m

$\overline{EG} = \overline{FH} = \sqrt{(7{,}50\ \text{m})^2 + (10{,}99\ \text{m})^2} = \ldots$ m

Kontrollmessungen und Kontrollrechnung

i 6

Zum Baugrubenaushub muss nun noch Platz für die erforderliche Baugrubenböschung und den Arbeitsraum zugegeben werden.

Die Böschungsbasis (= Böschungsbreite) hängt von dem Böschungswinkel des jeweiligen Bodens und von der Baugrubentiefe ab. Der Arbeitsraum (= Bewegungsraum zwischen Außenwand und Böschungsfuß) muss bei geböschten Baugrund mindestens 50 cm betragen, bei verbauten Baugruben 60 cm (lichtes Maß). Werden die Außenwände in Ortbeton ausgeführt, kommt das für die Schalung erforderliche Maß hinzu. Meist werden hierfür 15 cm angerechnet.

Mit anschließender Tabelle lässt sich der erforderliche Platzbedarf für die Böschung errechnen.

Bodenart	Böschungswinkel	Böschungsbasis als Zuschlag
Feste bindige Böden und Fels	80°	$0{,}18 \cdot t$
Steife und halbfeste bindige Böden	60°	$0{,}58 \cdot t$
Nichtbindige und weiche bindige Böden	45°	$1 \cdot t$

Der Böschungswinkel ist von der Bodenart abhängig. Im Zweifelsfall muss immer ein kleinerer Winkel gewählt werden.

Achtung!

Bei Baugruben besteht Absturzgefahr.

Dies ist bei tiefen Baugruben und bei steilen Abböschungen ganz besonders der Fall. Deshalb ist es wichtig, die Baustelle durch Bauzäune zu sichern, damit die am Bau Beteiligten, aber auch Passanten oder spielende Kinder, geschützt sind.

Zusammenfassung

Vor dem Abstecken des Gebäudes sind die Grenzpunkte des Grundstücks aufzusuchen und zu überprüfen.

Unter dem Abstecken versteht man das genaue Einmessen des geplanten Bauwerks auf dem Grundstück.

Alle Maße müssen durch Kontrollmessungen und Kontrollrechnungen überprüft werden.

Für den Aushub muss bei der Absteckung zu den Gebäudefluchten noch Platz für den Arbeitsraum, die Baugrubenböschung bzw. den Verbau und eventuell für eine Schalung zugegeben werden.

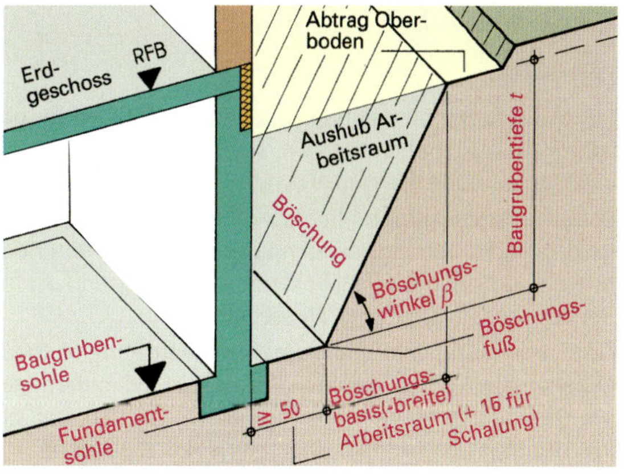

Bezeichnungen an der Baugrube

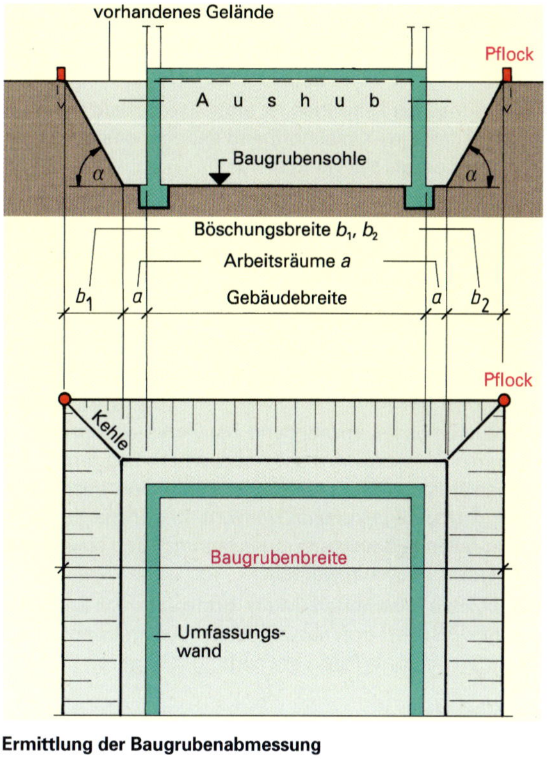

Ermittlung der Baugrubenabmessung

Aufgaben:

1. *Welche Kenntnisse sind für das Abstecken eines Gebäudes erforderlich?*
2. *Welche Angaben muss ein Lageplan enthalten?*
3. *Beschreiben Sie die Vorgehensweise beim Abstecken des Reihenhauses.*
4. *Wie können die rechten Winkel eines abgesteckten Gebäudes mit rechteckiger Grundfläche kontrolliert werden?*
5. *Berechnen Sie für eine geböschte Baugrube die Abmessungen an der Baugrubensohle und an der Geländeoberkante für ein Gebäude (9,00 m lang und 8,00 m breit) bei einer Baugrubentiefe von 2,40 m und bei nichtbindigem Boden. Die Untergeschoss-Umfassungswände bestehen aus Ortbeton.*

2.2.2 Aushub

Vorarbeiten

Bevor die Grube für das Bauwerk oder die Gräben für die Abwasserleitungen ausgehoben werden, sind Vorarbeiten zu leisten. Werden diese unterlassen, kann dies schwere Schäden zur Folge haben.

Bodenuntersuchungen mittels Aufgrabungen (Schürfgruben), Bohrungen und durch Eintreiben spitzer Sonden in den Boden (Sondierungen) geben bei nicht bekanntem Untergrund Aufschluss über Bodenbeschaffenheit und Wasserstände.

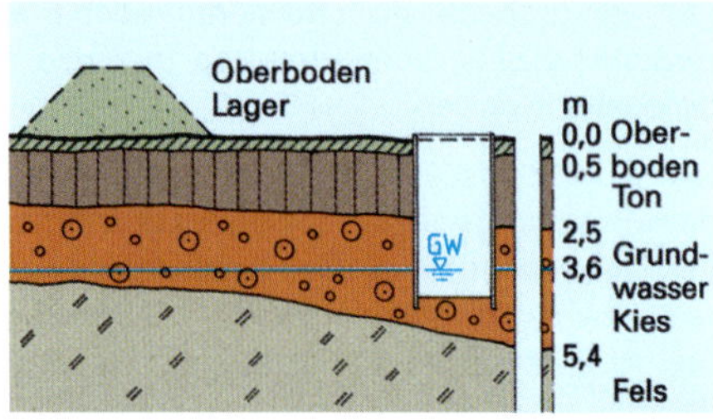

Bodenuntersuchung mit Schürfgrube

Leitungen im Aushubbereich müssen rechtzeitig festgestellt und gegebenenfalls verlegt werden. Hierzu sind Erkundigungen vor allem bei den Telekommunikationsunternehmen und bei den örtlichen Versorgungs- und Entsorgungsbetrieben einzuziehen. Werden Leitungen im Zuge der Bauarbeiten beschädigt, entstehen meist hohe Kosten und Zeitverluste.

Bei **Schäden an Leitungen** muss sofort der Leitungsbetreiber verständigt werden, damit er die erforderlichen Maßnahmen ergeifen kann!

Bei elektrischen Leitungen ist oftmals oberhalb der eigentlichen Leitung ein farbiges Kunststoffband verlegt, welches das Auffinden erleichtert bzw. als Warnung dient.

Planierraupe

Bei **unerwarteten Hindernissen** ist der Auftraggeber zu verständigen. Bei Verdacht auf **Kampfmittel** sind die Arbeiten **sofort** einzustellen und der Auftraggeber sowie die zuständigen Behörden zu benachrichtigen!

Zur **Vorbereitung des Baugeländes** muss eventuell vorhandener Bewuchs teilweise gerodet werden. Erforderliche Zufahrten und Entwässerungsanlagen müssen rechtzeitig vor Beginn der Arbeiten hergestellt werden.

Tieflöffelbagger

Eventuell müssen vorhandene Bauwerke abgebrochen werden. Bei kleineren Objekten wird der **Abbruch** mit Baggern und/oder Planierraupen durchgeführt. Abbrucharbeiten sind besonders unfallträchtig und unterliegen deshalb verschärften Sicherheitsbestimmungen.

Der anfallende **Bauschutt** muss getrennt und soweit möglich wieder aufbereitet (recycelt) werden.

Der belebte **Oberboden** (Mutterboden) ist vor Beginn des Aushubs mit der Planierraupe abzuschieben und getrennt von anderen Bodenarten bis zur Wiederverwendung zu lagern.

Geräteeinsatz

Der Aushub wird heute fast ausschließlich maschinell ausgeführt. Welches Gerät jeweils zum Einsatz kommt, richtet sich nach Lage, Tiefe und Befahrbarkeit der Baugrube, nach der Bodenart, nach der Menge des Aushubs und nach Transportart und Transportweite.

Greiferbagger

Baugruben werden mit Tieflöffelbagger, Greiferbagger, Laderaupe oder Radlader ausgehoben. Laderaupen und Radlader müssen ebenso wie die den überschüssigen Aushub abfahrenden Lastwagen die Baugrubensohle befahren. Dies ist bei bindigen Böden insbesondere bei nasser Witterung nachteilig. Als Zufahrt muss meist eine Rampe angelegt werden, deren Steigung die beladenen Lastwagen überwinden müssen. Tieflöffelbagger und Greiferbagger weisen diese Nachteile nicht auf, da sie von außerhalb der Baugrube arbeiten können.

Leitungsgräben werden mit Tieflöffelbaggern oder Greiferbaggern ausgehoben.

Nicht benötigte Bodenmassen sind möglichst gleich abzutransportieren. Der für die Verfüllung der Böschungskeile und der Arbeitsräume benötigte Boden ist zwischenzulagern.

Radlader

Ist die Baugrube des Reihenhauses ausgehoben, so ist die **Baugrubensohle** vor Durchnässung und Auflockerung zu schützen; beides führt später zu verstärkten Setzungen. Bei nichtbindigen Böden ist die Baugrubensohle gegebenenfalls zu verdichten; aufgeweichte Schichten bindigen Bodens sind vor dem Betonieren zu entfernen. Bestehen irgendwelche Zweifel an der Tragfähigkeit oder entspricht die angetroffene Bodenart nicht den Erwartungen, ist in jedem Fall der Verantwortliche (Bauleiter, Architekt) zu benachrichtigen. Dasselbe gilt, wenn Wasser in die Baugrube eindringt.

Für die verschiedenen Erdarbeiten gibt es jeweils geeignete Erdbaugeräte. Die Wahl des richtigen Gerätes ist entscheidend für die Wirtschaftlichkeit.

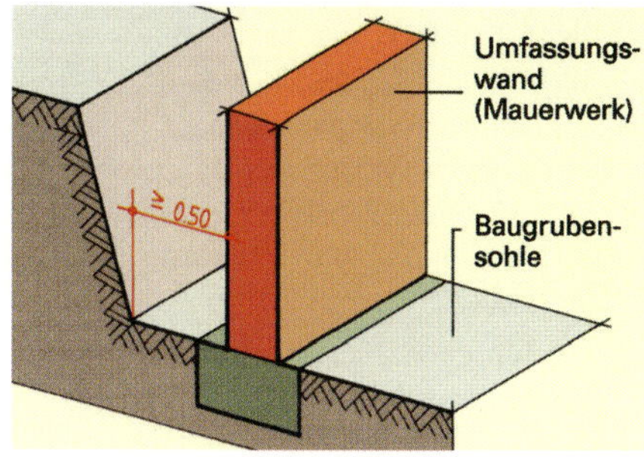

Arbeitsraum bei Baugrube mit Böschung

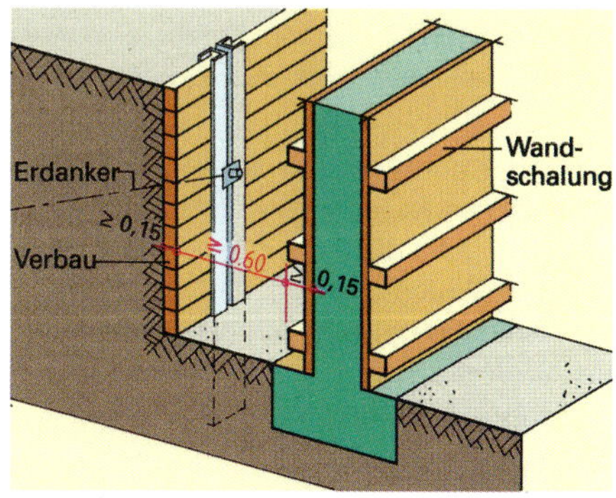

Arbeitsraum bei Baugrube mit Verbau und Wandschalung

Arbeitsraum

Die Größe der **Baugrube** richtet sich nach dem Grundriss des Gebäudes zuzüglich eines **Arbeitsraumes** von 50 cm Breite bei geböschter bzw. 60 cm bei verbauter Baugrube. Als Breite des Arbeitsraumes gilt bei abgeböschten Baugruben der Raum zwischen Böschungsfuß und Mauerwerk bzw. Außenseite der Schalung. Bei Baugruben mit Verbau ist der Raum zwischen Innenseite des Verbaus und Außenseite des Mauerwerkes bzw. der Schalung maßgebend. Für Schalung und Verbau können jeweils pauschal 15 cm angenommen werden (s. Abschnitt 2.2.1).

Die Baugrube umschließt den im Boden befindlichen Teil des künftigen Bauwerkes, den Arbeitsraum und den Raum für Schalungen, Verbau und Böschungen.

Bei **Gräben für Abwasserleitungen und -kanäle** ist die Breite der Grabensohle in Abhängigkeit von der Nennweite (DN), vom horizontalen äußeren Rohrschaftdurchmesser (OD_h) und von der Art der Grabensicherung in DIN EN 1610 festgelegt. Der hinzuzurechnende Betrag *x* entspricht dem beidseitigen **Mindestarbeitsraum**. Dazu kommt gegebenenfalls noch der erforderliche Raum für den Verbau.

DN	Mindestgrabenbreite ($OD_h + x$) m		
	verbauter Graben	unverbauter Graben	
		$\beta > 60°$	$\beta \leq 60°$
≤ 225	$OD_h + 0{,}40$	$OD_h + 0{,}40$	
> 225 ≤ 350	$OD_h + 0{,}50$	$OD_h + 0{,}50$	$OD_h + 0{,}40$
> 350 ≤ 700	$OD_h + 0{,}70$	$OD_h + 0{,}70$	$OD_h + 0{,}40$
> 700 ≤ 1200	$OD_h + 0{,}85$	$OD_h + 0{,}85$	$OD_h + 0{,}40$
> 1200	$OD_h + 1{,}00$	$OD_h + 1{,}00$	$OD_h + 0{,}40$

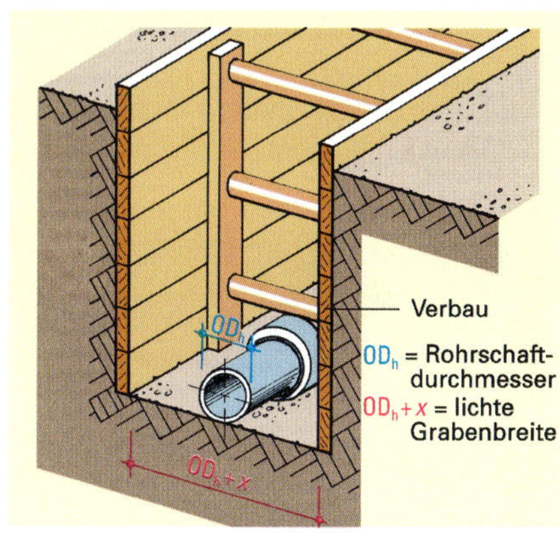

OD von engl. „**O**utside **D**iameter" = Außendurchmesser
h = **h**orizontal

Verbauter Graben

Unabhängig hiervon sind bei Gräben für Abwasserleitungen ab einer Tiefe von 1,00 m folgende lichte Mindestbreiten einzuhalten:
0,80 m bei einer Tiefe von 1,00 ... 1,75 m,
0,90 m bei einer Tiefe von über 1,75 ... 4,00 m,
1,00 m bei einer Tiefe über 4,00 m.
Bei der Herstellung von Gräben für alle übrigen Leistungsarten (z. B. Wasser, Gas) sind die Mindestbreiten in DIN 4124 festgelegt.

Bei Leitungsgräben ist die Breite der Grabensohle abhängig von der Art der Grabensicherung, vom äußeren Durchmesser des Rohrschaftes und von der Tiefe des Grabens.

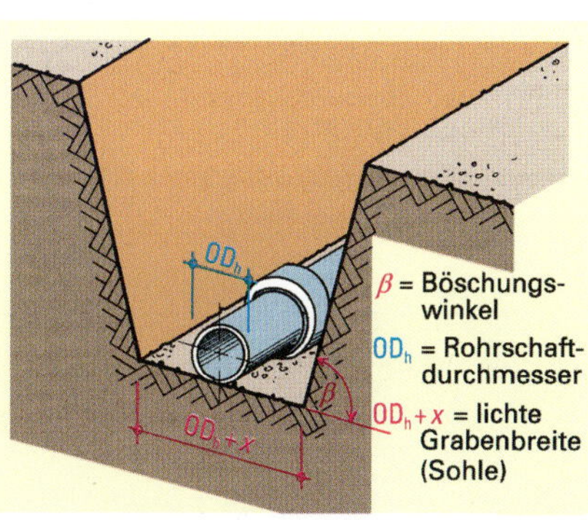

Nicht verbauter Graben

Verfüllen

Der nicht durch das Bauwerk bzw. die Rohrleitungen eingenommene Teil des Aushubbereichs muss nach Abschluss aller Arbeiten in diesem Bereich wieder verfüllt werden. Dies sollte spätestens vor Beginn der kalten Jahreszeit erfolgen, da sich bei offenem Arbeitsraum unter den Fundamenten bzw. der Bodenplatte leicht Eislinsen bilden können.

Wasser führende Schichten müssen wieder hergestellt werden, damit kein Wasserstau entsteht.

Bei der Wiederverfüllung wird häufig nachlässig gearbeitet, weil die dadurch entstehenden Schäden unterschätzt werden. Beispiele für solche Schäden sind die öfters auftretenden Setzungen im Bereich von Terrassen, Zugängen, Zufahrt und Abstellpätzen über dem früheren Arbeitsraum bzw. über Gräben.

Vor dem Verfüllen sind der Arbeitsraum bzw. die Gräben von groben Abfällen zu säubern die ein späteres Nachsacken des Bodens verursachen könnten. Die Verfüllung muss lagenweise und unter sorgfältiger Verdichtung erfolgen. Geeignete Verdichtungsgeräte für **bindigen Boden** sind
- **Grabenwalzen** (handgeführt),
- **Stampfer.**

Geeignete Verdichtungsgeräte für **nichtbindigen Boden** sind
- **Vibrationsplatten,**
- **Vibrationswalzen** (handgeführt).

Walzen und Vibrationsplatten eignen sich auch zur Verdichtung größerer Flächen. Alle Geräte müssen nach Gebrauch gereinigt und den Herstellerangaben entsprechend gewartet werden.

Arbeitsräume und Gräben müssen lagenweise sorgfältig wieder verfüllt und mit geeignetem Gerät verdichtet werden.

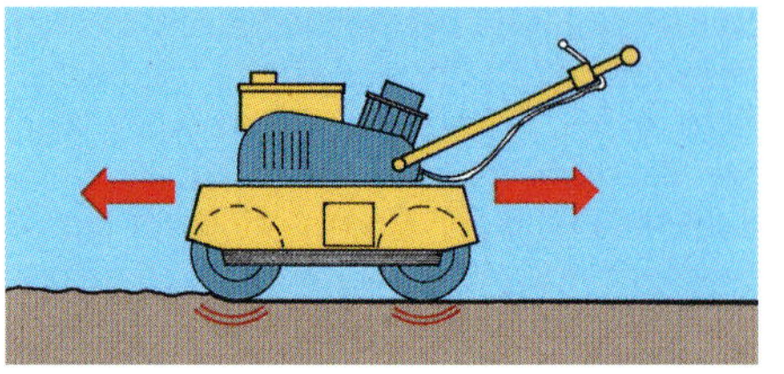

Handgeführte Walze

Vibrationsstampfer und Stampframme (bindige Böden)

Vibrationsplatte (nichtbindige Böden)

Zusammenfassung

Vor Beginn der Erdarbeiten müssen der Baugrund untersucht und auf dem Grundstück vorhandene Leitungen aufgesucht werden.

Vorhandene Hindernisse sind zu entfernen. Abbrucharbeiten sind besonders unfallträchtig und unterliegen deshalb besonderen Sicherheitsbestimmungen.

Der Oberboden wird getrennt gelagert und anschließend wieder verwendet.

Für die verschiedenen Erdarbeiten gibt es jeweils geeignete Geräte. Die Wahl des richtigen Gerätes ist entscheidend für die Wirtschaftlichkeit und oft auch für die Arbeitssicherheit.

Beim Aushub von Baugruben ist der Arbeitsraum, bei Leitungsgräben die Mindestgrabenbreite zu berücksichtigen. Außerdem muss gegebenenfalls Platz für Böschungen, Verbau und Schalung zugegeben werden.

Der nicht durch das Bauwerk eingenommene Teil des Aushubbereichs muss wieder verfüllt werden. Dies muss sorgfältig und lagenweise erfolgen.

Geeignete Verdichtungsgeräte für bindige Böden sind die Grabenwalze und der Stampfer, für nichtbindige Böden die Vibrationsplatte und die Vibrationswalze.

Aufgaben:

1. *Welche Vorarbeiten sind vor Beginn des Aushubs auszuführen?*
2. *Was ist zu beachten, wenn Sie bei Erdarbeiten auf ein farbiges Kunststoffband treffen?*
3. *Welche Geräte kommen beim Baugrubenaushub zum Einsatz?*
4. *Welche Geräte kommen beim Aushub von Leitungsgräben zum Einsatz?*
5. *Welches Gerät würden Sie für den Aushub unseres Reihenhauses wählen, wenn ein steifer bindiger Boden ansteht? Begründen Sie.*
6. *Weshalb ist beim Aushub von Gräben eine Mindestgrabenbreite vorgeschrieben?*
7. *Welche Arbeitsraumbreite muss bei Baugruben mit Böschung eingehalten werden?*
8. *Welche Mindestgrabenbreite gilt bei einem Rohr mit dem äußeren Rohrdurchmesser 40 cm (DN 300) und einer Grabentiefe von 1,50 m?*
9. *Bei neu errichteten Gebäuden treten öfters nahe am Gebäude Setzungen auf. Welche Fehler könnten gemacht worden sein?*

2.2.3 Höhenmessung

Bei der Höhenmessung wird der senkrechte Höhenunterschied von Punkten gemessen, die einen mehr oder weniger großen seitlichen Abstand voneinander haben. Je nach Entfernung der Punkte werden verschiedene Geräte zum Messen verwendet.

Die **Wasserwaage** eignet sich lediglich zum Übertragen über kürzere Strecken.

Für etwas größere Strecken (überwiegend im Gebäudeinnern) eignet sich zur Höhenmessung die **Schlauchwaage.** In einem wassergefüllten Schlauch aus transparentem Kunststoff stehen die Wasserspiegel gleich hoch und dienen somit dem Übertragen von Höhen.

Wasserwaage und Schlauchwaage werden zur Höhenübertragung bei kürzeren Entfernungen verwendet.

Zur Höhenmessung über eine größere Entfernung wird das Nivellierinstrument verwendet. Es besteht aus einem Fernrohr, das sich auf einem Unterbau um eine zum Fernrohr senkrecht stehende Achse (Stehachse) drehen lässt.

Das Nivellierinstrument wird mit einer Schraube auf einem Dreibeinstativ befestigt und standsicher aufgestellt. Mithilfe von Fußschrauben wird die Dosenlibelle eingestellt. Danach stellt sich die Zielachse des Fernrohres selbsttätig waagerecht ein.

Nivellierinstrumente sind Präzisionsgeräte. Um Geräteschäden zu vermeiden, muss sorgfältig mit ihnen umgegangen werden.

Die Höhenmessung mit dem Nivellierinstrument beginnt bei einem festen Punkt, dessen Höhe bekannt ist. Auf diesen Punkt wird die **Nivellierlatte** senkrecht aufgehalten. Vor der ersten Lattenablesung wird das **Strichkreuz** im Fernrohr durch Drehen am Okular scharf eingestellt. An der Fokussierschraube wird gedreht, bis das Bild der Latte deutlich zu sehen ist.

Der Betrag der ersten Lattenablesung („Rückwärts"-Ablesung) wird mit der Höhe des Festpunktes zusammengezählt und ergibt die **Visurhöhe.** Danach wird die Nivellierlatte auf den Punkt (z. B. Pflock) aufgestellt, dessen Höhe bestimmt werden soll. Es erfolgt nun die 2. Ablesung („Vorwärts"-Ablesung). Wird diese Ablesung von der errechneten Visurhöhe abgezogen, so erhält man die Höhe des Pflockes.

In einem **Nivellierformular** ergibt sich folgende Aufstellung:

Lattenablesung		Höhe		Bemerkungen
rückwärts	vorwärts	der Visur	des Punktes	
			235,786	Höhenbolzen
(+) 0,621		236,407		
	(–) 1,569		234,838	Pflock

Um nun die Baugrube unseres Reihenhauses in geplanter Tiefe ausheben zu können, wird in der Nähe der Baugrube, meist an einem fest eingerammten Pfahl, eine Gebäudehöhe (meist Sockelhöhe) angegeben. Die Höhe überträgt man von einem nahe gelegenen Höhenbolzen.

Mit dem Nivellierinstrument und der Nivellierlatte kann die Baugrubentiefe während der Aushubarbeiten genau kontrolliert werden.

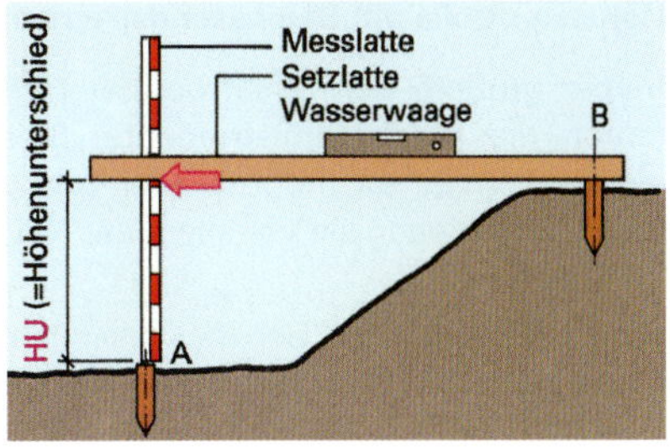

Höhenmessung mit Setzlatte

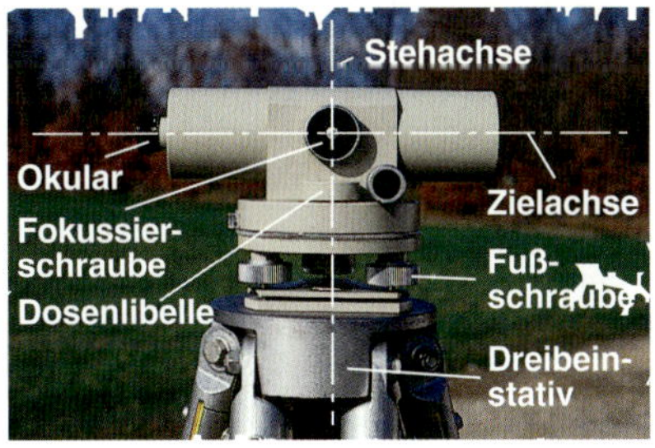

Nivellierinstrument

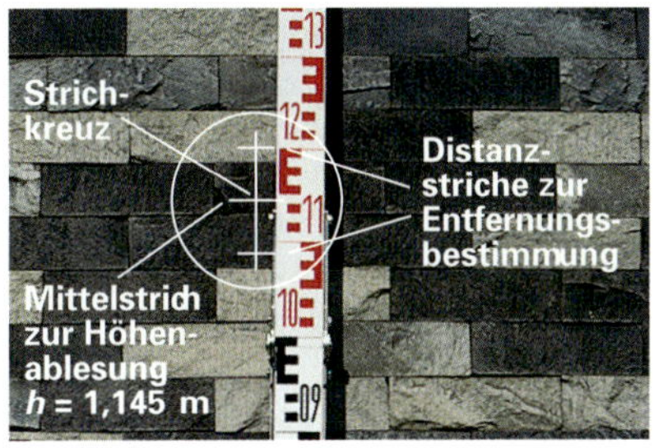

Ablesung an der Nivellierlatte

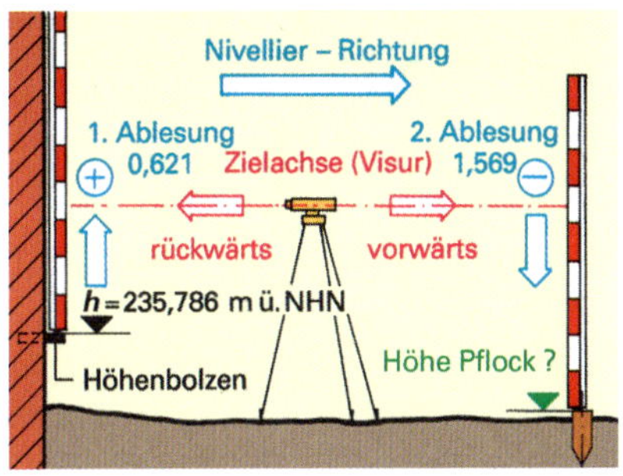

Höhenmessung mit dem Nivellier

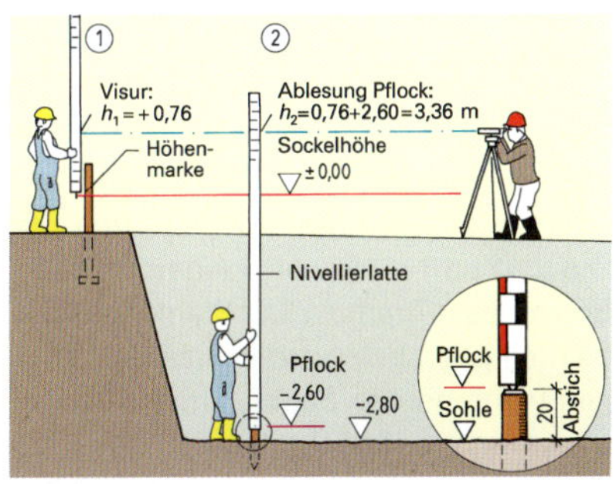

Kontrolle der Baugrubensohle mit Nivellierinstrument

Höhenkontrolle mit Bau-Laserinstrumenten

Immer größere Beliebtheit bei der Höhenkontrolle erfahren die **Bau-Laserinstrumente**. Diese Instrumente sind in ihren Einsatzmöglichkeiten sehr vielseitig. In der Bautechnik dienen sie vor allem der Neigungs- und Höhenmessung.

Das Funktionsprinzip der Bau-Laserinstrumente beruht auf einer Lichtverstärkung durch die Bündelung von Lichtstrahlen.

Die Instrumente werden durch eine Batterie gespeist und erzeugen einen gebündelten, parallelen Lichtstrahl, der als Punkt auf den getroffenen Gegenständen sichtbar wird. Die gebündelten Lichtstrahlen werden als **Laserstrahl** bezeichnet. **Vorsicht!** Nicht in den Laserstrahl blicken!

Der wesentliche Vorteil gegenüber der Messung mit einem Nivellierinstrument ist darin zu sehen, dass der Umgang mit einem Bau-Laserinstrument auch durch eine einzelne Person möglich ist.

Bei den im Hochbau üblichen Bau-Laserinstrumenten liegt die nutzbare Reichweite des Laserstrahles bei etwa 60 ... 500 m.

Rotationslaser (Rundum-Laser) sind Instrumente, bei denen ein waagerechter Strahl in kreisender Bewegung ausgesendet wird. Der Strahl bildet dabei eine Rotationsebene, wobei an jedem Punkt innerhalb der Rotationsebene anhand des auftreffenden Lichtpunktes die Höhe kontrolliert werden kann. Diese Instrumente eignen sich besonders für Planierarbeiten oder Ausschachtungsarbeiten.

Für die Höhenmessung auf der Baustelle ist es erforderlich, eine Gebäudehöhe (meist Sockelhöhe) auf das Baugrundstück zu übertragen. Die Höhe wird von einem nahe gelegenen Höhenbolzen übertragen.

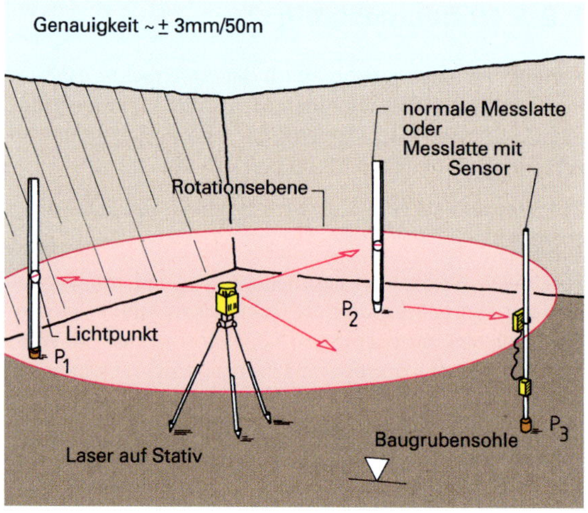

Einsatz des Rotationslasers

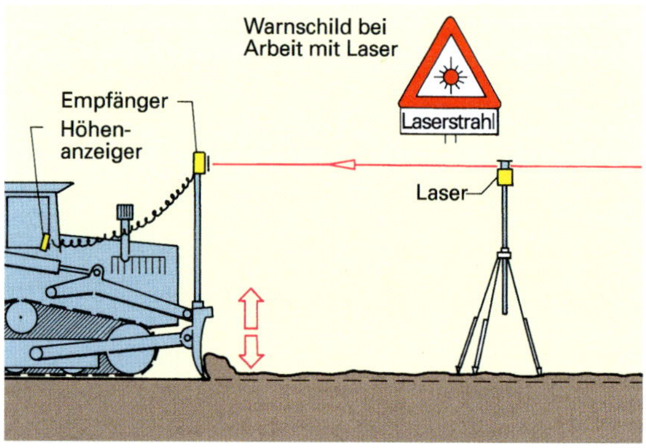

Steuerung einer Planierraupe durch Universal-Laser

2.2.4 Schnurgerüst

Nach dem Ausheben der Baugrube des Reihenhauses wird ein Schnurgerüst aufgestellt. Das Schnurgerüst dient dem genauen Einmessen der Gebäudefluchten.

Die Schnurgerüstböcke müssen in sicherem Abstand von der Baugrube angebracht werden. Bei kleineren Bauvorhaben reichen Winkelböcke an den Gebäudeecken aus, bei größeren Bauvorhaben sind zusätzlich Schnurböcke in Richtung der Hauptzwischenwände erforderlich.

Die Winkelböcke bestehen aus drei Pfählen (Rundholz ∅ 8 ... 12 cm) und zwei waagerecht daran angenagelten Bohlen oder Brettern. Die Pfähle müssen so eingerammt oder eingegraben werden, dass sie allen Beanspruchungen während des Bauens standhalten. Hohe Steifigkeit sowie eine zusätzliche Sicherung der Standfähigkeit erreicht man, vor allem bei höheren Schnurböcken, durch eine Verschwertung der Pfähle.

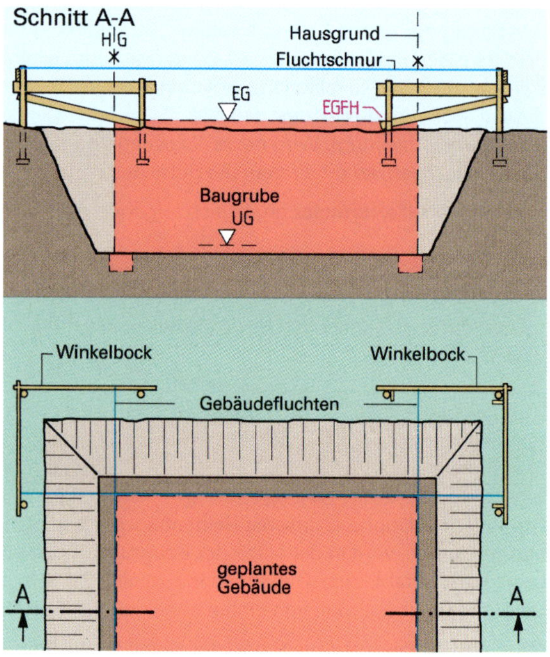

Anordnung der Schnurgerüstböcke

Diagonal an die Pfosten angenagelte Bretter bilden mit den Bohlen biegesteife Dreiecke. Eingegrabene Pfähle werden mit einer Steinplatte unterlegt, um eine spätere Setzung zu vermeiden.

Die Pfähle werden etwa parallel zu den Gebäudefluchten gesetzt. Die waagerechten Bohlen oder Bretter, die einander gegenüberliegen, müssen in gleicher Höhe an die Pfähle genagelt werden.

Die Oberkante dieser Bohlen oder Bretter sollte etwas über der Sockelhöhe des Gebäudes liegen. Sie werden bei kleinen Bauvorhaben mit der Wasserwaage oder Schlauchwaage, bei größeren Bauvorhaben mit dem Nivelliergerät in die erforderliche Höhe und waagerechte Lage gebracht.

Bei stark geneigtem Baugelände können die talseitigen Schnurböcke sehr große Höhen erreichen und müssen dann mit einem Arbeitsgerüst versehen werden.

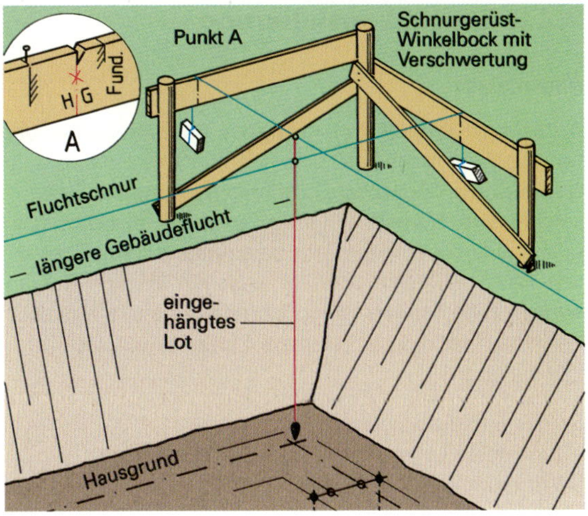

Schnurgerüst-Winkelbock

Da kreuzende Schnüre sich nicht berühren dürfen, sind die rechtwinklig zueinander laufenden Bohlen oder Bretter in der Höhe zu versetzen. Dabei ist darauf zu achten, dass die Bohlen für die Fluchtschnüre der längeren Gebäudeabmessung tiefer angenagelt werden.

Die Gebäudefluchten werden auf den Schnurböcken durch Einkerbungen oder durch einen eingeschlagenen Nagel mit Beschriftung gekennzeichnet. Nach dem Festbinden bzw. Einhängen der Fluchtschnüre (Perlonschnur oder dünner Stahldraht) überprüft man die Gebäudeabmessungen und die Lage des Gebäudes auf dem Grundstück.

Die Pfähle der Schnurgerüstböcke müssen fest im Boden sitzen. Hohe Schnurgerüstböcke müssen eine Verschwertung erhalten.

Zusammenfassung

Bei der Höhenmessung wird der senkrechte Höhenunterschied von Punkten gemessen.

Wasserwaage und Schlauchwaage werden zur Höhenmessung bei kürzeren Entfernungen verwendet.

Zur Höhenmessung über größere Entfernungen kommt das Nivellierinstrument zum Einsatz.

Für die Höhenmessung auf der Baustelle ist es erforderlich, eine Gebäudehöhe (meist Sockelhöhe) auf dem Grundstück anzugeben. Die Höhe wird dabei von einem nahe gelegenen Höhenbolzen übertragen.

Immer häufiger finden Bau-Laserinstrumente zur Höhenkontrolle Verwendung.

Das Funktionsprinzip der Bau-Laserinstrumente beruht auf einer Lichtverstärkung durch die Bündelung von Lichtstrahlen.

Rundum-Laser sind Instrumente, bei denen ein waagerechter Strahl in kreisender Bewegung ausgesendet wird. Der Strahl bildet dabei eine Rotationsebene, wobei an jedem Punkt innerhalb der Rotationsebene anhand des auftreffenden Lichtpunktes die Höhe kontrolliert werden kann.

Nach dem Ausheben der Baugrube wird ein Schnurgerüst aufgestellt. Das Schnurgerüst dient dem genauen Einmessen der Gebäudefluchten. Die Pfähle der Schnurgerüstböcke müssen fest im Boden sitzen. Hohe Schnurgerüstböcke müssen eine Verschwertung erhalten.

Aufgaben:

1. *Nennen Sie die Geräte für die Höhenmessung.*
2. *Warum eignet sich die Schlauchwaage besonders für die Höhenmessung im Gebäudeinneren?*
3. *Beschreiben Sie den Aufbau eines Nivellierinstrumentes.*
4. *Erklären Sie die Begriffe*
   - *Strichkreuz,*
   - *Fokussierschraube,*
   - *Rückwärts-Ablesung,*
   - *Vorwärts-Ablesung,*
   - *Visurhöhe.*
5. *Beschreiben Sie, wie die richtige Höhe der Baugrubensohle für unser Reihenhaus übertragen wird.*
6. *Welche Aufgabe hat das Schnurgerüst?*
7. *Warum müssen die Markierungen für die Fluchtschnüre präzise festgelegt und beschriftet werden?*
8. *Aus welchem Grunde werden die Schnurgerüstbohlen rechtwinklig zueinander in der Höhe versetzt?*
9. *Warum soll die Oberkante der Schnurgerüstbohlen über der Sockelhöhe des Gebäudes liegen?*

2.2.5 Baugrubensicherung

Allgemeines

Arbeiten in Baugruben und Gräben gehören zu den **unfallträchtigsten** Tätigkeiten am Bau. Dies liegt vor allem daran, dass die Standfestigkeit der Böden häufig überschätzt und die Gefahr damit unterschätzt wird. Kommt es infolge solcher Fehleinschätzungen zu Unfällen, sind die Folgen meist besonders schwer. Dies wird verständlich, wenn man sich überlegt, **dass ein einziger Kubikmeter Boden nahezu zwei Tonnen wiegt!** Vorübergehend standfeste Böden können durch oft nicht erkennbare Einflüsse plötzlich ihre Standfestigkeit verlieren.

Solche Einflüsse sind z. B.:
- besondere Lagerungsverhältnisse des Bodens,
- Witterungseinflüsse (Regen, Frost),
- Grundwasserbewegungen,
- Erschütterungen des Bodens (Verkehr, Baumaschinen),
- zusätzliche Belastungen durch Aufschüttungen, Lagerung von Baumaterial usw.

Unter Berücksichtigung dieser Einflüsse schreibt die Berufsgenossenschaft vor, dass nur Baugruben bzw. Gräben bis zu einer Tiefe von 1,25 m ohne besondere Wandsicherung erstellt werden dürfen. Bei einer Tiefe von 1,25 ... 1,75 m muss der über 1,25 m überstehende Teil gesichert werden. Bei einer Tiefe von über 1,75 m müssen die Wände in ihrer gesamten Höhe gesichert werden.

Zur Sicherung der Wände gibt es zwei grundsätzliche Möglichkeiten: **Abböschen** und **Verbauen**.

Die Wände von Baugruben und Gräben mit 1,25 ... 1,75 m Tiefe müssen im oberen Teil, die Wände von tieferen Baugruben und Gräben in ihrer ganzen Höhe gesichert sein.

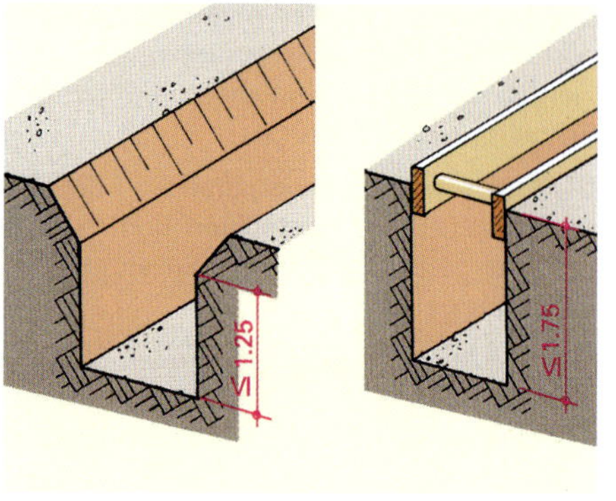

Wandsicherung in Gräben von 1,25 ... 1,75 m Tiefe

Böschungswinkel

Steht genügend Platz zur Verfügung, so ist insbesondere bei nicht sehr tiefen Baugruben die Wandsicherung durch Abböschen das einfachste und billigste Verfahren. Die Böschungen sind dabei so anzulegen, dass die in der Baugrube oder im Graben Beschäftigten nicht gefährdet werden. Das wird in der Regel dadurch erreicht, dass die in DIN 4124 für die einzelnen Bodenarten genannten **Böschungswinkel** eingehalten werden.

Es sind dies:
45° bei nichtbindigen oder weichen bindigen Böden,
60° bei mindestens steifen bindigen Böden,
80° bei Fels.

Ist in besonderen Fällen damit zu rechnen, dass der Boden durch Eindringen von Wasser, ungünstige Lagerungsverhältnisse oder andere störende Einflüsse dennoch seinen Halt verliert, so sind entsprechend flachere Böschungen herzustellen.

In jedem Fall sind oberhalb der Böschungen 60 cm breite **Schutzstreifen** freizuhalten, um die Böschungen nicht zu sehr zu belasten und das Abrollen von Steinen und Erdbrocken in die Baugrube bzw. den Graben zu verhindern. Die Schutzstreifen dienen gleichzeitig als Verkehrswege.

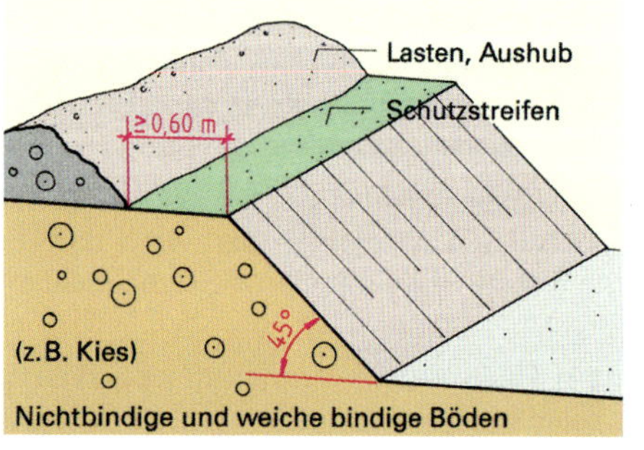

Böschungswinkel 45°

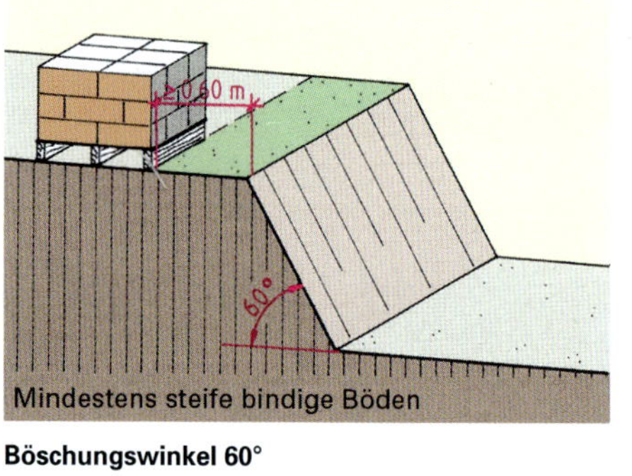

Böschungswinkel 60°

Böschungswinkel 80°

Jede Baugrube muss sicher zu begehen sein. Da bereits eine Böschung von 40° nicht mehr sicher zu begehen ist, müssen auf steileren Böschungen **Leitergänge** angelegt werden.

Baugruben und Gräben sowie Böschungskanten dürfen erst betreten werden, wenn die Standsicherheit der Wände sichergestellt ist.

Beim Abböschen der Wände von Baugruben und Gräben dürfen die in DIN 4124 angegebenen Böschungswinkel nicht überschritten werden. Oberhalb der Böschung ist ein Schutzstreifen freizuhalten.

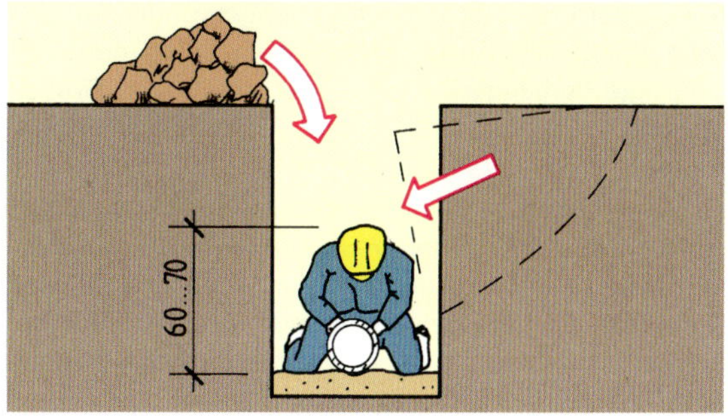

Unfallgefahren beim unverbauten Graben

Verbauarten

Das Abböschen erfordert, vor allem bei tiefen Baugruben bzw. Gräben, viel Platz. Steht dieser nicht zur Verfügung, wie es in Städten meist der Fall ist, müssen die Baugruben bzw. Gräben verbaut werden.

Der Verbau muss grundsätzlich gleichzeitig mit dem Fortschreiten der Aushubarbeiten hergestellt werden. Eine Ausnahme bilden Gräben, die auf volle Tiefe maschinell ausgehoben werden. Hier kann der Verbau nach Beendigung des Aushubs, aber vor Betreten des jeweiligen Grabenabschnitts, hergestellt werden. Hierzu werden Verbaugeräte verwendet, die komplett in den Graben eingesetzt und durch Spindeln gegen die Wände ausgesteift werden.

Bei allen Verbauarten müssen die Wände glatt abgestochen werden, damit hinter dem Verbau keine Hohlräume verbleiben, die dem anstehenden Boden Raum für Bewegungen geben.

Oberhalb des Verbaus ist wie bei Böschungen ein Schutzstreifen freizulassen. Außerdem muss der Verbau an der Geländeoberfläche mindestens **5 cm überstehen** (bei Grabentiefen >2 m mindestens 10 cm), damit kein loses Material über die Kante rollen kann.

Beim **waagerechten Verbau** werden vor waagerecht eingebrachten Bohlen senkrechte Aufrichter angebracht und mit Rundholzsteifen oder Kanalstreben ausgesteift. Dadurch kann bei fortschreitendem Aushub der Verbau nach unten verlängert werden. Ebenso kann der Verbau beim Verfüllen von unten nach oben wieder kontinuierlich entnommen werden. Die verwendeten Bohlen müssen mindestens 5 cm dick sein, die Aufrichter aus Holz dürfen höchstens doppelt so breit als dick sein.

Beim **senkrechten Verbau** werden Holzbohlen oder Kanaldielen eingestellt bzw. eingerammt und zwischen waagerechten Gurthölzern ausgesteift. Bei locker gelagerten nichtbindigen und weichen bindigen Böden müssen die Holzbohlen oder Kanaldielen jederzeit so weit in den Untergrund einbinden bzw. nachgetrieben werden, dass ein Aufbruch ausgeschlossen ist. Die Gurthölzer müssen durch Hängeeisen, Ketten oder Ähnliches gegen Herabfallen gesichert werden.

Der Verbau muss hergestellt werden, bevor Graben oder Grube betreten werden. An der Erdoberfläche muss der Verbau etwas überstehen; hinter dem Verbau dürfen sich keine Hohlräume befinden.

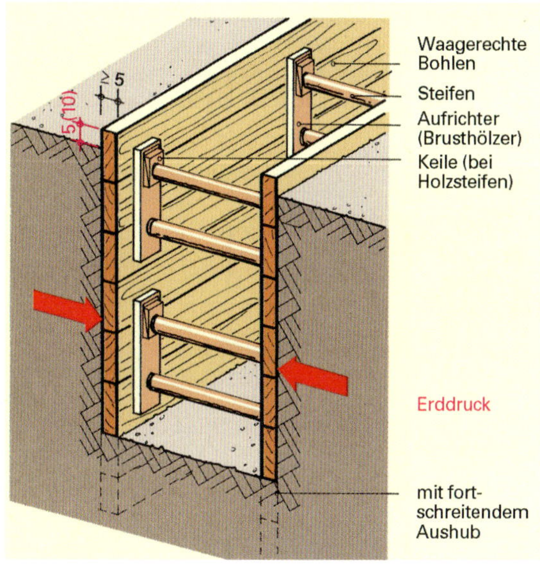

Waagerechter Verbau

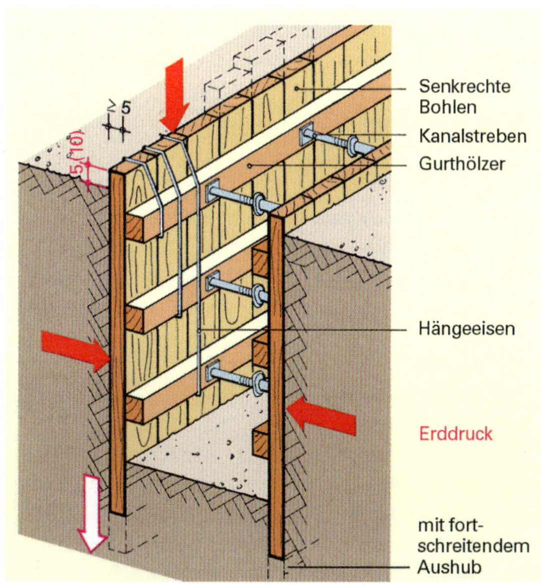

Senkrechter Verbau

Aus Sicherheits- und Rationalisierungsgründen werden bei maschinellem Aushub des Grabens heute meist vorgefertigte **Verbaugeräte** verwendet, die in den Graben eingesetzt und mit den eingebauten Streben ausgesteift werden.

Im Wesentlichen sind zwei Bauarten gebräuchlich. Bei der einen Bauart werden **Verbauboxen** aus zwei großformatigen Stahlverbauplatten durch zwischen diesen angebrachten Spindeln gegen die Grabenwände gedrückt und ausgesteift. Die Aussteifungen können mittig oder am Rand angebracht sein. Bei nicht genügend standsicheren Böden müssen die Verbauplatten fortschreitend mit dem Aushub durch den Bagger in den Boden eingedrückt werden. Bei **Gleitschienen-Verbaueinheiten** werden erst strebengestützte Gleitschienenpaare eingebracht und dann Platten in die Gleitschienen eingesetzt. Dies hat den Vorteil, dass die Verbautiefe während der Bauarbeiten verändert werden kann. Außerdem lassen sich einzelne Platten beim Rückbau leichter ziehen.

Maschinell auf volle Tiefe ausgehobene Gräben mit einer Tiefe von mehr als 1,25 m müssen vor dem Betreten durch Verbaugeräte gesichert werden.

Gleitschienen-Verbaueinheit

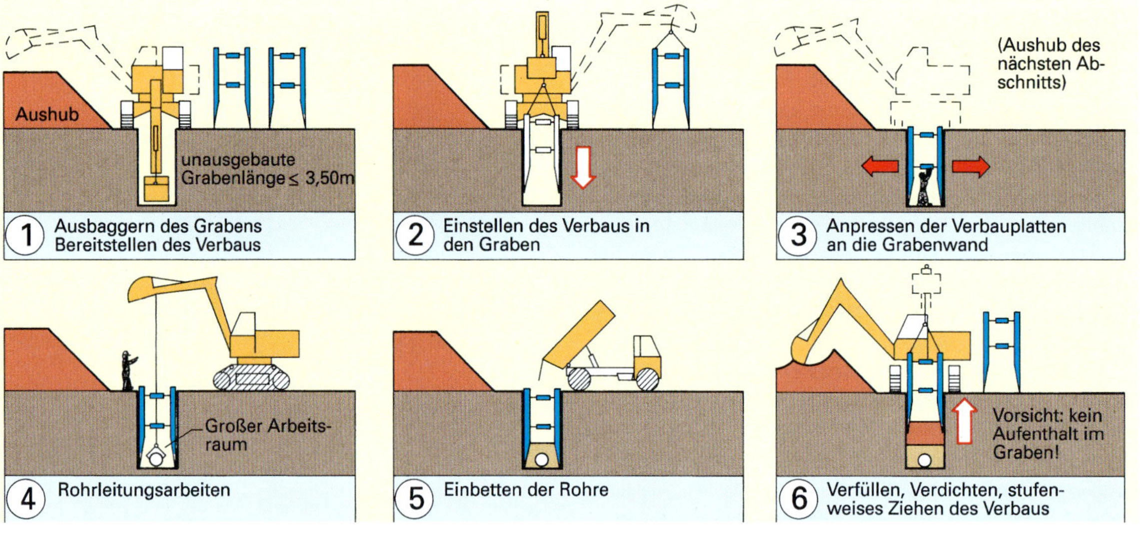

Einsatz von Verbauboxen, Arbeitsablauf (Einstellverfahren bei vorübergehend standfestem Boden)

Zusammenfassung

Arbeiten in Gruben und Gräben sind besonders gefährlich. Die Wände von Baugruben und Gräben mit 1,25 ... 1,75 m Tiefe müssen im oberen Teil, die Wände von tieferen Gruben in ganzer Höhe gesichert sein.

Bei der Wandsicherung durch Abböschen dürfen die in DIN 4124 vorgeschriebenen Böschungswinkel nicht überschritten werden. Oberhalb der Böschung ist ein Schutzstreifen freizuhalten.

Der Verbau muss hergestellt werden, bevor im Graben gearbeitet wird. An der Erdoberfläche muss der Verbau etwas überstehen, hinter dem Verbau dürfen sich keine Hohlräume befinden.

Maschinell auf volle Tiefe ausgehobene Gräben mit einer Tiefe von mehr als 1,25 m müssen vor dem Betreten durch Verbaugeräte gesichert werden.

Aufgaben:

1. *Bei unserem Reihenhaus muss die Abwasserleitung in einem etwa 2 m tiefen Graben zum Straßenkanal geführt werden. Beim Baugrund handelt es sich um steifen bindigen Boden.*
   a) Welche Sicherungsmaßnahmen würden Sie ergreifen?
   b) Begründen Sie Ihren Vorschlag.
2. *Wie wäre Ihr Vorschlag bei nichtbindigem Boden? Begründen Sie auch diesen Vorschlag.*
3. *Nennen Sie Sicherungsmaßnahmen, die unabhängig von der Art der Sicherung und von der Bodenart immer zu ergreifen sind*
   a) bei Böschungen,
   b) bei Verbau.

2.2.6 Zeichnerische Darstellung

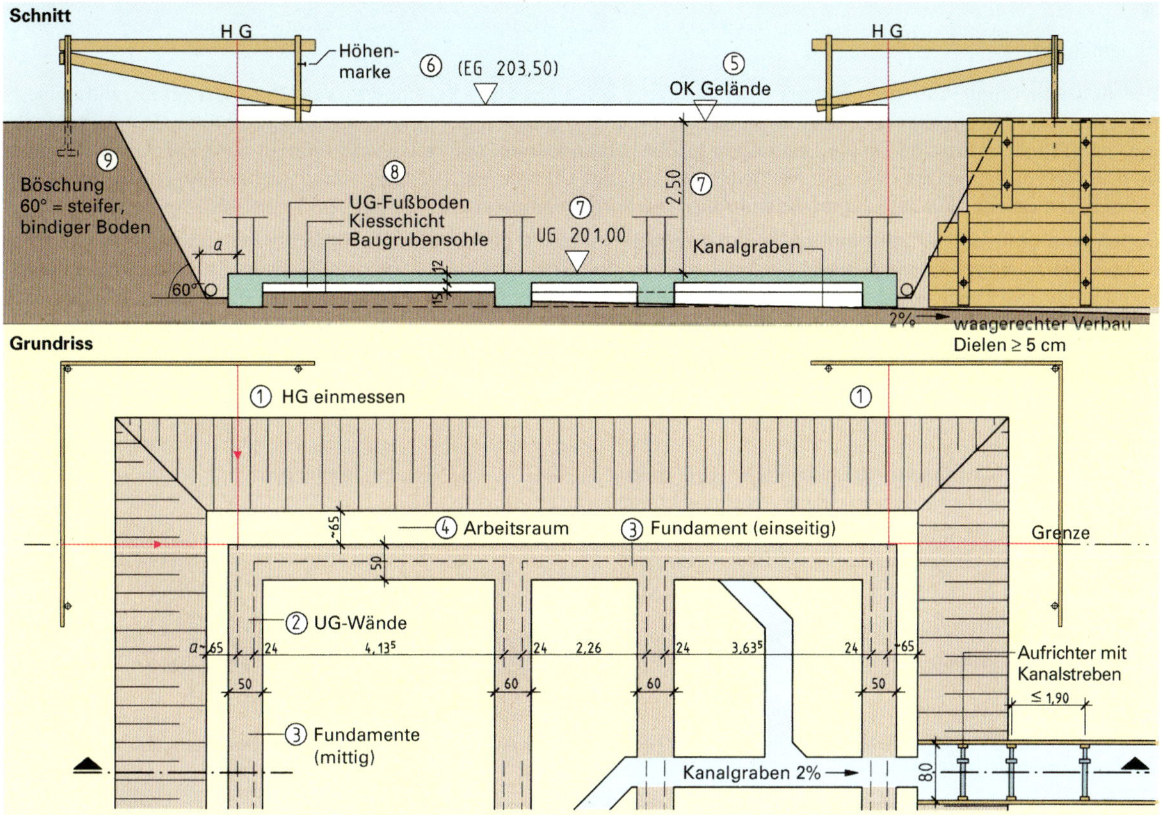

Baugrube, Fundament- und Kanalgräben des Reihenhauses im Maßstab 1:50

Aufgaben:

1. Zeichnen Sie die Baugrube (Ausschnitt) mit Fundament- und Kanalgräben sowie das Schnurgerüst für nichtbindigen Boden. Maße s. o., 1:50

2. Zeichnen Sie die Baugrube bei geneigtem Gelände und steifem bindigem Boden (ohne Fundamentgräben). Maßstab 1:100

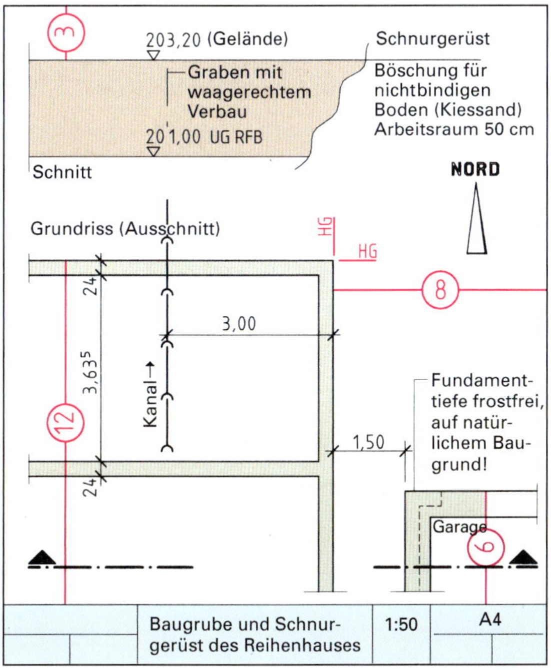

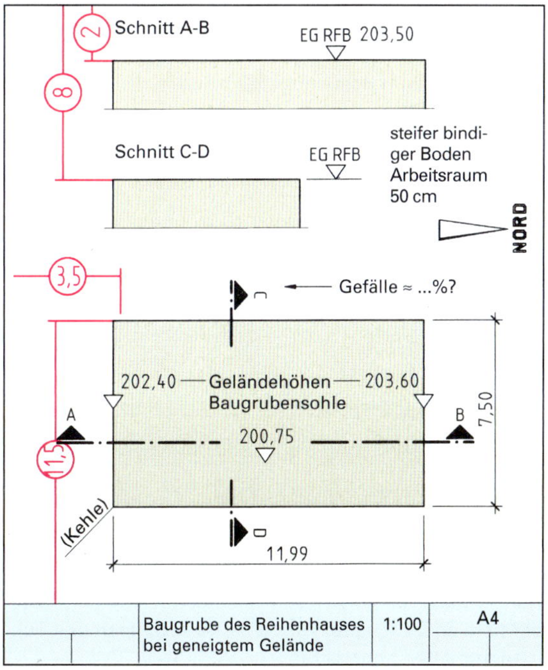

2.2.7 Massenermittlung

Allgemeines

Der Auftragnehmer (Bauunternehmer) kann für seine Leistungen die vereinbarte Vergütung erwarten, andererseits muss es dem Auftraggeber (z. B. Bauherrn des Reihenhauses) möglich sein, die Abrechnung zu prüfen. Der Auftragnehmer ist deshalb verpflichtet, seine Leistungen **prüfbar abzurechnen.** Die Leistungen werden nach Zeichnung ermittelt oder vor Ort aufgemessen. Die zum Nachweis von Art und Umfang der Leistung erforderlichen Berechnungen, Zeichnungen und Belege sind beizufügen. Ausführung und Abrechnung von Erdarbeiten sind in DIN 18300 geregelt.

Boden wird grundsätzlich **getrennt nach Homogenbereichen** und gestaffelt nach Förderwegen abgerechnet. Die Massen werden **in eingebautem Zustand** ermittelt, also vor der Entnahme oder nach dem Einbau – die **Auflockerung** bleibt somit unberücksichtigt. Sie kann aber bei Ermittlung des zu transportierenden Volumens eine Rolle spielen. Zur Berechnung der Massen sind **Näherungsverfahren** zulässig. Darüber hinaus gibt DIN 18300 jeweils spezielle Abrechnungshinweise für die verschiedenen Erdarbeiten.

Oberbodenabtrag

Der Abtrag von Oberboden (Mutterboden) wird meist nach Flächenmaß (m^2), seltener nach Raummaß (m^3) abgerechnet. Es ist die tatsächliche Fläche und beim Raummaß die tatsächlich vorhandene Dicke zugrunde zu legen.

Aushub von Baugruben

Die **Aushubtiefe** wird von der Oberfläche der auszuhebenden Baugrube (also gegebenenfalls ohne Oberboden) bis zur Sohle gerechnet.

Die **Breite** ergibt sich aus den Außenmaßen des Baukörpers

- zuzüglich **Arbeitsräume**,
- zuzüglich Raum für **Schalungskonstruktionen**,
- zuzüglich Raum für **Böschungen bzw. Verbaukonstruktionen**.

Als **Arbeitsraum** werden den Außenmaßen bei geböschten Baugruben auf jeder Seite 0,50 m, bei verbauten Baugruben 0,60 m zugerechnet. Als Arbeitsraum gilt das Maß bis zum Böschungsfuß bzw. das lichte Maß.

Dazu kommen die erforderlichen Maße für **Schalungs- und Verbaukonstruktionen**. Oft werden hierfür pauschal jeweils 0,15 m angenommen.

Die der Abrechnung zugrunde zu legenden **Böschungswinkel** richten sich nach der Leistungsbeschreibung.

In der Regel gelten:

– keine Vorgaben	45°
– feinkörniger Boden mit mindestens steifer Konsistenz	60°
– Fels	80°

Die Böschungsbreite kann in Abhängigkeit von der **Aushubtiefe (*t*)** nach nebenstehender Tabelle ermittelt werden.

Der Aushub für gegen den anstehenden Grund betonierte (nicht geschalte) Fundamente wird nach den Fundamentmaßen abgerechnet.

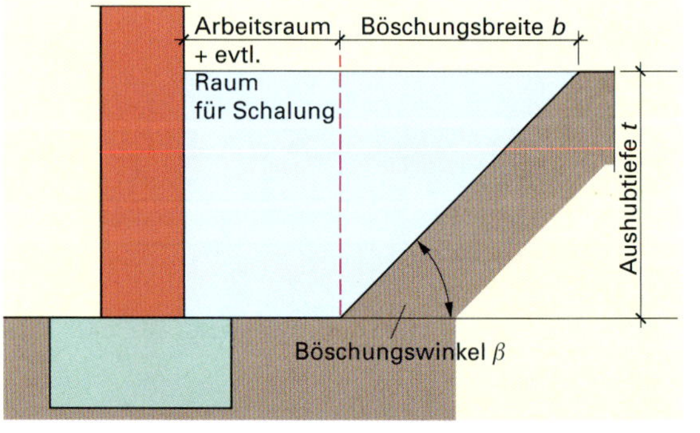

Bezeichnungen an einer abgeböschten Baugrube

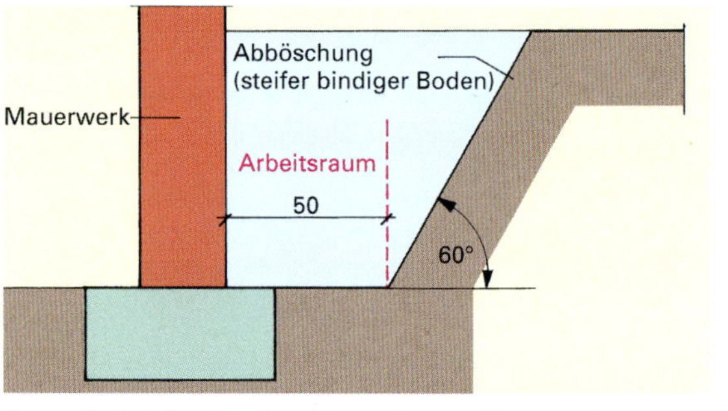

Baugrube bei abgeböschter Baugrube und Mauerwerk

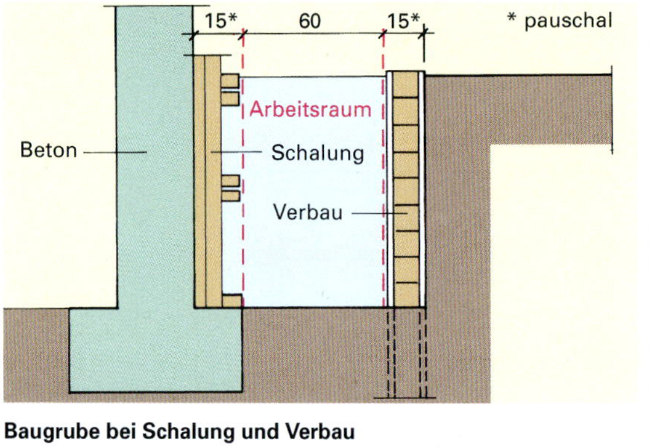

Baugrube bei Schalung und Verbau

Böschungswinkel	Böschungsbreite
45°	$b_{45} = 1 \cdot t$
60°	$b_{60} = 0{,}58 \cdot t$
80°	$b_{80} = 0{,}18 \cdot t$

Ermittlung der Böschungsbreite

Beispiel:

Berechnen Sie den Aushub für eine abgeböschte Baugrube (steifer bindiger Boden), wenn die UG-Außenmaße 9,50 × 10,50 m betragen und die durchschnittliche Aushubtiefe 2,60 m beträgt.

Die UG-Wände werden in Ortbeton hergestellt.

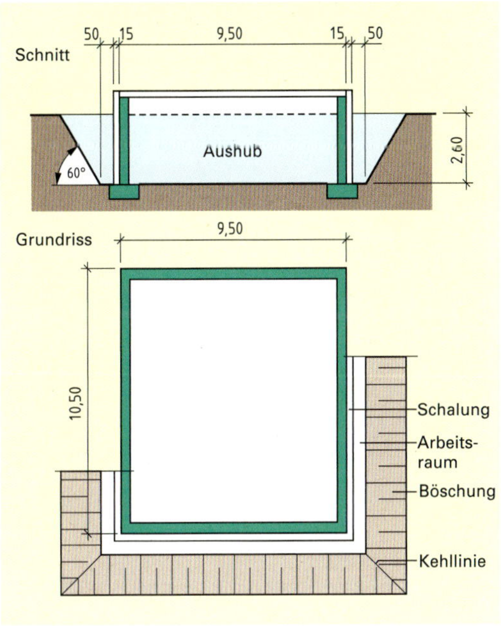

Lösung:

Der Aushubkörper ist ein Keilstumpf. Er kann näherungsweise nach

$$V \approx \frac{\text{Grundfläche} + \text{Deckfläche}}{2} \cdot \text{Höhe}$$

berechnet werden.

Grundfläche

l_1 = 10,50 m + 2 · 0,50 m + 2 · 0,15 m = 11,80 m
b_1 = 9,50 m + 2 · 0,50 m + 2 · 0,15 m = 10,80 m
A_1 = 11,80 m · 10,80 m = 127,44 m²

Deckfläche

l_2 = 10,50 m + 2 · 0,50 m + 2 · 0,15 m + 2 · (0,58 · 2,60 m) = 14,80 m
b_2 = 9,50 m + 2 · 0,50 m + 2 · 0,15 m + 2 · (0,58 · 2,60 m) = 13,80 m
A_2 = 14,80 m · 13,80 m = 204,24 m²

Aushub

$$V \approx \frac{(127{,}44\ m^2 + 204{,}24\ m^2)}{2} \cdot 2{,}60\ m$$

$V \approx \underline{431{,}184\ m^3}$

Zur (meist nicht erforderlichen) genaueren Berechnung können die Formeln für den Pyramidenstumpf im Tabellenanhang herangezogen werden.

Aufgaben:

1. Berechnen Sie den Aushub für eine Baugrube mit Verbau und Schalung. Die UG-Außenmaße betragen 12,75 × 9,25 m und die durchschnittliche Aushubtiefe 1,75 m.

2. Ermitteln Sie die Böschungsbreite einer Baugrube, wenn die Baugrubentiefe bei
   a) nichtbindigem Boden 1,60 m;
   b) steifem bindigem Boden 2,15 m;
   c) Fels 2,30 m beträgt.

3. Ermitteln Sie den Aushub für eine abgeböschte Baugrube, wenn die UG-Außenmaße 13,75 × 12,50 m betragen und die durchschnittliche Aushubtiefe 3,15 m beträgt.
   Die UG-Wände werden betoniert.

4. Berechnen Sie den Aushub für eine abgeböschte Baugrube, wenn die UG-Außenmaße 14,25 × 10,75 m betragen und die durchschnittliche Aushubtiefe 2,65 m beträgt.
   Die UG-Wände werden nicht geschalt.

5. Wie viele m³ Boden müssen bei Aufgabe 4 abgefahren werden, wenn die Auflockerung beim Aushub 20 % beträgt?

6. Unser Reihenhaus soll die unten dargestellten Ausmaße erhalten. Die UG-Wände werden betoniert, der anstehende feinkörnige Boden ist von steifer bis halbfester Konsistenz.
   Ermitteln Sie
   a) die fehlenden Baugrubenmaße und den Böschungswinkel;
   b) den Oberbodenabtrag über der Baugrube in m²;
   c) den Aushub in m³, wenn die mittlere Aushubtiefe 1,80 m beträgt;
   d) den abzufahrenden Boden in m³, wenn die Auflockerung 15 % beträgt.

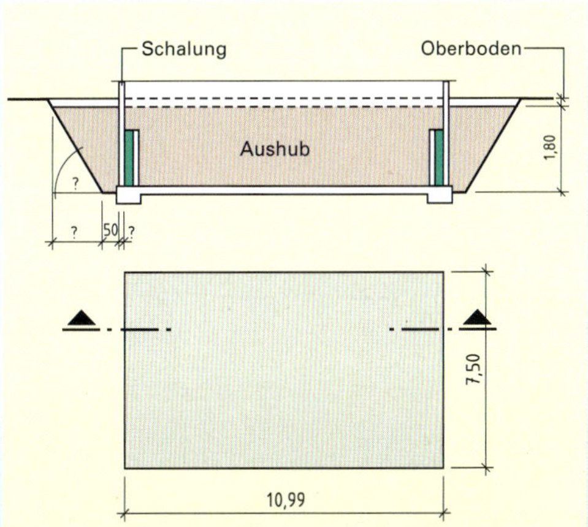

7. Ermitteln Sie aus dem in Abschnitt 2.3.6 dargestellten Fundamentplan unseres Reihenhauses den Aushub für die Fundamente (einschl. Schornsteinfundament) in m³.

Aushub von Gräben

Für Tiefe, Böschungswinkel und Verbaukonstruktionen gilt Entsprechendes wie bei Baugruben.

Bei den **Gräben für Abwasserleitungen und -kanäle** (DIN EN 1610) ist dem **horizontalen äußeren Rohrschaftdurchmesser (OD_h)** jeweils ein Betrag (x) für den **Arbeitsraum** zuzurechnen. Dieser Betrag ist abhängig von der **Nennweite (DN)** und der **Art der Grabensicherung** bzw. dem **Böschungswinkel (β)**.

DN	≤225	>225 ≤350	>350 ≤700	>700 ≤1200	>1200
Verbau	+0,40	+0,50	+0,70	+0,85	+1,00
$\beta \leq 60°$	+0,40				
$\beta > 60°$	+0,40	+0,50	+0,70	+0,85	+1,00

Zurechnungsbetrag *x* für den Arbeitsraum (s. Abschn. 2.2.2)

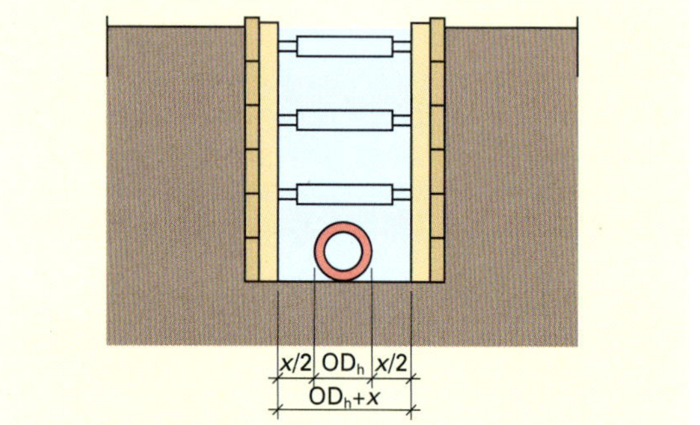

Verbauter Graben

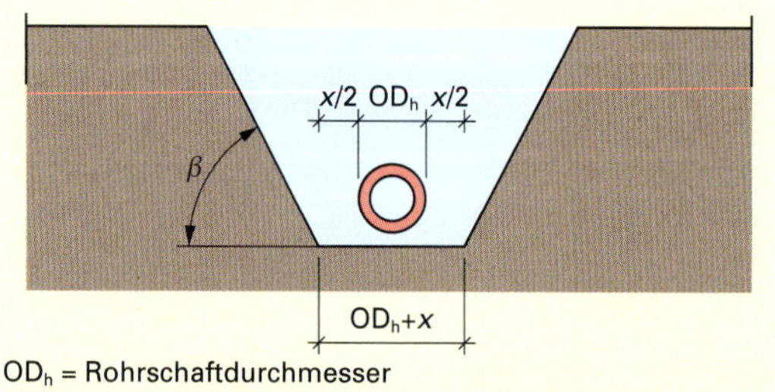

Nicht verbauter Graben

Unabhängig hiervon sind bei Gräben für Abwasserleitungen ab 1,00 m Tiefe lichte **Mindestbreiten** einzuhalten. Es gilt die jeweils größere Breite.

Tiefe (m)	1,00 ... 1,75	>1,75 ... 4,00	>4,00
Mindestbreite (m)	0,80	0,90	1,00

Beispiel:

In einem 1,80 m tiefen, verbauten Graben soll ein Rohr DN 250 mit einem äußeren Rohrdurchmesser OD_h von 28 cm verlegt werden. Welche Grabenbreite gilt?

Lösung:

$OD_h + x = 0{,}28\ \text{m} + 0{,}50\ \text{m} = 0{,}78\ \text{m}$

Mindestbreite bei 1,80 m Tiefe = 0,90 m

Die Mindestbreite ist maßgebend.

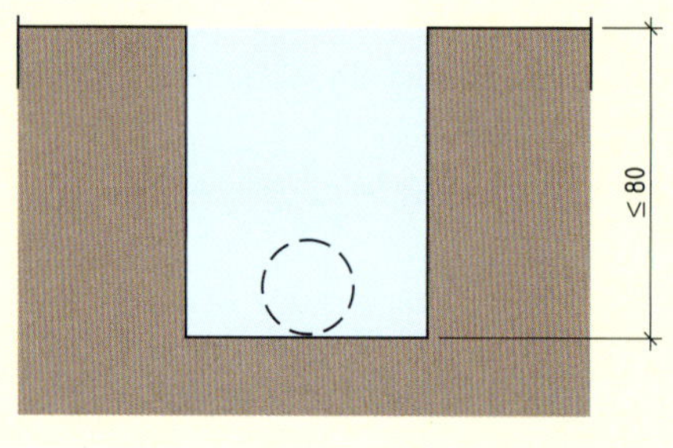

Graben bei Aushubtiefe ≤ 80 cm

Bei der Herstellung von Gräben für alle übrigen Leitungsarten (Wasser, Gas) gelten die Mindestbreiten nach DIN 4124.

Beispiele:

Der Aushub für einen 27,45 m langen, verbauten Graben mit einer durchschnittlichen Tiefe von 1,96 m ist zu ermitteln. Der äußere Rohrdurchmesser beträgt 36 cm (DN 300).

Lösung:

Grabenbreite: 0,90 m (Mindestbreite) + 2 · 0,15 m (Verbau)
= 1,20 m

Aushub: $V = 1{,}20\ \text{m} \cdot 1{,}96\ \text{m} \cdot 27{,}45\ \text{m}$
$= \underline{64{,}562\ \text{m}^3}$

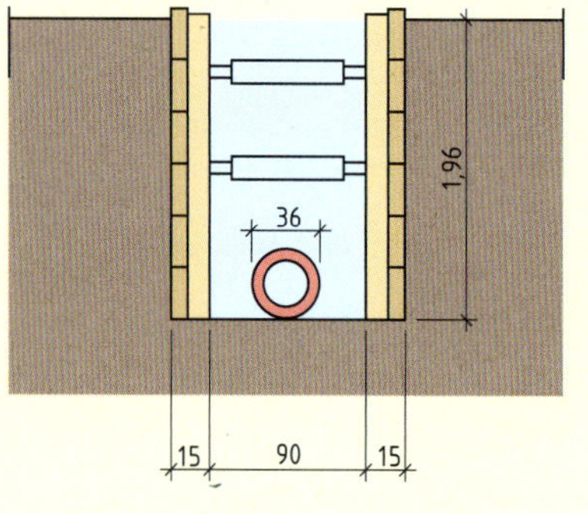

Verbauter Graben

Hinterfüllen, Überschütten und Einbau

Der wieder eingebaute Boden wird grundsätzlich nach Raummaß (m^3) abgerechnet.

Leitungen, Sandbettungen usw. werden bis zu 0,1 m^2 Querschnittsfläche nicht abgezogen. Bei Rohren entspricht 0,1 m^2 Querschnittsfläche einem äußeren Rohrschaftdurchmesser von 35,6 cm. Dickere Rohre werden bei der Wiederverfüllung abgezogen.

Beispiel:

Im obigen Beispiel werden in den Graben ein 15 cm dickes Sandbett und das angegebene Rohr eingebracht. Wie viel Boden kann für die Überschüttung abgerechnet werden?

Lösung:

Aushubquerschnitt: 1,20 m · 1,96 m = 2,352 m^2
– Sandbettquerschnitt: 1,20 m · 0,15 m = 0,180 m^2
– Rohrquerschnitt:
0,36 m · 0,36 m · 0,785 = <u>0,102 m^2</u>
Querschnitt der Überschüttung: 2,070 m^2
Überschüttung: V = 2,070 m^2 · 27,45 m = <u>56,282 m^3</u>

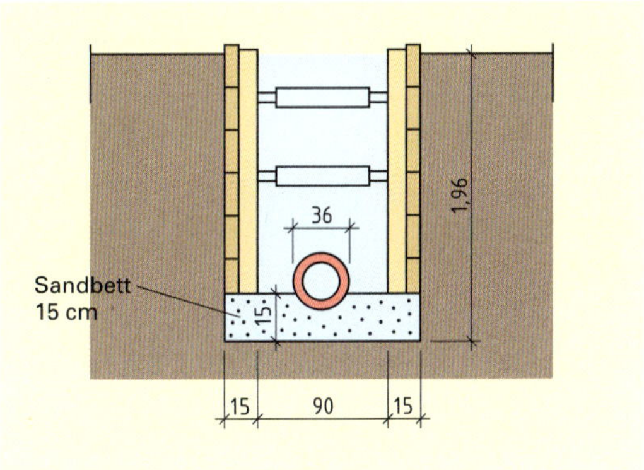

Verbauter Graben mit Sandbett

Aufgaben:

1. Berechnen Sie den Aushub für einen 35,55 m langen verbauten Graben mit einer durchschnittlichen Tiefe von 1,74 m.
   Der äußere Rohrschaftdurchmesser beträgt 26 cm (DN 200).
2. Ermitteln Sie den Aushub für einen 28,75 m langen unverbauten Graben mit einer durchschnittlichen Tiefe von 2,05 m und einem Böschungswinkel von 45°. Der äußere Rohrschaftdurchmesser beträgt 46 cm (DN 400).
3. Der Aushub für einen 50,50 m langen verbauten Graben mit durchschnittlicher Tiefe von 3,55 m ist zu berechnen. Der äußere Rohrschaftdurchmesser der Schleuderbetonrohre beträgt 176 cm (DN 1500).
4. Wie viel Boden kann für die Überschüttung des Beispiels aus Aufgabe 3 abgerechnet werden, wenn in den Graben außer dem Rohr noch ein 40 cm dickes Sandbett eingebracht wird?
5. Berechnen Sie für den im Schnitt dargestellten 28,55 m langen Graben die Überschüttung.
   Der äußere Rohrschaftdurchmesser beträgt 38 cm (DN 300), die Sickerschicht beträgt 25 cm.
   Grabentiefe bis Sohle 2,06 m.
   Böschungswinkel 60°.

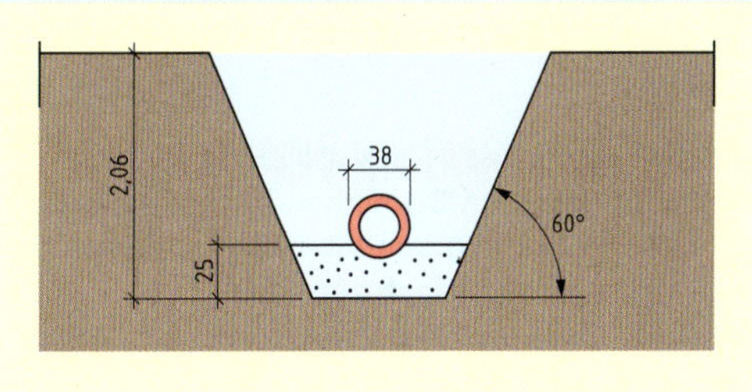

6. Um die Entwässerung unseres Einfamilienhauses an den Straßenkanal anzuschließen, muss ein Rohr DN 150 (äußerer Rohrschaftdurchmesser 19 cm) in einem 7,80 m langen und durchschnittlich 1,90 m tiefen Graben verlegt werden. Der Graben wird mit Verbaugeräten gesichert.
   Ermitteln Sie
   a) den Aushub in m^3;
   b) die Wiederverfüllung, wenn ein Sandbett von 20 cm Dicke eingebracht wird.

Arbeitshilfen

In der Praxis wird das Aufmaß auf besonderen **Aufmaßzetteln** erstellt. Dies erleichtert das Ausrechnen und das Prüfen der Aufmaße. Vielfach erfolgt die Abrechnung auch mithilfe des Computers. Die speziellen Aufmaßzettel für die **elektronische Datenverarbeitung** sind mit besonderer Sorgfalt auszufüllen, da die Daten oft von Personen in den Computer eingegeben werden, die keine Baufachleute sind. Insbesondere müssen die vorgesehenen Zeilen und Spalten genau eingehalten werden. i 8.3.3

Schema für Aufmaßzettel

Pos.	Benennung	Anzahl	Aufmaß			Mess-gehalt		Abzug		Reiner* Mess-gehalt	
			lang	breit	hoch						
5	Sandbett	1	27,45	1,20	0,15						

* Reiner Messgehalt = Messgehalt – Abzug

2.3 Gründung

2.3.1 Beanspruchung des Baugrundes

Alle auf das Reihenhaus einwirkenden Lasten werden über die Fundamente in den Baugrund abgeleitet.

Der Baugrund wird durch solche Bauwerke belastet. Dabei werden Kräfte auf den Baugrund übertragen. Die Druckverteilung unter dem Bauwerk müsste eigentlich kugelförmig sein; da der Boden in größerer Tiefe aber stärker verdichtet ist, verläuft die **Linie gleichen Druckes** unter dem Bauwerk etwa zwiebelförmig (=**Druckzwiebel**).

Die Belastung, die an der Grenzfläche Bauwerk/Baugrund 100% ist, klingt in einer Tiefe, die etwa der dreifachen Breite der Lastfläche entspricht, aus. Die Breite der Druckzwiebel entspricht etwa der vierfachen Breite der Lastfläche. Im Bereich der Druckzwiebel wird der Boden beansprucht. Es treten **Setzungen** auf; bei zu starker Belastung kann es zum **Grundbruch** kommen, bei dem das Bauwerk durch plötzliches Abscheren des Bodens fast schlagartig einsinkt. Dementsprechend wird das Gelände seitlich nach oben gedrückt. Dies kann einseitig und beidseitig der Fall sein.

Im Baugrund verteilt sich die Belastung in Form von Druckzwiebeln. In deren Bereich tritt Setzung ein.

Bei zu großer Belastung kann es zum Grundbruch kommen.

Druckzwiebeln benachbarter Gebäude sollten sich nicht überlagern, da es im Schnittbereich zu verstärkter oder verminderter Setzung kommen kann und sich die Gebäude dadurch einseitig setzen würden.

Dies kann z.B. geschehen, wenn an ein bestehendes Bauwerk angebaut wird. Unter dem zum bestehenden Gebäude hin gelegenen Fundament ist der Boden bereits teilweise zusammengedrückt. Er kann sich deshalb nicht mehr so stark setzen wie unter dem vom bestehenden Gebäude abgelegenen Fundament. Dieses wird sich deshalb stärker setzen, wenn nicht besondere Maßnahmen ergriffen werden.

Bei Bauwerken mit nicht vorwiegend ruhender Belastung, also z.B. bei Straßen, kommt zu der ständigen Druckbelastung noch eine zeitlich veränderliche dynamische Beanspruchung des Baugrundes hinzu.

Die Belastung des Baugrundes ist abhängig von der Größe der zu übertragenden Kräfte und der Fläche, über die die Kraft übertragen wird. Sie wird als **Sohldruck** bezeichnet und in kN/m^2 angegeben.

In DIN 1054 sind für Streifenfundamente **Bemessungswerte des Sohlwiderstands** angegeben, die der Sohldruck nicht überschreiten darf, wenn nicht zu starke Setzungen oder gar Grundbruch eintreten soll (s. Abschn. 2.3.3).

Die Bemessungswerte des Sohlwiderstands nach DIN 1054 dürfen nicht überschritten werden. Sie können für Streifenfundamente Tabellen entnommen werden.

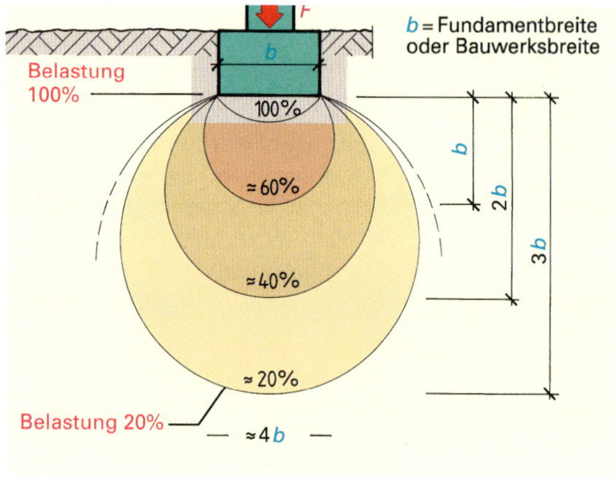

Druckzwiebel – Linien gleichen Druckes

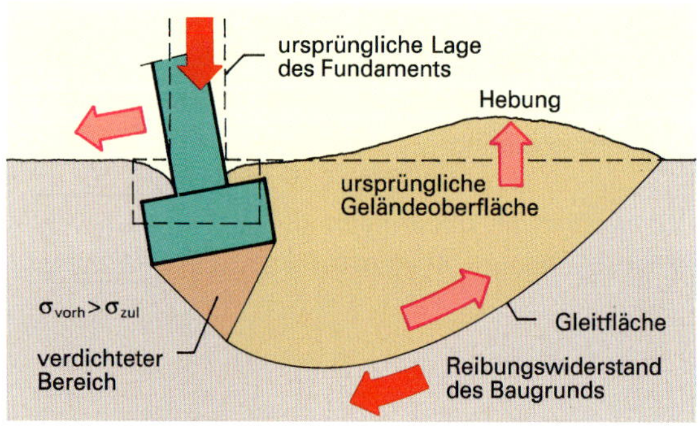

Einseitiger Grundbruch

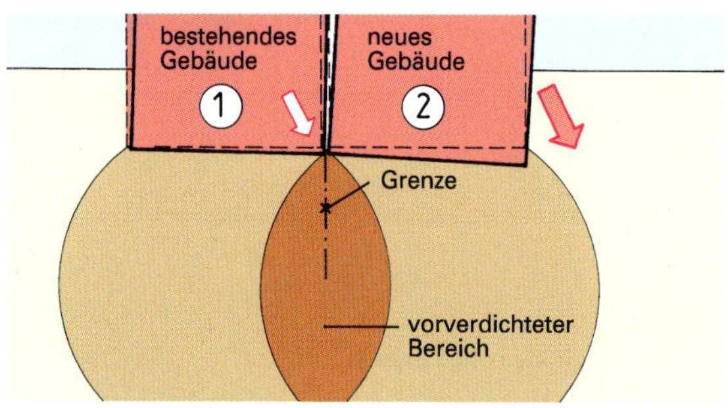

Überlagerung der Druckzwiebeln eines bestehenden und eines neuen Gebäudes

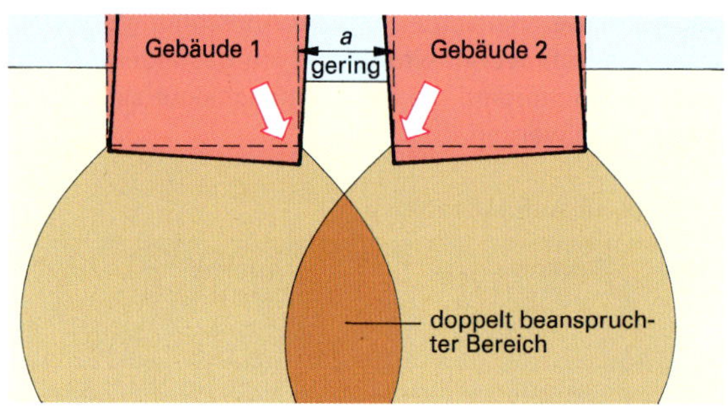

Überlagerung der Druckzwiebeln zweier gleichzeitig in geringem Abstand ausgeführter Gebäude

2.3.2 Gründungsarten

Die Gründung stellt die Verbindung zwischen dem Reihenhaus und dem Baugrund her. Sie soll eine sichere und möglichst setzungsfreie Übertragung der Bauwerkslasten auf den Baugrund ermöglichen. Solche am Bauwerk auftretenden Lasten sind ständige Lasten, wie zum Beispiel die Eigenlasten der Bauteile, und Nutzlasten, wie zum Beispiel die Belastung durch Menschen und Einrichtungsgegenstände.

Eine sichere Übertragung dieser Lasten auf den Baugrund ist nur möglich, wenn eine dem jeweiligen Baugrund angepasste Gründungsart gewählt wird.

Bei gutem, tragfähigem Baugrund genügt es, die Lasten über Stützen und **Einzelfundamente** bzw. Wände und **Streifenfundamente** abzuleiten. Würden Einzel- oder Streifenfundamente zu stark einsinken oder sich ungleichmäßig setzen, kann die Belastung des Baugrundes durch **Plattenfundamente**, die unter dem ganzen Bauwerk durchgehen, vermindert werden. Plattenfundamente werden aber auch aus anderen Gründen gewählt. Der Verzicht auf aufwendig zu erstellende Streifenfundamente und eine zusätzliche Bodenplatte beschleunigt den Bauablauf und kann kostengünstiger sein. Einzel-, Streifen- und Plattenfundamente werden gemeinsam als **Flachgründungen** bezeichnet.

Reicht die Tragfähigkeit des Baugrundes auch für Plattengründungen nicht aus, müssen **Tiefgründungen** angewendet werden. Die häufigste Art der Tiefgründung ist die **Pfahlgründung**, bei der das Gebäude auf Pfähle gestellt wird.

Mitunter ist es billiger, den Baugrund zu verbessern, als eine aufwendige Gründungskonstruktion zu wählen.

Gebräuchliche Methoden der **Baugrundverbesserung** sind

- teilweiser oder völliger Ersatz des nicht tragfähigen Bodens durch tragfähiges Material (z. B. Schotter),
- Verdichten,
- Einbringen von Bindemitteln wie Kalk und Zement.

Sollen die Bauwerkslasten schadenfrei auf den Baugrund übertragen werden, muss eine geeignete Gründungsart gewählt und eventuell der Baugrund verbessert werden.

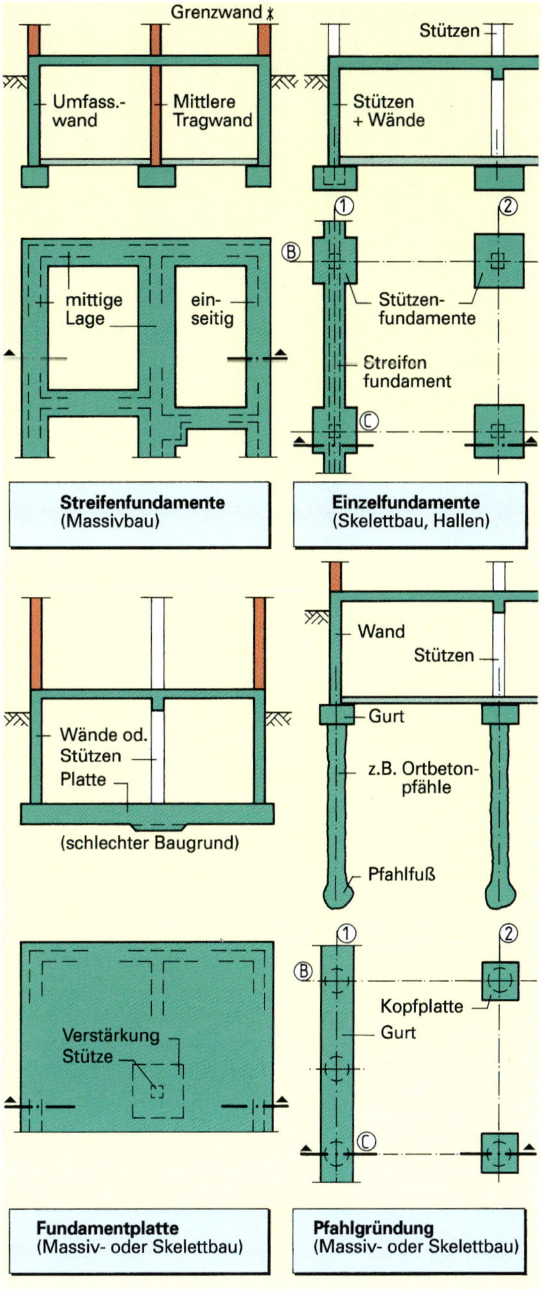

Gründungsarten

Flachgründungen

Streifenfundamente sind eine im Wohnungsbau gebräuchliche Gründungsart, die sich auch bei unserem Reihenhaus anbietet. Sie übertragen die auftretenden Kräfte auf den Baugrund und bilden gleichzeitig die Auflage für die Bodenplatte bzw. die Standfläche für die Wände. Wenn die Fundamente besonders steif sein müssen, weil z. B. ungleichmäßige Setzungen zu befürchten sind, werden sie bewehrt.

Die Anordnung der Fundamente und deren Abmessungen (Breite/Höhe) werden in besonderen Fundamentplänen dargestellt (s. Abschn. 2.3.6).

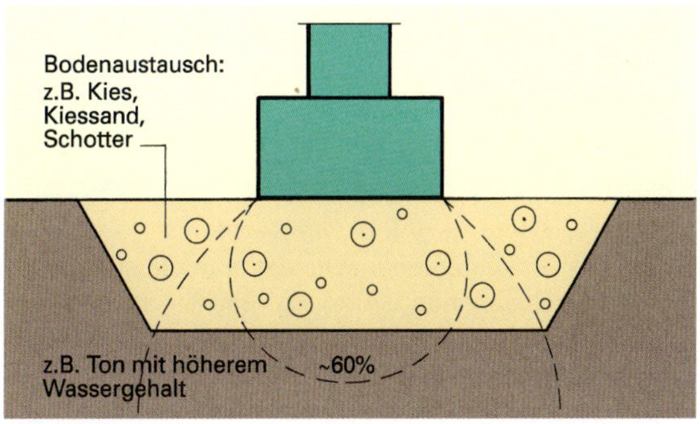

Baugrundverbesserung bei einem Streifenfundament

Einzelfundamente übertragen z. B. bei Skelettbauweise die Lasten einzelner Stützen auf den Baugrund. Einzelfundamente werden stets bewehrt.

Plattenfundamente, die unter dem ganzen Gebäude durchgehen, vergrößern die Gründungsfläche erheblich und vermindern die Belastung des Baugrundes entsprechend. Sie werden deshalb bei schlechtem und ungleichmäßigem Baugrund angewendet und müssen stets bewehrt werden.

Bei tragfähigem Baugrund sind bewehrte und unbewehrte Streifen-, sowie bewehrte Einzel- und Plattenfundamente gebräuchlich.

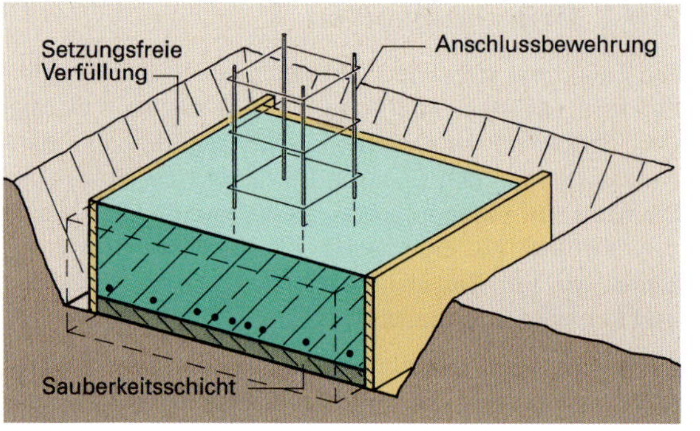

Bewehrtes Einzelfundament

Tiefgründungen

Steht tragfähiger Baugrund nicht oder nur in größerer Tiefe zur Verfügung, müssen Tiefgründungen angewendet werden.

Die heute verbreitetste Art der Tiefgründung ist die **Pfahlgründung.** Bei den Pfahlgründungen werden die stehende und die schwebende Gründung unterschieden.

Bei der **stehenden Gründung** reicht der Pfahl bis in tragfähige Schichten, auf die die Last übertragen wird. Die Reibung am Mantel des Pfahls spielt hier nur eine untergeordnete Rolle.

Bei der **schwebenden Gründung** wird die Last ausschließlich durch Mantelreibung getragen. Hierbei ist mit erheblichen Setzungen zu rechnen.

Auf die Pfähle werden dann Gurte oder Platten betoniert, über denen das Gebäude errichtet wird.

Nach der Art der Einbringung werden **Fertigpfähle** und **Ortbetonpfähle** unterschieden. Fertigpfähle bestehen aus Stahlbeton oder Stahl. Sie werden überwiegend durch Rammen versetzt und deshalb auch als **Rammpfähle** bezeichnet. Rammpfähle aus Stahl oder Stahlbeton werden mit großen Rammen genügend tief in den Untergrund eingedrückt. Wo Rammen wegen der Erschütterungen, des Lärms oder aus anderen Gründen unzweckmäßig ist, werden Ortbetonpfähle gesetzt. Diese werden an Ort und Stelle durch Bewehren und Ausbetonieren eines Bohrloches hergestellt.

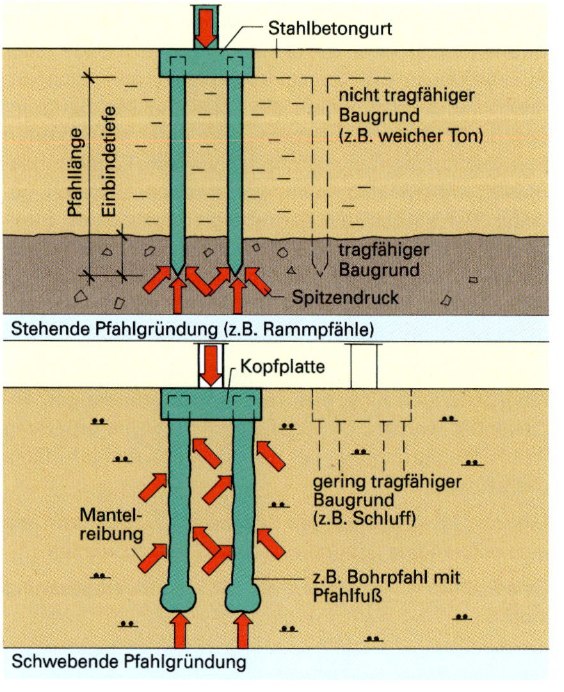

Arten von Pfahlgründungen

Bei nicht tragfähigem Baugrund können stehende und schwebende Pfahlgründungen angewendet werden. Bei schwebenden Gründungen ist mit Setzungen zu rechnen.

Zusammenfassung

Bauwerkslasten müssen sicher in den Baugrund abgeleitet werden. Die Druckverteilung unter dem Fundament verläuft zwiebelförmig.

Der jeweilige Bemessungswert des Sohlwiderstands darf nicht überschritten werden.

Flachgründungen sind Streifen-, Einzel- und Plattenfundamente. Die Bauwerkslasten werden direkt auf den tragfähigen Baugrund übertragen.

Bei Tiefgründungen unterscheidet man die stehende und die schwebende Gründung. Bei der stehenden Gründung werden die Bauwerkslasten über Pfähle auf tieferliegenden, tragfähigen Baugrund übertragen.

Aufgaben:

1. *Skizzieren Sie die Verteilung des Drucks unter einem Fundament.*
2. *Wie kann es zum Grundbruch kommen?*
3. *Begründen Sie, warum sich Druckzwiebeln benachbarter Bauteile nicht überlagern sollen.*
4. *Wann werden a) Streifenfundamente, b) Einzelfundamente angewendet?*
5. *Welche Fundamentart schlagen Sie für unser Einfamilienhaus vor, wenn es a) auf einem tragfähigen Baugrund, b) auf einem schlechten, ungleichmäßigen Baugrund stehen soll?*
6. *Erklären Sie die Unterschiede zwischen einer stehenden und einer schwebenden Gründung.*

2.3.3 Anforderungen an Fundamente

Die Fundamente des Reihenhauses sollen die auftretenden Lasten möglichst setzungsfrei in den Baugrund übertragen und die Standfestigkeit des Bauwerks sichern. Dazu müssen sie die richtige Größe, Form und Lage haben.

Lasten

Wenn Menschen sich auf weichen Untergrund, wie z. B. Schnee, begeben, vergrößern sie ihre Aufstandsfläche durch Skier und sinken dadurch weniger ein. Auf weichen Untergrund werden Bohlen gelegt, um ihn sicher begehen zu können.

Auch unser Reihenhaus soll sicher stehen und möglichst wenig einsinken. Die Wände werden deshalb nicht direkt auf den Untergrund gesetzt, sondern auf verbreiterte **Fundamente**.

Fundamente sollen die auftretenden Lasten auf den Baugrund übertragen, ohne dass Setzungen und Schäden auftreten.

Solche am Bauwerk auftretenden Lasten sind ständige Lasten, wie zum Beispiel die Eigenlasten der Decken und Wände, und Nutzlasten, wie zum Beispiel die Belastung durch Menschen und Einrichtungsgegenstände.

Sohldruck und Sohlwiderstand

Um Setzungen am Reihenhaus zu vermeiden bzw. sie so gering wie möglich zu halten, darf der Boden nur bis zu einem bestimmten Betrag zusammengedrückt, also nur begrenzt belastet werden. Der Sohldruck darf den jeweiligen Bemessungswert des Sohlwiderstands $\sigma_{R,d}$ nicht überschreiten. Der Sohlwiderstand, der wie der Sohldruck Kraft je Flächeneinheit (kN/m²) ist, ist abhängig von der Bodenart, der Fundamentform, der Fundamentbreite (*b*) und der Einbindetiefe (*d*).

Beispiele für Bemessungswerte des Sohlwiderstands unter Streifenfundamenten in kN/m² sind in den Tabellen im Tabellenanhang enthalten.

Größe und Form der Fundamente

Die erforderliche **Fundamentfläche** (*A*) ergibt sich aus den Bemessungslasten (*F*) und dem Bemessungswert des Sohlwiderstands ($\sigma_{R,d}$):

$$A(\text{m}^2) = \frac{F\,(\text{kN})}{\sigma_{R,d}\,(\text{kN/m}^2)}$$

Bei Streifenfundamenten kann die **Fundamentbreite** *b* durch Berechnung für ein 1 m langes Stück bestimmt werden.

> **Beispiel:** Überträgt die Mittelwand des Reihenhauses pro Meter eine Last von 100 kN auf das Fundament und beträgt der Bemessungswert des Sohlwiderstands 200 kN/m², so muss die Fundamentfläche pro Meter
>
> $$\frac{100\text{ kN}}{200\text{ kN/m}^2} = 0{,}5\text{ m}^2$$
>
> sein. Die Breite eines 1 m langen Streifenfundamentes unter der Wand muss in diesem Fall also mindestens 50 cm sein.

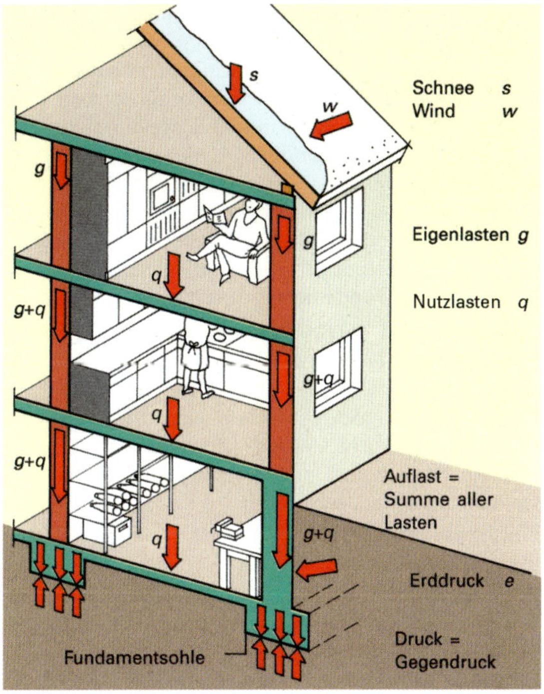

Übertragen der Bauwerkslasten durch die Fundamente auf den Baugrund

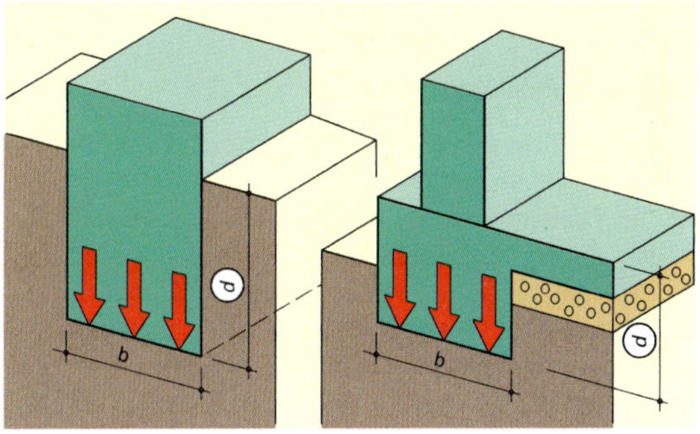

Die Einbindetiefe wird ab Oberkante Gelände bzw. Kellerfußboden gemessen

i 1.2.3

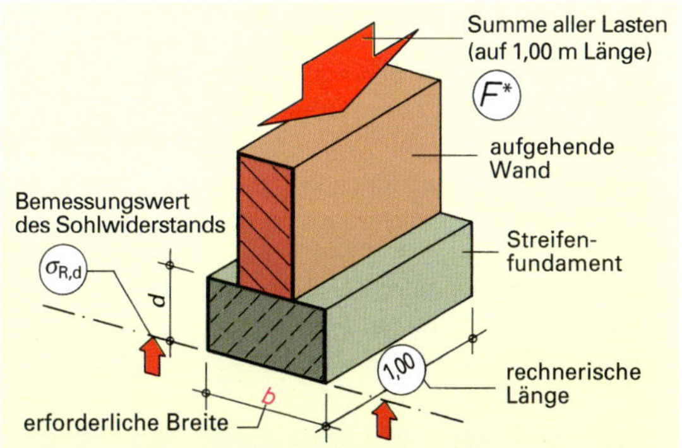

* Bemessungslast unter Berücksichtigung der Sicherheitsbeiwerte

Berechnung der Breite eines Streifenfundaments

Die **Fundamenthöhe** ist vom Druckverteilungswinkel im Fundament abhängig. Dieser hängt wesentlich vom Fundamentmaterial ab. Bei den heute allgemein üblichen Betonfundamenten kann im ungünstigsten Falle von einer Druckverteilung mit einer Neigung von 2:1, also von einem Druckverteilungswinkel von 63,5° zur Waagerechten, ausgegangen werden. Von diesem Wert ausgehend, kann die Fundamenthöhe rechnerisch oder zeichnerisch bestimmt werden. Bei mittig belasteten Fundamenten entspricht die Fundamenthöhe *d* dem Zweifachen des Fundamentvorsprungs *a*.

Bei anderen Bedingungen (Festigkeitsklasse, Sohldruck) können sich auch kleinere Winkel bis 45° (Neigung 1:1) ergeben.

Da die Fundamente nur innerhalb des Druckverteilungswinkels beansprucht werden, können größere Fundamente außerhalb der Druckverteilungslinie abgeschrägt werden, um Material zu sparen.

Weicht das Verhältnis $d:b$ wesentlich von 3:5 ab, kann dies zu Bauschäden führen.

Zu schmale bzw. zu hohe Fundamente führen zu verstärkten Setzungen, bei zu breiten bzw. zu niedrigen unbewehrten Fundamenten sind die Überbreiten wirkungslos und reißen leicht ab.

Niedrige Fundamente mit großem Fundamentüberstand sind nur mit Stahlbeton möglich. Die zugfeste Bewehrung am unteren Fundamentrand verhindert das Abreißen. Für die ausreichende Lastverteilung sorgt die in der Fundamentsohle kreuzweise verlegte Bewehrung.

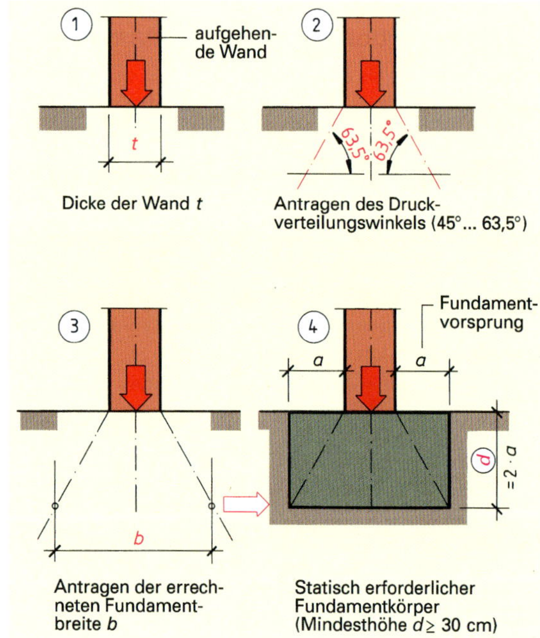

Zeichnerische und rechnerische Ermittlung der Fundamenthöhe

Lage der Fundamente

Außer der richtigen Größe und Form ist auch die Lage der Fundamente von Bedeutung.

Ist die Fundamentsohle nicht eben und **senkrecht zur herrschenden Kraftrichtung**, so kann das Fundament gleiten oder kippen. Bei verschiedenen Fundamenttiefen unter einem Gebäude, wie dies bei Hanglagen oder teilweise unterkellerten Gebäuden vorkommt, müssen die Fundamente deshalb abgetreppt werden.

Selbstverständlich darf nur auf tragfähigem Baugrund gegründet werden.

In frostgefährdeten Böden müssen Fundamente **in frostsicherer Tiefe** gegründet werden, da Eislinsenbildung unter den Fundamenten zu ungleichen Hebungen und damit zu Bauschäden führen würde (vgl. Abschn. 2.1.3). Je nach klimatischen Bedingungen genügt eine Gründungstiefe von 80...120 cm, um Frostschäden sicher zu vermeiden.

Solche Schäden treten oft auch schon während der Bauzeit auf, wenn die Kellerwände in der kalten Jahreszeit bis zu den Fundamenten frei liegen. Der Arbeitsraum sollte deshalb grundsätzlich zu Beginn des Winters zugeschüttet und Öffnungen in den Kellerwänden wenigstens provisorisch verschlossen werden.

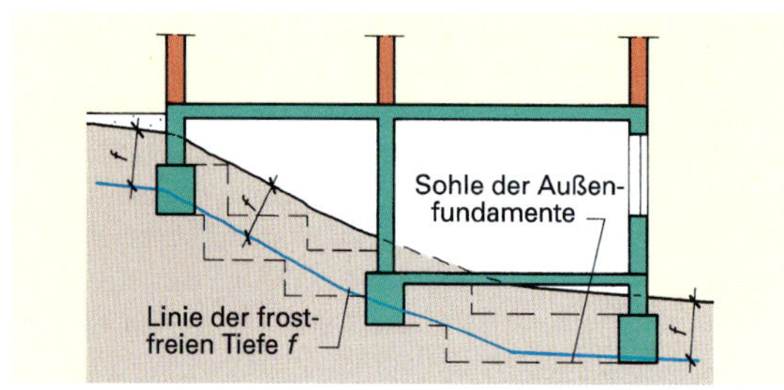

Abgetrepptes Fundament eines Gebäudes am Hang

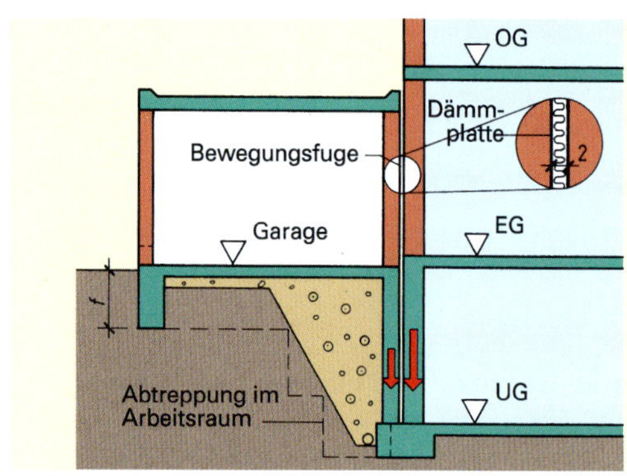

Abtreppung bei unterschiedlicher Gründungssohle
Trennfuge zwischen unterschiedlichen Gebäudeteilen

Die Fundamentbreite ist von den vorhandenen Lasten und der zulässigen Belastung des Baugrundes abhängig; die Fundamenthöhe ergibt sich aus der Fundamentbreite und dem Druckverteilungswinkel. Die Fundamentsohle muss senkrecht zur Kraftrichtung und in frostsicherer Tiefe sein.

2.3.4 Berechnungen am Fundament

Statische Berechnung und Bemessung von Fundamenten ist die Aufgabe von Ingenieuren. In diesem Lehrbuch wird lediglich ein kleiner Einblick in dieses Gebiet unter sehr vereinfachten Bedingungen gegeben. Dies soll zum besseren Verständnis der Zusammenhänge zwischen den Belastungen, den Fundamentabmessungen und dem Sohlwiderstand beitragen.

Den **Sohldruck** σ (Sigma) können wir aus der auf den Baugrund einwirkenden **Kraft** ***F*** und der belasteten **Fläche** ***A*** berechnen.

$$\text{Sohldruck } \sigma = \frac{\text{Kraft } F}{\text{Fläche } A}$$

σ in kN/m²

Ist die Belastung größer als die Spannung, die der Baugrund aushalten kann, kommt es zu Setzungen. Um solche Setzungen möglichst zu vermeiden, darf der vorhandene Sohldruck $\sigma_{E,d}$ nicht größer als der jeweilige Bemessungswert des Sohlwiderstands $\sigma_{R,d}$ sein.

$$\sigma_{E,d} \leq \sigma_{R,d}$$

Bei den Berechnungen am Fundament kann von folgenden Fällen ausgegangen werden:

1. Die Bauwerksbelastung unter Berücksichtigung der Sicherheitsbeiwerte (= Bemessungslast) und die Fundamentabmessungen sind bekannt. Hier muss nachgewiesen werden, dass der vorhandene Sohldruck gleich oder kleiner als der jeweilige Bemessungswert des Sohlwiderstands ist (= Spannungsnachweis).

Beispiel:

Das Streifenfundament unter der Mittelwand des Reihenhauses steht auf einem nichtbindigen Boden. Die Bemessungslast (einschließlich Eigenlast Fundament) beträgt 100 kN/m. Das Fundament hat eine Breite von 50 cm und weist eine Einbindetiefe von 50 cm auf. Der Spannungsnachweis ist durchzuführen.

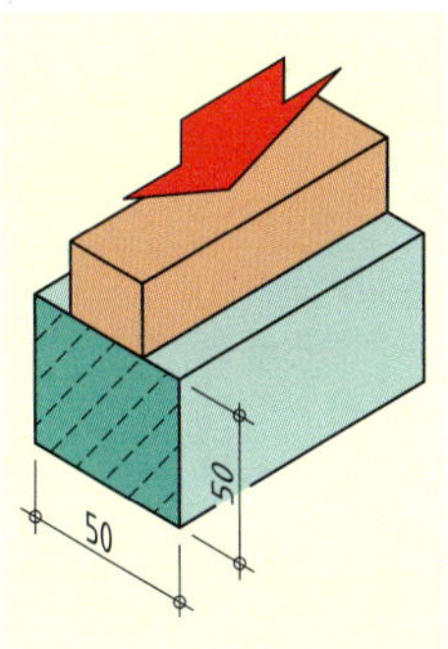

Lösung:

Nach Tabelle (Tabellenanhang!) ist $\sigma_{R,d}$ = 280 kN/m²

$$\sigma_{E,d} = \frac{\text{Kraft } F}{\text{Fläche } A} = \frac{100\ \text{kN}}{0{,}50\ \text{m} \cdot 1{,}00\ \text{m}} = \underline{200\ \text{kN/m}^2}$$

Der vorhandene Sohldruck ist kleiner als der Bemessungswert des Sohlwiderstands.

2. Die Bemessungslast und der Bemessungswert des Sohlwiderstands sind bekannt. Das Fundament soll in seiner Querschnittsfläche festgelegt werden.

$$\text{Fläche } A \geq \frac{\text{Kraft } F}{\sigma_{R,d}}$$

Beispiel:

Die Stahlbetonstütze im Untergeschoss des Reihenhauses wird mit 159,5 kN (= Bemessungslast) belastet. Sie soll ein quadratisches Fundament erhalten. Der Baugrund kann einen Sohldruck von 250 kN/m² aufnehmen.

i 1.2.3

Welche Seitenabmessung muss das Stützenfundament erhalten?

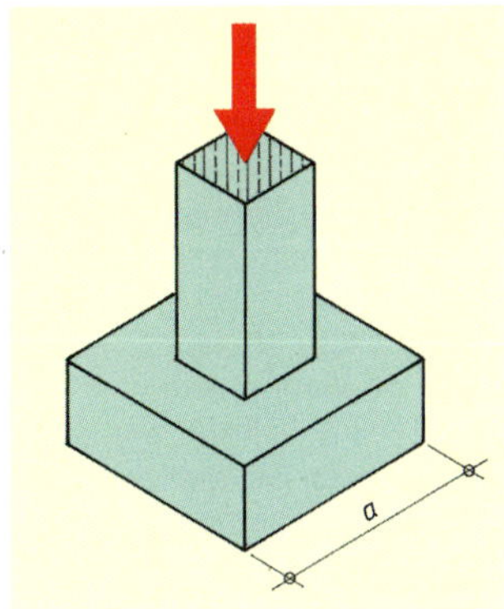

Lösung:

Kraft F = 159,5 kN

$\sigma_{R,d}$ = 250 kN/m²

$$\text{Fläche } A = \frac{\text{Kraft } F}{\sigma_{R,d}} = \frac{159{,}5\ \text{kN}}{250\ \text{kN/m}^2} = 0{,}638\ \text{m}^2$$

$$a = \sqrt{0{,}638\ \text{m}^2} = 0{,}799\ \text{m}$$

Seitenabmessung des Fundamentes ≥ <u>80 cm</u>

3. Die Abmessungen eines Fundamentes und der Bemessungswert des Sohlwiderstands sind bekannt. Die Bemessungslast soll ermittelt werden.

$$\text{Bemessungslast } F = \text{Fläche } A \cdot \sigma_{R,d}$$

Beispiel:

Das Streifenfundament unter der Außenwand des Reihenhauses hat eine Breite von 50 cm und eine Einbindetiefe von 1 m. Das Fundament steht auf nichtbindigem Baugrund. Wie groß darf die Bemessungslast pro m Streifenfundament höchstens sein?

Lösung:

Fläche A = 0,50 m · 1,0 m = 0,50 m²

Nach Tabelle (Tabellenanhang!) ist $\sigma_{R,d}$ = 380 kN/m²

max. Kraft F = Fläche $A \cdot \sigma_{R,d}$

max. F = 0,50 m² · 380 kN/m² = <u>190 kN</u>

Aufgaben:

1. Eine Untergeschosswand des Reihenhauses belastet ein Streifenfundament mit 80 kN/m. Das Fundament hat eine Breite von 50 cm.
   a) Wie groß ist der Sohldruck?
   b) Ist das Fundament ausreichend bemessen, wenn bei nichtbindigem Baugrund der Bemessungswert des Sohlwiderstands bei einer Einbindetiefe von 50 cm 280 kN/m² beträgt?

2. Die UG-Wand aus Stahlbeton im Reihenhaus belastet das Fundament mit 100 kN/m. Berechnen Sie die mindestens erforderliche Fundamentbreite, wenn der Bemessungswert des Sohlwiderstands 210 kN/m² beträgt.
   Die Eigenlast des Fundaments ist bei der Bemessungslast von 100 kN/m bereits berücksichtigt.

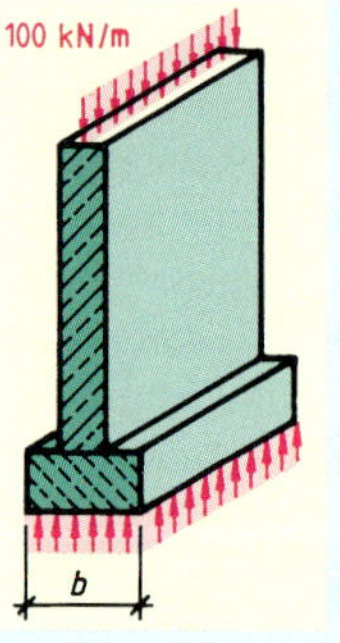

3. Halbfester toniger Schluff darf als Baugrund bei Streifenfundamenten (Einbindetiefe 50 cm) mit 240 kN/m² belastet werden.
   Berechnen Sie die mindestens erforderliche Fundamentbreite, wenn die Bemessungslast 100 kN/m beträgt.

4. Das Streifenfundament einer Reihenhaus-Außenwand hat eine Breite von 50 cm und eine Einbindetiefe von 50 cm. Der nichtbindige Baugrund weist einen Bemessungswert des Sohlwiderstands von 280 kN/m² auf. Wie groß darf die Bemessungslast (in kN/m) höchstens sein?

5. Ein Stahlbetonunterzug überträgt auf eine Stahlbetonstütze eine Bemessungslast von 55 kN. Berechnen Sie den auftretenden Sohldruck, wenn durch die Eigenlasten der Stütze und des Fundaments sich die Bemessungslast um weitere 10 kN erhöht.

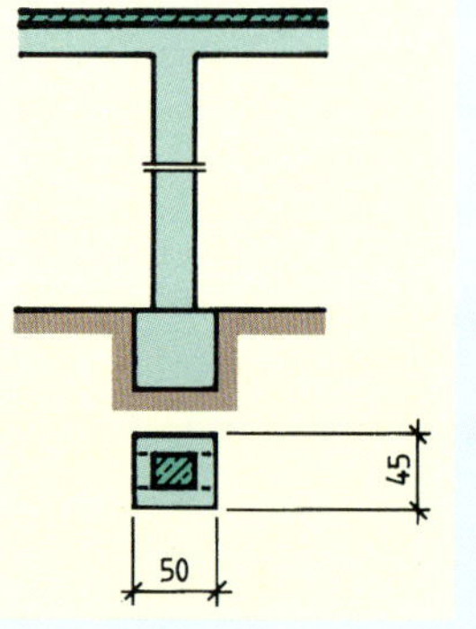

6. Berechnen Sie die erforderliche Breite und Tiefe für das Streifenfundament unter den Außenwänden unseres Reihenhauses.
   Die Bemessungslast (Wandlast und Eigenlast des Fundaments) beträgt 120 kN/m.
   Der Boden weist einen Bemessungswert des Sohlwiderstands von 200 kN/m² auf.
   Der Druckverteilungswinkel im Fundament beträgt 63,5°; d.h. der Fundamentüberstand verhält sich zur Fundamenttiefe wie 1:2.

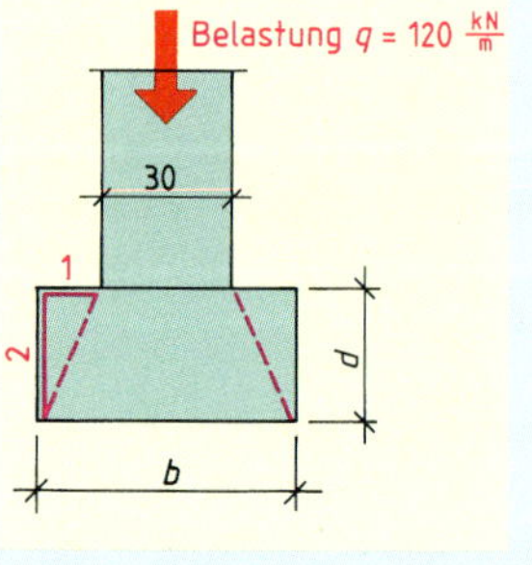

2.3.5 Herstellen der Fundamente

Die Formgebung erfolgt bei standfestem Boden direkt durch die Wände der Fundamentgräben, bei nicht standfestem Boden oder aufgesetzten Fundamenten muss geschalt werden.

Im ersten Fall müssen die Fundamentgräben genau den Fundamentmaßen entsprechend sorgfältig hergestellt werden. Insbesondere muss die Fundamentsohle waagerecht und eben sein, und der Grabenquerschnitt darf sich keinesfalls nach unten verjüngen. Erfolgt der Aushub maschinell, müssen Wände und Sohle des Grabens gegebenenfalls nachgearbeitet werden. Beim Handaushub werden beiderseits des Grabens Dielen ausgelegt. Diese erleichtern das genaue Abstechen, das Einhalten der Waagerechten und der exakten Höhe sowie später das Abziehen der Betonoberfläche. Handaushub ist sehr aufwendig und wird deshalb nur angewendet, wenn keine Möglichkeit besteht, Maschinen einzusetzen. Wenn Handaushub unvermeidlich ist, sollte darauf geachtet werden, dass durch entsprechenden Arbeitsablauf (kurze, natürliche Bewegungen und kleine Wege beim Laden) diese schwere Arbeit möglichst erleichtert wird.

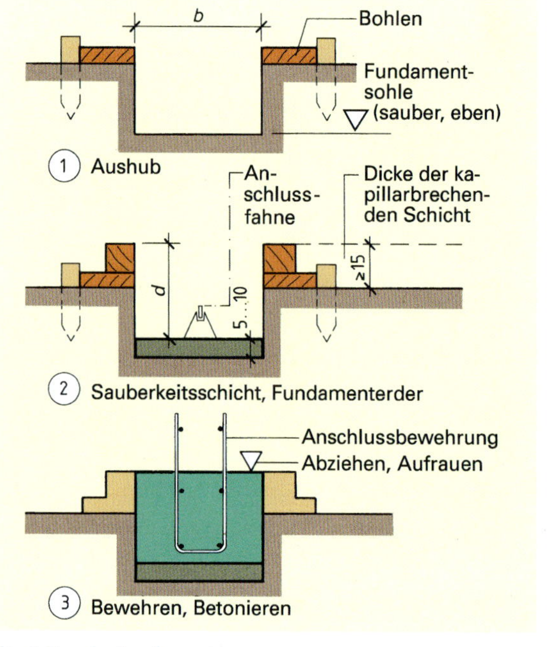

Herstellen der Fundamente

Bewehrte Fundamente, wie sie unter Stahlbetonumfassungswänden üblich sind, werden nicht gegen Grund betoniert. Hier wird zuerst eine 5 … 10 cm dicke **Sauberkeitsschicht** aus Beton eingebracht, um die Bewehrung vor Verschmutzung zu schützen.
Ist die Sohle der Fundamentgräben aufgeweicht, so muss das durchnässte Material vor dem Betonieren entfernt und gegebenenfalls ersetzt werden.
In die Fundamente der Außenwände wird ein **Fundamenterder** eingelegt, über den elektrische und metallische Leitungen im Gebäude geerdet werden. Der Fundamenterder wird als geschlossener Ring aus verzinktem Bandstahl hergestellt. Eine Anschlussfahne in den Hausanschlussraum ermöglicht dem Elektriker den Anschluss.
Fundamente müssen einerseits hohe Belastungen aufnehmen, andererseits dient ihre Oberfläche als Auflager für die Bodenplatte bzw. als Standfläche für Wände und Stützen. Dementsprechend ist beim Betonieren auf gute Verdichtung und eine ebene Oberfläche zu achten.
Fundamente werden meist aus Beton C 12/15 hergestellt. Das **Einbringen** kann je nach Situation mit Schubkarren, mit dem Krankübel, direkt vom Transportmischer oder mit der Betonpumpe erfolgen. Im letzteren Falle muss ein Beton weicherer Konsistenz verwendet werden. **Verdichtet** wird je nach Konsistenz durch Rütteln (C2/C3, F2/F3) oder durch Stampfen (C0/C1, F1). Verdichten durch Stampfen ist sehr arbeitsaufwendig und deshalb sehr selten.
Arbeitsfugen sind nach Möglichkeit zu vermeiden. Wo dies nicht möglich ist, müssen die Anschlüsse abgeschrägt oder abgetreppt hergestellt werden. Vor dem Weiterbetonieren müssen die Anschlussflächen aufgeraut und gereinigt werden. Arbeitsfugen dürfen sich nicht unter besonders belasteten Stellen, wie zum Beispiel Ecken, befinden.
Nach dem Verdichten wird die Oberfläche geebnet und aufgeraut.
Die Bodenplatte wird heute fast immer durchgehend betoniert. Dies ergibt einen sauberen Arbeitsplatz zum Stellen der Wandschalung bzw. zum Aufmauern der Wände.
Müssen Fundamente geschalt werden, so verwendet man wegen der sich oft wiederholenden Abmessungen meist Schaltafeln oder vorgefertigte Schalungen. Herkömmliche Bretterschalungen erfordern einen unangebracht hohen Zeitaufwand. Beim Aushub der Gräben für geschalte Fundamente ist beiderseits ein entsprechender Arbeitsraum zu berücksichtigen.
Um die aufwendige Schalungsarbeit zu vermeiden, werden auch Formteile aus Schaumstoffen verwendet, die dann ausbetoniert werden („verlorene Schalung“).

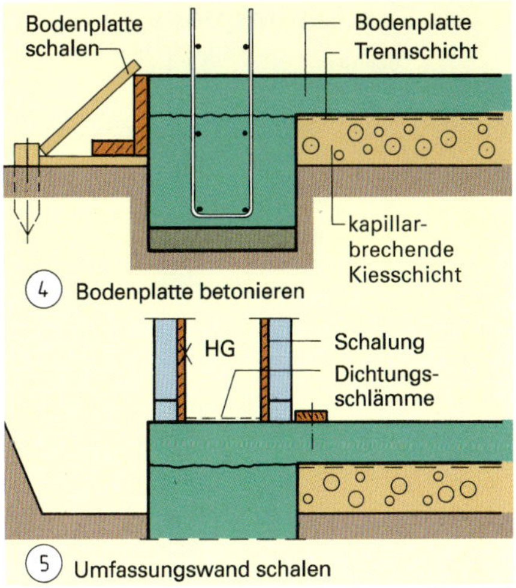

Herstellen der Fundamente (Fortsetzung)

L 4.3.1

L 4.3.2

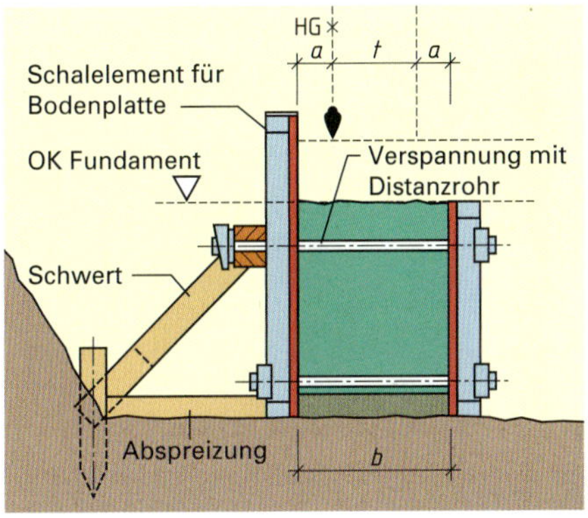

Fundamentschalung bei nicht standfestem Boden

Zusammenfassung

Fundamente haben die Aufgaben, die auftretenden Lasten in den Baugrund abzuleiten und die Standsicherheit zu erhöhen.
Der Sohlwiderstand richtet sich nach der Bodenart, den Fundamentabmessungen und der Einbindetiefe. Die Fundamentfläche ist von den vorhandenen Lasten und dem jeweiligen Bemessungswert des Sohlwiderstands abhängig; die Fundamenthöhe ergibt sich aus der Fundamentbreite und dem Druckverteilungswinkel.
Die Fundamentsohle muss senkrecht zur Kraftrichtung und in frostsicherer Tiefe sein.
Fundamentgräben müssen genau maßgerecht ausgehoben werden.
Der Fundamentbeton muss sorgfältig verdichtet und eben abgezogen werden.

Aufgaben:

1. *Welche Aufgaben haben Fundamente?*
2. *Welche Bauwerkslasten werden bei unserem Reihenhaus durch die Fundamente auf den Baugrund übertragen?*
3. *Wovon ist die Fundamentbreite abhängig?*
4. *Wovon ist die Fundamenthöhe abhängig?*
5. *Wie hoch muss ein 50 cm breites Betonfundament bei einer Wanddicke von 20 cm sein?*
6. *Weshalb muss die Fundamentsohle*
   a) senkrecht zur Kraftrichtung,
   b) mindestens 0,80 m tief sein?
7. *Beschreiben Sie die Herstellung der Fundamente für unser Reihenhaus.*

2.3.6 Fundamentpläne

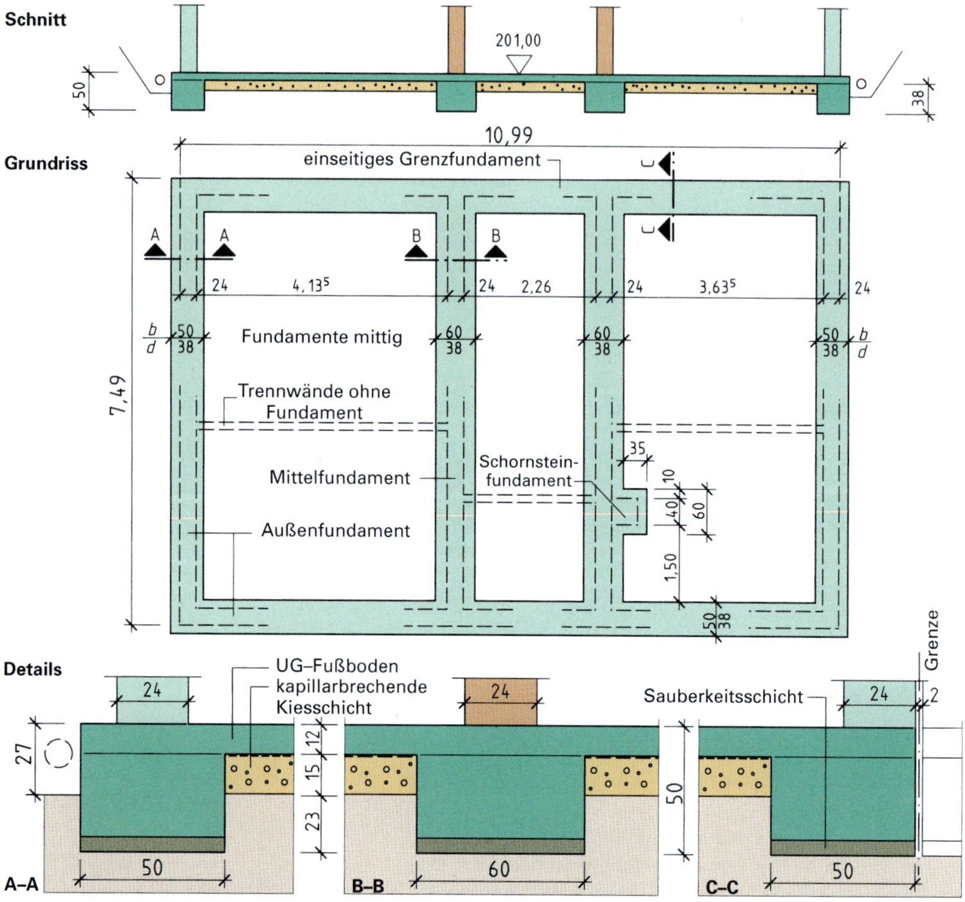

Fundamentplan des Reihenhauses im Maßstab 1:50

Aufgaben:

1. Zeichnen Sie die Detailschnitte des Außen- und Mittelfundaments bei nicht standfestem Boden (Kiessand) und einer Einbindetiefe *d* = 60 cm. Die erforderliche Schalung ist darzustellen.

2. Zeichnen Sie den Fundamentplan der Garage des Reihenhauses und den Schnitt A–B bei steifem bindigem Boden.

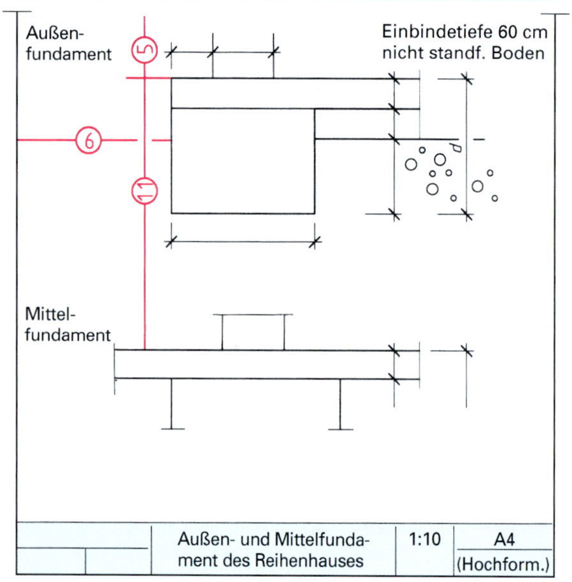

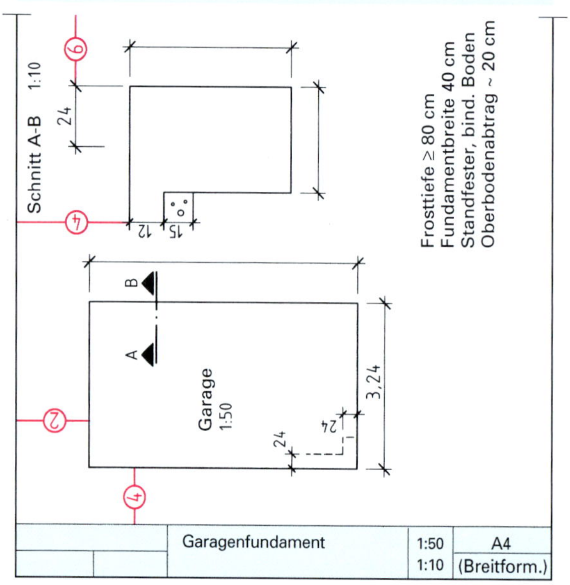

2.3.7 Offene Wasserhaltung

Unter Wasserhaltung versteht man das Trockenhalten einer Baugrube oder eines Leitungsgrabens während der Bauzeit. Für gewöhnlich ist hierzu nur nötig, die anfallenden Oberflächenwässer, wie z.B. Regenwasser, von der Baugrube abzuhalten bzw. abzuleiten. Dies geschieht entweder durch Entwässerungsmulden, durch Dränung oder durch Abdecken mit Planen.

Wesentlich schwieriger ist es, wenn die Baugrubensohle unter dem **Grundwasserspiegel** liegt. Dann tritt seitlich und von unten Wasser in die Baugrube ein. Dies würde das Arbeiten in der Baugrube erschweren oder unmöglich machen. Außerdem bewirkt das durch die Baugrubensohle einströmende Wasser einen **Auftrieb**, der zum Aufschwemmen der Baugrubensohle führen kann.

Seitlich eindringendes Wasser macht in der Regel eine Verbauung der Baugrube erforderlich, da vom Wasser durchströmte Böschungen ihre Standfestigkeit verlieren. Dabei sind Verbauarten zu wählen, die möglichst wenig Wasser in die Baugrube eindringen lassen.

Zum Sammeln und Ableiten des in die Baugrube eindringenden Grundwassers wird als einfachstes und billigstes Verfahren die **offene Wasserhaltung** eingesetzt. Man lässt hierbei das Grundwasser in die Baugrube eindringen, sammelt es dort und pumpt es dann aus der Baugrube ab. Die Sammlung erfolgt entweder durch einzelne Vertiefungen in der Baugrubensohle, aus denen das Wasser abgepumpt wird, oder besser durch Gräben und Dräne. Häufig wird während des Aushebens der Baugrube nur mit einigen Vertiefungen gearbeitet. Nach Erreichen der endgültigen Baugrubensohle lohnt sich das Verlegen von Dränleitungen. Es kann auch die Baugrube tiefer ausgeschachtet und auf der Baugrubensohle Sand oder Kies eingebracht werden. Diese Schicht wird dann durch Dränung entwässert.

Die Dränleitung wird in sogenannte **Pumpensümpfe** eingeleitet, dies sind Vertiefungen, aus denen das Wasser abgepumpt wird. Größe und Zahl der Pumpensümpfe richten sich nach dem Wasseranfall. In einfachen Fällen werden die Pumpensümpfe häufig aus senkrecht eingelassenen Betonrohren hergestellt.

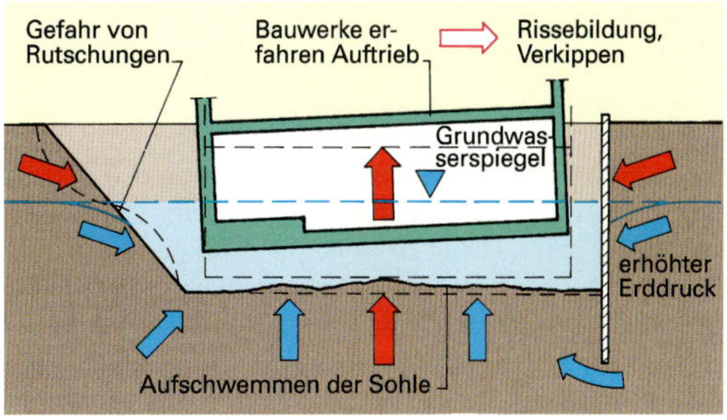

Baugrube im Grundwasser; mögliche Folgen

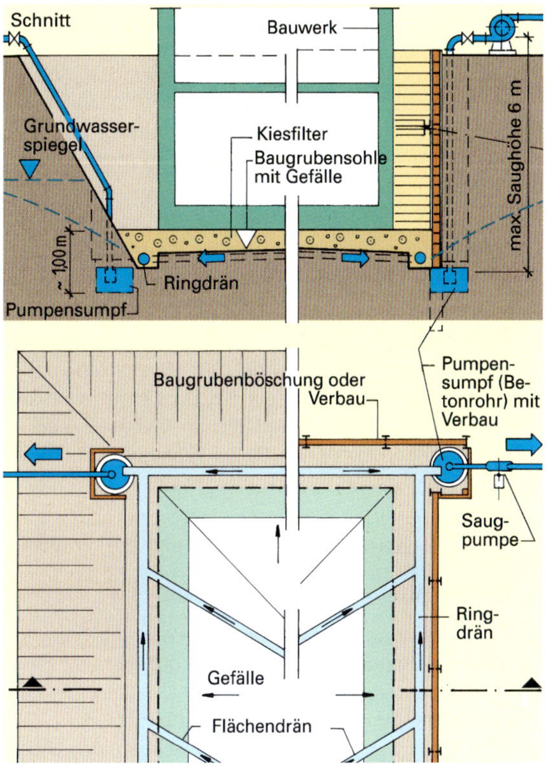

Offene Wasserhaltung mit Filterschicht, Ring- und Flächendränung

Zusammenfassung

Bei von unten und von den Seiten eindringendem Grundwasser muss die Baugrube mit besonderen Maßnahmen trocken gehalten werden.

Die offene Wasserhaltung ist die einfachste und billigste Methode, eine Baugrube im Grundwasserbereich trockenzulegen.

Bei der offenen Wasserhaltung wird das in die Baugrube eingetretene Wasser über Gräben und Dräne abgeleitet, in Pumpensümpfen gesammelt und abgepumpt.

Aufgaben:

1. *Welche Gefahren entstehen durch in die Baugrube eindringendes Wasser?*
2. *Weshalb muss die Baugrube bei seitlich eindringendem Wasser verbaut werden?*
3. *Welche Auswirkungen kann eine offene Wasserhaltung auf die Nachbargrundstücke haben?*
4. *Skizzieren Sie eine offene Wasserhaltung.*
5. *Unter welchen Voraussetzungen kann die offene Wasserhaltung nicht angewendet werden?*

2.4 Entwässerung

2.4.1 Wasserversorgung

Heute ist es eine Selbstverständlichkeit, dass in jedem Stockwerk unseres Reihenhauses fließendes Wasser zur Verfügung steht. Damit das Wasser auch in den oberen Geschossen aus dem Wasserhahn fließt, muss es unter Druck stehen. Dieser Druck wird gewöhnlich dadurch erzeugt, dass das Wasser in einen Hochbehälter gepumpt wird und von dort durch die **Zuleitung** unter Eigendruck ins tiefer gelegene Versorgungsgebiet fließt.

Die Zuleitung besteht meist aus duktilen Gussrohren (duktil = dehnbar), mitunter aber auch aus Stahl- oder Stahlbetonrohren.

Innerhalb des Versorgungsgebietes wird das Wasser über ein **Straßenrohrnetz** verteilt. Die Trinkwasserleitung in der Straße wird **Versorgungsleitung** genannt. Sie hat wie alle anderen Ver- und Entsorgungsleitungen ihren festen Platz im Straßenkörper.

Für die Versorgungsleitung werden die gleichen Rohrmaterialien verwendet wie für die Zuleitung.

Von der Versorgungsleitung führt die **Anschlussleitung** zum Gebäude. Sie endet am Wasserzähler, der meist im Keller untergebracht ist. Dort kann auch der Wasserzufluss abgestellt und die im Gebäude befindlichen Leitungen können (z. B. bei Frostgefahr) entleert werden.

i 4.3.1 Die Hausanschlussleitung besteht meist aus Polyethylenrohren.

Die Wasserleitungen hinter dem Wasserzähler werden **Verbrauchsleitungen** genannt. Hierzu gehören
- die Verteilleitung im Keller,
- die Steigleitungen zu den oberen Geschossen,
- die Stockwerksleitungen, die das Wasser in den Stockwerken verteilen.

Die Verbrauchsleitungen werden aus verzinkten Stahlrohren oder Polyethylenrohren hergestellt.

Die Ausführung der Installationen ist Sache des Installateurs. Doch auch der Bauhandwerker sollte grundsätzliche Kenntnisse auf diesem Gebiet haben, da er Schlitze und Aussparungen für die Installationen berücksichtigen muss. Werden diese vergessen, sind teure Nacharbeiten erforderlich.

Die Wasserversorgung erfolgt über Zuleitung, Versorgungsleitung und Verbrauchsleitungen. Der Bauhandwerker muss die Installation durch geeignete Maßnahmen vorbereiten.

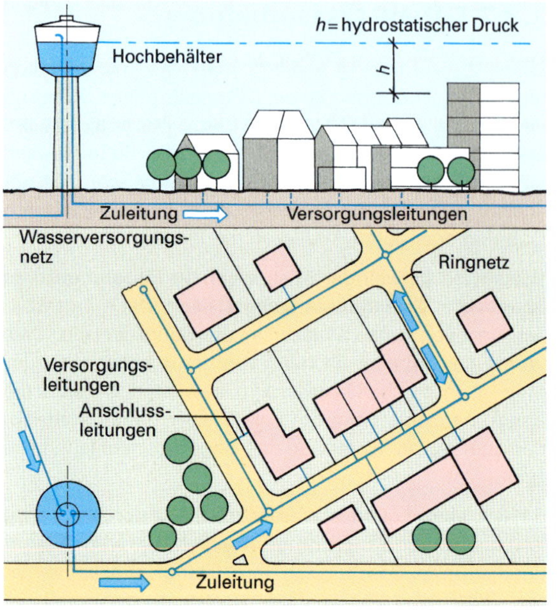

Zuleitung und Versorgungsleitungen (Wasserversorgungsnetz)

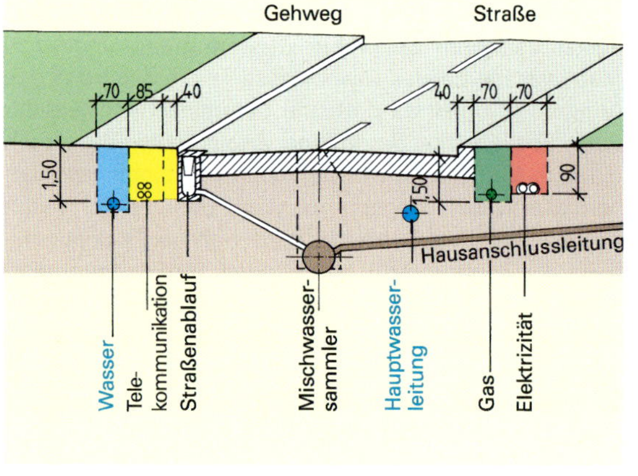

Lage der Leitungen im Straßenquerschnitt

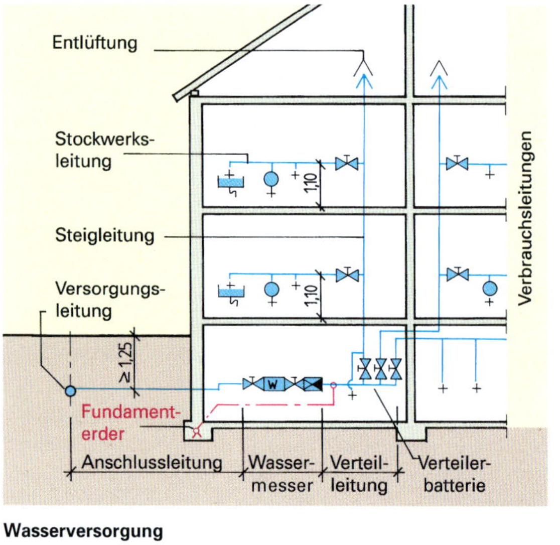

Wasserversorgung

2.4.2 Haus- und Grundstücksentwässerung

Anfallende Wässer

Das ins Gebäude geleitete Wasser wird dort zum Waschen, Baden, Geschirrspülen usw. genutzt. Es wird dabei verschmutzt und damit zu **Abwasser**. Dieses darf nicht in den Boden gelangen, da es das Grundwasser verschmutzen würde. Das Abwasser muss deshalb sicher abgeleitet und in Kläranlagen gereinigt werden.

Bei Regen fällt auf dem Dach und auf den befestigten Hofflächen Regenwasser an, das ebenfalls abgeleitet werden muss. Bei an Hängen gelegenen Bauwerken muss oft Hang- und Sickerwasser durch Dränung erfasst und abgeleitet werden.

Der Grundstückseigentümer ist verpflichtet, alle diese anfallenden Wässer so abzuleiten, dass kein Schaden angerichtet wird, d.h., er muss sein Grundstück ordnungsgemäß entwässern.

Aufgabe der Haus- und Grundstücksentwässerung ist es, alle anfallenden Wässer so abzuleiten, dass keine Schäden entstehen.

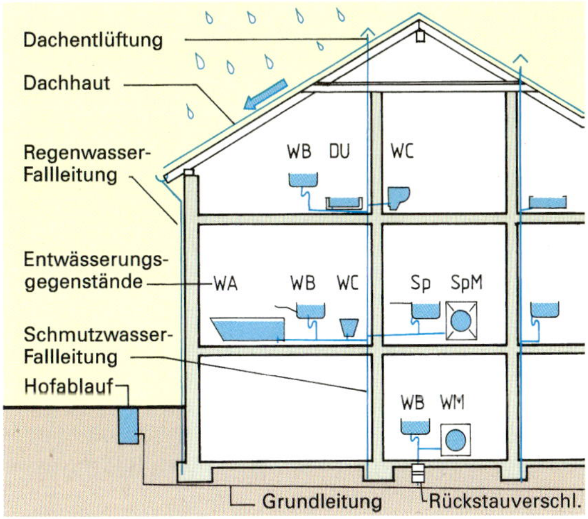

Anfallende Wässer und Fallleitungen

Fallleitungen

Zur Ableitung müssen die an verschiedenen Stellen anfallenden Wässer erst gesammelt werden.

Das Schmutzwasser wird vom jeweiligen Entwässerungsgegenstand, wie z.B. Waschbecken, Waschmaschine oder WC, über Anschlussleitungen in senkrechte Rohre geführt. Diese senkrecht durch das Gebäude geführten Leitungen werden als **Fallleitungen** bezeichnet. Durch sie fällt das Schmutzwasser in das unter dem Gebäude befindliche Entwässerungssystem. Auch das Regenwasser wird über Regenrinnen und Fallleitungen nach unten geführt. Die Fallleitungen können innerhalb der Wand oder vor der Wand verlegt werden. Hierfür müssen erforderlichenfalls Aussparungen vorgesehen werden.

Für die Ausführung der Fallleitungen ist der Klempner bzw. Installateur zuständig, der auch die Wasserleitung installiert. Im Bereich des Kellers und der höheren Geschosse werden für Fall- und Anschlussleitungen meist Kunststoffrohre aus PVC oder PE verwendet.

Um Geruchsbelästigungen zu vermeiden, müssen alle Anschlussstellen im Haus durch **Siphons**, in denen das Wasser steht, verschlossen werden. Damit beim Abfließen des Wassers keine Sogwirkung entsteht, durch die die Siphons entleert würden, werden die Fallleitungen nach oben entlüftet.

Entwässerungsgegenstände im Keller werden direkt an die Grundleitung angeschlossen.

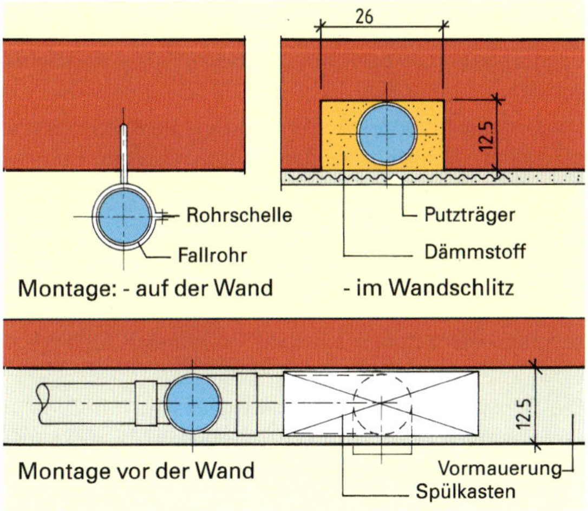

Montage der Fallrohre

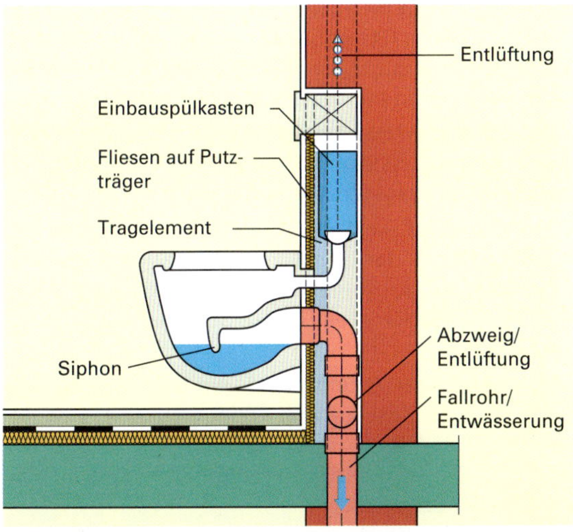

WC mit Einbauspülkasten, Siphon und Entlüftung

Fallleitungen führen Schmutz- und Regenwasser in das unter dem Gebäude gelegene Leitungssystem.

Ableitung der Abwässer

Die Abwässer werden in der mit leichtem Gefälle verlegten **Grundleitung** zusammengeführt und in die **Ortsentwässerung** abgeleitet. Die Grundleitung wird oft unter dem Gebäude verlegt, sollte aber, wo möglich und sinnvoll, wegen der besseren Zugänglichkeit durch unter der Kellerdecke abgehängte **Sammelleitungen** ersetzt werden. Deren Verlegung ist dann Sache des Installateurs.

Zur Ortsentwässerung sind zwei Verfahren gebräuchlich. Beim **Mischsystem** werden Schmutz- und Regenwasser in einem Kanalstrang abgeleitet. Bei diesem Verfahren muss zwar nur eine Leitung verlegt werden, dafür müssen aber die Leitungen und vor allem die Kläranlagen für die zusätzliche Belastung durch Regenwasser größer gebaut werden.

Bei der Neuerschließung von Siedlungsgebieten ist fast immer das **Trennsystem** vorgeschrieben, bei dem Schmutzwasser und Regenwasser in verschiedenen Kanalsträngen abgeführt werden. Das Regenwasser kann dann ungeklärt in den Vorfluter (Bach, Fluss) eingeleitet werden.

Die Grundleitung mündet in einen auf dem Grundstück gelegenen **Schacht**, in dem auch mehrere Rohrleitungen zusammengeführt werden können. Beim Trennsystem sind für Schmutz- und Regenwasser getrennte Schächte vorzusehen. Vom Schacht aus können der Ablauf des Abwassers kontrolliert und erforderlichenfalls Instandhaltungsmaßnahmen durchgeführt werden. Dazu muss der Schacht auf dem Grundstück zugänglich sein.

Die Schächte können als **Einsteigschacht** mit Zugang für Personal oder als **Kontrollschacht** (Inspektionsöffnung) ausgeführt werden. Kontrollschächte haben geringere Durchmesser und erlauben nur das Einbringen von Inspektionsausrüstung und Reinigungsgerät, aber nicht den Zugang von Personen.

Bei Einsteigschächten sind Steighilfen, meist in Form von Steigeisen (Steigbügeln), anzubringen. Die Einstiegsöffnung muss aus Sicherheitsgründen einen Durchmesser von mindestens 60 cm aufweisen.

Die Schächte werden meist aus Betonfertigteilen mit kreisförmigem, seltener rechteckigem Querschnitt und Muffenverbindungen zusammengesetzt.

Das letzte Glied der Grundstücksentwässerung ist der **Anschlusskanal**, der vom Schacht in den **Straßenkanal** führt. Der Anschlusskanal wird häufig aus Steinzeugrohren, der Straßenkanal aus Beton- bzw. Stahlbetonrohren hergestellt.

Das Verlegen der Grundleitung und der Dränung, das Herstellen des Einsteig- bzw. Kontrollschachtes und der Anschluss an die Ortsentwässerung sind Sache des Maurers. Die erforderlichen Erdarbeiten sind in Abschnitt 2.2.2 behandelt.

Das durch die Grundleitung gesammelte Wasser wird über Einsteig- bzw. Kontrollschacht und Anschlusskanal in die Ortsentwässerung abgeleitet.

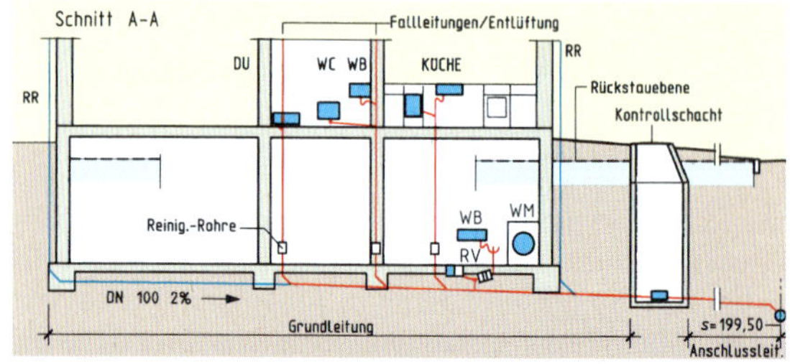

Fallleitungen und Grundleitungen

Sammelleitungen statt Grundleitungen

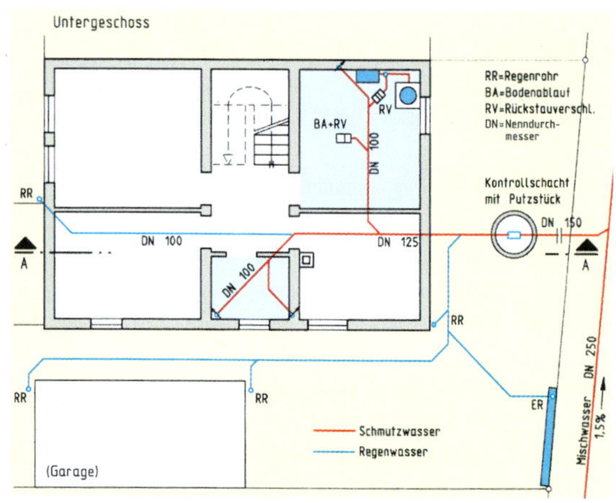

Grundleitungen, Mischsystem

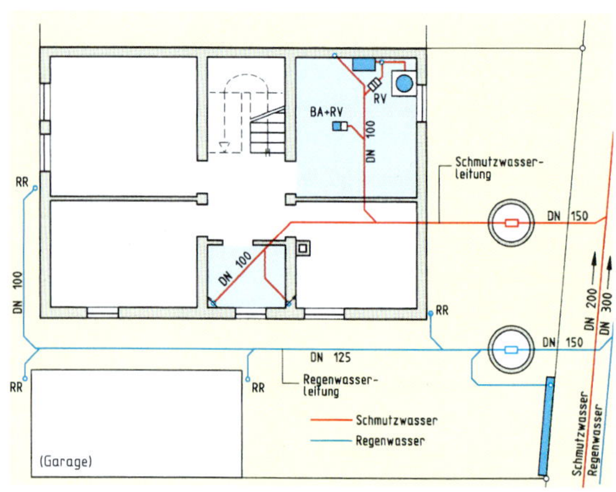

Grundleitungen, Trennsystem

2.4.3 Rohre für Abwasserleitungen

Gebräuchliche Rohrmaterialien für Abwasserrohre sind **Steinzeug**, **Beton**, **Kunststoff** und **Faserzement**. Rohre aus diesen Materialien unterscheiden sich hinsichtlich Eigenschaften, Verarbeitbarkeit, Rohrverbindungen und Preis.

Steinzeugrohre

Steinzeugprodukte werden aus Ton unter Hinzufügung von Schamotte hergestellt. Der dicht gebrannte Scherben ist gegen chemische Angriffe beständig. Eine Glasur erhöht den Widerstand gegen mechanische Angriffe sowie die Abriebfestigkeit. Bei unserem Reihenhaus wären Steinzeugrohre für die Grundleitung denkbar.

Nennweiten von DN 100 ... 800 in den Baulängen von 1,00 ... 2,50 m stehen zur Verfügung. Für unterschiedliche Belastungen werden die Steinzeugrohre in Tragfähigkeitsklassen eingeteilt, im Sprachgebrauch **Normallastreihe (N)** und **Hochlastreihe (H)**.

Um eine leichte, schnelle Handhabung zu erzielen, werden Steinzeugrohre werkseitig mit den Steckmuffen L nach Verbindungssystem F (DN 100 ... 150) und K nach Verbindungssystem C (DN 200 ... 800) ausgerüstet. Eine Weiterentwicklung der Steckmuffe K ist die Steinzeug-Steckmuffe S nach Verbindungssystem C (DN 200 ... 600).

Bei der **Steckmuffe L** werden die Rohre und Formstücke mit einem in der Muffe fest eingebrachten Dichtelement ausgerüstet. Diese Lippendichtung besteht aus einem elastischen Kunststoff (Kautschuk-Elastomer). Beim Einschieben des freien Rohrendes drücken sich die Lippen fest an den Schaft und bilden so einen dichten Verschluss. Bei der **Steckmuffe K** werden in der Muffe und am Spitzende Dichtelemente aus Kunststoffen (PUR) angegossen.

Bei der **Steinzeug-Steckmuffe S** wird der Muffenbereich mit erhöhter Wanddicke hergestellt und auf den erforderlichen Innendurchmesser abgeschliffen. Das Spitzende wird ebenfalls durch Schleifen auf extreme Genauigkeit nachbearbeitet. Die Dichtung erfolgt mit einem werkseitig vormontierten Dichtring (EPDM).

Ein umfangreiches **Zubehör-Programm** ermöglicht u. a. die Verbindung von zwei Rohrspitzenden, den Übergang auf andere Werkstoffe, den nachträglichen Anschluss an die Hauptleitung oder den Einbau von Schiebern. Eine Vielzahl von **Formstücken** wie Abzweige (45° und 90°), Bögen (15°, 30°, 45° und 90°), Übergangsstücke (z. B. DN 200/DN 300) und Sonderbauteile (z. B. sohlgleiche Abzweige) passt das Abwassersystem jeder Anforderung an. **Gelenkstücke** erfüllen die Forderung nach gelenkiger Verbindung an Schachtbauwerken. **Steinzeugschächte** ergänzen das Programm.

Steinzeugrohre sind sehr beständig und langliebig. Es gibt ein breites Angebot an Rohren, Formstücken und Zubehör.

Betonrohre

Beton- und vor allem Stahlbetonrohre sind bei Transport und Einbau weniger bruchempfindlich. Sie werden oft für Straßenkanäle verwendet. Rohre Typ 1 sind widerstandsfähig gegen chemisch schwach angreifende, Typ 2 gegen mäßig angreifende Umgebung. Bei aggressiveren Wässern müssen sie durch Überzüge geschützt werden. Es gibt kreis- und eiförmige Profile, z. T. mit Fuß. Drucklos betriebene Rohre werden durch Gleitringdichtungen mit keilförmigem Querschnitt abgedichtet. Diese können in die Muffe eingebaut oder am Spitzende angebracht werden.

Weitere Informationen finden Sie auch auf der Internetseite der Fachvereinigung Betonrohre und Stahlbetonrohre-FBS (s. S. 354).

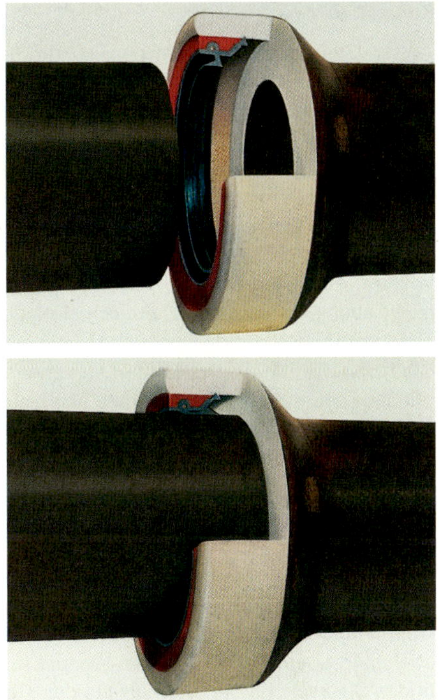

Steckmuffe L (offen und geschlossen)

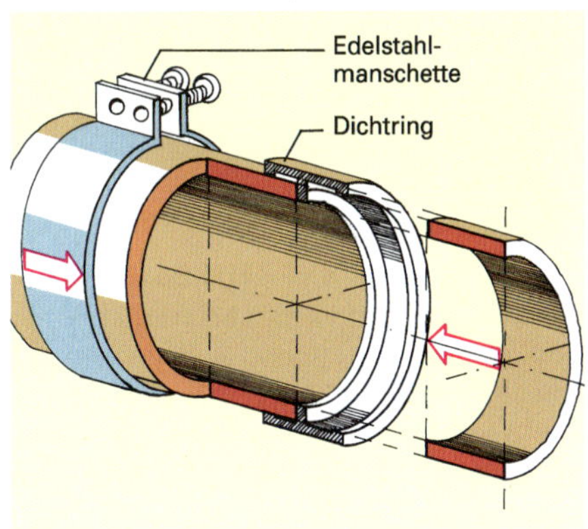

Muffenlose Steinzeug- oder Gussrohre

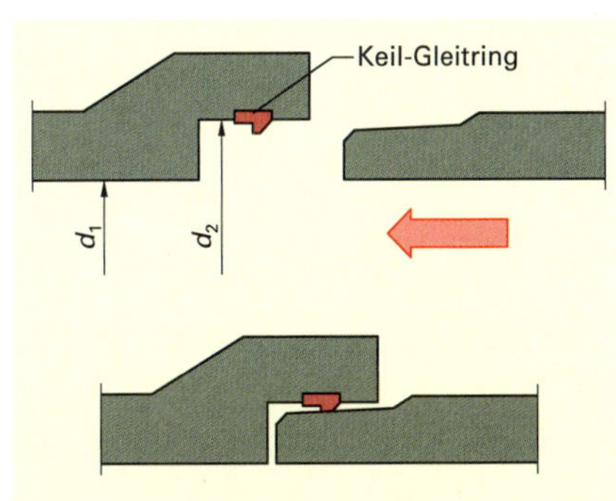

Fest in der Muffe eingebaute Gleitringdichtung

Betonrohre werden für den Straßenkanal verwendet. Sie sind fester als Steinzeugrohre, aber nicht säurefest.

Kunststoffrohre

Außer Steinzeugrohren werden in großem Umfang auch **Kunststoffrohre aus PVC** verwendet. Sie werden abgekürzt als **PVC-KG-Rohre** bezeichnet (KG = **K**anal**g**rundleitung). Ihr großer Vorteil ist die gute Verarbeitbarkeit. Auch Kunststoffrohre könnten für die Grundleitung unseres Reihenhauses Verwendung finden.

Aufgrund der geringen Dichte des Kunststoffs können die Rohre in großen Baulängen geliefert und verlegt werden. Außerdem können die Rohre gesägt und somit

i 4.3.1

leicht abgelängt werden. Chemisch sind sie gegen fast alle Angriffe beständig.

Die Rohre sind meist mit Muffen versehen und werden mit separatem Dichtring gedichtet. Muffenlose bzw. abgelängte Rohrstücke werden mit **Überschiebmuffen** oder Aufklebmuffen verbunden.

Üblicherweise werden für Abwasserleitungen und -kanäle Nennweiten von DN 100 bis etwa DN 400 verwendet, es gibt aber auch größere Nennweiten. Die Baulängen betragen bis zu 5 m.

Das Angebot an **Formstücken** wie Bögen, Abzweigen, Übergangsrohren, Reinigungsrohren usw. ist groß und erleichtert ebenfalls den Einsatz. Weitere Informationen finden Sie auch auf der Internetseite des Kunststoffrohrverbandes (s. S. 354).

In **Entwässerungsplänen** werden Leitungen und Formstücke durch besondere Symbole dargestellt.

Kunststoffrohre sind besonders leicht zu verlegen und chemisch beständig.

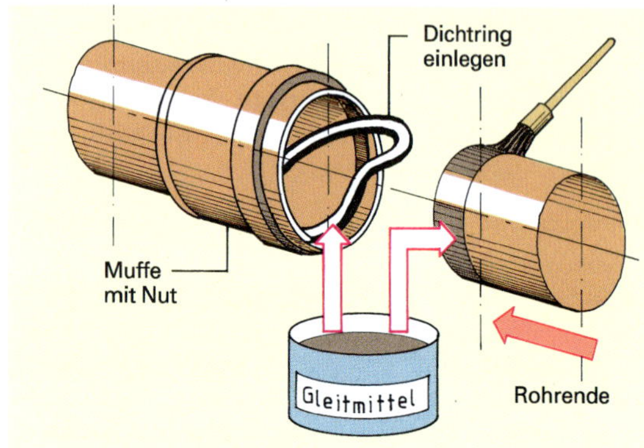

Kunststoffrohr KG mit Muffe und Dichtring

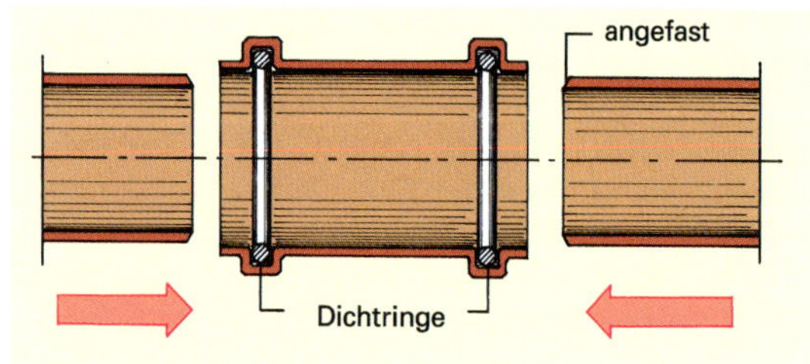

Überschiebmuffe für muffenlose KG-Rohre

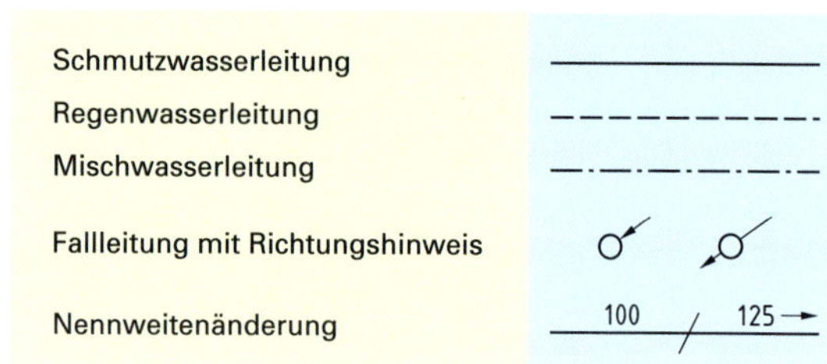

Symbole für Entwässerungspläne

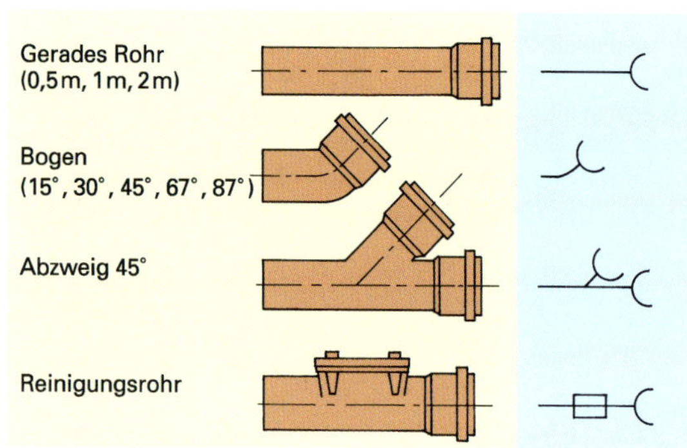

Formstücke und ihre Symbole

Faserzementrohre

Faserzementrohre können dünnwandig hergestellt werden, sind deshalb leicht und werden in Baulängen bis 5 m geliefert. Die Rohre sind nachträglich leicht bearbeitbar, hierbei ist aber bei alten, noch mit Asbestfasern hergestellten Rohren Vorsicht geboten:

Die im Staub enthaltenen Asbestfasern sind beim Einatmen gesundheitsschädlich!

Die Produktion neuer Rohre ist inzwischen auf gesundheitlich unbedenkliche Synthetik- und Zellstofffasern umgestellt.

Die Rohrverbindung erfolgt durch Spannmuffen oder durch Dichtmanschetten.

Für die Bearbeitung und Entsorgung alter, mit Asbestzement hergestellten Faserzementrohre gelten wegen der bestehenden Gesundheitsgefahren besondere Schutzbestimmungen.

2.4.4 Gefälle, Neigung

Allgemeines

Wenn Wasser abfließen soll, bedarf es eines Gefälles, das heißt, die Leitung muss gegenüber der Horizontalen eine Neigung aufweisen. Das erforderliche Gefälle wird jeweils vorgegeben. Die Angabe kann durch ein **Verhältnis** oder durch einen **Prozentsatz** erfolgen.

i 6.4

Gefälleberechnungen sind also eine Anwendung des Verhältnis- bzw. Prozentrechnens. Neigungen (z. B. bei Böschungen) und Steigungen (z. B. bei Straßen) werden entsprechend berechnet.

Verhältnis

Das **Verhältnis** 1 : *n* gibt das Verhältnis zwischen Höhe (*h*) und Länge (*l*) an. Die erste Zahl entspricht also der Höhe, die zweite der Länge. Die Höhe wird gleich 1 gesetzt und die Länge als **Verhältniszahl** (*n*) darauf bezogen. Hat z. B. eine Entwässerungsleitung ein Gefälle von 1 : 50, so heißt dies, dass die Leitung auf 50 m Länge um 1 m fällt. Eine Böschung mit einer Neigung von 1 : 2 überwindet auf 2 m einen Höhenunterschied von 1 m.

Bei Angabe des **Verhältnisses** wird einfachheitshalber stets nur mit der **Verhältniszahl** (*n*) gerechnet.

Grundsätzlich sind drei Berechnungsfälle möglich: Es können entweder die Höhe *h* (der Höhenunterschied) oder das Verhältnis 1 : *n* oder – in der Praxis selten – die Länge *l* gesucht werden. Die Berechnung erfolgt nach den nebenstehenden Formeln.

Beispiele:

1. Eine 11,50 m lange Grundleitung soll ein Gefälle von 1 : 50 erhalten. Wie groß muss der Höhenunterschied zwischen Anfangs- und Endpunkt sein?
   Lösung: Höhe $h = \frac{l}{n} = \frac{11{,}50\ \text{m}}{50} = 0{,}23\ \text{m} = \underline{23\ \text{cm}}$
   (Verhältniszahl 50)
2. Eine Leitung fällt auf eine Länge von 8,20 m um 18 cm. Ist das vorgeschriebene Mindestgefälle von 1 : 50 eingehalten?
   Lösung: Verhältniszahl $n = \frac{l}{h} = \frac{8{,}20\ \text{m}}{0{,}18\ \text{m}} = 45{,}6$
   Verhältnis = $1 : n = \underline{1 : 45{,}6}$
   Das Gefälle ist etwas größer als das vorgeschriebene Mindestgefälle (1 : 45,6 > 1 : 50).

Prozentsatz

Bei sehr flach geneigten Strecken würde die Zahl im Nenner groß. Solche Steigungen werden deshalb häufiger durch einen **Prozentsatz** angegeben. Diese Prozentsätze geben die Höhe (*h*) in Prozenten der Länge (*l*) an, das heißt, es wird angegeben, um wie viele m (cm) die Strecke auf 100 m (100 cm) steigt. Hat z. B. eine Straße eine Steigung von 3,5 %, so heißt dies, dass sie auf 100 m um 3,5 m ansteigt. Eine Entwässerungsleitung mit einem Gefälle von 1,5 % fällt auf 1 m um 1,5 cm.

Beispiele:

1. Ein Kanal zwischen zwei Schächten in 75 m Abstand soll mit einem Gefälle von 1 % verlegt werden. Wie groß ist der Höhenunterschied zwischen Anfang und Ende?
   Lösung: Höhe $h = \frac{p\,\% \cdot l}{100\,\%} = \frac{1\,\% \cdot 75\ \text{m}}{100\,\%} = \underline{0{,}75\ \text{m}}$
2. Ein Bach fällt auf 1,5 km um 70 m. Geben Sie das Gefälle in Prozent an.
   Lösung: Prozentsatz $p = \frac{h \cdot 100\,\%}{l} = \frac{70\ \text{m} \cdot 100\,\%}{1500\ \text{m}} = \underline{4{,}7\,\%}$

Umrechnung von Verhältnissen und Prozentsätzen:

3. Ein Steigungsverhältnis von 1 : 25 soll in % ausgedrückt werden.
   Lösung: Prozentsatz $p = \frac{1}{25} \cdot 100\,\% = \underline{4\,\%}$
4. Ein Kanal soll mit einem Gefälle von 1,5 % verlegt werden. Welchem Verhältnis entspricht das?
   Lösung: Verhältniszahl $n = \frac{1}{1{,}5\,\%} \cdot 100\,\% = 66{,}7$
   Verhältnis ≈ $\underline{1 : 67}$

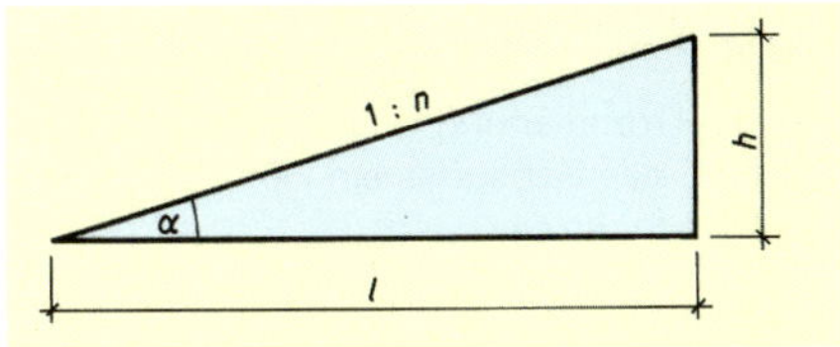

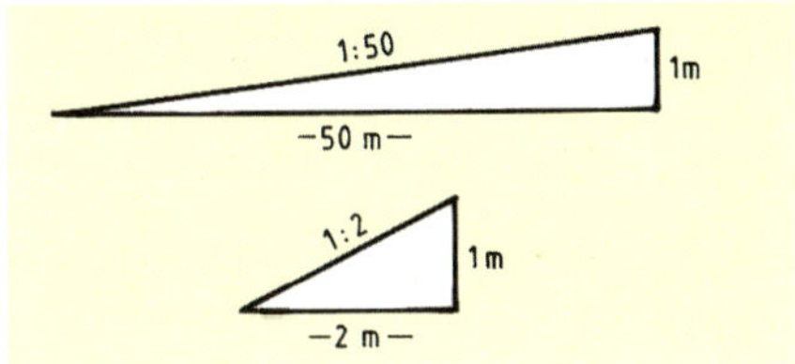

Höhe gesucht:

1. Höhe $(h) = \frac{\text{Länge}\ (l)}{\text{Verhältniszahl}\ (n)}$

Verhältniszahl gesucht:

2. Verhältniszahl $(n) = \frac{\text{Länge}\ (l)}{\text{Höhe}\ (h)}$
   Verhältnis = 1 : *n*

Länge gesucht:

3. Länge (*l*) = Verhältniszahl (*n*) · Höhe (*h*)

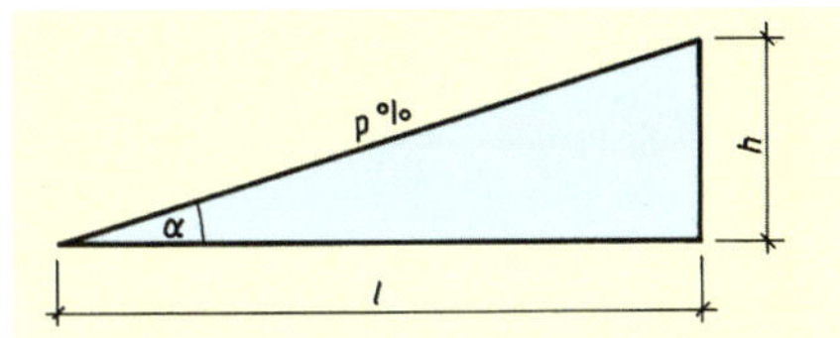

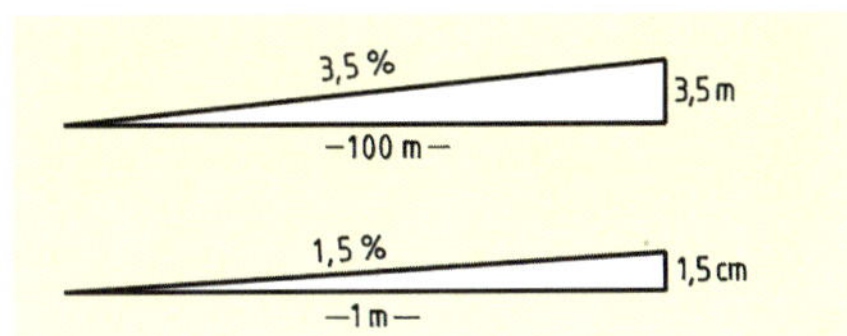

Höhe gesucht:

1. Höhe $(h) = \frac{\text{Prozentsatz}\ (p\%) \cdot \text{Länge}\ (l)}{100\,\%}$

Prozentsatz gesucht:

2. Prozentsatz $(p\%) = \frac{\text{Höhe}\ (h) \cdot 100\,\%}{\text{Länge}\ (l)}$

Länge gesucht:

3. Länge $(l) = \frac{\text{Höhe}\ (h) \cdot 100\,\%}{\text{Prozentsatz}\ (p\%)}$

Verhältnisse und Prozentsätze können durch Prozentrechnung wechselseitig umgerechnet werden:

$$p\% = \frac{1}{n} \cdot 100\,\% \qquad n = \frac{1}{p\%} \cdot 100\,\%$$

Ein Winkel von 45° entspricht dem Verhältnis 1 : 1 und dem Prozentsatz 100 %.

Aufgaben:

1. Die Grundleitung unseres Reihenhauses soll innerhalb des Gebäudes ein Gefälle von 1:66,7 erhalten. Berechnen Sie
   a) den Höhenunterschied auf 1 m Länge,
   b) den Höhenunterschied zwischen Anfangs- und Endpunkt bei einer Länge von 15,20 m.

2. Der Anschluss an den Straßenkanal soll ein Gefälle von mindestens 1,5% erhalten. Berechnen Sie
   a) den Höhenunterschied auf 1 m Länge,
   b) den Höhenunterschied zwischen Anfangs- und Endpunkt bei einer Länge von 7,80 m.

3. Ein Nassboden soll ein Gefälle von 2% (3%) erhalten.
   a) Um wie viele cm fällt der Boden auf 1 m Länge?
   b) Drücken Sie das Gefälle als Verhältnis aus.

4. Eine Entwässerungsleitung aus Steinzeugrohren soll mit einem Gefälle von 1:50 (1:40) verlegt werden.
   a) Berechnen Sie den Höhenunterschied auf eine Rohrlänge von l = 8,50 m (13,75 m).
   b) Drücken Sie das Gefälle in Prozent aus.

5. Eine Entwässerungsleitung fällt auf 17,20 m (11,50 m) um 31 cm (15 cm). Wurde das vorgeschriebene Mindestgefälle von 1,5% eingehalten?

6. Ergänzen Sie die Tabelle.

Aufgabe	a)	b)	c)	d)
Verhältnis	1:80	?	?	1:2
Prozentsatz	?	2,5%	?	?
Länge	120 m	?	6 m	3 m
Höhe	?	107 m	0,3 m	?

7. In die Waschküche soll ein Estrich eingebracht werden. Das kleinste Gefälle des Estrichs soll 1,5% betragen.
   a) Berechnen Sie den Höhenunterschied des Estrichs an Bodeneinlauf und Wand.
   b) Berechnen Sie das Gefälle in den Feldern I, II und IV in %.

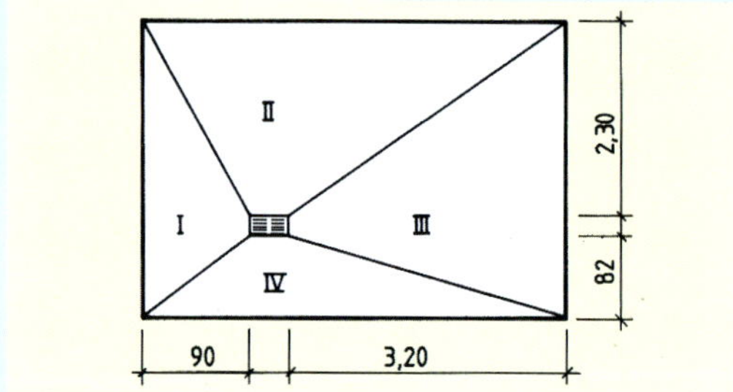

8. Für den dargestellten Gefälleboden sind die Gefälle in den Richtungen a, b, c, d und e zu berechnen.

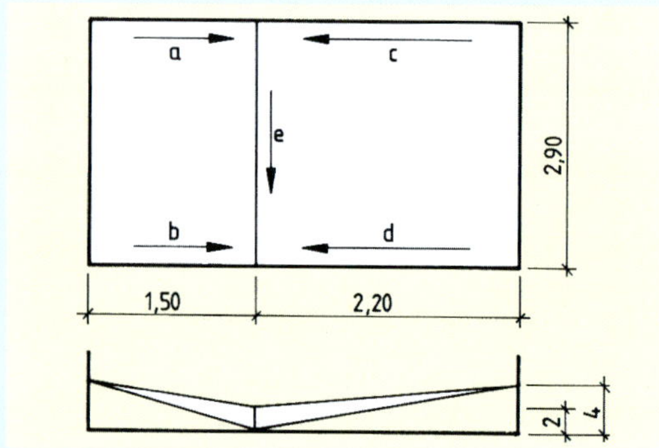

9. Eine Entwässerungsleitung aus Steinzeugrohren soll mit einem Gefälle von 1:75 (1:80) verlegt werden.
   a) Drücken Sie das Gefälle in Prozent aus.
   b) Um wie viele m fällt die Leitung auf 100 m Länge?

2.4.5 Verlegen der Grundleitung

Anforderungen

Die Grundleitung wird nach dem Verlegen mit der Fußbodenplatte aus Stahlbeton überdeckt. Spätere Schäden verursachen darum stets erhebliche Kosten und Belästigungen. Deshalb muss schon bei der Herstellung der Grundleitung alles getan werden, um künftige Schäden zu vermeiden.

Die Leitungen müssen dicht sein, damit kein Abwasser austritt und das Grundwasser verunreinigt, und die Verbindungen müssen wurzelfest sein Die Dichtheit ist durch Prüfung nachzuweisen. Die Leitungen müssen eine hohe Abriebsfestigkeit aufweisen und mit dem richtigen Gefälle verlegt werden, damit sich keine Schmutzteile absetzen. Innerhalb des Gebäudes gilt ein Mindestgefälle von 0,5%, außerhalb für Schmutz- und Mischwasser ein Mindestgefälle von 1:DN. Meist werden 1...2% gewählt.

Bei Richtungsänderungen werden Formstücke verwendet oder Schächte angelegt. In Grund- und Sammellei-

Fertig verlegte Grundleitung (siehe auch S. 276)

tungen dürfen nur Abzweige mit höchstens 45° eingebaut werden. Bei Richtungsänderungen von 90° sind also zwei 45°-Bögen einzubauen. Die Einführung eines Rohres in ein anderes mit kleinerem Querschnitt ist nicht zulässig. Weiterhin ist der Einbau von Reinigungsstücken vorgeschrieben, um spätere Störungen beheben zu können.

Verlegen der Rohre

Die Herstellung der Grundleitung beginnt mit der Übertragung der im Entwässerungsplan vorgegebenen Maße auf die Baugrubensohle. Außerhalb des Gebäudes ist auf frostsichere Gründung zu achten. Der Leitungsverlauf kann mit aufgestreutem Sägemehl, Kalk oder Sprühfarbe markiert und die Anfangs- und Endhöhen der einzelnen Stränge durch Nivellieren festgelegt werden. Die Höhen von Zwischenpunkten können mit Richttafeln (Tafeln) oder Visierscheiben (Visieren) bestimmt werden. Beim Aushub der Rohrgräben wird bereits grob das geplante Gefälle berücksichtigt. Das im Entwässerungsplan vorgeschriebene Gefälle darf keinesfalls unterschritten werden. Bei der Aushubtiefe der Rohrgräben muss ein Auflager aus Sand, Kies oder Splitt mit berücksichtigt werden. Die Dicke des Auflagers muss bei normalen Bodenverhältnissen mindestens 10 cm, bei Fels oder festgelagerten Böden mindestens 15 cm betragen.

Vor Beginn der eigentlichen Rohrverlegung werden Gefälle und Richtung der Leitung z. B. durch Spannen einer Schnur festgelegt. Eine weitere Methode zur Ausrichtung der Rohre bietet die Lasertechnik. Mit einem Kanalbaulaser wird ein fein gebündelter Lichtstrahl erzeugt, der sich auf das einzuhaltende Gefälle einstellen lässt (Unfallverhütungsvorschrift „Laserstrahlen" beachten!).

Die Rohre müssen mit den Muffen gegen die Fließrichtung so in das Auflager eingebettet werden, dass weder Linien- noch Punktlagerungen auftreten und eine gleichmäßige Spannungsverteilung gewährleistet ist. Die Rohre müssen in den Zwickeln so unterstopft werden, dass sich eine satte Auflagerung ergibt. Bei Muffenrohren sind Muffenlöcher auszuheben. Etwa ein Viertel des Rohrumfanges soll im Kiessand eingebettet sein.

Vor dem Zusammenschieben werden Rohrende und Muffe mit einem vom Rohrhersteller zugelassenen Gleitmittel eingestrichen. Zum Ineinanderschieben der Rohre wird eine Brechstange als Hebel benutzt; ein vorgelegtes Holzbrett schützt das Rohrende.

Beim Zusammenführen von Leitungen, bei Richtungs- und Querschnittsänderungen oder zum Anschluss der Fallleitungen werden Formstücke eingebaut. Mit einem Schneidgerät (Schneidring, Schneidkette) können die Rohre gekürzt und Passlängen hergestellt werden.

An der fertig verlegten Leitung werden nochmals Richtung und Gefälle geprüft. Sämtliche Öffnungen (Anschlüsse etc.) müssen verschlossen werden, damit kein Schmutz oder andere Abflusshindernisse in die Rohre geraten können. Anschließend wird die gesamte Grundleitung einer Dichtheitsprüfung unterzogen.

Grundleitungen müssen mit größter Sorgfalt und unter genauester Einhaltung von Richtung und Gefälle dem Entwässerungsplan entsprechend hergestellt werden.

Ausrichten der Rohre mit Lasertechnik

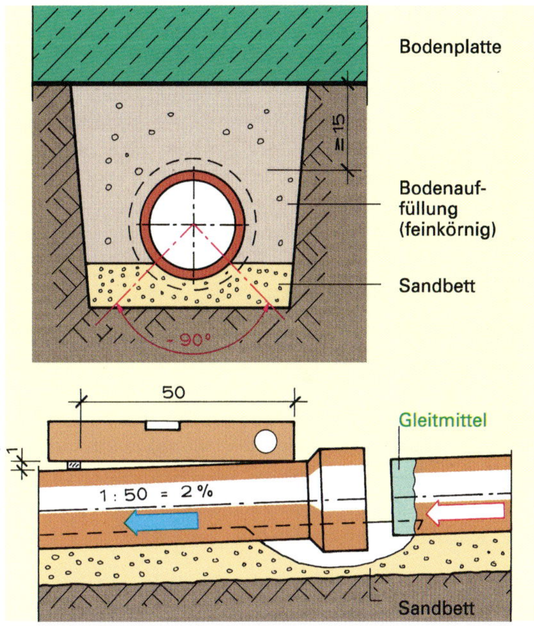

Lage der Rohre im Sandbett

Zusammenschieben der Rohre

2.4.6 Dränung

Im Boden befindliche Feuchtigkeit kann unter der Erdoberfläche liegende Bauteile schädigen. Handelt es sich um Grundwasser, wird der im Bodern befindliche Teil des Gebäudes als wasserdichte Wanne ausgeführt.

Zeitweise auftretendes Sickerwasser und Schichtwasser muss erforderlichenfalls abgeleitet werden. Dies geschieht mittels **Dränung** (früher: Dränage). Die Dränung besteht aus der im Boden befindlichen **Dränleitung**, die von außen Wasser aufnehmen und dies ableiten kann, und der **Dränschicht** aus durchlässigem Material. Durch diese Dränschicht sickern die anfallenden Wässer nach unten und werden durch die im Gefälle verlegte Dränleitung abgeleitet. Wenn möglich und zulässig sollte das anfallende Wasser zur Sicherung des Grundwasserspiegels über Sickerschächte wieder versickert werden. Andernfalls wird es in den Vorfluter oder die Ortsentwässerung (wenn vorhanden in den Regenwasserkanal) eingeleitet. Als Sickerschicht werden außer Kies und Kiessand auch **Dränelemente** wie Dränsteine, Dränplatten aus Hartschaum und Dränmatten verwendet.

Um das Einschwemmen von Feinteilen in die Dränleitung zu verhindern, sollte sie von einem **bodenstabilen Filter** umgeben sein, der das Wasser, nicht aber die Feinteile durchlässt. Zusätzlich sollten an den Gebäudeecken Spülschächte angeordnet werden, um das Durchspülen der Dränleitung zu ermöglichen.

Das Gefälle der Leitung muss zwischen 0,5% und 2% betragen; üblich ist **1% Gefälle.**

Der Untergrund muss durchgehend das gleiche Gefälle aufweisen. Es dürfen nirgends Mulden enthalten sein, in denen die Dränung vorübergehend entgegengesetztes Gefälle erhält. In solchen Mulden würde das Wasser aus dem Drän austreten und die Stelle würde übernässt.

Dränrohre werden heute in den verschiedensten Materialien angeboten. Am gebräuchlichsten sind gelochte oder geschlitzte **Kunststoffrohre**.

i 4.3.1

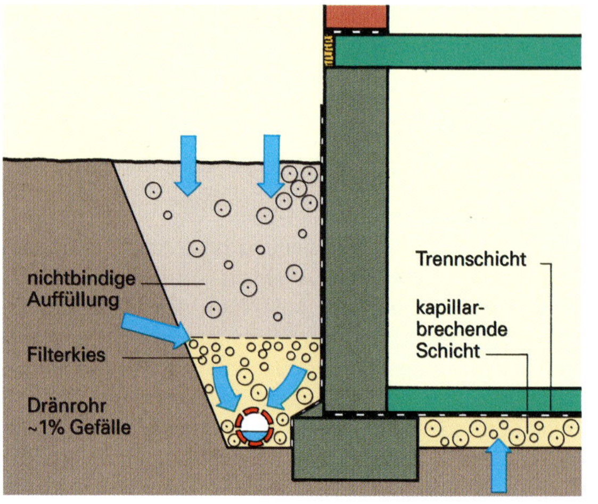

Dränung

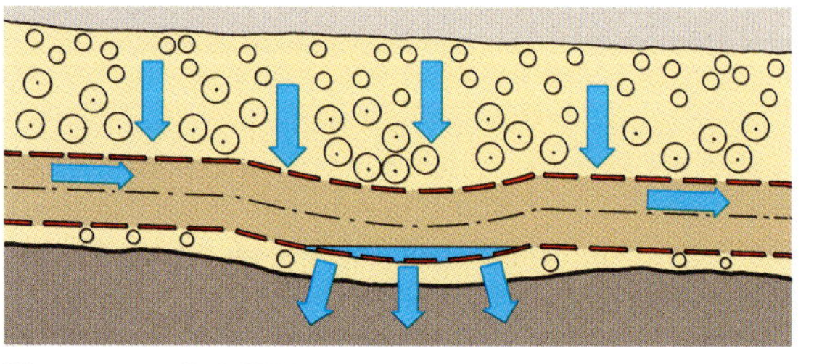

Wassersammelnde Wirkung einer Mulde im Drän

Die Dränung nimmt über eine Dränschicht aus Kiessand oder Dränelementen versickernde Wässer auf und leitet sie über die Dränleitung ab.

Als Dränleitung dienen meistens gelochte oder geschlitzte Kunststoffrohre.

Zusammenfassung

Die Wasserinstallation ist Sache des Installateurs, der Bauhandwerker hat vorbereitende Maßnahmen zu treffen.

Die Haus- und Grundstücksentwässerung hat Schmutz- und Regenwasser von der jeweiligen Entwässerungsstelle in das örtliche Kanalnetz abzuleiten.

Das Entwässerungssystem besteht aus Fallleitungen, Grundleitung, Einsteig- bzw. Kontrollschacht und Anschlusskanal.

Als Material für Abwasserrohre kommen Steinzeug, Kunststoff, Beton und Faserzement infrage. Für jedes Material gibt es entsprechende Dichtungen.

Die Grundleitung muss dicht, innen glatt, beständig und im richtigen Gefälle verlegt sein.

Die Dränung besteht aus Dränleitung und Dränschicht. Sie muss versickernde Wässer sicher ableiten.

Aufgaben:

1. *Beschreiben Sie, wie das Trinkwasser vom Hochbehälter zur Zapfstelle geleitet wird.*
2. *Aus welchen Materialien werden Fallleitungen hergestellt?*
3. *Weshalb müssen Fallleitungen entlüftet werden?*
4. *Unterscheiden Sie Mischsystem und Trennsystem bei der Ortsentwässerung.*
5. *Welches Rohrmaterial wählen Sie für die Grundleitung unseres Reihenhauses?*
   Begründen Sie Ihre Wahl.
6. *Welche Rohrdichtungen sind bei Abwasserrohren aus Kunststoff üblich?*
7. *Welche Anforderungen sind an Grundleitungen zu stellen?*
8. *Weshalb müssen die Muffen gegen die Fließrichtung verlegt werden?*
9. *Erklären Sie die Wirkungsweise der Dränung.*

2.4.7 Entwässerungsplan

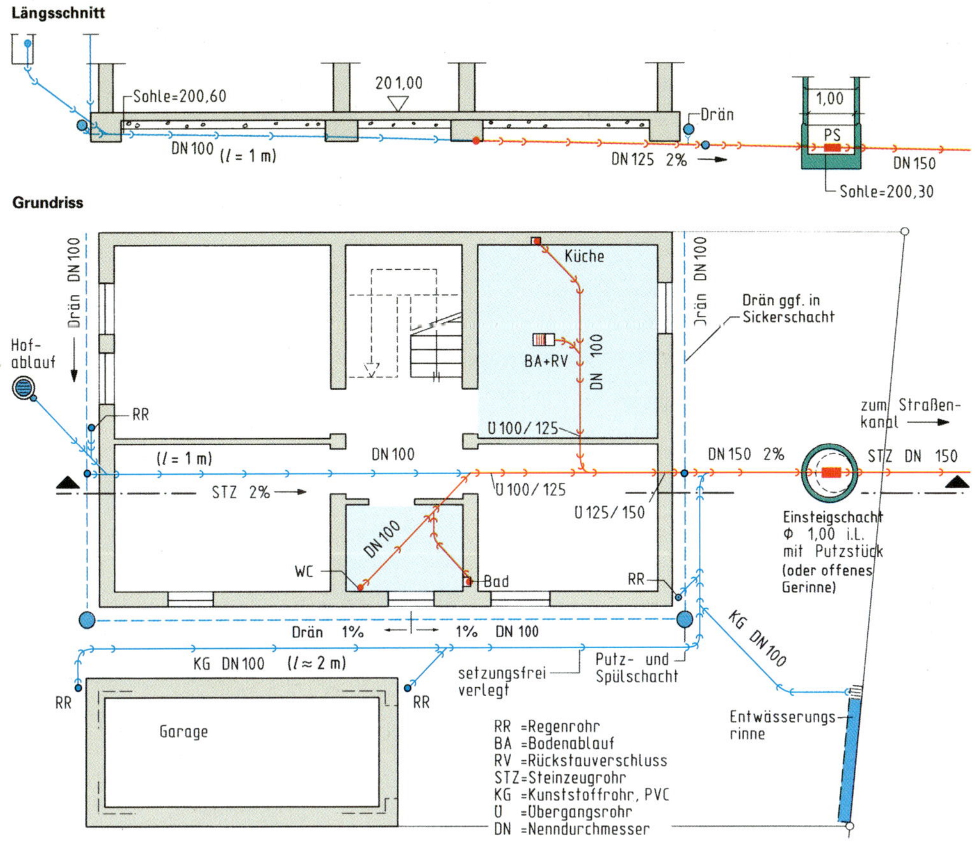

Entwässerungsplan des Reihenhauses, Mischsystem (Maßstab 1:50)

Aufgaben:

1. Zeichnen Sie einen Entwässerungsplan für das Reihenhaus nach dem Trennsystem. (1:100)
2. Zeichnen Sie einen Entwässerungsplan bei veränderter Lage der Fallrohre nach dem Mischsystem. (1:100)

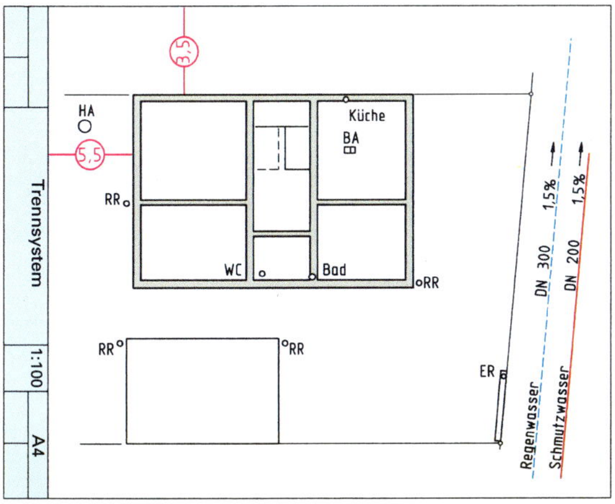

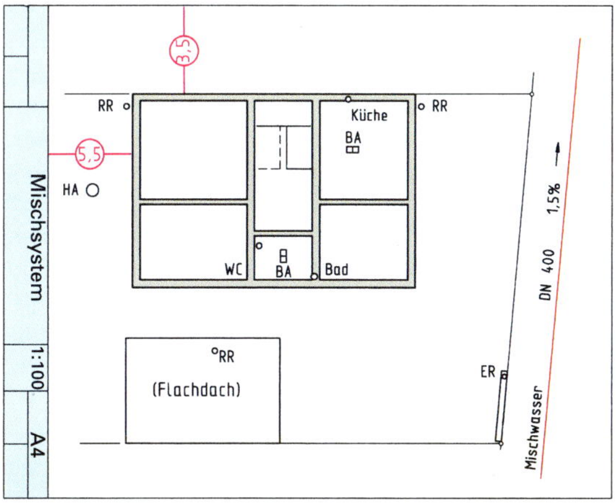

2.4.8 Baustoffbedarf

Ermitteln Sie aus dem oben dargestellten Entwässerungsplan und den Projektplänen den überschlägigen Bedarf an
a) Dränrohren DN 100,
b) geraden Steinzeugrohren für die Grundleitung, getrennt nach Nennweiten,
c) Abzweigen und Bogenstücken.

2.5 Verkehrsflächen

2.5.1 Allgemeines

Wie bei unserem Reihenhaus müssen auf jedem bebauten Grundstück auch Verkehrsflächen angelegt werden, die z.B. den Zugang zum Gebäude oder die Einfahrt in die Garage ermöglichen. Diese Flächen müssen einigen **Anforderungen** genügen:

- Sie müssen tragfähig sein und dürfen unter Belastung nicht nachgeben und sich nicht setzen.
- Sie müssen oberflächlich eben sein, damit sie gefahrlos begangen und befahren werden können.
- Das anfallende Oberflächenwasser muss schadlos abgeleitet werden.
- Sie müssen frostbeständig sein.

Um diese Eigenschaften zu gewährleisten, sind ein entsprechender Aufbau, geeignete Beläge und sorgfältige Ausführung erforderlich. In den meisten Fällen werden solche Verkehrsflächen mit Pflaster- oder Plattenbelägen aus künstlichen Steinen hergestellt.

Verkehrsflächen müssen tragfähig, eben, entwässert und frostbeständig sein.

2.5.2 Aufbau

Die **Tragfähigkeit** hängt von **Untergrund,** Unterbau und **Oberbau** ab.

Unter **Untergrund** wird der gewachsene Boden verstanden, bei künstlichen Aufschüttungen spricht man von Unterbau. Die bearbeitete Oberfläche des Untergrundes wird als **Planum** bezeichnet (plan = eben). Das Planum soll keine Unebenheiten aufweisen und bereits das für den Belag vorgesehene Gefälle haben, damit das Oberflächenwasser abfließen kann.

Der **Oberbau** besteht aus der Tragschicht und dem Belag. Bei Wegen und Zufahrten besteht die Tragschicht meist aus ungebundenem Kies oder Schotter. Die **Tragschicht** verteilt die Lasten auf den Untergrund, gleicht eventuelle Unebenheiten aus und dient oft gleichzeitig als Frostschutzschicht. Die Dicke der Tragschicht kann je nach örtlichen Verhältnissen und Belastung 15...50 cm betragen. Bei tragfähigen und frostbeständigen Böden, wie z.B. geeigneten Sand- oder Kiesböden, ist eine besondere Trag- oder Frostschutzschicht nicht erforderlich. Die Oberfläche der Tragschicht stellt die Unterlage für den Belag dar. Sie muss bereits mit dem für den Belag vorgegebenen Gefälle versehen werden.

Der **Pflaster- oder Plattenbelag** wird meist in ein Bett aus Sand oder Splitt verlegt. Die Oberfläche muss ein Gefälle aufweisen, damit das anfallende Wasser in die Entwässerung eintritt. Die **Entwässerung** erfolgt über Einläufe oder Einlaufrinnen, die an die Grundstücksentwässerung angeschlossen sind.

Der Aufbau einer Verkehrsfläche muss Sicherheit und Beständigkeit gewährleisten.

Betonpflaster

Plattenbelag

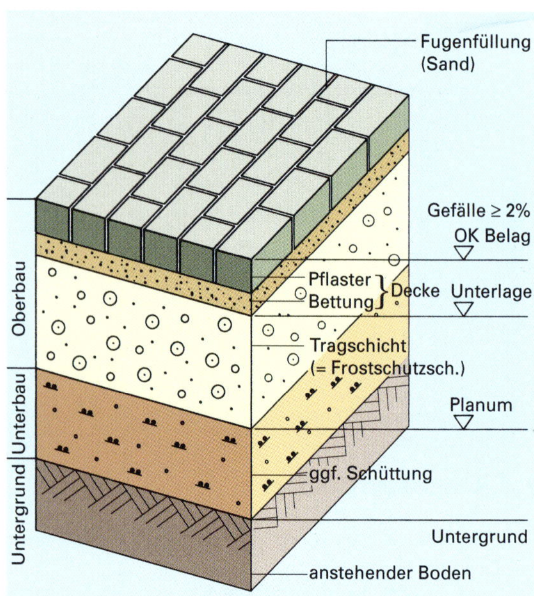

Aufbau von Verkehrsflächen mit Pflaster- oder Plattenbelägen

2.5.3 Pflaster und Platten aus künstlichen Steinen

Pflaster

Betonpflastersteine sind druckfest, maßhaltig und bieten hohen Widerstand gegen Verschleiß, Frost und Taumittel. Die üblichen Steindicken sind je nach Belastung 8...14 cm. Sie lassen sich sowohl von Hand als auch mit Verlegemaschinen leicht verlegen. Neben quadratischen und rechteckigen Steinen sind vor allem **Betonverbundsteine** gebräuchlich. Bei Betonverbundsteinen ist die Form der einzelnen Steine so gewählt, dass die Steine untereinander verzahnen. Dadurch entsteht innerhalb der Pflasterdecke eine Verbundwirkung. Durch die vielen Formen sind attraktive Verlegemuster möglich. Für die Ränder gibt es besondere Teilsteine. Dauerhaft eingefärbte Steine ermöglichen die farbliche Gestaltung der Flächen oder das Einlegen von Markierungen.

Um der zunehmenden Versiegelung unserer Umwelt entgegenzuwirken, werden versickerungsfähige Pflasterbeläge angelegt. Dies kann durch aufgeweitete oder begrünte Fugen, durch Pflaster mit Sickeröffnungen oder durch poröse Betonpflaster erreicht werden („Ökopflaster").

Um Grünflächen zu erhalten und sie dennoch als Parkflächen zu nutzen, wurden durchbrochene **Rasensteine** entwickelt. Die Öffnungen sind so groß, dass der Eindruck einer Rasenfläche entsteht.

Hauptanwendungsgebiete für Betonpflaster sind Zufahrten, Gehwege, Stellflächen, Fußgängerzonen usw.

Klinkerpflastersteine sind ebenfalls druckfest und beständig gegen Frost und Taumittel. Sie werden vor allem in Norddeutschland verwendet. Entsprechend den Mauerverbänden sind zahlreiche Verlegemuster denkbar.

Platten

Mit **Gehwegplatten aus Beton** werden Gehwege, Terrassen, Plätze, Fußgängerzonen, Bahnsteige usw. befestigt. Hauptsächlich werden quadratische und rechteckige Platten mit Dicken von 4...10 cm und Seitenlängen von 15...75 cm angeboten. Sie müssen griffig, frost- und taumittelbeständig und ausreichend biegefest sein.

Da die Verlegung im Diagonalverband verschiedenartige Randteile wie Friesplatten (Bischofsmützen) und Eckplatten erfordert, wird heute meist der Läufer- oder Reihenverband bzw. der Kreuzfugenverband angewendet. Auch Gehwegplatten gibt es eingefärbt zur farblichen Gestaltung bzw. Markierung.

Platten aus Keramik werden meist nur im Terrassenbereich verwendet. Für befahrene Flächen kommen sie weniger in Betracht.

Pflaster aus Beton ist ein für viele Zwecke geeigneter und vielfach auch umweltfreundlich gestalteter Baustoff. Gehwegplatten aus Beton sind für Flächen geeignet, die nicht von Kraftfahrzeugen befahren werden.

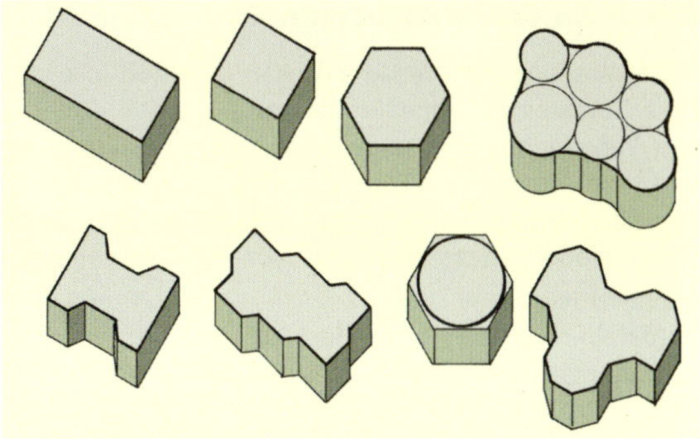

Beispiele für Formen von Betonpflastersteinen

Läufer- oder Reihenverband | Parkett- oder Blockverband | Ellenbogen- oder Fischgrätverband

Verlegemuster für Betonpflastersteine

Betonpflaster mit begrünter Fuge

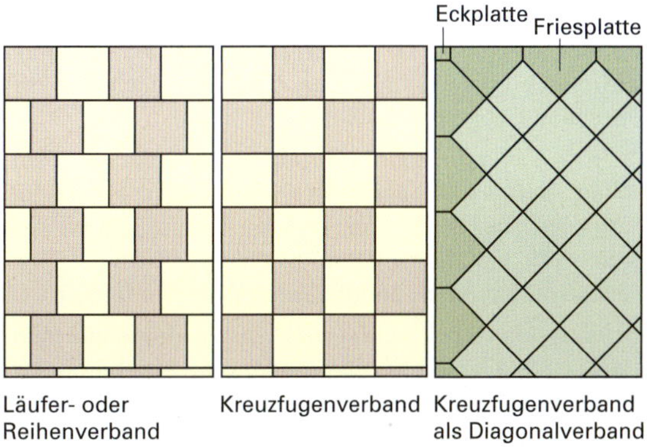

Läufer- oder Reihenverband | Kreuzfugenverband | Kreuzfugenverband als Diagonalverband

Verlegemuster für Gehwegplatten

2.5.4 Randeinfassungen

Zur Einfassung von Verkehrsflächen kommen in erster Linie Bordsteine infrage. Sie begrenzen die verschiedenen Verkehrsbereiche und dienen bei Herstellung der Verkehrsflächen als seitliche „Schalung". Zwischen Straße und Gehweg fördern sie auch die Sicherheit, indem sie verhindern, dass Fahrzeuge von der Fahrbahn abkommen.

Bordsteine dienen meist der Abgrenzung zwischen Fahrbahnen und Gehweg. Bordsteine werden aus Naturstein (Granit) oder Beton hergestellt. Von der Form her werden **Hochbordsteine (Form HB)**, die über das Gelände hinausstehen, und **Tiefbordsteine (Form TB)** unterschieden. Nach der Kantenausbildung werden außerdem **Rundbordsteine (Form RB)** und **Flachbordsteine (Form FB)** unterschieden. Bordsteine werden in frischen Unterbeton versetzt und nach Flucht und Höhe mit Schnur bzw. durch Tafeln ausgerichtet. Sie werden vor der Herstellung der eigentlichen Verkehrsflächen versetzt und dienen dann bei Herstellung dieser Verkehrsflächen als Begrenzung.

Einfassungssteine (Form EF) dienen der Begrenzung von wenig belasteten Verkehrsflächen wie z. B. Fuß- und Radfahrwegen. Sie sind nur 5...6 cm stark und haben im Allgemeinen einen rechteckigen oder an der Oberseite halbkreisförmig abgerundeten Querschnitt. Einfassungssteine werden wie die anderen Bordsteine in Beton versetzt und ausgerichtet.

> Verkehrsflächen auf Grundstücken und generell innerorts, werden meist durch Bordsteine oder Einfassungssteine eingefasst.

Querschnitt, Einbau	Größen
Hochbordstein (Form HB) 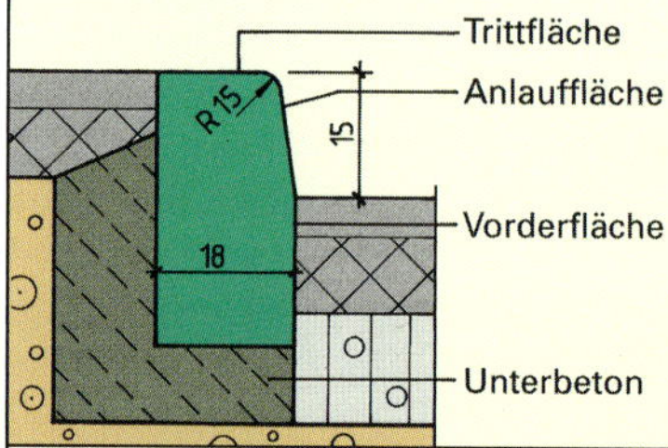	15 × 25 15 × 30 18 × 25 18 × 30
Rundbordstein (Form RB) 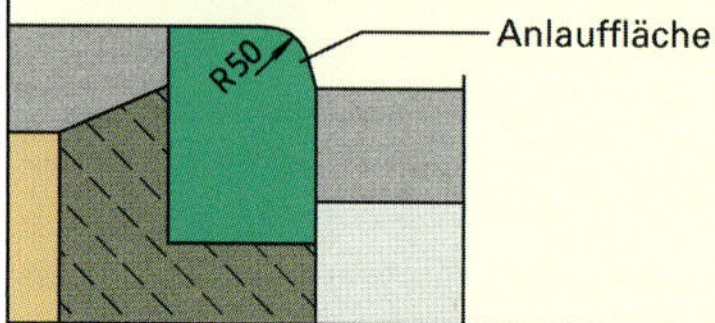	15 × 22 18 × 22
Tiefbordstein (Form TB) 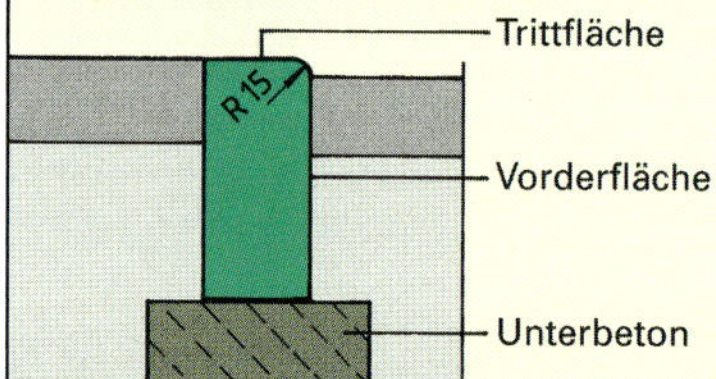	8 × 20 8 × 25 8 × 30 8 × 40 10 × 25 10 × 30
Flachbordstein (Form FB) 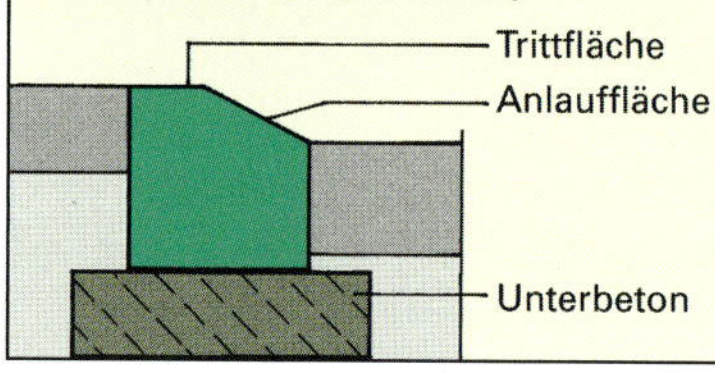	10 × 20 20 × 20 20 × 25 30 × 25

Bordsteine aus Beton nach DIN 483

2.5.5 Herstellen eines Fußwegs

Bei unserem Reihenhaus muss ein Fußweg von der Straße zum Hauseingang erstellt werden. Zur sachgerechten Erstellung eines solchen Fußwegs sind eine Reihe von Arbeitsschritten notwendig.

Der Weg muss **eingemessen** und erforderlichenfalls abgesteckt werden.

Dann wird das **Rohplanum** hergestellt. Dies erfolgt bei bindigen Böden meist mit einem Bagger oder einer kleinen Planierraupe, gegebenenfalls muss von Hand nachgearbeitet werden. Die Höhe des Planums ergibt sich aus der fertigen Höhe, die oft durch den Hauseingang und den Bürgersteig festliegt, abzüglich der Höhe des Oberbaus (Tragschicht + Bettung + Belag).

Da Böden in natürlicher Lagerung noch Porenräume enthalten, müssen sie **verdichtet** werden, um Setzungen möglichst auszuschließen. Dies kann bei nichtbindigen Böden mit Vibrationsplatten, bei bindigen Böden auch mit Stampfern oder handgeführten Walzen erfolgen.

Im nächsten Arbeitsschritt werden die **Randeinfassungen** (Bordsteine, Einfassungssteine) in Unterbeton versetzt und entlang einer gespannten Schnur nach Höhe und Richtung ausgerichtet. Die Oberkante muss in der Höhe dem fertigen Belag, eventuell zuzüglich eines

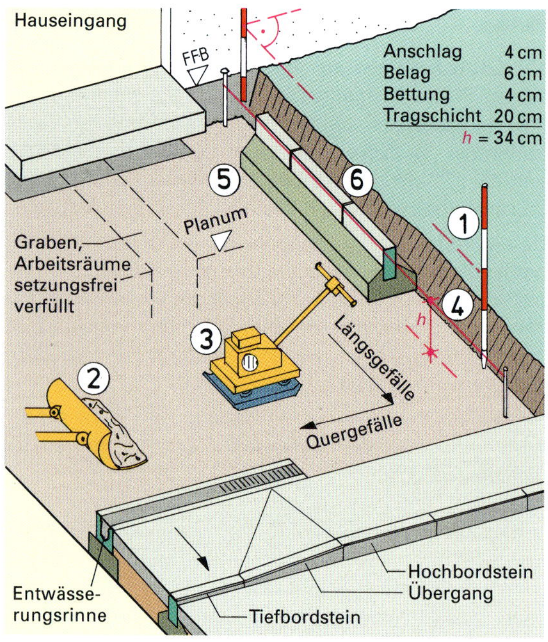

Herstellen eines Fußwegs

Anschlags entsprechen, also auch schon ein eventuelles Quergefälle berücksichtigen.

Zwischen die Randeinfassungen wird nach Erhärten des Unterbetons die **Tragschicht** aus abgestuftem Kiessand, Splitt oder Schotter eingebracht. Die Dicke der Tragschicht richtet sich nach Belastung, Untergrund und erforderlichem Frostschutz. Die Tragschicht muss mit einer Vibrationsplatte vollständig verdichtet werden. Auch hier ist bereits auf ein eventuelles Quergefälle zu achten, da sonst die Bettung unterschiedlich dick wird. Wenn die Oberfläche der Tragschicht mit Feinsand eingeschlämmt wird, kann ein späteres Versickern der Bettung in der Tragschicht verhindert werden.

Die **Pflaster- bzw. Plattenbettung** besteht aus einer im verdichteten Zustand 3...5 cm dicken Sandschicht. Es kann auch feinkörniger Kies oder ein Splitt-Brechsand-Gemisch verwendet werden. Vor dem Versetzen des Belags ist das Pflasterbett zwischen Lehren abzuziehen. Mit einem seitlich entsprechend ausgeklinkten Brett kann auch über die Randeinfassung abgezogen werden. Die Oberfläche der Bettung muss mit einer eventuell geforderten Querneigung und mit der gleichen Genauigkeit wie der Belag selbst hergestellt werden. Sie darf danach nicht mehr betreten werden, um unterschiedliche Verdichtung zu vermeiden. Unter Berücksichtigung des späteren Abrüttelns des Belags und der damit verbundenen Setzung ist die Bettung mit Überhöhung zu fertigen. Diese beträgt bei Würfelsteinen 2...3 cm, bei Verbundsteinen und Gehwegplatten 1...2 cm. Die im jeweiligen Fall notwendige Überhöhung kann erforderlichenfalls durch Versuch ermittelt werden, meist wird jedoch von 2 cm ausgegangen.

Der **Belag** (Betonpflastersteine oder Platten) wird vom fertigen Belag aus, also „vorwärts“ verlegt. Die Fugen müssen vollständig und kontinuierlich mit Fortschreiten des Verlegens mit Sand oder Splitt verfüllt werden. Das Fugenmaterial wird auf das Pflaster aufgebracht, in die Fugen eingefegt und eingeschlämmt. Der Belag wird anschließend von den Rändern zur Mitte hin mit der Vibrationsplatte abgerüttelt. Danach sind die Fugen soweit erforderlich erneut zu füllen.

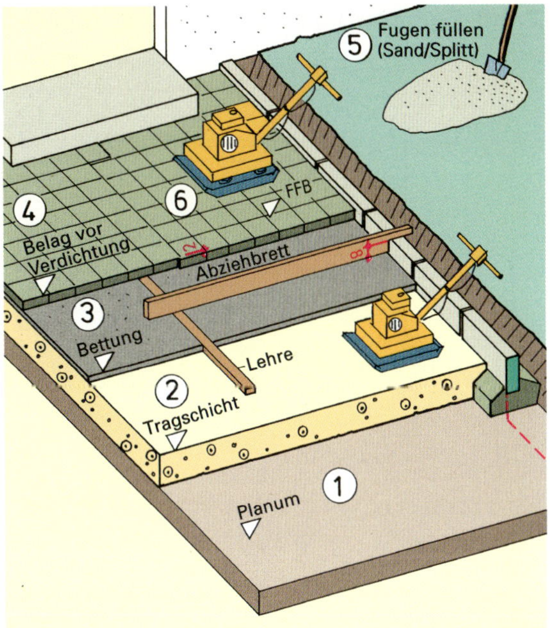

Herstellen eines Fußwegs (Fortsetzung)

Herstellen eines Pflasterbelages

Zusammenfassung

Verkehrsflächen müssen tragfähig, eben, entwässert und frostbeständig sein. Der Aufbau einer Verkehrsfläche muss Sicherheit und Beständigkeit gewährleisten.

Pflaster aus Beton ist ein für viele Zwecke geeigneter und vielfach auch umweltfreundlich gestalteter Baustoff. Gehwegplatten aus Beton sind für Flächen geeignet, die nicht von Kraftfahrzeugen befahren werden.

Verkehrsflächen auf Grundstücken und generell innerorts, werden meist durch Bordsteine oder Einfassungssteine eingefasst.

Pflaster- und Plattenbeläge sind sorgfältig und unter Beachtung der Einbauregeln herzustellen, um spätere Schäden zu vermeiden.

Aufgaben:

1. *Beschreiben Sie den Aufbau einer Verkehrsfläche mit Pflaster- oder Plattenbelag.*
2. *Welchen Belag würden Sie bei unserem Reihenhaus wählen*
   a) für den Weg zum Hauseingang,
   b) für die Garagenzufahrt?
   Begründen Sie jeweils.
3. *Welche Verdichtungsgeräte kommen für die verschiedenen Verdichtungsgänge in Betracht?*
4. *Weshalb wird die Pflaster- bzw. Plattenbettung mit Überhöhung eingebaut?*

   Welche Überhöhung ist zu wählen?
5. *In einem frisch verlegten Belag aus Betonpflaster bilden sich Mulden. Welche Fehler könnten gemacht worden sein?*

2.5.6 Zeichnerische Darstellung und Berechnungen

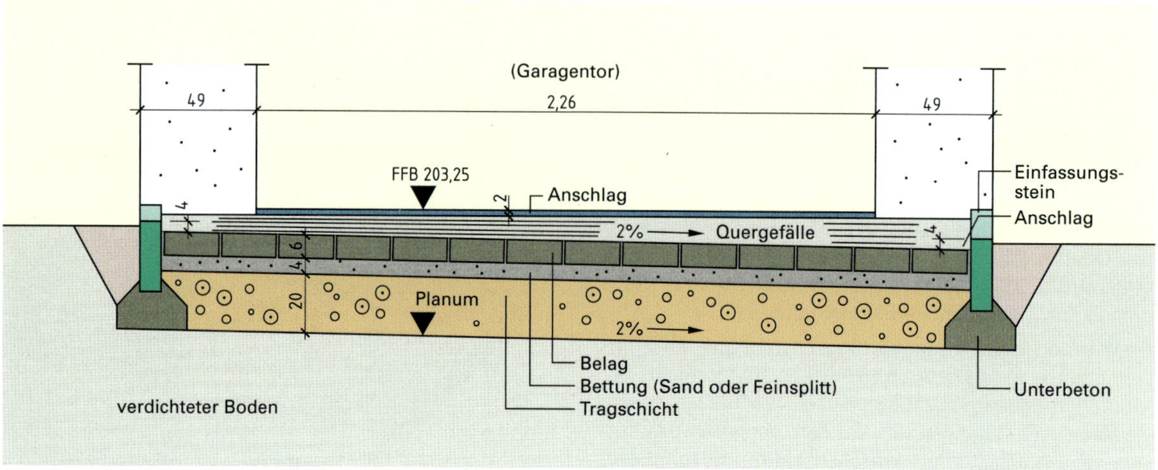

Garageneinfahrt

Aufgaben:

1. Zeichnen Sie für den Gehweg zum Hauseingang Schnitt und Grundriss im Maßstab 1:25.

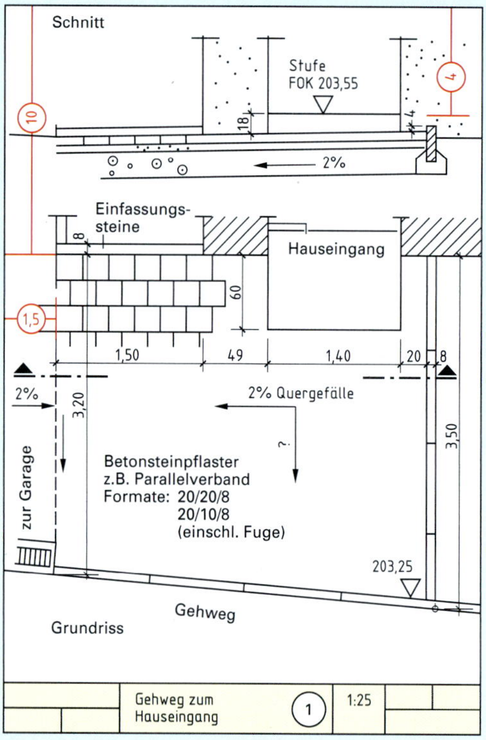

2. Wie groß ist der Höhenunterschied der Einfassungssteine beidseitig der Garageneinfahrt in cm?

3. Die Entwässerungsrinne am Gehweg hat eine Einlaufhöhe von 202,92 m ü. NHN.
   a) Berechnen Sie das Längsgefälle in der Mitte der Garageneinfahrt in Prozent.
   b) Drücken Sie dieses Gefälle als Verhältnis aus.
   c) Welche Höhe (ü. NHN) muss der tiefere Einfassungsstein in 5 m Entfernung von der Garage haben?

4. Ermitteln Sie aus unten stehender Skizze für die Garageneinfahrt des Reihenhauses den Bedarf an
   a) 1 m langen Einfassungssteinen.
   b) Kiessand für die Tragschicht in m³. Es ist von einer Verdichtung um 15% auszugehen.
   c) Sand für die Bettung in m³. Die Überhöhung ist mit 2 cm anzunehmen.
   d) Pflaster in m² bei 5% Verlustzuschlag.

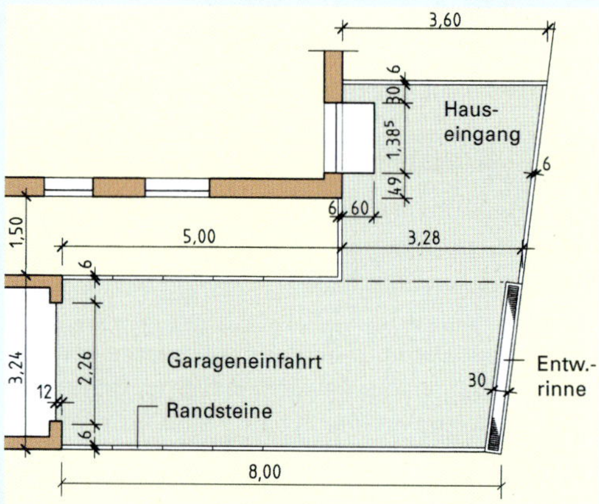

5. Veranschlagen Sie den gesamten Materialbedarf für den in Aufgabe 1 dargestellten Weg zur Hauseingangstür.

Lernfeld 3:
Mauern eines einschaligen Baukörpers

Die Wände unseres Reihenhauses werden in Mauerwerk ausgeführt. Dafür stehen eine ganze Anzahl verschiedener künstlicher Mauersteine nach Material, Form und Größe zur Auswahl. Die Qualität des Mauerwerks bezüglich seiner Wärme- und Schalldämmfähigkeit hängt in erheblichem Maß von der gründlich durchdachten Wahl geeigneter Mauersteine und deren Güte ab.

Die Verwendung des vorgeschriebenen Mauermörtels in entsprechender Zusammensetzung und Qualität ist im Hinblick auf die Tragfähigkeit und Stabilität der gemauerten Wände von entscheidender Bedeutung.

Für die fachgerechte, fehlerfreie Verarbeitung von Steinen und Mörtel zu tragfähigen Wänden ist der Maurer zuständig und trägt dafür die Verantwortung. Mit seinem handwerklichen Geschick beim Errichten eines Bauwerkes führt der Maurer die viele Jahrhunderte alte Tradition des Mauerwerkbaues fort.

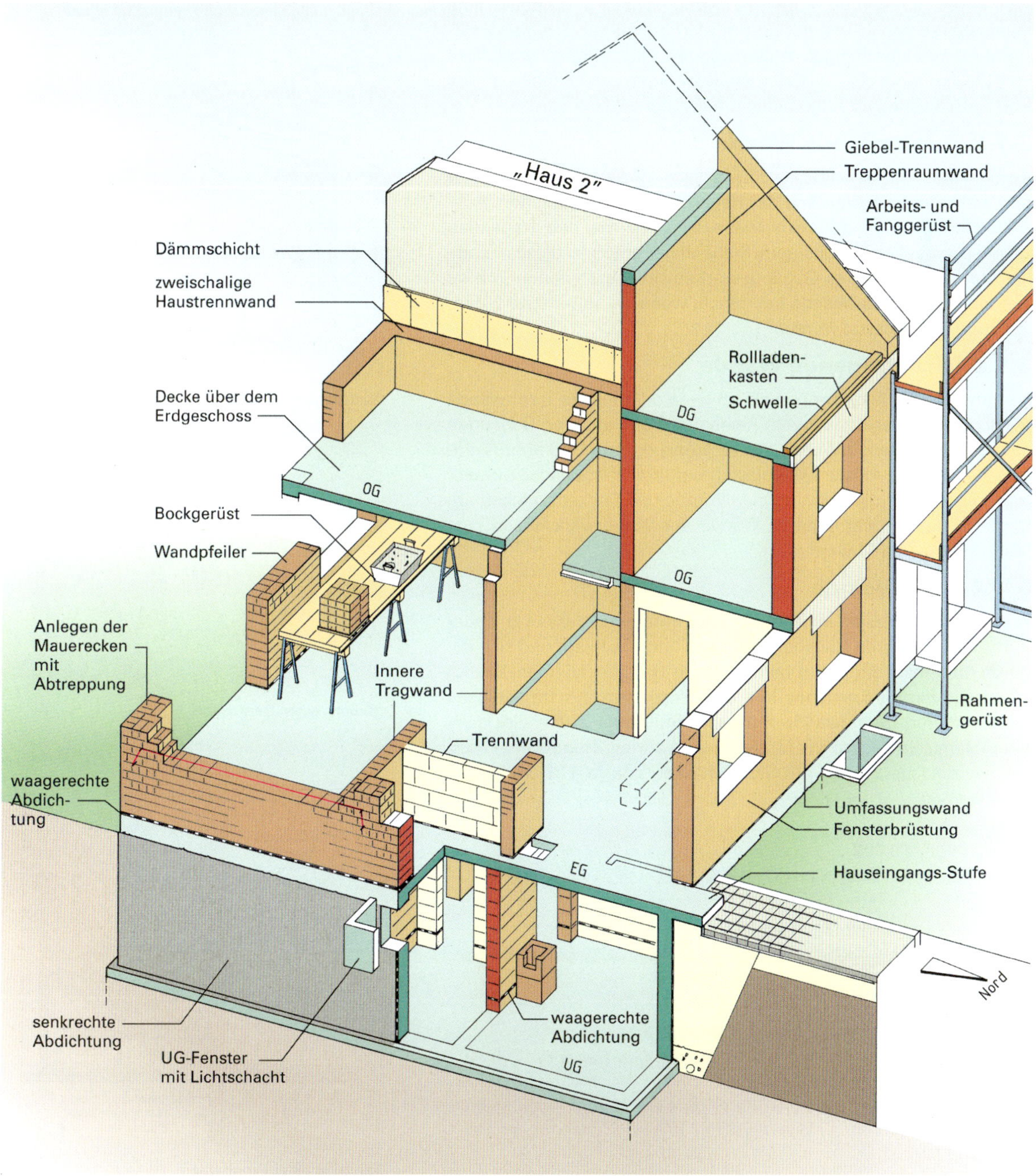

3.1 Wandarten und ihre Aufgaben

Die Wände unseres Reihenhauses müssen alle Belastungen sicher in den Baugrund ableiten.
Nach ihren unterschiedlichen Belastungen und besonderen Aufgaben unterscheidet man verschiedene Wandarten.

3.1.1 Tragende Wände

Tragende Wände sind hauptsächlich auf Druck beanspruchte Bauteile, wie sie in den Grundrissen unseres Reihenhauses als Außenwände, aber auch als Innenwände dargestellt sind. Tragende Wände müssen die Standsicherheit unseres Reihenhauses gewährleisten, indem sie alle senkrechten Lasten tragen und sicher in den Baugrund ableiten. Außerdem müssen sie waagerechte Lasten, wie z. B. Windlasten aufnehmen. Tragende Wände haben i. d. Regel eine Mindestdicke von 24 cm, mit bestimmten Steinarten (z. B. Kalksandstein) ist bei einschaligen Außenwänden eine Mindestwanddicke von 17,5 cm möglich. Aus Gründen des Wärme- und Schallschutzes sind Außenwände im Allgemeinen mindestens 30 cm dick.

3.1.2 Aussteifende Wände

Aussteifende Wände stehen rechtwinklig zu den tragenden Wänden und wirken dem Ausknicken der tragenden Wände entgegen. Aussteifende Wände werden im festen Verbund mit den tragenden Wänden gemauert. In unserem Reihenhaus erhöhen diese Wände die Standsicherheit des Gebäudes erheblich. Aussteifende Wände werden als tragende Wände bemessen, wenn sie außer ihrer Eigenlast zusätzlich belastet werden.

3.1.3 Nichttragende Wände

Nichttragende Wände können als schwere oder leichte **Trennwände** ausgeführt werden. In unserem Reihenhaus und anderen Gebäuden dienen nichttragende Wände zur Abgrenzung von Räumen. Nichttragende Wände müssen Windlasten auf ihrer Wandfläche aufnehmen können und diese in tragende Wände und Deckenscheiben abtragen können. Nichttragende Wände aus Mauerwerk haben eine Mindestdicke von 11,5 cm.

3.1.4 Brandwände

Brandwände müssen im Bedarfsfall verhindern, dass das Feuer durch die Wand zum Nachbargebäude hindurchschlägt und sich dadurch brennbare Stoffe im benachbarten Raum entzünden. Brandwände dürfen im Brandfalle ihre Standfestigkeit und Tragfähigkeit nicht verlieren. Brandwände müssen mindestens 24 cm dick sein. Bei Einfamilienhäusern mit Massivdecken dürfen Brandwände auch als zweischalige Wände mit Schalendicken von je 17,5 cm ausgeführt werden.

Zusammenfassung

Wände müssen je nach ihrer Aufgabe senkrechte und waagerechte Lasten sicher aufnehmen, Wände aussteifen, Wärme und Schall dämmen, Brandausbreitung verhindern und Räume abgrenzen.

Aufgaben:

1. *Nennen Sie die verschiedenen Wandarten.*
2. *Welche Wände unseres Reihenhauses sind tragende Wände, welche aussteifende Wände?*
3. *Warum müssen aussteifende Wände im festen Verbund mit der auszusteifenden Wand stehen? Wie stellt man diesen Verbund her?*

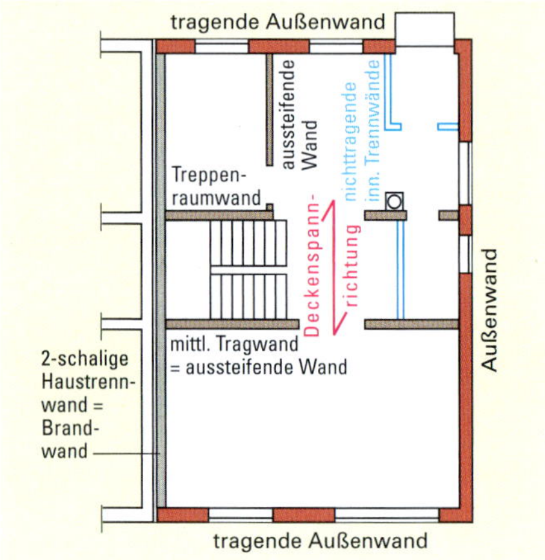

Wandarten

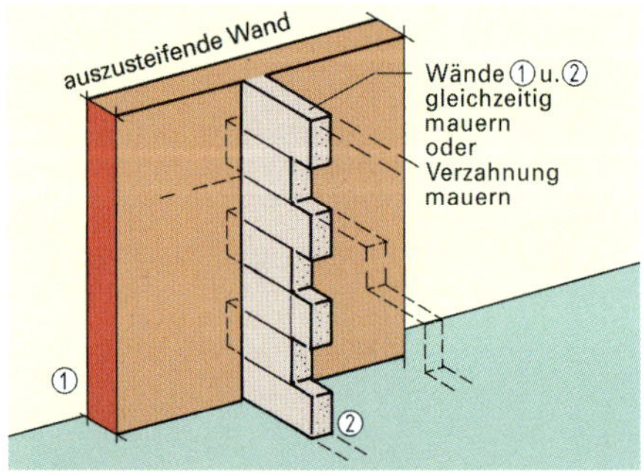

Ausführung aussteifender Wände

Mauern einer Trennwand

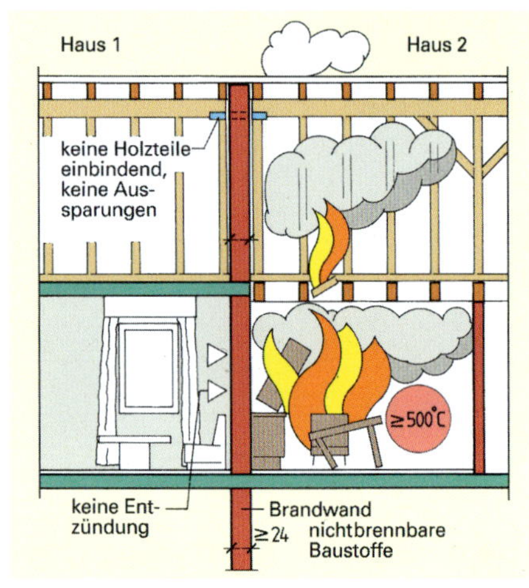

Funktion einer Brandwand

3.2 Künstliche Mauersteine

Die Wände unseres Reihenhauses werden mit künstlichen Mauersteinen gemauert. Natürliche Steine werden im Wohnhausbau nur in wenigen und besonderen Fällen verwendet. Künstliche Bausteine bestehen aus natürlichen Rohstoffen. Die Ausgangsstoffe werden aufbereitet, geformt und zu Steinen gebrannt oder gehärtet. Die künstlichen Bausteine sind in Form, Gefüge, Festigkeit und Farbe wesentlich gleichmäßiger als Natursteine. Nach der Herstellung unterscheidet man gebrannte und ungebrannte Steine.

Gebrannte Mauersteine aus tonigen Rohstoffen:

- Ziegel, z. B. Mauerziegel (Vollziegel, Leichtziegel, Klinker)
- Schamottesteine

Ungebrannte Mauersteine aus Bindemitteln und Zuschlägen:

- Kalksandsteine
- Mauersteine aus Normalbeton und aus Beton mit porigen Gesteinskörnungen
- Porenbetonsteine

Zu den künstlichen Bausteinen gehören auch die Glasbausteine.

Die künstlichen Bausteine werden nach bautechnischen Eigenschaften beurteilt. Beispiele solcher Eigenschaften sind Druckfestigkeit, Wärmedämmfähigkeit, Frostbeständigkeit, Maß- und Formhaltigkeit und die Handhabbarkeit des Steines beim Vermauern. Die Vielzahl der Steinarten ermöglicht den Mauerwerksbau mit den erforderlichen bautechnischen Eigenschaften.

3.2.1 Formate und Abmessungen

Die Maße der Mauersteine sind durch die **Maßordnung im Hochbau** bestimmt. Die Steinmaße sind so festgelegt, dass mit den Bausteinen Bauteile gemauert werden können, deren Abmessungen Teile oder Vielfache von 25 cm sind (z. B. Mauerhöhe von 2,25 m).

Das Maß **25 cm** ist ein **Baurichtmaß**; es berücksichtigt die Steinmaße und die Dicke der erforderlichen Mörtelfugen. Die Steinmaße sind **Nennmaße**; sie ergeben sich aus den in der Norm festgelegten Baurichtmaßen und den für das Mauerwerk festgelegten Fugendicken.

Grundformate für die Bausteine sind das **Dünnformat (DF)** und das **Normalformat (NF)**. Alle weiteren Steinformate werden als Vielfache von 1 DF angegeben, z. B. 2 DF, 3 DF.

Nach ihrer Größe werden kleinformatige, mittelformatige und großformatige Mauersteine unterschieden; nach ihrer Handlichkeit unterscheidet man Einhandsteine und Zweihandsteine.

Die Maße der Steinformate sind so aufeinander abgestimmt, dass Mauerteile mit Baurichtmaßen ohne oder mit nur wenig Verhau erstellt werden können.

Mauerwerk aus künstlichen Steinen

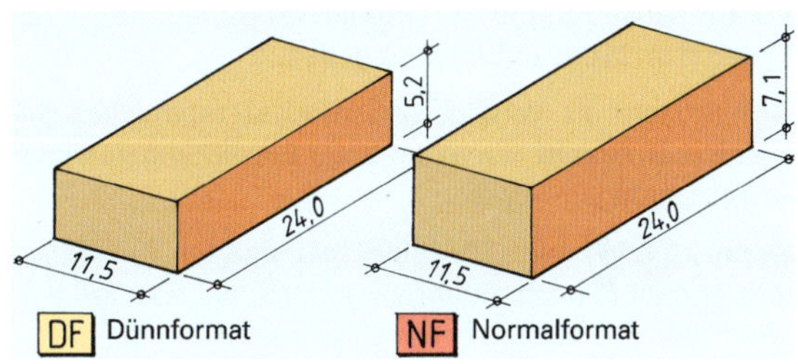

Steinformate: Grundformen

Kurzbezeichnung	Maße in cm			Gruppen	
	Länge *l*	Breite *b*	Höhe *h*		
1 DF (Dünnformat)	24	11,5	5,2	Kleinformate	Einhandsteine
NF (Normalformat	24	11,5	7,1		
2 DF	24	11,5	11,3		
3 DF	24	17,5	11,3	Mittelformate	
4 DF	24	24	11,3		
5 DF	30	24	11,3		
6 DF	36,5	24	11,3		
8 DF	24	24	23,8	Großformate	Zweihandsteine
10 DF	30	24	23,8		
12 DF	36,5	24	23,8		
16 DF	49	24	23,8		
20 DF	49	30	23,8		

Steinformate (Beispiele)

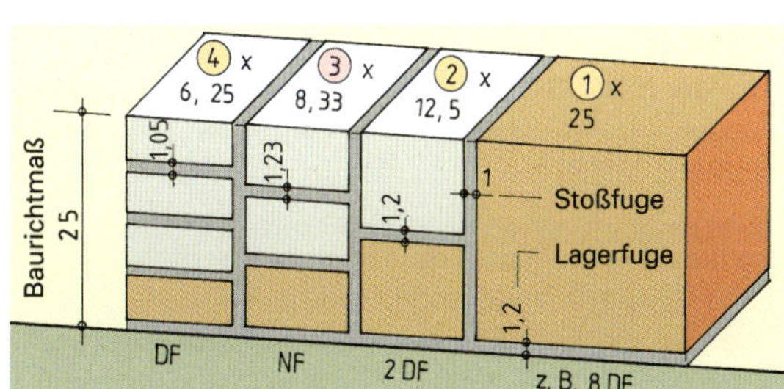

Steinhöhen mit Fugendicken

3.2.2 Mauerziegel

Mauerziegel sind die ältesten künstlich hergestellten Mauersteine. Sie wurden schon von den Römern gebrannt. In vielen Städten und Dörfern finden wir historische Bauwerke, wie z. B. Befestigungen, Dome und Burgen, die aus gebrannten Ziegeln erbaut wurden.

Mauerziegel werden vielgestaltig nach Form, Art und Eigenschaften hergestellt. Wegen ihrer guten bautechnischen Eigenschaften werden Mauerziegel auch heute vielfältig verwendet. Mauerziegel gehören zu den wichtigsten verwendeten künstlichen Bausteinen.

Mauerziegel-Sichtmauerwerk

Rohstoffe und Herstellung

Mauerziegel werden aus Ton, Lehm oder tonigen Massen mit oder ohne Zusatzstoffe geformt und anschließend gebrannt. Da Ton und Lehm selten in geeigneter Zusammensetzung in der Natur vorkommen, muss das Material im Werk aufbereitet werden.

Ton entsteht als Verwitterungsprodukt zahlreicher Gesteine (z. B. Granit), vor allem unter Einwirkung von kohlensäurehaltigem Wasser.

Lehm ist mit Sand (30...80%) gemagerter Ton. Meistens enthält er noch Verunreinigungen, die zum Teil entfernt oder unschädlich gemacht werden müssen.

Mauerziegelherstellung (siehe nebenstehendes Schema):

- **Rohstoff-Abbau** in Lehm- bzw. Tongruben mithilfe von Baggern; Transport mit Loren oder Lastkraftwagen zum Ziegelwerk. Die Lehmgruben werden später wieder aufgefüllt und bepflanzt (Umweltschutz).
- **Rohstoff-Aufbereitung:** Ton und Lehm werden zerkleinert, gemischt, mit Sand gemagert, von unerwünschten Bestandteilen gereinigt und durch Feuchteregulierung in die gewünschte Plastizität gebracht.
- **Formgebung** im Strangpressverfahren; die geschmeidige plastische Tonmasse wird durch ein Mundstück getrieben; Lochungen der Ziegel werden mit Kerneinsätzen im Mundstück erzeugt; durch Abschneiden vom Strang entsteht ein **Rohling**.
- **Trocknen** der Rohlinge in Trockenkammern bei Temperaturen bis zu 100 °C, um Schwind- bzw. Trocknungsrisse beim Brennen zu vermeiden.
- **Brennen** im Tunnelofen (bis 160 m lang), Brenntemperatur in der Brennzone 900...1200 °C; Ziegelrohstoffe „verbacken" zu einer wasserbeständigen Verbindung ($Al_2O_3 \cdot 2SiO_2$). Der Eisenoxidgehalt im Ziegelton bewirkt den roten Ziegelscherben.
  Höhere Brenntemperaturen erhöhen die Dichte der Ziegel und ihre Festigkeit und verringern die Wasseraufnahmefähigkeit.

Mauerziegel werden aus einem aufbereiteten Ton-Lehm-Gemisch hergestellt. Die feuchte plastische Tonmasse wird durch Strangpressen getrieben und auf Steinlänge geschnitten. Die Rohlinge werden im Tunnelofen gebrannt.

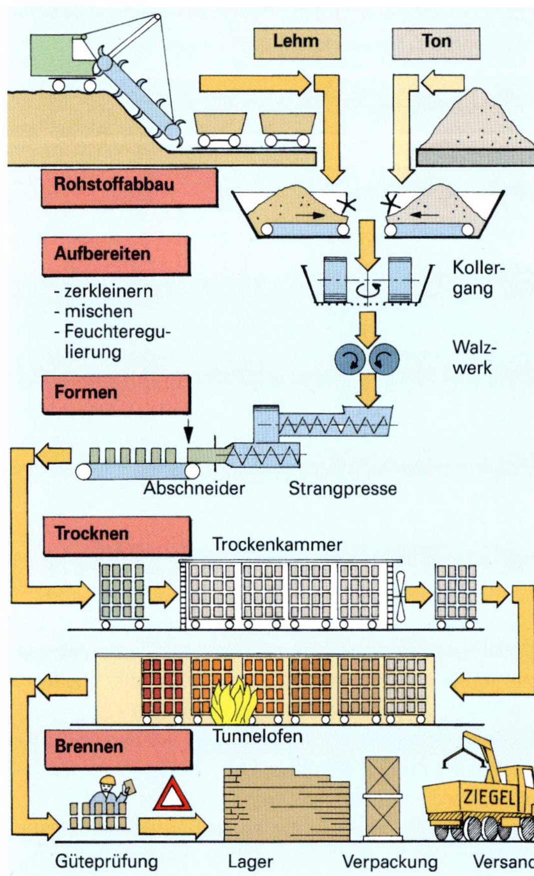

Herstellung von Mauerziegeln (Schema)

Mauerziegel, stranggepresst

Mauerziegelarten nach DIN EN 771-1/DIN 20000-401

Mauerziegel sind Bausteine zur Herstellung von Mauerwerk verschiedenster Art, d.h. für Sichtmauerwerk, verputztes Mauerwerk, Wärmedämmmauerwerk oder tragendes Mauerwerk. Deshalb werden Mauerziegel in vielen Abmessungen und Formen hergestellt.

Nach DIN EN 771-1 wird in **P-Ziegel** und **U-Ziegel** unterschieden. P-Ziegel sind Mauerziegel zur Verwendung im geschützten Mauerwerk, U-Ziegel sind zur Verwendung im ungeschützten Mauerwerk bestimmt. Geschütztes Mauerwerk ist gegen eindringendes Wasser (z.B. durch eine geeignete Putzschicht oder Verkleidung) geschützt und hat so weder Kontakt zum Boden noch zum Grundwasser. Ungeschütztes Mauerwerk kann Regen, Tau oder Frost ausgesetzt sein und/oder sich ohne einen geeigneten Schutz in Kontakt mit Boden oder Grundwasser befinden. Diese Art Mauerwerk ist komplett ungeschützt oder durch eine dünne Putzschicht nur begrenzt geschützt. Geschütztes und ungeschütztes Mauerwerk kann tragend oder nichttragend sein. Manche Ziegelarten sind entweder P- oder U-Ziegel, andere, z.B. Hochlochziegel, gibt es in beiden Ausführungen. Nachfolgend werden verschiedene Arten von Mauerziegeln vorgestellt:

- **Vollziegel**, Kurzzeichen **Mz**, sind ungelochte und gelochte Ziegel. Die Lochung verläuft senkrecht und darf nicht mehr als 20% der Lagerfläche betragen.
- **Hochlochziegel**, Kurzzeichen **HLz**, mit senkrecht zur Lagerfläche verlaufender **Lochung A**, Lochquerschnitt $\leq 2{,}5\ cm^2$ oder **Lochung B** $\leq 6\ cm^2$, bzw. **Lochung W**, siehe Abbildung. Die Lochung erhöht die Wärmedämmwirkung der Mauerziegel und verringert die Ziegelrohdichte. Werden dem Ziegelrohstoff Poren bildende Stoffe zugesetzt, so beträgt die Rohdichte nur 600 … 1000 kg/m^3. Diese Ziegel sind als Hochlochblockziegel für Außenwände gut geeignet. Zur Vermörtelung sind Blockziegel mit Mörteltaschen ausgebildet.
- **Blockziegel mit Nut-Feder-System**, **Zahnziegel** genannt, werden ohne Stoßfugenmörtel verarbeitet.
- **Vormauer-Hochlochziegel,** Kurzzeichen **VHLz,** auch mit strukturierter Oberfläche, sind Mauerziegel, deren Frostwiderstand durch Prüfung nachgewiesen ist. Verwendung für Sichtmauerwerk und Verblendmauerwerk.
- **Wärmedämmziegel:** Kurzzeichen **WDz**, der Lochungsart W erfüllen erhöhte Wärmedämmanforderungen.
- **Handformziegel:** Vollziegel mit unregelmäßiger Oberfläche, deren Gestalt von der prismatischen Form geringfügig abweichen darf. Ohne Kurzzeichen.
- **Vollklinker, KMz,** werden bis zur Sinterung, etwa bei 1450 °C, gebrannt. Hohe Festigkeit, geringe Wasseraufnahmefähigkeit, hohe Frostbeständigkeit. In den Formaten DF und NF für Sicht- und Verblendmauerwerk. Mindestdruckfestigkeit 28 N/mm^2, für hochfeste Klinker 36 N/mm^2. Klinker dürfen durch Lochung eine Querschnittsminderung bis zu 15% haben.
- **Hochlochklinker, KHLz,** sind Klinker oder hochfeste Klinker mit senkrecht zur Lagerfläche verlaufender Lochung der Arten A oder B (siehe oben).
- **Langlochziegel, Leichtlanglochziegelplatten:** Ziegel mit horizontaler Lochung, Kurzzeichen Lz.

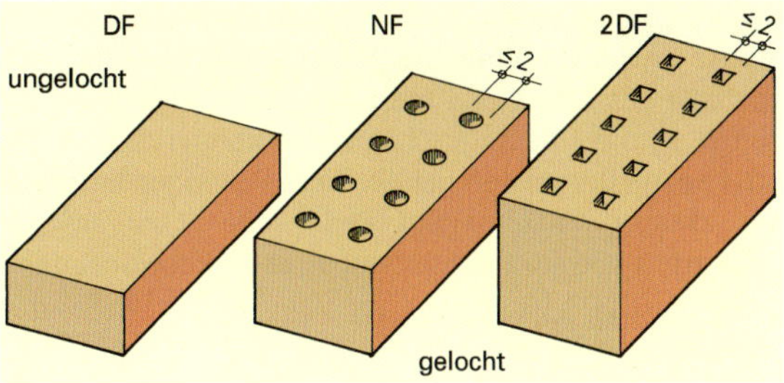

Vollziegel (Mz)

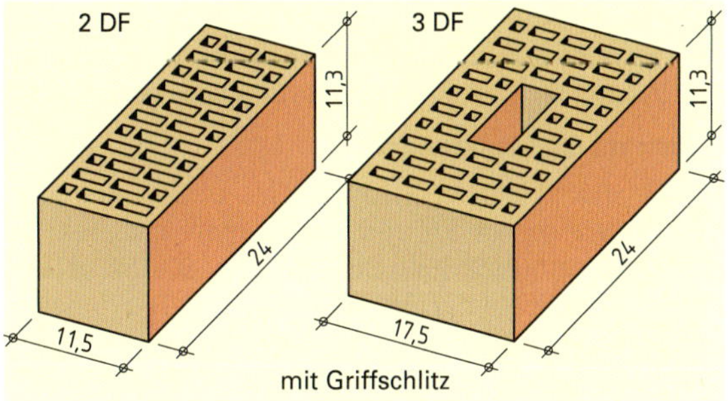

Hochlochziegel mit Lochung A (HLzA)

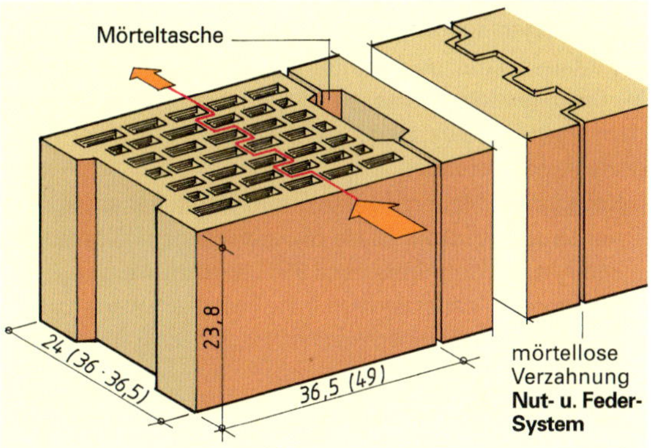

Hochlochblockziegel mit Lochung W (HLzW)

Mauern mit verfüllten Planziegeln

Mauerziegel werden in P- und U-Ziegel unterteilt. Hochlochziegel sind vielseitig einsetzbar. Vormauerziegel werden auf Frostbeständigkeit geprüft. Klinker haben hohe Druck- und Frostbeständigkeit.

Bei neu zu erstellenden Gebäuden wird der Wärmeschutz immer wichtiger. Während Hochlochziegel durch ihre spezielle Lochung einen möglichst hohen Wärmeschutz bieten, sind die heute am häufigsten verwendeten Mauerziegel mit Dämmstoff gefüllt. Diese Füllungen bestehen aus Wasser abweisendem Perlit- oder Mineralwolledämmstoff und sind nichtbrennbar, aber diffusionsoffen.

Eigenschaften der Mauerziegel

Mauerziegel haben gute Druckfestigkeiten, besitzen gute Wärmedämm- und Wärmespeicherfähigkeit, sind feuer- und raumbeständig und widerstandsfähig gegen Säure- und Laugenangriffe. Wegen ihres kapillaren Gefüges haben sie einen geringen Diffusionswiderstand. Feuchte und Wasserdampf können Wände durchdringen.

Rohdichte der Mauerziegel

Die Ziegelrohdichte ist die Dichte des vollständig trockenen Ziegels mit Poren und Hohlräumen, d.h. mit Lochungen, Kammern und Griffschlitzen. Sie hängt von der Art und Dichte der Ziegelrohstoffe ab. Die Rohdichten sind in Rohdichteklassen eingeteilt.

Druckfestigkeit der Mauerziegel

Die Druckfestigkeit wird durch Belastung des Ziegels bis zum Bruch ermittelt. Die **Druckfestigkeit** ist die Bruchlast, bezogen auf die gesamte Lagerfläche.

Die Mauerziegel bestimmter Druckfestigkeiten werden in **Druckfestigkeitsklassen** zusammengefasst. Außerdem werden **Mauerziegel der Kategorie I und der Kategorie II** unterschieden.

- **Kategorie I:** Mauerziegel mit vom Hersteller angegebener Druckfestigkeit. Diese muss mit einer Wahrscheinlichlichkeit von mindestens 95% erreicht werden.
- **Kategorie II:** Mauerziegel, die die Festigkeitswerte mit geringerer Wahrscheinlichkeit nicht zuverlässig erreichen.

Kennzeichnung der Mauerziegel

Beispiel:		
	Steinart	Ziegel
	DIN-Hauptnummer	DIN 20000-401
	Kurzzeichen	HLzA
	Druckfestigkeitsklasse	12
	Rohdichteklasse	1,2
	Format-Kurzzeichen	2 DF

Bezeichnung eines Hochlochziegels (HLz) mit Lochung A der Druckfestigkeitsklasse 12, der Rohdichteklasse 1,2, der Länge $l = 240$ mm, der Breite $b = 115$ mm, der Höhe $h = 113$ mm (2 DF).

> Mauerziegel werden nach Rohdichteklassen unterschieden. Das Wärmedämmvermögen der Ziegel hängt wesentlich von der Ziegelrohdichte ab.
> Mauerziegel werden nach ihrer Druckfestigkeit gekennzeichnet.

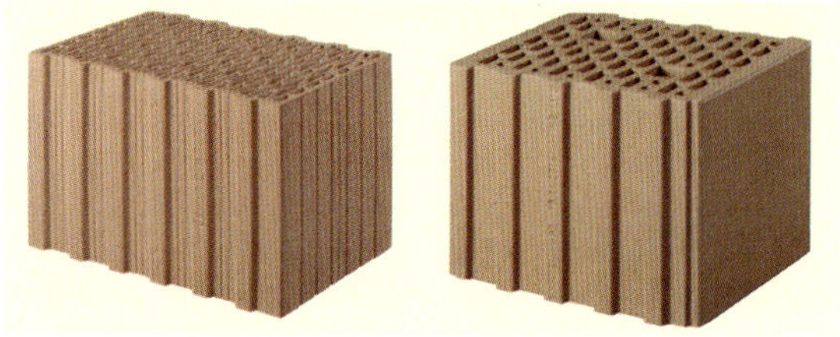

Hochlochziegel ungefüllt

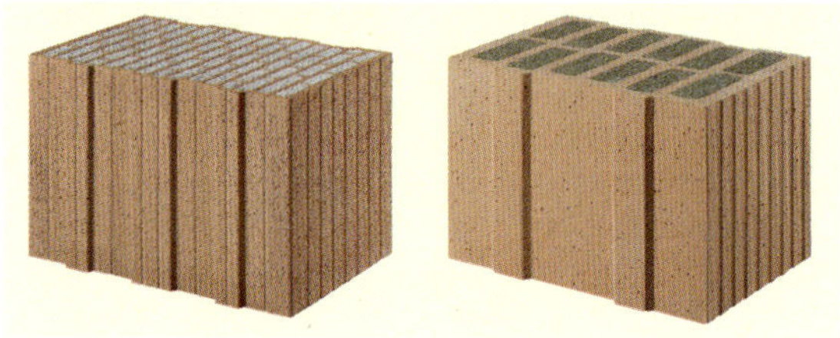

Ziegel mit Perlit- oder Mineralwolledämmstofffüllung

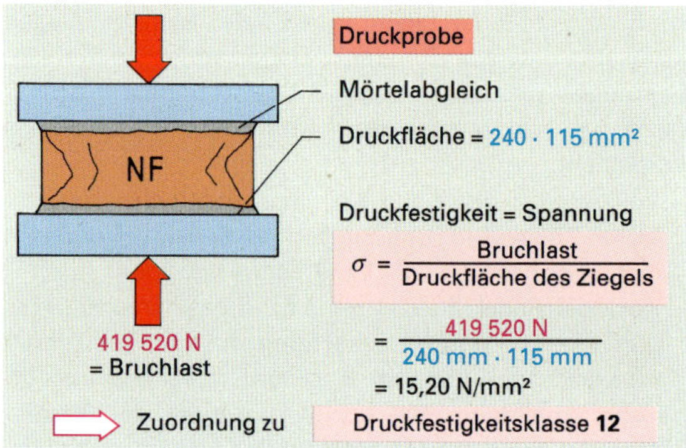

Ermittlung der Druckfestigkeitsklasse

Druckfestigkeitsklasse	Kleinster Einzelwert in N/mm²	Mittlere Mindestdruckfestigkeit in N/mm²	Kennzeichnung
4	4,0	5,0	blau
6	6,0	7,5	rot
8	8,0	10,0	keine 1)
10	10,0	12,5	keine 1)
12	12,0	15,0	ohne
16	16,0	20,0	keine 1)
20	20,0	25,0	gelb
28	28,0	35,0	braun
36	36,0	45,0	violett
48	48,0	60,0	schwarz
60	60,0	75,0	2 schwarze Streifen

1) Aufstempelung der Druckfestigkeit in schwarzer Farbe

Druckfestigkeitsklassen und ihre Kennzeichnung

Rohdichteklasse	0,5	0,6	0,7	0,8	0,9	1,0	1,2
Ziegelrohdichte in kg/dm³	0,41 … 0,50	0,51 … 0,60	0,61 … 0,70	0,71 … 0,80	0,81 … 0,90	0,91 … 1,00	1,01 … 1,20
Rohdichteklasse	1,4	1,6	1,8	2,0	2,2	2,4	
Ziegelrohdichte in kg/dm³	1,21 … 1,40	1,41 … 1,60	1,61 … 1,80	1,81 … 2,00	2,01 … 2,20	2,21 … 2,40	

Rohdichteklassen

3.2.3 Kalksandsteine

Kalksandsteine sind ungebrannte, künstliche Steine. Sie werden wie Mauerziegel für Innen- und Außenmauerwerk verwendet und kommen für die Wände unseres Reihenhauses auch in Betracht.

Herstellung

Die Rohstoffe Branntkalk und kieselsäurehaltige Stoffe (Quarzsand) werden mit Wasser vermischt und bis zu 3 Stunden gelagert. Dabei löscht der Branntkalk (CaO) zu Kalkhydrat ($Ca(OH)_2$) ab. Das Mischgut wird zu Rohlingen gepresst. Die Rohlinge werden unter Dampfdruck bei bis zu 220 °C gehärtet. Dabei entsteht Calcium-Silicat-Hydrat, das die Sandkörner fest verkittet.

Kalksandsteinarten nach DIN 20000-402/DIN EN 771-2

- **Voll- und Blockstein ohne Lochung, KS,** sind abgesehen von durchgehenden Grifföffnungen fünfseitig geschlossene Mauersteine mit 11,3 cm Steinhöhe. Der Querschnitt darf durch Lochung senkrecht zur Lagerfläche um bis zu 15% gemindert sein. Blocksteine mit Lochung haben eine Höhe von ≥ 12,3 cm.
- **Loch- und Hohlblockstein, KS L,** sind abgesehen von durchgehenden Grifföffnungen fünfseitig geschlossene Mauersteine, deren Querschnitt durch Lochung um mehr als 15...50% gemindert sein darf. Lochsteine haben eine Höhe von ≤ 12,3 cm, Hohlblocksteine von > 12,3 cm.
- **Planstein, KS P,** gibt es als Voll-, Loch-, Block- und Hohlblockstein. Durch Einhaltung erhöhter Anforderungen an Steinhöhe, Planparallelität und Ebenheit der Lagerflächen erfüllen diese Steine die Voraussetzungen zur Vermauerung mit Dünnbettmörtel.
- **Planelement:** Großformatiger Vollstein mit einer Höhe von mindestens 248 mm und einer Länge von mindestens 498 mm. Der Querschnitt darf durch Lochung bis zu 15% gemindert sein. Durch Einhaltung erhöhter Anforderungen an die Maßhaltigkeit auch zur Vermauerung mit Dünnbettmörtel geeignet.

  Planelemente
  - **ohne Längsnut, ohne Lochung KS XL**
  - **mit Längsnut, ohne Lochung KS XL-N**
  - **ohne Längsnut, mit Lochung KS XL-E**
- **Fasenstein, KS F,** Planstein mit abgefasten Kanten.
- **Bauplatte, KS BP,** Kalksandstein mit einer Regelhöhe von 248 mm für nichttragende innere Trennwände, der mit einem umlaufenden Nut-Feder-System ausgebildet sein kann und erhöhte Anforderungen hinsichtlich der Grenzabmaße für die Höhe erfüllt.
- **KS-Vormauerstein, KS Vm,** Kalksandstein mindestens der Druckfestigkeitsklasse 10, mit Nachweis des Frostwiderstandes.
- **KS-Verblender, KS Vb,** Kalksandstein mindestens der Druckfestigkeitsklasse 16, an den höhere Anforderungen hinsichtlich der Grenzabmaße und des Frostwiderstandes gestellt werden.

Kalksandsteine sind ungebrannte Mauersteine. Sie können mit Dünnbettmörtel verarbeitet werden, wenn erhöhte Anforderungen an ihre Maßhaltigkeit erfüllt sind. Kalksandstein-Planelemente sind großformatige Vollsteine für rationelles Bauen.

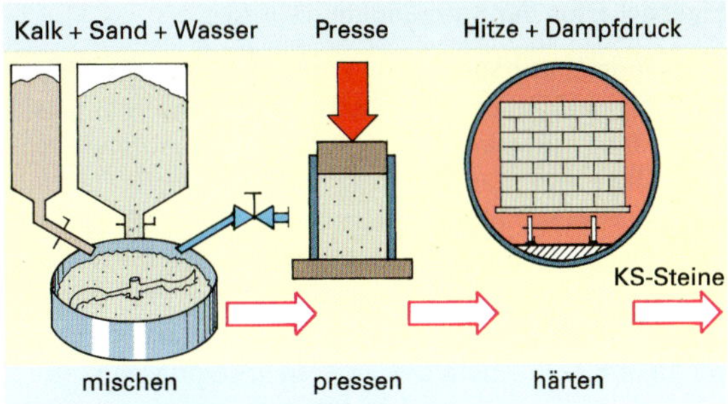

Herstellung von Kalksandsteinen (Schema)

Das Härten der Rohlinge erfolgt in Autoklaven

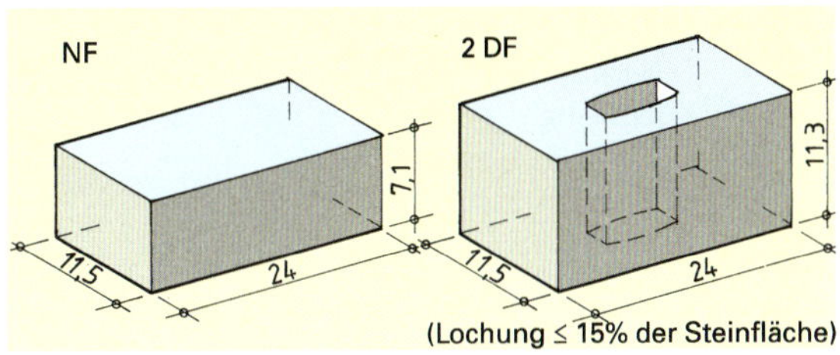

Kalksandvollsteine

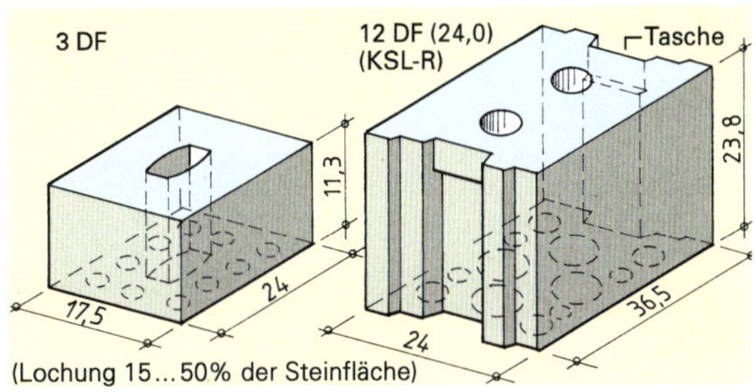

Kalksandlochstein, Kalksandhohlblockstein

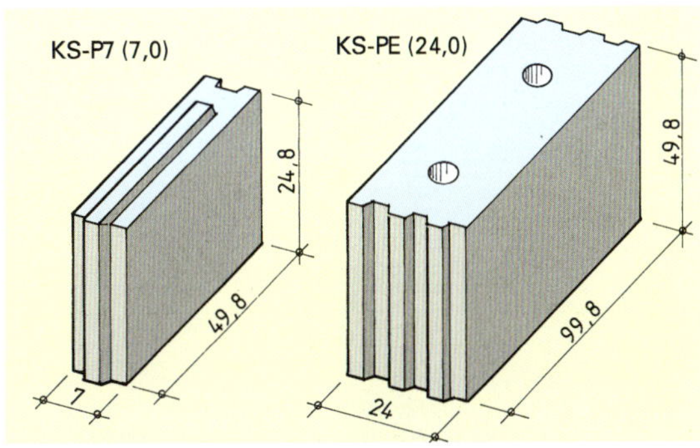

Kalksandstein – Wandbauplatte, Planelement

Eigenschaften der Kalksandsteine

Kalksandsteine haben gute Werte für die Wärmespeicherung und für den Schallschutz. Sie sind maßgenau und haben winkelrechte, scharfkantige und planebene Oberflächen. Im Kantenbereich sind sie bruchgefährdet. Kalksandsteine nehmen Feuchtigkeit langsam auf und geben sie auch langsam ab. Kalksandsteine, die der Witterung ausgesetzt sind (z.B. KS-Verblender), müssen frostwiderstandsfähig sein. Der Nachweis dieser Eigenschaft erfolgt in einem besonderen Prüfverfahren.

Kalksandsteine werden in **Rohdichten** von 600... 2200 kg/m³ hergestellt. Die **Druckfestigkeit** liegt zwischen 5 N/mm² und 75 N/mm².

Die Rohdichte beeinflusst die Druckfestigkeit, die Wärmedämm- und die Wärmespeicherfähigkeit.

Nach der **Druckfestigkeit** werden **Kalksandsteine der Kategorie I und der Kategorie II** unterschieden.

- **Kategorie I**: Kalksandsteine mit einer vom Hersteller angegebenen Druckfestigkeit. Die Wahrscheinlichkeit des Nichterreichens dieser Festigkeit darf nicht über 5% liegen.
- **Kategorie II**: Kalksandsteine, die die Festigkeitswerte für Steine der Kategorie I nicht erreichen.

Kennzeichnung der Kalksandsteine (Beispiel)

Beispiel:		
	Steinart	Kalksandstein
	DIN-Hauptnummer	DIN 20000-402
	Kurzzeichen	KS L
	Druckfestigkeitsklasse	16
	Rohdichteklasse	1,4
	Format-Kurzzeichen	3 DF

Bezeichnung eines Kalksandsteines mit mehr als 15% Lochflächenanteil, der Druckfestigkeitsklasse 16, der Rohdichteklasse 1,4, der Länge l = 240 mm, der Breite b = 175 mm und der Höhe h = 113 mm (3 DF). Die Kurzbezeichnung nach DIN 20000-402 lautet:

DIN 20000-402 – KSL – 16 – 1,4 – 3 DF.

Kalksandsteine haben gute Wärmespeicherfähigkeit und gute Schallschutzwerte. Winkelrechte, planebene Oberflächen ermöglichen rationelles, maßgerechtes Bauen.

Steinart	Kurzzeich.	Sollmaße in mm
Vollsteine Lochsteine Blocksteine Hohlblock Plansteine Fasensteine	KS KSL KS KSL KSP KSF	Länge: 190 ... 625 Breite: 115 ... 365 Höhe: 52 ... 248
Planelemente – ohne Längsnut, ohne Lochung – mit Längsnut, ohne Lochung – ohne Längsnut, mit Lochung	 KSXL KSXL-N KSXL-E	Länge: 498 ... 998 Breite: 115 ... 365 Höhe: 498 ... 648
Bauplatten	BP	Länge: 248 ... 998 Breite: 50 ... 100 Höhe: 248

Kalksandsteine mit Kurzzeichen und Sollmaßen

Druckfestigkeitsklasse	Mittlere Druckfestigkeit in N/mm²	Farbige [1]) Kennzeichnung
4	5,0	blau
6	7,5	rot
8	10,0	rot
10	12,5	grün
12	15,0	ohne
16	20,0	2 grüne Streifen
20	25,0	gelb
28	35,0	braun
36	45,0	violett
48	60,0	2 schwarze Streifen
60	75,0	3 schwarze Streifen

[1]) Farbige Kennzeichnung, wenn keine Kennzeichnung durch Stempelung

Druckfestigkeit und ihre Kennzeichnung

Versetzen von Kalksand-Planelementen

Kalksand-Planelemente für die Gebäudeerstellung

3.2.4 Mauersteine aus Leichtbeton

Mauersteine aus Leichtbeton bestehen aus **Beton mit porigen Gesteinskörnungen**. Die porige Gesteinskörnung verringert die Rohdichte des Betons. Die Wärmedämmung der Steine wird erhöht. Deshalb sind diese Steine für Wohngebäude wie unser Reihenhaus verwendbar.

Herstellung

Die porigen Gesteinskörnungen (Naturbims, Hüttenbims, Ziegelsplitt, Lavaschlacke) werden mit Zement unter Zugabe von Wasser gemischt und in Formen auf Vibrationsmaschinen verdichtet. Die Erhärtung erfolgt an der Luft oder mit Dampf in mindestens 28 Tagen.

Steinarten nach DIN V 18152-100/DIN EN 771-3

- **Vollsteine, V,** sind kleinformatige Steine ohne Schlitze. Vermauerung mit Normal- und Leichtmauermörtel.
- **Planvollsteine, V-P**, sind Mauersteine ohne Schlitze mit einer Mindest-Sollhöhe von 249 mm zur Verarbeitung mit Dünnbettmörtel (2 mm).
- **Vollblöcke,** sind großformatige Mauersteine, mit einer Mindestsollhöhe von 238 mm. Sie sind mit Normal- oder Leichtmauermörtel (12 mm) zu verarbeiten.
  Vollblock, Vbl, Mauerstein ohne Schlitze.
  Vollblock, Vbl S, mit Schlitzen.
  Vollblock, Vbl SW, mit Schlitzen und besonderen Wärmedämmeigenschaften.
- **Plan-Vollblöcke,** sind Mauersteine mit besonderer Maßhaltigkeit und Ebenheit der Flächen zur Vermauerung mit Dünnbettmörtel (2 mm).
  Plan-Vollblock, Vbl-P, Mauerstein ohne Schlitze.
  Plan-Vollblock, Vbl S-P, mit Schlitzen.
  Plan-Vollblock, Vbl SW-P, mit Schlitzen und besonderen Wärmedämmeigenschaften.
- **Hohlblock, Hbl,** fünfseitig geschlossener Mauerstein aus Leichtbeton mit 1...6 Kammern senkrecht zur Lagerfläche, Mindest-Sollhöhe 238 mm, Abdeckung oberhalb der Kammern, 10 mm dick, Vermauerung mit Normal- oder Leichtmauermörtel.
- **Plan-Hohlblock, Hbl-P**, wie Hbl, aber mit besonderer Maßhaltigkeit zur Vermauerung mit Dünnbettmörtel.

Mauersteine aus Beton mit porigen Gesteinskörnungen haben aufgrund ihrer geringen Rohdichte gute Wärmedämmeigenschaften.

3.2.5 Porenbetonsteine

Porenbeton ist ein Dampf gehärteter, feinporiger Beton. Bei der Herstellung wird fein gemahlener Quarzsand, Zement und Kalk mit Wasser und Poren bildenden Zusätzen (z. B. Aluminiumpulver) gemischt und in Formen gegossen. In der Mischung entsteht ein Treibgas (Wasserstoff), das den Beton gleichmäßig, feinporig aufbläht. Die Rohblöcke werden mit Stahldrähten in Steine bestimmter Größe und Form geschnitten und unter Dampfdruck gehärtet.

Porenbetonsteine werden aus in Dampf gehärtetem feinporigen Beton hergestellt.

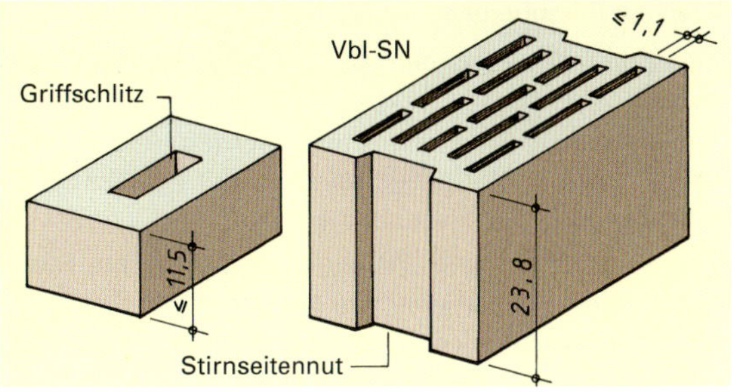

Vollstein mit Griffloch **Vollblock,** geschlitzt mit Nut

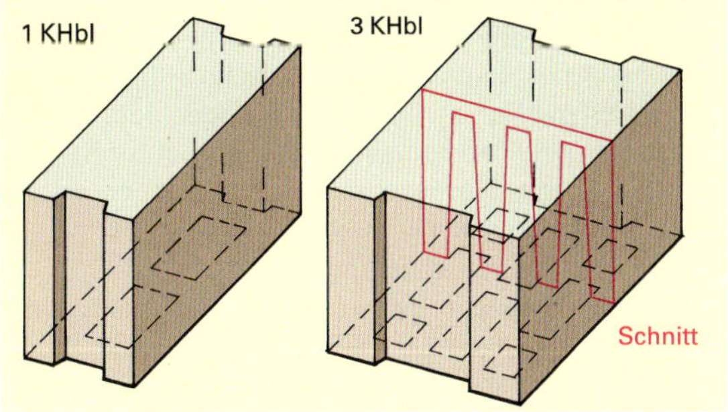

Einkammer- und Dreikammer-Hohlblock

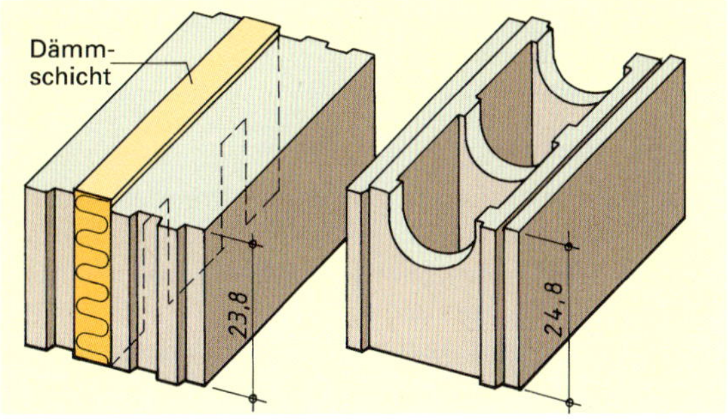

Zweischaliger Hohlblock **Schalungsstein**

Steinart	Steinformate	Rohdichte-klassen	Festigkeits-klassen
Hohlblöcke	8 DF...24 DF	0,45...1,6	2...12
Vollsteine	1,7 DF...10 DF	0,45...2,0	2...20
Vollblöcke	5 DF...24 DF	0,45...2,0	2...20

Formate und Eigenschaften von Mauersteinen aus Beton mit porigen Gesteinskörnungen

Versetzen von Porenbetonsteinen

Arten der Porenbetonsteine (DIN EN 771-4/DIN 20000-404)

Porenbetonsteine werden als Plansteine und Planelemente hergestellt.

Die Formate der Porenbetonsteine werden nicht als Vielfaches des Dünnformates, sondern mit den Längen-, Breiten- und Höhenmaßen angegeben.

Porenbeton-Plansteine (PP) sind großformatige, ungelochte Vollsteine. Verarbeitung mit Dünnbettmörtel, Fugendicke 1...3 mm. Die Stirnflächen sind entweder glatt oder mit Nut und Feder beziehungsweise mit Mörteltaschen versehen.

Porenbeton-Planelemente (PPE) sind ungelocht und ermöglichen aufgrund ihrer Abmessungen besonders wirtschaftliches Bauen. Die Stirnflächen der Planelemente sind mit Nut und Feder ausgestattet. Porenbeton-Plansteine und -Planelemente sind geeignet für Reihenverlegung ohne Stoßfugenmörtel. Nut und Feder der Steine werden ineinander geschoben.

Beispiele für Steinbezeichnungen:
Porenbeton-Planstein Festigkeitsklasse 2, Rohdichteklasse 0,50, l = 499 mm, b = 365 mm, h = 186 mm:
Porenbeton-Planstein
PP2 – 0,50 – 499 × 365 × 186
Porenbeton-Planelement Festigkeitsklasse 4, Rohdichteklasse 0,60, l = 999 mm, b = 250 mm, h = 599 mm:
Porenbeton-Planelement
PPE – 4 – 0,60 – 999 × 250 × 599

Eigenschaften

Porenbetonsteine haben relativ gute Druckfestigkeiten, z.B. für tragende Bauteile in bis zu neungeschossigen Gebäuden. Sie haben geringe Rohdichte, deshalb hohe Wärmedämmfähigkeit und sind leicht zu verarbeiten und zu bearbeiten: pass- und maßgenau zu sägen, schneiden, hobeln, schleifen, fräsen, bohren, nageln, kleben. Die Mikroporen ermöglichen Feuchtigkeitsaufnahme und -abgabe (Kapillarwirkung) und die Wasserdampfdiffusion, d.h. Porenbeton ist atmungsaktiv (gutes Raumklima). Für den Schallschutz bringt Porenbeton gute Werte. Schutz gegen Feuchtigkeit durch Regen wird durch Putz oder Beschichtungen erreicht. Auf der Baustelle sind Porenbetonsteine vor Durchnässung zu schützen.

Porenbetonsteine sind Wandbaustoffe, die sich durch hohe Wärmedämmfähigkeit und rationelle Ver- und Bearbeitbarkeit auszeichnen.

Zusammenfassung

Die Maße der Mauersteine sind durch die Maßordnung im Hochbau bestimmt.

Kalksandsteine werden vorwiegend für Innen- und Außenmauerwerk verwendet.

Mauersteine aus Leichtbeton werden als Voll-, Block- und Hohlblocksteine hergestellt.

Porenbetonsteine haben ein feinporiges Gefüge, gute Wärmedämmfähigkeit und Druckfestigkeit. Sie sind leicht zu verarbeiten und zu bearbeiten.

Abmessungen	Plansteine PP		Planelemente PPE	
	Mindestmaß	Höchstmaß	Mindestmaß	Höchstmaß
Länge l	248	625	499	1499
Breite b	115	500	115	500
Höhe h	123	249	374	649

Maße von Porenbetonsteinen

Kurzbezeichnung		Steinfestigkeitsklasse	Druckfestigkeit* N/mm² Mittelwert	Rohdichteklassen	Kennfarbe
PP2	PPE2	2	2,5	0,35-0,40-0,45-0,50	grün
PP4	PPE4	4	5,0	(0,50)-0,55-0,60-0,65-0,70-0,80	blau
PP6	PPE6	6	7,5	(0,60)-0,65-0,70-0,80	rot
PP8	PPE8	8	10,0	0,80-0,90-1,00	keine

* Bei Steinhöhen < 174 mm und Steinbreiten ≥ 175 mm

Druckfestigkeitsklassen und Rohdichteklassen von Porenbetonsteinen

Maß- und passgenaues Sägen der Porenbetonsteine

Aufgaben:

1. *Nennen Sie die Maße für DF, NF, 2 DF und 3 DF.*
2. *Was versteht man unter Rohdichteklasse 0,80 und Druckfestigkeitsklasse 6?*
3. *Erläutern Sie den Unterschied zwischen Mauerziegel und Klinker.*
4. *Erklären Sie die Kurzbezeichnungen: Mz, VMz, VHLz, KMz, HLzA.*
5. *Welche Eigenschaften haben Kalksandsteine?*
6. *Was für Leichtbetonsteine werden hergestellt?*
7. *Welche Arten von Porenbetonsteinen gibt es?*
8. *Welche Mauersteine würden Sie für unser Reihenhaus wählen für*
   a) tragende Außenwände,
   b) aussteifende Wände,
   c) nichttragende Innenwände?
   Begründen Sie Ihre Wahl.

3.3 Mauermörtel

Zum Mauern der Wände unseres Reihenhauses brauchen wir Mauermörtel. Der Mauermörtel gibt den Steinen ein festes Mörtelbett und verbindet die Steine untereinander.
Mauermörtel wird aus Bindemittel, feiner Gesteinskörnung (Sand) und Wasser hergestellt und im plastischen Zustand verarbeitet. Er erhärtet durch chemische Reaktionen der Bindemittel.

3.3.1 Baukalke

Baukalke nach DIN EN 459-1 werden als Bindemittel für Mauer- und Putzmörtel sowie zur Bodenverbesserung und -verfestigung im Straßenbau verwendet. Man unterscheidet **Luftkalke** (Weißkalk und Dolomitkalk) und **hydraulische Kalke**.
Weißkalk wird aus Kalkgestein gewonnen, dessen Hauptbestandteil Calciumcarbonat ist. **Dolomitkalk** wird aus Dolomitstein (Calcium-Magnesium-Carbonat) erzeugt.

Brennen des Kalksteins

Versuch: Ein Stückchen Kalkstein wird etwa 10 min gebrannt.
Beobachtung: Der Stein wird weiß, porös und spröde.
Ergebnis: Aus Kalkstein, $CaCO_3$, entsteht gebrannter Kalk, CaO, Calciumoxid. Kohlenstoffdioxid entweicht.

Im Kalkwerk wird Kalkstein in Schacht-, Ring- oder Drehöfen bei über 900 °C gebrannt (Stückkalk) und dann gemahlen (Feinkalk).

Löschen des gebrannten Kalkes

Versuch: Gebrannter Kalk wird mit Wasser beträufelt.
Beobachtung: Der Kalk erwärmt sich, vergrößert sein Volumen.
Ergebnis: Gebrannter Kalk bindet Wasser unter Wärmeabgabe.

Durch Anfeuchten des gebrannten Kalkes entsteht **gelöschter Kalk**,
2 Calciumhydroxid, $Ca(OH)_2$, als Kalkbrei oder weißes Pulver, **Kalkhydrat** genannt. Im Kalkwerk wird der Kalk in Löschpfannen gelöscht. Der gelöschte Kalk ergibt mit Sand und Wasser vermischt einen gut verarbeitbaren Kalkmörtel. **Vorsicht! Kalkmörtel wirkt stark ätzend (alkalisch)! Hautkontakt vermeiden!**

Erhärten des Luftkalkes

Versuch: Kalkmilch wird gefiltert. Dem klaren Kalkwasser (Lauge) wird etwas Kohlensäure (Sprudel) zugesetzt.
Beobachtung: Das Kalkwasser wird trüb.
Ergebnis: Kalklauge und Kohlensäure reagieren miteinander und bilden fein verteiltes wasserunlösliches Calciumcarbonat.

Luftkalkmörtel erhärtet, wenn sich Kohlenstoffdioxid der Luft mit dem feuchten Calciumhydroxid des Mörtels zu Calciumcarbonat verbindet (Carbonaterhärtung). Dabei entsteht Wasser (Neubaufeuchte).
Die **Carbonaterhärtung** ist völlig luftabhängig und kann mehrere Jahre dauern, weil die Luft nur 0,03% Kohlenstoffdioxid enthält. Deshalb darf Luftkalkmörtel nicht für Bauteile unter Wasser oder für sofort hinterfüllte Bauteile verwendet werden.
Nur erhärteter Luftkalkmörtel ist weitestgehend wasserbeständig.

Wird Kalkstein bei 900 °C gebrannt, so entweicht das Kohlenstoffdioxid und Calciumoxid entsteht. Bindet Calciumoxid Wasser, so entsteht Calciumhydroxid (Kalkhydrat).
Luftkalkmörtel erhärtet, wenn sich Calciumhydroxid und Kohlensäure zu Calciumcarbonat verbinden.

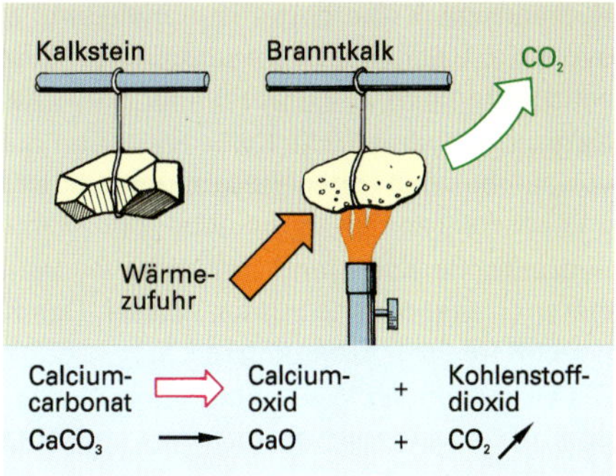

Brennen von Kalkstein (Analyse)

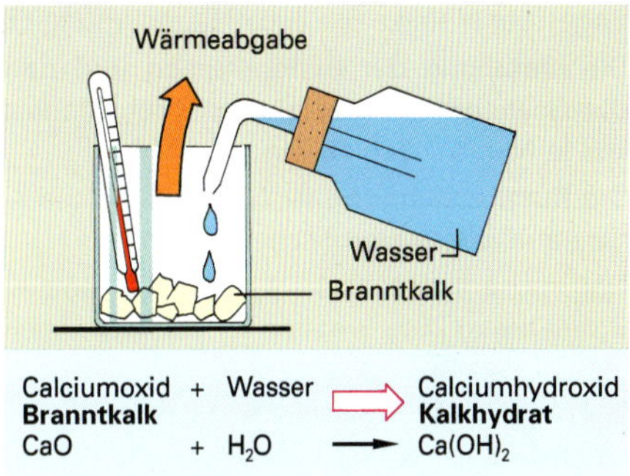

Löschen von gebranntem Kalk (Synthese)

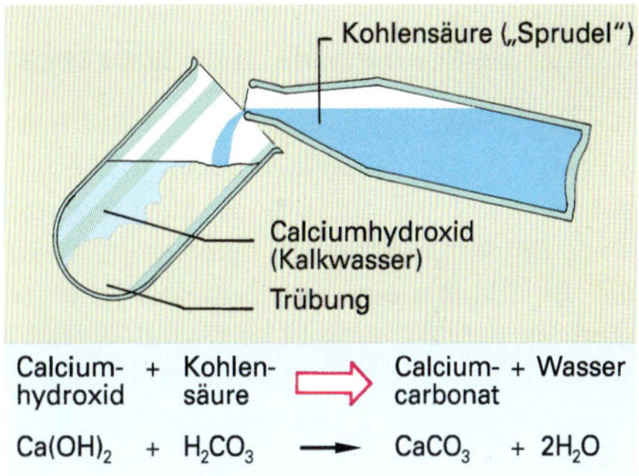

Erhärten des Luftkalkes

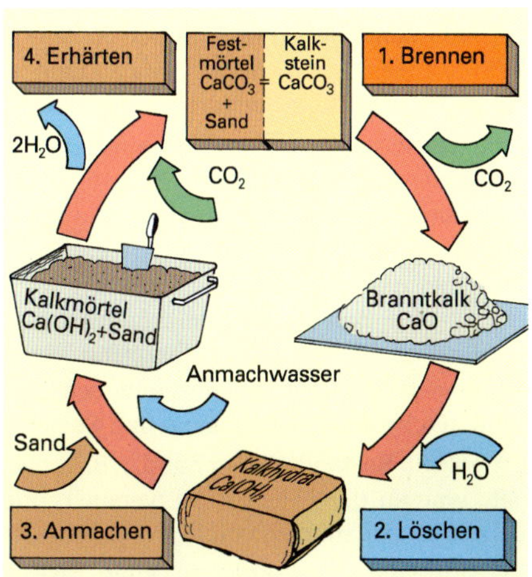

Kreislauf des Luftkalkes

Hydraulische Kalke bestehen vorwiegend aus Calciumhydroxid, Calciumsilicaten und Calciumaluminaten. Sie werden durch Mischen geeigneter Stoffe hergestellt.

Natürliche hydraulische Kalke entstehen durch Brennen von tonhaltigen oder kieselsäurehaltigen Kalksteinen und Löschen zu Pulver, mit oder ohne Mahlung.

Hydraulische Kalke und natürliche hydraulische Kalke erstarren und erhärten unter Wasser. Das Kohlendioxid der Luft trägt zur Erhärtung bei.

Die **Einteilung der Weiß- und Dolomitkalke** erfolgt nach ihrem Mindestgehalt an Calcium- und Magnesiumoxid in Masseprozent.

Die **Kurzbezeichnung** ist für Weißkalke **CL**, für Dolomitkalke **DL**. Kalkhydrate erhalten die Zusatzbezeichnung **S**, ungelöschte Kalke die Zusatzbezeichnung **Q**.

Die **Einteilung der hydraulischen und natürlichen hydraulischen Kalke** erfolgt nach ihrer Mindestdruckfestigkeit in N/mm² nach 28 Tagen.

Die **Kurzbezeichnung** ist für hydraulische Kalke **HL** und für natürliche hydraulische Kalke **NHL**.

Natürliche hydraulische Kalke mit Zusatz hydraulischer Stoffe bis zu 20 % erhalten die Zusatzbezeichnung **Z**.

Natürliche hydraulische Kalke entstehen durch Brennen tonhaltigen oder kieselsäurehaltigen Kalksteins, hydraulische Kalke durch Mischen geeigneter Stoffe. Diese Kalke erstarren und erhärten unter Wasser.

Benennung	Kurzzeichen	CaO + MgO
Weißkalk 90	CL 90	≥ 90 %
Weißkalk 80	CL 80	≥ 80 %
Weißkalk 70	CL 70	≥ 70 %
Dolomitkalk 85	DL 85	≥ 85 %
Dolomitkalk 80	DL 80	≥ 80 %
Hydraulischer Kalk 2	HL 2	2 … 7 N/mm²
Hydraulischer Kalk 3,5	HL 3,5	3,5 … 10 N/mm²
Hydraulischer Kalk 5	HL 5	5 … 15 N/mm²
Natürl. hydraulischer Kalk 2	NHL 2	2 … 7 N/mm²
Natürl. hydraulischer Kalk 3,5	NHL 3,5	3,5 … 10 N/mm²
Natürl. hydraulischer Kalk 5	NHL 5	5 … 15 N/mm²
		Druckfestigkeit

Baukalkarten nach DIN EN 459-1

Kennzeichnung der Baukalke

a) Baukalkart, z. B. **Weißkalk 80 als Kalkhydrat**
b) Normbezeichnung, z. B. **EN 459-1 CL 80-S**
c) Überwachungszeichen
d) Handelsform, z. B. **Kalkhydrat**
e) Herstellungsort
f) Ggf. Verarbeitungsanweisung
g) Bruttomasse
h) Sicherheitsanweisung

CE
Konformitätszeichen der EG

3.3.2 Bestandteile des Mörtels

Die Gesteinskörnung (Sand) bildet das feste Gerüst des Mörtels. In allen Mörteln, die Kalk und/oder Zement enthalten, dient der Sand auch als Magerungsmittel, da diese Bindemittel für sich allein stark schwinden. Wenn der Bindemittelleim die Gesteinskörner nur mit einer dünnen Schicht umgibt, schwinden die Mörtel nicht mehr als zulässig. Soll der Mörtel bei Verarbeitung von wärmedämmenden Steinen oder für **Dämmputz** wärmedämmend wirken, werden leichte Stoffkörnungen wie z. B. Blähglimmer, Blähperlit oder Polystyrolschaumperlen verwendet. Festigkeit und Verarbeitbarkeit dieser **Leichtmauermörtel** sind weniger gut als bei **Normalmauermörtel**. Die schlechtere Verarbeitbarkeit darf keinesfalls durch Sandzugabe ausgeglichen werden, da die Dämmwirkung verschlechtert wird.

L 4.2.4 Die **Gesteinskörnung** soll gemischtkörnig sein. Die Kornzusammensetzung wird durch Sieben bestimmt und durch Sieblinien dargestellt. Die Körnung soll so abgestuft sein, dass die kleineren Körner die Hohlräume zwischen den großen füllen; dadurch wird Bindemittel gespart. Die **Kornform** sollte möglichst gedrungen und rundlich sein. Plattige und längliche Kornformen sind ungünstig. Nach der Herkunft unterscheidet man Flusssand, Grubensand, Dünensand und Seesand.

Schädliche Bestandteile im Sand, z. B. Tonverschmutzungen, werden durch den Absetzversuch, organische Verunreinigungen mithilfe von Natronlauge nachgewiesen.

Bei Mörteln aus Weißkalk und Dolomitkalk gibt der Sand die Porosität, die den nötigen Luftzutritt ermöglicht.

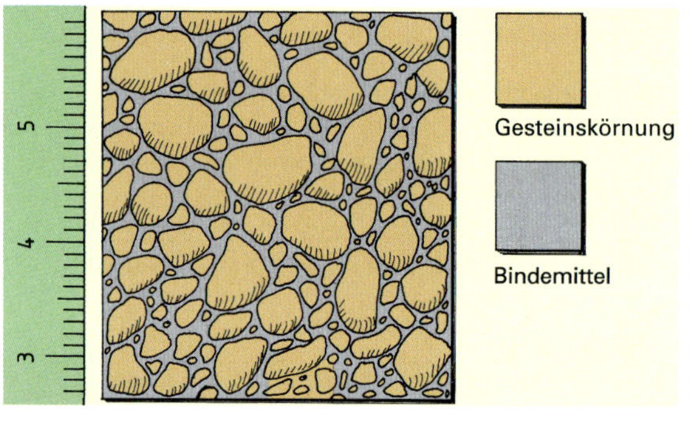

Aufbau des Mörtels (vergrößert)

Sandart	Eigenschaften
Flusssand, Seesand	rundkörnig und abgeschliffen, oft fehlt Feinkorn
Grubensand	weniger rundkörnig, stellenweise tonige Bestandteile
Dünensand	feinkörnig und einkörnig
Brechsand	scharfkantige Körner durch Zerkleinern von Natursteinen

Eigenschaften der Sande

Nur geprüfte Gesteinskörnungen, geeignete Bindemittel und sauberes Anmachwasser im richtigen Mischungsverhältnis ergeben einwandfreien Mörtel.

Das **Bindemittel** muss die Gesteinskörner fest und dauerhaft verbinden. Zu viel Bindemittel führt bei Kalk und Zement zur Schwindrissbildung, zu wenig Bindemittel führt zum Absanden. Mischungen mit viel Bindemittel werden als „fett", mit wenig Bindemittel als „mager" bezeichnet.

Das **Anmachwasser** (Zugabewasser + Eigenfeuchte der Gesteinskörnung) macht Mörtel plastisch und verarbeitbar. Es muss frei von Stoffen sein, die den Erhärtungsverlauf stören oder zu Ausblühungen führen. Bei zu geringem Wasserzusatz werden die Gesteinskörner nicht vollständig mit Bindemittelleim umhüllt, bei zu viel Wasser wird Bindemittel ausgeschwemmt. In beiden Fällen leiden Festigkeit und Frostbeständigkeit.

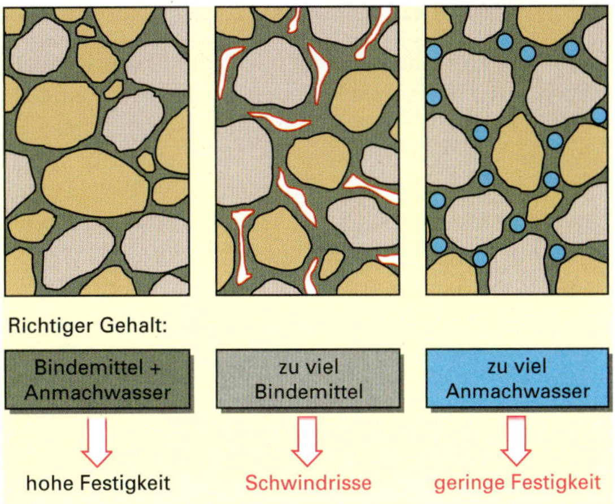

Bindemittel und Anmachwasser

3.3.3 Mörtelgruppen

Nach der Verwendung werden die Mörtel in Mauer-, Putz- und Estrichmörtel eingeteilt, nach Bindemittel und Zusammensetzung in Mörtelgruppen und Mörtelarten.

Mauermörtel sollen Unebenheiten an den vermauerten Steinen ausgleichen und diese fest verbinden, um eine gleichmäßige Kraftübertragung zu gewährleisten. Sie sollen aber auch elastisch sein, damit die Verbundwirkung bei Setzungen und Erschütterungen des Mauerwerks erhalten bleibt. Die Bindemittel für Mauermörtel sind Kalk und/oder Zement. Es werden fünf Mauermörtelgruppen unterschieden und nach steigender Mindestdruckfestigkeit in die Mörtelklassen M 1, M 2,5, M 5, M 10 und M 20 eingeteilt.

Mörtelgruppe I umfasst die Kalkmörtel mit der Mörtelklasse M 1. Diese Mörtel sind nur für Wände, die mindestens 24 cm dick sind, und für Gebäude mit höchstens zwei Geschossen zugelassen sowie für unbelastete Wände.

Mörtelgruppe II umfasst Kalkzementmörtel und hydraulischen Kalkmörtel mit einer Mindestdruckfestigkeit von 2,5 N/mm². Diese Mörtel sind bei guter Elastizität und Verarbeitbarkeit hinreichend fest.

Mörtelgruppe IIa umfasst Kalkzementmörtel mit einer Mindestdruckfestigkeit von 5 N/mm². Um Verwechslungen auf Baustellen auszuschließen, dürfen Mörtel der Gruppen II und IIa nicht gleichzeitig verwendet werden.

Mörtelgruppe III umfasst Zementmörtel mit einer Mindestdruckfestigkeit von 10 N/mm². Sie sind weniger elastisch und schlecht verarbeitbar und werden dort verwendet, wo hohe Festigkeiten erforderlich sind, z. B. für Pfeiler, Gewölbe und bewehrtes Mauerwerk.

Mörtelgruppe IIIa hat die gleiche Zusammensetzung wie Gruppe III, durch Auswahl geeigneter Gesteinskörnungen aber eine Festigkeit von 20 N/mm². Die Zusammensetzung ist durch Prüfung nachzuweisen. Eine Verwechslung mit Mörtel der Gruppe III muss ausgeschlossen sein.

Werden Mauermörtel nicht nach Rezeptur sondern nach Eignungsprüfung hergestellt, wird die Druckfestigkeit durch den Hersteller angegeben und ebenfalls mit **M** gekennzeichnet.

Mörtelgruppe	Weiß- bzw. Dolomitkalk	Hydraulischer Kalk 2; 3,5	Hydraulischer Kalk 5	Zement	Sand
I	1				3
		1			3
			1		4,5
II	2			1	8
			1		3
IIa	1			1	6
			2	1	8
III/IIIa				1	4

Mischungsverhältnisse in Raumteilen für Normalmauermörtel (Baustellenmörtel)

Mörtelgruppe	Mörtelklasse	Mindestdruckfestigkeit in N/mm² nach 28 Tagen	Anwendung
I	M1	1,0	max. 2 Geschosse $d \geq 24$ cm
II	M 2,5	2,5	alle Wanddicken
IIa	M 5	5,0	nicht gleichzeitig mit Mörtelgruppe II
III	M 10	10,0	Pfeiler, Gewölbe, bewehrtes Mauerwerk
IIIa	M 20	20,0	nur mit Eignungsprüfung
	Md *)	> 25,0	nur mit Eignungsprüfung

*) Mörtel der Klasse Md haben eine Druckfestigkeit von 25 N/mm² und mehr (in Stufen von 5 N/mm²).

Festigkeitsanforderungen an Normalmauermörtel und Mörtel mit Eignungsprüfung

Mauermörtel werden nach ihren Bindemittelanteilen in Mörtelgruppen und nach ihrer Druckfestigkeit in Mörtelklassen eingeteilt.

3.3.4 Mörtelbereitung

In den vorstehenden Tabellen sind die **Mischungsverhältnisse** der Mauermörtel in Raumteilen angegeben. Diese Angaben sind so gewählt, dass der Bindemittelgehalt ausreicht, um alle Sandkörner zu umhüllen und fest zu verbinden. Der Sandanteil kann in den angegebenen Grenzen verändert werden. Beim Mischen von Hand ist ein geringerer Sandanteil zu wählen, bei der wirksameren Maschinenmischung kann mehr Sand zugesetzt werden.

Beim Anmachen der trockenen Mörtelbestandteile mit Wasser tritt eine **Volumenverminderung** ein, da die Feinteile von Bindemittel und Gesteinskörnung in die Hohlräume zwischen den Gesteinskörnern geschwemmt werden. Dies muss bei Berechnung der erforderlichen Sand- und Bindemittelmengen berücksichtigt werden. Die Wassermenge muss so dosiert werden, dass der Mörtel gut verarbeitbar ist.

Die Volumenverminderung ist in erster Linie vom Hohlraumgehalt des Sandes abhängig. Dieser ist bei feuchtem Sand größer als bei trockenem. Bei baufeuchtem Sand (3% Wassergehalt) kann mit einem **Mörtelfaktor von 1,6** gerechnet werden, das heißt, für ein bestimmtes **Mörtelvolumen** wird das 1,6-fache Volumen an Sand und Bindemittel benötigt. Bei trockenem Sand ist die **Mörtelausbeute** größer, hier kann von einem Mörtelfaktor von 1,4 ausgegangen werden.

Das Zumessen der **Bestandteile nach Raumteilen** muss mit geeigneten Messgefäßen erfolgen. Bei Mischmaschinen mit Aufgabekübel werden in diesem Messmarken angebracht, die die für einen Sack Bindemittel erforderliche Sandmenge angeben. Die Zugabe des Sandes mit der Schaufel ist zu ungenau, weil die Schaufelfüllung je nach Feuchtigkeitsgrad des Sandes sehr unterschiedlich ausfällt.

Die Mörtelbestandteile müssen sorgfältig vermischt werden, da der Bindemittelbrei möglichst alle Sandkörner dicht umhüllen soll. Dies wird durch eine gleichmäßige Färbung der Mischung angezeigt.

Nur bei sehr kleinen Mengen wird Mörtel von Hand gemischt. Zur portionsweisen Herstellung größerer Mörtelmengen werden **Trommelmischer**, **Tellermischer** oder **Trogmischer** eingesetzt. In Trommelmischern werden die Mörtelbestandteile in einer rotierenden Trommel durcheinander geworfen und vermischt. Trogmischer und Tellermischer enthalten rotierende Schaufeln und erreichen so eine besonders intensive Vermischung. Große Mengen, insbesondere von Putzmörtel, werden in **Stetigmischern** erzeugt, in denen ein rotierendes Mischwerk die Bestandteile fortlaufend mischt.

Die vorgeschriebenen Mischungsverhältnisse müssen gleichmäßig eingehalten und die Bestandteile sorgfältig vermischt werden.

Das Vorgehen beim Mischen ist abhängig von Art und Handelsform des Bindemittels.

Kalkmörtel werden heute in der Regel mit pulverförmigem gelöschtem Baukalk (Kalkhydrat) hergestellt. Bei trockenem Sand können Kalkpulver und Sand vermischt und dann erst mit Wasser versetzt werden. Bei feuchtem Sand bildet das trocken zugesetzte Bindemittel Klumpen. Hier empfiehlt sich, den Kalk erst mit Wasser anzumachen und den entstandenen Kalkteig mit dem Sand zu mischen.

Schaufel mit trockenem Sand

Schaufel mit feuchtem Sand

Kipptrommelmischer

Tellermischer

Kalkzementmörtel wird wie Kalkmörtel hergestellt, die pulverförmigen Bindemittel werden vorher gemischt. Bei hydraulisch erhärtenden Mörteln ist zu beachten, dass diese Mörtel rasch erstarren. Bis zu diesem Zeitpunkt nicht verarbeiteter Mörtel wird unbrauchbar. **Zementmörtel** werden meist trocken gemischt und dann mit Wasser versetzt.

Frische Mörtel sind Laugen oder Säuren. Sie können **Verätzungen** 3.2 und **Hautkrankheiten** verursachen. Deshalb ist **Hautkontakt** möglichst zu **vermeiden**; bei Mörtelspritzarbeiten ist unbedingt eine **Schutzbrille** zu tragen!

Da sorgfältiges Mischen bei Baustellenmörtel vor allem bei kleineren Mengen oft unverhältnismäßigen Aufwand erfordert, werden heute überwiegend Werkmörtel verwendet. Werkmörtel werden als **Trockenmörtel**, **Vormörtel** und **Frischmörtel** geliefert.

Trockenmörtel sind trocken vorgemischte Mörtel. Sie werden in Säcken oder lose zur Aufbewahrung in Silos angeliefert. Trotz relativ hoher Kosten sind Trockenmörtel sehr beliebt. Es gibt sie in allen Mörtelgruppen. Da nur noch Wasser zugesetzt werden muss, gibt es beim Anmachen kaum Probleme. **Vormörtel** sind vorgemischt, müssen aber auf der Baustelle durch Zugabe von zusätzlichem Wasser und gegebenenfalls Bindemittel verarbeitbar gemacht werden. **Frischmörtel** wird in Werken besonders intensiv und gleichmäßig gemischt und verbrauchsfertig angemacht auf die Baustelle geliefert. Durch Zusatzmittel (Verzögerer) können sie bis zu 30 Stunden lang verarbeitet werden.

Mörtelsilo für Trockenmörtel

Als Werkmörtel werden Trockenmörtel, Vormörtel und Fertigmörtel geliefert.

Die Reihenfolge, in der die Bestandteile beim Mischen zugegeben werden, ist von den verwendeten Bindemitteln abhängig. Bei rasch erstarrenden hydraulischen Mörteln besteht stets die Gefahr, zu viel Mörtel anzumachen.

Zusammenfassung

Wird Kalkstein bei 900 °C gebrannt, so wird das Kohlenstoffdioxid ausgetrieben und Calciumoxid (Branntkalk) erzeugt. Beim Löschen des Kalkes bindet Calciumoxid Wasser und Calciumhydroxid (Kalkhydrat) entsteht.

Luftkalkmörtel erhärten, indem sich Calciumhydroxid und Kohlensäure (aus CO_2 der Luft) zu Calciumcarbonat verbinden.

Hydraulische Kalke werden durch Mischen geeigneter Stoffe, natürliche hydraulische Kalke durch Brennen tonhaltigen oder kieselhaltigen Kalksteins erzeugt. Sie erstarren und erhärten unter Wasser.

Die Gesteinskörnung bildet das feste und dauerhafte Gerüst im Mörtel. Sie muss frei von Ton und organischen Stoffen sein.

Die Kornzusammensetzung wird durch Sieben ermittelt und in Form einer Sieblinie dargestellt.

Die Bestandteile müssen den Anforderungen genügen und im richtigen Verhältnis stehen.

Die Mauermörtel werden nach Bindemittel und Druckfestigkeit in fünf Gruppen eingeteilt (I, II, II a, III und III a).

Beim Herstellen von Mörtel müssen die vorgeschriebenen Mischungsverhältnisse eingehalten, die Bestandteile in der richtigen Reihenfolge zugegeben und intensiv vermischt werden.

Beim Arbeiten mit Mörtel sind Schutzmaßnahmen erforderlich.

Aufgaben:

1. *Woraus bestehen Kalkstein, gebrannter Kalk und gelöschter Kalk?*
2. *Warum erhärtet Luftkalk nicht unter Wasser?*
3. *Wo dürfen Luftkalke nicht verwendet werden?*
4. *Nennen Sie die verschiedenen Baukalke und ihre Kurzbezeichnungen.*
5. *Welche Anforderungen sind an die Gesteinskörnung für Mörtel zu stellen?*
6. *Welche Aufgaben haben im Mörtel*
   a) die Gesteinskörnung,
   b) das Bindemittel,
   c) das Anmachwasser?
7. *Warum muss der Sandanteil beim Mischen von Hand verringert werden?*
8. *Woran kann erkannt werden, ob der Mörtel ausreichend gemischt ist?*
9. *Welche Schutzmaßnahmen sind beim Verarbeiten von Mörtel zu ergreifen?*
10. *Welche Mauermörtel kommen für unser Reihenhaus in Betracht für*
    a) die Außenwände,
    b) tragende Innenwände,
    c) nichttragende Innenwände?
    Begründen Sie Ihre Angaben.

3.3.5 Mörtelmischungen

Das Mischen von Mauermörtel auf der Baustelle ist nur für **Normalmauermörtel** zulässig, das heißt für Mauermörtel ohne besondere Eigenschaften. Diese Mörtel können ohne Eignungsprüfung nach den vorgegebenen **Mischungsverhältnissen in Raumteilen** als **Rezeptmörtel** hergestellt werden, wenn die erforderlichen Mengen an vorgeschriebenen Bindemitteln und geeigneter Gesteinskörnung (Sand) vorhanden sind und sorgfältig berechnet und gemessen werden.

Bei Mörtelmischungen wird fast ausschließlich das Volumen der Bestandteile ermittelt, weil die Mischungsverhältnisse in **Raumteilen** angegeben werden und die Bestandteile auch nach Volumen zugemessen werden sollen.

Die auf den Bindemittelsäcken angegebene **Literzahl des Sackinhaltes** ermöglicht die korrekte Zugabe der Bindemittel in Raumteilen.

Das Messen der Gesteinskörnungen in Raumteilen erfolgt mit Gefäßen bekannten Rauminhaltes (siehe Seite 98, unten) oder mit speziellen **Zumessbehältern**.

Werden die trockenen Mörtelbestandteile mit Wasser angemacht, so tritt eine **Volumenverminderung** ein, weil das Bindemittel und die Feinteile des Sandes in die Hohlräume zwischen den Gesteinskörnern geschwemmt werden. Das muss bei der Berechnung der Mengen von Bindemittel und Gesteinskörnung berücksichtigt werden.

Das durch Wasserzugabe verminderte Volumen des Mörtels in Prozent wird **Mörtelausbeute** genannt.

Zum Berechnen der Menge der Ausgangsstoffe für eine bestimmte Mörtelmenge verwendet man den Mörtelfaktor. Den **Mörtelfaktor** erhält man, indem man das Volumen der Ausgangsstoffe durch das Volumen des Mörtels dividiert.

Die Volumenverminderung ist vom Hohlraumgehalt des Sandes abhängig, der bei feuchtem Sand größer ist als bei trockenem. Bei baufeuchtem Sand (3% Wassergehalt) kann mit Mörtelfaktor 1,6 gerechnet werden, das heißt, für ein bestimmtes Mörtelvolumen wird das 1,6-fache Volumen an Bindemittel und Sand benötigt. Bei trockenem Sand ist die Mörtelausbeute größer, hier ist Mörtelfaktor 1,4 anzuwenden.

Die **Gesamtmenge der Ausgangsstoffe** wird errechnet, indem man das benötigte Mörtelvolumen mit dem Mörtelfaktor multipliziert.

Das **Mörtelvolumen** (Mörtelausbeute) wird bestimmt, wenn man das Volumen der Ausgangsstoffe durch den Mörtelfaktor dividiert.

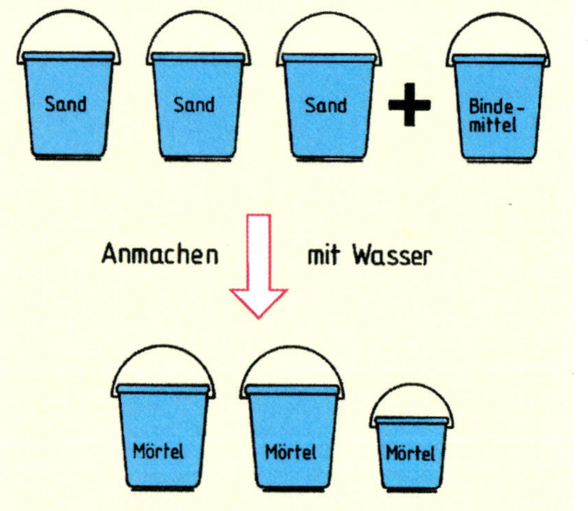

3 Eimer Sand und 1 Eimer Bindemittel
ergeben statt 4 Eimern ≙ 100%
nur etwa 2½ Eimer Mörtel ≙ 62,5%

Ergebnis:
Die **Mörtelausbeute** beträgt 62,5%

$$\text{Mörtelausbeute} = \frac{2{,}5 \cdot 100\,\%}{4} = 62{,}5\,\%$$

$$\textbf{Mörtelausbeute} = \frac{\textbf{Volumen des Mörtels} \cdot \textbf{100\,\%}}{\textbf{Volumen der Ausgangsstoffe}}$$

$$\textbf{Mörtelfaktor} = \frac{\textbf{Volumen der Ausgangsstoffe}}{\textbf{Volumen des Mörtels}}$$

$$\textbf{Gesamtvolumen der Ausgangsstoffe} = \textbf{Mörtelvolumen} \cdot \textbf{Mörtelfaktor}$$

$$\textbf{Mörtelvolumen} = \frac{\textbf{Volumen der Ausgangsstoffe}}{\textbf{Mörtelfaktor}}$$

Beispiele:

1. Für 27 m^2 Mauerwerk (Wanddicke 11,5 cm; Vollsteine NF) werden 810 l Mörtel benötigt. Welches Volumen nehmen die erforderlichen Ausgangsstoffe ein?

   Lösung: Volumen der Ausgangsstoffe: 810 l · 1,6 = <u>1296 l</u>

2. Aus 500 l Sand und 6 Sack Zement (= 6 · 20 l) wurden 400 l Zementmörtel hergestellt. Berechnen Sie die Mörtelausbeute und den Mörtelfaktor.

   Lösung: $\text{Mörtelausbeute} = \frac{400\text{ l} \cdot 100\,\%}{500\text{ l} + 120\text{ l}} = \underline{64{,}5\,\%}$ $\qquad$ $\text{Mörtelfaktor} = \frac{500\text{ l} + 120\text{ l}}{400\text{ l}} = \underline{1{,}55}$

Um den Sand- und Bindemittelbedarf ermitteln zu können, muss das **Mischungsverhältnis (MV)** bekannt sein. Mischungsverhältnisse werden in Raumteilen (RT) angegeben.

Die Mischungsverhältnisse für Mauermörtel sind im Tabellenanhang wiedergegeben.

Um das Volumen der einzelnen Bestandteile ermitteln zu können, muss zuerst das Volumen eines Raumteils, bezogen auf die jeweilige Mörtelmenge, ermittelt werden. Das **Volumen eines Raumteils** wird ermittelt, indem das Volumen aller Ausgangsstoffe durch die Summe der im Mischungsverhältnis angegebenen Raumteile dividiert wird.

(Die Summe der Raumteile ist z. B. bei den oben dargestellten Mischungsverhältnissen 5 bzw. 8.)

Dann wird das Volumen eines Raumteils mit der im Mischungsverhältnis für den jeweiligen Bestandteil angegebenen Verhältniszahl multipliziert und so das Volumen jedes Bestandteils ermittelt.

Da bei kleinerem Bedarf die Bindemittel meist im Sack geliefert werden, ist es in solchen Fällen üblich, den Bindemittelbedarf in Säcken anzugeben. Beim Zumessen der einzelnen Bestandteile ist von ganzen Säcken oder halben Säcken auszugehen.

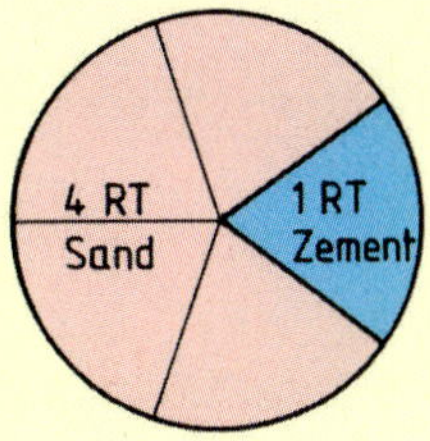

Zusammensetzung von Zementmörtel 1 : 4

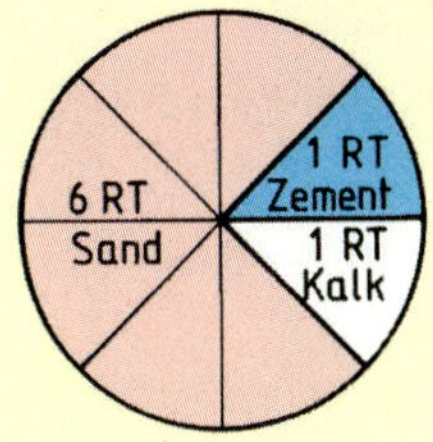

Zusammensetzung von Kalkzementmörtel 1 : 1 : 6

$$\text{Volumen eines Raumteils} = \frac{\text{Volumen der Ausgangsstoffe}}{\text{Summe der Raumteile}}$$

$$\text{Volumen des Bestandteils} = \text{Volumen eines Raumteils} \cdot \text{Verhältniszahl des Bestandteils}$$

Bindemittel	Masse/Sack	Volumen/Sack
Weiß- bzw. Dolomitkalk (Hydrat)	20 kg	≈ 40 l
Hydraulischer Kalk 2	25 kg	≈ 35 l
Hydraulischer Kalk 3,5	25 kg	≈ 30 l
Hydraulischer Kalk 5	25 kg	≈ 25 l
Zement	25 kg	≈ 20 l

Beispiele:

1. Wie viel Sand und Zement werden für 700 l Zementmörtel, MV 1 : 4, benötigt?

Lösung: Volumen der Ausgangsstoffe: 700 l · 1,6 = 1120 l

Summe der Raumteile: 1 RT Zement + 4 RT Sand = 5 RT

Volumen eines Raumteils: $\frac{\text{Volumen der Ausgangsstoffe}}{\text{Summe der Raumteile}} = \frac{1120\ l}{5} = 224\ l$

Zementbedarf: 1 RT Zement = 1 · 224 l = <u>224 l</u>

Sandbedarf: 4 RT Sand = 4 · 224 l = <u>896 l</u>

2. Wie viel Sand, Zement und Kalkhydrat werden für 200 l Kalkzementmörtel, MV 1 : 1 : 6, benötigt?

Lösung: Volumen der Ausgangsstoffe: 200 l · 1,6 = 320 l

Summe der RT: 1 RT + 1 RT + 6 RT = 8 RT

Volumen eines RT: $\frac{320\ l}{8} = 40\ l$

Kalkbedarf: 1 · 40 l = <u>40 l</u>

Zementbedarf: 1 · 40 l = <u>40 l</u>

Sandbedarf: 6 · 40 l = <u>240 l</u>

3. Für 2,5 m³ Kalkzementmörtel, MV 1 : 1 : 6, sind jeweils 500 l Kalkhydrat und Zement erforderlich. Wie vielen Säcken Kalkhydrat bzw. Zement entspricht dies?

Lösung: Kalkhydrat: $\frac{500\ l}{40\ l/\text{Sack}}$ = 12,25 Säcke ≈ <u>13 Säcke</u> Zement: $\frac{500\ l}{20\ l/\text{Sack}}$ = <u>25 Säcke</u>

Aufgaben:

1. 650 l Sand und 160 l Zement ergaben 583 l Zementmörtel.
   Ermitteln Sie die Mörtelausbeute in % und den Mörtelfaktor.

2. In einem Versuch zur Ermittlung des Mörtelfaktors wird beim Anmachen des Mörtels eine Volumenverminderung um 35 % festgestellt.
   Welchem Mörtelfaktor entspricht dies?

3. Wie viel Mörtel kann aus 120 l Sand und 2 Säcken Zement (ϱ = 1,2 kg/dm^3) hergestellt werden?

4. Ergänzen Sie die Tabelle.

Aufgabe	a)	b)	c)
Volumen der Ausgangsstoffe	780 l	540 l	?
Mörtelvolumen	500 l	?	200 l
Mörtelfaktor	?	1,4	?
Mörtelausbeute	?	?	65 %

5. Ermitteln Sie Sandbedarf (baufeucht) und Bindemittelbedarf für
   a) 250 l Zementmörtel 1 : 4,
   b) 1,5 m^3 Kalkzementmörtel 1 : 1 : 6,
   c) 0,5 m^3 Kalkmörtel 1 : 3,5.

6. Wie vielen Säcken entsprechen
   a) 200 l Zement,
   b) 3,5 m^3 Zement,
   c) 750 l hydraulischer Kalk 2?

7. Wie viele Liter Kalkzementmörtel 2 : 1 : 8 für die Außenwände unseres Reihenhauses können mit 6 Sack Zement hergestellt werden?

8. Wie viel Zementmörtel 1 : 3,5 kann aus 0,75 m^3 Sand und 6 Säcken Zement hergestellt werden?

9. 236 l Kalkhydrat, 236 l Zement und 1,4 m^3 Sand ergeben 1,2 m^3 Mörtel.
   Um welchen Mörtel handelt es sich?
   Wie groß ist der Mörtelfaktor?

10. Wie viel Zementmörtel kann aus folgenden Werkstoffmengen hergestellt werden?

Aufgabe	a)	b)
Mischungsverhältnis	1 : 3	1 : 4
Sand	2 m^3	0,5 m^3
Zement	1 Sack	160 l

11. Wie viel Kalkzementmörtel kann aus folgenden Werkstoffmengen hergestellt werden?

Aufgabe	a)	b)
Mischungsverhältnis	2 : 1 : 8	2 : 1 : 10
Hydraulischer Kalk	1 Sack	140 l
Zement	2 Säcke	90 l
Sand	1 m^3	5 m^3

12. Zum Mauern von Außenwänden unseres Reihenhauses werden 1650 l Kalkzementmörtel (Mörtelgruppe II) benötigt. Berechnen Sie den Bedarf an Kalkhydrat, Zement und Sand.

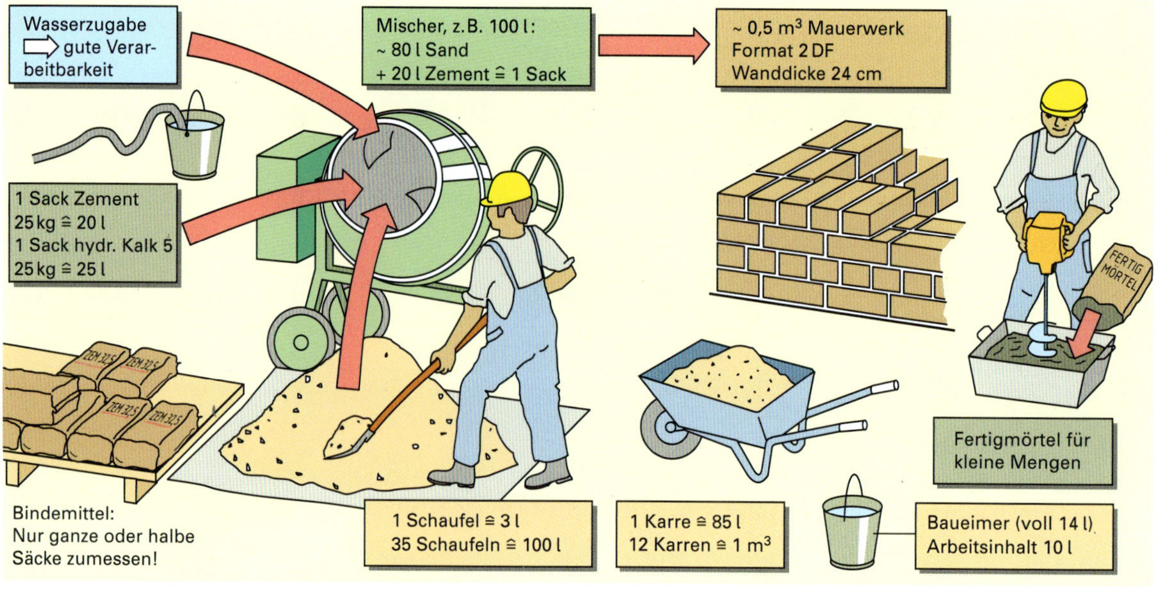

Zumessen der Mörtelbestandteile beim Mischen

3.4 Maßordnung im Hochbau

Mauerwerksbau hat insbesondere für den Wohnungsbau große Bedeutung.

Durch fachgerechtes Vermauern geeigneter künstlicher Mauersteine können günstige bauphysikalische Eigenschaften erzielt werden. Das ist für die Wohnqualität in unserem Reihenhaus sehr wichtig.

In der Wirtschaftlichkeit ist Mauerwerksbau anderen Bauverfahren gleichwertig. Für rationelles Mauern ist die **Maßordnung im Hochbau** von besonderer Bedeutung.

3.4.1 Grundlagen

Die Maßordnung im Hochbau geht von der Längeneinheit 1 m = 100 cm aus. Diese ist in vier Reihen von **Baunormmaßen**, den **Richtmaßen** unterteilt. Durch die **Teiler 4, 8, 12 und 16** ergeben sich die **Richtmaße 25 cm, 12,5 cm, 8,33 cm und 6,25 cm**. Diese Richtmaße sind die Grundlage für die Abmessungen von Bausteinen und Baufertigteilen.

Der **Achtelmeter 12,5 cm, Kurzzeichen am**, wird als **Baumaßeinheit** verwendet. Er entspricht dem **Kopfmaß**, mit dem Mauerlängen, Mauerdicken und Mauerhöhen berechnet werden.

Das **Kopfmaß 1 am = 12,5 cm** entspricht einer Steinbreite von 11,5 cm und einer Fugendicke von 1 cm.

Durch die Anwendung dieser Maßordnung wird bei der Planung und Ausführung von Mauerwerk Arbeitszeit gespart. Der Verlust an Material wird verringert, weil das Schlagen von Steinen und entsprechender Bruchabfall entfällt.

Sind vorgefertigte Bauteile, z.B. Türstürze, im Mauerwerk einzubauen, sollen sie in ihren Abmessungen ebenfalls diesem Maßsystem entsprechen. So können sie ohne zusätzliche Stemmarbeiten eingebaut werden.

Die Maßordnung im Hochbau ist Grundlage für die Abmessungen von Bausteinen und Bauteilen. Sie ermöglicht kostensparendes Bauen.

3.4.2 Baurichtmaß – Baunennmaß

Die abgebildeten Ausschnitte einer Entwurfszeichnung und einer Ausführungszeichnung enthalten die unterschiedlichen **Maße für die Planung** (blau) **und für die Bauausführung** (rot).

Baurichtmaße werden für die Planung, z.B. für Entwurfszeichnungen, verwendet. Sie bauen auf dem Grundmaß 25 cm auf, das in Teilen oder Vielfachen zur Anwendung kommt. **Beispiele für Baurichtmaße: 12,5 cm, 25 cm, 37,5 cm, 50 cm.**

Aus Baurichtmaßen werden die Baumaße errechnet.

Nennmaße sind die eigentlichen Baumaße der Bauteile, die in **Ausführungszeichnungen** angegeben werden. Nennmaße errechnen sich aus den Baurichtmaßen zuzüglich oder abzüglich der Fugendicken. **Beispiele für Nennmaße: 11,5 cm, 24 cm, 36,5 cm, 49 cm.**

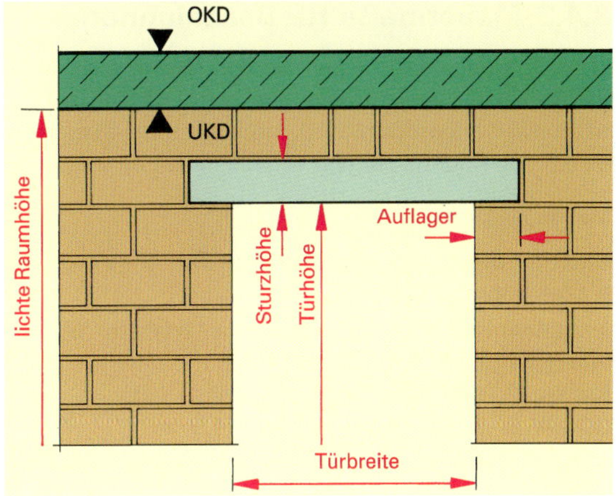

Mauer- und Sturzmaße nach der Maßordnung im Hochbau (z.B. 2DF)

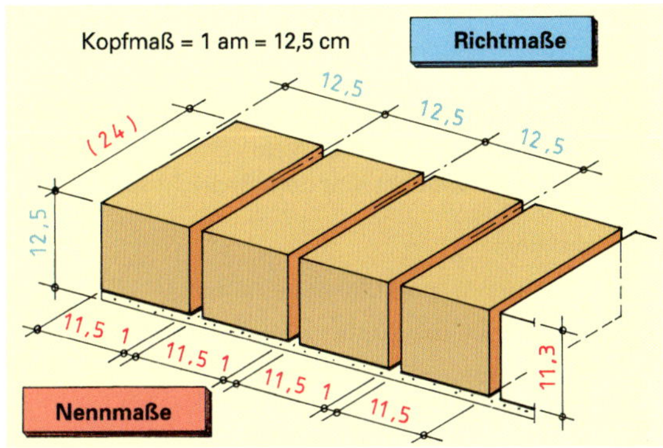

Der Achtelmeter als Kopfmaß

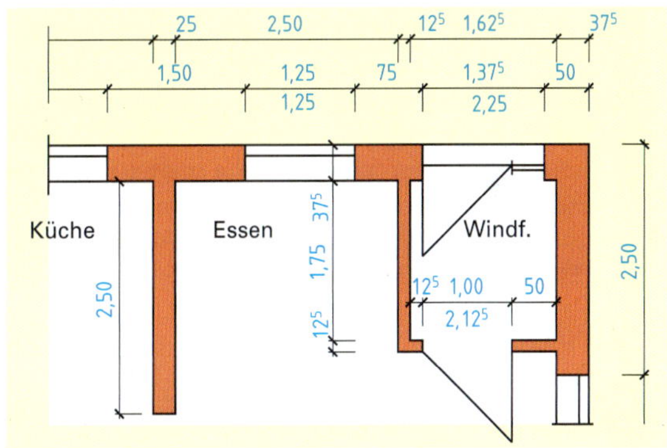

Baurichtmaße, z.B. in Entwurfszeichnungen

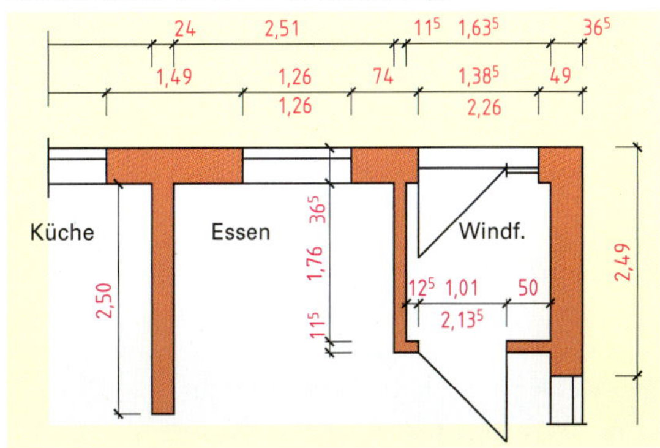

Nennmaße (= Baumaße) in Ausführungszeichnungen
(Maße in m und cm)

3.4.3 Mauermaße für Bauzeichnungen

In Ausführungszeichnungen werden Nennmaße eingetragen. Da alle Steinformate genormt und auf die Baunormmaße abgestimmt sind, lassen sich die Mauermaße mit den Kopfmaßen und Fugenanteilen berechnen.

Mauerlängen

Nach der Begrenzung der Mauer werden drei Arten von Maßen unterschieden:

a) **Außenmaße** bei frei endenden Mauern (Pfeiler, Wanddicken, Gebäudeaußenmaße);
Nennmaß: Anzahl der Köpfe · 12,5 cm – 1 cm
Beispiel: l = 5 · 12,5 cm – 1 cm = **61,5 cm**

b) **Innenmaße** bei beidseitig angebauten Mauern (Öffnungsmaße für Türen und Fenster, Rauminnenmaße);
Nennmaß: Anzahl der Köpfe · 12,5 cm + 1 cm
Beispiel: l = 5 · 12,5 cm + 1 cm = **63,5 cm**

c) **Anbaumaße** bei einseitig angebauten Mauern (Mauervorlagen, Mauerhöhen);
Nennmaß: Anzahl der Köpfe · 12,5 cm
Beispiel: l = 5 · 12,5 cm = **62,5 cm**
Das Nennmaß entspricht hier dem Baurichtmaß.

Mauerdicken

Mauerdickenmaße sind Maueraußenmaße:

Nennmaß: Anzahl der Köpfe · 12,5 cm – 1 cm.

Mauerdicken werden in cm oder in am angegeben, z. B. 24 cm dicke Mauer = 2er-Mauer.

Mauerhöhen

Die Mauerhöhe errechnet sich aus Schichthöhe und Anzahl der Schichten. Die Schichthöhe setzt sich aus Steinhöhe (Steinnennmaß) und der Dicke der Lagerfuge zusammen. Für Lagerfugen kann eine durchschnittliche Fugendicke von 1,2 cm angenommen werden. Die genaue Fugendicke errechnet sich nach Anzahl und Höhe der Steine auf einem Meter Mauerhöhe. Aus Mauerhöhe und Schichthöhe wird die Schichtanzahl ermittelt.

Berechnungsbeispiele:

Gesucht:

a) Mauerhöhe von 30 Schichten mit Steinen in NF.
Mauerhöhe = Schichtanzahl · Schichthöhe
h = 30 · 8,33 cm = 249,9 cm

b) Schichtanzahl bei Mauerhöhe von 3,25 m in 2 DF.
Schichtanzahl = Mauerhöhe : Schichthöhe
n = 325 cm : 12,5 cm = 26

Zusammenfassung

Die Maßordnung im Hochbau ist Voraussetzung für den wirtschaftlichen Mauerwerksbau.

Baunormmaße sind Baurichtmaße für Bauplanung.

Nennmaße sind die wirklichen Maße der Bauteile. Sie werden in Ausführungszeichnungen angegeben.

Grundlage zur Berechnung von Mauerlänge, -dicke und -höhe ist der Achtelmeter (am = 12,5 cm).

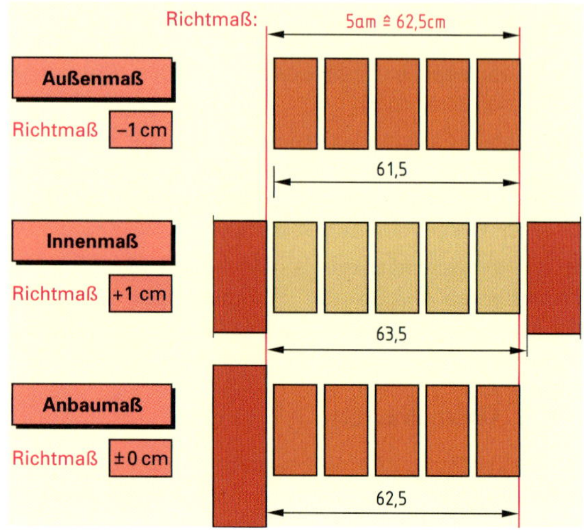

Mauer-Nennmaße

Formate	DF	NF	2 DF 3 DF	Groß- formate
Steinhöhe in cm	5,2	7,1	11,3	23,8
Lagerfuge in cm	1,05	1,23	1,2	1,2
Schichtenhöhe in cm	6,25	8,33	12,5	25
Schichtenzahl je 25 cm Mauerhöhe	4	3	2	1

Höhenmaße des Mauerwerks nach der Maßordnung

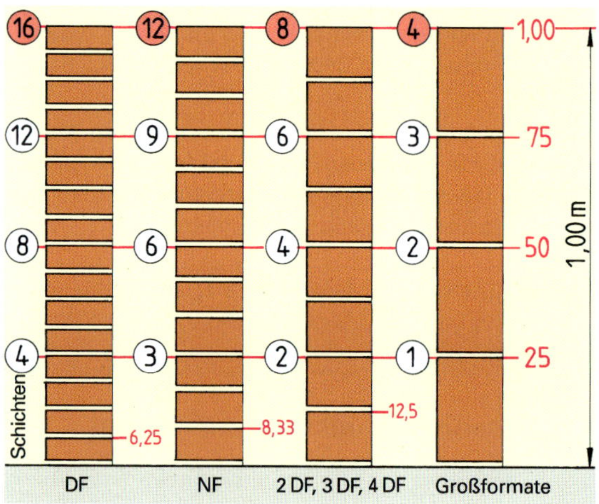

Schichtenhöhen mit verschiedenen Formaten

Aufgaben:

1. *Wozu dient die „Maßordnung im Hochbau"?*
2. *Unterscheiden Sie zwischen Baurichtmaß und Baunennmaß.*
3. *Geben Sie Berechnungsformeln an für*
   a) Maueraußenmaße, b) Mauerinnenmaße,
   c) Maueranbaumaße.
4. *Wie errechnet man die Mauerhöhe?*
5. *Errechnen Sie die Schichtenzahl der Erdgeschosswände unseres Reihenhauses*
   a) in NF-Steinen, b) in 2 DF-Steinen.

3.5 Das Mauern

3.5.1 Mauerschichten und Mörtelfugen

Mauerwerk entsteht durch schichtweises, waagerechtes und fluchtgerechtes Verlegen von Mauersteinen in Mörtel. Der Mörtel verbindet die Steine fest miteinander zu einem einheitlichen Mauerwerkskörper, der den von oben aufgenommenen Druck gleichmäßig nach unten weiterleitet.

Beim Mauerstein unterscheidet man **Lagerflächen** und **Kopfflächen** (auch als Stoßflächen bezeichnet). Im Mauerwerk ergeben sich zwischen den Lagerflächen zweier Steinschichten **Lagerfugen** und zwischen den Kopfflächen zweier Steine **Stoßfugen**. Lagerfugen verlaufen waagerecht (Dicke bis 1,25 cm). Stoßfugen sind die senkrechten Fugen im Mauerwerk (Dicke 1 cm). In einer Mauerschicht kommen auch Längsfugen und Schnittfugen vor. **Längsfugen** sind die zwischen Läuferreihen oder zwischen Läufer- und Binderreihen parallel zur Mauerflucht verlaufenden Stoßfugen. **Schnittfugen** sind Stoßfugen, die im Maßsprung eines Läufers durch die ganze Dicke der Mauer verlaufen.

Die Mörtelfugen sind der schwächste Teil im Mauerwerk. Sie müssen daher mit Sorgfalt ausgeführt werden. Die Lager- und Längsfugen sind stets vollflächig und satt zu füllen. Stoßfugen sind so zu verfüllen, dass sie die Anforderungen hinsichtlich Statik, Schlagregen-, Wärme-, Schall- und Brandschutz erfüllen.

Sichtmauerwerk sieht schön aus und könnte für unser Reihenhaus oder die Garage zur Anwendung kommen. Stoßfugen und Köpfe, die nach dem Verband übereinander liegen sollen, müssen senkrecht eingelotet sein. Beim Mauern ist auf gleichmäßige Fugendicke zu achten. Sichtmauerwerk wird oft nachträglich verfugt, weil sich so eine sehr glatte, saubere und in der Farbe gleichmäßige Fugenoberfläche erzielen lässt. Dabei ist zu beachten, dass die Stoß- und Lagerfugen etwa 1,5 cm ausgekratzt sind. Nach dem Säubern und Vornässen wird der plastische Fugenmörtel kräftig eingedrückt.

Am Mauerstein wird zwischen Lagerfläche und Kopffläche unterschieden. In Mauerschichten unterscheidet man Lagerfugen und Stoßfugen.

3.5.2 Werkzeuge zum Mauern

Werkzeuge und Hilfsgeräte zum Mauern der Wände unseres Reihenhauses sind: Maurerkelle, Maurerhammer, Wasserwaage, Richtscheit, Senklot, Mauerschnur.

Die Maurerkelle dient zum Auftragen des Lagerfugenmörtels und des Stoßfugenmörtels. Die Kelle kann ein dreieckiges oder viereckiges Blatt haben. Die Dreieckkelle ist für das Handgelenk günstiger ausgebildet (günstige Schwerpunktlage). Der Maurerhammer wird zum Schlagen von Teilsteinen benötigt. Wasserwaage, Richtscheit, Senklot und Mauerschnur dienen zum Einmessen waagerechter und senkrechter Mauerkanten.

Sorgfältige und gute Maurerarbeit kann nur geleistet werden, wenn das Werkzeug einwandfrei ist.

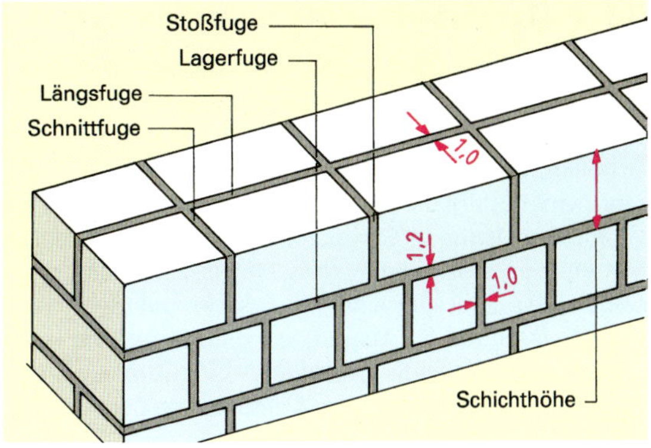

Benennung und Dicken der Fugen

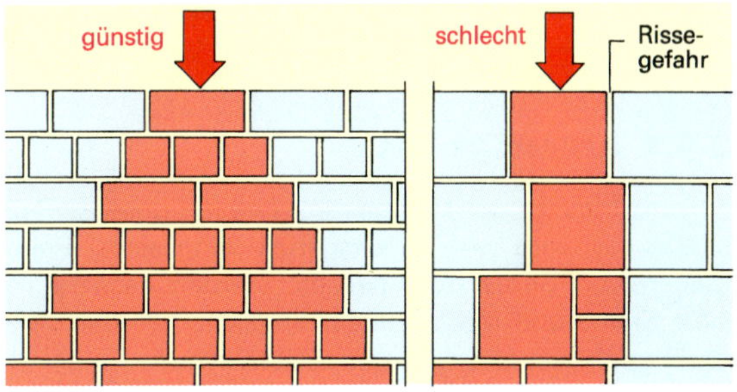

Lastverteilung im Mauerwerk

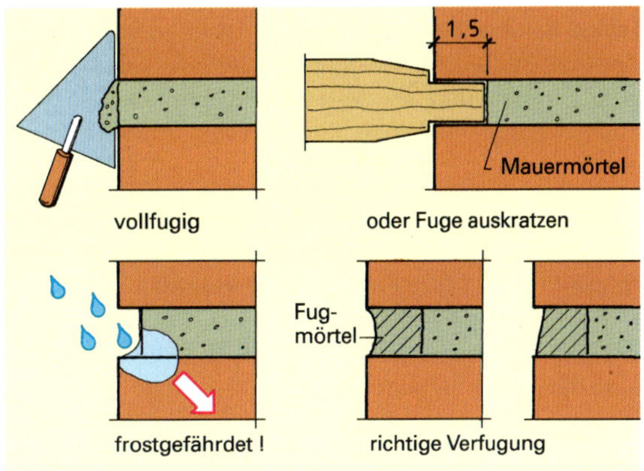

Fugenausbildung bei Sichtmauerwerk

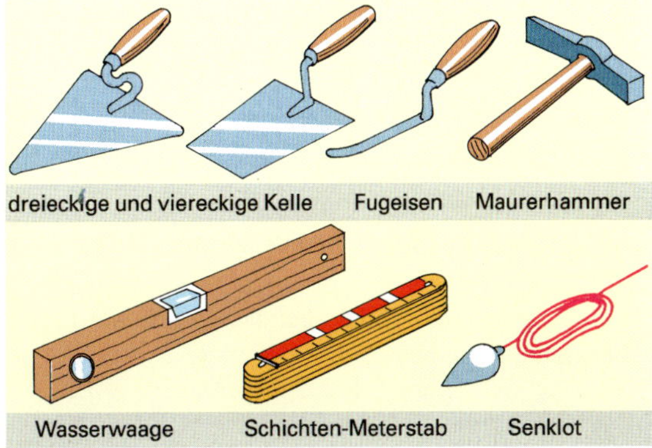

Maurerwerkzeuge

3.5.3 Der Arbeitsplatz beim Mauern

Für einen zügigen Ablauf des Mauerns ist der Arbeitsplatz zweckmäßig einzurichten. Mauersteine und Mörtelkasten (oder Mörtelkübel) sind so zu lagern bzw. aufzustellen, dass zur zu erstellenden Mauer ein Arbeitsraum von 60...70 cm bleibt. Der Arbeitsraum ist größer vorzusehen, wenn in Gruppenarbeit gemauert wird. Die Mauersteine sollen links vom Mörtelkasten abgesetzt sein, sodass der einzelne Mauerstein mit der linken Hand gefasst und die Maurerkelle mit der rechten Hand geführt werden kann. Werkzeuge und Geräte werden griffbereit und so neben dem Mörtelkasten bereitgelegt, dass sie beim Arbeiten nicht behindern.

Der zweckmäßig eingerichtete, ordentliche Arbeitsplatz erleichtert die Arbeit und mindert die Unfallgefahr.

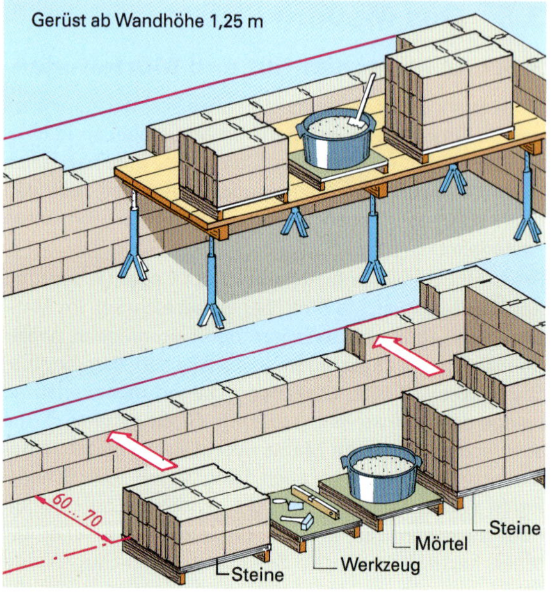

Der Arbeitsplatz beim Mauern

3.5.4 Arbeitsgerüste

Für das Mauern der Obergeschosswände unseres Reihenhauses wird ein Arbeitsgerüst eingesetzt. Beim Mauern vom Gerüst muss beachtet werden, dass nur so viele Steine und Mörtel darauf abgesetzt werden, wie die Tragfähigkeit des Gerüstes zulässt.

Arbeitsgerüste müssen ein unfallfreies Begehen und Arbeiten auf dem Gerüst gewährleisten. Der **Gerüstbelag** darf weder wippen noch seitlich ausweichen. Der **dreiteilige Seitenschutz** dient der Sicherheit auf und neben dem Gerüst. Die **Aussteifung** des Gerüstes durch diagonale Streben und die **Verankerung** des Gerüstes an standsicheren und festen Bauteilen sind unerlässlich.

L 1.5.2

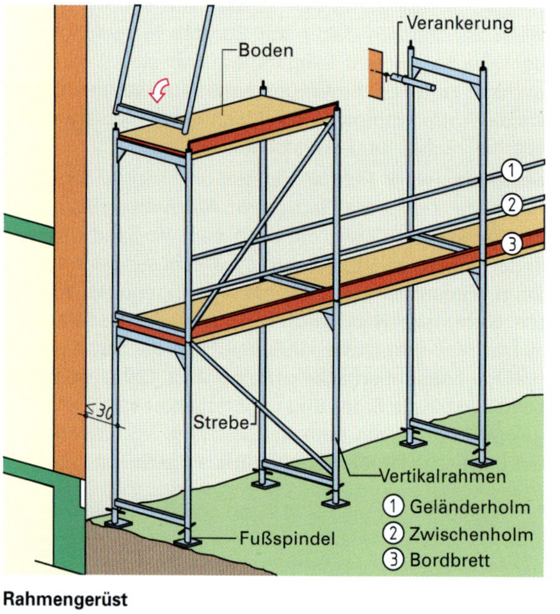

Rahmengerüst

Verhaltensregeln, Unfallschutz

Gerüste dürfen nur von schwindelfreien Personen betreten werden. Bei der geringsten Unsicherheit ist das Gerüst sofort zu verlassen.

Gerüste sind keine Turngeräte. Zur Höhenüberwindung sind die Leitern zu benutzen.

Auf Gerüsten muss ruhig und konzentriert gearbeitet werden.

Unnötige Werkstoffe und Werkzeuge führen zu unnötigen Belastungen des Gerüstes und verursachen erhöhte Stolpergefahr.

3.5.5 Arbeitsgänge beim Mauern

- Stein mit freier Hand greifen.
- Stoßfugenmörtel anbringen.
- Lagerfugenmörtel aufbringen und verteilen.
- Stein versetzen, gegen bereits versetzten Stein anschieben und ausrichten.
- Hervorquellenden Mörtel abstreichen und auf Lagerfuge geben.

Das Vermauern von Einhandsteinen erfolgt nach der Handwerksregel „ein Stein, ein Mörtel".

Stoßfugenmörtelung

3.5.6 Hochführen von Schichten

Beim Mauern der Wände unseres Reihenhauses werden zuerst die Mauerenden bzw. Mauerecken im Verband lotrecht hochgemauert. Die zur Mauermitte gerichteten Seiten werden abgetreppt. Diese Mauerteile bilden das Schnurmauerwerk, an dem die Fluchtschnur für die Erstellung des Zwischenmauerwerks befestigt wird.

Die **Fluchtschnur** wird verwendet, damit die Mauerschichten waagerecht und fluchtgerecht ausgeführt werden. Das richtige „Stecken" der Schnur ist in der Abbildung gezeigt. Drei Nägel gewährleisten das richtige Spannen der Schnur. Der Zwischenraum zwischen Schnur und Mauerschicht soll eine Kellenblattstarke betragen.

Mauerecken und **Mauerenden** müssen besonders sorgfältig lotrecht und maßgerecht errichtet werden. Die Ecke ist **Richtpunkt** für die ganze Mauer. Die Abtreppung ermöglicht den Anschluss der Zwischenmauer. Die Schichten müssen genau waagerecht übereinanderliegen, die Schichthöhen sind maßgerecht einzuhalten.

Zur **Prüfung der Lotrechten** wird bei kleineren Höhen die Wasserwaage, bei größeren das Lot benutzt. Die Schichthöhen werden mit der Schichtmesslatte geprüft. Darauf sind die Schichthöhen für das Mauerwerk markiert.

Zur **Prüfung der Waagerechten** wird bei kurzen Mauern, Pfeilern usw. die Wasserwaage verwendet, bei größeren Längen die Wasserwaage auf einer Setzlatte, bei großen Längen die Schlauchwaage. Bei noch größeren Entfernungen verwendet man Nivellierinstrumente. Seit geraumer Zeit werden Laserinstrumente verwendet, zum Beispiel Laserwasserwaage, Rotationslaser und andere.

Das Hochführen von Schichten beginnt mit dem lot- und fluchtgerechten Hochmauern der Mauerenden bzw. Mauerecken.

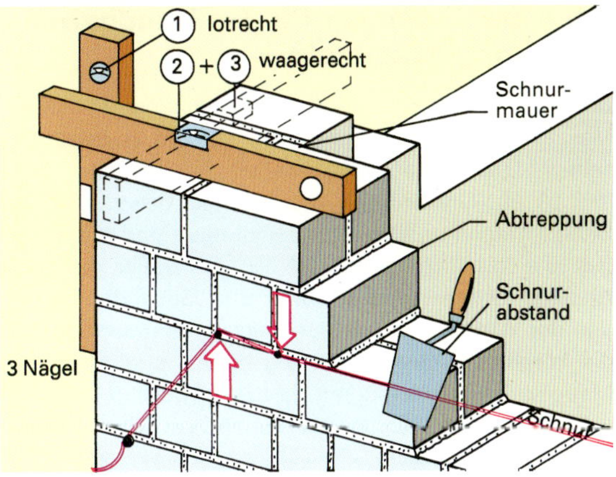

Anlegen der Mauerecke – Spannen der Schnur

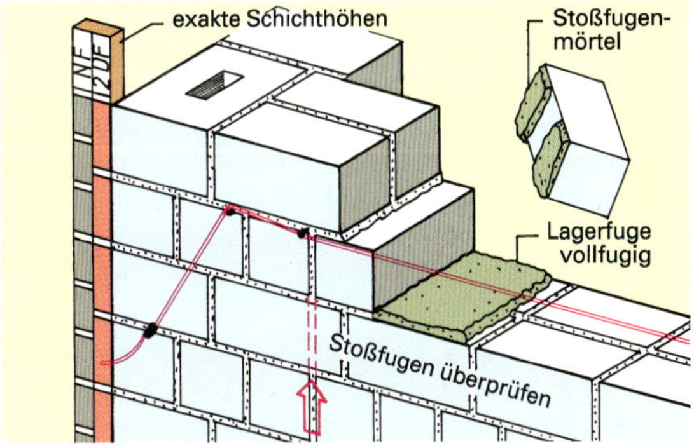

Schichthöhen und Schichtmesslatte

3.5.7 Schlagen von Teilsteinen

Zur Herstellung eines einwandfreien Mauerverbandes werden auch Teile eines ganzen Steines benötigt.

Bei kleinformatigen Steinen mit geringem Lochanteil können Teilsteine mit dem Maurerhammer geschlagen werden. Dafür sind nur fehlerlose Steine geeignet. Es werden **Halb-**, **Viertel-** und **Dreiviertelsteine** unterschieden. Beim Putzmauerwerk wird nach Augenmaß gearbeitet, während beim Sichtmauerwerk genaue Abmessungen nötig sind. Diese werden durch Anreißen oder mithilfe von Einkerbungen am Stiel des Maurerhammers erreicht.

Die linke Hand fasst unter die Teilstelle und der Hammer soll auf den Stein senkrecht an der Teilstelle auftreffen.

Zum Schlagen von Teilsteinen sind nur rissefreie Steine mit gleichmäßigem Gefüge zu verwenden.

Großformatige Steine werden mit Kreis-, Band- oder Kettensägen geteilt. Hochwärmedämmendes Mauerwerk erfordert exakt angepasste Ergänzungssteine.

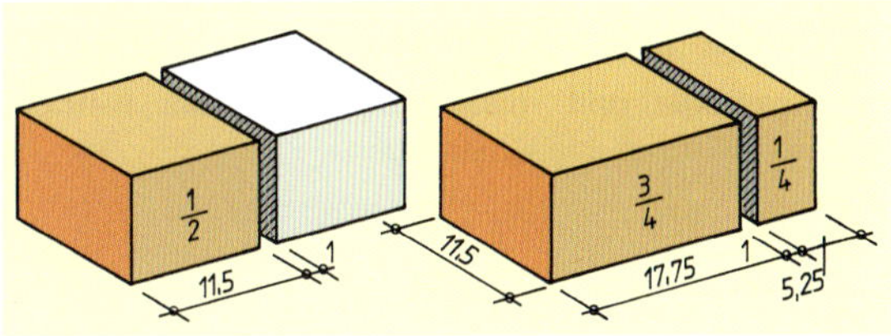

Teilsteine

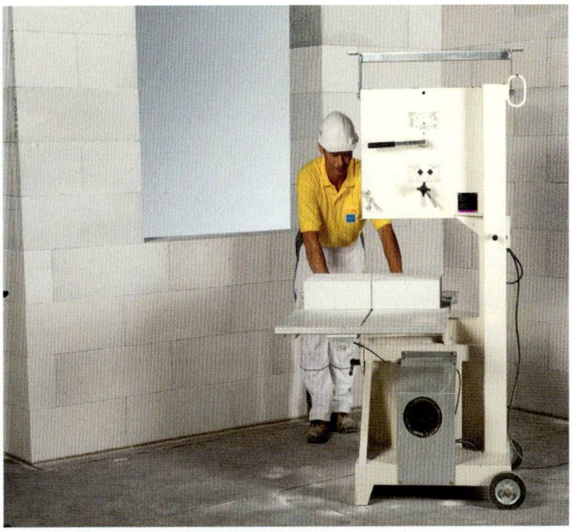
Schneiden großformatiger Steine

3.5.8 Bedingungen für das Handhaben von Mauersteinen

Die Handhabbarkeit eines Mauersteins hängt von seiner Masse („Verarbeitungsgewicht"), seinem Format und seiner Oberflächenbeschaffenheit (Griffigkeit, Grifflöcher) ab. Unhandliche Mauersteine bewirken beim Heben, Tragen und Versetzen Haltungen und Bewegungen, die den Körper stark belasten. Auf Dauer kann dies zu einer Überbelastung führen und Gesundheitsschäden der Wirbelsäule und der Gelenke verursachen. Um die körperliche Beanspruchung beim Handhaben von Mauersteinen zu verringern, ist z. B. vorgeschrieben, wie viel Mauersteine für das Vermauern von Hand höchstens wiegen dürfen.

Verarbeitung von Einhand- und Zweihandsteinen

Einhandsteine sind Mauersteine, die mit einer Hand zwischen Daumen und Fingern ergriffen und vermauert werden können. Die **Greifspanne** ist die in der Ebene der Lagerfuge gemessene geringste Abmessung. Als Einhandsteine gelten Mauersteine mit einer Greifspanne von mindestens 40 mm und höchstens 115 mm. Bei einer Greifspanne von mehr als 75 mm darf der Stein nicht mehr als 6 kg, bei einer Greifspanne bis 75 mm nicht mehr als 7,5 kg wiegen.

Als **Zweihandsteine** gelten Mauersteine, bei denen die Grenzwerte für Einhandsteine überschritten sind und die nicht mehr als 25 kg wiegen. Zweihand-Mauersteine müssen Griffhilfen haben, z. B. Grifflöcher, Grifftaschen und Griffleisten, oder so gestaltet sein, dass sie mit Zweihand-Greifwerkzeugen versetzt werden können.

Mauersteine mit mehr als 25 kg dürfen nur mithilfe von **Versetzgeräten und -maschinen** verarbeitet werden, z. B. mit Kleinkran und Greifzangen.

Steinart	Masse („Verarbeitungsgewicht")	Greifspanne der Hand
Einhand-Mauersteine	max. 7,5 kg z. B. Hlz 3 DF Hlz 4 DF	4 cm ⟷ 7,5 cm 
	max. 6 kg z. B. Mz NF Hlz 2 DF Ks 2 DF	7,5 cm ⟷ 11,5 cm 
Zweihand-Mauersteine	max. 25 kg z. B. Hbl 16 DF Hlz 16 DF PB 20 DF KS 10 DF	mit Griffhilfen  (Schnitt)

Grenzwerte für Einhand- und Zweihand-Mauersteine

Versetzgerät: Kleinkran mit Greifzange

Zusammenfassung

Am Mauerstein unterscheidet man Lager- und Kopffläche.

Mauerfugen, als schwächster Teil des Mauerwerks, sind vollflächig und vollfugig auszuführen.

Gute Maurerarbeit wird durch einwandfreies Werkzeug erleichtert. Voraussetzung für zeitsparendes Mauern ist der zweckmäßig eingerichtete Arbeitsplatz.

Die waagerechte Richtung der Schichten wird mit der Wasserwaage geprüft. Zum Prüfen der Schichthöhen dient die Schichtmesslatte.

Arbeitsgerüste nicht unnötig belasten. Die Einhaltung aller Sicherheitsvorkehrungen verhindert Unfälle.

Beim Mauern gesund bleiben! Bei schweren Mauersteinen gegebenenfalls technische Arbeitshilfen benutzen.

Aufgaben:

1. *Erklären Sie die Begriffe Lagerfuge, Stoßfuge, Längsfuge und Schnittfuge.*
2. *Geben Sie durchschnittliche Lager- und Stoßfugendicken an.*
3. *Begründen Sie: Einwandfreies Werkzeug ermöglicht genaues und leichteres Arbeiten.*
4. *Beschreiben Sie die zweckmäßige Einrichtung eines Arbeitsplatzes zum Mauern für unser Reihenhaus.*
5. *Wodurch wird die Standsicherheit von Arbeitsgerüsten und die Arbeitssicherheit erhöht?*
6. *Welche Arbeitsregeln sind beim Hochführen von Mauerschichten zu beachten?*
7. *Erläutern Sie das Schaubild: „Grenzwerte für Einhand- und Zweihand-Mauersteine".*

3.6 Mauerverbände

Durch den Mauerverband wird die Anordnung der Steine im Mauerwerk festgelegt. Zusammenhalt und Tragfähigkeit des Mauerwerks unseres Reihenhauses sind nur durch verbandsgerechtes Vermauern der Steine gewährleistet.

3.6.1 Überbindemaß

Mauerverbände verhindern, dass die Stoßfugen und Längsfugen der einzelnen Steinschichten übereinander zur Deckung kommen. Durch den Verband werden die Steine der übereinanderliegenden Schichten versetzt angeordnet. Dadurch ergibt sich eine **Überbindung** der Steine, **Fugendeckung** wird vermieden. Das Mindest-Überbindemaß ist von der Höhe der verwendeten Mauersteine abhängig. Die Überbindung *(ü)* – auch Fugenversatz genannt – muss mindestens das 0,4-Fache der Steinhöhe betragen. Sie darf nicht kleiner als 4,5 cm sein.

Mindest-Überbindemaß = 0,4 · Steinhöhe

Beispiele: Steinhöhe 11,3 cm 0,4 · 11,3 cm = 4,5 cm
gewählt: ***ü* = ½ am**

Steinhöhe 24 cm: 0,4 · 24 cm = 9,6 cm
gewählt: ***ü* = 1 am**

Durch verbandsgerechtes Mauern wird die Überbindung der Steine von Schicht zu Schicht und damit die **Verzahnung** im Mauerwerk erreicht. Auf diese Weise entsteht ein in sich geschlossenes Mauerwerk, das hohen Belastungen schadensfrei standhalten kann.

Mauerverbände bewirken die Überbindung (Verzahnung) der Steine im Mauerwerk und sichern die Tragfähigkeit der Wand.

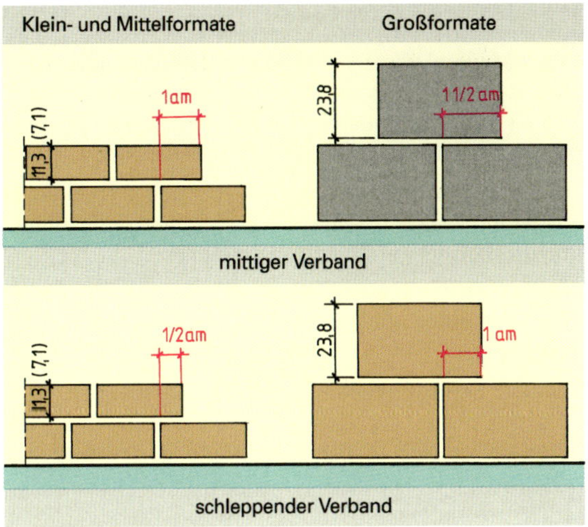

Mindest-Überbindemaße

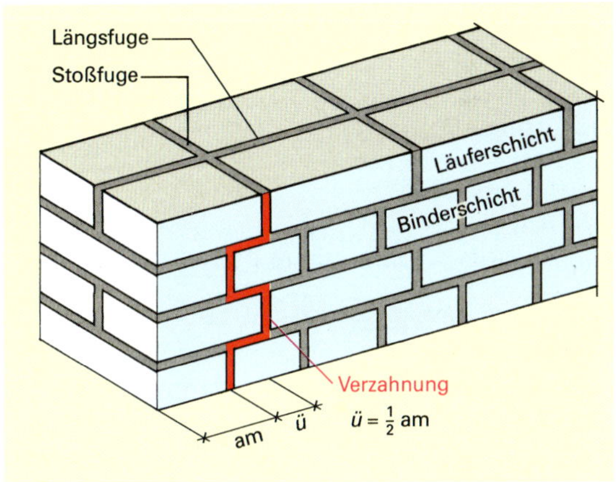

Überbindemaß und Verzahnung (Blockverband aus NF-Steinen)

3.6.2 Verbandsarten

Es werden Läufer-, Binder-, Block- und Kreuzverband unterschieden.

Die Benennung einer Mauer erfolgt nach ihrer Dicke in Zentimetern, z. B. 11,5er-Mauer.

Allgemeine Grundregeln für das Mauern mit künstlichen Steinen:

- Die Schichten einer Mauer müssen **waagerecht** liegen, weil die Belastung der Wände fast immer senkrecht ist.
- Es sind möglichst viele **ganze Steine** zu verwenden.
- Läufer- und Binderschichten **wechseln** in 24er-, 30er- und 49er-Mauern miteinander ab.
- Die Mauerflächen sind **lot- und fluchtrecht** zu mauern.
- Es ist **vollfugig** zu mauern.
- Mittelformatige Steine (Einhandsteine mit Griffschlitz) werden **zusammen** mit kleinformatigen Steinen vermauert.
- Mauerziegel sind bei heißem Wetter **anzunässen**, damit dem Mörtel nicht das Wasser entzogen wird.

Läuferverband

Binderverband

Blockverband

Kreuzverband

Sichtmauerwerk beeindruckt durch Mauerverband und Steinart

11,5er-Mauer, Läuferverband

11,5er-Mauern, wie sie in unserem Reihenhaus vorkommen, werden hauptsächlich für unbelastete Innenwände und für Verblendmauerwerk verwendet. Die Steine werden in Längsrichtung vermauert (Läuferverband).

Die 11,5er-Mauer kann mit DF-, NF- und 2 DF-Steinen ausgeführt werden. Auch die Verwendung von mittel- und großformatigen Steinen ist möglich.

Die Gruppe von Steinen, die das Ende einer Mauer bilden, wird als „Endblock" oder einfach als Mauerende bezeichnet.

Die erste Schicht beginnt mit einem ganzen Stein, während die zweite mit einem halben Stein anfängt, dadurch ergibt sich in der Mauermitte der mittige Verband.

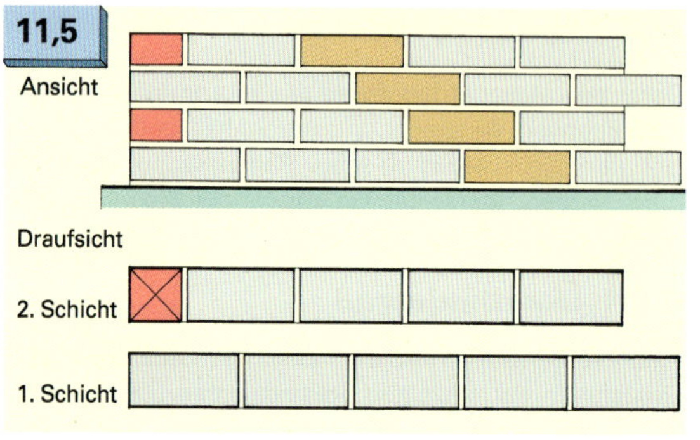

11,5er-Mauer im Normalformat im mittigen Verband

11,5er-Läuferverband (Mauerenden)

Mauerende 1 beginnt stets mit einem ganzen bzw. einem halben Stein.

Mauerende 2 passt sich der jeweiligen Mauerlänge an (siehe Abbildung).

Mauerlängen (Beispiele)

1. Ganze Achtelmeter (am)

l = 10 am

l = 10 · 12,5 cm – 1 cm = 124 cm = 1,24 m

2. Teile vom Achtelmeter (+ ½ am)

l = 10 am + ½ am

l = 10 · 12,5 cm + 6,25 cm – 1 cm = 130,25 cm = 1,30 m

3. Teile vom Achtelmeter (– ½ am)

l = 10 am – ½ am

l = 10 · 12,5 cm – 6,25 cm – 1 cm = 117,75 cm = 1,18 m

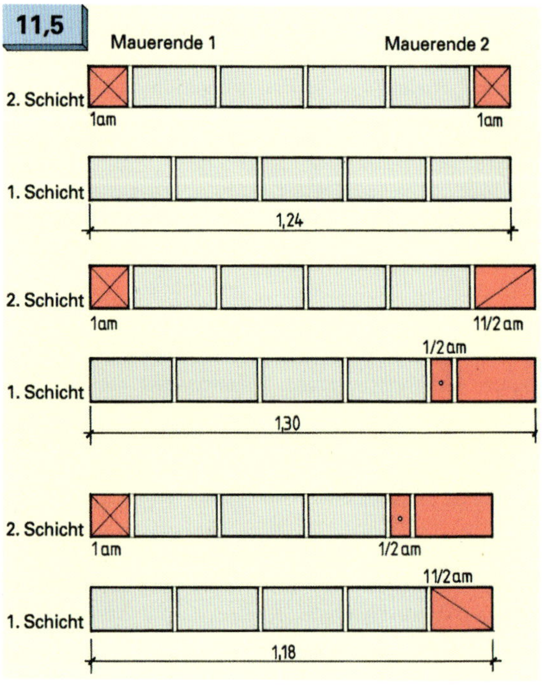

11,5er-Mauer, verschiedene Mauerlängen im mittigen Verband

17,5er-Mauer

17,5er-Mauern werden für unbelastete und belastete Innenwände verwendet. Sie können beim Ausbau des Dachgeschosses unseres Reihenhauses zur Anwendung kommen.

Diese Mauer ist aus kleinformatigen Steinen nicht herstellbar. Es werden 3 DF-Steine verwendet. Die Anpassung an die jeweilige Mauerlänge erfolgt wie bei der 11,5er-Mauer (siehe Abbildung).

Für die Mauerenden ist die Verwendung von 2 DF-Steinen vorteilhaft. Daraus lassen sich auch die nötigen Teilsteine für die ½-Achtelmeter-Verbände gewinnen.

Beim Läuferverband liegen die Steine in Längsrichtung. Der Läuferverband kann in klein-, mittel- und großformatigen Steinen ausgeführt werden. Beim Läuferverband bestimmt die Steinbreite die Wanddicke.

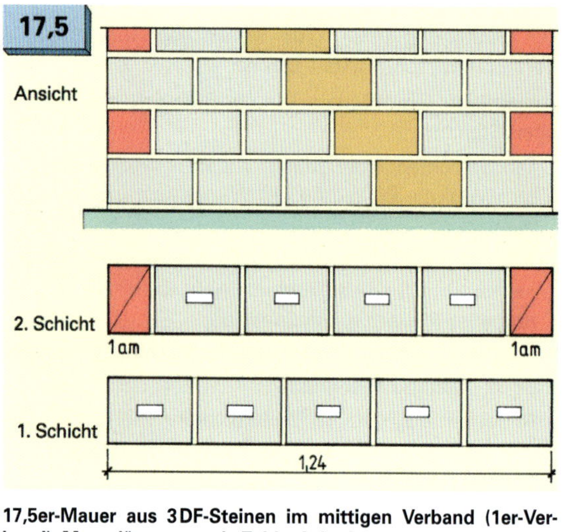

17,5er-Mauer aus 3 DF-Steinen im mittigen Verband (1er-Verband), Mauerlänge: gerade Zahl – Achtelmeter

24er-Mauer, Blockverband und Kreuzverband

24er-Mauern sind für tragende Innenwände unseres Reihenhauses vorgesehen und mit zusätzlichem Wärmeschutz auch für Außenwände geeignet.

Bei dieser Mauer wechseln Binder- und Läuferschichten regelmäßig miteinander ab. Diese Kombination von Läufern (Längsverbund) und Bindern (Querverbund) wirkt sich besonders positiv auf die Stabilität der Mauer aus.

Mauern mit wechselnden Binder- und Läuferschichten werden entweder im Block- oder im Kreuzverband errichtet. Bei beiden Verbänden beginnt und endet die Läuferschicht mit so vielen Dreiviertelsteinen, wie die Mauer Achtelmeter dick ist.

Beim **Blockverband** sind die Läuferschichten untereinander völlig gleich, deshalb liegen die Läufer übereinander. Die **Verzahnung ist regelmäßig** ½ am.

Beim Blockverband ist die **Abtreppung unregelmäßig**, d. h. wechselnd zwischen ¼ und ¾ Stein.

Beim **Kreuzverband** sind die Läuferschichten gegeneinander um ½ Stein (1 am) versetzt. Die **Verzahnung ist unregelmäßig** ½ am. Dadurch wird der Längsverbund im Mauerwerk verstärkt und das Fugenbild bei Sichtmauerwerk belebt.

Beim Kreuzverband ist die **Abtreppung regelmäßig** ¼ Stein.

Beim Block- und Kreuzverband wechseln Läufer- und Binderschichten einander ab. Die Wand ist mindestens 24 cm dick.

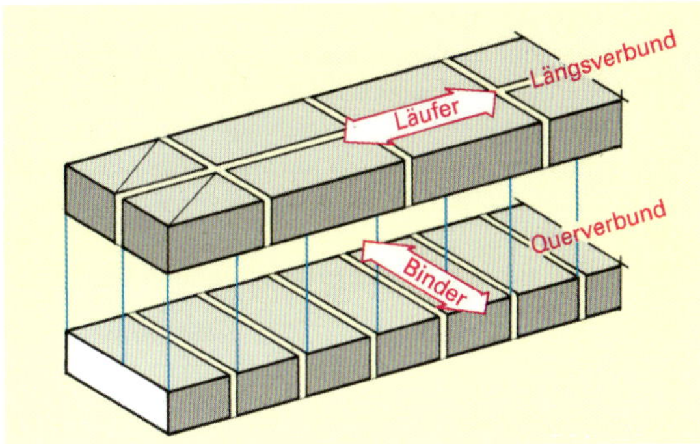

Schichten einer 24er-Mauer

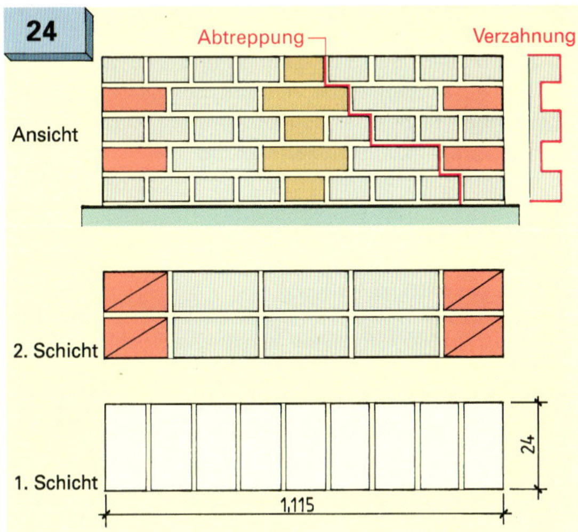

24er-Mauer im Blockverband aus Normalformat-Steinen

Umgeworfener Verband

Umfasst die Länge einer Mauer nicht nur ganze, sondern auch ½ Achtelmeter, so ist der sogenannte umgeworfene Verband anzuwenden.

Die Binderschicht endet mit 2 Dreiviertelsteinen, dadurch wird die Mauerlänge auf ein ½ Achtelmetermaß angelegt.

Die Läuferschicht endet mit einem oder zwei Bindern.

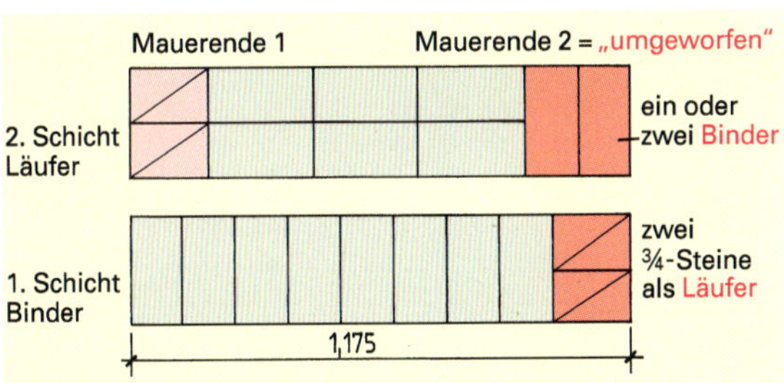

Umgeworfener Verband

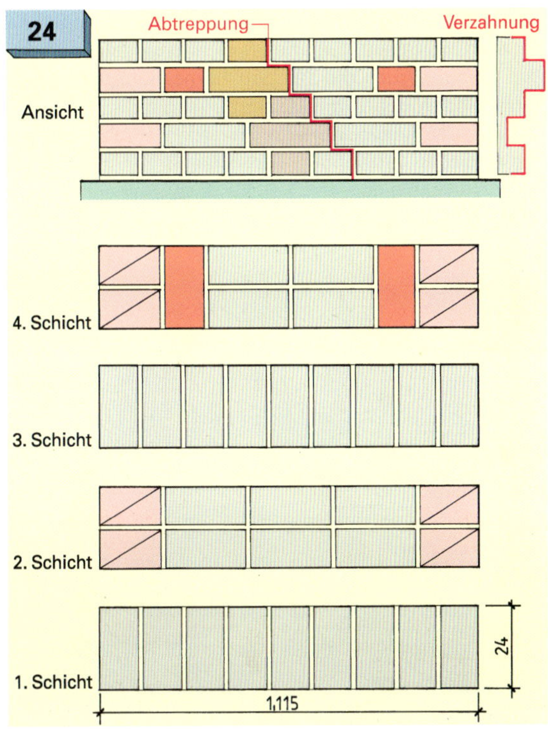

24er-Mauer im Kreuzverband aus Normalformat-Steinen

Aufgabe:

Zeichnen Sie von der 24er-Mauer unseres Reihenhauses im umgeworfenen Verband mit NF-Steinen
a) zwei Schichten in der Draufsicht,
b) vier Schichten in der Ansicht.
Mauerlänge: 10 ½ am ≈ 1,30 m

24er-Mauern aus 2 DF-Steinen können ohne Teilsteine verbandsgerecht gemauert werden, wenn man an den Mauerenden und Mauerecken 3 DF-Steine einsetzt. Das lästige, zeit- und kraftraubende Schlagen von Teilsteinen (Dreiviertelsteinen) entfällt. Außerdem gibt es keinen Steinabfall. Die Wirtschaftlichkeit ist wesentlich erhöht.

24er-Mauern aus mittel- und großformatigen Steinen

24er-Mauern lassen sich aus mittel- oder großformatigen Steinen als **Einsteinmauerwerk** besonders wirtschaftlich herstellen. Die Steine werden im **Binderverband** oder Läuferverband vermauert.
Für derartige Mauern benötigt man in der Regel keine Teilsteine, wenn an Mauerenden und Mauerecken 2 DF-Steine eingesetzt werden.
Bei 24er-Mauern aus 3 DF-Steinen und 2 DF-Steinen ergibt sich ein **schleppender Verband**, das heißt, die Stoßfugen liegen nicht über den Steinmitten. Das Überbindemaß beträgt in diesem Fall 6,25 cm.
Ein schleppender Verband ergibt sich auch bei Verwendung von 5 DF- oder 6 DF-Steinen.

Bei 24er-Mauern aus 4 DF-, 8 DF- oder 16 DF-Steinen ergibt sich ein **mittiger Verband**.

Mit seitlichen **Mörteltaschen** versehene Hochlochziegel, Hohlblocksteine und Vollblöcke können jeweils mit oder ohne Stoßfuge verarbeitet werden.
Beim Vermauern **mit Stoßfugen** wird der Mörtel an die Stoßfläche des Steines angetragen, nachdem der erste Stein ins Mörtelbett gesetzt wurde, und zwar nur an die Flächen neben der Stirnseitennut. Die durch die Stirnseitennuten gebildete Mörteltasche bleibt in diesem Falle leer und bildet einen Hohlraum.
Wenn **ohne Stoßfuge** gemauert wird, werden die Steine auf dem Mörtelbett (Lagerfuge) dicht aneinander gestoßen. Dann werden die aus den Stirnseitennuten gebildeten Mörteltaschen mit Mauermörtel gefüllt.
Ohne Stoßfugenvermörtelung werden Hochlochziegel mit seitlicher Verzahnung (**Zahnziegel**) zunehmend im Wohnhausbau eingesetzt, z. B. für unser Reihenhaus.

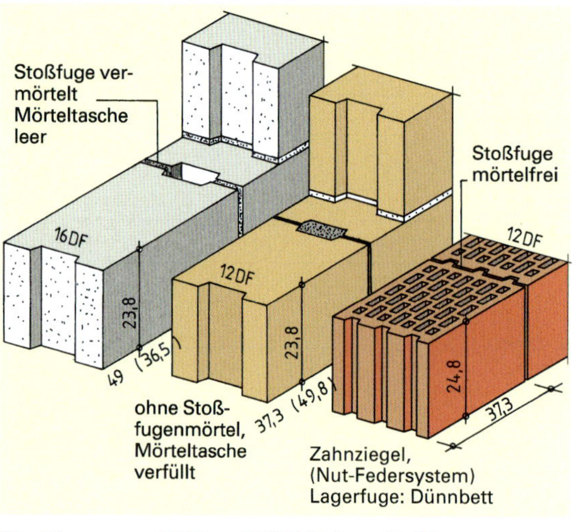

24er-Mauern aus 16DF- und 12DF-Steinen, Stoßfugen

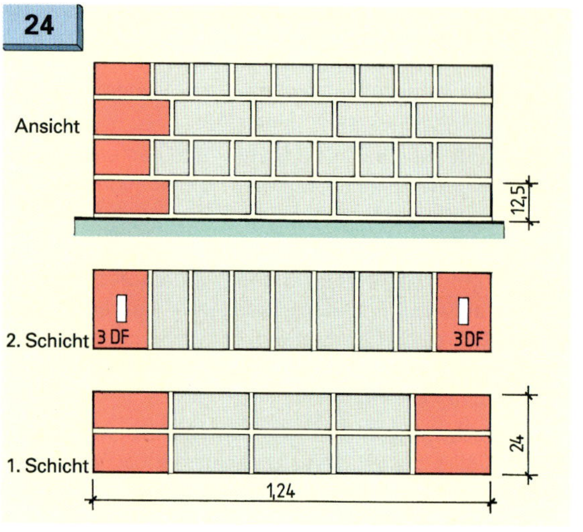

24er-Mauer aus 2DF-Steinen, mit 3DF-Steinen an den Mauerenden

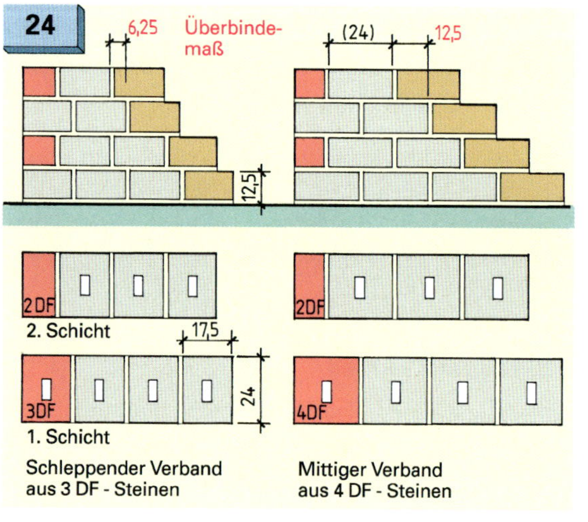

24er-Mauer aus mittelformatigen Steinen

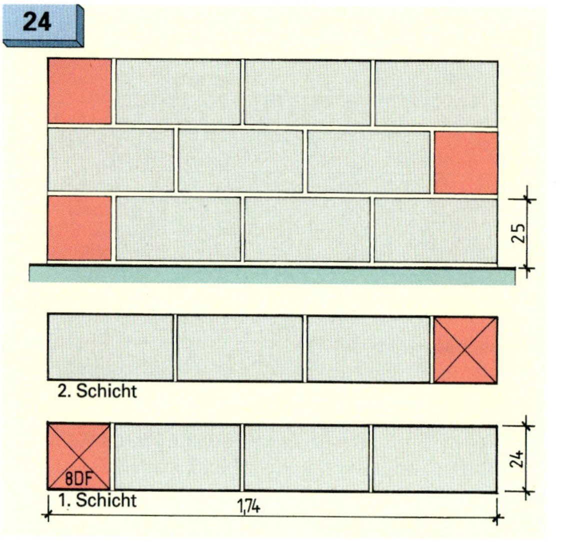

24er-Mauer aus 16DF-Steinen, mittiger Läuferverband

30er-Mauer

Diese Mauern sind für stark belastete Innenwände und für Außenwände geeignet, erforderlichenfalls mit zusätzlicher Wärmedämmung. Für unser Reihenhaus sind stattdessen 36,5er-Außenwände vorgesehen.

30er-Mauern lassen sich aus 2 NF-Steinen nur in Kombination mit 3 DF-Steinen herstellen. Beide Steinsorten bilden Läuferreihen, die von Schicht zu Schicht von vorn nach hinten wechseln und umgekehrt. Dadurch ist der Querverbund der Mauer erreicht, das Überbindemaß ist 6,25 cm.

Im Längsverbund beträgt das Überbindemaß 12,5 cm. Die Steine liegen im mittigen Verband.

30er-Mauern lassen sich sehr wirtschaftlich aus 5 DF-, 10 DF- oder 20 DF-Steinen als Einsteinmauerwerk errichten, wenn man zum Beispiel 2 DF-Steine an den Mauerenden einsetzt.

> Im Wohnhausbau werden 30er-Mauern für Innen- und Außenwände häufig eingesetzt.

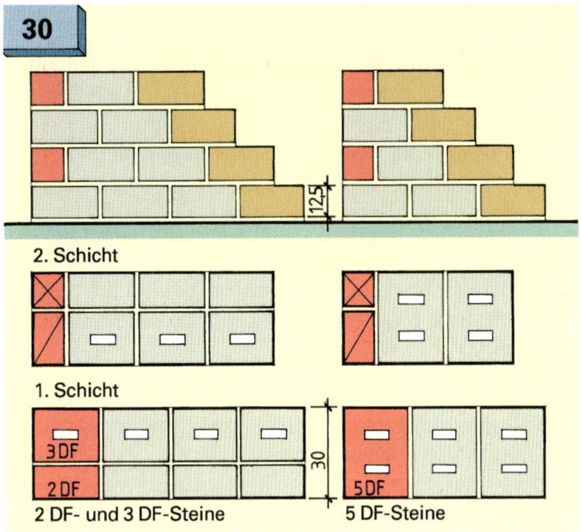

30er-Mauer aus mittelformatigen Steinen im mittigen Verband

36,5er-Mauer

36,5 cm dicke Mauern sind in unserem Reihenhaus als Außenwände wegen des besseren Wärmeschutzes vorgesehen. Für mehrgeschossige Gebäude werden 36,5er-Mauern als Innen- und Außenwände in den unteren Stockwerken eingesetzt.

Beim Mauern mit NF- und 2 DF-Steinen besteht jede einzelne Schicht aus Läufern und Bindern. Von Schicht zu Schicht wechselnd liegen die Läufer oder die Binder an der Schnurseite der Mauer, auch Bundseite genannt.

Die Läuferschicht beginnt und endet mit 3 Dreiviertelsteinen, die Binderschicht mit 2 Dreiviertelsteinen. Hieraus ergibt sich eine Fugendeckung von ½ am = 6,25 cm.

Wenn man diese geringfügige Fugendeckung vermeiden will, müssen für die Binderschicht jeweils 4 Dreiviertelsteine an den Enden eingesetzt werden.

Sehr wirtschaftlich wird die 36,5er-Mauer errichtet mit 4 DF- und 2 DF-Steinen. Hier wird fast gänzlich auf Teilsteine verzichtet, das spart Kraft, Zeit und Material.

Es entsteht ein mittiger Verband mit einem Überbindemaß von 12,5 cm im Längs- und Querverbund.

Merkmal dieses Verbandes ist, dass er praktisch keine Binderschicht enthält. In der Ansicht erscheinen nur Läuferschichten.

> Nur durch fachgerechtes Vermauern der Steine im Mauerverband wird die geforderte Festigkeit des Mauerwerks erreicht. Lasten und Kräfte werden dann gleichmäßig auf den gesamten Mauerquerschnitt verteilt.

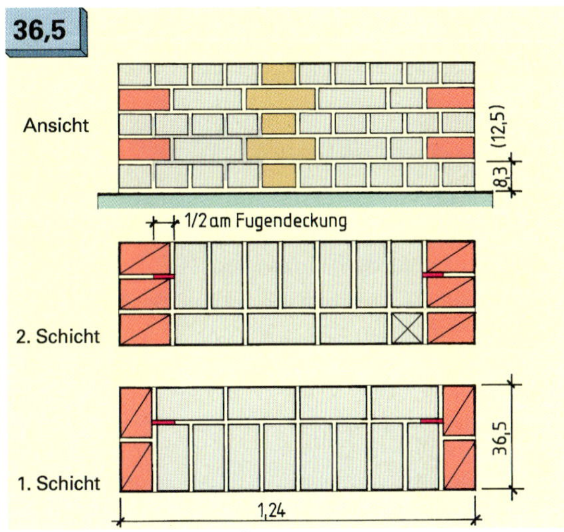

36,5er-Mauer aus NF-(2 DF-)Steinen (Normalverband) im Blockverband

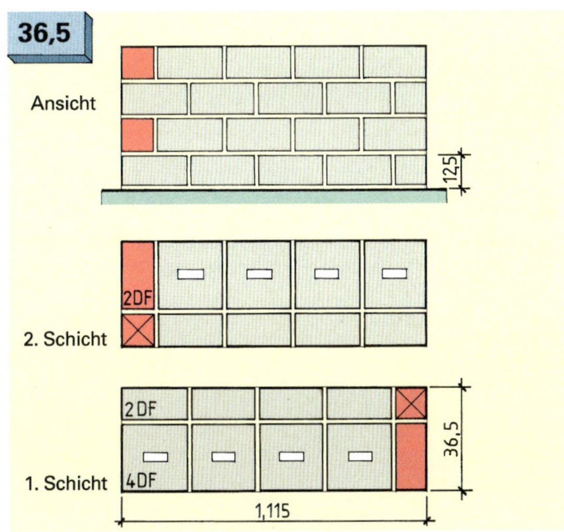

36,5er-Mauer aus 2 DF- und 4 DF-Steinen

3.6.3 Mauerecken

Beim Bau unseres Reihenhauses werden, wie das allgemein übliche ist, zuerst die Ecken gemauert (mit Abtreppung) und dann die Mauermitten hochgezogen. Deshalb müssen die Verbandsregeln beim Mauern der Ecken unbedingt eingehalten werden. Fehler würden sich auf die ganze Mauer nachteilig auswirken.

Damit die an einer Ecke zusammentreffenden Mauern fest miteinander verbunden werden, binden die Schichten der beiden Mauern abwechselnd bis zur Außenkante durch.

Es ist immer die Läuferschicht, die bis zur Ecke durchbindet und in der Regel mit so vielen Dreiviertelsteinen beginnt, wie die Mauer Achtelmeter dick ist. Dadurch wird vermieden, dass in der inneren Ecke eine **Kreuzfuge** entsteht, die eine Herabsetzung der Stabilität zur Folge hätte.

Die Überbindung der Steine in der Mauer um 1 am oder ½ am wird vom Verband der Mauerecke „geregelt". Deshalb bezeichnet man die erste Stoßfuge der Läuferschicht neben der Ecke als **Regelfuge**.

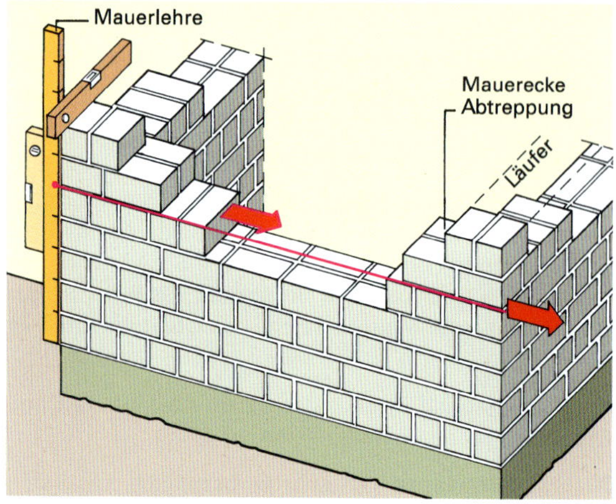

Anlegen der Mauerecken (2 DF-Steine)

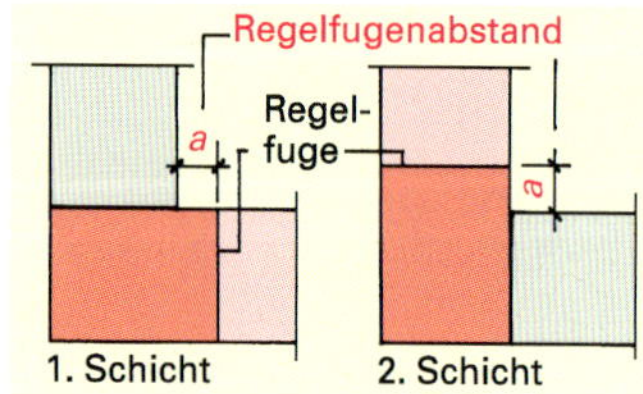

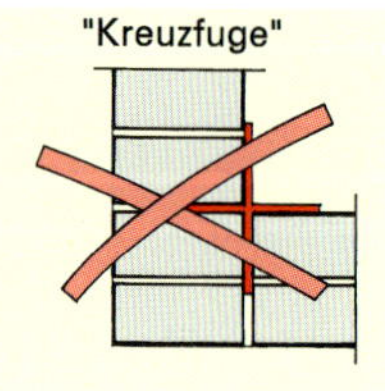

Mauerecke, Regelfugenbild
a = ½ am, 1 am, 1 ½ am

Verbandsfehler

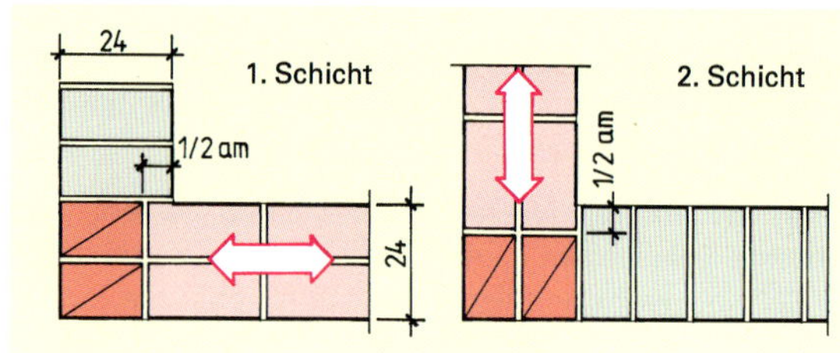

Mauerecke 24/24 cm aus 2 DF-Steinen

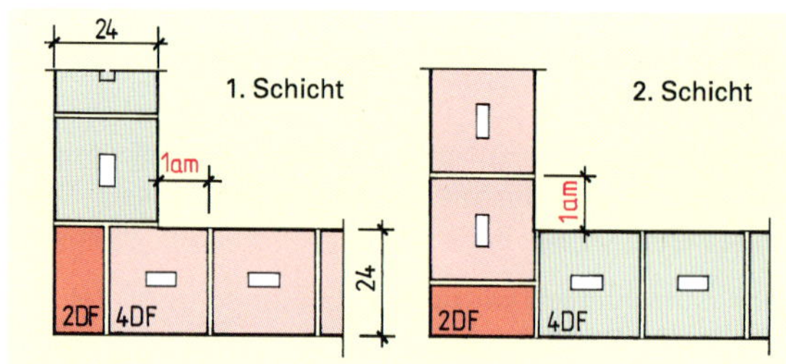

Mauerecke 24/24 cm aus 2 DF- und 4 DF-Steinen

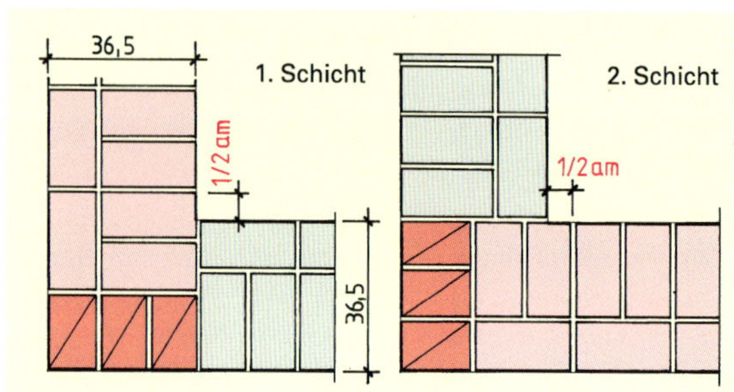

Mauerecke 36,5/36,5 cm aus 2 DF-Steinen

Verbandsregeln für Mauerecken:

- Die Schichten binden abwechselnd durch.
- Im Regelfall bindet die Läuferschicht durch, die Binderschicht stößt stumpf dagegen.
- Die Regelfuge der durchbindenden Schicht liegt je nach Verband 1 am oder ½ am von der Innenecke entfernt (Fugenversatz).
- Die durchbindende Schicht beginnt mit Dreiviertelsteinen (bei Mauerwerk aus NF-Steinen).

Beim Errichten von Mauerecken bindet stets die Läuferschicht bis zur Ecke durch und beginnt mit so vielen Dreiviertelsteinen, wie die Mauer Achtelmeter dick ist.

Das Mauern von Mauerecken erfordert besondere Sorgfalt und Umsicht. Nachlässigkeiten und Ungenauigkeiten wirken sich sehr nachteilig auf die anderen Mauerteile aus.

Aufgabe:

Zeichnen Sie von der Garage unseres Reihenhauses zwei Schichten der Mauerecke (A_1) an der Garageneinfahrt aus NF-Steinen verbandsgerecht.
1 am ≙ 1 cm

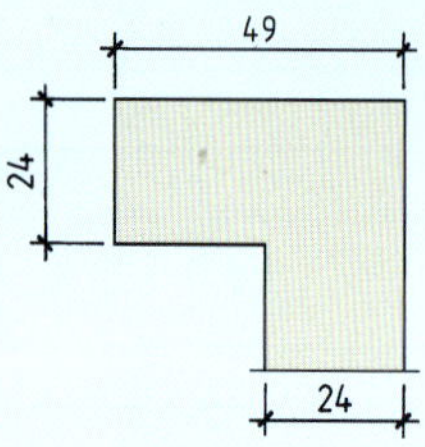

3.6.4 Maueranschluss

Bindet eine Mauer in eine andere Mauer ein, so entsteht ein Maueranschluss, auch Mauerstoß genannt.

Wenn der Maueranschluss fachgerecht ausgeführt wird, wirkt er aussteifend auf das Bauwerk, wie beispielsweise auch auf unser Reihenhaus.

Wie bei der Mauerecke bindet die Läuferschicht bei Verwendung von NF-(2 DF-)Steinen durch.

Bei Verwendung mittelformatiger Steine läuft jeweils die Schicht durch, die keine Kreuzfuge bildet.

Bestehen die Schichten der durchgehenden Mauer aus mehreren Steinreihen, so binden die Schichten der anschließenden Mauer nicht durch, sondern nur ein.

Wird die einbindende Wand nachträglich errichtet, so muss die durchgehende Wand mit entsprechender Verzahnung gemauert werden.

Der Maueranschluss wirkt aussteifend auf die Wand, in die er einbindet.

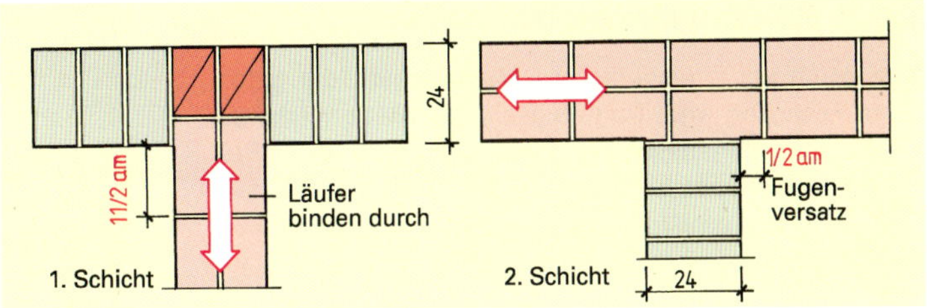

Maueranschluss 24/24 cm aus NF-(2 DF-)Steinen

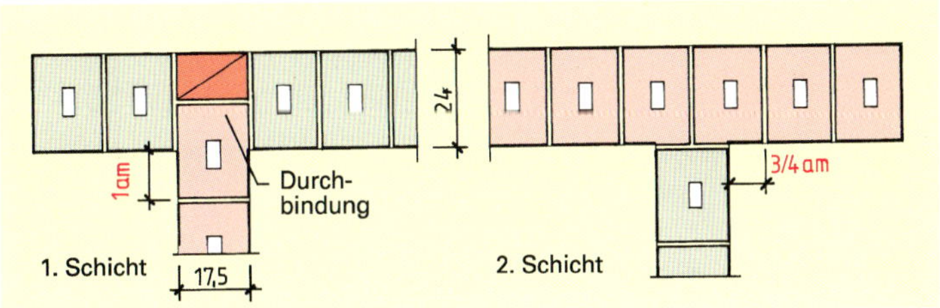

Maueranschluss 24/17,5 cm aus 3 DF-Steinen

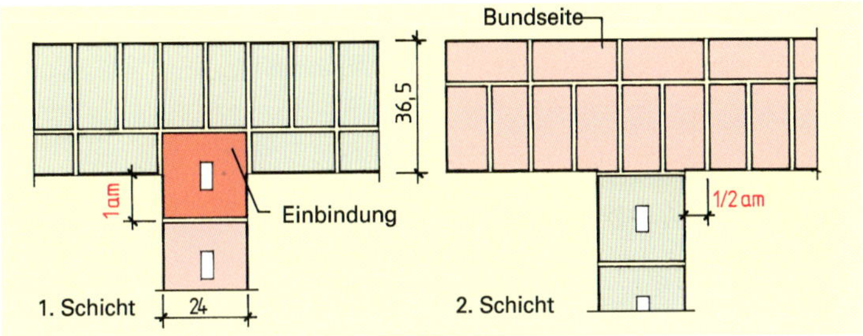

Maueranschluss 36,5/24 cm aus 2 DF- und 4 DF-Steinen

Zusammenfassung

Durch Einhaltung der Mauerverbände wird die Überbindung der Steine und dadurch Zusammenhalt und Stabilität des Mauerwerks erreicht.

Das Mindestüberbindemaß der Steine hängt von der Steinhöhe ab.

Die Mauerschichten sind waagerecht, die Mauerflächen lot- und fluchtrecht zu mauern.

Es sind möglichst viele ganze Steine zu vermauern. Stets vollfugig mauern, innen und außen.

Man unterscheidet den Läufer-, Binder-, Block- und Kreuzverband.

Bei Block- und Kreuzverband wechseln Binder- und Läuferschichten regelmäßig übereinander ab.

Beim Blockverband liegt Läufer über Läufer.

Beim Kreuzverband sind die Läufer gegeneinander um einen Achtelmeter versetzt.

Der umgeworfene Verband wird für Mauerlängen mit ½ Achtelmeter benötigt.

Mauern aus mittel- und großformatigen Steinen sind besonders wirtschaftlich.

Durch die Kombination verschiedener Steinformate in einer Mauer lässt sich das Schlagen von Teilsteinen weitestgehend vermeiden.

Aufgaben:

1. *Warum erhöht verbandsgerechtes Vermauern der Steine die Tragfähigkeit einer Mauer?*
2. *Erläutern Sie die Begriffe Läufer, Binder, Lagerfuge, Stoßfuge, Schnittfuge, Kreuzfuge.*
3. *Wozu kann es führen, wenn sich Stoßfugen in einer Mauer überdecken?*
4. *Welche negativen Folgen hat es, wenn nicht vollfugig gemauert wird?*
5. *Weshalb legt man Binder- und Läuferschichten in regelmäßigem Wechsel übereinander?*
6. *Warum zieht man den Kreuzverband mitunter dem Blockverband vor?*
7. *Erläutern Sie den umgeworfenen Verband und seine Anwendung.*
8. *Wozu dienen Mauerabtreppung und -verzahnung?*
9. *Wodurch lässt sich das zeitraubende Schlagen von Teilsteinen einschränken?*
10. *Welche Verbandsregeln sind bei Mauerecke und Maueranschluss zu beachten?*
11. *Welche Maueranschlüsse sind in unserem Reihenhaus auszuführen?*

3.6.5 Zeichnerische Darstellung

Nur durch verbandsgerechtes Mauern wird die geforderte Festigkeit und Tragfähigkeit des Mauerwerks erreicht. Das gilt insbesondere für die Wände unseres Reihenhauses, die aus klein- und mittelformatigen Steinen, aber auch aus großformatigen Steinen hergestellt werden können.

Zum Erlernen der Verbandsregeln beschränken wir uns auf klein- und mittelformatige Steine, weil sich hierbei die vielfältigen Möglichkeiten verbandsgerechten Mauerns am gründlichsten erlernen lassen.

Die folgenden Aufgaben beziehen sich auf unser Reihenhaus.

Aufgaben:

1. Zeichnen Sie zwei Schichten der Mauerecken (A_2, A_3) aus NF-Steinen verbandsgerecht.
2. Zeichnen Sie zwei Schichten der Maueranschlüsse (B_1, B_2) aus 2 DF-Steinen.

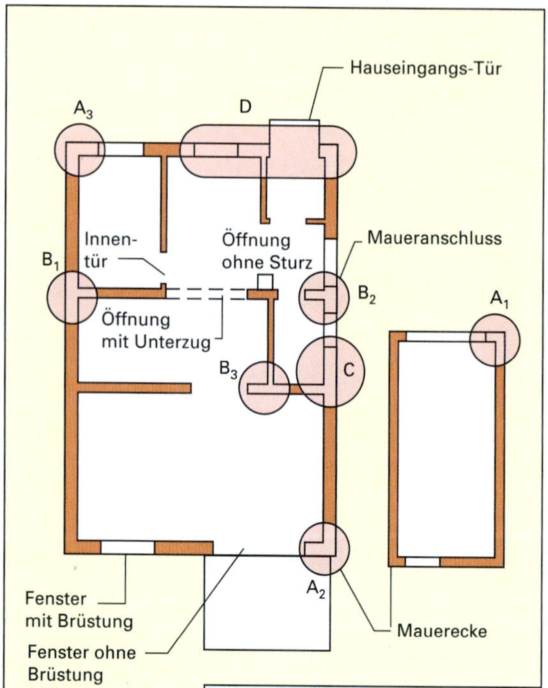

Zeichnen Sie für die gegebenen Detailpunkte die Mauerverbände (Maße nach am).

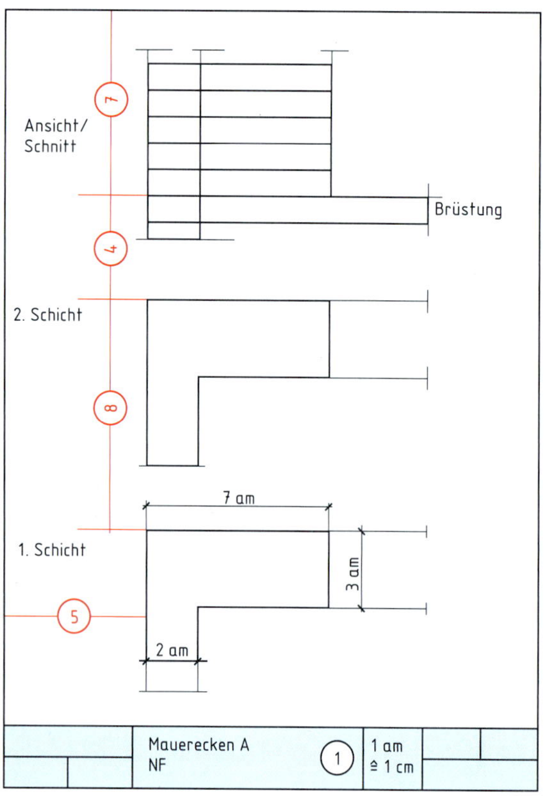

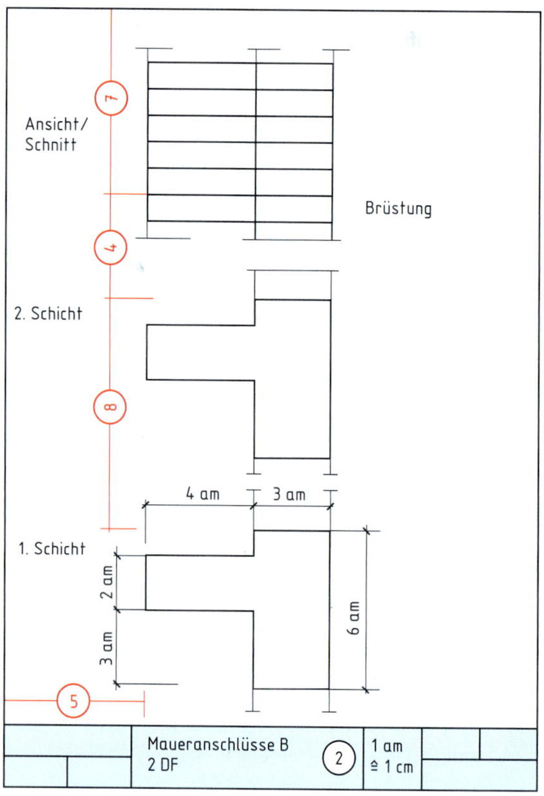

Aufgaben:

1. Zeichnen Sie vom Maueranschluss C je zwei getrennte Schichten unterhalb der Brüstung in NF-Steinen. 1 am = 1 cm

2. Zeichnen Sie vom Maueranschluss C je zwei getrennte Schichten oberhalb der Brüstung in NF-Steinen. 1 am = 1 cm

3. **Kreuzverband,** 1 am = 0,5 cm
   Zeichnen Sie den Mauerverband der Wand D mit Hauseingang und Fenster in vier Schichten (je zwei Schichten unterhalb und oberhalb der Fensterbrüstung) in 2DF-Steinen.
   Tragen Sie den Verband in die Ansicht ein. Die Stürze sind als scheitrechte Stürze mit senkrechten 2DF-Steinen auszuführen.

4. Zeichnen Sie die Wandschnitte (WC/Dusche im Reihenhaus) im Maßstab 1:20.
   Ergänzen Sie die fehlenden Maße.

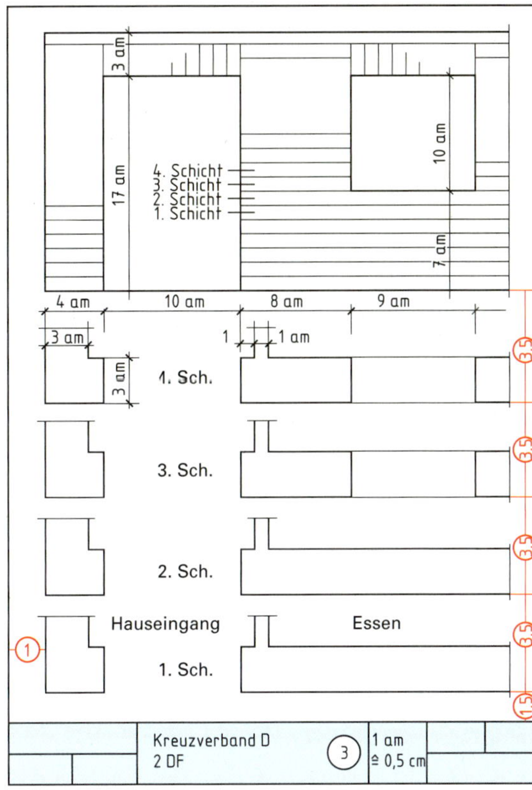

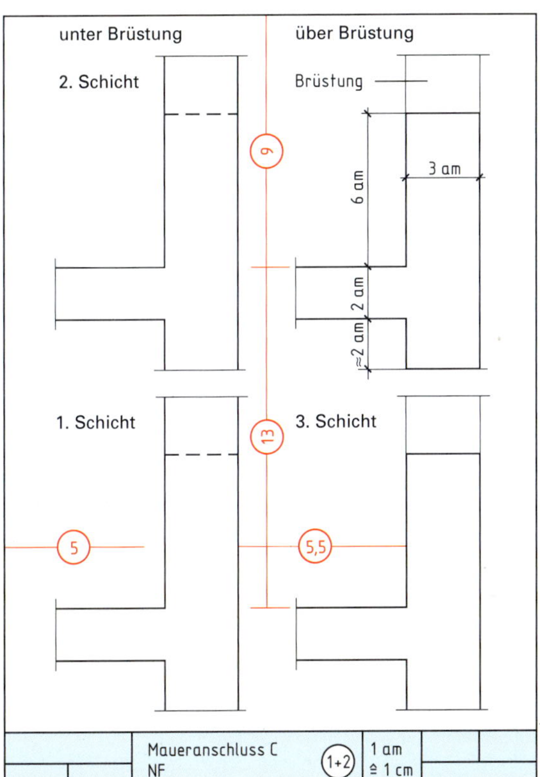

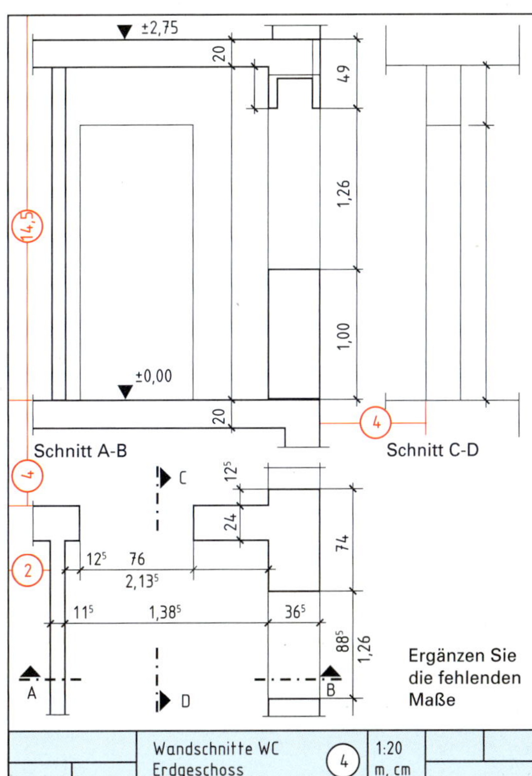

3.6.6 Baustoffbedarf

Vor Errichtung eines Bauwerks muss der gesamte erforderliche Baustoffbedarf ermittelt werden. Werden zu viel oder zu wenig Baustoffe auf die Baustelle geliefert, so wird der Bauablauf verzögert und erschwert. Das heißt, Bauwerke können nur dann wirtschaftlich erstellt werden, wenn die verschiedenen erforderlichen Baustoffmengen vorher berechnet und rechtzeitig auf die Baustelle geliefert werden.

Für die häufig wiederkehrenden Berechnungen der benötigten Baustoffe werden Tabellen verwendet. Dadurch wird die Ermittlung des Baustoffbedarfs erheblich vereinfacht.

Baustoffbedarf für Mauerwerk

Der Baustoffbedarf für Mauerwerk (Mauerziegel bzw. Mauersteine und Mörtel) wird mithilfe der entsprechenden Tabellen berechnet, siehe Seite 115 und Tabellenanhang.

Die Tabellen geben den Mauerstein- und Mörtelbedarf pro Quadratmeter eines bestimmten Mauerwerks an.

Der Werkstoffbedarf für Mauerwerk wird berechnet, indem die Fläche *A* des Mauerwerks mit dem dazugehörigen Tabellenwert multipliziert wird.

Die Maße der Mauerwerksbauteile werden der Zeichnung entnommen.

Bei der Berechnung des Baustoffbedarfs müssen die Flächen aller Wandöffnungen, wie Türen und Fenster, berechnet und von der Wandfläche abgezogen werden.

Mauersteinbedarf	=	Wand-Fläche *A* ·	Mauersteinbedarf pro Quadratmeter	Anzahl Steine
Mörtelbedarf	=	Wand-Fläche *A* ·	Mörtelbedarf pro Quadratmeter	Mörtel in Liter
Abzurechnende Wandfläche	=	Wandlänge *l* ·	Wandhöhe *h*	Fläche in m^2
Abzüglich Tür- und Fensteröffnungen				

Beispiele:

1. Berechnen Sie den Bedarf an Hochlochziegeln 2DF und Mörtel für eine 11,5 cm dicke Wand.

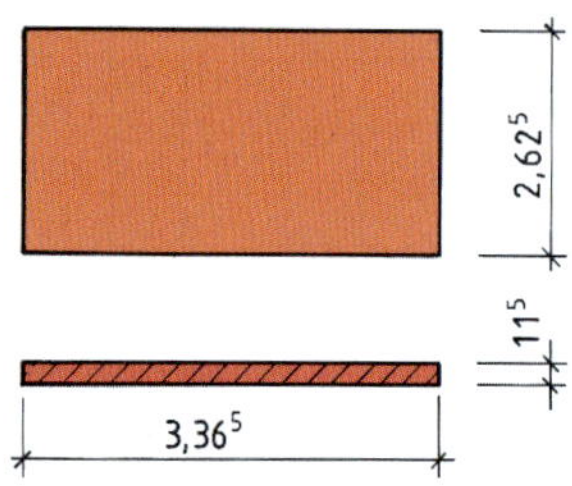

Lösung:

Für 11,5er Mauerwerk aus HLz 2DF werden nach Tabelle pro m^2 benötigt:

33 Hochlochziegel und 20 Liter Mörtel.

$A = 3{,}365\ m \cdot 2{,}625\ m = 8{,}83\ m^2$

Anzahl der HLz = $8{,}83\ m^2 \cdot 33\ HLz/m^2$ = <u>292 HLz</u>

Mörtelbedarf = $8{,}83\ m^2 \cdot 20\ Liter/m^2$ = <u>177 l Mörtel</u>

2. Berechnen Sie den Bedarf an Hochlochziegeln 5DF und Mörtel für das 24 cm dicke Mauerwerk der Vorderfront eines Gartenhauses.

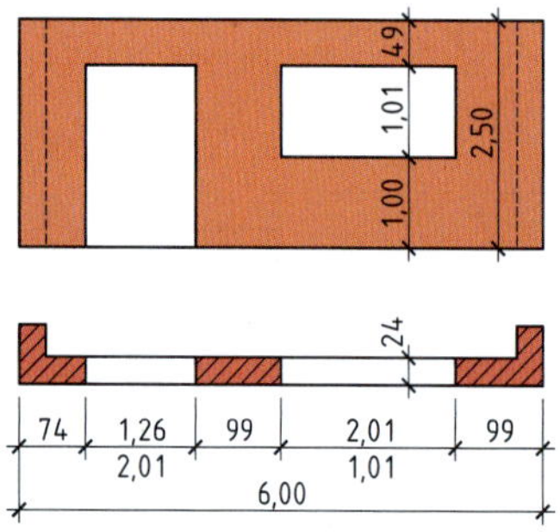

Lösung:

Für 24er Mauerwerk aus Hlz 5DF werden nach Tabelle pro m^2 benötigt:

26 Hochlochziegel und 40 Liter Mörtel.

$A = 6{,}00\ m \cdot 2{,}50\ m - (1{,}26\ m \cdot 2{,}01\ m + 2{,}01\ m \cdot 1{,}01\ m)$

$A = 10{,}44\ m^2$

Anzahl HLz = $10{,}44\ m^2 \cdot 26\ HLz/m^2$ = <u>272 HLz 5DF</u>

Mörtelbedarf = $10{,}44\ m^2 \cdot 40\ Liter/m^2$ = <u>418 l Mörtel</u>

Aufgaben:

1. Wie viel l Mörtel und wie viele Mauerziegel (NF) erfordern 1,80 m², 0,70 m², 32,50 m² und 238 m² Mauerwerk mit einer Dicke von 11,5 cm?

2. Berechnen Sie den Baustoffbedarf (Mauersteine und Mörtel) für die 11,5er-Erdgeschosswände unseres Reihenhauses in HLz 2DF.

3. Berechnen Sie den Bedarf an Ziegeln HLz 3DF und Mörtel für die 24er-Giebelwand (Brandwand) unseres Reihenhauses ab OK RFB (Rohfußboden).

4. Berechnen Sie den Stein- und Mörtelbedarf für die 24er-Innenwände unseres Reihenhauses (ohne Giebelwand) aus HLz 3DF.

5. Die Innenwände des Untergeschosses unseres Reihenhauses sollen in Mauerwerk errichtet werden. Berechnen Sie
   a) den Bedarf an Kalksandvollsteinen 2DF für die 11,5er-Wände,
   b) den Bedarf an Kalksandlochsteinen 5DF für die 24er-Wände,
   c) den gesamten Bedarf an Mauermörtel für die UG-Innenwände.

6. Berechnen Sie den Bedarf an Steinen und Mörtel für die Garage unseres Reihenhauses in 24er-Wänden aus 3DF in KSL (Kalksandlochsteinen).

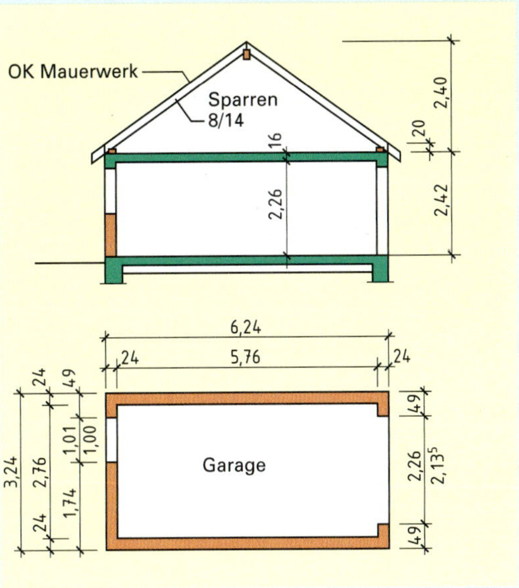

Baustoffbedarf für Mauerwerk je m² Wand

Bedarf an Mauersteinen und Mörtel (Tabellen-Ausschnitt, vollständige Tabelle im Tabellenanhang)

Steinformat	Wanddicke in cm	Abmessungen in cm Länge/Breite/Höhe	Bedarf je m² Wand	
			Anzahl Steine	Mörtel in Liter
a) Steine mit glatten, vermörtelten Stoßflächen				
DF	11,5	24 / 11,5 / 5,2	66	35
NF	11,5 24	24 / 11,5 / 7,1 11,5 / 24 / 7,1	50 100	27 70
2 DF	11,5 24	24 / 11,5 / 11,3 11,5 / 24 / 11,3	33 66	20 55
3 DF	17,5 24	24 / 17,5 / 11,3 17,5 / 24 / 11,3	33 44	30 50
2 + 3 DF	30		je 33	65
5 DF	24 30	30 / 24 / 11,3 24 / 30 / 11,3	26 33	40 55
6 DF	24 36,5	36,5 / 24 / 11,3 24 / 36,5 / 11,3	22 33	40 65
10 DF	24 30	30 / 24 / 23,8 24 / 30 / 23,8	13,5 16,5	25 33
b) Steine mit Nut und Feder, unvermörtelte Stoßfuge				
6 DF	11,5	37,3 / 11,5 / 23,8	11	8
8 DF	11,5	49,8 / 11,5 / 23,8	8,3	8
7,5 DF	17,5	30,8 / 17,5 / 23,8	13,5	12
9 DF	17,5	37,3 / 17,5 / 23,8	11	12
12 DF	17,5	49,8 / 17,5 / 23,8	8,3	12
10 DF	24	30,8 / 24 / 23,8	13,5	17

3.7 Feuchtigkeitsschutz

Die meisten Schäden an Bauwerken sind auf ungenügenden Feuchtigkeitsschutz zurückzuführen, wie zum Beispiel nasse Keller, feuchtes Mauerwerk, Putzschäden, Ausblühungen, Betonabplatzungen durch rostende Betonstähle u. a.

Um derartige Schäden an unserem Reihenhaus zu vermeiden, muss die Bauwerksabdichtung gegen Feuchtigkeit bis ins kleinste geplant und mit großer Sorgfalt ausgeführt werden.

3.7.1 Abdichtung gegen Bodenfeuchtigkeit

In nicht unterkellerten Gebäuden werden waagerechte Abdichtungen in Außen- und Innenwände eingebaut, in Außenwänden mindestens 30 cm über dem Gelände (GOK). Alle vom Boden berührten Außenflächen werden gegen Feuchtigkeit abgedichtet. Der Fußboden erhält eine waagerechte Abdichtung oder unter dem Boden eine 15 cm dicke Schicht aus grobkörnigem kapillarbrechendem Material (Kies, Schotter). i 1.3.2

In unterkellerten Gebäuden wird der Boden durch eine kapillarbrechende Schicht von 15 cm geschützt. Zwischen diese Schicht und den Betonboden wird eine Trennlage, z. B. PE-Folie eingelegt. i 4.3.1

Gemauerte Kelleraußenwände erhalten in der Regel zwei Abdichtungen, direkt über dem Kellerfußboden und auf der Erdgeschossrohdecke.

Die senkrechte Abdichtung soll mindestens 10 cm über den Fundamentvorsprung herabgezogen werden. Als Spritzwasserschutz kann ein Zementputz oder eine Dichtungsschlämme aufgebracht werden.

L 2.4.6 Kellerwände erhalten zusätzlich eine Ringdränung, wenn der Boden wenig durchlässig ist. Alle vom Boden berührten Außenflächen sind gegen Feuchtigkeit abzudichten.

3.7.2 Abdichtungsstoffe

i 5.3.2 Für die waagerechte Wandabdichtung werden Bitumendachbahnen, Dichtungsbahnen, Dachdichtungsbahnen oder Kunststoffbahnen verwendet. Zur Abdichtung von Außenwandflächen verwendet man Bitumendickbeschichtung, Spachtelmasse oder Asphaltmastix. Mauerwerksflächen müssen zum Aufbringen der Abdichtung voll und bündig verfugt werden. i 5.3.3

Zusammenfassung

Viele Bauschäden sind auf mangelhaften Feuchtigkeitsschutz zurückzuführen.

Der Schutz gegen Bodenfeuchtigkeit erfolgt durch waagerechte Abdichtungen in den Wänden und Fußböden, ferner durch senkrechte Abdichtungen an allen vom Boden berührten Außenflächen.

Für die Abdichtung werden Bitumenbahnen, Kunststoffdichtungsbahnen, Bitumendickbeschichtung, Asphaltmastix und Spachtelmassen verwendet.

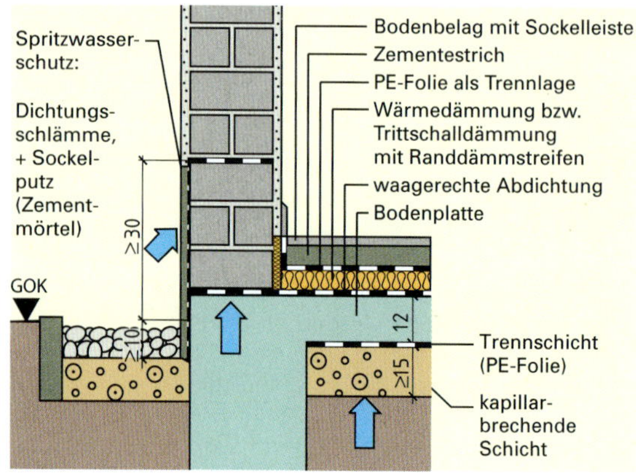

Abdichtung nicht unterkellerter Gebäude

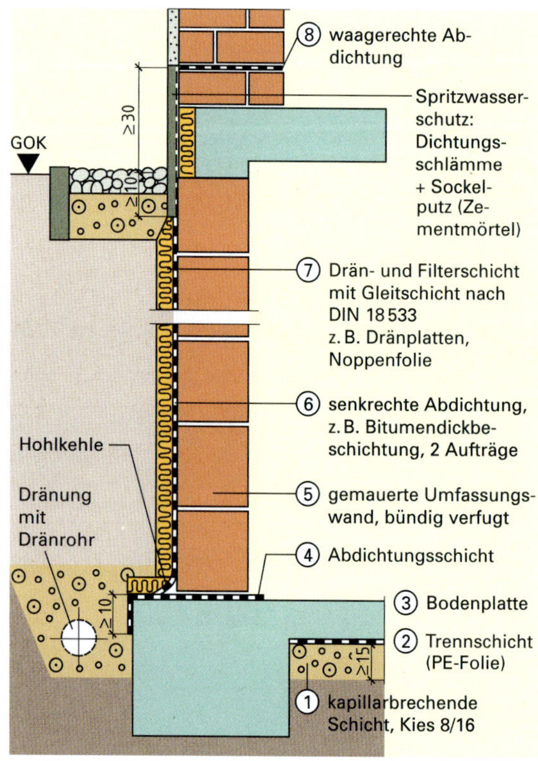

Abdichtung einer Untergeschoss-Umfassungswand aus Mauerwerk gegen Bodenfeuchte/nicht stauendes Sickerwasser

Aufgaben:

1. *Welche Möglichkeiten kennen Sie, die Untergeschossaußenwände unseres Reihenhauses gegen Bodenfeuchtigkeit zu schützen?*
   a) als Betonwand b) als gemauerte Wand
2. *Welche Stoffe können für die Abdichtung unseres Reihenhauses gegen Bodenfeuchtigkeit Verwendung finden?*
3. *Welche Folgen hat mangelhafter bzw. fehlerhafter Feuchtigkeitsschutz?*
4. *Warum lassen sich Fehler und Versäumnisse beim Feuchtigkeitsschutz nachträglich nur sehr schwer und kostenaufwendig beheben?*

3.8 Darstellung von Baukörpern

3.8.1 Ausführungszeichnungen

Ausführungszeichnungen werden auf der Grundlage der Entwurfszeichungen erstellt. Sie enthalten alle für die Bauausführung erforderlichen Maße und Angaben sowie Hinweise über zu verwendende Baustoffe und anzuwendende Konstruktionen.

Maßstab 1:50

Gebäude werden in Grundrissen, Ansichten und Schnitten dargestellt.

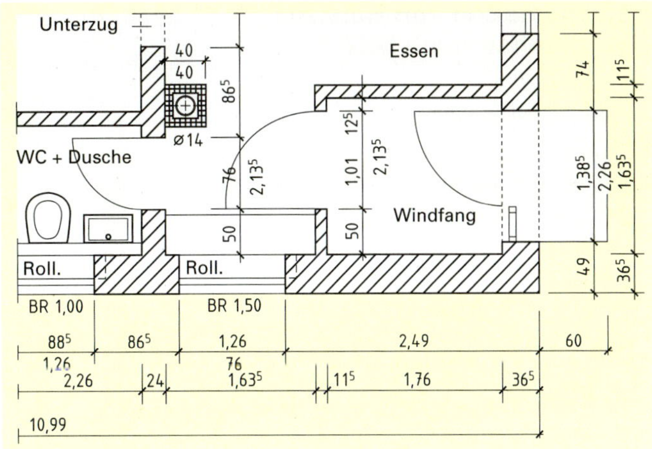

Ausführungszeichnung 1:50 (Ausschnitt)

Grundrisse

Grundrisse sind Schnittzeichnungen. Die Schnittebenen verlaufen waagerecht durch das Bauwerk und sind so festgelegt, dass Wandöffnungen, z.B. Fenster- und Türöffnungen, geschnitten werden. Somit ist der Grundriss die Draufsicht auf die unter der Schnittebene liegenden Bauteile.

Die Grundrisse werden mit den Geschossen bezeichnet, in denen die Schnittebenen angeordnet sind. Entsprechend unterscheidet man **Untergeschoss-** (UG), **Erdgeschoss-** (EG), **Obergeschoss-** (OG) und **Dachgeschoss-** (DG) **Grundrisse.**

Schnitte

Schnitte entstehen durch **senkrecht** geführte **Schnittebenen**. Auch hier wird die Lage der Ebenen so festgeegt, dass Wand- und Deckenöffnungen geschnitten sind. Zudem soll der Verlauf vorhandener Treppen erkennbar sein.

Man unterscheidet **Längs-** und **Querschnitte.** Der Verlauf der Schnittebenen wird im Grundriss mit der Angabe der Blickrichtung gekennzeichnet.

Ansichten

Ansichten werden nach der Himmelsrichtung unterschieden, aus der sie betrachtet werden.

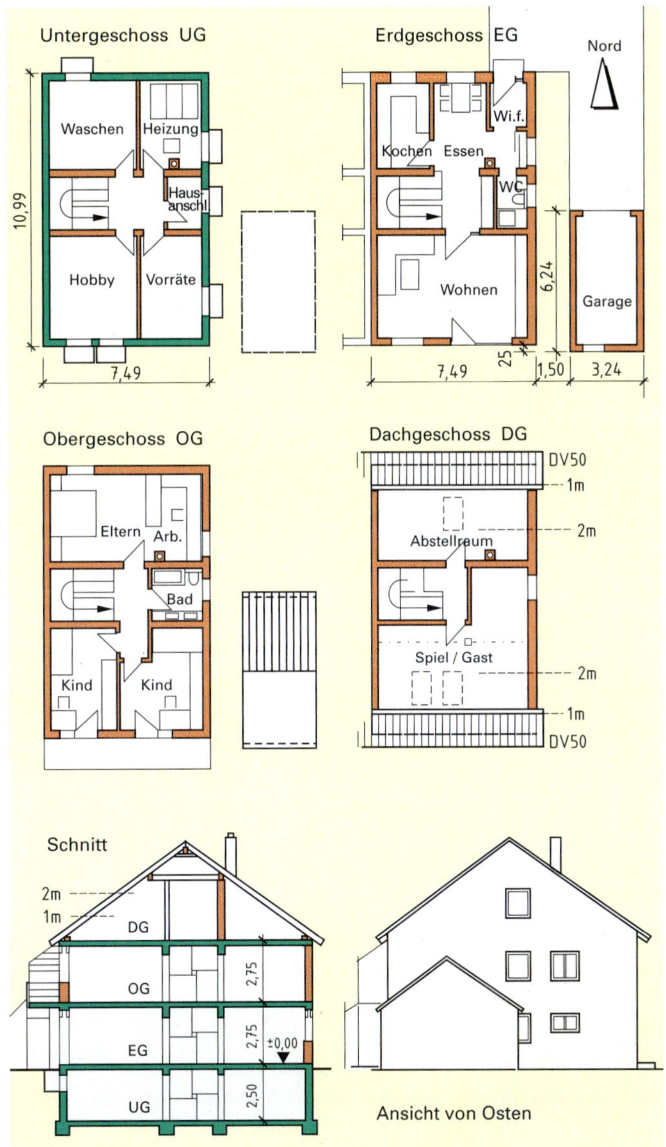

Darstellung von Bauzeichnungen (Reihenhaus)

> Ausführungszeichnungen enthalten alle für die Bauausführung erforderlichen Maße, Angaben und Hinweise über Baustoffe und Konstruktionen.

3.8.2 Bemaßen von Bauzeichnungen nach DIN 1356

Grundrisse und Schnitte

In Bauzeichnungen werden in der Regel **Rohbaumaße** eingetragen. Der Umfang der Maßeintragung ist von der Art bzw. dem Zweck der Zeichnung abhängig. Sämtliche zur Klarstellung erforderlichen Maße sind einzutragen.

Bei der in Bauzeichnungen üblichen Anwendung von **Kettenmaßen** ist die Bemaßung dem Fertigungsablauf anzupassen. Dabei ist zu beachten, dass jeweils das weniger wichtige Maß ein „Hilfsmaß" ist. Es ist jedoch nicht üblich, eine besondere Kennzeichnung vorzunehmen. Innenmaße sind nach Möglichkeit außerhalb des Grundrisses anzuordnen. Dadurch wird Platz gewonnen für andere wichtige Eintragungen, wie z. B. Raumbezeichnungen, Höhenlage des Fußbodens u. a. m.

Angabe von Höhenlagen

Höhenlagen von Bauteilen sind in Grundrissen, Schnitten und Ansichten mit gleichseitigen Dreiecken festzulegen. Dabei bezeichnen Höhenangaben mit

- offenen (weißen) Dreiecken **fertige Höhenlagen** (z. B. Oberkante fertiger Fußboden, FFB),
- angelegten (schwarzen) Dreiecken **Rohbauhöhenlagen** (z. B. Oberkante Rohdecke, RFB).

Die Höhenzahl steht rechts neben, über oder unter dem Höhendreieck. Das Höhenmaß wird in der Praxis zweckmäßigerweise auf die Oberkante der Rohbaudecke bezogen (RFB ±0,00). Darüberliegende Höhen erhalten ein Pluszeichen, darunterliegende ein Minuszeichen.

Bemaßen von Geschosshöhen, Treppen und Wandöffnungen

Geschosshöhen werden als Differenz zwischen den Oberkanten der Fertigfußböden eines Geschosses (Fertig-Geschosshöhe) oder als Differenz zwischen den Oberkanten der Rohbaudecken (Roh-Geschosshöhe) angegeben. Lichte **Rohbauhöhen** werden von der Oberkante Rohbaudecke bis zur Unterkante der darüberliegenden Rohbaudecke gemessen.

Bei **Treppen** werden sowohl im Grundriss als auch im Schnitt die Anzahl der Steigungen und das Steigungsverhältnis durch das Verhältnis Steigung zu Auftritt angegeben (z. B. 15 × 183/270). Nach DIN 18065 wird das Steigungsverhältnis in mm angegeben, in der Praxis findet sich jedoch häufig die Angabe in cm.

Bei **Wandöffnungen** (Fenster, Türen) ist die Breite über, die Höhe unter der Maßlinie einzutragen. Als Breiten und Höhen gelten die kleinsten Lichtmaße der Wandöffnungen.

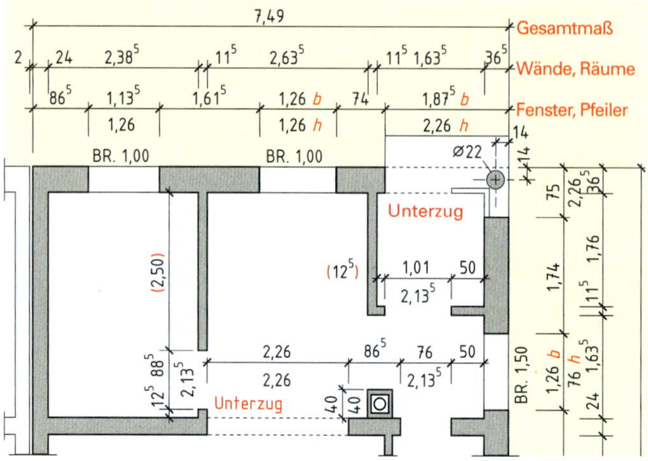

Maßanordnung und Maßeintrag

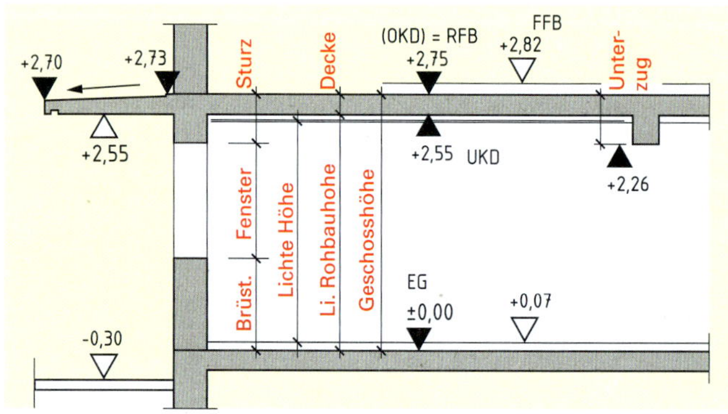

Höhenlagen, Höhenmaße

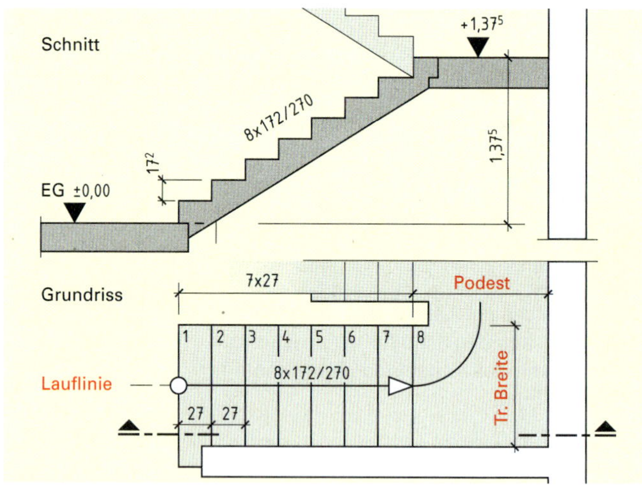

Bemaßung in Treppenzeichnungen

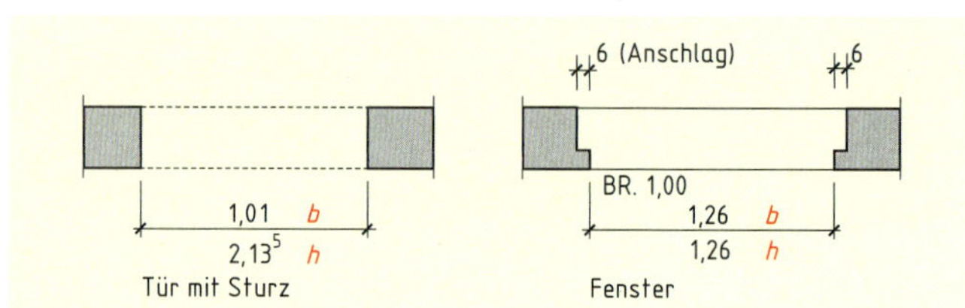

Bemaßen von Wandöffnungen

3.8.3 Schraffuren

In Bauzeichnungen werden Schnittflächen von Baukörpern entsprechend den verwendeten Baustoffen durch bestimmte verschiedenartige Schraffuren oder bestimmte farbige Anlegungen gekennzeichnet.

Baustoff bzw. Bauteil			Ausführungs- und Teilzeichnungen – Darstellungsart: schwarz-weiß	farbig
Natürlicher Boden				
Geschütteter Boden (DIN ISO 128-50)				
Mauerwerk aus künstlichen Steinen				braunrot
Unbewehrter Beton				olivgrün
Bewehrter Beton				blaugrün
Betonfertigteile (nicht genormt)				violett
Holz in Schnittflächen	quer	längs		braun
Dichtungsschichten	Pappen, Folien			
	Anstriche			
Dämmschichten (Wärme, Schall)				
Putz- und Mörtelschichten				
Kiesschichten				

Kennzeichnung von Schnittflächen

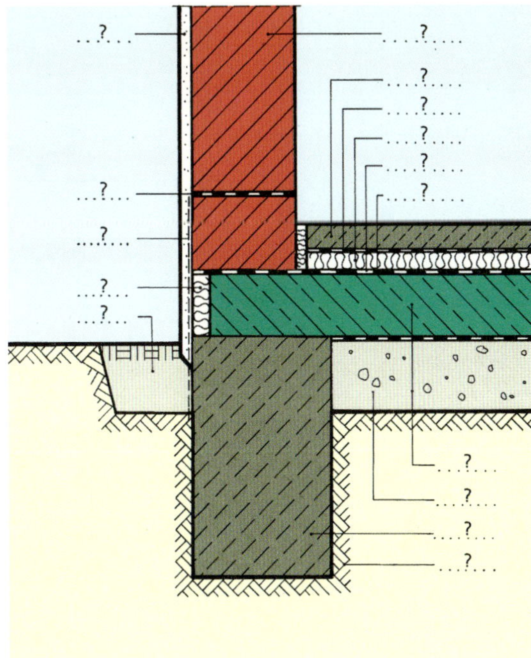

Gebäudesockel

Aufgabe:

Geben Sie die Baustoffe in oben stehender Zeichnung an.

Abkürzungen

Um Bauzeichnungen übersichtlich zu halten, werden häufig vorkommende Bezeichnungen abgekürzt.

UG	Untergeschoss	Roll	Rollladen
EG	Erdgeschoss	HKN	Heizkörpernische
OG	Obergeschoss	PT	Putztür
RFB	Rohfußboden	WD	Wanddurchbruch
FFB	Fertigfußboden	WS	Wandschlitz
OK	Oberkante	DD	Deckendurchbruch
GOK	Geländeoberkante	DA	Deckenaussparung
UK	Unterkante	m ü.	m über Normal-
DN	Dachneigung	NHN	höhennull
DV	Dachvorsprung	KS	Kontrollschacht
HG	Hausgrund	BA	Bodenablauf
Stg	Steigung	S	Sohle
BRH	Brüstungshöhe	K	Krone (Damm)

Abkürzungen in Bauzeichnungen

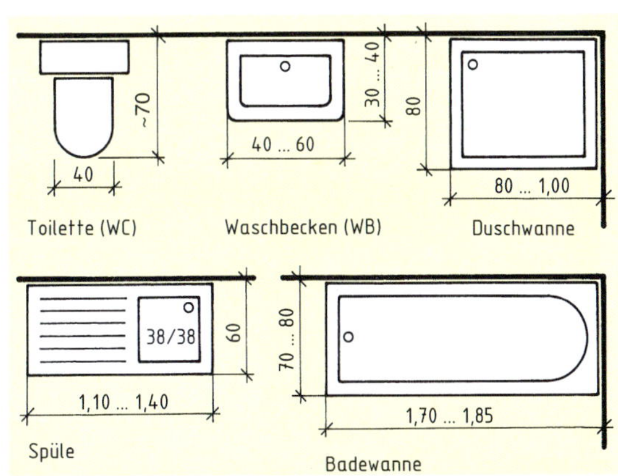

Symbole für sanitäre Einrichtungen

Bauzeichnungen müssen aufmerksam „gelesen" werden, um alle Details aus den Maßen, Schraffuren, Hinweisen und Abkürzungen zu verstehen und zu erfassen und sie fehlerlos praktisch umsetzen zu können.

Nach Zeichnung bauen erfordert Übung. Deshalb sollte man keine Gelegenheit auslassen, sich bei Errichtung eines Bauwerkes vor der Ausführung anhand der Zeichnung zu informieren und danach die Ausführung anhand der Zeichnung zu kontrollieren.

Aufgabe:

Zeichnen Sie den mit Achtelmeter (am) vermaßten Grundriss und Schnitt im Maßstab 1:50. Ersetzen Sie die am-Maße durch **Mauermaße**. (Treppe weglassen)

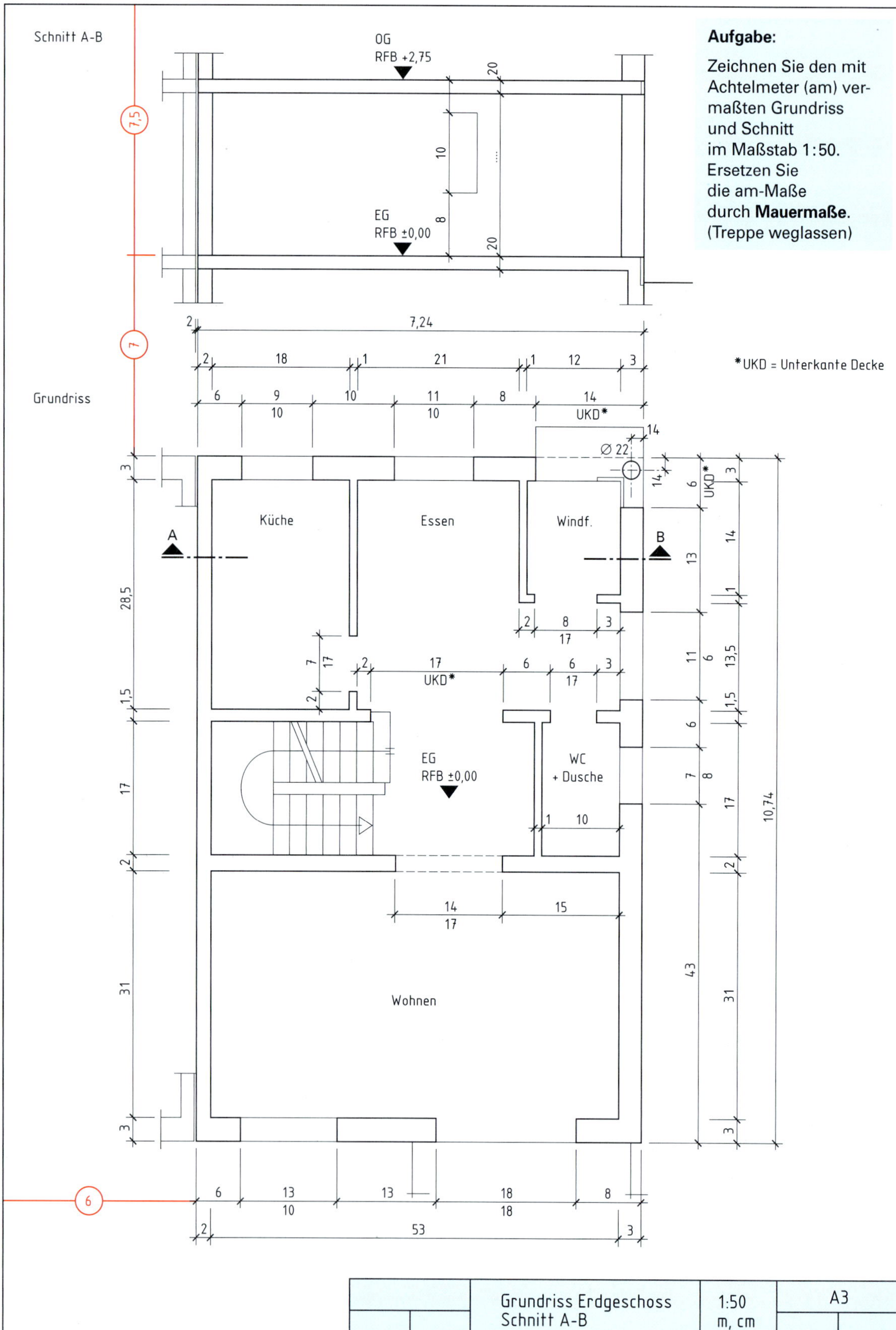

3.8.4 Aufmaßskizzen

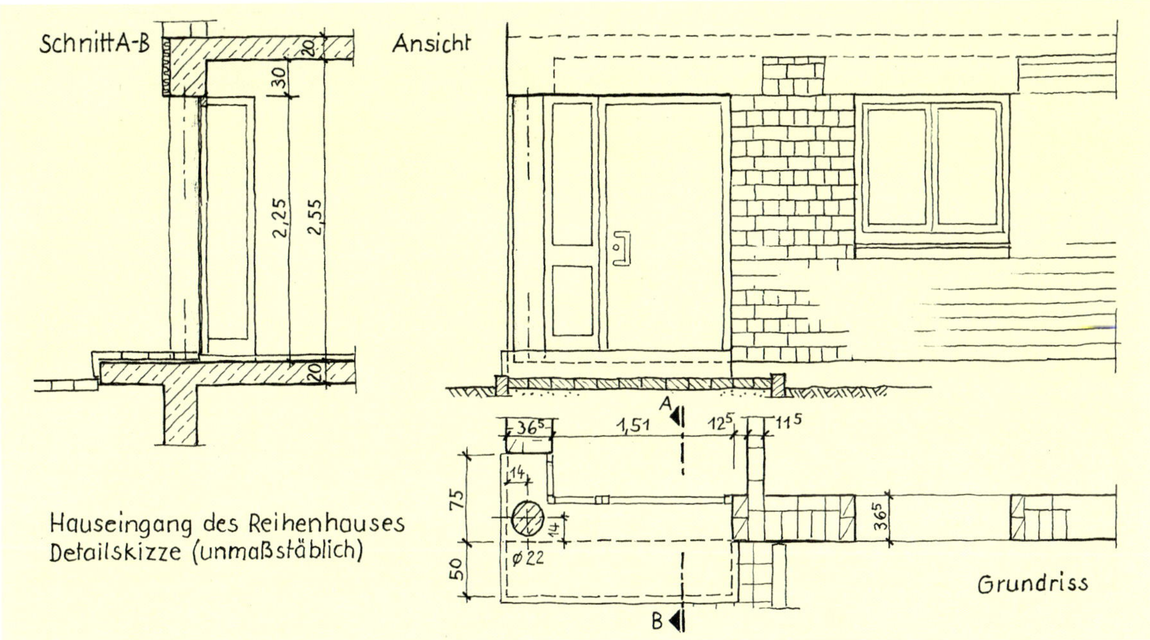

Überlegungen zu baulichen Vorhaben werden zunächst durch Skizzen festgehalten, bevor man zum Entwurf, das heißt zur Ausarbeitung von Plänen übergeht. Auf der Baustelle dienen Skizzen zur Erläuterung von Arbeitsanweisungen. Bei der Bauablaufplanung werden Baustelleneinrichtung und Schalungseinsatz oft skizziert.

Besondere Bedeutung hat die Skizze bei der Bauaufnahme bestehender Gebäude oder Bauteile zum Zwecke des Um- oder Ausbaues. Diese Aufgabe stellt sich im Zusammenhang mit Altbaumodernisierung und -sanierung besonders oft.

Technik der Strichführung

Freihändig gezogene Linien sollen möglichst geradlinig sein. Die üblichen Linienbreiten für sichtbare Kanten, Schnittkanten und Hilfslinien sind einzuhalten.

Aufgabe:

Zeichnen Sie auf einem unlinierten Blatt parallele Linien unterschiedlicher Linienbreite senkrecht, waagerecht oder schräg.

Der Handballen liegt auf dem Zeichenblatt auf. Bei längeren Linien wird kurz abgesetzt und der Auflagepunkt des Handballens entsprechend verrückt. Es zeigt sich, dass senkrechte Linien besser zu ziehen sind als waagerechte oder schräge: Deshalb ist es zweckmäßig, das Zeichenblatt beim Ausziehen in die jeweils günstigste Lage zu drehen.

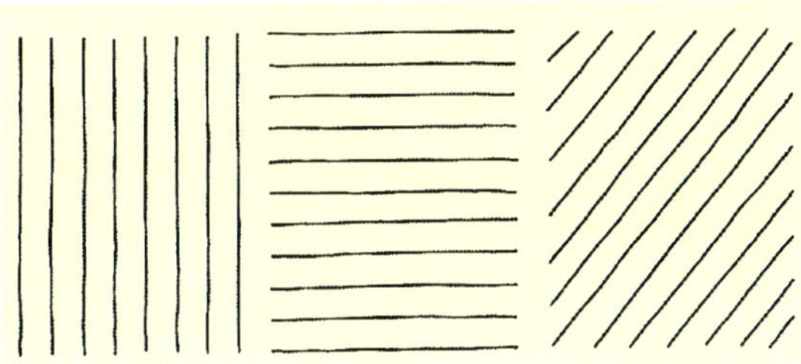

Strichübungen

Maßverhältnisse erkennen und wiedergeben

Aufgaben:

Ergänzen Sie die nichtgegebenen Maße mithilfe des jeweils gegebenen Maßes, ohne einen Maßstab zu benützen.
Fertigen Sie anschließend eine größere Freihandskizze mit Bemaßung.

1. *Bodenfliese*
2. *Formschornstein*
3. *Wohnraum*
4. *Ansicht einer Giebelfläche*

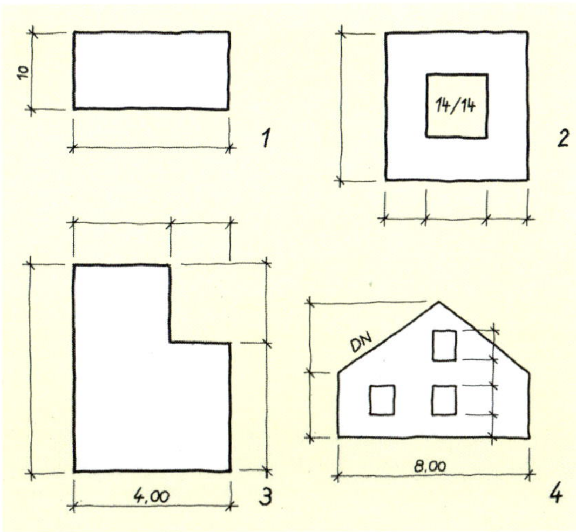

Maßverhältnisse erkennen

Aufgaben:

1. ***Mauerverbände***
   Skizzieren Sie die Ansichten nach dem in Grundrissschichten dargestellten Blockverband und Läufer-Zierverband.
   Steinlänge 2 cm
   Steinhöhe 0,5 cm

2. ***Verlegemuster***
   Skizzieren Sie verschiedene Verlegemuster für:
   Fliesenbeläge,
   Ziegelflachschichten,
   Betonsteinpflaster.
   Fliesen- bzw. Steingröße 1 × 2 cm

Die roten Ziffern geben jeweils die Reihenfolge an, in der die Skizzen gefertigt werden.

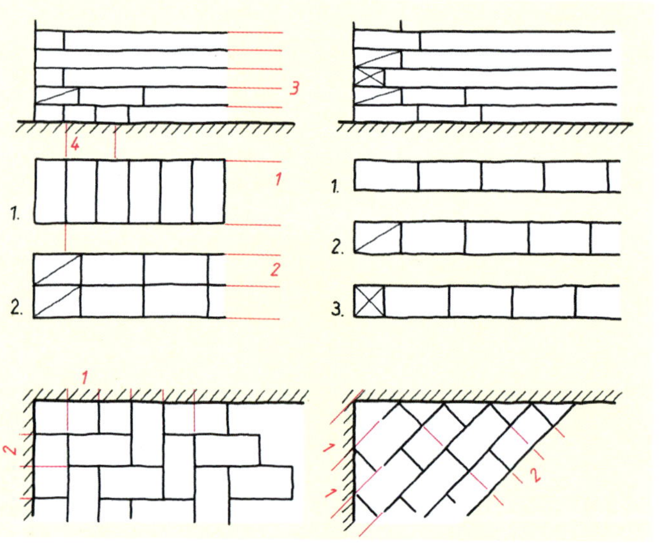

Beispiele von Verbänden und Verlegemustern

Ausführung von Bauskizzen

Für konstruktive Skizzen verwendet man zweckmäßigerweise kariertes Papier oder Transparentpapier mit untergelegtem Karo- oder Millimeterpapier auf einer Zeichenplatte.

Zuerst werden die wesentlichen Teile mit dünnen Linien vorgezeichnet.

Sind auf diese Weise die konstruktiven Zusammenhänge gefunden, werden die Linien mit einem Zeichenstift mittlerer Härte (z. B. HB) oder auch mit Filzschreiber unter Beachtung der Linienbreiten ausgezogen.

3. ***Eingangspodesttreppe***
   Skizzieren Sie für unser Reihenhaus die Eingangspodesttreppe mit 3 Steigungen 16/30 cm (H/B) in Draufsicht, Vorder- und Seitenansicht.
   Podestplatte 60 cm breit,
   1,60 m lang,
   18 cm dick.
   1 Karo (5 mm) = 10 cm.

4. ***Aufmaßskizze***
   Fertigen Sie die Aufmaßskizze eines kleinen Raumes unseres Reihenhauses, zum Beispiel Bad, Windfang, Küche, einschließlich Tür- oder Fensteröffnungen (Grundriss und Ansicht einer Wand).

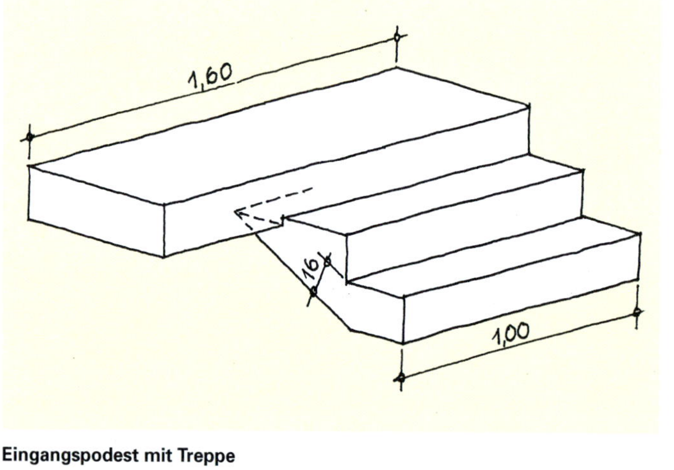

Eingangspodest mit Treppe

Zusammenfassung

Ausführungszeichnungen, Maßstab 1:50, enthalten alle erforderlichen Maße und Angaben, die für die Bauausführung erforderlich sind.

Die Bemaßung der Bauzeichnungen ist dem Fertigungsablauf anzupassen (Kettenmaße). Der Maßeintrag ist möglichst außerhalb des Grundrisses anzuordnen. Bei der Angabe von Höhenlagen ist zwischen fertigen Höhenlagen und Rohbauhöhenlagen zu unterscheiden.

Das Lesen von Bauzeichnungen erfordert Übung und ist die Voraussetzung für die fehlerlose praktische Umsetzung.

Arbeitsanweisungen werden durch Skizzen bestimmter Details verdeutlicht. Missverständnisse können damit weitgehend vermieden werden.

3.8.5 Isometrische Projektion

Die Form zusammengesetzter Bauteile ist aus den Ansichts- und Schnittzeichnungen oft schwierig zu erkennen. Deshalb ist die Anfertigung von Schrägbildern (Raumbildern) zu empfehlen. Dann sind einzelne Teile und deren Zusammenhang besser zu sehen.

Die isometrische Projektion – Isometrie (Isometrie = gleiches Maß, unverkürzte Kanten). Die Höhen werden senkrecht gezeichnet, Längen und Breiten im Winkel von 30° zur Waagerechten. Alle Kanten werden unverkürzt dargestellt.

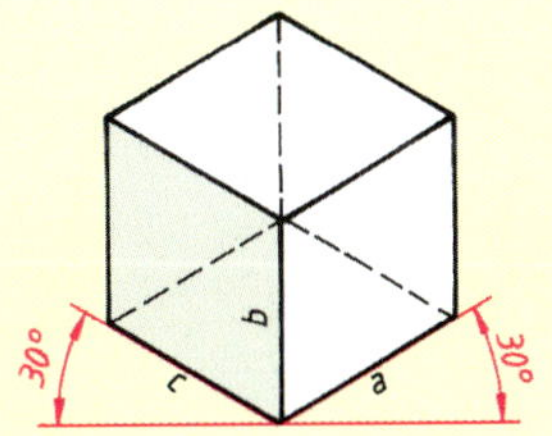

Isometrie $a:b:c = 1:1:1$

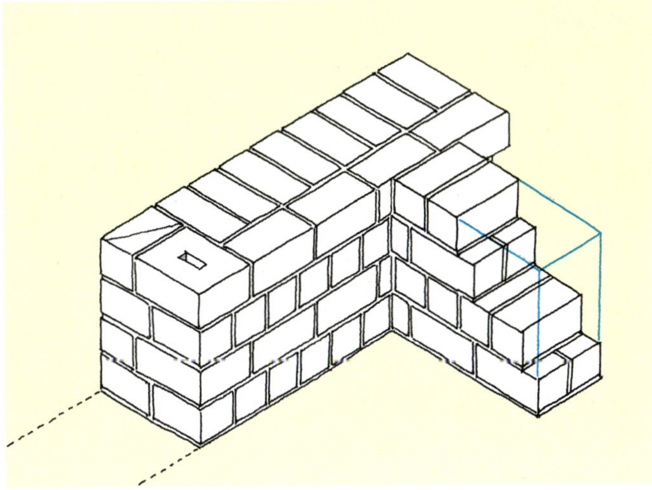

Maueranschluss (Isometrie)

Die Konstruktion von Schrägbildern

Beispiel: Isometrische Zeichnung eines Mauerkörpers

Zuerst ist die Platzeinteilung vorzunehmen. Die Lage der vordersten Kanten wird festgelegt (Ausgangspunkt P); dabei ist besonders auf den größeren Höhenbedarf des Schrägbildes zu achten.

1. Achsenrichtungen antragen (hier: 30° für Isometrie).
2. Gesamtmaße der Länge und Breite antragen und Grundfläche zeichnen, Teilmaße festlegen.
3. Grundfläche ergänzen und Höhen errichten.
4. Gesamthöhe antragen, gegebenenfalls Körperumriss (Hüllkörper) zeichnen, Teilhöhen festlegen.
5. Waagerechte Deckflächen parallel zu den Grundkanten ergänzen.
6. Sichtbare Kanten ausziehen, nichtsichtbare Kanten soweit zweckmäßig darstellen. Dünne Hilfslinien können belassen werden.

Schrägbilder erhöhen die Anschaulichkeit von Abbildungen. Im Bauwesen werden sie häufig skizzenhaft gezeichnet. Verdeckte Kanten, die nicht zur Verbesserung der Anschaulichkeit beitragen, können vernachlässigt werden.

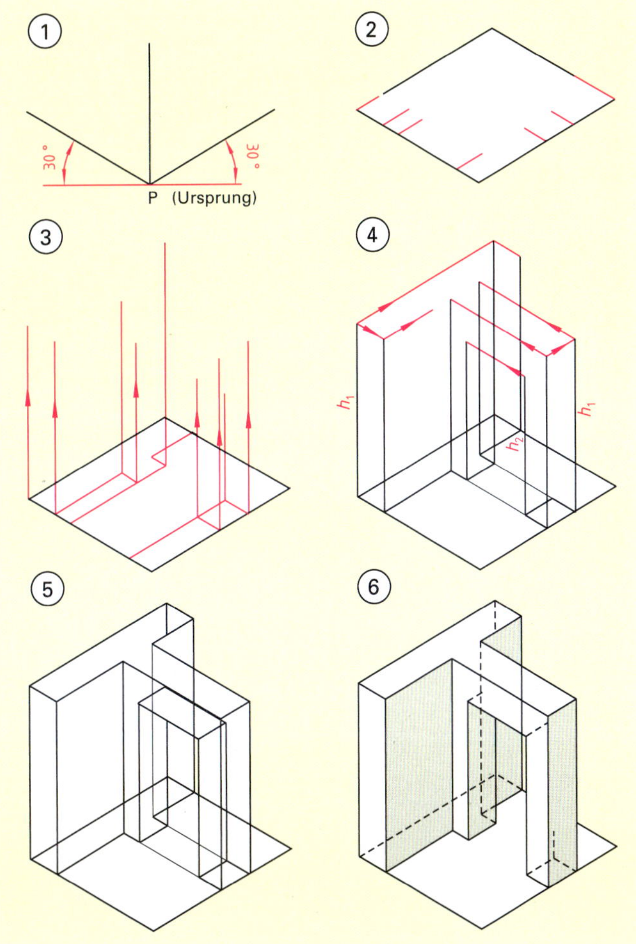

Isometrische Darstellung eines Mauerkörpers in Schritten

Aufgaben:

Zeichnen Sie die dargestellten Körper ① … ⑥ als **Isometrie** nach der nebenstehend abgebildeten Musterlösung (Hochformziegel), **ohne Bemaßung**.

Messen Sie jeweils die vordere linke Körperecke ein.

① Scherblatt, 1:2 – cm

② Formstein, 1:10 – m, cm

③ Garage, gemauerte Wände, 1:100 – m, cm

④ Reihenhaus mit Satteldach, 1:100 – m, cm

⑤ Wandanschluss im Reihenhaus (Garderobe), 1:100 – m, cm

⑥ Ausschnitt im Bereich Küche mit Haustrennwand, 1:100 – m, cm

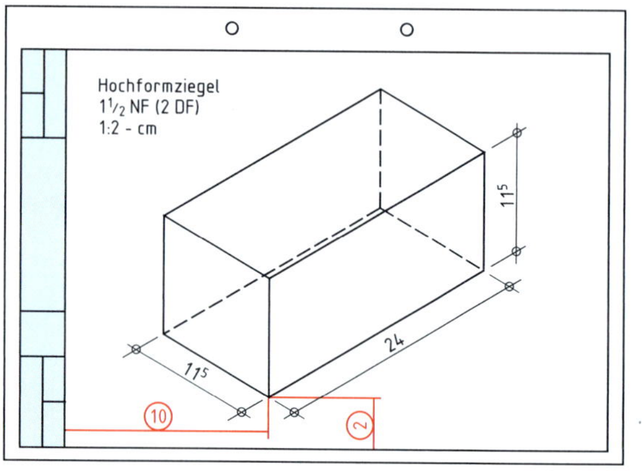

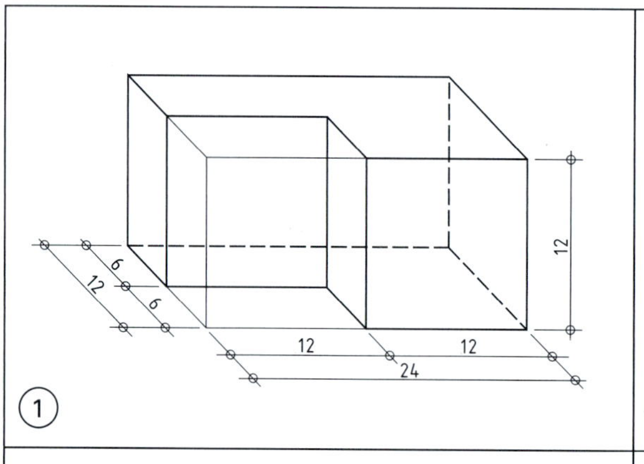

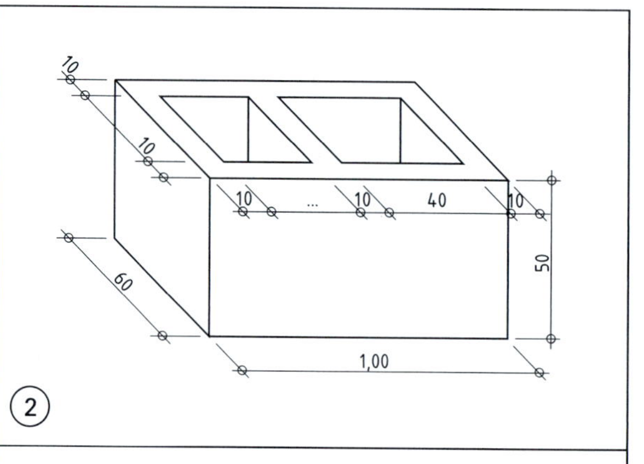

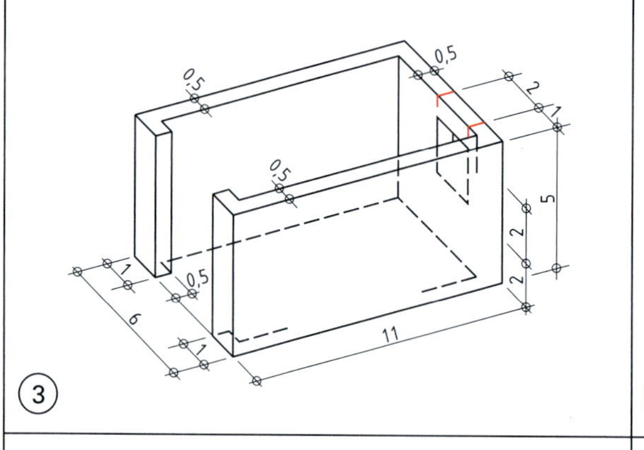

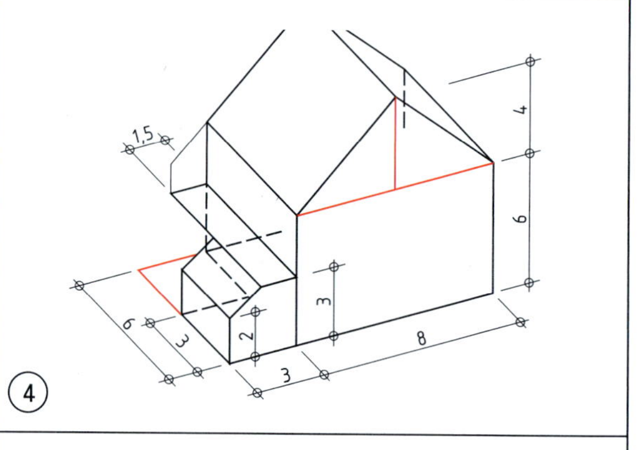

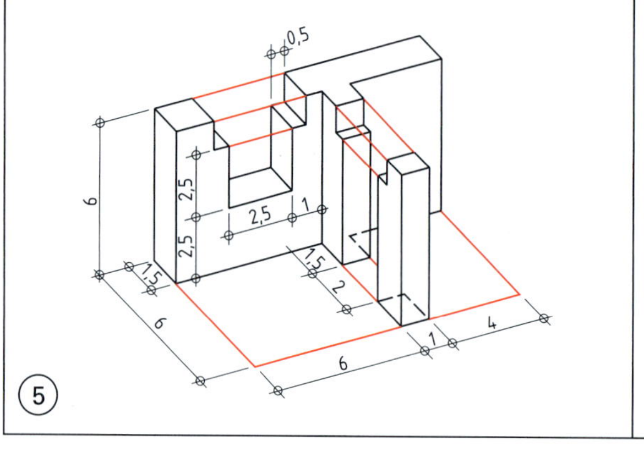

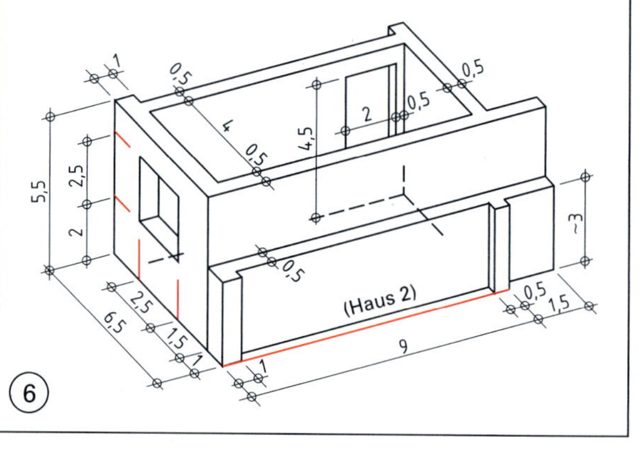

3.9 Qualitätssicherung

Alle Eigenschaften eines Mauerwerks, seine Tragfähigkeit, Wärme- und Schalldämmfähigkeit sowie sein Brandschutzvermögen hängen von der Qualität des Mauerwerks ab. In erster Linie wird die Qualität des Mauerwerks von den Fachkenntnissen und Fertigkeiten des Maurers bestimmt. Deshalb ist es wichtig, dass der Maurer die Qualität des Mauerwerks einschätzen und beurteilen kann.

Die Qualität der Mauersteine und des Fertigmörtels bzw. des Trockenmörtels wird vom Hersteller durch eine Güteüberwachung, die aus Eigen- und Fremdüberwachung besteht, gewährleistet. Die Art und der Umfang der Güteüberwachung ist in den entsprechenden Normen festgelegt. Nur güteüberwachte Baustoffe erhalten ein **Gütesiegel**.

Bei den Kriterien (Kriterium = Kennzeichen, Gesichtspunkt) zur Beurteilung der Qualität des Mauerwerks kann demzufolge zwischen materialbezogenen und herstellungstechnischen Kriterien unterschieden werden.

Materialbezogene Kriterien beziehen sich in erster Linie auf die Qualität der Mauersteine und auf die Qualität des Mörtels bzw. dessen Bestandteile.

Herstellungstechnische Kriterien beziehen sich auf die Qualität des Herstellungsprozesses, der mit der Arbeitsplanung beginnt und mit dem fertig erstellten Mauerwerk endet.

Das **CE-Zeichen der Europäischen Gemeinschaft** steht für Konformität (Übereinstimmung) eines Produktes mit den **EG-Normen**. Diese Produkte können im EG-Raum frei verkehren und verwendet werden.

Das **Ü-Zeichen** steht für die Übereinstimmung mit der **Deutschen Norm**. Zur Erlangung des Ü-Zeichens führt der Hersteller alle erforderlichen Prüfungen eigenverantwortlich durch. Das Ü-Zeichen darf **nur verwendet** werden, wenn **kein** CE-Zeichen erteilt wurde.

Außenwand aus wärmedämmenden Leichtziegeln ohne Stoßfugenvermörtelung (Zahnziegel)

Kriterienkatalog zur Beurteilung des Arbeitsprozesses und des Arbeitsergebnisses bei der Herstellung von Mauerwerk

Beispiel: Untergeschoss-Innenwand unseres Reihenhauses

	Kriterien	Fragen
Herstellungstechnische Kriterien	Ausführungspläne	Sind alle für die UG-Wand erforderlichen Pläne (Grundriss, Schnitt) vorhanden? Enthalten die Ausführungspläne alle notwendigen Angaben?
	Arbeitsvorbereitung	Stehen alle Werkstoffe (Steine, Mörtel) auf der Baustelle zur Verfügung? Liegen alle Werkzeuge auf der Baustelle bereit? Sind alle Hilfsstoffe und -materialien (Sperrpappe, Fertigstürze) vorhanden? Steht Gerüstmaterial zur Verfügung? Ist für die Entsorgung von Verschnitt und Mörtelresten gesorgt? Stehen genügend Arbeitskräfte (Fachkräfte, Hilfskräfte) zur Verfügung? Sind alle notwendigen vorausgegangenen Arbeiten abgeschlossen? Sind alle Vorkehrungen für die Arbeitssicherheit getroffen? Ist der Arbeitsplatz in ordnungsgemäßem Zustand? Ist die Witterung (Wetter, Temperatur) für die Herstellung von Mauerwerk geeignet?
	Arbeitsablauf	Werden die Verbandsregeln beachtet? Wird das Mauerwerk vollfugig und dicht hergestellt? Werden die Teilsteine passgenau gesägt? Werden die Maße und Winkel entsprechend der Ausführungspläne eingehalten? Wird senkrecht und fluchtrecht gemauert?
Materialbezogene Kriterien	Mauersteine	Entsprechen die Mauersteine den Angaben (Druckfestigkeitsklasse, Rohdichteklasse) des Ausführungsplanes? Besitzen die Mauersteine das Gütesiegel?
	Mörtel	Entspricht die Mörtelgruppe der Angabe des Ausführungsplanes? (Bei Fertigmörtel durch Kontrolle des Lieferscheines, bei Trockenmörtel durch Aufdruck des Gütesiegels und der Mörtelgruppe auf dem Sack.)
	Fertigstürze	Entsprechen die Fertigstürze den Angaben des Ausführungsplanes?
	Sperrpappe	Entspricht die Sperrpappe der Angabe des Ausführungsplanes?

Die Qualitätssicherung (Abkürzung QS) gewinnt weltweit immer größere Bedeutung. Die Qualitätssicherung ist die Gesamtheit aller Maßnahmen, die erforderlich sind, um qualitativ einwandfreie Produkte herzustellen. Deshalb entstanden hierfür nationale (DIN = Deutsche Norm) und internationale Normen (ISO) besonders auch im europäischen Raum (EN = Europäische Norm).

Um europaweit wettbewerbsfähig zu sein, bemühen sich Bauunternehmen um ein Qualitätszertifikat (Zertifikat = Bescheinigung, Beglaubigungsschreiben). Damit ist für den Auftraggeber sichergestellt, dass das Unternehmen nach festgelegten Richtlinien des **Qualitätsmanagements** (Abkürzung QM) der ISO 9000 geführt wird.

Das Qualitätsmanagement ist für die Durchführung, Einhaltung und Kontrolle der Qualitätssicherung zuständig und verantwortlich.

Qualitätsmanager auf der Baustelle sind der Polier und der Bauleiter.

Beurteilung des Arbeitsergebnisses

Jede Arbeit, ob in der Schule, in der Werkstatt oder auf der Baustelle, muss beurteilt werden. Eine Verbesserung ist nur möglich, wenn bekannt ist, welche Qualität die Arbeit besitzt.

Ein Sprichwort sagt: **„Wer aufhört besser zu werden, der hört bald auf, gut zu sein!"**

Beim Beurteilen wird zwischen **Selbstbeurteilung** und **Fremdbeurteilung** unterschieden.

Bevor eine Arbeit zur Fremdbeurteilung übergeben wird, muss die Selbstbeurteilung vorausgehen.

Bei der Herstellung von Mauerwerk bedeutet dies, dass wir unser Arbeitsergebnis, also die Qualität des Mauerwerks, beurteilen.

Dazu ist es notwendig, Beurteilungskriterien (Beurteilungsgesichtspunkte) zu entwickeln und sie in einem **Beurteilungsbogen** aufzunehmen.

Jede Arbeit muss beurteilt werden, sei es in der Schule, in der Werkstatt oder auf der Baustelle. Der Fremdbeurteilung muss die Selbstbeurteilung der Arbeit vorausgehen. Zur Beurteilung der Arbeit auf der Baustelle, z.B. einer errichteten Mauer, sind die einzelnen Kriterien in einem Beurteilungsbogen aufzunehmen, nach denen die Arbeitsqualität zu bewerten ist.

Zusammenfassung

Fachkenntnisse und Fertigkeiten des Maurers bestimmen vor allem die Qualität eines Mauerwerks.

Bei der Beurteilung eines Mauerwerks wird zwischen materialbezogenen und herstellungstechnischen Kriterien unterschieden.

Die Qualitätssicherung wird im nationalen, europäischen und internationalen Rahmen zunehmend vereinheitlicht. Die Qualitätssicherung ist Aufgabe des Qualitätsmanagements.

Ergebnis unfachmännischer Arbeit

Beurteilungskriterien	**Beurteilung** hervorragend	ordentlich	brauchbar
1. Maßgenauigkeit Entsprechen die Maße den Angaben der Pläne?			
2. Lot- und Fluchtgenauigkeit Ist das Mauerwerk lot- und fluchtgerecht?			
3. Rechtwinkligkeit Sind die Mauerecken und Mauerkreuzungen winkelrecht?			
4. Verband Wurden die Mauerverbände eingehalten?			
5. Fugen Wurde vollfugig gemauert?			
6. Wirtschaftlichkeit Wie groß war der Verhau? Welche Zeit habe ich für die Herstellung benötigt?			
7.			
8.			

Beurteilungsbogen für Mauerwerk (zur Selbstbeurteilung)

Aufgaben:

1. *Zwischen welchen Qualitätskriterien wird bei der Beurteilung von Mauerwerk unterschieden?*
2. *Warum werden die Arbeitsvorbereitungen mit bewertet, wenn es um die Qualitätssicherung von Mauerwerk geht?*
3. *Begründen Sie, weshalb ein Kriterienkatalog zur Qualitätssicherung verwendet wird.*
4. *Wenden Sie den Qualitätskatalog zur Beurteilung der Zwischenwände unseres Reihenhauses an.*
5. *Erläutern Sie, worin die Vorteile liegen, wenn zur Beurteilung von Mauerwerk ein Kriterienkatalog verwendet wird.*
6. *Warum wird die Qualitätssicherung national und international immer mehr vereinheitlicht?*

Lernfeld 4:
Herstellen eines Stahlbetonbauteils

Bei unserem Reihenhaus gibt es eine Vielzahl von Bauteilen, die aus **unbewehrtem** und **bewehrtem Beton** hergestellt werden. Fundamente, Bodenplatte und Treppen werden betoniert. Decken, Stützen und Stürze über Öffnungen werden aus Stahlbeton hergestellt. Beton und Stahlbeton als dauerhafte und hochbeanspruchte Baustoffe erfordern sorgfältige Herstellung und Ausführung. Dazu sind nicht nur Kenntnisse über die Zusammensetzung des **Betons** und **Stahlbetons** erforderlich. Für die Baufachkraft ist es notwendig, das Zusammenwirken von Stahl und Beton zu verstehen und die Bewehrungs- und Schalungsarbeiten sach- und fachgerecht auszuführen.

Beton ist bei seiner Herstellung plastisch und formbar. Zur Formgebung werden **Schalungen** als **„stützende Umhüllung"** verwendet. Sie verleihen durch den Abdruck ihrer Oberfläche dem Beton das Aussehen. Für die Ausführung von Schalungsarbeiten bestehen Vorschriften, die in DIN EN 1992-1, DIN EN 206 und DIN 4420 zusammengefasst sind. Wesentliche Bestimmungen enthalten auch die Unfallverhütungsvorschriften der Bauberufsgenossenschaften.

Da die Schalung (Lohn) etwa 52 % der Kosten einer Konstruktion in Beton- oder Stahlbetonbauweise verursacht, ist man bestrebt, durch rationelle Schalungskonstruktionen und neue Verfahren die Lohn- und Materialkosten zu senken. Die Wahl der richtigen Schalungskonstruktion hängt in erster Linie von der Einsatzhäufigkeit und von der Art der gewünschten Betonoberfläche ab.

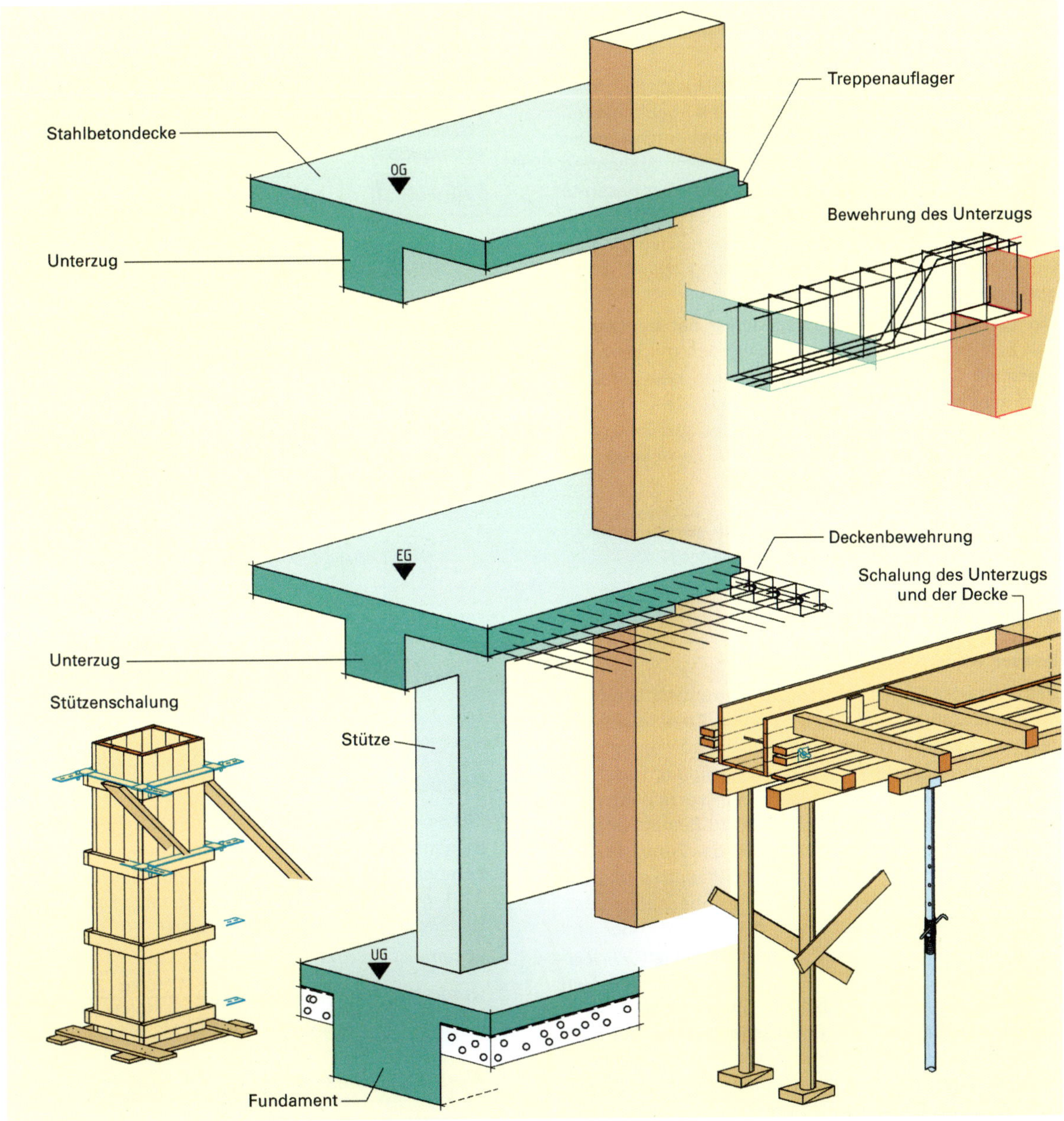

Beton ist ein künstlicher Baustoff, der durch Mischen von Zement, groben und feinen Gesteinskörnungen und Wasser, mit oder ohne Zugabe von Zusatzmitteln und Zusatzstoffen hergestellt wird. Beton wird im plastischen Zustand verarbeitet. Zement erhärtet durch chemische Reaktion.

4.1 Zement

4.1.1 Zementherstellung

Zemente nach DIN EN 197-1 sind fein gemahlene hochhydraulische Bindemittel für Mörtel und Beton, die an der Luft und unter Wasser erhärten.

Die **Zementrohstoffe** Kalkstein und tonhaltiges Gestein, z. B. Mergel, werden nach dem Brechen zuerst gemahlen, fein dosiert und innig gemischt zu **Zementrohmehl** (Mengenverhältnis Kalkstein zu Ton etwa 3:1). Ersatzrohstoffe, wie Hüttensand, Flugasche und Kalkschlämmen helfen Rohstoffe zu sparen.

Im **Drehrohrofen** wird das granulierte (gekörnte) Rohmehl bis etwa 1450 °C, d.h. bis zur beginnenden Schmelze (Sintergrenze), gebrannt. Dabei durchwandert das Brenngut den schräg liegenden, sich drehenden Ofen, der bis zu 100 m Länge haben kann. Der gesamte Kalk wird hierbei an die Tonmineralien Silicium-, Aluminium- und Eisenoxid chemisch gebunden. Öfen mit Vorwärmtechnik und Wärmerückgewinnung sparen Energie und reduzieren den CO_2-Ausstoß.

Die steinartigen **Portlandzementklinker** haben etwa einen Zentimeter Durchmesser. Sie werden mit etwa 3% **Gipsstein** fein gemahlen. Das Erstarren des Zements wird durch den Gipszusatz verzögert. Je kleiner die Zementkörner, desto größer die Reaktionsoberfläche beim Anmachen mit Wasser, umso höhere Festigkeiten erreicht der Beton nach 28 Tagen.

Je feiner die Zementklinker gemahlen werden, umso höher ist die Betonfestigkeit nach 28 Tagen.

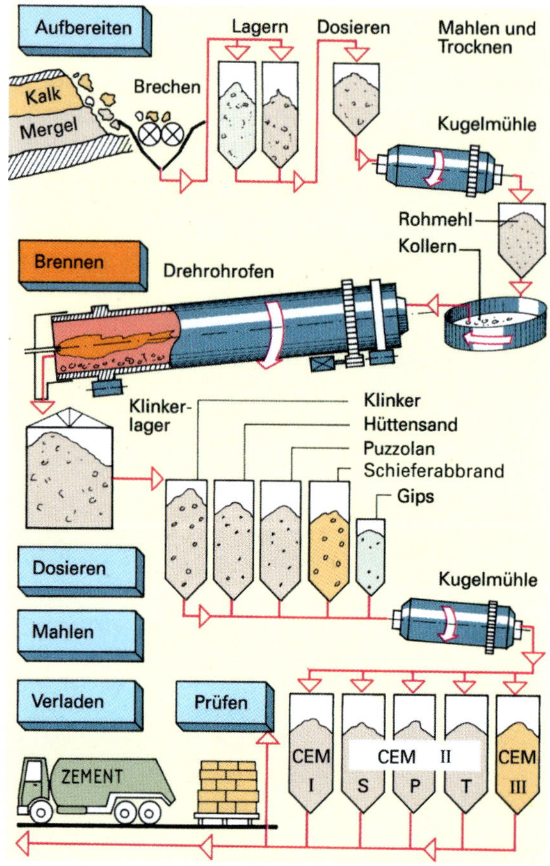

Zementherstellung (Schema)

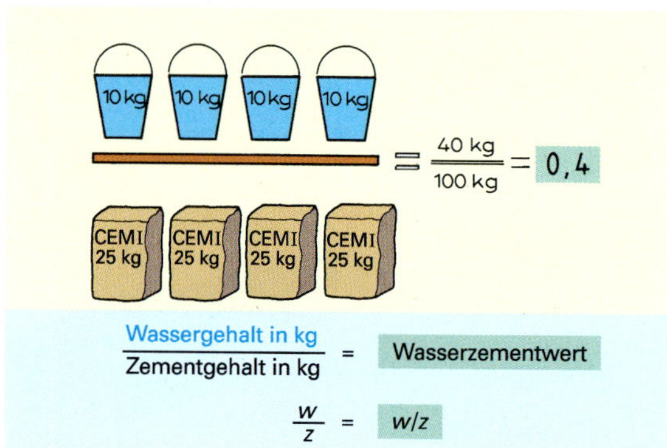

Wasserzementwert

4.1.2 Zementerhärtung

Wasserzementwert

Das durch das Anmachen des Zements entstehende Gemisch aus Zement und Wasser wird als **Zementleim** bezeichnet. Er muss im Beton die Gesteinskörnungen verkitten und vorhandene Hohlräume ausfüllen. Das Maß für das Mischungsverhältnis ist der **Wasserzementwert,** der das Masseverhältnis von Wasser zu Zement angibt. Er ist eine Kenngröße für die Qualität des Zementleims, die als unbenannte Dezimalzahl angegeben wird (z. B. 0,4). Der Wasserzementwert $w/z = 0{,}4$ bedeutet, dass beim Mischen auf 1 kg Zement 0,4 l Wasser oder auf 100 kg Zement 40 l Wasser entfallen. Weniger Wasser ergibt kleinere, mehr Wasser größere w/z-Werte. Der Wassergehalt umfasst dabei das **Zugabewasser** oder Anmachwasser und die **Oberflächenfeuchte** der Gesteinskörnung. Zur Schonung der Ressourcen kann **Restwasser** aus Wiederaufbereitungsanlagen der Betonherstellung als Zugabewasser verwendet werden.

Beispiel:

Für die Ausführung der Streifenfundamente unseres Reihenhauses wird eine Betonmischung mit 230 kg Zement, 1240 kg Gesteinskörnungen einschließlich 3% Eigenfeuchte und 90 l Wasserzugabe hergestellt. Wie groß ist der Wasserzementwert?

Lösung:

$$\text{Gesamtwassergehalt } w = 90\text{ kg} + \frac{1240\text{ kg} \cdot 3\%}{103\%} = \underline{126{,}1\text{ kg}}$$

$$\text{Wasserzementwert } w/z = \frac{126{,}1\text{ kg}}{230\text{ kg}} = \underline{0{,}55}$$

Zementstein

Im Zementleim erfolgt durch das Wasser eine hydraulische Umlagerung, die zur Erhärtung des Zementleims führt. Diesen Vorgang nennt man **Hydratation**, die dabei entstehende Wärme **Hydratationswärme**. Bei der Hydratation kristallisieren Salzhydrate aus; sie bilden die sogenannten **Hydratationsprodukte**, die auch als **Zementgel** bezeichnet werden.

Dabei versteift sich der Zementleim zu **Zementstein**. Die Hydratation verläuft im Anfang schnell, wird aber immer langsamer. Wenn Feuchtigkeit vorhanden ist, kann sie jahrelang andauern. Das Zementsteingefüge weist eine Unzahl von winzigen Kristallen auf, die ineinander verwachsen und miteinander verkittet sind, durchsetzt von einer Vielzahl von Zwischenräumen, die als **Gelporen** bezeichnet werden. Je feiner nun die Zementkörner sind, d.h., je mehr Oberfläche Zement vorhanden ist, desto größer ist die Reaktionsoberfläche beim Anmachen mit Wasser, desto schneller können die Körner hydratisieren und um so höhere Festigkeiten erreicht der Beton nach 28 Tagen.

Für die Baupraxis ist von Bedeutung, dass die Hydratation bereits bei +4 °C zum Erliegen kommt.

Zum Erhärten des Zementleims wird nur ein geringer Teil des Anmachwassers in den Hydratationsprodukten chemisch gebunden. Bei vollständig hydratisiertem Zement sind es etwa 25%. Das vom Zement nicht gebundene Wasser, auch **Überschusswasser** genannt, füllt den zwischen zwei benachbarten Zementkörnchen vorhandenen Zwischenraum. Diese kleinen Hohlräume, die miteinander in Verbindung stehen, werden als **Kapillar-**
.2 **poren** bezeichnet. Sie sind im Durchmesser 1000-mal größer als die Gelporen. Der Kapillarporenraum steigt mit dem Wasserzementwert an, und zwar auf etwa das 1,5-Fache, wenn der Wasserzementwert von 0,40 auf 0,80 erhöht wird.

4.1.3 Normalzemente

Normalzemente mit insgesamt 27 Arten müssen den Anforderungen der DIN EN 197-1 entsprechen. Folgende **Hauptzementarten** werden hergestellt: Portlandzement (CEM I), Portlandkompositzement (CEM II), Hochofenzement (CEM III), Puzzolanzement (CEM IV) und Kompositzement (CEM V). Die häufig verwendeten **Portlandzemente** werden aus Portlandzementklinkern hergestellt. Portlandzemente sind kalkreich (Rostschutz des Stahls), erreichen rasch hohe Festigkeiten (kurze Ausschalfristen) und entwickeln relativ viel Hydratationswärme (Betonieren bei niedrigen Temperaturen).

Für massige Bauteile und solche, die chemischen Angriffen verstärkt ausgesetzt sind (Tiefbau, Wasserbau), ist die Verwendung kalkärmerer Zemente mit niedrigerer
.2 Hydratationswärme vorteilhaft. Hierzu gehören Portlandhüttenzement, Hochofenzement und Portlandpuzzolanzement. **Portlandhütten- und Hochofenzement** werden aus Portlandzementklinkern unter Zusatz von Hüttensand hergestellt. Hüttensand besteht aus Hochofenschlacke, die bei der Roheisengewinnung anfällt.

Portlandpuzzolanzement ergibt einen besonders dichten Beton.

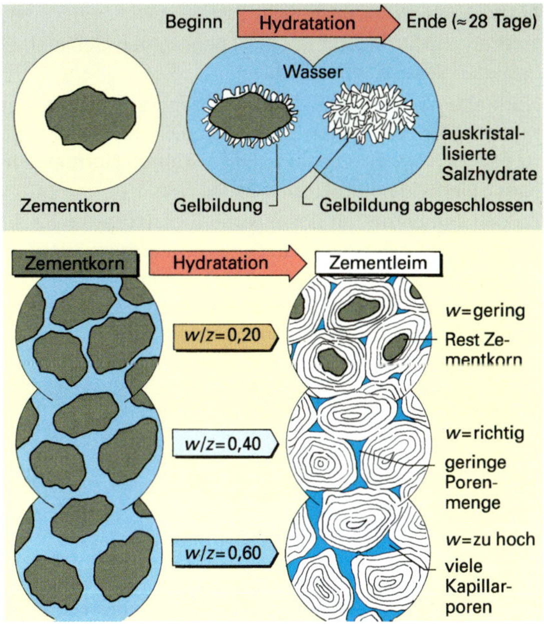

Zementerhärtung

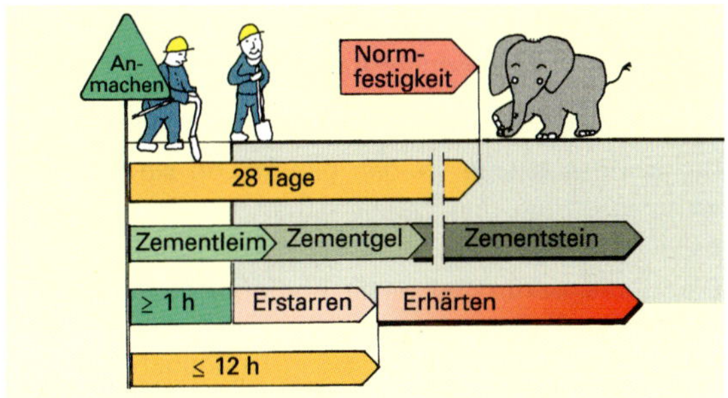

Erhärten der Normalzemente

Normalzemente nach DIN EN 197-1	Kurzzeichen	Hauptbestandteile in %			
		Portlandzementklinker K	Hüttensand S	Natürliches Puzzolan P	Gebrannter Schiefer T
Portlandzement	CEM I	95…100	–	–	–
Portlandhüttenzement	CEM II/A-S	80…94	6…20	–	–
	CEM II/B-S	65…79	21…35	–	–
Portlandpuzzolanzement	CEM II/A-P	80…94	–	6…20	–
	CEM II/B-P	65…79	–	21…35	–
Portlandschieferzement	CEM II/A-T	80…94	–	–	6…20
	CEM II/B-T	65…79	–	–	21…35
Hochofenzement	CEM III/A	35…64	36…65	–	–
	CEM III/B	20…34	66…80	–	–

Zusammensetzung der wichtigsten Normalzemente

Portlandschieferzement nach DIN EN 197-1 enthält 65...94% Portlandzementklinker und 6...35% gebrannten Schiefer. Er ist in allen Festigkeitsklassen erhältlich.

Normalzemente mit niedriger Hydratationswärme sind durch das Kurzzeichen „**LH**" zu kennzeichnen. DIN EN 197-1 regelt zusätzlich zu den 27 Normalzementen sieben weitere **Normalzemente mit hohem Sulfatwiderstand** (Kurzzeichen **SR**).

Zu den **Zementen mit besonderen Eigenschaften** (DIN 1164) zählen Zemente mit niedrigem wirksamem Alkaligehalt (**NA**-Zemente), Zemente mit einem erhöhten Anteil an organischen Zusätzen (**HO**-Zemente), Zemente mit frühem Erstarren (**FE**-Zemente) und schnellerstarrende Zemente (**SE**-Zemente).

Zu den **Sonderzementen** (DIN EN 14216) mit sehr niedriger Hydratationswärme (Festigkeitsklasse 22,5) zählen Hochofenzemente (**VLH III**), Puzzolanzemente (**VLH IV**) und Kompositzemente (**VLH V**).

Als **Normfestigkeit** ist die Druckfestigkeit im Alter von 28 Tagen und als **Anfangsfestigkeit** ist die Druckfestigkeit nach 2 bzw. 7 Tagen festgelegt.

Es werden **drei Festigkeitsklassen** unterschieden:

– Klasse **32,5** – Klasse **42,5** – Klasse **52,5**

Jeder Normfestigkeitsklasse werden **drei unterschiedliche Anfangsfestigkeiten** zugeordnet:

- eine Klasse mit **üblicher** Anfangsfestigkeit (Kennbuchstabe **N**),
- eine Klasse mit **hoher** Anfangsfestigkeit (Kennbuchstabe **R**),
- eine Klasse mit **niedriger** Anfangsfestigkeit (Kennbuchstabe **L**).

4.1.4 Prüfung der Normalzemente

Die Normalzemente werden geprüft, ob sie hinsichtlich ihrer Zusammensetzung und Eigenschaften mit der zugehörigen Produktnorm DIN EN 197-1 übereinstimmen.

Die Übereinstimmung, auch **Konformität der Zemente genannt**, wird durch Stichproben fortlaufend geprüft und bewertet. Die Prüfung erfolgt durch den Hersteller (Eigenüberwachung der Zementproduktion) und durch anerkannte unabhängige Überwachungsstellen (Fremdüberwachung). Die Durchführung der Überwachung (**Konformitätsbewertung**) ist nach DIN EN 197-2 festgelegt.

Folgende Eigenschaften der Normalzemente werden im Einzelnen nach DIN EN 197-1 geprüft: Normfestigkeit nach 28 Tagen und Anfangsfestigkeit nach 2 oder 7 Tagen, Erstarrungsbeginn, Raumbeständigkeit, chemische Anforderungen. Die verschiedenen **Prüfverfahren für Normalzemente** sind nach DIN EN 196 festgelegt. Weitere Informationen finden Sie auf Internetseiten (siehe Seite 354).

Zusammenfassung

Zementrohmehl aus Kalkstein und tonhaltigem Gestein wird im Drehrohrofen bei 1450 °C (Sintergrenze) zu Zementklinkern gebrannt, die mit etwa 3% Gips zu Zement gemahlen werden.

Beim Erhärten nimmt der Zement einen Teil des Wassers auf. Dabei bilden sich nadelförmige Kristalle, die sogenannten Hydratationsprodukte.

Für die Qualität des Zementsteins ist vor allem der Wasserzementwert maßgebend. Er drückt das Masseverhältnis des Wassergehaltes zum Zementgehalt aus.

Normalzemente werden in fünf Hauptgruppen unterteilt: CEM I Portlandzement, CEM II Portlandkompositzement, CEM III Hochofenzement, CEM IV Puzzolanzement, CEM V Kompositzement.

Normalzemente werden nach Festigkeitsklassen und besonderen Eigenschaften unterschieden.

Festigkeitsklasse	Druckfestigkeit in N/mm² oder in MPa¹)			
	Anfangsfestigkeit		Normfestigkeit	
	2 Tage	7 Tage	28 Tage	
32,5 L²)	–	≥ 12,0	≥ 32,5	≤ 52,5
32,5 N	–	≥ 16,0		
32,5 R	≥ 10,0	–		
42,5 L²)	–	≥ 16,0	≥ 42,5	≤ 62,5
42,5 N	≥ 10,0	–		
42,5 R	≥ 20,0	–		
52,5 L²)	≥ 10,0	–	≥ 52,5	–
52,5 N	≥ 20,0	–		
52,5 R	≥ 30,0	–		

¹) Einheit Megapascal: 1 MPa = 1 N/mm²
²) Die Festigkeitsklasse gilt nur für CEM III-Zemente

Festigkeitsklassen der Normalzemente

Beispiel für eine Normbezeichnung:
Portlandzement nach EN 197-1 der Festigkeitsklasse 32,5 mit üblicher Anfangsfestigkeit und niedriger Hydratationswärme:
Portlandzement EN 197-1 – CEM I 32,5 N – LH

Kennzeichnung eines Normalzementes

Aufgaben:

1. *Welche Zementeigenschaften reguliert man a) durch den Gipszusatz, b) durch die Mahlfeinheit?*
2. *Erklären Sie die Entstehung von Kapillarporen.*
3. *Welche Aufgaben hat der Zementleim im Beton?*
4. *Was bedeuten die Bezeichnungen N, R, LH, SR und CEM II/A-P?*
5. *Die Garage unseres Reihenhauses gründet auf einem Streifenfundament. Hierfür wird Frischbeton aus 250 kg Zement, 2085 kg Gesteinskörnungen und einem Wasserzementwert von 0,5 hergestellt. Die Eigenfeuchte der Gesteinskörnung beträgt 3%. Wie viel Wasser muss der Mischung zugegeben werden?*

4.2 Gesteinskörnungen für Beton

4.2.1 Arten und Bezeichnungen

Gesteinskörnungen, wie Kies und Sand, bilden das feste und dauerhafte Gerüst für Mörtel und Beton. Sie werden durch Bindemittel, das mit Wasser angemacht werden muss, verkittet.

Die Gesteinskörnung bestimmt wesentlich die Eigenschaften des Mörtels und Betons, für verschiedene Zwecke werden deshalb verschiedene Gesteinskörnungen gewählt.

Nach der Entstehung bzw. Herstellung werden **natürliche, industriell hergestellte Gesteinskörnungen** und **rezyklierte Gesteinskörnungen** (wieder aufbereitete) unterschieden. Natürliche sind z.B. Kies, Sand und Splitt; industriell hergestellte z.B. Hochofenschlacke und rezyklierte Gesteinskörnungen. Dies sind Materialien, die aus der Aufbereitung von vorhandenem Beton und Mauerwerk stammen. Aus Gründen der Ressourcenschonung, des Umweltschutzes und der Energieeffizienz werden sie heute verstärkt verwendet. Je nach Anteil der Bestandteile werden vier Typen für die Betonherstellung unterschieden.

Neben normalen Gesteinskörnungen werden nach der Dichte **leichte Gesteinskörnungen** für Leichtbeton und Leichtmauermörtel sowie **schwere Gesteinskörnungen** für Schwerbeton unterschieden. Leichte Gesteinkörnungen sind z.B. Naturbims und Hüttenbims, schwere z.B. Schwerspat und Stahlsand.

Als **feine Gesteinskörnungen** werden Körnungen von 0 bis zu einem Größtkorn von 4 mm bezeichnet (Sand), **grobe Gesteinskörnungen** haben ein Kleinstkorn von mindestens 2 mm und ein Größtkorn von mehr als 4 mm (Kiessand, Kies). Gesteinsmehl unter 0,125 mm wird als **Füller** bezeichnet.

Ungebrochene und **gebrochene Gesteinskörnungen** werden durch zusätzliche Bezeichnungen unterschieden.

4.2.2 Anforderungen an Gesteinskörnungen

Je nach Verwendung müssen Gesteinskörnungen hinsichtlich Festigkeit, Widerstand gegen Frost, Kornform und Kornzusammensetzung besonderen Anforderungen genügen.

Die Eigenfestigkeit kann durch Ritzen mit einem Messer oder durch leichten Hammerschlag geprüft werden. Weiche, schiefrige und verwitterte Materialien sind ungeeignet.

Der Widerstand gegen Frost ist ungenügend, wenn ein auf das trockene Korn aufgesetzter Wassertropfen rasch aufgesaugt wird. Im Labor erfolgt die Prüfung, z.B. durch Bestimmung der Wasseraufnahme oder Frost-Tauwechsel-Versuche.

Verunreinigungen durch Salze dürfen nicht enthalten sein.

Gesteinskörnungen für Beton

Unterscheidung nach der **Entstehung**:	Unterscheidung nach der **Dichte**:
• **natürliche** • **industriell hergestellte** • **rezyklierte** Gesteinskörnungen	Gesteinskörnungen für • **Schwerbeton** • **Normalbeton** • **Leichtbeton**

Unterscheidung von Gesteinskörnungen

Korngröße untere Siebgröße/ obere Siebgröße	Bezeichnung für Gesteinskörnungen	
	ungebrochen	gebrochen
0/≤ 4	Sand	Brechsand
> 4/≤ 32	Kies	Splitt, Edelsplitt
> 32/≤ 45	Grobkies	Schotter

Zusätzliche Bezeichnungen für Gesteinskörnungen

Art der Gesteins-körnung	Beispiel	Rohdichte in kg/dm³
Leichte Gesteins-körnungen	Naturbims Hüttenbims Blähton, Blähschiefer	0,4 … 0,7 0,5 … 1,5 0,4 … 1,9
Normale Gesteins-körnungen	Kiessand (Quarz) Granit Dichter Kalkstein Basalt	2,9 … 3,0 2,6 … 2,8 2,7 … 2,8 2,9 … 3,0
Schwere Gesteins-körnungen	Baryt (Schwerspat) Magnetit Hämatit	4,6 … 4,8 4,0 … 4,3 4,7 … 4,9
Rezyklierte Gesteins-körnungen	Typ 1: Betonsplitt, Brechsand für alle Betone Typ 2: Bauwerksplitt, Brechsand für Beton bis C25/30 Typ 3: Mauerwerksplitt, Brechsand für Beton bis C25/30 Typ 4: Mischsplitt, Brechsand für Beton C8/10	1,85 … 2,15 1,65 … 1,95 ≥ 1,5

Rohdichte für Gesteinskörnungen (Anhaltswerte)

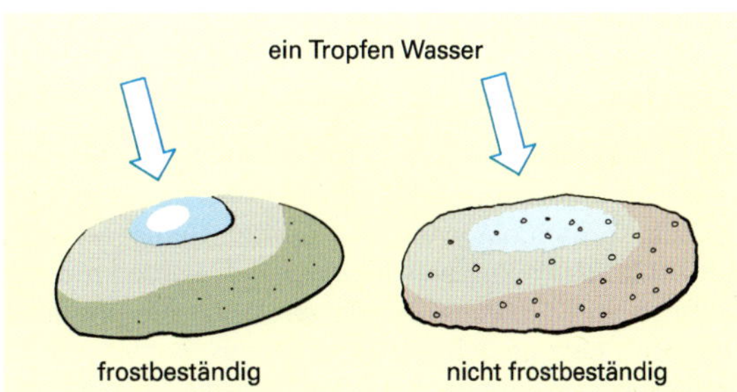

Prüfung der Frostbeständigkeit

Der **Gehalt an Feinanteilen** (< 0,063 mm) wird durch den **Absetzversuch** bestimmt.

Versuch: 500 g Gesteinskörnungen werden in einem Messzylinder von 1000 cm³ Inhalt bis 750 cm³ mit Wasser aufgefüllt und durchgeschüttelt.

Beobachtung: Beim Absetzen bildet sich oben eine Schicht feinster Bestandteile, deren Einzelkörner mit dem bloßen Auge nicht mehr erkennbar sind.

Ergebnis: Beim Abschlämmen setzen sich die feinen Bestandteile in einer deutlich erkennbaren Schicht ab. Aus der Dicke dieser Schicht ist die Trockenmasse der abschlämmenden Bestandteile überschlägig errechenbar (prozentualer Anteil der abschlämmenden Bestandteile = 0,12 · Volumen der feinen Bestandteile in cm³).

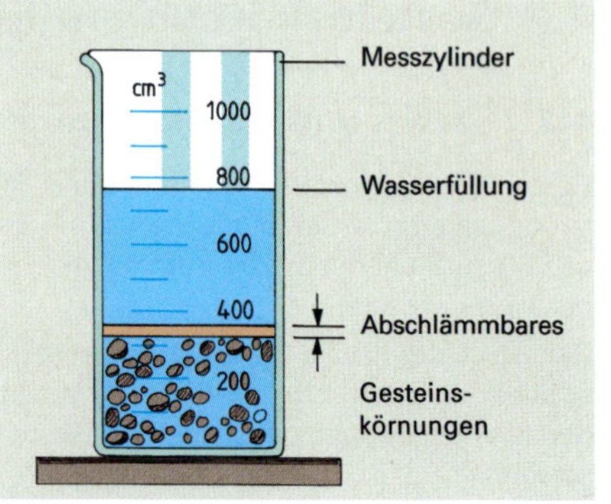

Nachweis von abschlämmbaren Bestandteilen durch den Absetzversuch

Feinanteile sind im Allgemeinen unschädlich, wenn sie in feinen Gesteinskörnungen einen Massenanteil von 3% nicht übersteigen. Sind die Feinanteile höher, ist die Unbedenklichkeit nachzuweisen.

Organische Verunreinigungen können den Erhärtungsverlauf stören. Die Gesteinskörnungen müssen deshalb gegebenenfalls auf **Stoffe organischen Ursprungs** geprüft werden.

Versuch: Je 130 cm³ reiner und mit etwas Humus vermengter Sand werden in verschließbaren Gläsern bis 200 cm³ mit 3%iger Natronlauge (NaOH) aufgefüllt und durchgeschüttelt.

Beobachtung: Am nächsten Tag hat sich die Flüssigkeit über der mit Humus verunreinigten Probe dunkelgelb bis braun gefärbt. Die Flüssigkeit über dem reinen Sand ist hell geblieben.

Ergebnis: Verunreinigungen durch organische Stoffe können mit 3%iger Natronlauge nachgewiesen werden. Maßgebend für die Beurteilung ist die Färbung der überstehenden Natronlauge nach 24 Stunden. Ist die Farbe tiefgelb, bräunlich oder rötlich, so ist Vorsicht geboten.

Nachweis organischer Stoffe mit Natronlauge

Die **Kornform** hat Einfluss auf die erforderliche **Leimmenge** und auf die **Verarbeitbarkeit** des Betons. Bei gleichem Volumen hat ein plattiges oder längliches Korn eine größere Oberfläche als ein gedrungenes, rundes oder würfliges Korn; es braucht also mehr Leim. Beton mit runden, gedrungenen, glatten Körnern lässt sich besser verdichten als ein Beton mit länglichen Gesteinskörnungen.

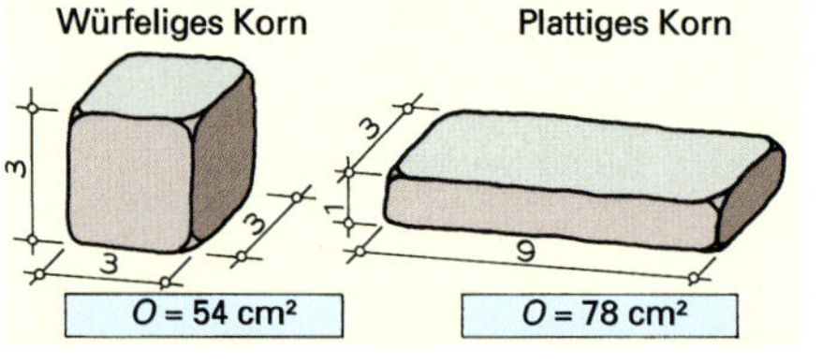

Kornoberfläche bei gleichem Volumen

Versuch: Ein Kreidestück 1×1×10 cm wird in vier gleiche Teile zerbrochen. Volumen und Oberfläche werden verglichen.

Ergebnis: Bei gleichem Volumen vergrößert sich die Oberfläche von 42 cm² auf 48 cm². Die Gesamtoberfläche eines Korngemisches und damit der Bedarf an Zementleim sind umso größer, je kleiner die Einzelkörner sind.

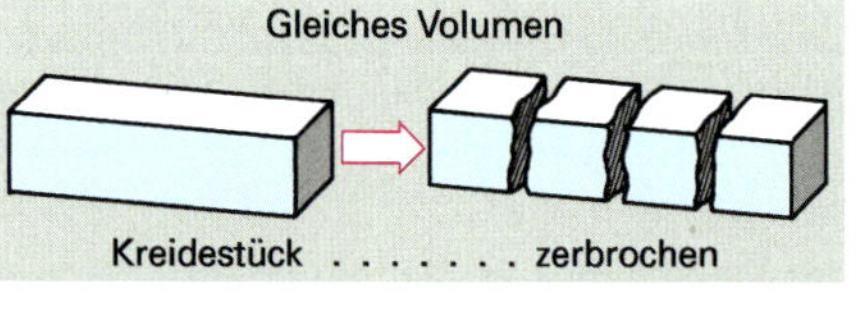

Vergrößerung der Oberfläche

Die **Oberflächenbeschaffenheit** der Körner kann die Betondruckfestigkeit beeinflussen. Bei rauer Oberfläche wird eine bessere **Verzahnung** zwischen Zementstein und Korn erreicht.

Für die Qualität des Betons ist vor allem die **Kornzusammensetzung** von besonderer Bedeutung. Ein Korngemisch aus etwa gleich großen Körnern hat einen sehr großen Gehalt an Hohlräumen, die mit zusätzlichem Zementleim ausgefüllt werden müssen. Das bringt außer einem erhöhten Zementverbrauch ein erhöhtes Schwinden und eine geringere Druckfestigkeit des Betons mit sich. Deshalb wählt man ein Korngemisch, bei dem die Hohlräume statt mit Zementleim besser mit abgestuften kleinen Körnern ausgefüllt sind.

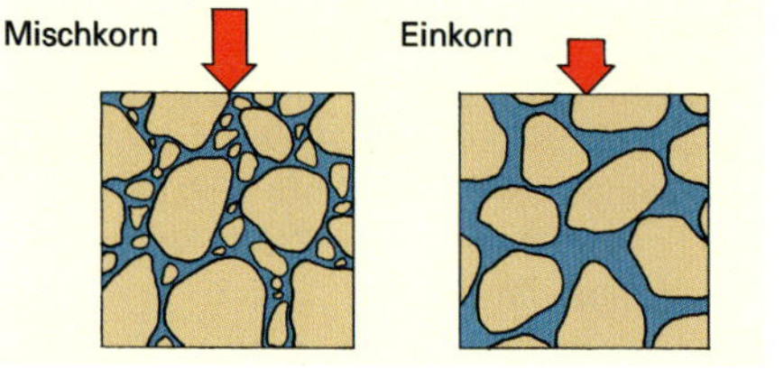

Kornzusammensetzung

Der **Hohlraumgehalt** der Gesteinskörnungen kann geprüft werden. Dazu wird in einen mit einem Korngemisch gefüllten Standzylinder so lange Wasser nachgegossen, bis es an der Oberfläche der Gesteinskörnungen austritt. Die zugeführte Wassermenge entspricht dem Hohlraumgehalt der Gesteinskörnungen. Der Hohlraumgehalt des Korngemisches soll möglichst gering sein. Dadurch erreicht man bei geringer Zementleimmenge eine höhere Druckfestigkeit.

Gesteinskörnungen müssen eine ausreichende Eigenfestigkeit aufweisen und frei von organischen Stoffen und gefährlichen Salzen sein.

Kornform, Kornoberfläche und Kornzusammensetzung beeinflussen die Qualität des Betons. Eine gute Kornzusammensetzung zeichnet sich durch geringe Hohlräumigkeit, kleine Gesamtoberfläche und gute Verdichtbarkeit aus.

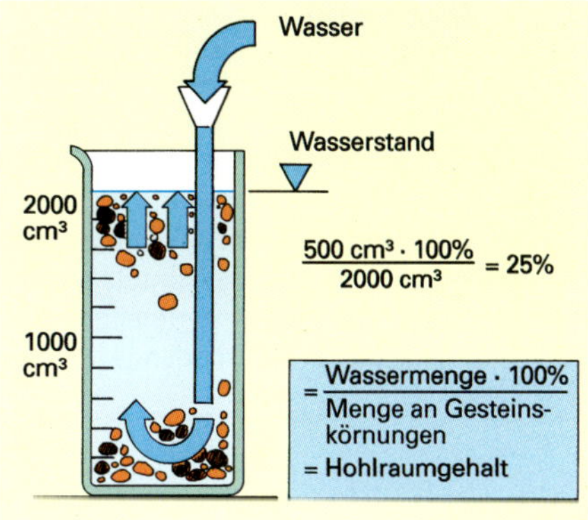

Hohlraumgehalt der Gesteinskörnungen

4.2.3 Kornzusammensetzung

Die Zusammensetzung der Gesteinskörnungen ist für die Betonqualität von ausschlaggebender Bedeutung. Da die Gesteinskörnung fester und gleichzeitig billiger als der Zementstein ist, soll die Gesteinskörnung möglichst wenig Hohlräume enthalten und eine möglichst geringe Oberfläche haben.

Die richtige **Kornzusammensetzung** wird nach DIN 1045-2 mithilfe genormter **Siebversuche** ermittelt und anhand von **Regelsieblinien** beurteilt.

Die grafische Darstellung der Siebdurchgänge (siehe Abschnitt 4.2.4) ergibt die **Sieblinien**. Die Sieböffnungen werden waagerecht in logarithmischem Maßstab, der Siebdurchgang in % senkrecht in unverzerrtem Maßstab aufgetragen.

DIN 1045-2 gibt **Grenzsieblinien** vor, die die Beurteilung von Korngemischen mit Größtkorn 8, 16, 32 und 63 mm ermöglichen. Die untere (grobe) Sieblinie wird mit **A**, die mittlere mit **B** und die obere (feine) mit **C** bezeichnet. Sie grenzen mit stetigem Verlauf einen grobkörnigen Bereich ①, einen grob- bis mittelkörnigen Bereich ③, einen mittel- bis feinkörnigen Bereich ④ und einen feinkörnigen Bereich ⑤ ab. Der Bereich ② gilt für **Ausfallkörnungen**. Sie liegen dann vor, wenn in der Gesteinskörnung eine oder mehrere Korngruppen fehlen. Diese Sieblinie verläuft dann **unstetig**; sie wird mit **U** bezeichnet. Alle anderen Sieblinien verlaufen **stetig**.

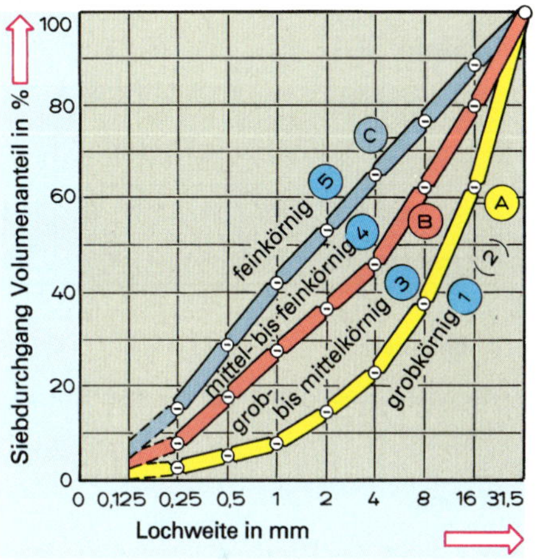

Sieblinienbereiche für Korngemische 0/32

Sieblinien bieten Vergleichsmöglichkeiten für die Beurteilung von Korngemischen.

Zusammenfassung

Gesteinskörnungen bilden das feste und dauerhafte Gerüst im Beton. Sie müssen genügend fest, frostsicher und frei von organischen Stoffen und gefährlichen Salzen sein.

Für Normalbeton werden als natürliche Gesteinskörnungen vorwiegend Kies und Sand verwendet.

Gesteinskörnungen mit geringer Dichte werden für die Herstellung von Leichtbeton eingesetzt.

Die Kornform hat Einfluss auf die erforderliche Leimmenge und auf die Verarbeitbarkeit des Betons.

Die Oberflächenbeschaffenheit der Gesteinskörnungen beeinflusst die Betondruckfestigkeit.

Die Kornzusammensetzung für Beton muss gemischtkörnig sein. Sie wird mit genormten Prüfsieben ermittelt und in Form einer Sieblinie dargestellt.

Aufgaben:

1. *Welche Anforderungen sind an Gesteinskörnungen für Beton zu richten?*
2. *Wie können Verunreinigungen durch organische Stoffe festgestellt werden?*
3. *Welchen Einfluss hat die Kornzusammensetzung auf die Festigkeit des Betons?*
4. *Was versteht man unter Ausfallkörnung?*
5. *Durch welche Eigenschaften zeichnen sich gute Kornzusammensetzungen aus?*
6. *Wie kann der Hohlraumgehalt der Gesteinskörnungen geprüft werden?*

4.2.4 Sieblinien

Die Kornzusammensetzung wird durch Sieben mit einem **genormten Prüfsiebsatz** bestimmt. Der Rückstand auf den einzelnen Sieben wird, beginnend mit dem gröbsten Sieb, gewogen. Beim jeweils nächsten Sieb wird der Rückstand dem Rückstand auf den gröberen Sieben zugewogen. Es wird also angegeben, wie viel auf dem einzelnen Sieb vom gesamten Siebgut zurückbleiben würde. Diese Gesamtrückstände werden prozentual auf die Gesamtmasse des Siebguts bezogen. Die **Siebdurchgänge** ergeben sich jeweils als Differenz zu 100 %.

i 6.4

1. Beispiel:

Bei 5000 g Siebgut (Körnung 0/32) ergaben sich die dargestellten Rückstände in g. Rückstände und Siebdurchgänge in % sind zu ermitteln.

Lösung:

Sieb (mm)	0,125	0,25	0,5	1	2	4	8	16	32
Rückstand (g)	4862	4798	4443	4102	3709	3313	2461	1443	0
Rückstand (%)	97,2	96	88,9	82	74,2	66,3	49,2	28,9	–
Durchgang (%)	2,8	4	11,1	18	25,8	33,7	50,8	71,1	100

2. Beispiel:

Welchem Sieblinienbereich entspricht das Ergebnis des obigen Siebversuchs?

Lösung:

Alle Siebdurchgänge liegen im grob- bis mittelkörnigen Bereich ③.

Aufgaben:

1. Zwei Korngemische liegen im Sieblinienbereich ③ und ④. Welches der beiden Gemische enthält mehr grobes Korn?
2. Berechnen Sie nach den Siebrückständen in g die Rückstände und Siebdurchgänge in %. Die Siebeinwaage betrug 5000 g.

Sieb (mm)	0,25	0,5	1	2	4	8	16	32
Rückstand (g)	4817	4220	3606	3059	2351	1353	0	0

3. Berechnen Sie nach den Siebrückständen in g die Rückstände und Siebdurchgänge in %. Die Siebeinwaage betrug 5000 g.

Sieb (mm)	0,25	0,5	1	2	4	8	16	32
Rückstand (g)	4439	3811	3249	2761	2223	1522	703	0

4. Berechnen Sie nach den Siebrückständen in g die Rückstände und Siebdurchgänge in %. Die Siebeinwaage betrug 5000 g.

Sieb (mm)	0,25	0,5	1	2	4	8	16	32
Rückstand (g)	4810	4666	4467	4151	3701	3049	1809	0

5. Zeichnen Sie die Sieblinie aus Aufgabe 4 in ein Diagramm entsprechend den Abbildungen auf der rechten Seite.

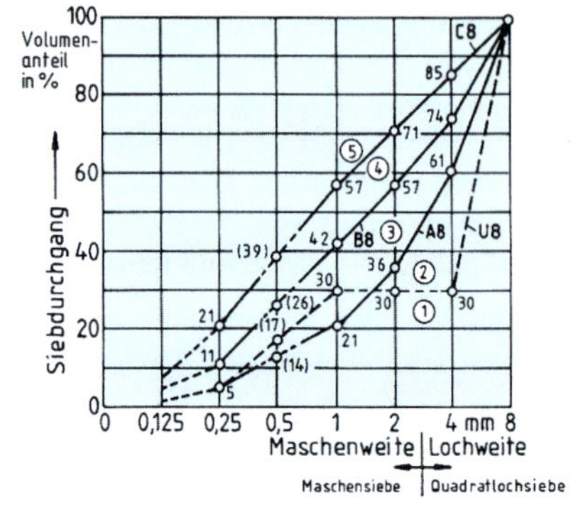

Sieblinien mit einem Größtkorn von 8 mm

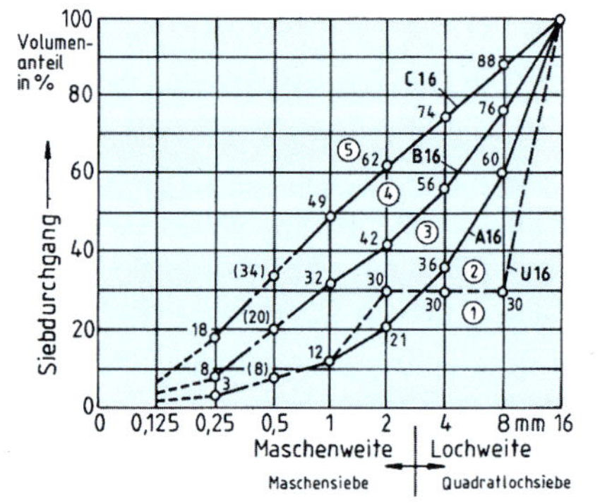

Sieblinien mit einem Größtkorn von 16 mm

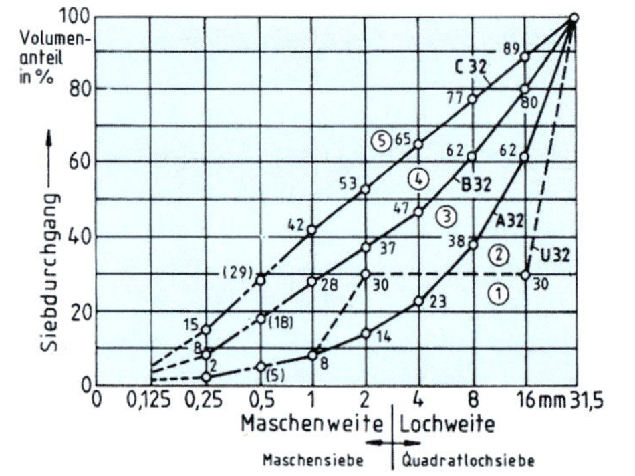

Sieblinien mit einem Größtkorn von 32 mm

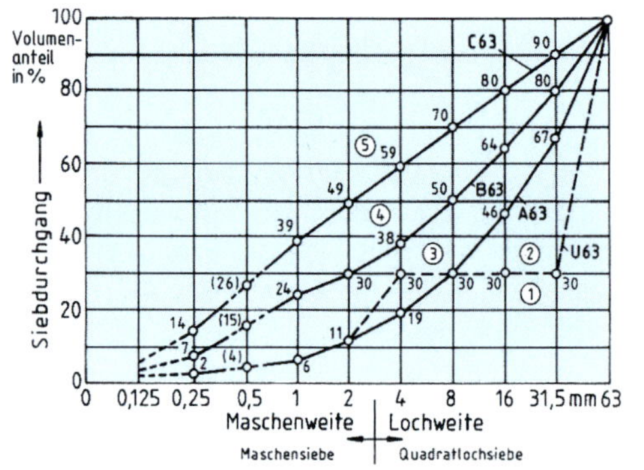

Sieblinien mit einem Größtkorn von 63 mm

4.3 Betontechnologie

4.3.1 Arten und Klassen

Begriffsbestimmungen

Beton, der für bestimmte Bauteile unseres Reihenhauses zum Einsatz kommt, wird aus Zement, Wasser und verschiedenartigen Gesteinskörnungen hergestellt. Zur Veränderung bestimmter Eigenschaften können dem Beton **Zusätze** beigegeben werden.

Der fertig gemischte und noch verarbeitbare Beton heißt **Frischbeton**. Durch das Erhärten geht Frischbeton in **Festbeton** über. Das Gemisch aus Zement, Wasser und Gesteinskörnungen bis 1 mm Korngröße wird **Feinmörtel** genannt. Der zu Zementstein erhärtete Zementleim verkittet die Gesteinskörner im Festbeton zu einem harten, künstlichen Gestein.

Betonarten

Die Bezeichnung der Betonarten kann nach verschiedenen Gesichtspunkten vorgenommen werden.

DIN 1045-2 unterteilt den Beton nach der Trockenrohdichte in drei Betonarten: **Leichtbeton**, **Normalbeton**, **Schwerbeton**. Wenn keine Verwechslung mit Schwer- und Leichtbeton möglich ist, wird Normalbeton als „Beton" bezeichnet. Die Trockenrohdichte dieser drei Betonarten wird weitgehend von der Art der Gesteinskörnung bestimmt.

Derzeit werden Betonarten entwickelt, die sich durch Nachhaltigkeit, Ressourceneffizienz und gute Wärmedämmung auszeichnen. **Infraleichtbeton** weist eine Rohdichte unter 800 kg/m³ auf. Er ist ohne zusätzliche Dämmschichten wärmedämmend, tragfähig und eignet sich besonders für Sichtbetonaußenwände.

Nach der Bewehrung wird Beton in **Stahlbeton** (schlaff bewehrter Beton, Spannbeton) und **unbewehrten Beton** unterteilt. Nach dem Ort der Herstellung werden **Baustellenbeton** und **Transportbeton** unterschieden. Nach dem Ort des Einbringens unterteilt man Beton in **Ortbeton** und **Betonerzeugnisse** (Betonfertigteile, Betonwaren, Betonwerkstein).

Aus wirtschaftlichen Gründen wird für die Beton- und Stahlbetonbauteile unseres Reihenhauses Transportbeton verwendet. Fundamente, Wände, Stützen und Decken werden in Ortbetonbauweise hergestellt, für die Treppen werden Betonfertigteile und Betonwerkstein eingesetzt.

Druckfestigkeitsklassen für Normal- und Schwerbeton

Eine der wichtigsten Eigenschaften des Betons ist seine Druckfestigkeit. Um den unterschiedlichen Beanspruchungen, wie sie z.B. bei Fundamenten, Stützen, Wänden vorherrschen, gerecht zu werden, sind **verschiedene Druckfestigkeiten** erforderlich.

Die Druckfestigkeit wird nach 28 Tagen an Probekörpern ermittelt. Die Probekörper werden mit Zylindern von 150 mm Durchmesser und 300 mm Länge oder mit Würfeln von 150 mm Kantenlängen hergestellt. In manchen europäischen Ländern ist der Zylinder die Probekörperform für die Bestimmung der Festigkeit, in Deutschland wird hierfür der Würfel verwendet.

Der Beton wird in **16 Festigkeitsklassen** eingeteilt. Sie beginnen für Normal- und Schwerbeton mit einem **„C"** als Abkürzung für „concrete", der englischen Übersetzung für Beton. Anschließend folgen zwei Zahlen, die durch einen Schrägstrich getrennt werden, z.B. C30/37. Die erste Zahl steht für die **an Zylindern** geprüfte Betondruckfestigkeit (**$f_{ck,cyl}$ = 30 N/mm²**), die zweite Zahl steht für die **an Würfeln** geprüfte Betondruckfestigkeit (**$f_{ck,cube}$ = 37 N/mm²**).

Betonart	Rohdichte in kg/m³	Gesteinskörnungen
Leichtbeton	≥800 und ≤2000	Blähton, Blähschiefer, Natur-, Hüttenbims, Ziegelsplitt
Normalbeton	>2000 und ≤2600	Sand, Kies, Splitt, Hochofenschlacke
Schwerbeton	>2600	Schwerspat, Eisenerz, Eisengranulat

Betonarten nach Rohdichte

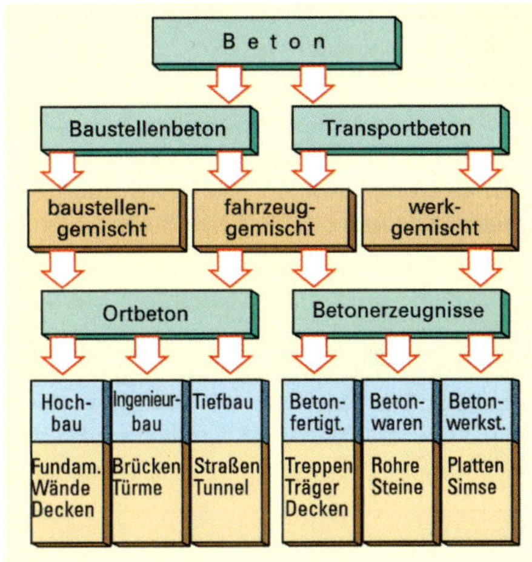

Betonarten, Herstellung und Anwendung

Druckfestigkeitsklassen	Mindestdruckfestigkeit von Zylindern $f_{ck,cyl}$ ²) in N/mm² oder MPa	Mindestdruckfestigkeit von Würfeln $f_{ck,cube}$ in N/mm² oder MPa	Anwendung
C8/10²)	8	10	Normal- und Schwerbeton
C12/15	12	15	
C16/20	16	20	
C20/25	20	25	
C25/30	25	30	
C30/37	30	37	
C35/45	35	45	
C40/50	40	50	
C45/55	45	55	
C50/60	50	60	
C55/67	55	67	Hochfester Beton
C60/75	60	75	
C70/85	70	85	
C80/95	80	95	
C90/105¹)	90	105	
C100/115¹)	100	115	

¹) Für Beton der Druckfestigkeitsklassen C90/105 und C110/115 ist eine allgemeine bauaufsichtliche Zulassung oder eine Zustimmung im Einzelfall erforderlich.

²) Nach **DIN EN 1992-1-1** (Eurocode 2: Bemessung und Konstruktion von Stahlbeton- und Spannbetonbauwerken) werden nur noch 15 Druckfestigkeitsklassen unterschieden (C8/10 entfällt). Die charakteristische Zylinderdruckfestigkeit wird mit $f_{ck,cyl}$ bezeichnet.

Festigkeitsklassen: Normal- und Schwerbeton

4.3.2 Betoneigenschaften

Eigenschaften des Frischbetons

Die wichtigste Frischbetoneigenschaft ist die **Verarbeitbarkeit**. Man versteht darunter das Verhalten des Frischbetons beim Befördern, Einbauen und Verdichten. Die Verarbeitbarkeit hängt in starkem Maße von der Betonsteife oder **Konsistenz** ab.

Die Konsistenz des Frischbetons wird in erster Linie von der Zementleimmenge, d.h. vom Zement- und Wassergehalt einschließlich der Oberflächenfeuchte der Gesteinskörnungen, bestimmt. Zur Beurteilung der Betonkonsistenz sind nach DIN EN 206 **vier Prüfverfahren** vorgesehen: Ausbreitmaß-, Verdichtungsmaß-, Setzmaß- und Setzzeitverfahren. In Deutschland werden üblicherweise nur **Ausbreitmaß- und Verdichtungsmaßverfahren** angewandt. Mit dem Verdichtungsversuch wird vor allem die Konsistenz von steiferen Betonen ermittelt.

Die Konsistenzbestimmung muss zum Zeitpunkt der Verwendung des Frischbetons oder bei Transportbeton zum Zeitpunkt der Frischbetonlieferung erfolgen. Die Konsistenz darf entweder mit einer **Konsistenzklasse** oder in besonderen Fällen mit einem Zielwert festgelegt werden.

Nach dem Ausbreitmaßverfahren werden **sechs Ausbreitmaßklassen**, nach dem Verdichtungsmaßverfahren **vier Verdichtungsmaßklassen** mit den jeweiligen **Konsistenzbeschreibungen** unterschieden. Das Ausbreitmaß wird mit dem Großbuchstaben **„F"** (engl. **F**low table test), das Verdichtungsmaß mit dem Großbuchstaben **„C"** (engl. **C**ompaction test) gekennzeichnet.

Konsistenzbeschreibung	Konsistenzklassen	
	Ausbreitmaß mm	Verdichtungsmaß
sehr steif		C0: ≥ 1,46
steif	F1: ≤ 340	C1: 1,45 … 1,26
plastisch	F2: 350 … 410	C2: 1,25 … 1,11
weich	F3: 420 … 480	C3: 1,10 … 1,04
sehr weich	F4: 490 … 550	C4: < 1,04 (nur für Leichtbeton)
fließfähig	F5: 560 … 620	
sehr fließfähig	F6: ≥ 630	

Sehr steifer, steifer Beton (C0, C1, F1): Der Frischbeton ist beim Schütten noch lose, der Feinmörtel ist erdfeucht, krümelig. Der Beton wird durch kräftiges Rütteln oder Stampfen in dünnen Schüttlagen verdichtet.

Plastischer Beton (C2, F2): Der Frischbeton ist beim Schütten noch zusammenhängend. Der Beton kann durch Rütteln oder Stampfen verdichtet werden.

Weicher, sehr weicher Beton (C3, C4, F3, F4): Der Frischbeton ist beim Schütten schwach fließend. Die Verdichtung erfolgt durch Stochern oder Klopfen an die Schalung.

Fließfähiger, sehr fließfähiger Beton (F5, F6): Der Frischbeton besitzt gutes Fließ- und Zusammenhaltevermögen. Seine Konsistenz wird durch Zumischen eines Fließmittels eingestellt. Der Beton kann durch Stochern verdichtet werden. Sehr fließfähiger Beton wird auch als **„Selbstverdichtender Beton (SVB)"** bezeichnet.

Die Konsistenz ist ein Kennwert für die Verformbarkeit und Verdichtbarkeit des Frischbetons. Konsistenz und Verdichtungsart müssen aufeinander abgestimmt sein.

Steifer Beton ⇒ F1

Plastischer, weicher Beton ⇒ F2, F3

Sehr weicher, fließfähiger Beton ⇒ F4, F5

Sehr fließfähiger Beton ⇒ F6

Eigenschaften des Festbetons

Druck- und Biegefestigkeit

Versuch: Zwei Betonprismen, von denen das eine auf einer unnachgiebigen Unterlage und das andere auf zwei Auflagern liegt, werden belastet.

Beobachtung: Das Betonprisma, das auf der Unterlage liegt, bricht nicht; das Betonprisma über den Auflagern bricht jedoch durch.

Ergebnis: Beton kann auf Druck beansprucht werden, besitzt also eine **hohe Druckfestigkeit.** Ein belasteter Betonbalken über zwei Auflagern bricht durch, weil Beton **nur geringe Zugspannungen** aufnehmen kann.

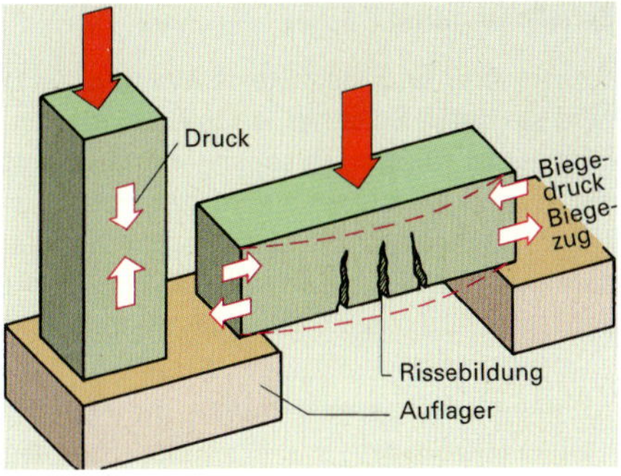

Beton ist druck-, aber nicht zugfest

Die hohe Druckfestigkeit des Betons wird bei bestimmten Bauteilen unseres Reihenhauses, wie Fundamente, Wände, Stützen, ausgenützt.

Wenn nichts anderes vereinbart ist, wird die Druckfestigkeit an Probewürfeln mit 150 mm Kantenlänge unter den Lagerungsbedingungen nach DIN EN 12390 ermittelt (siehe Abschnitt 4.3.1). In der **Druckpresse** werden die Probewürfel so lange belastet, bis der Bruch eintritt. Die charakteristische Festigkeit des Betons muss gleich oder größer als die minimale charakteristische Druckfestigkeit für die festgelegte Druckfestigkeitsklasse sein.

Probewürfel in der Druckpresse

Festbeton besitzt hohe Druckfestigkeit, aber nur geringe Biegezugfestigkeit.

Die Druckfestigkeit ist die wichtigste Betoneigenschaft; sie wird daher auch am häufigsten geprüft.

Wassersaugfähigkeit

Versuch: Betonprismen aus Normalbeton mit unterschiedlichem Gefügebau und unterschiedlichen Zementanteilen werden längere Zeit in Wasser gestellt.

Beobachtung: Das Wasser steigt in den Betonprismen verschieden hoch.

Ergebnis: Die Saugfähigkeit und damit die Wasseraufnahme der Betonprismen hängt von der Beschaffenheit der Gesteinskörnung und der Dichtigkeit des Zementsteins ab. Beton mit abgeschlossenen, nicht zusammenhängenden Poren besitzt nur geringe Saugfähigkeit. Beton mit sehr feinen Poren im Korngefüge und im Zementstein zeigt eine große Wassersaugfähigkeit.

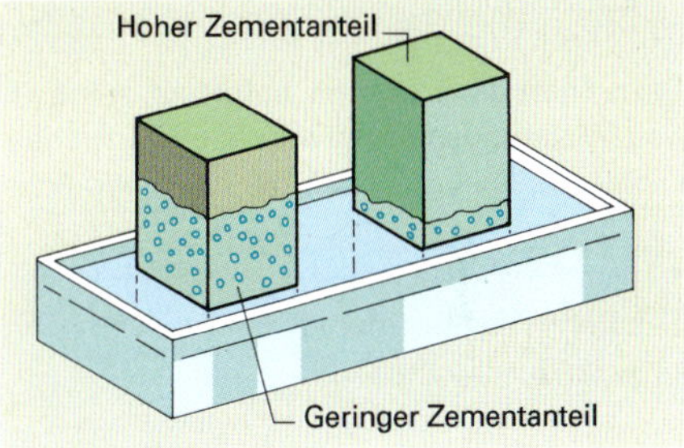

Saugfähigkeit von Beton

Wasserundurchlässigkeit, Frostbeständigkeit und Widerstandsfähigkeit gegen chemische Einwirkungen erfordern einen Beton geringer Kapillarität, sorgfältiger Zusammensetzung und guter Verdichtung. Beton mit porenreichem Zementstein ist weniger rostschützend, frostanfälliger, durchlässiger und weniger widerstandsfähig gegen aggressive Wässer.

Die Eigenschaften des Festbetons können durch Beigabe von bestimmten Zusätzen verbessert werden. Nach Art und Zugabemenge werden Zusatzmittel und Zusatzstoffe unterschieden.

Die Wassersaugfähigkeit des Festbetons ist umso größer, je mehr kapillare Poren im Betongefüge vorhanden sind. Für die Qualität des Betons ist ein dichtes Gefüge entscheidend.

Wasserundurchlässiger Beton

Schalldämmung

Je schwerer und steifer eine Wand oder Decke ist, umso weniger wird sie durch Schallwellen in Schwingung versetzt. Die Masse des Bauteils ist für die Luftschalldämmung entscheidend. Sie ist daher mit Schwer- und Normalbeton einfacher zu erreichen als mit Leichtbeton. Dagegen ist bei allen Betonarten die Körper- bzw. Trittschall-
L 6.2.4 dämmung schlecht. Deshalb sind bei den Decken unseres Reihenhauses zusätzliche trittschalldämmende Maßnahmen erforderlich.

Die hohe Rohdichte ist für die gute Luftschalldämmung bei Bauteilen aus Schwer- und Normalbeton entscheidend.

Luft- und Trittschalldämmung bei Normalbeton

Wärmedämmung

Versuch: Ein (Normal-)Betonprisma und ein Leichtbetonprisma (Naturbimsbeton) werden je an einem Ende erwärmt. Die Temperatur wird an den entgegengesetzten Enden während des Erwärmens und danach in bestimmten Zeitabständen gemessen.

Beobachtung: Das Prisma aus Normalbeton zeigt eine höhere Temperatur. Nach dem Erwärmen sinkt die Temperatur bei Leichtbeton schneller ab.

Ergebnis: Normalbeton ist ein dichter Baustoff (hohe Rohdichte) und leitet die Wärme deshalb rasch weiter. Die geringe Wärmeleitung bei Leichtbeton, d.h. seine hohe Wärmedämmung, ist vor allem von der **Porenart** (abgeschlossene oder zusammenhängende Poren), der **Porenverteilung** (gleichmäßig oder einzeln) und der **Porengröße** im Korngefüge und zwischen den Körnern abhängig.

Dem Normalbeton fehlt aufgrund seiner hohen Rohdichte die für
i 1.1.3 den Wohnungsbau notwendige Wärmedämmfähigkeit. Seine hohe Dichte begünstigt jedoch die Wärmespeicherfähigkeit.

Leichtbeton besitzt aufgrund seiner kleineren Rohdichte eine geringere Wärmeleitfähigkeit und ungünstigere Wärmespeicherfähigkeit als Normalbeton.

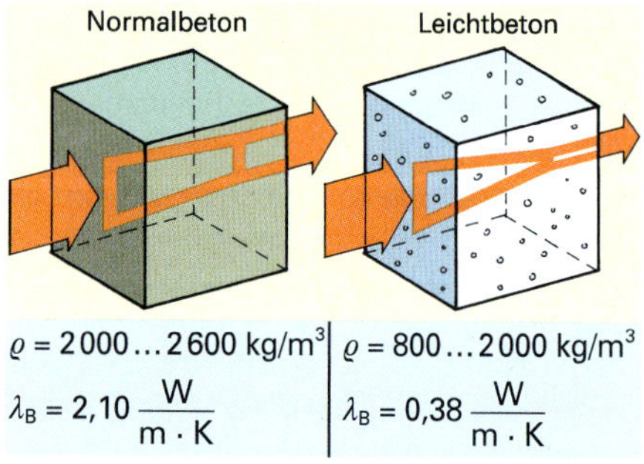

Wärmeleitfähigkeit bei Normal- und Leichtbeton

Einflüsse des Wasserzementwertes

Für die Qualität des Zementsteins und damit die des erhärteten Betons ist vor allem der Wasserzementwert maßgebend. Er beeinflusst folgende Eigenschaften:

Betonfestigkeit: Sie nimmt mit zunehmendem Wasserzementwert ab. Dabei haben alle Arten von Poren einen festigkeitsmindernden Einfluss.

Wassersaugfähigkeit: Beton mit hohem Wasserzementwert weist einen großen Anteil an Kapillarporen auf. Da die Poren untereinander verbunden sind, steigt die **Wasserdurchlässigkeit** stark an.

Schwinden: Beton mit hohem Wasserzementwert trocknet schneller aus und schwindet deshalb stärker. Bei schnellem Austrocknen entstehen hohe Spannungen und infolgedessen Risse.

Wasserabsondern des Frischbetons: Frischbeton mit wasserreichem, dünnflüssigem Zementleim sondert Wasser ab, weil sich die Zementkörnchen absetzen **(Sedimentation)**. Dieser Vorgang wird als **„Bluten"** des Betons bezeichnet. Ein solcher Frischbeton entmischt sich leicht und liefert nach dem Erhärten sandige Oberflächen.

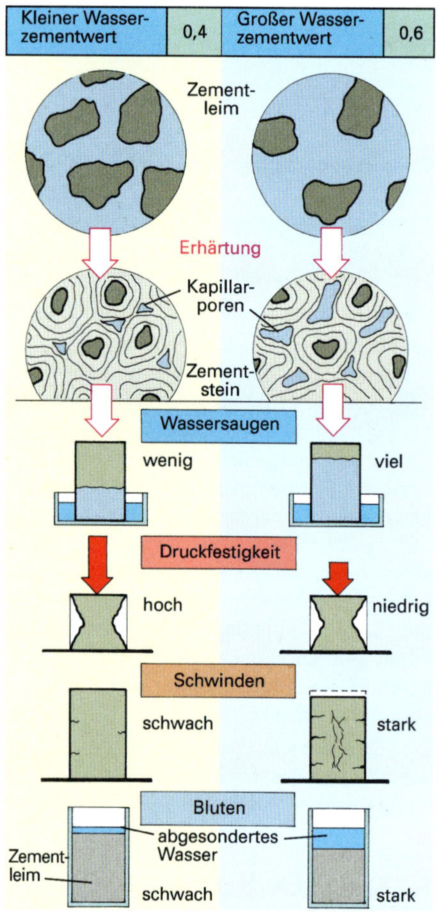

Einflüsse des Wasserzementwertes

Auch alle anderen Betoneigenschaften, wie Witterungs- und Frostbeständigkeit, Abriebfestigkeit, Rostschutz der Bewehrung usw., werden durch zunehmenden Wasserzementwert verschlechtert.

Um die Eigenschaften des Betons, besonders die Druckfestigkeit des Betons und den Korrosionsschutz der Bewehrung, zu gewährleisten, dürfen bestimmte Wasserzementwerte aufgrund unterschiedlicher Umweltbedingungen, denen der Beton ausgesetzt ist, nicht überschritten werden.

Einflüsse der Gesteinskörnungen

Für unser Reihenhaus wird Normalbeton verwendet. Die Kornzusammensetzung wird mithilfe genormter Prüfsiebe ermittelt und anhand von Sieblinien beurteilt.

Das **Größtkorn** eines Korngemisches ist so zu wählen, dass das Mischen, Fördern, Einbringen und Verarbeiten des Betons gewährleistet ist. Die Korngröße darf deshalb $^1/_3$ der kleinsten Bauteilabmessung nicht überschreiten. Bei enger Bewehrung oder geringer Betondeckung soll der überwiegende Teil der Gesteinskörnungen kleiner als der Abstand der Stahleinlagen untereinander und von der Schalung sein.

Der Kornaufbau eines Korngemisches, besonders im Bereich 0...4 mm, ist entscheidend für den Wasseranspruch und die Verarbeitung des Betons. Ungünstig zusammengesetzte Korngemische verursachen zu hohen Zementgehalt, aufwendiges Verdichten und führen zu Schwierigkeiten bei Sichtbeton, Pumpbeton und wasserundurchlässigem Beton.

Zusammenfassung

Beton besteht aus Zement, Gesteinskörnungen und Wasser.

Nach der Rohdichte unterscheidet man Schwer-, Normal- und Leichtbeton.

Nach DIN 1045-2 wird Beton in 16 Druckfestigkeitsklassen von C8/10...C100/115 eingeteilt.

Die Konsistenz ist ein Maß für die Verarbeitbarkeit des Frischbetons. Man unterscheidet verschiedene Konsistenzklassen.

Die wichtigste Betoneigenschaft ist die Druckfestigkeit. Sie muss durch Druckprüfungen nachgewiesen werden.

Wassersaugfähigkeit, Wasserdurchlässigkeit und Frostbeständigkeit hängen vor allem von der Beschaffenheit des Betongefüges ab.

Schwer- und Normalbeton besitzen infolge ihrer hohen Rohdichte geringe Wärmedämmung und gute Luftschalldämmung.

Die Betoneigenschaften werden besonders von der Zementfestigkeitsklasse, dem Wasserzementwert, der Kornform, der Kornoberfläche und der Kornzusammensetzung beeinflusst.

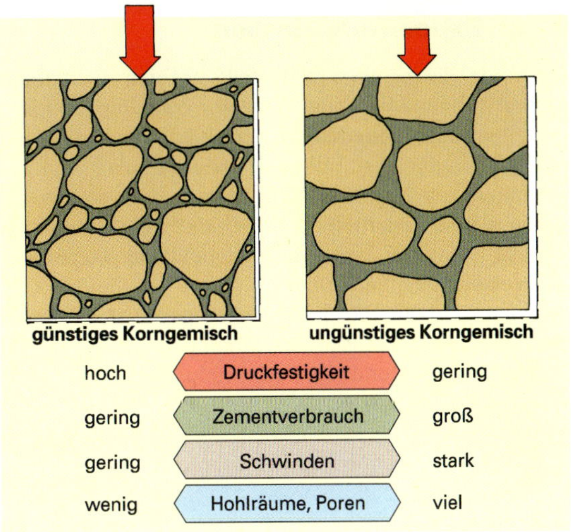

Kornzusammensetzung

Ausreichender Mehlkorngehalt ist sehr wichtig bei Beton, der gepumpt wird, bei Beton für dünnwandige, eng bewehrte Bauteile und bei wasserundurchlässigem Beton. Der Mehlkorngehalt setzt sich aus dem Zement, den Gesteinskörnungen von 0...0,125 mm und eventuellen Zusatzstoffen zusammen. DIN 1045-2 schreibt für den Mehlkorngehalt Maximalwerte vor.

Der Wasserzementwert hat Einfluss auf die Druckfestigkeit, die Wassersaugfähigkeit, das Schwinden und Bluten des Betons. Die richtige Kornzusammensetzung beeinflusst in erheblichem Maße die Betoneigenschaften.

Aufgaben:

1. *Klären Sie folgende Begriffe:*
   a) Feinmörtel, *b) Frischbeton,*
   c) Festbeton, *d) Schwerbeton.*
2. *Warum werden für Normal- und Schwerbeton zwei Mindestdruckfestigkeiten angegeben?*
3. *Was bedeutet die Bezeichnung C40/45?*
4. *Welche Konsistenzbeschreibungen werden nach dem Ausbreitmaß unterschieden?*
5. *Wie wird der Wasserzementwert ausgedrückt?*
6. *Warum nimmt die Wassersaugfähigkeit des Betons bei hohem Wasserzementwert zu?*
7. *Beschreiben Sie die Konsistenzbereiche C1 und F4.*
8. *Begründen Sie, warum ein unbewehrter Betonbalken bei Belastung bricht.*
9. *Warum sind bei den Massivdecken unseres Reihenhauses zusätzliche trittschalldämmende Maßnahmen erforderlich?*
10. *Begründen Sie, warum die Wärmeleitfähigkeit bei Normalbeton höher ist als bei Leichtbeton.*

4.3.3 Expositionsklassen

Beton, der für bestimmte Bauteile unseres Reihenhauses verwendet wird, muss nicht nur **tragfähig**, sondern vor allem auch **dauerhaft** sein. Das bedeutet, dass neben der Tragfähigkeit auch die Dauerhaftigkeit von Betonbauwerken bzw. Betonbauteilen sicherzustellen ist. Beton gilt als dauerhaft, wenn er über viele Jahrzehnte hinweg (etwa 50 Jahre) widerstandsfähig gegenüber Umwelteinwirkungen bleibt. Unter Umwelteinwirkungen, auch Umgebungsbedingungen genannt, sind chemische und physikalische Einwirkungen auf den Beton (Betonkorrosion) und die Bewehrung (Bewehrungskorrosion) zu verstehen.

Mögliche Einwirkungen können sein:
- Beanspruchung durch Karbonatisierung (engl. „**C**arbonation")
- Beanspruchung durch Chlorideinwirkung aus Streusalzen (engl. „**D**eicing Salt")
- Beanspruchung durch Chlorideinwirkung aus Meerwasser (engl. „**S**eawater")
- Beanspruchung durch Frost mit und ohne Taumittel (engl. „**F**reezing")
- Beanspruchung durch chemische Angriffe (engl. „Chemical **A**ttack")
- Beanspruchung durch Verschleiß (engl. „**M**echanical Abrasion")

Entsprechend den Anforderungen aus den vorliegenden Umgebungsbedingungen werden für den Beton **Expositionsklassen** festgelegt. Sie sind sowohl die Grundlage für die Anforderungen an die Ausgangsstoffe und die Zusammensetzung des Betons als auch an die Mindestmaße der Betondeckung.

Die Kennzeichnung der Expositonsklassen erfolgt durch zwei Großbuchstaben, wobei der erste Buchstabe immer „**X**" ist. Der zweite Buchstabe ist der Anfangsbuchstabe des englichen Fachbegriffes. Die verschiedenen **Angriffsstufen** werden mit Ziffern gekennzeichnet. In der Regel zeigt eine höhere Ziffer eine Verschärfung des Angriffsrisikos an. Liegt kein Korrosions- und Angriffsrisiko vor, wird von der **Basisklasse „XO"** (**O**hne Angriff) ausgegangen.

Da Beton mehr als einer Einwirkung ausgesetzt sein kann, müssen die Umgebungsbedingungen als Kombination von Expositionsklassen ausgedrückt werden.

Betone, die der Feuchtigkeit und der Alkalizufuhr von außen (z. B. durch Einfluss von Taumitteln) ausgesetzt sind, werden in folgende **Feuchtigkeitsklassen** eingeteilt:

WO – Beton ist nur kurze Zeit feucht, dann weitgehend trocken

WF – Beton ist häufig und längere Zeit feucht

WA – Beton ist zusätzlich häufiger und langzeitiger Alkalizufuhr ausgesetzt

WS – Beton ist hoher dynamischer Beanspruchung und direktem Alkalieintrag ausgesetzt

In der untenstehenden Tabelle sind die Expositionsklassen zur Bewehrungs- und zur Betonkorrosion angegeben.

Expositionsklasse		Umgebungsbedingungen	Schädigungsvorgang	Mindestdruckfestigkeitsklasse
Kennzeichnung	**Angriffsstufen**			
XO	keine	alle außer XF, XA und XM	**Ohne** Korrosions- und Angriffsrisiko	C8/10 C12/15
XC	XC 1	trocken oder ständig nass	Bewehrungskorrosion durch **Karbonatisierung**	C16/20
	XC 2	nass, selten trocken		C16/20
	XC 3	mäßige Feuchte		C20/25
	XC 4	wechselnd nass und trocken		C25/30
XD	XD 1	mäßige Feuchte	Bewehrungskorrosion durch **Chloride**	C30/37[2])
	XD 2	nass, selten trocken		C35/45[2])
	XD 3	wechselnd nass und trocken		C35/45[2])
XS	XS 1	salzhaltige Luft	Bewehrungskorrosion durch **Chloride aus Meerwasser**	C30/37[2])
	XS 2	unter Wasser		C35/45[2])
	XS 3	Tidebereiche[1]), Spritzwasser, Sprühnebelbereiche		C35/45[2])
XF	XF 1	ohne Taumittel	**Frostangriff** bei mäßiger Wassersättigung	C25/30
	XF 2	mit Taumittel		C35/45[2])
	XF 3	ohne Taumittel	**Frostangriff** bei hoher Wassersättigung	C35/45[2])
	XF 4	mit Taumittel		C30/37
XA	XA 1	schwach	Betonkorrosion durch **chemischen Angriff**	C25/30
	XA 2	mäßig		C35/45[2])
	XA 3	stark		C35/45[2])
XM	XM 1	mäßig	Betonkorrosion durch **Verschleißbeanspruchung** nach DIN 1045-2	C30/37[2])
	XM 2	stark		C35/45[2])
	XM 3	sehr stark		C35/45[2])

[1]) Unter Tide versteht man das Steigen und Fallen des Meerwassers im Gezeitenablauf.

[2]) Bei Verwendung von Luftporenbeton, z. B. aufgrund gleichzeitiger Anforderungen aus der Expositionsklasse XF, eine Festigkeitsklasse niedriger

Expositionsklassen

4.3.4 Festlegung des Betons

Für die Festlegung und Herstellung des Betons werden nach DIN 1045-2 **drei Personenkreise** in die Verantwortung genommen:

- der **Verfasser** der Leistungsbeschreibung – Person (Architekt, Planer) oder Stelle, die die Festlegung für den Frisch- und Festbeton aufstellt,
- der **Hersteller** des Frischbetons – der Transportbetonhersteller und
- der **Verwender** – bauausführende Firma, die den Frischbeton verarbeitet.

Der **Verfasser** ist verantwortlich für die Leistungsbeschreibung, d.h., er muss alle Anforderungen an die Betoneigenschaften festlegen.

Der **Hersteller** hat die Aufgabe, die Anforderungen an den Beton systematisch zu überprüfen. Zur **Qualitätsüberwachung** im Werk gehören die Konformitäts- und Produktionskontrolle des Betonherstellers durch **Eigenüberwachung**, die Überwachung der Produktionskontrolle durch eine anerkannte Überwachungsstelle (**Fremdüberwachung**) und die **Zertifizierung** durch eine anerkannte Zertifizierungsstelle. Unter **Konformität** versteht man die systematische Überprüfung, um festzustellen, in welchem Umfang der Beton die festgelegten Anforderungen erfüllt. Die **Produktionskontrolle** umfasst alle Maßnahmen, die für die Aufrechterhaltung der Konformität des Betons mit den festgelegten Anforderungen erforderlich sind.

Der **Verwender** ist verantwortlich für das sachgerechte Einbringen des Betons in das Bauwerk.

DIN 1045-2 unterscheidet in der Leistungsbeschreibung Beton nach Eigenschaften, Beton nach Zusammensetzung und Standardbeton.

Beton nach Eigenschaften: Die erforderlichen Betoneigenschaften (z.B. Druckfestigkeitsklasse, Expositionsklasse, Größtkorn) und die zusätzlichen Anforderungen (z.B. Zementart und -klasse, Festigkeits- und Wärmeentwicklung, Wassereindringwiderstand) werden vom Verfasser festgelegt, der auf Basis dieser Eigenschaften auch die Bemessung und Konstruktion durchführt, sowie die Details der Bauausführung (z.B. Nachbehandlung, Verdichtung) regelt.

Der Transporthersteller führt mit einer Erstprüfung oder aufgrund von Langzeiterfahrung mit ähnlichen Betonen den Nachweis, dass diese Eigenschaften auch sicher erreicht werden und legt damit die Zusammensetzung fest.

Auf der Baustelle ist vom Verwender zu prüfen, dass der gelieferte Beton der Bestellung entspricht, d.h., er hat die Annahmeprüfung durchzuführen.

Beton nach Zusammensetzung: Der Verfasser ist dafür verantwortlich, dass die Anforderungen der Norm berücksichtigt sind und dass mit der festgelegten Betonzusammensetzung und den vorgesehenen Ausgangsstoffen (z.B. Zementgehalt, Zementart, Zementfestigkeitsklasse, Größtkorn, Art und Menge der Zusätze) die erforderlichen Frisch- und Festbetoneigenschaften erreicht werden. Die Erstprüfung liegt nicht mehr im Verantwortungsbereich des Herstellers, sondern wird durch den Verfasser festgelegt.

Der Hersteller ist für die Bereitstellung des Betons mit der festgelegten Zusammensetzung verantwortlich.

Auf der Baustelle ist vom Verwender die Annahmeprüfung durchzuführen und er hat durch Überprüfen und Vorlegen gesicherter Erkenntnisse zu bestätigen, dass die festgelegten Anforderungen erfüllt worden sind (Konformitätsnachweis).

Standardbeton: Anforderungen an die Betonzusammensetzung werden auf der Grundlage von Erfahrungen festgelegt. Eine Erstprüfung durch den Hersteller ist daher nicht erforderlich. L 4.3.5

Beton darf nach DIN 1045-2 als Beton nach Eigenschaften, als Beton nach Zusammensetzung oder als Standardbeton beschrieben werden. Bei der Betonherstellung werden drei Personenkreise in die Verantwortung genommen: Verfasser, Hersteller, Verwender.

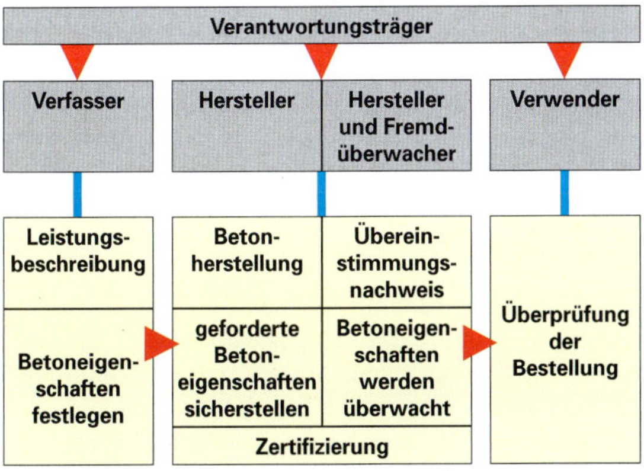

Beton nach Eigenschaften

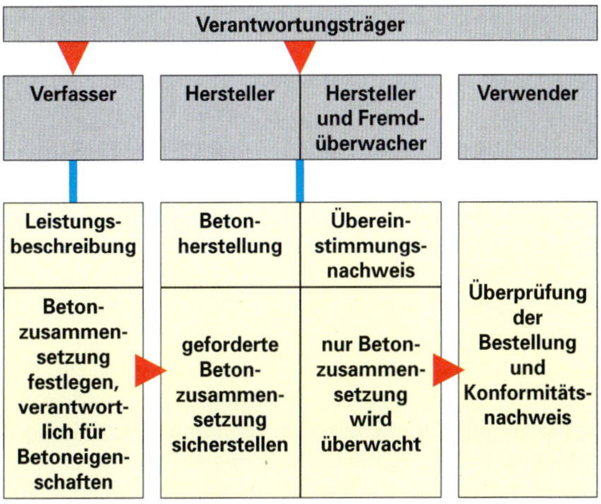

Beton nach Zusammensetzung

4.3.5 Herstellen des Betons

Standardbeton

Zur Herstellung der Beton- und Stahlbetonbauteile unseres Reihenhauses wird **Standardbeton** verwendet. Er ist anwendbar als Normalbeton für unbewehrte und bewehrte Betonbauwerke bis zur Druckfestigkeitsklasse L 4.3.3 **C16/20** und zulässig für die Expositionsklasse **XO, XC1** und **XC2**.

Für Standardbetone sind **Anhaltswerte** für mögliche Zusammensetzungen in Abhängigkeit von der Druckfestigkeitsklasse, dem Sieblinienbereich und der Konsistenz in nebenstehender Tabelle zusammengefasst. Die Mindestzementgehalte gelten bei Verwendung eines Größtkorns von 32 mm und Zement der Festigkeitsklasse 32,5 N und 32,5 R. Bei geringerem Größtkorn der Gesteinskörnung reichen die Zementmengen nicht aus und müssen vergrößert werden. Bei einem Größtkorn der Gesteinskörnung von 63 mm bzw. bei Zement der Festigkeitsklasse 42,5 N und 42,5 R darf der Zementgehalt unter Umständen verringert werden.

Die Mindestzementgehalte sind so hoch angesetzt, dass die vorgeschriebene Festigkeit erreicht wird und der **Korrosionsschutz** der Bewehrung gewährleistet ist.

Konsistenz	Druckfestigkeitsklasse	Sieblinienbereich	Baustoffbedarf		
			Zement in kg/m³	Gesteinskörnung in kg/m³	Wasser in kg/m³
steif C1, F1	C8/10	③	230	2045	140
		④	250	1975	160
	C12/15	③	290	1990	140
		④	320	1915	160
	C16/20	③	310	1975	140
		④	340	1895	160
plastisch C2, F2	C8/10	③	250	1975	160
		④	270	1900	180
	C12/15	③	320	1915	160
		④	350	1835	180
	C16/20	③	340	1895	160
		④	370	1815	180
weich C3, F3	C8/10	③	280	1895	180
		④	300	1825	200
	C12/15	③	350	1835	180
		④	380	1755	200
	C16/20	③	380	1810	180
		④	410	1730	200

Zusammensetzung von Standardbeton (Anhaltswerte) bei Gesteinskörnungen mit einem Größtkorn von 32 mm und Zement der Festigkeitsklasse 32,5 N und 32,5 R

Abmessen der Bestandteile

Das Mengenverhältnis von Zement zu Gesteinskörnungen zu Wasser wird durch das **Mischungsverhältnis** angegeben. Die Mischanweisung ist an der Mischstelle deutlich lesbar auf einer **Tafel** anzuschlagen. Nach DIN 1045-2 müssen die Bestandteile, also Zement, Gesteinskörnungen und Zugabewasser, mit einer Genauigkeit von drei Masseprozenten zugemessen werden.

Zusatzmittel und Zusatzstoffe müssen mit einer Genauigkeit von fünf Masseprozenten abgemessen werden.

Zement, Gesteinskörnungen und pulverförmige Zusatzstoffe müssen nach Masse dosiert werden. Zugabewasser, Zusatzmittel und flüssige Zusatzstoffe dürfen nach Masse oder Volumen abgemessen werden.

Boxen verhindern das Vermischen der einzelnen Korngruppen, Schrapperbetrieb

Mischen und Transportieren

Durch das Mischen sollen Zementleim und Gesteinskörnungen gleichmäßig verteilt und alle Körner vollflächig mit Zementleim umhüllt werden. Ungenügendes Mischen kann im Beton **Kiesnester** mit vielen Hohlräumen hinterlassen, die die Druckfestigkeit des Betons mindern.

Baustellenbeton, bei dem die Bestandteile auf der Baustelle zugegeben werden, muss in ortsfesten Mischern mit guter Mischwirkung durchgearbeitet werden. Nach der Mischweise der Maschinen werden Freifall- und Zwangsmischer unterschieden. In **Freifallmischern**, auf der Baustelle werden Kipptrommel-, Umkehr- und Gleichlaufmischer eingesetzt, wird das Mischgut beim Drehen gehoben und durch freien Fall vermischt. Die Mischzeit beträgt mindestens 1 Minute. Trog- und Tellermischer sind **Zwangsmischer**, bei denen das Mischgut durch schnell umlaufende Rührwerkzeuge durchgearbeitet wird. Hier ist eine Mischzeit von mindestens ½ Minute erforderlich.

Transportbeton steifer Konsistenz darf mit Fahrzeugen ohne Mischer und Rührwerk befördert werden. Er sollte nach 45 min vollständig entladen sein. Transportbeton anderer als steifer Konsistenz darf nur in Fahrmischern oder Fahrzeugen mit Rührwerk zur Baustelle befördert werden. Er sollte nach 90 min vollständig entladen sein. In einem Fahrmischer sollte die Mischdauer nach Zugabe eines Zusatzmittels mindestens 1 min/m³ und nicht kürzer als 5 min sein.

Standardbeton kann als Normalbeton bis zur Druckfestigkeitsklasse C16/20 hergestellt werden. Zement, Gesteinskörnungen und pulverförmige Zusatzstoffe müssen nach Masseteilen zugemessen werden. Die Betonbestandteile sollen unter Einhaltung ausreichender Mischzeiten gründlich durchgemischt werden.

4.3.6 Betonmischungen

Für Standardbeton sind Anhaltswerte für die richtige Zusammensetzung in der Tabelle auf Seite 142 zusammengestellt. Aus den Tabellen kann der Bedarf an Gesteinskörnungen, Zement und Wasser je m³ Beton entnommen werden. Dabei ist zu beachten, dass es sich bei der angegebenen Wassermenge um den Gesamtbedarf handelt. Ein Teil davon wird durch die **Eigenfeuchte** der Gesteinskörnung abgedeckt, nur der Rest wird als **Zugabewasser** zugegeben.

Mindestzementgehalt für Standardbeton mit einem Größtkorn von 32 mm und Zement der Festigkeitsklasse 32,5 nach DIN EN 197-1

Festigkeitsklasse	Mindestzementgehalt in kg/m³ für Konsistenzbereich		
	steif	plastisch	weich
C8/10	210	230	260
C12/15	270	300	330
C16/20	290	320	360

Der Zementgehalt muss **vergrößert** werden um
- 10 % bei einem Größtkorn von 16 mm
- 20 % bei einem Größtkorn von 8 mm

Der Zementgehalt **darf verringert** werden um
- max. 10 % bei Zement der Festigkeitsklasse 42,5
- höchstens 10 % bei einem Größtkorn von 63 mm

Beispiel 1:

Wie viel Zement, Gesteinskörnung und Wasser werden zur Herstellung von 35 m³ Stahlbeton C16/20 (Sieblinienbereich ④; Konsistenz C3) benötigt?

Lösung:

Materialbedarf je m³ nach Tabelle:

Zement	410 kg/m³ · 35 m³ = **14,350 t**
Gesteinskörnungen	1730 kg/m³ · 35 m³ = **60,550 t**
Wasser	200 kg/m³ · 35 m³ = **7000 l**

Beispiel 2:

Für einen Standardbeton C12/15 (Sieblinienbereich ③; Konsistenz F2, Größtkorn der Gesteinskörnung 16 mm, Zementfestigkeitsklasse 32,5 N) ist der Materialbedarf je m³ und der Wasserzementwert zu ermitteln?

Lösung:

Materialbedarf je m³ nach Tabelle:

Zement	= 320 kg/m³ + 32 kg/m³ = **352 kg/m³**
Gesteinskörnungen	= **1915 kg/m³**
Wasser	= **160 l/m³**

$$\text{Wasserzementwert} = \frac{160\ \text{kg/m}^3}{352\ \text{kg/m}^3} = \mathbf{0{,}45}$$

Aufgaben:

1. In welchem Fall dürfen die Tabellenwerte nicht angewendet werden?

2. Veranschlagen Sie den Bedarf an Zement, Gesteinskörnungen und Wasser nach Tabelle für 1 m³
   a) C8/10, Sieblinienbereich ③, F1,
   b) C12/15, Sieblinienbereich ④, C2,
   c) C16/20, Sieblinienbereich ③, F3.

3. Für einen Standardbeton C16/20 (Sieblinienbereich ③; Konsistenz C3; Größtkorn der Gesteinskörnung 8 mm; Zementfestigkeitsklasse 32,5) ist der Materialbedarf je m³ zu ermitteln.

4. Um wie viele Liter muss die Wasserzugabe bei C12/15 bei Sieblinienbereich ④ gegenüber Sieblinienbereich ③ erhöht werden?

5. Die Streifenfundamente unseres Reihenhauses sollen in C12/15 (Sieblinienbereich ③; Konsistenz C2) hergestellt werden. Die Fundamenttiefe beträgt 0,38 m. Wie viel Zement und Gesteinskörnung sind zu bestellen?

6. Zehn der dargestellten Einzelfundamente sollen in C16/20 (Sieblinienbereich ③; Konsistenz C2) hergestellt werden.
   Wie viel Zement und Gesteinskörnung sind zu bestellen?

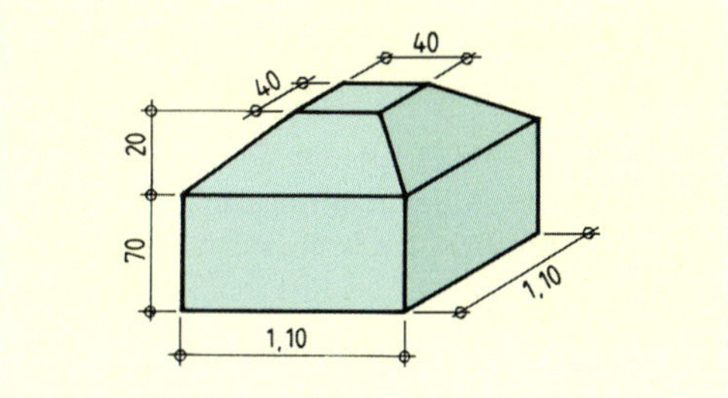

7. Das dargestellte Fundament soll in C12/15 (Sieblinienbereich ③; Konsistenz C2, Größtkorn der Gesteinskörnung 32,5 mm, Zementfestigkeitsklasse 32,5) hergestellt werden. Die Fundamenttiefe beträgt 60 cm.
   Wie viel Zement und Gesteinkörnungen sind zu bestellen?

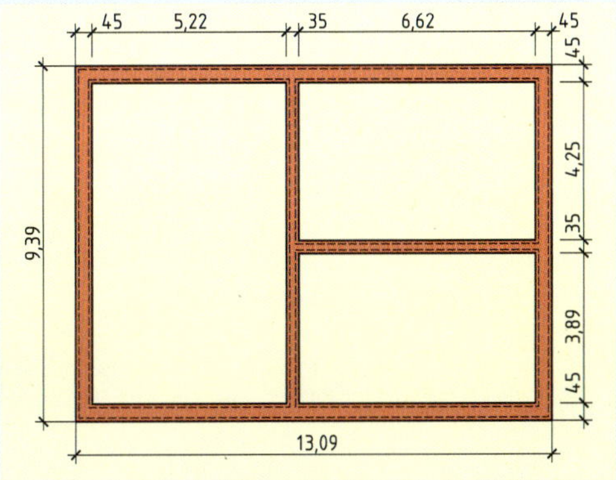

4.3.7 Verarbeiten des Betons

Verarbeitungszeit

Baustellenbeton sollte sofort nach dem Mischen, Transportbeton sofort nach der Anlieferung verarbeitet werden. Beton muss in die Schalung eingebracht und verdichtet sein, bevor er versteift. Witterungseinflüsse können den Versteifungsvorgang beschleunigen bzw. verzögern. Deshalb sollte Beton bei trockener, warmer Witterung innerhalb einer halben Stunde, bei nasser, kühler Witterung innerhalb einer Stunde eingebracht und verdichtet werden. Die Verarbeitungszeit kann durch Zusatz eines Erstarrungsverzögerers VZ verlängert werden. Dies ist aber nur dann angebracht, wenn größere Betonabschnitte ohne Arbeitsfugen ausgeführt werden oder wenn bei hohen Außentemperaturen betoniert wird.

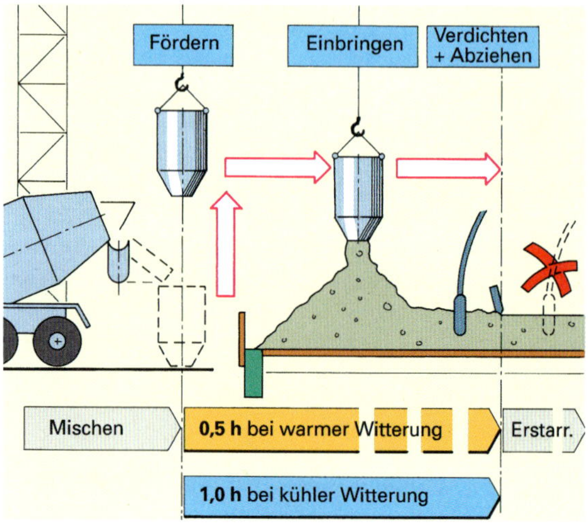

Verarbeitungszeit des Frischbetons

Fördern und Einbringen

Versuch: Ein Kies-Sand-Gemisch wird aus einer Höhe von etwa 50 cm und 100 cm auf eine Unterlage geschüttet.

Beobachtung: Bei 100 cm Fallhöhe rollen die groben Kieskörner an den Rand der Schüttung bzw. sie werden zu weit abgeworfen.

Ergebnis: Bei großer Fallhöhe lösen sich die groben Gesteinskörnungen von den feinen, d. h., das Sand-Kies-Gemisch entmischt sich.

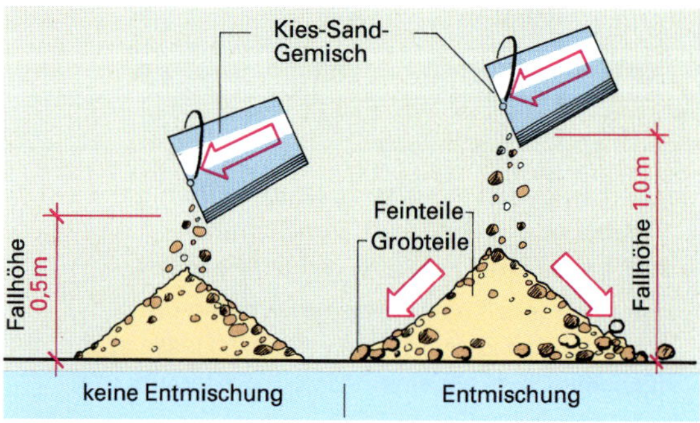

Einfluss der Fallhöhe

Beim Befördern und Einbringen aus großer Höhe in die Schalung kann sich Beton **entmischen**. Die Folgen sind Kiesnester. Deshalb sollte Beton nicht mehr als 1 m frei fallen. Besonders beim Abwurf von Förderbändern werden die groben Gesteinskörnungen an der Abwurfstelle zu weit vorgeschleudert. Durch entsprechende Maßnahmen, wie richtige Bandgeschwindigkeit, Abstreifer, Prallblech, Schüttrohr, kann dies verhindert werden. Bei zu großen Fallhöhen sollte der Beton durch Rohre oder Schläuche zusammengehalten werden.

Mit Förderbändern sollte nur plastischer Beton (C2, F2) gefördert werden. Für das Fördern durch Pumpen sind an die Betonzusammensetzung bestimmte Anforderungen zu stellen. Pumpbeton muss gut zusammenhalten, soll kein Wasser absondern und eine gleichmäßige Konsistenz aufweisen.

Beton ist mit Fördergeräten gleichmäßig zu verteilen. Hierfür sind Verdichtungsgeräte unzulässig, weil sich sonst der Beton entmischen könnte.

Der Beton wird schichtweise eingebracht. Die Dicke der Schüttlage richtet sich nach der Art der Verdichtungsgeräte; sie misst zwischen 30 cm und 50 cm.

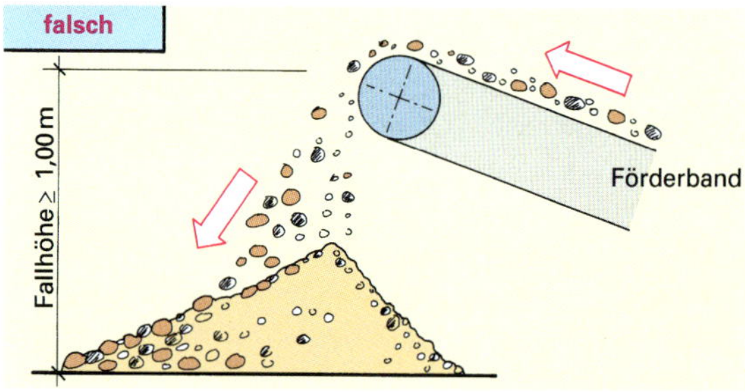

Entmischung: zu schneller Lauf des Förderbandes; zu große Fallhöhe = weit abgeworfenes Grobkorn

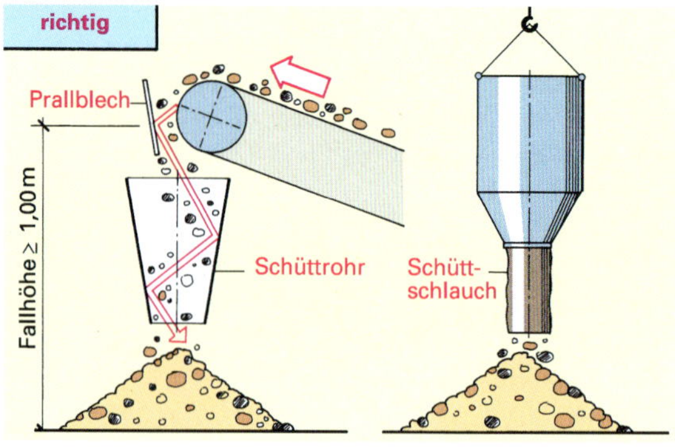

Keine Entmischung: Schüttrohr und Prallblech

Transportkübel mit Schüttschlauch

Beim Fördern und Einbringen darf sich der Frischbeton nicht entmischen. Fördergefäße müssen deshalb möglichst dicht über der Einbaustelle geöffnet werden.

Verdichten

Der eingebrachte Frischbeton besitzt noch viele Hohlräume, die die Eigenschaften des Festbetons verschlechtern können. Deshalb muss der Frischbeton möglichst vollständig verdichtet werden, um die mit Luft gefüllten Hohlräume zu entfernen und ein möglichst geschlossenes Gefüge zu erzielen und die Bewehrungsstähle dicht mit Beton zu umhüllen.

Das **Prinzip der Verdichtung** besteht darin, Schwingungen in Rüttlern zu erzeugen und diese auf den Frischbeton zu übertragen. Dadurch wird die Reibung im Frischbeton herabgesetzt, der Beton setzt sich und entlüftet dabei.

Beton wird durch **Stampfen**, **Rütteln** und **Stochern** verdichtet. Die zu wählende Verdichtungsart richtet sich nach der Konsistenz des eingebrachten Frischbetons (siehe Abschnitt 4.3.2).

Selbstverdichtender Beton (SVB) fließt ohne Einwirkung zusätzlicher Verdichtungsmaßnahmen unter dem Einfluss der Schwerkraft. Eine ausreichende Entlüftung ist durch geeignete Einbauverfahren sicherzustellen.

Beton der Konsistenzbeschreibungen sehr weich, fließfähig, sehr fließfähig kann durch **Stochern** oder **Klopfen** an die Schalung verdichtet werden. Beton der Konsistenzbeschreibungen sehr steif und steif lässt sich durch **Stampfen** verdichten. Eingesetzt werden Hand-, Pressluft- oder elektrische Stampfgeräte. Die fertig gestampfte Schicht sollte nicht dicker als 15 cm sein. Es wird so lange gestampft bis die Betonoberfläche feucht wird und sich schließt.

Beton der Konsistenzbeschreibungen steif, plastisch, weich kann auch gerüttelt werden. Eingesetzt werden je nach Form und Abmessung der Bauteile Innenrüttler, Schalungsrüttler, Rütteltische und Rüttelbohlen.

Innenrüttler (Tauchrüttler) werden zügig über die zu verdichtende Schüttlage hinaus 10…20 cm tief in die zuletzt verdichtete Schicht eingetaucht. Der Beton ist im Allgemeinen so lange zu rütteln, bis keine Luftblasen mehr aufsteigen und die Oberfläche geschlossen ist. Die Rüttelflasche wird dann langsam in senkrechter Richtung aus dem Beton gezogen, die Eintauchöffnung muss sich dabei schließen. Der Abstand der Eintauchstellen wird so gewählt, dass sich die Wirkungslinien der Rüttelflaschen überschneiden. Im Bereich der Schalhaut sollte nicht gerüttelt werden, weil sich sonst Feinmörtel und Wasser an der Schalungsoberfläche anreichern; es entstehen dann absandende Oberflächen.

Schalungsrüttler (Außenrüttler) werden bei dünnen Wänden, Stützen und Platten eingesetzt. Auf der Außenseite befestigt, versetzen sie die Schalung in Schwingung. Auf eine stabile Schalungskonstruktion und auf dichte Schalungsfugen ist besonders zu achten.

Rüttelbohlen ersetzen bei sehr steifem und steifem Beton die Stampfgeräte. Sie werden vorwiegend bei Fahrbahndecken eingesetzt.

Rütteltische werden meist stationär in Betonwerken zur Verdichtung von Betonfertigteilen verwendet.

Alle Rüttelgeräte müssen sorgfältig behandelt und gewartet werden. Die elektrischen Schutzeinrichtungen müssen stets in einwandfreiem Zustand sein. Innenrüttler dürfen nicht zu lange an der Luft laufen, sie werden sonst zu heiß. Nach Gebrauch sind die Rüttelgeräte sauber mit Wasser zu reinigen.

Ohne Verdichtung werden Festbetoneigenschaften wie Druckfestigkeit, Wasserundurchlässigkeit und Korrosionsschutz nicht erreicht. Die Verdichtungsart ist auf die Konsistenz abzustimmen.

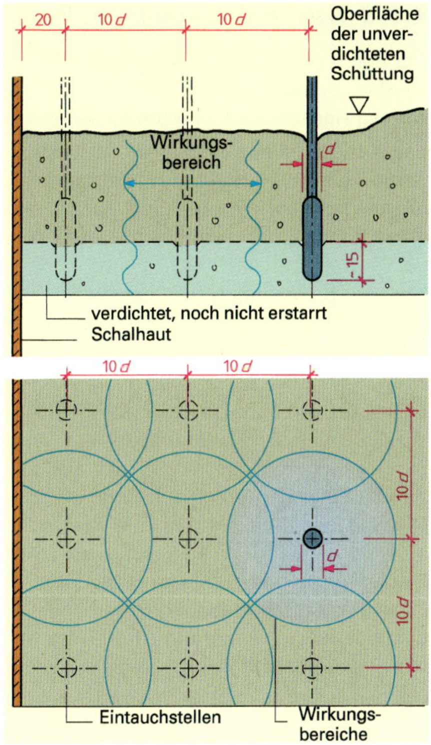

Die Wirkungsbereiche der Rüttelflasche müssen sich überschneiden

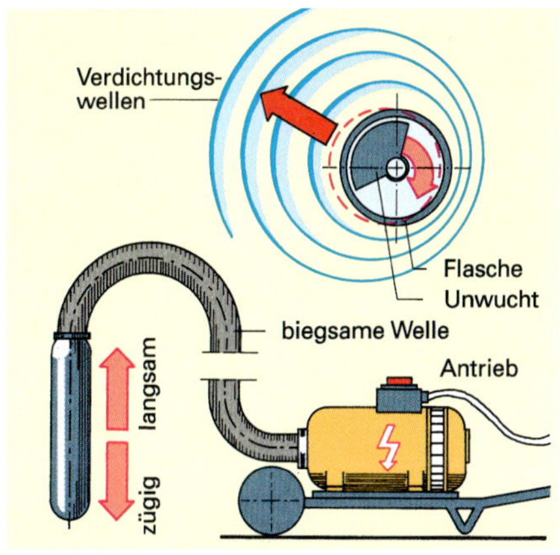

Innenrüttler, Wirkungsweise

Einbringen mit Schüttschlauch und Verdichten mit Innenrüttlern

4.3.8 Nachbehandeln des Betons

Der Beton muss im Anschluss an das Verdichten nachbehandelt werden. Darunter versteht man sämtliche Maßnahmen, die notwendig sind, damit der Festbeton seine volle Qualität erreicht.

Beton muss gegen **vorzeitiges Austrocknen** geschützt werden. Sonst kommt es durch zu schnellen Wasserentzug zu Erhärtungsstörungen, die geringere Festigkeit, absandende Oberflächen, Schwindrissbildung und verminderten Korrosionsschutz der Bewehrung nach sich ziehen können. Geschützt werden kann der Beton je nach Umgebungstemperatur durch Abdecken mit Folie, durch Aufbringen wasserhaltender Abdeckungen, durch häufiges Besprühen mit Wasser oder durch Aufsprühen eines Nachbehandlungsfilms.

Bei **extremen Temperaturen** und **Temperaturunterschieden** ist die Gefahr großer Spannungen und Verformung mit Rissebildung gegeben. Daher ist es bei direkter Sonneneinstrahlung zweckmäßig, den Beton mit Folie abzudecken, feuchtzuhalten, Holzschalungen zu nässen und Stahlschalungen vor Sonnenstrahlen zu schützen. Bei **Frostgefahr** muss der Beton mit wärmedämmenden Matten oder Platten umhüllt werden. Vorteilhaft ist auch, eine Schutzabdeckung auf Bohlen oder Bretter zu legen, damit zwischen Beton und Abdeckung eine wärmedämmende, feuchtigkeitsgesättigte Luftschicht entsteht.

Die Dauer der Nachbehandlung hängt wesentlich von der Betonzusammensetzung, der Frischbetontemperatur, den Umgebungsbedingungen und den Bauteilabmessungen ab.

In DIN 1045-2 ist für die Nachbehandlung von Beton die Mindestdauer geregelt.

Weitere Informationen finden Sie auf den Internetseiten des Bundesverbandes der Deutschen Transportbeton-Industrie, des Bundesverbandes Betonbauteile Deutschland, des Deutschen Beton- und Bautechnik-Vereins und der Internetseite „Richtig Betonieren" (siehe Seite 354).

Zusammenfassung

Aufgrund unterschiedlicher Umweltbedingungen wird Beton in Expositionsklassen eingeteilt.

Die Wahl der Expositionsklasse richtet sich nach den besonderen Bedingungen, die am Ort der Verwendung des Betons vorherrschen.

DIN 1045-2 unterscheidet Beton nach Eigenschaften, Beton nach Zusammensetzung und Standardbeton.

Für die Feststellung und Herstellung des Betons sind Verfasser, Hersteller und Verwender verantwortlich.

Beton muss so viel Zement enthalten, dass die geforderte Druckfestigkeit und bei Stahlbeton ausreichender Korrosionsschutz der Stahleinlagen erreicht werden.

Frischbeton darf sich beim Fördern und Einbringen nicht entmischen.

Beton muss möglichst vollständig durch Rütteln, Stochern, Stampfen, Klopfen verdichtet werden. Die zu wählende Verdichtungsart richtet sich nach der Betonkonsistenz.

Beton ist bis zum ausreichenden Erhärten gegen starkes Abkühlen oder Erwärmen, Austrocknen, starken Regen, strömendes Wasser sowie gegen mechanische oder chemische Angriffe zu schützen.

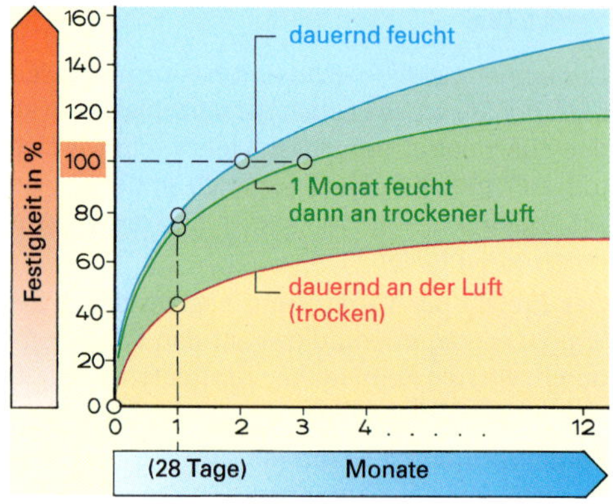

Einfluss der Feuchtelagerung auf die Festigkeitsentwicklung des Betons

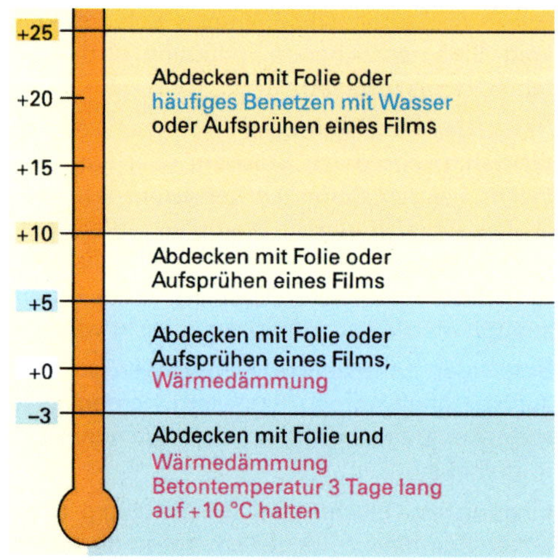

Nachbehandlungsmaßnahmen

Aufgaben:

1. *Erklären Sie folgende Expositionsklassen: XO, XS 2, XA 3.*
2. *Eine Brücke soll aus Stahlbeton hergestellt werden. Welcher Expositionsklasse ist der Beton zuzuordnen?*
3. *Für unser Reihenhaus wird Beton nach Eigenschaften verwendet. Wer legt die Betoneigenschaften fest?*
4. *Welche Mindestmischzeiten sind für die Betonbereitung vorgeschrieben?*
5. *Warum ist die Maschinenmischung der Handmischung vorzuziehen?*
6. *Welche Maßnahmen sind zu treffen, wenn Beton aus großer Höhe in die Schalung eingebracht wird?*
7. *Warum muss Frischbeton nach dem Einbringen verdichtet werden?*
8. *Wie lässt sich a) steifer, b) plastischer, c) weicher Beton verdichten? Welche Geräte werden jeweils eingesetzt?*
9. *Es wurde bei sonnig heißem Wetter betoniert. Welche Maßnahmen sind nach dem Betonieren zu ergreifen? Begründen Sie diese.*

4.4 Betonstähle

4.4.1 Betonstahlgüte

Die Gruppe der Betonstähle gehört zu den Profilerzeugnissen des Stahles. Für ihre Verwendung im Stahlbetonbau ist die **Zugfestigkeit** ausschlaggebend. Die Festigkeitseigenschaften der Betonstähle werden durch Zugversuche ermittelt, die entsprechenden Kenngrößen in **Diagrammen** aufgezeichnet.

Betonstähle werden durch Zugkräfte gestreckt. Bei geringer Belastung verhält sich der Betonstahl **elastisch**, vergleichbar einer Feder, die sich bei Belastung dehnt und nach Entlastung ihre ursprüngliche Länge wieder einnimmt. Die Höchstspannung, bis zu der ein Betonstahl elastisch bleibt, wird als **Streckgrenze** bezeichnet. Wird Betonstahl über die Streckgrenze hinaus belastet, so wird er bleibend **(plastisch)** verformt. Stahlbetonteile werden so bemessen, dass der Betonstahl nicht über die Streckgrenze hinaus beansprucht wird. Bei allen Betonstählen beträgt die für die Bemessung notwendige Streckgrenze einheitlich 500 N/mm^2.

Nach ihrer Dehn- und Formbarkeit werden zwei **Duktilitätsklassen** unterschieden, die mit den Großbuchstaben **„A"** und **„B"** gekennzeichnet werden. Duktilität ist ein Maß für die Dehnung, die der Betonstahl aufnehmen kann, ohne dass er zerstört wird. „A" kennzeichnet Betonstähle mit normaler, „B" mit hoher Duktilität.

Nach DIN 488 wird Betonstahl hergestellt als

Betonstabstahl (B500B), Betonstahl in Ringen (B500A und B500B), Betonstahlmatten (B500A und B500B), profilierter Bewehrungsdraht (B500A+P), glatter Bewehrungsdraht (B500A+G).

Für Betonstahl gibt es folgende Herstellverfahren:
- warmgewalzt, ohne Nachbehandlung oder
- warmgewalzt und aus der Walzhitze wärmebehandelt oder
- warmgewalzt und kaltgereckt oder
- kaltverformt durch Ziehen oder Kaltwalzen.

Warmgewalzte Betonstähle besitzen ihre Festigkeit aufgrund der chemischen Zusammensetzung. Durch Kaltverformung werden die Festigkeitseigenschaften verbessert.

Die Betonstähle sind nach den in DIN EN 1992-1-1 angegebenen Verfahren **zum Schweißen geeignet**.

4.4.2 Betonstabstahl

Betonstabstahl (B500B) ist ein hochduktiler Stahl, der gemäß DIN EN 1992-1-1 eine **gerippte Oberfläche** besitzt. Er muss entweder zwei oder vier Reihen von Schrägrippen haben und wird mit oder ohne Längsrippen hergestellt.

Stablängen: 12, 14, 15 m; andere Längen (6...21 m) auf Anfrage

Stabdurchmesser: 6, 8, 10, 12, 14, 16, 20, 25, 28, 32, 40 mm

Beispiel für die Bestellung von 40 t Betonstabstahl aus der Stahlsorte B500B, Nenndurchmesser 20 mm, Stablänge 12 m:

40 t Betonstabstahl DIN 488 – B500B – 20,0 – 12

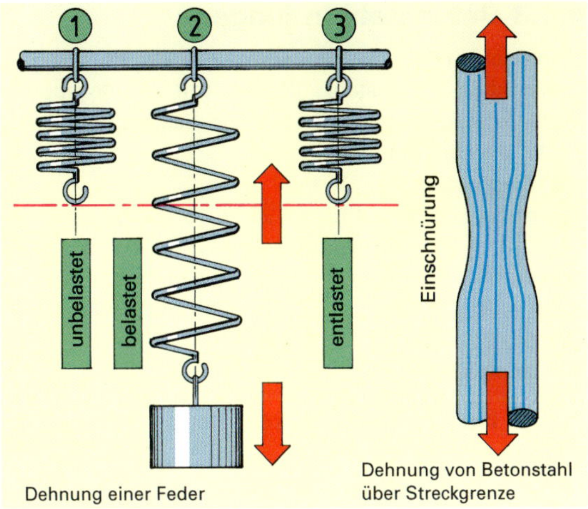

Elastische und bleibende Verformung

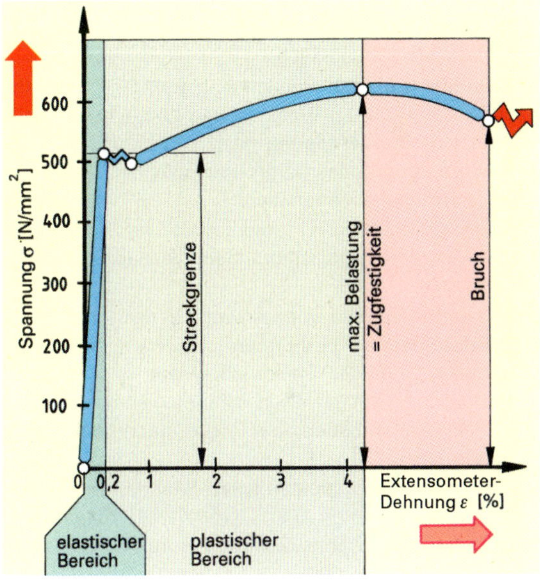

Spannung/Extensometer-Dehnungs-Kurve von Betonstahl B500A

Zur Messung von Längenänderungen bzw. Dehnungen werden Sensoren, sogenannte Extensometer, eingesetzt.

Betonstabstahl B500B, gerippt

4.4.3 Betonstahl in Ringen

Betonstahl in Ringen ist ein normalduktiler (B500A) bzw. hochduktiler Betonstahl (B500B) mit Sonderrippung (nach Zulassung). B550A muss drei Reihen, B500B vier Reihen von Schrägrippen haben.

Stabdurchmesser: 4 … 16 mm

Ringmasse: bei ϕ8…ϕ16 mm 2500…5000 kg,
bei ϕ6 mm 2000 kg

Beispiel für die Bestellung von 50 t geripptem Betonstahl in Ringen der Stahlsorte B500B mit einem Nenndurchmesser von 14 mm:

50 t Betonstahl in Ringen DIN 488 – B500B – 14,0

Betonstahl B500A in Ringen

4.4.4 Betonstahlmatten

Betonstahlmatten sind werkmäßig vorgefertigte Bewehrungen aus sich kreuzenden Stäben. Die Stäbe werden als Längs- und Querstäbe durch Widerstands-Punktschweißung scherfest miteinander verbunden.

Verwendet werden:
- normalduktile Stähle **B500A**
- hochduktile Stähle **B500B**

Normalduktile Matten erhalten eine **gerippte Oberfläche** nach DIN EN 1992-1-1 (Hochrippung KARI), **hochduktile** Matten eine **Sonderrippung** nach Zulassung. Hinsichtlich Aufbau und Konstruktion unterscheiden sich hoch- und normalduktile Matten nicht.

Der Handel bietet drei unterschiedliche **Betonstahlmatten-Systeme** an: Listenmatten, Vorratsmatten und Lagermatten.

Listenmatten werden vom Anwender nach individuellen Anforderungen bestellt und im Werk hergestellt. Mattenlänge, -breite, Stabdurchmesser und -abstand sind dabei in einem gewissen Rahmen wählbar. Sie können als Einzelstabmatten oder Doppelstabmatten hergestellt werden.

Vorratsmatten sind standardisierte Matten, die die Vorteile der Lagermatten und Listenmatten miteinander verknüpfen. Die Standardisierung sorgt für verkürzte Lieferzeiten.

Die gebräuchlichsten Mattenarten sind **Lagermatten**. Sie haben festliegende Querschnitte und Mattenabmessungen. Alle Matten sind 6,0 m lang und 2,30 bzw. 2,35 m (Q 636 A /B) breit. Die Kennzeichnung der Lagermatten erfolgt durch die Kennbuchstaben **Q** und **R** in Verbindung mit dem Längsquerschnitt pro Meter in mm²/m.

Q – Quadratische Stababstände 150 × 150 mm bei den Matten Q 188 A/B, Q 257 A/B, Q 335 A/B, Q 424 A/B und Q 524 A/B. In Querrichtung sind 16 Stäbe und in Längsrichtung 24 Stäbe angeordnet. Die Matte Q 636 A/B besitzt Stababstände von 125 × 100 mm und hat in Querrichtung 24 Stäbe und in Längsrichtung 48 Stäbe.

R – Rechteckige Stababstände 250 × 150 mm bei den Matten R 188 A/B, R 257 A/B, R 335 A/B, R 424 A/B und R 524 A/B. In Querrichtung sind 16 Stäbe und in Längsrichtung 24 Stäbe angeordnet.

Betonstahlmatten sind Listenmatten, Vorratsmatten und Lagermatten.

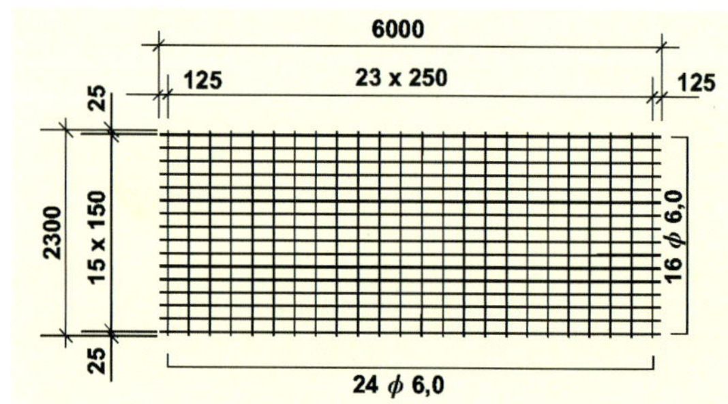

Lagermatte R 188 A/B

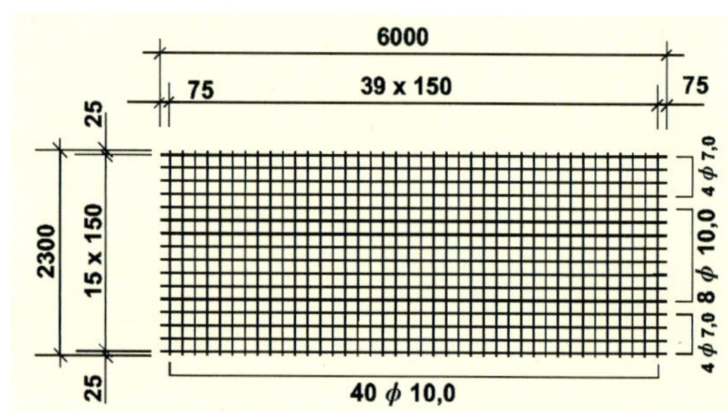

Lagermatte Q 524 A/B

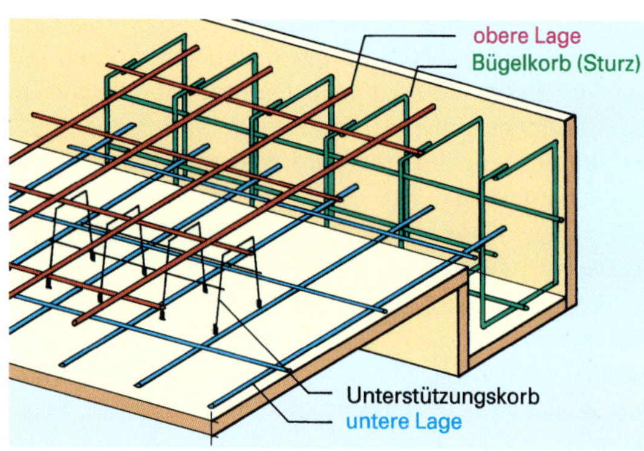

Anwendung von Betonstahlmatten (Decke mit Sturz)

4.5 Bewehrung des Stahlbetonbalkens

Unser Reihenhaus wird so geplant, dass vom Wohnzimmer aus ein direkter Zugang zum Wintergarten gegeben ist. Die Wandöffnung hat eine Breite von 2,60 m. Die Belastung der darüberliegenden Massivdecke muss über einen Stahlbetonbalken aufgenommen werden, der die Kräfte sicher in das Mauerwerk weiterleitet. Wir wollen das Tragverhalten dieses Balkens untersuchen und die Aufgaben der Bewehrung verdeutlichen.

4.5.1 Tragverhalten des Stahlbetonbalkens

Versuch: Ein unbewehrter Betonbalken über zwei Auflagern (Stützweite ~ 60 cm) wird mittig belastet.

Beobachtung: Mit steigender Belastung entstehen an der Balkenunterseite Risse, die sich rasch bis zur Oberseite fortsetzen; der Balken bricht durch.

Ergebnis: Der Balken wird im oberen Bereich gedrückt, es entsteht Biegedruck; im unteren Bereich gezogen, es entsteht Biegezug.

In der Zugzone, wo die Risse entstehen, wird der Balkenquerschnitt geschwächt, und bei zunehmender Belastung werden die Zugspannungen so groß, dass sie vom Beton nicht mehr aufgenommen werden können. Die im oberen Bereich des Balkens hervorgerufenen Druckspannungen werden dagegen vom Beton aufgenommen.

Versuch: Ein bewehrter Betonbalken über zwei Auflagern (Stützweite ~ 60 cm) wird mittig belastet. Die Bewehrung besteht aus zwei geraden Stäben; sie liegen im unteren Bereich des Balkens.

Beobachtung: Der Balken bricht nicht durch. Im Auflagerbereich entstehen schräg verlaufende Risse, die sich rasch über die ganze Balkenhöhe erstrecken. Am unteren Rand, besonders in Balkenmitte, sind feine, senkrecht verlaufende Risse zu erkennen.

Ergebnis: Die Stahleinlagen nehmen die im unteren Bereich des Balkens auftretenden Biegezugkräfte auf, die im oberen Bereich hervorgerufenen Druckspannungen nimmt der Beton auf. Dazwischen liegt die neutrale Faserschicht, die weder gedrückt noch gezogen, sondern nur gebogen wird. Die Beanspruchungen nehmen zur neutralen Faserschicht hin ab, sie sind dort null. Trotz der feinen Risse – sie werden wegen ihrer Feinheit auch **Haarrisse** genannt – kommt es nicht zum Bruch, weil die Stahleinlagen den Beton zusammenhalten.

Da der Stahl die Biegekräfte aufnimmt, muss die Biegezugbewehrung stets in der Zugzone liegen. Würden die Stäbe in der neutralen Faserschicht liegen (siehe Abbildung), so würde der Balken bei Belastung durchbrechen. Die Stahleinlagen würden hier nicht beansprucht, weil in der neutralen Faserschicht keine Zugspannungen auftreten.

Neben den Biegekräften wirken im Balken auch noch Längs- und Querschubkräfte. **Längsschubkräfte** sind eine Folge der Biegebeanspruchung; denn die Biegekräfte (äußere Belastung) rufen im Balken Verschiebungen hervor, wobei das Maß der Verschiebung von der Mitte (gleich null) zum Auflagerbereich hin zunimmt. **Querschubkräfte** – auch **Querkräfte** genannt, sie wirken quer zur Balkenachse – entstehen dadurch, dass Auflast und Auflagerkraft in entgegengesetzter Richtung wirken. Die Querkräfte wollen die Querschnittsflächen gegeneinander verschieben und können den Balken an den Auflagern – hier ist die Querkraft am größten – zum Abscheren bringen.

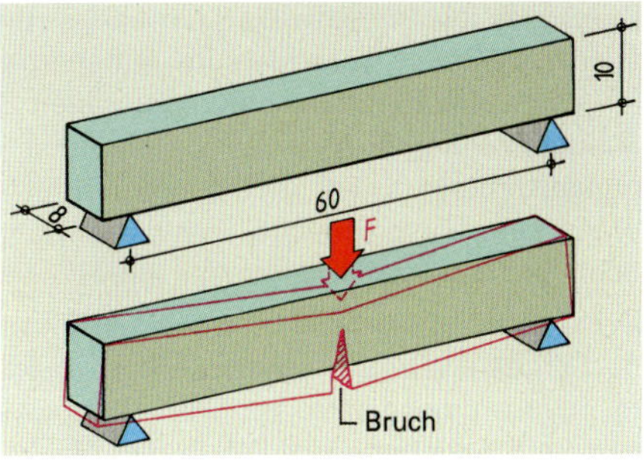

Unbewehrter Betonbalken über zwei Auflagern: Bruch unter der Last *F*

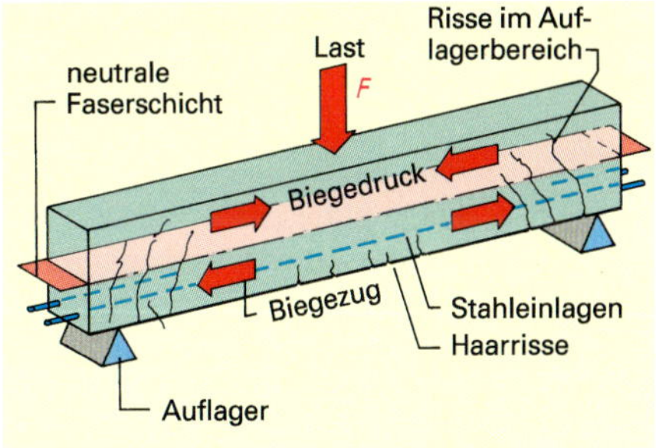

Stahlbetonbalken auf Biegung beansprucht: Stahleinlagen nehmen Zugkräfte auf

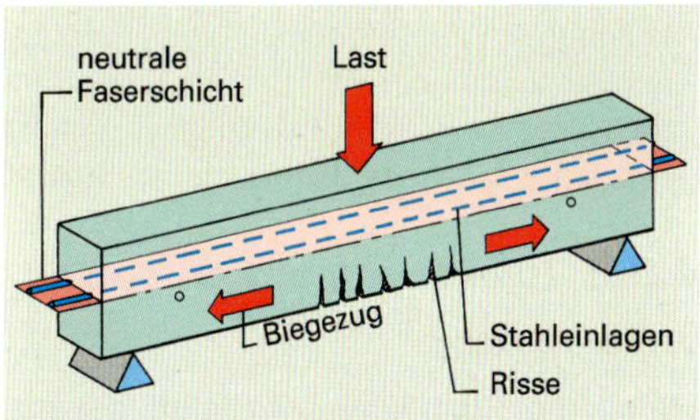

Stahleinlagen in der neutralen Faserschicht

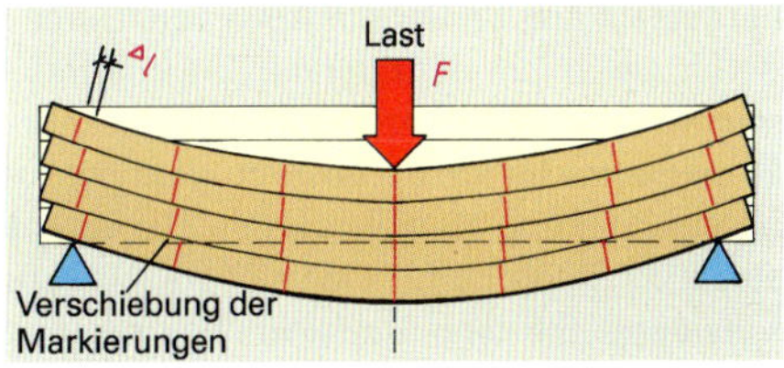

Längsschubspannungen sind im Auflagerbereich am größten

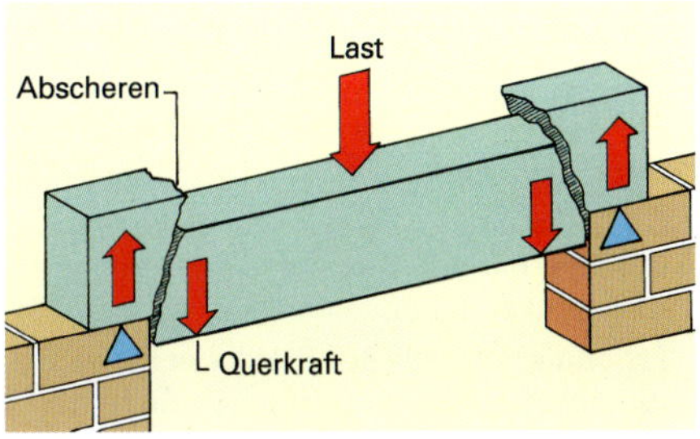

Querschubkräfte scheren den Balken an den Auflagern ab

Durch das Zusammenwirken der Längs- und Querschubkräfte entstehen im Beton, besonders im Auflagerbereich, schräg gerichtete Zugkräfte. Die durch sie hervorgerufenen Spannungen werden als **Schubspannungen** bezeichnet. Der Beton kann diese Schubspannungen infolge seiner geringen Schubfestigkeit nicht aufnehmen. Wenn eine entsprechende Stahlbewehrung fehlt, verursachen die Schubspannungen Risse im Auflagerbereich.

Zur Aufnahme der Schubspannungen müssen Stahlbetonbalken eine **Schubbewehrung** erhalten, deren größter Teil im Auflagerbereich zusammengefasst ist. Die Schubbewehrung besteht aus **Bügeln** und **Schrägstäben**. Die Bügel, die im Auflagerbereich enger angeordnet werden als im übrigen Balkenteil, umschließen die Zugbewehrung und werden im Beton der Druckzone des Balkens verankert. Die Schrägstäbe werden aus der Zugbewehrung im Allgemeinen unter einem Winkel von 45° zur Balkenlängsachse aufgebogen, sodass sie etwa senkrecht zur zu erwartenden Rissrichtung verlaufen und im Beton der Druckzone verankert werden können.

Zum Biegen wird der Betonstahl um eine **Biegerolle** umgelenkt. Für die Biegerollendurchmesser sind in Abhängigkeit vom Stabdurchmesser und von der Art der Aufbiegung **Mindestwerte (D_{min})** vorgesehen.

Zur Befestigung und Anordnung der Bügel werden in der Druckzone Montagestäbe eingebaut.

Einzelbügel werden heute fast ausschließlich durch gebogene Betonstahlmatten ersetzt.

Beim belasteten Stahlbetonbalken treten Druck-, Zug- und Schubspannungen auf. Druckspannungen werden vom Beton, Zug- und Schubspannungen vom Stahl aufgenommen. Die Zugbewehrung muss stets in der Zugzone liegen. Zur Aufnahme der Schubspannungen in Stahlbetonbalken dienen Stahlbügel und Schrägstäbe.

4.5.2 Zusammenwirken von Stahl und Beton

Verbundwirkung

Stahlbeton ist ein **Verbundbaustoff**, der aus Stahl und Beton hergestellt wird. Zwischen beiden Ausgangsstoffen muss eine feste Verbindung bestehen. Sie wird durch die **Haftung** des Stahls im Beton i 1.3.1 hergestellt und beruht auf Adhäsion. Durch die Haftung kann so der Beton die in ihm auftretenden Zugspannungen auf den Stahl übertragen. Die Haftung hängt im Wesentlichen von der Gestaltung der Stahloberfläche ab. So besitzen gerippte und profilierte Stähle eine bessere Haftung als glatte Stähle. Die Verankerung der Bewehrungsstäbe im Beton ist für eine sichere Aufnahme der Kräfte ganz entscheidend. Sie kann durch eine Verankerung am Stabende erfolgen. Möglich sind gerade Stabenden, Haken, Winkelhaken und Schlaufen mit oder ohne angeschweißte Querstäbe. Die Verankerungslänge muss nach DIN EN 1992-1-1 genau berechnet werden.

Versuch: Es wird ein Stahlbetonbalken hergestellt. Die Stäbe werden vor dem Betonieren satt mit Schalöl eingerieben. Nach der Erhärtung wird der Stahlbetonbalken über zwei Auflagern mittig belastet.

Beobachtung: Bei steigender Belastung entstehen an der Balkenunterseite Risse. Betonteile platzen ab, die Stähle liegen frei; sie biegen sich durch.

Ergebnis: Der auf der Stahloberfläche haftende Schalölfilm verhindert den Verbund zwischen Stahl und Beton. Der Beton kann daher die Zugspannungen infolge unzureichender Haftung nicht auf den Stahl übertragen.

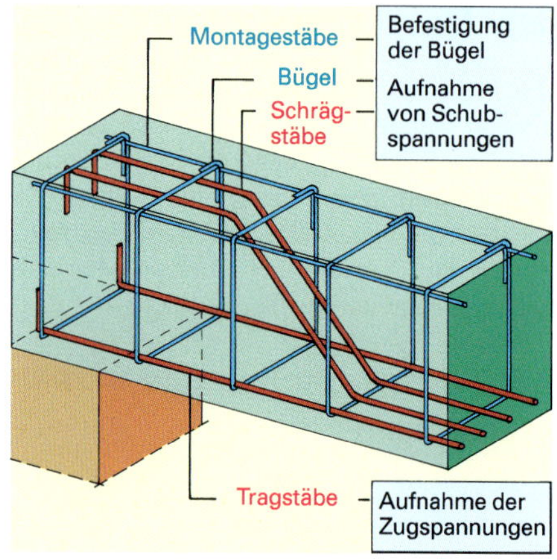

Bewehrung eines Stahlbetonbalkens

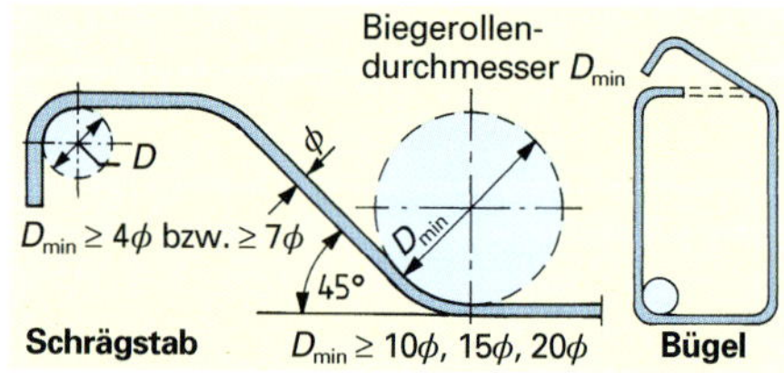

Schubbewehrung

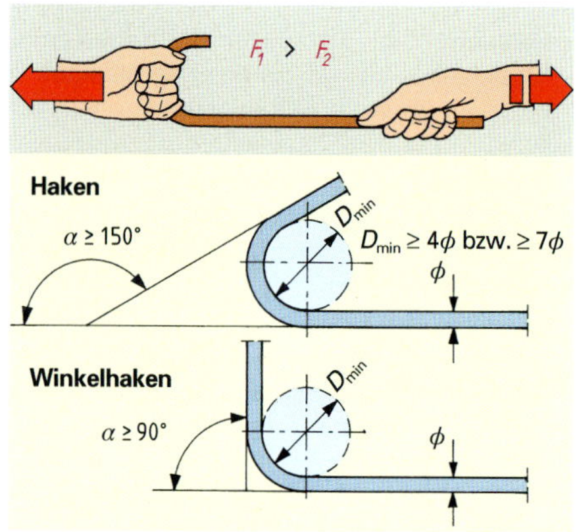

Verankerung der Stähle

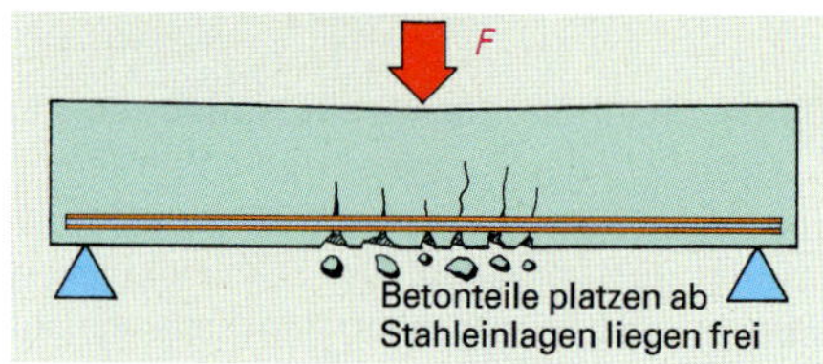

Unzureichende Haftung der Stähle

Der Verbund wird also nur dann erreicht, wenn die Stahloberfläche von Schmutz, Fett, Öl und losem Rost frei ist. Das Einsprühen der Schalungshaut mit Schalöl hat deshalb stets vor dem Einbringen der Bewehrung zu erfolgen.

Verunreinigungen auf der Stahloberfläche verhindern eine ausreichende Haftung zwischen Stahl und Beton.

Betondeckung

.1 Ein vorzeitiges Zerstören des Verbundes durch **Korrosion** der **Stähle** ist bei auftretenden Haarrissen in der Zugzone – man spricht hier von der gerissenen Zugzone – nicht zu befürchten, wenn die Rissbreite an der Bewehrung kleiner als 0,4 mm ist. Die im Beton eingebetteten Stähle werden bei ausreichender **Betondeckung** und genügendem Zementgehalt vor Rostbildung geschützt. Die vollständige Ummantelung der Stähle mit Zementleim ist ein wirksamer Schutz gegen Rost. Die alkalische Reaktion des Zementleims verhindert ein Weiterrosten des Bewehrungsstahls. Er wird durch eine **lückenlose Schicht** vor Korrosion geschützt. Er ist „unantastbar", er verhält sich „passiv" gegenüber aggressiven Einflüssen.

Außerdem müssen die Bewehrungsstäbe zum Schutz gegen Brandeinwirkung ausreichend dick und dicht mit Beton ummantelt sein.

Für die Betondeckung der Bewehrung sind nach DIN EN 1992-1-1 **Mindestmaße** vorgesehen. Sie richten sich nach den Expositionsklassen.

Das **Verlegemaß der Betondeckung c_v** ist maßgebend für die durch Abstandhalter zu unterstützende Bewehrung. Es leitet sich aus dem **Nennmaß der Betondeckung c_{nom}** ab, das sich aus der **Mindestbetondeckung c_{min}** zuzüglich des **Vorhaltemaßes Δc_{dev}** ergibt. Das Vorhaltemaß beträgt 10…15 mm. Damit sollen unplanmäßige Abweichungen ausgeglichen werden.

Die **Mindestbetondeckung c_{min}** ergibt sich aus den Anforderungen zur **Sicherstellung des Verbundes $c_{min,b}$** bzw. der Anforderung an die **Dauerhaftigkeit $c_{min,dur}$** von Betonstahl einschließlich eines **Sicherheitsbeiwertes $\Delta c_{dur,\gamma}$**. Der Berechnung ist der größere Wert der Betondeckung, der sich aus dem Verbund- bzw. Dauerhaftigkeitsanforderungen ergibt, zugrunde zu legen.

Neu ist die Einführung der Anforderungsklassen S1…S6, die eine verfeinerte Einstufung der Dauerhaftigkeitsforderungen in Abhängigkeit von der Betonfestigkeitsklasse ermöglichen. DIN EN 1992-1-1/NA sieht **in Deutschland** für den allgemeinen Hochbau bei einer Nutzungsdauer von 50 Jahren die **Anforderungsklasse S3** vor. Die Mindestbetondeckung wird um das Sicherheitselement $\Delta c_{dur,\gamma}$ erhöht. Höhere Anforderungsklassen, z. B. bei erhöhter Nutzungsdauer, sind möglich (siehe Tabelle).

Zur Sicherstellung des Verbundes und einer ausreichenden Verdichtung des Betons darf die Mindestbetondeckung $c_{min,b}$ nicht geringer als der Durchmesser des Betonstahls ϕ sein

$$c_{min} = \max\,[c_{min,b};\ c_{min,dur} + \Delta c_{dur,\gamma}] + \Delta c_{dev} \qquad c_{min,b} \geq \phi_l$$

Betondeckung der Bewehrung für Betonstahl

Anforderungsklasse	Expositionsklassen						
	X0	XC1	XC2 XC3	XC4	XD1 XS1	XD2 XS2	XD3 XS3
	Mindestbetondeckung $c_{min,dur}$ in mm						
S1	10	10	10	15	20	25	30
S2	10	10	15	20	25	30	35
S3	10	10	20	25	30	35	40
$\Delta c_{dur,\gamma}$	0	0	0	0	+10	+5	0
S4	10	15	25	30	35	40	45
S5	15	20	30	35	40	45	50
S6	20	25	35	40	45	50	55

Mindestbetondeckung $c_{min,dur}$-Anforderungen an die Dauerhaftigkeit von Betonstahl nach DIN EN 1992-1-1/NA

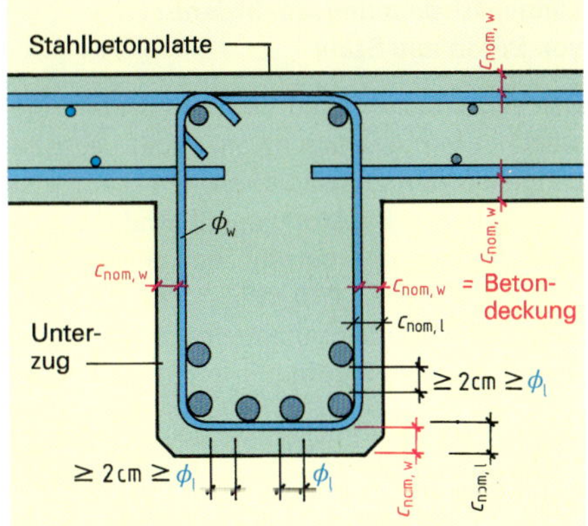

c_{nom} – Nennmaß der Betondeckung
$c_{nom,l}$ – Nennmaß Längsbewehrung
$c_{nom,t}$ – Nennmaß Querbewehrung
$c_{nom,w}$ – Nennmaß Bügel
$c_{min,dur}$ – Rechenwert der Betondeckung der Längsstähle zur Sicherung des Korrosionsschutzes (engl.: **dur**ability) und der Verbundversicherung (engl.: **b**ond)
$c_{min,b}$
ϕ_l – Durchmesser der Längsstähle
ϕ_t – Durchmesser der außen liegenden Querbewehrung
ϕ_w – Durchmesser der Bügel

Verlegemaß für Bügel/Querbewehrung:

$c_v \geq c_{min} + \Delta c_{dev} = c_{nom,w}$
$\geq c_{nom,l} - \phi_w$

Verlegemaß für Längsbewehrung:

$c_{nom} \geq c_{min} + \Delta c_{dev}$
$\geq \phi_l + \Delta c_{dev}$
$\geq c_v + \phi_w$

Verlegemaß für Bügel:

$c_v \geq c_{nom,l} - \phi_w$

Betondeckung und Stababstände

Beispiel:

Ein Stahlbetonbalken aus C20/25, der Anforderungsklasse S3 und der Expositionsklasse XC4 wird mit Längsstählen ϕ 22 mm und Bügeln ϕ 8 mm bewehrt. Bestimmen Sie das Nennmaß für die Längsstähle und das Verlegemaß für die Bügel.

Lösung:

$c_{nom,l} = c_{min} + \Delta c_{dev}$

$c_{min,b} = 22$ mm $\qquad \Delta c_{dev} = 15$ mm

Nach Tabelle wird $c_{min,dur} = 25$ mm und $\Delta c_{dev} = 0$ mm. Für die Mindestbetondeckung wird der größere Wert zugrunde gelegt.

$c_{min} = c_{min,dur}$ = 25 mm
$c_{nom,l} = c_{min,dur} + \Delta c_{dev}$ = 25 mm + 15 mm = 40 mm

$c_v \geq c_{nom,l} - \phi_w$ = 40 mm − 8 mm = 32 mm → **35 mm**

Längenausdehnungskoeffizient von Beton und Stahl

Der Verbund zwischen Beton und Stahl bleibt auch bei starken Temperaturschwankungen erhalten, weil die **Längenausdehnungskoeffizienten** (Längenausdehnungszahlen) beider Baustoffe annähernd gleich sind. Längenausdehnungszahl beträgt bei Stahl 0,012 mm/(m · K) und bei Beton 0,010 mm/(m · K). Die Wärmeausdehnung bei Stahlbetonbauteilen soll an einem Beispiel veranschaulicht werden:

i 1.5.4

Eine Stahlbetonbrücke hat bei einer Temperatur von 20 °C eine Länge von 135 m. Bei dauernder Sonneneinstrahlung erwärmt sich die Brücke auf 45 °C. Es ergeben sich hierdurch folgende Längenzunahmen:
bei Stahl 0,012 mm/(m · K) · 135 m · 25 K = 40,5 mm
bei Beton 0,010 mm/(m · K) · 135 m · 25 K = 33,8 mm

Diese geringe Abweichung in der Längsausdehnung beider Baustoffe führt nicht zur Zerstörung der Haftwirkung. Nach DIN EN 1992-1-1 darf für beide Baustoffe mit einer Längenausdehnungszahl von 0,01 mm/(m · K) gerechnet werden.

Beispiel:

Berechnen Sie die Längenänderung einer 8,00 m langen Stahlbetonplatte, die im Sommer einer Temperatur ϑ_2 von 45 °C und im Winter einer Temperatur ϑ_1 von −20 °C ausgesetzt ist.

Lösung:

Längenausdehnungszahl α für Beton $= 0{,}01 \dfrac{\text{mm}}{(\text{m} \cdot \text{K})}$

Temperaturdifferenz $\Delta\vartheta = \vartheta_2 - \vartheta_1 = 45\ \text{K} - (-20\ \text{K}) = 45\ \text{K} + 20\ \text{K} = 65\ \text{K}$

Längenänderung $\Delta l = \alpha \cdot l_1 \cdot \Delta\vartheta$

$$\Delta l = 0{,}01 \frac{\text{mm}}{(\text{m} \cdot \text{K})} \cdot 8{,}00\ \text{m} \cdot 65\ \text{K}$$

$$\Delta l = \underline{5{,}2\ \text{mm}}$$

Die Verbundwirkung von Stahl und Beton bleibt auch bei Temperaturschwankungen, infolge der gleichen Längenausdehnungskoeffizienten beider Stoffe, erhalten.

Zusammenfassung

Betonstabstähle, Betonstähle in Ringen und Betonstahlmatten weisen einen einheitlichen Streckgrenzenwert von 500 N/mm² auf.

Betonstabstähle sind hochduktile, gerade Stäbe mit gerippter Oberfläche.

Betonstähle in Ringen sind gerippte Stähle, die in den Stahlsorten B550A und B500B hergestellt werden.

Betonstahlmatten sind werkmäßig vorgefertigte Bewehrungen aus sich kreuzenden Bewehrungstäben. Die Stäbe an den Kreuzungspunkten sind durch Punktschweißung scherfest verbunden.

Im belasteten Stahlbetonbalken werden Druckspannungen durch den Beton aufgenommen. Die Zugspannungen erfordern eine Zugbewehrung in der Zugzone und die Schubspannungen werden durch Bügel und Schrägstäbe aufgenommen.

Stahlbeton ist ein Verbundbaustoff. Der Verbund beruht hauptsächlich auf ausreichender Haftung zwischen Beton und Stahloberfläche.

Stahleinlagen werden bei ausreichend dicker und dichter Umhüllung mit Beton und bei genügendem Zementgehalt vor Korrosion geschützt.

Vor der Verwendung sind Bewehrungsstähle von Schmutz, Fett und losem Rost zu befreien.

Die Betondeckung richtet sich nach dem Durchmesser der Stahleinlagen und den Expositiosklassen.

Nach DIN EN 1992-1-1 sind der Ausführung die Nennmaße zugrunde zu legen. Sie setzen sich aus den Mindestmaßen und einem Vorhaltemaß zusammen.

Beton und Stahl haben annähernd gleiche Längenausdehnungskoeffizienten.

Aufgaben:

1. *Wodurch unterscheiden sich warmgewalzte Betonstähle von kaltverformten Betonstählen?*
2. *Beschreiben Sie die Betonstähle mit den Kurznamen „B500A" und „B500B".*
3. *Erklären Sie die Bezeichnungen „R-Matten" und „Q-Matten".*
4. *Begründen Sie, warum Beton nur geringe Zugfestigkeit besitzt.*
5. *Zeichnen Sie in den Schnitt eines Balkens die Druck-, Zug- und Schubkräfte ein.*
6. *Welche Aufgaben haben die Stahleinlagen in einem Stahlbetonbalken zu übernehmen?*
7. *Wovon hängt die Haftung zwischen Stahl und Beton im Wesentlichen ab?*
8. *Wodurch wird der Korrosionsschutz der im Beton eingebetteten Stähle gewährleistet?*
9. *Warum wird die Verbundwirkung auch bei großen Temperaturschwankungen nicht beeinträchtigt?*
10. *Worin unterscheidet sich das Nennmaß der Betondeckung c_{nom} vom Mindestmaß c_{min}?*
11. *Eine Fahrbahnplatte aus Beton ist im Winter Temperaturen von −25 °C und im Sommer von 45 °C ausgesetzt. Die Platte hat eine Länge von 4,75 m. Wie groß ist ihre Längenänderung?*
12. *Der Balkon unseres Reihenhauses ist einer Temperaturdifferenz von 55 K ausgesetzt. Berechnen Sie die Längen- und Breitenänderung. Die Maße sind den Grundrissplänen zu entnehmen.*

4.5.3 Bewehrungsplan und Stahlliste

Die Bewehrungsarbeiten am Stahlbetonbalken unseres Reihenhauses werden nach einem Bewehrungsplan ausgeführt. Der Bewehrungsplan gibt über Güte, Lage, Form, Querschnitt, Länge und Anzahl der Stahleinlagen Auskunft. Im Bewehrungsplan des Stahlbetonbalkens werden die Ansicht und der Schnitt dargestellt und die Montage-, Trag- und Schrägstäbe und die Bügel eingezeichnet und mit Positionsnummern gekennzeichnet.

Aus dem Bewehrungsplan wird der **Stahlauszug** ermittelt, indem die einzelnen Stähle von oben nach unten aus dem Stahlbetonteil herausgezeichnet werden. An die Bewehrungsstähle werden Schnittlänge, Teilmaße, Stückzahl, Durchmesser, Stahlgüte und Bewehrungsnummer oder Position geschrieben.

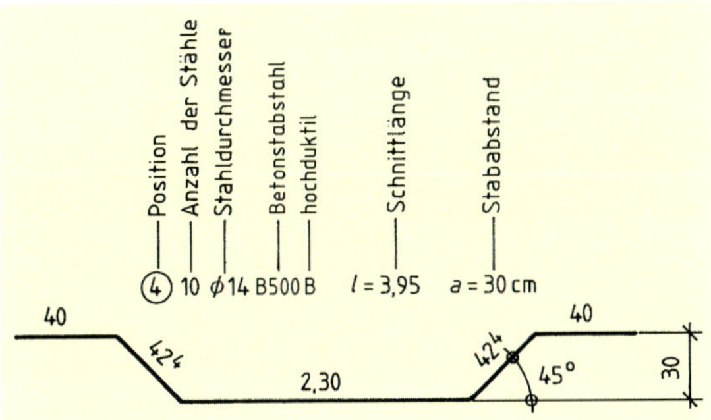

Die Angaben des Stahlauszuges werden in einer **Stahlliste** tabellarisch zusammengefasst, die Einzelmassen und die Gesamtmasse der Stähle rechnerisch bestimmt. Zunächst wird die Länge des Einzelstabes einer bestimmten Position ermittelt. Das Produkt aus der Einzelstablänge und der Anzahl der Stähle ergibt die Gesamtlänge dieser Position. Die längenbezogene Masse (Nennmasse) der Stähle kann der Tabelle auf Seite 347 entnommen werden. Das Produkt aus der Gesamtlänge und der längenbezogenen Masse ergibt die Masse der Position.

Bei der Ermittlung der Betonstahllänge ist die **Betondeckung** zu berücksichtigen. Die Maße der Betondeckung können der Tabelle auf Seite 151 entnommen werden.

Für das Schneiden von Betonstahlmatten werden Größe und Anzahl der von den einzelnen Mattensorten benötigten Stücke festgelegt und in Form von **Schneideskizzen** angegeben. Geeignete Formulare werden von einzelnen Herstellern zur Verfügung gestellt.

Umrechnen von Stahlquerschnitten

In der Praxis kann es vorkommen, dass die in der Stahlliste mit einem bestimmten Durchmesser geforderten Stähle nicht vorrätig sind. Bei Verwendung der gleichen Stahlsorte kann eine Umrechnung auf einen anderen Durchmesser vorgenommen werden. Bei Deckenbewehrungen wird bei der Umrechnung von der Anzahl der Stähle auf 1 m Deckenbreite ausgegangen.

vorhandener Querschnitt
≤ gewählter Querschnitt

Beispiel 1:

Für den dargestellten Stahlbetonbalken unseres Reihenhauses sind der Stahlauszug zu ergänzen und die Stahlliste zu erstellen. Eingebaut wird Betonstabstahl.

Das Mindestmaß für die Betondeckung beträgt 1,5 cm, das Vorhaltemaß 1 cm.

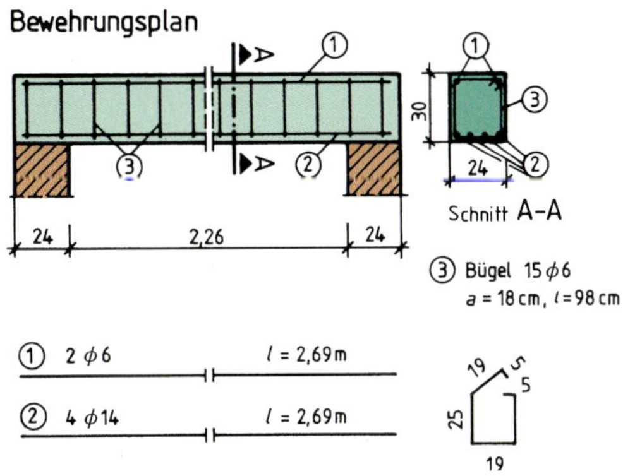

Lösung:

1. Nennmaß für die Betondeckung

$c_{nom} = c_{min} + 1\text{ cm} = 1{,}5\text{ cm} + 1\text{ cm} = \underline{2{,}5\text{ cm}}$

2. Schnittlängen

l = Länge des Einzelstabes
l_{ges} = Gesamtlänge der Stäbe

Pos. 1 l = Sturzlänge – 2 · Betondeckung
$l = 2{,}74\text{ m} - 2 \cdot 0{,}025\text{ m} = 2{,}69\text{ m}$
$l_{ges} = 2{,}69\text{ m} \cdot 2 = \underline{5{,}38\text{ m}}$

Pos. 2 l_{ges} = (Sturzlänge – 2 · Betondeckung) · 4
$l = 2{,}74\text{ m} - 2 \cdot 0{,}025\text{ m} = 2{,}69\text{ m}$
$l_{ges} = 2{,}69\text{ m} \cdot 4 = \underline{10{,}76\text{ m}}$

Pos. 3 l_{ges} = (Sturzbreite – 2 · Betondeckung + Sturzhöhe – 2 · Betondeckung) · 2 + 2 · rechtwinklige Abbiegungen
$l = (0{,}24\text{ m} - 2 \cdot 0{,}025\text{ m} + 0{,}30\text{ m} - 2 \cdot 0{,}025\text{ m}) \cdot 2 + 2 \cdot 0{,}05\text{ m} = 0{,}98\text{ m}$
$l_{ges} = 0{,}98\text{ m} \cdot 15 = \underline{14{,}70\text{ m}}$

3. Masse

Pos. 1 m = Gesamtlänge · Masse je m Länge
$m = 5{,}38\text{ m} \cdot 0{,}222\text{ kg/m} = \underline{1{,}194\text{ kg}}$
Pos. 2 $m = 10{,}76\text{ m} \cdot 1{,}210\text{ kg/m} = \underline{13{,}020\text{ kg}}$
Pos. 3 $m = 14{,}70\text{ m} \cdot 0{,}222\text{ kg/m} = \underline{3{,}263\text{ kg}}$
Gesamtmasse Pos. 1…3 $= \underline{17{,}477\text{ kg}}$

4. Stahlliste

Pos.	Stück	Durchmesser	Einzellänge	Gesamtlänge in m	
		mm	m	ϕ 6	ϕ 14
1	2	6	2,69	5,38	
2	4	14	2,69		10,76
3	15	6	0,98	14,70	
Gesamtlänge			m	20,08	10,76
Längenbezogene Masse			kg/m	0,222	1,210
Masse			kg	4,458	13,020
Gesamtmasse (B500B)			kg	17,478 kg	

Beispiel 2:

Nach der statischen Berechnung sind für einen Stahlbetonbalken mit 30 cm Breite 4 Stähle mit ϕ 16 mm B500B erforderlich. Die Betondeckung beträgt 2,0 cm.

a) Wie viele Stähle mit ϕ 14 mm können stattdessen gewählt werden?

b) Wie groß ist der Abstand zwischen den Stählen, wenn Bügel mit ϕ 10 mm verwendet werden?

Lösung:

a) Vorhandener Querschnitt

$A_s = 4 \cdot 1{,}6\text{ cm} \cdot 1{,}6\text{ cm} \cdot 0{,}785 = 8{,}04\text{ cm}^2$

Querschnitt ϕ 14 mm $= 1{,}54\text{ cm}^2$

Anzahl ϕ 14 mm $= \dfrac{8{,}04\text{ cm}^2}{1{,}54\text{ cm}^3} = 5{,}2$

gewählt <u>6 Stähle</u>

Gewählter Querschnitt

$A_s = 6 \cdot 1{,}54\text{ cm}^2 = 9{,}24\text{ cm}^2 \geq 8{,}04\text{ cm}^2$

b) Abstand der Stähle a_l

$= \dfrac{30\text{ cm} - [(2 \cdot 2{,}0\text{ cm}) + (2 \cdot 1{,}0\text{ cm})] + 6 \cdot 1{,}4\text{ cm}}{5\text{ Stahlabstände}}$

$a_l = \dfrac{30\text{ cm} - 14{,}4\text{ cm}}{5} = \underline{3{,}12\text{ cm} > 2{,}0\text{ cm}}$

Aufgaben:

1. Für die Bewehrung eines Stahlbetonunterzuges sind folgende Betonstabstähle erforderlich:

Pos.	Anzahl	Durchmesser	Schnittlänge in m
1	2	6	5,45
2	2	25	6,48
3	2	25	5,45
4	26	8	1,62

   a) Stellen Sie eine Stahlliste auf.
   b) Ermitteln Sie die Gesamtlänge und die Gesamtmasse der Bewehrung.

2. Berechnen Sie die Gesamtmasse der dargestellten Sturzbewehrung.

i 6.5

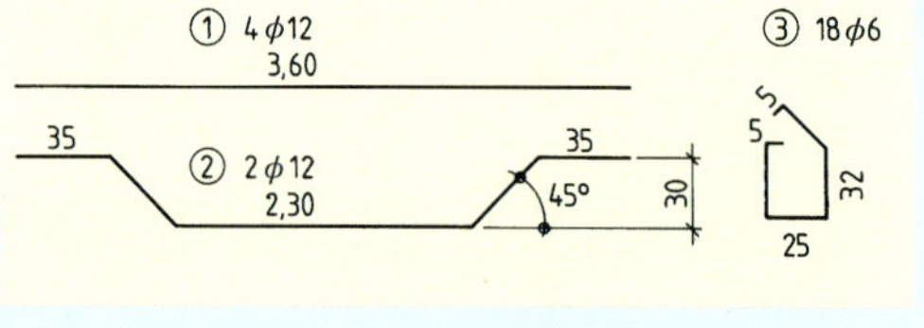

3. Für ein Stahlbetonbauteil sind 18 Stück des dargestellten Stabstahls erforderlich. Ermitteln Sie
   a) die Schnittlänge eines Stahls,
   b) die Gesamtmasse der Bewehrung.

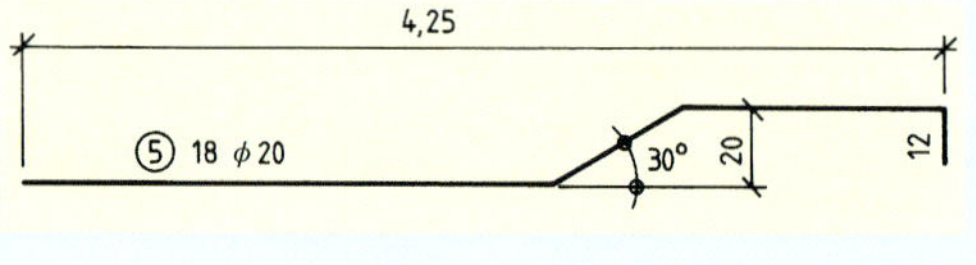

4. Die geforderten Stähle der Aufgabe 2 sind nicht vorrätig. Es sollen deshalb für die Pos. ① und ② Stähle mit ϕ 10 mm verwendet werden.
   a) Ermitteln Sie die Anzahl der Stähle mit ϕ 10 mm.
   b) Weisen Sie nach, dass die Breite des Stahlbetonsturzes ausreicht, wenn die Betondeckung 2,0 cm beträgt.

5. Erstellen Sie die Stahlliste für den dargestellten Unterzug. Verwendet wird B500B.

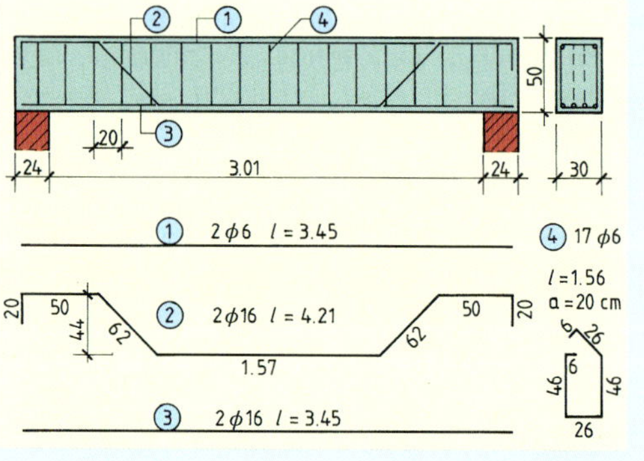

6. Das Garagentor unseres Reihenhauses erhält einen Stahlbetonsturz. Dieser wird mit 2 Montagestäben ϕ 10 mm, 4 Tragstäben ϕ 14 mm und Bügeln mit ϕ 6 mm im Abstand von 20 cm bewehrt. Verwendet wird Betonstabstahl B500B. Zeichnen Sie im Maßstab 1:20 den Bewehrungsplan mit Stahlauszug und erstellen Sie die Stahlliste. Die erforderlichen Maße sind den Zeichnungen zu entnehmen.

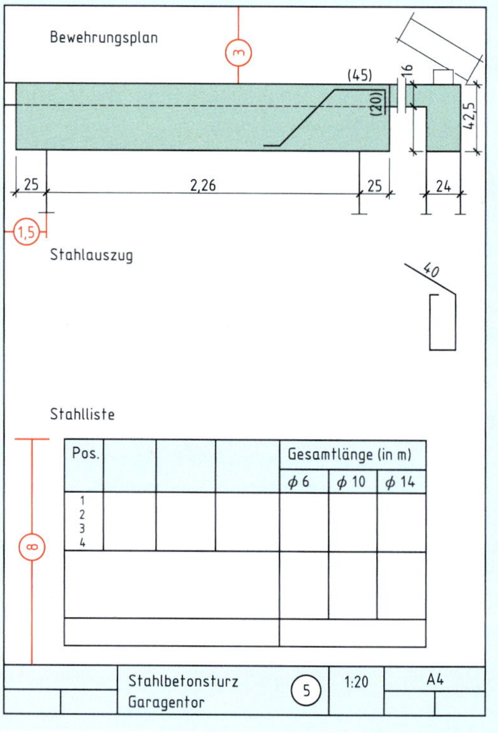

4.5.4 Bewehrungsarbeiten

Nach Bewehrungszeichnungen werden die Stähle zugeschnitten und gebogen. Dies geschieht heute fast ausschließlich auf besonderen Biegeplätzen, die mit den erforderlichen Schneide- und Biegemaschinen ausgestattet sind, sodass die Stähle fertig gebogen auf die Baustelle geliefert werden. Dort werden sie im Allgemeinen positionsweise gelagert.

Verbindungsarten

Die Stahleinlagen sind nach den Bewehrungszeichnungen zu verlegen und zu einem steifen, unverschieblichen Gerippe zu verbinden. Dies geschieht mit **Bindedraht**, der entsprechend den Stabdurchmessern in Dicken von 1,0; 1,2; 1,4 mm verwendet wird. Als Werkzeug dient die **Flechter-** oder **Armierzange**. Für das Verknüpfen von Tragstäben, Verteilerstäben und Bügeln gibt es verschiedene **Verbindungsarten**. Sie lassen sich jeweils mit ein- oder zweifacher Bindedrahtschlaufe ausführen. Die Drahtenden sind mit den Zangenschneiden straff anzuziehen, sodass eine feste Verbindung entsteht.

Neben dem Verknüpfen mit Bindedraht können auch Spannklammern in verschiedenen Größen eingesetzt werden.

Abstandhalter

Beim Verknüpfen und Verlegen der Bewehrung ist darauf zu achten, dass die Stäbe die richtige Lage erhalten. Es muss einmal die vorgeschriebene Betonüberdeckung eingehalten werden. Dies wird durch **Abstandhalter** aus Beton, Metall oder Kunststoff erreicht. Sie werden entweder zwischen die Schalung und die Bewehrung geschoben oder auf die Stäbe festgeklemmt. Die Entfernung der Abstandhalter liegt je nach Stabdurchmesser zwischen 50 ... 100 cm. Zum anderen müssen die Stäbe so verlegt und ausgebunden werden, dass die in den Zeichnungen angegebenen Abstände untereinander eingehalten werden; deshalb müssen Tragstäbe, Verteilerstäbe und Bügel so fest miteinander verknüpft werden, dass sie sich beim Einbringen und Verdichten des Betons nicht verschieben können. Auch dürfen beim Betonieren die Stäbe nicht hochgezogen oder heruntergedrückt werden, weil sie sonst aus ihrer statisch erforderlichen Lage verrückt werden oder der erforderliche Korrosionsschutz nicht mehr gewährleistet ist.

Der lichte Abstand gleichlaufender Bewehrungsstäbe muss mindestens 2 cm betragen. Außerdem darf der Abstand nicht kleiner als der Stabdurchmesser sein. Doppelstäbe von Betonstahlmatten dürfen sich berühren. Bei sehr enger Bewehrung muss beachtet werden, dass **Rüttellücken** in ausreichenden Abständen vorgesehen sind.

> Die Stahleinlagen sind zu einem steifen Gerippe zu verbinden. Abstandhalter gewährleisten die vorgeschriebene Betondeckung.

Verbindungsart	einfach	doppelt
Eckschlag Verbindung von Trag- und Verteilerstäben		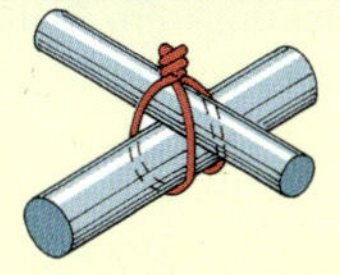
Kreuzschlag dicke Stäbe mit wenigen Verknüpfungspunkten	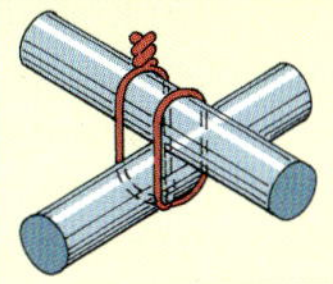	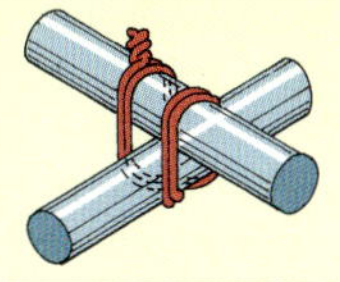
Nackenschlag Balken-, Stützenbewehrung an den Bügelecken	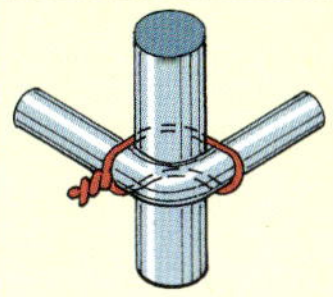	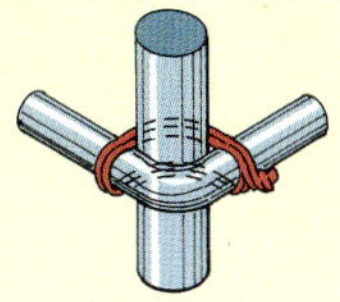

Verbindungsarten bei Betonstählen

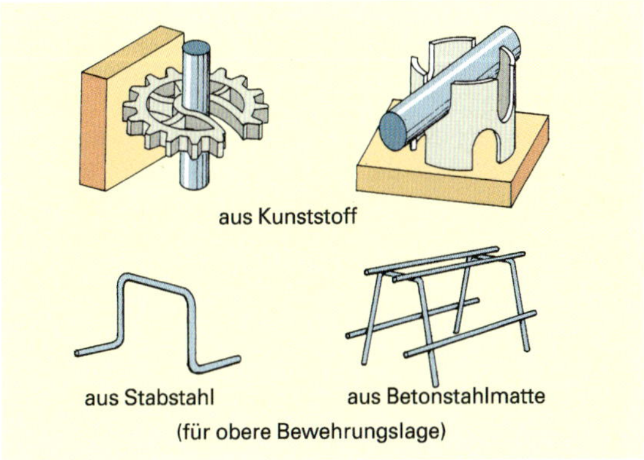

Abstandhalter

Abstandhalter

Einbringen der Bewehrung

Lage der Bewehrung im Betonquerschnitt

Bei unserem Reihenhaus gibt es einige Stahlbetonbauteile, bei denen die Lage der Stähle ganz besonders zu beachten ist. Bei ihnen liegt im Gegensatz zum Stahlbetonbalken über zwei Auflagern die Zugbewehrung oben, weil dort die Zugspannungen auftreten. Das ist der Fall bei der Balkonplatte – einem Kragträger –, bei der Fundamentplatte und bei der Stahlbetondecke, die auf mehreren Unterstützungen aufliegt. Sie werden infolge Biegung im oberen Querschnittsbereich auf Zug, im unteren Querschnittsbereich auf Druck beansprucht.

Werden während des Betonierbetriebs die obenliegenden Stäbe heruntergedrückt, dann wird das nach der statischen Berechnung ermittelte Höhenmaß nicht mehr eingehalten. Die Tragfähigkeit wird dadurch stark verringert oder ganz infrage gestellt. Ist z. B. bei einer Balkonplatte die Lage der Bewehrung nur um 1 cm in der Höhe anders, als die statische Berechnung es vorsieht, so verringert sich die Tragfähigkeit der Balkonplatte um 10 %, bei 2 cm können es schon 20 % sein. Die obere Bewehrung muss also gegen Herunterdrücken und Durchhängen gestützt werden. Dazu werden Abstandhalter aus Metall verwendet. Sie müssen zwischen den Stäben der unteren Bewehrung auf der Schalung stehen. Die obere Bewehrung kann vor dem Betonieren oder erst während des Betoniervorgangs auf die Abstandhalter gelegt werden. Falsch ist es, die obere Bewehrung ohne Unterstützung in den Frischbeton hineinzudrücken.

Beim Einbringen und Verdichten des Betons dürfen sich die Stahleinlagen nicht verschieben. Obere Bewehrungen sind gegen Herunterdrücken zu sichern.

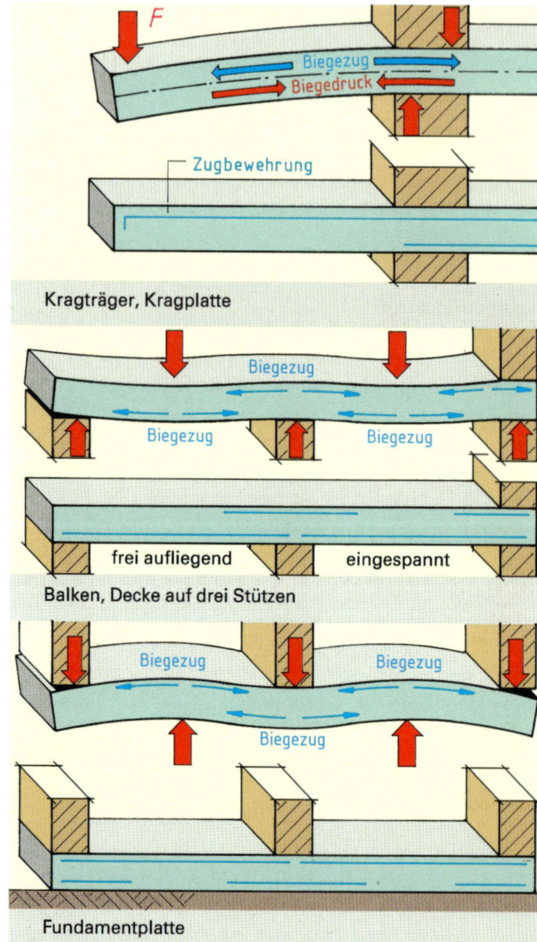

Lage der Zugbewehrung bei verschiedenen Bauteilen

Zusammenfassung

Bewehrungspläne dienen nicht nur dem Einbau der Bewehrungen, sondern sie beinhalten auch Angaben über das Vorbereiten (Zuschneiden, Biegen) der Bewehrungen.

Bewehrungspläne bestehen aus Bewehrungszeichnungen, Stahlauszügen und Stahllisten.

Jeder Bewehrungsstahl ist mit einer Positionsnummer und mit Positionsangaben zu versehen.

Bei der Ermittlung der Betonstahllänge ist die Betondeckung zu berücksichtigen.

Die Einhaltung der Betondeckung wird durch den Einbau von Abstandhaltern gewährleistet.

Tragstäbe, Verteilerstäbe und Bügel müssen so fest miteinander verbunden werden, dass sie sich während des Betonierens nicht verschieben können.

Die Beanspruchung der Bauteile bestimmt die Lage der Bewehrung.

Aufgaben:

1. *Aus welchen Teilen setzt sich ein Bewehrungsplan zusammen?*
2. *Geben Sie für einen Betonstabstahl die Positionsangaben in der richtigen Reihenfolge an.*
3. *Welche Angaben enthält eine Stahlliste?*
4. *Warum müssen Bewehrungen genau in der vorgeschriebenen Lage eingebaut und gehalten werden?*
5. *Nennen Sie drei mit Bindedraht hergestellte Verknüpfungsarten der Stähle und geben Sie je ein Anwendungsbeispiel an.*
6. *Welche Werkzeuge werden zum Verknüpfen eingesetzt?*
7. *Welche Aufgaben übernehmen die Abstandhalter?*
8. *In welchem Querschnittsbereich liegt die Zugzone bei*
   a) *der Balkonplatte des Reihenhauses,*
   b) *dem Sturz über der Garageneinfahrt,*
   c) *Decken mit eingespannten Auflagern über dem Wohnzimmer?*

4.6 Grundlagen der Schaltechnik

Die Bauteile unseres Reihenhauses, die in Ortbetonbauweise hergestellt werden, haben sehr unterschiedliche Formen. Damit der Festbeton sein gewünschtes Aussehen und seine maßgerechte Form bekommt, muss der Frischbeton in eine „stützende Umhüllung" eingebracht werden. Wir bezeichnen diese Umhüllungen als **Betonschalungen**.

Bei unserem Reihenhaus sind für die Fundamente, die Außenwände des Untergeschosses, die Decken und die Stahlbetonbalken Schalungen erforderlich.

4.6.1 Aufgaben einer Schalung

Die Schalung besteht aus der **Schalhaut**, der **Unterkonstruktion** und der **Unterstützung** (Unterbau). Jedes Element hat bestimmte Aufgaben zu übernehmen, an jedes Element werden bestimmte Anforderungen gestellt.

Die **Schalhaut** gibt dem Frischbeton die beabsichtigte Form und bestimmt die Oberflächenbeschaffenheit des Festbetons. Die Schalung muss deshalb formbeständig und maßgenau hergestellt werden; die Schalungshaut muss so dicht sein, dass der Feinmörtel des Frischbetons beim Einbringen und Verdichten nicht durch die Schalhautfugen dringen kann.

Die **Unterkonstruktion** ist der eigentliche **Schalhautträger**; gleichzeitig steift sie die Schalhaut auch aus, sichert sie gegen unzulässig hohe Verformungen, nimmt die anfallenden Kräfte auf und leitet sie in die Unterstützung (z. B. bei Deckenschalungen) bzw. Verspannung (z. B. bei Wandschalungen) weiter.

Die **Unterstützung** gewährleistet die Unverschiebbarkeit der Schalhaut und der Unterkonstruktion. Sie leitet alle anfallenden Kräfte von der Unterkonstruktion weiter zum tragfähigen Untergrund (Baugrund oder Bauwerkteile).

Versuch: Zwei unterschiedlich hohe Rundgefäße mit einzelnen Öffnungen über die ganze Höhe werden mit Wasser gefüllt.

Beobachtung: Das Wasser spritzt aus dem hohen Rundgefäß am weitesten heraus, wobei der Wasserstrahl der untersten Öffnung am weitesten reicht.

Ergebnis: Der seitliche Wasserdruck – auch hydrostatischer Druck genannt – nimmt von oben nach unten zu.

Auch der seitliche Schalungsdruck, den der Frischbeton ausübt, nimmt von der Betonoberkante zur Tiefe hin stetig zu. Der maximale Schalungsdruck (P_{max}) hängt von der Rohdichte des Frischbetons, der Betoniergeschwindigkeit (= Steiggeschwindigkeit des Frischbetons in m/h) und der Verdichtungsart ab.

Außer den Druckkräften, die durch den Frischbeton verursacht werden, muss die gesamte Schalungskonstruktion auch Erschütterungen und Lasten aufnehmen, die beim Betonieren entstehen. Erschütterungen können durch Rüttlerschwingungen, plötzliche Veränderungen der Schüttgeschwindigkeit sowie durch ruckartige Bewegungen der Fördergeräte und durch die Arbeiter hervorgerufen werden.

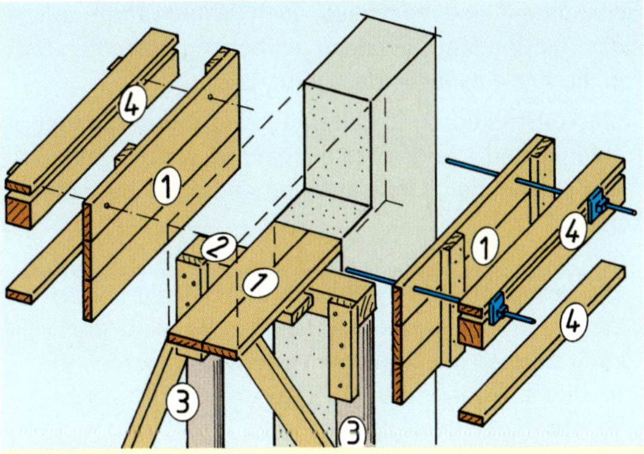

① Schalhaut (Bretter + Laschen = Schild)
② Unterkonstruktion
③ Unterstützung mit Verstrebung
④ Verspannung

Systemlose Schalung aus Kanthölzern und Brettern

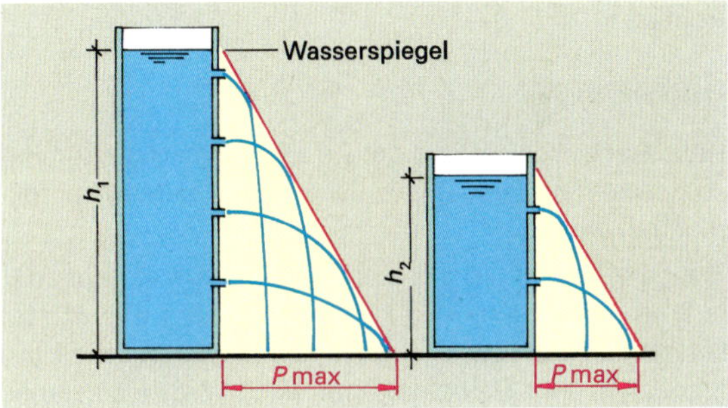

Wasserdruck nimmt nach unten zu

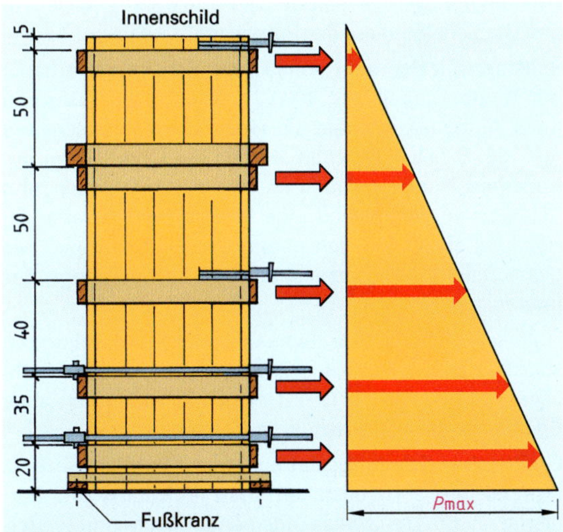

Betondruck nimmt nach unten zu: Säulenzwingen unten enger angeordnet

Der Druck auf die Schalung nimmt zu, wenn die Rohdichte des Frischbetons steigt, die Konsistenz weicher, die Betoniergeschwindigkeit erhöht und die Verdichtungsart geändert wird.

Schalungen sind zeitweise auch **Windkräften** ausgesetzt. Als Windangriffsfläche gilt bei eng gestellten Stützen die Ansichtsfläche des Gerüstes.

Unterkonstruktion und Unterstützung müssen daher so tragfähig und standsicher ausgeführt werden, dass sie diese anfallenden Kräfte aufnehmen und sicher ableiten können.

Die Schalhaut formt den Beton und bestimmt seine Oberfläche. Die Unterkonstruktion und die Unterstützung müssen alle lotrechten und waagerechten Kräfte sicher aufnehmen, ableiten und die Unverformbarkeit der Schalung garantieren.

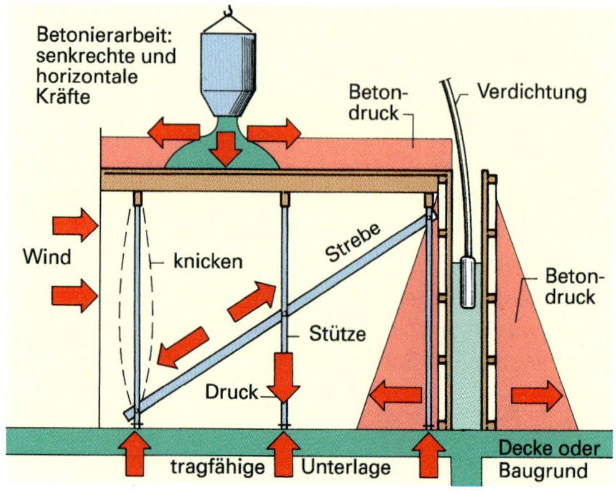

Beanspruchung der Unterstützungen

4.6.2 Schalungselemente

Schalhaut

Die Betonoberfläche ist ein genaues Abbild der Schalhaut. Es werden hierfür Holz, Stahl und Kunststoff eingesetzt.

Holzschalungen

Holz lässt sich leicht und gut verarbeiten, es ist tragfähig und elastisch, kann mit einfachen Verbindungsmitteln montiert werden.

Brettschalungen werden aus losen Brettern stumpf oder in Form einer Spundung zusammengesetzt. Die Bretter können sägerau oder gehobelt sein. Werden Brettschalungen vor dem Betonieren gründlich vorgenässt, ist es vorteilhaft, wenn die rechte Brettseite (Kernseite) dem Beton zugewandt ist; wenn nämlich das Holz durch Einwirkung von Wasser aufquillt, so schließen sich die Fugen der Schalhaut auf der Betonseite.

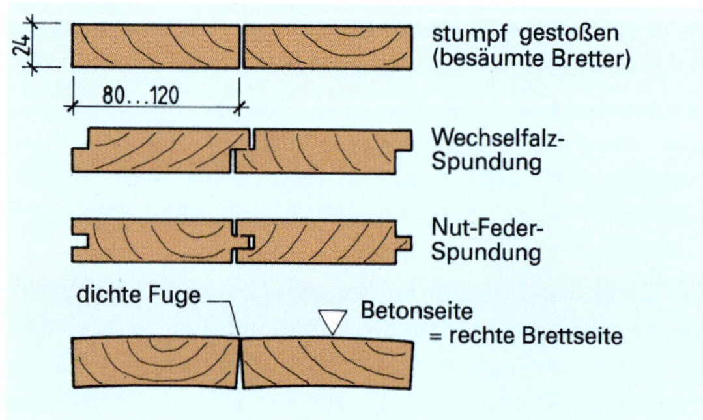

Schalhaut, Verbindungen bei Brettschalungen

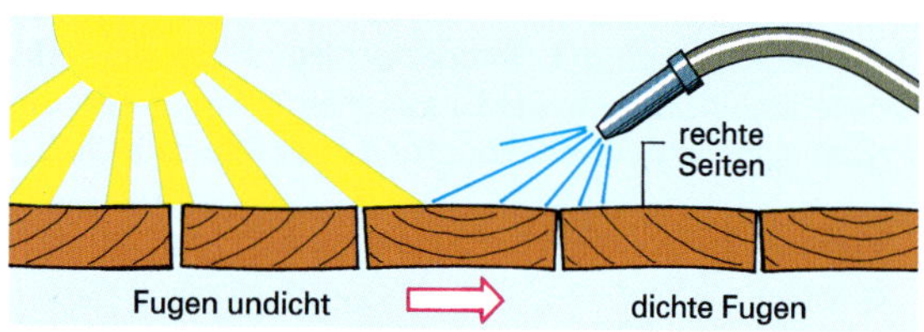

Trockene und feuchte Schalhaut

Schalungsplatten sind vollflächige Schalungselemente mit Abmessungen von 100/50...600/100 cm. Aufgrund ihres Aufbaues arbeiten sie weniger als Brettschalungen. Bei Schalungsplatten werden die Oberflächen mit Kunstharz vergütet. Dadurch werden Ausschalen und Reinigen erleichtert und eine längere Lebensdauer erzielt. Außerdem werden betontechnische Vorteile, wie glatte Betonfläche und dichtes Oberflächengefüge des Betons, erreicht.

Unterschieden werden Schalungsplatten aus Furniersperrholz (DIN 68792) und solche aus Stab- oder Stäbchensperrholz (DIN 68791). Gelegentlich kommen auch Spanplatten zum Einsatz.

Großflächen-Schalungsplatten aus Furniersperrholz (Kurzzeichen SFU) bestehen aus mindestens drei Furnierlagen, die kreuzweise miteinander koch- und wetterfest verleimt sind. Ihre Dicke beträgt mindestens 4 mm. Aus ihnen werden vorwiegend Vorsatzschalungen hergestellt, d.h., die Platten werden auf einer Sparschalung (auf Lücken liegende Bretter) befestigt. Sie sind in der Regel 3 m² groß.

Sogenannte **Multiplex-Schalungsplatten** bestehen aus 7...15 kreuzweise verleimten Furnieren. Solche Platten mit über 22 mm Dicke werden selbsttragend eingesetzt.

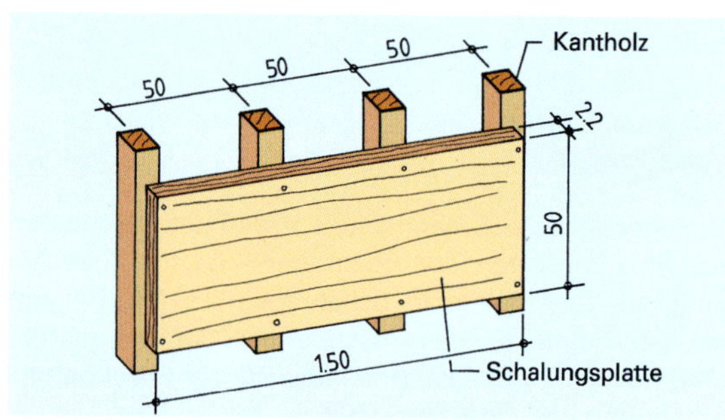

Schalhaut mit Unterkonstruktion (Wand)

Großflächen-Schalungsplatten aus Stabsperrholz (Kurzzeichen SST) sind dreischichtige Platten, bestehend aus einer Mittellage und beidseitig aufgeleimten Furnieren. Für die Mittellage werden Holzstäbe verwendet, die 24 bis höchstens 30 cm breit sein dürfen. Ihre Fläche beträgt 7...10 m².

Bei **Schalungsplatten aus Stäbchensperrholz** (Kurzzeichen SSTAE) besteht die Mittellage aus senkrecht zur Plattenebene stehenden Holzstäbchen oder Furnierstreifen, die in der Regel bis 8 mm dick sein können.

Rahmenschalungen bestehen aus Großflächen-Schalungsplatten – in der Regel Stabsperrholz –, die auf Stahl- oder Aluminiumrahmen mit Querriegeln aufgeschraubt werden. Es entstehen biegesteife und formstabile Schalelemente, mit denen Wände und Decken eingeschalt werden können. Rahmenschalungen aus Aluminium können aufgrund ihrer geringen Eigenlast kranunabhängig eingesetzt werden.

Stahlschalungen

Sie können vielseitig und häufig eingesetzt werden. Die Schalhaut besteht aus 1...4 mm dicken Stahlblechen, die auf Holz- oder Stahlrahmen befestigt werden.

Kunststoffschalungen

Es werden z.B. aus Polystyrol-Hartschaum **Strukturschalungen**, sog. **Matrizen**, hergestellt, die dann auf Trägerschalungen genagelt oder geklebt werden und der Betonoberfläche eine besondere Struktur verleihen.

Die Einsatzhäufigkeit von Holzschalungen ist begrenzt; sie hängt von der Holzart, der Oberflächenvergütung und der Behandlung ab. Stahlschalungen sind nur bei häufigem Einsatz wirtschaftlich. Kunststoffschalungen eignen sich zur Herstellung von Sichtbeton mit Oberflächenprofil.

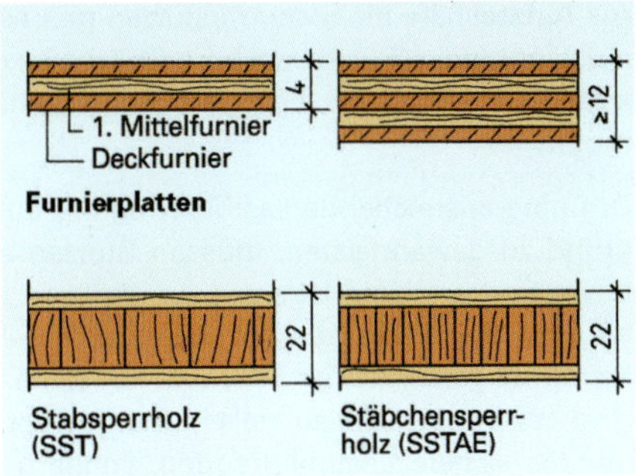

Schalungsplatten

Strukturschalung

Unterkonstruktion

Für die Unterkonstruktion können Kanthölzer und Schalungsträger eingesetzt werden.

Kanthölzer verwendet man für fast alle Schalungskonstruktionen. Ihre Tragfähigkeit hängt vom Querschnitt ab, wobei Hölzer in Hochkantstellung mehr tragen.

Industriell gefertigte **Schalungsträger** (DIN EN 13377) benutzt man vorwiegend für Wand- und Deckenschalungen. Sie werden aus Holz gefertigt und als **Gitter-** und **Vollwandträger** ausgeführt. Zum Teil lassen sich einzelne Schalungsträger zu größeren Spannweiten zusammensetzen. Schalungsträger aus Holz sind handlich, nagelbar, sollten aber aus Gründen der Wirtschaftlichkeit nie abgeschnitten werden.

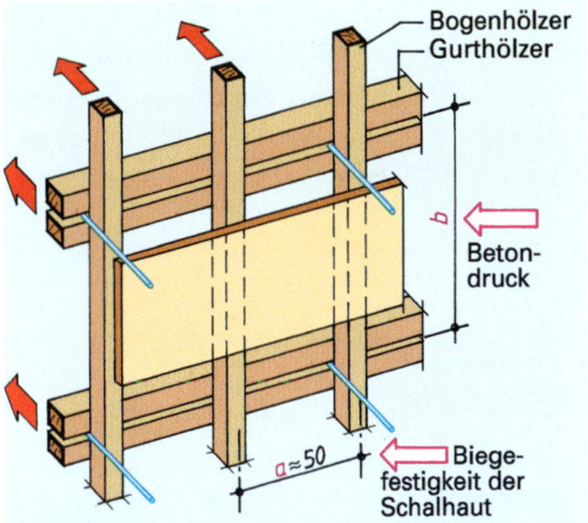

Unterkonstruktion für Wandschalung aus Kanthölzern

Unterstützung

Die Einzelbauteile der Unterstützung sind Stützen und Aussteifungen. Unterstützungen geringer Höhe, die aus vielen gleichartigen Stützen bestehen, z.B. Deckenschalungsstützen in Geschosshöhe, werden als **Abstützungen** bezeichnet. Unterstützungen großer Höhe, wie z.B. bei Brücken, heißen **Lehr-** und **Traggerüste**. Für Abstützungen werden Holz- und Stahlstützen verwendet.

Rundholz- und **Kantholzstützen** können einmal gestoßen werden. Wegen Knickgefahr darf der Stoß nicht ins mittlere Drittel der Stütze gelegt werden.

Stahlrohrstützen lassen sich mit ihrer Ausziehvorrichtung jeder gewünschten Länge anpassen. Für die Verbindung mit der Unterkonstruktion (Kanthölzer, Schalungsträger) können verschiedenartige Halteköpfe aufgesetzt werden.

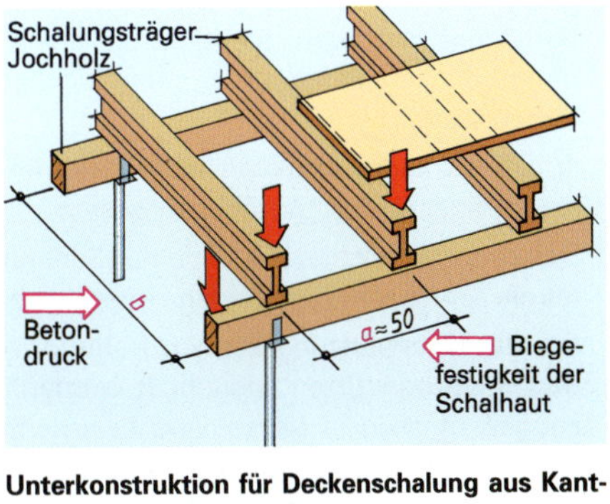

Unterkonstruktion für Deckenschalung aus Kanthölzern und Vollwandträgern

Als **Aufstellhilfe** für Stahlrohrstützen gibt es besondere, aufklappbare, z. T. schwenkbare Stützbeine, die eine flexible Aufstellung bei beengten Raumverhältnissen ermöglichen.

Um eine ausreichende Lastübertragung auf den Untergrund zu gewährleisten, müssen Stützen eine sichere, unverrückbare Unterlage aus Kanthölzern oder Bohlen erhalten. Ein Abstützen auf lose Ziegel, Fässer, Eimer, Kisten ist gefährlich und deshalb verboten. Die Stützen sind auf Doppelkeile zu stellen. Sie gewährleisten nicht nur die sichere Lastübertragung, sondern später auch ein erschütterungsfreies Ausschalen. Mit Keilen lassen sich Holzstützen in ihre endgültige Höhenlage bringen.

Abstützungen müssen in Längs- und Querrichtung zur Aufnahme waagerechter Kräfte **ausgesteift** werden. Als waagerechte Kräfte sind außer der Windlast auch Schub aus Schrägstützen und Auflagerkräfte von Hebezeugen zu beachten.

Jedes Stützenfeld kann als Viereckrahmen angesehen werden. Durch **Verschwertung** der Ecken entstehen unverschiebliche Dreiecke, die die Standsicherheit der Schalung gewährleisten und die anfallenden waagerechten Kräfte sicher aufnehmen und in den Untergrund ableiten. Die Verschwertungen sollen nahe am Kopf bzw. am Fuß der Stützen befestigt sein, damit sie möglichst wenig auf Biegung und Knickung beansprucht werden. Die Verbindung muss zug- und druckfest ausgeführt sein.

Die Einzelteile der Unterkonstruktion sind Kanthölzer und Schalungsträger. Abstützungen müssen zur Aufnahme waagerechter Kräfte in Längs- und Querrichtung durch Dreieckverbände ausgesteift werden.

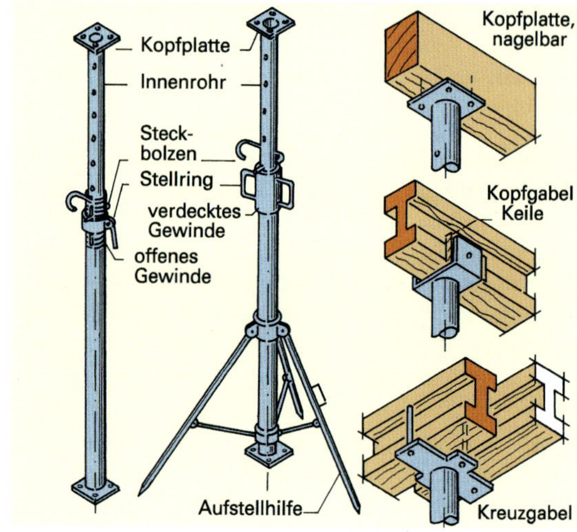

Stahlrohrstützen

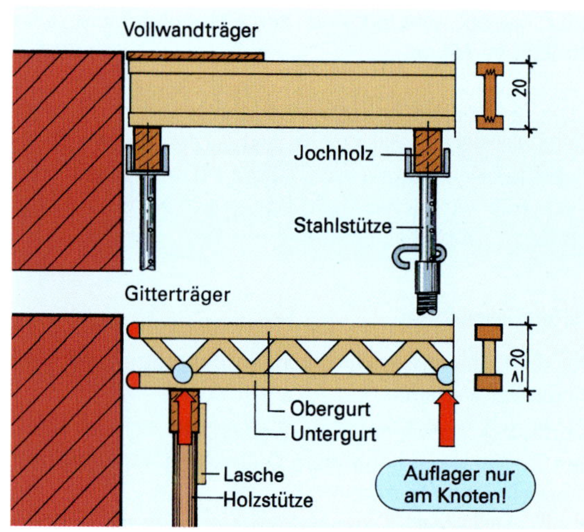

Stützen- und Schalungsträger

Zusammenfassung

Die Schalung setzt sich aus der Schalhaut, der Unterkonstruktion und der Unterstützung (Unterbau) zusammen.

Die Schalhaut gibt dem Beton die gewünschte Form und Oberflächenbeschaffenheit.

Für die Schalhaut werden Holz, Stahl und Kunststoff verwendet.

Die Unterkonstruktion steift die Schalhaut aus, übernimmt alle anfallenden Kräfte und leitet sie zum Unterbau weiter.

Für die Unterkonstruktion werden Kanthölzer, Vollwandträger und Gitterträger eingesetzt.

Der Unterbau sichert die Lage der Schalung und leitet die Kräfte zum tragfähigen Untergrund weiter.

Für die Unterstützung können Rundholz-, Kantholz- und Stahlrohrstützen verwendet werden. Unterstützungen müssen in Längs- und Querrichtung durch Dreieckverbände ausgesteift werden.

Aufgaben:

1. *Nennen Sie die Aufgaben der Schalung.*
2. *Welche Anforderungen werden an die Schalhaut gestellt?*
3. *Welche Vorzüge weisen kunstharzvergütete Schalungsplatten gegenüber Brettschalungen auf?*
4. *Warum müssen bei Stützenschalungen die Säulenzwingen unten enger angeordnet werden?*
5. *Wovon hängt der Druck des Frischbetons auf die Schalung ab?*
6. *Zeichnen Sie im Querschnitt eine*
   a) Multiplex-Schalungsplatte,
   b) Schalungsplatte aus Stäbchensperrholz.
7. *Welche Schalungen eignen sich besonders für strukturierte Betonoberflächen?*
8. *Warum müssen die Stützen einer Deckenschalung nach beiden Richtungen ausgesteift werden?*

4.6.3 Schalungskonstruktionen

Balkenschalung

Die Schalhaut besteht aus zwei Seitenplatten und einer Bodenplatte. Sie werden meist aus sägerauen Brettern, 24 mm dick und 8 ... 10 cm breit, ausgeführt. Die Bretter werden stumpf gestoßen und durch Laschen zu Platten zusammengenagelt. Die Bodenplatte ist so breit wie der Sturz, sie liegt also zwischen den Seitenplatten. Die Brettlaschen müssen beiderseits als Auflager für die Seitenplatten, mindestens 24 mm, überstehen.

Drängbretter sichern die Seitenplatten im unteren Bereich gegen Ausweichen. Im oberen Bereich, etwa in 2/3 der Schalungshöhe, wird der auftretende Betondruck durch waagerecht verlaufende Gurthölzer mit Schalungszwingen oder Schalungsanker aufgenommen. Ein **Schalungsanker** besteht aus Ankerplatte, Ankerstab, Ankerverschluss und Abstandhalter. Für die Ankerstäbe werden Betonstab- und Spannstähle mit und ohne Gewinde verwendet. Bei den Ankerverschlüssen unterscheidet man Keil-, Exzenter- und Schraubverschlüsse.

Zum Verspannen der Schalung werden heute zunehmend **Schraubverschlüsse** eingesetzt. Die Kräfte werden durch eine Flügelmutter übertragen, die auf ein Gewinde des Ankerstabes aufgeschraubt wird. Solche Verschlüsse lassen sich leicht montieren und sind für hohe Schalungsdrücke geeignet.

Die Unterstützung erfolgt bei breiten Stahlbetonbalken durch Stützenpaare unter längs laufenden Kanthölzern (Joche) und quer liegenden Kopfhölzern. Die Stützen werden in Abständen von höchstens 1,00 m eingebaut. Zur Längsaussteifung können die Stützen eine diagonal verlaufende Verschwertung erhalten.

Die Schalhaut der Sturzschalung besteht aus Bodenplatte und zwei Seitenplatten. Alle anfallenden Kräfte werden über Kopfhölzer und Stützen in den Untergrund oder in die Decke geleitet.

Deckenschalung

Heute übliche Deckenschalungen bestehen aus der Schalhaut, den Schalungsträgern und den Schalungsstützen. Für die Schalhaut werden Schalungsplatten eingesetzt. Passstücke stellt man aus Schalbrettern her. Die Schalungsträger sind meist Gitter- oder Vollwandträger aus Holz. Sie werden an beiden Seiten auf Gurt- oder Rahmenhölzer aufgelegt. Stahlrohrstützen nehmen die anfallenden Kräfte auf und übertragen sie auf den Untergrund. Der Stützenabstand sollte nicht größer als 1,20 m sein. In Längs- und Querrichtung werden die Stützen durch diagonal verlaufende Bretter ausgesteift. Die Randschalung am Auflager wird von Kanthölzern gehalten, die mit Spanndrähten verspannt werden.

Deckenschalungen bestehen aus großflächigen Schaltafeln, Schalungsträgern und Stahlrohrstützen.

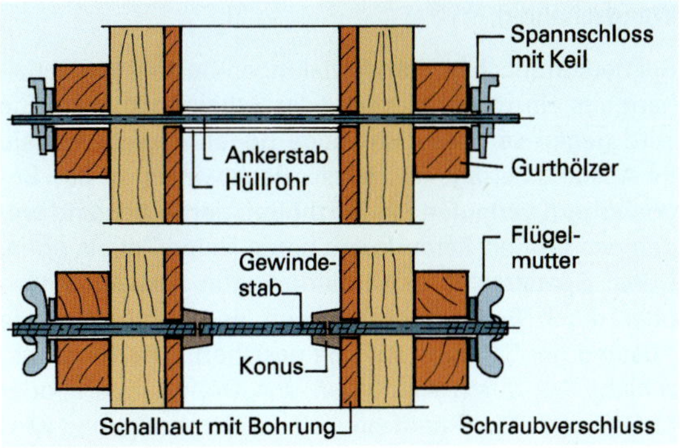

Verspannen der Schalung

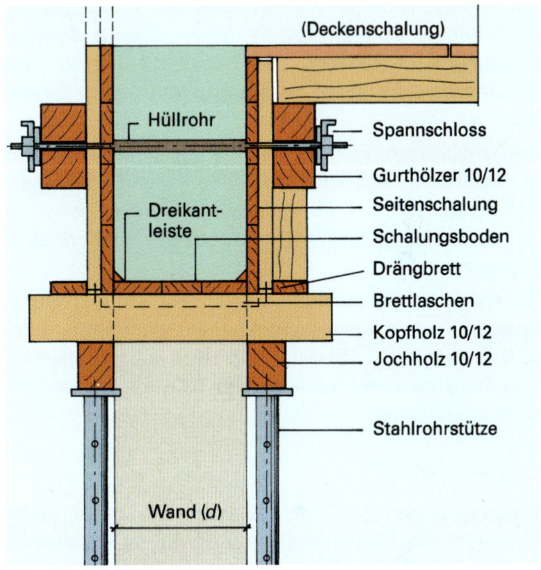

Sturzschalung mit doppelter Unterstützung

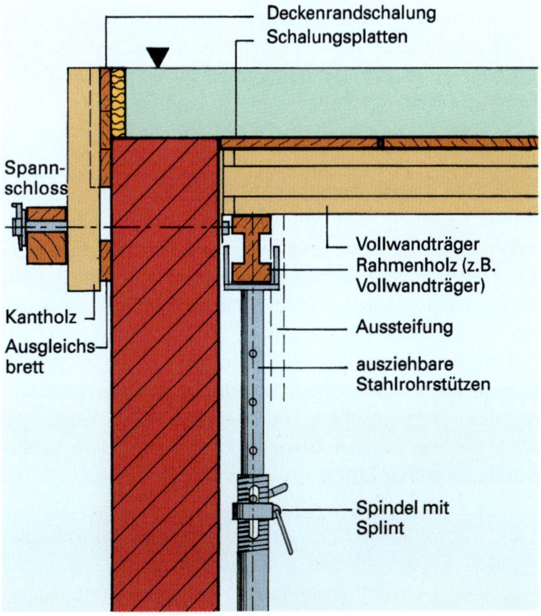

Deckenschalung mit Vollwandträgern

Wandschalung

Bei herkömmlichen Wandschalungen besteht die Schalhaut aus einzelnen Brettern oder Schalungsplatten. Sie wird gegen senkrecht stehende Bogenhölzer genagelt. Ihr Abstand beträgt 40 ... 60 cm. Rechtwinklig zu den Bogenhölzern verlaufen die Gurthölzer, deren Abstand wegen des großen Betondrucks unten kleiner ist als oben. Durch Spannstähle in Verbindung mit Abstandhaltern oder durch Schalungsanker wird der gleichbleibende Abstand der Schalungswände gesichert. Am Boden geschieht das durch Anbringen von Drängbrettern oder Kanthölzern. Die Standfestigkeit der Wandschalung wird durch einseitige Abstützung mit zug- und druckfesten, in der Länge verstellbaren Richtstützen aus Stahl erreicht.

Für Wandschalungen werden heute fast ausschließlich vorgefertigte Schalungselemente, sogenannte **Systemschalungen**, eingesetzt. Die Schalhaut besteht aus kunstharzbeschichteten Schalungsplatten. Zum Einsatz kommen Trägerschalungen und Rahmenschalungen.

Bei **Trägerschalungen** werden die einzelnen Systemteile, wie Schalungsträger (Vollwand- oder Gitterträger), Schalungsplatten und Stahlriegel (Gurtträger) entweder auf der Baustelle zusammengebaut oder im Werk fertig montiert.

Bei **Rahmenschalungen** sind Schalhaut, Unterkonstruktion und Gurtträger zu einem Element, der Rahmentafel, zusammengefasst. Standardelemente ermöglichen einen Zusammenbau der einzelnen Teile für unterschiedliche Wandlängen und -höhen.

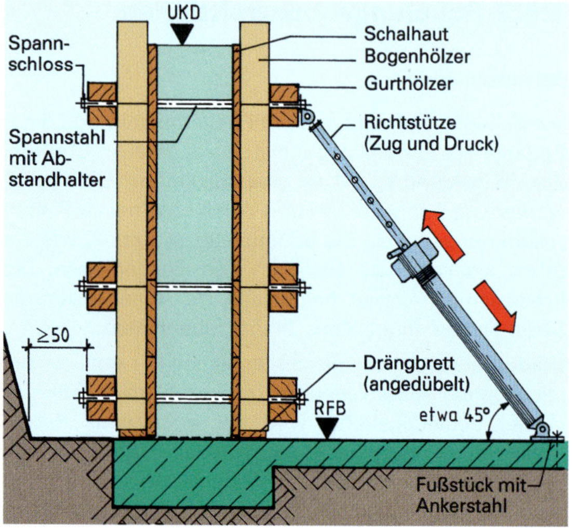

Wandschalung (Untergeschosswand)

Trägerschalung

Stützenschalung

Holzschalungen für Stützen werden häufig aus selbst gefertigten Schildern aufgebaut. Die Breite der inneren Schilder entspricht dem Stützenmaß, die der äußeren Schilder muss um das Maß der doppelten Schalhautdicke vergrößert werden. Die Schilder werden durch **Säulenzwingen** zusammengehalten; sie können auf oder unmittelbar über den Laschen sitzen. Auf richtigen Laschen- und Zwingenabstand ist zu achten; er ist im unteren Drittel der Stütze enger zu wählen, weil der vom Frischbeton verursachte Schalungsdruck hier am größten ist.

Bevor die Stützenschalung auf die Decke bzw. das Fundament gestellt wird, muss ihre Lage genau **eingemessen** und durch einen **Fußkranz** aus Laschen fest markiert werden. Der Fußkranz darf durch den Betondruck nicht belastet werden. Beim Einmessen des Fußkranzes ist die Dicke der Schalhaut zu berücksichtigen. Ist die Schalung aufgerichtet, muss sie mit Lot oder Wasserwaage **senkrecht** gestellt und in ihrer Lage gesichert werden. Dies geschieht mit **Schrägstützen** (Richtstützen), die fest auf der Betondecke bzw. auf dem Boden verankert sein müssen.

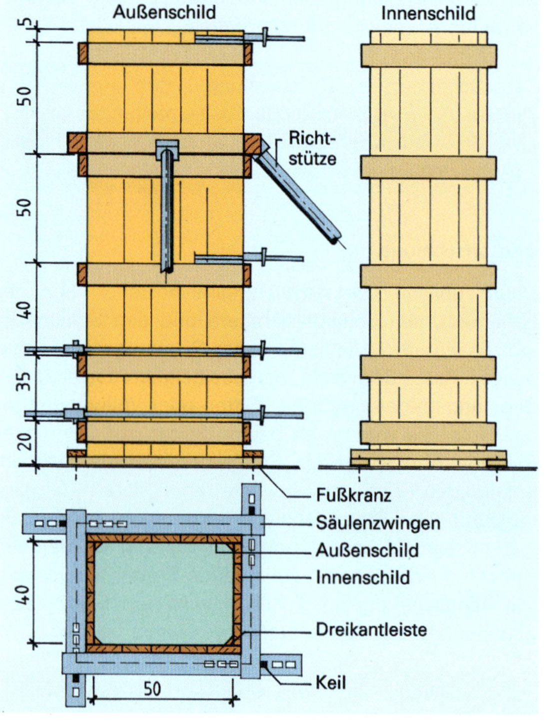

Stützenschalung aus Holz

> Bei Stützenschalungen aus Holz wird der Betondruck durch Säulenzwingen aufgenommen. Die Stützenschalung wird mit Spannketten und/oder Schrägstützen in ihrer Lage gesichert.

4.6.4 Pflege der Schalung

Alle Schalflächen sind vor dem Einbau der Bewehrung und dem Betonieren zu säubern. Dies geschieht am besten mit Wasser oder Druckluft. An tiefer gelegenen Schalungsteilen z. B. bei hohen Wand- und Stützenschalungen werden zur besseren Reinigung Öffnungen vorgesehen.

Nach dem Säubern werden die Oberflächen der Schalhaut mit **Trennmitteln** vorbehandelt. Sie mindern die Haftung zwischen Beton und Schalhaut, sodass das Ausschalen erleichtert, die Haltbarkeit erhöht und glatte Betonoberflächen erzielt werden. Als Trennmittel werden säurefreie Fette verwendet, die entweder in Form von Schalöl gesprüht oder als Schalwachs mit Putzwolle, Schwamm oder Pinsel aufgerieben werden. Sie verschließen die Holzporen, sodass kein Zementleim eindringen kann und eine Verzahnung von Schalung und Beton verhindert wird. Bewehrungen dürfen nicht mit Schalungsmitteln verunreinigt werden.

Nach dem Ausschalen ist eine schonende Reinigung der Schalelemente unerlässlich.

Aufsprühen eines Trennmittels

4.6.5 Ausrüsten und Ausschalen

Gerüste und Schalungen dürfen erst dann entfernt werden, wenn der Beton eine ausreichende Festigkeit erreicht hat, um Durchbiegungen zu verhindern. Es dürfen sich keine Risse bilden, durch die Feuchtigkeit eindringen und die Bewehrung angreifen könnte. Der Beton muss die aufgebrachten Lasten aufnehmen können, ungewollte Verformungen aus dem Beton sind gering zu halten und eine Beschädigung der Oberflächen und Kanten durch das Ausschalen muss vermieden werden. Zur Bestimmung der Ausschalfristen kann eine Erhärtungsprüfung sinnvoll sein.

Um unzulässige Rissbildungen von ausgeschalten Bauteilen zu verhindern, müssen **Hilfsstützen**, sog. Notstützen, beim oder unmittelbar nach dem Ausschalen stehen bleiben. Die Schalung muss ohne Stoß und Erschütterungen entfernt werden können. Die Unterstützung darf niemals ruckweise weggeschlagen werden.

Hilfsstützen

Zusammenfassung

Die Verspannung nimmt den Schalungsdruck auf. Sie erfolgt durch Brettlaschen, Zwingen, Absprießungen und Schalungsanker.

Bei der Balkenschalung werden die senkrechten Kräfte über Kopfhölzer und Stützen abgeleitet. Die seitlichen Kräfte werden durch Verspannungen, Gurthölzer und Drängbretter aufgenommen.

Für Deckenschalungen werden Stahlrohrstützen, Joch- und Querträger und Schalungsplatten eingesetzt.

Bei Wandschalungen wird der Schalungsdruck durch senkrechte Bogenhölzer, waagerechte Gurthölzer und Schalungsanker aufgenommen.

Bei Stützenschalungen aus Holz wird der Betondruck durch Säulenzwingen aufgenommen, die im unteren Bereich enger gesetzt werden.

Richtiges Vorbehandeln und Nachbehandeln der Schalung erhöhen ihre Einsatzhäufigkeit.

Aufgaben:

1. *Beschreiben Sie die Arbeitsschritte beim Einschalen des Stahlbetonbalkens.*
2. *Skizzieren Sie im Maßstab 1:10 den Querschnitt der Balkenschalung für den Stahlbetonbalken über der Toreinfahrt der Garage. Maße sind der Zeichnung zu entnehmen.*
3. *Welche Aufgabe hat die Richtstütze bei Wandschalungen?*
4. *Welche Vorteile haben Stahlrohrstützen gegenüber Kantholzstützen?*
5. *Skizzieren Sie im Maßstab 1:20 den Querschnitt durch die Wandschalung für die UG-Wand unseres Reihenhauses. Die Maße sind der Zeichnung zu entnehmen.*
6. *Warum darf Beton erst nach Erreichen einer ausreichenden Festigkeit ausgeschalt werden?*
7. *Aus welchen Gründen wird die Schalhaut mit Trennmitteln vorbehandelt?*

4.6.6 Schalungspläne und Holzlisten

Die Schalungsarbeiten für unser Reihenhaus werden nach **Schalungsplänen** ausgeführt. Anhand der Schalungspläne können **Materiallisten**, wie z.B. **Holzlisten**, erstellt werden. Nach deren Angaben werden die erforderlichen Schalungsteile angefertigt. Der Holzbedarf für die Schalhaut wird in m² und/oder Stückzahl angegeben. Der Bedarf an Bohlen, Kanthölzern und Rundhölzern kann nach m³ und/oder nach m ermittelt werden.

In die Holzlisten werden tabellarisch für die einzelnen Schalungsteile Stückzahl, Querschnittsabmessungen, Längen, Fertig- und Rohmengen eingetragen. Die **Fertigmengen** werden nach den Maßangaben der Schalungspläne ermittelt, die **Rohmengen** berücksichtigen einen Verschnittzuschlag von 10...20%. Der Schnittverlust wird hauptsächlich durch manuelles und maschinelles Bearbeiten der Holzteile hervorgerufen.

Beispiel 1:

Die Garagendecke unseres Reihenhauses hat eine Fläche von 19,66 m². Wie viele Schalbretter in m² müssen zur Verfügung stehen, wenn mit einem Verschnittzuschlag von 18% zu rechnen ist?

Lösung:

Fertigmenge = 19,66 m² = 100%
Rohmenge = Fertigmenge · 1,18
= 19,66 · 1,18 = 23,20 m²

Beispiel 2:

Der Schalungsplan für die Stahlbetonstütze im Untergeschoss unseres Reihenhauses ist in den Ansichten und im Schnitt dargestellt. Für die dargestellte Stützenschalung ist die Holzliste aufzustellen. Verwendet werden für die Schalhaut einschließlich ihrer Laschen sägeraue Bretter, 2,4 cm dick und 10/11,5/12 cm breit. Der Verschnittzuschlag beträgt 15%.

Lösung:

Die Länge für die Schalbretter entspricht der Stützenhöhe von 2,13 m.

Die Länge für die Laschen berechnet sich wie folgt:

Laschen für Innenschilde:

l = 24 cm + 4 · 2,4 cm = 33,6 cm

Laschen für Außenschilde:

l = 36,5 cm + 2 · 2,4 cm = 41,3 cm

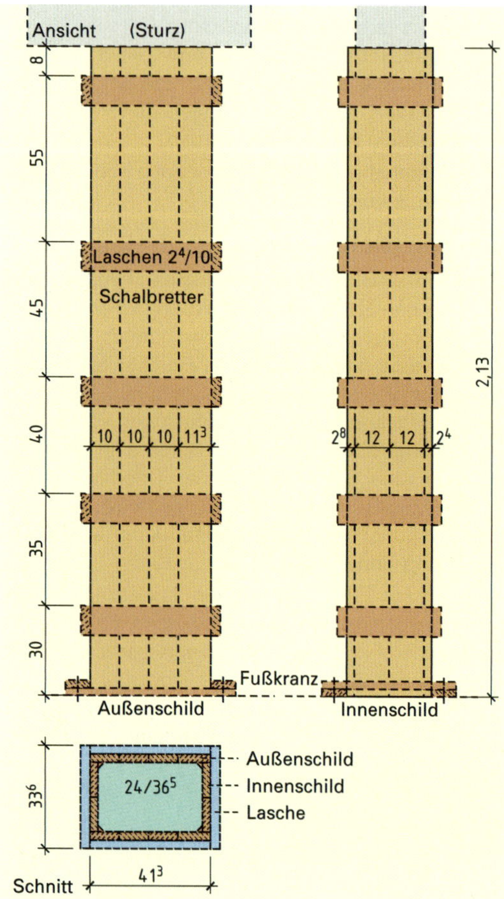

Stützenschalung aus Holz

Nr.	Bezeichnung		Stück	Querschnitt in cm	Länge in m einzeln	Länge in m zus.	Fertigmenge in m²	Rohmenge m²
1	Bretter für	2 Innenschilde	4	2,4/12	2,13	8,52	1,02	1,18
2	Bretter für	2 Außenschilde	6	2,4/10	2,13	12,78	1,278	1,47
3			2	2,4/11,5	2,13	4,26	0,49	0,56
4	Laschen für	2 Innenschilde	10	2,4/10	0,336	3,36	0,336	0,386
5	Laschen für	2 Außenschilde	10	2,4/10	0,413	4,13	0,413	0,475
					Gesamt	**33,05**	**3,537**	**4,071**

Aufgaben:

1. Mit geringstem Verschnitt sollen aus 6 Brettern mit 3,50 m Länge und aus 4 Brettern mit 4,50 m Länge folgende Bretter geschnitten werden:
   2×0,80 m; 0,84 m; 0,95 m; 2×1,00 m; 1,24 m; 1,36 m; 1,50 m; 1,76 m; 1,82 m; 1,88 m; 1,90 m; 2,04 m; 2×2,12 m; 2,20 m; 2,32 m; 2,60 m; 2,96 m; 3,00 m.
   a) Wie viele Bretter werden gebraucht?
   b) Wie groß ist der Schnittverlust (in Metern)?
   c) Wie viele Bretter müssen nachgekauft werden, wenn die vorhandenen Bretter nicht ausreichen?

2. Auf der Baustelle unseres Reihenhauses werden 126 m^2 Schalungsbretter verbraucht. Die Schalfläche beträgt jedoch nur 109 m^2. Berechnen Sie den Verschnittzuschlag.

3. a) Berechnen Sie für die dargestellte Stütze mit Pilzkopf die zu schalende Fläche in m^2.
   b) Der obere und untere Teil des Pilzkopfes wird mit schmalen, konisch zulaufenden Holzleisten geschalt. Berechnen Sie die Anzahl der Holzleisten, wenn ihre mittlere Breite 4 cm beträgt.

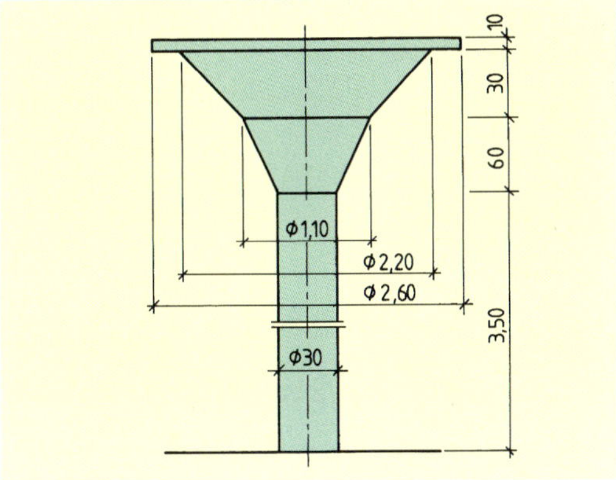

4. Die abgebildete Decke eines Einfamilienhauses soll mit gehobelten Nut- und Federbrettern eingeschalt werden. Berechnen Sie den Bedarf an Schalbrettern in m^2 bei einem Verschnittzuschlag von 15%.

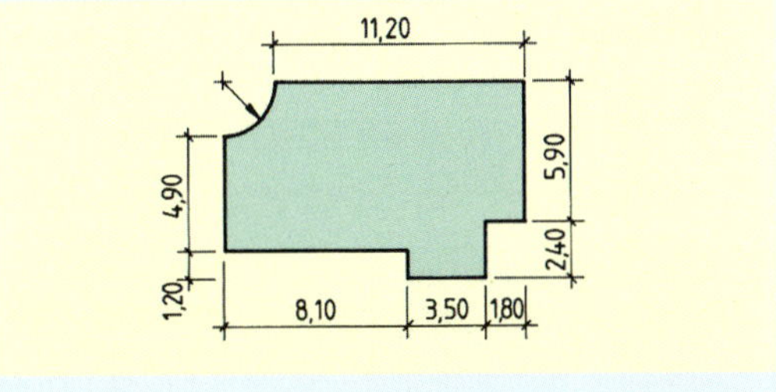

5. Aus zwölf gleichen Rundhölzern mit jeweils 25 cm Durchmesser werden quadratische Kanthölzer geschnitten. Berechnen Sie den Schnittverlust in cm^2 exakt und nach der Näherungsformel und drücken Sie die Abweichung der Ergebnisse in Prozent aus.

6. Die Stahlbetonstütze unseres Reihenhauses soll einen runden Querschnitt erhalten. Sie wird mit Holz geschalt. Ihre Schalhaut besteht aus 5 cm breiten und 2,4 cm dicken Holzleisten. Die Stützenhöhe misst 2,13 m. Ermitteln Sie anhand einer Holzliste
   a) den Bedarf an Schalungsleisten in m^2 und Stück,
   b) die Rohmenge in m^2 bei einem Verschnittzuschlag von 20%.

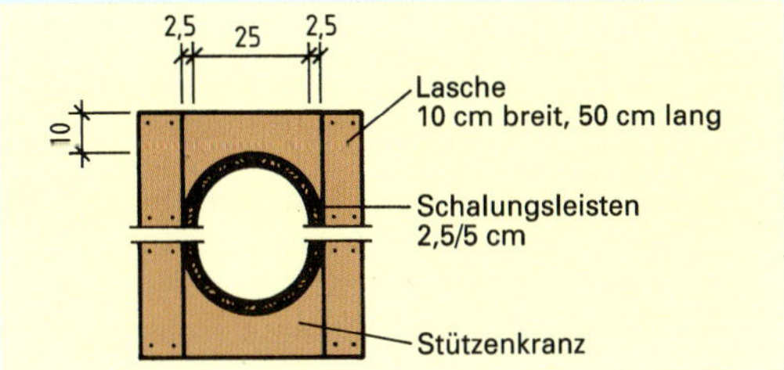

7. Der Zugang zum Reihenhaus erfolgt über eine Kragplatte. Zeichnen Sie im Maßstab 1:20 die Boden- und die Randschalung für die Kragplatte. Die Maße sind den Projektionszeichnungen zu entnehmen. Konstruktionsteile und Abmessungen sind selbst festzulegen. Eine Holzliste ist zu erstellen.

8. Für die Untergeschossfenster unseres Reihenhauses werden Kellerlichtschächte benötigt. Zeichnen Sie im Maßstab 1:20 Ansicht und Schnitte des dargestellten Lichtschachtes.
   Ermitteln Sie für die 5 Lichtschächte den Bedarf an Festbeton. Verwendet wird C20/25. Die erforderlichen Maße sind den Zeichnungen zu entnehmen.

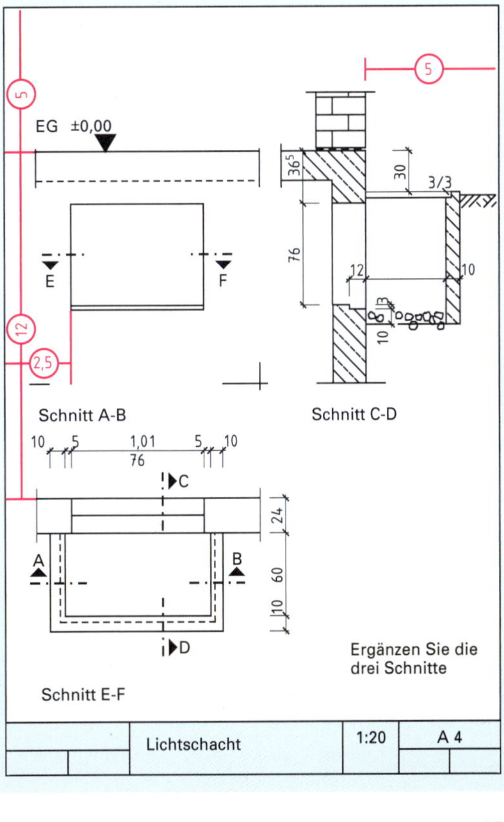

4.6.7 Zeichnerische Darstellung

Aufgaben:

1. Für eine Umfassungswand im Untergeschoss unseres Reihenhauses soll die Wandschalung dargestellt werden. Verwendet werden Schaltafeln 150/50/2,4 cm, Bogenhölzer 10/12 cm, Gurthölzer 10/12 cm und Schalungsanker mit Schraubverschluss. Zeichnen Sie im Maßstab 1:10 die Ansicht und den Schnitt A–A mit Konstruktionsabständen und Bezeichnungen.
2. Für den Türsturz über dem Hauseingang unseres Reihenhauses ist die Schalung im Maßstab 1:10 in der Ansicht bis zur Mittelachse und im Querschnitt zu zeichnen. Fehlende Abmessungen der Schalungsteile sind selbst festzulegen und der Materialbedarf ist mithilfe einer Holzliste zu ermitteln.
3. Die Decke über dem Erdgeschoss unseres Reihenhauses erhält eine herkömmliche Schalung aus Schalungsplatten, Schalungsträgern und Stahlrohrstützen.

   Ermitteln Sie anhand einer Material- bzw. Holzliste
   a) die Fertigmenge an Schalungsplatten in m und Stück; verwendet werden Schalungsplatten 150/50/2,4 cm und Passschalungen aus gehobelten Brettern mit 8 cm Breite,
   b) den Bedarf an Schalungsträgern in m und Stück,
   c) den Bedarf an Stahlrohrstützen in Stück.

   Zeichnen Sie im Maßstab 1:50 den Schalungsplan.

   Lösen Sie die Aufgabe in Kleingruppen und stellen Sie Ihre Ergebnisse der Klasse vor.

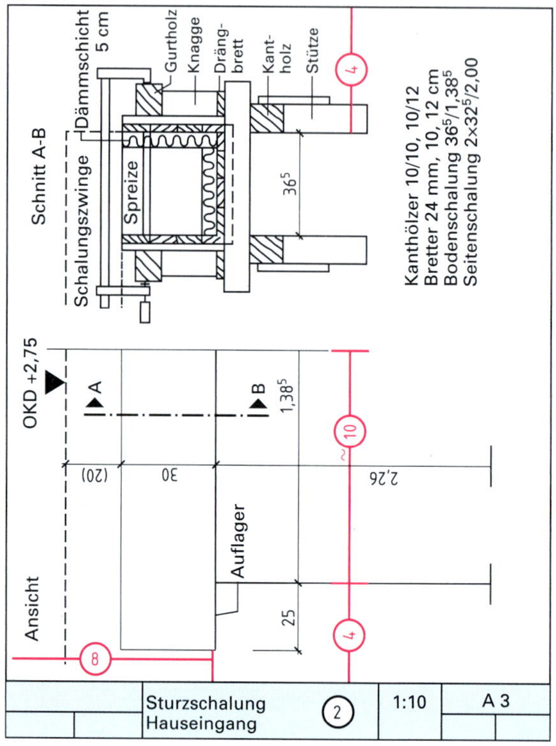

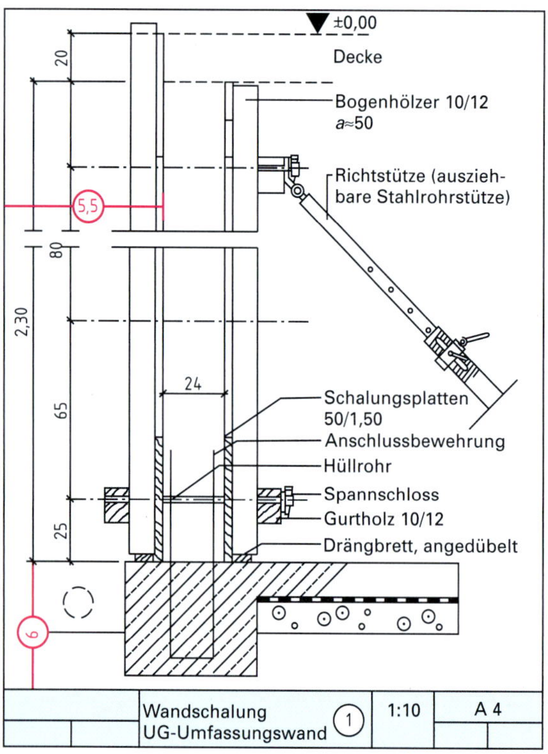

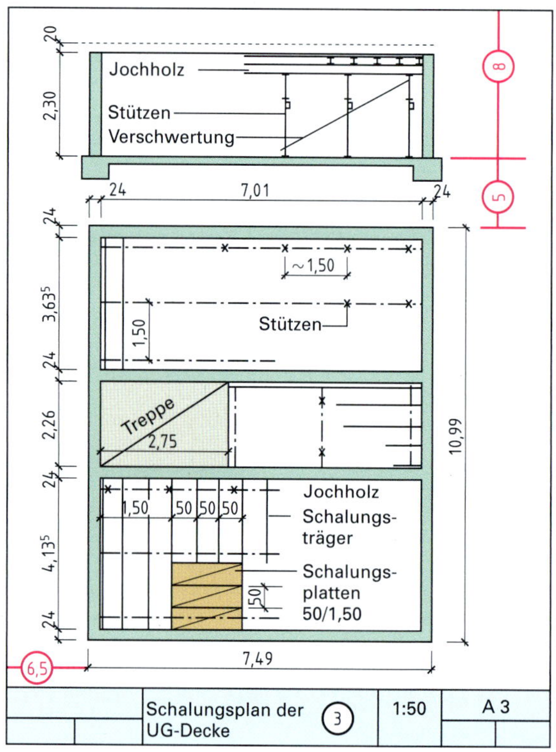

4.7 Bauen und Umwelt

4.7.1 Umweltfreundliches Bauen

Früher hat die Natur die Bau- und Lebensform bestimmt. Heute, bedingt durch den Bevölkerungszuwachs, ist die Lebens- und Bauform vielfach zum **Zerstörer der Natur** geworden. Der Mensch, selbst ein Teil der Natur, trägt die Verantwortung für seinen Lebensraum mit. Dies zwingt alle im Baubereich Tätigen zu einem Umdenken. Um schädliche Eingriffe in den Naturhaushalt und schädliche Auswirkungen auf alle Lebewesen so gering wie möglich zu halten, müssen die **Wechselbeziehungen** zwischen Lebewesen (Pflanzen, Tieren, Menschen) und ihrer Umwelt beachtet werden. Dies bedeutet, dass die Erkenntnisse der **Ökologie** auf das Bauen angewandt und Schäden am **Ökosystem** vermieden oder so gering wie möglich gehalten werden müssen. Ökologisches Bauen ist **umweltfreundliches Bauen**. Dies hat beim Bau unseres Reihenhauses Einfluss auf Überlegungen beim Planen (z.B. Konstruktion des Gebäudes), beim Ausführen (z.B. Baustoffauswahl, Schadstoffe, Dämmung), beim Nutzen (z.B. Energietechnik, Wassernutzung, Gesundheit) und beim Wiederverwerten (z.B. Abfallbeseitigung, Verwertung benutzter Baustoffe). Kein Bereich darf unabhängig vom anderen betrachtet werden, sie stehen in Wechselbeziehung zueinander.

Auch die Baustelle unseres Reihenhauses sollte umweltfreundlich betrieben werden. So müssen Abfälle auf der Baustelle sortiert werden. Es sollten nur Baumaschinen eingesetzt werden, die schallgedämmt sind.

Ökologie ist die Lehre von den Wechselbeziehungen zwischen Lebewesen und ihrer Umwelt. Ökologisches Bauen versucht, die Erkenntnisse der Ökologie auf das Bauen anzuwenden und Schäden am Ökosystem zu vermeiden.

Wechselbeziehungen

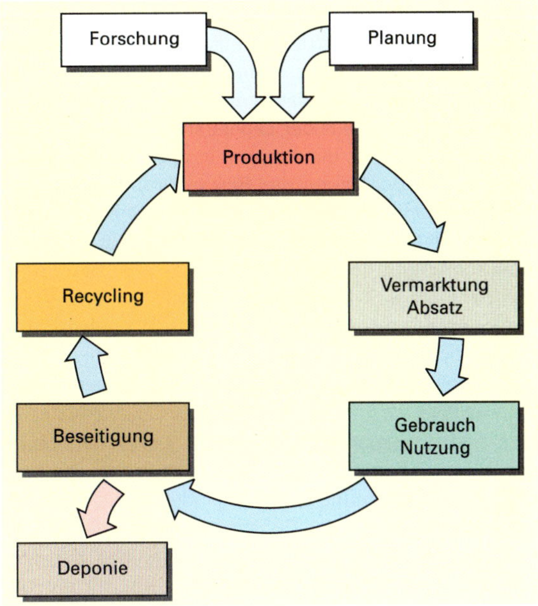

Lebenszyklus eines Produktes

4.7.2 Produktlinienanalyse

Mit der Frage, wie Produkte für das Bauen beschaffen sein müssen, damit sie sowohl wirtschaftlich als auch umwelt- und sozialverträglich sind, d.h., Natur und Mensch nicht schädigen, befasst sich die **Produktlinienanalyse**. Sie ist ein wissenschaftliches Verfahren, das Schlüsselprobleme unserer Arbeits-, Wirtschafts- und Lebensweise im Hinblick auf ihre Zukunftsfähigkeit untersucht und kritisch bewertet. Hierbei geht es um die Suche nach einer zukunftsfähigen Produktions- und Lebensweise, die auch die Lebensbedingungen künftiger Generationen sichert.

Bei einer Produktlinienanalyse wird der gesamte Lebenszyklus eines Produktes erfasst, von der Gewinnung der Rohstoffe über die Produktion und Verteilung bis zum Ge- und Verbrauch und der abschließenden Verwertung bzw. Beseitigung einschließlich aller zurückgelegten Transportwege.

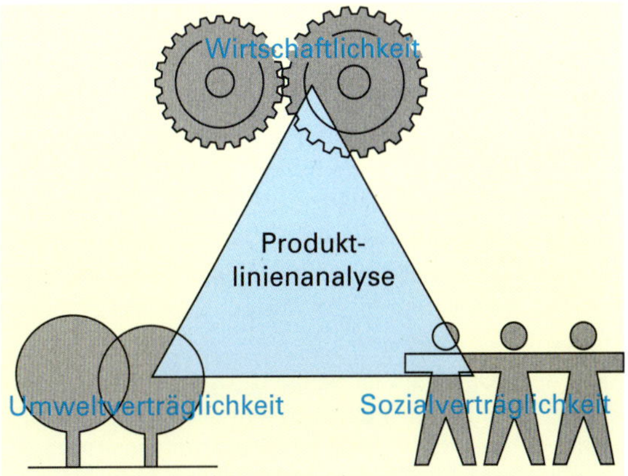

Was ist die „Nummer Eins"?

In einem zweiten Schritt stellt sich die Frage nach den Auswirkungen auf Umwelt, Gesellschaft und Wirtschaft: Wirkt sich die Produktion auf die Artenvielfalt aus? Gibt es gesundheitliche Gefahren? Wie hoch ist der Kapitalaufwand? Wie hoch ist der Rohstoff- und Energieverbrauch zur Herstellung unterschiedlicher Baustoffe? Rohstoffe stehen nicht endlos zur Verfügung. Energiemangel und Umweltbelastung zwingen zum Energiesparen. Und wenn man Energie einsparen will, dann ist nicht nur der Energiebedarf bei der Nutzung unserer Gebäude wichtig, sondern auch die Energie, die notwendig ist, um ein Produkt herzustellen.

Die nebenstehenden Schaubilder zeigen den Rohstoff- und Energieverbrauch, der zur Herstellung verschiedener Baustoffe erforderlich ist.

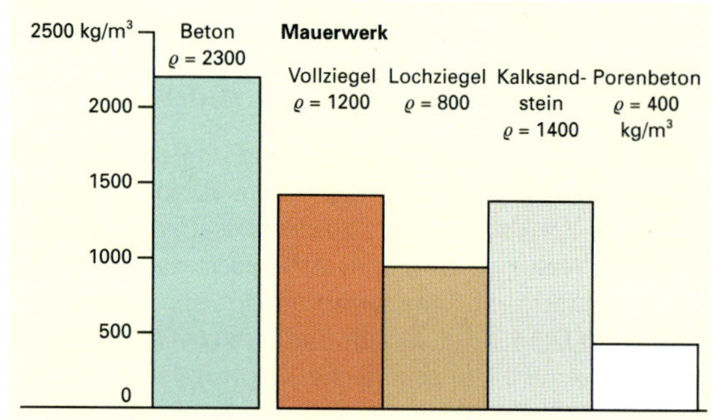

Rohstoffverbrauch bei der Herstellung verschiedener Baustoffe

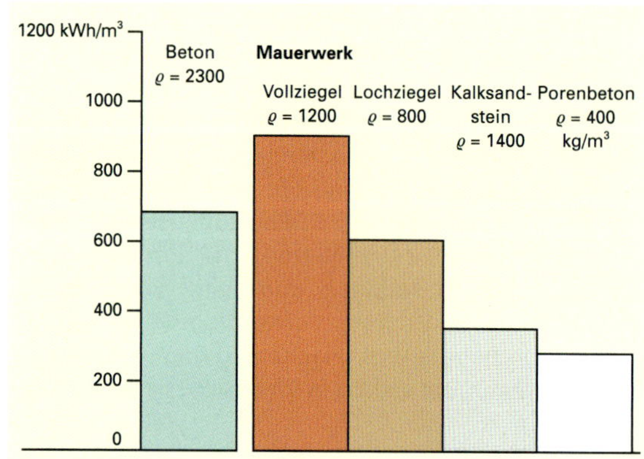

Energieverbrauch bei der Herstellung verschiedener Baustoffe

4.7.3 Ökobilanz

Produkte, die für das Bauen und Wohnen unseres Reihenhauses eingesetzt bzw. verwendet werden, belasten die Umwelt.

Um die Umweltwirkungen, die von Baustoffen ausgehen, zu erfassen und zu bewerten, werden **Ökobilanzen** erstellt. Dabei wird der gesamte Lebensweg eines Produktes betrachtet. Die Bilanzierung beginnt also mit der Rohstoffentnahme aus der Lagerstätte über die Produktion des Baustoffes, die Anwendung des Baustoffes im Bauwerk, die Benutzung des Bauwerks und schließlich die Entsorgung aus dem abgerissenen Gebäude. Ökobilanzen machen deutlich, dass bei vielen Baustoffen in der Lebensstufe des Gebrauchs, also beim Bewohnen und Beheizen eines Gebäudes, die größten Umweltbelastungen zu erwarten sind. So trägt z. B. Kohlendioxid, das bei der Verbrennung fossiler Rohstoffe entsteht, zu 50 Prozent zum Treibhauseffekt bei (siehe nebenstehende Tabelle).

Dies zeigt in besonderer Weise die große Bedeutung des Wärmeschutzes für die Umweltschonung. Die optimale Wärmedämmung eines Gebäudes ist nicht nur aus Kostengründen und aus Gründen der Behaglichkeit erforderlich, sondern auch aus der Sicht des Umweltschutzes unumgänglich. Die Ökobilanz soll für ein Unternehmen die Schwachstellen aufzeigen, damit daraus die richtigen Konsequenzen gezogen werden für die Beseitigung schädlicher Umweltbelastungen.

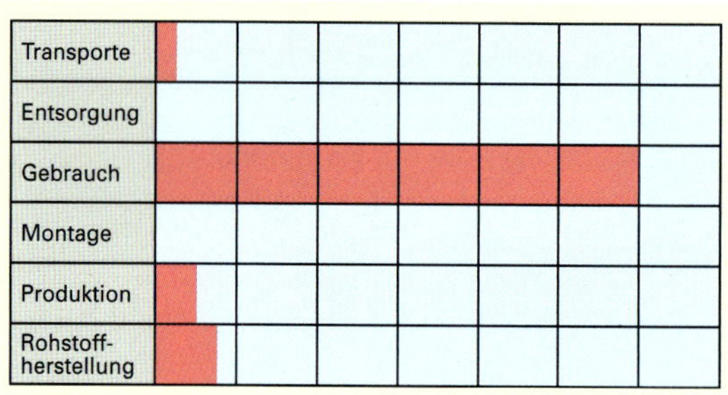

Treibhauseffekt einer Porenbetonwand für 6 Lebensstufen

Zusammenfassung

Beim umweltfreundlichen Bauen müssen alle Überlegungen in Wechselbeziehung zueinander stehen. Ziel umweltfreundlichen Bauens ist es, Schäden am Ökosystem zu vermeiden.

Die Produktlinienanalyse ist eine Methode zur Bewertung aller Lebensphasen eines Produktes und seiner Auswirkungen auf Natur, Gesellschaft und Wirtschaft.

Ziel einer Ökobilanz ist es, die Umweltwirkungen, die von Produkten ausgehen, systematisch zu erfassen und zu bewerten. Sie ist ein Steuerungsinstrument, um ökologische Schwachstellen zu beseitigen.

Aufgaben:

1. *Nennen Sie mehrere Gründe, warum heute umweltfreundliches Bauen gefordert wird.*
2. *Welche Lebenszyklen können beim Produkt „Beton" für unser Reihenhaus unterschieden werden?*
3. *Welche Eigenschaften müssen zukunftsfähige Baustoffe aufweisen? Diskutieren Sie, ob der Baustoff „Beton" diese Eigenschaften hat.*
4. *Die Gründe zum Energiesparen haben sich gewandelt. Geben Sie hierfür eine Erklärung.*
5. *Welche Möglichkeiten der Energieeinsparung gibt es?*
6. *Was versteht man unter Ökobilanz?*

Lernfeld 5:
Herstellen einer Holzkonstruktion

Unser Reihenhaus hat als obere Gebäudebegrenzung ein Satteldach. Diese Dachbezeichnung ist von der Querschnittsform des Daches abgeleitet (Dreiecksform), die Giebelflächen gehen bis an die Dachflächen. Das Dach besteht aus einer Tragkonstruktion und der Dachdeckung (Unterkonstruktion und Deckmaterialien). Die Tragkonstruktion muss die Lasten aus Dachdeckung, Schnee und Windlasten sicher aufnehmen und auf die Wände ableiten können. Im Wohnungsbau werden bei geneigten Dächern (Dachneigung ≥5°) vorwiegend zimmermannsmäßige Tragkonstruktionen genutzt. Bei unserem Reihenhaus ist die tragende Holzkonstruktion ein Pfettendachstuhl. Auch für das Garagendach ist eine Pfettendachkonstruktion vorgesehen.

In der nachfolgenden Abbildung des Reihenhauses sind zwei weitere Holzkonstruktionen dargestellt: eine Holzbalkendecke und eine Fachwerkwand. Auf Wunsch des Bauherrn soll die Holzbalkendecke statt der Stahlbetondecke und die Fachwerkwand statt der gemauerten Wand eingebaut werden. Holzbalkendecke, Fachwerkwand und Pfettendachstuhl sind traditionelle zimmermannsmäßige Holzkonstruktionen. Zu deren Herstellung sind Kenntnisse über den Baustoff Holz einschließlich seiner Eigenschaften, Verwendung, Behandlung und Handelsformen sowie Kenntnisse über die zimmermannsmäßigen Holzverbindungen erforderlich. Zudem ist gutes handwerkliches Können nötig.

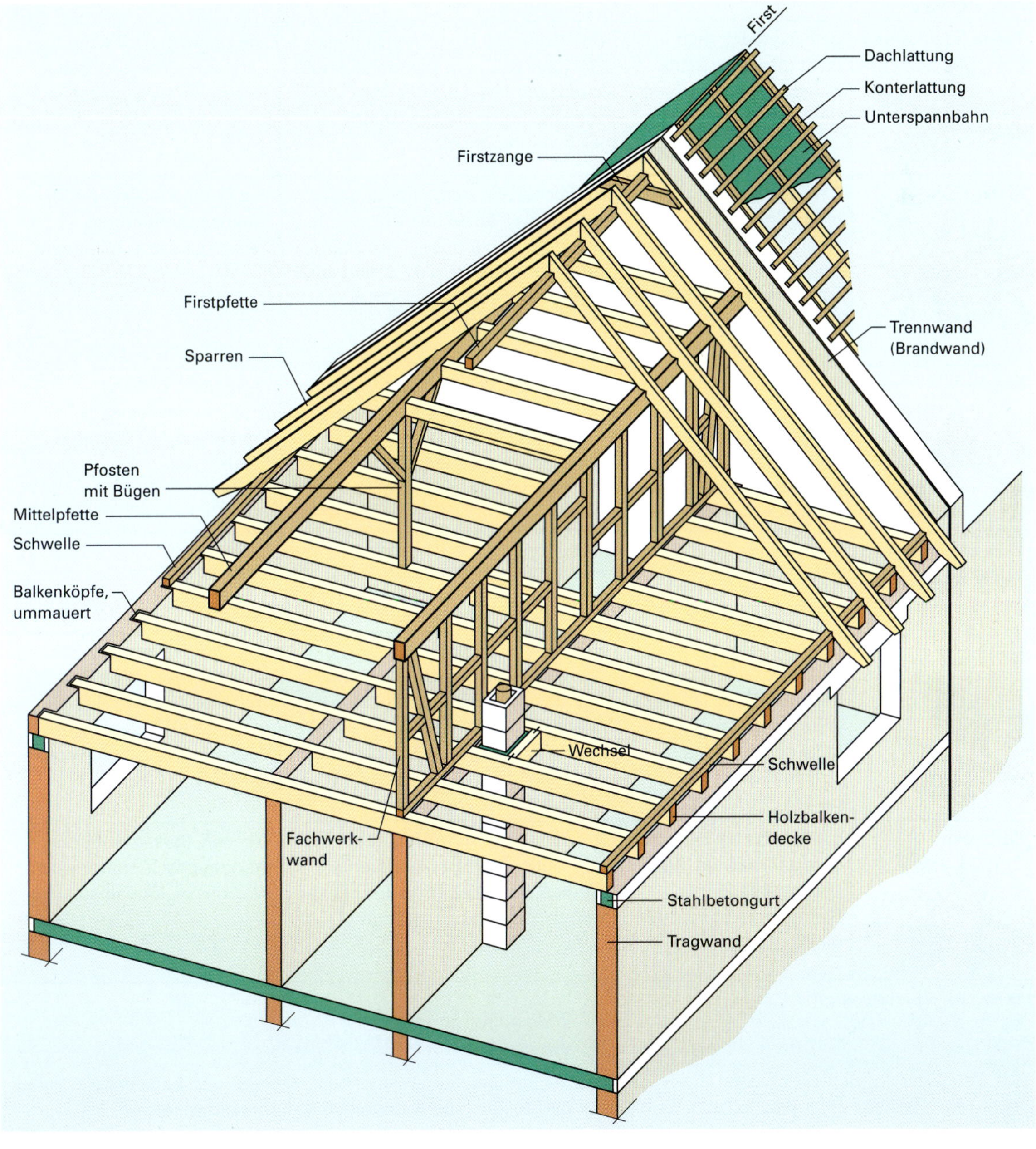

5.1 Wichtige Holzarten

Für die Holzkonstruktionen unseres Reihenhauses ist geeignetes Holz auszuwählen. Dies erfordert Kenntnisse über Eigenschaften und Verwendungsmöglichkeiten der zur Verfügung stehenden Holzarten.

5.1.1 Europäische Nadelbäume

Holzart	Besondere Kennzeichen des Holzes	Eigenschaften des Holzes[1]	Verwendung
Fichte (Rottanne) 	rötlich weiß glänzend, deutliche Jahresringe, Harzkanäle, Harzgallen; Reifholzbaum	Rohdichte 470 kg/m^3; weich bis mittelhart, gut zu bearbeiten, hohe Elastizität und Tragfähigkeit, im Trockenen dauerhaft, leicht entflammbar	als Bauholz für Betonschalungen, Gerüste, Dachstühle; Balken, Kanthölzer, Bretter, Bohlen und Latten; Bauteile im Gebäude
Tanne (Weißtanne) 	gelblich weiß, matt und nicht glänzend, keine Harzgänge, langfaserig; Reifholzbaum	Rohdichte 450 kg/m^3; weicher als Fichtenholz, gut zu bearbeiten, hohe Elastizität, Tragfähigkeit und Biegsamkeit, im Trockenen dauerhaft, leicht entflammbar	wie Fichtenholz; Balken, Kanthölzer, Bohlen, Bretter, Latten; Bauteile im Gebäude
Kiefer (Föhre) 	Kern gelblich rot bis rotbraun, im Splint gelblich weiß, deutliche Jahresringe, sehr harzreich (Harzgeruch); Kernholzbaum	Rohdichte 520 kg/m^3; härter und dichter als Fichtenholz, gut bearbeitbar, geringere Elastizität, große Tragfähigkeit, dauerhaft auch im Wechsel von nass und trocken; Bläuegefahr	wie Fichtenholz; ferner für Treppen, Außentüren, Fenster, Außenschalungen
Lärche 	braunroter Kern und hellgelber Splint, nachdunkelnd, enge und gleichmäßige Jahresringe, dünne Harzgänge, harzreich; Kernholzbaum	Rohdichte 590 kg/m^3; härter, dichter und zäher als Kiefer, gut bearbeitbar, große Elastizität und Tragfähigkeit, sehr dauerhaft auch im Wechsel von nass und trocken	Fußböden, Treppen, Außentüren, Fenster, Wasserbau, Vertäfelungen, Innenausbau

5.1.2 Europäische Laubbäume

Eiche 	im Kern gelblich braun, im Splint gelblich weiß nachdunkelnd, deutliche Jahresringe, ringporig, helle deutliche Markstrahlen, Gerbsäuregeruch; Kernholzbaum	Rohdichte 750 kg/m^3; sehr hart und dicht, schwer zu bearbeiten, außerordentliche Tragfähigkeit, durch Gerbsäure widerstandsfähig gegen Fäulnis, witterungsbeständig, sehr dauerhaft auch im Wechsel von nass und trocken	vorzügliches Bauholz für feuchtbeanspruchte Bauteile, Treppen, Parkettfußböden, Außentüren, Schwellen, Wasserbau, Holzfachwerk
Rotbuche 	gelblich bis rötlich, sichtbare Jahresringe, breite Markstrahlen im Sehnenschnitt; Reifholzbaum	Rohdichte 720 kg/m^3; mittelhart bis hart, leicht spaltbar, kurzfaserig, geringe Elastizität, hohe Tragfähigkeit, dauerhaft im Trockenen	Treppen, Parkettfußböden, Werkzeugtisch, Holzpflaster, Werkbänke, Möbelbau

[1]) Rohdichteangaben bezogen auf lufttrockenes Holz.

Als Bauhölzer werden vorwiegend die Nadelhölzer Fichte und Tanne verwendet. Kiefern- und Lärchenholz eignet sich wegen seines hohen Harzgehaltes für Bauteile, die feuchte- und witterungsbeständig sein sollen.

5.2 Wachstum und Aufbau des Holzes

Holz ist ein natürlicher, nachwachsender Rohstoff. Für seine Eigenschaften, wie z. B. Festigkeit, Bearbeitbarkeit, Wärmeleitfähigkeit, Feuchte- und Witterungsbeständigkeit ist sein Aufbau ausschlaggebend. Diese Holzstrukturen bilden sich mit dem Wachstum des Baumes.

5.2.1 Wachstum des Baumes

Der Baum nimmt zu seinem Wachstum Nahrung aus dem Boden und aus der Luft auf. Aus dem Boden nimmt er mit seinem Wurzelwerk Wasser mit den darin gelösten Nährsalzen auf, aus der Luft nimmt er durch die Spaltöffnungen an der Unterseite der Blätter Kohlenstoffdioxid auf. „Erdwasser" und Kohlenstoffdioxid werden mithilfe der Sonnenenergie und des Blattgrüns (Chlorophyll) zu den Aufbaustoffen Traubenzucker und Stärke umgewandelt. Der dabei freiwerdende Sauerstoff wird durch die Spaltöffnungen der Blätter an die Luft abgegeben. Diese chemische Umwandlung von Bodenwasser (Nährlösung) und Kohlenstoffdioxid über Traubenzucker bis zur Stärke bezeichnet man als **Assimilation** oder, weil dieser Vorgang nur unter Sonnenlicht stattfinden kann, auch als **Fotosynthese**. Aus dem Traubenzucker und der Stärke bildet der Baum mit den Nährsalzen des Bodenwassers weitere organische Stoffe, zuerst Glukose, dann Cellulose, Lignin, Harze und Fette. Die Aufbaustoffe werden in den Bastzellen zu den Wachstumszonen und in die Speicherzellen des Baumes geleitet. Das Wachstum vollzieht sich im Kambium (Dickenwachstum) und in den End- oder Triebknospen des Stammes, der Äste und Zweige (Längenwachstum).

Traubenzucker ist der Aufbaustoff für alle pflanzlichen Stoffe. Er ist Aufbaustoff für die Holzbestandteile Cellulose und Lignin.

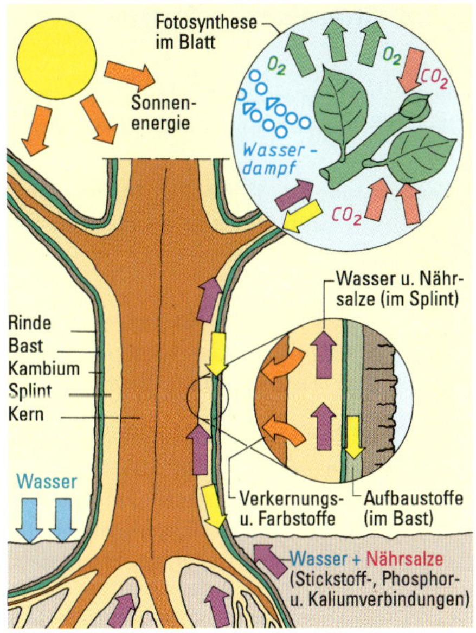

Nahrungshaushalt des Baumes

5.2.2 Die Bedeutung des Waldes

In der Bundesrepublik Deutschland wird der Wald zu mehr als 90% wirtschaftlich genutzt. Das zeigt, dass wir eine ausgeprägte Forstwirtschaft haben und der Wald vorrangig zur Erzeugung des Rohstoffes Holz genutzt wird. Im Wirtschaftswald (Forst) werden fast nur Bäume gepflanzt und nachgezogen, die technisch wertvolles Holz in ausreichender Menge liefern. Beim Holzeinschlag gilt der Grundsatz der Nachhaltigkeit, wonach nicht mehr Holz eingeschlagen werden darf als nachwächst. In der Bundesrepublik Deutschland wird derzeit etwa die Hälfte des Holzbedarfs aus heimischen Wäldern abgedeckt, die restliche Hälfte des Bedarfs wird eingeführt. Unser Wald hat somit als „Lieferant" des Rohstoffes Holz große wirtschaftliche Bedeutung.

Von ökologischer Bedeutung ist der Wald durch seine umweltschützenden und klimabeeinflussenden Wirkungen. So ist er z. B. Erholungsraum, natürliches Wasserreservoir und Sauerstoffquelle der menschlichen Umwelt und ermöglicht ein ausgeglichenes Klima. Außerdem schützt der Wald die Böden vor Verkarstung. Durch die Aufnahme des Kohlendioxids aus der Luft und durch die Bindung des Kohlenstoffs an das Holz wird der Anteil des Treibhausgases CO_2 in der Atmosphäre verringert. Leider können Umwelteinflüsse den Wald bzw. die Bäume schädigen. Als Ursachen sind besonders Luftverunreinigungen, vor allem aus Industrie, Verkehr und Hausbrand, erkannt. Das Waldsterben in vielen Regionen ist für uns alle ein Alarmzeichen, uns umweltbewusster zu verhalten.

Der Wald erfüllt wichtige ökonomische und ökologische Funktionen.

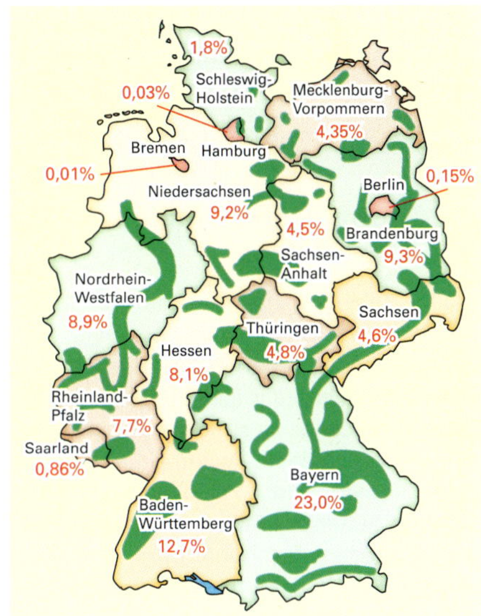

Verteilung des Waldes auf die Bundesländer

„Gestorbener" Wald

5.2.3 Chemischer Aufbau des Holzes

Versuch: Holzspäne unter Luftabschluss erhitzen (trockene Destillation), das Dampfgemisch abkühlen, das entweichende Gas entzünden.

Beobachtung: Im Kühlkolben bildet sich Niederschlag (Wasser, Holzessig, Holzteer), das entweichende Gas brennt, im Reagenzglas entsteht Holzkohle.

Ergebnis: Beim Erhitzen entweichen aus dem Holz Verbindungen, die sich mit dem Holzteer ablagern oder als Gas entweichen. In den Destillaten kommen überwiegend die Elemente Kohlenstoff, Sauerstoff und Wasserstoff vor.

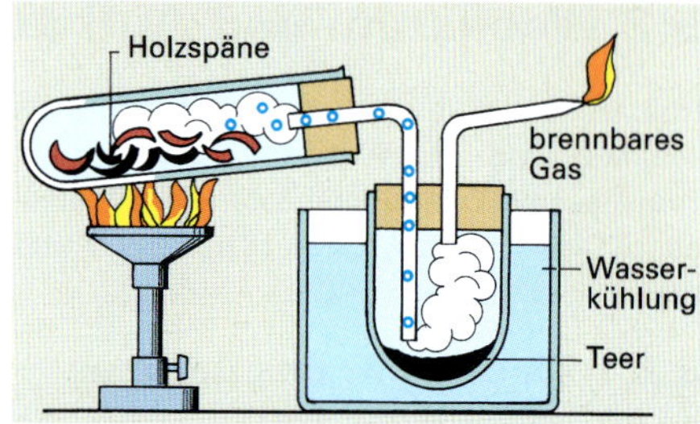

Zersetzung des Holzes durch Erhitzen (Destillation)

Die Holzsubstanz besteht aus etwa 50% **Cellulose**, etwa 25...35% **Hemicellulose** und etwa 20...35% **Lignin**. Es sind Verbindungen aus Kohlenstoff, Wasserstoff und Sauerstoff. Zudem sind etwa 1% Stickstoff und Mineralien im Holz enthalten. Die Zellwand besteht vorwiegend aus Cellulose. Sie bildet das Holzgerüst und bewirkt die hohe Zugfestigkeit des Holzes. Das Lignin ist der sogenannte Holzstoff. Es ist zwischen den Cellulosemolekülen eingelagert und verleiht dem Holz die Druckfestigkeit. Die Hemicellulose dient zur Verdichtung und Verkittung der Zellwände.

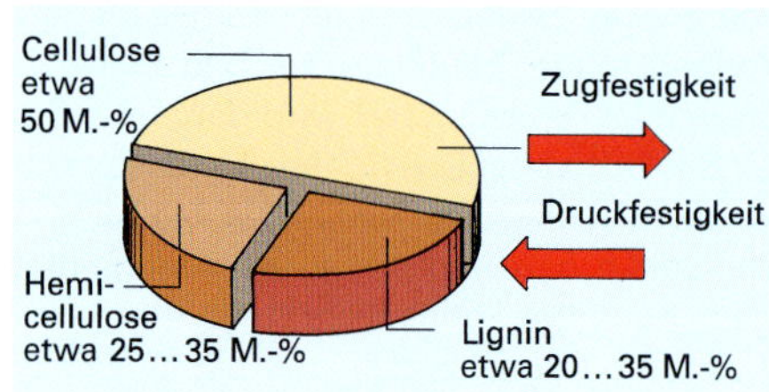

Hauptbestandteile des Holzes

Die wasserfreie Holzsubstanz besteht aus etwa 50 % Kohlenstoff, 43 % Sauerstoff, 6 % Wasserstoff und 1% Stickstoff und Mineralien.

5.2.4 Innerer (mikroskopischer) Aufbau des Holzes

Holz besteht aus einer Vielzahl von Zellen. Sie entstehen durch Teilung im Kambium. Nach der Zellteilung entwickelt sich eine der zwei neu entstandenen Zellen wieder zu einer teilungsfähigen Zelle weiter. Die nicht mehr teilungsfähige Zelle beginnt sich um ein Vielfaches ihrer Länge zu strecken. Gleichzeitig lagert sich Lignin in das Cellulosegerüst der Zellwand ein. Die Zellwand verholzt, es entsteht eine **Holzzelle**. Durch Zellteilung entstehen nach innen Holzzellen und nach außen Bastzellen. Im Frühjahr werden weiträumige, dünnwandige Zellen, das **Frühholz**, im Herbst werden engräumige, dickwandige Zellen, das **Spätholz**, gebildet. Frühholz und Spätholz bilden zusammen einen Jahresring.

Je nach ihrer Aufgabe wird in Leitzellen, Stützzellen und Speicherzellen unterschieden.

Leitzellen sind lang gestreckte, hintereinander gereihte Zellen, deren Wände an den Verbindungsstellen fehlen oder siebartig durchbrochen sind (Siebröhren). Sie bilden das Leitungssystem für das Wasser und die Aufbaustoffe im Baum.

Stützzellen (Faserzellen) sind lange, spitze, dickwandige und ineinander verzahnte Zellen. Sie geben dem Holz die Festigkeit und bilden die Hauptmasse des Holzes.

Speicherzellen dienen der Speicherung von Aufbaustoffen in allen Holzteilen des Baumes. Sie sind dünnwandig und liegen zwischen den Stütz- und Leitzellen vereinzelt in Faserrichtung, hauptsächlich aber quer dazu (Markstrahlen).

Bei Nadelhölzern werden Leitungs- und Stützaufgabe von nur einer Zellart, einer spindelförmigen **Mehrzweckzelle** (Tracheide), erfüllt. Sie bildet die Hauptmasse des Holzes. Die Saftleitung erfolgt durch ventilartige Poren, die sogenannten Tüpfel.

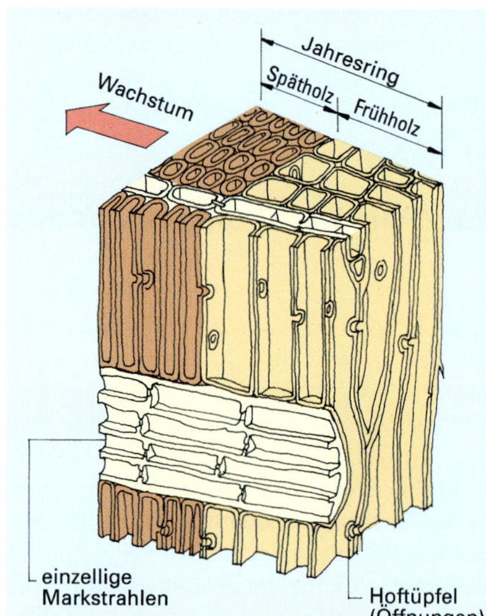

Frühholz	große, dünnwandige Zellen
Spätholz	kleine, dickwandige Zellen
Markstrahlen	einzellig; Aussteifung

Zellenaufbau des Nadelholzes (ein Jahresring der Kiefer, etwa 50-fach vergrößert)

Holz baut sich aus Zellen auf. Diese haben die Aufgabe, den lebenden Baum mit Wasser und Nährstoffen zu versorgen, die Aufbaustoffe zu speichern und dem Holz seine Festigkeit zu geben.

5.2.5 Äußerer (makroskopischer) Aufbau des Holzes

Darunter ist der Aufbau zu verstehen, der mit bloßem Auge oder durch Vergrößerung mit einer Lupe an Längs- und Querschnitten des Stammes zu erkennen ist.

Der **Querschnitt** (Hirnschnitt) eines Stammes zeigt die Jahresringe mit den Frühholz- und Spätholzanteilen, das Mark, die Markstrahlen sowie Bast und Borke. Bei mehreren Holzarten ist dunkleres Kernholz und helleres **Splintholz** zu sehen. **Kernholz** bildet sich durch Ablagerung von Ölen, Harzen, Gerb- und Farbstoffen und anderen Ablagerungsstoffen in den Zellen der innen liegenden Jahresringe (Verkernung). Das Holz ist dadurch härter, dichter und widerstandsfähiger als Splintholz. Bäume mit dunklem Kernholzanteil (z. B. Eiche) werden als **Kernholzbäume** bezeichnet. Bäume mit verkerntem Holz, das sich farblich vom Splintholz kaum unterscheidet, sind **Reifholzbäume** (z. B. Fichte, Tanne). Von **Splintholzbäumen** spricht man, wenn der ganze Stammquerschnitt nur aus Splintholz besteht (z. B. Weißbuche).

Der **Radial- oder Spiegelschnitt** geht längs durch die Mitte des Stammes. Die Jahresringe erscheinen als annähernd parallele Streifen. Hell und oft glänzend (Spiegel), sind die Markstrahlen besonders bei Eiche deutlich erkennbar.

Der **Tangential- oder Fladerschnitt** ist ebenfalls ein Längsschnitt. Er verläuft neben der Stammmitte und zeigt die Jahresringe in elliptischer oder parabelförmiger Zeichnung. Dadurch entsteht die für das Holz typische Fladerung bzw. Textur des Holzes.

Die Quer- und Längsschnitte des Stammes zeigen unterschiedliche Holzbilder der Jahresringe und Markstrahlen. Kern- und Splintholzanteile sind bei Kernholzbäumen deutlich zu erkennen.

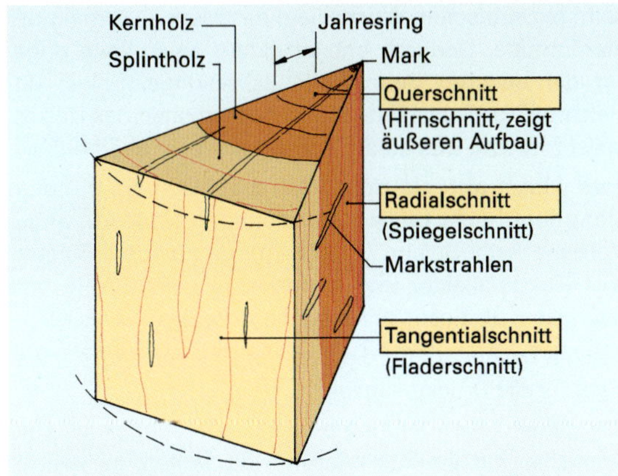

Schnittarten am Stamm

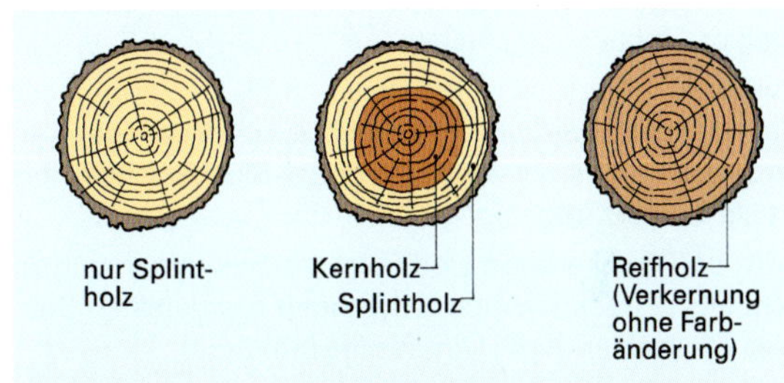

Splintholzbaum	Kernholzbaum	Reifholzbaum
Weißbuche Ahorn Birke	Kiefer Lärche Eiche	Fichte Tanne Rotbuche

Baumarten nach Splint- und Kernholzanteil

5.2.6 Wachstumsfehler

Unter Wachstumsfehlern versteht man besondere Wuchsgegebenheiten des Baumes, besonders des Stammes, durch die der Nutzwert des Holzes in der Regel gemindert wird. Nachfolgend sind einige wichtige Wuchsfehler aufgeführt.

Fehlerhafte Schaftformen durch abholzigen oder krummen Wuchs machen die volle Ausnutzung des Stammes als Bauholz meist unmöglich. Als abholzig bezeichnet man Stämme, deren Durchmesser auf 1 m Länge um mehr als 1 cm abnehmen. Bei **Krummschäftigkeit** weicht der Stamm vom geraden Wuchs stark ab.

Bei abholzigen und krummwüchsigen Stämmen ist die Schnittholzausbeute geringer.

Beim **Drehwuchs** verlaufen die Holzfasern in ihrer Längsrichtung spiralförmig. Das Schnittholz drehwüchsiger Bäume wird immer windschief. Drehwuchs vermindert die Tragfähigkeit besonders bei Kanthölzern, da bei diesen viele Fasern schräg durchschnitten sind.

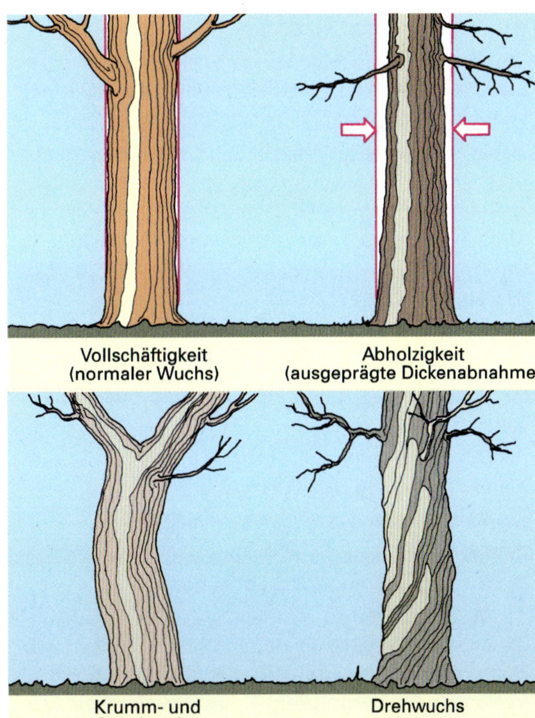

Abweichungen vom normalen Wachstum

Beim **exzentrischen Wuchs** liegt das Mark außerhalb der Stammmitte. Dadurch entstehen auf einer Seite enge, auf der anderen Seite weite Jahresringe. Folge: ungleichmäßige Festigkeit, ungleiches Arbeiten des Holzes, meist rotholzig (nagelhart, spröde, schlecht bearbeitbar).

Äste wirken sich als Holzfehler aus, wenn sie mit dem Stammholz nicht mehr fest verbunden sind, z. B. abgestorbene Äste. Solche Äste lösen sich aus dem Schnittholz (Durchfalläste) und mindern, je nach Größe und Häufigkeit, die Festigkeit bzw. die Güte des Holzes.

Das gilt besonders für die Zug- und Biegefestigkeit, weniger für die Druckfestigkeit.

Harzgallen liegen innerhalb eines Jahresringes. Es sind längliche, harzgefüllte Blasen. Sie laufen in beheizten Räumen aus und schlagen durch Lackanstriche. Große Harzgallen müssen aus Schnittholz entfernt werden. Harzgallen kommen in Nadelhözern, vor allem bei Kiefern, Fichten und Lärchen vor.

Ringrisse (Ringschäle) entstehen infolge auftretender Spannungen. Dadurch lösen sich die Jahresringe voneinander und es entsteht ein runder Riss. Solches Holz ist als Bauholz ungeeignet.

Luft- und **Trockenrisse** sind Folgeerscheinungen von zu schnellem Trocknen oder Schwinden des gefällten Baumes (Holzfehler durch klimatische Einflüsse).

Zusammenfassung

Die vorwiegend verwendeten Holzarten im Bauwesen sind die Nadelhölzer Fichte, Tanne, Kiefer und Lärche. Die Laubhölzer Eiche und Rotbuche haben höhere Festigkeiten als die Nadelhölzer. Eichenholz eignet sich für hoch belastete Konstruktionen, die der Witterung ausgesetzt sind.

Die wirtschaftliche Bedeutung des Waldes liegt in der Erzeugung des Rohstoffes Holz. Daneben erfüllt der Wald umweltschützende (ökologische) Aufgaben.

Unter **Fotosynthese** versteht man die Fähigkeit der Pflanzen, aus Kohlenstoffdioxid und Wasser unter Mitwirkung von Sonnenenergie und Blattgrün organische Stoffe wie Traubenzucker, Stärke u. a. aufzubauen.

Holz besteht im Wesentlichen aus Wasser, **Cellulose** und **Lignin**.

Das Holzgefüge baut sich aus **Leit-, Stütz-** und **Speicherzellen** auf.

Ein **Jahresring** setzt sich aus Früh- und Spätholz zusammen.

Als **Splintholz** werden die hellen und Wasser führenden Holzschichten des Stammes bezeichnet.

Kernholz besteht aus verkernten Holzzellen.

Reifholz ist verkerntes Holz und unterscheidet sich farblich von Splintholz nicht oder nur gering.

Als **Wachstumsfehler** werden besondere Wuchsgegebenheiten bezeichnet, durch die der Nutzwert des Holzes gemindert wird. Wuchsfehler zeigen sich z. B. in Form von Abholzigkeit, Krummwüchsigkeit und Drehwüchsigkeit.

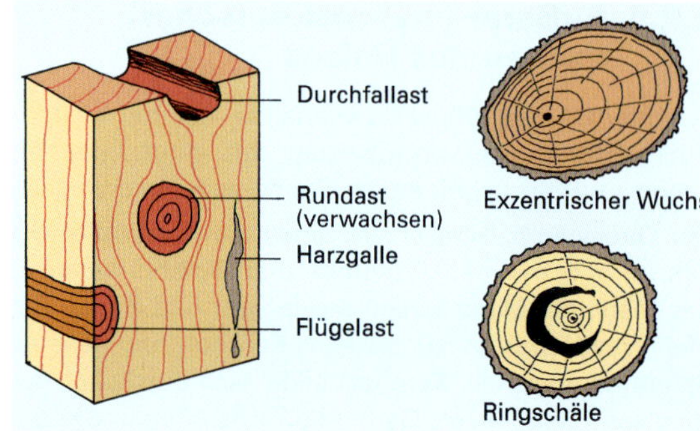

Wachstumsfehler

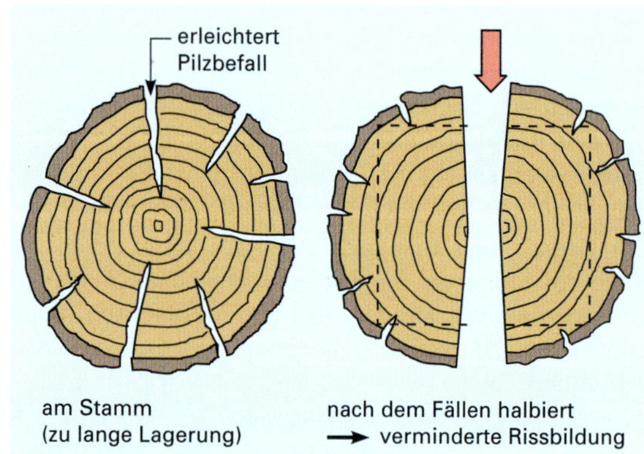

Luft- und Trockenrisse

Wachstumsfehler mindern die volle Ausnutzung der Stämme oder beeinträchtigen die Festigkeit und somit auch den Wert des Holzes.

Aufgaben:

1. *Welche Holzarten können für die aufgeführten Holzkonstruktionen bzw. Holzbauteile unseres Reihenhauses verwendet werden:*
   a) Pfettendachstuhl, Fachwerkwand und Holzbalkendecke,
   b) Parkettfußboden und Wandschalung (z. B. im Wohnzimmer),
   c) Hauseingangstür und Garagentor?
   Begründen Sie die Auswahl der Holzarten.
2. *Beschreiben Sie den Vorgang der Fotosynthese.*
3. *Welche Stoffe werden im Splint und welche werden im Bast transportiert?*
4. *Welche Aufgaben erfüllt das Kambium?*
5. *Welche Bedeutung hat der Wald für den Menschen? Begründen Sie Ihre Angaben.*
6. *Nennen Sie die Hauptbestandteile des Holzes.*
7. *Wodurch unterscheiden sich Früh- und Spätholz?*
8. *Wodurch unterscheiden sich Kernholz-, Splintholz- und Reifholzbäume?*
9. *Beschreiben Sie den Aufbau eines Stammes im Querschnitt.*
10. *Welche Wachstumsfehler mindern den Nutzwert des Holzes als Bauholz?*

5.3 Handelsformen des Holzes

Holz ist als Baustoff und als Werkstoff in verschiedenen Formen im Handel. Als Bauholz wird Holz in Form von Rundholz und Schnittholz und als Holzwerkstoff in Form von Platten und Formteilen verwendet. Für tragende Holzbauteile mit höheren Anforderungen an Güte und Tragfähigkeit wird Brettschichtholz eingesetzt.

5.3.1 Baurundholz

Baurundhölzer sind abgelängte, entrindete Hölzer, die entweder nicht geschnitten oder nur zweiseitig oder einseitig geschnitten sind. Entsprechend werden Rundhölzer als unbesäumt, zweiseitig besäumt, einseitig besäumt oder als Halbrundholz bezeichnet. Auf Baustellen haben Rundhölzer nur geringe Bedeutung.

5.3.2 Bauschnittholz

Alles im Sägewerk eingeschnittene Rundholz wird als **Schnittholz** bezeichnet. Im Bauwesen ist dies hauptsächlich Nadelschnittholz von Fichte, Tanne und Kiefer. Bauschnittholz ist ein Holzerzeugnis mit einer Mindestdicke von 6 mm. Je nach Art des Einschnitts wird zwischen Ganzholz, Halbholz und Viertelholz (Kreuzholz) unterschieden. Nach den Querschnittsmaßen wird Bauschnittholz in Kantholz, Bohle, Brett und Latte eingeteilt.

Kanthölzer haben einen quadratischen oder rechteckigen Querschnitt, wobei die Querschnittsbreite mehr als 40 mm und die Querschnittshöhe höchstens das Dreifache der Breite beträgt. **Balken** sind Kanthölzer, deren größere Querschnittsseite mindestens 20 cm beträgt. **Bohlen** haben eine Dicke von mehr als 40 mm und eine Breite, die größer als das Dreifache der Dicke ist. **Bretter** sind bis zu 40 mm dick und mindestens 80 mm breit. **Latten** sind bis zu 40 mm dick und weniger als 80 mm breit.

5.3.3 Brettschichtholz

Brettschichtholz besteht aus schichtweise aufeinander verleimten Holzbrettlagen, den sogenannten Lamellen. Zur Herstellung dieser Lamellen sind die ausgewählten Brettabschnitte mit verleimter Keilzinkenverbindung in der Länge verbunden.

Für Brettschichtholz werden möglichst gleichmäßig gewachsene Bretter aus Nadelschnittholz, vorwiegend aus Fichtenholz, verwendet. Die Holzbrettlagen haben eine Dicke von 30 ... 45 mm.

Bauteile aus Brettschichtholz können mit Querschnittshöhen bis zu 3 m und in Längen bis zu 35 m hergestellt werden. Da die Brettlamellen sich durch Pressen biegen lassen, können aus Brettschichtholz auch gekrümmte Bauteile, z.B. gekrümmte Satteldachträger, gefertigt werden. Die Herstellung von Brettschichtholz erfolgt industriell.

Als Bauholz wird Rundholz, Schnittholz und Brettschichtholz verwendet. Schnittholz wird nach den Querschnittsmaßen in Kantholz, Bohle, Brett und Latte eingeteilt.

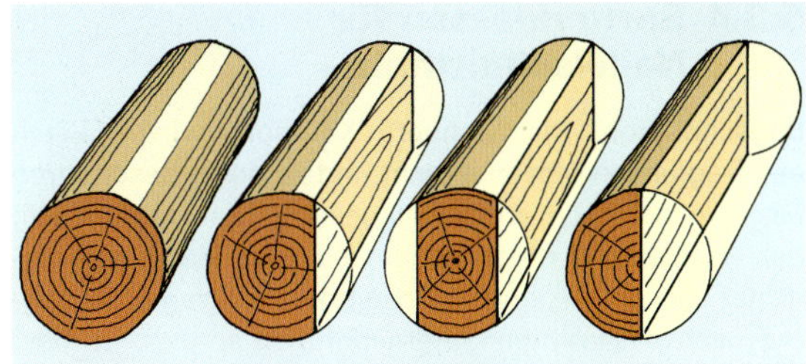

Rundholz			
unbesäumt	einseitig besäumt	zweiseitig besäumt	Halbrundholz

Baurundholz

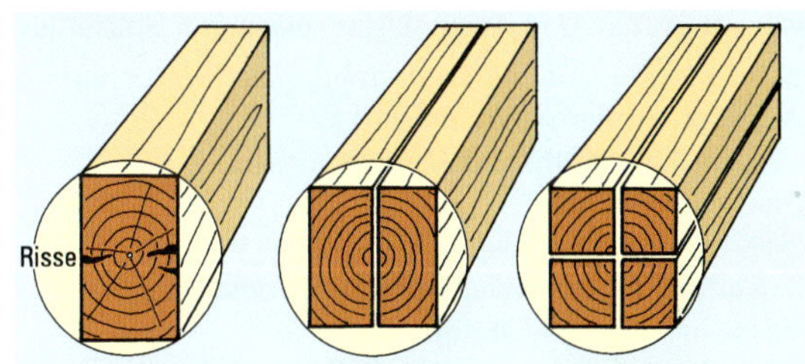

Ganzholz (einstielig)	Halbholz (zweistielig)	Viertelholz oder Kreuzholz

Bauschnittholz (Einschnittarten)

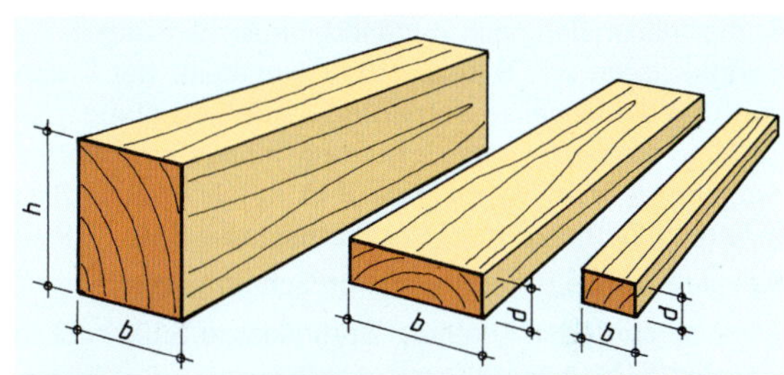

Kantholz	**Bohlen**	**Latten**
$b \leq h$, $h \leq 3\,b$, $b > 40$ mm	$d > 40$ mm, $b > 3\,d$	$d \leq 40$ mm, $b < 80$ mm
Balken: $h \geq 20$ cm	**Bretter** $d \leq 40$ mm, $b \geq 80$ mm	

Bauschnittholz nach Querschnittsabmessungen

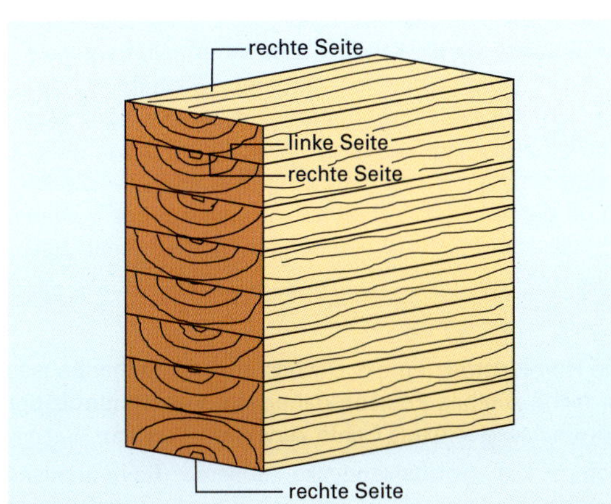

Brettschichtholz

5.3.4 Sortierklassen für Nadelschnittholz

Bauschnittholz, insbesondere Kantholz, wird vielfach auf Tragfähigkeit beansprucht und zugleich besonderen Festigkeitsanforderungen ausgesetzt. Die Tragfähigkeit der Holzbauteile muss sicher und zuverlässig gewährleistet sein. Deshalb wird Schnittholz für tragende Zwecke nach bestimmten Gütemerkmalen sortiert, in Klassen eingeteilt und gekennzeichnet. Bestimmte Gütemerkmale sind dabei Abmessungen und vor allem die Holzbeschaffenheit. In diesem Zusammenhang bilden die Holzfehler entscheidende Gütemerkmale bzw. Sortiermerkmale für die Einordnung des Schnittholzes in Sortierklassen. Die Sortierung richtet sich hauptsächlich nach Art, Anzahl und Ausmaß der zulässigen Holzfehler.

Nach DIN 4074 sind die Sortiermerkmale für Schnittholz festgelegt. Sortiermerkmale sind z. B.
- Äste in Art, Anzahl und Abmessungen,
- Baumkantenanteil,
- Jahresringbreite,
- Faserneigung in Abweichung zur Längsachse,
- Risse in Tiefe und Länge,
- Längskrümmungen und Verdrehungen,
- Druckholzanteil.

Schnittholz kann nach zwei Verfahren sortiert werden: visuell und visuell mit apparativer Unterstützung. Bei visueller Sortierung werden Kanthölzer nach festgelegten Sortiermerkmalen nach Augenschein sortiert und in die Sortierklassen S 7, S 10 und S 13 eingeteilt. Bei Unterstützung der visuellen Sortierung durch Sortierapparate ist über die festgelegte Sortierung hinaus eine Sortierung in die Schnittholzklasse S 15 möglich. Zusätzlich gelten die Sortierkriterien der Sortierklasse S 10.

Beispiele für die Bezeichnung von Schnitthölzern:
- visuell sortiertes Kantholz, Sortierklasse S 10, trocken sortiert (TS), aus Fichte (FI),
  Kantholz DIN 4074 – S 10 TS – FI
- visuell sortierte Bohle, als Kantholz sortiert (K), Sortierklasse S 13, aus Kiefer (KI),
  Bohle DIN 4074 – S 13 K – KI

Ein besonders hochwertiges Vollholz ist das **Konstruktionsvollholz (KVH®)**. Es ist ein güteüberwachtes visuell oder maschinell sortiertes Schnittholz, das aufgrund seines Einschnittes und der niedrigen Materialfeuchte nur wenig zur Rissbildung neigt. Es ist sehr formstabil und maßhaltig und weist gehobelte und gefaste Oberflächen auf. Es wird vor allem beim Einbau von sichtbar bleibenden Holzbauteilen verwendet.

Die Holzkonstruktion des Daches unseres Reihenhauses ist nicht sichtbar. Es kann daher ein Bauschnittholz der Sortierklasse S 10 aus Fichte verwendet werden.

Sofern die Holzbalkendecke unseres Reihenhauses sichtbar bleiben soll, würde sich hier die Verwendung von Konstruktionsvollholz (KVH®) empfehlen.

Ästigkeit

$A = \max\left(\frac{d_1}{b}; \frac{d_2}{h}\right)$ bis $\frac{2}{5}$

(Maßgebend ist der jeweils kleinste Durchmesser d der Äste)

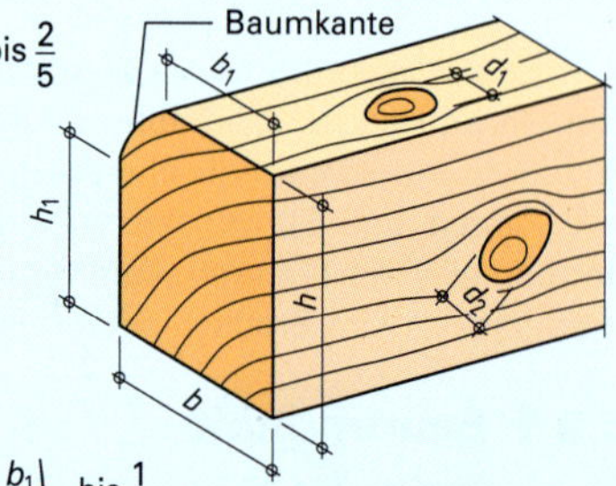

Baumkante

$K = \max\left(\frac{h - h_1}{h}; \frac{b - b_1}{b}\right)$ bis $\frac{1}{3}$

(Maßgebend ist die größte Baumkantenbreite)

Beispiele für Sortiermerkmale für Kantholz der Sortierklasse S 10 nach DIN 4074

Bezeichnung	**Sortierklassen** visuelle Sortierung	**Festigkeitsklassen**
Schnittholz mit geringer Tragfähigkeit	**S 7**	**C 18**
Schnittholz mit normaler Tragfähigkeit	**S 10**	**C 24**
Schnittholz mit überdurchschnittlicher Tragfähigkeit	**S 13**	**C 30**
Schnittholz mit besonders hoher Tragfähigkeit	**–**	**C 40**

Sortierklassen für Nadelholz mit Zuordnung zu Festigkeitsklassen

Zusammenfassung

Zum **Baurundholz** zählen alle Hölzer, die nicht oder nur einseitig oder zweiseitig geschnitten sind.

Bauschnittholz wird nach den Querschnittsabmessungen in Kanthölzer (einschließlich Balken), Bohlen, Bretter und Latten eingeteilt.

Sortierklassen für Bauschnittholz bezeichnen die Tragfähigkeit der Schnitthölzer unter Berücksichtigung bestimmter Holzgütemerkmale. An **Konstruktionsvollholz** (KVH®) werden besonders hohe Gütenanforderungen gestellt.

Aufgaben:

1. *Was versteht man unter Bauschnittholz?*
2. *Erklären Sie: Ganzholz, Halbholz, Kreuzholz.*
3. *Nennen Sie je drei Querschnittsabmessungen für Kanthölzer, Bohlen, Bretter und Latten.*
4. *Stellen Sie anhand des Projektplanes fest, für welche Holzkonstruktion oder Bauteile Kanthölzer, Balken, Bohlen, Bretter oder Latten gebraucht werden.*
5. *Erklären Sie die Bezeichnung für Nadelschnittholz: Kantholz DIN 4074 – S 7 TS – FI.*
6. *Geben Sie an, inwiefern die angegebenen Sortiermerkmale für Schnittholz die Tragfähigkeit des Bauholzes beeinträchtigen.*

5.3.5 Holzwerkstoffe

Als Holzwerkstoffe werden Platten und Formteile bezeichnet, die aus dünnen Holzschichten, Holzspänen oder Holzfasern hergestellt werden. Zu den Holzwerkstoffen gehören Sperrholzplatten, Holzspanplatten und Holzfaserplatten.

Sperrholzplatten

Als Sperrholz bezeichnet man alle Platten, die aus mindestens drei kreuzweise aufeinander geleimten Holzlagen bestehen. Durch das kreuzweise Anordnen der Holzlagen wird das Arbeiten des Holzes stark eingeschränkt, da sich die Holzlagen in ihrem Quell- und Schwindverhalten gegenseitig sperren. Nach der Art der Holzlagen werden Sperrholzplatten in Furniersperrholzplatten und Mittellagensperrholzplatten unterschieden.

Furniersperrholzplatten (FU) bestehen aus mindestens drei Furnierlagen, deren Faserrichtungen meist um 90° versetzt sind. Für Bauzwecke gibt es **Bau-Furnierplatten (BFU)**, die z.B. im Fertighausbau als Innen- und Außenwandteile sowie für den Beton- und Stahlbetonbau als Schalungsplatten eingesetzt werden. Diese Platten sind wetterbeständig verleimt und an ihrer Oberfläche kunststoffbeschichtet.

Mittellagensperrholzplatten, auch **Tischlerplatten (TI)** genannt, bestehen aus mindestens zwei Deckfurnierlagen und einer Mittellage aus nebeneinanderliegenden Holzleisten oder Schälfurnierstreifen.

Mittellagensperrholz gibt es auch als **Bau-Tischlerplatten (BTI)**, die wie **Bau-Furnierplatten** je nach Beständigkeit der Verleimung im Trocken-, Feucht- und Außenbereich verwendet werden können.

Sperrholzplatten bestehen aus mindestens drei Holzlagen, die aufeinander kreuzweise verleimt sind. Sie haben dadurch in Längs- und Querrichtung etwa gleiche Festigkeit und eine fast gleiche Schwind- und Quellneigung.

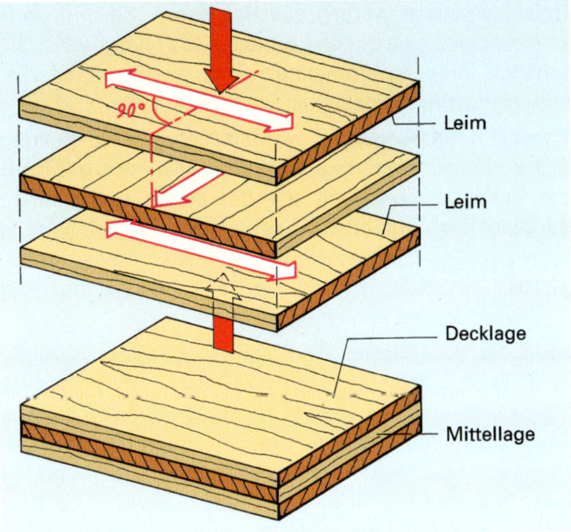

Aufbau einer Furnierplatte (dreilagig)

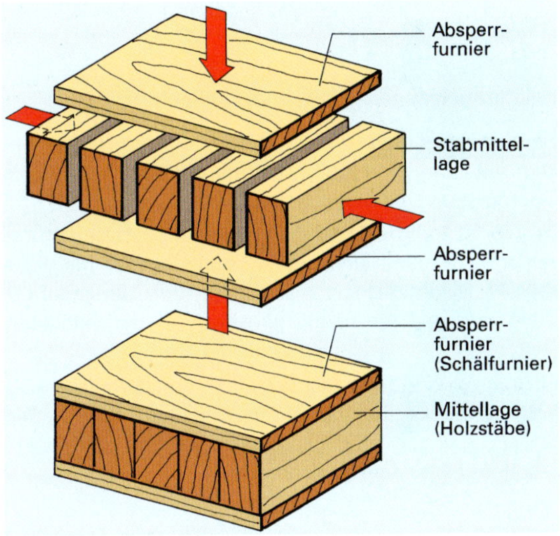

Aufbau einer Stabsperrholzplatte

Holzspanplatten

Holzspanplatten werden aus Holzspänen und Kunstharzkleber unter Einwirkung von Wärme und Druck hergestellt. Nach der Art der Herstellung werden Flachpressplatten (Pressdruck senkrecht zur Plattenebene) und Strangpressplatten (Pressdruck parallel zur Plattenebene) unterschieden.

Bei **Flachpressplatten** liegen die Späne vorzugsweise parallel zur Plattenebene und flach aufeinander. Die Platten werden einschichtig oder mehrschichtig hergestellt.

OSB-Platten (Oriented Strand Boards) sind Flachpressplatten, die aus großflächigen, langen, schlanken Spänen (strands) hergestellt werden. Diese Späne liegen in den Außenschichten vorwiegend in Längsrichtung der Platte. OSB-Platten haben dadurch in Längsrichtung eine höhere Biegefestigkeit.

Bei **Strangpressplatten** liegen die Späne vorzugsweise rechtwinklig zur Plattenebene. Sie werden je nach Querschnittsstruktur als **Vollplatten (SV)** und **Röhrenplatten (SR)** hergestellt.

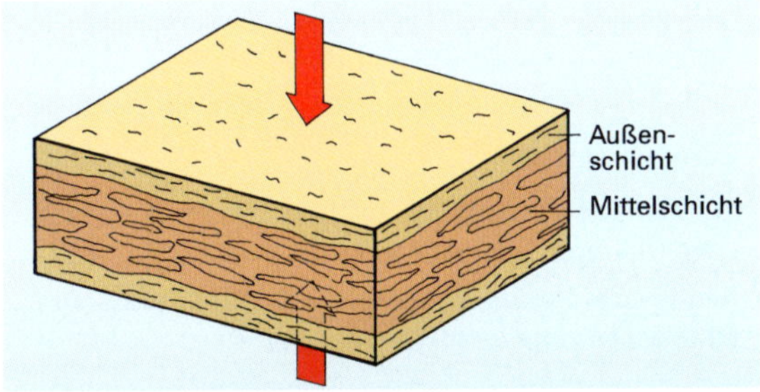

Flachpressplatte (Dreischichtplatte)

Spanplatten werden als Flachpress- und Strangpressplatten hergestellt.

Holzfaserplatten werden aus Holzfasern mit und ohne Bindemittel sowie mit und ohne Füllstoff hergestellt. Sie erhalten ihren Zusammenhalt durch Verfilzung der Fasern bzw. durch Kunstharze.

Poröse Holzfaserplatten werden bei der Herstellung nicht oder nur leicht gepresst. Sie lassen sich mit Holzbearbeitungswerkzeugen gut bearbeiten und können genagelt, geschraubt oder aufgeleimt werden. Wegen ihres porösen Gefüges werden sie als Holzfaserdämmplatten zur Wärmedämmung, Schalldämmung und Schallschluckung verwendet.

Harte Holzfaserplatten sind gepresste Faserplatten, die nach ihrer Dichte in mittelharte, harte und extraharte Holzfaserplatten eingeteilt werden. Sie haben eine glatte Oberfläche und lassen sich mit Holzbearbeitungswerkzeugen gut bearbeiten sowie nageln, schrauben und leimen. Man verwendet sie im Innenausbau für Decken- und Wandverkleidungen.

Bitumengetränkte Holzfaserplatten sind poröse Platten mit Bitumenzusatz. Durch die Bituminierung der Holzfasern sind die Platten feuchtigkeitsunempfindlich. Sie werden zur Schall- und Wärmedämmung bei Wänden und Böden verwendet.

Halbfertigerzeugnisse

Halbfertigerzeugnisse sind Hölzer, die für einen bestimmten Zweck vorgeformt sind. Sie sind bis auf die Oberflächenbehandlung einbaufertig.

Die Vorformung erlaubt die Herstellung großer Stückzahlen und damit eine gute Ausnutzung der für diese Zwecke erforderlichen Maschinen. Der Herstellungspreis wird dadurch häufig günstiger als bei Selbstherstellung.

Für Bauzwecke bedeutsame Halbfertigerzeugnisse sind z.B. gehobelte Kanthölzer, Hobeldielen, Fasebretter, Stülpschalungsbretter, gespundete Bretter, Fußleisten, Treppenpfosten und Balkonbretter.

Halbfertigerzeugnisse, auch **Halbfabrikate** genannt, sind profilierte Hölzer, die in ihren Abmessungen genormt sind.

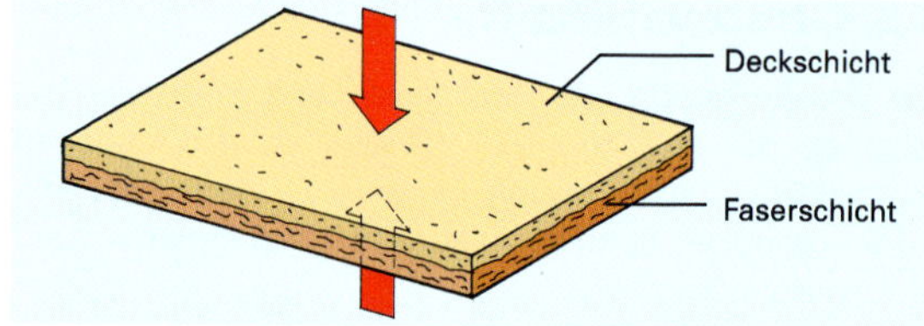

Harte Holzfaserplatte

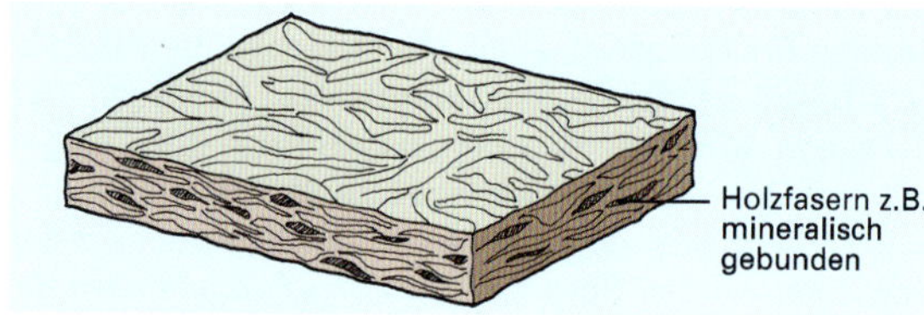

Poröse Holzfaserplatte

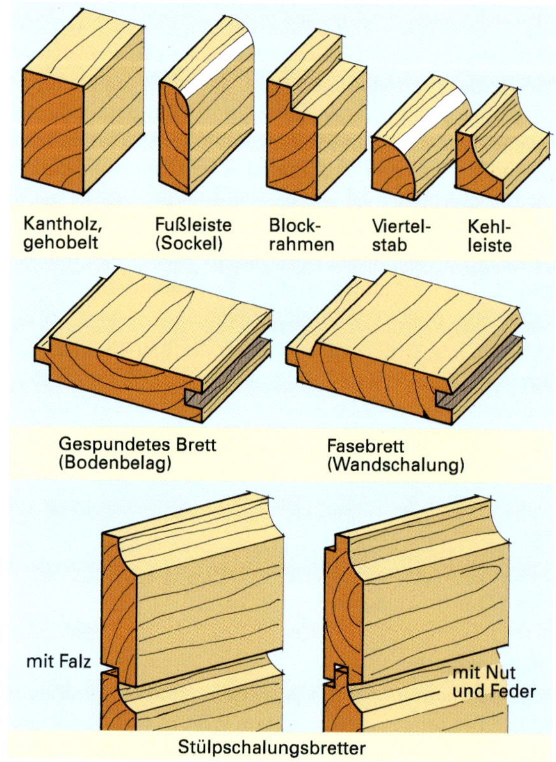

Halbfertigerzeugnisse

Zusammenfassung

Zu den **Holzwerkstoffen** gehören Sperrholz-, Holzspan- und Holzfaserplatten.

Bau-Furnierplatten bestehen aus mindestens drei kreuzweise verleimten Furnierlagen.

Holzspanplatten werden aus Spänen und Kunstharzbindemitteln hergestellt.

Holzfaserplatten werden nach der Dichte und Festigkeit in poröse und harte Holzfaserplatten eingeteilt. Poröse Holzfaserplatten werden als Dämmplatten verwendet.

Aufgaben:

1. *Was versteht man unter Holzwerkstoffen und Halbfabrikaten?*
2. *Welche technischen Vorteile bietet Sperrholz im Vergleich zu Vollholzteilen?*
3. *Warum bezeichnet man poröse Holzfaserplatten auch als Dämmplatten?*
4. *Nennen Sie Beispiele für die Verwendung der einzelnen Holzwerkstoffe beim Bau unseres Reihenhauses.*
5. *Aus welchen Gründen sind Halbfertigerzeugnisse am Markt?*
6. *Geben Sie Halbfertigerzeugnisse an, die für Bauarbeiten verwendet werden.*

5.4 Technische Eigenschaften des Holzes

Um den Baustoff Holz für die unterschiedlichen Verwendungen beurteilen zu können, müssen wir technische Eigenschaften der verschiedenen Holzarten kennen.

5.4.1 Festigkeiten des Holzes

Druckfestigkeit

Versuch: Holzproben aus Fichten- und Eichenholz mit einer Schraubzwinge in Faserrichtung und quer zur Faser pressen.

Beobachtung: Bei Druck quer zur Faserrichtung entstehen größere Zwingeneindrücke als bei Druck in Faserrichtung.

Ergebnis: Die Druckfestigkeit des Holzes ist vom Faserverlauf abhängig.

Die Holzstruktur kann vereinfacht als Röhrenbündel angesehen werden (Zellen = Röhren). In Faserrichtung gedrückt, wirken die Zellen wie Stützen. Wirkt der Druck quer, werden die Zellen wie Röhrenbündel leicht zusammengedrückt.
Hölzer mit hoher Rohdichte, wie z. B. Eiche und Buche, sind druckfester als Hölzer mit geringer Dichte. Druckbeanspruchte Holzbauteile sind z. B. Pfosten, Streben und Schwellen der Fachwerkwand im Dachgeschoss unseres Reihenhauses.

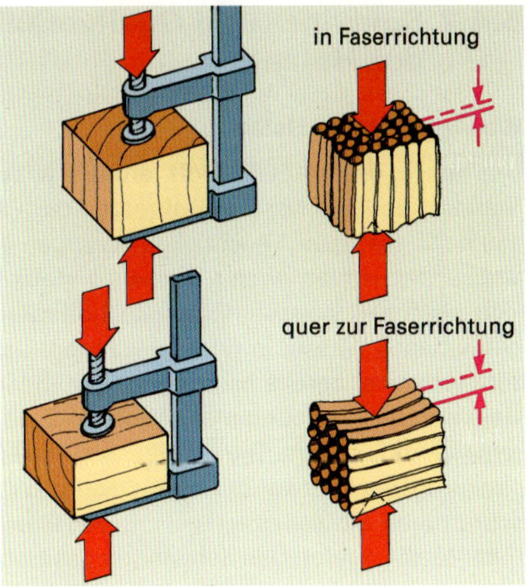

Druckfestigkeit des Holzes

Zugfestigkeit

Versuch: Ein Stück Sperrfurnier in Faserrichtung und quer zur Faser ziehen.

Beobachtung: Bei Beanspruchung in Längsrichtung zeigt das Furnierstück keine Formveränderung. Quer zur Faser gezogen, reißt es sofort.

Ergebnis: Die Zugfestigkeit ist in Faserrichtung sehr groß. Quer zur Faserrichtung kann Holz nicht auf Zug beansprucht werden.

Die Zugfestigkeit hängt von der in den Zellwänden befindlichen Cellulose ab. Die Cellulosefaser besitzt eine große Zugfestigkeit. Sie beträgt quer zur Faserrichtung weniger als 10 % der Längsfestigkeit. Die Zugfestigkeit nimmt mit steigender Rohdichte zu. Holzfeuchte und Astigkeit mindern die Zugfestigkeit des Holzes.

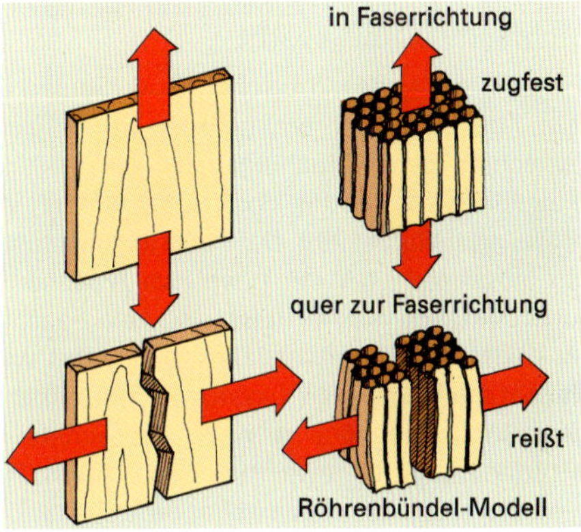

Zugfestigkeit des Holzes

Scherfestigkeit

Die Scherfestigkeit ist bei Holz gering und in Faserrichtung geringer als quer zur Faser. Unregelmäßiger Faserverlauf bei Astansätzen und verwachsene Äste erhöhen die Scherfestigkeit. Bei kleinen Scherflächen ist die Gefahr des Abscherens groß. Bei Versatzungen, Verkeilungen und bei Bolzenverbindungen muss daher auf genügend Scherholzlänge (Vorholz) geachtet werden.

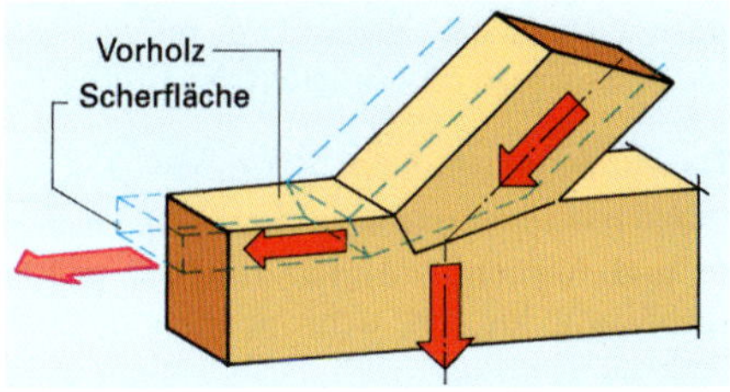

Scherbeanspruchung des Holzes bei Versatzung

Die Festigkeiten des Holzes sind von der Beschaffenheit des Gefüges (Holzart, Astigkeit), von der Art der Beanspruchung und vom Winkel der Kraftwirkung zur Faserrichtung abhängig.

Härte

Bezogen auf das Holz ist Härte der Widerstand, den das Holz z. B. den Werkzeugen bei der Holzbearbeitung entgegensetzt. Die Härte ist abhängig von der Holzart und von der Rohdichte. Hölzer mit großer Dichte sind härter als Hölzer mit geringer Dichte. Von den europäischen Holzarten sind vor allem Eiche und Buche sehr hart. Holzbauteile, die sehr stark mechanisch beansprucht werden (z. B. Treppenstufen, Fußbodenbeläge), müssen aus hartem Holz hergestellt werden. Die Härte des Holzes ist auch vom Feuchtigkeitsgehalt abhängig.

Härte	Holzart	Rohdichte in kg/dm^3
Weiches Holz	Tanne Fichte Kiefer	0,45 0,47 0,52
Mittelhartes Holz	Lärche	0,59
Hartes und sehr hartes Holz	Rotbuche Eiche	0,72 0,75

Weiche und harte Holzarten und ihre Rohdichten (lufttrocken)

Hölzer mit großer Dichte sind härter als Hölzer mit geringer Dichte.

5.4.2 Schwind- und Quellverhalten des Holzes

Wassergehalt des Holzes

Das frisch geschlagene Holz enthält je nach Holzart, Standort des Baumes und Jahreszeit der Fällung bis zu 150% Wasser bzw. Feuchtigkeit, bezogen auf die Darrmasse des Holzes (völlig trockenes Holz). Es befindet sich als freies Wasser in den Zellhohlräumen und als gebundenes Wasser in den Zellwänden. Das freie Wasser verdunstet bereits nach kurzer Zeit. Befindet sich im Holz nur noch gebundenes Wasser, ist ein **Fasersättigungspunkt** erreicht. Die Holzfeuchte beträgt am Fasersättigungspunkt etwa 30%. Bei weiterer Wasserabgabe schrumpfen die Zellen – das Holz verkleinert sein Volumen; es schwindet. Das Schwinden des Holzes ist beendet, wenn das Holz den Darrzustand erreicht hat (nur durch künstliche Trocknung).

Holzfeuchtegleichgewicht

Holz ist ein hygroskopischer Stoff. Seine Holzzellen geben Feuchtigkeit ab und nehmen Feuchtigkeit auf, wenn zwischen dem Feuchtegehalt des Holzes und dem Feuchtegehalt der das Holz umgebenden Luft ein Feuchtigkeitsgefälle besteht. Der Feuchtigkeitsaustausch findet so lange statt, bis ein Ausgleich zwischen Holzfeuchte und Luftfeuchte erreicht ist, also kein Feuchtigkeitsgefälle mehr vorhanden ist. Dieser Zustand wird als **Holzfeuchtegleichgewicht** bezeichnet. Bei einer Temperatur von 15°C und 70% relativer Luftfeuchte hat Holz im Holzfeuchtegleichgewichtszustand einen Feuchtegehalt von etwa 15% (s. nebenstehende Tabelle). Durch die Abgabe und Aufnahme von Feuchtigkeit ändern sich Volumen und Form des Holzes. Das Holz kann schwinden oder quellen, sich werfen oder reißen. Diesen Vorgang bezeichnet man als **„Arbeiten des Holzes"**.

Formänderungen durch Schwinden

Die Schwind- und Quellmaße sind je nach Holzart, Dichte und Richtung im Holz unterschiedlich. Als grobe Richtwerte für das Schwinden und Quellen bei der Trocknung gelten vom Fasersättigungspunkt bis zur Darrmasse in Richtung der Holzfaser 0,1…0,5%, in Richtung der Markstrahlen (radial) 5%, in Richtung der Jahresringe (tangential) 10%. Die unterschiedlichen Querschnittschwindmaße und die unterschiedlichen Feuchtigkeiten im Kernholz- und Splintholzbereich bewirken beim Trocknen der Hölzer Verzerrungen und Verwindungen. **Seitenbretter** wölben sich, die linke Seite wird hohl. Das Brett „zieht" sich zusammen, da sich die Holzzellen entlang der angeschnittenen Jahresringe verkleinern. Die rechte Seite des Brettes dagegen wölbt sich nach außen und wird rund. **Kernbretter** verjüngen sich zum Rand hin und verkleinern sich. **Viertelhölzer** verformen sich rautenförmig. Zudem können durch zu rasches und ungleichmäßiges Trocknen Risse entstehen.

Schwinden, Quellen, Verziehen, Reißen und Werfen des Holzes werden in der Praxis unter **„Arbeiten des Holzes"** zusammengefasst.

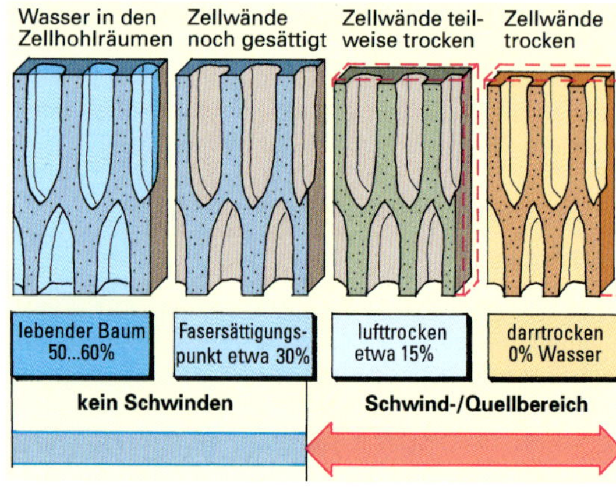

Wassergehalt des Holzes

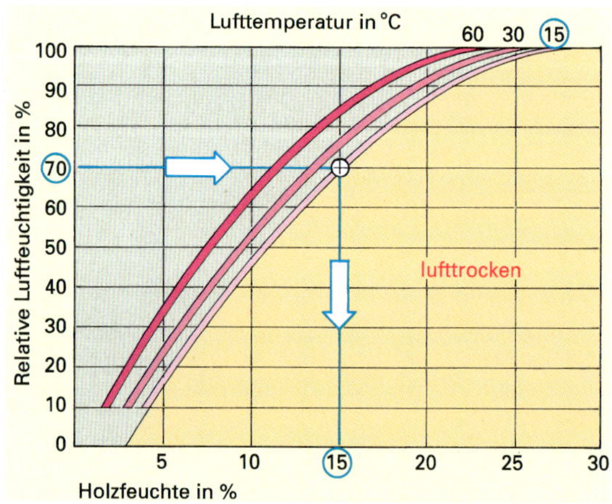

Feuchtegleichgewichtskurven für Holz bei verschiedenen Temperaturen (Ablesebeispiel)

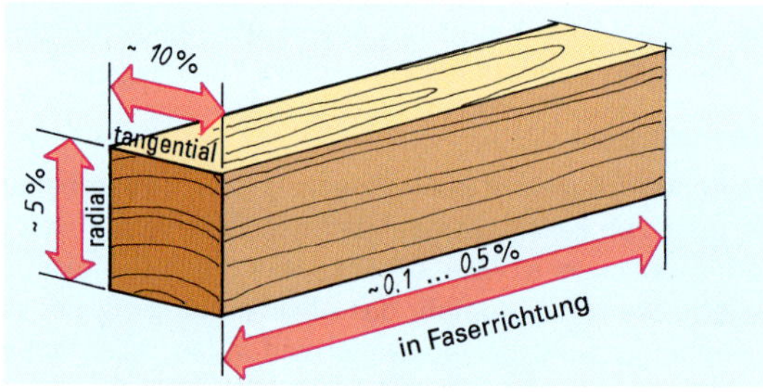

Durchschnittliche Schwindmaße des Holzes

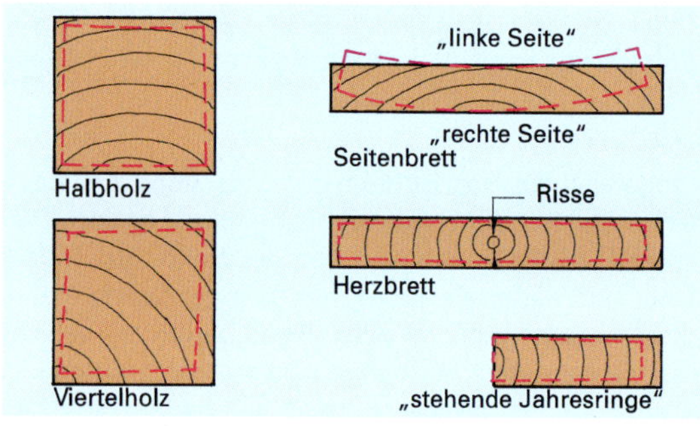

Querschnittsverformung infolge von Schwinden

5.4.3 Maßnahmen gegen das Arbeiten des Holzes

Nach der Verarbeitung des Holzes, z. B. nach Fertigstellung unserer Fachwerkwand, sollen die Holzbauteile möglichst unverformt und rissefrei bleiben. Um dies zu erreichen, muss das Holz möglichst mit dem Feuchtegehalt verarbeitet werden, der dem Feuchtegleichgewicht am Verwendungsort entspricht:

Holzfeuchtegehalt für die Verwendung
im Freien: 15 ... 20 % (z. B. bei Wandverschalungen),
in Innenräumen: 6 ... 10 % (z. B. Möbelholz).

Wegen der auftretenden Luftfeuchtigkeitsschwankungen kann das Quellen und Schwinden des Holzes nicht vollständig verhindert werden. Dies muss beim Einbau von Brettern und Platten besonders berücksichtigt werden.

Berücksichtigung des Arbeitens bei Holzkonstruktionen

- Holzteile mit dem Feuchtegehalt einbauen, der dem der umgebenden Luft entspricht (Holzfeuchtegleichgewicht!).
- Alle eingebauten Holzteile vor Feuchtigkeit schützen.
- Bretter so an der Unterlage befestigen, dass das Quellen und Schwinden der Bretter nicht behindert wird, z. B. bei Wandschalungen aus Holzbrettern.
- Bretter stets mit der linken Seite aufliegend befestigen. Im anderen Falle lösen sich die Brettkanten beim Werfen von der Unterkonstruktion ab.
- Bewegungsraum („Luft") für eventuelles Quellen der Bretter vorsehen. Anwendung z. B. bei Vertäfelungen, Außenverkleidungen.
- Für geschlossene Bretterschalung aus Kernbrettern immer Kern an Kern und Splint an Splint verlegen. Bei Seitenbrettern stets Seitengleichheit beachten.
- Für große Flächen eventuell Sperrholz verwenden.

Beim Einbau von Hölzern ist eventuelles Quellen und Schwinden des Holzes zu berücksichtigen.

Zusammenfassung

Holz ist hygroskopisch und passt seinen Feuchtegehalt der umgebenden Luft an.

Holz schwindet bzw. quillt, wenn sein Feuchtegehalt unterhalb des Fasersättigungspunktes abnimmt bzw. zunimmt.

Schwinden, Quellen, Werfen und Verziehen sowie Reißen werden in der Praxis unter „Arbeiten des Holzes" zusammengefasst.

Auf diese Eigenschaften des Holzes ist bei Holzkonstruktionen Rücksicht zu nehmen, wenn Holzschäden vermieden werden sollen.

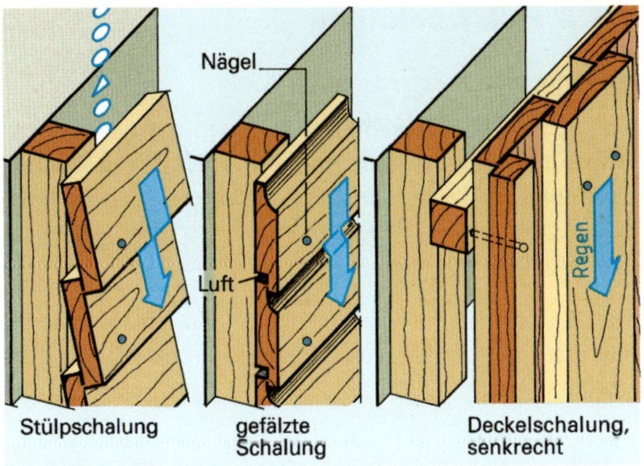

Wandschalungen: Keine Behinderung des „Arbeitens"

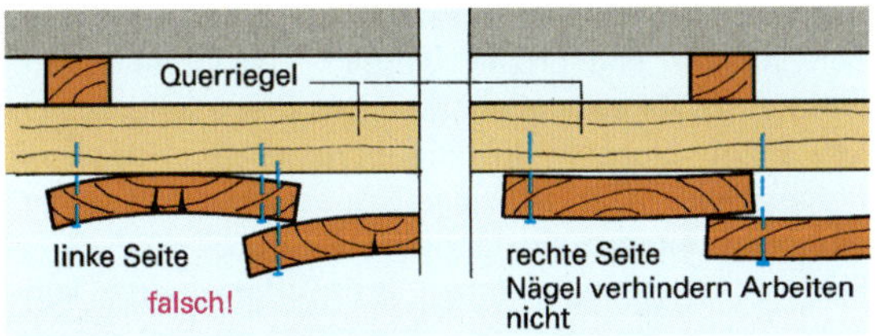

Brettseite und Nagelung auf Unterkonstruktion

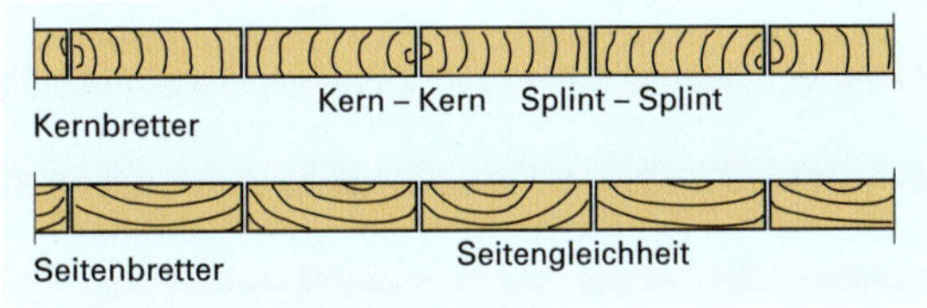

Geschlossene Brettschalung

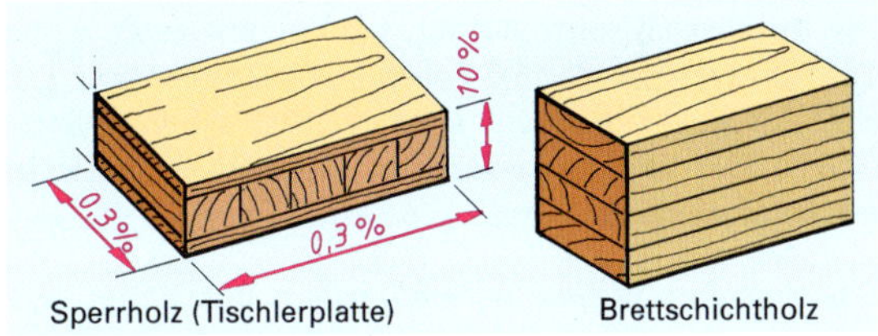

Maßnahmen zur Berücksichtigung des Arbeitens

Aufgaben:

1. *Erklären Sie den Begriff Holzfeuchtegleichgewicht.*
2. *Wie groß sind die mittleren Schwindmaße (in %) in den verschiedenen Holzschnittrichtungen?*
3. *Was versteht man unter dem „Arbeiten des Holzes"?*
4. *Begründen Sie die Verformung durch Schwinden bei a) einem Seitenbrett, b) einem Kernbrett, c) einem Viertelholz.*
5. *Warum sind Seitenbretter mit der linken Seite auf der Unterkonstruktion zu befestigen?*
6. *Mit welchen Maßnahmen wird das Arbeiten des Holzes bei den dargestellten Wandschalungsbeispielen Stülpschalung und gefälzte Schalung berücksichtigt?*

5.4.4 Holztrocknung

Die natürliche Holztrocknung

Ein großer Teil des Schnittholzes wird auf natürlichem Wege, d. h. an der freien Luft, getrocknet. Diese **Freilufttrocknung** wird als natürliche Holztrocknung bezeichnet. Dabei gibt das Holz Feuchtigkeit durch Verdunsten an die umgebende Luft ab.

Mit der natürlichen Holztrocknung kann der Feuchtegehalt des Holzes auf 15...20% („lufttrocken") gesenkt werden.

Damit das Schnittholz rasch und gleichmäßig trocknen kann, muss es „luftig" gestapelt werden. Unbesäumte Bretter werden meist stammweise gestapelt, wobei mehrere Stämme als **Blockstapel** übereinander und nebeneinander angeordnet werden. Besäumte Bretter werden zu **Viereckstapeln** (Kastenstapeln) aufgeschichtet. Beim Stapeln ist darauf zu achten, dass die Stapelleisten innerhalb eines Stapels genau übereinanderliegen und ihre Abstände nicht zu groß sind. Sonst kann es zu unangenehmen Brettverformungen kommen, wodurch die Bretter unbrauchbar werden können. Bei der Stapelung im Freien muss der Stapel vor Regen und Sonneneinstrahlung geschützt sein. Es ist zweckmäßig, die Stapel möglichst quer zur Hauptwindrichtung anzuordnen. Damit von unten keine Feuchtigkeit an die Bretter gelangen kann, müssen Stapel vom Boden etwa 50...60 cm Abstand haben. Der Lagerplatz muss fest, eben, trocken und frei von Pflanzenwuchs sein.

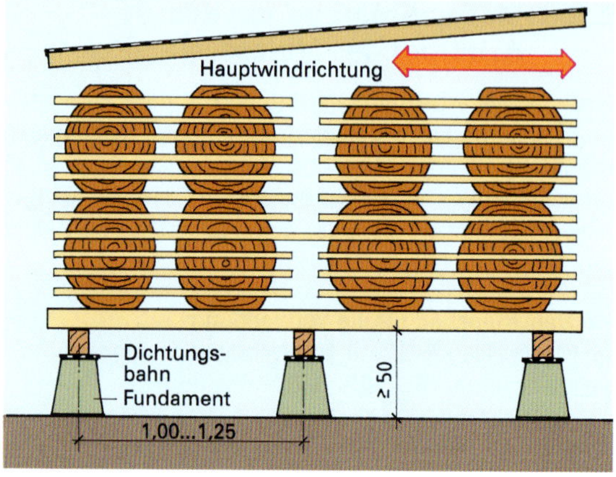

Blockstapel

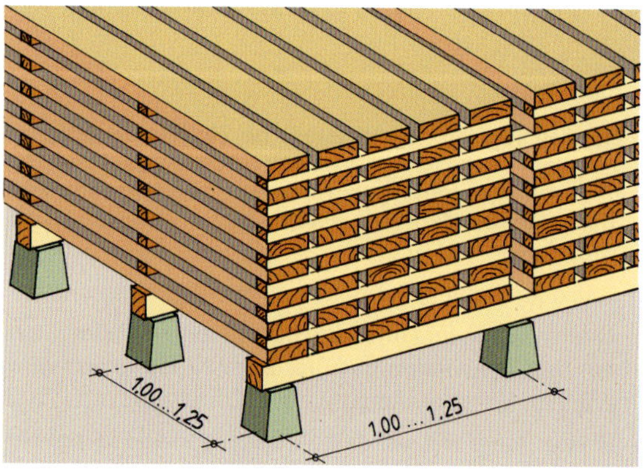

Viereckstapel (Kastenstapel)

Die technische Holztrocknung

Die technische Holztrocknung wird angewendet, wenn das Holz weniger als 15% Feuchtegehalt haben soll, z. B. Holz für geleimte Bauteile oder Konstruktionsvollholz (KVH®). Der Trocknungsvorgang geschieht in der Holztrocknungsanlage.

Das Holz wird wie bei der natürlichen Trocknung luftig gestapelt. Mit einem Gebläse wird die Luft in der Kammer bewegt, dass sie durch den Stapel streicht und mit Wasserdampf angereichert die Kammer durch eine Abluftklappe verlässt. Gleichzeitig wird „trockene" Luft zugeführt. In der Kammer können Luftfeuchtigkeit, Temperatur und Luftbewegung so gesteuert werden, dass das Holz ohne Rissbildung trocknet.

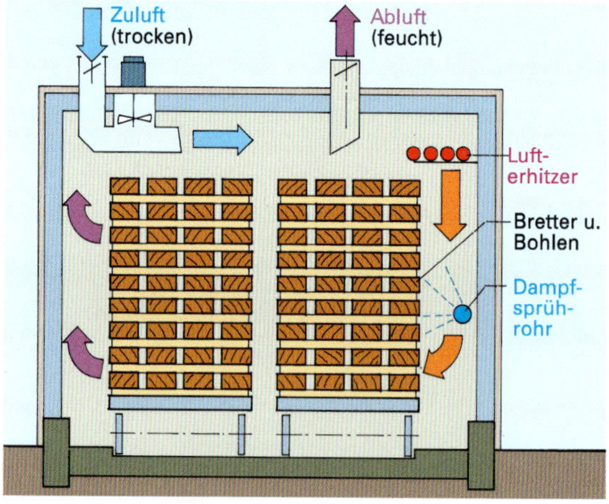

Holztrocknungsanlage (Schema)

Zusammenfassung

Holz kann auf natürliche oder auf technische Art (in Trockenkammern) getrocknet werden.

Bei natürlicher Trocknung kann Holz nur auf etwa 15% Feuchte herabgetrocknet werden.

Durch technische Holztrocknung kann jeder gewünschte Feuchtegehalt erzielt werden.

Holz gibt so lange seine Feuchtigkeit ab, bis das Feuchtegleichgewicht erreicht ist.

Aufgaben:

1. *Begründen Sie die Regeln, die bei der natürlichen Holztrocknung beachtet werden müssen.*
2. *Beschreiben Sie das Prinzip der technischen Holztrocknung.*
3. *Begründen Sie die Vorteile der technischen Trocknung gegenüber der natürlichen.*
4. *Wodurch werden Rissbildungen bei der Holztrocknung vermieden?*

5.5 Holzschädlinge

Der Werkstoff Holz hat den Nachteil, dass er von Pilzen und Insekten befallen und zerstört werden kann. Bei fachgerechtem Einbau und entsprechendem Holzschutz kann Holz aber eine lange Lebensdauer haben.

5.5.1 Holz zerstörende Pilze

Pilze bzw. Schwämme verursachen Holzkrankheiten (Fäulen) und treten am lebenden Baum und am eingeschnittenen und verarbeiteten Holz auf. Sie entnehmen ihre Nahrung aus dem Holz und können die Holzfaser bis zum völligen Zerfall zerstören.

Holzschäden durch Pilzbefall

Allgemeine Entwicklungsbedingungen

Die Holzfäulepilze entwickeln sich aus den Pilzsporen (Keimen), die auf dem Holz und in den Rissen des Holzes vorhanden sind. Zunächst bildet sich ein Geflecht (Myzel) von unzähligen, dünnen Fäden, die das Holz verzweigt durchwachsen. An der Holzoberfläche wächst das Fadengeflecht zu strangartigen Gebilden aus (Myzelstränge). Diese Stränge überwachsen auch holzfreie Bauteile und wachsen sogar durch poröse Baustoffe hindurch. Zur Fortpflanzung bildet das Myzel Fruchtkörper. In ihnen werden als Keime unzählige winzige Sporen erzeugt, die von Wind, Wasser, Mensch und Tier leicht verschleppt werden.

Holzschädigung tritt auf, wenn die Sporen keimen können und das Pilzgeflecht das Holz zersetzt. Das Wachstum des Myzels beginnt bei Temperaturen über 3 °C. Angegriffen wird das Holz, wenn es mehr als 18% Feuchtigkeit besitzt.

Echter Hausschwamm, Fruchtkörper

Häufig vorkommende Pilze

Der **Echte Hausschwamm** greift Nadel- und Laubholz an (außer Eiche). Er erzeugt Braunfäule, das Holz zerfällt in würfelige Stücke, die sich im Endzustand zu Pulver zerreiben lassen.

Man erkennt ihn an dem watteartigen, weißen Luftmyzel, den weißgrauen Strängen und den fleischigen, fladenartigen Fruchtkörpern mit weißem Zuwachsrand.

Echter Hausschwamm, Schadensbild

Der Echte Hausschwamm ist schnellwüchsig und lebt ausschließlich von Holz oder anderen celluloseartigen Materialien. Seine Myzelstränge wachsen durch Poren und Risse im Mauerwerk und Beton, sodass er sich leicht in umgebende Räume ausbreiten kann.

Befallenes Holz muss entfernt und verbrannt werden; das umgebende Mauerwerk muss gründlich gereinigt werden (evtl. mit Lötlampe, Imprägnierung und völliger Austrocknung).

Der **Kellerschwamm (Warzenschwamm)** befällt besonders nasses Nadel- und Laubholz und wächst bei hoher Feuchtigkeit (30...40%) sehr rasch. Er stirbt bei Austrocknung ab. Der Kellerschwamm erzeugt Braunfäule. Er entwickelt an der Holzoberfläche einen flach anliegenden, krustigen Fruchtkörper mit gelblichem Rand und hell- bis dunkelbraunen halbkugeligen Warzen (∅ ~5 mm). Das spärliche Oberflächenmyzel ist gelblich und wird später braun und bildet zarte, beinahe spinnwebenartige Stränge.

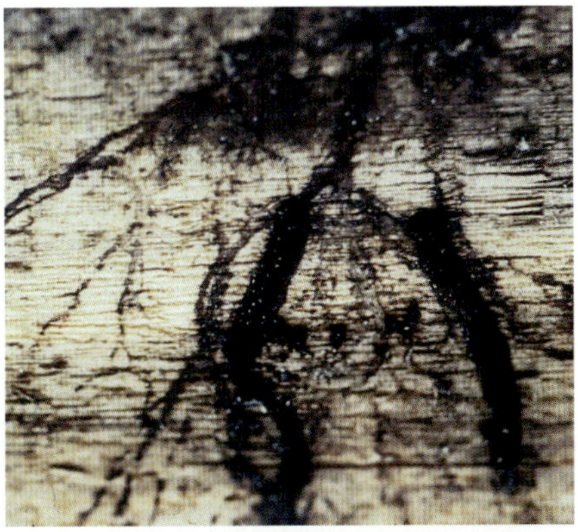

Kellerschwamm mit Oberflächenmyzel

Der Echte Hausschwamm ist der gefährlichste Pilz des verarbeiteten Holzes.

5.5.2 Holz zerstörende Insekten

Zu den tierischen Holzschädlingen gehören Insekten wie z. B. Käfer, Falter, Holzwespen und Termiten. Sie befallen entweder den stehenden Baum (Baum- oder Forstschädlinge) oder gelagertes und verarbeitetes Holz (technische Holzschädlinge) und mindern durch Fraß den technischen Wert des Holzes oder zerstören es völlig. In der Entwicklung der Holz zerstörenden Insekten vom Ei über Larve und Puppe bis zum fertigen Insekt sind es bei Käfern und Wespen die Larven und bei den Faltern die Raupen, die das Holz schädigen.

Als Schädlinge des verarbeiteten Holzes sind besonders der Hausbockkäfer sowie der Poch- und Klopfkäfer zu nennen.

Der **Hausbockkäfer**, auch als „großer Holzwurm" bezeichnet, ist der gefährlichste dieser Holzschädlinge. Er befällt nur Nadelhölzer und kommt im Dachgebälk und in Holzbalkendecken vor. Die Larven fressen sich ausschließlich durch trockenes Nadelsplintholz und bleiben unterhalb der Holzoberfläche, sodass die Holzzerstörung häufig erst spät an den Fluglöchern der ausgeschlüpften Käfer entdeckt wird. Das Holz kann durch Larvenfraß während der Entwicklungszeit zum fertigen Insekt (3…8 Jahre) völlig zerstört werden. Erkennungszeichen für Hausbockbefall sind Nagegeräusche der Larven (wahrnehmbar mit Abhorchgerät) und die ovalen, meist ausgefransten Fluglöcher der Käfer.

Der **Klopfkäfer** (auch Poch- oder Nagekäfer) befällt verarbeitetes Nadel- und Laubholz und zerstört durch Larvenfraß insbesondere Holz mit hohem Feuchtegehalt und niedriger Temperatur. Seine Larven (etwa 5 mm lang) sind vor allem in alten Möbeln, Holztreppen und Holzkunstwerken zu finden, selten im Dachgebälk. Die Entwicklungszeit der Larven beträgt 1…3 Jahre. Sie können in einem Möbelteil zu Hunderten auftreten und dieses schon nach wenigen Jahren stark zerstören. Erkennungszeichen für Klopfkäferbefall sind die Nagegeräusche der Larven, die siebartig verteilten Ausfluglöcher sowie die Bohrmehlhäufchen am Boden.

Bei den Holz zerstörenden Insekten sind die eigentlichen Holzzerstörer deren Larven, die bei der Nahrungsaufnahme Gänge in das Holz nagen.

Zusammenfassung

Holzkrankheiten (Fäulen) werden durch Pilze oder Schwämme hervorgerufen. Diese zerstören oder verfärben das Holz.

Der **Hausbockkäfer** ist der gefährlichste tierische Schädling des Bauholzes.

Aufgaben:

1. *Welche wesentlichen Voraussetzungen ermöglichen oder fördern das Wachstum der Pilze?*
2. *Warum ist der Echte Hausschwamm der gefährlichste Pilz am verarbeiteten Holz?*
3. *Woran erkennt man, ob Holz vom Hausbockkäfer oder vom Klopfkäfer befallen ist?*

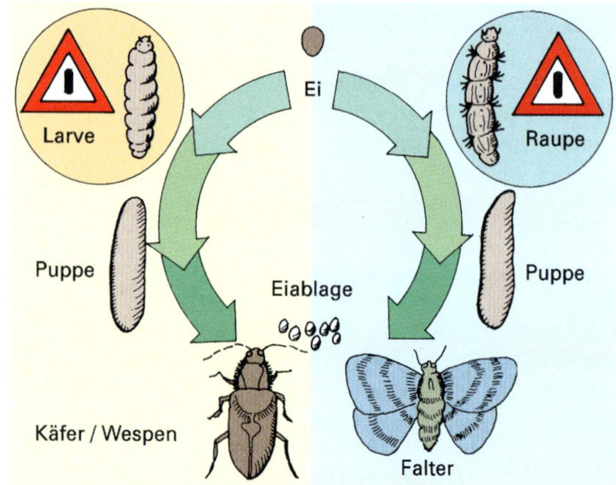

Entwicklungsstufen der Holz zerstörenden Insekten

Hausbock: Käfer und Larve

Holzzerstörung durch den Hausbockkäfer

Klopfkäfer mit Larve

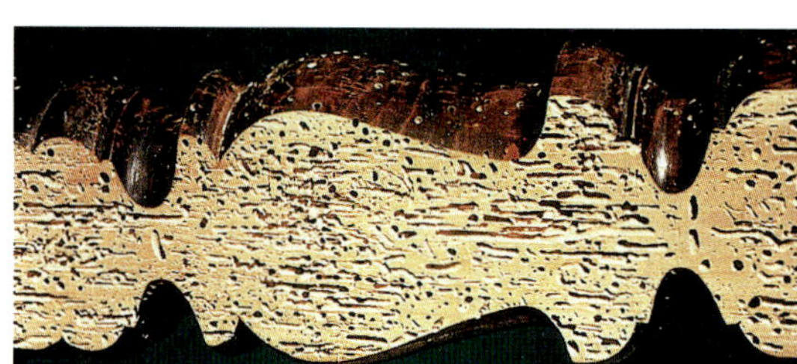

Holzzerstörung durch den Klopfkäfer

5.6 Holzschutz

Beim Bau bzw. Einbau der Holzkonstruktionen unseres Reihenhauses sind Holzschutzmaßnahmen zu berücksichtigen.

5.6.1 Holzschutz durch vorbeugende bauliche Maßnahmen

Diese Maßnahmen sind vor allem darauf ausgerichtet, Feuchtigkeit und Wasser von Holz fern zu halten und damit Holzfäulnis und Insektenbefall zu verhindern. Besonders wichtig ist aber auch, dass gesundes und trockenes Holz verwendet wird.

Vorbeugende bauliche Maßnahmen, die Feuchtigkeitseinwirkung auf Holzteile verhindern:

- Holzteile so einbauen, dass sie gegen auftretende Feuchtigkeit geschützt sind (z.B. Bitumenpappen als Dichtungsschichten unter Schwellen, Pfetten, Balken und Pfosten auf Mauerwerk oder Beton),
- Balkenköpfe so einbauen, dass Stirnseite und Seitenflächen vom Mauerwerk einen Abstand von mindestens 1 cm haben (Belüftung),
- Verschalungen an Außenwänden hinterlüften, damit Schwitzwasserbildung vermieden wird,
- außen liegende Holzteile vor Regen- und Spritzwasser schützen (z.B. durch ausreichend große Dachüberstände, Pfostenabstand vom Boden 20...30 cm),
- bauliche Holzschutzmaßnahmen sollten gegenüber chemischen Holzschutzmaßnahmen bevorzugt werden.

5.6.2 Chemischer Holzschutz

Zum Schutz gegen Pilze und tierische Holzschädlinge können die Holzteile mit wirksamen Holzschutzmitteln behandelt werden. Sie wirken als Berührungs-, Atmungs- und Fraßgifte. Chemische Holzschutzmaßnahmen sind nur erforderlich, wenn das Holz der Gefahr von Bauschäden durch Insekten oder durch Pilze ausgesetzt ist. Holzschutz mit chemischen Mitteln ist eine Ergänzung zum baulichen Holzschutz. In Aufenthaltsräumen dürfen Holzschutzmittel grundsätzlich nicht angewendet werden.

Ölige Schutzmittel eignen sich nur für lufttrockenes Holz. Sie sind Wasser abweisend, wasserunlöslich, keimtötend und setzen den Flammpunkt des Holzes herab. Mit öligen Mitteln wird Oberflächen- und Randschutz erreicht.

Wasserlösliche Schutzmittel (Salze) haben den Vorteil, dass sie auch bei feuchtem und nassem Holz anwendbar sind. Sie ermöglichen Tiefenschutz und Feuerschutz, sind jedoch auslaugbar und greifen Stahlteile an.

Grundsätzlich dürfen nur solche Holzschutzmittel verwendet werden, die Prüfzeichen und Prüfprädikate haben. Die Prüfprädikate geben die wichtigsten Eigenschaften der Holzschutzmittel in Kurzform an.

Holzschutzmittel sind Imprägnierungsmittel. Sie eignen sich als Schutz gegen Pilze und tierische Schädlinge. Die Prüfprädikate geben in Kurzform die wichtigsten Eigenschaften der Holzschutzmittel an.

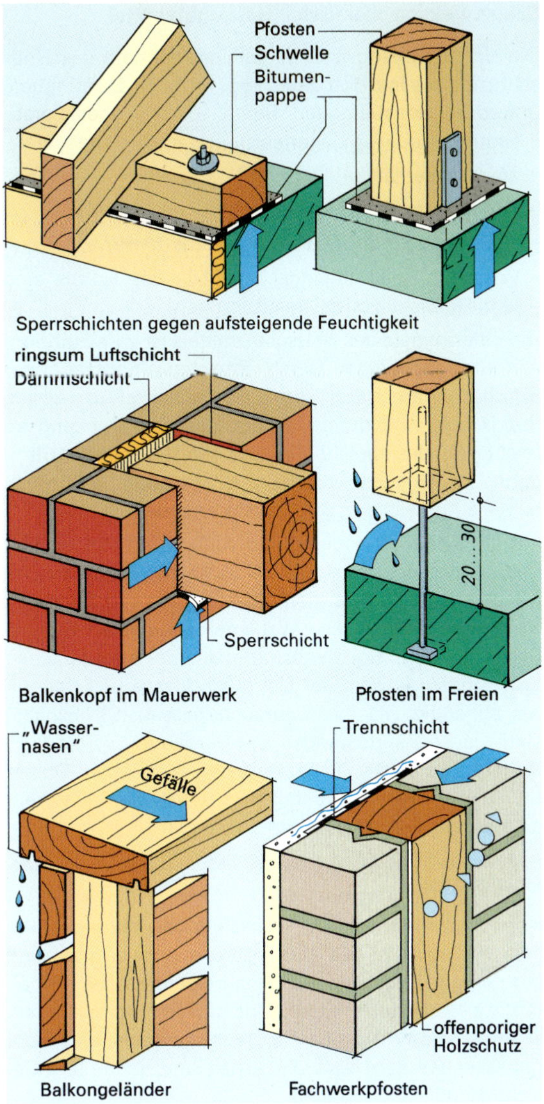

Vorbeugende bauliche Holzschutzmaßnahmen

Kurzzeichen	Bedeutung
P	gegen Pilze wirksam (Fäulnisschutz)
Iv (Iv)	gegen Insekten vorbeugend wirksam nur bei Tiefschutz gegen Insekten vorbeugend wirksam
Ib	gegen Insekten bekämpfend wirksam
E	geeignet auch für Holz, das extremer Beanspruchung ausgesetzt ist
S	auch zum Streichen, Spritzen oder Tauchen geeignet
W	geeignet auch für Holz, das der Witterung ausgesetzt ist

Kennzeichen der Holzschutzmittel

Die meisten Holzschutzmittel haben mehrere dieser Eigenschaften, z.B. P, Iv, S.

Schutzwirkung chemischer Holzschutzmittel

Die Schutzwirkung ist von der Eindringtiefe des Holzschutzmittels ins Holz abhängig. Je nach Eindringtiefe unterscheidet man

- **Oberflächenschutz** (keine Eindringtiefe, wirksam nur an der Oberfläche),
- **Randschutz** (Eindringtiefe weniger als 10 mm),
- **Tiefschutz** (Eindringtiefe mindestens 10 mm),
- **Vollschutz** (alle zugänglichen Teile des Holzes sind vom Holzschutzmittel durchdrungen).

Die Eindringtiefe des Holzschutzmittels ist vom Einbringverfahren abhängig. Durch Streichen, Spritzen oder Sprühen wird meist nur Oberflächenschutz erzielt. Randschutz wird durch Tauchen oder Trogtränkung erreicht (mindestens 10 Minuten, meist mehrere Stunden). Um Tief- und Vollschutz zu erreichen, wird meistens die Kesseldrucktränkung angewendet.

Für die Schutzbehandlung von Vollholz mit chemischen Mitteln sind die in der DIN EN 351-1 angegebenen Eindringtiefeklassen mit den Eindringtiefeanforderungen zu berücksichtigen. Die Wahl der geeigneten Schutzbehandlung mit Holzschutzmittel und der erforderlichen Eindringtiefe ist von der Gebrauchsklasse des Bauholzes abhängig. Mit den Gebrauchsklassen (DIN EN 335) sind die Beanspruchungen des verbauten Holzes (z.B. Witterungseinfluss, Erdkontakt oder ständige Durchfeuchtung) sowie das Befallrisiko durch Holz zerstörende Insekten, Pilze und Fäulen angegeben.

Unfallschutz

Holzschutzmittel sind für Menschen gesundheitsschädlich. Sie müssen als Gifte gekennzeichnet sein und sorgfältig verschlossen aufbewahrt werden. Beim Arbeiten mit Holzschutzmitteln ist Schutzkleidung zu tragen. Während des Arbeitens darf nicht geraucht und nicht gegessen werden. Nach der Arbeit sind Hände und Gesicht gründlich zu reinigen.

Beseitigung von Holzschutzmittelresten

Reste von Holzschutzmitteln, die nicht mehr verwendet werden, und Abfälle von behandelten (imprägnierten) Holzabfällen gelten als **Sonderabfall**. Bei der Abfallbeseitigung muss der **Umweltschutz** beachtet werden. Grundsätzlich gilt:

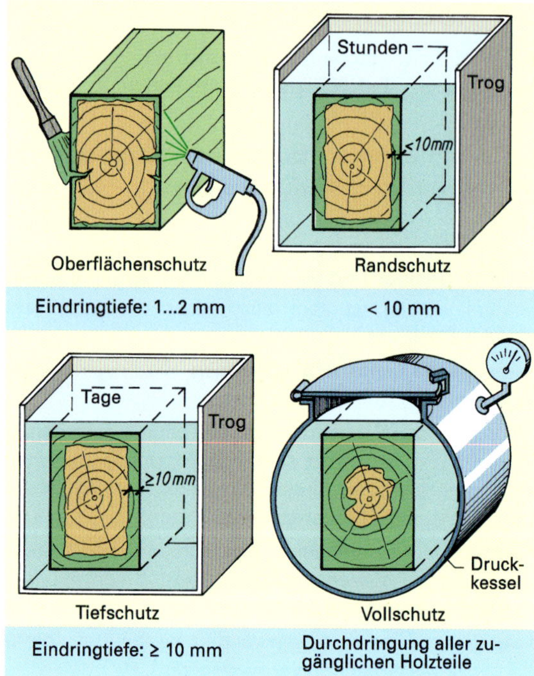

Holzschutzmittel: Verfahren und Eindringtiefe

- Reste von Holzschutzmitteln sind bei den örtlichen Sammelstellen oder bei autorisierten Entsorgungsunternehmen abzugeben. Sie dürfen nicht mit dem Hausmüll entsorgt werden.
- Die leeren Verpackungen sollen unbrauchbar gemacht werden. Geringe Mengen der Behältnisse sind zur örtlichen Müllsammlung zu bringen, größere Mengen sind bei den zuständigen Entsorgungsfirmen abzuliefern.
- Schutzmittelreste sind nach beendeter Arbeit so aufzubewahren, dass sie nicht in den Boden oder in das Oberflächenwasser gelangen können.
- Die Abfälle von behandelten Hölzern sind grundsätzlich von den konzessionierten Entsorgungsunternehmen zu entsorgen. Kleinere Mengen können in Deponien abgeliefert werden.

Zusammenfassung

Holzschutz umfasst alle Maßnahmen, die Holz und Holzwerkstoffe vor Feuchte und vor Holz zerstörenden Insekten, Pilzen und Fäulen schützen sollen.

Holzschutz mit chemischen Mitteln ergänzt den Holzschutz durch vorbeugende bauliche Maßnahmen.

Nach der Eindringtiefe der Holzschutzmittel wird zwischen Oberflächen-, Rand-, Tief- und Vollschutz unterschieden.

Beim Umgang mit Holzschutzmitteln müssen die Unfallschutzvorschriften beachtet werden.

Aufgaben:

1. *Was versteht man unter vorbeugendem baulichem Holzschutz?*
2. *Im Dachgeschoss unseres Reihenhauses soll eine Holzbalkendecke eingebaut werden. Worauf ist beim Einmauern der Balkenköpfe zu achten?*
3. *Auf welche Weise wirken Holzschutzmittel auf Holzschädlinge?*
4. *Begründen Sie die aufgeführten Unfallschutzregeln beim Umgang mit Holzschutzmitteln.*
5. *Begründen Sie die angegebenen Abfallbeseitigungsmaßnahmen.*

5.7 Holzverbindungen im Fachwerkbau

Holzkonstruktionen, wie z. B. Dachstühle und Fachwerkwände, werden aus Kanthölzern so zusammengesetzt und verbunden, dass diese ein fest stehendes Traggerüst bilden. Die Holzverbindungen werden bei diesen Konstruktionen in der Regel zimmermannsmäßig ausgeführt. An den Beispielen Fachwerkwand und Pfettendachstuhl unseres Reihenhauses werden die im Holzbau noch üblichen Holzverbindungen dargestellt. Ausschlaggebend für die Wahl der Holzverbindungen ist die jeweilige Beanspruchung der Hölzer.

5.7.1 Die Hölzer der Fachwerkwand

Die Fachwerkwand besteht aus zwei Gruppen von Hölzern: **tragende Hölzer** und **aussteifende Hölzer**. Zu den tragenden Hölzern gehören die Pfosten, das Rähm (Wandpfette) und die Schwelle. Diese Hölzer nehmen die senkrechten Lasten auf und leiten diese in das Fundament ab. Zu den aussteifenden Hölzern zählen die Streben und die Riegel. Die Streben dienen zur Längsaussteifung der Fachwerkwand; sie nehmen die waagerecht wirkenden Lasten (Wind) auf und leiten diese über die Schwelle in das darunterliegende Bauteil ab.

Das **Rähm** ist das obere waagerecht verlaufende Holz; es grenzt die Fachwerkwand oben ab. Über das Rähm werden Decken- und Dachlasten in die Pfosten abgeleitet. Da das Rähm hauptsächlich auf Biegung beansprucht wird, sollte es einen rechteckigen Querschnitt haben und hochkant verlegt werden.

Die **Pfosten** sind die senkrechten Hölzer der Wand. Sie nehmen die senkrechten Lasten auf und leiten diese in die Schwelle. Die Pfosten sind auf Druck beanspruchte Bauteile. Ihr Querschnitt ist quadratisch. Die Pfosten werden mit Schwelle und Rähm mittels Zapfen verbunden.

Die **Streben** werden in den Endfeldern der Fachwerkwand angeordnet. Sie sind schräg stehende Hölzer und werden so eingebaut, dass die Stirn der Streben vom Pfosten 8...12 cm Abstand hat. Der Querschnitt der Streben kann quadratisch oder rechteckig sein. Die Streben werden mit Schwelle und Rähm durch einfachen Versatz mit Zapfen verbunden.

Die **Schwelle** bildet den unteren Abschluss der Fachwerkwand. Sie liegt als Stockwerksschwelle auf einer Balkenlage, wie dies im Dachgeschoss des Reihenhauses der Fall ist, oder als Mauerschwelle auf einer Bodenplatte oder dem Fundament auf und muss im Freien gegen Feuchtigkeit aus dem Boden und gegen Regen- und Spritzwasserdurchfeuchtung geschützt werden (s. Abb.).

Die **Riegel** sind waagerecht angebrachte Hölzer zwischen den Pfosten. Je nach Aufgabe der Hölzer werden Fachriegel, Sturzriegel und Brüstungsriegel unterschieden. Fachriegel geben den Ausfachungen Halt, Sturz- und Brüstungsriegel begrenzen Tür- bzw. Fensteröffnungen. Die Riegel werden mit Zapfen oder mithilfe von Balkenschuhen mit den Pfosten verbunden.

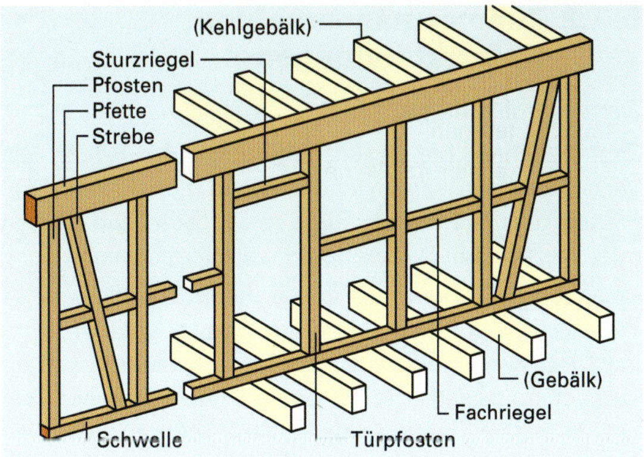

Fachwerkwand auf Holzbalkendecke im DG des Reihenhauses
(Mittelpfette des Dachstuhls = Rähm)

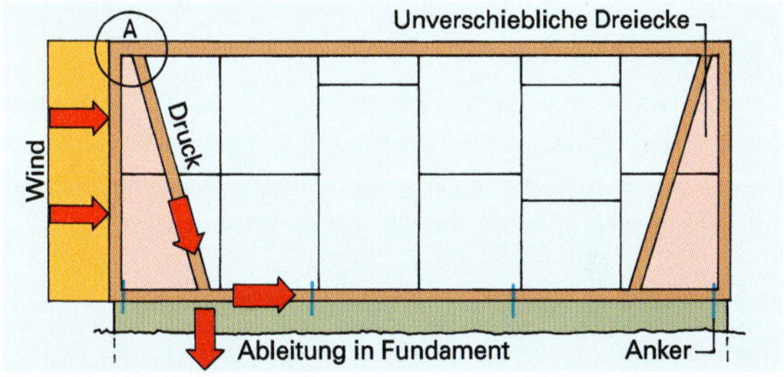

Ableitung der Windkräfte durch die Streben

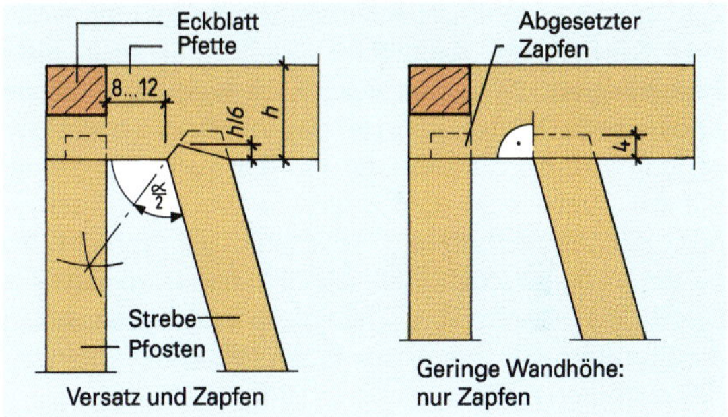

Strebenanschluss (Punkt A)

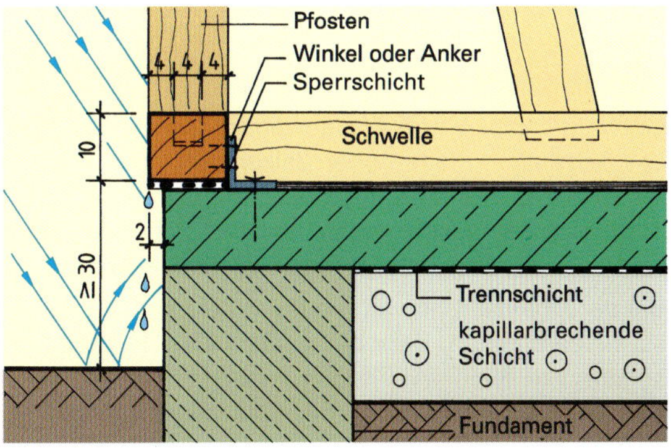

Schwellenanordnung auf Stahlbetonbodenplatte im Sockelbereich

Die Fachwerkwand besteht aus tragenden und aussteifenden Hölzern. Die Hölzer bilden das tragende Gerippe.

5.7.2 Zimmermannsmäßige Holzverbindungen

Zapfenverbindungen

Zapfen sichern die gegenseitige Lage der Hölzer. Die Verzapfung wird angewendet, wenn z.B. Pfosten mit Pfetten oder Schwellen, Büge mit Pfosten und Pfetten oder Wechsel mit Deckenbalken verbunden werden.

Der **einfache Zapfen**, wie er z.B. beim Anschluss eines Pfostens an der Pfette ausgeführt wird, ist etwa 4...5 cm lang und $^1/_3$ der Holzbreite stark. Das Zapfenloch wird etwas tiefer ausgearbeitet, damit die Druckkraft sicher über die abgesetzten Flächen des Zapfens übertragen werden kann. Beim Anschluss eines Pfostens am Ende einer Schwelle wird der Zapfen abgesetzt (abgesetzter Zapfen).

Bei unserer Fachwerkwand werden die Pfosten am Ende der Wand mit abgesetzten Zapfen an Schwelle und Pfetten angeschlossen.

Im Fachwerkbau werden alle Riegel mit einfachem Zapfen mit den Pfosten verbunden. Wird das Fachwerk verschalt, können die Riegel auch mithilfe von Blechformteilverbindern an den Pfosten befestigt werden. L 5.9.4

Der Versatz

Die Versatzung wird angewendet, wenn zwei Hölzer schräg aufeinander treffen, z.B. beim Anschluss von Bügen oder Streben an Pfetten oder Schwellen. Nach der Zahl und Lage der Passflächen unterscheidet man einfachen **Stirnversatz**, **doppelten Versatz** und **Rück- oder Fersenversatz**. Bevorzugt ausgeführt wird der einfache Stirnversatz. Die Belastbarkeit des Versatzes hängt weitgehend von der Versatztiefe und der Vorholzlänge ab. Mit der Strebe oder dem Bug wird Druckkraft übertragen und das Vorholz auf Abscheren beansprucht. Zu kurzes Vorholz wird durch die Schubkraft abgeschert. Die Druckkraft wird am günstigsten übertragen, wenn die Stirnfläche des Versatzes in der Winkelhalbierenden des stumpfen Außenwinkels verläuft.

Als Verbindung der Streben mit Schwelle und Rähm wird bei der Fachwerkwand in der Regel ein einfacher Versatz mit Zapfen gewählt.

Überblattungen

Überblattungen werden angewendet, wenn Bauhölzer wie Schwellen, Pfetten oder Balken verlängert werden müssen (z.B. Blattstoß mit einfachem Blatt) oder wenn Schwellen über Eck zu verbinden sind. Schwellenecken werden in der Regel als glattes Eckblatt ausgeführt.

Bei der Überblattung werden die Hölzer an ihrem Ende so ausgeschnitten, dass der verbleibende Holzteil, das sogenannte Blatt, jeweils den Ausschnitt des anderen Konstruktionsholzes passgenau und vollständig ausfüllt.

> Bei druckbeanspruchten Zapfenverbindungen wird der Druck über die abgesetzten Flächen des Zapfens übertragen.
>
> Zapfen- und Blattverbindungen sowie Versatz sind Grundformen der zimmermannsmäßigen Holzverbindungen.

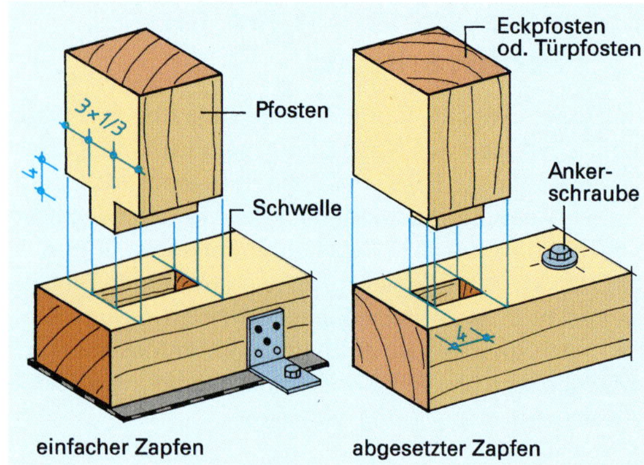

Zapfen

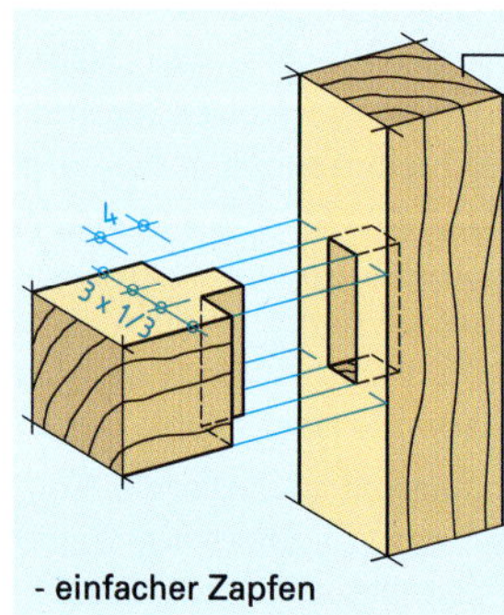

Verbindung des Riegels, einfacher Zapfen

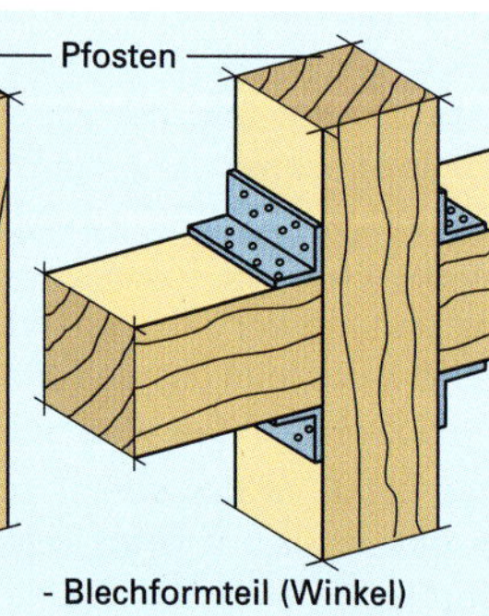

Befestigung der Riegel mit Winkelverbindern

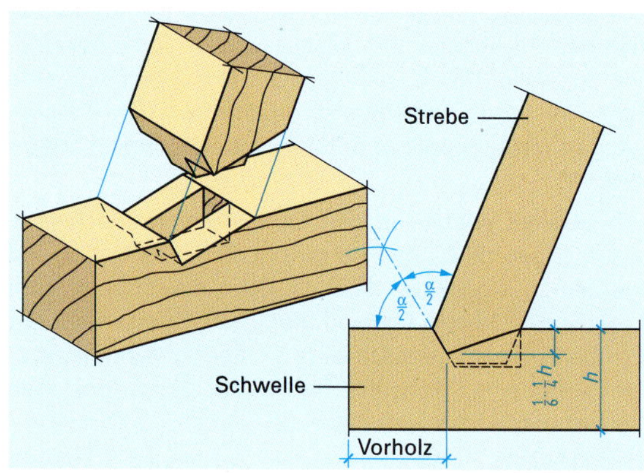

Strebe mit Stirnversatz und Zapfen

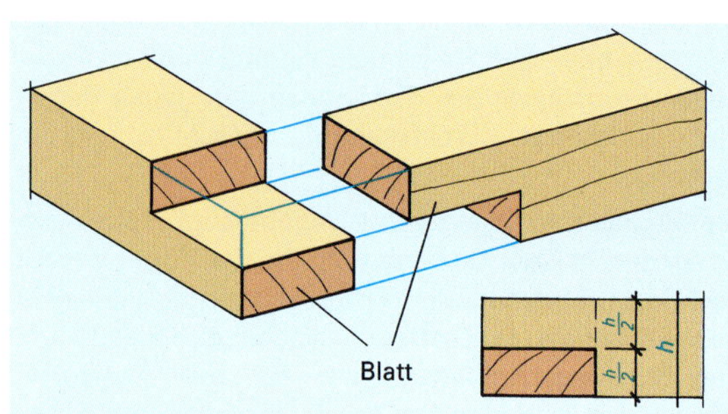

Glattes Eckblatt

Längsverbindungen

Längsverbindungen werden beim Stoß der Bauhölzer (z. B. Pfetten, Schwellen, Rähme) angewendet, wenn die handelsüblichen Kantholz- und Balkenlängen den konstruktiv erforderlichen Längen nicht entsprechen.

Bei längeren Fachwerkwänden werden Schwelle und Rähm gestoßen, wobei der Stoß des Rähms über einem Pfosten liegen muss. Als Längsverbindung können z. B. Blattstoß oder Zapfenstoß angewendet werden. Sollen die Hölzer zugfest verbunden sein, ist die Verbindung durch ein gerades Hakenblatt zweckmäßig. Das Hakenblatt ist eine zugfeste Längsverbindung. Gerades Blatt, Hakenblatt und Zapfenstoß werden durch Holznägel, Drahtstifte oder Schraubenbolzen gesichert.

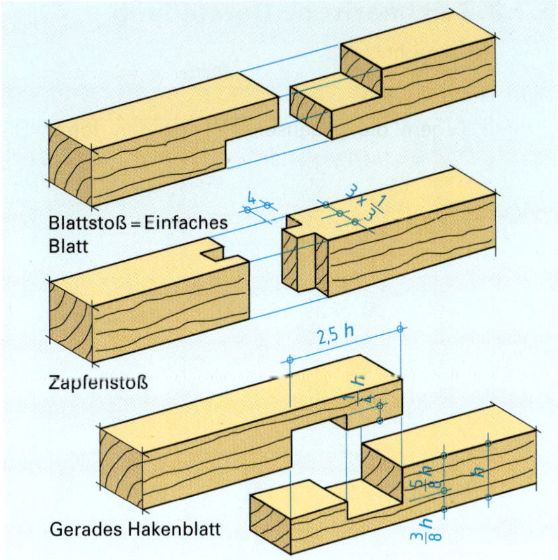

Längsverbindungen bei Pfetten und Schwellen

Scherzapfen als Winkelverband

Scherzapfen finden z. B. bei der Eckverbindung von Pfetten und der Verbindung von Sparren am First Anwendung, wenn die Sparren nicht durch Pfetten getragen werden. An dem einen Sparren wird der Zapfen, an dem anderen der Schlitz (Schere) ausgearbeitet. Die Verbindung wird mit Nägeln oder Schraubenbolzen gesichert.

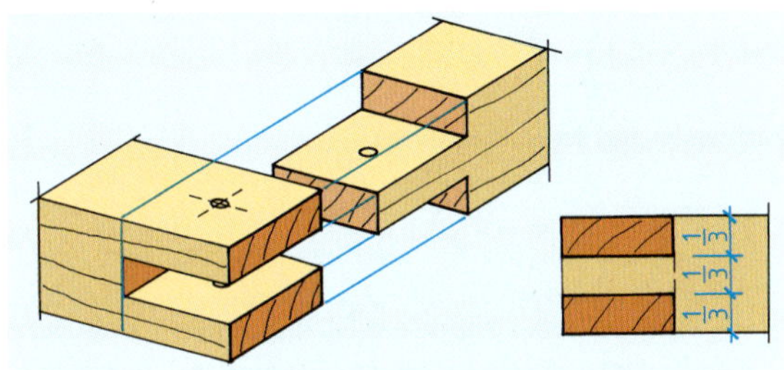

Scherzapfen (auch als Scherblatt bezeichnet)

Brustzapfen bei Querverbindungen

Sind z. B. ein Wechselbalken und ein Deckenbalken zu verbinden, wird der Brustzapfen angewendet. Mit dem etwa 2 cm starken Ansatz (Brust) über dem eigentlichen Zapfen kann er eine größere Last tragen als der einfache Zapfen. Diese Verbindungen werden in der Regel mit einer Bauklammer gesichert. Wechselbalken kommen bei Holzbalkendecken vor. Sie dienen z. B. an Schornsteinen als Auflager für Stichbalken oder als Füllhölzer (s. Projektzeichnung auf S. 169).

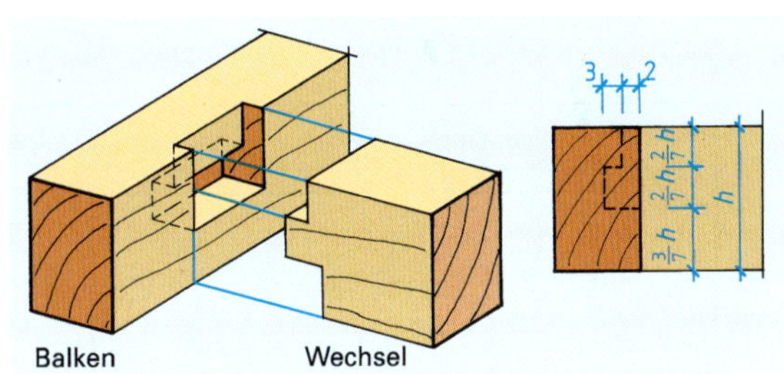

Gerader Brustzapfen

Zimmermannsmäßige Holzverbindungen werden heute noch bei Fachwerken, Dachkonstruktionen und Holzbalkendecken ausgeführt.

Zusammenfassung

Eine Fachwerkwand besteht aus tragenden Hölzern (Pfosten, Schwelle, Rähm) und aussteifenden Hölzern (Streben, Riegel).

Die Streben steifen die Fachwerkwände in Längsrichtung aus. Sie leiten die Windkräfte auf dem kürzesten Wege in die Schwelle.

Die häufigste Querverbindung ist der Zapfen mit Zapfenloch. Bei Pfosten ist der Zapfen etwa 1 cm kürzer als das Zapfenloch auszuführen, damit keine Belastung auf den Zapfenquerschnitt übertragen werden kann.

Die Stirn eines Versatzes muss immer in Richtung der Winkelhalbierenden des Winkels verlaufen, der von den beiden Hölzern gebildet wird.

Aufgaben:

1. *Bezeichnen Sie die einzelnen Hölzer einer Fachwerkwand und beschreiben Sie deren Aufgaben.*
2. *Welche Querschnittsformen sollen Pfosten, Rähme, Schwellen, Streben und Riegel haben? Begründen Sie Ihre Angaben.*
3. *Auf welche Weise werden Schwellen gegen Feuchtigkeit und Spritzwasser geschützt?*
4. *Beschreiben Sie die richtige Ausführung eines einfachen Zapfens und eines Brustzapfens.*
5. *Durch welche Holzverbindungen sind bei der Fachwerkwand unseres Reihenhauses*
   a) die Endpfosten,
   b) die Streben an Schwelle und Rähm angeschlossen?

   Beschreiben Sie die Konstruktionen.

5.7.3 Zeichnerische Darstellung

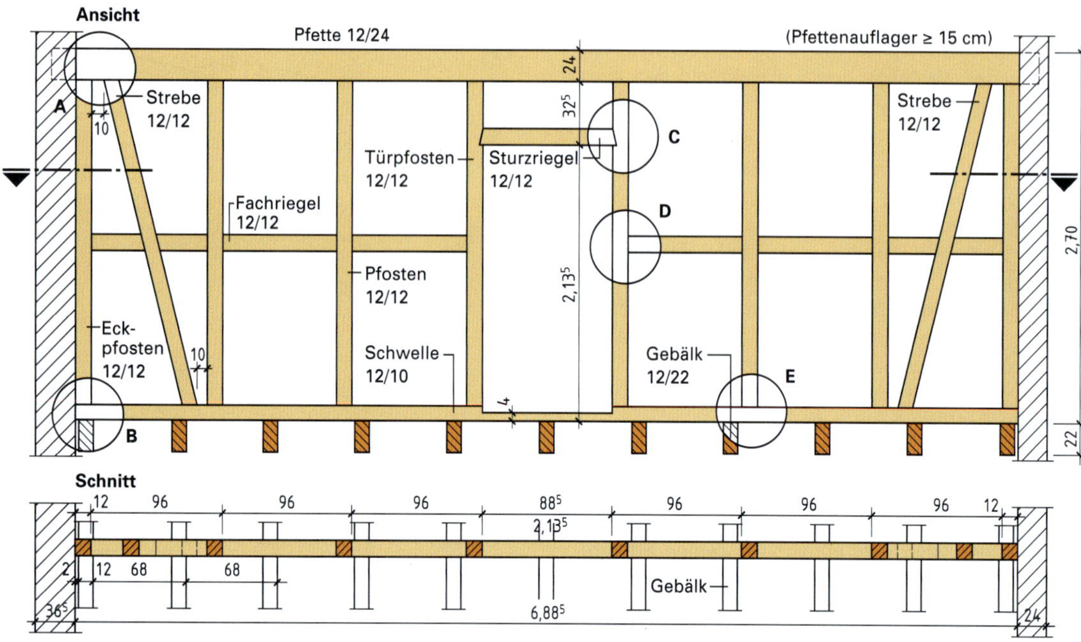

Fachwerkwand des Reihenhauses

Aufgabe 1:

1. Zeichnen Sie die Fachwerkwand in Ansicht und Schnitt, Maßstab 1:50. Die erforderlichen Maße sind der obigen Zeichnung zu entnehmen. Pfettenauflager: Außenwand 20 cm, Trennwand 15 cm.
2. Zeichnen Sie die Ansichten der Fachwerkwand von den Punkten A, B, C, D und E mit Zapfendarstellung (verdeckte Kanten), Maßstab 1:10, A4.

Aufgabe 2:

1. Der Eckpfosten, die Strebe, der Riegel im Endfeld der Wand und der Sturzriegel sind in Vorderansicht, Draufsicht und Seitenansicht von links zu zeichnen, Maßstab 1:5. Alle Zapfen sind 4 cm lang, A4.
2. Zeichnen Sie von den dargestellten Wandhölzern je ein Schrägbild in Kavalierperspektive in gleichem Maßstab, A4, Hochformat.

i 7.7

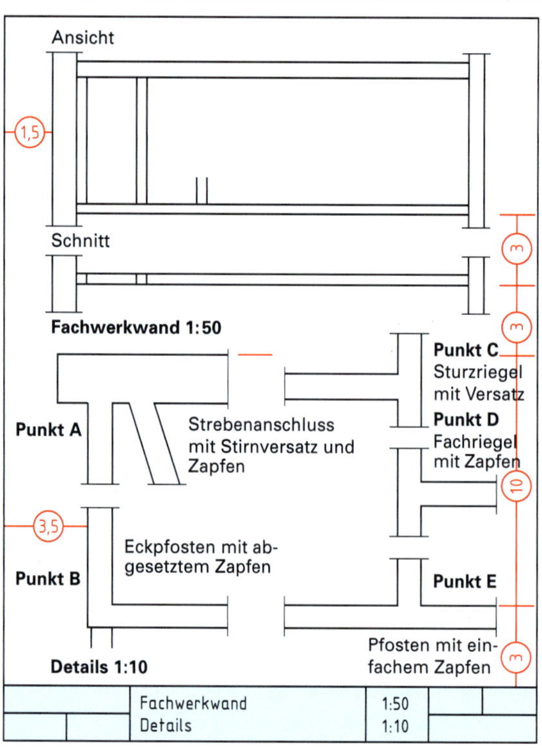

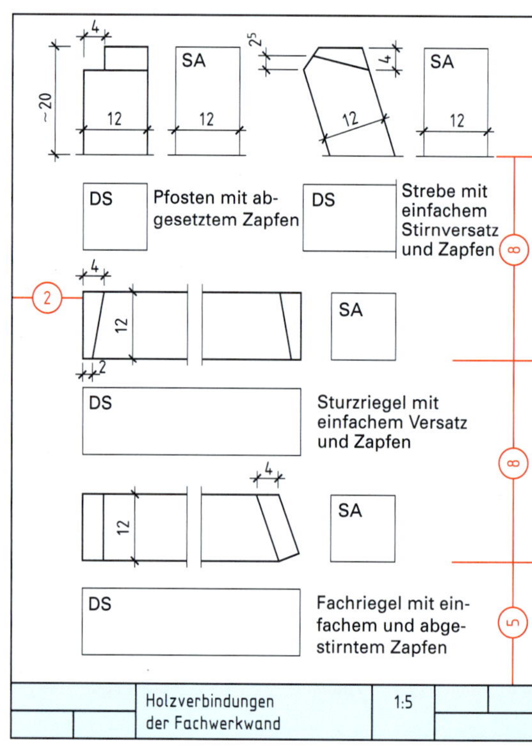

5.7.4 Ermittlung des Holzbedarfs

Für die Fachwerkwand im Dachgeschoss des Reihenhauses soll der Holzbedarf ermittelt werden.

Der Holzbedarf ist die Holzmenge, die zur Herstellung von Dachstühlen, Verschalungen, Verschlägen und Ähnlichem benötigt und beim Holzhändler oder Sägewerk bestellt wird. Die zu bestellende Holzmenge (Rohholzmenge) ist immer größer als die am fertigen Bauteil oder Werkstück aufgemessene Menge (Fertigholzmenge). Verbindungen wie Zapfen und Überblattungen sowie die Unterschiede zwischen benötigten Holzlängen und handelsüblichen Längen führen zu Schnittverlusten, die bei der Bestellung zu berücksichtigen sind.

Um wirtschaftlich mit geringem Verschnitt zu arbeiten ist es wichtig, den Holzbedarf genau und sorgfältig zu ermitteln.

Der Holzbedarf für Zimmer- und Holzbauarbeiten wird nach Querschnitt der benötigten Hölzer berechnet.

Querschnitt	Berechnungseinheit
Balken und Kanthölzer	m^3
Bretter und Bohlen	m^2
Dachlatten	m

Die Ermittlung des Holzbedarfs wird durch das Aufstellen einer **Holzliste** vereinfacht und überschaubarer gemacht.

In einer Holzliste müssen mindestens Angaben über Anzahl, Querschnitt und Länge der benötigten Hölzer enthalten sein.

Die waagerecht verlaufenden Hölzer werden in der Reihenfolge von unten nach oben, die senkrechten Hölzer von links nach rechts in die Holzliste eingetragen. Bei der Aufstellung einer Holzliste werden die Maße einer Konstruktionszeichnung entnommen. Da diese Maße Fertigmaße sind, müssen vorgesehene Zapfenverbindungen sowie Längs- und Querverbindungen als Längenzuschlag berücksichtigt werden.

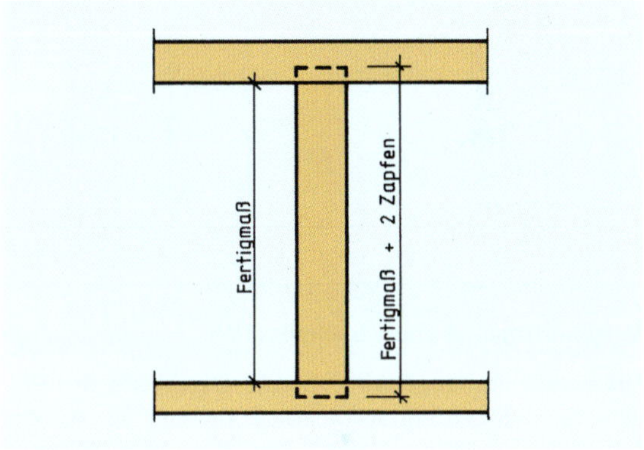

Längenzuschlag

Aufbau einer **Holzliste**

Pos.	Bezeichnung	Anzahl	Querschnitt in cm	Länge in m		Inhalt in m^3	Bemerkung
				einzeln	gesamt		

Beispiel:

Für die dargestellte Fachwerkwand soll eine Holzliste aufgestellt werden.

Streben, Pfosten und Riegel werden verzapft.

Die Zapfenlänge beträgt 4 cm.

Länge der Streben ohne Zapfen 2,61 m.

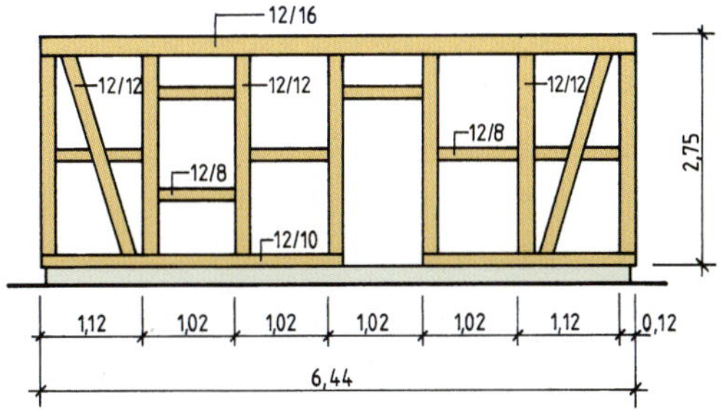

Lösung:

Schwellenlänge = 6,44 m

Die Schwelle wird durchgerechnet, da die Türschwelle meist nach dem Richten der Fachwerkwand herausgeschnitten wird.

Riegel in den Endfeldern
= 1,12 m − 0,12 m + 2 · 0,04 m = 1,08 m

Die Unterbrechung durch die Strebe bleibt unberücksichtigt, da diese durch die Zapfen aufgehoben wird.

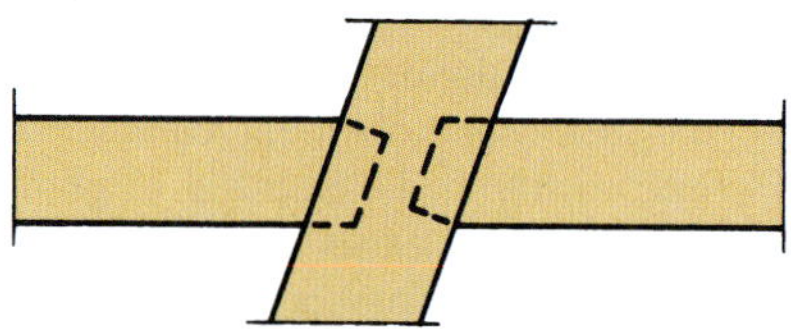

Riegel in den übrigen Feldern
= 1,02 m − 0,12 m + 2 · 0,04 m = 0,98 m

Rähm = 6,44 m

Pfosten
= 2,75 m − 0,16 m − 0,10 m + 2 · 0,04 m
= 2,57 m

Streben
= 2,61 m + 2 · 0,04 m = 2,69 m

Entsprechend dieser Holzliste stellt der Holzhändler die benötigten Hölzer zusammen und versucht unter Berücksichtigung der handelsüblichen Längen den Verschnitt gering zu halten. Die gelieferte Holzmenge wird 3%...6% größer als die benötigte Holzmenge sein.

Pos.	Bezeichnung	Anzahl	Querschnitt in cm	Länge in m		Inhalt in m^3	Bemerkung
				einzeln	gesamt		
1	Schwelle	1	10/12	6,44	6,44	0,077	Fichte
2	Riegel	2	8/12	1,08	2,16	0,021	S 10
3	Riegel	5	8/12	0,98	4,90	0,047	
4	Rähm	1	12/16	6,44	6,44	0,124	
5	Pfosten	7	12/12	2,57	17,99	0,259	
6	Streben	2	12/12	2,69	5,38	0,078	
						0,606	

Verschnittmenge und Verschnittsätze

Die Verschnittmenge wird von der Güteklasse des Holzes, der Bearbeitung sowie der Form und der Art des fertigen Bauteils beeinflusst. Das Verhältnis zwischen dem Fertigholz und den handelsüblichen Holzlängen muss ebenfalls bei der Verschnittberechnung beachtet werden (s. auch S. 196).

Erfahrungswerte für Verschnittsätze

Verschnittart	Verschnittsatz
Längenverschnitt	bis 6%
Flächenverschnitt von Nadelhölzern	bis 30%
Flächenverschnitt von Span- und Sperrholzplatten	bis 15%

i 6.4

Beispiel:

Für eine Fachwerkwand wurde eine Fertigholzmenge einschließlich der Zapfen von 0,606 m^3 ermittelt. Wie groß ist die Rohholzmenge bei einem Verschnittsatz von 3%?

Lösung:

Fertigholzmenge = 0,606 m^3 = 100%
+ Verschnittsatz = 3%
= Rohholzmenge = 103%

$$\text{Rohholzmenge} = \frac{0{,}606\ m^3 \cdot 103\%}{100\%} = \underline{0{,}624\ m^3}$$

L 5.7.3

Aufgabe:

Stellen Sie die Holzliste für die Fachwerkwand unseres Reihenhauses auf.

Die Schwelle ist durchgehend zu berechnen.

Pfosten, Streben und Riegel sind verzapft.

Die Zapfenlänge beträgt 4 cm.

Wie groß ist die Rohholzmenge bei einem Verschnittsatz von 3%?

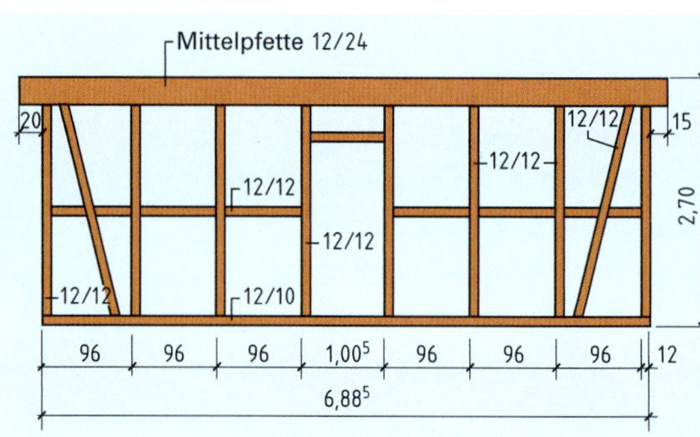

5.8 Holzverbindungen bei Dachkonstruktionen

Der Pfettendachstuhl des Reihenhauses ist eine zimmermannsmäßige Holzkonstruktion. Die Holzverbindungen sind hauptsächlich Schrägverbindungen der Sparren mit den Pfetten und der Büge mit den Stielen und Pfetten. Beispiele dieser Verbindungen werden an der Pfettendachkonstruktion dargestellt.

5.8.1 Pfettendachstühle

Beim Pfettendach lagern die Sparren als schräg liegende Balken auf den Pfetten. Diese nehmen die senkrechten Dachlasten auf und leiten sie auf die Pfosten und Büge. Pfetten und die angeschlossenen Pfosten und Büge bilden eine Stuhlwand, auch **Pfettenstrang** genannt. Je nach Anzahl der Pfettenstränge wird das Pfettendach als einfach, zweifach oder dreifach stehender Pfettendachstuhl bezeichnet. Unser Reihenhaus hat zwei Mittelpfetten und eine Firstpfette. Die Firstpfette trägt ihre Lasten nicht über Pfosten ab, sondern lediglich über die Auflager an den Giebelwänden. Nur die beiden Mittelpfetten bilden mit Pfosten bzw. der Fachwerkwand die Stuhlwände. Unser Projekt hat daher einen zweifach stehenden Pfettendachstuhl. Über der Garage befindet sich ein Pfettendach mit einfach stehendem Stuhl.

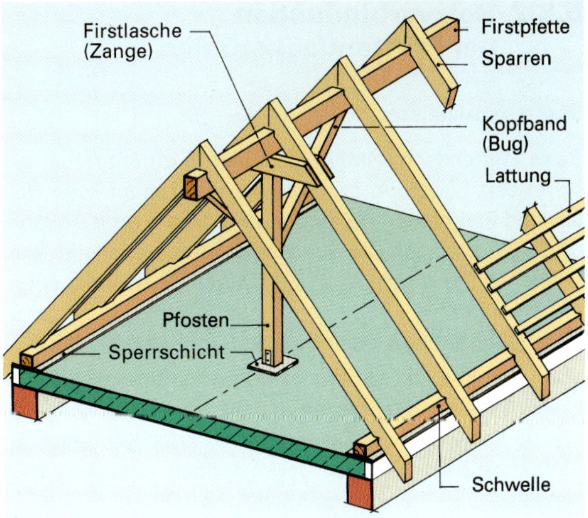

Pfettendach mit einfach stehendem Stuhl

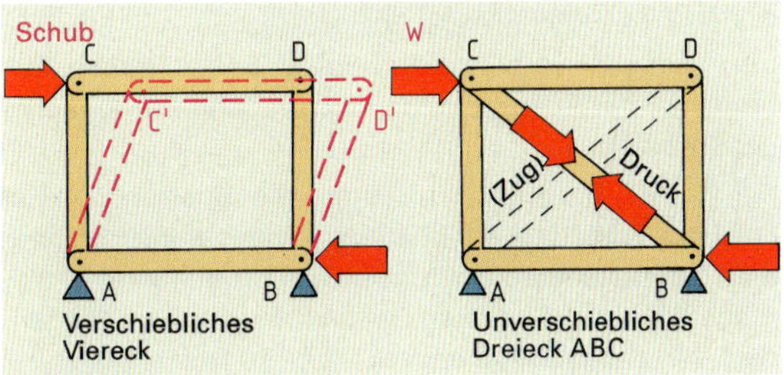

Aussteifung durch Streben

Aussteifung gegen Windkräfte

Bei Dachkonstruktionen muss auf ausreichende Quer- und Längsaussteifung besonders geachtet werden.

Aussteifungen gegen schiebende Kräfte werden mithilfe von stabilen Dreieckskonstruktionen erreicht.

Auch bei Dachkonstruktionen werden Quer- und Längssteifung durch unverschiebliche Dreieckskonstruktionen bewirkt.

Queraussteifung

Das Pfettendach erhält seine Queraussteifung durch die Dreiecke aus Decke, Pfosten und Sparren. Die Sparren müssen dabei mit den Pfetten (Fußpfette/Schwelle, Mittelpfette bzw. Firstpfette) fest verbunden sein. Am First müssen die gegenüberliegenden Sparren nicht verbunden sein. Beide Sparrenlagen bleiben voneinander unabhängig.

Längsaussteifung

Die Längsaussteifung des Pfettendaches übernehmen Pfettenstränge. Die Pfetten bilden mit den Pfosten und Bügen (Kopfbänder) unverschiebliche Dreiecke, die zur Längsaussteifung erforderlich sind. Bei unserem Reihenhaus wird die Längsaussteifung durch einen Pfettenstrang und die Fachwerkwand unter der Mittelpfette übernommen.

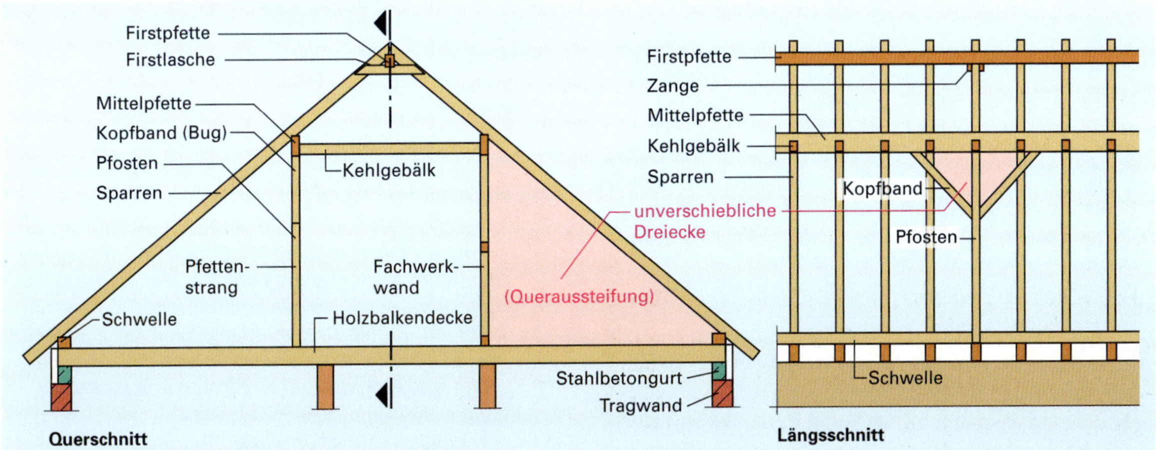

Zweifach stehender Pfettendachstuhl des Reihenhauses

5.8.2 Holzverbindungen bei Pfettendachstühlen

Sparrenanschlüsse

Beim Pfettendach werden die Sparren an Pfetten angeschlossen. Für die Anschlüsse der Sparren an Fuß-, Mittel- und Firstpfetten genügen in der Regel Sparrenkerve und Sparrennagel. Die Sparren werden aufgekervt (aufgeklaut, aufgesattelt) und durch einen Sparrennagel gesichert. Die Kerve ist dabei so auszuführen, dass genügend Obholz (etwa ¾ der Sparrenhöhe) stehen bleibt.

Von den Kerven werden Winddruckkräfte aufgenommen und durch die Sparren in die Fußpfetten übergeleitet. Dadurch wird die Dachkonstruktion stabil. Die Fußpfetten müssen mit der Decke jedoch verankert sein (Abstand der Verankerung höchstens 2,00 m).

Am First werden die Sparren stumpf gestoßen und so abgelängt, dass eine offene Fuge von etwa 1 cm bleibt. Die Sparren können am First zusätzlich mit Laschen oder Zangen verbunden werden. Beim Pfettendach brauchen die Sparren jedoch nicht paarweise einander gegenüberliegen.

Bei Längen bis zu 4,50 m liegen die Sparren nur auf Fuß- und Firstpfette auf (Pfettendach mit einfach stehendem Stuhl), längere Sparren müssen durch eine Mittelpfette unterstützt werden. Dadurch entsteht ein Pfettendach mit zweifach stehendem Stuhl. Für die am First frei endenden Sparren ist keine Verbindung gefordert, doch ist die Anordnung einer Firstbohle oder Firstpfette zweckmäßig, um die auskragenden Sparren daran befestigen zu können. Bei unserem Reihenhaus ist eine Firstpfette zu diesem Zweck vorgesehen. Sie hat ihre Auflager in den Giebelwänden.

Buganschluss und Pfostenverankerung

Bei herkömmlicher Bauweise werden Büge an Pfosten und Pfetten mit abgestirnten Strebezapfen angeschlossen. Die Abstirnung verläuft rechtwinklig zur Anschlusskante. Da die Querschnitte der Pfosten und Pfetten durch Zapfenlöcher geschwächt werden, wird auf die Zapfenverbindungen meist verzichtet und die Verbindung mit Laschen oder Nagelblechen geschaffen.

Die Pfosten werden an Stahlbetondecken mit Beton-Flachstahlanker angeschlossen. Mit einer Sperrschicht wird das Aufsteigen von Feuchtigkeit verhindert.

Zusammenfassung

Pfettendächer erhalten ihre Quersteifigkeit durch unverschiebliche Dreiecke aus Sparren, Pfosten und Decke.

Die Längssteifigkeit wird durch die Büge der Pfettenstränge gewährleistet.

Sparrenverbindungen sind Schrägverbindungen der Sparren mit der Pfette.

Die Sparren werden mit einer Kerve an den Pfetten angeschlossen und mit einem Sparrennagel gesichert.

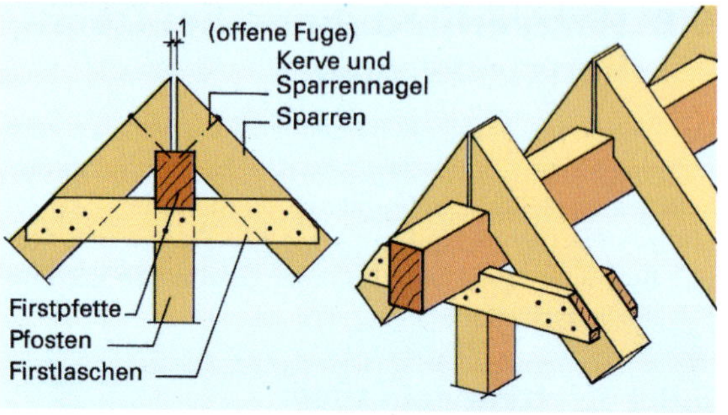

Firstknoten am First bei einfach stehendem Stuhl

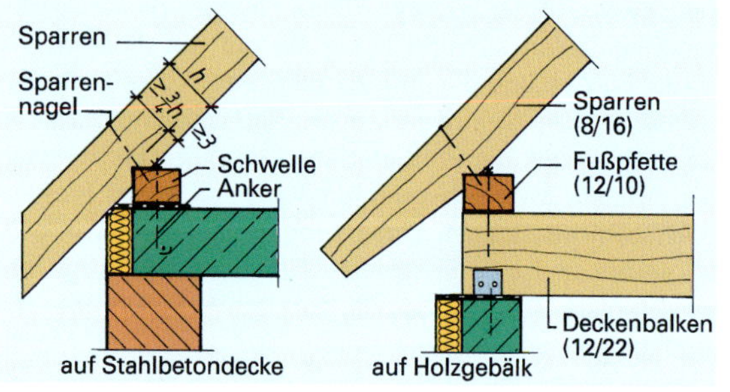

Sparrenfuß (Traufpunkt) bei Pfettendachstühlen

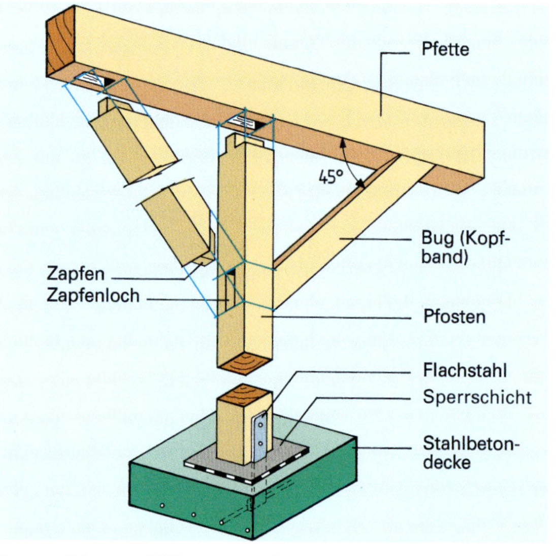

Buganschluss und Pfostenverankerung

Aufgaben:

1. *Beschreiben Sie*
   a) das Pfettendach mit einfach stehendem Stuhl,
   b) das Pfettendach mit zweifach stehendem Stuhl.
2. *Benutzen Sie die zeichnerische Darstellung des Pfettendachstuhls über der Garage auf der nächsten Seite und beschreiben Sie die dargestellten Dachstuhlkonstruktionen an der Traufe (Punkt A) und am First (Punkt B) sowie den Pfostenanschluss an die Stahlbetondecke (Punkt C) und den Anschluss der Kopfbänder (Büge) an Pfosten und Pfette.*
3. *Durch welche Konstruktionsteile werden die Längsaussteifung und die Queraussteifung des Pfettendaches bewirkt?*

5.8.3 Zeichnerische Darstellung

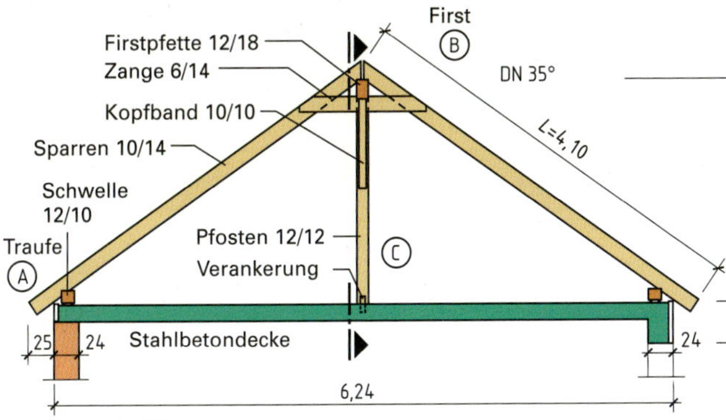

Querschnitt

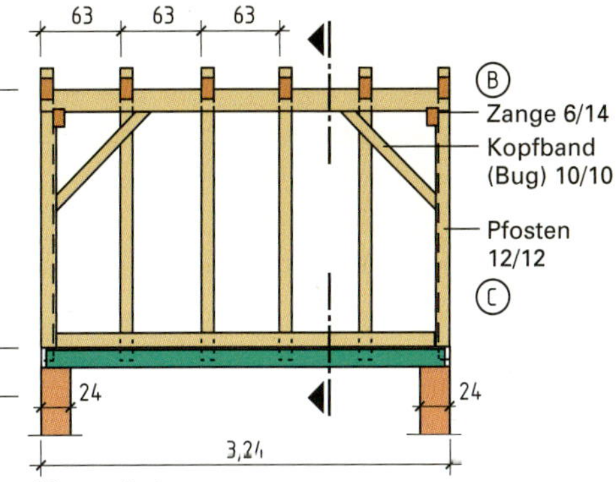

Längsschnitt

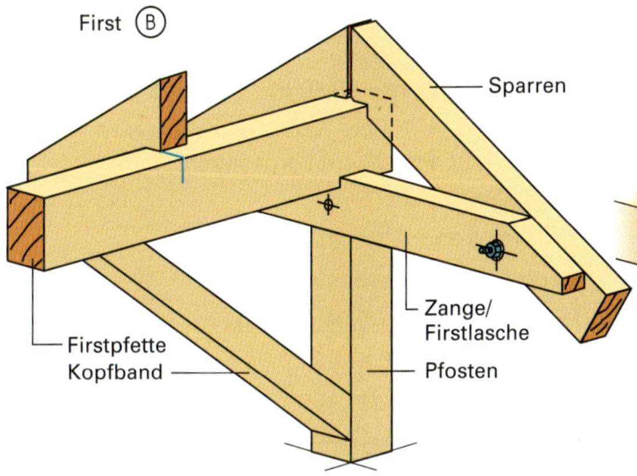

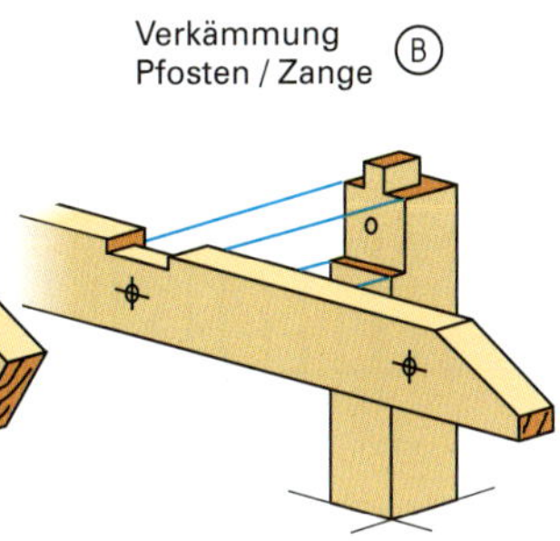

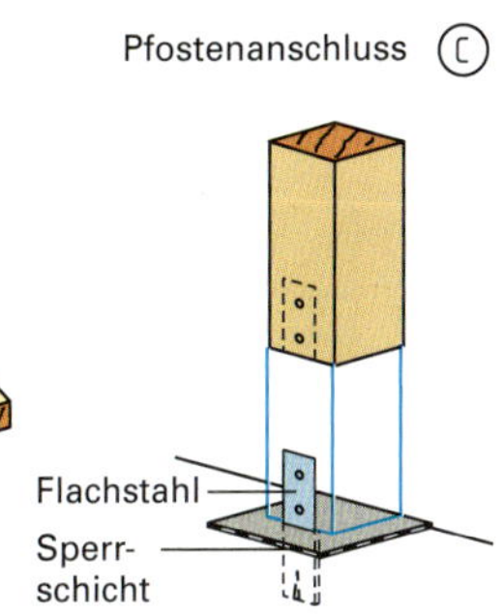

Einfach stehender Pfettendachstuhl über der Garage mit Giebelflächen in Holzkonstruktion (als Variante)

Aufgabe:

1. Zeichnen Sie den einfach stehenden Pfettendachstuhl über der Garage in Querschnitt und Längsschnitt, Maßstab 1:50. Die Garage hat eine Stahlbetondecke (*d* = 16 cm). Die erforderlichen Maße entnehmen Sie der obigen Zeichnung.
2. Zeichnen Sie die Sparrenanschlüsse an der Traufe und am First sowie den Pfostenanschluss an der Decke, Maßstab 1:10, A4 Querformat.

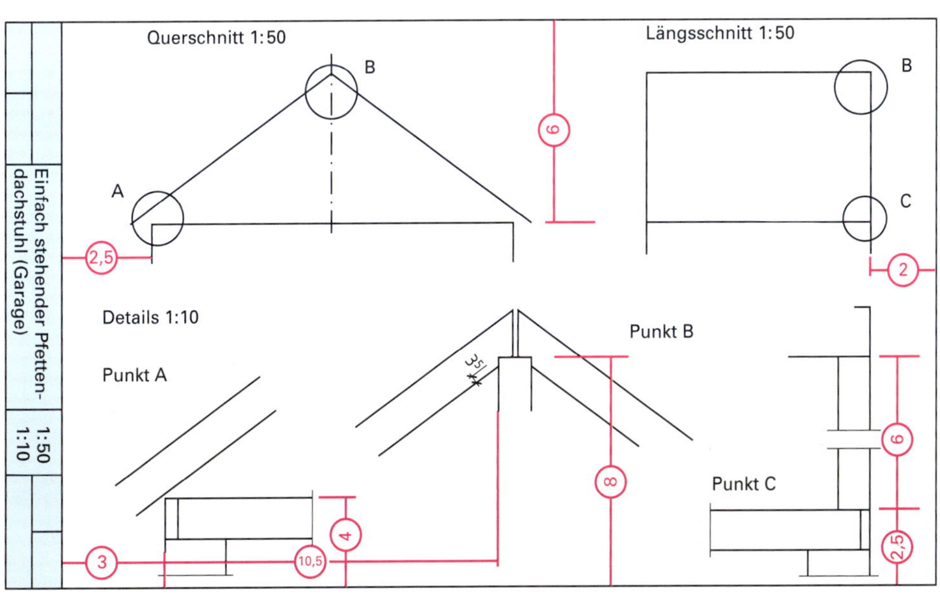

i 7.4

5.8.4 Ermittlung des Holzbedarfs

Für den Pfettendachstuhl über der Garage ist der Holzbedarf mithilfe einer Holzliste zu berechnen. Zugleich ist der Verschnittsatz zu ermitteln, der sich aus dem Verhältnis der Fertigholzmenge zur Rohholzmenge ergibt (Aufgabenstellung auf nachfolgender Seite).

Handelsübliche Kantholz- und Balkenlängen

Längen	Stufung in cm
bis 8 m Vorratshölzer über 8 m Längenzuschlag	25

Berechnung des Verschnittsatzes

Der **Verschnittsatz** ist die Verschnittmenge in %, wobei die Fertigholzmenge 100 % entspricht.

Rohholzmenge = Fertigholzmenge + Verschnittmenge

Verschnittmenge = Rohholzmenge – Fertigholzmenge

$$\text{Verschnittsatz} = \frac{\text{Verschnittmenge} \cdot 100\,\%}{\text{Fertigholzmenge}}$$

Erfahrungswerte für Verschnittsätze sind bereits in Abschnitt 5.7.4 angegeben.

Beispiel:

Für das dargestellte Pfettendach soll

a) eine Holzliste aufgestellt werden,

b) der Verschnittsatz bei Verwendung handelsüblicher Längen ermittelt werden.

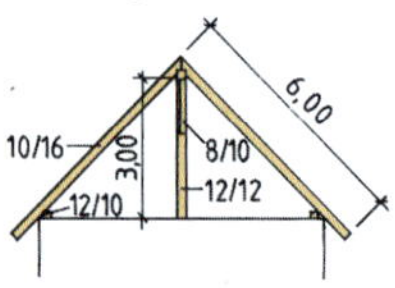

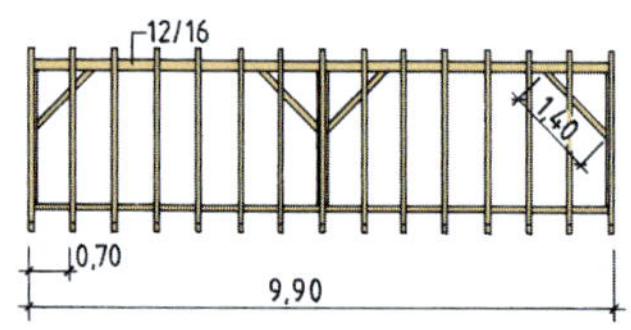

Kopfbandlänge (ohne Zapfen) 1,40 m

Lösung:

Schwellenlänge

= 9,90 m + 0,20 m = 10,10 m

Da die Schwelle über 8,00 m lang ist, wird sie gestoßen. Hierfür sind 20 cm vorgesehen.

Pfettenlänge

9,90 m + 0,30 m = 10,20 m

30 cm für Längsverbindung.

Pfosten = 3,00 m + 0,04 m = 3,04 m

Kopfbänder = 1,40 m + 2 · 0,04 m = 1,48 m

Sparren = 6,00 m

Pos.	Bezeichnung	Anzahl	Querschnitt in cm	Länge in m		Inhalt in m^3	Bemerkung
				einzeln	gesamt		
1	Schwelle	2	10/12	10,10	20,20	0,242	
2	Pfette	1	12/16	10,20	10,20	0,196	
3	Pfosten	3	12/12	3,04	9,12	0,131	
4	Kopfbänder	4	8/10	1,48	5,92	0,047	
5	Sparren	30	10/16	6,00	180,00	2,880	
						3,496	

Fertigholzmenge = <u>3,496 m³</u>

Um den Verschnitt zu ermitteln ist es sinnvoll, eine zweite Holzliste mit handelsüblichen Holzlängen aufzustellen.

Pos.	Bezeichnung	Anzahl	Querschnitt in cm	Länge in m		Inhalt in m^3	Bemerkung
				einzeln	gesamt		
1	Schwellen	2	10/12	5,50	11,00	0,132	
		2	10/12	4,75	9,50	0,114	
2	Pfette	1	12/16	5,50	5,50	0,106	
		1	12/16	4,75	4,75	0,091	
3	Pfosten	1	12/12	3,25	3,25	0,047	
		1	12/12	6,25	6,25	0,090	
4	Kopfband	1	8/10	6,00	6,00	0,048	
5	Sparren	30	10/16	6,00	180,00	2,880	
						3,508	

Rohholzmenge = <u>3,508 m³</u>

Die in der Tabelle rot unterlegten Einzellängen sind die vom Holzhändler zu liefernden Längen.

Verschnittmenge = Rohholzmenge – Fertigholzmenge = 3,508 m³ – 3,496 m³ = <u>0,012 m³</u>

i 6.4

$$\text{Verschnittsatz} = \frac{\text{Verschnittmenge} \cdot 100\,\%}{\text{Fertigholzmenge}} = \frac{0{,}012\ m^3 \cdot 100\,\%}{3{,}496\ m^3} = \underline{0{,}34\,\%}$$

Aufgaben:

1. Für das Pfettendach über der Garage ist
   a) die Fertigholzmenge,
   b) die Rohholzmenge bei Verwendung handelsüblicher Längen,
   c) der Verschnittsatz

   zu berechnen. Querschnitte der Hölzer s. Zeichnung S. 195.

   Alle Zapfen sind 4 cm lang.

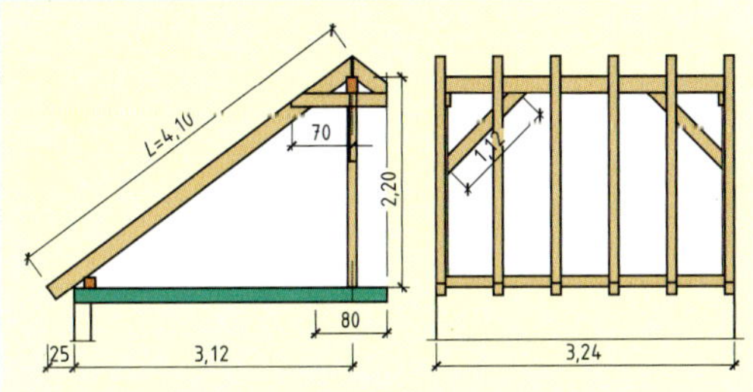

2. Für die Garage ist eine Holzbalkenlage vorgesehen. Erstellen Sie die Holzliste und ermitteln Sie den Verschnittsatz bei Verwendung handelsüblicher Längen.

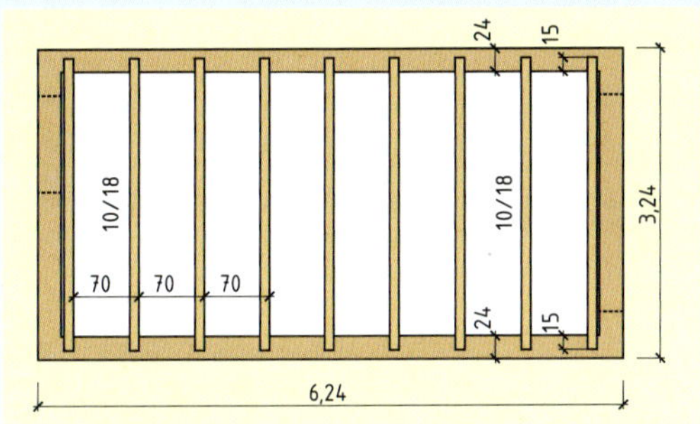

3. Die Balkenlage der Garage soll mit gespundeten Brettern geschalt werden. Fläche: 5,80 × 3,00 m; Balkenfelder: 70 cm (s. auch Abb. zu Aufg. 2).

   Zur Verfügung stehen Bretter von 3,75 m und 2,50 m Länge. Ermitteln Sie
   a) die Anzahl der benötigten Bretter,
   b) die Rohholzmenge,
   c) den Verschnittsatz einschließlich Spundung.

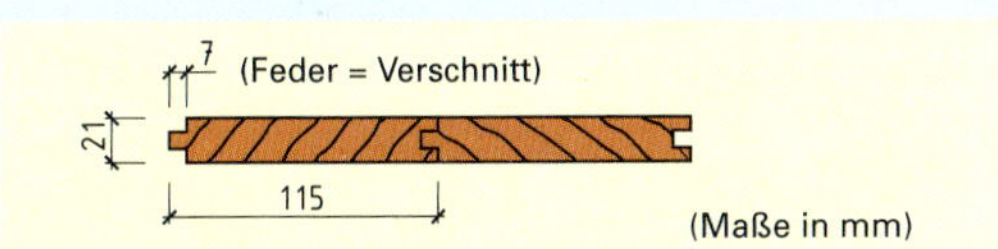

4. Berechnen Sie die Rohholzmenge.

	a)	b)	c)	d)	e)	f)
Fertigholzmenge	3,65 m³	12,16 m³	285,5 m	123,75 m	33,65 m³	367,2 m²
Verschnittsatz	3,5 %	4,5 %	7 %	6,5 %	12,5 %	13,5 %

5. Eine Giebelfläche der Garage ist zu verschalen. Berechnen Sie die zu verschalende Fläche.

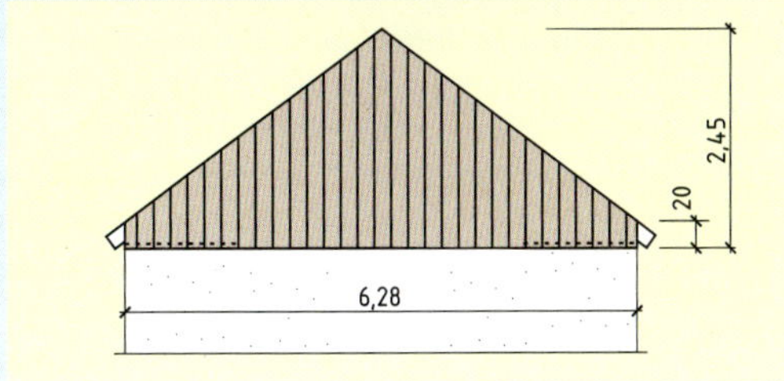

6. Ermitteln Sie die benötigte Fertigholzmenge für die Balkenlage im Dachgeschoss des Reihenhauses. Die Zapfen des Wechselbalkens sind 4 cm lang.

   Wie groß ist der Verschnittsatz bei Verwendung handelsüblicher Balkenlängen?

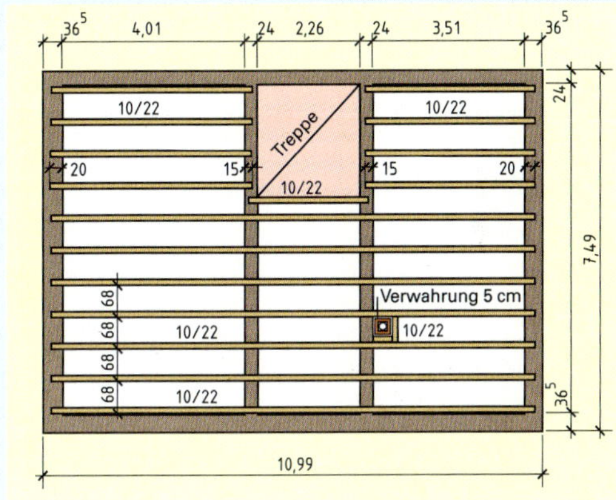

7. Die Dachfläche des Reihenhausdaches soll verschalt werden.

   Wie viele m² Dachschalung müssen bestellt werden?

   Der Verschnittsatz beträgt 9,5 %.

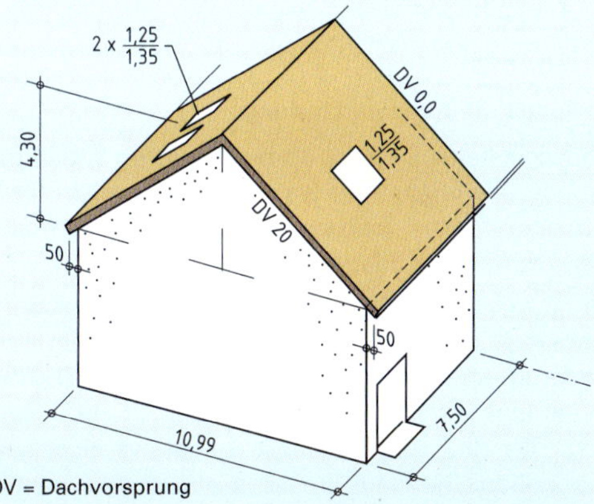

DV = Dachvorsprung

8. Das Fertigholz für einen Dachstuhl beträgt 3,56 m³.

   Wie viele m³ Bauholz müssen bestellt werden, wenn mit 5,5 % Verschnitt gerechnet wird?

5.9 Verbindungen des Ingenieurholzbaus

Bei Verbindungen des Ingenieurholzbaus werden die Hölzer durch Verbindungsmittel wie Nägel, Schrauben, Bolzen, Dübel, Stabdübel und Blechformteile verbunden. Nach Art der Verbindungsmittel werden diese Holzverbindungen als Nagel-, Schrauben-, Bolzen-, Dübel- und Blechformteilverbindungen bezeichnet. Diese Verbindungen sind in der Ausführung wirtschaftlich und können je nach Verbindungsmittel Zug-, Druck- und Scherkräfte aufnehmen und übertragen. Zudem werden die Holzquerschnitte an der Verbindungsstelle nicht geschwächt. Die Tragfähigkeit der Holzverbindung kann berechnet werden. Im Pfettendachstuhl unseres Reihenhauses sind keine ingenieurmäßigen Holzverbindungen vorgesehen, doch könnten hier z. B. die Zapfenverbindungen der Büge im Pfettenstrang durch Nagelverbindungen ersetzt werden, die Holzverbindungen der Fachwerkwand könnten mit Blechformteilen hergestellt werden.

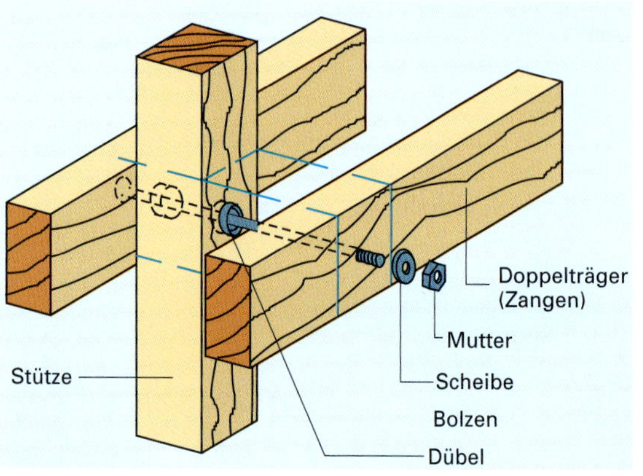

Bolzenverbindung

5.9.1 Nagelverbindungen

Nägel aus Stahldraht (Drahtstifte)

Nägel werden aus Stahldraht, der aus Walzdraht gezogen ist, hergestellt. Sie werden daher auch als Drahtstifte bezeichnet. Mit Nägeln lassen sich zwei Holzteile auf einfache Weise fest verbinden. Nach der Nagelkopfform werden Nägel mit Flachkopf, mit Senkkopf und mit Stauchkopf unterschieden. Die Oberfläche kann glatt oder geriffelt sein, der Nagelschaft kann rund, quadratisch, gerillt oder oval sein. Für Nagelverbindungen werden Nägel mit glattem Schaft und Senkkopf sowie Maschinenstifte und Sondernägel, wie z. B. Schraub- und Rillennägel, verwendet.

Die Wahl der Nagellänge richtet sich nach der Dicke des zu befestigenden Holzteils. Die Nagellänge soll etwa der dreifachen Brettdicke entsprechen.

Mit der Verpackung (Nagelpaket) werden Norm, Nagelart, Nageldurchmesser, Nagellänge, die Oberflächenausführung und die Nettomasse der Nägel angegeben.

Bezeichnung des Nagels	Dicke d	Länge l	Mindest-holzdicke
2,2 × 50	2,2	50	20…24
2,5 × 50	2,5	50	20…24
2,5 × 60	2,5	60	20…24
3,1 × 70	3,1	70	20…24
3,1 × 80	3,1	80	20…24
3,4 × 80	3,4	80	20…24
3,4 × 90	3,4	90	20…24
3,8 × 100	3,8	100	24
4,2 × 110	4,2	110	24

Maße für Nägel mit glattem Schaft, mit Flachkopf oder Senkkopf nach DIN EN 10230-1 (Maße in mm)

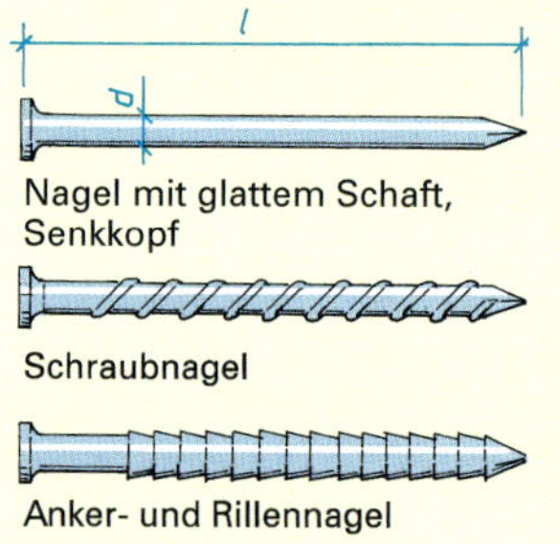

Nagelarten

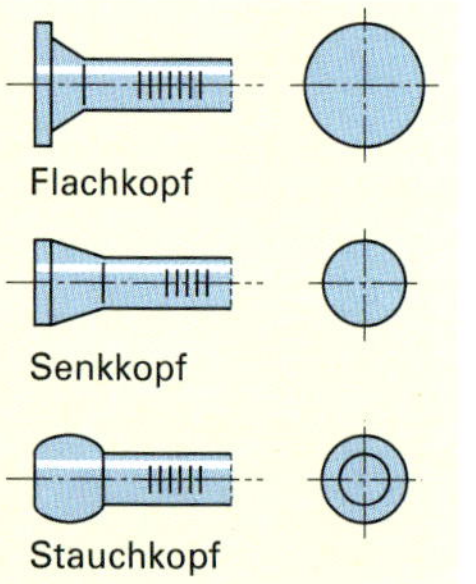

Kopfformen

Festigkeit der Nagelverbindung

Der Nagel haftet im Hartholz besser als im Weichholz. In Hirnholzteilen haftet der Nagel nur gering. Um in Hirnholz eine bessere Haftung zu erzielen, muss man den Nagel schräg einschlagen.

Die Festigkeit der Nagelverbindung hängt von der Reibungskraft zwischen Holz und Nagel ab. Diese hängt wiederum ab von der Dicke des Nagels, der Dichte des Holzes und von der Lage des Nagels zur Holzfaserrichtung. Das Holz darf durch die Nagelung nicht spalten bzw. reißen. Die Nägel müssen daher stets genügend weit vom Rand des Werkstückes eingeschlagen werden.

Das Spalten des Holzes kann auch verhindert werden, indem man die Nagelspitze mit dem Hammer etwas abstumpft (staucht). Die abgestumpfte Nagelspitze reißt die Holzfasern beim Eindringen entzwei und mindert dadurch die Spaltwirkung.

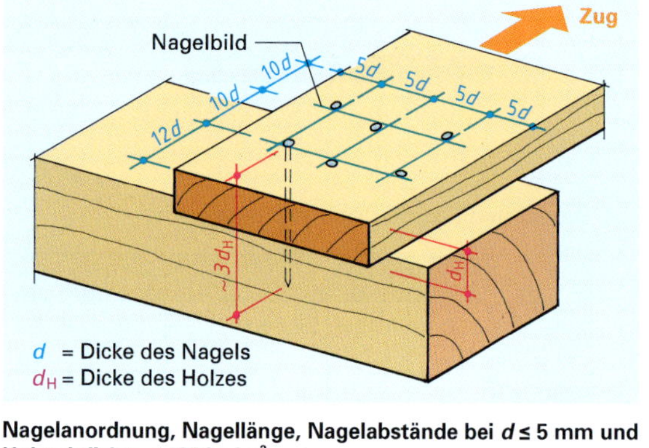

Nagelanordnung, Nagellänge, Nagelabstände bei $d \leq 5$ mm und Holzrohdichte ≤ 420 kg/m³

Nagelverbindungen

Mit Nagelverbindungen können aus Brettern und Bohlen tragende Bauteile, wie z.B. Nagelbrettbinder oder Fachwerkbinder, hergestellt werden. Die Nagelung mit vielen dünnen Nägeln ergibt eine flächenhafte Verbindung, wobei die Kraft durch die Nägel punktartig übertragen wird. An der Fuge werden die Nägel auf Scherung beansprucht. Je nach Anzahl der wirksamen Nagelscherflächen werden **ein- oder mehrschnittige** Verbindungen unterschieden.

Eine tragende Nagelverbindung muss aus mindestens vier Nägeln pro Scherfläche bestehen. Tragende Nagelverbindungen sind z.B. Nagelbrettbinder einer Dachkonstruktion.

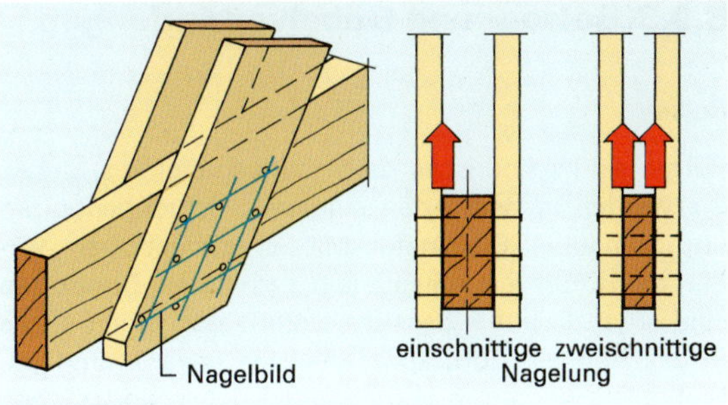

Nagelverbindung

Klammerverbindungen

Zunehmend werden Holzbauteile auch mit Klammern verbunden. Die aus der Verpackungsindustrie herrührende Verbindungsart setzt den Einsatz von pressluftbetriebenen Klammernaglern voraus. Auch bei Nagelverbindungen ist die Verwendung von Magazinnaglern üblich und führt zu einer besonders zeitsparenden und wirtschaftlichen Arbeitsweise.

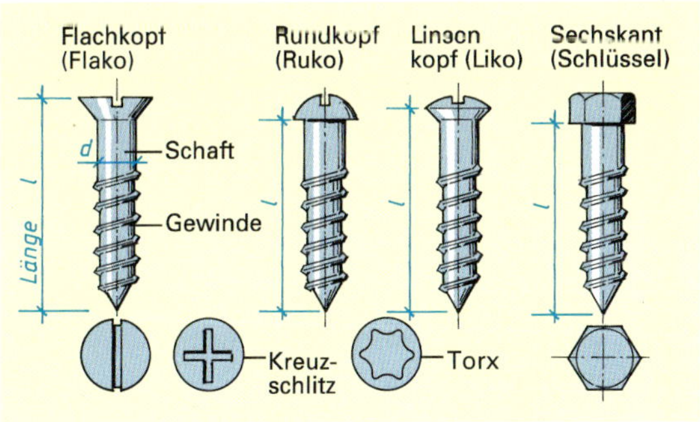

Holzschrauben (Kurzbezeichnungen)

5.9.2 Holzschraubenverbindungen

Holzschrauben, Arten und Bezeichnungen

Holzschrauben sind Verbindungsmittel für Holzteile bzw. Holzwerkstoffe sowie Befestigungsmittel für Beschläge. Die Teile einer Holzschraube sind der Kopf mit einfachem Schlitz, Kreuzschlitz oder Torx (Sechsrund), der Schaft und das Gewinde. Nach der Art der Kopfform unterscheidet man **Senk-Holzschrauben** (Flachkopfschrauben – Flako), **Halbrund-Holzschrauben** (Rundkopfschrauben – Ruko), **Linsensenk-Holzschrauben** (Linsenkopfschrauben – Liko) und **Sechskant-Holzschrauben** (Schlüsselschrauben).

Auf den Paketen und technischen Zeichnungen werden Dicke, Länge und Schraubenform nach DIN angegeben. Die Angabe der Dicke entspricht dem Durchmesser des Schaftes unterhalb des Schraubenkopfes.

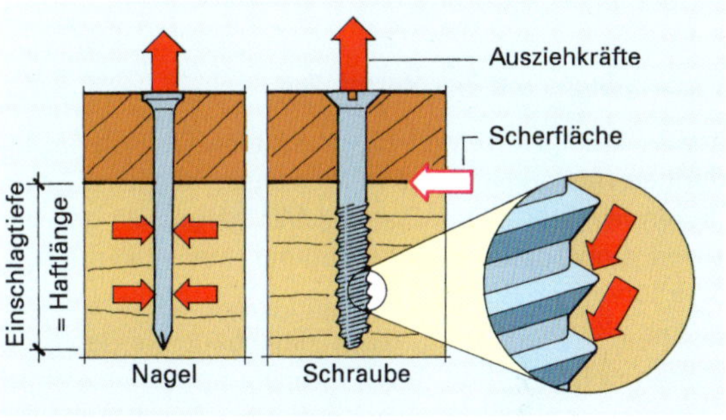

Haftung von Nagel und Schraube

Festigkeit der Schraubenverbindung

Der Ausziehwiderstand der Schrauben ist wesentlich größer als der der Nägel. Der Grund dafür liegt darin, dass die Schrauben ein Gewinde haben, das sich in das Holz einschneidet. Die Gewindelinie entspricht einer schiefen Ebene, die um einen Zylinder gewunden ist. Wollte man die Schraube herausziehen, müssten alle Holzfasern, in denen das Gewinde Halt findet, zerstört werden.

Schrauben dürfen nie mit dem Hammer eingeschlagen werden, weil dadurch die Holzfasern zerstört werden. Eingeschlagene Holzschrauben haben einen geringeren Ausziehwiderstand als ein Nagel. Lediglich ein leichter Hammerschlag zum Ansetzen der Schraube ist ange-

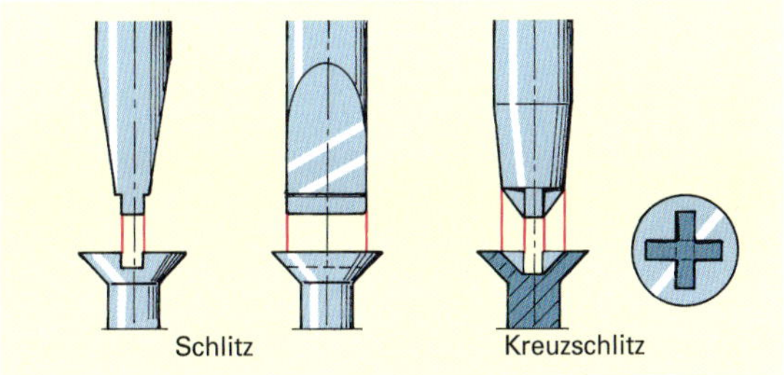

Richtige Dicke und Breite des Schraubendrehers

bracht. Die Schraube wird anschließend mit einem passenden Schraubendreher eingedreht. Bei dickeren Schrauben sollte vorgebohrt werden!

Tragende Holzschraubenverbindungen müssen mindestens aus vier Schrauben bestehen, wenn der Schraubendurchmesser ≤ 10 mm beträgt. Bei größerem Schraubendurchmesser genügen zwei Schrauben.

5.9.3 Bolzen- und Dübelverbindungen

Bolzen

Bolzen sind zylindrische Verbindungsmittel aus Metall. Sie werden in zwei Arten eingeteilt: Schraubenbolzen und Stabdübel (Stahlstifte). Mit Schraubenbolzen werden die Hölzer fest miteinander verbunden. Die Bolzen sind so anzuziehen, dass die Unterlagsscheiben etwas in das Holz eingedrückt werden (bis etwa 1 mm). Die Stabdübel werden in vorgebohrte Löcher eingetrieben und verbinden dadurch die Hölzer fest.

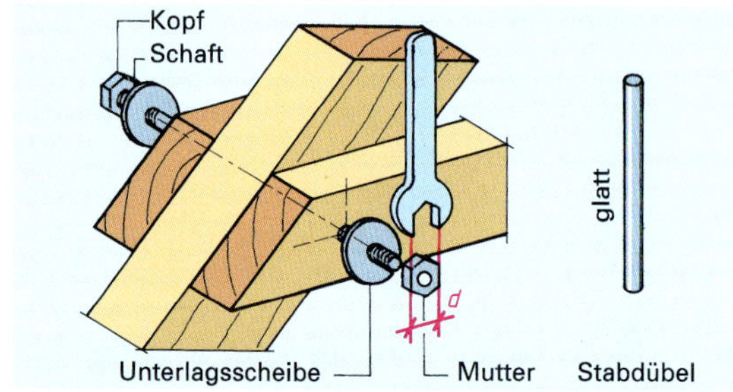

Schraubenbolzen und Stabdübel

Dübel

Dübel werden aus Hartholz oder Metall hergestellt. Sie ermöglichen die Übertragung größerer Druck-, Zug- und Schubkräfte auf kleine Anschlussflächen. Nach der Art des Einbaus unterscheidet man zwischen Einlassdübel und Einpressdübel. Im modernen Holzbau werden aus Metall hergestellte **„Dübel besonderer Bauart"** bevorzugt, z. B. Ringkeildübel (einseitige und zweiseitige) und Krallendübel. Alle Dübelverbindungen müssen mit Schraubenbolzen zusammengehalten werden. Mit ihnen werden Ingenieurholzbauverbindungen gesichert.

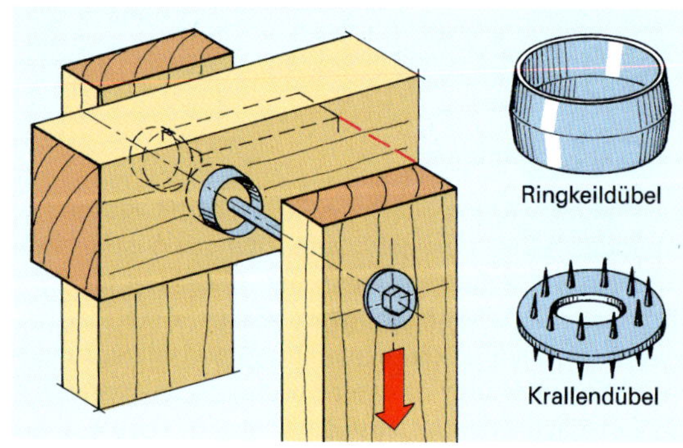

Schraubverbindung mit Dübeln

5.9.4 Blechformteilverbindungen

Verbindungen mit Blechformteilen

Immer häufiger werden Blechformteile für Holzverbindungen verwendet. Diese werden aus mindestens 2 mm dicken feuerverzinkten Stahlblechen hergestellt und besitzen Bohrungen zur Befestigung mit Ankernägeln, Schrauben und Bolzen.

Blechformteile können rasch eingebaut werden und eignen sich aufgrund ihrer Formgebung für viele Holzverbindungen. Bei Verwendung von Blechformteilen wird eine Schwächung des Holzquerschnittes vermieden. Die Verbindungen sind druck- und zugfest und unverschieblich.

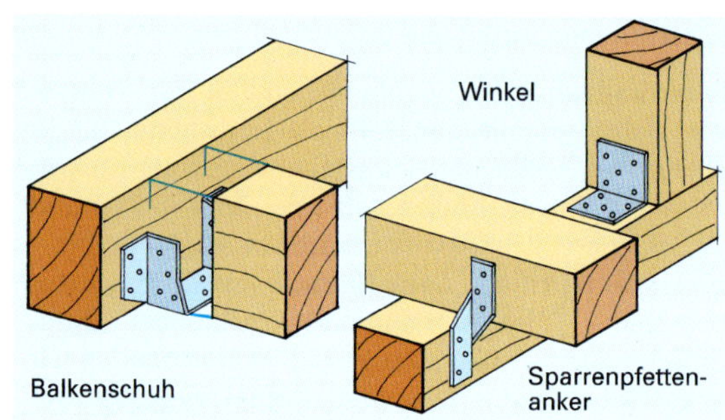

Verbindungen mit Blechformteilen

Holzverbindungen des Ingenieurbaus schwächen den Holzquerschnitt kaum. Die Holzfestigkeiten können fast voll ausgenutzt werden.

Zusammenfassung

Die Haftfestigkeit der Nägel und der Holzschrauben hängt ab von der zu verbindenden Holzart, der Lage des Nagels zur Holzfaserrichtung und von der Dicke der Verbindungsmittel.

In den Lieferbezeichnungen für Nägel und Schrauben werden Art, Dicke und Länge angegeben.

Schraubenbolzen und Dübel sind Verbindungsmittel für tragende Holzbauteile.

Blechformteile können bei fast allen Holzverbindungen angewendet werden.

Aufgaben:

1. *Wie lang muss ein Nagel mit glattem Schaft sein, wenn ein 24 mm dickes Brett an einem Kantholz zu befestigen ist?*
2. *Durch welche Maßnahmen kann man verhindern, dass das Holz beim Nageln einreißt?*
3. *Erklären Sie die Abkürzungen Flako, Ruko, Liko.*
4. *Warum soll der Schraubendreher möglichst genau in den Schraubenschlitz passen?*
5. *Unterscheiden Sie zwischen Schraubenbolzen, Stabdübel und Dübel.*
6. *Im Pfettendach des Reihenhauses sollen die Zapfenanschlüsse der Büge an Pfetten und Pfosten durch ingenieurmäßige Verbindungen ersetzt werden (Planung). Schlagen Sie eine konstruktive Lösung vor.*

5.10 Holzbearbeitungswerkzeuge

Holz wird vorwiegend mit Maschinen bearbeitet. Dennoch sind Handwerkszeuge nicht überflüssig. Wir benötigen sie, wenn Maschineneinsatz unwirtschaftlich ist (z. B. bei kleineren Arbeiten) oder wenn Stromanschlüsse oder Akkus auf der Baustelle fehlen. In der beruflichen Ausbildung, insbesondere während der Grundbildung, wird das Arbeiten mit den Handwerkszeugen bevorzugt berücksichtigt, um Sicherheit und Geschick im Umgang mit Handwerkszeugen zu erlangen. Auch zur Herstellung der Holzkonstruktionen unseres Reihenhauses werden Handwerkszeuge benötigt. Nachfolgend wird die Wirkungsweise von häufig benutzten Holzbearbeitungswerkzeugen dargestellt.

5.10.1 Mess- und Anreißgeräte

Genaues Messen und Anreißen ist Voraussetzung für das Passen der Holzkonstruktion. Ungenaue Mess- und Anreißarbeiten führen zu Mehrarbeit und Ausschuss.

Längenmessungen werden meist mit dem **Gelenk-** oder **Gliedmaßstab** ausgeführt. Mit Meterstäben, deren Gelenke locker sind, lassen sich keine genauen Messungen durchführen. Es ist darauf zu achten, dass stets mit gestrecktem Meterstab gemessen wird.

Zum Messen größerer Längen werden **Messlatten** oder **Messbänder** verwendet.

Um winkelrechte Risse und Stichmaße für Schiftungen und Holzverbindungen anzubringen, bedient man sich des **Winkeleisens**. Es ist aus Stahl und besteht aus zwei verschieden langen Schenkeln. Die Genauigkeit des Winkels ist immer wieder nachzuprüfen. Dies geschieht durch Anschlagen an einer geraden Brettkante. Dabei müssen sich die beiden Winkelrisse decken. Ist dies nicht der Fall, müssen die beiden Schenkel nachgerichtet werden.

Mithilfe der **Stellschmiege** werden beliebige Winkel übertragen oder abgenommen. Sie besteht aus Hartholz mit einer verstellbaren Zunge. Eine Flügelmutter hält die Zunge in beliebiger Lage fest.

Zum Anreißen werden auch **Zapfenlehren** verwendet. Diese Anreißschablonen sind so ausgeschnitten, dass die Anschlagkante jeweils etwa 8 cm lang ist. Dadurch kann auch fehlkantiges Holz angerissen werden.

5.10.2 Stemmwerkzeuge

Das **Stemmeisen** (Stemmbeitel) ist eines der wichtigsten Handwerkszeuge des Zimmerers. Es besteht aus Klinge und Heft. Der Zimmerer benötigt für seine Arbeiten Stemmeisen mit Klingen in verschiedenen Breiten, Dicken und Formen.

Das Stemmeisen in Normalausführung hat an der Klinge Fasen und die Schneide an der Breitseite.

Für das Stemmen von schmalen und tiefen Löchern eignet sich besonders das **Locheisen** (Lochbeitel). Seine Klinge ist dicker und schmäler als die der Stemmeisen (etwa quadratischer Querschnitt).

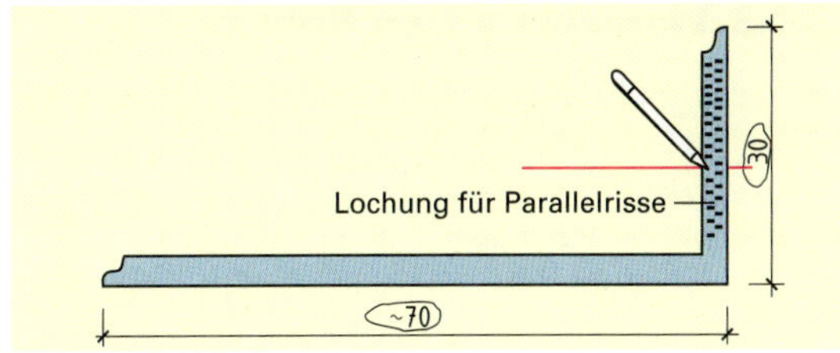

Winkeleisen (Abreißwinkel)

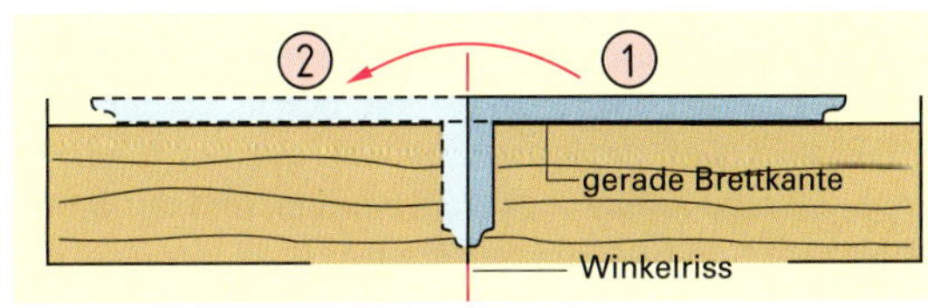

Prüfen des Winkeleisens

Stellschmiege

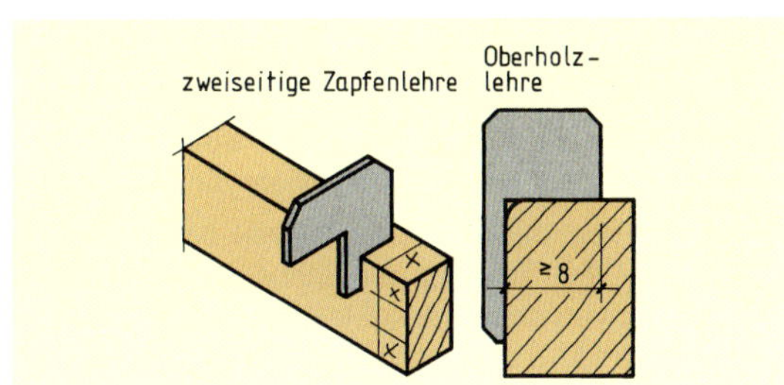

Anreißen mit Zapfenlehren

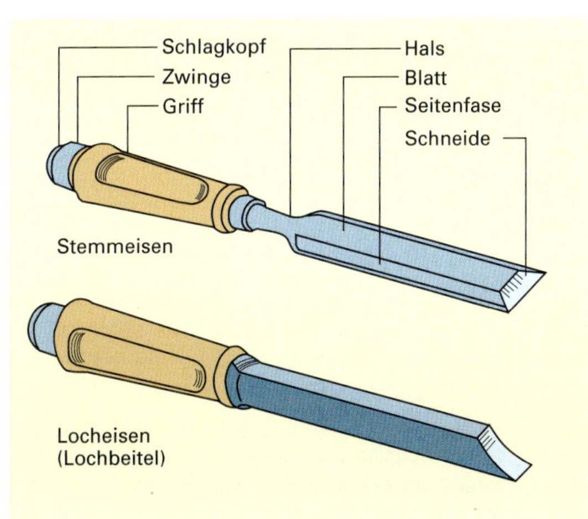

Stemmwerkzeuge

5.10.3 Werkzeuge zum Hobeln

Durch das Hobeln werden glatte und ebene Holzoberflächen geschaffen.

Häufig verwendete Hobelarten sind der **Doppelhobel**, die **Raubank**, der **Putzhobel** und der **Simshobel**.

Die Hauptbestandteile des Hobels sind der Hobelkasten (meistens aus Holz, seltener aus Metall) und das Hobeleisen (evtl. mit aufgelegter Klappe). Das Hobeleisen ist mit einem Keil (bei Hobelkästen aus Metall mit einer Stellschraube) eingespannt.

Der Doppelhobel wird zum Glätten von sägerauem Holz genutzt, mit dem Putzhobel werden bereits vorgehobelte Flächen „fein" geglättet (geputzt), mit der Raubank können gerade Kanten gehobelt werden, und der Simshobel dient zum Hobeln von Fälzen.

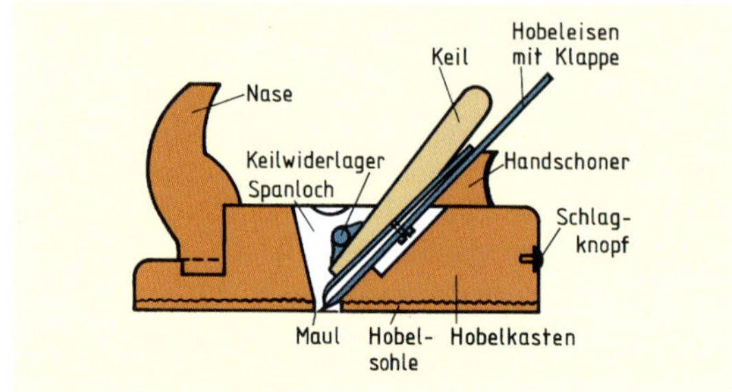

Doppelhobel (Querschnitt)

Wirkungsweise des Hobels

Die Wirkungsweise des Hobels beruht auf der einseitig keilförmigen Schneide des Hobeleisens, der Arbeitsstellung (Schneidewinkel) des Hobeleisens im Hobelkasten und der Form bzw. der Bauart des Hobelkastens. Beim Hobeln wird der abgehobene Span durch den Druck des Hobelkastens auf das Holz ständig gebrochen. Dadurch wird die Spaltwirkung des Hobeleisens zu einer fortlaufenden Schneidewirkung umgesetzt.

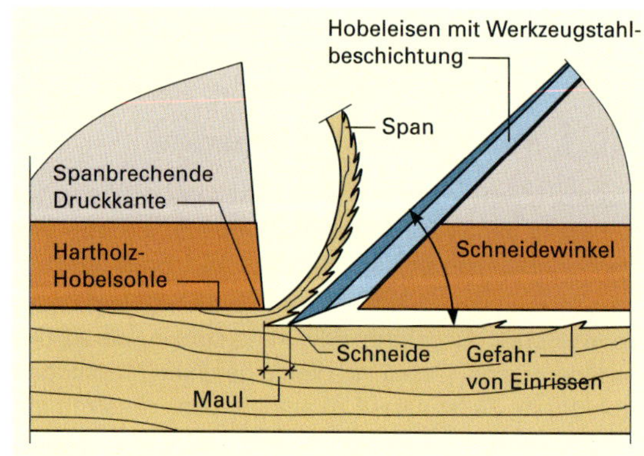

Keilwirkung beim Hobel:
Hobelsohle und Werkzeugstahl bilden den feststehenden Keil (den Schneidewinkel)

Doppel-, Putz-, Simshobel und Raubank haben Hobeleisen mit aufgeschraubter Klappe. Durch die Klappe wird der abgetrennte Holzspan sofort gebrochen und das Einreißen des Holzes verhindert.

Mit zunehmendem Schneidewinkel des Hobeleisens nimmt die Schneidewirkung eines Hobels ab und geht in eine Schabewirkung über, d. h., der Span bricht früher, wobei der Widerstand beim Hobeln zunimmt.

Weiteren Einfluss auf die Wirkungsweise haben das Hobelmaul und der Tiefgang der Schneide (= Überstand der Schneide von der Hobelsohle). Bei einem zu weiten Hobelmaul bricht der Span zu spät, er schiebt sich am Hobeleisen hoch und reißt ein. Ein zu großer Tiefgang der Schneide führt ebenfalls zum Einreißen des Holzes.

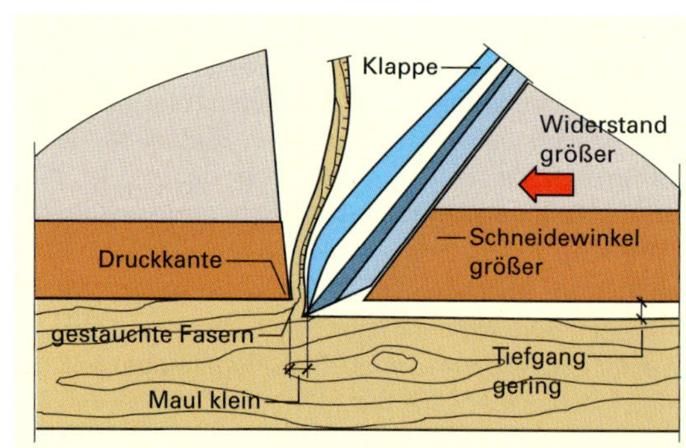

Wirkung der Klappe auf dem Hobeleisen
Die Fasern lassen sich abheben, ohne auszureißen

Hobel sind sorgsam zu pflegen. Sie werden nach dem Gebrauch in Seitenlage gelegt, um die Schneide des Hobeleisens zu schonen. Die Schneiden der Hobeleisen werden mit Spezialwerkzeugen (z. B. Schleifscheiben) und natürlichen oder künstlichen Abziehsteinen geschärft.

5.10.4 Sägen

Wirkungsweise der Sägen

Wie beim Stemmeisen und Hobel beruht die Wirkungsweise der Säge auf der Keilwirkung. Die keilförmigen Zähne dringen beim Sägen in das Holz ein, reißen die Späne los und entfernen sie aus dem Sägespalt. Dabei ist es wichtig, dass die Zähne scharf und geschränkt sind. Durch die Schränkung (Schrägstellung der Zähne) wird der Sägespalt etwas breiter als das Sägeblatt. Die Schränkung hat einen wesentlichen Einfluss auf die Schnittführung. Ein zu wenig geschränktes Blatt führt

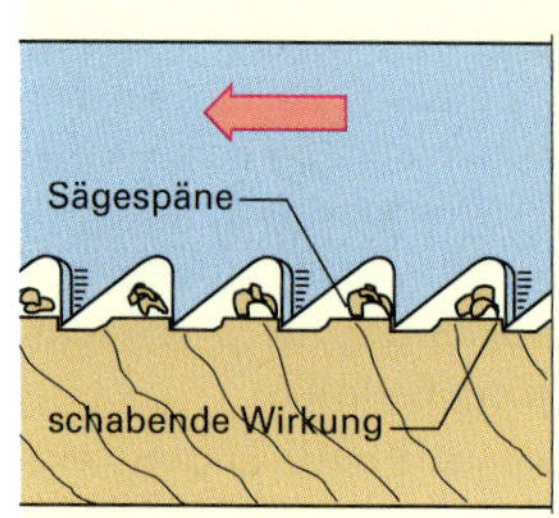

Schabende Wirkung der Sägezähne

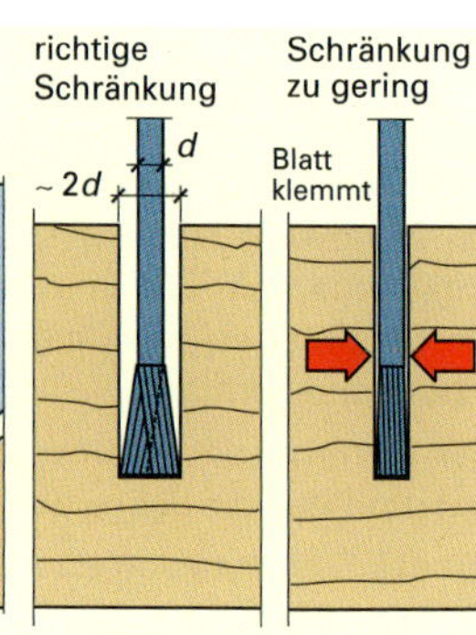

Schränkung der Sägezähne

zum Verklemmen, ein zu weit geschränktes Blatt zu einem zu breiten Schnitt. Außerdem besteht die Gefahr, dass der Schnitt verläuft.

Ein einseitig geschränktes Blatt führt dazu, dass der Schnitt sowohl in der Tiefe als auch in der Längsrichtung verläuft. Die Schränkweite soll nach jeder Seite etwa der Blattdicke entsprechen.

Zahnformen

Die Grundform der Zähne ist der Keil. Bei einem Schnittwinkel von 120° hat der Zahn die Form eines gleichschenkligen Dreiecks und die Säge schneidet in beiden Richtungen.

Sägearten

Eine wichtige Säge ist die **Handsäge** (Spannsäge, Gestellsäge). Sie besteht aus einem Gestell, dem Sägeblatt und dem Spanndraht. Das Sägeblatt mit einer Länge von 60...90 cm erhält seine zum Sägen notwendige Spannung durch den Spanndraht. Das Sägeblatt greift mit seinen Angeln in Handgriffe und ist beliebig drehbar.

Bei der normalen Handsäge sind die Zähne „beidseitig" oder „schwach auf Stoß" gefeilt und etwa 5 mm lang. Die Säge wird bei groben Arbeiten sowohl für Längs- als auch für Querschnitte verwendet.

Bei der **Absetzsäge** sind die Zähne ebenfalls „schwach auf Stoß" gefeilt. Die Zähne sind sehr kurz (etwa 1...2 mm). Die Säge eignet sich deswegen besonders für feine Arbeiten.

Die **Schweifsäge** ist eine eingespannte Säge mit einem Sägeblatt von etwa 10 mm Breite. Die Zähne haben eine Höhe von etwa 3 mm und sind „schwach auf Stoß" gefeilt. Wegen der geringen Blattbreite eignet sich diese Säge besonders für geschweifte (gekrümmte Schnitte).

Neben den eingespannten Handsägen werden auch nicht eingespannte Sägen verwendet.

Für kleine und feine Sägearbeiten oder für Sägearbeiten, bei denen das Gestell der Handsäge hinderlich ist, wird der **Fuchsschwanz** benutzt. Die Zähne haben eine Höhe von etwa 3 mm und sind „auf Stoß" gefeilt.

Ganz ähnlich wie der Fuchsschwanz ist die **Rückensäge**. Das rechteckige Sägeblatt ist durch einen „Rücken" versteift. Die Zähne sind etwas kleiner als beim Fuchsschwanz und „schwach auf Stoß" gefeilt. Rückensägen sind besonders für feine Sägearbeiten geeignet, z. B. für Gehrungsschnitte.

Für Ausschnitte aus Holzflächen oder für geschweifte Schnitte, wo die Schweifsäge nicht angesetzt werden kann, wird die **Stichsäge** (Lochsäge) verwendet. Die Zähne sind „auf Stoß" gefeilt.

> Zum Querschneiden eignen sich alle Sägen mit „schwach auf Stoß" gefeilten Zähnen. Eine Bezahnung „auf Stoß" ist für das Längsschneiden günstig. Für geschweifte Schnitte werden Sägen mit schmalem Sägeblatt benutzt.

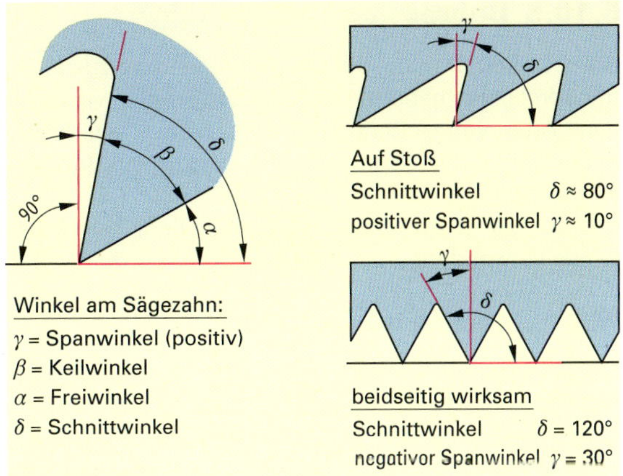

Zahnformen

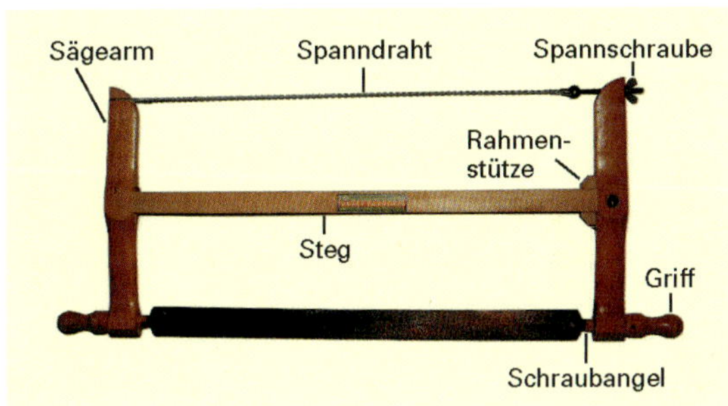

Handsäge

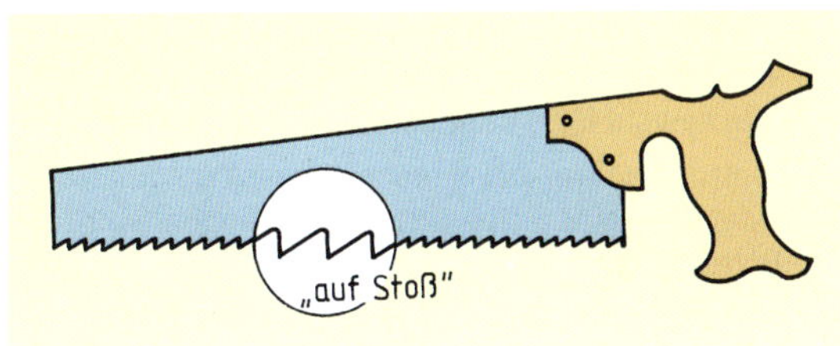

Fuchsschwanz

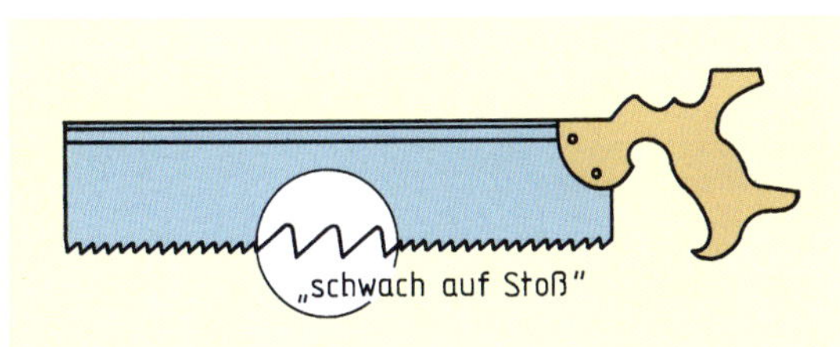

Rückensäge

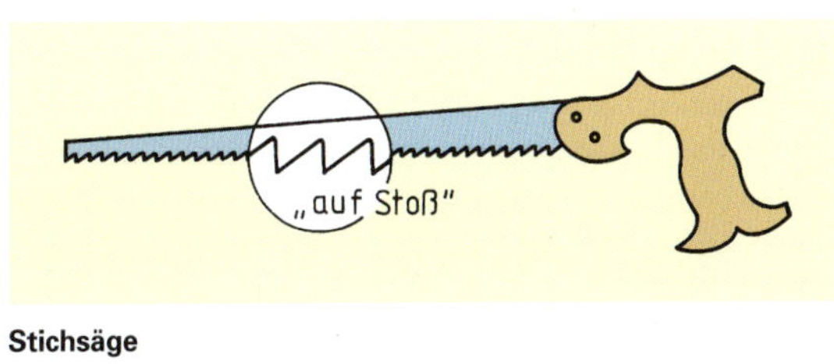

Stichsäge

5.10.5 Bohrer

Um z.B. Bolzen- oder Dübelverbindungen herzustellen, müssen Löcher gebohrt werden. Dazu können verschiedene Arten von Holzbohrern verwendet werden. In der Regel werden die Bohrungen mit elektrischen Bohrmaschinen ausgeführt. Nur noch selten, wenn z.B. stromunabhängig gearbeitet werden muss, findet die **Bohrwinde** Verwendung.

Wirkungsweise der Bohrer

Die Wirkungsweise der Bohrer beruht, wie bei allen spanabhebenden Werkzeugen, auf der Keilwirkung.

Die Zentrierspitze mit dem Einzugsgewinde dringt wie eine Schraube in das Holz ein, und die keilförmige Schneide hebt den Span ab. Die Bohrspäne werden bei manchen Bohrern durch den Spangang selbsttätig nach oben transportiert, bei anderen Bohrern werden die Späne durch mehrmaliges Herausziehen des Bohrers entfernt.

Bohrerarten

Für das Bohren mit der Bohrwinde werden je nach Erfordernis Schneckenbohrer, Schlangenbohrer und Zentrumsbohrer verwendet.

Der **Schneckenbohrer** wird zum Vorbohren von Schrauben- und Nagellöchern verwendet.

Beim **Schlangenbohrer** ist die Bohrerspitze mit einem Einzugsgewinde, zwei Vorschneidern und zwei Spanabhebern ausgebildet. Das anschließende Schlangengewinde dient als Spangang zum Auswurf der Bohrspäne. Der Bohrer eignet sich zum Bohren quer, längs und schräg zur Faser sowohl für Weichholz als auch für Hartholz.

Der **Zentrumsbohrer** hat eine Zentrierspitze, einen Vorschneider und einen Spanabheber. Er eignet sich nur zum Bohren flacher Hölzer.

Der abgebildete **Spiralbohrer mit Zentrierspitze** ist ein Maschinenbohrer und wird zum Bohren von Dübellöchern in Lang- und Querholz eingesetzt. Der **Forstnerbohrer** ist für flache Bohrungen geeignet. Mit seinen Schneiden wird der Grund des Bohrloches glatt ausgebohrt.

Zusammenfassung

Genaues Messen und Anreißen ist Voraussetzung für passgenaues Arbeiten.

Wichtige Stemmwerkzeuge sind Stemmeisen und Locheisen.

Die häufig verwendeten Hobelarten sind Doppelhobel, Putzhobel, Raubank und Simshobel.

Zum Querschneiden eignen sich alle Sägen mit „schwach auf Stoß" gefeilten Zähnen, für das Längsschneiden ist die Bezahnung „auf Stoß" günstig.

Schlangenbohrer haben zwei Schneiden (Spanabheber) und besitzen deshalb sehr gute Bohreigenschaften.

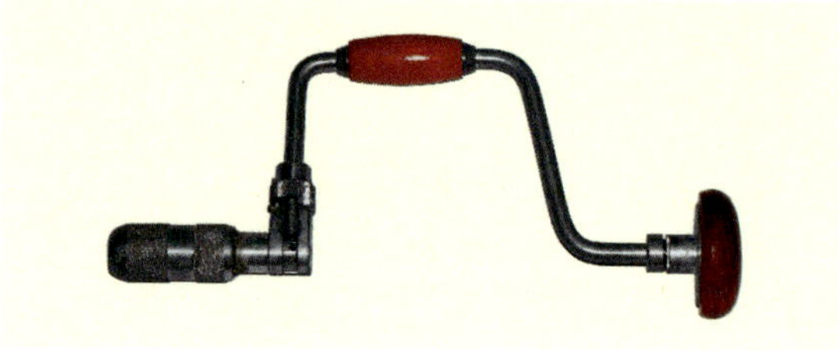

Bohrwinde

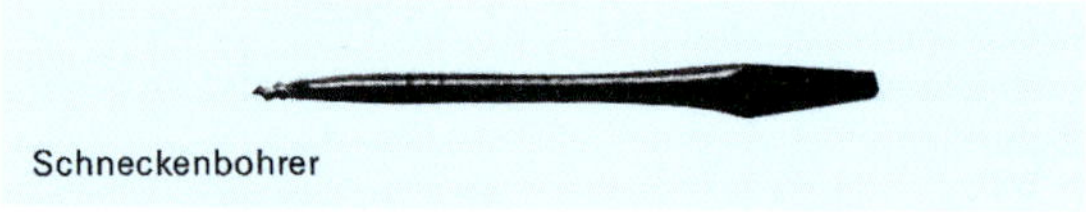

Bohrer für Bohrwinde

Schlangenbohrer mit Bohrmaschine

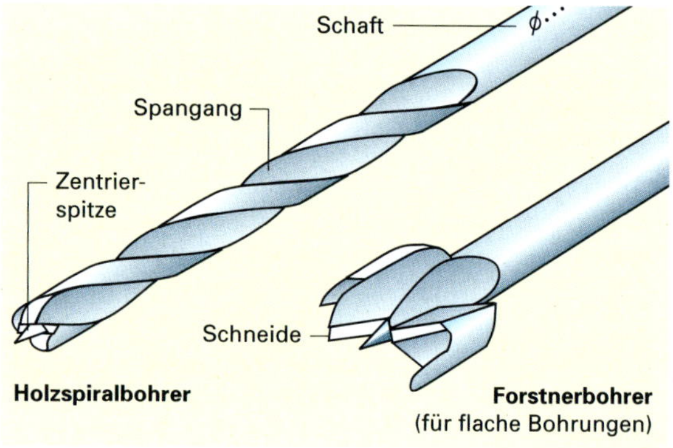

Maschinenbohrer

Aufgaben:

1. *Wodurch unterscheidet sich das Stemmeisen vom Locheisen?*
2. *Welche Hobel eignen sich zum Glätten von sägerauem Holz?*
3. *Worauf ist das Klemmen einer Säge beim Schneiden zurückzuführen?*
4. *Erklären Sie die Wirkungsweise der Säge.*
5. *Beschreiben Sie die Zahnformen.*
6. *Welche Vorteile hat ein Schlangenbohrer gegenüber einem Schneckenbohrer?*
7. *Welche Bohrer sind für Dübellochbohrungen geeignet?*

Weitere Informationen zum Thema Holz und Erklärungen von Fachbegriffen finden Sie auch auf der Internetseite des Informationsdienstes Holz (www.informationsdienst-holz.de).

Lernfeld 6:
Beschichten und Bekleiden eines Baukörpers

Nachdem der Rohbau unseres Reihenhauses bis zur Dachkonstruktion ausgeführt ist, steht die Ausführung der Beschichtungs- und Bekleidungsarbeiten senkrechter und waagerechter Bauteile an. Wände und Decken werden mit geeigneten Putzarten beschichtet. Die richtige Wahl können wir nur treffen, wenn wir einerseits Kenntnisse über die wichtigsten Werkstoffe und ihre Eigenschaften haben, andererseits bauphysikalische Fragen über Wärmespannungen, Feuchtigkeitsschutz und Tauwasserbildung beantworten können. Fliesen- und Plattenbeläge werden auf Bauteilen mit erhöhter Beanspruchung angewendet, sind aber auch unter ästhetischen Gesichtspunkten zu betrachten. Als Fußböden auf Massivdecken werden Estriche sowohl im Verbund als auch unter Berücksichtigung schalltechnischer Erfordernisse ausgeführt. Im Untergeschossbereich und in Feuchträumen erfordert anfallende Feuchtigkeit den Einbau von Abdichtungen. Ausführungsmängel und daraus folgende Bauschäden bedingen oft hohe Kosten, die für manchen Betrieb den Ruin bedeuten können.

Da die Beschichtungen und Bekleidungen meist die endgültige Oberfläche von Bauteilen darstellen, werden an die Qualität ihrer Ausführung hohe Anforderungen gestellt. Sie müssen z. B. eben sein, gleichmäßige Strukturen aufweisen und eine angemessene Abriebfestigkeit besitzen. Da Maschinen nur in begrenztem Umfang einsetzbar sind, werden an das handwerkliche Können der Ausführenden hohe Ansprüche gestellt.

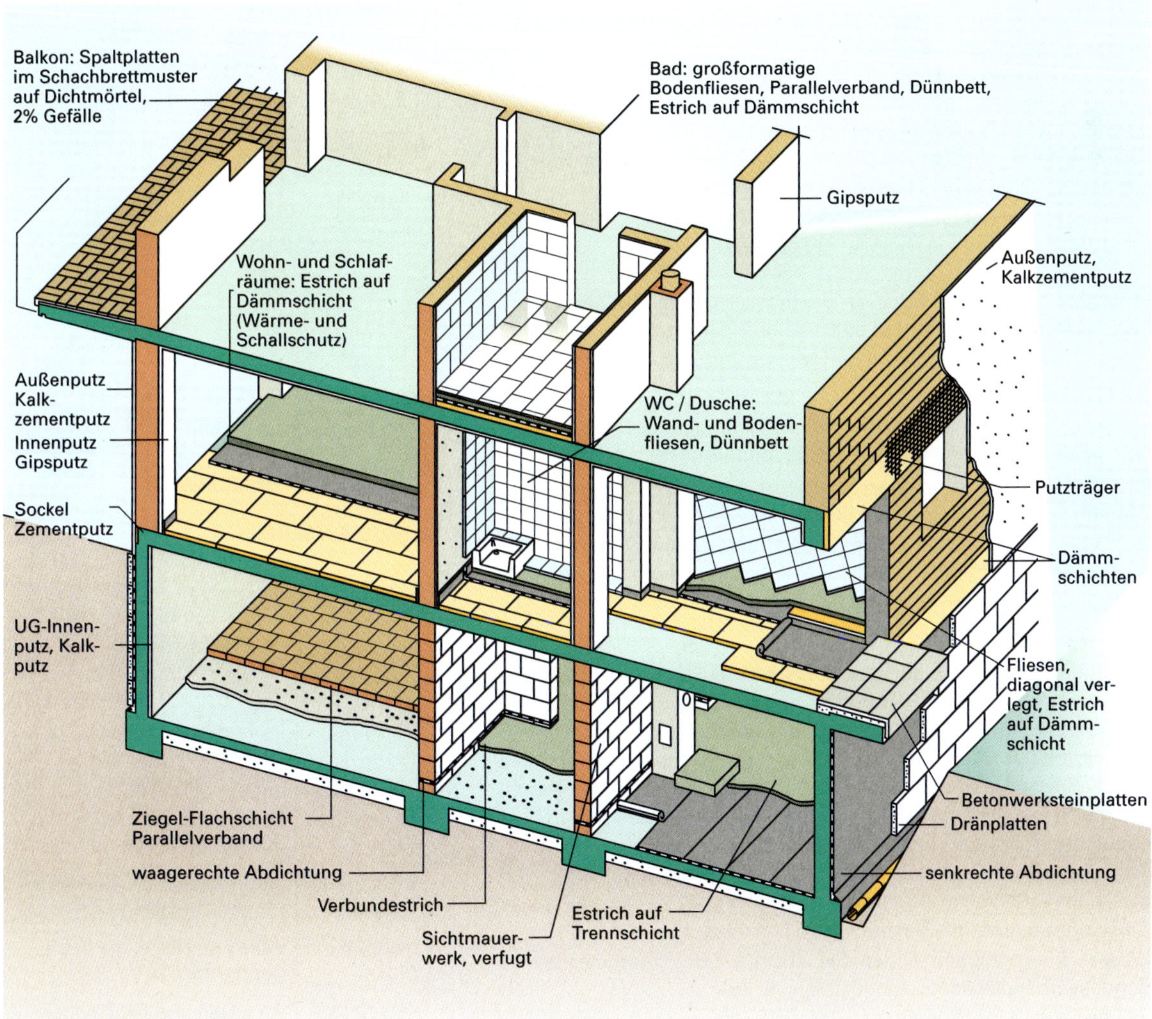

6.1 Putze

6.1.1 Bindemittel

L 3.3.2 Als Bindemittel für Putze wird neben den auch bei Mauermörtel gebräuchlichen Bindemitteln Kalk und Zement vor allem Gips verwendet.

Gips

Baugipse werden als Bindemittel für Putzmörtel, für Stuck- und Rabitzarbeiten sowie zur Herstellung von Gipsbauteilen verwendet. Baugipse werden aus **Gipsstein** gewonnen, einem kristallwasserhaltigen Calciumsulfat, $CaSO_4 \cdot 2H_2O$, Calciumsulfatdihydrat genannt, weil jeweils zwei Moleküle H_2O chemisch gebunden sind.

Versuch: Gipsstein wird im Reagenzglas erhitzt.
Beobachtung: Wasserdampf entweicht.
Ergebnis: Wärme treibt Wasser aus Gipsstein aus.

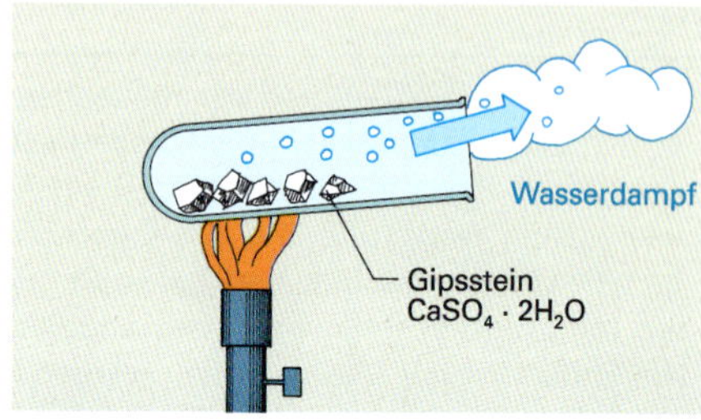

Brennen von Gipsstein

Bei der **Erzeugung von Stuckgips** wird der gemahlene Gipsstein bei Temperaturen bis zu 180 °C gebrannt. Dadurch werden 75% des Kristallwassers ausgetrieben. Stuckgips, $CaSO_4 \cdot 0{,}5H_2O$, wird auch Calciumsulfathalbhydrat genannt.

$$CaSO_4 \cdot 2H_2O \rightarrow CaSO_4 \cdot 0{,}5H_2O + 1{,}5H_2O \nearrow$$

Versuch: Ein Prüfring aus Messingblech, der mit Zeigern versehen ist, wird mit Gipsbrei gefüllt. Nach Versteifung des Gipses wird der Abstand der Zeigerspitzen gemessen.
Beobachtung: Der Zeigerabstand vergrößert sich.
Ergebnis: Gips dehnt sich beim Versteifen aus.

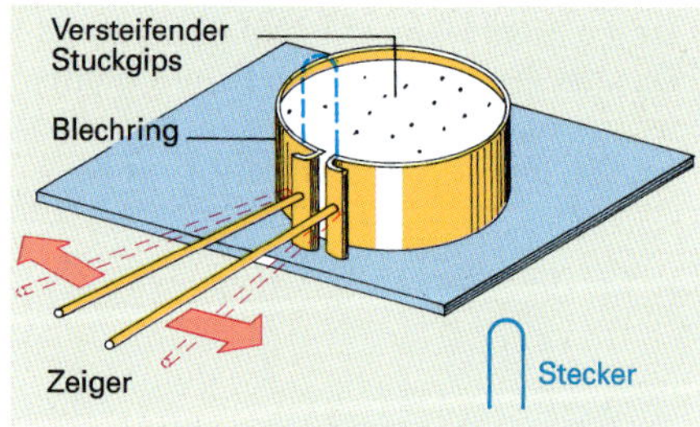

Ausdehnung von Stuckgips beim Erhärten

Stuckgips bindet beim **Erhärten** die Wassermenge, die beim Brennen ausgetrieben wurde, und bildet neue **Gipskristalle**.

$$CaSO_4 \cdot 0{,}5H_2O + 1{,}5H_2O \rightarrow CaSO_4 \cdot 2H_2O$$

Die ungeordnete Lage der rasch gebildeten Kristalle hat **1...2% Volumenzunahme** zur Folge. Die Versteifung des Gipsbreies wird durch Reste erhärteten Gipses beschleunigt (Impfkristalle).

Putzgips entsteht, wenn Gipsstein bis zu etwa 700 °C gebrannt und gemahlen wird. Putzgips enthält unterschiedlich stark entwässerte Stoffanteile (Hydratstufen), wie z.B. Halbhydrat und völlig entwässerten Gips (Anhydrit). Deshalb versteift Putzgips schneller als Stuckgips, bleibt aber länger plastisch und länger verarbeitbar.

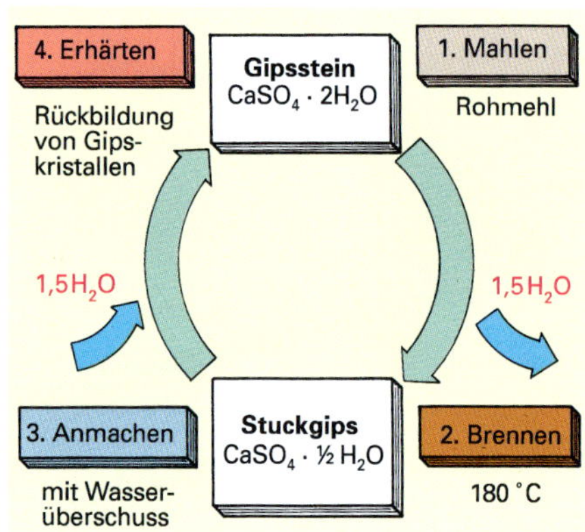

Kreislauf des Stuckgipses

Eigenschaften der Gipse

Gipse haften gut, auch auf glatten Flächen. Da Gipse nicht schwinden, können sie ohne Sandzusatz verarbeitet werden. Gipsputze nehmen bei vorübergehender höherer Luftfeuchte Wasser (Dampf) auf und geben es rasch wieder ab. Gipsputze und -platten wirken feuerhemmend (bei mind. 10 mm Dicke). Bei andauernder Durchfeuchtung werden Gipse gelöst, deshalb nicht im Freien und in dauerfeuchten Räumen verwenden! Gipse bieten keinen Rostschutz, deshalb **müssen Stahlteile** (Nägel, Drahtgewebe, Anker usw.) verzinkt oder anderweitig gegen Rost geschützt sein.
Gipse dürfen nicht mit Zement vermischt werden.
Weitere Informationen finden Sie auch auf der Internetseite des Bundesverbandes der Gipsindustrie (s. S. 354).

Gipsart	Anwendung
Stuckgips	Innenputze, Stuck-, Form-, Rabitzarbeiten, Gipsbauplatten
Putzgips	Innenputze (Gipsputz, Gipssandputz, Gipskalkputz), Rabitzarbeiten
Fertigputzgips	Putzgips mit Zusätzen und Füllstoffen für Innenputze
Maschinenputzgips	Innenputze unter Einsatz von Putzmaschinen
Haftputzgips	einlagige Putze, auch mit geringer Dicke
Ansetzgips	Ansetzen von Gipsplatten
Fugengips und Spachtelgips	Verbinden und Verspachteln von Gipsbauplatten

Baugipse und ihre Verwendung

Baugipse werden erzeugt, indem Gipsstein durch Brennen teilweise oder völlig entwässert wird. Gipse binden beim Erhärten das Wasser, das beim Brennen ausgetrieben wurde. Dabei nimmt ihr Volumen um 1...2% zu.

Sonstige Bindemittel für Putze und Estriche

Gips-Putztrockenmörtel nach DIN EN 13279-1 eignen sich besonders für einlagige Innenputze. Um bei der Verwendung von Putzmaschinen (Gipsmaschinenputz) eine kontinuierliche Verarbeitung zu ermöglichen, werden dem Gips Verzögerer und Füllstoffe (z. B. Gesteinsmehl) zugesetzt. Putztrockenmörtel bieten einen hohen Feuerwiderstand.

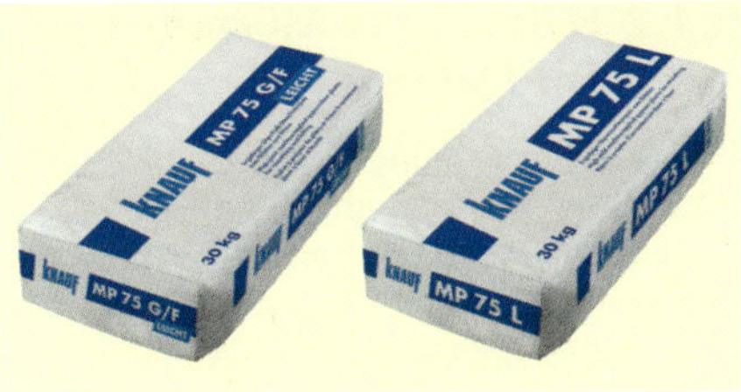

Beispiele für Gips-Putztrockenmörtel

2.3

Calciumsulfatbinder nach DIN EN 13454-1, Werkmörtel für die Herstellung von Estrichen, besteht aus fein gemahlenem Calciumsulfat ($CaSO_4$ – ohne Wasser) mit Zusatz kristallisationsanregender Stoffe.

Putz- und Mauerbinder nach DIN EN 413-1 ist ein feingemahlenes hydraulisches Bindemittel, das aus Portlandzementklinkern oder einem geeigneten Zement nach DIN EN 197-1 und anorganischen Stoffen, z. B. Gesteinsmehl, hergestellt wird. Putz- und Mauerbindern niedrigerer Festigkeitsklassen werden Luftporen bildende Zusatzmittel zugegeben, um die Verarbeitbarkeit des Mörtels und das Wasserrückhaltevermögen zu verbessern.

Putz- und Mauerbinder wird mit Sand und Wasser angemacht und ergibt gut verarbeitbare und wirtschaftlich günstige Putz- und Mauermörtel.

Die **Einteilung** der Putz- und Mauerbinder erfolgt nach ihrer jeweiligen Druckfestigkeit in N/mm² nach 28 Tagen. Die **Kurzbezeichnung** für Putz- und Mauerbinder ist **MC**.

Putz- und Mauerbinder darf nur in saubere Transportbehälter gefüllt werden und muss stets vor Verunreinigungen geschützt werden.

Der Erstarrungsbeginn liegt i. d. R. zwischen 60 min und 6 Stunden.

Die **Kennzeichnung** der Säcke erfolgt durch gelbe Grundfarbe und blauen Aufdruck.

Art	Luftgehalt Volumenanteil %	Festigkeit nach 28 Tagen (Normfestigkeit) in N/mm² oder in MPa	
MC 5	≥ 8 und ≤ 22	≥ 5	≤ 15
MC 12,5		≥ 12,5	≤ 32,5
MC 22,5		≥ 22,5	≤ 42,5
MC 12,5 X	≤ 6	≥ 12,5	≤ 32,5
MC 22,5 X		≥ 22,5	≤ 42,5

X = ohne Luftporenbildner

i 1.2.3

Putz- und Mauerbinderarten nach DIN EN 413-1

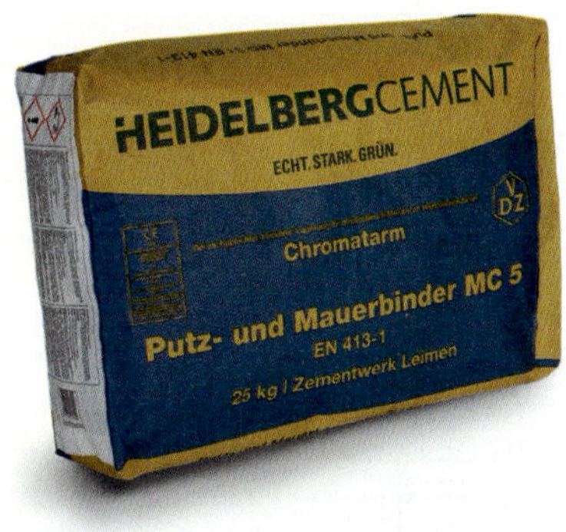

PM-Binder nach DIN EN 413-1

Magnesiabinder nach DIN EN 14016-1 besteht aus Magnesiumoxid, MgO, dem Magnesiumchloridlösung, $MgCl_2$ (rostfördernd), zugesetzt wird. Dadurch findet eine schnelle Erhärtung zu einer steinartig festen Masse statt. Als Füllstoffe dienen Steinmehl, Holzmehl, Korkmehl u. a.

Magnesiabinder wird zur Herstellung von Estrichen und Holzwolleplatten verwendet. Steinholzestriche sind nicht wasserbeständig. Gelegentliche Feuchtigkeitseinwirkung schadet jedoch nicht.

Zusammenfassung

Durch Brennen von Gipsstein wird Kristallwasser ausgetrieben, Baugipse entstehen.

Baugipse erhärten unter geringer Volumenzunahme, wenn sie nach dem Anmachen die Wassermenge chemisch binden, die beim Brennen ausgetrieben wurde. Putzgips versteift rascher als Stuckgips, bleibt aber länger plastisch.

Stuck- und Putzgipse binden relativ rasch ab, insbesondere wenn sie in verunreinigten Gefäßen gemischt werden. Deshalb nie zu viel anmachen.

Gipse dürfen nicht mit Zement vermischt werden.

Da beim Erhitzen von Gipsputz Kristallwasser ausgetrieben wird, eignet er sich sehr gut für den Schutz feuergefährdeter Bauteile, z. B. im Dachgeschoss unseres Projekts.

Sonstige Bindemittel für Putze und Estriche sind Calciumsulfatbinder, Putz- und Mauerbinder sowie Magnesiabinder.

Aufgaben:

1. *Woraus bestehen Gipsstein, Stuckgips und Putzgips?*
2. *Nennen Sie die Eigenschaften der Gipse.*
3. *Wie lassen sich besonders feuergefährdete Bauteile, z. B. Holzstützen, vorbeugend gegen Feuer schützen?*
4. *Zählen Sie die Baugipssorten mit je einem Anwendungsbeispiel auf.*
5. *Warum darf Gips nicht mit ungeschützten Stahlteilen in Verbindung gebracht werden?*
6. *Warum darf Gipsputz nicht im Freien verwendet werden?*
7. *Wo werden im Reihenhaus Gipsputze angewendet? Begründen Sie.*

6.1.2 Mörtel und Mörtelgruppen für Putze

Die **Gesteinskörnungen** bilden das feste Gerüst der Putzmörtel mit den Bindemitteln Kalk und/oder Zement. Dabei dient der Sand auch als Magerungsmittel, da diese Bindemittel für sich allein stark schwinden und zur Bildung von Rissen führen.

Gips kann ohne Gesteinskörnungen verarbeitet werden, da er nicht schwindet. Werktrockenmörtel auf Gipsbasis enthalten neben anderen Stoffen vielfach fein gemahlene Gesteinskörnungen zur Magerung und Regulierung der Verarbeitungszeit, die z. T. bis 3 Stunden beträgt.

Zur Verbesserung der Wärmedämmung von Umfassungswänden werden vielfach **Leichtputzmörtel** auf Kalk- und Zementbasis verwendet. Sie werden unter Zusatz von Blähglimmer, Perlite oder Polystyrolschaumperlen hergestellt. Ihre geringere Festigkeit und schlechtere Verarbeitbarkeit darf keinesfalls durch Sandzugabe ausgeglichen werden, weil dadurch die Dämmwirkung verschlechtert wird.

i 1.5.6

Die Gesteinskörnungen sollen so abgestuft sein, dass die kleineren Körner die Hohlräume zwischen den großen Körnern füllen. Dadurch wird, wie beim Beton, Bindemittel gespart und die Festigkeit erhöht. Bei kalkhaltigen Mörteln gibt der Sand die Porosität, die den nötigen Luftzutritt ermöglicht. Auf der Baustelle verunreinigter Sand darf nicht verwendet werden.

L 3.3.1

Das **Bindemittel** verbindet die Gesteinskörnungen. Zu viel Bindemittel führt bei Kalk- und Zementputzen zur Schwindrissbildung, zu wenig zum Absanden („fette" und „magere" Mischungen).

L 3.3.4

Das **Anmachwasser** (Zugabewasser und Eigenfeuchte) macht den Mörtel plastisch und verarbeitbar. Zu geringer Wasserzusatz verhindert die vollständige Umhüllung der Gesteinskörnungen mit Bindemittelleim, bei zu viel Wasser wird Bindemittel ausgeschwemmt. In beiden Fällen leiden Festigkeit und Frostbeständigkeit.

Putzmörtel

Putzmörtel werden im Inneren und an der Außenseite von Gebäuden verwendet. Sie sollen für die Verarbeitung geschmeidig sein und auf dem Putzgrund gut haften. Sie sollen so fest werden, dass sie den zu erwartenden Beanspruchungen standhalten, müssen aber andererseits elastisch bleiben, da sie Setzungen des Mauerwerks und Spannungen durch Temperaturunterschiede aushalten müssen, ohne zu reißen oder abzublättern. Außerdem sollen Putzmörtel für Wasserdampf durchlässig sein, da der in bewohnten Räumen durch Atmen, Kochen usw. entstehende Wasserdampf die Wände passieren soll. Außenputze müssen jedoch gleichzeitig gegenüber Regen dicht sein. Dämmmörtel bieten erhöhten Wärmeschutz.

Die Bindemittel für Putzmörtel sind Kalk und Zement und darüber hinaus speziell für Innenputzmörtel auch Gips. In DIN 18550 sind die verschiedenen Arten von Putzmörteln festgelegt.

L 3.3.3

Zu den Mörtelarten mit mineralischen Bindemitteln kommen noch Putzmörtel mit organischen Bindemitteln.

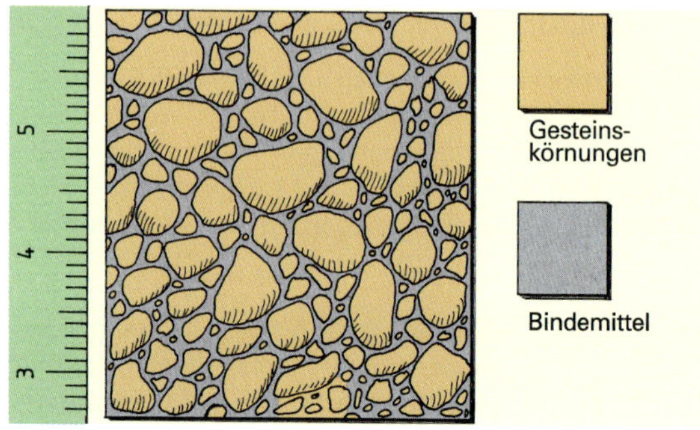

Aufbau des Mörtels (vergrößert)

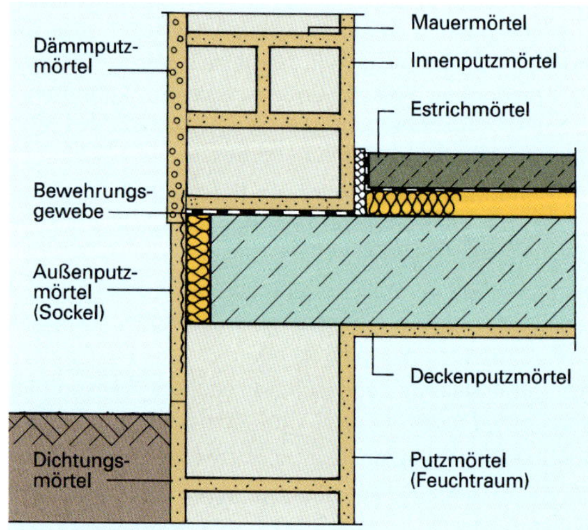

Mörtelanwendungen

Bezeichnung	Eigenschaften, Verwendung
Kalkmörtel	Gut verarbeitbar, atmungsfähig. Vorwiegend für Innenputze.
Kalkzement-mörtel	Bei noch ausreichender Dehnfähigkeit fester als Kalkmörtel. Für Außenputze. Kann auch nur mit hydraulischem Kalk 5 oder PM-Binder hergestellt werden.
Zementmörtel	Fest und beständig, aber wenig elastisch. Für Sockel- und Untergeschossaußenputze. Kann auch mit Zusatz von Kalkhydrat hergestellt werden.
Gipsmörtel Gipskalkmörtel	Rasch erhärtend und gut atmungsfähig. Auch mit Kalk- und Sandzusatz. Für Innenputze.
Lehmmörtel	Innenbereich, atmungsfähig, aber geringe Festigkeit

Putzmörtel-/Putzarten (mineralisch)

Nur geprüfte Gesteinskörnungen, geeignete Bindemittel und sauberes Anmachwasser im richtigen Mischungsverhältnis ergeben einwandfreien Putzmörtel.

Es sind dies Dispersions-Silicatputze (Silicatputze), Dispersionsputze (Kunstharzputze) und Siliconharzputze insbesondere für den Außenbereich.

In unserem Reihenhaus haben Putze sehr verschiedene Aufgaben zu erfüllen. In Untergeschossräumen sowie Bädern mit erhöhter Luftfeuchtigkeit empfehlen sich Kalkmörtel. Bei starker Feuchtigkeitsbeanspruchung im Außenbereich (Untergeschosswände und Sockel), verbunden mit Frosteinwirkung, verwendet man Zementmörtel. Wo die Feuchteeinwirkung nicht dauernd erfolgt, aber Temperaturspannungen auftreten, eignen sich Kalkzementmörtel am besten. Für die Innenputze der Wohnräume kommen in der Regel Gipsmörtel oder Kalkgipsmörtel infrage.

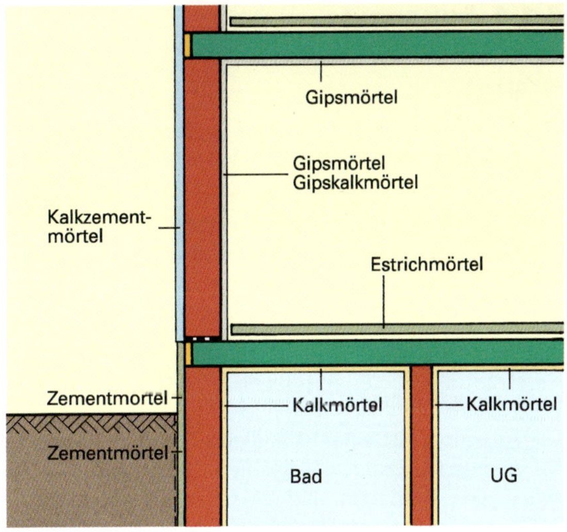

Anwendung der Putzmörtelgruppen

6.1.3 Allgemeines

Putze können einlagig und mehrlagig aufgebracht werden. Die äußere Lage eines mehrlagigen Putzes wird als **Oberputz**, die übrigen Lagen werden als **Unterputz** bezeichnet.

Nach der Art und Weise, wie der Frischmörtel des Oberputzes verarbeitet und die Oberfläche behandelt werden, unterscheidet man die **Putzweisen**, z.B. Kratzputz, Reibeputz, Spritzputz, Waschputz usw.

Nach den Eigenschaften werden die **Putzarten** unterschieden; neben Normalputz gibt es Putze mit besonderen Eigenschaften, z.B. Putz mit erhöhter Wärmedämmung, wasserundurchlässiger Putz, Putz als feuerhemmende Bekleidung usw.

Bezüglich der Lage werden Außenputz und Innenputz sowie Innenwandputz und Deckenputz unterschieden.

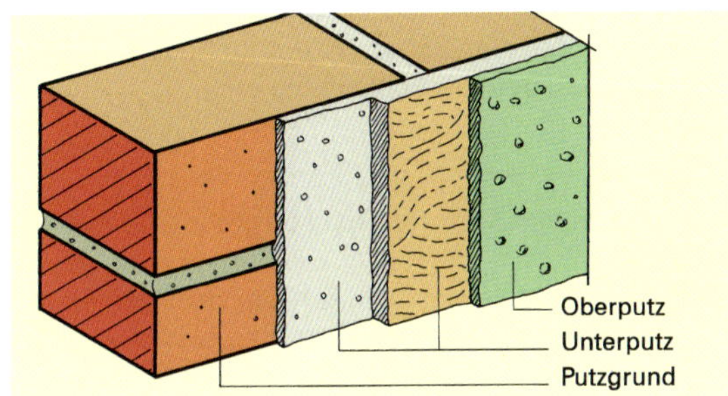

Aufbau eines mehrlagigen Putzes

Putzgrund

Die notwendige gute Putzhaftung kann nur erreicht werden, wenn der **Putzgrund** sauber, saugfähig und rau ist. Staub- und Schmutzschichten lassen keine Haftung entstehen. Saugfähigkeit und raue Oberfläche führen dagegen zu einer Verzahnung zwischen Putz und Untergrund.

.1 Gute Putzgründe sind z.B. Porenziegel und Bimsbeton.

Bei warmem Wetter sollte saugender Putzgrund vorgenässt werden, damit dem Putzmörtel das Wasser nicht zu rasch entzogen wird.

Bei schwach saugendem, glattem Putzgrund (z.B. Beton, Kalksandsteinmauerwerk) wird oft erst ein **Spritzbewurf** aus Zementmörtel oder eine Haftbrücke aufgebracht. Ein Spritzbewurf verbessert durch Oberflächenvergrößerung die Verbindung zwischen Baukörper und Putz und schaltet ungleichmäßigen Wasserentzug durch den Putzgrund aus.

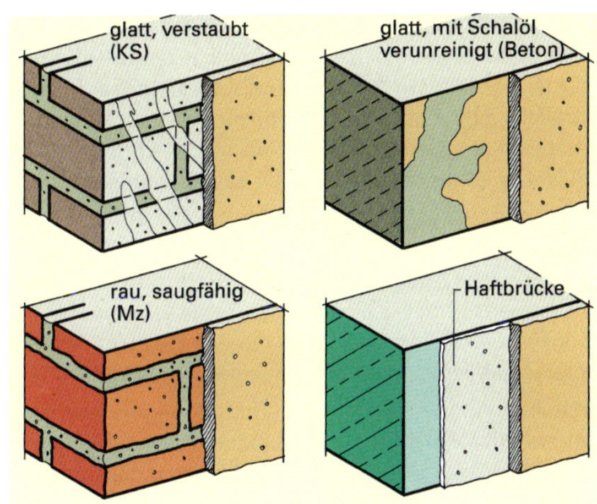

Putzhaftung auf verschiedenen Oberflächen

Wo auch kein Spritzbewurf hält, z.B. auf Stahl- und Holzteilen, auf Wärmedämmschichten oder wo ein von der tragenden Konstruktion unabhängiger Putz hergestellt werden soll, werden **Putzträger**, wie z.B. verzinktes Drahtgewebe oder Rippenstreckmetall, verwendet.

Ungeeigneter Putzgrund muss durch Spritzbewurf oder Putzträger verbessert werden.

Rippenstreckmetall als Putzträger mit Spritzbewurf

6.1.4 Außenputz

Aufgaben

Viele der am Reihenhaus verwendeten Wandbausteine nehmen Feuchte auf. Dadurch wird die Wärmedämmung herabgesetzt und bei Frost werden die Steine zerstört.

Der Außenputz muss die Durchfeuchtung der Wand verhindern, um die Wärmedämmung zu erhalten und vor Frostschäden zu schützen. Dies setzt voraus, dass der Putz selbst witterungsbeständig ist und das Regenwasser abweist.

Andererseits muss der Putz für Wasserdampf durchlässig sein, sonst würde die beim Bewohnen entstehende Feuchte die Wand im Laufe der Zeit von innen durchnässen.

Der Außenputz ist einem ständigen Temperatur- und Feuchtewechsel ausgesetzt. Dadurch entstehen Spannungen im Oberputz, zwischen den Putzlagen und zwischen Putz und Mauerwerk. Der Außenputz muss haftfähig und elastisch sein, um diese Spannungen aufnehmen zu können.

Neben diesen technischen Zwecken dient der Putz auch der Verschönerung des Gebäudes. Dazu trägt insbesondere die Struktur des Oberputzes und die Farbgebung bei.

Aufbau

Um die Wand sicher vor Durchfeuchtung zu schützen, darf der Außenputz nicht zu dünn sein. Ein dünner Putz könnte auch durch Temperatur- und Feuchteunterschiede bedingte Spannungen nicht ausgleichen, andererseits darf der Putz nicht zu dick und damit entsprechend schwer sein, da er sonst zu stark schwindet.

Für Außenputze wird deshalb eine **mittlere Dicke von 2 cm gewählt**.

Diese Putzdicke lässt sich in der Regel nicht durch eine Putzlage erreichen, da eine so dicke Mörtelschicht beim Auftragen abrutschen würde. Der Putz wird deshalb meist **zweilagig** aufgebracht. So ist es möglich, jede Putzlage ihren besonderen Aufgaben entsprechend herzustellen. Werkputzmörtel nach DIN EN 998-1 kann unter bestimmten Voraussetzungen auch **einlagig** aufgetragen werden.

Der Unterputz und der Oberputz bilden ein Putzsystem, das die Schutzfunktion gemeinsam erfüllen muss; der Oberputz hat zudem gestalterische Aufgaben. Für den Unterputz als tragende Schicht des Außenputzes ist eine höhere Festigkeit erwünscht. Diese sollte möglichst nicht höher sein als die des Putzgrundes, da sonst durch unterschiedlichen Spannungsausgleich die Haftung zerstört wird.

Besteht besondere Gefahr von Rissbildungen, können Gewebematten als **Putzbewehrung** eingebracht werden. Dies ist meist bei unterschiedlichem Putzgrund, wie z.B. an gedämmten Deckenstirnen und Rollladenkästen, der Fall.

Aufbringen

Der Mörtel darf in einem Arbeitsgang nur so dick aufgetragen werden, dass er haften bleibt und nicht abrutscht. Dies ist im Allgemeinen gewährleistet, wenn die Schichtdicke den dreifachen Durchmesser des größten Sandkorns nicht überschreitet. Die Putzlagen sind gleichmäßig dick aufzutragen, größere Unebenheiten im Putzgrund sind durch eine Ausgleichsschicht zu beseitigen. Weitere Putzlagen dürfen erst nach ausreichender Erhärtung der unteren Lagen aufgebracht werden. Gegebenenfalls ist der Unterputz vorzunässen oder aufzurauen.

Aufbringen des Außenputzes

Der Außenputz soll die Wände dauerhaft vor Durchfeuchtung schützen und das Gebäude verschönern.

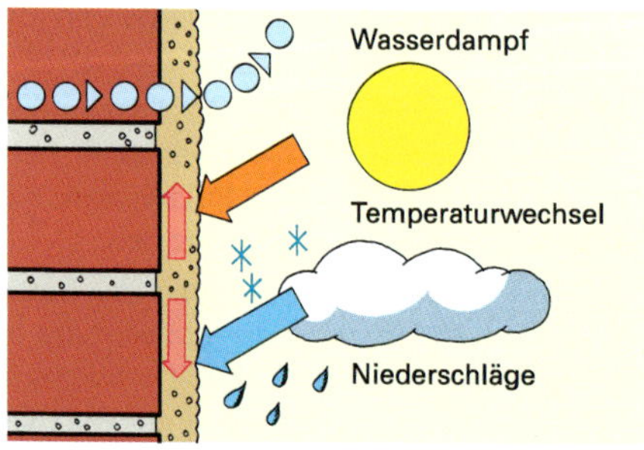

Beanspruchung des Außenputzes

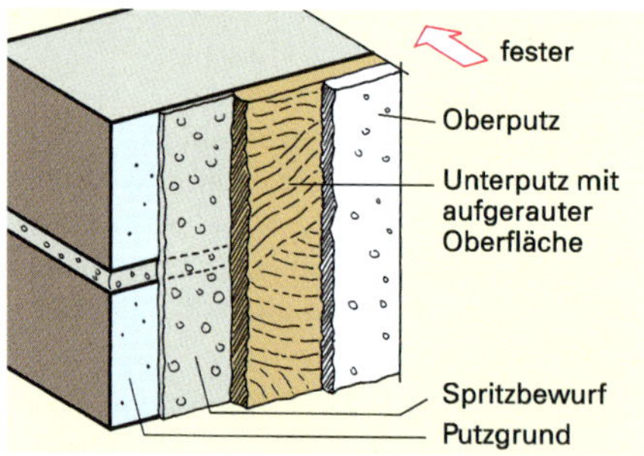

Außenputzaufbau (bei ungünstigem Putzgrund)

Der Außenputz soll im Mittel 2 cm dick sein; die Festigkeit der Putzlagen soll von innen nach außen abnehmen.

Aufgerauter Unterputz

Um eine gute Haftung zu erzielen, muss der Mörtel maschinell oder von Hand angeworfen werden. Durch das Anwerfen kommen die Mörtelteilchen in engen Kontakt
3.1 zum Putzgrund, es wird Adhäsion wirksam. Wird der Mörtel dagegen mit dem Brett aufgezogen, verbleiben hinter dem Putz oft luftgefüllte Hohlräume.

Außenputz darf nicht bei Schlagregen oder zu erwartendem Frost aufgebracht werden; auch auf gefrorenes Mauerwerk darf nicht geputzt werden. Bei starker Sonneneinstrahlung muss der Putz, z. B. durch Feuchthalten oder Anbringen von Sonnenblenden, vor zu rascher Austrocknung geschützt werden.

In Gegenden mit rauem Klima, wie z. B. dem Alpenvorland oder in Küstennähe, wird in der Regel der Untergrund durch einen Zementmörtel-Spritzbewurf vorbehandelt, darauf folgen Unter- und Oberputz. Hier hat der Spritzbewurf außer seiner Funktion als Haftvermittler auch noch die Aufgabe, das Mauerwerk zusätzlich gegen Schlagregen zu schützen.

Bei sogenannten Wärmedämmputzsystemen wird auf einen wärmedämmenden Unterputz mit expandiertem Polystyrol als Zuschlag ein Wasser abweisender Oberputz aufgebracht.

Die Oberflächenbehandlung des Oberputzes ist je nach Putzweise verschieden.

6.1.5 Innenputz

Aufgaben

Zum Innenputz werden Innenwandputz und Deckenputz gerechnet. In bewohnten Räumen entsteht einmal mehr und einmal weniger Feuchte. Der Innenputz soll bei hoher Feuchte diese aufnehmen und später wieder abgeben können, also die Luftfeuchte regulieren. Findet eine
4 solche Regulierung nicht statt, bildet sich an der Wandoberfläche ein Feuchtefilm, der zu Schäden führt. Tapeten verbessern, Ölfarben und Spachtelmassen vernichten die feuchteregulierende Wirkung.

Innenputze dienen als Träger für Anstriche, Tapeten und andere Beläge. Sie müssen deshalb ausreichend fest sein, gut haften und eben sein. Unebenheiten verursachen später störende Schattenwirkungen.

Ebenso wie beim Außenputz verbessert das Aufbringen eines Innenputzes Schall- und Wärmedämmung einer Wand bzw. Decke, allerdings nur geringfügig.

Aufbau

Um genügend Feuchte speichern zu können, darf der Innenputz nicht zu dünn sein. Im Allgemeinen sollten Innenputze an Wand und Decke **im Mittel einlagig 1 cm und zweilagig 1 ... 1,5 cm dick** sein.

Auch Innenputze werden fast ausschließlich maschinell aufgebracht. Wegen der geringeren Dicke werden sie mit geeigneten Putzmörteln fast immer einlagig ausgeführt.

Der Innenputz soll feuchteregulierend wirken und als Träger für Tapeten, Anstriche und Beläge dienen. Er soll im Mittel 1 ... 1,5 cm dick sein.

Mörtelsilo mit Förderanlage

Maschinelles Anwerfen von Putz

Nur angeworfener Putzmörtel haftet einwandfrei.

Aufbringen und Glätten von Innenputz

Aufbringen

Das in Abschnitt 6.1.3 über den Putzgrund und in Abschnitt 6.1.4 über das Anwerfen des Putzmörtels Gesagte gilt grundsätzlich auch für Innenwand- und Deckenputze. Die beim Innenputz besonders wichtigen ebenen Putzflächen, z. B. in Bädern als Fliesenuntergrund, lassen sich leichter herstellen, wenn der Putz über vorher angebrachte **Putzleisten** abgezogen wird. Putzleisten aus Mörtel („Pariser Leisten") werden als senkrechte Mörtelstreifen in jeweils etwa 1,2 m Abstand ausgeführt. Es ist stets der für die ganze Fläche vorgesehene Mörtel zu verwenden. Statt Putzleisten aus Mörtel werden meist auswechselbare Putzleisten aus Metall oder Kunststoff verwendet. Entsprechend gestaltete Putzleisten dienen auch zur Begrenzung der Putzflächen und zur Herstellung von Kanten, die erhöhter Beanspruchung ausgesetzt sind.

In Normen sind **Ebenheits-Anforderungen** an fertige Oberflächen festgelegt. Für Putze sind z. B. Unebenheiten von höchstens 3...5 mm bei 1 m entfernten Messpunkten zulässig.

Als **Putzträger** dienen, soweit erforderlich, meist Rippenstreckmetall, rechteckige Netze aus verzinktem Draht mit eingearbeiteter Pappe oder auch glasfaserverstärkte Kunststoffgitter (Glasgittergewebe).

Massivdecken sollten vor dem Putzen sauber und frei von Schalöl sein. Meist empfiehlt sich zur Verbesserung der Haftung ein Putzmörtel besonderer Zusammensetzung, z. B. Haftputz oder Maschinengipsputz oder das Aufbringen einer organischen Haftbrücke (Kunstharzanstrich).

Ein ebener Putz lässt sich nur mit Putzleisten erreichen. Bei Massivdecken sollten besondere Maßnahmen zur Verbesserung der Haftung ergriffen werden.

Putzleisten (Eckleiste)

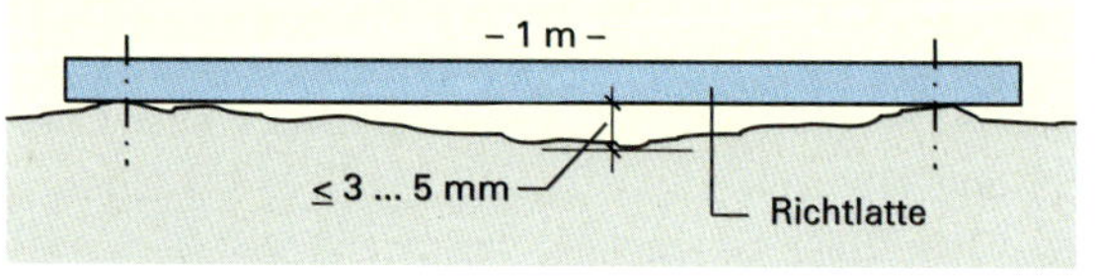

Messen der Ebenheit

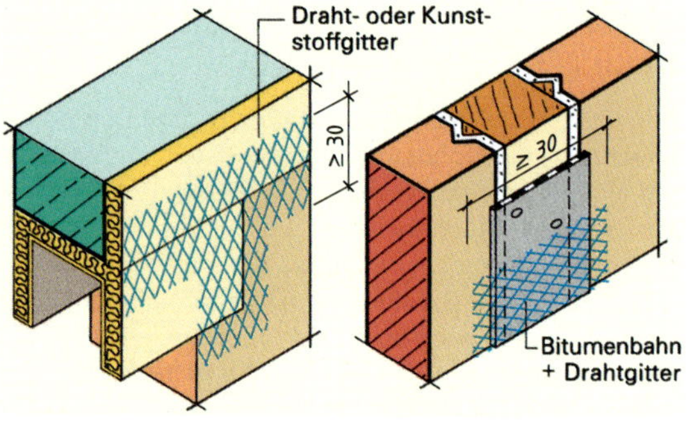

Putzträger: Rollladenkasten, Fachwerkwand

Zusammenfassung

Putze sind Mörtelbeläge auf Wänden und Decken von Baukörpern, die ein- oder mehrlagig aufgebracht werden.

Gute Putzhaftung erfordert einen guten Putzgrund, gegebenenfalls muss er verbessert werden.

Außenputz dient dem Schutz der Wände und der Verschönerung des Gebäudes. Er soll in der Regel zweilagig und im Mittel 2 cm dick sein. Putzmörtel muss angeworfen werden.

Innenputz soll feuchtigkeitsregulierend wirken und eine glatte Oberfläche haben. Er soll im Mittel 1...1,5 cm dick sein.

Ebene Putzflächen lassen sich am besten mit Putzleisten erreichen.

Mangelnde Putzhaftung ist einer der häufigsten Baumängel. Dem muss durch geeignete Putzträger oder Haftmittel begegnet werden.

Aufgaben:

1. *Erklären Sie die Begriffe*
   a) Putzweise, b) Putzart, c) Unterputz.
2. *Welche Anforderungen sind an den Putzgrund zu stellen?*
3. *An welchen Bauteilen unseres Projekts ist mit unzureichendem Putzgrund zu rechnen?*
4. *Welche Aufgaben hat der Außenputz zu übernehmen?*
5. *Weshalb sollte der Außenputz zweilagig aufgebracht werden?*
6. *Weshalb empfiehlt es sich grundsätzlich, den Putzmörtel anzuwerfen bzw. anzuspritzen?*
7. *Welche Aufgaben hat der Innenputz zu übernehmen?*
8. *Welche mittlere Dicke ist anzustreben*
   a) beim Außenputz, b) beim Innenputz?

6.1.6 Wandtrockenputz

Um Putzarbeiten zu beschleunigen, können statt Putzfrischmörtel (Nassputz) **Trockenbauplatten** wie Gipsplatten oder faserverstärkte Gipsplatten als Putzplatten im Trockenputzverfahren verwendet werden. Bei diesem Verfahren werden vorgefertigte Putzplatten mit Ansetzmörtel oder mithilfe einer Unterkonstruktion an der Wand befestigt. Die Wandbekleidung mit Trockenbauplatten wird als **Wandtrockenputz** bezeichnet.

Im Dachgeschoss unseres Reihenhauses können Dachschräge und Decken mit Trockenbauplatten auf Unterkonstruktionen verkleidet werden. Dort übernehmen Gipsplatten die Bekleidung von Sparren und Kehlbalken, tragen aber auch zum Brandschutz und zur Wärmedämmung bei.

Gipsplatten

Gipsplatten nach DIN EN 520 sind werkmäßig gefertigte Platten, deren Flächen und Längskanten mit einem fest haftenden Karton ummantelt sind. Durch die Kartonummantelung werden die Platten biegefest. Je nach Einsatzzweck werden der Gipsmischung Zusätze zur Erzielung bestimmter Eigenschaften beigemischt (z. B. mineralische Fasern zur Verbesserung der Eigenschaften im Brandfall).

Gipsplatten werden für verschiedene Anwendungsbereiche in mehreren Plattenarten hergestellt: z. B. **Gipsplatten Typ A** für dekorative Beschichtung oder Wandtrockenputz, **Gipsplatten Typ F** für hohe Temperaturen (Zusatz mineralischer Fasern), **Gipsplatten Typ H** mit reduzierter Wasseraufnahme.

Für bestimmte Anwendungszwecke, z. B. Schalldämmung und Schallschluckung sowie Wärmedämmung und Oberflächengestaltung, werden Gipsplatten weiterbearbeitet, z. B. zu **Gips-Zuschnittplatten** (Gips-Kassetten), **Gips-Lochplatten** (mit Löchern, Schlitzen und Stanzungen) und **Gips-Verbundplatten** (mit Wärmedämmstoff auf der Plattenrückseite). .3

Bei den Gipsplatten sind die kartonummantelten Längskanten für bestimmte Anwendungszwecke unterschiedlich ausgebildet (siehe Abb.).

Die üblichen Nenndicken sind 9,5, 12 und 15 mm.

Faserverstärkte Gipsplatten

Faserverstärkte Gipsplatten werden entweder mit oberflächig angeordnetem Vlies (Gipsplatten mit Vliesarmierung) oder aus einem Gemisch aus Gips mit anorganischen/organischen Fasern (Gipsfaserplatten) hergestellt.

Durch Verpressung unter hohem Druck entsteht eine homogene Platte mit Eigenschaften, die hinsichtlich der Verarbeitung und Anwendung denen der Gipsplatten ähnlich sind. Faserverstärkte Gipsplatten werden als **Bauplatten** für den Wandtrockenputz, als **Feuerschutzplatten** und **Feuchtraumplatten** sowie als **Verbundplatten** geliefert. Die Platten haben geradlinige, rechtwinklige und scharf geschnittene Kanten. Die Befestigung erfolgt durch Nageln, Schrauben, Klammern oder Kleben. Bezüglich der Stabilität sind sie den Gipsplatten überlegen, weisen jedoch ein ungünstigeres Schwindverhalten auf.

Wandtrockenputz mit Gipsplatten

Bezeichnung	Eigenschaft/Verwendung
Gipsplatte Typ A	Standard-Gipsplatte für Wandtrockenputz
Gipsplatte Typ H	mit Zusätzen zu reduzierter Wasseraufnahmefähigkeit
Gipsplatte Typ E	für Beplankung von Außenwandelementen
Gipsplatte Typ F	verbesserter Gefügezusammenhalt bei hohen Temperaturen (Brandfall)
Gipsplatte Typ P	Putzträgerplatte auch für andere Beschichtungen
Gipsplatte Typ R	mit erhöhter Festigkeit
Gipsplatte Typ I	mit erhöhter Oberflächenhärte

Arten und Verwendung von Gipsplatten

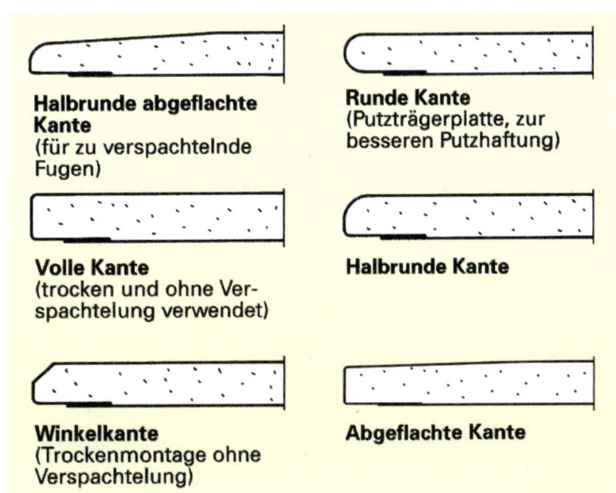

Kantenausbildung von Gipsplatten

Herstellen von Wandtrockenputz

Als Wandtrockenputz werden Trockenputzplatten in der Regel mit gipshaltigem Ansetzmörtel (Ansetzgips) unmittelbar an senkrechte Wände angesetzt. Dazu müssen die Wandflächen eben sein. Auf Unterkonstruktionen, z. B. Dachsparren oder Metallständern, werden die Platten mit Schrauben befestigt. Sparren und Ständer mit Abständen von ≤ 80 cm können mit 20 mm dicken Paneelplatten ohne zusätzliche Unterkonstruktion, z. B. im Dachgeschoss des Reihenhauses, bekleidet werden (s. Abb.).

Wandtrockenputz mit Ansetzmörtel

Je nach Untergrund und Verarbeitungsanleitung wird der Ansetzmörtel batzen- oder streifenförmig oder vollflächig auf die Rückseite der Trockenputzplatten aufgetragen.

Batzenförmiger Mörtelauftrag wird bei normal unebenem Grund (z. B. üblichem Mauerwerk) und zum Ansetzen von Verbundplatten genutzt.

Die Trockenputzplatten werden jeweils durch Andrücken und Anklopfen mit dem Richtscheit ausgerichtet und danach mit besonderem Fugenmörtel (z. B. Fugenfüller) verfugt bzw. verspachtelt.

Rationeller ist es, den Ansetzmörtel mit einer Spritzmaschine auf die Wand zu spritzen. Die Platten werden dann angesetzt, ausgerichtet und fest angedrückt.

Im **Dünnbettverfahren** werden die Platten bei besonders ebenem Grund (z. B. bei Betonflächen) angesetzt. Der etwas dünner angerührte Ansetzmörtel wird mit Zahnkelle bzw. Kammschlitten streifenförmig aufgetragen und gleichmäßig verteilt.

Ist der Grund stark uneben (z. B. Altbau-Mauerwerk), werden die Unebenheiten zuerst mit **Plattenstreifen** (etwa 10 cm breit) und batzenförmigem Ansetzmörtel ausgeglichen. Auf die lot- und fluchtgerecht ausgerichteten Plattenstreifen werden die Putzplatten im Dünnbettverfahren angesetzt.

Als Ansetzmörtel werden in der Regel die vom Plattenhersteller angebotenen Ansetzbinder verwendet. Diesem besonders behandelten Stuckgips sind Zusätze beigegeben, welche das langsame Versteifen, das Wasserrückhaltevermögen und die sichere Haftung der Platten am Putzgrund steuern bzw. beeinflussen. Der Ansetzmörtel muss in sauberen Behältern angerührt werden.

Zusammenfassung

Als Wandtrockenputz werden Trockenputzplatten in der Regel mit Ansetzmörtel unmittelbar an Wandflächen angesetzt.

Gipsplatten und faserverstärkte Gipsplatten eignen sich besonders für Wandtrockenputz.

Die Putzplatten werden auf batzen- oder streifenförmig aufgebrachtem Ansetzmörtel oder vollflächig angesetzt. Auf Unterkonstruktionen werden sie geschraubt oder mit Klammern befestigt.

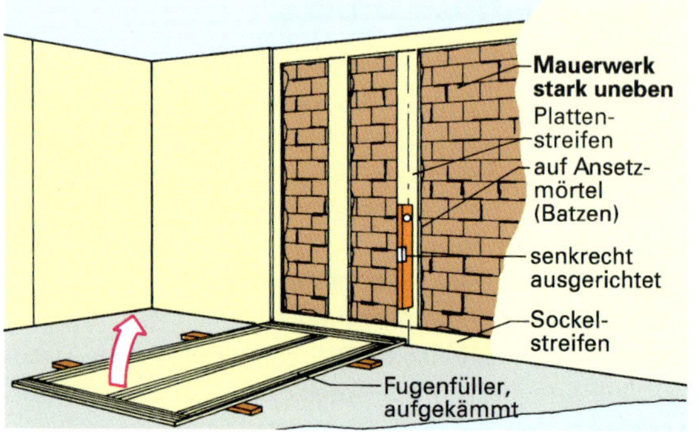

Dünnbettverklebung auf Plattenstreifen

Dünnbettverklebung auf ebener Wand

Gips-Paneelplatte ohne zusätzliche Unterkonstruktion
(Sparrenabstände bis 80 cm sind möglich)

Aufgaben:

1. *Worin unterscheiden sich Gipsplatten und faserverstärkte Gipsplatten?*
2. *Auf welche Weise werden bei der Herstellung von Wandtrockenputz Unebenheiten des Putzgrundes ausgeglichen?*
3. *Wo bietet sich in unserem Projekt der Einsatz von Wandtrockenputz an?*
   Begründen Sie.

6.1.7 Mengenermittlung und zeichnerische Darstellung

Die zur Lösung der Aufgaben erforderlichen Kenntnisse sind in Lernfeld 3 (Mauerwerk) in den Abschnitten 3.3.5 und 3.6.6 behandelt.

Dort finden Sie Angaben über
Mörtelfaktor (meist 1,6),
Mörtelausbeute,
Mischungsverhältnisse und
Volumen von Bindemitteln/Sack.

Die dort aufgeführten Rechenbeispiele helfen Ihnen bei der Lösung der Aufgaben.

Aufgaben:

1. Die Wände der Reihenhausgarage werden außen und innen verputzt. Die Maße sind den Projektzeichnungen zu entnehmen. Berechnen Sie
   a) den Bedarf an Außenputz (Unterputz) bei einer Putzdicke von 1,5 cm in m³. Für die Laibungstiefe ist ¹/₃ der Wanddicke zu wählen.
   b) Als Innenputz soll ein Kalkzementmörtel MV 2:1:10 in der Dicke 1,5 cm aufgebracht werden. Ermitteln Sie den Bedarf an hydraulischem Kalk 2, Zement (jeweils in Säcken) und Sand (in m³).

2. Die Giebelwand des Reihenhauses wird über der UG-Decke mit einem 1,5 cm dicken Unterputz aus Kalkzementmörtel MV 1:1:6 und einem 6 mm dicken Oberputz als Fertigputz versehen. Die Maße sind den Projektzeichnungen zu entnehmen; die seitlichen Fensterlaibungen sind 10 cm tief. Berechnen Sie
   a) den Bedarf an hydraulischem Kalk 2 (in kg), Zement (in kg) und Sand (in m³) für den Unterputz,
   b) den Bedarf an Fertigputz in Eimern zu je 20 l.

3. Die Wände des Waschraumes im UG unseres Reihenhauses werden 1 cm dick mit Kalkzementmörtel MV 2:1:11 verputzt und teilweise gefliest. Alle Wände erhalten einen 12 cm hohen Fliesensockel, die Außenwand und die Trennwand zum Nachbarhaus zusätzlich einen 1,20 m hohen Fliesenbelag auf dem Unterputz. Berechnen Sie
   a) den Bedarf an hydraulischem Kalk 2, Zement (jeweils in kg) und Sand (in m³) für den Unterputz auf allen Wandflächen,
   b) den Bedarf an Baustoffen für den 5 mm dicken Oberputz desselben Mischungsverhältnisses auf allen nicht verfliesten Flächen.

4. Der in Bild 1 dargestellte Schornsteinkopf des Reihenhauses wird 2 cm dick mit Kalkzementmörtel MV 1:1:6 verputzt.
   a) Wie viele Eimer Mörtel mit 10 l Inhalt müssen nach oben transportiert werden?
   b) Reicht für die Mörtelbereitung ein Sack Zement (25 kg) aus?

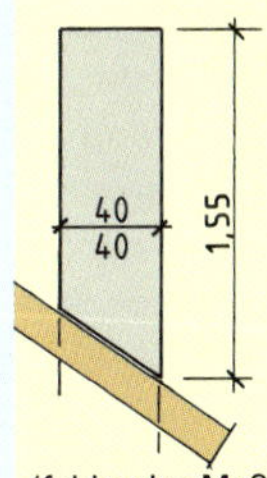

(fehlendes Maß zeichnerisch ermitteln!)
Bild 1

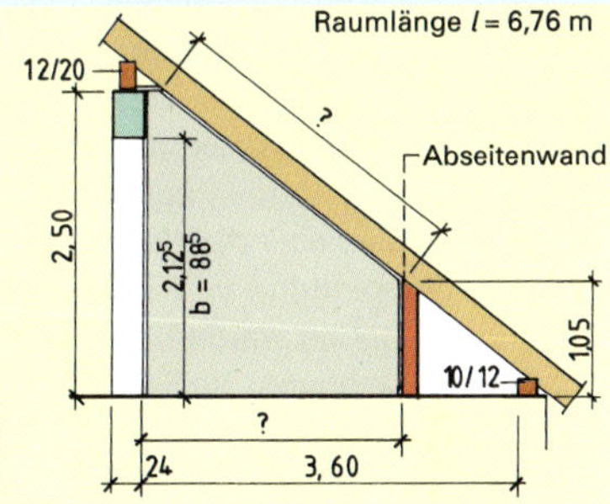

Bild 2

5. Der nördliche Dachgeschoss-Abstellraum des Reihenhauses wird mit einer 1,05 m hohen Abseitenwand versehen und mit Trockenputz aus Gipsplatten beschichtet (siehe Bild 2).
   a) Ermitteln Sie zeichnerisch die verbleibende Raumbreite und das Maß der Dachschräge (Maßstab 1:50).
   b) Berechnen Sie für sämtliche Wand- und Dachflächen den Bedarf an Gipsplatten (in m²) bei einem Verschnitt von 8%. Für ein Dachflächenfenster sind 1,25 m² zu berücksichtigen.

6. a) Zeichnen Sie die Abwicklung der Innenwandflächen des Wohnraums und des südöstlichen Kinderzimmers mit allen Öffnungen (Maßstab 1:100).
   b) Fertigen Sie anhand der gegebenen Tabelle eine Aufmaßliste für die Innenputzflächen des Wohnraums und berechnen Sie die gesamte Innenwandfläche.

Aufmaßliste

Pos.	Benennung	Anzahl	Ausmaß			Mess-gehalt	Abzug	Reiner Mess-gehalt
			lang	breit	hoch			
1	Mittelwand	1	6,885		2,25	15,49		
	Tür	1		1,50	2,135		3,20	
								12,29

6.2 Fußböden und Estricharbeiten

Anforderungen an Fußböden

Fußböden bilden bei Bauwerken den unteren waagerechten Abschluss gegen den Untergrund (Boden, Bodenplatte, Rohdecke). Die Anforderungen an Fußböden richten sich nach dem jeweiligen Verwendungszweck der Räume.

Fußböden über bindigen Bodenarten für Lagerräume, Abstellräume, Flure o.Ä., die trocken gehalten werden müssen, sind gegen **Bodenfeuchtigkeit abzudichten**, denn die im Boden vorhandene Feuchtigkeit durchdringt die angrenzenden Bauteile, indem sie in deren Kapillaren hochsteigt. Für Fußböden in Waschküchen und Vorratskellern entfallen besondere Abdichtungsmaßnahmen. Handelt es sich um beheizte Aufenthaltsräume, so ist für Fußböden außer der Feuchtigkeitsabdichtung eine ausreichende **Wärmedämmung** erforderlich. Soll die Ausbreitung von Trittschall in horizontaler Richtung unterbunden werden, um benachbarte Räume nicht zu beeinträchtigen, so ist der Fußboden **schalldämmend** auszuführen.

i 1.6.3

6.2.1 Fußböden ohne Wärmedämmung

Fußböden aus Ziegeln

Fußböden aus Mauerziegeln oder Klinkern werden im Dünn- oder Normalformat verbandgerecht hergestellt. Hierfür gibt es zwei **Ausführungsarten**:

- **Flachschichtpflaster** für Fußböden mit geringer Beanspruchung; es gibt verschiedene Verlegearten, wie z.B. Schachbrett- oder Fischgrätmuster oder diagonale Verlegung im Verband;
- **Rollschichtpflaster** für Fußböden mit starker Beanspruchung.

Ausführung

- Einebnen und Verfestigen des Untergrundes;
- Aufbringen einer 3...5 cm dicken Sandschicht (Sandbettung);
- Setzen der Randsteine mit Verzahnung;
- Verlegen der Steine nach der Schnur;
- Einschlämmen der 1 cm dicken Fugen mit feuchtem Sand oder Ausgießen mit Zementmörtel.

> Einfaches Flachschichtpflaster genügt für Fußböden, die wenig Stoß und Druck auszuhalten haben. Für stärker beanspruchte Fußböden sind Rollschichtpflaster geeignet.

Fußböden aus Beton ohne Abdichtung

Bei nichtbindigen Böden und tief liegendem Grundwasserspiegel kann ein Eindringen der Bodenfeuchtigkeit in den Fußboden durch eine grobkörnige **Unterpackung**

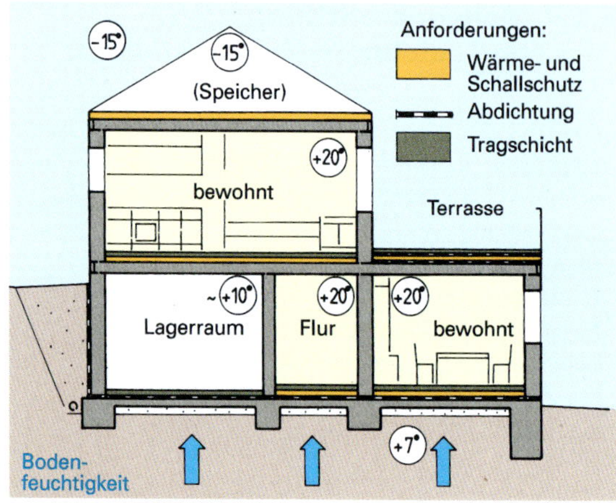

Anforderung an Fußböden

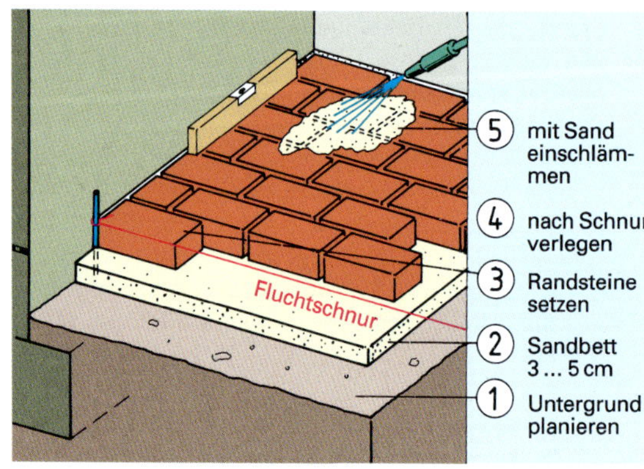

Einfaches Ziegel-Flachschichtpflaster

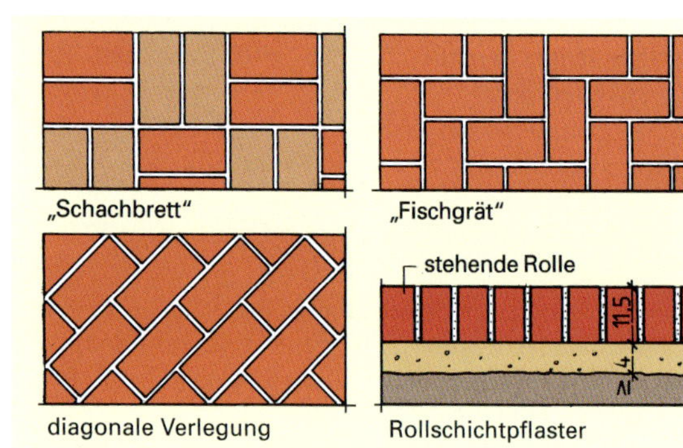

Verlegearten für Ziegelpflaster

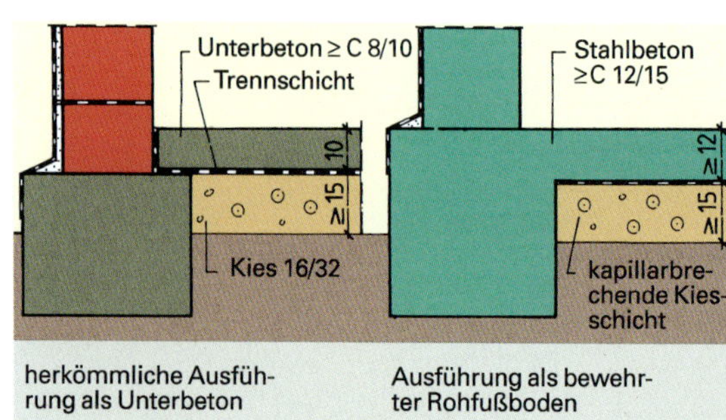

Betonrohfußboden auf Kiesschüttung

aus Kies oder Schotter in 15 ... 20 cm Dicke verhindert werden. Infolge der großen Hohlräume zwischen den
.2 Körnern kann die Bodenfeuchtigkeit nicht aufsteigen. Die Schüttung wirkt als kapillarbrechende Schicht. Damit die Hohlräume der Schüttung nicht mit Beton verfüllt werden, ist eine Trennschicht (Folie) unbedingt erforderlich. Auf die Schüttung bzw. Trennschicht wird ein tragfähiger **Unterbeton** von 10 ... 15 cm Dicke in einer Betonfestigkeitsklasse ≥ C8/10 aufgebracht. Wird anschließend ein Verbundestrich (s. Abschn. 6.2.2) aufgebracht, wie in unserem Projekt vorgesehen, soll die Oberfläche des Unterbetons rau sein, um eine gute Verbindung zu gewährleisten.

6.2.2 Fußböden aus Beton mit Abdichtung

Wird unser Reihenhaus auf bindigen Böden oder am Hang ausgeführt, reicht eine grobkörnige Unterpackung nicht aus, um Fußböden trocken zu halten. Hier muss durch **zusätzliche Abdichtungsmaßnahmen** der Fußboden vor Durchfeuchtung geschützt werden.

Abdichtungen mit **Bitumenbahnen** sind mindestens einlagig herzustellen. Die Bahnen sind lose, punktweise
.2 oder vollflächig verklebt auf den Untergrund (Bodenplatte) aufzubringen. Die Bahnen müssen sich an Nähten, Stößen und Anschlüssen mindestens 10 cm überdecken; die Überdeckungen müssen vollflächig verklebt bzw. bei Schweißbahnen verschweißt werden.

Abdichtungen mit **Kunststoffbahnen** sind ebenfalls min-
.1 destens aus einer Lage herzustellen. Die Bahnen können lose verlegt oder auf den Untergrund aufgeklebt werden. Bei Aufklebung muss der Untergrund trocken sein. Die Überdeckungen an Nähten, Stößen und Anschlüssen betragen mindestens 5 cm.

Abdichtungen mit **Asphaltmastix** sind in einer Mindestdicke von 0,7 cm auf den Unterbeton aufzubringen. Asphaltmastix ist ein Gemisch aus Bitumen, Gesteinsmehl und Sand.

Die fertig gestellten Abdichtungen sind vor mechanischer Beschädigung sowie gegen chemische und thermische Einflüsse zu schützen. Die **Schutzschicht** kann aus **Beton** ≥ C 12/15, bei Bewehrung ≥ C 16/20 bestehen. Sie soll mindestens 5 cm dick sein.

Schutzschichten aus **Betonplatten** werden vollflächig im Mörtelbett der Mörtelgruppen II oder III verlegt. Die Betonplatten müssen mindestens 5 cm dick sein, das Mörtelbett muss mindestens 2 cm betragen.

.1 Schutzschichten aus **Gussasphalt** sind 2 cm dick herzustellen. Bei Abdichtungen aus Bitumenwerkstoffen muss eine Trennschicht aus Ölpapier, Glasvlies oder PE-Folie zwischen Abdichtung und Schutzschicht gelegt werden.

Für die Abdichtung von Fußbodenflächen mit Bitumenbahnen, Kunststoff-Dichtungsbahnen und mit Asphaltmastix sind druckfeste Unterlagen aus Beton erforderlich.

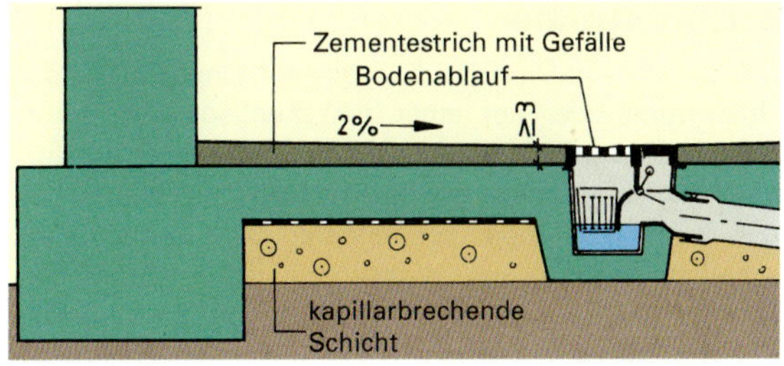

Fußbodenaufbau in einem Feuchtraum

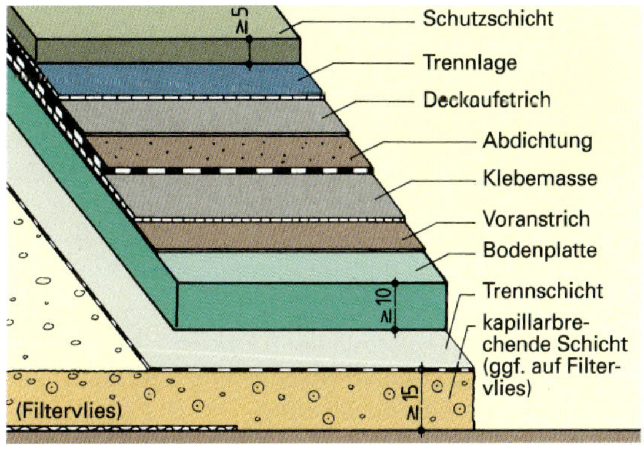

Fußbodenaufbau mit Abdichtung

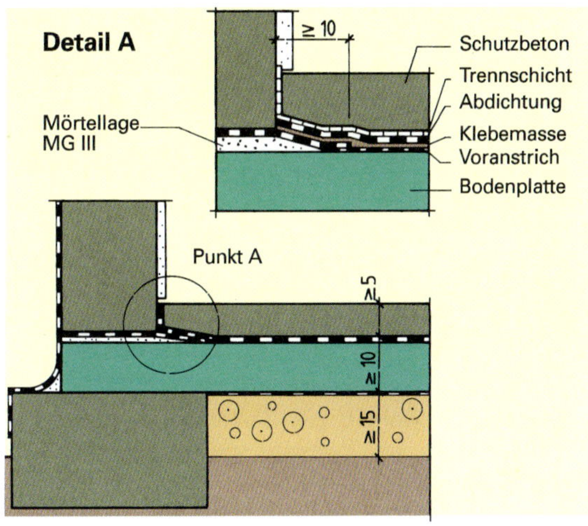

Anschluss der Abdichtung an aufgehende Wand

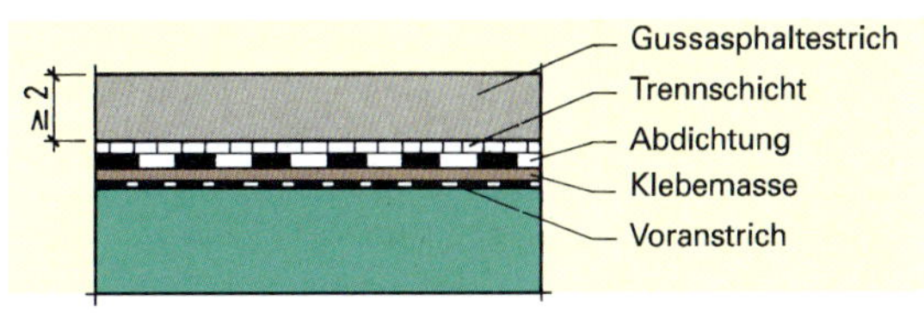

Schutzschicht aus Gussasphalt

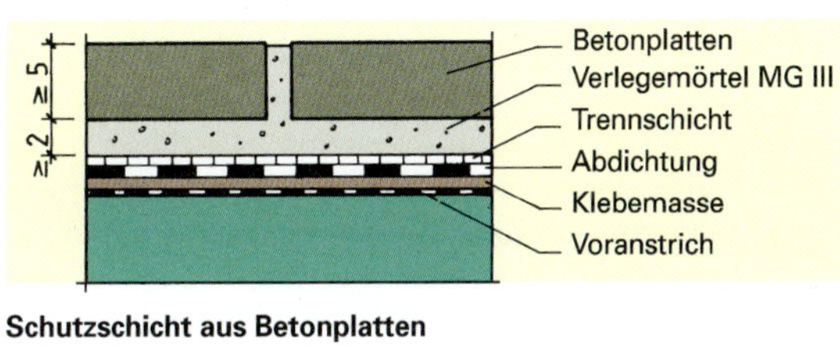

Schutzschicht aus Betonplatten

6.2.3 Estriche

Estrich ist nach DIN EN 13813 ein auf einem tragenden Untergrund oder auf einer zwischenliegenden Trenn- oder Dämmschicht hergestelltes Bauteil, das unmittelbar nutzfähig sein oder mit einem Belag versehen werden kann. Nach dem verwendeten Bindemittel unterscheidet man Calciumsulfatestriche (CA) – früher Anhydritestriche –, Gussasphaltestriche (AS), Magnesiaestriche (MA) und Zementestriche (CT). Je nach Anwendungszweck werden die Estriche hergestellt als Verbundestriche, Estriche auf Trennschichten und Estriche auf Dämmschichten (schwimmende Estriche). Im Reihenhaus werden verschiedene Arten auf allen Decken und dem Unterbeton des UG aufgebracht.

Verbundestriche werden im festen Verbund mit dem Unterboden, z. B. der Rohdecke, hergestellt. Ihre Dicke beträgt je nach Estrichart 20…30 mm. Bei glatten, zu stark oder zu schwach saugenden Untergründen wird eine Grundierung als Haftbrücke aufgebracht.

Estriche auf Trennschicht werden durch Pappen oder Folien von allen angrenzenden Bauteilen getrennt. Ihre Dicke beträgt je nach Beanspruchung und Estrichart 20…40 mm. Größere Felder werden durch Fugen unterteilt.

Estriche auf Dämmschicht, früher als schwimmende Estriche bezeichnet, werden auf Trittschalldämmschichten aufgebracht. Die Estriche müssen selbsttragend und auf ihrer Unterlage beweglich sein. Sie dürfen keine unmittelbare Verbindung mit angrenzenden Bauteilen, z. B. Wänden und Rohren, aufweisen.

Die **Dicke** eines Estrichs hängt von der Estrichart und dem Verwendungszweck ab. Das mechanische Verhalten von Estrichen wird hauptsächlich durch die Festigkeit (Druck- und Biegezugfestigkeit) angegeben. Dementsprechend werden die Estriche in **Druckfestigkeits-** und in **Biegezugsfestigkeitsklassen** eingeteilt (siehe Tabelle).

Zementestrich CT

Zementestriche werden aus Zement, geeigneten Gesteinskörnungen und Wasser sowie gegebenenfalls unter Zugabe von Zusatzmitteln (Betonverflüssiger, Dichtungsmittel, Erstarrungsbeschleuniger, -verzögerer, Frostschutzmittel) und Zusatzstoffen (Kunststoffdispersionen, Bitumenemulsionen) hergestellt. Der Zementgehalt soll bei Verbundestrichen und Estrichen auf Trennschichten 450 kg und bei Estrichen auf Dämmschicht 400 kg je m^3 verdichteten Estrichs nicht übersteigen. Die Gesteinskörnungen sollten in der oberen Hälfte des grob- bis mittelkörnigen Bereichs der Sieblinie liegen. Bei Estrichdicken bis 40 mm soll ein Größtkorn von 8 mm, bei Estrichdicken über 40 mm ein Größtkorn von 16 mm nicht überschritten werden.

L 4.2.4

Im UG des Reihenhauses wird ein Verbundestrich auf den schon erhärteten Unterbeton aufgebracht. Um eine feste Verbindung mit dem Unterbeton zu erzielen, muss dieser vorher gesäubert (Wasserstrahl) und vorgenässt werden. Zur Verbesserung der Haftung kann ein breiiger Zementmörtel auf die mattfeuchte Oberfläche des Unterbetons aufgebracht werden. Der Estrich wird auf dem

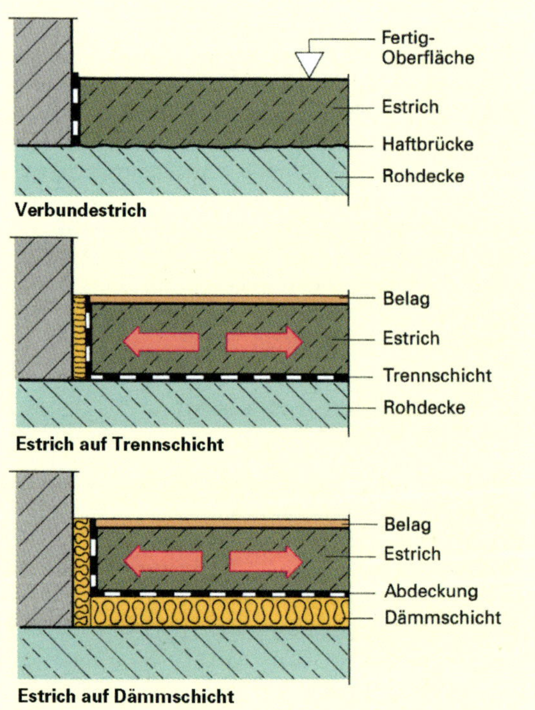

Estricharten (nach der Bauart)

Estrichart	Kurzzeichen (Herkunft)
Zementestrich	**CT** (engl. **c**emen**t**itious screed)
Calciumsulfatestrich	**CA** (engl. **ca**lcium sulfate screed)
Kunstharzestrich	**SR** (engl. **s**ynthetic **r**esin screed)
Magnesiaestrich	**MA** (engl. **ma**gnesite screed)
Gussasphaltestrich	**AS** (engl. mastic **as**phalt screed)

Estricharten (nach Art des Bindemittels)

Druckfestigkeits-klassen	**C 5 … C 80** (5 N/mm^2 … 80 N/mm^2)
Biegezugfestigkeits-klassen	**F 1 … F 50** (5 N/mm^2 … 80 N/mm^2)

Druck- und Biegezugfestigkeitsklassen für Estrichmörtel

Ausgangsstoffe für Zementestriche sind Normzemente, Sand, Wasser und ggf. Zusatzmittel bzw. Zusatzstoffe.

Die Gesteinskörnungen sollten im grob- bis mittelkörnigen Bereich der Sieblinie liegen. Der Wasserzusatz muss gering gehalten werden, um Schwindrissbildung zu vermeiden.

Unterbeton gleichmäßig verteilt und über Höhenlehren (Holzleisten oder Stahlrohre) mit einem Richtscheit abgezogen. Um die Gefahr der Rissbildung entlang der Leisten zu vermeiden, wird häufig auch nur mit Höhenpunkten (z.B. Mörtelpunkten) gearbeitet. Zum Verdichten des Estrichs sollten möglichst Rüttelbohlen, Flächenrüttler oder Estrichglättmaschinen mit Rüttelvorrichtungen verwendet werden. Nach dem Verdichten wird die Oberfläche von Hand mit Reibebrett und Stahlkelle oder mit Glättmaschinen geglättet. Dient der Zementestrich als Gehfläche, so wird die Oberfläche mit Besenstrich oder Riffelwalze aufgeraut.

Durch Schwinden und Temperatureinflüsse sind Estriche Längenänderungen unterworfen, die zu **Rissen** führen können. Deshalb sind Estrichflächen durch **Dehn- und Scheinfugen** in annähernd quadratische Felder von 20...30 m^2 Größe zu unterteilen. Dehnfugen gehen durch die ganze Estrichdicke hindurch; Scheinfugen sind eingeschnittene Fugen, die den Estrich auf etwa ein Drittel der Tiefe durchschneiden. Bewegungsfugen in der Rohdecke sind auch im Estrich auszubilden.

Damit Estriche nicht vorzeitig austrocknen und dadurch schwinden, an der Oberfläche absanden und an Festigkeit verlieren, müssen sie nachbehandelt und für mindestens eine Woche vor schädlichen Einwirkungen, wie z.B. Wärme und Zugluft, geschützt werden. Dies ist im Allgemeinen sichergestellt, wenn das Bauwerk geschlossen ist. Zementestriche sollten nicht vor Ablauf von 3 Tagen begangen und nicht vor Ablauf von 7 Tagen höher belastet werden.

Kunstharzestrich SR

Kunstharzestriche sind sehr beanspruchbar und werden häufig für Fußböden in Fabriken, Lagerhallen oder Werkstätten verwendet. Sie bestehen aus Kunstharzmörtel und synthetischem Reaktionsharz als Bindemittel. Meist erfolgt die Verlegung als Verbundestrich.

Als Bindemittel eignen sich insbesondere Epoxidharze EP, Polyurethane PUR, Polymethylmethacrylate PMMA sowie ungesättigte Polyesterharze UP. Die Gesteinskörnung ist meist getrockneter Quarzsand, seltener auch Korund oder andere Hartstoffe.

Gussasphaltestrich AS

Gussasphaltestriche bestehen aus einem Gemisch aus **Bitumen** und **Mineralstoffen**, vorwiegend Natursand. Die Estriche haben einen Bitumengehalt von 8...10 Massen-%; die Gesteinskörnungen haben eine Korn-
4 größe bis 5 mm. Die Estrichmasse wird **heiß** und **dickflüssig** eingebracht. Die Oberfläche ist mit Sand abzureiben. Gussasphaltestriche können nach dem Erkalten begangen und belastet werden.

Calciumsulfatestrich CA (Anhydritestrich)

Calciumsulfatestriche werden aus Calciumsulfatbinder, Wasser, Gesteinskörnungen und gegebenenfalls unter Zugabe von Zusätzen hergestellt. Calciumsulfatbinder, der häufig aus Entschwefelungsanlagen gewonnen wird, besteht aus fein gemahlenem Calciumsulfat (Anhydrit) und bis zu 5% kristallisationsanregenden Stoffen. Der Estrich bietet eine bessere „Fußwärme" als Zementestrich, darf jedoch keiner dauernden Feuchtigkeitsbeanspruchung ausgesetzt werden.

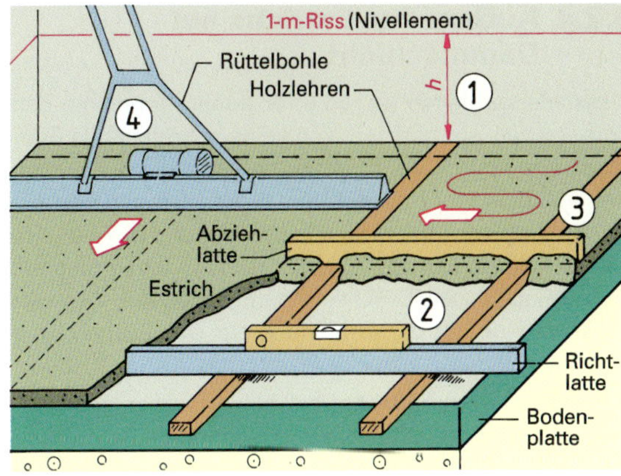

Arbeitsablauf beim Aufbringen eines Zementestrichs

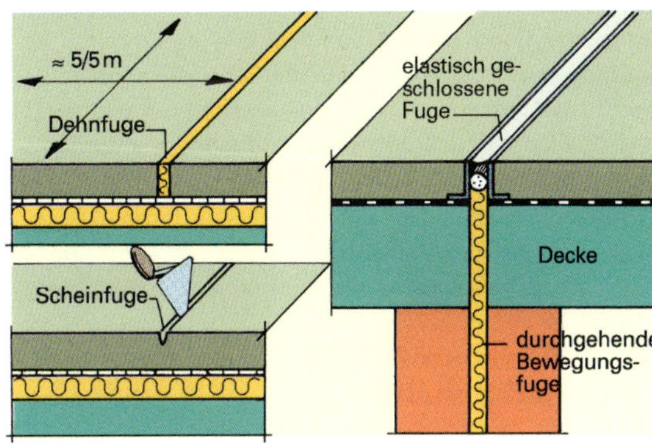

Fugenausbildung – Vermeidung von Rissen

Fließestrich für Fußbodenheizung

Fließestrich

Eine Weiterentwicklung stellt der **Fließestrich** auf **Calciumsulfatbasis** dar. Der trockene Fertigmörtel wird auf der Baustelle nur noch mit Wasser aufbereitet und in entsprechender Konsistenz an die Verlegestelle gepumpt. Abziehen, Verdichten und Glätten entfallen weitgehend, weil der Fließestrich selbst nivelliert. Dichte Trennschichten sind jedoch unbedingt erforderlich.

6.2.4 Aufbau des Estrichs auf Dämmschicht

Massivdecken leiten wegen ihrer hohen Rohdichte den Körperschall, sie besitzen also keine ausreichende Trittschalldämmung. L 4.3.2 Sie müssen daher mit zusätzlichen Deckauflagen versehen werden. Ihre trittschalldämmende Wirkung wird im Wesentlichen durch das Abfedern des schallerzeugenden Stoßes durch schwimmende Deckauflagen erzielt. Schwimmend bedeutet, dass die Auflage keine direkte Verbindung zur Decke und Wand hat.

Estriche auf Dämmschicht bestehen aus einer lastenverteilenden Estrichplatte, die auf weich federnden Dämmschichten aus Faserdämmstoffen, Schaumkunststoffen oder Korkschrot liegt. Zur Vermeidung von **Schallbrücken** müssen an die Wände 10 mm dicke Dämmstreifen gestellt werden. Die Dämmschicht muss fugenlos im Verband verlegt werden. Sie erhält eine Abdeckung aus Ölpapier, Pappe oder Folie, die auch an der Wand hochgezogen wird. Damit werden Schallbrücken und eine Durchfeuchtung der Dämmstoffe vermieden.

Neben der Trittschalldämmung wird durch Estriche auf Dämmschicht auch die Wärmedämmung erheblich verbessert. In unserem Reihenhaus ist dies z. B. an der Decke über dem nicht beheizten Untergeschoss von Bedeutung.

6.2.5 Dämmstoffe für den Wärme- und Schallschutz

An Dämmstoffe werden in der Regel nur geringe Anforderungen bezüglich der Druckfestigkeit gestellt. Sie sind deshalb nur im Zusammenhang mit tragenden Konstruktionen zu verwenden. Folgende Forderungen sollen sie erfüllen:

- geringe Wärmeleitfähigkeit (hoher Luftporenanteil, geringe Dichte),
- geringe Feuchtigkeitsaufnahme,
- Witterungs- und Fäulnisbeständigkeit,
- Elastizität bei Schallschutzmaßnahmen.

Den unterschiedlichen Anforderungen wird ein vielfältiges Angebot an Dämmstoffen gerecht. Die richtige Wahl kann oft nur ein Fachmann treffen.

Zusammenfassung

Fußböden müssen in den Aufenthaltsräumen unseres Projekts u. a. ausreichenden Feuchtigkeits-, Wärme- und Schallschutz bieten.

Trocken zu haltende Fußböden im Untergeschoss sind gegen aufsteigende Bodenfeuchtigkeit durch zusätzliche Abdichtungsmaßnahmen zu schützen.

Zur Wärmedämmung und zum Schallschutz von Fußböden wird unter dem Estrich eine weich federnde Dämmschicht eingelegt. Schallbrücken werden durch Abdeckung der Dämmschicht und durch Randstreifen vermieden.

Maßnahmen zum Wärmeschutz müssen exakt geplant und sorgfältig ausgeführt werden.

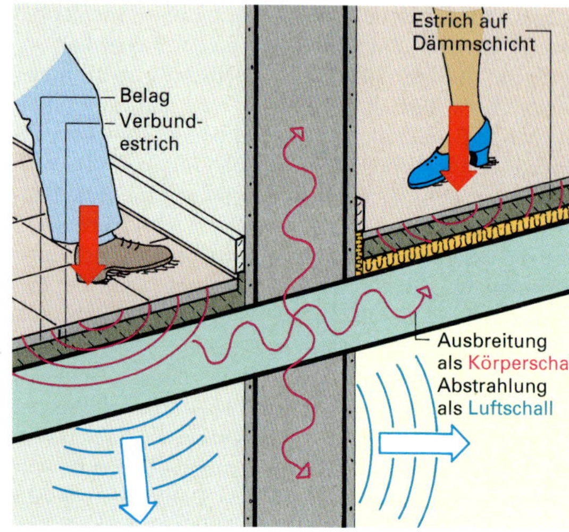

Trittschall in nicht gedämmter und gedämmter Decke

Dämmstoff	Verwendung
Platten und Matten	
Holzwolleplatten Holzwolle-Mehrschichtplatten	Dämmung von Betonbauteilen, Putzträger
Platten aus Schaumkunststoffen Polystyrolschaum („Styropor") Extruderschaum („Styrodur")	Dämmung von Betonbauteilen, zweischalig Mauerwerk, Flachdach, Fassadendämmung
Korkplatten	Estriche auf Dämmsch.
Schaumglas	belastete Dämmsch.
Dämmstoffe aus Mineralwolle Glasfaser Steinfaser	Estriche auf Dämmschicht, Dachausbau, leichte Trennwände
Pflanzl. Faserdämmstoffe Holzfasern Kokosfasern	„Ökologisches Bauen" Estriche auf Dämmsch.
Lose Dämmstoffe, Schüttstoffe	
Bims, Blähton, Perlit Polystyrolschaum Cellulosefasern (recycl. Papier)	Leichtbetonsteine Porenziegel Dämmung im Holzbau

Aufgaben:

1. *Welche Anforderungen werden beim Reihenhaus an die Fußböden der beheizten Aufenthaltsräume gestellt?*
2. *Beschreiben Sie die Ausführung des Flachschichtpflasters im Vorratsraum.*
3. *Begründen Sie, in welchen Fällen und warum grobkörnige Schüttungen unter der Kellersohle vorgesehen werden.*
4. *Warum müssen große Zementestrichflächen bewehrt oder durch Fugen unterteilt werden?*
5. *Welche Aufgaben haben Dämmschichten unter Estrichen zu erfüllen?*
6. *Wo werden am Reihenhaus Dämmschichten verwendet?*
   - *Welchen Zweck haben sie zu erfüllen?*
   - *Welche Dämmstoffarten kommen dafür jeweils infrage?*

6.2.6 Zeichnerische Darstellung

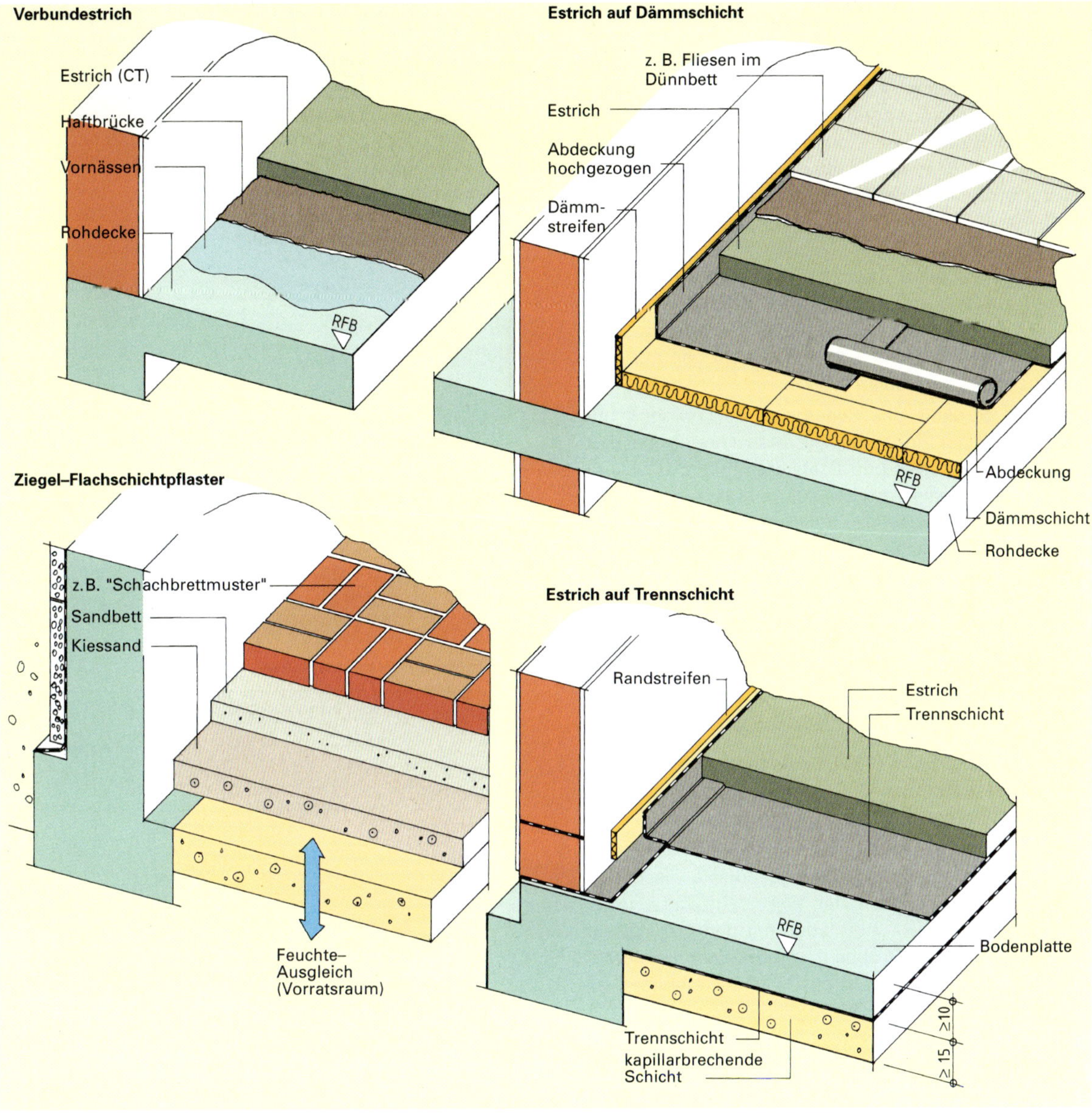

Aufbau verschiedener Fußböden

Aufgaben:

1. Zeichnen Sie einen **Estrich auf Trennschicht**, Maßstab 1:2 – cm (senkrechter Schnitt)
   Zementestrich 3,5 cm, Bitumenpappe, Randstreifen 0,5 cm
2. Zeichnen Sie einen **Estrich auf Dämmschicht**, Maßstab 1:2 – cm (senkrechter Schnitt)
   Dämmschicht Mineralwolleplatte 3 cm, Abdeckung PE-Folie 0,2 mm, Calciumsulfatestrich 4 cm, Randstreifen 1 cm
3. Zeichnen Sie zwei Beispiele von Verlegemustern einer Ziegelflachschicht als Draufsicht. 1 am ≙ 1 cm

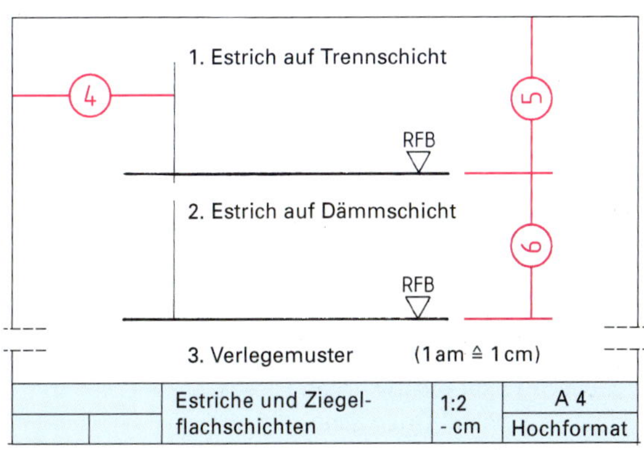

6.3 Fliesen und Platten

6.3.1 Platten für Wand- und Bodenbeläge

In unserem Projekt werden für die Herstellung von Wand- und Bodenbelägen vom Fliesenleger vielfältige Arten und Formen von Platten verwendet. Der Begriff **Platten** bezeichnet als Oberbegriff alle mineralischen Baustoffe, die als Belag für Wände und Böden verarbeitet werden. Nach der Entstehung bzw. Herstellung werden Natursteinplatten und künstliche Platten unterschieden (siehe Tabelle). Keramische Fliesen und Platten werden zusammenfassend auch als **Baukeramik** bezeichnet. Als Keramik werden alle Erzeugnisse bezeichnet, die überwiegend aus Ton hergestellt und anschließend gebrannt werden.

Nach der Struktur des Scherbens, der Reinheit und Mahlfeinheit der Rohstoffe teilt man keramische Baustoffe in **Feinkeramik** und **Grobkeramik** ein. Grobkeramische Erzeugnisse bestehen aus weniger fein aufbereiteten Rohstoffen als feinkeramische. **Fliesen** und **Platten** haben eine Oberfläche von mehr als 90 cm². Ist die Fläche kleiner oder gleich 90 cm², so wird die Fliese als **Mosaik** bezeichnet. **Riemchen** sind Fliesen im Rechteckformat mit dem Seitenverhältnis > 3:1.

Platten für Wand- und Bodenbeläge		
Natursteinplatten	**Künstliche Platten**	
	Keramische Platten (gebrannt)	**nichtkeramische Platten (ungebrannt)**
Erstarrungsgestein	**Feinkeramik** Keramische Fliesen	**zementgebunden** Betonplatten Terrazzoplatten
Ablagerungsgestein	**Grobkeramik** Spaltplatten Bodenklinkerplatten Ziegelplatten	**bitumengebunden** Asphaltplatten
Umprägungsgestein		**magnesiumgebunden** Steinholzplatten

Übersicht über Platten

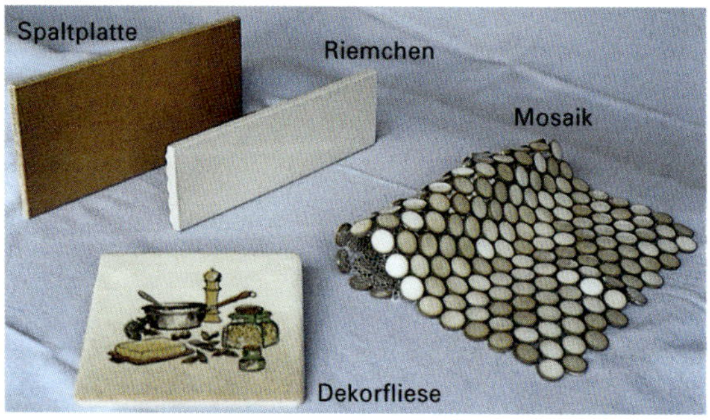

Keramische Fliesen und Platten

6.3.2 Einteilung und Maße der keramischen Fliesen und Platten

Die europäische Norm (EN) teilt die keramischen Fliesen und Platten nach ihrem Herstellungsverfahren und ihrer Wasseraufnahme in Gruppen ein (siehe Tabelle).

Nach **Verfahren A** werden stranggepresste Fliesen und Platten, nach **Verfahren B** trocken gepresste Fliesen und Platten hergestellt. Nach der Wasseraufnahme unterscheidet man Fliesen und Platten mit geringer Wasseraufnahme ($E_b \leq 3\%$, Gruppe I), mit mittlerer Wasseraufnahme ($E_b > 3\% \leq 10\%$, Gruppe II) und mit hoher Wasseraufnahme ($E_b > 10\%$, Gruppe III).

Je niedriger die Gruppe, umso verschleißfester und belastbarer ist die Fliese bzw. Platte. Die Gruppe I gewährleistet frostbeständige Fliesen und Platten.

Formgebung	**Wasseraufnahme E_b in M.-%**			
	Gruppe I $E_b \leq 3\%$	**Gruppe II_a** $E_b > 3\%$ $\leq 6\%$	**Gruppe II_b** $E_b > 6\%$ $\leq 10\%$	**Gruppe III** $E_b > 10\%$
Verfahren A (stranggepresst)	**A I_a*)** $E_b \leq 0{,}5\%$ **A I_b*)** $0{,}5\% < E_b \leq 3\%$	**A II_{a-1}** **A II_{a-2}**	**A II_{b-1}** **A II_{b-2}**	**A III**
Verfahren B (trocken gepresst)	**B I_a** $E_b \leq 0{,}5\%$ **B I_b** $0{,}5\% < E_b \leq 3\%$ (Steinzeug)	**B II_a**	**B II_b**	**B III** glasiert

*) Porzellankeramikfliese/-platte

Keramische Fliesen und Platten für Wand- und Bodenbeläge nach DIN EN 14411

Maße

Es wird zwischen Nennmaß, Werkmaß und Koordinierungsmaß unterschieden. Das **Nennmaß (N)** gibt die Fliese in **cm** an, das **Werkmaß (*W*)** ist zugleich Herstellmaß und in **mm** angegeben, das **Koordinierungsmaß (*C*)** setzt sich aus Werkmaß und **Fuge (*J*)** zusammen und ist für die Planung von Verlegeflächen günstig. Das sogenannte **modulare Maß** baut auf dem Grundmaß M = 100 mm auf, z.B. 2 M, 3 M und 5 M sowie deren Vielfache und Teilbare. Die Werkmaße berücksichtigen die jeweils erforderlichen Fugenbreiten.

Genormt sind rechtwinklige Fliesen und Platten mit mehr als 90 cm² Oberfläche.

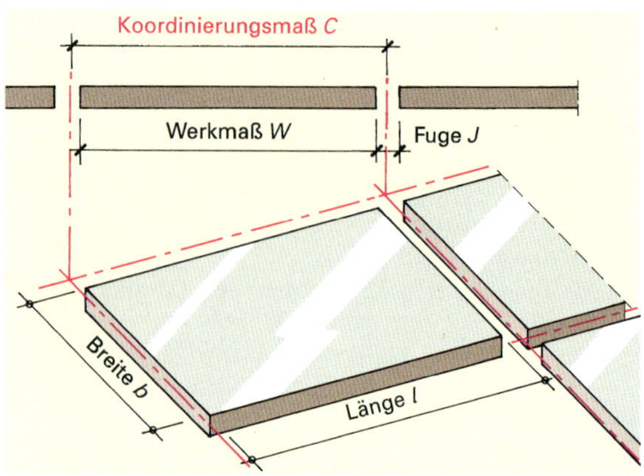

Fliesen- und Plattenmaße nach DIN EN 14411

6.3.3 Trocken gepresste keramische Fliesen und Platten (Feinkeramik)

Hauptrohstoffe der keramischen Fliesen und Platten sind Ton, Quarz und Feldspat. Die Rohstoffe werden durch Mahlen, Sieben, Mischen und Befeuchten aufbereitet und durch Pressen, Ziehen (Trocken- bzw. Strangpressen) oder Gießen zu Rohlingen der Fliesen und Platten geformt. Diese werden danach getrocknet und anschließend bei hohen Temperaturen gebrannt (Steingut etwa 1000 °C, Steinzeug etwa 1200 °C). Es werden Fliesen und Platten mit hoher oder niedriger Wasseraufnahme, glasiert (GL) und unglasiert (UGL) hergestellt.

Trocken gepresste keramische Fliesen und Platten mit hoher Wasseraufnahme (Steingut)

Diese Fliesen bestehen aus einem feinkörnigen, kristallinen und porösen Scherben, der mit einer dichten, durchsichtigen oder undurchsichtigen Glasur überzogen ist. Die Fliesen haben eine Wasseraufnahme von mehr als 10 Massenprozent und werden als **Steingutfliesen** bezeichnet. Der Scherben ist hell. **Irdengutfliesen** haben einen farbigen Scherben.

Arten und Eigenschaften

Nach der Glasurart werden unterschieden: **Weiß- und Elfenbeinfliesen**, **Majolikafliesen** (farbige, transparente Glasur), **Uni-Fliesen** (einfarbige Glasur) und **Dekorfliesen** (Verzierung mit farbigen Mustern unter der Glasur). **Formstücke,** wie z.B. Seifenschalen und Handtuchhalter, sind Zubehörteile der Wandbekleidung; sie werden durch Gießen in Gipsformen hergestellt (Formgebung C).

Bei unbeschädigter Glasur sind Steingutfliesen wasserundurchlässig, feuchtigkeitsbeständig und leicht zu reinigen. Sie sind nicht frostbeständig, bedingt säurebeständig und daher nur für Innenbeläge, wie z.B. in der Dusche und im Bad unseres Projekts geeignet.

Steingutfliesen werden nach der Güte sortiert: **1. Sortierung** und **Mindersortierung MS**. Fliesen der Mindersortierung haben erkennbare Mängel in der Oberfläche oder größere Maßabweichungen.

Trocken gepresste Fliesen und Platten mit hoher Wasseraufnahme haben einen porösen, nicht widerstandsfähigen Scherben. Sie können nur für Beläge in Innenräumen verwendet werden.

Trocken gepresste keramische Fliesen und Platten mit niedriger Wasseraufnahme (Steinzeug)

Diese Fliesen besitzen einen feinkörnigen, kristallinen, dicht gesinterten Scherben, der eine Wasseraufnahme von höchstens 3% aufweist. Aufgrund der Sinterung ist der Scherben frostsicher und sehr hart. Die gesinterten Fliesen werden auch als **Steinzeugfliesen** bezeichnet.

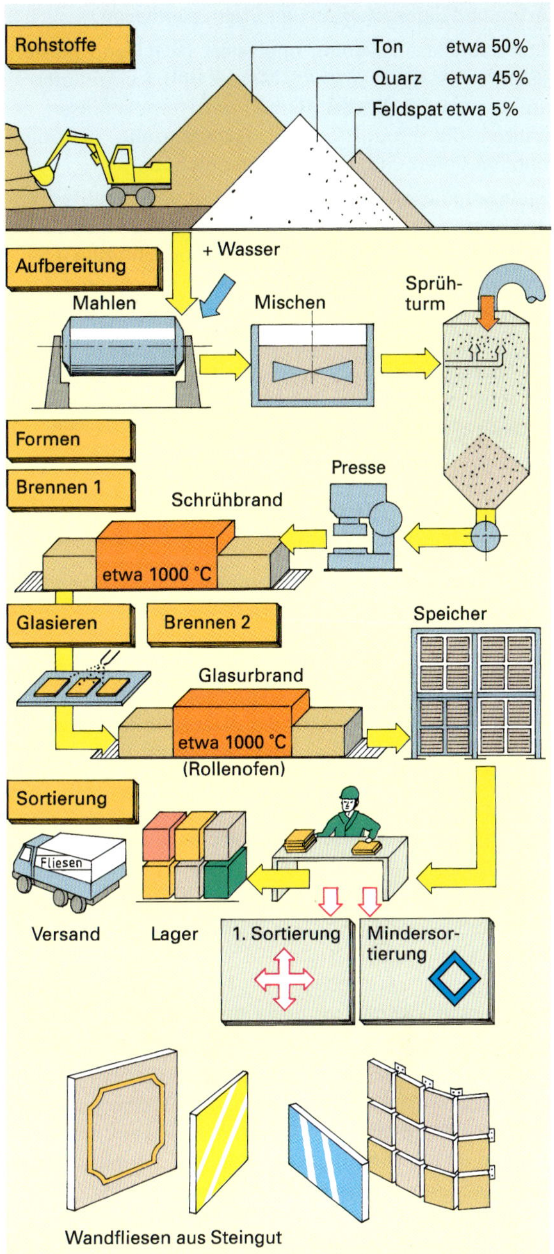

Herstellung keramischer Fliesen (Schema) am Beispiel „Zweibrandverfahren" (Speicher = Zwischenlager bei Produktionsüberhang)

Modulare Vorzugsmaße	Nichtmodulare Maße
Koordinierungsmaß (*C*) cm	**Nennmaß (N) cm**
M 10 × 10	15,2 × 7,6
M 15 × 15	15,2 × 15,2
M 20 × 20	21,8 × 10,8
M 20 × 10	33 × 33
M 25 × 25	30 × 30

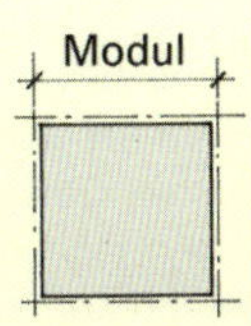

Vorzugsmaße für Steingutfliesen (Beispiele)

Arten und Eigenschaften von Steinzeugfliesen

Steinzeugfliesen werden **unglasiert (UGL)** und **glasiert (GL)** hergestellt. Riemchen, Mosaik und Steinzeugformstücke, wie z. B. Sockel, Rinnen und Treppenfliesen, ergänzen die Produktformen. **Feinsteinzeug** ist völlig durchgesintert und extrem beanspruchbar.

Steinzeugfliesen sind frostbeständig, verschleißfest sowie chemisch belastbar. Sie werden hauptsächlich als Bodenfliesen im Innen- und Außenbereich von Gebäuden verwendet und müssen häufig rutschhemmende Eigenschaften aufweisen.

Trocken gepresste Fliesen mit niedriger Wasseraufnahme sind dicht und sehr widerstandsfähig. Sie können auch im Außenbereich verwendet werden.

6.3.4 Stranggepresste Platten (Grobkeramik)

Stranggepresste Platten sind grobkeramische Erzeugnisse. Rohstoffe sind Tone mit mineralischen Zuschlagstoffen, Quarz, Feldspat, eventuell Schamotte. Die Rohstoffe werden wie bei der Ziegelherstellung zu einer plastischen Masse aufbereitet. Die Formgebung erfolgt in den Strangpressen. Dabei wird die plastische Masse durch ein Mundstück (Düse) gepresst. Je nach Form der Mundstücke entsteht entweder für **Doppelplatten** oder für **Einzelplatten** ein endloser Strang, von dem die einzelnen Plattenrohlinge abgeschnitten werden. Diese werden glasiert oder unglasiert bei etwa 1200 °C gebrannt.

L 3.2.2

Zu den stranggepressten Platten zählen keramische Spaltplatten und Formteile, z. B. Schenkelplatten, Trennwandsteine und Überlaufrinnen.

Keramische Spaltplatten und Einzelplatten

Spaltplatten werden als Doppelplatten geformt und nach dem Brennen in Einzelplatten gespalten (daher „Spaltplatten"). Die früher üblichen schwalbenschwanzförmigen Stege auf der Rückseite verankern die Platte fest im Mörtelbett (Dickbett). Für die vorherrschende Dünnbettverlegung verwendet man Platten mit gerillter Rückseite.

Einzelplatten werden nach dem Strangpressen bis auf etwa 5 % Restfeuchte getrocknet und gebrannt.

Keramische Spaltplatten haben ein dichtes Gefüge mit mittlerer Wasseraufnahme (AI ≤ 3 %, AII ≤ 6 %). Sie sind frost- und säurebeständig und weisen eine große Bruch- und Stoßfestigkeit auf. Die keramischen Spaltplatten eignen sich zur Herstellung von witterungs- und frostbeständigen Belägen im Innen- und Außenbereich.

6.3.5 Bodenklinkerplatten

Bodenklinkerplatten werden im Trockenpressverfahren geformt. Sie haben ein dichtes Gefüge mit geringer Wasseraufnahme (E_b ≤ 3 %) und sind daher frost- und säurebeständig sowie druck- und abriebfest. Bodenklinkerplatten werden für Bodenbeläge, z. B. für den Balkonbelag des Reihenhauses verwendet.

Abriebklassen und Beanspruchung			
1	**2**	**3**	**4**
sehr gering 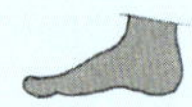	gering 	mittel 	stark 
Bad, Schlafräume	Wohnbereich	Hallen, Dielen, Küchen	Eingang, Arbeitsräume

Abriebklassen glasierter Steinzeugbodenfliesen

Modulare Vorzugsmaße Koordinierungsmaß (*C*) cm	Nichtmodulare Maße Nennmaß (N) cm
M 10 × 10	10 × 10
M 15 × 15	15 × 7,5
M 20 × 10	15,2 × 15,2
M 20 × 20	25 × 25
M 30 × 30	40 × 40

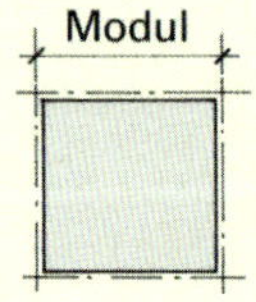

Vorzugsmaße für Steinzeugfliesen und Feinsteinzeug

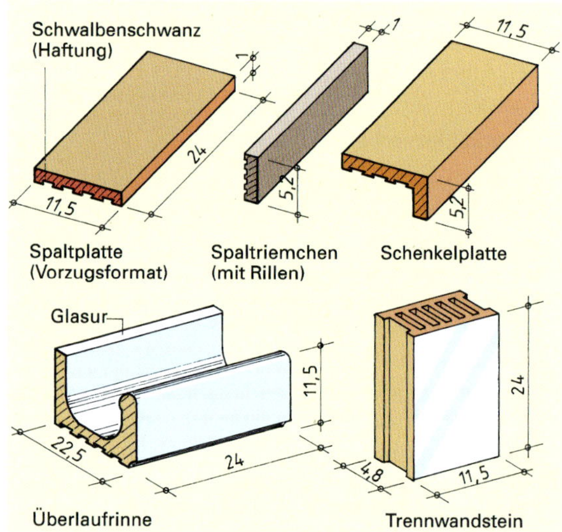

Keramische Strangerzeugnisse

Koordinierungsmaß (*C*) Breite × Länge (cm)	Werkmaß (*W*) Breite × Länge (cm)
6,25 × 25	5,2 × 24
10 × 20	9,4 × 19,4
12,5 × 25	11,5 × 24
20 × 20	19,4 × 19,4
25 × 25	24 × 24

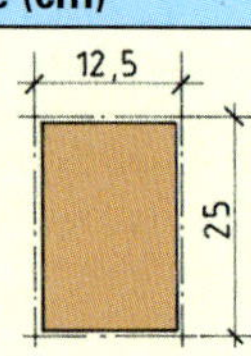

Vorzugsmaße für Spaltplatten

Vorzugsmaße (Werkmaße) cm		Dicke mm
10 × 20	25 × 25	10 bis 40
20 × 20	30 × 30	

Abmessungen von Bodenklinkerplatten

6.3.6 Bindemittelgebundene Platten

Zementgebundene Platten (Betonplatten)

Sie bestehen aus Zement (häufig Weißzement) und besonders ausgewählten Gesteinskörnungen. Unter geringer Wasserzugabe werden sie gemischt und verdichtet. Nach dem Erhärten wird die Sichtfläche werksteinmäßig bearbeitet, z.B. durch Schleifen, Scharrieren oder Sandstrahlen. Deshalb werden sie auch als **Betonwerksteinplatten** bezeichnet.

Terrazzoplatten sind zweischichtige Verbundplatten aus Kernbeton und Vorsatzbeton. Der Terrazzobelag enthält farbigen Natursplitt. Nach dem Schleifen der Oberfläche sehen Betonwerksteine manchen Natursteinplatten ähnlich. Sie werden deshalb auch als Kunststeinplatten bezeichnet.

Wir können sie im Projekt z.B. im Treppenraum anwenden.

Bitumengebundene Platten (Asphaltplatten)

Sie werden in der Regel aus Naturasphaltmehl bzw. Bitumen hergestellt. Diese Platten sind verhältnismäßig gut wärme- und trittschalldämmend, jedoch nicht säurefest. Asphaltplatten finden nur als Bodenplatten, z.B. auch als Terrazzo-Asphaltplatten (Deckschicht aus Terrazzo), im Innenbereich Verwendung.

Betonwerkstein ist die Bezeichnung für vorgefertigte, werksteinmäßig bearbeitete oder durch die Schalungsart besonders gestaltete Erzeugnisse aus Beton.

Zusammenfassung

Platten werden in Natursteinplatten, keramische und bindemittelgebundene Platten eingeteilt.

Im Reihenhaus können Fliesen und Platten im Eingangsbereich, in Bädern und Toiletten als hygienische Boden- und Wandbeläge, aber auch in anderen Räumen aus praktischen und ästhetischen Gründen angewendet werden.

Steingutfliesen haben einen porösen Scherben und sind nicht frost- und säurebeständig.

Steinzeugfliesen sind gesinterte Fliesen mit geringer Wasseraufnahme. Sie sind frost- und säurebeständig.

Klinkerplatten und Spaltplatten sind grobkeramische Platten mit frost- und säurebeständigem Scherben.

Die Wahl der vielfältigen keramischen Erzeugnisse erfolgt nach technischen Gesichtspunkten wie Frostbeständigkeit, Abriebfestigkeit und Rutschsicherheit, aber auch nach gestalterischen (Farbe, Formate).

Betonwerksteinplatten werden ein- und zweischichtig (Kernbeton- und Vorsatzschicht) hergestellt.

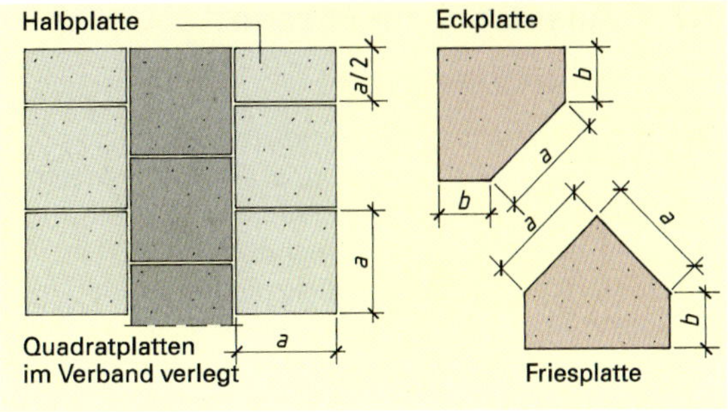

Formate der Gehwegplatten (a = 30, 40, 50 cm)

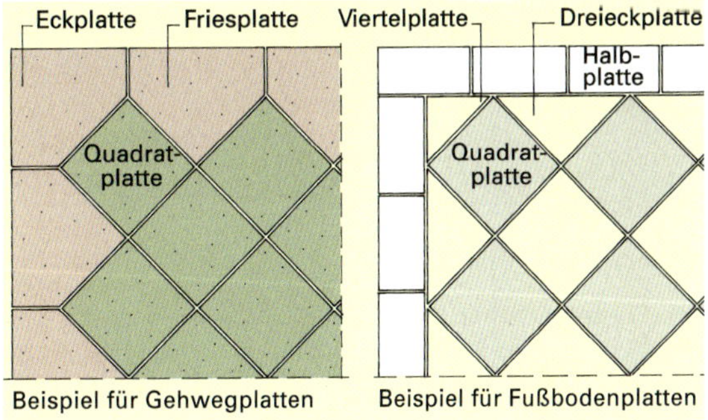

Verlegemuster für Betonplatten

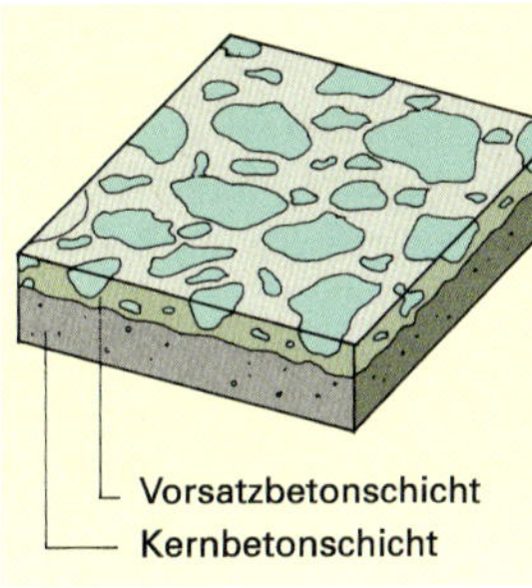

Terrazzoplatte

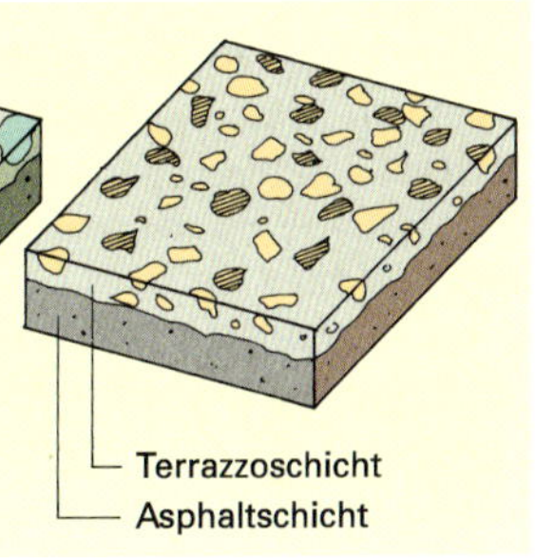

Terrazzo-Asphaltplatte

Aufgaben:

1. *Unterscheiden Sie zwischen Grobkeramik und Feinkeramik. Ordnen Sie den Gruppen zu: Steingutfliesen, Spaltplatten, Dachziegel, Klinkerplatten.*
2. *Was versteht man unter Mosaik?*
3. *Welchen Anforderungen muss ein Plattenbelag auf dem Balkon unseres Reihenhauses genügen? Welche Platten kommen dafür infrage?*
4. *Wo würden Sie in unserem Projekt folgende Plattenarten verwenden:*
   a) glasierte Steingutfliesen,
   b) Feinsteinzeugplatten,
   c) Terrazzoplatten?
   Begründen Sie.
5. *Beschreiben Sie den Aufbau von*
   a) Betonwerksteinplatten,
   b) Terrazzoplatten.

6.3.7 Ansetzen von Fliesen

Vorbereiten des Belaggrundes

Um eine gute Haftung des Ansetzmörtels zu ermöglichen, muss der Belaggrund rau, saugfähig und sauber sein. Putz- und Gipsreste, Verunreinigungen und lose Teile sind zu entfernen. Stark saugender Grund ist vorzunässen, Holz- und Stahlbauteile sind mit einem Mörtelträger zu überspannen. In jedem Fall muss der Untergrund mit einem Spritzbewurf aus Zementmörtel versehen werden. Dieser reguliert die Saugfähigkeit des Belaggrundes und vergrößert die Mörtelhaftfläche.

Jeder Belaggrund (Ansetzgrund) muss vor dem Ansetzen der Fliesen auf seine Eignung überprüft werden. Besonders zu prüfen sind Sauberkeit, Rauigkeit, Saugfähigkeit, Festigkeit, Ebenheit, Lot- und Fluchtmäßigkeit. Gegebene Mängel müssen beseitigt oder ausgeglichen werden.

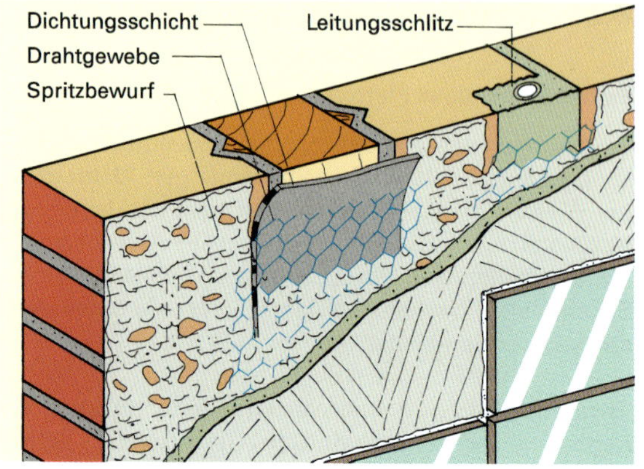

Mörtelträger über unterschiedlichem Grund

Mörtelauftrag auf Fliese

Ansetzen der Wandfliesen

Die Fliese wird mit Mörtel an die Wand angesetzt und durch leichtes Klopfen in die richtige Lage gebracht. Da die Steingutfliese aus dem Frischmörtel Wasser aufnimmt, muss sie vor dem Mörtelaufzug in Wasser getaucht werden. Dadurch wird verhindert, dass dem Mörtel zu viel Wasser entzogen wird. Es ist darauf zu achten, dass die Fliesen vollflächig mit der Wand verbunden und die Belagfläche lot- und fluchtrecht ist.

Durch das Anklopfen mit dem Kellenstiel wird nicht nur die Fliese in die richtige Lage gebracht, sondern auch der Mörtel verdichtet und der Zementleim in die Poren des Scherbens gedrückt. Dadurch entstehen nach dem Erhärten Zementmörteldübel, die eine mechanische Verankerung zwischen Mörtel und Fliese und zwischen Mörtel und Ansetzgrund bewirken.

Keramische Wand- und Bodenbeläge werden in der Regel mit einer Fugenbreite von 2…5 mm angelegt. Die Fugenbreite hängt von Format und Art der Fliesen, von der Beanspruchung des Belages und der Art der Verfugung ab.

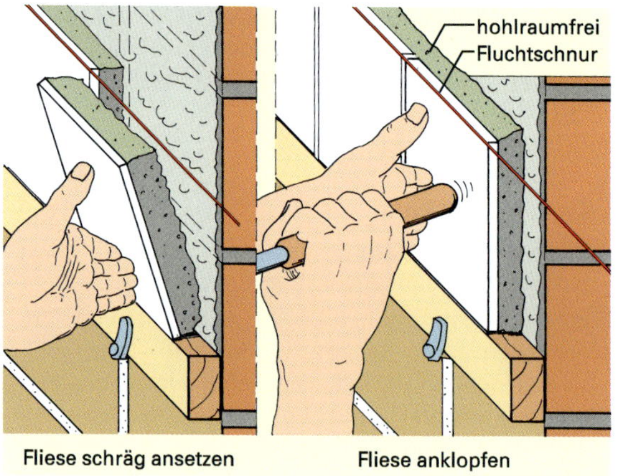

Ansetzen von Wandfliesen im Dickbett

Dickbettverfahren

Vom Dickbettverfahren spricht man, wenn die Fliesen im dicken Mörtelbett angesetzt bzw. verlegt werden. Das Mörtelbett für Fliesen soll mindestens 10 mm und im Mittel 15 mm dick sein.

Als **Ansetzmörtel für Wandfliesen** ist Zementmörtel im Mischungsverhältnis von 1:5…1:6 Raumteilen günstig. Es darf nur Normzement verwendet werden. Die Zugabe von Kalk ist nur bei Verarbeitung von Solnhofener Platten gestattet. Der Sand muss gemischtkörnig sein (0…4 mm) und darf keine Verunreinigungen enthalten. Der Ansetzmörtel muss vor dem Verarbeiten gründlich durchgemischt sein (Rührgerät).

Als **Verlegemörtel für Steinzeugfliesen** ist Zementmörtel im Mischungsverhältnis von 1:4…1:6 Raumteilen günstig.

Ansetzmörtel für:	Zement : Sand
Steingut-Wandfliesen	1:5…1:6
Steinzeugfliesen	1:4…1:6
Spaltwandplatten	1:4…1:4,5
Spritzbewurf	1:2,5…3

Mischungsverhältnisse in Raumteilen

Im Dickbettmörtel werden die Fliesen im vollen Mörtelbett angesetzt und angeklopft.

Dünnbettverfahren

Beim Ansetzen der Fliesen im Dünnbettverfahren ist das Mörtelbett nur wenige Millimeter dick (max. 6 mm). Dabei kann ein hydraulisch erhärtender Dünnbettmörtel oder ein Kunstharzkleber verwendet werden.

Voraussetzung für die Anwendung des **Dünnbettverfahrens** ist ein ebener, lot- oder waagerechter Untergrund. Unebenheiten können durch den Dünnbettmörtel nur geringfügig ausgeglichen werden.

Auf den heute üblichen Estrichen, verputzten Wänden oder Trockenbauplatten wie z.B. in unserem Reihenhaus ist dies das übliche, weil zeitsparende Verfahren.

Als Dünnbettmörtel werden hauptsächlich **hydraulisch erhärtende Dünnbettmörtel** (kunstharzvergüteter Zementkleber) und **Dispersionsklebstoffe** (kunstharzgebundene Kleber) verwendet. Man wählt den Kleber nach seiner Eignung für die Art des Klebegrundes, des Belagmaterials und der zu erwartenden Beanspruchung des Belages.

Es können verschiedene Dünnbettverfahren angewendet werden.

a) Auftragen des Klebemörtels auf den Ansetzgrund (Floating-Verfahren)

Dabei wird zunächst mit der Glättekelle eine dünne Klebemörtelschicht aufgetragen. Danach wird das eigentliche Dünnbett mit der Zahnspachtel aufgetragen bzw. aufgekämmt. Durch die Zahntiefe und den Anstellwinkel beim Kämmen (etwa 45°...60°) wird die richtige Rillentiefe geschaffen. Die Fliesen werden anschließend schräg zur Kämmung eingeschoben und kräftig angedrückt oder leicht angeklopft. Es darf nur so viel Dünnbettmörtel vorgezogen werden, dass die Fliesen stets im frischen Dünnbett eingedrückt werden.

b) Auftragen des Klebemörtels auf die Plattenrückseite (Buttering-Verfahren)

Bei diesem Verfahren lassen sich Platten mit unebener oder stark profilierter Rückseite gut ansetzen. Anwendung zum Beispiel beim Ansetzen von Spaltplatten und Platten mit Noppen.

c) Kombiniertes Verfahren

Bei diesem Verfahren wird Klebemörtel sowohl auf den Ansetzgrund als auch auf die Plattenrückseite aufgetragen. Die Platten werden dadurch ohne Hohlräume vollflächig eingebettet. Anwendung findet diese Verlegeart hauptsächlich bei großformatigen Fliesen und Platten.

Auftragen des „Klebers" auf den Untergrund

Eindrücken der Fliese in das Klebebett

Mörtelaufzug auf Untergrund und Fliese

Zusammenfassung

Vor Verlegearbeiten ist der Belaggrund sorgfältig vorzubereiten.

Zum Ansetzen und Verlegen von Fliesen im Dickbett ist Zementmörtel zu verwenden.

Der Untergrund für Dünnbettmörtel muss eben und lot- bzw. waagerecht sein.

Dünnbettmörtel sind Klebemörtel.

Aufgaben:

1. *Welche Untergründe für Verlegearbeiten sind in unserem Projekt anzutreffen?*
   Welche Vorbereitungsarbeiten sind dabei nötig?
2. *Welche Aufgaben hat ein Spritzbewurf?*
3. *Warum wendet man häufig das Dünnbettverfahren an?*
4. *Beschreiben Sie*
   a) das Floating-Verfahren,
   b) das Buttering-Verfahren,
   c) das kombinierte Verfahren.
5. *Geben Sie zu diesen Verfahren je ein Anwendungsbeispiel an und begründen Sie dies.*

6.3.8 Materialbedarf

Baustoffbedarf für Fliesen- und Plattenbeläge

Der Bedarf an Fliesen und Platten wird mithilfe der Tabelle im Tabellenanhang berechnet. In der Tabelle ist der Verlust für einfache Verlegemuster enthalten. Bei komplizierten Verlegemustern kann darüber hinaus ein Zuschlag von 2...5% für Bruch und Verhau erforderlich werden.

Die Tabelle gibt den Materialbedarf in Stück pro m^2 an. Der Fliesen- bzw. Plattenbedarf wird ermittelt, indem die zu belegende Fläche A mit dem Materialbedarf in Stück/m^2 multipliziert wird.

Fliesenbedarf = Fläche A · Fliesenbedarf pro Quadratmeter

Werden die Fliesen im Mörtelbett versetzt, so muss auch der Mörtelbedarf ermittelt werden. Hierfür werden keine Tabellen benötigt, da die Ermittlung sehr einfach ist. Bedeckt man eine Fläche von 1 m^2 1 mm hoch mit Mörtel, so macht dies $10 \times 10 \times 0{,}01$ dm $= 1\ dm^3$ Mörtel aus. Für eine 1 mm hohe Schicht Mörtel auf 1 m^2 wird demnach $1\ dm^3 = 1\ l$ Mörtel benötigt.

Der Mörtelbedarf lässt sich also sehr einfach ermitteln, indem man pro m^2 und pro mm Dicke des Mörtelbettes 1 l Mörtel veranschlagt.

Mörtelbedarf = Fläche A · Dicke des Mörtelbettes in mm

Beispiele:

1. Eine Terrasse 2,50/3,00 m soll mit Steinzeugfliesen 30×30 cm belegt werden. Wie viele Fliesen sind zu bestellen?

Lösung:

Fläche $A = 2{,}50\ m \cdot 3{,}00\ m = 7{,}50\ m^2$

Fliesenbedarf je m^2 nach Tabelle = 12 Stück/m^2

Fliesenbedarf insgesamt

$= 7{,}5\ m^2 \cdot 12$ Stück/m^2 = <u>90 Stück Fliesen</u>

2. Der Belag der Terrasse aus Beispiel 1 soll in ein Mörtelbett von 2,5 cm Dicke verlegt werden. Wie groß ist der Mörtelbedarf?

Lösung:

$7{,}50\ m^2 \cdot 25\ l/m^2$ = <u>187,5 l Mörtel</u>

Aufgaben:

1. Die Balkonplatte des Reihenhauses wird mit Spaltklinkerplatten $11{,}5 \times 24$ cm, Fuge 1 cm, belegt. Berechnen Sie den Bedarf an Platten in m^2 und Stück bei 6% Verschnitt.
2. Im Garten wird ein kreisrundes Planschbecken angelegt. Berechnen Sie
   a) den Bedarf an Kleinmosaik in m^2 zum Belegen der Bodenfläche bei 3% Verschnitt,
   b) den Bedarf für die innere Wandfläche,
   c) den Bedarf für den Beckenrand bei 6% Verschnitt,
   d) den Gesamtbedarf an Kleinmosaik.

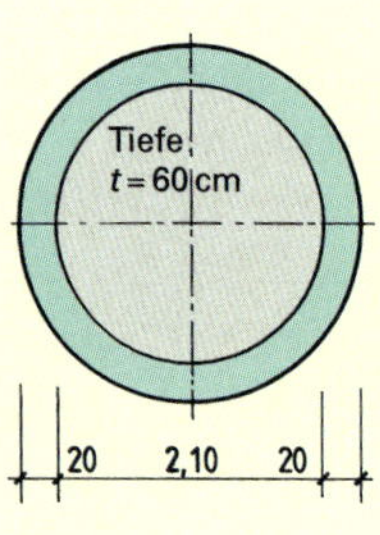

2. Planschbecken

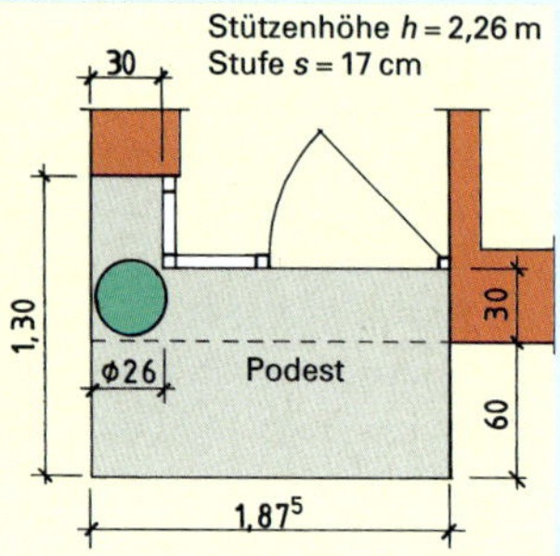

3. Hauseingang

3. Am Hauseingang des Reihenhauses wird auf der Podestfläche eine runde Stahlbetonstütze (Variante) angeordnet. Die Podestfläche wird mit Feinsteinzeug im Format 250×250 mm belegt. Berechnen Sie
   a) den Bedarf an Steinzeugplatten für die Podestfläche einschließlich der Setzstufenfläche bei 12% Verschnitt in Stück,
   b) den Bedarf an Festbeton für die Stütze in m^3,
   c) den Bedarf an Knopfmosaik für die Belegung der Stützenfläche in m^2 bei 2% Verschnitt.
4. Windfang, Garderobe und Essbereich einschließlich Treppenraum des Reihenhauses werden mit Fliesen der Größe 300×300 mm (Koordinierungsmaß) belegt. Die Maße sind den Projektzeichnungen zu entnehmen. Berechnen Sie
   a) den Bedarf an Fliesen in m^2 und Stück bei 5% Verschnitt,
   b) den maximalen Bedarf an Dünnbettmörtel bei einem Verbrauch von 3...4 kg/m^2 (Angabe auf den Säcken, 20 kg Inhalt).
   Wie viele Säcke müssen bereit gestellt werden?

6.3.9 Zeichnerische Darstellung

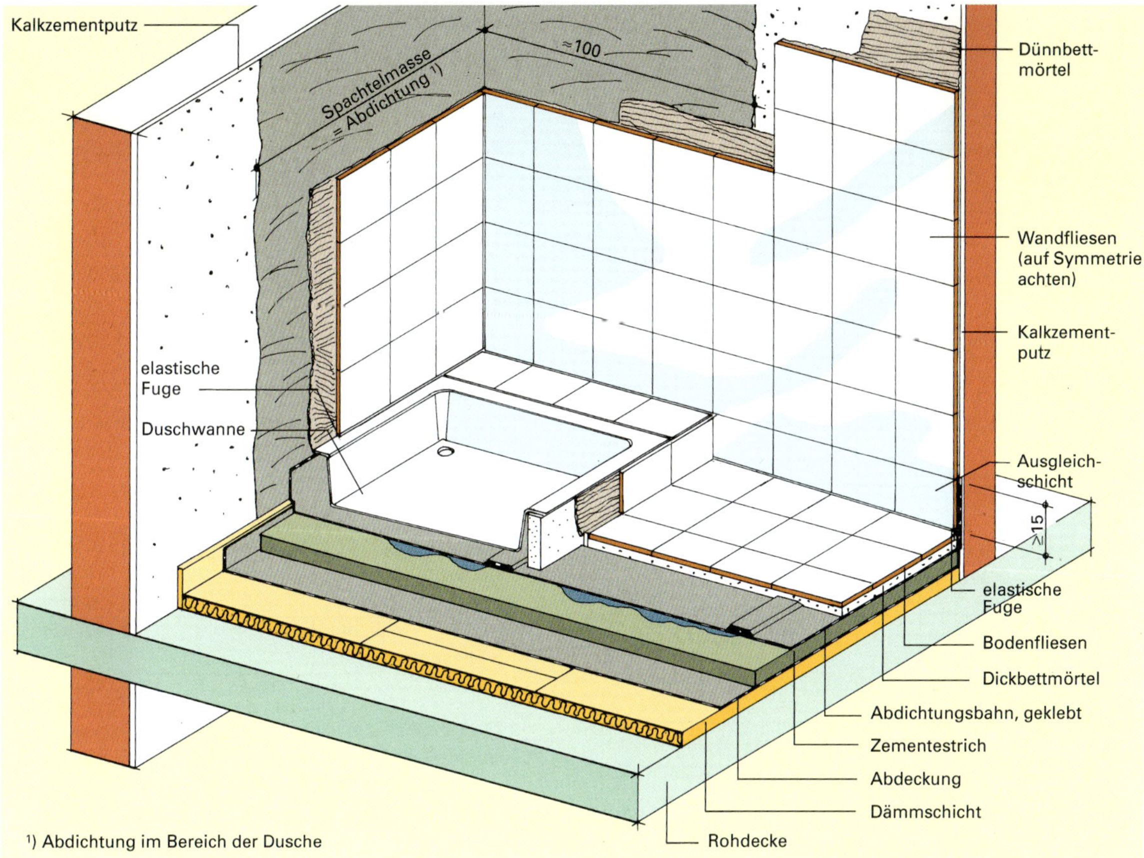

1) Abdichtung im Bereich der Dusche

Fliesenarbeiten im Duschbereich

Aufgaben:

(Einzelheiten können Sie aus der oben dargestellten Zeichnung entnehmen.)

1. Zeichnen Sie einen waagerechten Schnitt durch die Wandecke mit Fliesenbelag im Maßstab 1:1 – mm.

Kalkzementputz	10 mm
Dünnbettkleber	3...5 mm
Fliesen	8 mm

   Bilden Sie die Eckfuge als elastische Fuge (≈ 5 mm breit) aus.

2. Zeichnen Sie einen senkrechten Schnitt durch den Fußbodenaufbau mit Wandanschluss im Maßstab 1:1 – mm.

Dämmschicht	40 mm
Randstreifen	5 mm
Abdeckung (PE-Folie)	–
Zementestrich	35 mm
Abdichtung, geklebt (15 cm hochgezogen)	3 mm
Dickbettmörtel	15 mm
Fliesenbelag	8 mm

   Ordnen Sie eine elastische Fuge an. Bezeichnen Sie alle Schichten.

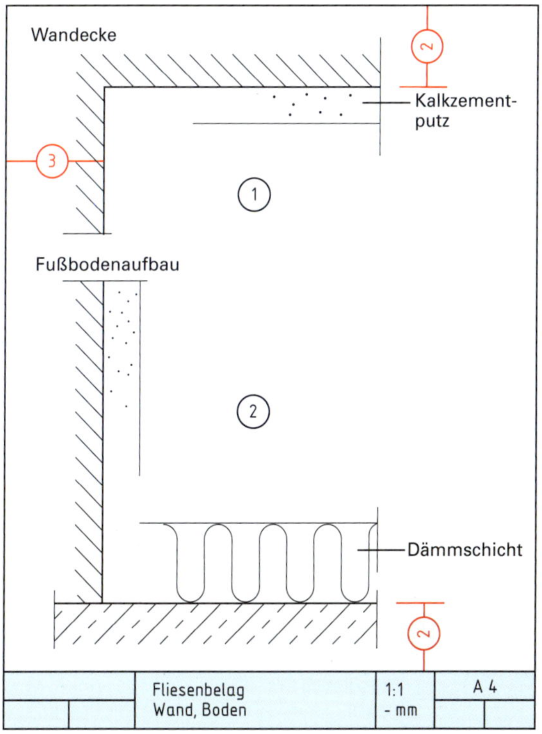

Beispiel:

Zeichnen Sie die Ansicht eines Fliesenbelags im WC/Duschraum des Reihenhauses (Trennwand zum Treppenraum). Fliesen 300 × 300 mm (Koordinierungsmaß)

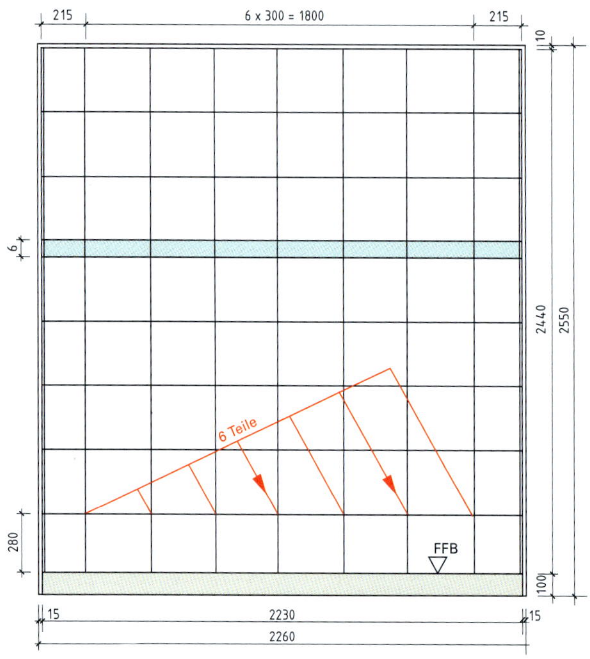

Einteilung für Fliesen 300 × 300 mm

Breite:

Rohbaumaß		2260 mm
Kalkzementputz + Dünnbett	15 mm	
	− 2 · 15	= − 30 mm
	lichte Breite	= 2230 mm
6 Fliesen		1800 mm
	Rest	430 mm
→ 2 Teilfliesen	$\frac{430}{2}$	= 215 mm

(zwei symmetrisch anzuordnende Teilfliesen sollen breiter sein als $\frac{300}{2}$ mm)

Höhe:

Rohbaumaß		2550 mm
Deckenputz		− 10 mm
Fußbodenaufbau		− 100 mm
	lichte Höhe	= 2440 mm
8 Fliesen		2400 mm
	Rest	40 mm

Man ordnet z. B. einen Sockel oder einen umlaufenden farbigen Dekorstreifen an ≥ 60 mm
+ 1 Teilfliese 280 mm

Aufgaben:

1. Zeichnen Sie die Ansicht eines Fliesenbelags im Bad des Reihenhauses (Trennwand zum Kinderzimmer), Maßstab 1:20. Fliesen 250 × 250 mm.

2. Zeichnen Sie für den Windfang des Reihenhauses den Bodenbelag aus Steinzeugfliesen 300 × 300 mm, Maßstab 1:20. Zeichnen Sie zwei verschiedene Verlegemuster.

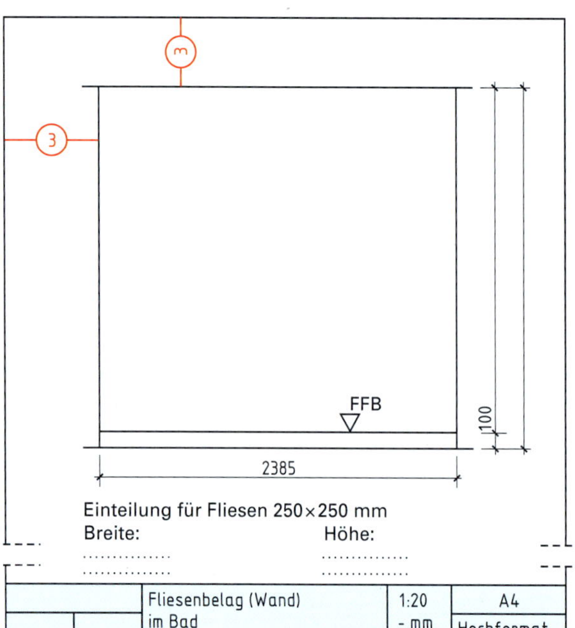

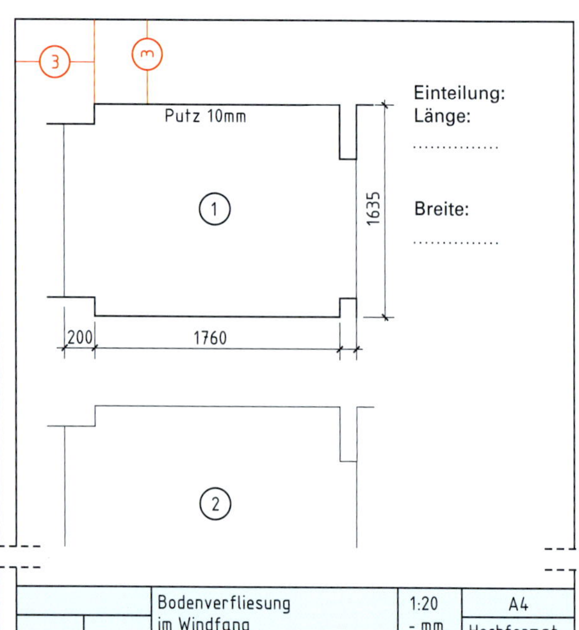

6.4 Abdichtungen

Die häufigsten Schäden im Bauwesen sind auf mangelhaften Feuchtigkeitsschutz zurückzuführen. Nasse Keller, feuchtes Mauerwerk, undichte Flachdächer, Ausblühungen und verminderter Wärmeschutz sind die Folgen schlechter Verarbeitung und mangelnder Kenntnisse der Fachleute.

Erfahrungen, neue Ergebnisse aus der Bauforschung und die Entwicklung neuer Baustoffe ermöglichen es, unser Reihenhaus einwandfrei gegen Feuchtigkeit zu schützen. Die wichtigsten Maßnahmen müssen bereits bei der Planung des Gebäudes vorgenommen werden; der Baufacharbeiter muss diese Planungen fachgerecht in die Praxis umsetzen.

In DIN 18533 **„Abdichtung von erdberührten Bauteilen"** sind die Planung und die Wahl der Abdichtungsmaßnahmen geregelt. Die Wahl der passenden Abdichtungsmaßnahme hängt im Wesentlichen von den Einwirkungen auf die Abdichtung und von der Raumnutzung (Anforderung an die Trockenheit) ab.

Für Abdichtungsmaßnahmen an unserem Projekt steht eine Vielzahl von **Abdichtungsstoffen** zur Verfügung. Dabei wird zwischen bahnenförmigen Abdichtungsstoffen und flüssig zu verarbeitenden Abdichtungsstoffen unterschieden.

Abdichtungsstoffe

Bahnenförmige Abdichtungsstoffe	Flüssig zu verarbeitende Abdichtungsstoffe
Zum Beispiel – Bitumen- und Polymerbitumenbahnen – Kunststoff- und Elastomerbahnen	Zum Beispiel – kunststoffmodifizierte Bitumendickbeschichtungen – Asphaltmastix – mineralische Dichtungsschlämmen

Durchfeuchtete Kellerwand

Voranstrich für eine Bitumendickbeschichtung

Abdichtung nicht unterkellerter Gebäude
(gegen Bodenfeuchtigkeit)

6.4.1 Abdichtung nicht unterkellerter Gebäude

Nicht unterkellerte Gebäude werden durch waagerechte Abdichtungen in den Außen- und Innenwänden gegen aufsteigende Feuchtigkeit geschützt. In den Außenwänden liegt die Abdichtung etwa **30 cm** über dem Gelände. An der Garage des Projekts werden dafür in Zementmörtel verlegte bahnenförmige Abdichtungsstoffe wie z.B. Bitumenbahnen verwendet.

Außerdem werden alle vom Boden berührten Außenflächen z.B. mit kunststoffmodifizierten Bitumendickbeschichtungen gegen Feuchtigkeit abgedichtet.

Auch die Fußböden müssen abgedichtet werden, sofern sie nicht einen belüfteten Zwischenraum zum Boden besitzen. Werden die an den Boden grenzenden Räume nicht zu Wohnzwecken genutzt, kann anstelle der Abdichtung eine kapillarbrechende, grobkörnige Schüttung von mindestens **15 cm** Dicke gegen das Heranführen von Feuchtigkeit schützen.

Bewohnte Räume erhalten eine Wärmedämmung, die über der Abdichtungsschicht liegt (s. Abschnitt 6.2.4).

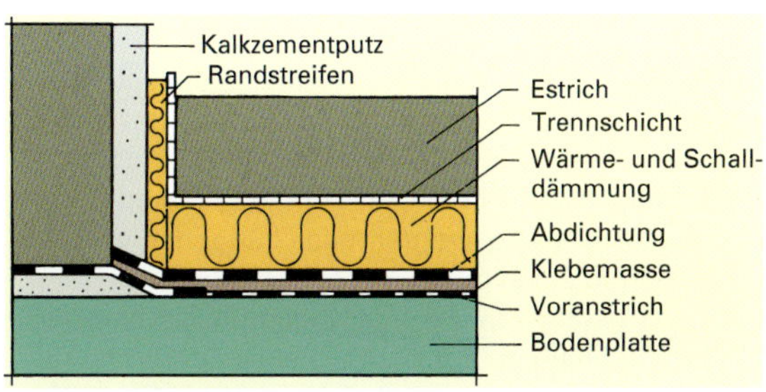

Abdichtung mit Wärme- und/oder Schalldämmung

6.4.2 Abdichtung unterkellerter Gebäude gegen Bodenfeuchtigkeit

Mit Bodenfeuchte ist immer zu rechnen. Eine vergleichbare Belastung der erdberührten Bauteile entsteht durch das von Niederschlägen herrührende, nicht stauende Sickerwasser. Mit dieser Belastung darf nur gerechnet werden, wenn das Baugelände bis unter die Fundamentsohle und das Verfüllmaterial der Arbeitsräume aus durchlässigen Böden (Sande oder Kiese) bestehen. Bei wenig durchlässigen Böden ist eine Ringdränung nach DIN 4095 vorzusehen, deren Funktionsfähigkeit auf Dauer gegeben ist.

Für die Kelleraußenwände unseres Projekts ist **Stahlbeton** vorgesehen. Bei entsprechender Betongüte (≥ C 16/20) ist aufsteigende Feuchtigkeit in den Umfassungswänden auszuschließen; deshalb kann in der Regel auf den Einbau waagerechter Abdichtungen verzichtet werden. Die erdberührten Wandaußenflächen erhalten eine Abdichtung aus einer kunststoffmodifizierten Bitumendickbeschichtung (PMBC). Glatt geschalte Betonflächen können direkt beschichtet werden. Der Spritzwasserschutz im Sockelbereich wird durch Dichtungsschlämmen (MDS) und Zementputz bis ≥ 30 cm über Gelände gewährleistet.

Eine waagerechte Abdichtung etwa 30 cm über dem Gelände ist immer erforderlich. Die Arbeitsfuge zwischen Fundament und Wand kann durch einen senkrechten Blechstreifen gesichert werden.

Bei geringen Anforderungen an die Nutzung der Untergeschossräume wird der Fußboden durch eine kapillarbrechende Schüttung von mindestens 15 cm Dicke unter der Bodenplatte gegen Feuchtigkeit geschützt.

L 3.7.1

Gemauerte Kelleraußenwände erhalten mindestens **zwei** waagerechte Abdichtungen. Die untere Abdichtung wird etwa **10 cm** über dem Kellerfußboden, die obere etwa **30 cm** über dem Gelände angeordnet. Bei den Innenwänden kann die obere Abdichtung entfallen. Die Kellerdecke muss mit ihrer Unterfläche mindestens **5 cm** über der oberen waagerechten Abdichtung liegen. Liegt die Kellerdecke tiefer, so wird eine dritte waagerechte Abdichtung erforderlich.

i 5.3.3

Die Abdichtung der von Boden berührten Außenflächen muss bei gemauerten Kellerwänden besonders sorgfältig erfolgen. Es werden Bitumendickbeschichtungen oder aufgeklebte Dichtungsbahnen verwendet, die am Fundament in eine Hohlkehle übergehen. Neben der Ringdränung ist vor allem auf die senkrechte Dränschicht vor der Wand (Dränplatten, Noppenfolie, Welltafeln) zu achten.

Gebäude werden durch waagerechte Abdichtungen gegen das Aufsteigen von Feuchtigkeit geschützt. Ferner werden alle vom Boden berührten Außenflächen gegen das Eindringen von Feuchtigkeit abgedichtet. An den Boden grenzende Fußböden von bewohnten Räumen müssen abgedichtet werden. Räume mit geringeren Anforderungen an die Nutzung werden durch eine kapillarbrechende Schüttung gegen aufsteigende Feuchtigkeit geschützt.

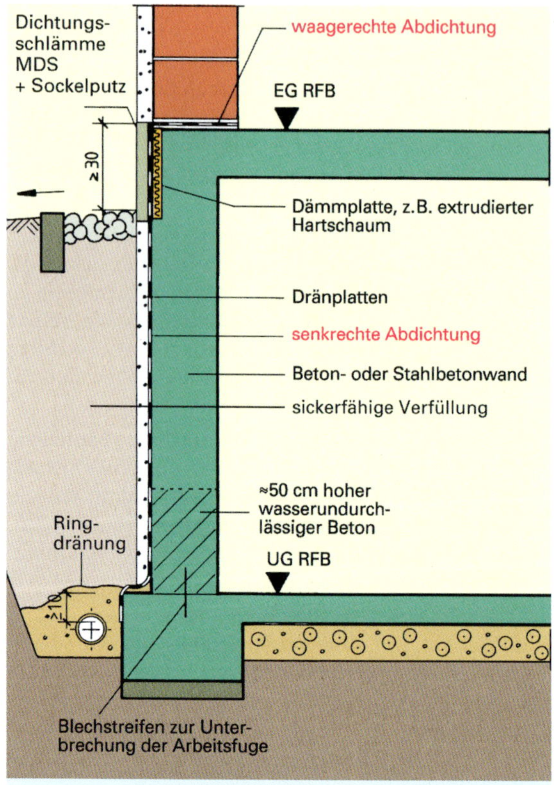

Umfassungswand aus Stahlbeton

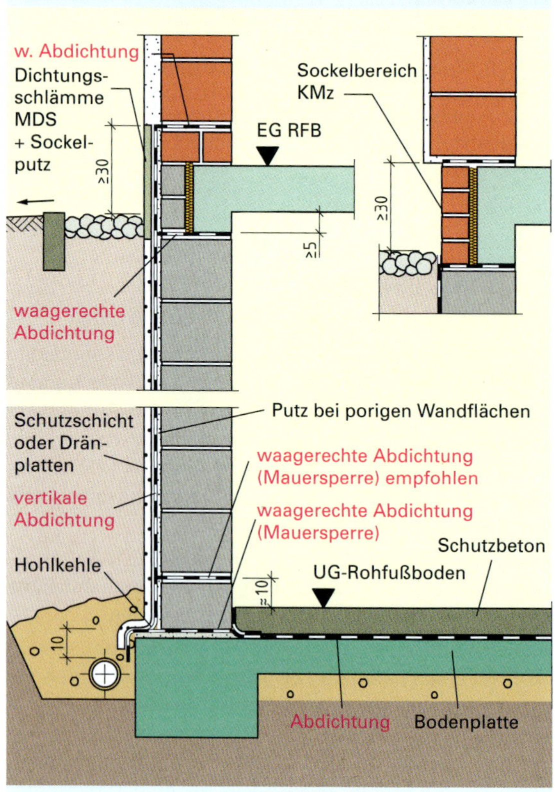

Umfassungswand aus Mauerwerk

Abdichtung unterkellerter Gebäude (gegen Bodenfeuchtigkeit)

Wird das Untergeschoss des Reihenhauses teilweise zum Aufenthalt genutzt (Hobbyraum), sind sowohl an die Abdichtung als auch die Wärmedämmung höhere Anforderungen zu stellen.

Die Abdichtung der Fußbodenflächen wird zusätzlich zur kapillarbrechenden Schicht auf dem sauber abgezogenen Betonboden mit bahnenförmigen Abdichtungsstoffen wie z.B. Bitumen- oder Polymerbitumenbahnen oder Asphaltmastix vorgenommen.

Der Wärmeschutz dieser Flächen erfolgt durch Estriche auf Dämmschicht oder durch unter der Bodenplatte liegende Dämmschichten mit speziellen Wasser abweisenden Dämmplatten (z.B. Polystyrol-Extruderschaum oder Schaumglas). Auch an den Außenflächen der Umfassungswände können diese Dämmplatten angebracht werden.

Aus bauphysikalischen Gründen sind Dämmschichten auf den Außenflächen einer Innendämmung vorzuziehen (Wärmespeicherung und ungehinderter Durchgang des Wasserdampfes).

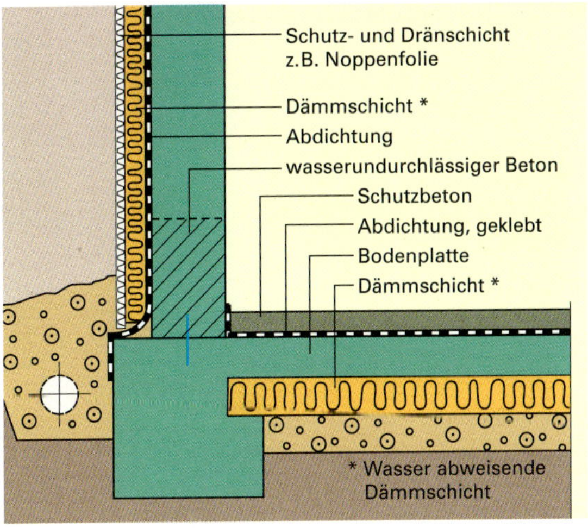

Außen liegende Wärmedämmung (Perimeterdämmung)

Bei bewohnten Untergeschossräumen werden an den Feuchteschutz und die Wärmedämmung besondere Anforderungen gestellt.

Bei Verarbeitung von bitumenhaltigen Stoffen ist die Gefahr von Unfällen wegen der oft hohen Verarbeitungstemperaturen und dem Verdampfen gesundheitsschädlicher Lösungsmittel besonders hoch.

i 5.3.4

Zusammenfassung

Feuchtigkeitsschutz hat für den Erhalt unseres Reihenhauses wichtige Aufgaben zu erfüllen.

Bodenfeuchtigkeit kann durch ungeschützte Stellen in das Bauwerk eindringen, als Kapillarwasser in höhere Bereiche aufsteigen und dort Bauteile schädigen.

Außer feuchten Kellerwänden sind Putzschäden und oft verminderter Wärmeschutz die Folge.

Untergeschossräume werden durch waagerechte Abdichtungen in den Fußböden und senkrechte Abdichtungen an den Umfassungswänden trockengehalten.

Für die Abdichtung waagerechter Flächen (Fußböden) werden bahnenförmige Abdichtungsstoffe wie z.B. Bitumen- und Polymerbitumenbahnen oder flüssig zu verarbeitende Abdichtungsstoffe wie z.B. kunststoffmodifizierte Bitumendickbeschichtungen sowie Asphaltmastix verwendet.

Waagerechte Abdichtungen in den Wänden unterbinden aufsteigende Feuchtigkeit.

Senkrechte Abdichtungen werden mit einer kunststoffmodifizierten Bitumendickbeschichtung ausgeführt.

Mauerwerksflächen müssen zur Aufnahme der Abdichtungen voll und bündig verfugt sein; Betonflächen müssen eine ebene und geschlossene Oberfläche aufweisen. Falls erforderlich, müssen die Flächen mit Mörtel der Mörtelgruppen II oder III geebnet und abgerieben werden.

Vor dem Aufbringen von Abdichtungen auf Bitumenbasis müssen die Untergründe trocken sein.

Ringdränung, senkrechte Dränschichten und kapillarbrechende Schichten unter der Bodenplatte sind wichtige Begleitmaßnahmen des Feuchteschutzes.

Aufgaben:

1. *Warum sind bei unserem Projekt, wie bei den meisten Bauwerken, Abdichtungen gegen Bodenfeuchtigkeit von großer Bedeutung?*
2. *Welche Aufgaben haben kapillarbrechende Schichten und Dränleitungen zu erfüllen?* *Wie werden sie bei unserem Projekt ausgeführt?*
3. *Nennen Sie die Maßnahmen, die an der Garage zum Schutz gegen Bodenfeuchtigkeit getroffen werden.*
4. *Wie werden die Betonaußenwände des Untergeschosses gegen Bodenfeuchtigkeit geschützt?*
5. *Warum ist in den Außenwänden etwa 30 cm über dem Gelände eine waagerechte Abdichtung einzubauen?* *Beschreiben Sie die Ausführung.*
6. *Welche zusätzlichen Maßnahmen sind im Falle gemauerter Kelleraußenwände erforderlich?*
7. *Wie können Untergeschossfußböden gegen Bodenfeuchtigkeit geschützt werden?*
   a) bei Räumen mit geringen Anforderungen,
   b) bei Aufenthaltsräumen.
8. *Wie müssen Betonoberflächen von Wänden und Bodenplatten zur Aufnahme von Abdichtungen beschaffen sein?*
9. *Welche Gefahren bestehen beim Umgang mit Stoffen auf Bitumenbasis?*

6.4.3 Zeichnerische Darstellung

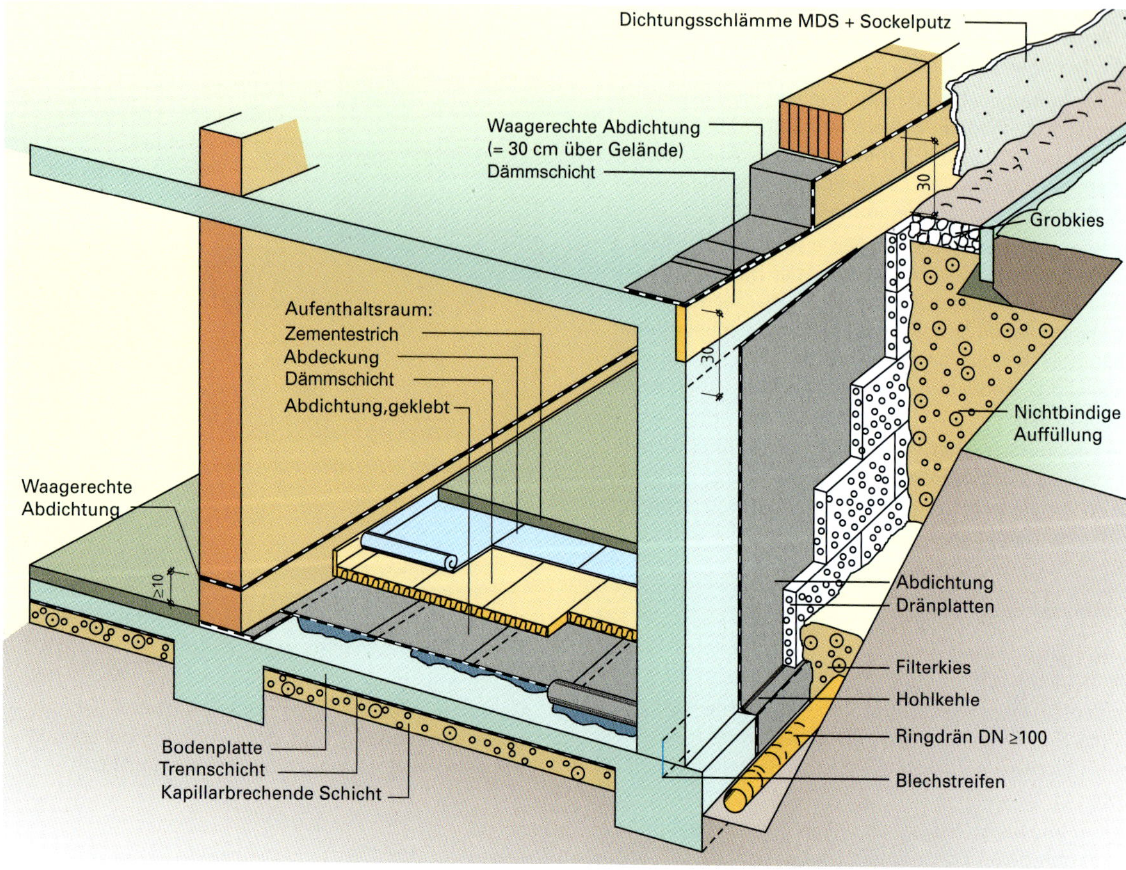

1. Aufgabe: Zeichnen Sie den Schnitt der Kellerwand aus Stahlbeton und des Fußbodens für einen Aufenthaltsraum, Maßstab 1:10.
Stellen Sie alle Abdichtungsmaßnahmen dar.

2. Aufgabe: Zeichnen Sie den Schnitt des Gebäudesockels mit angrenzendem Gelände, Maßstab 1:10.
Stellen Sie alle Maßnahmen zum Feuchtigkeitsschutz dar.

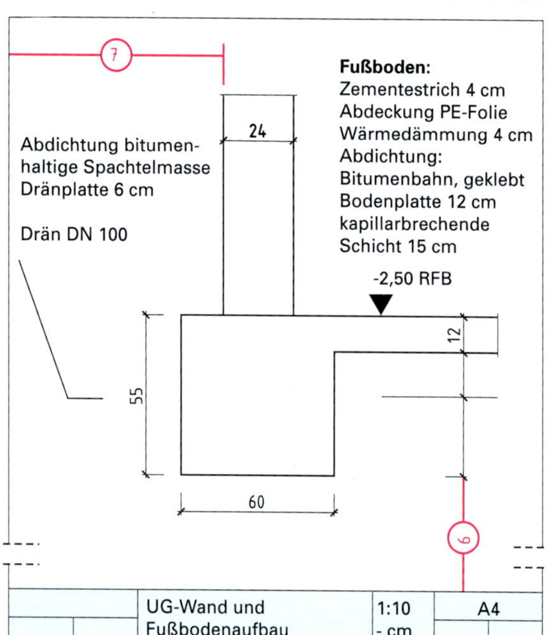

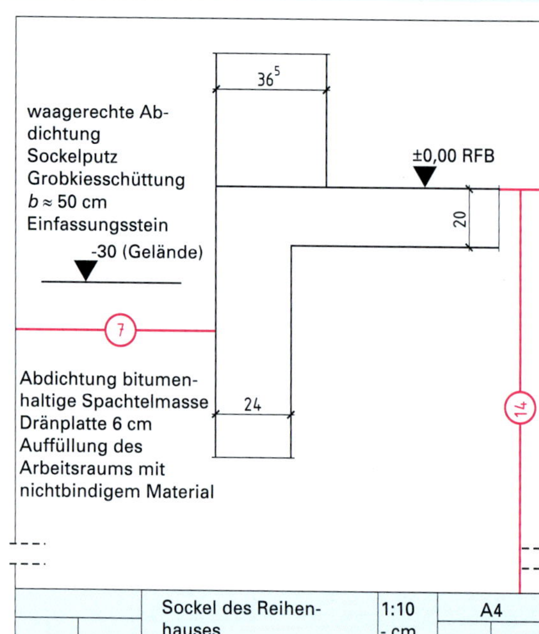

Ergänzende Informationen

i

- zur Physik
- zur Chemie
- zu Baumetallen
- zu Kunststoffen
- zu bitumenhaltigen Stoffen
- zur Mathematik
- zum Zeichnen
- zur Computertechnik
- Fachbegriffe Deutsch/Englisch
- Tabellenanhang

1 Wo die Physik zum Verständnis beitragen kann

1.1 Gewichtskraft – Masse – Dichte

1.1.1 Gewichtskraft

Wenn wir ein Betonstück auf unsere Hand legen, verspüren wir einen Druck. Tragen wir eine Aktentasche, so verspüren wir einen Zug. In beiden Fällen hat der Gegenstand das Bestreben, sich nach unten, d. h. in Richtung des Erdmittelpunktes, zu bewegen. Diese Bewegung wird durch die Anziehungskraft der Erde verursacht. Auch wenn wir einen Stein fallen lassen, beobachten wir denselben Vorgang.

Als Ergebnis dieser Beobachtungen können wir feststellen: Wenn ein Körper auf eine Unterlage drückt oder an einem Aufhängepunkt zieht, haben wir es mit einer **Gewichtskraft** zu tun. Man hat herausgefunden, dass die Gewichtskraft mit zunehmender Entfernung vom Erdmittelpunkt abnimmt.

Auf hohen Bergen ist sie um ein Geringes kleiner als im Tal, an den Polen um 0,5 % größer als am Äquator.

Auf dem Mond ist die Anziehungskraft nur $^1/_6$ der Anziehungskraft auf der Erde.

Gewichtskräfte, die auf Bauteile einwirken, werden im **Bauwesen** als **Lasten** bezeichnet. Die Kraft, die ein Bauteil durch seine eigene Masse hervorruft, wird als **Eigenlast** bezeichnet.

Die Eigenlast eines Bauteils errechnet sich aus dem Rauminhalt V (Volumen) des Bauteils und der Wichte γ des verwendeten Baustoffes. Die **Wichte** ist die volumenbezogene Gewichtskraft eines Stoffes.

Die Gewichtskraft ist eine Kraft, mit der ein Körper zum Erdmittelpunkt hingezogen wird. Ihre Einheiten sind Newton (N), Kilonewton (1 kN = 1000 N) und Meganewton (1 MN = 1000 kN).
Die Gewichtskraft ändert sich mit dem Ort.

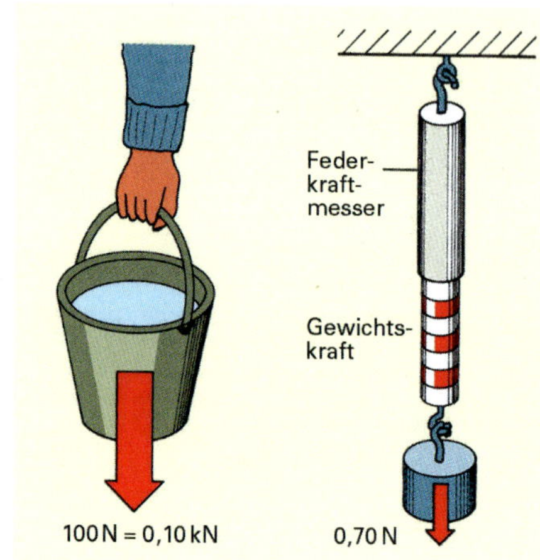

Darstellung der Gewichtskraft

1 N	(Newton)	
1 kN	(Kilonewton)	= 1000 N
1 MN	(Meganewton)	= 1000 kN

Einheiten der Gewichtskraft

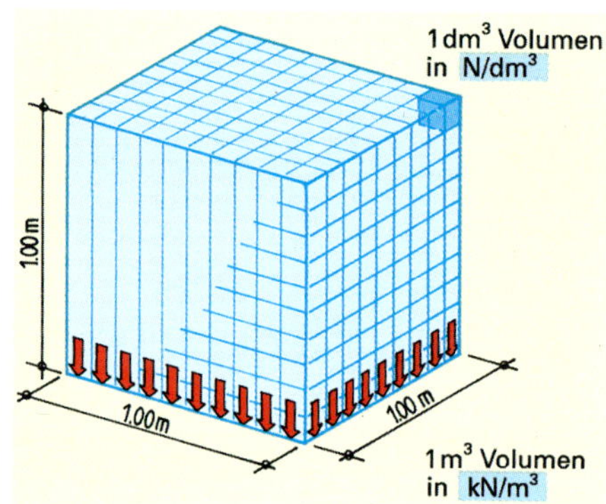

Wichte = Eigenlast eines bestimmten Stoffvolumens

1.1.2 Masse

Ein und derselbe Körper hat eine genau bestimmbare Materie (Stoff) in sich, d. h., er enthält eine ganz bestimmte Zahl von Molekülen, Atomen, Ionen.

Im Gegensatz zur Gewichtskraft eines Körpers, die mit zunehmender Höhe durch Nachlassen der Erdanziehungskraft abnimmt, verändert sich die Materie ein und desselben Körpers nicht, wenn wir mit ihm den Ort (und die Höhe) wechseln. Ein Beispiel macht dies klar.

Nimmt ein Astronaut eine Schokoladentafel von 100 g mit auf den Mond, so wiegt sie dort nur 0,17 N. Die Tafel ist in ihrer Materie nicht kleiner geworden und hat noch den gleichen Nährwert wie auf der Erde. Die Zahl der Moleküle hat sich nicht verändert, d. h., ihre **Masse** ist gleich geblieben. Daraus folgt, dass **Masse** nicht gleich der **Gewichtskraft** ist.

Die Einheit der Masse (Formelzeichen m) **ist das Kilogramm.**

1 Tonne (t) = 1000 kg, 1 kg = 1000 g, 1 g = 1000 mg

Die Beziehung zwischen Masse und Gewichtskraft zeigt folgendes Beispiel aus der Baupraxis:

Ein I-Träger wird beim Einkauf als Masse nach kg bezahlt. Als Sturz verwendet, übt er auf seine Auflager eine Gewichtskraft (N) aus, die zahlenmäßig das Zehnfache der Masse ist.

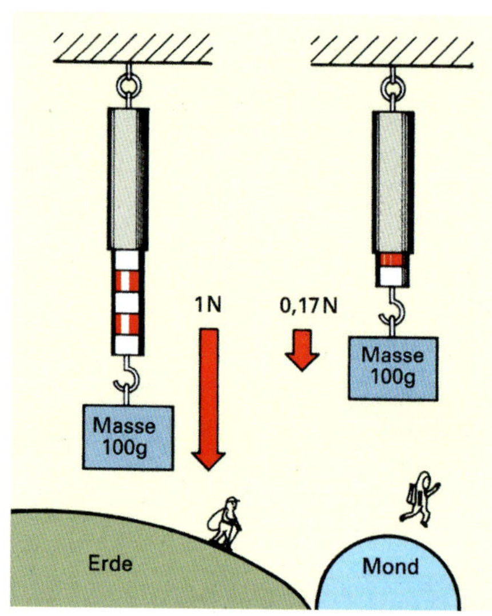

Vergleich der Gewichtskraft auf der Erde und dem Mond

1.1.3 Dichte

Mit einer **Balkenwaage** können Massen miteinander verglichen werden.

Versuch: Wir stellen einen Messzylinder auf eine Balkenwaage und bringen ihn ins Gleichgewicht. Dann füllen wir in den Messzylinder je einmal 100 cm³ und 200 cm³ Sand und wiegen jeweils diese zwei Füllungen mit geeigneten Wägesteinen.

Beobachtung: a) bei 100 cm³ Sandfüllung wiegt die Masse etwa 150 g,
b) bei 200 cm³ Sandfüllung wiegt die Masse etwa 300 g.

Wird das Volumen des Sandes verdoppelt, so wird auch die Masse auf das Doppelte vergrößert.

Wir bilden nun jeweils den Quotienten aus Masse und Volumen.

a) $\frac{m}{V} = \frac{150\text{ g}}{100\text{ cm}^3} = 1{,}5\,\frac{\text{g}}{\text{cm}^3}$ b) $\frac{m}{V} = \frac{300\text{ g}}{200\text{ cm}^3} = 1{,}5\,\frac{\text{g}}{\text{cm}^3}$

Ergebnis: Die Teilzahl aus Masse und Volumen bei den Messungen a und b ergibt jedesmal den gleichen Wert.

Das Ergebnis der Teilzahl bezeichnet man als **Dichte** (ϱ).

Die Einheit für die Dichte ist kg/m³ (diese Einheit wird im Bauwesen bevorzugt).

Weitere Einheiten: g/cm³, kg/dm³, t/m³

Da die Masse **ortsunabhängig** ist, gilt dies auch für die Dichte.

$$\text{Dichte} = \frac{\text{Masse}}{\text{Volumen}} \qquad \varrho = \frac{m}{V} \text{ (sprich: rho)}$$

Verschiedene Stoffarten haben verschiedene Dichte.

Rohdichte (ϱ)

Feste Baustoffe haben häufig Poren in sich, z. B. Mauerziegel, Bimssteine oder Porenbetonsteine. Die Dichte solcher festen Stoffe mit Poren und evtl. Kammern nennt man **Rohdichte**.

Schüttdichte (ϱ_S)

Werden Gesteinskörnungen wie Sand oder Kies auf einen Haufen geschüttet, bleiben zwischen den Körnern Räume, die nach DIN 1306 als **Zwischenräume** bezeichnet werden. Unter Schüttdichte versteht man daher die Teilzahl aus der Masse und **dem** Volumen, das auch Zwischenräume und evtl. vorhandene Hohlräume mit einschließt. Die Größe der Schüttdichte ist von der Art und dem Schüttvorgang abhängig.

Zusammenfassung

Die Gewichtskraft ist eine Kraft, mit der ein Körper zum Erdmittelpunkt hingezogen wird.

Die Größe der Gewichtskraft ändert sich mit dem Ort.

Die Masse eines Körpers ist die Größe für die in ihm enthaltene Stoffmenge. Sie verändert sich nicht mit dem Wechsel des Ortes.

Der Quotient aus Masse und Volumen ist die Dichte.

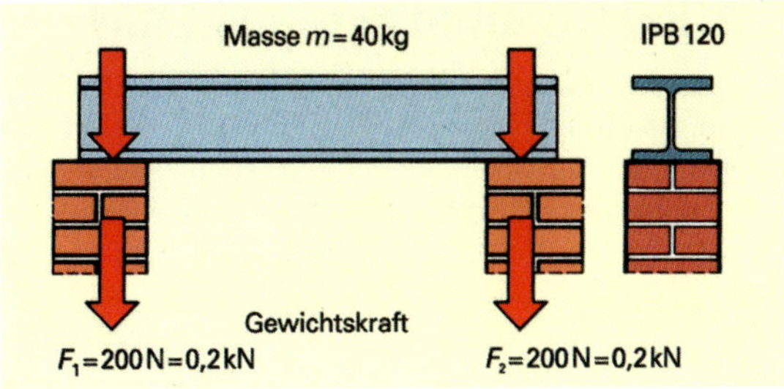

Masse und Gewichtskraft

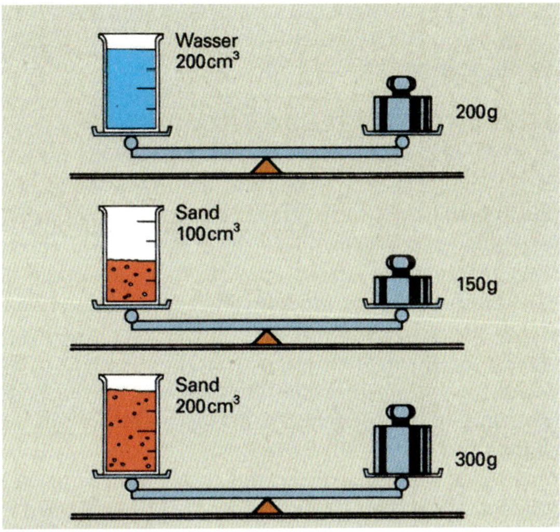

Massenvergleich mit der Balkenwaage

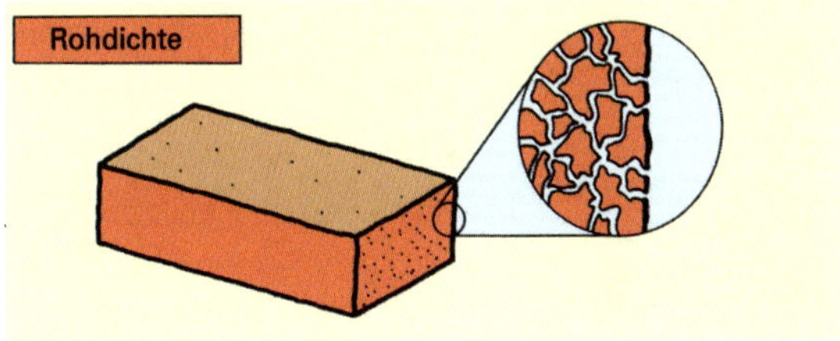

Mauerziegel

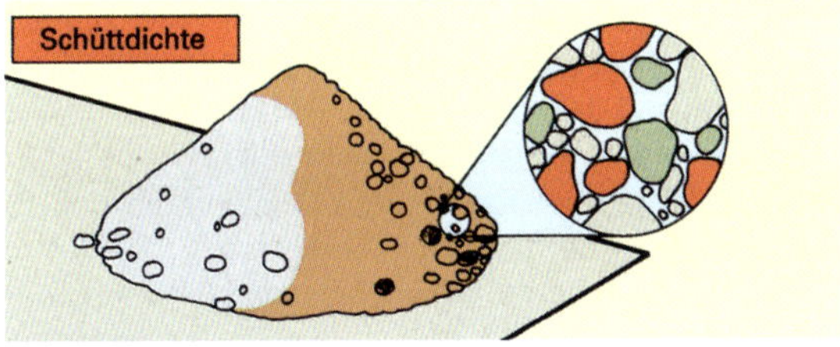

Aufgeschütteter Kiessand

Aufgaben:

1. *Nennen Sie das Formelzeichen und die Einheit der Gewichtskraft.*
2. *Wie errechnet sich die Eigenlast eines Bauteils?*
3. *Nennen Sie das Formelzeichen und die Einheit der Masse.*
4. *Bestimmen Sie die Rohdichte eines 3-Kammer-Hohlblocksteines mit den Maßen 49,5/30/23,8 cm aus Leichtbeton. Die Masse wurde durch Wiegen festgestellt und beträgt 28,27 kg.*

1.2 Kräfte und Lasten am Bau

Bauwerke müssen standfest erstellt werden. Sie dürfen sich nicht setzen, sie dürfen nicht kippen und müssen den auftretenden Belastungen und Kraftwirkungen ohne Schaden widerstehen können. Bei Erstellung eines Bauwerks muss mit verschiedenartigen Kräften gerechnet werden.

Alle auf ein Bauwerk wirkenden Kräfte und Lasten müssen sich im Gleichgewicht befinden. Die Lehre vom Gleichgewicht ist die **Statik**. Den Gleichgewichtszustand bei einem Gebäude nachzuweisen und die Bauteile richtig zu dimensionieren ist die Aufgabe des Baustatikers. Um die Angaben des Baustatikers verstehen und fachgerecht ausführen zu können, sind Grundkenntnisse von Kräften und Lasten am Bau erforderlich.

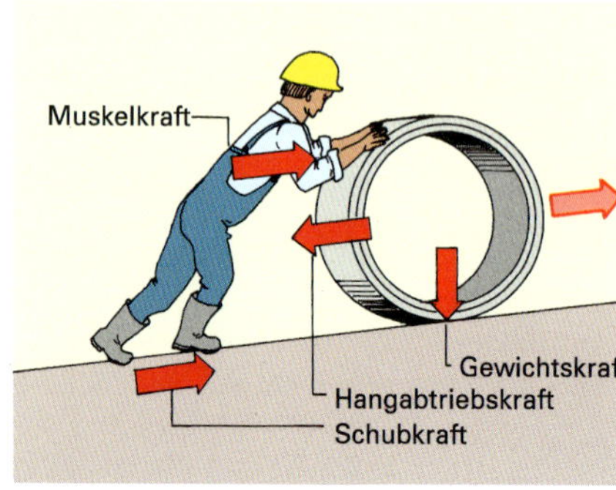

Kräfte bewirken Bewegung

1.2.1 Kräfte und ihre Wirkungen

In einem standfesten Bauwerk wirken Kräfte, die gegeneinander gerichtet und im Gleichgewicht sind. Man kann Kräfte erkennen, wenn das Kräftegleichgewicht gestört ist. Wenn Körper in Bewegung gesetzt oder verformt werden, wirken Kräfte. Soll z. B. ein Handwagen in Bewegung gesetzt werden, muss er geschoben oder gezogen werden, d. h., es muss z. B. **Muskelkraft** aufgewendet werden. Soll er zum Stehen gebracht werden, muss er mit einer entgegenwirkenden Kraft gebremst werden. Kräfte im Sinne der Physik sind z. B. **Gewichtskraft**, **Federkraft** und **magnetische Kraft**. Jede auf einen Körper wirkende Kraft erzeugt eine **Gegenkraft**. Beispiele: Gewichtskraft des Massenstückes und Federkraft, Gewichtskraft des Balkens und Hubkraft (s. Abb.). Sind Kraft und Gegenkraft gleich groß, herrscht **Kräftegleichgewicht**; der Körper befindet sich dadurch im Ruhezustand. Ist die Kraft größer als die Gegenkraft, kommt es zu einseitiger Bewegung oder zur Verformung des Körpers. Auf Bauwerke wirken z. B. Gewichtskräfte von Bauteilen, Personen, Gegenständen und Schnee sowie Windkräfte und Bodendruckkräfte (z. B. auf Stützwände).

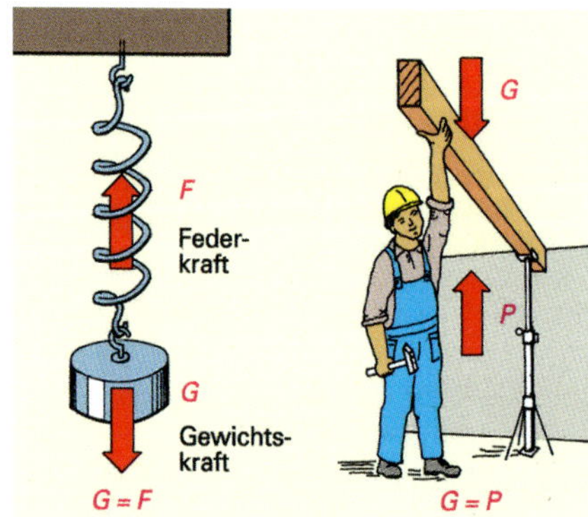

Kräftegleichgewichtszustand

> Kräfte verformen und bewegen Körper und ändern auch deren Bewegungsrichtung.

1.2.2 Kräfte und Lasten

Neben den physikalischen Größen Masse und Kraft werden im Bauwesen noch die Bezeichnungen Last und Eigenlast verwendet. Als **Lasten** werden die Kräfte bezeichnet, die von außen auf Bauteile einwirken; als **Eigenlasten** werden die Gewichtskräfte der Bauteile bezeichnet, mit denen sie auf ihre Auflager drücken. Lasten am Bau werden unterteilt in ständige Lasten und in Nutzlasten.

Ständige Lasten sind am Bauwerk immer vorhanden. Dazu gehören die Eigenlasten der tragenden Bauteile (z. B. Stahlbetondecke) und die von ihnen dauernd aufzunehmenden Lasten (z. B. Fußbodenbelag, Deckenputz, Dämmstoff).

Nutzlasten sind veränderliche oder bewegliche Lasten des Bauwerkes. Dazu gehören z. B. die Lasten von Personen, Einrichtungen, Lagerstoffen, Schnee und die Wirkung des Windes.

Um die einzelnen Bauteile bemessen zu können, müssen die Lasten ermittelt werden, die diese Bauteile tragen sollen. Zur Berechnung der Lasten wird die DIN 1055, **Einwirkungen auf Tragwerke**, benutzt. Diese enthält genaue Angaben über die Eigenlasten von Baustoffen, Bauteilen und Lagerstoffen, Nutzlasten für Decken und Dächer, Werte für Bodenarten sowie Angaben für Wind- und Schneelasten.

> Als Lasten werden alle Kräfte bezeichnet, die auf Bauteile von außen einwirken.

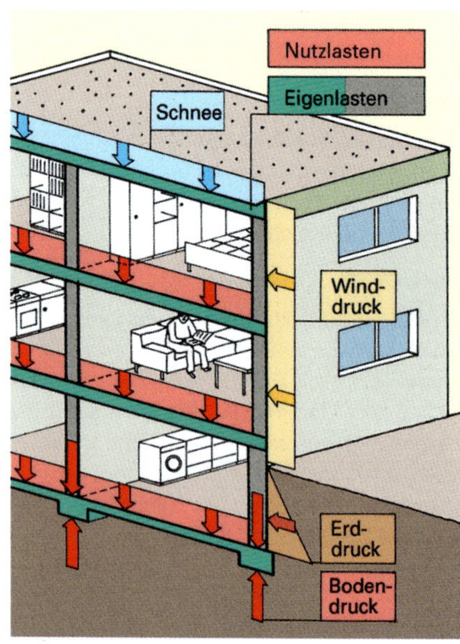

Lasten und Kräfte am Bau

Beispiel für die Berechnung einer Deckenlast:
Wichte für Stahlbeton
nach DIN 1055: $g_R = 25\ kN/m^3$
Deckendicke: $d = 16$ cm
Lösung:
$g = d \cdot g_R = 0{,}16\ m \cdot 25\ kN/m^3 = 4\ kN/m^2$
Ein Quadratmeter dieser Decke hat eine Flächenlast von 4 kN.

1.2.3 Gleichgewicht der Kräfte

Versuch:
An einem Federkraftmesser ziehen drei Gewichtskräfte in der abgebildeten Anordnung.
Beobachtung: Der Federkraftmesser zeigt eine den Lasten entsprechende Gesamtkraft an.
Ergebnis: Wirken mehrere Kräfte in einer Wirkungslinie, so herrscht Gleichgewicht, wenn die Summe aller Kräfte = 0 ist. Dies bedeutet, die Kräfte heben sich in ihrer Wirkung auf.

An allen Bauwerken muss Gleichgewichtszustand herrschen, d.h., allen auftretenden Lasten müssen gleich große Kräfte entgegenwirken. Können Bauteile die durch Lasten hervorgerufenen Spannungen nicht aufnehmen, werden sie zerstört: Pfeiler knicken, Träger und Decken brechen, Zugstäbe reißen. Der Statiker (**Statik** = Lehre vom Gleichgewicht der Kräfte) berechnet die auftretenden Spannungen und bemisst die Bauteile so, dass sie allen auftretenden Lasten widerstehen können.

An allen Bauwerken muss Gleichgewichtszustand herrschen, d.h., alle auf ein Bauwerk wirkenden Kräfte und Lasten müssen sich im Gleichgewicht befinden.

Wirkt auf ein Bauteil eine Last, z.B. Belastung eines Fundamentes durch einen Pfeiler, so tritt in diesem Bauteil ein Spannungszustand auf. Die Zusammenhangskraft zwischen den Molekülen des belasteten Bauteils wirkt gegen die äußere Kraft. Dieser innere Widerstand des Körpers gegen die Verformung und Zerstörung durch äußere Kräfte wird als **Festigkeit** bezeichnet.
Wird der innere Widerstand auf die beanspruchte Fläche bezogen, spricht man von **Spannung**.

DIN EN ISO 80000 sieht für die Spannung die Einheit Pascal (Pa) vor. 1 Pa entspricht 1 N/m². Die in der Bautechnik noch üblichen Einheiten von 1 N/mm² bzw. 1 MN/m² entsprechen 1 000 000 Pa = 1 MPa (Megapascal).

$$\textbf{Spannung} = \frac{\textbf{Kraft (Last)}}{\textbf{Fläche}}; \quad \sigma = \frac{F}{A} \text{ in } \frac{\text{N}}{\text{mm}^2} \left(= \frac{\text{MN}}{\text{m}^2} = \text{MPa}\right)$$

Die Festigkeit eines Baustoffes entspricht der Spannung, bei der dieser bricht (Bruchspannung).

Zusammenfassung

In Bauwerken wirken Kräfte, die gegeneinander gerichtet und im Gleichgewicht sind.
Diese Kräfte sind z.B. Gewichtskräfte aus Bauteilen, Personen, Gegenständen und Schnee sowie Windkräfte und Bodendruckkräfte.
Als Lasten werden Kräfte bezeichnet, die auf Bauteile von außen einwirken.
Wirkt eine Kraft auf ein Bauteil mit einer bestimmten Fläche ein, so entsteht eine Spannung. Die Spannung ist der Quotient aus Kraft und Fläche. Sie hat die Einheit N/mm² $\left(= \frac{\text{MN}}{\text{m}^2} = \text{MPa}\right)$.

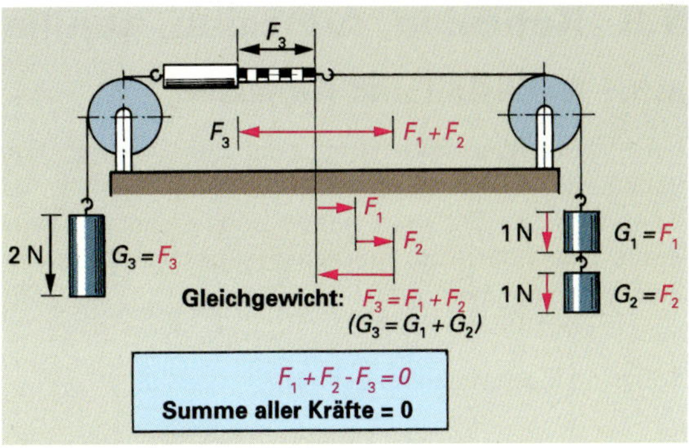

Kräftegleichgewicht

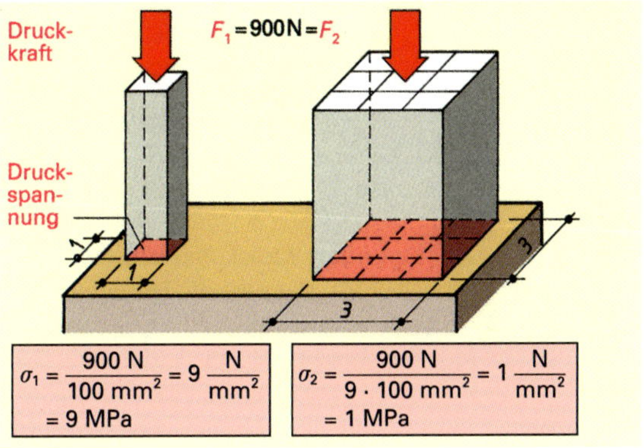

Druckspannung

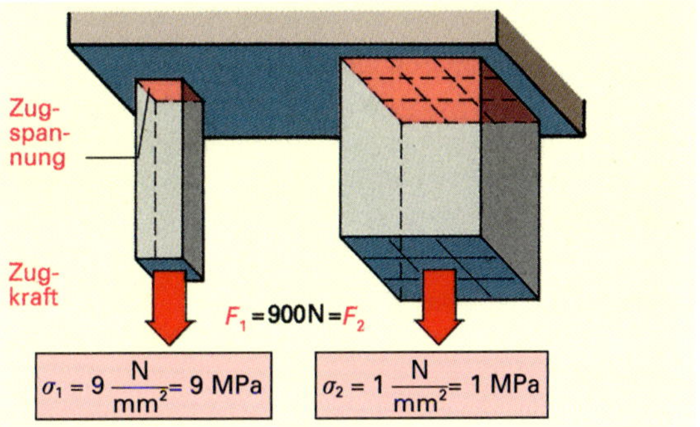

Zugspannung

Aufgaben:

1. *Nennen Sie Beispiele für Kräfte, die auf Bauwerke einwirken.*
2. *Nennen Sie Beispiele*
   a) für ständige Lasten,
   b) für Nutzlasten.
3. *Was versteht man unter dem Begriff Kräftegleichgewicht?*
4. *Ermitteln Sie die Flächenlast pro m² einer 20 cm dicken Stahlbetondecke (bei einer Wichte von 25 kN/m³).*
5. *Welcher Unterschied besteht zwischen Festigkeit und Spannung?*

1.3 Kohäsion, Adhäsion, Kapillarität

1.3.1 Kohäsion und Adhäsion

Bei nichtbindigen Bodenarten sind die einzelnen Körner fest, sie haften aber nicht aneinander. Die in sich ebenfalls festen Teilchen einer bindigen Bodenart haften aneinander. Da keinerlei äußere Kräfte erkennbar sind, müssen Festigkeit und Zusammenhalt von inneren Kräften herrühren.

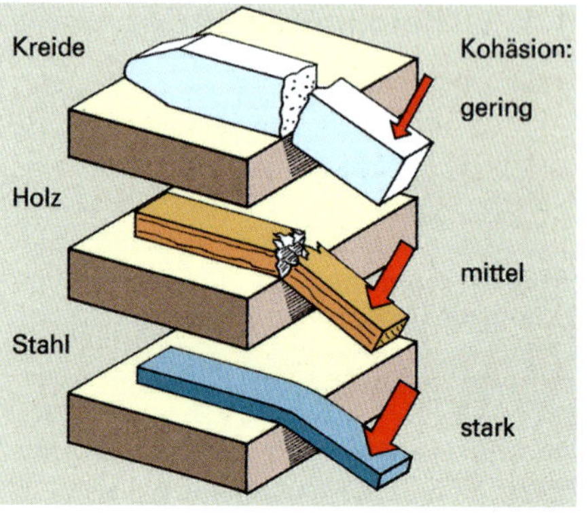

Kohäsion verschiedener Stoffe

Kohäsion (Zusammenhangskraft)

Versuch: Eine Kreide, ein Holz- und ein Stahlstab sollen gebrochen werden.

Beobachtung:
Kreide bricht leicht.
Holzstab bricht weniger leicht.
Stahlstab bricht nicht.

Ergebnis: Es müssen innere Kräfte vorhanden sein, die diese Stoffe verschieden stark zusammenhalten und die unterschiedliche Festigkeit bewirken.

Wir wissen, dass Stoffe aus Molekülen bestehen. Diese Moleküle ziehen sich gegenseitig wie Magnete an. Die Größe der Anziehungskraft hängt vom Abstand der Moleküle voneinander ab. Je kleiner der Abstand ist, umso größer ist die Anziehung. Bei Stahl ist der Abstand in unserem Fall am kleinsten, daher ist die Anziehungskraft am größten.

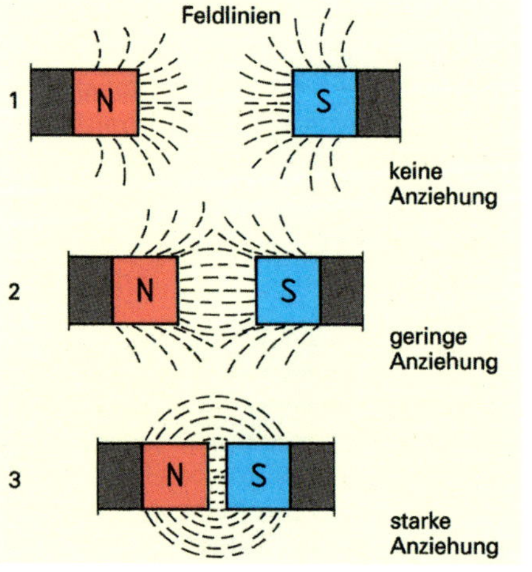

Vergleich der Anziehungskräfte zweier Stabmagnete

Die **Anziehungskräfte** zwischen den Molekülen eines Stoffes bezeichnet man als **Kohäsion.**

Eine geringere Kohäsion wirkt auch zwischen den Molekülen flüssiger Stoffe und bewirkt z.B. die Tropfenbildung. Die Kohäsion in Flüssigkeiten ist geringer, weil deren Moleküle weiter voneinander entfernt sind. Bei gasförmigen Stoffen herrscht wegen des großen Molekülabstandes keine Kohäsion mehr.

Adhäsion (Anhangskraft)

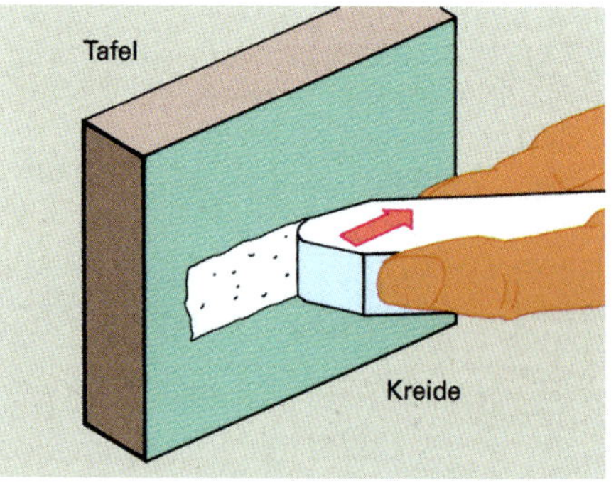

Kreidestrich haftet an der Tafel

Versuch: An einer Tafel wird ein Kreidestrich gezogen.

Beobachtung: Die Kreideteilchen bleiben an der Tafel haften.

Ergebnis: Auch die Oberflächenmoleküle verschiedener Stoffe ziehen sich an.

Die Anziehungskraft zwischen den Molekülen zweier Stoffe nennt man **Adhäsion.**

Auch zwischen Flüssigkeiten und festen Stoffen kann Adhäsion wirksam werden.

Wasser wirkt auf eine Glaswand benetzend und haftet an ihr. Dies wird sichtbar, wenn wir kleine Wassertropfen an eine Fensterscheibe spritzen. Wird die Glasscheibe aber leicht eingeölt, bleiben die Wasserspritzer nicht haften. Zwischen Öl und Wasser wirkt keine Adhäsion. Im Bauwesen spielt diese Tatsache eine Rolle. Vor dem Betonieren besprüht man eine Schalung mit Schalöl, damit sie nicht an der Betonwand haften bleibt und leicht ausgeschalt und gesäubert werden kann.

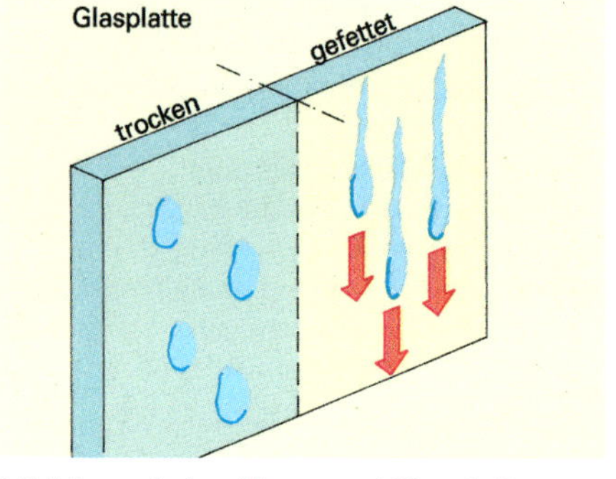

Adhäsion zwischen Wasser und Glasscheibe

Zusammenwirken von Kohäsion und Adhäsion

Versuch: Ein Stück Karton wird gegen die Tafel gepresst. Ein gleiches Stück wird gegen eine vorher mit einem nassen Schwamm benetzte Tafelfläche gedrückt.

Beobachtung: Beim ersten Versuch fällt der Karton beim Loslassen zu Boden. Beim zweiten bleibt er an der Tafel hängen.

Die Wassermoleküle füllen die Unebenheiten zwischen Kartonfläche und Tafel aus. Damit wird die Adhäsion zwischen dem Wasser und der Tafel, ebenso zwischen dem Wasser und dem Karton, wirksam. Nachteilig dabei ist, dass das Wasser verdunstet und daraufhin die Adhäsion entfällt. Beim Verkleben von Baustoffen oder Bauteilen (z. B. Brettern) verwendet man Klebstoffe, die nicht verdunsten, sondern fest werden und so eine dauerhafte Verbindung zwischen zwei Materialien herstellen.

Bei Leimen, Klebstoffen und Mörtel herrscht nach Trocknung oder Erhärten innerhalb dieser Stoffe **Kohäsion**, im Grenzbereich zu einem anderen Stoff (z. B. zwischen Mörtel und Ziegel) dagegen **Adhäsion**.

Bei Leimen, Klebstoffen, Mörtel usw. wirkt nach Erhärten im Stoff selbst Kohäsion, an der Kontaktstelle zu einem anderen Stoff Adhäsion.

Auch die **Kapillarität**, wie im Folgenden beschrieben, ist eine Folge des Zusammenwirkens von Kohäsion und Adhäsion.

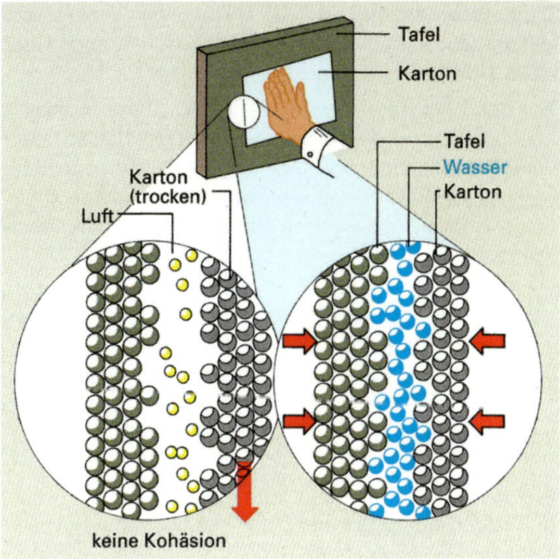

Adhäsion durch Wasser

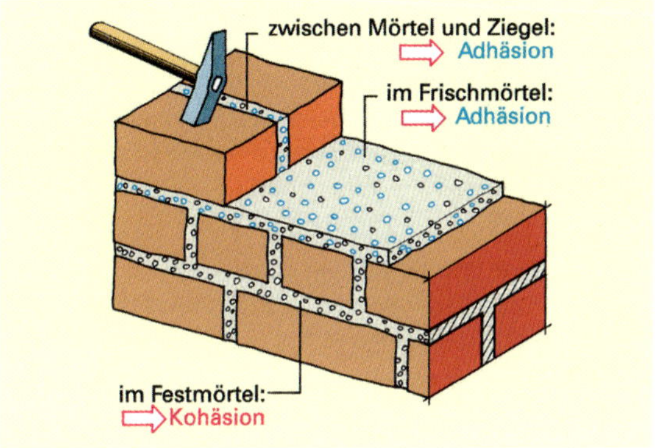

Mauerwerk mit Mörtelfugen: Kohäsion und Adhäsion

1.3.2 Kapillarität (Haarröhrchenwirkung)

Versuch 1: Ein gewöhnlicher Mauerziegel und ein Klinkermauerziegel werden in ein Glasgefäß mit Wasser gestellt.

Beobachtung: An den Wandungen von Gefäß und Stein steigt das Wasser aufgrund der Adhäsion zwischen festen und flüssigen Stoffen leicht an.

Im Mauerziegel steigt das Wasser hoch, im Klinkermauerziegel nicht.

Versuch 2: In eine Glaswanne werden drei enge Glasröhrchen mit verschiedenem Durchmesser gestellt.

Beobachtung: Das Wasser steigt in den drei Röhren verschieden hoch.

Ergebnis: Je kleiner der Durchmesser eines Röhrchens ist, umso höher steigt das Wasser. Diese Erkenntnis finden wir im Mauerziegel mit seinen kleinen Poren bestätigt. Im dichten Klinker steigt kein Wasser hoch.

Das Hochsteigen von Flüssigkeiten in engen Röhren (Kapillaren) wird als Kapillarität (Haarröhrchenwirkung) bezeichnet.

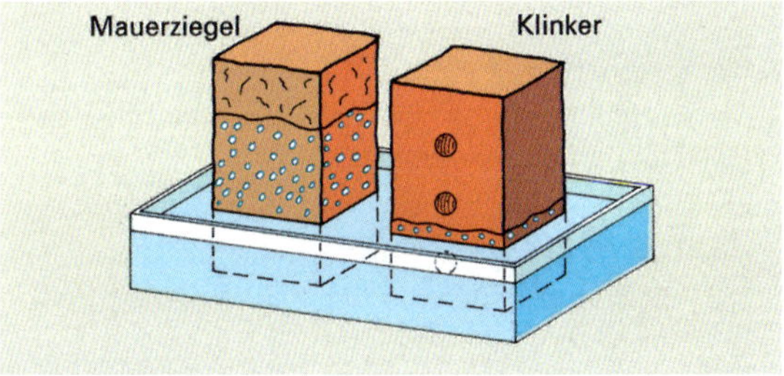

Kapillarwirkung: poröser und nicht poröser Ziegel

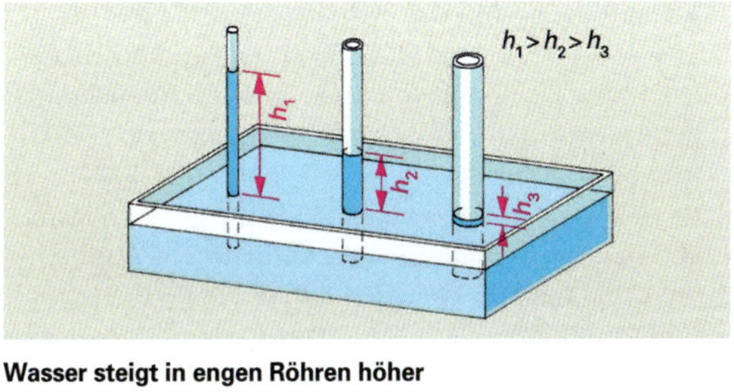

Wasser steigt in engen Röhren höher

Die **Kapillarwirkung**, also das Hochsteigen von Flüssigkeiten, beobachten wir in allen Körpern, die enge Hohlräume (Kapillaren = Haarröhrchen) haben.

Am Rand der Röhren wird das Wasser durch Adhäsion hochgezogen. Kohäsion zieht die Oberfläche nach (Oberflächenspannung). Der Vorgang kommt zur Ruhe, wenn die Gewichtskraft der „hängenden Wassersäule" so groß ist wie die Summe aller nach oben gerichteten Kräfte.

Kapillarität entsteht durch das Zusammenwirken der Adhäsion des Wassers am Röhrchenrand, der Kohäsion des Wassers (= Oberflächenspannung des Wassers) und der Erdanziehungskraft (= Schwerkraft des Wassers).

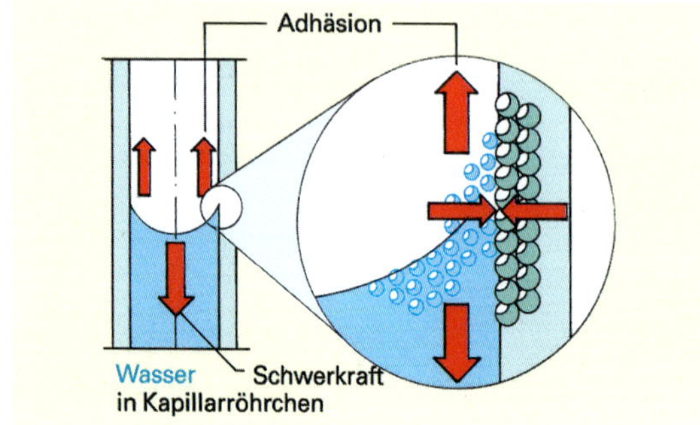

Ursachen der Kapillarität

Auf diese Weise werden zum Beispiel die in Wasser gelösten Nährstoffe in den Pflanzen bis in die höchsten Teile der Pflanze hochgezogen.

Die meisten Baustoffe besitzen Kapillaren, z.B. Natursteine, Mauerziegel, Beton, Mörtel, Holz und Dämmstoffe. Das Wasser wird durch diese aufgenommen und nach oben geführt. Diese Wasseraufnahme verändert aber häufig die Eigenschaften der Werkstoffe bzw. Bauteile recht nachteilig. Sobald z.B. Wärmedämmstoffe durchfeuchtet werden, erfüllen sie die ihnen zugedachte Aufgabe nicht mehr in vollem Maße.

Der kapillare Wasseraufstieg muss deshalb durch die Wahl nichtkapillarer Baustoffe oder durch konstruktive Maßnahmen verhindert werden.

Solche Maßnahmen sind z.B. das Einbringen einer Bitumenpappe unter dem aufgehenden Mauerwerk oder das Einbringen einer Frostschutzschicht aus nichtkapillarem Kies unter Straßen und Bodenplatten.

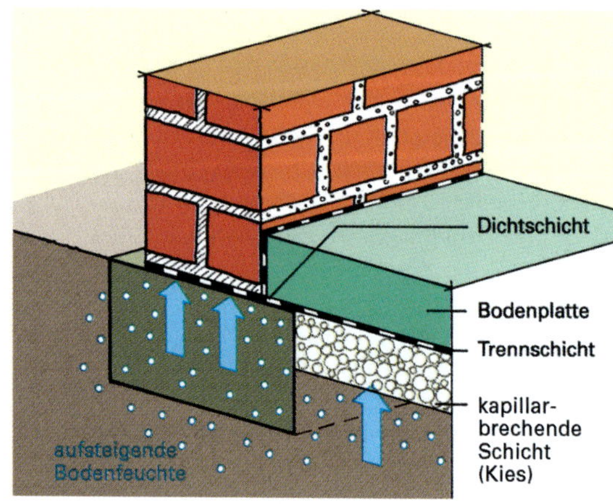

Kapillar aufsteigende Feuchtigkeit wird unterbrochen

Zusammenfassung

Die Anziehungskräfte zwischen den Molekülen des gleichen Stoffes nennt man Kohäsion.

Die Größe der Anziehungskräfte hängt hier vom Abstand der Moleküle voneinander ab.

Die Anziehungskräfte zwischen den Molekülen zweier Stoffe nennt man Adhäsion.

Das Zusammenwirken von Kohäsion und Adhäsion hat in der Bautechnik eine besondere Bedeutung.

Beim Leimen von Holz, Ansetzen von Fliesen oder Mauern mit Mörtel wirken Kohäsion und Adhäsion.

Das Hochsteigen von Flüssigkeit in sehr engen Röhrchen wird als Kapillarität bezeichnet. Die Kapillarität beruht auch auf dem Zusammenwirken von Kohäsion und Adhäsion.

Da sehr viele Baustoffe kapillar sind, müssen oft zum Schutz vor Durchfeuchtung konstruktive Maßnahmen, wie z.B. das Einbauen von Bitumenpappen, ergriffen werden.

Aufgaben:

1. *Was versteht man unter Kohäsion?*
2. *Welches deutsche Wort kann für Kohäsion auch verwendet werden?*
3. *Welche Stoffe besitzen große Kohäsion?*
4. *Was versteht man unter Adhäsion?*
5. *Welches deutsche Wort kann für Adhäsion auch verwendet werden?*
6. *Wie unterscheidet sich Adhäsion von Kohäsion?*
7. *Nennen Sie Beispiele für Adhäsion.*
8. *Auf welche Weise kann Adhäsion verhindert werden?*
9. *Erklären Sie die Wirkung von Kohäsion und Adhäsion.*
10. *Was versteht man unter Kapillarität?*
11. *Welches deutsche Wort kann für Kapillarität auch verwendet werden?*
12. *Unter welchen Voraussetzungen tritt Kapillarität auf?*
13. *Wann wirkt Kapillarität am stärksten?*
14. *Warum kann Kapillarität im Bauwesen so gefährlich sein?*
15. *Wie kann die Wirkung von Kapillarität ausgeschaltet werden?*

1.4 Luftfeuchte

Feuchte Luft ist ein Gemisch aus Luft und Wasserdampf. Die Aufnahmefähigkeit der Luft für Wasserdampf hängt von der Lufttemperatur ab. Je höher die Lufttemperatur, desto mehr Feuchte kann die Luft aufnehmen.

Luft kann nur eine begrenzte Menge Wasserdampf aufnehmen, die sogenannte **Sättigungsmenge**. Die Sättigung der Luft hängt von der Temperaturhöhe ab.

Luftfeuchte schlägt sich nieder, d.h., der Wasserdampf der Luft kondensiert, wenn die Luft im Raum feuchter wird (Übersättigung der Luft) oder die Raumtemperatur sinkt. Dieses **Kondenswasser** zeigt sich als Schwitzwasser an Fensterscheiben, Wänden und Decken.

Die Temperatur, bei der Wasserdampf kondensiert, wird **Taupunkt** genannt.

Kondenswasser (Schwitzwasser) ist hygienisch problematisch, verschlechtert das Raumklima und führt häufig zu Schimmelbildung. Eine Gegenmaßnahme ist die Zufuhr von Außenluft, deren Feuchtegehalt meist geringer ist. Oft tritt Kondenswasser in das Mauerwerk ein und mindert dessen Wärmedämmung. Wände aus leichten Mauersteinen bieten in dieser Hinsicht Vorteile, weil sie eine gute Wärmedämmung besitzen.

Das Verhältnis der tatsächlich **vorhandenen Luftfeuchte** zur Sättigungsmenge heißt **relative Luftfeuchte**. Sie wird in Prozent angegeben.

$$\text{Relative Luftfeuchte} = \frac{\text{vorhandene Feuchte}}{\text{Sättigungsmenge}} \cdot 100\ (\%)$$

Zur Bestimmung der relativen Luftfeuchte, die in starkem Maße von der Lufttemperatur abhängig ist, gibt es Feuchtemesser (Hygrometer). Die durchschnittliche relative Luftfeuchte während eines Jahres liegt in Deutschland bei 70%.

In neu errichteten Gebäuden ist die Luftfeuchte durch das Ausscheiden von Wasser beim Abbinden und Erhärten von Mörtel und Beton sehr groß. Die Feuchte kann durch Beheizung oder Zufuhr weniger feuchter Luft (Außenluft) verringert werden.

In bewohnten Räumen wird zusätzlich Wasserdampf durch Atmung, Hautverdunstung, Heizung und Reinigung erzeugt. Wird der **Wasserdampfdruck** zu hoch, erschwert er die Körperwasserverdunstung beim Menschen durch die Hautporen, es entsteht ein Schwülegefühl. Zufuhr von Außenluft schafft Abhilfe. Richtige Luftfeuchte in Räumen ist sowohl für den Aufenthalt von Menschen als auch für einwandfreie Lagerung verschiedenartiger Güter erforderlich.

Der Wasserdampf dringt durch die Poren der Bauteile, wenn in einem Raum ein wesentlich höherer Dampfdruck herrscht als außerhalb des Raumes. Diese Durchdringung fester Stoffe nennt man **Diffusion**. Die Diffusion des Dampfes höherer Temperatur erfolgt stets in Richtung kühlerer Räume beziehungsweise der Außenluft.

Ungenügender Wärmeschutz der Bauteile oder allzu hohe Luftfeuchte in Räumen ergeben oft Tauwasserbildung auf der Innenoberfläche dieser Räume. Bauschäden sind die Folge. Sie können durch entsprechende Wärmedämmmaßnahmen und genügend intensive Lüftung unterbunden werden. Küchen und Bäder sind in dieser Hinsicht besonders gefährdet.

Schimmelbildung in einer Raumecke (Decke)

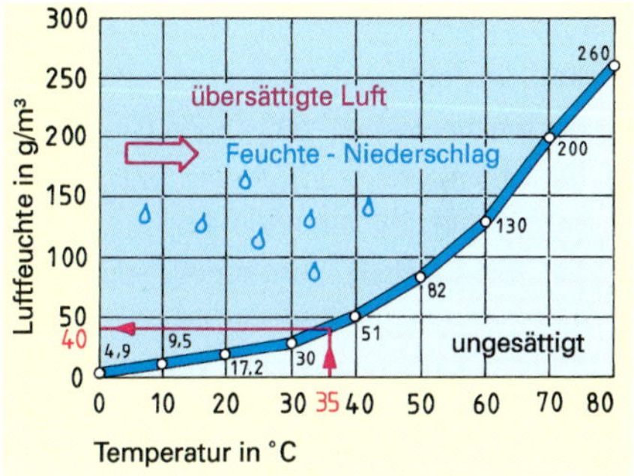

Feuchtegehalt der Luft, Sättigungskurve

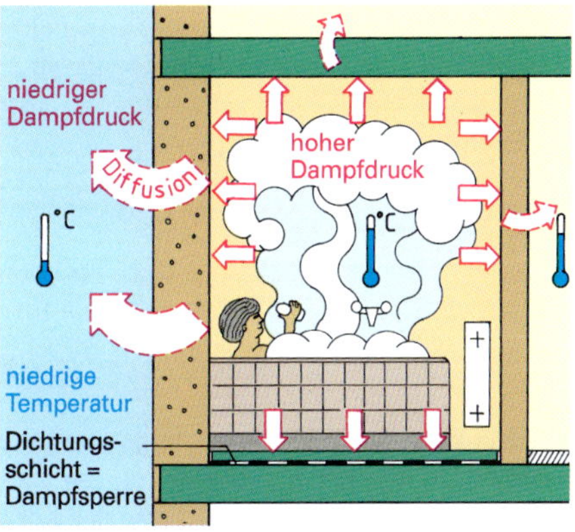

Wasserdampf durchdringt Bauteile (Diffusion)

Das Verhältnis der vorhandenen Luftfeuchte zur Sättigungsmenge heißt relative Luftfeuchte.

Der Taupunkt ist die Temperatur, bei der Wasserdampf zu Tau kondensiert.

Wasserdampfdiffusion ist die Wanderung des Wasserdampfes durch poröse Bauteile infolge Dampfdruck- und Temperaturgefälle.

1.5 Wärme

Bauten werden errichtet, um Menschen und Material vor Witterungseinflüssen (Wärme, Kälte, Regen) zu schützen. Dabei spielt die Wärme eine sehr wichtige Rolle. Sie wird uns von der Sonne als natürlicher Quelle, aber auch durch künstliche technische Einrichtungen gespendet.

1.5.1 Entstehung der Wärme

Versuche: Hände kräftig aneinander reiben. Draht mehrmals an derselben Stelle hin und her biegen. Holz, Metall, Stein bohren oder sägen.

Beobachtung: Hände erwärmen sich. Draht erwärmt sich an der Biegestelle. Bohrer und Sägeblatt erhitzen sich stark.

Ergebnis: Reiben und Biegen sind mechanische Arbeit. Zwischen Wärme und mechanischer Arbeit besteht ein enger Zusammenhang.

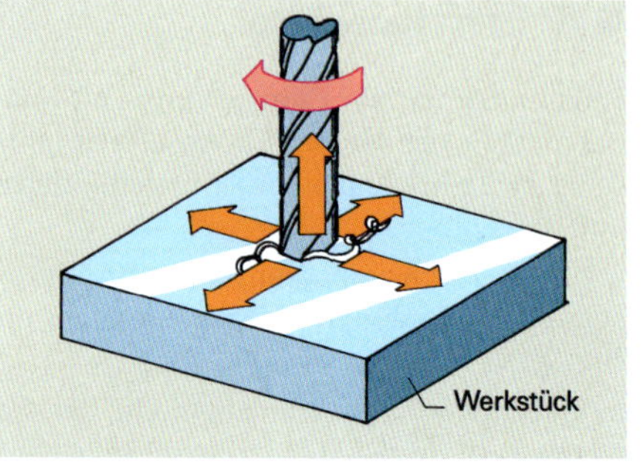

Wärmeerzeugung: mechanisch durch Reibung

Wärme entsteht:

a) bei **mechanischen** Vorgängen (siehe Versuche),
b) bei **chemischen** Vorgängen wie Verbrennung (Oxidation) von Holz, Kohle, Benzin und Gas,
c) bei **elektrischen** Vorgängen, wenn z.B. Strom durch Widerstandsdrähte fließt (elektrischer Heizofen, Tauchsieder usw.).

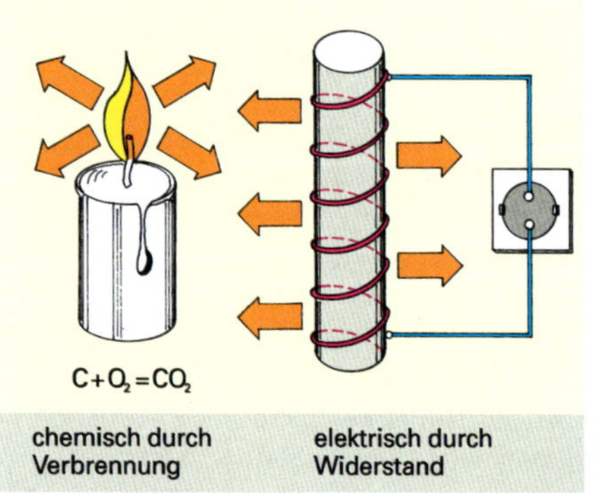

Wärmeerzeugung

Mit Wärme kann auch **Arbeit** verrichtet werden. Dies geschieht z.B., wenn erhitzte Gase sich ausdehnen. Wird Wärme einem Topf Wasser zugeführt, bis das Wasser verdampft, so kann der entstehende Dampf den Deckel hochheben, d.h. **mechanische Arbeit** verrichten. Wärme lässt sich in mechanische Arbeit verwandeln und umgekehrt (Dampfmaschine, Kompressor eines Kühlschranks).

Auch bei Verbrennungsmotoren, z.B. beim Automotor, wird durch Verbrennung von Benzin Wärmeenergie in mechanische Energie umgewandelt. Die Fähigkeit, Arbeit zu verrichten, bezeichnet man als **Energie**.

Wasserdampf entwickelt Energie (Druck)

Wärme entsteht bei mechanischen Vorgängen (z.B. Reibung), bei chemischen Vorgängen (z.B. Verbrennung) und bei elektrischen Vorgängen (z.B. elektrischer Heizofen).
Wärme ist eine Form der Energie.

Wärme kann auch als **Bewegungsenergie der Moleküle** bezeichnet werden. Je heftiger die Bewegung der Moleküle eines Körpers ist, umso größer ist die innere Energie des Körpers.

1.5.2 Temperatur

Unter Temperatur versteht man den Wärmezustand eines Körpers. Die Moleküle der Körper sind in Bewegung. Steigt die mittlere Geschwindigkeit der Bewegung, so steigt die Temperatur des Körpers. Werden die Moleküle langsamer, so sinkt die Temperatur. Die Messung der Temperatur geschieht mit einem Thermometer.

Dabei wird die Ausdehnung flüssiger und fester Stoffe genutzt. Quecksilber und Alkohol dehnen sich gleichmäßig aus. Sie werden deshalb bei Flüssigkeitsthermometern verwendet.

Die gesetzlichen Einheiten sind Kelvin (K) und Grad Celsius (°C).

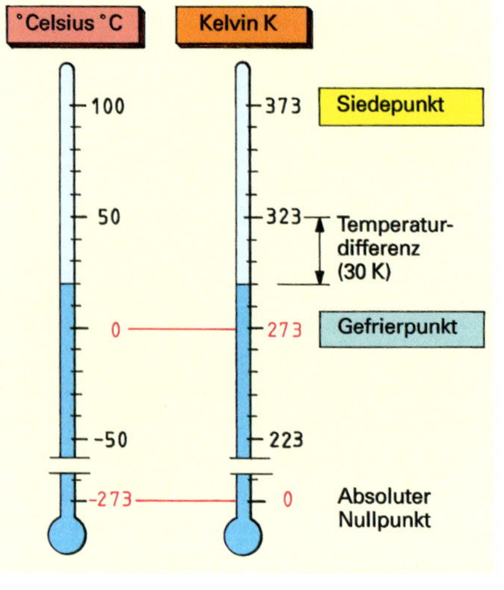

Temperaturmessung:
Vergleich zwischen Grad Celcius und Kelvin

Die Kelvin-Temperaturskala geht vom absoluten Nullpunkt (–273 °C) aus. Die Werte der Temperaturunterschiede sind dagegen in beiden Einheiten gleich.

Bei Grad Celsius wird der Gefrierpunkt des Wassers mit 0 Grad und der Siedepunkt mit 100 Grad bezeichnet.

Die Temperatur ist der Wärmezustand eines Körpers. Sie wird in Kelvin (K) oder Grad Celsius (°C) gemessen.

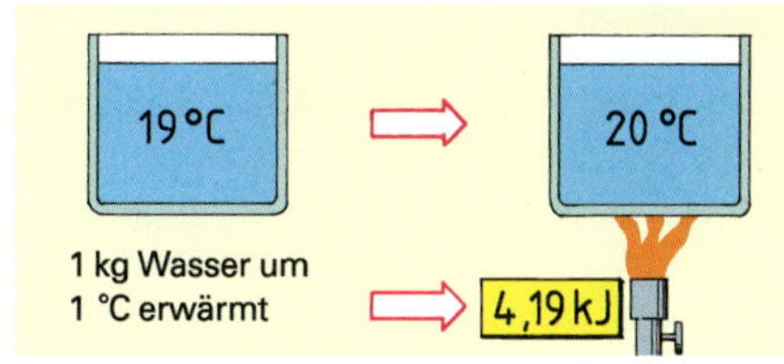

Einheit der Wärmemenge

1.5.3 Wärmemenge

Bringt man einen Körper mit einem wärmeren in Berührung, wird die Temperatur des kälteren gesteigert. Wärme geht also vom wärmeren auf den kälteren Körper über.

Die Einheit für Wärmemenge ist Joule (J) [sprich dschul].
Im Bauwesen wird auch **Ws** bzw. **kWh** verwendet.
1 J = 1 Ws; 1 kWh = 1000 Wh; 1 kWh = 3600 kJ

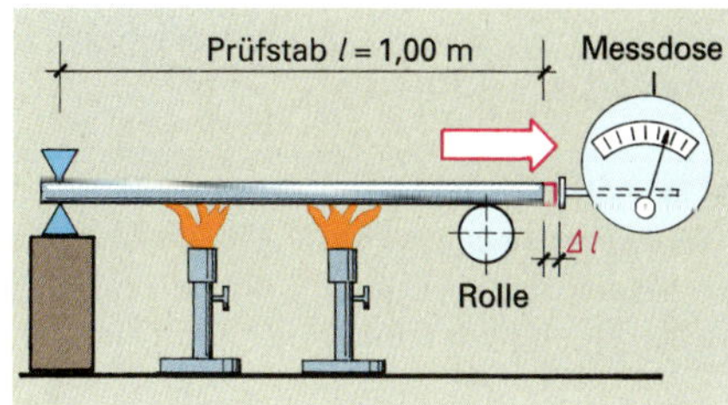

Messen der Längenausdehnung durch Erwärmen

1.5.4 Ausdehnung durch Wärme

Alle festen Baustoffe dehnen sich beim Erwärmen aus. Je mehr Wärme einem festen Stoff zugeführt wird, umso schneller bewegen sich seine Stoffteilchen und benötigen dadurch mehr Raum. Dies gilt für feste, flüssige und gasförmige Stoffe. Bei Wärmeentzug, also Abkühlung, ziehen sich die Stoffe zusammen. Die Ausdehnung ist bei verschiedenen Stoffen unterschiedlich groß.

Bei Erwärmung eines Körpers geraten die Stoffteilchen in erhöhte Schwingungsbewegung; damit entsteht ein vergrößerter Schwingungsraum, d. h. eine Volumenvergrößerung.

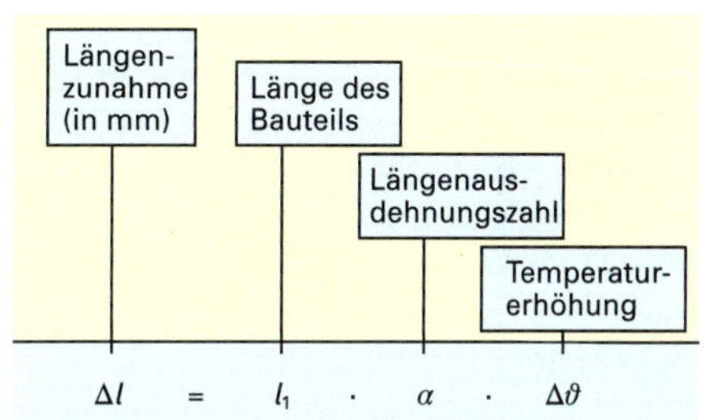

Berechnung der Längenausdehnung

Bei größeren Betonflächen oder längeren Mauerwerkskörpern müssen **Dehnfugen** angebracht werden. Sind Werkstoffe unterschiedlicher Wärmeausdehnung fest miteinander verbunden, entstehen Bauschäden durch Rissebildung. Diese Gefahr besteht z. B. bei der Blechabdeckung einer Betonkragplatte über einer Eingangstür oder einer Fenstersohlbank. Hier stoßen Blech und Putz meist aufeinander. Bei Stahlbeton spielt dieser Umstand keine Rolle, weil Beton und Stahl nahezu gleiche Ausdehnung haben.

Baustoffe	Längenausdehnungszahl α in mm/(m·K)
Holz	0,003
Ziegel	0,005
Beton	0,010
Stahl	0,012
Kupfer	0,016
Aluminium	0,024
PVC, PE	0,08

Vergleich der Längenausdehnungszahlen

Größere Bauteile, insbesondere solche, die starken Temperaturschwankungen ausgesetzt sind, müssen durch Dehnfugen getrennt werden.

1.5.5 Wärmeausbreitung

Wärmeströmung (Konvektion)

Wärmeströmung entsteht bei vorhandenen Temperaturunterschieden. Als Träger der Wärme sind bewegte Flüssigkeiten oder Gase nötig. Wärmere Teilchen haben eine größere Ausdehnung, sind weniger dicht, damit leichter und steigen nach oben. An ihre Stelle treten die kälteren Teile. Es entsteht eine Bewegung. Leicht bewegliche Stoffteile transportieren also Wärme.

Auf dieser Wirkung beruhen Zentralheizungen, offene Kamine, Abluftschächte und Einzelofenheizungen.

Wärmeströmung (Konvektion) ist nur in Gasen (z. B. Luft) oder in Flüssigkeiten (z. B. Wasser) möglich.

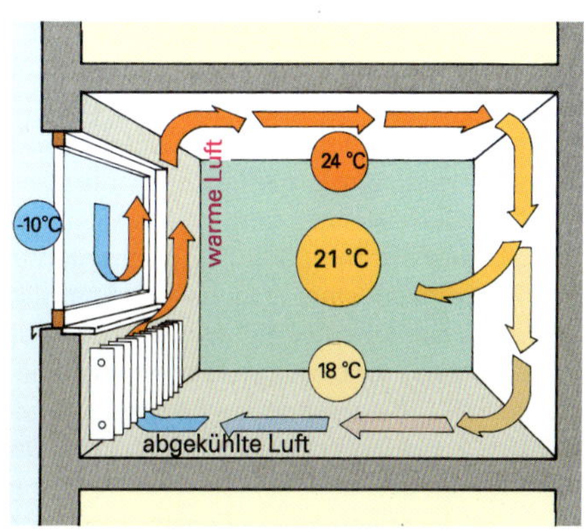

Strömung der Raumluft bei Raumheizkörper

Wärmestrahlung

Ein erhitzter Körper gibt Wärme, ähnlich den Lichtstrahlen, an die Umgebung ab. Die Sonnenstrahlen durchdringen den luftleeren Weltraum und geben beim Auftreffen auf die Erde Wärme ab. Die Wärmeaufnahme hängt von der Beschaffenheit der Oberfläche des Körpers ab. Dunkle und raue Körper nehmen mehr von der Wärmestrahlung auf als helle und glatte. Diese reflektieren den größeren Teil der Strahlung. Werden bei nebenstehendem Versuch blankes Aluminium und ein dunkler, rauer Putz der Strahlung durch eine Heizsonne ausgesetzt, so zeigt der dunkle, raue Putz eine höhere Temperatur.

Die Stärke der Reflexion hängt von der Beschaffenheit und Farbe der reflektierenden Fläche ab. Die Wärmeaufnahme ist bei dunklen und rauen Körpern höher. Wärmestrahlung ist Wärmeübertragung ohne Bindung an die Materie.

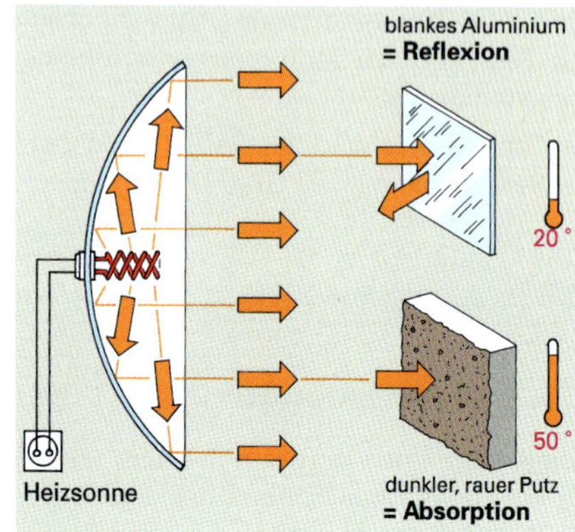

Wärmestrahlung und ihre Wirkung

Wärmeleitung

Bei **festen Stoffen** wird Wärme von Teilchen zu Teilchen weitergegeben, ohne dass die Teilchen den Ort verlassen. Die Weiterleitung hängt von der Art des Stoffes ab. Dichte Stoffe, wie Stahl und Kupfer, leiten besser als leichte, porige. Durchfeuchtete Bauteile leiten die Wärme besser als trockene. Wasser in den Poren von Stoffen mindert die **Wärmedämmfähigkeit** stark.

Gase sind besonders schlechte Wärmeleiter. Darauf beruht die Wärmedämmung bei Lufträumen (z.B. Doppelfenster). Die Luftschicht behindert den Wärmedurchgang in starkem Maße. Die geringste Wärmeleitung hat das Vakuum (Thermosflasche). Stoffe mit schlechter Wärmeleitung sind als **Dämmstoffe** geeignet. Dies gilt insbesondere für porige, lockere und leichte Stoffe, die Luftporen enthalten.

Die **Wärmeleitfähigkeit** wird durch die Wärmeleitzahl λ (lambda) bestimmt. Die Einheit ist W/(m · K).

Die Wärmeleitfähigkeit eines Baustoffes gibt an, welche Wärmemenge (J) in einer Sekunde (s) durch die Fläche von 1 m² einer 1 m dicken Schicht eines Baustoffes bei einer Temperaturdifferenz der beiden Oberflächen von 1 Kelvin hindurchgeleitet wird.

Rohdichte in kg/dm³	Baustoffe	Wärmeleitfähigkeit λ in W/(m · K)
2,5	Normalbeton	2,1
2,1	Zementmörtel	1,4
1,2	Gipsputz	0,7
0,8 … 2,0	Lochziegel	0,4 … 0,6
0,5 … 0,8	Porenbeton	0,22 … 0,29
0,7 … 1,2	Gipsplatten	0,21
0,4 … 0,6	Nadelholz	0,13
0,1 … 0,2	Dämmstoffe	0,03 … 0,04

Wärmeleitfähigkeit einiger Baustoffe

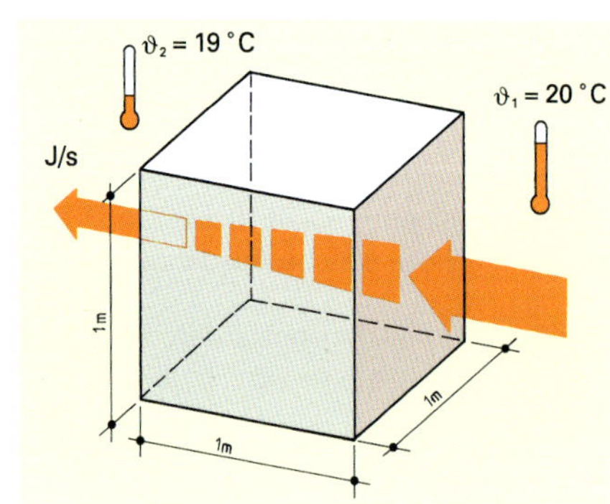

Die Einheit der Wärmeleitung durch einen Stoff

1.5.6 Wärmedämmung

Die Behaglichkeit einer Wohnung hängt in hohem Maße von der Raumtemperatur ab. Sie sollte, besonders im Winter, gleichmäßig und anhaltend sein. Ein beheizter Raum gibt Wärme über Wände, Decke, Fußboden und Dach ab. Die Baustoffe und Konstruktionen sollten das Abfließen der Wärme verhindern. Infolge der teuren und knappen Heizenergie genügt nicht nur der in DIN 4108 geforderte Mindestwärmeschutz, sondern zusätzliche Maßnahmen müssen die gewünschte Temperatur in Wohnräumen, mit möglichst niedrigen Wärmeverlusten (wie es die Energieeinsparverordnung vorschreibt), garantieren. So werden z.B. bei Außenwänden zweckmäßigerweise Leichtziegel, Hochlochsteine oder Porenbetonsteine verwendet. Betonwände und insbesondere Kellerdecken und Decken unter Dachräumen müssen mit Dämmschichten versehen werden, um ein Abfließen der Wärme so gering wie möglich zu halten. Wärmeverluste durch Fenster sind beträchtlich. Auch hier sind geeignete Konstruktionen (z.B. Mehrfachverglasung) nötig.

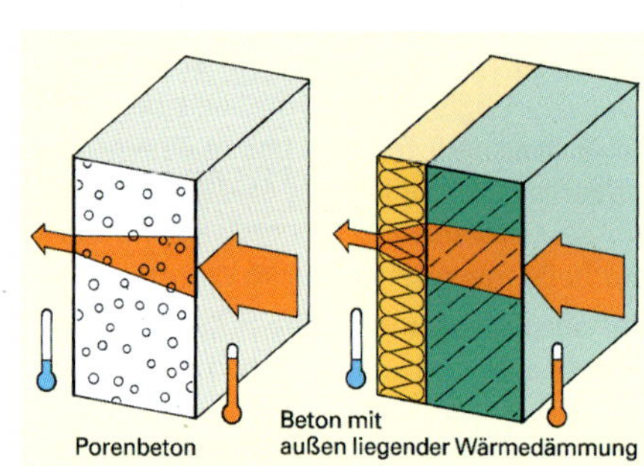

Wärmedämmung von Außenwänden

Dämmstoffe sollen durch ihre Eigenschaften die Wärmedämmfähigkeit einzelner Bauteile verbessern. Wärmedämmstoffe weisen eine geringe Wärmeleitfähigkeit auf. Sie müssen witterungs- und fäulnisbeständig und nach Möglichkeit Wasser abweisend sein. Schaumkunststoffe (Polystyrolschaum) und mineralische Faserstoffe (z. B. Glas- und Steinfasern) sind besonders wirksame Dämmstoffe.

Auf dem Hintergrund des zunehmenden Abbaus der Ozonschicht (Ozonloch) sollte heute auf FCKW-(fluorchlorkohlenwasserstoff-)haltige Hartschaumstoffe verzichtet werden. Ersatzstoffe sind verfügbar und gleichwertig. Bei Mineralfasern ist auf die gegenwärtige Diskussion über eine Krebs erzeugende Wirkung von Faserstäuben hinzuweisen, die aus Mineralwolledämmstoffen freigesetzt werden können. Solche Mineralien müssen deshalb „staubarm" eingebaut werden. Offene Dämmschichten sollten mit Kunststofffolien abgedichtet werden.

1.5.7 Wärmespeicherung

Von einer Wohnung wird ein ausgeglichenes Innenraumklima erwartet. Dies hängt neben anderem auch weitgehend von der Wärmespeicherfähigkeit ihrer Wände ab. Nicht jeder Baustoff speichert Wärme gleich gut. Dichte, feste Stoffe mit einer großen Masse, wie Beton oder Steine, speichern Wärme besser als porige, leichte Stoffe. Erwärmt eine Raumheizung Wände (aus Beton oder dichten Steinen), so wird die Wärme von den Wänden langsam aufgenommen und gespeichert, dann ebenso langsam wieder an die Raumluft abgegeben. An diesem Vorgang sind die den Raum umschließenden Bauteile, wie Wände und Decken, beteiligt.

Die Außendämmung einer Wohnungswand verhindert den Abfluss von Heizenergie und fördert die Wärmespeicherung.

Bei **Außendämmung** erwärmt sich die Raumluft bei Heizbeginn langsam, bei Heizende kühlt sie sich ebenso langsam ab. Außendämmung ist bei Räumen anzuwenden, die ständig bewohnt werden, z. B. in Wohnhäusern, Altenheimen, Krankenhäusern.

Bei **Innendämmung** dagegen erwärmt sich die Raumluft bei Heizbeginn rasch und kühlt sich bei Heizunterbrechung auch wieder rasch ab. Innendämmung kann deshalb dort vorgesehen werden, wo Räume nur kurzfristig benutzt werden und somit schnell aufzuheizen sind, wie z. B. bei Vortragsräumen und Konzertsälen.

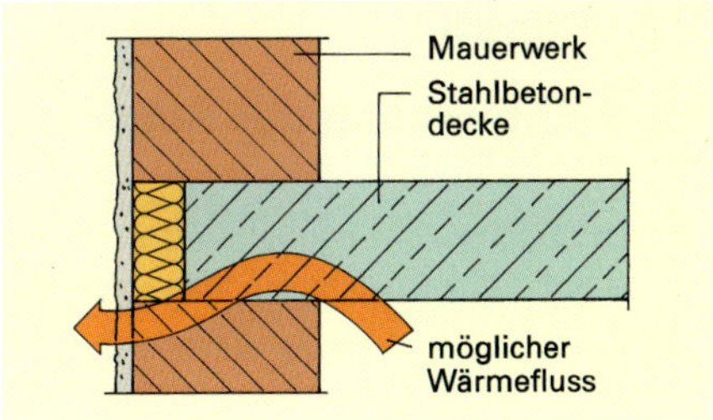

Dämmung einer Stahlbetondecke

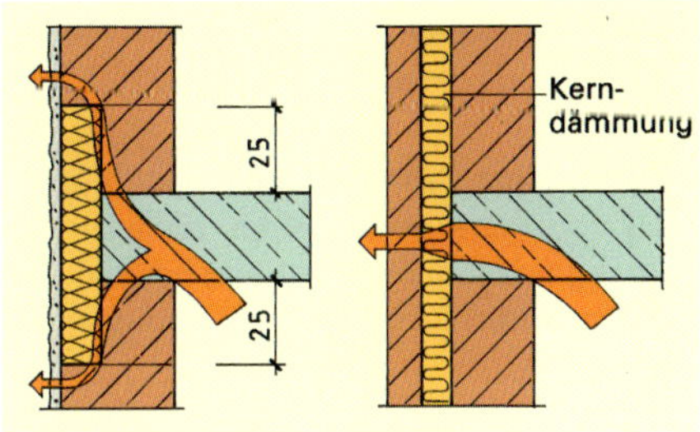

Verbesserung der Wärmedämmung

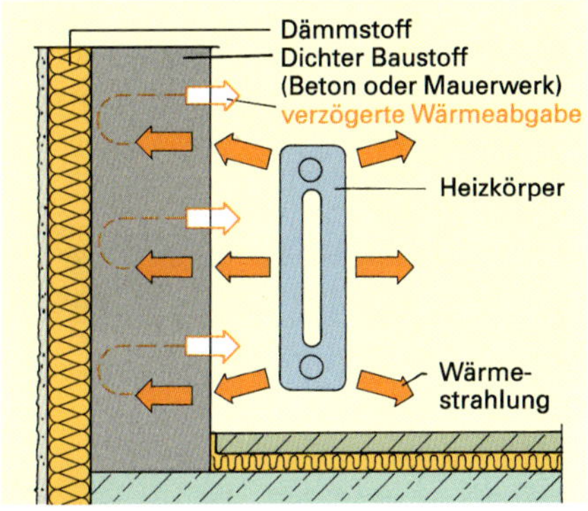

Wärmespeicherung bei Außenwand mit Wärmedämmung

Zusammenfassung

Wärme entsteht bei mechanischen, chemischen und elektrischen Vorgängen.

Wärme ist eine Form der Energie.

Temperatur ist der Wärmezustand eines Körpers. Die gesetzlichen Einheiten sind Kelvin (K) und Grad Celsius (°C).

Baustoffe dehnen sich bei Wärmeeinwirkung mehr oder weniger aus. Dies ist bei der Wahl der Baustoffe und bei Konstruktionen zu berücksichtigen.

Wärmeströmung entsteht bei Temperaturunterschieden in Flüssigkeiten oder Gasen.

Wärmestrahlung ist Wärmeübertragung ohne Bindung an die Materie.

Es gibt gute und schlechte Wärmeleiter. Schlechte Wärmeleiter sind gute Dämmstoffe.

Aufgaben:

1. *Bei welchen Vorgängen wird Wärme erzeugt?*
2. *Welcher Zusammenhang besteht zwischen Wärme und mechanischer Arbeit?*
3. *Was versteht man unter der Bewegungsenergie der Moleküle?*
4. *Erläutern Sie die Wirkungsweise des Thermometers.*
5. *Was versteht man unter Wärmemenge und welches ist die Einheit?*
6. *Wie funktioniert der Wassertransport bei einer Zentralheizung?*
7. *Von welchen Faktoren hängt bei Wärmestrahlung die Wärmeaufnahme eines Körpers ab?*
8. *Führen Sie a) gute Wärmeleiter, b) schlechte Wärmeleiter auf.*
9. *Welche Faktoren beeinflussen die Wärmeleitung?*

1.6 Schall

1.6.1 Entstehung des Schalls

Versuch: Eine Stimmgabel wird zuerst leicht, dann **stark** angeschlagen und jeweils an ein lose aufgehängtes Pendel gehalten.

Beobachtung: Im ersten Falle zeigt das Pendel leichte Ausschläge, während beim zweiten Mal die Stimmgabel einen Ton erzeugt und das Pendel schneller und stärker angeschlagen wird.

Ergebnis: Durch die Hin- und Herbewegung der Stimmgabelenden entstehen in der Luft – wie auch beim Pendel – Schwingungen.

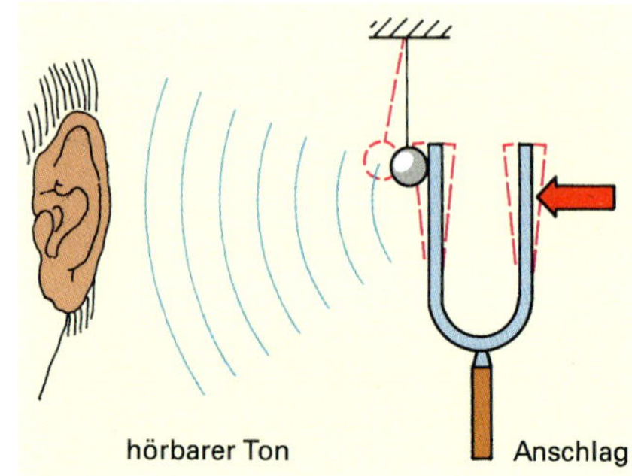

Stimmgabel in Schwingung

Wird bei einer Pendelreihe die erste Kugel angestoßen, wird dieser Stoß von Kugel zu Kugel bis zur letzten weitergegeben. Derselbe Vorgang findet auch in der Luft bei den Luftteilchen statt. Es entstehen Luftverdichtungen und -verdünnungen. Man nennt sie **Schwingungen**.

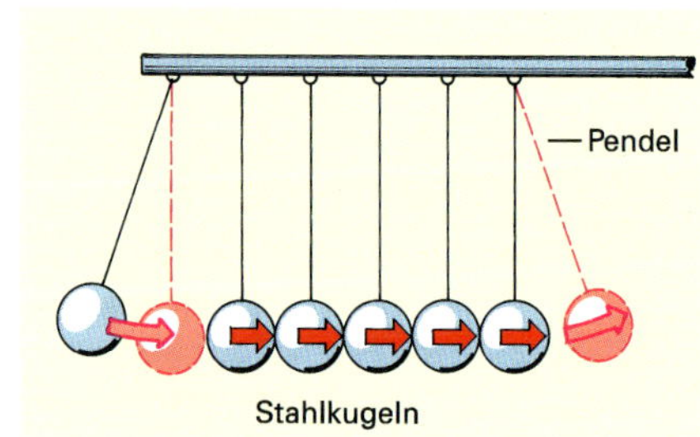

Stoßdurchgang bei Pendelreihe

Schall entsteht durch Verdichtung und Verdünnung der Luft. Hieraus ergeben sich Schwingungen und Schallwellen.

Der Schall breitet sich von der Schallquelle als Schallwellen nach allen Seiten aus und wird bei bestimmter Geschwindigkeit für das Ohr als Ton hörbar. Schwingungen, Schallwellen und Ton stehen in einem Zusammenhang.

Die Anzahl der Schwingungen in der Sekunde heißt Frequenz. Die Einheit ist Hertz (Hz). 1 Hz = 1 Schwingung/s.

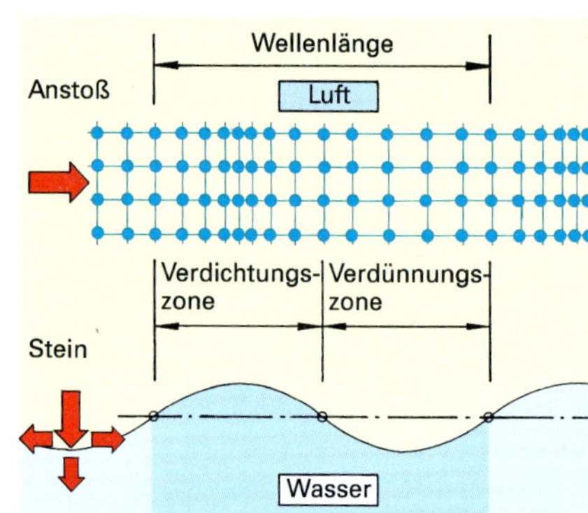

Wellen in Luft und Wasser

Im Gegensatz zur Wärme benötigt der Schall zur Ausbreitung einen Stoff als Träger. Die Fortpflanzung in den einzelnen Stoffen ist verschieden groß.

Geräusch ist ein Schall, der aus verschiedenen Teiltönen zusammengesetzt ist.

Unter **Schalldruck** versteht man den Wechseldruck, der durch die Schallwelle in Gasen oder Flüssigkeiten hervorgerufen wird. Er überlagert sich dem statischen Druck (z.B. dem atmosphärischen Druck der Luft). Einheit: Pascal (1 Pa ≙ 10 µbar).

Der **Schalldruckpegel** berücksichtigt nicht nur die Druckschwankungen (dB), sondern auch die **Tonhöhen**. Dies entspricht eher dem Lautempfinden unseres Ohres. Er ist ein Maß für die Stärke eines Geräusches und wird in Dezibel (Kurzzeichen dB) angegeben. Die Messung in der Einheit dB ist sehr kompliziert und nur mit größtem Aufwand möglich. Es wurde deshalb als Näherungswert für das menschliche Gehörempfinden der **A-Schalldruckpegel** eingeführt. Er hat die Einheit dB(A).

Geräusch	A-Schallpegel in dB (A)
ruhiger Raum, nachts	10…20
ruhiger Raum, tags	25…30
leise Sprache	50
normale Sprache	60
Zimmerlautstärke	60…70
Verkehrslärm	70…80
Hauptverkehrsstraße	80…90
Betonwerk, Rütteltisch	90…110
Disko	90…110
Presslufthammer	100…120
Schmerzschwelle	120

Schallpegel verschiedener Geräusche

1.6.2 Ausbreitung des Schalls

Schall, der sich in der Luft ausbreitet, wird als **Luftschall** bezeichnet.

Schall, der sich in festen Stoffen, z.B. Stahlbeton, Mauerwerk, Installationsleitungen, ausbreitet, wird **Körperschall** genannt.

Bei Begehen von Decken, Bewegen von Möbeln auf Decken oder ähnlichen Schallanregungen an Decken entsteht der **Trittschall**.

Man unterscheidet Luftschall, Körperschall, Trittschall.

1.6.3 Schallschutz

Durch die Technisierung in unserer Umwelt sind wir einer Vielzahl von Schalleinwirkungen ausgesetzt. Um uns dagegen zu schützen, sind Maßnahmen nötig, die sich einerseits gegen die **Schallentstehung** und andererseits gegen die **Übertragung von Schall** von einer Schallquelle zum Hörer richten. Im ersten Falle bedarf es **Schalldämmmaßnahmen** an der Schallquelle, um die Ausbreitung des Schalls zu mindern. Beispiele dafür sind die mit einem Dämmmantel versehenen Maschinen und Geräte auf der Baustelle, wie Kompressoren und Presslufthämmer. Daneben gibt es Geräusche, wie Verkehrslärm u.Ä., bei denen der einzelne Mensch die **Schallquelle** nicht beeinflussen kann. In unseren Wohnungen sind wir häufig dem Verkehrslärm ausgesetzt. Diese Schallübertragungen werden durch Schalldämmmaßnahmen wie Doppel- oder Dreifachverglasung der Fenster, entsprechenden Wandaufbau aus Baustoffen mit hoher Dichte, großer Masse, geringer Elastizität und besondere Konstruktionen, wie zweischalige Wände und Estriche auf Dämmschicht, bekämpft. Dadurch kann die Schalleinwirkung erheblich gemindert werden.

Schalldämmmaßnahmen werden entweder an der Schallquelle oder in den Räumen eines Gebäudes durchgeführt.

Erzeugung und Ausbreitung der Schallarten

Befinden sich Schallquelle und Hörer im gleichen Raum (Fertigungsraum, Großbüro u.Ä.), kann der Schallschutz durch **Schallschluckung** (Absorption) erreicht werden. Man versucht den Schall zu **mindern**, um den Aufenthalt im Raum erträglich zu machen. Wände und Decken werden mit porösen oder gelochten Schallschluckplatten versehen. Der Schall dringt in die Öffnungen ein, vermindert sich darin oder läuft sich im günstigen Falle sogar „tot“. Auch störender Nachhall kann dadurch wesentlich vermindert werden.

Den gleichen Vorgang finden wir z.B. bei Neuschnee. Der Schall tritt in die lose aneinander gefügten Schneekristalle ein und wird zum Teil geschluckt.

Unter Schallschluckung versteht man die Verminderung von Schallenergie bei der Reflexion (Zurückwerfen) an Begrenzungsflächen eines Raumes oder an Gegenständen.

Schallschluckplatten an Wänden und Decken erhöhen die Schallabsorption.

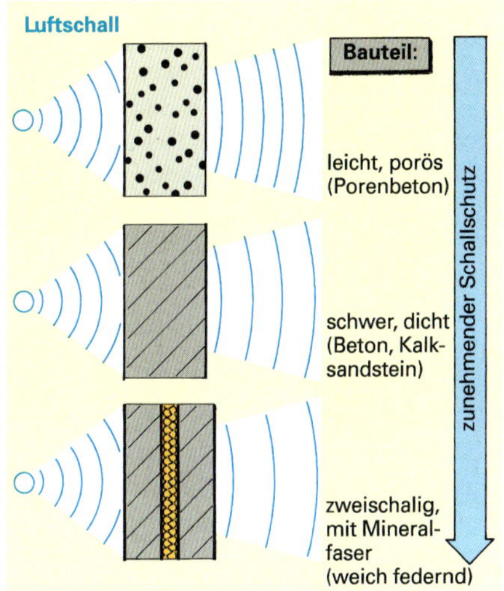

Schallschutz verschiedener Wandbauarten

Zusammenfassung

Vom Ohr wahrgenommener Schall ist Luftschall. Er entsteht durch Verdichtung und Verdünnung der Luft. Hieraus ergeben sich Schwingungen. Die Anzahl der Schwingungen in der Sekunde ist die Frequenz.

Schall breitet sich in Bauwerken in der Luft (= Luftschall) und in festen Stoffen (= Körperschall) aus. Eine Sonderform des Körperschalls ist der Trittschall.

Aufgabe des baulichen Schallschutzes ist es, die Schallentstehung und die Schallausbreitung gering zu halten.

Unter Schallschluckung versteht man die Verminderung an Schallenergie bei der Reflexion.

Aufgaben:

1. *Wie entsteht Schall?*
2. *Wie gelangt der Schall an das Ohr?*
3. *Erklären Sie die Begriffe*
   a) Frequenz,
   b) Geräusch,
   c) Schalldruck.
4. *Welche Schallarten kommen in Gebäuden vor?*
5. *Nennen Sie die Aufgaben des baulichen Schallschutzes.*
6. *Worin besteht der Unterschied zwischen Schalldämmung und Schallschluckung?*

2 Wo die Chemie zum Verständnis beitragen kann

Stähle zeigen unter dem Einfluss von Luft und Feuchtigkeit auffällige Veränderungen auf der Oberfläche, sie bilden den Rost. Entfernt man älteren Rost vom Stahl, so entdeckt man Vertiefungen im Metall, sogenannte Rostnarben. Aus hartem Stahl wurde pulveriger brauner Rost.

2.1 Oxidation

Versuch: Stahlwolle wird an eine Balkenwaage gehängt und die Waage ins Gleichgewicht gebracht. Die Stahlwolle wird mit einem Bunsenbrenner erhitzt.

Beobachtung: Die Stahlwolle glüht auf. Allmählich senkt sich der Waagebalken an der die Stahlwolle hängt, die eine dunkle Färbung angenommen hat.

Ergebnis: Die erhitzte Stahlwolle wird schwerer, weil sie sich mit dem Sauerstoff der Luft verbindet. Dadurch entsteht **Eisenoxid**, das völlig andere Eigenschaften als der Stahl hat.

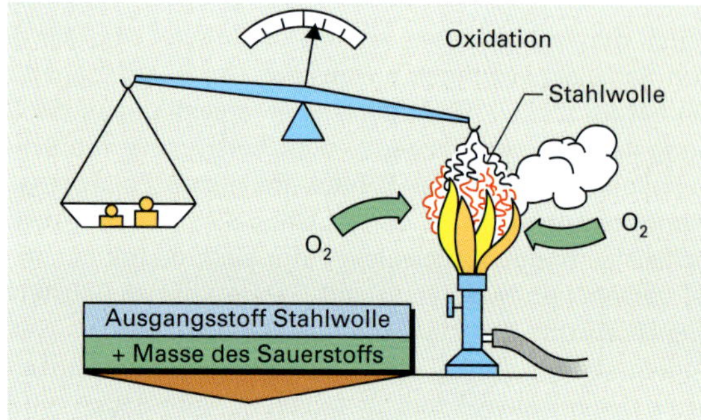

Massenzunahme oxidierender Stahlwolle

$4\,Fe + 3\,O_2 \rightarrow 2\,Fe_2O_3$	Eisenoxid
$4\,Al + 3\,O_2 \rightarrow 2\,Al_2O_3$	Aluminiumoxid
$2\,Cu + O_2 \rightarrow 2\,CuO$	Kupferoxid

Metall bindet Sauerstoff zu Metalloxid

Eine chemische Reaktion, bei der sich ein Stoff mit Sauerstoff verbindet, nennt man **Oxidation**. Die Oxidation der Metalle an der Luft verläuft langsam. Auf den Metalloberflächen entstehen Metalloxidbeläge. Auch das **Faulen des Holzes** ist ein Oxidationsvorgang.

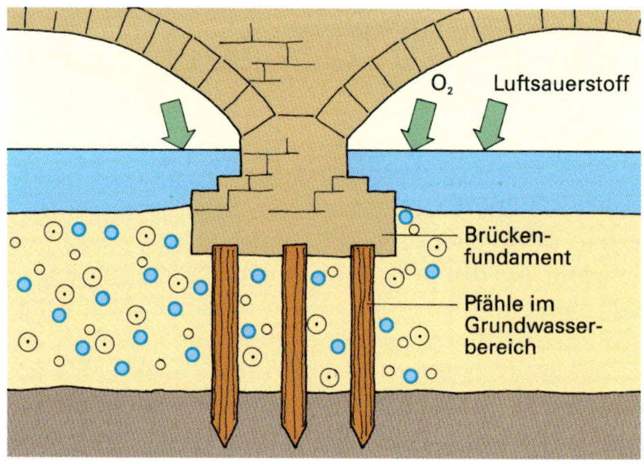

Unter Wasser stehende Holzpfähle sind Jahrhunderte beständig (Luftabschluss)

Eine schnelle Oxidation ist die **Verbrennung**, z.B. von brennbaren flüssigen oder festen Stoffen und Gasen. Hierbei verbinden sich die Stoffe bei Erreichen der **Entzündungstemperatur** unter **Flammenbildung** rasch mit Sauerstoff zu **gasförmigen Oxiden**.

Bei der **Verbrennung** werden große Energiemengen in Form von Wärme und Licht frei. Bei der Verbrennung schwefelhaltiger Brennstoffe, z.B. Kohle und Heizöl, entstehen Kohlenstoffdioxid (CO_2) und Schwefeldioxid (SO_2), die mit der Luftfeuchte und dem Regen **Säuren** bilden **(Umweltbelastung)**.

Bei unvollständiger Verbrennung aufgrund von Sauerstoffmangel entsteht das **hochgiftige Gas Kohlenstoffmonoxid (CO)**. Kohlenstoffmonoxid ist brennbar und kann in Garagen zu Explosionen führen.

Brennstoffe	+ Sauerstoff →	Oxide
enthalten:		
Kohlenstoff	$C + O_2 \rightarrow CO_2$ $2C + O_2 \rightarrow 2CO$	Kohlenstoffdioxid Kohlenstoffmonoxid
Wasserstoff	$2H_2 + O_2 \rightarrow 2H_2O$	Wasserstoffoxid = Wasser
Schwefel	$S + O_2 \rightarrow SO_2$	Schwefeldioxid

Oxidation von Brennstoffen

Oxidation ist die Verbindung eines Stoffes mit Sauerstoff. Die Metalloxidation an der Luft verläuft langsam. Die Verbrennung ist eine schnelle Oxidation, die bei Erreichung der Entzündungstemperatur brennbarer Stoffe beginnt. Kohlenstoffdioxid entsteht bei vollständiger, das giftige Kohlenstoffmonoxid bei unvollständiger Oxidation.

Schutz vor schädlicher Oxidation

Metalle werden vor schädlicher Oxidation geschützt, indem man die Metalloberflächen mit einer **Schutzschicht** überzieht durch Anstreichen, z.B. mit Mennige, durch Verzinken und/oder durch Kunststoffbeschichtung.

Im **Stahlbeton** werden die Stähle durch **dichte und ausreichend dicke Betonummantelung** geschützt.

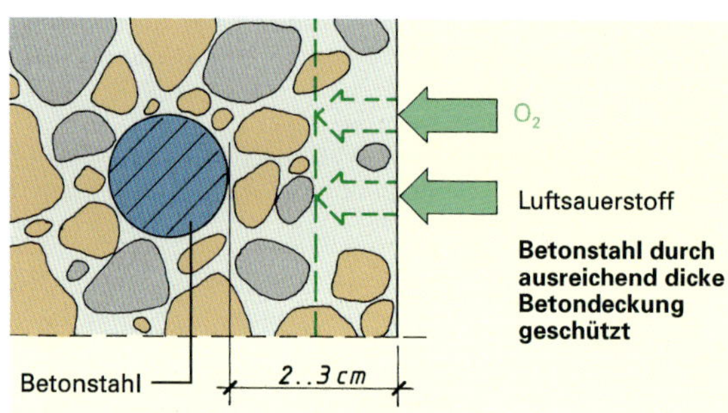

Dichter Beton lässt Stahl nicht rosten

Dichte Schutzschichten verhindern den Zutritt von Sauerstoff und Feuchte und damit Metalloxidation.

2.2 Reduktion

Versuch: Eine bestimmte Mischung aus Eisenoxid und Aluminiumpulver, sogenanntes Thermit, wird in einem Tontiegel mit einem brennenden Magnesiumband gezündet.

Beobachtung: Die Thermitmasse reagiert unter starker Hitzeentwicklung und Funkensprühen. Der untere Teil des erkalteten Schmelzkuchens besteht aus **Eisen** (Magnetprobe).

Ergebnis: Das Aluminium oxidiert heftig, wobei es dem Eisenoxid den Sauerstoff entzieht. Das Eisen wird vom Sauerstoff befreit, es wird reduziert (**Reduktion = Zurückführung**). Bei der Reaktion wird so viel Energie frei, dass das entstehende Eisen schmilzt.

Mithilfe des **Thermit-Verfahrens** ist es möglich, hocherhitztes, geschmolzenes Eisen überall schnell herzustellen. Das Verfahren wird zum Beispiel zum Verschweißen von Straßen- und Eisenbahnschienen eingesetzt (Thermitschweißen).

Unter **Reduktion** versteht man den Entzug von Sauerstoff aus einer chemischen Verbindung. In unserem Versuch ist Aluminium das **Reduktionsmittel**, das die Reduktion des Eisens bewirkt, indem es oxidiert.

Die **Red**uktion eines Stoffes durch die **Ox**idation eines anderen Stoffes bezeichnet man als **Redox**vorgang.

Ein wichtiger Reduktionsvorgang ist die Eisengewinnung aus Eisenerzen (**Hochofenprozess**).

In den **Erzen** ist das Eisen meist als Oxid eingebettet. Oxidische Erze sind Roteisenstein (Fe_2O_3) und Magneteisenstein (Fe_3O_4). Zur Eisengewinnung wird Sauerstoff bei hohen Temperaturen an starke Reduktionsmittel wie Kohlenstoff (Koks) und Kohlenstoffmonoxid gebunden.

In der Natur entspricht der Oxidationsvorgang der **Atmung** (Aufnahme von Sauerstoff) und Verbrennung der Nahrungsstoffe ($C + O_2 \rightarrow CO_2$).

Dem Reduktionsvorgang entspricht die **Fotosynthese** ($CO_2 \rightarrow C + O_2$). Die Pflanzen haben die Fähigkeit, das Kohlendioxid, das bei der Verbrennung entsteht, mithilfe des Blattgrüns und des Sonnenlichtes zu reduzieren. Der **Sauerstoff wird an die Luft abgegeben**. Der Kohlenstoff dient mit dem Wasser und den Nährsalzen zum Aufbau der organischen Verbindungen, wie Cellulose, Stärke, Eiweiß.

Atmung und Fotosynthese stehen in Wechselwirkung zueinander. Beide Vorgänge bewirken, dass die Zusammensetzung der Luft unverändert bleibt.

Zusammenfassung

Oxidation ist die Verbindung eines Stoffes mit Sauerstoff zum Oxid.

Reduktion ist der Entzug von Sauerstoff aus einer chemischen Verbindung.

Reduktionsmittel entziehen Oxiden den Sauerstoff, indem sie den Sauerstoff binden (Redoxvorgang).

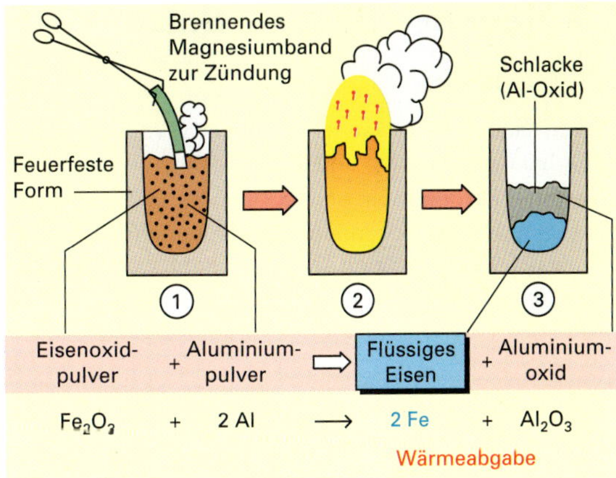

Thermit-Reaktion

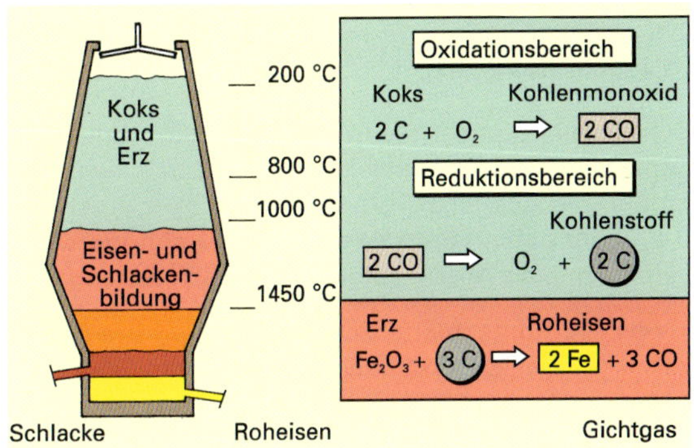

Reduktion im Hochofen

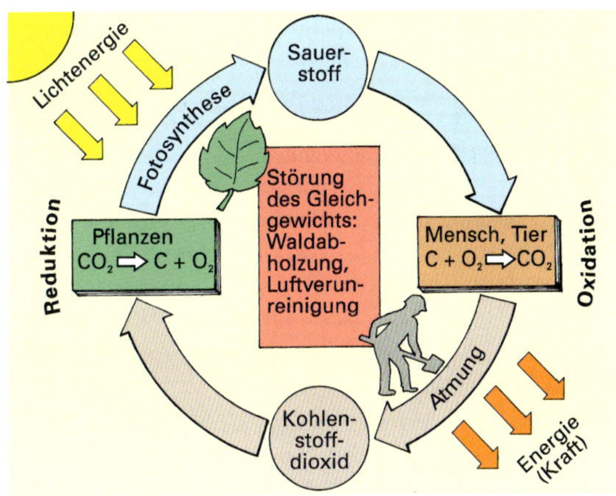

Wechselwirkung von Atmung und Fotosynthese

Aufgaben:

1. *Welche Oxidationen verlaufen langsam? Wie verhindert man sie?*
2. *Unter welchen Voraussetzungen kommt eine schnelle Oxidation in Gang?*
3. *Welche Gase können bei einer Verbrennung entstehen?*
4. *Erläutern Sie, auf welche Weise einem Oxid der Sauerstoff entzogen werden kann.*

2.3 Säuren – Basen – Salze

2.3.1 Säuren

Säuren sind hochwirksame chemische Verbindungen, die für die Natur lebensnotwendig und in der Technik unentbehrlich sind.

Umweltgefährdend wirken Säuren z.B. in Form „**sauren Regens**", der durch Abgase der Industrie, des Verkehrs und der Hauskamine verursacht wird. Schäden sind vor allem an Wäldern, aber auch an Bauwerken festzustellen. Der Baufachmann soll Schäden verhindern und Entstehung und Eigenschaften der Säuren kennen.

Versuch: In einem Glaskolben mit Lackmuslösung wird Schwefel verbrannt. Der verschlossene Kolben wird geschüttelt.

Beobachtung: Beim Verbrennen des Schwefels entstehen stechend riechende Nebel. Nach kurzer Zeit verlöscht die Flamme. Der Nebel schwindet, die Lackmuslösung rötet sich.

Ergebnis: Durch Verbrennen von Schwefel entsteht Schwefeldioxid, das sich mit Wasser zu **schwefliger Säure** verbindet. Die Lackmuslösung zeigt durch Rotfärbung Säure an.

Kohlensäure entsteht, wenn Kohlenstoffdioxid mit Wasser reagiert. Kohlenstoffdioxid, Schwefeldioxid, Stickstoffoxide u.a. entstehen in großen Mengen beim Verbrennen von Holz, Kohle, Heizöl, Benzin u.a. Brennstoffen. **Salzsäure** entsteht, wenn die Chlorwasserstoffverbindung mit Wasser reagiert (**Umweltbelastung**).

Versuch: Konzentrierte **Schwefelsäure** wird auf Leinwand und Holz geträufelt. Baustahl wird in verdünnte Schwefelsäure, Zink, Marmor, Mauermörtel und Beton in Salzsäure getaucht.

Beobachtung: Leinwand und Holz werden durch Schwefelsäure geschwärzt und zersetzt. Baustahl, Zink, Marmor, Mörtel und Beton werden von den Säuren unter Gasentwicklung gelöst.

Ergebnis: Säuren zersetzen organische Stoffe, Haut und Kleidung. Metalle werden unter Wasserstoffabgabe, **Kalkstein unter Kohlenstoffdioxidabgabe gelöst.**

Die **Stärke der Säuren** wird mit Universalindikatorpapier gemessen, indem man einen Indikatorpapierstreifen in die Säure eintaucht und seine Verfärbung mit der beigefügten Farbtabelle vergleicht. Der an der Tabelle abgelesene **pH-Wert** lässt darauf schließen, wie stark die Säure andere Stoffe **angreift**. Säuren färben Universalindikatorpapier gelborange bis rot. Säuren haben pH-Werte unter 7.

Wegen ihres Angriffsvermögens nennt man säurehaltige Wässer **aggressive Wässer**.

Unfallverhütung, **Umweltschutz:** Säuren müssen in dafür vorgesehenen Behältern mit Etikett und **Warnschild** aufbewahrt werden. Arbeiten mit Säuren sind nur mit **Schutzkleidung** und **Schutzbrille** zu verrichten! Achtung! Bei Säureverdünnung stets Säure ins Wasser gießen, nie umgekehrt! Verspritzungsgefahr!

Säure auf der Haut oder Kleidung muss mit viel Wasser abgespült werden. **Gegenmittel bei Säureverätzung** sind 1%ige Natronlösung, Seifenwasser, Kalkwasser oder Salmiakgeist. Bei **Augenverätzung** sollte man sich sofort in ärztliche Behandlung begeben.

Säuren entstehen, wenn Oxide von Nichtmetallen mit Wasser reagieren. Säuren röten Lackmus und Indikatorpapier.
Säuren zersetzen organische Stoffe, Metalle und Kalkstein.
Die Stärke der Säuren wird in pH-Werten angegeben.
Beim Arbeiten mit Säuren immer Schutzkleidung tragen!

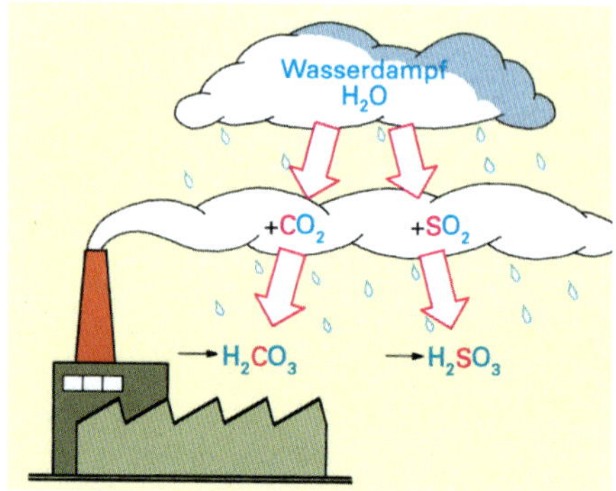

Säurebildung aus Abgasen und Luftfeuchte

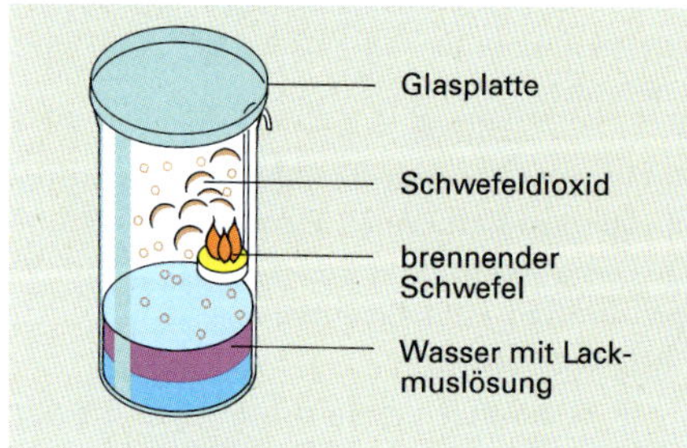

Wasser + Schwefeldioxid ⇒ Schwefl. Säure

$H_2O + SO_2 \longrightarrow H_2SO_3$

Entstehung schwefliger Säure

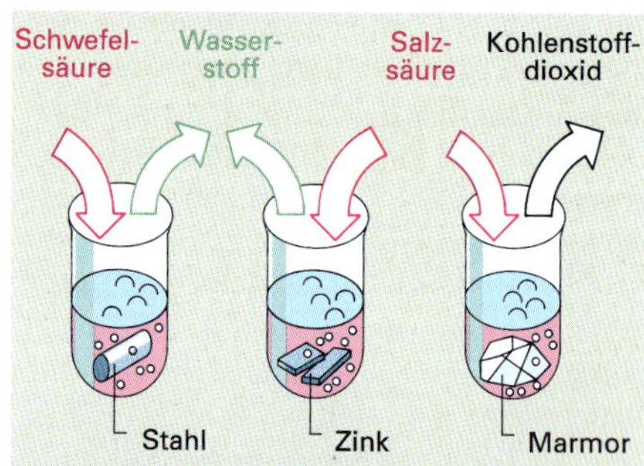

Säuren lösen Metalle und Kalkstein

pH-Werte	Reaktion
pH 7	neutral
pH 6,5...5,5	schwach angreifend
pH 5,5...4,5	stark angreifend
pH <4,5	sehr stark angreifend

Angriffsvermögen der Säuren auf Bauteile

Tödliche Vergiftungen möglich

Dauerhafte Haut- und Augenschädigungen möglich

Warnschilder zur Unfallverhütung

2.3.2 Basen

Basen sind hochwirksame chemische Verbindungen in fester oder flüssiger bzw. gelöster Form. Die wässrigen Lösungen bestimmter Basen werden auch Laugen genannt.

Versuch: Calciumoxid und Wasser werden miteinander vermischt. Ein Teil dieser Mischung wird mit Lackmus-, der andere Teil mit Phenolphthaleinlösung versetzt. Der pH-Wert wird mit Universalindikatorpapier gemessen.

Beobachtung: Lackmuslösung und Indikatorpapier werden gebläut, Phenolphthaleinlösung gerötet.

Ergebnis: Die Nachweismittel zeigen eine Base an. Die basische Wirkung entspricht dem pH-Wert 12. Reagiert Calciumoxid mit Wasser, so entsteht **Calciumhydroxid**, eine Base.

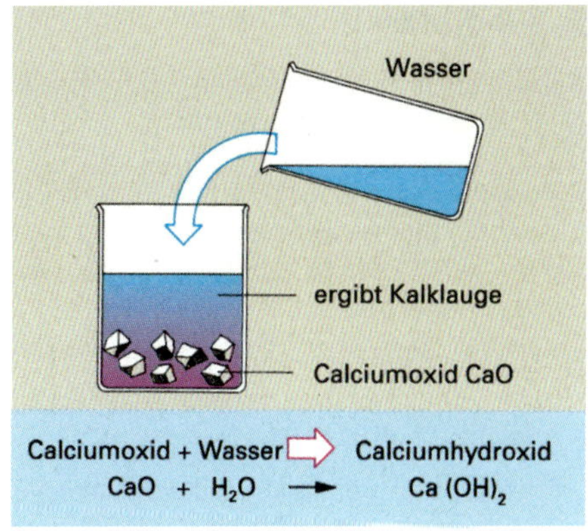

Herstellen von Kalklauge

Wird nur eine kleine Wassermenge auf das Calciumoxid gegeben, so entsteht unter Wärmeentwicklung ein lockeres Pulver, Calciumhydroxid in fester Form. Dieses Verfahren nennt man das „**Löschen des Kalkes**". Es dient zur Herstellung von Mauer- und Putzkalk, der mit Wasser zu Kalkbrei, Kalkmilch oder Kalkwasser verdünnt werden kann.

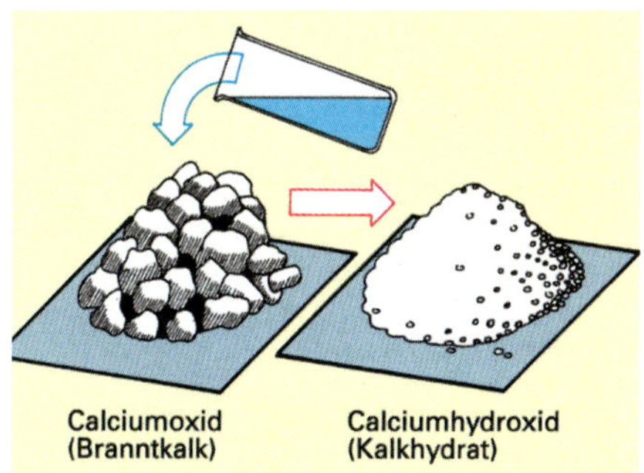

Löschen des Branntkalks

Versuch: Verdünnte Natronlauge wird zwischen den Fingern verrieben, dann abgespült. Betonstahl und Aluminiumblech werden in Natronlauge getaucht.

Beobachtung: Die Haut fühlt sich erst glitschig, nach dem Abspülen stumpf an. Natronlauge reagiert mit Betonstahl nicht, mit Aluminium hingegen heftig.

Ergebnis: Laugen entfetten die Haut. Betonstahl wird von Laugen nicht, Aluminium dagegen stark angegriffen und zerstört, d. h., **Basen bzw. Laugen wirken alkalisch.**

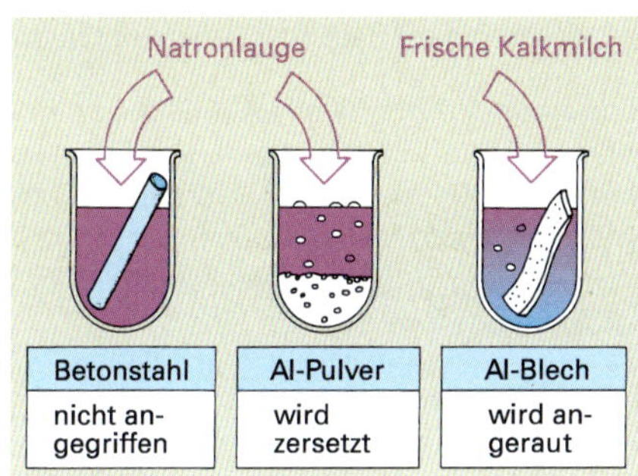

Laugenwirkung auf Metalle

Kalk- und Zementmörtel **reagieren stark alkalisch**. Sie greifen Leichtmetalle, aber auch Zink und Blei an. Deshalb müssen diese Metalle sorgfältig vor Kalk- und Zementmörtel geschützt werden, andernfalls sind bleibende Flecke oder durchgehende **Metallzerstörungen** die Folge (siehe Abschnitt 3.2). Ganz anders verhalten sich Kalk- und Zementmörtel gegenüber Stahl. Bei der Herstellung von Stahlbeton wird Betonstahl in Frischbeton gebettet. Die **alkalische Wirkung des Zementleims schützt den Betonstahl vor dem Rosten** und entfernt vorhandene dünne Rostbeläge.

Vorsicht! Vermeiden Sie Hautkontakt mit Kalk und Zement. Die **alkalische Wirkung entfettet die Haut, zerstört ihren natürlichen Säuremantel und führt zur Hautaustrocknung** (Ekzem).

Hautschutz durch Schutzhandschuhe, aber auch durch schonende **Hautreinigung** und **Hautpflege** mit Hautschutzsalben.

Beim Einsatz von Mörtelspritzen und Betonpumpen stets **Schutzbrille** tragen. **Starke Verätzung kann Augenlicht kosten!**

Trotz Augenspülung mit viel Wasser (Borwasser 2%ig) **sofortige** augenärztliche Behandlung!

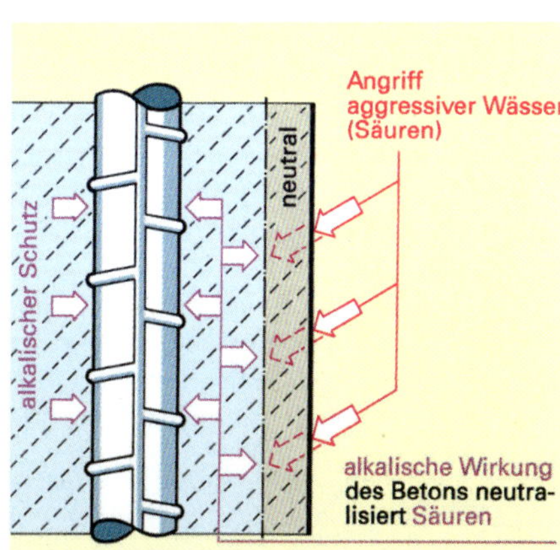

Chemischer Rostschutz des Betonstahls

Basen entstehen, wenn Metalloxide mit Wasser reagieren.
Basen bläuen Lackmus, röten Phenolphthaleinlösung, färben Universalindikatorpapier grün bis blau, d. h., Basen haben pH-Werte über 7.
Basen bzw. Laugen wirken fettlösend, ätzend.
Stahl wird durch Laugen vor dem Rosten geschützt.
Leichtmetalle, Zink und Blei werden von Laugen angegriffen.

2.3.3 Salze

Salze sind feste, größtenteils wasserlösliche Stoffe, die in großen Mengen auf der Erde vorkommen.

Versuch: Salzsäure lässt man so lange in Natronlauge tropfen, bis die beigemengte Lackmuslösung weder rot noch blau, sondern violett gefärbt ist. Der pH-Wert wird gemessen, etwas Lösung eingedampft.

Beobachtung: Die violett gefärbte Lösung hat den pH-Wert 7. Beim Eindampfen entstehen weißliche, scharf schmeckende Kristalle.

Ergebnis: Die genau abgestimmte Mischung von Säure und Base ist weder sauer noch basisch, sondern neutral. Bei der **Neutralisation von Säure und Base entstehen Salz und Wasser.**

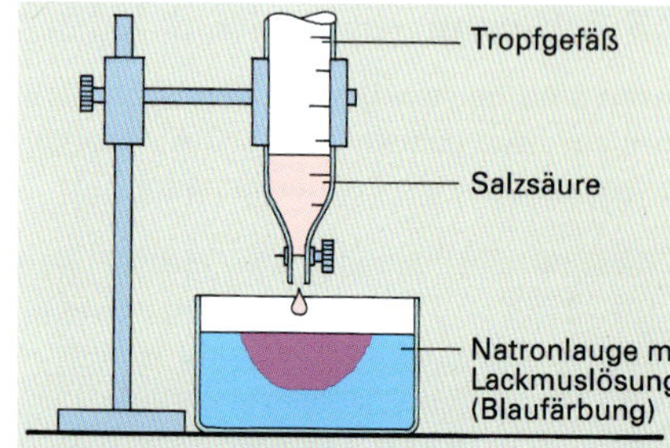

Natronlauge + Salzsäure ⇨ Kochsalz + Wasser

$NaOH + HCl \rightarrow NaCl + H_2O$

Neutralisation von Lauge und Säure

Eine Neutralisation findet beim Erhärten des Kalkes zwischen Calciumhydroxid und Kohlensäure statt. Dabei entsteht **Calciumcarbonat** (**Kalkstein**) und Wasser als Feuchte.

Salze entstehen auch auf andere Weise. Gelangt Salzsäure auf Zink (Versuch Abschnitt 2.3.1), so wird Zink gelöst, das Salz Zinkchlorid entsteht, Wasserstoff entweicht. Wirkt **Kohlensäure auf Kupfer** ein, so entsteht ein grüner Belag aus Kupfercarbonat, **Patina** genannt.

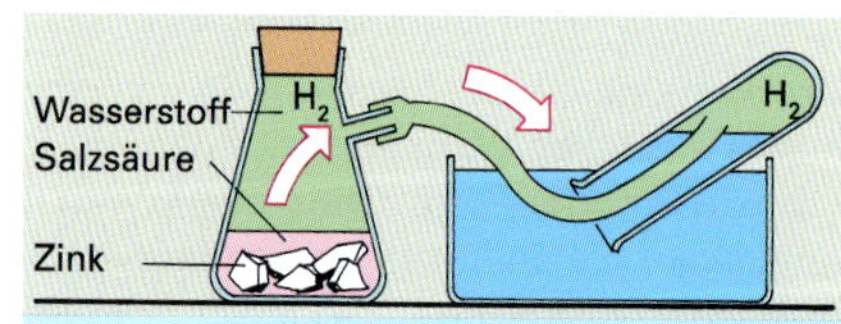

Zink + Salzsäure ⇨ Zinkchlorid + Wasserstoff

$Zn + 2HCl \rightarrow ZnCl_2 + H_2\uparrow$

Salzbildung aus Metall und Säure

Kristallwasser der Salze

Versuch: Gipssteinstücke werden im Reagenzglas erhitzt.

Beobachtung: Wasserdampf entweicht, der sich am Glas niederschlägt.

Ergebnis: Gipsstein enthält Kristallwasser. Gipsstein besteht aus wasserhaltigem Salz: Calciumsulfatdihydrat $CaSO_4 \cdot 2\,H_2O$.

Gips erhärtet durch Wiederaufnahme von Wasser unter **Volumenzunahme**, die vorteilhaft ist beim Ausfüllen von Formen und Dübellöchern. Dringen gipshaltige, **sulfathaltige Wässer** in Bauteile ein, so entstehen durch Wasseraufnahme **„Treibkristalle"**, die **Abplatzungen** bewirken. Auch andere Salze binden Wasser: Calciumchlorid, Calciumnitrat u.a.

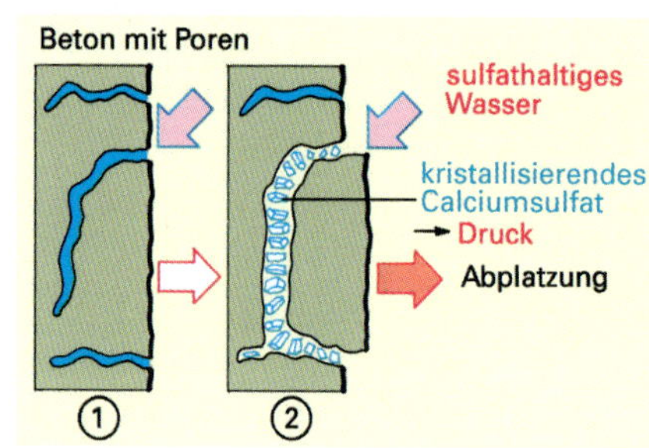

Treibwirkung des Gipses an Beton

Die **Wasserlöslichkeit der Salze** ist sehr unterschiedlich. **Ein Liter Wasser löst** „nur" 0,02 g Calciumcarbonat (Kalkstein), aber 2,5 g Calciumsulfatdihydrat (Festgips).

Leicht lösliche Salze (siehe Tabelle) **sind bauschädliche Salze**. Sie bewirken **Ausblühungen**, **Abplatzungen** und **Rostförderung**, wenn sie in Bauteile gelangen. Vor allem Betonstahl muss vor rostfördernden Salzen geschützt werden, z.B. vor chlorid- und sulfathaltigen Wässern.

1 Liter Wasser löst bei 20 °C:	
0,02 g	Calciumcarbonat, Kalkstein
2,5 g	Calciumsulfat
359 g	Natriumchlorid, Kochsalz
745 g	Calciumchlorid
1270 g	Calciumnitrat, Kalksalpeter

Wasserlöslichkeit einiger Salze

Bestimmte wasserlösliche Salze werden als **Holzschutzmittel** verwendet. Anwendung auch bei nassem Holz im Gegensatz zu öligen Holzschutzmitteln.

Calciumcarbonat ist weniger wasser-, dafür **stark säurelöslich**, weil es ein Salz der Kohlensäure ist. Das heißt, Kalkstein wird gelöst, wenn Säure auf ihn einwirkt. Dabei können Salze entstehen, die Bauschäden verursachen. **Weitgehend säurefest sind Verbindungen der Kieselsäure**, die Silicate, Hauptbestandteil des Zementsteins im Beton, ferner Basalt, Klinker, Steinzeug und Glas.

Salze entstehen, wenn Säuren mit Basen oder mit Metallen reagieren. Viele Salze binden Wasser unter Volumenzunahme. Leicht lösliche Salze verursachen Ausblühungen, Abplatzungen und wirken rostfördernd. Kalkstein ist säurelöslich.

Ausblühung und Abplatzung an Natursteinsockel

2.4 Bauschäden durch Salze und Säuren

Ausblühungen und Kalkablagerungen an Bauwerken sowie Abplatzungen an Mauerwerk und Beton sind Schäden, deren völlige und dauerhafte Beseitigung schwierig und kostenaufwendig ist. Deshalb sollte der Baufachmann sein ganzes Wissen und Können einsetzen, damit derartige Schäden möglichst von vornherein vermieden werden.

Ausblühungen sind Salze, die auf Bauwerksoberflächen auskristallisieren. Diese Salze entstehen in der Regel im Bauwerk, wenn Wasser – meistens von außen – eindringen kann. Das Wasser löst aus Steinen, Mörtel und Beton geringe Mengen verschiedener Stoffe, die miteinander chemisch reagieren. Dadurch entstehen leicht lösliche Salze. Beim Wiederaustrocknen des Bauteils gelangt das Wasser mit den gelösten Salzen durch Stein-, Mörtel- und Betonporen (**Kapillaren**) an die Oberfläche. Dort verdunstet das Wasser. Die Salze scheiden sich auf der Oberfläche ab und bilden weiße Beläge.

Ausblühsalze sind meistens **Kalium- und Natriumsulfate**. Dringt Wasser in Ziegelmauerwerk ein, so werden lösliche Mörtelanteile (Kalium- und Natriumhydroxid) durch das Wasser in die Steine geführt, wo sie mit **Calciumsulfat der Ziegel** reagieren. Lösliches Kaliumsulfat entsteht.

Zu den seltenen **Calciumsulfatausblühungen** kann es kommen, wenn Wässer ins Bauteil gelangen, die z. B. Salzsäure oder Natriumchlorid enthalten. Chloridhaltige Wässer fördern die schwache Ausblühneigung des Calciumsulfates.

Kalkablagerungen an Bauteilen sind keine Ausblühungen. Eindringendes Wasser spült Calciumhydroxid aus undichten Mauerfugen und undichtem Beton und transportiert es an die Oberfläche, wo sich das Calciumhydroxid in Form von **„Kalkfahnen"** ablagert. Durch Kohlensäure erhärtet es auf der Bauwerksoberfläche zu schwer löslichem Calciumcarbonat.

Eindringende Kohlensäure löst Calciumcarbonat aus erhärtetem Mörtel (**Angriff aggressiver Kohlensäure**) und lagert es auf Beton- oder Mauerwerksflächen ab.

Zu **Abplatzungen** an Mauerwerk und Beton kommt es, wenn Salze im Inneren des Baukörpers auskristallisieren, weil die Salzlösung nicht auf die Oberfläche gelangt (zu rasche Verdunstung, zu große Poren, sperrende Anstriche).

Rostende Betonstähle verursachen häufig Abplatzungen.

Ausblühungen an Mauerwerk und Beton bestehen aus Salzen, die im durchfeuchteten Bauteil entstehen, wenn Mörtel-, Stein- bzw. Zementbestandteile chemisch reagieren.

Häufigste Ausblühsalze sind Kalium- und Natriumsulfate.

Chloridhaltige Wässer fördern Calciumsulfatausblühungen. Kalkablagerungen entstehen, wenn Wasser Calciumhydroxid aus undichtem Mauerwerk und Beton herausspült.

Aggressive Kohlensäure löst Calciumcarbonat (Kalkstein).

Abplatzungen werden durch Salzabscheidung im Bauteil verursacht, oft auch infolge rostender Stahlbewehrung.

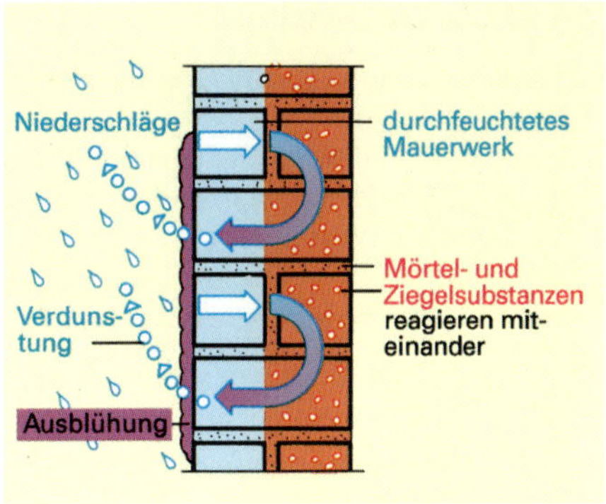

Entstehung von Ausblühungen

Ausblühung auf Mauerwerk

Kalkablagerungen auf Natursteinmauerwerk „Kalkfahnen"

Ausblühungen auf dem Klinkerbelag einer Terrasse

Vermeidung von Bauschäden

Mit dem Eindringen von Wasser ins Bauwerk erfolgt dessen Schädigung. Die Schadwirkung wird erhöht, wenn das Wasser Säuren, Salze oder andere bauschädliche Stoffe enthält, die Steine, Mörtel, Beton und Metalle angreifen und zerstören. Derartige Wässer nennt man **aggressive Wässer**.

Folgende Maßnahmen können Bauschäden verhindern:

- Sorgfältige Abdichtung des Bauwerkes gegen Wasser von unten, von der Seite und von oben.
- Dichtes Mauerwerk durch vollfugige Vermörtelung der Steine. Poröse Steine erfordern poröse Fugen.
- Dichten Beton herstellen. Betonfugen sorgfältig abdichten. Betonstahl durch ausreichende Betondeckung schützen. Sichtbetonflächen und Betonfertigteile mit Folien vor Regen und Schnee schützen. Portlandpuzzolanzement für Mörtel und Beton verhindert Kalkabscheidung (Flecken).
- Bausteine, Sand und Kies vor Verunreinigungen schützen (Blech- oder Dielenunterlage). Verunreinigte Gesteinskörnung mit 3%iger Natronlauge auf Humusbestandteile prüfen.
- Beim „Absäuern" von Kalkbelägen an Mauerwerk gut vornässen. Keine Salzsäure, sondern verdünnte Ameisensäure verwenden. Gut nachspülen.
- Ausblühungen möglichst auf trockenem Wege durch Abbürsten oder Abkratzen beseitigen.

Rostende Betonstähle bewirken Abplatzen

Kies wird vor Verunreinigungen geschützt

Zusammenfassung

Bestimmte **Säuren** entstehen, wenn Nichtmetalloxide mit Wasser reagieren.

Säuren röten Lackmus und Indikatorpapier (pH-Werte unter 7).

Säuren zersetzen organische Stoffe, lösen Metalle und Kalkstein.

Basen entstehen, wenn Metalloxide mit Wasser reagieren.
Basen, auch Laugen genannt, bläuen Lackmus und Indikatorpapier (pH-Werte über 7) und röten Phenolphthalein.
Basen wirken alkalisch, d.h., sie ätzen organische Stoffe, lösen Fette.

Stahl wird von Basen nicht, Leichtmetalle, Zink und Blei werden dagegen stark angegriffen.

Salze entstehen, wenn Säuren mit Basen oder mit Metallen reagieren.

Viele Salze kristallisieren unter Wasserbindung (Volumenzunahme), sind wasser- bzw. säurelöslich und wirken rostfördernd. Säurebeständiger sind Silicate.

Ausblühungen sind Salzkristalle auf Bauwerksflächen.
Ausblühsalze entstehen im Baukörper, wenn Wasser eindringt und Baustoffbestandteile miteinander chemisch reagieren.
Chloridhaltige Wässer fördern Calciumsulfatausblühungen.

Kalkablagerungen entstehen, wenn eindringendes Wasser Calciumhydroxid aus Mörtel oder Beton ausspült oder wenn Kohlensäure Calciumcarbonat löst.

Aggressive Wässer sind bauschädlich, weil sie Säuren, Salze oder andere bauschädliche Stoffe enthalten.

Gesteinskörnungen vor Verunreinigungen schützen!
Gegebenenfalls mit Natronlauge auf Humusbestandteile prüfen!

Aufgaben:

1. *Weshalb sind Bauteile in Industriegegenden dem Säureangriff besonders ausgesetzt?*
2. *Prüfen Sie erhärteten Mörtel und Beton mit Salzsäure auf Säurebeständigkeit.*
3. *Was besagt die Unfallverhütungsvorschrift über den Umgang mit ätzenden Stoffen?*
4. *Worauf muss beim Arbeiten mit Laugen geachtet werden?*
5. *Was würden Sie tun, wenn frischer Mörtel oder Beton an Leichtmetall gelangt?*
6. *Warum ist bei Stahlbeton eine ausreichende Betondeckung des Betonstahls sehr wichtig?*
7. *Wie behandelt man Säure- und Laugenspritzer, um Schäden zu verhindern?*
8. *Warum ist Calciumcarbonat (Kalkstein) säurelöslich?*
9. *Erläutern Sie die bauschädlichen Wirkungen leicht löslicher Salze.*
10. *Warum entstehen Ausblühungen, wenn Tausalzlösung ins Bauwerk gelangt?*
11. *Welche Maßnahmen können Mauerwerksausblühungen verhindern?*
12. *Wodurch unterscheiden sich Kalkablagerungen von Ausblühungen?*

2.5 Umweltschutz

Wenn es uns nicht gelingt, die bisherigen Belastungen unserer Umwelt zu verringern, dann werden die Menschen ihre Lebensgrundlage zerstören. **Die Schonung der Umwelt im Sinne einer ausgewogenen Ökologie** kommt uns allen zugute. Deshalb ist es wichtig, dass die Zahl derer wächst, die durch ihr Handeln **aktiven Umweltschutz** betreiben.

2.5.1 Luftverunreinigung

Mit der Verbrennung von Kohle und Öl in Kraftwerken, in der Industrie, z. B. der Schwer- und Baustoffindustrie, in Heizungsanlagen privater Haushalte und in Verbrennungskraftmotoren der Fahrzeuge gelangen **Schadstoffe** in die Luft wie Kohlenstoffdioxid CO_2, Kohlenstoffmonoxid CO, Schwefeldioxid SO_2, Stickstoffoxide NO_x, flüchtige organische Verbindungen und Stäube.

Mit dem Sauerstoff der Luft und Luftfeuchte bilden sich Kohlensäure H_2CO_3, schweflige Säure H_2SO_3, Schwefelsäure H_2SO_4, Salpetersäure HNO_3 u. a., die erhebliche **Schäden an Bauwerken** verursachen und als **saurer Regen** den Baumbestand der Wälder schädigen.

Die Zunahme des Kohlenstoffdioxidgehaltes der Erdatmosphäre beeinflusst langfristig das **Klima** (**Treibhauseffekt**).

Umwelt- und gesundheitsschädigend sind **flüchtige organische Verbindungen**, die hauptsächlich durch Verdunstung in die Luft gelangen. Dazu gehören Kohlenwasserstoffe, z. B. aus Treibstoffen und Verdünnungsmitteln, chlorierte Kohlenwasserstoffe, z. B. aus Lösungs- und Reinigungsmitteln und Fluorkohlenwasserstoffe (FCKW) als Treibgas für Sprays und als Kältemittel, die zu Veränderungen in der Erdatmosphäre beitragen (Abnahme der Ozonschicht).

Maßnahmen zur Senkung der Luftverunreinigung

- Abgasreinigung der Großfeuerungsanlagen
- Senkung des Energieverbrauchs durch sparsamere Heizkessel und bessere **Wärmedämmung** der Gebäude (Niedrigenergiehaus)
- Weiterentwicklung und Einsatz alternativer umweltfreundlicher Energiequellen wie Sonnen-, Wind- und Wasserenergie
- Entwicklung energiesparender Fahrzeugmotoren und alternativer Antriebe und Verringerung schädlicher Abgase durch Katalysatoren.
- Umfassende Verlagerung des Gütertransportes von der Straße auf die Schiene.

Umweltschutzgesetze

Die Ziele des Umweltschutzes sind in den Umweltschutzgesetzen des Bundes erfasst. Die Bundesländer sind für den Vollzug dieser Gesetze verantwortlich und erlassen entsprechende **Umweltschutzpläne**, zum Beispiel **Luftreinhaltepläne, Abwasser- und Abfallbeseitigungspläne, Landschaftsrahmenpläne u. a.**

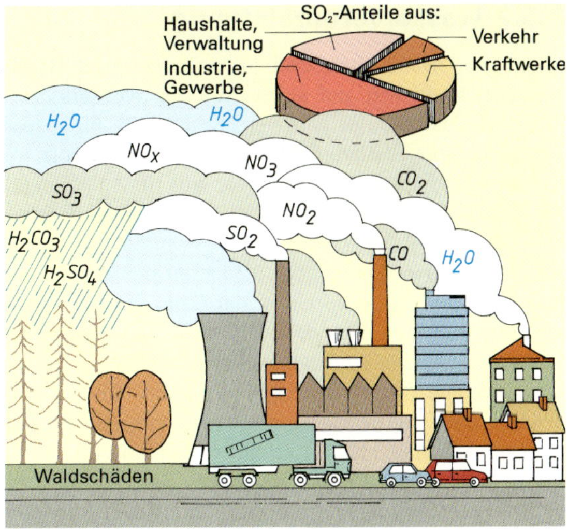

Säurebildung durch Schadstoffe und Luftfeuchte

Gase	Flüssigkeiten	Feste Stoffe
Kohlenstoffdioxid, Kohlenstoffmonoxid, Schwefeldioxid, Stickstoffoxide, Kohlenwasserstoffe, Fluorkohlenwasserstoffe	Säuren, Heiz- und Motorenöle u. a., Treibstoffe, Lösungsmittel, Farben und Lacke, Holzschutzmittel	Asbest, Stäube mit Blei-, Cadmium- oder Quecksilberverbindungen

Umwelt- und gesundheitsschädigende Stoffe

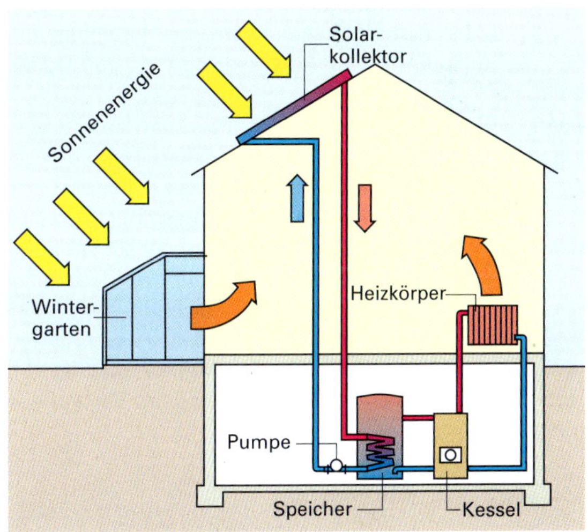

Nutzung der Sonnenenergie

Kraftwerke, Industrie, private Haushalte und die Verbrennungskraftmotoren der Fahrzeuge belasten durch große Abgasmengen die Umwelt.
Flüchtige organische Verbindungen gelangen durch Verdunstung in die Luft und belasten die Erdatmosphäre.

2.5.2 Wasserverunreinigung

In privaten Haushalten und in Industrie- und Handwerksbetrieben wird der größte Teil des Wassers „verbraucht", das heißt, es wird verschmutzt, als **Abwasser** abgeführt und in **Kläranlagen** gereinigt, wobei die im Abwasser befindlichen Chemikalien aus Haushalten und Industrie bei der Abwasserreinigung erhebliche Kosten verursachen.

Das **Grundwasser** in tieferen Schichten des Bodens ist der **natürliche Wasserspreicher** der Erde, der durch Niederschläge (Regen, Schnee) gespeist wird.

Alle Lebewesen, der gesamte pflanzliche Bewuchs, vor allem Wälder, Wiesen und Landwirtschaft, hängen vom **Erhalt des Grundwassers** nach Menge (Höhe des Grundwasserspiegels) und Qualität (Reinheit) ab. Bauliche Maßnahmen dürfen nicht zur Absenkung des Grundwasserspiegels führen, z. B. durch tiefgründende Bauwerke (Schächte, Tunnel), durch Begradigung von Wasserläufen (Kanalisierung), Trockenlegen von Gebieten, übermäßiges Abholzen von Baumbeständen u. a.

Die **Bodenversiegelung** durch Bebauung, insbesondere durch dichte Beläge aus Beton und Asphalt muss eingeschränkt werden, damit **Niederschläge** im Boden versickern können und nicht in Abwasserkanäle fließen, wo sie eine Überlastung der Kanäle hervorrufen.

Durch Überdüngung der Felder kommt es zu erheblichen Verunreinigungen des Grundwassers.

Durch Heizöl und Benzin, Reinigungsmittel und andere Chemikalien wird Wasser stark und nachhaltig verunreinigt. **Bereits ein Liter Heizöl verseucht 1 Million Liter Wasser (1000 m³)**!

Beim Baubetrieb anfallende Chemikalien, wie Bautenschutzmittel, Betontrennmittel, verschmutzte Reinigungs- und Entfettungsmittel, Reste von Holzschutzmitteln dürfen weder in das Abwasser noch in den Boden gelangen.

Reste von Öl und ölhaltigen Stoffen, Säuren, Farben, Lösungsmitteln u. a. müssen in speziellen Behältern gesammelt, sicher gekennzeichnet und gelagert und den zuständigen **Sammelstellen für Sondermüll** zugeführt werden. Kunststoffe (Verpackungsmaterial) sollten möglichst der **Wiederverwendung** zugeführt werden. Nicht wiederverwendbare Stoffe sollten nicht in den Abfall (Müllvermeidung!), sondern der **Wiederverwertung (Recycling)** zugeführt werden. Die meisten Kunststoffe verrotten im Boden nicht und entwickeln beim Verbrennen giftige Dämpfe.

> Zum Schutz des lebensnotwendigen Wassers dürfen keine Chemikalien ins Abwasser oder in den Boden gelangen.
> Bauliche Maßnahmen müssen stets auf den Schutz des Wassers insbesondere des Grundwassers ausgerichtet werden.
> Eine vermeidbare Bodenversiegelung hat zu unterbleiben.
> Wasserschädliche Abfälle sind Sondermüll und müssen in speziellen Behältern getrennt zur Sammelstelle.

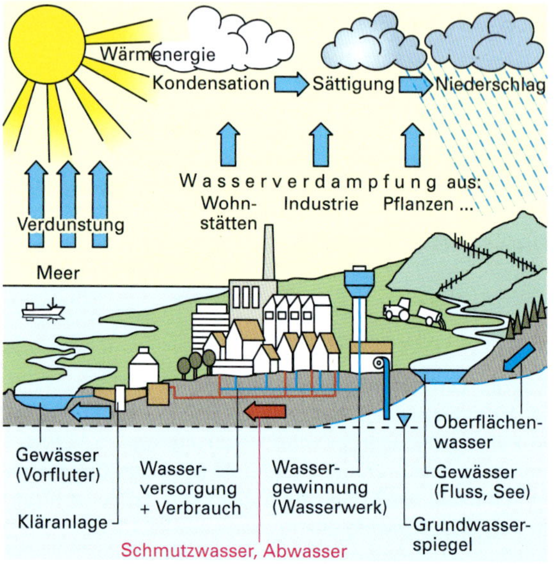

Kreislauf des Wassers

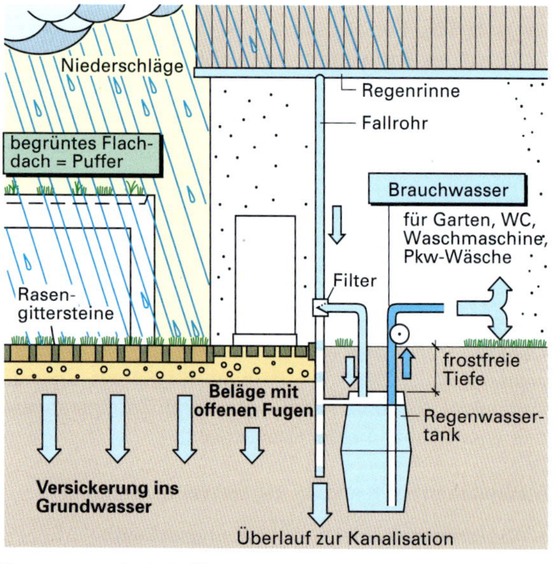

Regenwasser ist kein Abwasser

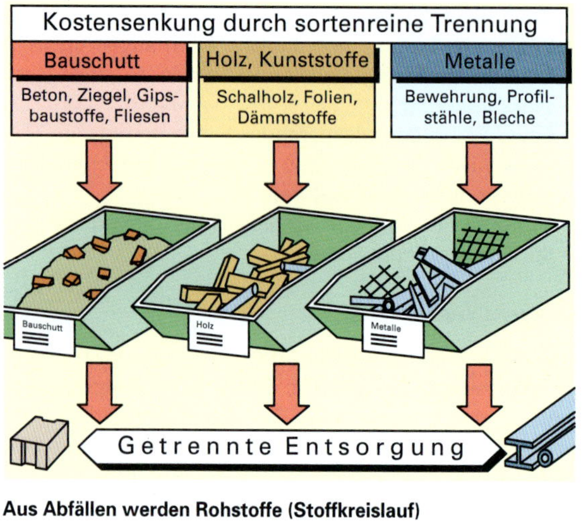

Aus Abfällen werden Rohstoffe (Stoffkreislauf)

2.5.3 Bodenverunreinigung

Das **Ausheben der Baugrube** ist ein im wahrsten Sinne tiefer Eingriff in die Natur, eines unter Umständen im Laufe von Jahrmillionen entstandenen Bodens. Diese tiefgreifenden Veränderungen des Bodens sollten so klein wie möglich gehalten werden. **Oberboden** (Mutterboden) und **Unterboden** müssen getrennt gelagert werden. Der Mutterboden darf nicht befahren oder verdichtet werden und muss vor Austrocknung geschützt werden.

Vor Beginn der Bautätigkeit sind in der Nähe befindliche **Bäume und Sträucher** vorbeugend vor Beschädigung zu schützen (Bretter zum Schutz an den Stämmen anbinden). Der Wurzelbereich der Bäume sollte nicht überfahren werden und dort kein Material gelagert werden oder nur mit untergelegten Bohlen (Dielen).

In die Baugrube dürfen **keine Abfälle**, insbesondere keine Reste von Bautenschutzmitteln, Reinigungsmitteln, Farb- und Holzschutzmitteln gelangen.

Beim **Verfüllen der Baugrube** ist darauf zu achten, dass keine bodenfremden Baustoffreste „vergraben" werden, sondern der Wiederverwertung oder sachgerechten Entsorgung zugeführt werden.

Eine **Bodenverunreinigung** ist fast immer eine **dauerhafte Bodenschädigung** mit schlimmen Folgen für das Oberflächen- und Grundwasser.

Baustoffreste und alte bereits benutzte Baustoffe werden in **Recyclinganlagen** (**Recycling** = **Wiederaufbereiten**) aufbereitet zu neuen Baustoffen. Grundvoraussetzung ist, dass die verschiedenen Materialien sofort am Ort der Entnahme getrennt gesammelt werden.

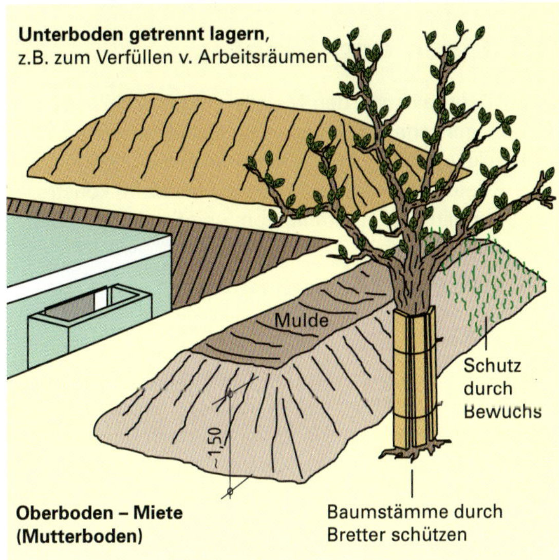

Getrenntes Lagern von Mutterboden (Miete) **und Unterboden**

Wiederverwertung von Baureststoffen (Recycling)

Beim Ausheben der Baugrube und Einrichten der Baustelle muss mit dem Boden und dem vorhandenen Baumbestand schonend umgegangen werden.

In die Baugrube dürfen keinerlei bodenfremde Stoffe gelangen. Baustoffreste sind nach Materialien getrennt der Wiederverwertung zuzuführen.

Zusammenfassung

Bei Verbrennung von Kohle und Öl entstehen gasförmige Oxide, die mit Luftfeuchte Säuren bilden und Umwelt und Bauwerke schädigen.

Durch energiesparende Heizkessel, bessere Wärmedämmung der Gebäude, Abgasreinigung bei Großfeuerungsanlagen und Kraftfahrzeugen wird die Luftverunreinigung gesenkt.

Wasser darf nicht durch Chemikalien verunreinigt werden. Grundwasser würde bleibend verunreinigt und die Abwasserreinigung verteuert.

Wenn Baustoffreste nicht wiederverwendet werden können, sind sie der Wiederverwertung zuzuführen.

Benutzte Baustoffe kommen nach Arten getrennt zur Wiederaufbereitung (Recycling).

Reste luft-, wasser- und bodenschädlicher Stoffe müssen sicher aufbewahrt zu den Sondermüllsammelstellen.

Aufgaben:

1. *Erläutern Sie, welche Schadstoffe durch Verbrennung von Kohle und Öl entstehen?*
2. *Auf welche verschiedene Weise kann die Luftverunreinigung verringert werden?*
3. *Weshalb ist die Wasserverunreinigung durch Öl, Benzin u.a. Chemikalien in mehrfacher Hinsicht besonders schädlich?*
4. *Was versteht man unter Grundwasser, was alles kann man zum Schutz des Grundwassers tun?*
5. *Was tun Sie für die umweltfreundliche Entsorgung der Abfälle auf der Baustelle?*
6. *Wie ist der Erdaushub einer Baustelle zu lagern?*
7. *Aus welchen Gründen werden benutzte Baustoffe wiederverwertet?*

3 Baumetalle

3.1 Eisen und Stahl

In der Baupraxis werden Metalle aufgrund ihrer besonderen Eigenschaften in vielen Bereichen verwendet. Sie finden Anwendung im Gerüst- und Schalungsbau. Die hohe Zugfestigkeit ermöglicht den Einsatz im konstruktiven Stahlbau und im Stahlbeton- und Spannbetonbau.

3.1.1 Roheisengewinnung

Rohstoffe

Eisen kommt in der Natur in Verbindungen mit Sauerstoff und anderen Elementen vor. Man nennt diese Verbindungen **Eisenerze**. Sie enthalten noch verschiedene Mineralien, wie Kalkspat, Quarz, Silicate, und andere Elemente, wie Phosphor, Schwefel, Kohlenstoff, Silicium und Mangan. Sie haben entscheidenden Einfluss auf die Qualität der Eisenwerkstoffe.

Die wichtigsten Eisenerze sind Magneteisenstein (Fe_3O_4), Roteisenstein (Fe_2O_3), Brauneisenstein ($2\,Fe_2O_3 \cdot 3\,H_2O$) und Spateisenstein ($FeCO_3$).

Eisenerze sind chemische Verbindungen des Eisens mit Sauerstoff und anderen Elementen.

Verhüttung

Um aus Eisenerz technisch wertvolles Eisen zu erhalten, werden die Erze im Hochofen **„verhüttet"**, d.h., den Eisenerzen wird der Sauerstoff entzogen. Notwendig für diesen Reduktionsvorgang sind Wärme und Reduktionsmittel. Für den Hochofenprozess verwendet man aufbereitete Eisenerze, d.h., durch Zerkleinern und Aussortieren werden erdige Verunreinigungen beseitigt, durch Sintern werden Feuchtigkeit, Kohlendioxid und Schwefel entfernt.

In den Hochofen werden abwechselnd **Koks**, **Eisenerze** und **Zuschläge** eingebracht. Koks liefert als Heizstoff die für die Reduktion notwendige **Wärme** und gibt das **Reduktionsmittel** (Kohlenstoff und Kohlenmonoxid) ab. Zur Verbrennung des Kokses muss von unten her vorgewärmte Luft („Wind" 1000 °C) durch den Hochofen geblasen werden. Die Zuschläge bestehen zum größten Teil aus Kalkstein. Er hat die Aufgabe, die noch vorhandenen Verunreinigungen der Eisenerze und die Brennstoffasche in eine leicht schmelzbare Schlacke zu überführen. Die **Reduktion** der oxidischen Eisenerze erfolgt stufenweise bei einer Temperatur von 400...900 °C. Das so gewonnene Eisen muss noch mehr erhitzt werden; bei etwa 1000 °C nimmt es **Kohlenstoff** auf (Kohlung), bei etwa 1200 °C schmilzt es. Das flüssige Roheisen sammelt sich im unteren Teil des Hochofens. Die **Hochofenschlacke** schwimmt wegen ihrer geringen Rohdichte über dem Roheisen.

Die Ausgangsstoffe für die Roheisengewinnung sind Eisenerze, Koks und Zuschläge. Im Hochofen laufen chemische und physikalische Vorgänge ab.

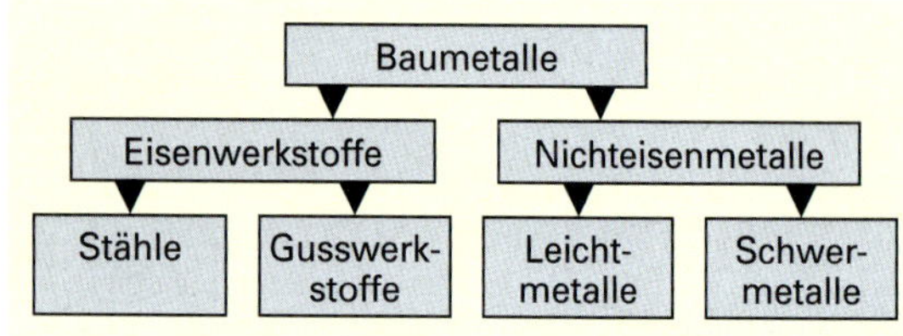

Einteilung der Metalle

Erzart	Zusammensetzung	Farbe	Eisengehalt (%)	Vorkommen
Roteisenstein	Fe_2O_3	braunrot	30...50	Lahn, Sieg, Nordamerika, Russland
Magneteisenstein	Fe_3O_4	stahlgrau	60...70	Schweden, Norwegen, Russland
Brauneisenstein	$2\,Fe_2O_3$ $3\,H_2O$	braun	20...45	Lahn, Salzgitter, Thüringen, Lothringen
Spateisenstein	$FeCO_3$	graubraun	30...45	Siegerland, Steiermark, Ungarn

Wichtige Eisenerze

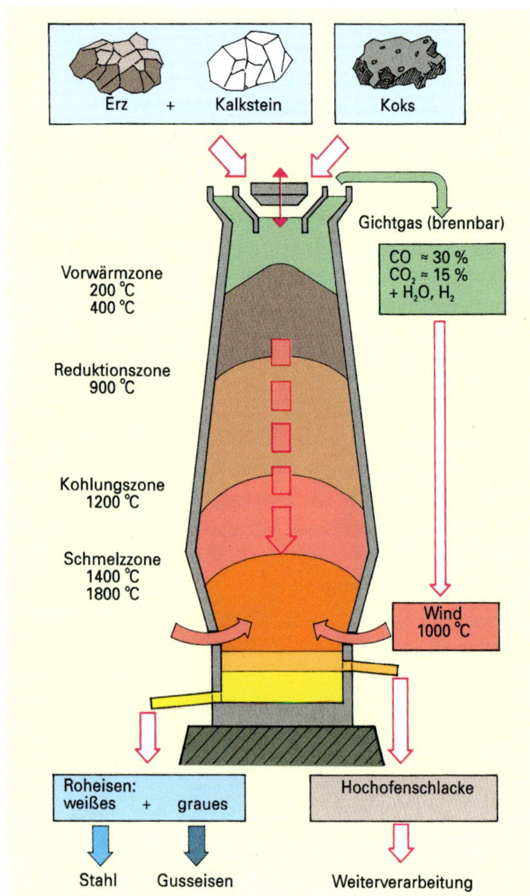

Gewinnung von Roheisen

3.1.2 Erzeugnisse des Hochofens

Roheisen

Roheisen enthält neben 3,5...5% Kohlenstoff noch Beimengungen von Phosphor, Schwefel, Mangan und Silicium. Je nach Beschickung und Temperatur im Hochofen kann graues oder weißes Roheisen erzeugt werden.

Graues Roheisen entsteht bei höheren Temperaturen und ist siliciumhaltig. Beim Erstarren kristallisiert der Kohlenstoff als Grafit aus. Aus grauem Roheisen wird **Grauguss** hergestellt. Er besitzt eine hohe Druckfestigkeit, geringe Rostneigung, ist spröde und lässt sich nicht schmieden. Aus Grauguss werden Bestandteile für die Haustechnik, wie Entwässerungsrohre, Badewannen, Waschbecken, Bodeneinläufe, Sinkkästen und Schachtabdeckungen gefertigt.

Weißes Roheisen entsteht bei niedrig gehaltener Temperatur und ist manganhaltig. Es wird zu Stahl weiterverarbeitet, außerdem ist es der Rohstoff für **Temperguss**. Temperguss ist zäh und in geringem Maße dehnbar. Im Bauwesen werden daraus Beschlagteile, Rohrverbindungsstücke und Kupplungen für Rohrgerüste hergestellt.

Aus grauem Roheisen wird Gusseisen erschmolzen, das in der Haustechnik Anwendung findet. Weißes Roheisen wird zu Stahl und Temperguss weiterverarbeitet.

Hochofenschlacke

Die im Hochofen entstehende Schlacke besteht zum größten Teil aus Calcium-Aluminiumsilicaten. Im Bauwesen wird die Schlacke in verschiedenen Formen verarbeitet und verwendet.

Die heiße Schlacke wird durch plötzliches Abkühlen mit Wasser, Luft oder Dampf granuliert, d.h., zu feinem, glasigem **Hüttensand** gekörnt. Wegen ihrer hohen hydraulischen Erhärtungsfähigkeit wird gekörnte kalkreiche Schlacke zur Herstellung von Portlandhüttenzement CEM II/A-S, CEM II/B-S und Hochofenzement CEM III/A, CEM III/B, CEM III/C und Kompositzement CEM V/A, CEM V/B (DIN EN 197-1) verwendet.

Durch Einblasen von Wasserdampf wird flüssige Schlacke aufgebläht, geschäumt. Sie erstarrt zu grobporiger **Schaumschlacke**, auch Hüttenbims genannt. Gebrochene Schaumschlacke wird als Gesteinskörnung für Leichtbeton (Hüttenbimsbeton) verwendet. Hüttenbimsbeton ist zur Herstellung von Leichtbetonsteinen (Voll- und Hohlblocksteine) sehr gut geeignet.

Beim Verblasen der flüssigen Schlacke mit Dampf und Pressluft entstehen dünne, lange Fäden, die zu **Schlackenwolle** (Hüttenwolle) verarbeitet werden. Sie dient als Dämmstoff zur Verbesserung der Wärme- und Schalldämmung.

Wenn geschmolzene Hochofenschlacke langsam erstarrt, erhält man sehr harte, kristalline **Hochofenstückschlacke**, die als Straßenbaumaterial für Straßendecken, Frostschutz- und Tragschichten verwendet wird (DIN 4301).

Aus Hochofenschlacke werden wichtige Baustoffe gewonnen: Hüttensand, Hüttenbims, Hüttenwolle und Stückschlacke.

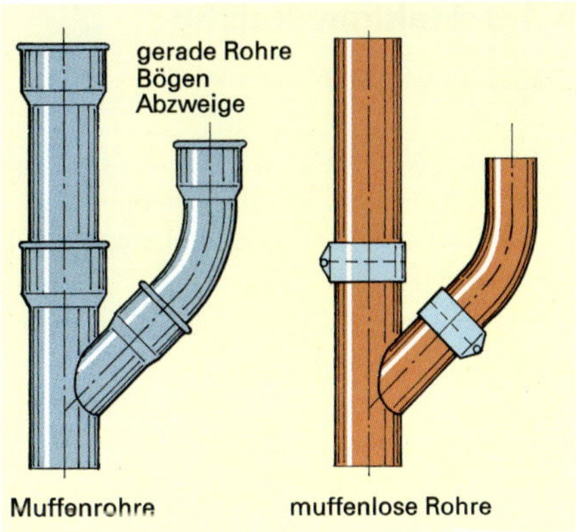

Gussrohre für die Installation

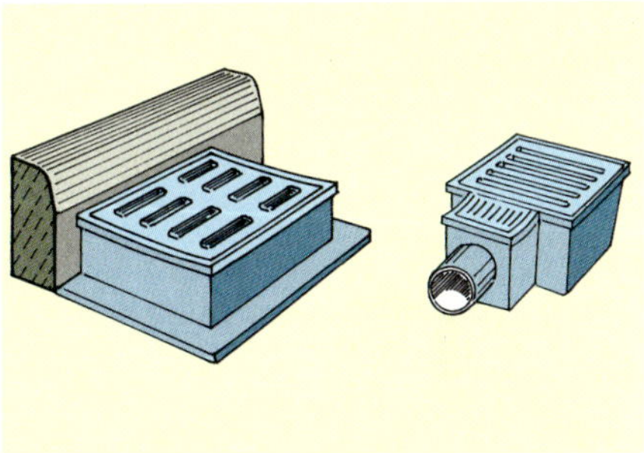

Schachtabdeckung und Bodeneinlauf

Kupplungen für Stahlrohrgerüste

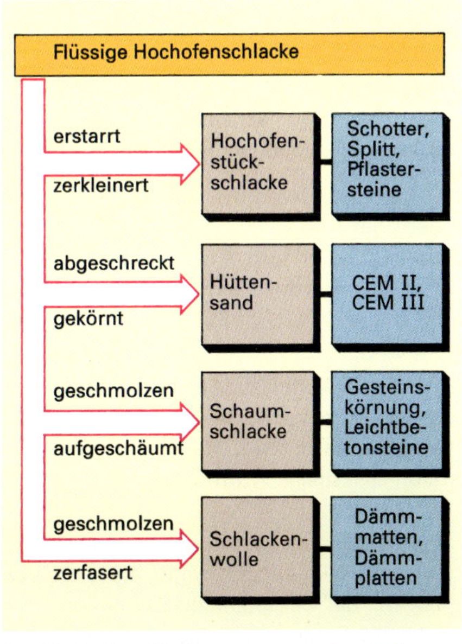

Aus Hochofenschlacke gewonnene Baustoffe

3.1.3 Stahlgewinnung

Gusseisen und Stahl

Versuch: Werkstücke aus Gusseisen und Stahl werden angefeilt, die Späne zwischen den Fingern zerrieben. Die Werkstücke spannt man in einen Schraubstock und schlägt mit dem Hammer dagegen.

Beobachtung: Die Gusseisenspäne sind dunkel und schwärzen die Finger. Die Stahlspäne sind hell glänzend und färben nur wenig. Gusseisen bricht spröde ab; das Stahlstück ist zunächst elastisch, lässt sich aber durch kräftiges Schlagen biegen.

Ergebnis: Gusseisen ist spröde, Stahl ist zäh und biegsam.

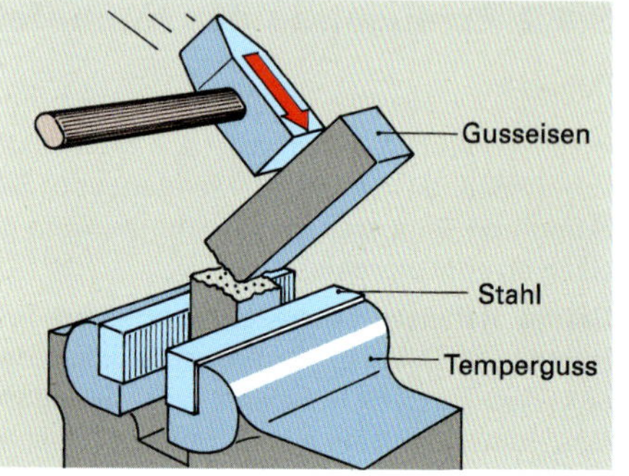

Gusseisen bricht spröde

Die Eigenschaften von Gusseisen und Stahl werden vor allem durch den Kohlenstoffgehalt bestimmt. Der hohe Kohlenstoffgehalt macht Gusseisen hart, spröde und nicht verformbar. Infolge des eingeschlossenen Grafits hält es zwar Druck-, aber fast keine Zugbeanspruchung aus. Stähle, kohlenstoffarme Eisenwerkstoffe, sind dagegen zäh, dehnbar und gut verformbar. Sie besitzen eine hohe Zugfestigkeit.

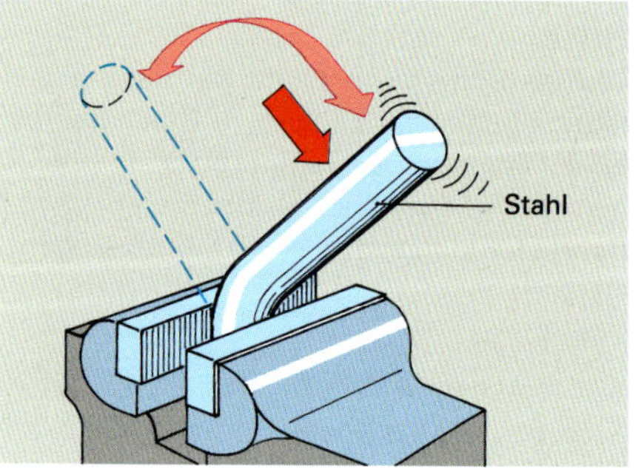

Stahl ist zäh und biegbar

Versuch: Ein Sägeblatt oder eine Rasierklinge wird erwärmt und dann umgebogen und anschließend in kaltes Wasser getaucht („abgeschreckt").

Beobachtung: Die Klinge lässt sich zunächst umbiegen. Nach dem Abschrecken in kaltem Wasser bricht sie.

Ergebnis: Die Stahlklinge verliert durch Erwärmen ihre Elastizität, durch plötzliches Abschrecken wird sie spröde und hart. Wird die Stahlklinge wieder erwärmt, so nehmen die Sprödigkeit ab und die Elastizität zu.

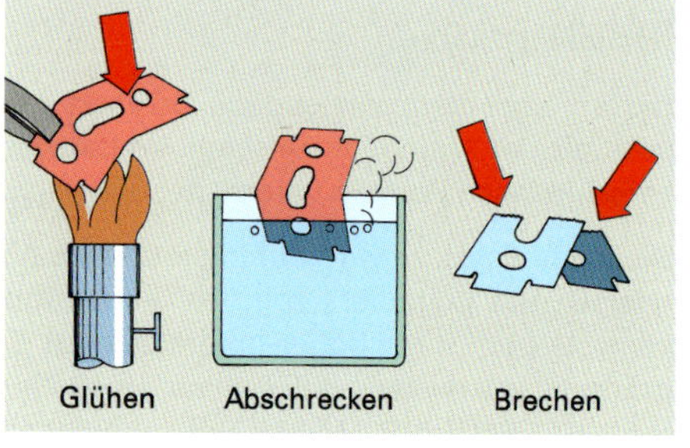

Rasierklinge wird abgeschreckt und bricht

Die Versuche zeigen, dass sich die Eigenschaften des Stahls, wie Festigkeit, Härte, Dehnbarkeit, Elastizität, Verformbarkeit, durch **Wärmebehandlung** beeinflussen lassen. Die Eigenschaftsänderungen beruhen auf Umwandlungen im Kristallgefüge des Stahls. Sie können durch schnelles, aber auch durch langsames Ändern der Temperaturen herbeigeführt werden.

Die Eignung für Warmverformung und der Gehalt an Kohlenstoff sind für die Bezeichnung von Stahl entscheidend.

Verfahren zur Stahlgewinnung

Zur Herstellung von Stahl muss weißes Roheisen gereinigt werden, indem der Kohlenstoffgehalt herabgesetzt wird und unerwünschte Beimengungen zum größten Teil entfernt werden. Dies geschieht durch das **Frischen**, einen Verbrennungsvorgang, bei dem Sauerstoff in die Roheisenschmelze geblasen wird, um so die Verunreinigungen herauszubrennen.

Beim **Sauerstoffblasverfahren** (LD-Verfahren) wird reiner Sauerstoff auf das flüssige Roheisen geblasen. Beim **Herdschmelzfrischen** (Siemens-Martin-Verfahren und Elektroverfahren) wird außer Sauerstoff zusätzliche Wärme benötigt.

Als Stahl bezeichnet man Eisenwerkstoffe, die sich für Warmverformung eignen und unter 1,9% Kohlenstoff enthalten (Euronorm). Bei der Stahlgewinnung wird weißes Roheisen durch Verbrennen unerwünschter Beimengungen gereinigt.

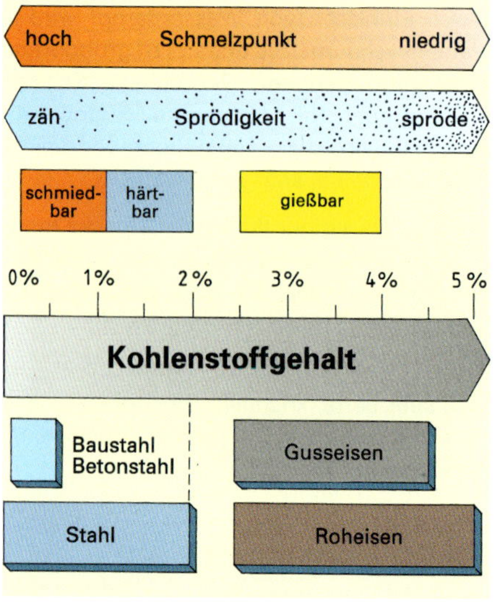

Einfluss des Kohlenstoffgehalts

Legierte Stähle

Bestimmte Eigenschaften des Stahls lassen sich durch Zusammenschmelzen mit anderen wertvollen Metallen, sogenannten **Legierungszusätzen**, verbessern. Man bezeichnet die Schmelze verschiedener Metalle als **Legierung**. So werden z.B. durch Silicium die Elastizität, durch Mangan die Festigkeit und durch Wolfram die Härte des Stahls erhöht. Stähle mit den Legierungszusätzen Nickel und Chrom sind **nicht rostend**. Sie werden für Fassadenverkleidungen, in der Haustechnik und im Innenausbau eingesetzt.

Durch Legierungszusätze lassen sich bestimmte Eigenschaften der Stähle verändern.

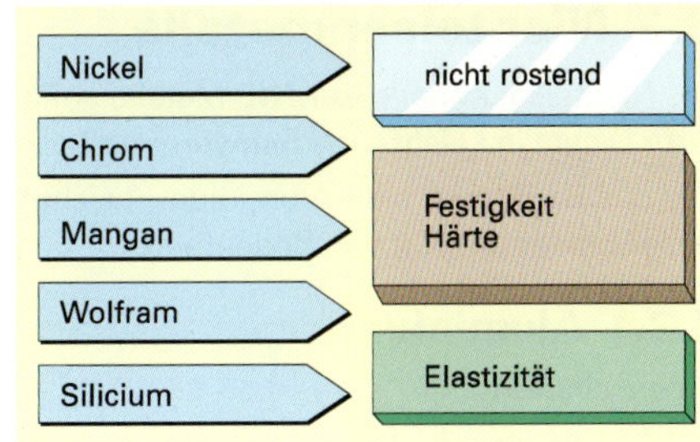

Legierungszusätze beeinflussen die Eigenschaften des Stahls (Beispiele)

3.1.4 Baustähle

Eine wichtige Gruppe sind die Baustähle. Sie bilden den Hauptanteil der unlegierten Stähle. Ihr Kohlenstoffgehalt liegt zwischen 0,05 und 0,6%.

Aufgrund ihrer guten Festigkeitseigenschaften (Zugfestigkeit, Streckgrenze, Dehnung) spielen sie im Bauwesen eine wichtige Rolle. Sie werden im Brückenbau, Hochhausbau (Skelettbau), Hallenbau, Tiefbau und Wasserbau verwendet. Betonstahl wird aus Baustahl hergestellt. .4

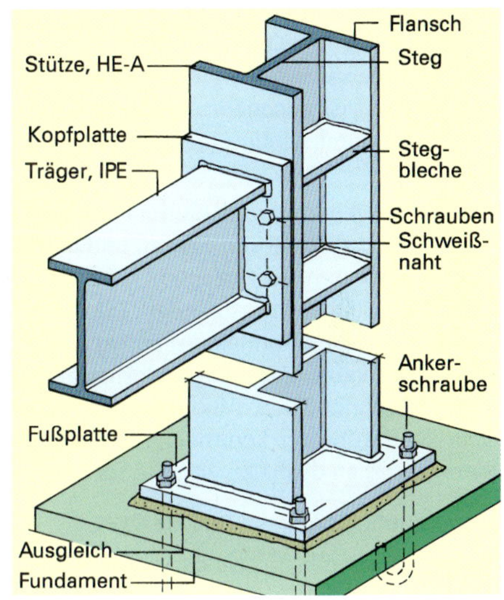

Stahlskelettbau

Stahlsorten

Die Baustähle werden entsprechend ihrer Zugfestigkeit in Stahlsorten (S235, S275, S355) eingeteilt. Die Zahlen nach dem Buchstaben „S" geben die Mindeststreckgrenze in N/mm² an. Die Stahlsorten werden in verschiedene Gütegruppen eingeteilt. Der Unterschied in den einzelnen Gütegruppen liegt bei gleichen Festigkeitseigenschaften in der chemischen Zusammensetzung, in der Verarbeitbarkeit und in der Schweißeignung.

Handelsformen

Die Formgebung des Stahls erfolgt durch Gießen, Schmieden, Pressen, Ziehen und Walzen. Der durch Walzen geformte Stahl wird als gewalzter Flussstahl, kurz **Walzstahl**, bezeichnet. Durch das Walzen wird der Stahl kräftig durchgeknetet und verdichtet und damit seine Beschaffenheit wesentlich verbessert.

Im Bauwesen kommen vorwiegend Formstähle und Stabstähle zum Einsatz. Bei **Formstählen** beträgt die Mindesthöhe 80 mm. Zu ihnen gehören U- und I-Profile mit schrägen und parallelen Flanschen. **Stabstähle** sind unter 80 mm hoch und haben vollen oder profilierten Querschnitt. Zu ihnen zählen z.B. Rund-, Flach-, Breitflach- und Winkelstähle.

Kurzzeichen wichtiger Profilstähle

Zur einfachen Darstellung der Profilstähle sind nach DIN 1025 Kurzzeichen festgelegt worden.

Beispiele:

- Schmale I-Profile mit schrägen Flanschen: I-Profil DIN 1025
- Mittelbreite I-Profile mit parallelen Flanschen: IPE-Profil DIN 1025
- Breite I-Profile mit parallelen Flanschen: IPB-Profil DIN 1025
- Breite I-Profile mit parallelen Flanschen, leichte Ausführung (HE-A-Reihe): IPBl-Profil DIN 1025
- Breite I-Profile mit parallelen Flanschen, verstärkte Ausführung: (HE-M-Reihe): IPBv-Profil DIN 1025

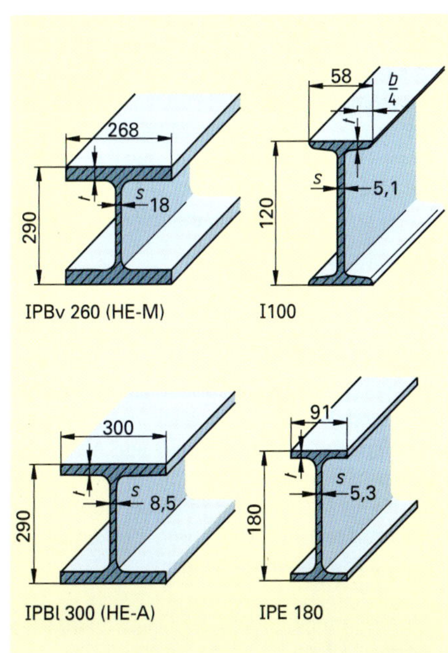

Beispiele von Profilstählen

3.2 Nichteisenmetalle

Die Nichteisenmetalle, kurz NE-Metalle genannt, unterteilt man nach ihrer Dichte in **Leicht-** und **Schwermetalle**.

Für das Bauwesen sind Aluminium (Leichtmetall), Kupfer, Zink und Blei (Schwermetalle) von Bedeutung.

Nichteisenmetalle

Schwermetalle		Dichte kg/dm³	Leichtmetalle		Dichte kg/dm³
Zink	Zn	7,1	Natrium	Na	0,77
Chrom	Cr	7,1	Calcium	Ca	1,54
Zinn	Sn	7,3	Magnesium	Mg	1,74
Mangan	Mn	7,4	Silicium	Si	2,4
Nickel	Ni	8,8	Aluminium	Al	2,7
Kupfer	Cu	8,9			
Blei	Pb	11,3			

Einteilung der NE-Metalle

3.2.1 Aluminium

Eigenschaften

Aluminium ist sehr weich, dehnbar und gut bearbeitbar. Seine Dichte beträgt etwa ein Drittel der von Stahl; bei Tragwerken ist daher die Masseneinsparung gegenüber Stahl beachtlich. Die Festigkeit des Aluminiums ist gering. An der Luft überzieht sich Aluminium mit einer dünnen, aber dichten, fest haftenden **Oxidschicht**, die das darunterliegende Metall dauerhaft schützt. Durch elektrolytische Oxidation kann die Oxidschicht verstärkt werden. Man nennt dieses Verfahren **Eloxalverfahren** (**el**ektrolytisch **ox**idiertes **Al**uminium). Die Eloxalschicht ist besonders hart und sehr witterungsbeständig. Sie ist farblos, durchsichtig und kann für dekorative Zwecke eingefärbt werden.

Für die Verwendung von Aluminium im Bauwesen ist von Bedeutung, dass das Metall von Säuren und Laugen zerstört wird. Deshalb muss Aluminium vor frischem, alkalisch reagierendem Kalk- und Zementmörtel geschützt werden. Hierfür sind Sperrmaßnahmen zu treffen und Aluminiumteile mit einem Abziehlack zu schützen. Eine Zerstörung kann auch durch elektrochemische Vorgänge erfolgen (siehe Abschnitt 3.3.2). Aluminium darf daher mit anderen Metallen nicht in Berührung kommen. Als Verbindungsmittel (Schrauben, Niete) kommen deshalb verzinkte Teile und rostfreier Stahl infrage.

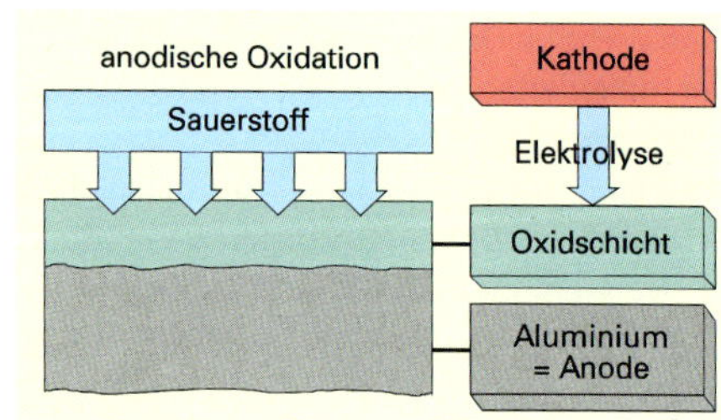

Eloxalschicht verbindet sich mit Aluminium

Aluminiumlegierungen, DIN EN 573

Durch bestimmte Legierungszusätze, wie Kupfer, Zink, Mangan, Silicium und Magnesium, lassen sich die Eigenschaften des Aluminiums verändern. So bewirken die beiden letzteren eine höhere Festigkeit und bessere Korrosionsbeständigkeit. In DIN EN 573 sind für Aluminiumhalbzeuge (Kennzeichnung AW) sowohl die numerischen Bezeichnungen als auch die Bezeichnungen mit chemischen Symbolen angegeben. Für das Bauwesen wichtige Aluminiumlegierungen sind solche der Seriennummern

3000 (AlMn) höhere Festigkeit, gute Witterungsbeständigkeit
5000 (AlMg) mit bis 5% Mg-Gehalt; hohe Festigkeit und Härte, gut verformbar, gute chemische Beständigkeit
6000 (AlMgSi) mit 0,3 ... 1% Si-Gehalt; mittlere Festigkeit, hohe Witterungsbeständigkeit; Verwendung für Bauprofile

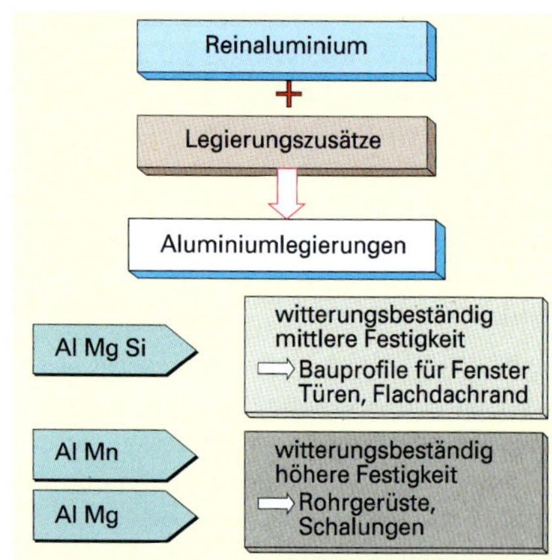

Aluminiumlegierungen und ihre Anwendung

Verwendung

Hohe Witterungsbeständigkeit, gute Bearbeitbarkeit und nicht zuletzt die geringe Dichte haben Aluminium einen großen Anwendungsbereich am Bau erschlossen. Dacheindeckungen, Dachrinnen, Wandverkleidungen, Sonnenschutzlamellen, Fassadenprofile, Türen, Fenster, Beschläge aller Art, Feuchtigkeitsabdichtungen und Dampfsperrschichten werden aus Aluminium hergestellt. Die hohe Zugfestigkeit einiger Aluminiumlegierungen nutzt man bei Brücken, Dachbindern und Rohrgerüsten aus. In neuester Zeit werden im Schalungsbau für Wand- und Deckenschalung vermehrt kranunabhängige Alu-Tafeln eingesetzt.

Deckenschalung aus Alu-Trägern

Aluminium ist infolge der Oxidschicht sehr witterungsbeständig. Es darf jedoch nicht mit frischem Kalk- und Zementmörtel in Berührung kommen.

3.2.2 Kupfer

Kupfer wird aus **schwefelhaltigen Erzen** gewonnen. Durch wiederholtes Rösten und reduzierendes Schmelzen wird Hüttenkupfer hergestellt. Durch elektrolytische Reinigung entsteht sogenanntes Elektrolytkupfer, das weniger als 0,02% Verunreinigungen aufweist. Es wird für elektrische Leitungen und hochwertige Legierungen verwendet.

Eigenschaften

Kupfer ist ein sehr weiches, dehnbares Metall, das sich gut verformen lässt. Es besitzt eine Festigkeit von mindestens 220 N/mm^2. Kupfer ist ein guter Leiter für elektrischen Strom und Wärme. Kupfer weist eine rot glänzende Farbe auf. Bei langem Lagern an trockener Luft bildet sich eine braunrote **Oxidschicht**. An feuchter Luft, bei Einwirkung von Kohlenstoffdioxid, entsteht allmählich eine grüne Schicht. Diese Schicht, auch **Patina** genannt, schützt das darunterliegende Kupfer dauerhaft.

Essigsäure bildet mit Kupfer den sehr **giftigen Grünspan** (Kupferacetat). Speisen, die bei der Zersetzung Essigsäure bilden, dürfen deshalb nie längere Zeit mit Kupfer in Berührung sein.

Gegenüber frischem **Kalk-** und **Zementmörtel** ist Kupfer sehr **beständig**. In Gegenwart von Sauerstoff wird Kupfer von Säuren angegriffen.

Kupferoxid + Wasser + Kohlenstoffdioxid ⟶ Patina

$2\,CuO + H_2O + CO_2 \longrightarrow CuCO_3 \cdot Cu(OH)_2$

An feuchter Luft bildet sich auf Kupfer eine Schutzschicht (barocke Turmhaube)

Verwendung

Die hohe Korrosionsbeständigkeit und die leichte Bearbeitbarkeit von Kupfer nutzt man am Bau aus. Kupferbleche werden für Dacheindeckungen, Außenwandverkleidungen und zur Herstellung von Regenrohren und Dachrinnen verwendet. Kupferfolien zwischen Bitumendeckschichten dienen zur Feuchtigkeitsabdichtung von Bauwerken. Kupferrohre verwendet man für Wasserleitungen, Heizungsleitungen aller Art, Ölleitungen und wegen des geringen Widerstandes insbesondere für elektrische Leitungen.

Kupferdrähte werden mit Durchmessern von 0,03 … 10 mm hergestellt und hauptsächlich in der Elektrotechnik verwendet. Für Blitzableiter wird Kupferdraht mit 8 mm Durchmesser empfohlen.

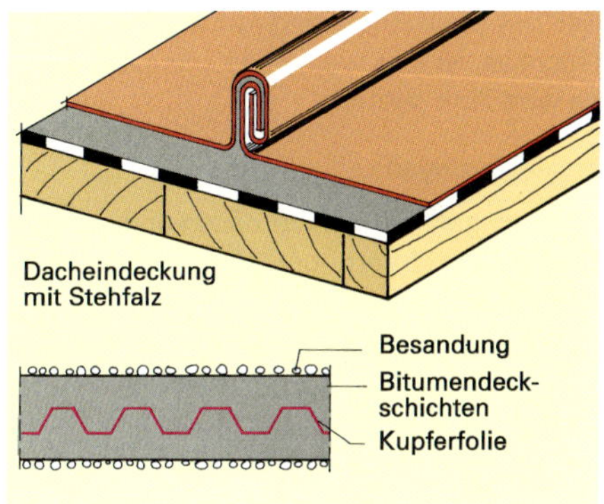

Dichtungsbahn mit Kupfereinlage

Kupferlegierungen (DIN EN 1412)

Durch Legierungszusätze werden hauptsächlich Festigkeit und Gießbarkeit verbessert.

Kupfer-Zinklegierungen (Messing) mit mindestens 50% Kupfer dienen zur Herstellung von Gas- und Wasserarmaturen, Beschlagteilen und Schrauben. **Kupfer-Zinklegierungen** (Rotguss) mit überwiegendem Kupfergehalt besitzen gute Korrosionsbeständigkeit und Verschleißfestigkeit; sie dienen zur Herstellung von Gas-, Wasserarmaturen und Beschlagteilen.

Aufgrund seiner hohen Korrosionsbeständigkeit und leichten Bearbeitbarkeit ist Kupfer ein bevorzugter Baustoff.

Kupfer am Bau

3.2.3 Zink

Eigenschaften

Bei Raumtemperatur ist Zink hart und spröde. Mit steigender Temperatur wird es geschmeidig, zwischen 100 und 150 °C lässt es sich am besten verformen. Bei Erwärmung dehnt sich Zink sehr stark aus. Es hat von allen Baumetallen die größte **Wärmeausdehnung** (Temperaturdehnzahl). Diese Erscheinung muss bei der Montage von Zinkteilen beachtet werden.

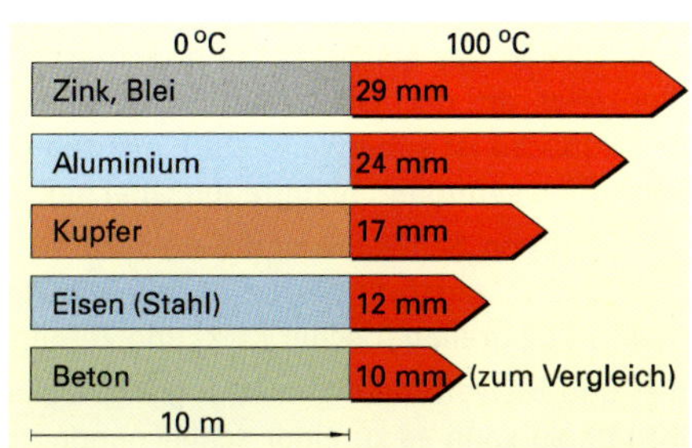

Wärmeausdehnung bei 10 m Länge und 100 K Temperaturunterschied

Versuch: Ein blankes Zinkblech wird jeweils mit einem Tropfen Wasser, Salzwasser, Kalklauge und verdünnter Salzsäure beträufelt.

Beobachtung: Nach einem Tag sind unterschiedliche Veränderungen auf dem Zinkblech festzustellen.

Ergebnis: Zink ist gegenüber Wasser beständig. Säuren und Laugen greifen Zink an.

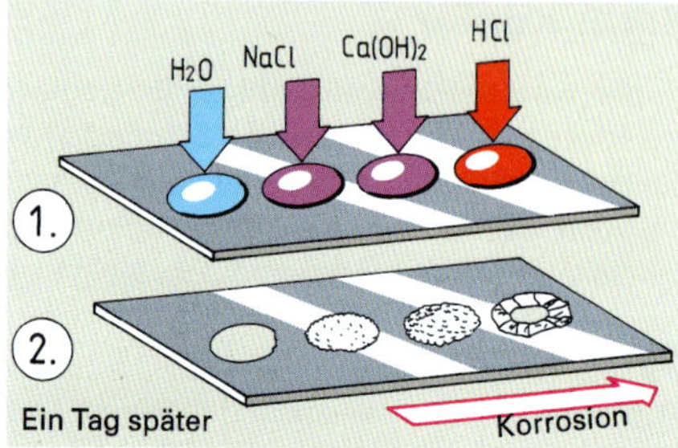

Korrosion von Zinkblech

Das äußere Merkmal von Zink ist die glänzende bläulich weiße Farbe. An **trockener Luft oxidiert** Zink zu Zinkoxid. An **feuchter Luft**, bei Anwesenheit von Kohlenstoffdioxid, überzieht es sich mit einer dichten, fest haftenden und wasserunlöslichen Schicht von Zinkhydroxidcarbonat, $ZnCO_3 \cdot Zn(OH)_2$. Diese Schicht schützt das darunterliegende Metall gegen weitere Veränderung.

Salzsäure greift Zink an. Es entsteht Zinkchlorid und Wasserstoff. Die wässrige Lösung des Zinkchlorids wird als **Lötwasser** zur Reinigung von Lötstellen benutzt. Wie Aluminium und Blei ist auch Zink empfindlich gegenüber Laugen. So wird das Metall durch das im frischen Kalk- und Zementmörtel enthaltene Calciumhydroxid, $Ca(OH)_2$ (Kalklauge), angegriffen. Auch gegenüber Gips, solange er feucht ist, ist Zink wenig beständig. Durch elektrochemische Vorgänge wird Zink zerstört.

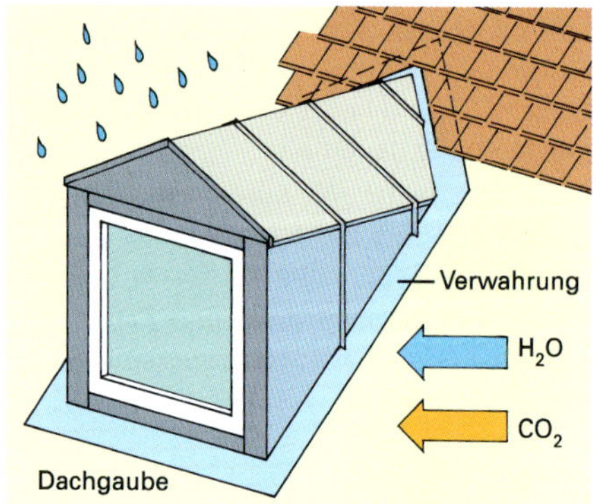

$$2\,ZnO + H_2O + CO_2 \longrightarrow ZnCO_3 \cdot Zn(OH)_2$$

An der Luft bildet sich auf Zinkdeckungen eine Schutzschicht

Zinklegierungen

Mit geringen Mengen von Titan und Kupfer legiertes Zink erhöht die Festigkeit und verringert die Wärmedehnung. Diese Zinklegierung wird als **Titanzink** bezeichnet.

Gegenüber reinem Zink wird bei Titanzink die Zugfestigkeit und Dauerstandfestigkeit erhöht, die Wärmeausdehnung und Kaltsprödigkeit verringert und die Lötbarkeit verbessert.

Verwendung

Zinkblech wird für Abdeckungen an Dachfenstern und Kaminen, für Giebelanschlüsse und zur Herstellung von Dachrinnen und Regenrohren verwendet. Zink wird infolge seiner Witterungsbeständigkeit zur Herstellung **verzinkter Stahlteile** gebraucht. In Form von Pulver (Zinkstaub) wird Zink als Rostschutzpigment für Grundanstriche viel verwendet.

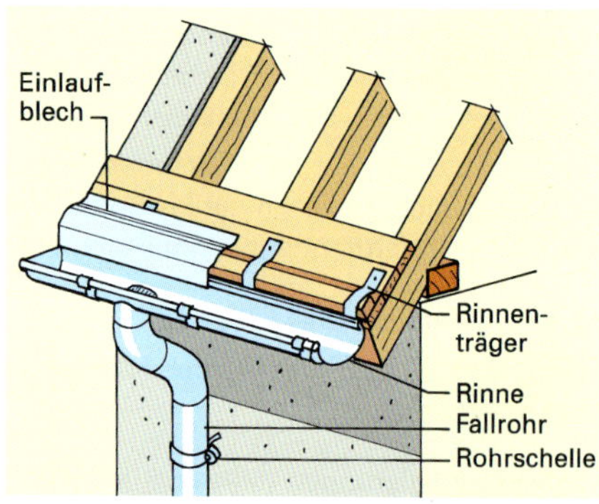

Verzinktes Stahlrohr oder Titanzink für Dachrinnen und Regenrohre

Gegenüber Säuren und Laugen ist Zink nicht beständig. Frischer Kalk- und Zementmörtel greifen Zink an.

3.2.4 Blei

Eigenschaften

Wegen seiner Weichheit und Dehnbarkeit ist Blei sehr **geschmeidig** und **biegsam**, besitzt aber nur geringe Festigkeit, Härte und Elastizität. Blei ist das **schwerste** und **dichteste** aller Gebrauchsmetalle. Blei zeigt an der Oberfläche eine bläulich gelbe Farbe. Seine Schnittfläche ist silberweiß, stark glänzend. Sie erhält jedoch langsam einen stumpfen, blaugrauen Überzug.

Blei wird von Schwefel- und Salzsäure nicht angegriffen, von Laugen jedoch zerstört. Wegen ihres Gehaltes an Calciumhydroxid (Kalklauge) greifen frischer Kalk- und Zementmörtel Blei an.

Blei und Bleiverbindungen sind **giftig**. Gelangen diese Gifte in den Körper, so kann es zu einer schleichenden Bleivergiftung kommen. Nach jeder Arbeit mit Blei müssen unbedingt die Hände gewaschen werden.

Blei am Bau

Bleilegierungen

Durch Zusatz von Antimon erhält man eine harte, zerreißfeste Bleilegierung. Sie wird als **Hartblei** oder Dachdeckerblei bezeichnet.

Verwendung

Wegen seiner chemischen Beständigkeit einerseits und seiner Geschmeidigkeit und leichten Formgebung andererseits verwendet man Blei am Bau. **Bleibleche** werden für Fassadenbekleidungen, Dacheindeckungen und Verwahrungen eingesetzt. Auch als Schutzhaut für viele Bauteile wie Gesimse, Mauerabdeckungen, Attiken und Vorsprünge wird Blei verwendet. Die einzelnen Bleibleche werden durch Wulste, Falze, Stufen, Querstöße mit oder ohne Hafte miteinander verbunden. Diese Verbindungsarten erfüllen die Forderungen des Wetterschutzes und lassen temperaturbedingte Bewegungen zu. Für die Bleibearbeitung kommen sowohl das **Treiben** als auch das **Schweißen** infrage. Treiben ist die handwerkliche Verformung des Bleis. Dies geschieht mit Handwerkzeugen aus Hartholz. Das Bleischweißen erfolgt nach dem Schmelzschweißverfahren. Es wird kein anderes Metall benötigt, da der Schweißdraht auch aus Blei besteht.

Blei oxidiert an der Luft. Es bildet sich eine dünne schützende Schicht von Bleioxid. Frischer Kalk- und Zementmörtel greifen Blei an. Blei und Bleiverbindungen sind giftig.

Zusammenfassung

Im Hochofen werden die Eisenerze stufenweise durch Kohlenstoff und Kohlenstoffmonoxid zu Roheisen reduziert.

Die Unterschiede in den Eigenschaften von Roheisen und Stahl sind vor allem auf den Kohlenstoffgehalt zurückzuführen. Der Kohlenstoffgehalt des Stahls liegt unter 1,9 %.

Durch Wärmebehandlung lassen sich die Eigenschaften des Stahls ändern.

Baustähle sind im Allgemeinen unlegierte Massenstähle. Nach ihrer Zugfestigkeit werden sie in Stahlsorten eingeteilt und nach ihrer Schweißeignung in drei Gütegruppen geliefert.

Die im Bauwesen wichtigen Stahlbauprofile erhalten durch Walzen ihre Form.

Hohe Witterungsbeständigkeit und gute Bearbeitbarkeit haben den Metallen Aluminium, Kupfer, Blei und Zink einen großen Anwendungsbereich am Bau erschlossen.

Die Witterungsbeständigkeit wird bei Aluminium und Blei durch Oxidschichten, bei Kupfer und Zink durch Carbonatschichten erreicht.

Aluminium, Blei und Zink werden von frischem Kalk- und Zementmörtel angegriffen.

Stiftskirche (Dom) in Bad Gandersheim
Türme und Mitteldach bleigedeckt

Aufgaben:

1. *Nennen Sie wichtige Eisenerze und ihre chemische Bezeichnung.*
2. *Welche Aufgaben haben*
   a) der Koks, b) die Zuschläge im Hochofen?
3. *Welcher Unterschied besteht zwischen grauem und weißem Roheisen?*
4. *Nennen Sie Verwendungsmöglichkeiten für Grauguss am Bau.*
5. *Welche Baustoffe werden aus Hochofenschlacke hergestellt?*
6. *Welche Eigenschaften besitzen*
   a) Roheisen, b) Stahl?
7. *Worauf sind diese unterschiedlichen Eigenschaften zurückzuführen?*
8. *Wie wird Stahl nach dem LD-Verfahren gewonnen?*
9. *Erklären Sie folgende Kurzzeichen:*
   S235, L 80 × 40 × 8, L 60 × 60 × 8,
   I 120, IPE 240 × 4600, HE 400-A.
10. *Wo werden Aluminiumlegierungen mit hoher Festigkeit am Bau verwendet?*
11. *Wie verhalten sich Aluminium, Kupfer, Blei und Zink gegenüber a) Sauerstoff, b) Säuren, c) frischem Kalk- und Zementmörtel?*
12. *Begründen Sie, warum Kupferdächer Jahrhunderte hindurch wetterbeständig sind.*
13. *Nennen Sie die wichtigsten Eigenschaften von Blei.*
14. *Um wie viel mm dehnt sich ein 8 m langes Zinkband aus, wenn der Temperaturunterschied 30 K beträgt?*

3.3 Korrosion

Fast alle Metalle, die am Bau verwendet werden, zeigen nach einiger Zeit eine **veränderte Oberfläche.**

Das Rosten des Eisens ist die bekannteste Erscheinung dieser Art. Die Metalle sind am Bauwerk verschiedenen Einflüssen ausgesetzt. So wirkt die **atmosphärische Luft** auf die Metalle ein. Sie enthält Wasserdampf, Sauerstoff, Verbrennungsgase, wie Kohlenmonoxid, Kohlendioxid und Schwefeldioxid, sowie verdünnte Säuren und Laugen.

Auch **Wasser** gelangt durch Bodenfeuchtigkeit, Schwitzwasserbildung, Regen, Schnee und Eis an die Metalle. Außerdem können Frisch- und Festmörtel oder Frisch- und Festbeton die Oberfläche bestimmter Metalle angreifen (siehe Abschnitt 3.2). Oft werden die Metalle von der Oberfläche aus fortschreitend zerstört.

Je nach Ablauf dieses Vorgangs werden die **chemische** und die **elektrochemische Korrosion** unterschieden.

Die Zerstörung der Metalle nennt man Korrosion.

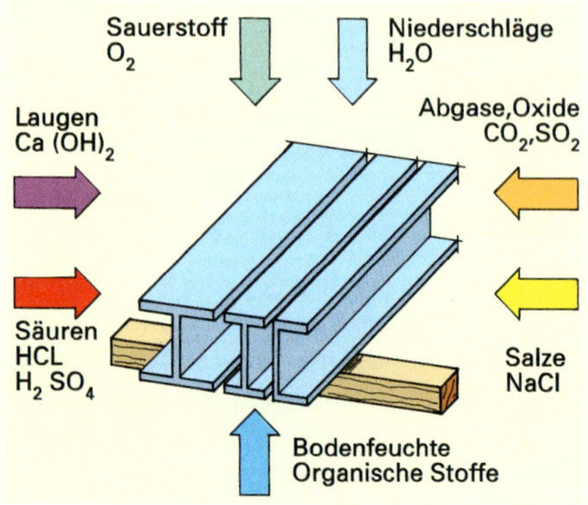

Verschiedene chemische Einflüsse

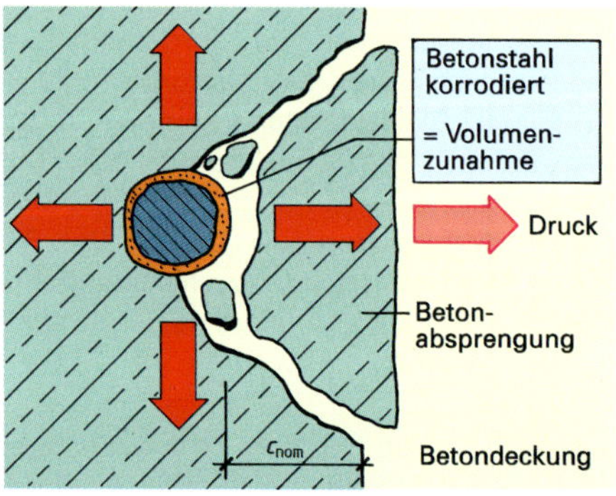

Betonabsprengung durch Rost

Chemische Korrosion bei Betonstahl

3.3.1 Chemische Korrosion

Im Freien gelegener Stahl ist je nach Dauer der Lagerung angerostet oder weitgehend zerstört. Rost entsteht bei Berührung des Stahls mit Sauerstoff und Wasser. Da der Rost porös ist, schreitet die Zerstörung des Stahls in die Tiefe fort. Rostende Stähle vergrößern durch ihre Korrosionsprodukte das Volumen. Deshalb kann bei rostenden Betonstählen der durch das größere Volumen ausgeübte Druck so groß werden, dass die Betonüberdeckung abgesprengt wird. Säurehaltiges Wasser, Basen und Salze sind korrosionsfördernde Stoffe, die die Rostbildung beschleunigen.

Andere Metalle, wie Aluminium, Kupfer, Zink und Blei, überziehen sich an der Luft mit einer **Oxidschicht**, die so dicht ist, dass sie Schutz vor weiterer Zerstörung bietet.

In der Luft können sich durch Einwirkung von Feuchtigkeit und Abgasen schwache Säuren („saurer Regen") bilden, die die Oberflächen mancher Metalle verändern. Eine sehr schwache Säure ist z.B. die Kohlensäure der Luft, die auf Kupfer und Zink eine so dichte Salzschicht bildet, dass die Metalle nicht zerstört werden (siehe Abschnitte 3.2.2 und 3.2.3).

Die chemische Korrosion kommt durch unmittelbare Einwirkung von Sauerstoff, Wasser, Säuren, Basen, Salzen zustande.

3.3.2 Elektrochemische Korrosion

Die elektrochemische Korrosion kommt am häufigsten vor. Sie entsteht zwischen zwei verschiedenen Metallen, wenn eine elektrisch leitende Flüssigkeit, ein sogenannter **Elektrolyt**, vorhanden ist. Als Elektrolyte können Luftfeuchtigkeit, Säuren, Laugen und Salzlösungen wirken. Hierbei zeigen Metalle das Bestreben, in Lösung überzugehen. Sie besitzen Ionen, die z.B. säurehaltiges Wasser elektrisch leitfähig machen. Es fließt Strom, der die Zerstörung eines Metalls zur Folge hat. Nach diesem Prinzip arbeiten auch elektrische Batterien. Hier fließt zwischen zwei verschiedenen Metallen, die in eine leitfähige Flüssigkeit getaucht werden, ein elektrischer Strom, dessen Spannung ein Maß für die Zerstörung des jeweiligen Metalls ist. Ein solches System bezeichnet man als **galvanisches Element**.

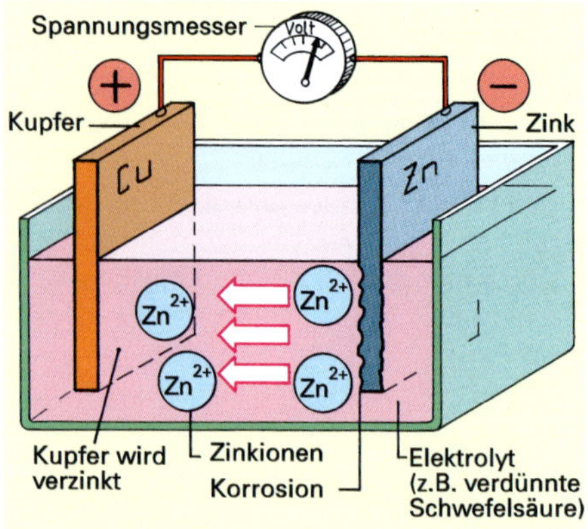

Galvanisches Element

Chemiker haben anhand von Versuchen die Spannungen der einzelnen Metalle gemessen. Als Basiselement wurde der Wasserstoff gewählt. An der **Spannungsreihe** lässt sich aus dem Abstand der Metalle untereinander die Spannungsgröße zwischen den einzelnen Metallen ablesen. Je größer der Abstand ist, desto größer ist die Korrosionsgefahr.

Häufig kommt es am Bau zur **Kontaktkorrosion**, weil verschiedene Metalle in unmittelbare Berührung miteinander gebracht werden. Dies ist u. a. der Fall, wenn eine Messingschiene mit Stahlschrauben befestigt wird, ein Zinkrohr durch Kupferschellen gehalten oder an ein Aluminiumfenster ein Kupferblech als Abdeckung der Fensterbank angebracht werden. In allen drei Fällen kommt es zur Zerstörung des **unedleren** Metalls.

Metalle mit einer positiven Ladung lösen sich in Elektrolyten kaum oder gar nicht auf. Je negativer die Ladung eines Metalls ist, umso schneller wird es zerstört.

Metall	Volt
Calcium	2,75
Magnesium	2,4
Aluminium	1,7
Zink	0,75
Eisen	0,44
Nickel	0,22
Blei	0,12
Wasserstoff	± 0
Kupfer	0,35
Silber	0,81
Gold	1,42

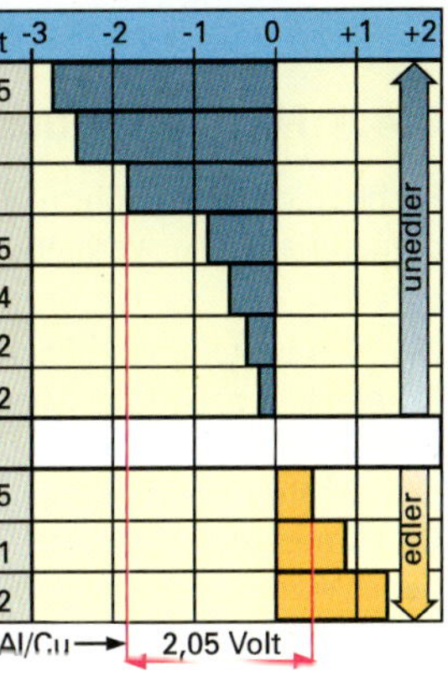

Elektrochemische Spannungsreihe

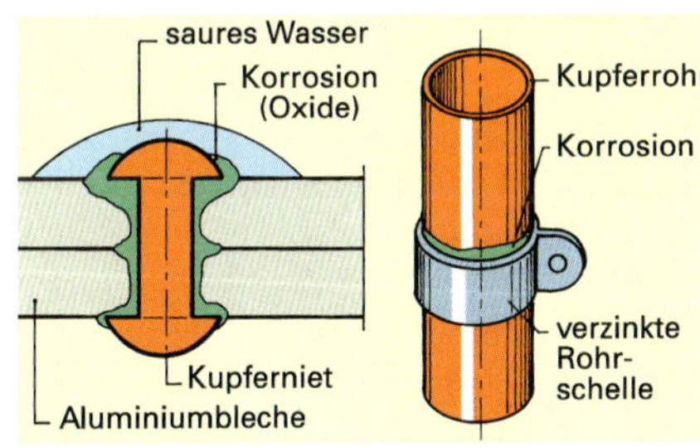

Verbindung verschiedener Metalle

3.3.3 Korrosionsschutz

Konstruktiven Schutz erreicht man durch richtige Wahl des Baustoffs und seine fachgerechte Verarbeitung, durch Fernhalten korrosionsfördernder Stoffe sowie durch Vermeidung elektrochemischer Korrosion. Dies geschieht dadurch, dass bei der Konstruktion von Bauteilen die Berührung verschiedener Metalle unter Feuchtigkeitszutritt verhindert wird. Grundsätzlich dürfen Metalle, die in der Spannungsreihe weit auseinander liegen, nicht zusammengebaut werden.

Neben dem konstruktiven Schutz können Metalle durch nichtmetallische und durch metallische Überzüge vor Korrosion geschützt werden. Für **nichtmetallische Überzüge** werden Öle, Fette, Ölfarben, Öllacke, Kunstharzlacke, Kunststoffbeschichtungen, Zementschlämme, Bitumen und Asphalt verwendet. So ist z. B. die Ummantelung des Betonstahls mit Zementleim ein wirksamer Schutz gegen Rosten. Die alkalische Reaktion des Zements verhindert ein Weiterrosten des Stahls; der Stahl wird dabei in einen inaktiven Zustand versetzt.

Vor der Ausführung von **Anstrichen** auf Metallen muss der Untergrund sorgfältig vorbereitet werden. Rostschichten können durch verschiedene Verfahren beseitigt werden. Durch Einsatz von Schleifmaschinen kann der Rost entfernt werden. Beim Flammstrahlen springt die Rostschicht ab. Beim Sandstrahlen werden Sand- oder Stahlkörner auf die Oberfläche geschleudert und der Rost abgeschlagen. Bei der chemischen Entrostung wird der Rost so gelockert, dass er sich leicht abschaben lässt.

Für Anstriche werden **Rostschutzpigmente** verwendet. Infrage kommen Bleimennige, Zinkstaub und Zinkchromat. Sie verringern das Rosten von Eisen und Stahl, da sie den Zutritt von Sauerstoff und Wasser zur Metalloberfläche durch ihre dichten Schichten (120 µm) behindern und zusätzlich auf elektrochemische Weise wirken.

Metallische Überzüge kommen hauptsächlich für Werkstücke aus Stahl infrage. Sie werden in geschmolzenem Zustand durch Tauchen (z. B. Feuerverzinken), Spritzen (z. B. Spritzverzinken) oder durch Galvanisieren aufgebracht.

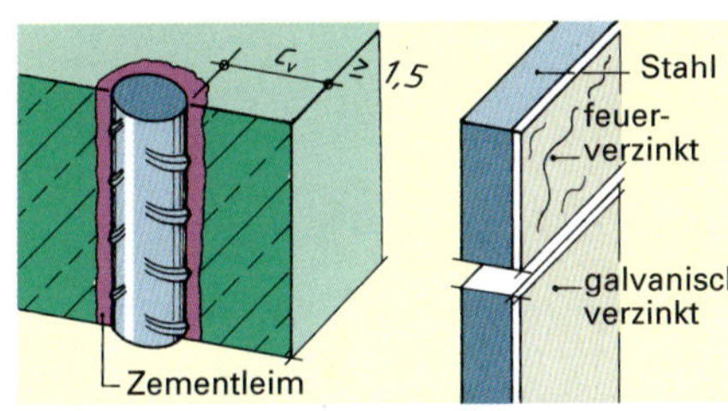

Korrosionsschutz

Feuerverzinktes Spannschloss für Systemschalung

Zusammenfassung

Im „galvanischen Element" fließt ein elektrischer Strom; dabei wird das unedlere Metall zerstört.

Entsteht Korrosion, wenn die Metalle direkten Kontakt haben, so nennt man dies „Kontaktkorrosion".

Bei metallischen Überzügen sollte der Überzug nach Möglichkeit aus einem unedleren Metall als das zu schützende Metall sein.

Aufgaben:

1. *Erläutern Sie den Begriff „Korrosion".*
2. *Was versteht man unter elektrochemischer Korrosion?*
3. *In welche zwei große Gruppen teilt man die Metalle der Spannungsreihe ein?*
4. *Warum soll das zu schützende Metall edler sein als das Schutzmetall?*

3.4 Metallverbindungen

3.4.1 Nietverbindungen

Fachgerecht ausgeführte Nietverbindungen können hohe Zugkräfte aufnehmen. Die Verbindung wird dabei auf Abscherung beansprucht.

Der Niet besteht aus Schaft-, Setz- und Schließkopf. Nach der Kopfform werden **Halbrundnieten** mit kleinem und großem Kopf und **Senknieten** mit Flach- und Linsenkopf unterschieden. Beim **Blindnietverfahren** werden Hohlniete mit Dorn verwendet. Niete bis 8 mm Durchmesser werden **kalt-**, über 8 mm Durchmesser **warmgeschlagen**. Warmgeschlagene Niete schrumpfen beim Erkalten in Quer- und Längsrichtung. Es entsteht eine Klemmkraft, die beide Teile so zusammenpresst, dass sie sich bei Belastung nicht verschieben.

Die Nietlöcher in den zu verbindenden Werkstücken können gebohrt oder gelocht werden. Das Nietloch muss so groß sein, dass sich der Niet leicht eindrücken lässt. Zuerst werden mit dem Nietenzieher die Teile zusammengedrückt und der Niet angezogen. Danach wird der Nietschaft mit dem Niethammer gestaucht und durch schräg gerichtete Schläge zum Schließkopf vorgeformt. Mit dem Kopfmacher wird der Schließkopf fertig geformt.

Blindniete sind besonders für Blechverbindungen geeignet. Hierbei werden der Nietdorn durch den Hohlniet gezogen, der Schaft geweitet und der Schließkopf geformt. Der überstehende Dorn wird an der eingekerbten Sollbruchstelle abgebrochen.

Bei der Kaltnietung kommt es durch Stauchen des Nietschaftes zu einer kraftschlüssigen Verbindung.

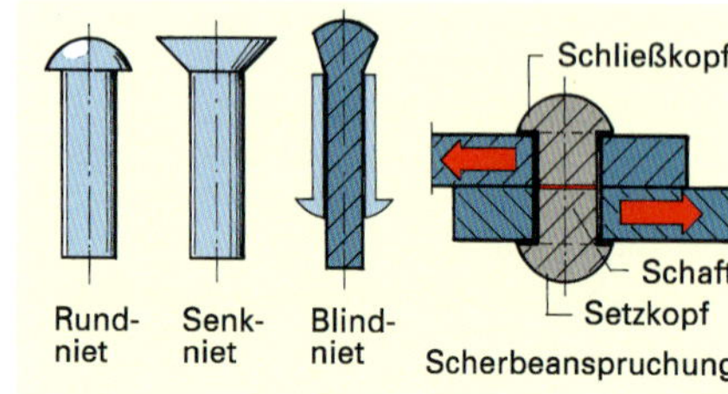

Nietformen und Bezeichnungen

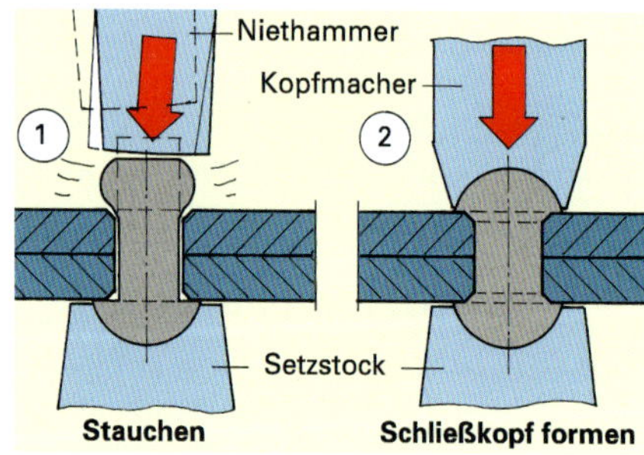

Nietvorgang

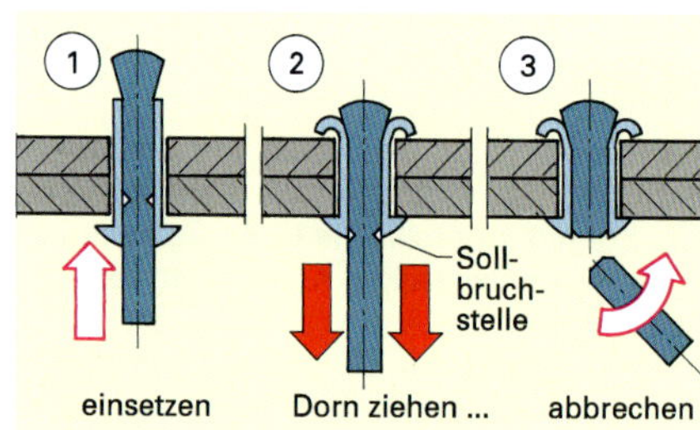

Verbindung von Blechen mit Blindniet

3.4.2 Schraubverbindungen

Schrauben dienen zum Befestigen und zum Bewegen von Bauteilen. Sie können sowohl auf Zug und Druck als auch auf Abscheren beansprucht werden. Verschraubungen sind kraftschlüssige Verbindungen, bei denen die Teile durch Reibungskräfte zusammengehalten werden.

Handelsübliche Schrauben lassen sich auf folgende Grundformen zurückführen:

a) **Kopfschraube mit Mutter** bei Durchgangslöchern, wenn die Verbindung öfter gelöst werden muss;

b) **Kopfschraube ohne Mutter** für Verbindungen, die nicht oft gelöst werden und bei denen eine der Werkstückoberflächen glatt sein muss;

c) **Flachrundschraube** für Metall-Holzverbindungen, wobei ein Vierkantansatz das Mitdrehen verhindert;

d) **Blechschraube** zum Einschrauben in Stahl- und Aluminiumbleche von 0,4 ... 4 mm Dicke; die Schrauben schneiden das Gegengewinde in die passend gelochten Bleche selbst.

Unterlegte **Scheiben** vergrößern die Auflagerfläche und schützen die Oberfläche der Werkstücke.

Viele Schraubverbindungen müssen zusätzlich gegen Lockerung **gesichert** sein. Dies geschieht beispielsweise durch federnde Zahnscheiben, Gegenmuttern, Sicherungsbleche und Splinte.

Verschraubungen sind kraftschlüssige Verbindungen, die mit Muttern oder durch ein in das Werkstück geschnittenes Innengewinde hergestellt werden.

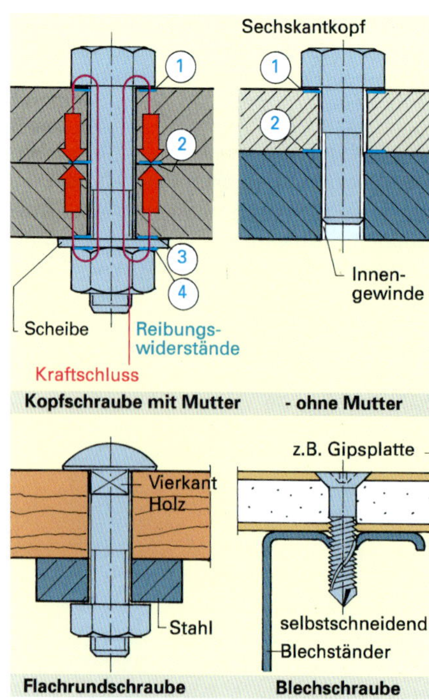

Kraftschlüssige Schraubverbindungen

3.4.3 Schweißverbindungen

Beim Schweißen werden die zu verbindenden Metalle an ihren Stoßstellen bis zum Schmelzfluss erwärmt. Die Stücke verschmelzen dann mit oder ohne Zufügung von **Zusatzwerkstoffen**. Da die Schmelzpunkte der einzelnen Metalle stark voneinander abweichen, können nur gleichartige Metalle miteinander verschweißt werden.

Auf der Baustelle werden in der Regel zwei Schmelzschweißverfahren angewendet, das Gasschmelzschweißen und das elektrische Lichtbogenschweißen.

Beim **Gasschmelzschweißen** wird die notwendige Wärme mit Acetylen und Sauerstoff erzeugt. Die Sauerstoff-Acetylenflamme erreicht in der Schweißzone eine Temperatur von etwa 3200 °C. Acetylen und Sauerstoff werden den Gasflaschen entnommen. Acetylenflaschen sind **gelb**, Sauerstoffflaschen sind **blau** gekennzeichnet. Die Gasflaschen sind sorgfältig zu behandeln.

Beim **Lichtbogenschweißen** liefert ein elektrischer Lichtbogen die zum Schmelzfluss nötige Wärme. Der Lichtbogen entsteht zwischen den Polen eines Stromkreises. Ein Pol wird an den Zusatzwerkstoff (Elektrode), der andere an das Werkstück gelegt. Wird das Werkstück bei eingeschaltetem Strom mit der Elektrode berührt, entsteht ein Kurzschluss. Beim Zurücknehmen der Elektrode bildet sich ein Lichtbogen mit einer Temperatur von 3500...4200 °C. Schweißstelle und Elektrodenspitze schmelzen, der Elektrodenwerkstoff tropft in das flüssige Schmelzbad.

Die ultravioletten Strahlen des Lichtbogens führen zu Bindehautentzündungen und zu Verbrennungen der Haut. Deshalb sind Augen, Gesicht und Hals mit einem Schutzschild und Hände mit Stulpenhandschuhen zu schützen.

Beim Gasschmelzschweißen erzeugt eine Sauerstoff-Acetylenflamme die Schmelzwärme. Beim Lichtbogenschweißen liefert ein elektrischer Lichtbogen die nötige Wärme.

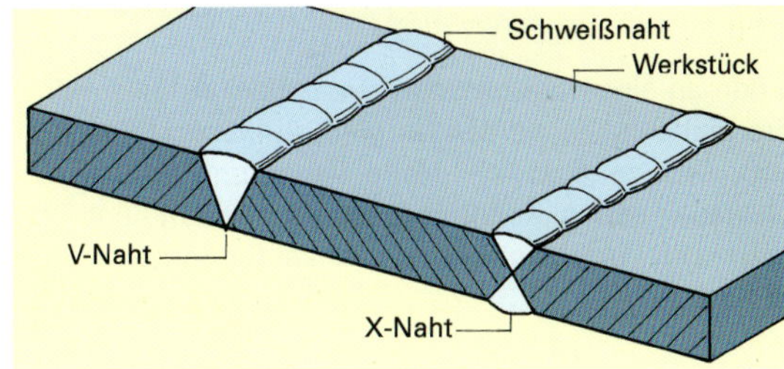

Schweißverbindungen

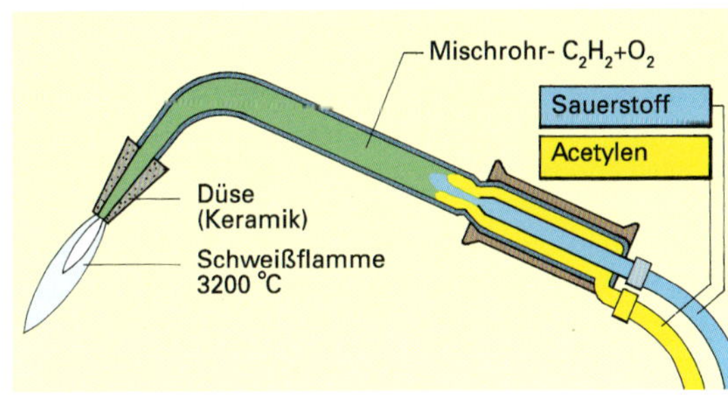

Schweißbrenner

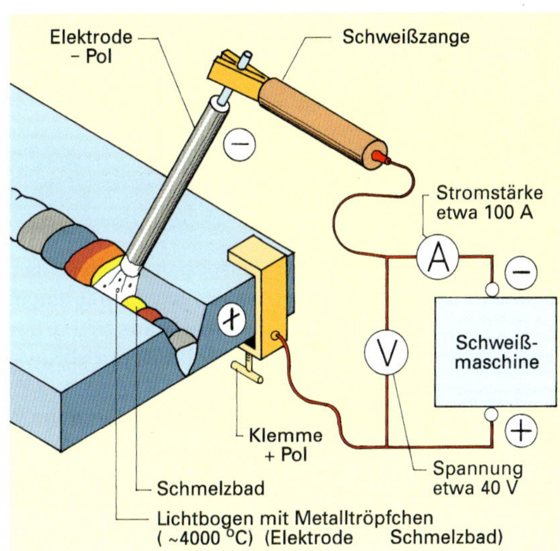

Elektrisches Lichtbogenschweißen

Zusammenfassung

Verschraubungen sind kraftschlüssige Verbindungen, bei denen die Werkstücke durch Reibungskräfte zusammengehalten werden.

Beim Gasschmelzschweißen wird zur Erzeugung der Schmelzwärme ein Gasgemisch aus Acetylen und Sauerstoff entzündet.

Beim elektrischen Lichtbogenschweißen sind die Elektroden Stromleiter und Zusatzwerkstoff zugleich.

Vom Lichtbogen gehen ultraviolette Strahlen aus. Sie haben chemische Wirkungen und führen zu Bindehautverbrennungen.

Aufgaben:

1. *Welche Nietformen und Nietverfahren gibt es?*
2. *Mit welchen Schrauben werden a) Metallteile, b) Holzteile verbunden?*
3. *Welche Aufgaben haben bei Schraubverbindungen unterlegte Scheiben?*
4. *Wie werden Acetylen- und Sauerstoffflaschen gekennzeichnet?*
5. *Wie entsteht der Lichtbogen beim elektrischen Lichtbogenschweißen?*
6. *Die Armaturen einer Sauerstoffflasche wurden mit Fett eingerieben. Als plötzlich Sauerstoff entströmte, kam es zu einer folgenschweren Explosion. Wie ist dieser Unfall zu erklären? Welche Unfallverhütungsregel kann daraus abgeleitet werden?*

4 Kunststoffe

Schon an einem vergleichsweise einfachen Bauwerk wie unserem Reihenhaus, werden für viele Aufgaben Kunststoffe eingesetzt. Dies zeigt, welch große Bedeutung Kunststoffe für das Bauwesen haben. Kenntnisse über Kunststoffe und deren richtige Be- und Verarbeitung sind deshalb für Baufachleute wichtig.

4.1 Aufbau und Herstellung

Der Name Kunststoffe weist darauf hin, dass es sich um künstlich hergestellte Stoffe handelt. Künstlich hergestellt werden aber auch die meisten Nichtkunststoffe, wie zum Beispiel Stahl oder Zement. Das wesentliche Merkmal, in dem sich Kunststoffe von allen übrigen Stoffen unterscheiden, ist ihr **Aufbau**.

Kleinster Teil von herkömmlichen Stoffen ist bei Elementen das Atom, bei Verbindungen das Molekül. Diese Moleküle bestehen in der Regel aus wenigen Atomen (z. B. Fe_2O_3, NaCl, H_2O, C_2H_4).

Kunststoffmoleküle bestehen dagegen stets aus einer sehr großen Anzahl von Atomen (oft tausenden!), die fadenförmig angeordnet sind. Solche Moleküle nennt man Riesen- oder Makromoleküle.

Die Kunststoffe bestehen aus Riesen- oder Makromolekülen. Kunststoffe sind also makromolekulare Verbindungen (Polymere).

Das Problem bei der Kunststofferzeugung besteht demnach in der Bildung von Makromolekülen. So lag es ursprünglich nahe, von Naturstoffen auszugehen, die bereits aus sehr großen Molekülen bestehen, und diese großen Moleküle nur abzuwandeln.

So entstanden z. B. Celluloid und Kunsthorn. Derartige Verfahren genügten aber nicht für die großtechnische Herstellung.

Die heutige Massenproduktion von Kunststoffen geht im Wesentlichen von den Rohstoffen Erdöl, Erdgas und Kohle aus. Aus deren relativ kleinen Molekülen werden durch chemische Verknüpfung Makromoleküle hergestellt.

Dies soll am Beispiel der Herstellung des Kunststoffes Polyethylen gezeigt werden. Ausgangsstoff ist das bei der Erdölaufbereitung anfallende Gas Ethylen (C_2H_4). Durch Druck, Hitze und Chemikalien werden die zwischen den Kohlenstoffatomen bestehenden, nicht sehr stabilen Doppelbindungen aufgespalten. Die an jedem Molekül frei werdenden Bindungen werden durch Zusammenschluss der Moleküle wieder besetzt. So entsteht aus vielen Molekülen ein Makromolekül, z. B. aus vielen Molekülen des Gases Ethylen entsteht ein Makromolekül des Kunststoffes Polyethylen.

Die Makromoleküle der Kunststoffe werden großtechnisch durch chemische Verknüpfung der Moleküle von Kohlenstoffverbindungen erzeugt. Als Bindeglied dient meist das Kohlenstoffatom.

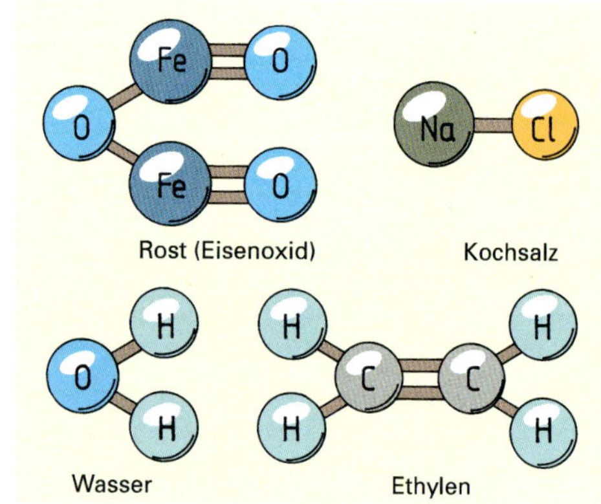

Nichtkunststoff-Moleküle

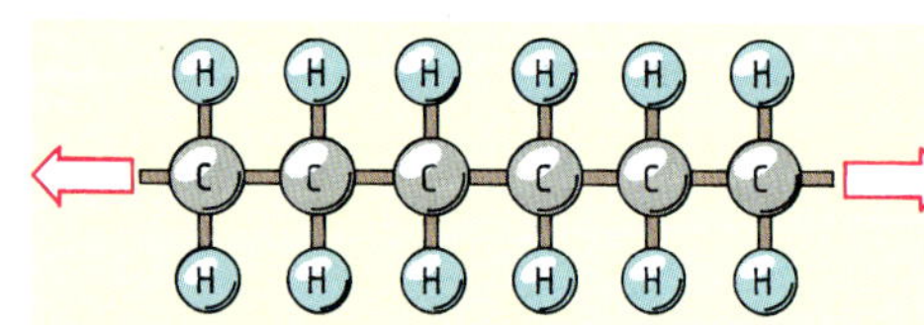

Kunststoffmolekül Polyethylen

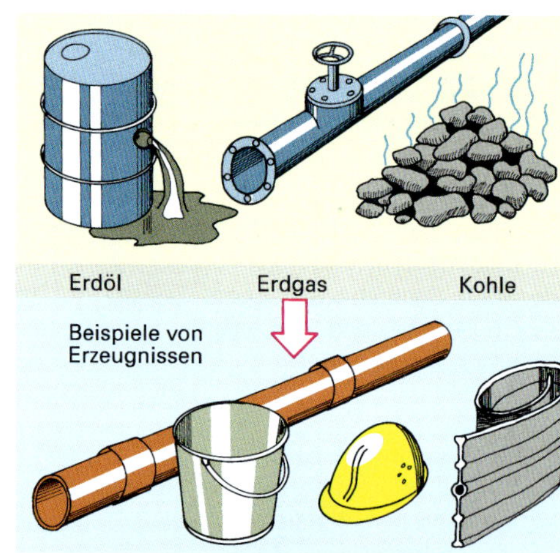

Ausgangsstoffe der Kunststofferzeugung

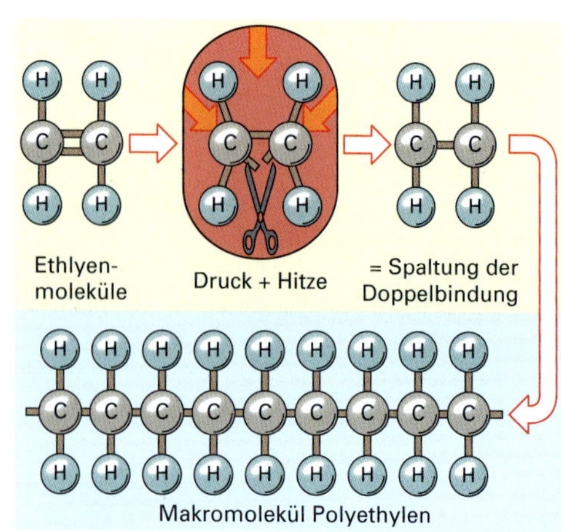

Erzeugung von Makromolekülen

4.2 Eigenschaften

4.2.1 Allgemeine Eigenschaften

Kennzeichnend für die Kunststoffe ist ihre **Vielfältigkeit**. Dabei sind nicht nur die Eigenschaften verschiedener Kunststoffe verschieden; auch die Eigenschaften eines Kunststoffes können vielfältig abgewandelt werden. Dennoch gibt es eine Reihe von Eigenschaften, die allen oder wenigstens vielen Kunststoffen gemeinsam sind. Diese Eigenschaften können je nach Gebrauch vorteilhaft oder nachteilig sein.

Nebenstehend sind allgemeine Eigenschaften der Kunststoffe zusammengestellt, die sich aus der Sicht des Bauwesens meist vorteilhaft bzw. meist nachteilig auswirken. Die gute Beständigkeit vieler Kunststoffe, die als Baustoff erwünscht ist, wirkt sich bei Kunststoffabfällen negativ aus. Schwer verrottbare Abfälle belasten die Umwelt. Für zeitlich begrenzte Einsatzzwecke sollte deshalb auf Kunststoffe möglichst verzichtet werden. Kunststoffabfälle sind getrennt von anderen Abfällen zu sammeln und der Wiederverwertung zuzuführen. Aus wieder aufbereiteten Kunststoffen werden z. B. Entwässerungsrinnen, Sinkkästen und Parkbänke hergestellt.

Da möglicherweise vorhandene Gefahren äußerlich oft nicht erkennbar sind, werden besondere Gefahrenzeichen verwendet.

Trotz der Vielfalt der Kunststoffe gibt es allgemeine Eigenschaften, die bei der Verwendung zu berücksichtigen sind.

⊕ Vorteile
Geringe Dichte bei guter Festigkeit
Chemisch beständig und wartungsfrei
Gut und schnell verarbeitbar
Für viele Aufgaben anpassungsfähig
Wärmedämmend und elektrisch isolierend

Allgemeine Eigenschaften der Kunststoffe

⊖ Nachteile
Nicht für tragende Teile geeignet
Oft brennbar
Temperaturempfindlich
Abfälle sind umweltbelastend
Oft ungenügende Langzeiterfahrung

Allgemeine Eigenschaften der Kunststoffe

Warnzeichen (explosionsgefährlich) | **Verbotszeichen** (Feuer und Rauchen verboten) | **Gebotszeichen** (Handschutz benutzen)

Kennzeichnung von Gefahren

4.2.2 Einteilung

Um einen Überblick über die Vielzahl der heute auf dem Markt befindlichen Kunststoffe zu bekommen, muss man eine Einteilung treffen. Eine solche Einteilung der Kunststoffe kann nach verschiedenen Gesichtspunkten erfolgen.

Die Benennung der Kunststoffe richtet sich nach der **chemischen Zusammensetzung**; z. B. Celluloid, Polyvinylchlorid, Polystyrol, Polyethylen usw.

Weiterhin werden die Kunststoffe nach der **Verwendung** eingeteilt, z. B. in Faserstoffe (Perlon, Nylon), Schaumstoffe (Moltopren), Lackrohstoffe (Polyester) und andere.

Der für die Verarbeitung und damit für den Praktiker wichtigste Gesichtspunkt ist das physikalische Verhalten. Nach dem physikalischen Verhalten unterscheidet man **Thermoplaste**, **Duroplaste** und **Elastomere**.

Thermoplaste	Duroplaste	Elastomere
Polyvinylchlorid Polyethylen Polypropylen Polystyrol Polyisobutylen Polyvinylacetat	Ungesättigtes Polyesterharz Epoxidharz Melaminharz	Polyurethanschaum Polysulfidkautschuk Siliconkautschuk

Zuordnung wichtiger Kunststoffe zu den Kunststoffgruppen

Nach dem physikalischen Verhalten werden die Kunststoffe in Thermoplaste, Duroplaste und Elastomere eingeteilt.

4.2.3 Thermoplaste

Versuch: Erhitzt man PVC vorsichtig über der Flamme, so wird es plastisch und schmilzt schließlich. Beim Abkühlen wird es wieder fest.

Der Versuch kann auch mit anderen Kunststoffen, wie z. B. Polystyrol, durchgeführt werden.

Ergebnis: Manche Kunststoffe werden bei Erwärmung erst plastisch und dann flüssig. Diese Kunststoffe heißen Thermoplaste.

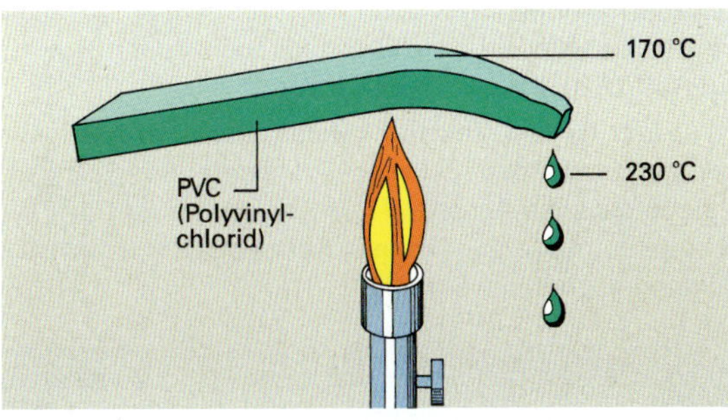

Verhalten von Thermoplasten bei Erwärmung

Die Temperaturabhängigkeit der Thermoplaste liegt in ihrem Aufbau begründet. Bei den Thermoplasten befinden sich die Fadenmoleküle in einer ungeordneten Verknäuelung. Die einzelnen Molekülfäden sind dabei untereinander nicht verknüpft. Dadurch haben sie beim Erwärmen verhältnismäßig große Bewegungsfreiheit – der Kunststoff wird weich und flüssig. Aus dem gleichen Grunde sind Thermoplaste in bestimmten Lösungsmitteln löslich.

Durch „Recken" kann man die Fadenmoleküle parallel ausrichten: So entstehen Chemiefasern mit hoher Zugfestigkeit, wie Perlon und Nylon.

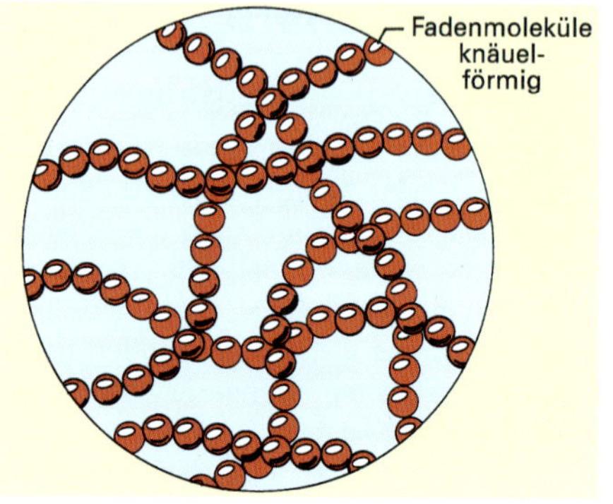

Molekülstruktur der Thermoplaste

Versuch: Hält man ein Stück PVC direkt in die offene Flamme, so wird es erst weich und verbrennt dann.

Ergebnis: Bei zu starker Erhitzung werden die Thermoplaste zersetzt.

Thermoplaste durchlaufen mit steigender Temperatur mehrere Zustandsformen:

Bei niedriger Temperatur sind sie hart; mit steigender Temperatur werden sie erst elastischer, dann plastisch und schließlich flüssig. Bei noch höheren Temperaturen werden sie zerstört.

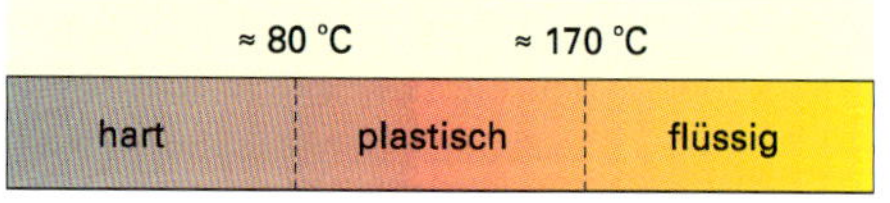

Zustandsbereiche von PVC

Dieses Verhalten ist für die Verarbeitung ausschlaggebend.

Versuch: Erwärmt man die Enden zweier PVC-Rohre auf einer Heizplatte und drückt sie dann gegeneinander, so haften die beiden Rohre aneinander.

Ergebnis: Thermoplaste lassen sich durch Erwärmen der Nahtstellen bis zum plastischen Bereich schweißen.

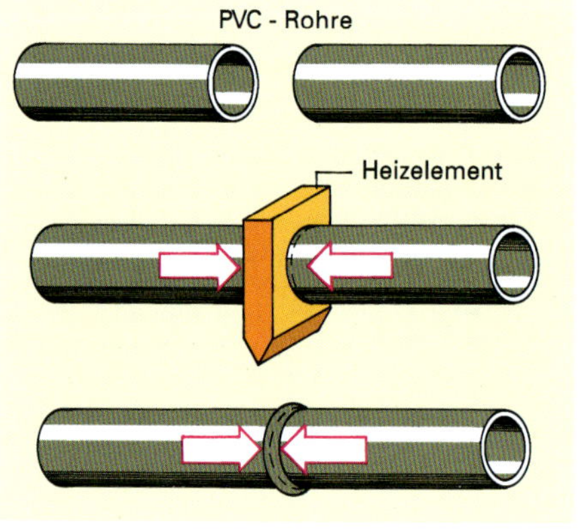

Schweißen von Thermoplasten

Im Bauwesen werden so z. B. Handläufe und Dichtungsbahnen verschweißt. Erwärmt man ganze Werkstücke bis zum elastischen Bereich, so sind sie beliebig verformbar. Diese Verformung geht bei abermaliger Erwärmung oft wieder zurück: Die Thermoplaste zeigen bei nicht zu starker Erhitzung eine **Rückstellkraft**.

Versuch: Polystyrolschaumstückchen mit „Pattex" bestreichen.

Beobachtung: Polystyrolschaum wird zerstört.

Ergebnis: Nicht jeder Kunststoff kann mit jedem Kunststoffkleber verarbeitet werden. Zusammensetzung und Verarbeitungsart des verwendeten Klebers müssen auf die zu verbindenden Stoffe abgestimmt sein.

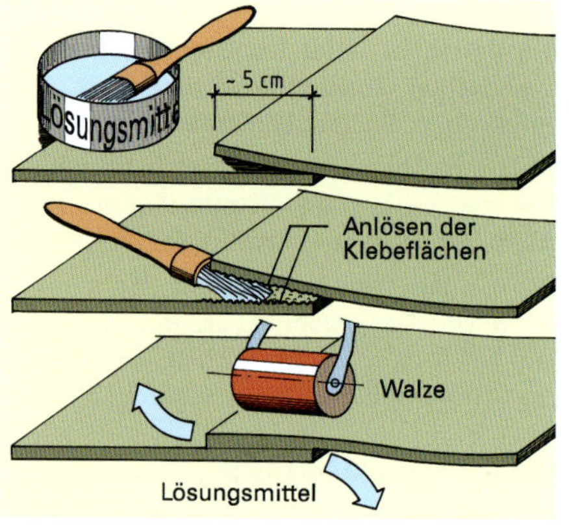

Klebevorgang bei Verwendung von Lösungsmitteln (Themoplaste)

Thermoplastische Kunststoffe sind in Lösungsmitteln löslich und können deshalb nach Behandlung der zu verbindenden Flächen mit geeigneten Lösungsmitteln (z. B. Benzol, THF) verbunden werden. Die Verbindung wird fest, wenn das Lösungsmittel verdunstet ist. Ein solches Lösungsmittel-Klebeverfahren ist z. B. das sogenannte **„Quellschweißen"**, mit dem z. B. PVC-Bahnen verbunden werden. Hierbei werden die sich überlappenden Folien mit Lösungsmittel eingestrichen und zusammengedrückt.

Im festen (kalten) Zustand können Thermoplaste gebohrt, gesägt und gefräst werden. Bei schnell laufenden Werkzeugen besteht die Gefahr, dass die Kunststoffe weich werden und das Werkzeug verschmieren. Außerdem können Thermoplaste natürlich in flüssigem Zustand gegossen werden.

Vorsicht !
Lösungsmittel sind meist feuergefährlich und geben gesundheitsschädliche Dämpfe ab. Gut lüften, ggf. Atemschutz tragen!

Thermoplaste sind warm verformbar, schweißbar und lösbar. Sie können gebohrt, gesägt und gefräst werden.

4.2.4 Duroplaste

Versuch: Wird Melaminharz erhitzt, so färbt es sich dunkel und zersetzt sich schließlich, ohne vorher zu erweichen.

Derselbe Versuch lässt sich mit anderen Kunststoffen, wie Polyester und Epoxid, durchführen.

Ergebnis: Manche Kunststoffe erweichen beim Erwärmen nicht. Sie heißen deshalb Duroplaste (durus = hart).

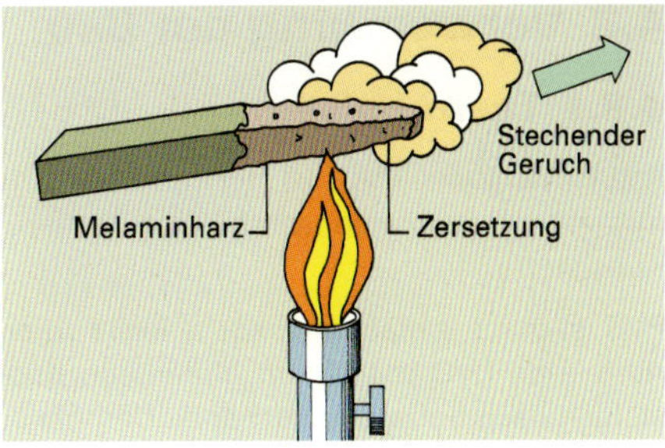

Verhalten von Duroplasten bei Erwärmung

Dieses Verhalten ist ebenfalls durch die Molekülstruktur bedingt. Bei den Duroplasten sind die fadenförmigen Makromoleküle untereinander vernetzt. Dadurch ist ihre Bewegungsfreiheit auch bei Erwärmung stark eingeschränkt: Sie bleiben bis zur Zersetzung fest.

Dementsprechend können Duroplaste nach der Herstellung nicht mehr warm verformt und nicht geschweißt werden. Durch die feste Verknüpfung der Molekülfäden sind die Duroplaste auch unlöslich.

Lösungsmittelkleben ist deshalb nicht möglich. Duroplaste werden aber auch oft geklebt. Hierzu werden **Kleblacke** verwendet. Dies sind in Lösungsmitteln gelöste Kunststoffe, die auf die Klebestellen aufgestrichen werden und bei Verdunsten des Lösungsmittels aushärten.

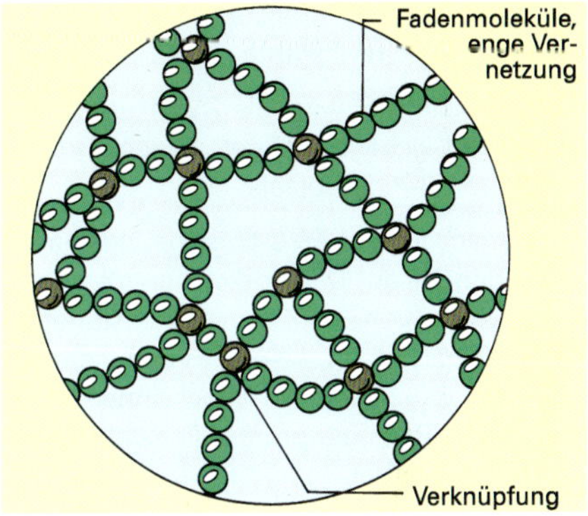

Molekülstruktur der Duroplaste

Vorsicht! Lösungsmittel geben oft gesundheitsschädliche Dämpfe ab und sind feuergefährlich. Lüften!

Der Kunststoff des Klebers sollte auf den zu klebenden Kunststoff abgestimmt sein.

Reaktions-Kleblacke, die im Allgemeinen kein Lösungsmittel enthalten, sondern denen bei der Verarbeitung ein Härter zugesetzt wird, ergeben besonders belastbare Verbindungen.

Zum Verkleben von Kunststoffen mit porösen Stoffen (z. B. Holz) eignen sich **Latexkleber**. Hier ist der Kunststoff (oft Polyvinylacetat) in Wasser dispergiert; der Kleber erhärtet, wenn das Wasser verdunstet.

Werden Duroplaste mit schnell laufenden Werkzeugen gebohrt, gesägt oder gefräst, so besteht wegen der schlechten Wärmeableitung die Gefahr, dass die Werkzeuge ausglühen. Die entstehenden Stäube sollten nicht eingeatmet werden.

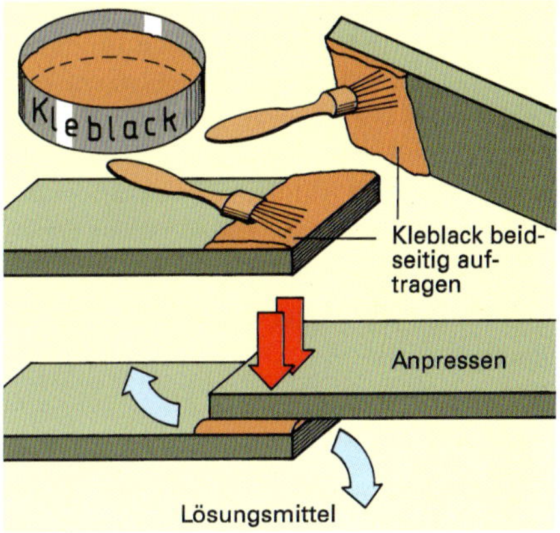

Klebevorgang bei Verwendung von Kleblacken

Duroplaste können nur gesägt, gebohrt, gefräst und geklebt werden. Sie sind nicht schweißbar und nicht löslich.

4.2.5 Elastomere

Neben Thermoplasten und Duroplasten gewinnen unter den Kunststoffen in zunehmendem Maße Werkstoffe an Bedeutung, die auch bei normaler Temperatur gummielastisch sind. Aufgrund dieser Eigenschaft werden solche Kunststoffe als **Elastomere** bezeichnet.

Die meisten Elastomere entsprechen in ihrem Aufbau und damit im Verhalten bei Erwärmung Duroplasten. Sie haben jedoch zwischen den vernetzten Makromolekülen eine so große Maschenweite, dass sie auch bei Zimmertemperatur elastisch sind. Der Grad der Elastizität ist bei der Herstellung einstellbar.

Es gibt aber auch **thermoplastische Elastomere**, das sind Elastomere mit thermoplastischen Eigenschaften.

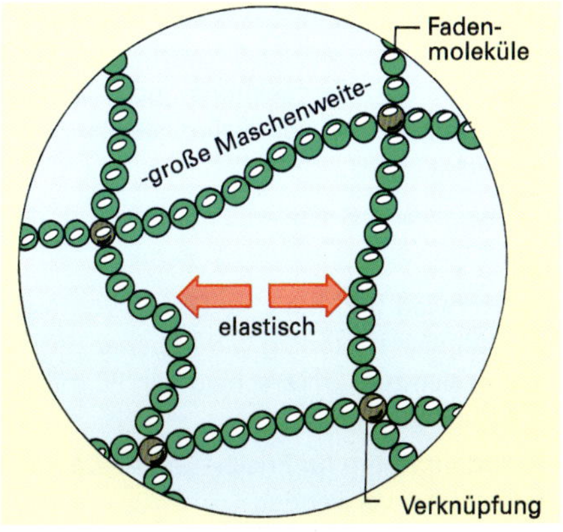

Molekülstruktur der Elastomere

Elastomere sind Kunststoffe, die aufgrund ihrer Struktur auch bei normalen Temperaturen elastisch sind.

4.3 Verwendung am Bau

4.3.1 Thermoplaste

Polyvinylchlorid **(PVC)** ist der meistbenutzte Kunststoff mit einem Produktionsanteil von nahezu 50% aller Kunststoffe.

PVC ist durch einfache Versuche leicht zu erkennen: Berührt man PVC mit einem glühenden Kupferdraht, so steigen nach Salzsäure riechende Dämpfe auf. Hält man den Kupferdraht anschließend in die Flamme, so wird diese deutlich grün gefärbt.

Beim Abbrennen ist PVC am stechenden Geruch zu erkennen. **Vorsicht**! Dämpfe nicht einatmen!

Schlagzähes PVC wird als PVC-I und hochschlagzähes als PVC-HI gekennzeichnet. Durch Zusätze wird auch weiches **PVC-P** hergestellt.

Weichmacherfreies **PVC-U** ist bei normalen Temperaturen gegen die am Bau vorkommenden Säuren und Laugen sowie gegen Benzin und Öl beständig. Da es bis etwa 75 °C hart bleibt, ersetzt PVC-U vielfach Metalle und wird im Bauwesen für Dachrinnen, Abwasserrohre, Dränrohre, Rollladenprofile, Fensterrahmen und vieles andere verwendet.

Handelsnamen: Hostalit, Vestolit, Vinoflex, Dynadur, Gabodur, Trovidur.

PVC-P ist durch Zusatz von „Weichmachern" gummiartig. Es lässt sich gut mit Lösungsmitteln kleben und warmgasschweißen. Im Gegensatz zu normalem PVC wird PVC-P von Benzin angegriffen. PVC-P wird für Wand- und Bodenbeläge mit vielfältigen Oberflächengestaltungen, oft Naturstein-, Fliesen- oder Holzbelägen nachgebildet, sowie für Fugenbänder, Dichtungsbahnen und Schläuche benutzt.

Handelsnamen: Acella, Alkor, Mipolam, Pegulan, Skai, Vinoflex.

Abwasserrohre aus PVC-U

Bodenbelag mit Natursteinoptik aus PVC-P

Polyethylen (PE) hat eine Dichte von nur 0,92…0,95 kg/dm³, es schwimmt also auf dem Wasser. Chemisch ist es, außer gegen Benzin und Öle, außerordentlich beständig. Polyethylen gibt es mit hoher Dichte (PE-HD) und geringer Dichte (PE-LD), doch ist diese Unterscheidung für die Baupraxis von geringer Bedeutung.

Aus Polyethylen werden Schutzhelme, Rohre für Frisch- und Abwasser, Verpackungs- und Schutzfolien sowie Behälter aller Art (Chemikalienflaschen, Eimer, Wannen) hergestellt.

Handelsnamen: Hostalen, Lupolen, Supralen, Verstolen.

Polypropylen (PP) hat eine Dichte von nur 0,91 kg/dm³. Es ist ähnlich beständig wie PE, aber deutlich härter. So lässt es sich zum Unterschied von PE mit dem Fingernagel nicht ritzen.

PP wird für Rohre für Frisch- und Abwasser, Folien, Seile und Behälter verwendet.

Handelsnamen: Hostalen PP, Novolen, Luparen.

Schutzhelme aus Polyethylen

Polystyrol (PS) wird aus Ethylen und Benzol hergestellt und ist meist glasklar und spröde. Es brennt mit rußender Flamme und ist daran leicht zu erkennen.

Im Bauwesen ist es vor allem als Polystyrolschaum („Styropor") mit etwa 98% Luftgehalt und einer Dichte von etwa 0,02 kg/dm^3 von Bedeutung. Aufgeschäumtes Polystyrol wird für Wärme- und Schalldämmung, Schalkörper für Aussparungen, Formteile für Außenwände, die anschließend mit Beton gefüllt werden, Polystyrolschaum-Estrich, Polystyrolschaum-Beton und Polystyrolschaum-Mauerziegel („Poroton-Ziegel") gebraucht.

Handelsnamen für geschäumtes Polystyrol (PS-E): Styropor, Styrodur, Frigolit, Recozell.

Wärmedämmung mit Polystyrolschaum

4.3.2 Duroplaste

Ungesättigte Polyesterharze (UP) sind als „Gießharz" für kratzfeste Beschichtungen und Imprägnierungen im Gebrauch. Wesentlich größere Bedeutung haben im Bauwesen die Glasfaserpolyesterharze (GUP), die zur großen Gruppe der Glasfaserkunststoffe (GFK) gehören. Durch Einlagerung von Glasfasern in Polyesterharze wird dabei ein sehr widerstandsfähiges und festes Verbundmaterial gewonnen. Glasfaserpolyesterharze werden für lichtdurchlässige Wellplatten, Balkonverkleidungen, Lichtkuppeln, Schutzhelme, Möbel und Boote verwendet.

Handelsnamen für Artikel aus Glasfaserpolyesterharz: Tronex, Scobalit, Lamilux, Markolit, Filon, Polydet.

Epoxidharz (EP) ist den ungesättigten Polyesterharzen ähnlich. Aus Epoxidharz werden hochwertige Kleber für Beton, Stahl und Holz hergestellt. Weitere Anwendungsgebiete sind Bodenbeschichtungen, Betonschutz und Betoninstandsetzung. **Hautkontakt** mit Epoxidharz **muss vermieden werden**, Lösungsmitteldämpfe dürfen nicht eingeatmet werden!

Mit Glasfasereinlage ergeben sich Werkstoffe für höchste Beanspruchungen. Diese sind einstweilen aber noch sehr teuer.

Handelsnamen: Araldit, Lekutherm, Trolon.

Formteile aus Polystyrolschaum für Gebäudeaußenwände

4.3.3 Elastomere

Polyurethanschaum (PUR-E) ist porig, leicht, elastisch und meist gelblich gefärbt. Die Härte kann, ähnlich wie bei PVC und PE, den Erfordernissen angepasst werden. Im Bauwesen finden vorwiegend Hartschäume Verwendung. Hauptanwendungsgebiet sind Wärme- und Schalldämmung, daneben wird Polyurethanschaum beim Versetzen von Fenstern und Türzargen eingesetzt. Noch fester eingestellte Schäume dienen als Baulager.

Früher wurden Polyurethanschaum und auch manche Polystyrolschäume mit Fluorkohlenwasserstoffen (FCKW) aufgeschäumt, die zum Abbau der Ozonschicht beitragen („Ozonloch"). Inzwischen ist die Produktion auf unschädliche Treibmittel umgestellt.

Polyurethanschaum ist feuergefährlich und sollte stets durch Putz oder Ähnliches geschützt werden.

Handelsnamen: Neopren, Moltopren, Vulkollan, Herathan, Eurothane, Puren, Thermotekt.

Einschäumen von Fenster- und Türzargen mit Polyurethanschaum

Polysulfidkautschuk ist außerordentlich elastisch und gleichzeitig völlig wasserdicht und gegen Chemikalien beständig. Er wird deshalb für die elastische Dichtung von Baufugen verwendet. Polysulfid-Dichtstoffe gibt es als Ein- und Mehrkomponentendichtstoffe, die bei der Verarbeitung zu einer elastischen Masse vernetzen.

Handelsnamen: Thiokol, Thiogutt, Elribon, Bornit.

Siliconkautschuk ist dem Polysulfidkautschuk ähnlich, wird aber nur als Einkomponentendichtstoff geliefert. Die Reaktion verläuft schneller als bei Polysulfidkautschuk, Siliconmaterialien können aber nicht überstrichen werden und sind nicht so alterungsbeständig. Silicon-Dichtstoffe werden außer für Bewegungsfugen auch häufig zur Abdichtung von Sanitärfugen verwendet.

Handelsnamen: Wacker-Siliconkautschuk, Silopren, Silastene, Silastomer, Durasil.

Acryl-Dichtstoffe härten meist durch Trocknung aus und geben dabei Wasser oder Lösemittel ab, schwinden also. Sie sind alterungsbeständig und überstreichbar, können aber nur begrenzt Bewegungen aufnehmen.

Handelsnamen: Acacryl, Bostik, Bayosan-Fugendicht, Disbofug.

Fugendichtung mit elastischem Dichtungsstoff

Zusammenfassung

Kunststoffe sind makromolekulare Verbindungen.

Kunststoffe sind im Allgemeinen leicht, gut verarbeitbar, anpassungsfähig, wärmedämmend und relativ preiswert. Andererseits sind sie oft wärmeempfindlich, brennbar und für tragende Teile nicht geeignet.

Nach den physikalischen Eigenschaften werden drei Gruppen von Kunststoffen unterschieden: Thermoplaste, Duroplaste und Elastomere.

Thermoplaste bestehen aus unvernetzten Fadenmolekülen und sind deshalb warm verformbar, schweißbar und schmelzbar.

Duroplaste bestehen aus vernetzten Molekülen und erweichen deshalb nicht, wenn sie erwärmt werden; sie sind also nicht spanlos bearbeitbar.

Elastomere sind meist aufgeschäumte Duroplaste mit großer Maschenweite, die auch bei normaler Temperatur elastisch sind.

Thermoplaste können auf der Baustelle warm verformt und geschweißt werden. Lösliche Kunststoffe werden durch „Quellschweißen", nichtlösliche meist mit Klebelacken geklebt.

Kunststoffe sind durch ihre vielfältigen Eigenschaften für viele Zwecke des Bauwesens hervorragend geeignet. Entscheidend für den erfolgreichen Einsatz sind die richtige Auswahl des jeweils geeigneten Kunststoffs und die materialgerechte Verarbeitung.

Aufgaben:

1. *Worin unterscheiden sich Kunststoffe von herkömmlichen Stoffen?*
2. *Aus welchen Rohstoffen werden Kunststoffe hergestellt?*
3. *Nennen Sie allgemeine*
   a) Vorteile,
   b) Nachteile,
   der Kunststoffe.
4. *Nach welchen Gesichtspunkten können die Kunststoffe eingeteilt werden?*
5. *Worin unterscheiden sich Thermoplaste und Duroplaste?*
6. *Worauf ist die Elastizität der Elastomere zurückzuführen?*
7. *Welches sind die wichtigsten*
   a) Thermoplaste,
   b) Duroplaste,
   c) Elastomere?
8. *Wie können*
   a) Thermoplaste,
   b) Duroplaste
   verklebt werden?
9. *Wo kommt an unserem Reihenhaus der Einsatz von*
   a) PVC,
   b) Polyethylen,
   c) Polystyrolschaum,
   d) Polyurethanschaum,
   e) Siliconkautschuk
   in Betracht?

5 Bitumenhaltige Stoffe

i

Bei unserem Reihenhaus werden bitumenhaltige Stoffe zum Sperren gegen Feuchtigkeit verwendet. Bitumen spielt darüber hinaus aber z. B. auch im Straßenbau eine große Rolle.

Im täglichen Sprachgebrauch wird Bitumen oft mit Teer verwechselt. Teer wird im Gegensatz zu Bitumen aus Steinkohle gewonnen. Da Teer krebserzeugende Substanzen enthält, findet er im Bauwesen kaum mehr Anwendung. Verwendet werden Teerprodukte noch für Anstriche, die vor Fäulnis, Pilz- und Insektenbefall schützen sollen. Bitumen hat hier keine schützende Wirkung.

Destillationsanlage einer Bitumenraffinerie

5.1 Arten

Bitumen ist ein Erdölprodukt. Das Erdöl wird auf etwa 350 °C erhitzt, dabei verdampfen die meisten Bestandteile. Diese leicht flüchtigen Bestandteile werden unter Normdruck und unter Vakuum abdestilliert. Der bei dieser Destillation zurückbleibende schwer flüchtige Rest wird als **Destillationsbitumen** bezeichnet.

Destillationsbitumen werden im Wesentlichen als **Straßenbaubitumen** verwendet. Daneben werden sie aber auch als Kleb- und Tränkmassen für Pappen, als Abdichtungsstoff im Wasserbau und als Korrosionsschutzmittel für Metalle usw. verwendet.

Diese Bitumenarten müssen bei etwa 150 ... 200 °C verarbeitet werden. Um diese hohen Verarbeitungstemperaturen herabzusetzen, können Bitumen mit anderen Stoffen zu **bitumenhaltigen Bindemitteln** verarbeitet werden.

Bitumenlösungen werden durch Mischen von Bitumen und Lösungsmitteln hergestellt. Bei Verwendung von schwer flüchtigen Lösungsmitteln entstehen warm verarbeitbare **verschnittene und gefluxte Bitumen**, bei leicht flüchtigen Lösungsmitteln kalt verarbeitbare **Kaltbitumen**. Beide Arten werden vorwiegend im Straßenbau verwendet.

Mit Kunststoffen versetzte **polymermodifizierte Bitumen** werden im Straßenbau und zur Herstellung von Bitumenbahnen eingesetzt.

Bitumenemulsionen werden hergestellt, indem Bitumen mit Wasser und einer Substanz (Emulgator) vermischt wird, welche die Oberfläche der Bitumentröpfchen überzieht. Bei Berührung mit der Gesteinsoberfläche wird dieser Überzug zerstört, das Bitumen bleibt am Gestein haften und das Wasser verdunstet. Emulsionen werden insbesondere als Bautenschutzmittel und im Straßenbau verwendet. **Kunststoffmodifizierte Bitumendickbeschichtungen** (PMBC) auf Basis von Bitumenemulsionen werden für Bauwerksabdichtungen verwendet.

Bezeichnung	Zusammensetzung
Straßenbaubitumen	Bitumen
Verschnittene oder gefluxte Bitumen	Bitumen + Öle
Kaltbitumen	Bitumen + Lösungsmittel
Polymermodifizierte Bitumen	Bitumen + Polymere (= Kunststoffe)
Bitumenemulsionen	Bitumen + Wasser + Emulgator

Bitumenhaltige Bindemittel

Bitumen wird durch Destillation von Erdöl hergestellt und heiß verarbeitet.

Bitumenlösungen und Bitumenemulsionen können auch bei niedrigen Temperaturen verarbeitet werden.

Aus Steinkohle gewonnene Teerprodukte werden nur verwendet, wo es um Schutz vor Fäulnis, Pilz- und Insektenbefall geht, da Bitumen hiergegen nicht schützt.

5.2 Eigenschaften

Die wichtigste Eigenschaft des Bitumens ist sein thermoplastisches Verhalten. Bei tiefen Temperaturen ist Bitumen halbfest bis hart und verhält sich überwiegend elastisch. Bei zunehmender Temperatur wird Bitumen erst plastisch und bei 150 ... 200 °C flüssig. Im flüssigen Zustand benetzt Bitumen andere Stoffe gut und haftet dann beim Erkalten an diesen Stoffen.

Chemisch ist Bitumen gegen Säuren und Laugen weitgehend beständig, aber von anderen Erdölfraktionen, wie Benzin, Öl usw., und auch von manchen organischen Lösungsmitteln, wie z. B. Benzol, wird Bitumen gelöst. Deshalb sollten Tankstellen im Zapfbereich nicht asphaltiert werden.

Eine weitere wichtige Eigenschaft des Bitumens ist seine Wasserundurchlässigkeit.

Wichtigste Eigenschaften des Bitumens sind sein thermoplastisches Verhalten, seine gute Haftfähigkeit und seine Wasserundurchlässigkeit.

5.3 Anwendung

5.3.1 Asphalt

Die mengenmäßig wichtigste Anwendung des Bitumens ist die Herstellung von Asphalt. Asphalt ist ein Gemisch von Destillationsbitumen (Straßenbaubitumen) und Gesteinskörnungen.

Asphalt wird im **Straßenbau** für Trag-, Binder- und Deckschichten verwendet. Zur Herstellung von Asphalt werden die einzelnen Gesteinskörnungen vordosiert und dann erhitzt, da sie beim Zusammentreffen mit dem heißen Bindemittel völlig trocken sein müssen. Nach dem Trocknen wird die Gesteinskörnung nochmals abgesiebt, gewogen und gemischt. Anschließend wird die Gesteinskörnung in die Mischtrommel aufgegeben und das durch Erhitzen verflüssigte Bindemittel wird zugegeben. Das fertige Mischgut wird auf Lkw verladen, es darf beim Transport zur Baustelle nicht zu sehr auskühlen. Asphalt kann als gießfähiger **Gussasphalt** oder als **Asphaltbeton** hergestellt werden. Gussasphalt lässt sich leicht ebnen und muss nicht verdichtet werden. Asphaltbeton wird mit Walzen verdichtet und geglättet.

Asphalt hat sich bei unterschiedlichsten Beanspruchungen als wirtschaftlicher Belag für Verkehrsflächen bewährt.

Aufgrund der Dichtheit und Beständigkeit findet Asphalt auch häufig im **Wasserbau** Anwendung. Als Beispiele seien die Abdichtung von Kanälen und Staubecken sowie die Andeckung von Seedeichen genannt.

Gussasphalt wird auch für **Asphaltbodenbeläge** und **Asphaltestriche** verwendet. Gussasphaltböden sind fugenlos, fußwarm und können sofort nach Abkühlung benutzt und weiterbearbeitet werden.

Einbau von Asphaltbeton

Einbau von Gussasphalt als Estrich

Asphalt wird vor allem im Straßenbau, aber auch im Wasserbau und für Bodenbeläge verarbeitet.

L

5.3.2 Dach- und Dichtungsbahnen

Nackte Bitumenbahnen werden durch Tränken von Rohfilzpappe mit Bitumen gewonnen. Nach der Quadratmetermasse der verwendeten Rohfilzpappe (in g) werden sie als **R 500 N** bezeichnet (R = Rohfilz; 500 g/m^2; N = nackt).

Sie dienen der Feuchtigkeitsabdichtung und werden an Ort und Stelle mit Bitumen verklebt. Die nackte Pappe dient dabei nur als Träger der Abdichtung. Die eigentliche Abdichtung wird durch das Bitumen bewirkt.

Dachbahnen werden wie die nackten Bahnen getränkt, jedoch zusätzlich beidseitig mit Bitumendeckmasse beschichtet. Als Einlage wird außer Rohfilzpappe auch Glasvlies verwendet.

Dachbahnen mit Rohfilzeinlage werden wie nackte Bahnen, nur ohne den Zusatz **N** bezeichnet (z.B. R 500). Dachbahnen mit **V**lieseinlage werden mit **V** und einer Zahl bezeichnet. Diese kann die Mindestmasse der Trägereinlage oder die Masse der Tränkung je m^2 angeben. **PV** bedeutet **P**olyester**v**lies. (Bei PV 200 hat die Polyestervlieseinlage eine Mindestmasse von 200 g/m^2).

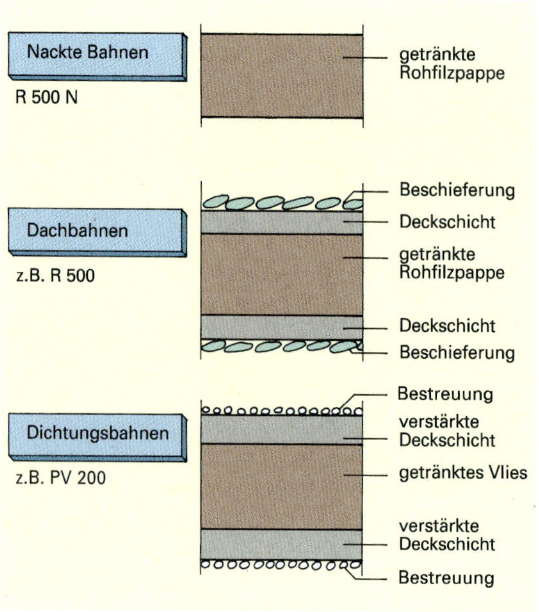

Dach- und Dichtungsbahnen

Dachdichtungsbahnen (DD) zeichnen sich durch dickere beidseitige Beschichtung und Absandung bzw. Beschieferung aus. Die mittlere Dicke beträgt mindestens 3,5 mm. Die Einlage ist meist Glasvlies (V), Glasgewebe (G) oder Polyestervlies (PV).

Schweißbahnen (S) sind noch dicker, etwa 4...5 mm. Der Name rührt daher, dass diese Bahnen durch Erhitzen mit Propangasbrennern vollflächig mit der Unterlage verklebt werden.

Dachdichtungsbahnen und Schweißbahnen werden auch unter Verwendung von **Polymerbitumen** hergestellt. Polymerbitumen ist durch chemische Vernetzung mit thermoplastischen Elastomeren (PYE) bzw. Thermoplasten (PYP) abgewandeltes Bitumen.

Kaltselbstklebende Bitumen-Dichtungsbahnen (KSK) sind einfacher, schneller und „sauberer" zu verarbeiten und werden deshalb zunehmend verwendet.

Bitumenbahnen spielen im Bauwesen für Abdichtungen eine wichtige Rolle.

Verlegen von Dachdichtungsbahnen (Gießverfahren)

Verlegen von Schweißbahnen

5.3.3 Anstriche und Beschichtungen

Bitumen wird aufgrund seiner abdichtenden Wirkung oft auch als Grundbestandteil für Schutzanstriche verwendet. Mit derartigen Schutzanstrichen werden im Boden befindliche Bauteile, wie z.B. Untergeschossaußenwände, versehen.

Der Anstrich wird meist in mehreren Schichten aufgebracht, danach werden **Voranstrichmittel** und **Deckaufstrichmittel** unterschieden. Nach der Art des Aufbringens werden noch **Spachtelmassen** unterschieden.

Voranstrichmittel sind Bitumenlösungen oder Bitumenemulsionen. Sie werden kalt verarbeitet und durch Streichen, Rollen oder Spritzen aufgebracht. Sie müssen vollständig durchgetrocknet sein, bevor die nächste Schicht aufgebracht wird.

Deckaufstrichmittel gibt es für Heiß- und Kaltverarbeitung. Heiß zu verarbeitende Deckaufstrichmittel sind Bitumen mit etwa 30...50% mineralischen Füllstoffen (Gesteinsmehlen), kalt zu verarbeitende sind Bitumenlösungen und Bitumenemulsionen ohne und mit Füllstoff. Statt Deckaufstrichen werden heute meist Asphaltmastix, Gussasphalt oder vor allem kunststoffmodifizierte Bitumendickbeschichtungen verwendet.

Asphaltmastix und **Gussasphalt** entsprechen heiß zu verarbeitenden Deckaufstrichmitteln mit höherem Füllstoffanteil. Sie werden als heiß zu verarbeitende Spachtelmassen mit Kelle, Spachtel oder Schieber verarbeitet.

Kunststoffmodifizierte Bitumendickbeschichtungen (PMBC) sind kalt zu verarbeitende Spachtelmassen mit einer Trockenschichtdicke von, je nach Beanspruchung, mindestens 3...4 mm. Sie werden zweilagig aufgebracht. Ein besonderer Vorteil ist die gute Verarbeitbarkeit auch an schwierigen Stellen, wie z.B. bei Vorsprüngen oder über Kopf. Bestimmte Dickbeschichtungsmittel können auch durch Spritzen aufgebracht werden.

Es gibt Ein- und Zweikomponentenprodukte, die jeweils mit und ohne Einlage verwendet werden.

Aufbringen einer Dickbeschichtung

Durch die abdichtende Wirkung, die gute Haftfähigkeit und die leichte Verflüssigung eignet sich Bitumen besonders auch für Bautenschutzanstriche.

5.3.4 Unfallverhütung

Die meisten Stoffe auf Bitumenbasis müssen zur Verarbeitung erhitzt werden. Dies ist mit besonderen Unfallgefahren verbunden:

- Die Verarbeitungstemperaturen liegen häufig über 100 °C. Verbrennungen durch solche Stoffe sind daher schlimmer als Verbrühungen mit heißem Wasser. Sie führen häufig zu starken, schmerzhaften, oft lebensgefährlichen Verbrennungen.
- Werden solche Stoffe überhitzt, so entsteht erhöhte Brandgefahr und sogar die Gefahr der **Selbstentzündung**. Deshalb stets nur so weit erhitzen, wie es der Verwendungszweck erfordert. Jede Übertreibung bringt Gefahren!
- Wasser, das mit heißem Bitumen in Verbindung gerät, verdampft schlagartig. Dies führt zu gefährlichem Spritzen. **Heißes Bitumen und Wasser sind Feinde!**
- Stets geeignete **Schutzkleidung** tragen!

In warm oder kalt zu verarbeitenden Stoffen auf Bitumenbasis können Lösungsmittel enthalten sein. Diese sind oft extrem **feuergefährlich** und beim Einatmen **gesundheitsschädlich**!

So können die Folgen aussehen!
Ein Arbeiter hatte mit offener Flamme am Auslasshahn eines Bitumenschmelzofens gearbeitet.

Bei der Verarbeitung von Stoffen auf Bitumenbasis ist die Gefahr von Unfällen wegen der oft hohen Temperaturen und wegen der Verwendung von gesundheitsschädlichen und feuergefährlichen Lösungsmitteln besonders groß!

Löschgerät bereithalten!

Zusammenfassung

Bitumen wird durch Destillation von Erdöl hergestellt.

Aus Steinkohle gewonnene Teerprodukte werden nur verwendet, wo es um Schutz vor Fäulnis, Pilz- und Insektenbefall geht, da Bitumen hiergegen nicht schützt.

Wichtigste Eigenschaften des Bitumens sind sein thermoplastisches Verhalten und seine gute Haftfähigkeit.

Durch die verschiedenen Arten und Zubereitungen gibt es für die verschiedenen Zwecke als Bindemittel und Abdichtungsstoffe angepasste Bitumen.

Wichtige Anwendungen für Bitumen sind die Herstellung von Straßenbaustoffen, Dach- und Dichtungsbahnen und Bauschutzanstrichen. Asphalt wird auch im Wasserbau und für Estriche verwendet.

Der Umgang mit Stoffen auf Bitumenbasis ist in erheblichem Maße unfallträchtig. **Beim Verarbeiten von Stoffen auf Bitumenbasis ist deshalb größte Sorgfalt erforderlich.**

Aufgaben:

1. *Welche Arten von Bitumen können nach der Herstellung unterschieden werden?*
2. *Nennen Sie Verwendungsbeispiele für*
   a) Destillationsbitumen,
   b) Bitumenemulsion,
   c) Gussasphalt.
3. *Welche Eigenschaften machen Bitumen zu einem wichtigen Baustoff?*
4. *Nennen Sie typische Verwendungsbeispiele für Stoffe auf Bitumenbasis im Bauwesen.*
5. *Welche besonderen Gefahren sind beim Umgang mit Stoffen auf Bitumenbasis unbedingt zu beachten?*
6. *Nennen Sie jeweils Beispiele, wo Sie für Abdichtungen Stoffe auf Bitumenbasis bzw. Kunststoffdichtungsbahnen verwenden würden. Begründen Sie jeweils.*
7. *Beschreiben Sie, wie Untergeschossaußenwände gegen Feuchtigkeit geschützt werden können.*
8. *Zu welchen bautechnischen Zwecken können an unserem Reihenhaus bitumenhaltige Stoffe eingesetzt werden?*

6 Wo die Mathematik helfen kann

6.1 Rechnen mit Taschenrechnern

Durch elektronische Schaltungen wurde es möglich, Rechner im Taschenformat zu entwickeln. Diese Rechner erweisen sich als präzise Hilfsmittel, mit denen die Mehrzahl der rechnerischen Probleme gelöst werden kann.

Es ist wichtig zu wissen, dass elektronische Rechner nicht denken können; sie gehorchen lediglich den Rechenbefehlen, die ihnen durch Tastendruck eingegeben werden. Jedes rechnerische Problem muss deshalb vom Schüler richtig erfasst werden und der Rechenvorgang muss bekannt sein. Erst dann kann der elektronische Rechner ein brauchbares Hilfsmittel sein.

Bei der Vielzahl der sich auf dem Markt befindenden Taschenrechner ist es sehr schwer, eine allgemeingültige Bedienungsanweisung zu geben. Dieses Kapitel beschränkt sich deshalb auf einfache Taschenrechner, bei denen der Rechenvorgang (unter Beachtung der „Punkt-vor-Strich-Regel“) so eingetastet werden kann, wie er in der Aufgabenstellung gegeben ist.

Rechneraufbau

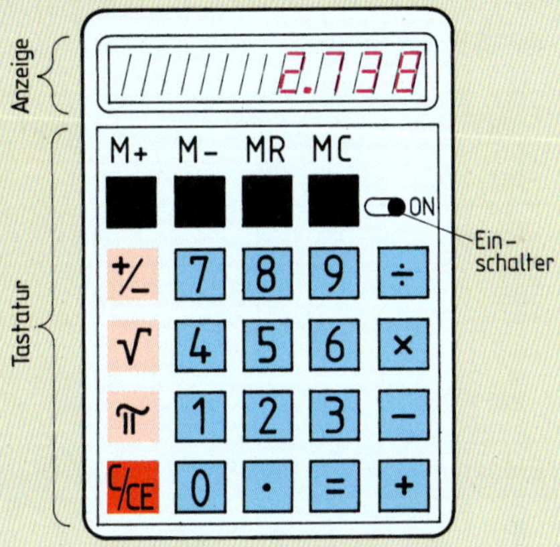

Taschenrechner haben eine Anzeige, auf der die eingetasteten Zahlen und die Rechenergebnisse erscheinen.

Unter der Anzeige ist die Tastatur angeordnet. Sie besteht aus zehn Eingabetasten [0]…[9], der Kommataste [·], der Korrektur- und Löschtaste [C/CE] oder [C] und [CE], der Ergebnistaste [=] und den Tasten für die Grundrechenarten ([+] Additionstaste, [–] Subtraktionstaste, [×] Multiplikationstaste und [÷] Divisionstaste).

Diese Tastatur entspricht der Grundausstattung und muss bei Rechnern für den Schulgebrauch mindestens vorhanden sein.

Rechner mit erweiterter Ausstattung haben Speicher, Quadratwurzelautomatik, Vorzeichenwechseltaste und Pi (π)-Taste.

Grundausstattung

[0]…[9] **Eingabetasten** zur ziffernweisen Eingabe von Zahlen.

[·] **Kommataste** zur Eingabe des Kommas bei Dezimalzahlen.

[CE] **Korrekturtaste.** Durch Drücken dieser Taste wird die zuletzt eingetastete Zahl gelöscht; damit kann eine falsche Eingabe korrigiert werden.

[C] **Löschtaste.** Durch Drücken dieser Taste werden sowohl die vorher eingetastete Zahl als auch das Rechenergebnis im Rechenregister gelöscht. Bei Rechnern mit Speicher bleibt der Speicherinhalt erhalten.

Manche Rechner haben eine [C/CE]-Taste. Bei einmaligem Drücken entspricht ihre Funktion der [CE]-Taste, bei zweimaligem Drücken der Funktion der [C]-Taste.

[+] **Additionstaste.** Sie weist den Rechner an, die angezeigte Zahl bzw. die sich im Rechenregister befindende Zahl zu der anschließend eingegebenen Zahl zu addieren.

[–] **Subtraktionstaste.** Sie weist den Rechner an, von der angezeigten Zahl bzw. von der sich im Rechenregister befindenden Zahl die anschließend eingegebene Zahl zu subtrahieren.

[×] **Multiplikationstaste.** Sie weist den Rechner an, die angezeigte Zahl bzw. die sich im Rechenregister befindende Zahl mit der anschließend eingegebenen Zahl zu multiplizieren.

[÷] **Divisionstaste.** Sie weist den Rechner an, die angezeigte Zahl bzw. die sich im Rechenregister befindende Zahl durch die anschließend eingegebene Zahl zu dividieren.

[=] **Ergebnistaste.** Durch Drücken dieser Taste wird das Ergebnis, das sich im Rechenregister befindet, angezeigt. Alle früher eingegebenen Zahlen und Rechenvorgänge sind damit abgeschlossen.

Erweiterte Ausstattung

[M+] [M–] **Speichertasten.** Mit diesen Tasten wird die angezeigte Zahl zum bisherigen Speicherinhalt addiert (M+) oder subtrahiert (M–). Verschiedene Taschenrechner besitzen nur eine Speicheradditionstaste (M+). Soll bei diesen Rechnern eine angezeigte (positive) Zahl vom Speicherinhalt abgezogen werden, so ist vorher die Vorzeichenwechseltaste zu drücken.

[RM] oder [MR] **Speicherabruftaste.** Durch Drücken dieser Taste wird der Speicherinhalt in die Anzeige gerufen und kann für weitere Rechengänge verwendet werden.

[CM] oder [MC] **Speicherlöschtaste.** Durch Drücken dieser Taste wird der Speicherinhalt gelöscht.

[+/–] **Vorzeichenwechseltaste.** Durch Drücken dieser Taste wird das Vorzeichen der angezeigten Zahl (Eingabe oder Rechenergebnis) vertauscht.

[√] **Quadratwurzeltaste.** Durch Drücken dieser Taste wird die Quadratwurzel der angezeigten Zahl (Eingabe oder Rechenergebnis) gezogen.

[π] **Pi-Taste.** Durch Drücken dieser Taste erscheint in der Anzeige die Zahl π und steht für weitere Rechengänge zur Verfügung.

Beispiele zu Additionen und Subtraktionen

5,273 + 1,058 + 0,072 = ?

Eingabe	Taste	Anzeige
→ 5,273	→ [+] →	5,273
→ 1,058	→ [+] →	6,331
→ 0,072	→ [=] →	6,403

738,35 – 12,98 – 0,32 = ?

Eingabe	Taste	Anzeige
→ 738,35	→ [–] →	738,35
→ 12,98	→ [–] →	725,37
→ 0,32	→ [=] →	725,05

Beispiele zu Multiplikationen und Divisionen

1123,07 · 0,03 + 7,54 = ?

Eingabe	Taste	Anzeige
→ 1123,07	→ [×] →	1123,07
→ 0,03	→ [×] →	33,6921
→ 7,54	→ [=] →	254,03843

Bei Multiplikationen von **Zahlen mit unterschiedlichen Vorzeichen** muss bei Rechnern mit Vorzeichenwechseltaste nach der Eingabe der negativen Zahl die Vorzeichenwechseltaste gedrückt werden. Nur dann erscheint das Ergebnis mit richtigem Vorzeichen.

Bei Rechnern ohne Vorzeichenwechseltaste werden alle Faktoren des Produktes „vorzeichenlos" (also positiv) eingegeben, und für die Lösung gelten dann die Regeln:

plus × plus = plus
plus × minus = minus
minus × plus = minus
minus × minus = plus

7,5 · (–3) · 2 = ?

Eingabe	Taste	Anzeige
→ 7,5	→ [×] →	7,5
→ 3	→ [+/–] →	–3
	→ [×] →	–22,5
→ 2	→ [=] →	–45

Ist eine positive Zahl durch eine oder mehrere positive Zahlen zu dividieren, so wird die Aufgabe in der Reihenfolge, in der sie gelesen wird, in den Rechner eingetastet. Bei der Division von Zahlen mit unterschiedlichen Vorzeichen ist wie bei der Multiplikation vorzugehen; d. h., bei Rechnern mit Vorzeichenwechseltaste muss nach der Eingabe der negativen Zahl die Vorzeichenwechseltaste gedrückt werden, bei Rechnern ohne Vorzeichenwechseltaste gelten die Regeln:

plus : plus = plus
plus : minus = minus
minus : plus = minus
minus : minus = plus

12,3 : 4,1 : 0,2 = ?

Eingabe	Taste	Anzeige
→ 12,3	→ [÷] →	12,3
→ 4,1	→ [÷] →	3
→ 0,2	→ [=] →	15

5 : 4 : (–25) = ?

Eingabe	Taste	Anzeige
→ 5	→ [÷] →	5
→ 4	→ [÷] →	1,25
→ 25	→ [+/–] →	–25
	→ [=] →	–0,05

Beispiele zu Kettenrechnungen

Kettenrechnungen, die Punkt- und Strichrechnungen beinhalten, dürfen in den meisten Fällen nicht in der Reihenfolge, in der sie geschrieben sind, in den Rechner eingetastet werden.

Für die meisten Taschenrechner bedeutet das Drücken der Additions-, Subtraktions-, Multiplikations- und Divisionstaste die Anweisung, den angezeigten Wert bzw. den sich im Rechenregister befindenden Wert innerhalb der Kettenrechnung mit dem anschließend eingegebenen Wert zu addieren, zu subtrahieren, zu multiplizieren oder zu dividieren. Solche Anweisungen würden dann zu falschen Ergebnissen führen, da hier die „Punkt-vor-Strich-Regel" nicht beachtet worden

Anmerkung:

Manche „wissenschaftliche" Rechner besitzen eine Schaltung, die ermöglicht, eine „Punkt-vor-Strich"-Rechnung automatisch durchzuführen.

5,3 + 2 · 7 = ?

Würde man diese Aufgabe in der Reihenfolge, in der sie gelesen wird, in den Rechner eintasten, käme man zu einem falschen Ergebnis. Die Rechnung muss deshalb so umgestellt werden, dass die Punktrechnung vor der Strichrechnung erfolgt.

2 · 7 + 5,3 = ?

Eingabe	Taste	Anzeige
→ 2	→ × →	2
→ 7	→ + →	14
→ 5,3	→ = →	19,3

Manche Kettenrechnungen sind nur mithilfe eines Speichers in einem Rechengang zu lösen. Bei Taschenrechnern ohne Speicher müssen solche Kettenrechnungen in mehrere Rechengänge zerlegt werden.

15 · 4,8 + 3 : 8 = ?

(Rechner ohne Speicher)

Die Kettenrechnung wird in zwei Rechenvorgänge zerlegt:

15 · 4,8 = 72
3 : 8 + 72 = ?

1. Rechengang:

Eingabe	Taste	Anzeige
→ 15	→ × →	15
→ 4,8	→ = →	72

2. Rechengang:

Eingabe	Taste	Anzeige
→ 3	→ ÷ →	3
→ 8	→ + →	0,375
→ 72	→ = →	72,375

(Rechner mit Speicher)

Eingabe	Taste	Anzeige
→ 15	→ × →	15
→ 4,8	→ = →	72
	→ M+ →	
→ 3	→ ÷ →	3
→ 8	→ + →	0,375
	→ MR →	72
	→ = →	72,375

Kettenrechnungen für Rechner mit Quadratwurzeltaste:

$\sqrt{(3{,}3 + 17{,}4) \cdot 135{,}8} = ?$

Eingabe	Taste	Anzeige
→ 3,3	→ + →	3,3
→ 17,4	→ × →	20,7
→ 135,8	→ = →	2811,06
	→ √ →	<u>53,01943</u>

$12{,}7 + \sqrt{17{,}3} \cdot 9{,}1 = ?$

Der Rechenvorgang muss umgestellt werden.

$\sqrt{17{,}3} \cdot 9{,}1 + 12{,}7 = ?$

Eingabe	Taste	Anzeige
→ 17,3	→ √ →	4,159…
	→ × →	
→ 9,1	→ + →	37,849…
→ 12,7	→ = →	<u>50,549</u>…

Bei Rechnern mit Pi-Taste π kann die Zahl Pi durch Tastendruck abgerufen werden. Anstatt die Zahl 3,14159 in den Rechner einzutasten, wird die Pi-Taste gedrückt.

$71{,}398 \cdot \pi = ?$

Eingabe	Taste	Anzeige
→ 71,398	→ × →	71,398
	→ π →	3,141…
	→ = →	<u>224,303</u>…

Berechnen Sie die Fläche eines Kreises mit dem Radius $r = 7{,}32$ m.

$A = \pi \cdot r \cdot r$
$A = \pi \cdot 7{,}32\ \text{m} \cdot 7{,}32\ \text{m}$

Eingabe	Taste	Anzeige
	→ π →	3,141…
	→ × →	
→ 7,32	→ × →	22,996…
→ 7,32	→ = →	<u>168,334</u>…

Ergebnis: Der Kreis hat eine Fläche von <u>168,334</u> m².

Aufgaben:

1. Bilden Sie die Summen aus folgenden Gliedern:

a)	**b)**	**c)**
0,0038	15328,2	18,743
7,1973	76891,3	0,026
0,1253	810,9	135,009
18,0214	17,5	8,576

2. Berechnen Sie die Länge des Gebäudes.

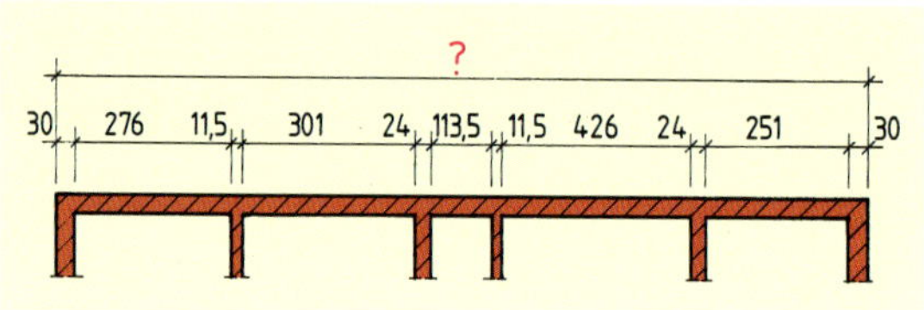

3. Berechnen Sie die fehlenden Maße.

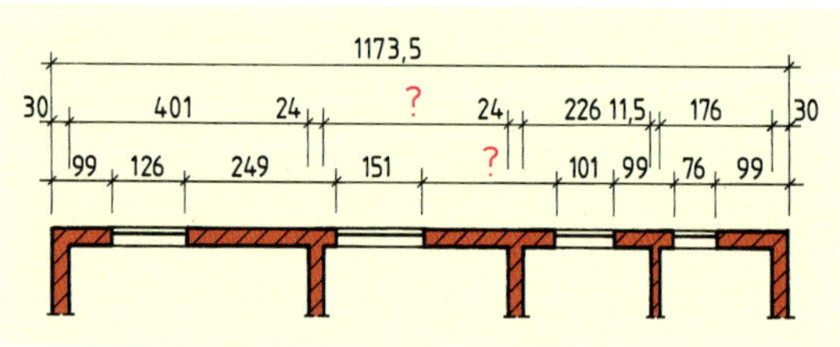

4. Bilden Sie die Produkte.

a) $0{,}321 \cdot 17{,}385 \cdot 2{,}008 \cdot 167{,}589 \cdot 0{,}023 = ?$

b) $1183{,}41 \cdot 283{,}72 \cdot 0{,}08 \cdot 87{,}93 \cdot 0{,}27 = ?$

c) $0{,}071 \cdot 13475{,}384 \cdot 18{,}002 \cdot 6{,}248 \cdot 0{,}333 = ?$

5. Eine Prämie von 187,35 € soll unter 5 Kolonnenmitgliedern gleich aufgeteilt werden. Wie viel erhält das einzelne Kolonnenmitglied?

6. Bilden Sie die Quotienten.

a) $0{,}387 : 2{,}713 : 0{,}057 = ?$

b) $173800 : 1835 : 173 : 0{,}373 = ?$

c) $15346{,}53 : 0{,}02 : 73{,}75 = ?$

7. Für 1 m^3 Mauerwerk werden 32 Hohlblocksteine benötigt. Wie viele Hohlblocksteine sind für 127,38 m^3 Mauerwerk erforderlich? (Der Verhau bleibt unberücksichtigt.)

8. Lösen Sie folgende Kettenrechnungen:

a) $3 + 8 \cdot 12 + 3 = ?$

b) $17{,}3 \cdot 8{,}5 + 17{,}8 : 3 = ?$

c) $135{,}4 : 3 + 2 \cdot 14{,}3 + 0{,}45 \cdot 16 = ?$

d) $(3{,}4 + 7{,}6) \cdot 4{,}9 - 3 = ?$

e) $\dfrac{3{,}1 + 4{,}7 + 17{,}5 \cdot 12{,}3}{1{,}5 - 2{,}7 + 18{,}3} = ?$

f) $\dfrac{3{,}713 \cdot 0{,}432 \cdot (4{,}867 - 2{,}128)}{0{,}796 + 13{,}387} = ?$

9. Berechnen Sie die Fläche der Fassade.

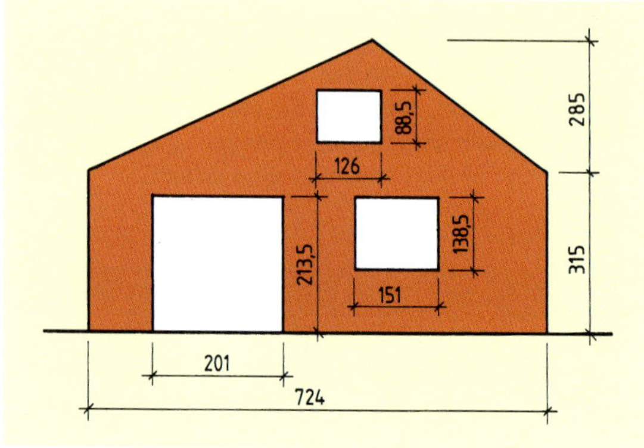

10. Berechnen Sie den Monatslohn (brutto) eines Maurers nach folgenden Angaben:
1. Woche 42 Stunden, 2. Woche 46 Stunden,
3. Woche 41 Stunden, 4. Woche 34 Stunden,
Prämie 87,50 €, Stundenlohn 19,20 €/h.
Überstundenzuschlag (auf 9 Stunden der oben aufgeführten Stunden) 4,– €/h.

11. Berechnen Sie die Seitenlängen der Quadrate. Fläche A = 173 m^2, 12,5 m^2, 0,35 m^2, 1385,3 cm^2.

12. Berechnen Sie die Quadratwurzeln.

a) $\sqrt{0{,}876 + 54{,}067}$ **b)** $\sqrt{7{,}1 + 3{,}4 - 5{,}2}$

c) $\sqrt{17{,}2 \cdot 3{,}4 \cdot 22{,}3}$ **d)** $\sqrt{153 + 286 \cdot 374 + 78}$

13. Berechnen Sie die Kreisflächen.

$\left(A = \pi \cdot r^2 \text{ oder } A = \frac{\pi}{4} \cdot d^2\right)$

a) $r = 12{,}34$ m **b)** $r = 7{,}213$ cm **c)** $d = 68{,}43$ cm
d) $d = 275{,}42$ m **e)** $d = 13{,}84$ mm

14. Ein Ingenieurbüro bestellt bei einem Schreibwarenhändler folgende Artikel:

Anzahl	Artikel	Preis pro Stück
5	Rollen Zeichenpapier	42,54 €
25	Schreibblöcke	3,84 €
10	Pakete Druckerpapier	6,07 €
3	Toner-Druckerpatronen	63,18 €

Berechnen Sie die Einzelbeträge und den Rechnungsendbetrag.

15. 4800 m^3 Aushub müssen beim Bau eines Geschäftshauses abtransportiert werden. Die Leistung des Baggers beträgt 45 m^3/h. Ein Lkw fasst 5 m^3.

a) Wie viele Lkw können vom Bagger in einer Stunde beladen werden?

b) Wie lange darf die Ladezeit sein, damit der Bagger ausgelastet ist?

c) Wie viele Lkw müssen vorgesehen werden, wenn ein Lkw 40 Minuten benötigt, bis er zum Wiederladen bereit ist?

6.2 Anwenden von Formeln

Formeln werden benötigt um z.B. Flächen, Volumen, Kräfte oder Spannungen zu berechnen.

Es handelt sich dabei um **Gleichungen**, die mathematische, physikalische oder technische Zusammenhänge angeben.

Beispiel:

Die Fläche eines Rechteckes wird mit der Formel

$A = b \cdot l$

berechnet.

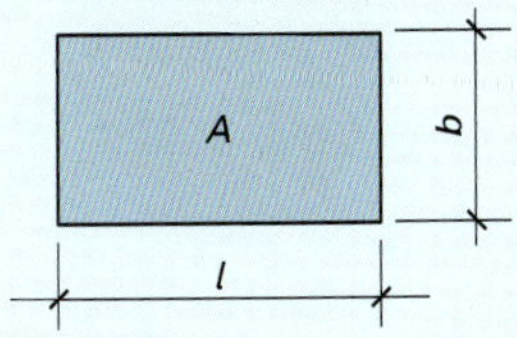

In einer Formel steht immer ein Gleichheitszeichen; somit hat die Formel immer links und rechts des Gleichheitszeichens denselben Wert.

Formeln werden umgeformt, indem auf beiden Seiten des Gleichheitszeichens gleiche Rechenvorgänge mit gleichen Zahlen (Buchstaben) durchgeführt werden. Diesen Vorgang kann man mit den Veränderungen bei einer **Waage** vergleichen.

Eine Formel entspricht einer Waage im Gleichgewicht. Wird auf der linken Seite der Waage eine Veränderung vorgenommen, so muss auf der rechten Seite dasselbe getan werden, um den Gleichgewichtszustand aufrechtzuerhalten.

Formeln werden umgeformt, indem auf beiden Seiten gleiche Rechenvorgänge mit gleichen Zahlen (Buchstaben) durchgeführt werden.

Beispiel:

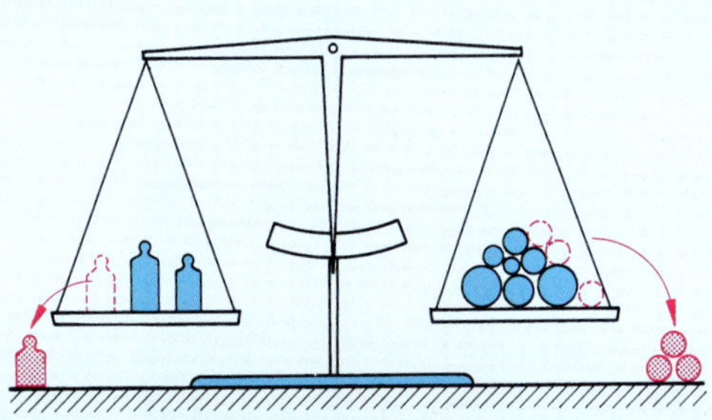

$A = b \cdot l$

$\frac{A}{b} = \frac{\not{b} \cdot l}{\not{b}}$

$\frac{A}{l} = \frac{b \cdot \not{l}}{\not{l}}$

Die Formeln für die wichtigsten Flächen und Volumen finden Sie im **Tabellenanhang.** Bei zusammengesetzten Flächen oder Körpern kann es u.U. nützlich sein, neue Formeln als Produkte der einzelnen bekannten Formeln zusammenzusetzen.

1. Beispiel:

Für die Garage unseres Reihenhauses soll eine Formel für die Berechnung des Volumens aufgestellt werden.

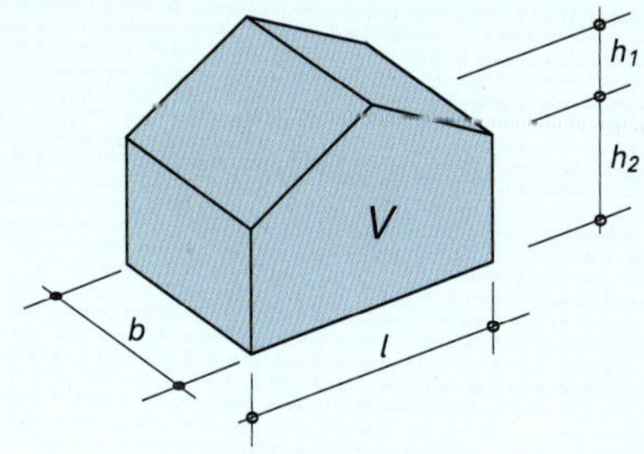

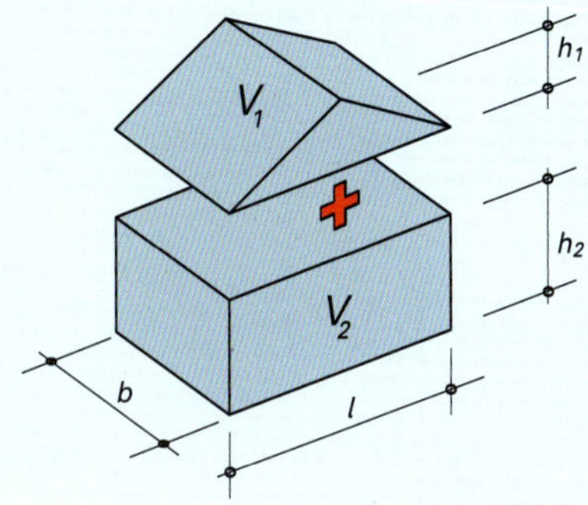

Lösung:

$V_1 = \frac{1}{2} b \cdot h_1 \cdot l; \quad V_2 = b \cdot h_2 \cdot l$

$V = V_1 + V_2; \quad V = \frac{1}{2} b \cdot h_1 \cdot l + b \cdot h_2 \cdot l$

$\underline{V = b \cdot l \left(\frac{1}{2} h_1 + h_2\right)}$

2. Beispiel:

Für die aus zwei Dreiecken und einem Quadrat zusammengesetzte Fläche soll eine Formel aufgestellt werden.

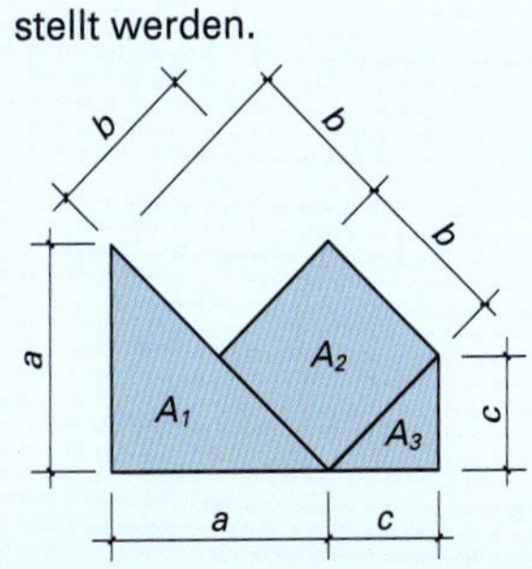

$b = \frac{a\sqrt{2}}{2}$

$c = \frac{a}{2}$

$A_1 = \frac{a^2}{2}$

$A_2 = \left(\frac{a\sqrt{2}}{2}\right)^2 = \frac{a^2}{2}$

$A_3 = \frac{1}{2} \cdot \left(\frac{a}{2}\right)^2 = \frac{a^2}{8}$

Lösung:

$A = A_1 + A_2 + A_3$

$A = \frac{a^2}{2} + \frac{a^2}{2} + \frac{a^2}{8}; \quad \underline{A = \frac{9a^2}{8}}$

Aufgaben:

1. Suchen Sie im Tabellenanhang die Formeln für die Umfänge von
- Trapez,
- Kreis,
- Parallelogramm.

2. Suchen Sie im Tabellenanhang die Formeln für die Flächen von
- Dreieck,
- Raute,
- Kreisausschnitt.

3. Suchen Sie im Tabellenanhang die Formeln für die Volumen von
- Prisma,
- Zylinder,
- Kegelstumpf.

4. Um welche Formeln handelt es sich bei folgenden Gleichungen?

a) $A = \frac{l \cdot b}{2}$ **b)** $V = \frac{A \cdot h_K}{3}$ **c)** $c^2 = a^2 + b^2$

5. Stellen Sie die Formeln so um, dass *A* jeweils allein auf der linken Seite steht.

a) $l = \frac{A}{b}$ **b)** $b = \frac{A}{l}$; **c)** $a = \frac{A}{a}$

d) $b = \frac{2A}{l}$; **e)** $h = \frac{2 \cdot A}{a + b}$; **f)** $\pi = \frac{A}{r^2}$

6. Stellen Sie die Formeln so um, dass *V* jeweils allein auf der linken Seite steht.

a) $A = \frac{V}{h}$; **b)** $a \cdot h = \frac{V}{a}$; **c)** $3 = \frac{h \cdot A}{V}$

d) $\pi = \frac{3}{4} \cdot \frac{V}{r^3}$; **e)** $\frac{h \cdot \pi}{3} = \frac{V}{2 \cdot r^2}$

7. Stellen Sie die Formeln so um, dass jede Größe alleine auf der linken Seite steht.

a) $\sigma = \frac{E}{A}$; **b)** $\sigma = \frac{M}{W}$; **c)** $A = \frac{a + b}{2} \cdot h$

d) $A = \frac{\pi}{4} \cdot d^2$; **e)** $a^2 + b^2 = c^2$; **f)** $U = R \cdot I$

8. Stellen Sie eine Formel für den Umfang des Grundstückes auf, und berechnen Sie mit Ihrer Formel die Länge des Umfangs.

$a = 5{,}00$ m

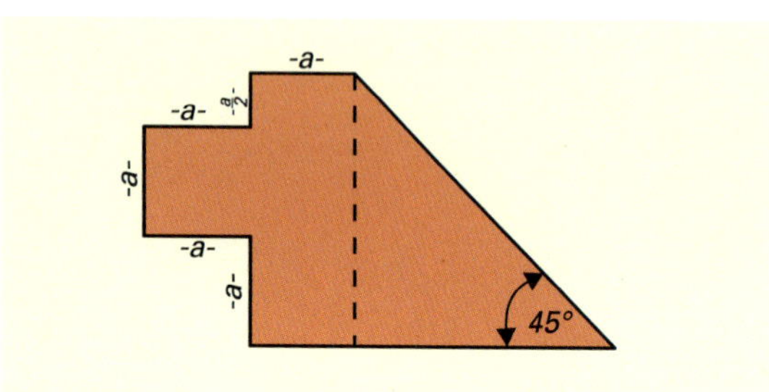

9. Stellen Sie jeweils eine Formel für den Umfang auf.

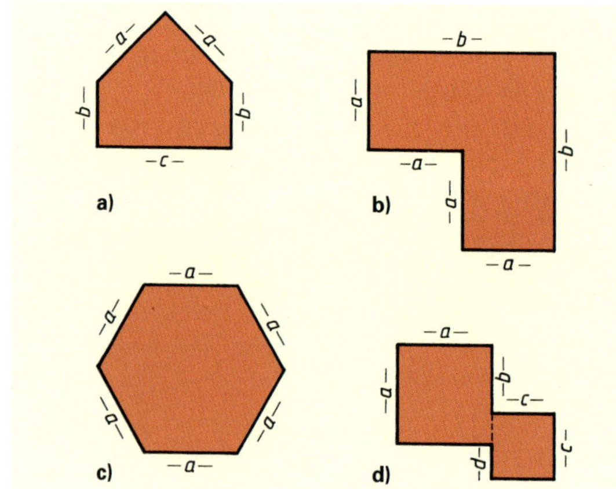

10. Stellen Sie eine Formel für die Fläche auf.

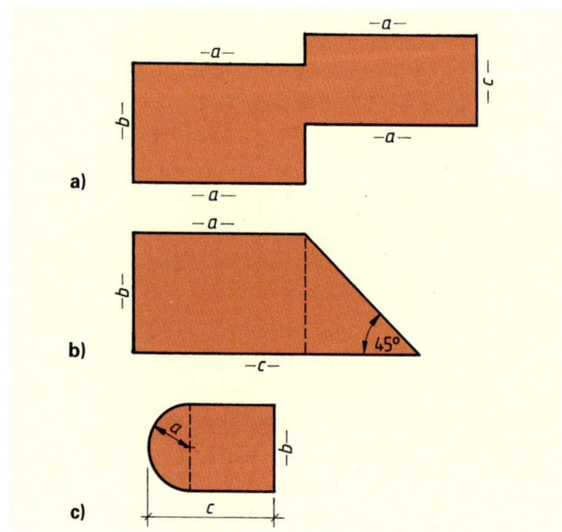

11. Stellen Sie eine Formel für das Volumen des dargestellten Körpers auf.

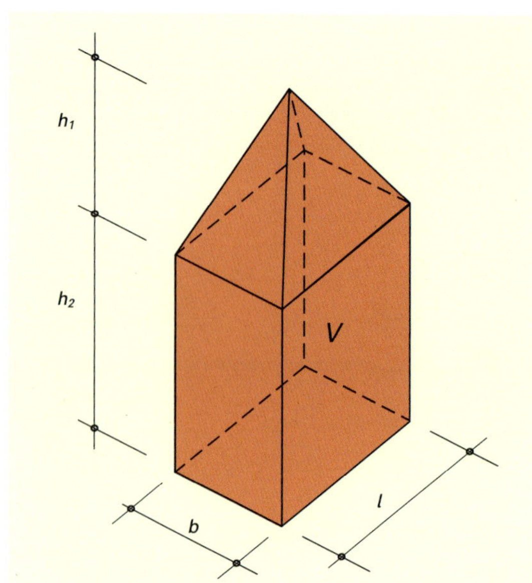

6.3 Dreisatzrechnen

Dreisatz mit geradem Verhältnis

Ein gerades Verhältnis ist gegeben, wenn beide veränderlichen Größen zu- oder abnehmen.

je mehr .... desto mehr
oder
je weniger .... desto weniger

Zum Beispiel:
doppelte Menge .... doppelter Preis
oder
halbe Menge .... halber Preis

Beispiel:

Ein Bagger hebt in 8 Stunden 400 m^3 Boden aus. Wie viele Stunden braucht er für 4500 m^3?

Die Lösung erfolgt in drei Schritten:

Im **1. Satz** wird das bekannte Verhältnis ausgedrückt.

400 m^3 werden in 8 Stunden ausgehoben.

Im **2. Satz** wird das bekannte Verhältnis auf eine Einheit bezogen.

1 m^3 wird in $\frac{8}{400}$ Stunden ausgehoben.

Im **3. Satz** wird auf das gesuchte Verhältnis geschlossen.

4500 m^3 werden in $\frac{8 \cdot 4500}{400}$ Stunden ausgehoben.

Damit kann die gesuchte Größe berechnet werden.

$\frac{8\ h \cdot 4500\ m^3}{400\ m^3} = \underline{90\ h}$

Zeichnerische Darstellung:

Wertetabelle

Aushub in m^3	100	200	300	400	500	600
Arbeitszeit in h	2	4	6	8	10	12

Die Zuordnung der Zahlenpaare wird im Achsenkreuz dargestellt. Verbindet man die Punkte, so entsteht bei einem geraden Verhältnis immer eine **Gerade**.

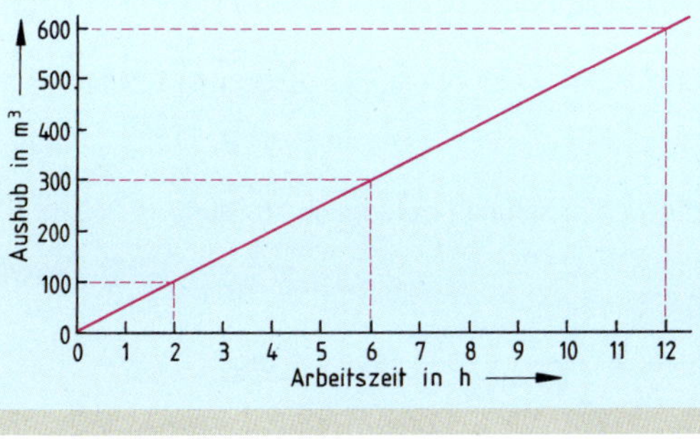

Dreisatz mit umgekehrtem Verhältnis

Ein umgekehrtes Verhältnis liegt vor, wenn die eine veränderliche Größe zunimmt und die andere dabei abnimmt.

je mehr .... desto weniger
oder
je weniger .... desto mehr

Zum Beispiel:
doppelte Arbeiterzahl .... halbe Arbeitszeit
oder
halbe Arbeiterzahl .... doppelte Arbeitszeit

Der Lösungsweg und die Schreibweise des Dreisatzes entsprechen dem Dreisatz mit geradem Verhältnis.

Beispiel:

3 Estrichleger benötigen für den Einbau von Estrichen in ein Einfamilienhaus 18 Stunden. Wie lange benötigen dazu 2 Estrichleger bei gleichem Arbeitstempo?

1. Satz 3 Estrichleger benötigen 18 Stunden

2. Satz 1 Estrichleger benötigt 18 · 3 Stunden

3. Satz 2 Estrichleger benötigen $\frac{18 \cdot 3\ \text{Stunden}}{2}$

$\frac{18 \cdot 3}{2}$ Stunden = $\underline{27\ \text{Stunden}}$.

Ergebnis: 2 Estrichleger benötigen 27 Stunden.

Zeichnerische Darstellung:

Wertetabelle

Anzahl der Estrichleger	1	2	3	4	5	6
Arbeitsstunden	54	27	18	13,5	10,8	9

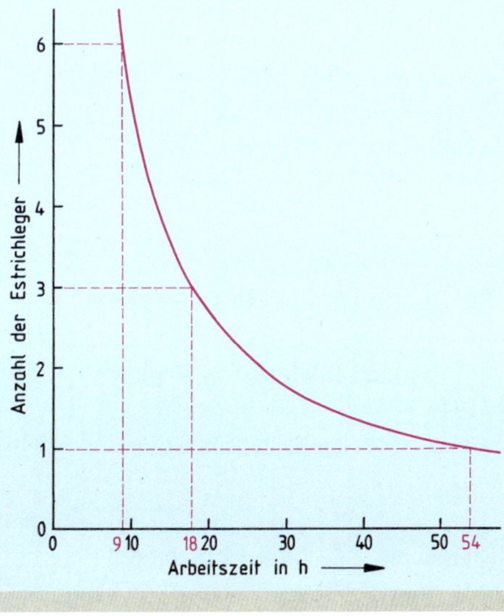

Zusammengesetzter Dreisatz

Beim einfachen Dreisatz wird aus drei bekannten Größen eine vierte Größe berechnet.

Beim zusammengesetzten Dreisatz sind mehr als drei Größen bekannt, und es muss schrittweise in einfachen Dreisätzen die gesuchte Größe ermittelt werden.

Die bei den einfachen Dreisätzen errechneten Größen werden Bedingungen für die folgenden Dreisätze.

Erst wenn alle Bedingungsgrößen verändert worden sind, ist der zusammengesetzte Dreisatz gelöst.

Beispiel:

4 Einschaler schalen eine Decke mit einer Fläche von 128 m^2 bei einer täglichen Arbeitszeit von 8 Stunden in 2 Tagen.
Wie viele Tage benötigen 3 Einschaler, wenn sie bei einer täglichen Arbeitszeit von 10 Stunden eine Decke mit einer Fläche von 240 m^2 einschalen?

Lösung:

Der zusammengesetzte Dreisatz wird in **drei** einfache Dreisätze zerlegt.

Im **1. Satz** werden die Arbeitstage von 3 Einschalern bei einer täglichen Arbeitszeit von 8 Stunden für eine Decke von 128 m^2 berechnet.

> Die Zahl der Einschaler wird verändert, die tägliche Arbeitszeit und die Fläche der Decke bleiben unverändert.

Im **2. Satz** werden die Arbeitstage von 3 Einschalern bei einer täglichen Arbeitszeit von 10 Stunden für eine Decke von 128 m^2 berechnet.

> Die tägliche Arbeitszeit wird verändert, die Fläche der Decke bleibt unverändert.

Im **3. Satz** werden die Arbeitstage von 3 Einschalern bei einer täglichen Arbeitszeit von 10 Stunden für eine Decke von 240 m^2 berechnet.

> Die Fläche der Decke wird verändert.

1. Schritt (1. Dreisatz)

4 Einschaler schalen bei täglich 8 Stunden 128 m^2 in 2 Tagen

1 Einschaler schalt bei täglich 8 Stunden 128 m^2 in $2 \cdot 4$ Tagen

3 Einschaler schalen bei täglich 8 Stunden 128 m^2 in $\frac{2 \cdot 4}{3}$ Tagen

1. Teilergebnis: $\frac{2 \cdot 4}{3}$ Tage = 2,67 Tage

2. Schritt (2. Dreisatz)

Bei täglich 8 Stunden schalen 3 Einschaler 128 m^2 in 2,67 Tagen

bei täglich 1 Stunde schalen 3 Einschaler 128 m^2 in $2{,}67 \cdot 8$ Tagen

bei täglich 10 Stunden schalen 3 Einschaler 128 m^2 in $\frac{2{,}67 \cdot 8}{10}$ Tagen

2. Teilergebnis: $\frac{2{,}67 \cdot 8}{10}$ Tage = 2,13 Tage.

3. Schritt (3. Dreisatz)

128 m^2 schalen bei täglich 10 Stunden 3 Einschaler in 2,13 Tagen

1 m^2 schalen bei täglich 10 Stunden 3 Einschaler in $\frac{2{,}13}{128}$ Tagen

240 m^2 schalen bei täglich 10 Stunden 3 Einschaler in $\frac{2{,}13 \cdot 240}{128}$ Tagen

Ergebnis: $\frac{2{,}13 \cdot 240}{128}$ Tage = <u>4 Tage</u>

3 Einschaler benötigen bei einer täglichen Arbeitszeit von 10 Stunden für eine Deckenschalung mit einer Fläche von 240 m^2 4 Tage.

Diese 3 Schritte zusammengefasst dargestellt:

4 Einschaler schalen bei täglich 8 Stunden 128 m^2 in 2 Tagen

1 Einschaler schalt bei täglich 8 Stunden 128 m^2 in $2 \cdot 4$ Tagen

1 Einschaler schalt bei täglich 1 Stunde 128 m^2 in $2 \cdot 4 \cdot 8$ Tagen

1 Einschaler schalt bei täglich 1 Stunde 1 m^2 in $\frac{2 \cdot 4 \cdot 8}{128}$ Tagen

1 Einschaler schalt bei täglich 10 Stunden 1 m^2 in $\frac{2 \cdot 4 \cdot 8}{10 \cdot 128}$ Tagen

1 Einschaler schalt bei täglich 10 Stunden 240 m^2 in $2 \cdot 4 \cdot 8 \cdot \frac{240}{10 \cdot 128}$ Tagen

3 Einschaler schalen bei täglich 10 Stunden 240 m^2 in $\frac{2 \cdot 4 \cdot 8 \cdot 240}{10 \cdot 128 \cdot 3}$ Tagen

Ergebnis: $\frac{2 \cdot 4 \cdot 8 \cdot 240}{10 \cdot 128 \cdot 3}$ Tage = <u>4 Tage</u>

Aufgaben:

1. 35 Säcke Zement kosten 224,– €. Wie viel € kosten 25 Säcke?

2. 14 m^3 Beton C 12/15 kosten frei Baustelle 910,– €. Wie viel kosten 12 m^3?

3. Auf eine Baustelle werden 7900 Mauerziegel geliefert. Sie kosten einschließlich Fracht 4160,– €. Für die Fracht werden 112,50,– € berechnet.

Wie viel kosten 7000 Mauerziegel, wenn sie zu denselbon Frachtkosten auf die gleiche Baustelle geliefert werden?

4. Für den 7,5-stündigen Einsatz eines Baggers wurden 417,50 € berechnet.

Wie viel € wären für einen 6-stündigen Baggereinsatz berechnet worden?

5. Zur Herstellung von 2,7 m^3 Mauerwerk wurden 548 l Mörtel benötigt.

Wie viele m^3 Mörtel werden für 9,8 m^3 Mauerwerk benötigt?

6. Die Baukosten eines Einfamilienwohnhauses betragen 750000,– €. Das Haus hat eine Wohnfläche von 175 m^2.

Wie viel würde ein Einfamilienhaus mit einer Wohnfläche von 155 m^2 kosten? (Voraussetzung: gleicher Wohnflächenpreis!)

7. Zur Herstellung von 200 m^2 Estrich benötigt eine drei Mann starke Gruppe 13 Stunden.

Wie lange benötigt diese Gruppe zum Einbau von 150 m^2, 250 m^2, 350 m^2 und 400 m^2?

Stellen Sie das Verhältnis zeichnerisch dar.

8. Ein Zimmermann muss für 15,3 m^3 Nadelschnittholz (Tanne/Fichte) 4207,50 € bezahlen.

Wie viele € muss der Zimmermann für 19 m^3 Kiefernholz bezahlen, wenn der m^3 um 18,50 € teurer als Tannenholz ist?

9. Zur Dämmung einer Dachfläche von 160 m^2 wurden Dämmplatten mit einer Dicke von 18 cm zu einem Preis von 1920,– € eingebaut. Dämmplatten mit einer Dicke von 22 cm würden 2,25 €/m^2 mehr kosten.

Wie teuer kommt die Dämmung einer Dachfläche mit 145 m^2 Fläche bei einer Dämmplattendicke von 18 cm und von 22 cm?

10. Auf eine Baustelle werden 82 m^3 Transportbeton zum Preis von 6150,– € geliefert. Das Betonwerk liegt in einer Entfernung von 7 km von der Baustelle. Die Frachtkosten betragen je m^3 Transportbeton 0,65 € pro km Entfernung.

Wie hoch sind die Kosten für 54 m^3 Transportbeton bei einer 12 km entfernten Baustelle?

11. Zum Aushub eines 7 m langen Rohrgrabens benötigen 3 Arbeiter 3 Tage zu 8 Stunden.

Wie lange benötigen für den Aushub 4 Arbeiter?

12. Auf einer Baustelle fallen wegen Krankheit 2 von 5 Arbeitern aus. Die Arbeitszeit beträgt im Normalfall 8 Stunden pro Tag. Um wie viele Stunden muss die tägliche Arbeitszeit erhöht werden, damit die Fertigstellung des Gebäudes nicht in Verzug kommt?

13. Ein Bauunternehmer sieht für Schalarbeiten eine Einschalerkolonne von 6 Mann vor, die in 4 Tagen fertig sein sollte. Es kommen aber nur 4 Mann zum Einsatz. Um wie viele Tage verzögert sich der Fertigstellungstermin?

14. Zum Bewehren von 240 m^2 Stahlbetondecke benötigen 4 Betonbauer 3 Arbeitstage mit je 8 Stunden Arbeitszeit.

a) Wie lange benötigen 2, 3, 5, 6 und 7 Betonbauer?

b) Stellen Sie das Verhältnis zeichnerisch dar.

15. Eine Kolonne von 6 Arbeitern erstellt ein Einfamilienhaus bei einer täglichen Arbeitszeit von 8 Stunden in 90 Arbeitstagen.

Wie lange benötigen 5 Arbeiter für dasselbe Einfamilienhaus bei einer täglichen Arbeitszeit von 9 Stunden?

16. Eine 4 Mann starke Zimmererkolonne bindet 5,5 m^3 Bauholz in 3 Tagen bei einer täglichen Arbeitszeit von 8 Stunden ab.

Wie viele m^3 Bauholz binden 6 Zimmerer in 2 Tagen bei einer täglichen Arbeitszeit von 10 Stunden ab?

17. Eine Betonmischmaschine mit einem Trommelinhalt von 500 Litern benötigt für eine Mischung 1 Minute, 12 Sekunden. Sie wird durch eine neue Anlage ersetzt, die eine Stundenleistung von 50 m^3 hat.

Wie lange benötigt die neue Maschine für eine Mischung, wenn die Trommel einen Inhalt von 750 l hat?

18. Zur Herstellung von 280 Betonfertigteilen benötigt ein Fertigteilwerk mit 13 Arbeitern einen Monat (18 Arbeitstage) bei einer täglichen Arbeitszeit von 8 Stunden. Im Monat Juni haben an 12 Tagen 3 Arbeiter Urlaub.

Um wie viele Stunden muss die tägliche Arbeitszeit im ganzen Monat Juni erhöht werden, damit 280 Fertigteile wie in jedem Monat hergestellt werden können?

19. Ein Bagger benötigt für den Aushub einer 300 m^3 großen Baugrube 5 Tage. Der Bagger ist nicht ausgelastet, weil nur ein Lkw zur Verfügung steht.

Wie lange würde der Aushub für eine 250 m^3 große Baugrube dauern, wenn zwei Lkw im Einsatz wären?

Anmerkung: Die Lkw haben die gleiche Nutzlast und legen die gleiche Strecke zurück.

6.4 Prozentrechnen

Den hundertsten Teil eines Wertes nennt man auch ein **Prozent** (%).

Sollen z.B. mehrere Werte miteinander verglichen werden, so kann man als Vergleichszahl **100** verwenden, auf welche die Vergleichswerte bezogen werden.

2 % Skonto von 500,– € sind 10,– €

500,– €	ist der **Grundwert (*G*)**, er entspricht dem Ganzen, also 100 %.
10,– €	ist der **Prozentwert (*P*)**, er entspricht einem Teil des Grundwertes.
2 %	ist der **Prozentsatz (*p*%)**, er gibt an, wie viel Hundertstel (Prozent) des Grundwertes der Prozentwert entspricht.

Berechnung des Grundwertes

Prozentwert und Prozentsatz sind gegeben.

$$\text{Grundwert } G = \frac{\text{Prozentwert } P \cdot 100\,\%}{\text{Prozentsatz } p\%}$$

Berechnung des Prozentwertes

Grundwert und Prozentsatz sind gegeben.

$$\text{Prozentwert } P = \frac{\text{Grundwert } G \cdot \text{Prozentsatz } p\%}{100\,\%}$$

Berechnung des Prozentsatzes

Grundwert und Prozentwert sind gegeben.

$$\text{Prozentsatz } p\% = \frac{\text{Prozentwert } P \cdot 100\,\%}{\text{Grundwert } G}$$

In der Praxis sind Aufgabenstellungen häufig, bei denen nicht der Grundwert selbst, sondern ein **vermehrter** oder **verminderter Grundwert** gegeben ist. Es muss dann der Grundwert berechnet werden.

Beispiele:

1. Der Bauunternehmer erhält 92 500,– € für den Rohbau eines Einfamilienhauses. Wie hoch sind die Baukosten, wenn der Rohbau 40 % der Baukosten entspricht?

Gesuchte Baukosten = Grundwert *G*

Rohbaukosten = Prozentwert *P*

40 % = Prozentsatz *p*%

$$G = \frac{P \cdot 100\,\%}{p\%}$$

$$G = \frac{92\,500,\text{–}\,€ \cdot 100\,\%}{40\,\%}$$

$$G = \underline{231\,250,\text{–}\,€}$$

Die Baukosten betragen <u>231 250,– €</u>.

2. Das Volumen einer Baugrube beträgt 2 500 m^3. Die Bodenauflockerung beim Aushub beträgt 15 %. Wie groß ist das aufgelockerte Bodenvolumen?

Anmerkung: Beim Aushub von Böden entsteht eine Auflockerung. Diese Auflockerung wird als Prozentsatz angegeben und liegt je nach Bodenart zwischen etwa 5 % und 20 %.

Volumen der Baugrube = Grundwert *G*

Volumen der Bodenauflockerung = Prozentwert *P*

Auflockerung in % = Prozentsatz *p*%

$$P = \frac{G \cdot p\%}{100\,\%} = \frac{2500\text{ m}^3 \cdot 15\,\%}{100\,\%} = 375\text{ m}^3$$

Aufgelockertes Bodenvolumen = Volumen der Baugrube + Volumen der Bodenauflockerung

Aufgelockertes Volumen = 2 500 m^3 + 375 m^3

= <u>2 875 m^3</u>

3. Wie viel % Preisnachlass gewährt ein Handwerker, wenn er für einen Auftrag statt der berechneten Summe von 12 840,– € nur 12 198,– € bezahlt haben will?

12 840,– € = Grundwert *G*

(12 840,– € – 12 198,– €) = Prozentwert *P*

Preisnachlass in % = Prozentsatz *p*%

$$p\% = \frac{P \cdot 100\,\%}{G}$$

$$p\% = \frac{(12\,840,\text{–}\,€ - 12\,198,\text{–}\,€) \cdot 100\,\%}{12\,840,\text{–}\,€}$$

Prozentsatz = <u>5 %</u>

Der Handwerker gewährt einen Preisnachlass von <u>5 %</u>.

4. Ein Bauunternehmer muss an ein Betonwerk für eine Lieferung Transportbeton 5 431,50 € bezahlen, da die Preise um 6,5 % angehoben wurden. Wie viel hätte er vor dieser Verteuerung bezahlen müssen?

Rechnungsbetrag = erhöhter Grundwert (entspricht 100 % + 6,5 %)

Verteuerung = Prozentwert *P*

Verteuerung in % = Prozentwert *p*%

$$P = \frac{\text{erhöhter Grundwert} \cdot p\%}{100\,\% + p\%}$$

$$\text{Verteuerung} = \frac{5\,431,50\,€ \cdot 6,5\,\%}{100\,\% + 6,5\,\%} = 331,50\,€$$

Alter Preis = Neuer Preis – Verteuerung

Alter Preis = <u>5 100,00 €</u>

Aufgaben:

1. Berechnen Sie das aufgelockerte Bodenvolumen für folgende Baugrubenvolumen und Auflockerungen:

	Volumen der Baugrube	Auflockerung
a)	1800 m^3	7%
b)	2900 m^3	18%
c)	500 m^3	12%
d)	1700 m^3	9%

2. Ein Baustoffhändler gewährt bei Bezahlung innerhalb eines Monats nach Rechnungserhalt 2% Skonto. Berechnen Sie die zu überweisenden Rechnungsbeträge nach Abzug von 2% Skonto.

Rechnungsbeträge: 25764,80 €
12763,60 €
93519,– €
4915,40 €
108946,– €
184,50 €

3. Das Monatsgehalt eines Bauzeichners beträgt 2125,– €. Die Abzüge belaufen sich auf insgesamt 32,8%. Wie hoch ist das Nettogehalt des Bauzeichners?

4. Der Stundenlohn eines Maurers soll um 4,8% angehoben werden. Wie hoch ist der neue Lohn, wenn der alte (vor Anhebung) 9,15 €/h betrug?

5. Berechnen Sie die Baukosten des Einfamilienhauses für jede Kostenstelle, wenn die reinen Baukosten sich auf 630000,– € beliefen.

Gewerk	%
Erdarbeiten	2
Maurerarbeiten	21
Betonarbeiten	14
Putzarbeiten	7
Zimmerarbeiten	7
Dachdeckerarbeiten	2,5
Klempnerarbeiten	2
Schreinerarbeiten	4
Schlosserarbeiten	1
Fliesen- und Plattenarbeiten	2
Fußböden einschließlich Estricharbeiten	5
Glaserarbeiten	7
Sanitäre Installation und Einrichtung	4
Heizung	9,5
Elektroinstallation und Einrichtung	4
Malerarbeiten	2
Ausstattung von Küchen	6
Reine Baukosten	100

6. Ein Zimmermann kauft eine Kreissäge und erhält einen Rabatt. Wie viel % Rabatt werden ihm gegeben, wenn er statt des Verkaufspreises von 2500,– € nur 2425,– € bezahlt?

7. Ein Maurermeister kauft Sand für 12,50 €/t ein. Welchen Materialpreis setzt er in seine Kalkulation ein, wenn er 18% Gewinn dazurechnet?

8. Ein Architektenhonorar beträgt 8,3% der Baukosten. Wie groß ist das Honorar eines Architekten bei einem Zweifamilienhaus mit Baukosten von 750000,– €?

9. Die Dachfläche eines Hauses beträgt 215 m^2. Wie viele Bretter mit der Abmessung 0,12 m/3,60 m sind für eine Dachschalung erforderlich, wenn mit 12% Verschnitt gerechnet werden muss?

10. Auf einer Baustelle sollen 65,63 m^2 Bretterschalung hergestellt werden. Es wurden 72 m^2 Bretter geliefert.

Wie viele Bretter müssen nachgeliefert werden, wenn mit 10% Verschnitt zu rechnen ist?

11. Mit einem Bagger können in einer Stunde 80 m^3 Boden gelöst und geladen werden.

Zu wie viel Prozent ist der Bagger ausgenutzt, wenn er an einem 8-Stunden-Tag 480 m^3 Boden gelöst und geladen hat?

12. Um wie viel Prozent sind die Baukosten eines Mehrfamilienhauses gestiegen, wenn statt 1067500,– € die Baukosten 1376000,– € betragen?

13. Ein Betonbauer erhält einen Nettolohn von 1926,50 €. Die Abzüge betragen 32% seines Bruttolohnes. Berechnen Sie den Bruttolohn des Betonbauers.

14. Für den Kauf eines Autos muss ein Arbeiter einen Bankkredit von 9000,– € aufnehmen. Der Zinssatz (= Prozentsatz) beträgt pro Jahr 10,25%.

Wie viel Zinsen muss der Arbeiter pro Jahr an die Bank bezahlen?

15. Nach einer 3,5%igen Lohnerhöhung steigen die Stundenlöhne um folgende Beträge:

Stundenlohn eines Vorarbeiters um 0,65 €/h;
Stundenlohn eines Maurers um 0,59 €/h;
Stundenlohn eines Hilfsarbeiters um 0,52 €/h;
Stundenlohn eines Auszubildenden um 0,20 €/h.

Wie hoch waren die Stundenlöhne vor der Lohnerhöhung und wie hoch sind die Stundenlöhne nach der Lohnerhöhung?

16. Nach Fertigstellung eines Garagenneubaus stellt der Bauherr fest, dass die Rechnung höhere Endpreise aufweist als das Angebot.

Der Bauunternehmer kann aber nachweisen, dass die Mehrbeträge alleine durch Mengenüberschreitungen entstanden sind und dass er zu gleichen Einheitspreisen wie im Angebot abgerechnet hat.

	Angebot in €	**Rechnung** in €
5,6 m^3 Erdaushub	113,–	192,50
6,5 m^3 Fundamentboden	525,–	650,–
3 m^3 Stahlbeton	350,–	360,–
8,5 m^3 Mauerwerk	1125,–	1275,–

Um wie viel Prozent haben sich die einzelnen Mengen geändert?

17. Ein Betonbauer erhält einen Stundenlohn von 19,50 €/h. Wie hoch ist sein Bruttomonatslohn, wenn er zu seinen 192 Arbeitsstunden noch folgende Zuschläge erhält:

für 8 Stunden Nachtzuschlag von 11%;

für 16 Stunden Sonntagszuschlag von 50%;

für 32 Stunden Überstundenzuschlag von 25%;

für 18 Stunden Erschwerniszuschlag von 6%?

18. Ermitteln Sie die Rechnungsbeträge ohne die zur Zeit übliche Mehrwertsteuer.

Rohbau	296970,– €
Ausbau	570114,– €
Außenanlagen	63384,– €

19. Wie hoch ist der Bruttolohn eines Zimmerers, wenn ihm nach Abzug von 18% Sozialversicherungen und 20% Lohnsteuer 1978,– € ausbezahlt werden?

20. Die Fundamente eines Wohnhauses haben ein Volumen von 14 m^3. Wie viel Beton muss angeliefert werden, wenn für die Verdichtung mit 6% gerechnet werden muss?

21. Ein Bauunternehmer erhält von seinem Baustoffhändler einen Rabatt von 3,5%. Wie hoch war der ursprüngliche Rechnungsbetrag, wenn 14764,50 € vom Bauunternehmer bezahlt werden?

22. Ein Badezimmer hat eine Wandfläche von 23,97 m^2, die vollständig gefliest ist. Der Fliesenleger arbeitete mit einem Verschnitt von 6% der angelieferten Fliesen. Wie viele Fliesen mussten angeliefert werden?

23. Ein ehemaliger Betonbauer erhält eine Altersrente von 61% seines früheren Monatslohnes.

Wie hoch war sein früherer Monatslohn, wenn seine monatliche Rente 1866,75 € beträgt?

24. Ein Bauunternehmer stellt für einen Rohbau eine Rechnung über 267018,– €. Der Architekt prüft die Rechnung und findet sie zu hoch, da der Unternehmer in seinem Angebot niedrigere Preise hatte. Grund für die höheren Preise waren eine Lohnerhöhung und der Mehrverbrauch von Baumaterialien.

Wie hoch wäre die Rechnung vor der Lohnerhöhung (≙ 3% Preiserhöhung) gewesen, wenn infolge des höheren Materialverbrauchs die Preise um 12% gestiegen sind?

Wie viel müsste der Bauherr heute bezahlen, wenn entsprechend des Mehrverbrauchs (12%) kleiner gebaut worden wäre?

25. Ein Baustoffhändler verkauft Baustoffe an einen Stammkunden für 188000,– €. Der Stammkunde erhält einen Rabatt. Hätte der Baustoffhändler 1,5% weniger Rabatt eingeräumt, so wäre der zu zahlende Betrag um 3000,– € höher gewesen.

Wie hoch war der ursprüngliche Preis?

Wie viel Prozent beträgt der eingeräumte Rabatt?

26. Ein Bauunternehmer kauft Betonfertigteile ein und verkauft sie an einen Bauherrn um 35700,– €.

Ermitteln Sie den Einkaufspreis des Unternehmers, wenn er einen Gewinn von 18% und einen Gemeinkostenanteil von 120% hinzurechnet.

27. Ein Zimmermeister bezahlt für einen Bankkredit von 40000,– € jährlich 12,25% Zinsen. Um welchen Betrag ändert sich die jährliche Zinsbelastung, wenn der Zimmermeister 22500,– € seines Kredites getilgt hat, jedoch die Bank ihre Zinsen um 0,75% anhebt?

28. Für 24 cm dickes Mauerwerk in Hohlblocksteinen muss je m^3 mit 5 Stunden Arbeitszeit gerechnet werden; für 24 cm dickes Mauerwerk in Normalformat (NF) muss je m^3 mit 8 Stunden Arbeitszeit gerechnet werden.

Um wie viel Prozent ist der Lohnanteil von Hohlblockmauerwerk gegenüber Mauerwerk in NF geringer?

29. Ein Baustoffhändler verkauft zwei Artikel zusammen um 35,– € billiger als im normalen Angebot. Die Artikel würden einzeln 105,– € und 70,– € kosten.

Wie groß sind die Rabatte, wenn der Rabatt für den ersten Artikel doppelt so groß wie für den zweiten Artikel ist?

6.5 Der Lehrsatz des Pythagoras

Der Lehrsatz wurde vor etwa 2500 Jahren von dem griechischen Gelehrten Pythagoras mathematisch formuliert und deshalb nach ihm benannt. Die dem Lehrsatz zugrunde liegende Erkenntnis machten sich aber schon viel früher die Bauleute zunutze, indem sie rechte Winkel mittels Dreiecken mit einem Seitenverhältnis von 3:4:5 absteckten (s. Aufgabe 1).

Der Lehrsatz des Pythagoras bezieht sich ausschließlich auf **rechtwinklige Dreiecke**. Die längste Seite in einem rechtwinkligen Dreieck liegt dem rechten Winkel gegenüber. Sie wird **Hypotenuse** genannt und meist mit *c* bezeichnet. Die beiden anderen Seiten werden **Katheten** genannt und meist mit *a* und *b* bezeichnet.

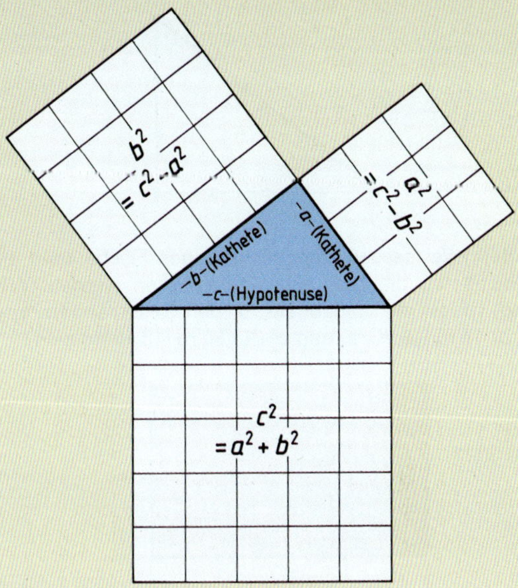

Überprüfen Sie die in der Zeichnung mathematisch ausgedrückten Behauptungen ($c^2 = a^2 + b^2$ usw.) durch Auszählen der Quadrate.

Verallgemeinert sind diese Erkenntnisse im Lehrsatz des Pythagoras angegeben:

> Im rechtwinkligen Dreieck ist das Quadrat über der Hypotenuse gleich der Summe der Quadrate über den Katheten.
>
> $$c^2 = a^2 + b^2$$

Durch Umstellen der Formel und Wurzelziehen kann mithilfe des Lehrsatzes jeweils eine Seite eines rechtwinkligen Dreiecks berechnet werden, wenn die beiden anderen bekannt sind.

1. $c = \sqrt{a^2 + b^2}$

2. $c = \sqrt{c^2 - a^2}$

3. $c = \sqrt{c^2 - b^2}$

Beispiele:

Zu 1.

Geg.: Firsthöhe $h = 4{,}10$ m
Grundmaß $g = 6{,}40$ m
Ges.: Dachschräge s

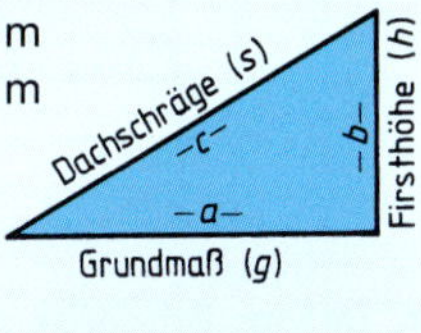

Lösung:

$s = \sqrt{h^2 + g^2} = \sqrt{(4{,}10\ \text{m})^2 + (6{,}40\ \text{m})^2}$
$= \sqrt{16{,}81\ \text{m}^2 + 40{,}96\ \text{m}^2} = \sqrt{57{,}77\ \text{m}^2}$
$\approx \underline{7{,}60\ \text{m}}$

Zu 2.

Geg.: Firsthöhe $h = 5{,}00$ m
Dachschräge $s = 9{,}80$ m
Ges.: Grundmaß g

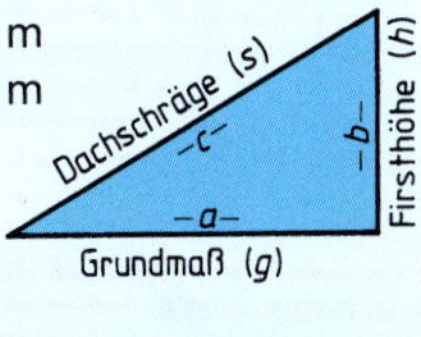

Lösung:

$g = \sqrt{s^2 - h^2} = \sqrt{(9{,}80\ \text{m})^2 - (5{,}00\ \text{m})^2}$
$= \sqrt{96{,}04\ \text{m}^2 - 25{,}00\ \text{m}^2} = \sqrt{71{,}04\ \text{m}^2}$
$\approx \underline{8{,}43\ \text{m}}$

Zu 3.

Geg.: Dachschräge $s = 8{,}80$ m
Grundmaß $g = 4{,}90$ m
Ges.: Firsthöhe h

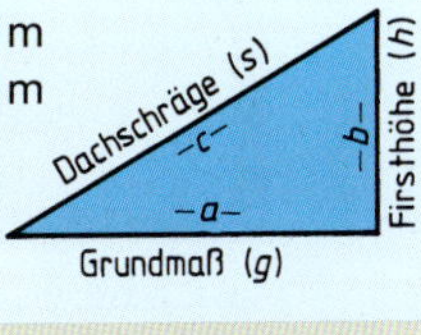

Lösung:

$h = \sqrt{s^2 - g^2} = \sqrt{(8{,}80\ \text{m})^2 - (4{,}90\ \text{m})^2}$
$= \sqrt{77{,}44\ \text{m}^2 - 24{,}01\ \text{m}^2} = \sqrt{53{,}43\ \text{m}^2}$
$\approx \underline{7{,}31\ \text{m}}$

Aufgaben:

1. Schon von alters her steckten die Bauleute rechte Winkel ab, indem sie Dreiecke mit den Seitenlängen 3, 4 und 5 absteckten. Dies geschieht am einfachsten mit einer Knotenschnur.

Ermitteln Sie rechnerisch und zeichnerisch weitere Zahlengruppen, mit denen dies ebenfalls möglich ist.

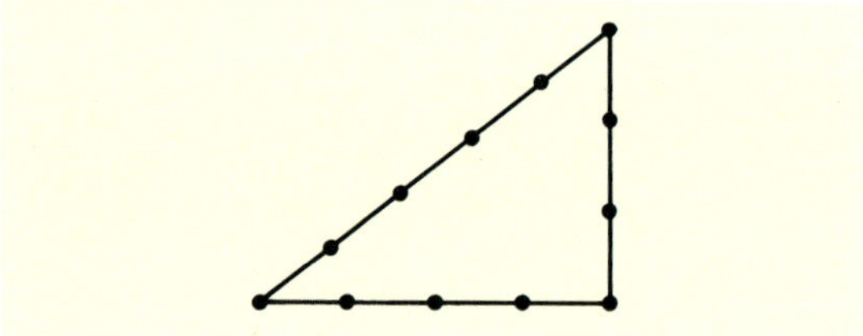

2. Beim Vermessen einer rechteckigen Fläche kann als Kontrollmaß die Diagonale d gemessen werden. Wie lang muss die Diagonale d bei Seitenlängen von $l = 22{,}10$ m (18,70 m) und $b = 11{,}50$ m (13,40 m) sein?

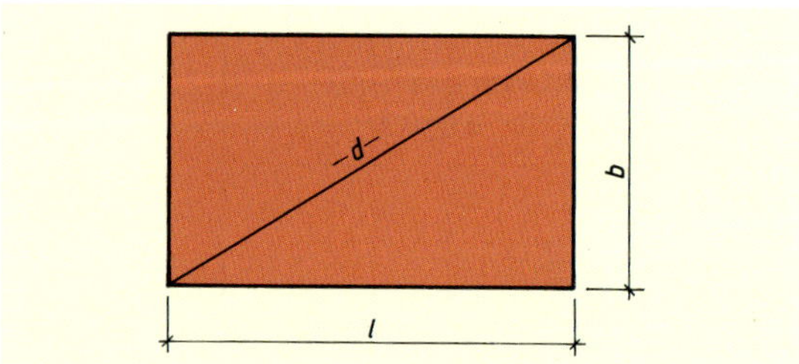

3. Bei Vermessung einer rechteckigen Fläche sind die beiden Längsseiten (l) nicht zugänglich. Die Breite ist $b = 15{,}30$ m (12,20 m), die Diagonale $d = 33{,}20$ m (28,30 m). Berechnen Sie die Länge l.

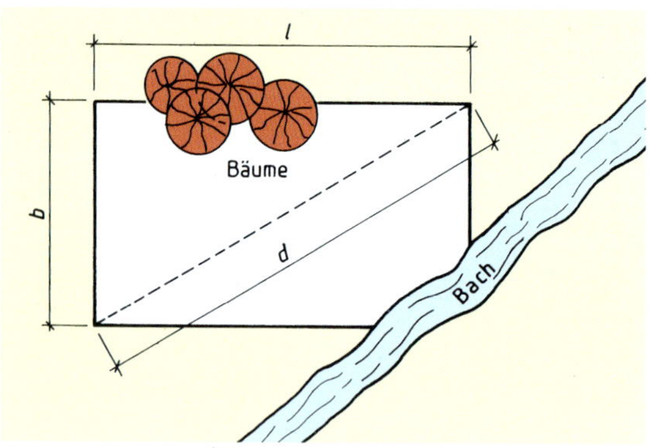

4. Bei einem Satteldach sind die Firsthöhe $h = 3{,}50$ m (4,20 m) und die Gebäudebreite $b = 10{,}80$ m (12,40 m) gegeben. Berechnen Sie die Sparrenlänge l.

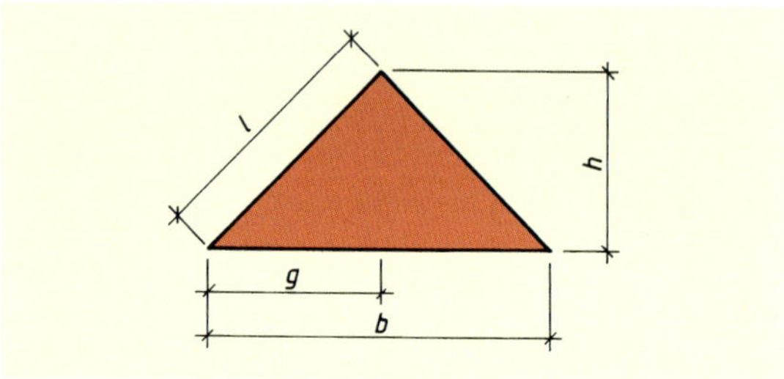

5. Bei einem Satteldach sind die Sparrenlänge $l = 7{,}20$ m (6,40 m) und das Grundmaß $g = 4{,}80$ m (4,40 m) gegeben. Berechnen Sie die Firsthöhe h.

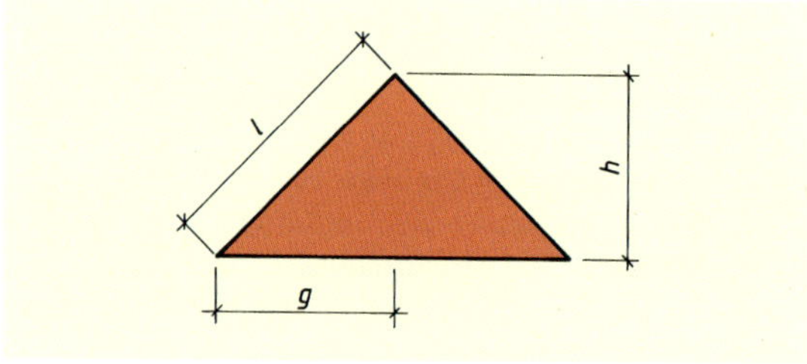

6. Bei einer Shedhalle sind die Spannweite $b = 8{,}50$ m (7,50 m), das größere Grundmaß $g = 5{,}40$ m (4,80 m) und die Firsthöhe $h = 4{,}30$ m (3,90 m) gegeben. Berechnen Sie die Sparrenlängen l_1 und l_2.

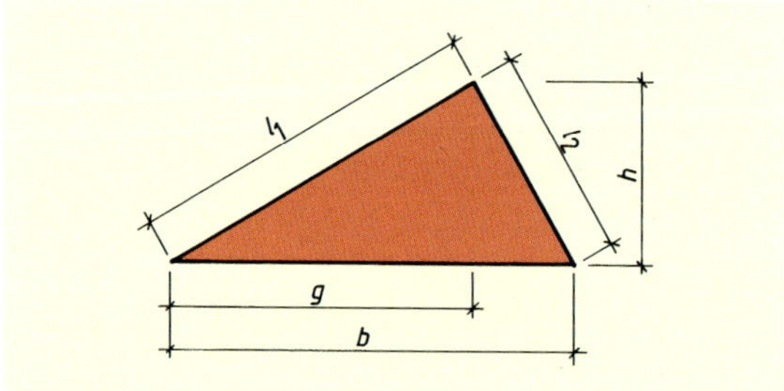

7. Das dargestellte Grundstück soll mit Maschendraht eingezäunt werden. Berechnen Sie den Bedarf an Maschendraht in Metern.

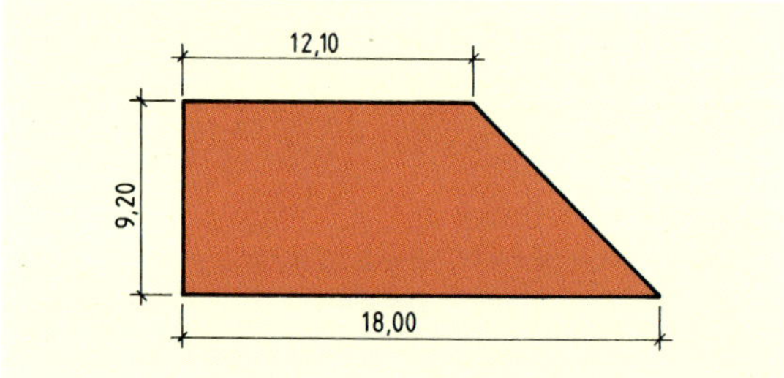

8. Der im Grundriss dargestellte Raum soll einen umlaufenden Sockel aus Spaltriemchen erhalten. Berechnen Sie den Bedarf an Spaltriemchen in Metern, wenn mit 5% Verhau gerechnet werden muss.

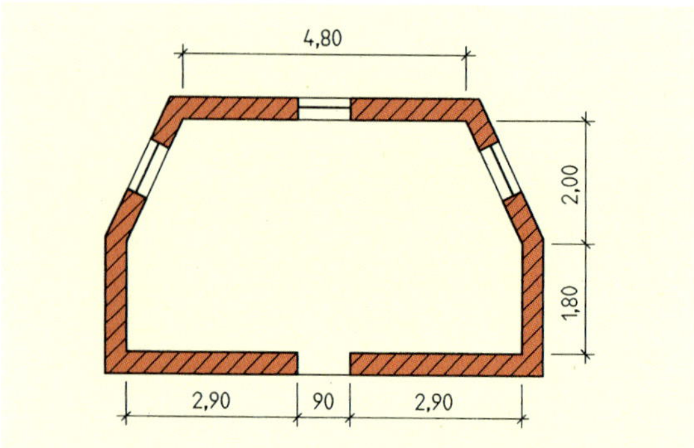

9. Ein Viereck hat vier gleich lange Seiten von je 1,85 m (2,83 m). Eine Diagonale ist 2,62 m (5,30 m) lang. Um was für Flächen handelt es sich?

10. Die dargestellten Stahleinlagen sind unter 45° aufgebogen. Berechnen Sie die Schnittlängen.

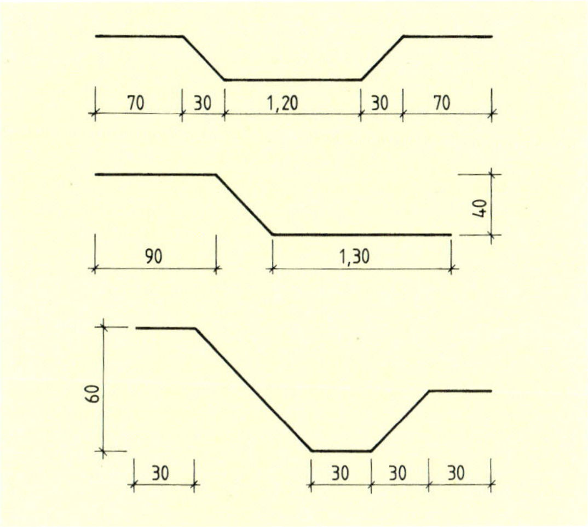

11. Ein Rundstamm hat einen kleinsten Durchmesser *d* von 35 cm. Es soll der größtmögliche scharfkantige Balken mit quadratischem Querschnitt daraus geschnitten werden. Berechnen Sie die Kantenlänge *a* des Balkens.

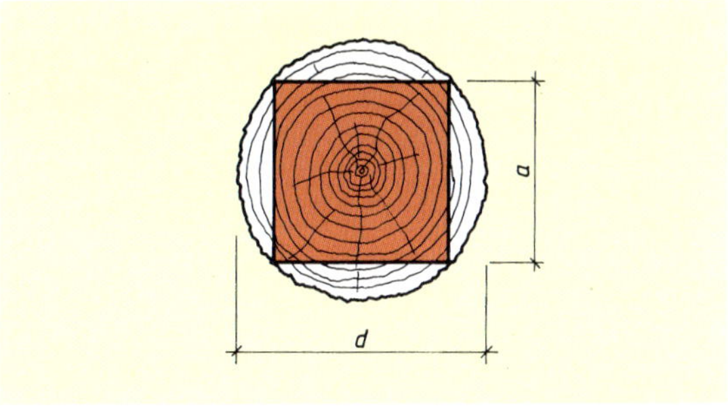

12. Bei einem Walmdach mit gleicher Dachneigung beträgt die Firsthöhe $h = 4{,}30$ m (3,70 m). Berechnen Sie die Dacheindeckungsfläche.

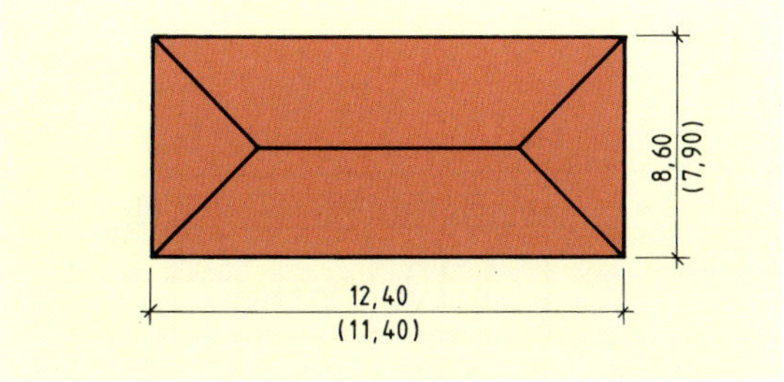

13. Berechnen Sie die Gebäudehöhe *h*, wenn der First in der Gebäudemitte liegt.

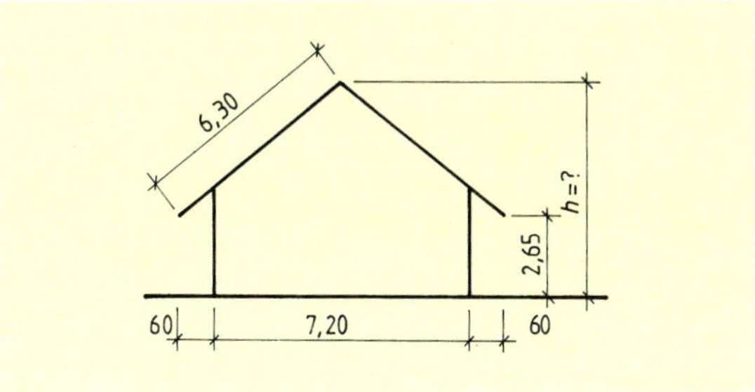

14. Welches Volumen hat ein 840 m langes Teilstück des dargestellten Dammes?

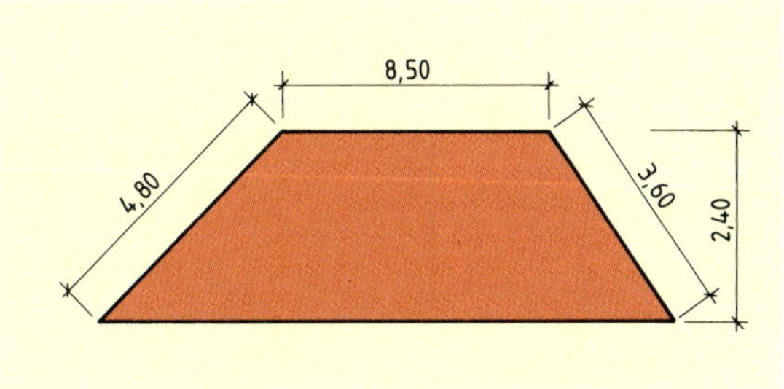

15. Berechnen Sie den Flächeninhalt des in den dargestellten Viertelkreis eingezeichneten Rechteckes.

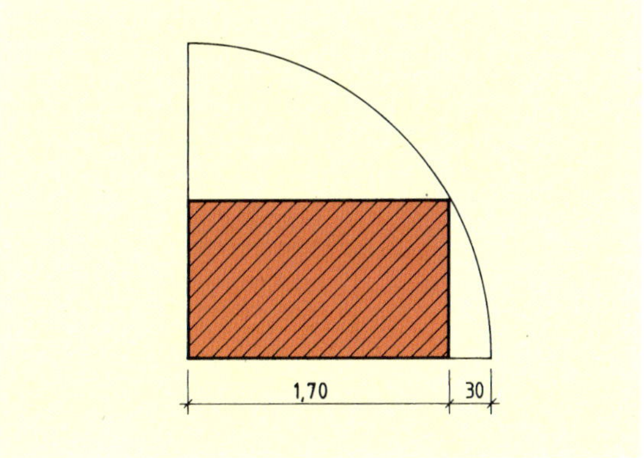

16. Erstellen Sie eine Formel für die Berechnung der Diagonalen *d* im Quadrat mit der Seitenlänge *a*.

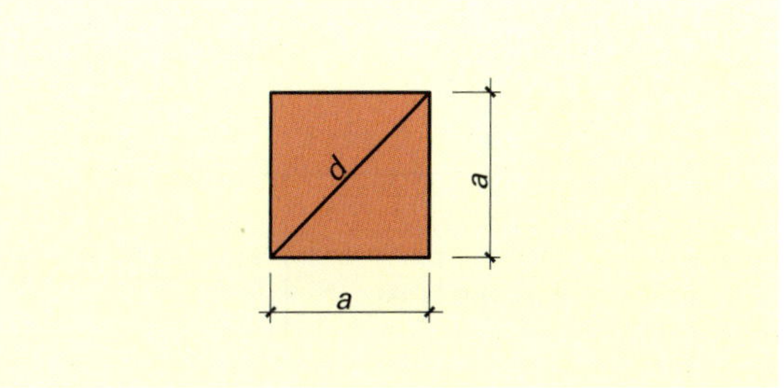

7 Was Baufachleute über Bauzeichnungen wissen sollten

Musterblatt für Schülerzeichnungen

Hinweise:
Alle **Übungen** sind für Zeichenblätter des Formats **A 4** bestimmt. Sie erhalten einen **Blattrand** von **5 mm** und einen Heftrand von **20 mm**. Das **Schriftfeld** der Arbeitsblätter ist auf das Mindestmaß von **20 mm** angelegt. Die eingekreisten **roten Maße** für die Blatteinteilung sind vom Blattrand bzw. Schriftfeldrand aus zu messen. Sie sind in **cm** angegeben.

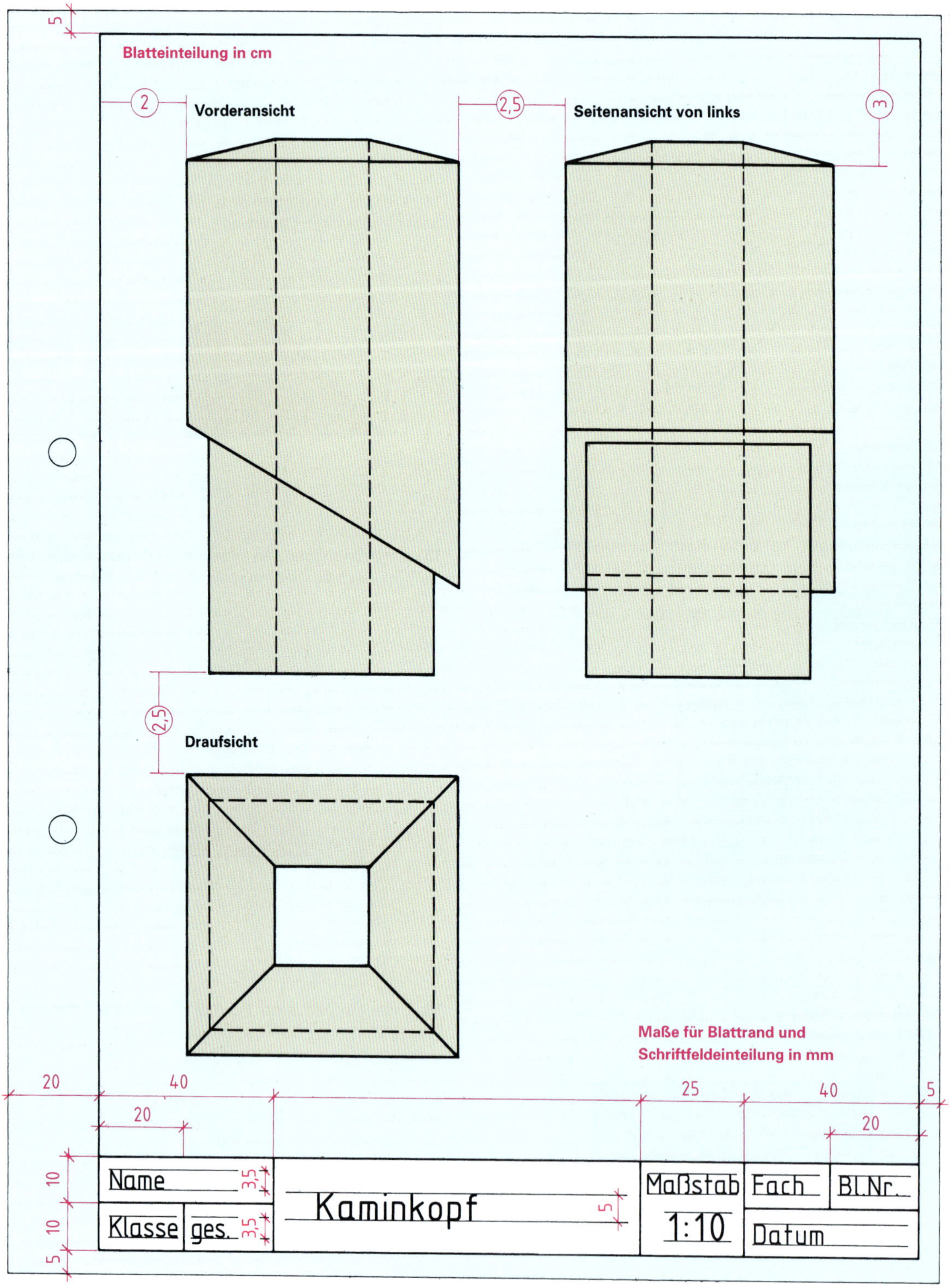

7.1 Bauzeichnungen

7.1.1 Aufgabe und Zweck

Bei der Planung von Bauwerken werden Bauzeichnungen angefertigt, bei der Herstellung von Bauwerken werden Bauzeichnungen umgesetzt.

Bauzeichnungen sind technische Zeichnungen von Bauwerken oder Bauteilen, wobei die zeichnerischen Darstellungen und Angaben nach einheitlichen Regeln bzw. nach Normen erfolgen. Sie enthalten die für die Beschreibung und Herstellung wichtigen Angaben und müssen sachlich, eindeutig und verständlich sein. Die Bauzeichnung hat somit die Aufgabe, als Informations- und Verständigungsmittel all denen zu dienen, die als Planer, Konstrukteure, Behörde, Ausführende und Bauherren an der Erstellung eines Bauwerkes beteiligt sind.

Für die ausführenden Bauhandwerker, wie z.B. Maurer, Beton- und Stahlbetonbauer, Zimmerer, Dachdecker, Stuckateure und Fliesenleger, sind Bauzeichnungen als Ausführungszeichnungen von besonderer Bedeutung. Diese Zeichnungen sind für sie Arbeitsanweisungen. Es ist daher erforderlich, dass jeder Fachmann die technischen Zeichnungen seines Arbeitsgebietes lesen kann. Weiter muss er einfachere Zeichnungen auch anfertigen können. Voraussetzung hierfür sind Kenntnisse von Grundregeln des Bauzeichnens, die in Zeichnungsnormen festgelegt sind.

Die technischen Zeichnungen der Architekten und Ingenieure werden meist von Bauzeichnern angefertigt.

7.1.2 Arten

Bauzeichnungen werden nach dem Zweck in Entwurfs-, Ausführungs-, Sonder-, Abrechnungs- und Bestandszeichnungen eingeteilt.

Nach der Darstellungsart werden Zeichnungen als Skizze, Zeichnung, Plan oder grafische Darstellung bezeichnet.

Die **Skizze** wird meist freihändig und nicht maßstäblich ausgeführt und zeigt nur eine ungefähre Abbildung von Körpern oder Flächen. Sie ist oft Grundlage für auszuführende Zeichnungen und Pläne und ist auch ein gutes Mittel zur Verständigung bei der Bauausführung. So sagt z.B. eine gute Ausführungsskizze mehr als viele Worte.

Die **Zeichnung** ist die mit Zeichengeräten maßstäblich ausgeführte Darstellung von Körpern und Flächen. Technische Zeichnungen werden nach in Zeichnungsnormen festgelegten Formen und Regeln ausgeführt, sodass sie für den Fachmann eindeutig lesbar bzw. umsetzbar sind.

Der **Plan** als Zeichnungsart ist eine zeichnerische Darstellung, in der z.B. Gebäude und Einrichtungen in Lage und Zuordnung festgelegt sind. Im Bauwesen sind solche Zeichnungsarten z.B. der Lageplan und der Baustelleneinrichtungsplan. Der Begriff „Bauplan" ist jedoch auch ein Sammelbegriff für alle nur möglichen Bauzeichnungen.

Bei **grafischen Darstellungen**, z.B. Diagramme und Ablaufpläne, werden veränderliche Größen veranschaulicht.

Die Bezeichnungen **Blei-Zeichnung** und **Tusche-Zeichnung** weisen auf das verwendete Zeichenmittel hin. Originale sind erstmals entstandene Zeichnungen (Urzeichnung); sie werden mit Bleistift oder Tusche ausgeführt. Von Originalen werden Vervielfältigungen hergestellt, z.B. **Kopien** oder heute seltener **Lichtpausen**.

Als Bauzeichnungen versteht man alle zeichnerischen Darstellungen der Planung, Herstellung und Aufnahme von Bauwerken.

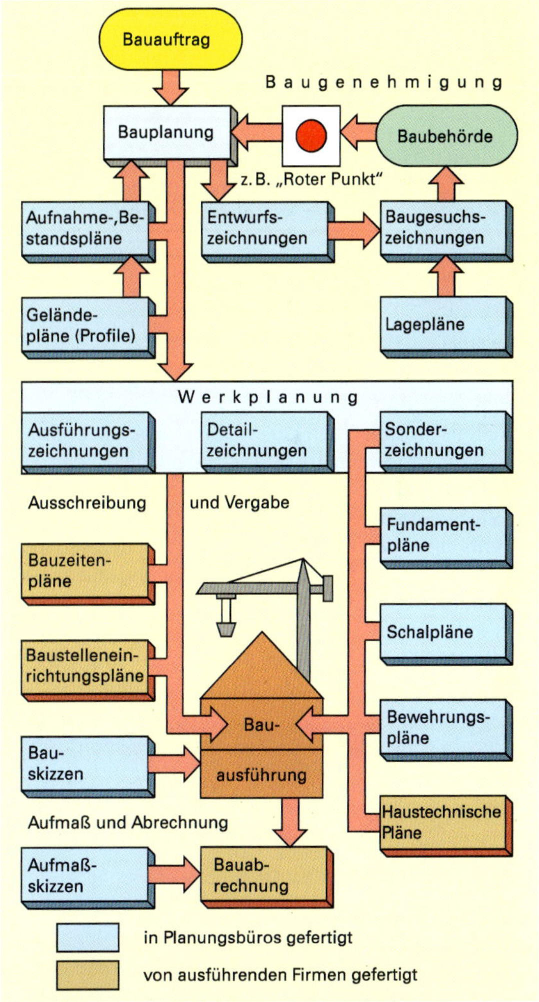

Bauzeichnungen vom Bauauftrag bis zur Bauabrechnung

L 3.8.4
L 3.8.1

Die Bauzeichnung ist ein unentbehrliches Verständigungsmittel für die technische Planung und Ausführung von Bauwerken.

7.2 Linienarten und Linienbreiten

In technischen Zeichnungen werden Linien verschiedener Art und Breite verwendet. Nach der Linienart wird zwischen **Volllinie**, **Strichlinie**, **Strichpunktlinie** und **Punktlinie** unterschieden. Je nach ihrer Bedeutung werden die Linien in verschiedenen Breiten gezeichnet. Linienarten und Linienbreiten sind in DIN ISO 128-23 festgelegt.

Linienarten	Anwendungsbereich
Volllinie schmal	Maßlinien, Maßhilfslinien, Hinweislinien, Lauflinien, Schraffuren, vereinfachte Darstellung von z. B. Türen, Fenstern, Treppen
breit	Sichtbare Kanten und Umrisse von Bauteilen, Begrenzung von Schnittflächen mit Schraffur
sehr breit	Begrenzung von Schnittflächen ohne Schraffur, Bewehrungsstähle
Strichlinie breit	Verdeckte Kanten und Umrisse von Bauteilen
Strichpunktlinie schmal	Symmetrielinien, Mittellinien, Begrenzung von teilweisen und unterbrochenen Ansichten und Schnitten
breit	Kennzeichnung der Lage der Schnittebene an den Enden (dazwischen schmal), Umrisse von sichtbaren Teilen vor der Schnittebene
Punktlinie schmal	Umrisse von nicht zum Projekt gehörenden Teilen

Linienarten nach DIN ISO 128-23

Liniengruppe	Linienbreiten in mm		
	schmale Linie	breite Linie	sehr breite Linie
0,25	0,13	0,25	0,5
0,35[1]	0,18	0,35	0,7
0,5[2]	0,25	0,5	1,0
0,7	0,35	0,7	1,4
1,0	0,5	1,0	2,0

Linienbreiten nach DIN ISO 128-23

[1] z. B. für Zeichnungen in Maßstab 1:100
[2] z. B. für Zeichnungen in Maßstab 1:50

In einer Bauzeichnung werden in der Regel die Linienbreiten von nur einer Liniengruppe angewendet. Das Verhältnis zwischen den Linienbreiten **schmal**, **breit** und **sehr breit** ist jeweils **1:2:4**. Die unterschiedlichen Linienbreiten und die verschiedenen Linienarten machen die Zeichnung aussagekräftiger und leichter lesbar. Die Linienbreiten der einzelnen Linienarten müssen nach der Art und dem Maßstab der Zeichnung ausgewählt werden. Bei Bleistiftzeichnungen werden die breiten Linien mit weichen Zeichenstiften gut gezeichnet, z. B. mit F-, HB- oder B-Zeichenstiften, für schmale Linien eignen sich harte Stifte, z. B. H- oder 2H-Zeichenstifte.

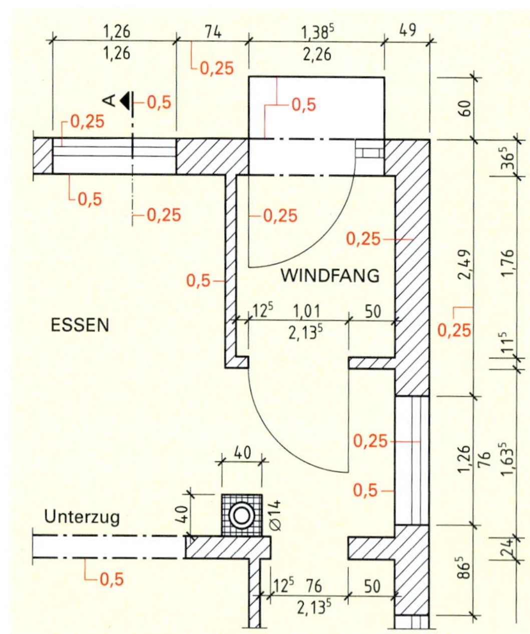

Ausführungszeichnung Maßstab 1:50
(hier Ausschnitt aus Projektplan Reihenhaus)

Beim Zeichnen der Linienarten ist zu beachten:

- Die gewählte Linienbreite muss eingehalten werden;
- Volllinien dürfen an den Ecken nicht überstehen;
- bei Strichlinien sollen die Striche etwa gleich lang sein und etwa gleiche Abstände voneinander haben;
- die Strichlinien werden ganz an die Körperkanten herangezogen; ①
- aneinander stoßende Strichlinien bilden immer volle Ecken; ②, ③
- Strichpunktlinien beginnen und enden stets mit einem Strich; diese schneiden die jeweiligen Außenkanten. ④

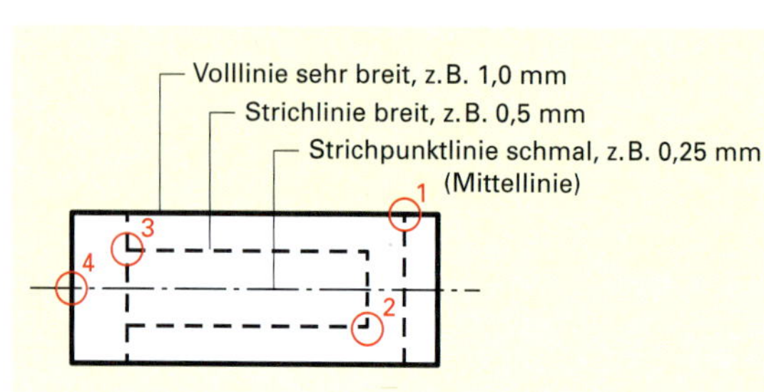

Darstellung eines Pfeilers im Schnitt ohne Schraffur

7.3 Beschriften von Bauzeichnungen

7.3.1 **Normschrift** nach DIN EN ISO 3098-1

Technische Zeichnungen müssen ausreichend und gut lesbar beschriftet sein. In der ISO-Norm 3098-1 sind die Grundregeln für die Ausführung von Schriften in der technischen Zeichnung aufgeführt. So sind Schrifthöhen und in Abhängigkeit davon die Linienbreiten der Schriftzeichen, die Abstände der Buchstaben und Wörter voneinander, der Mindestabstand der Grundlinien sowie die Höhenverhältnisse von Groß- und Kleinbuchstaben festgelegt. Die Schriften können vertikal (steil) oder unter einem Winkel von 15° rechts geneigt ausgeführt werden.

Für Normschriften sind folgende Nennmaße festgelegt:

1,8 – 2,5 – 3,5 – 5 – 7 – 10 – 14 und 20 mm

Das **Nennmaß** einer Schrift ist die Höhe (*h*) der Großbuchstaben und zugleich die Bemessungsgrundlage für alle Maße der Schrift. Nach dem Verhältnis der Linienbreite *d* zur Schrifthöhe *h* werden zwei Schriftformen unterschieden: **Schriftform A** mit $d = 1/14\ h$ und **Schriftform B** mit $d = 1/10\ h$.

Diese Schriftformen ergeben ein einheitliches Schriftbild. Sie erfüllen die Anforderungen guter Lesbarkeit und sind geeignet für die üblichen Vervielfältigungsverfahren (z. B. Mikroverfilmung, Telefax). Die Schriftform B ist wegen der breiteren Linien ausdrucksstärker; sie wird für die Beschriftung von Bauzeichnungen bevorzugt angewendet.

Bei rechnerunterstützt angefertigten technischen Zeichnungen wird die Beschriftung mit CAD-Schriften ausgeführt. Für diese Schriften sind die allgemeinen Anforderungen sowie die Grund- und Anwendungsregeln in DIN EN ISO 3098-5 und in DIN EN ISO 3098-1 festgelegt. Bei CAD-Schriften müssen die Maße die gleichen wie bei der Anwendung anderer Techniken sein.

7.3.2 Ausführung der Normschrift

Bauzeichnungen werden von Hand oder mit Schriftschablonen beschriftet. Beim „Schreiben" der Buchstaben und Ziffern empfiehlt es sich, die Strichführungen in der dargestellten Reihenfolge und in Pfeilrichtung auszuführen (siehe Abbildungen).

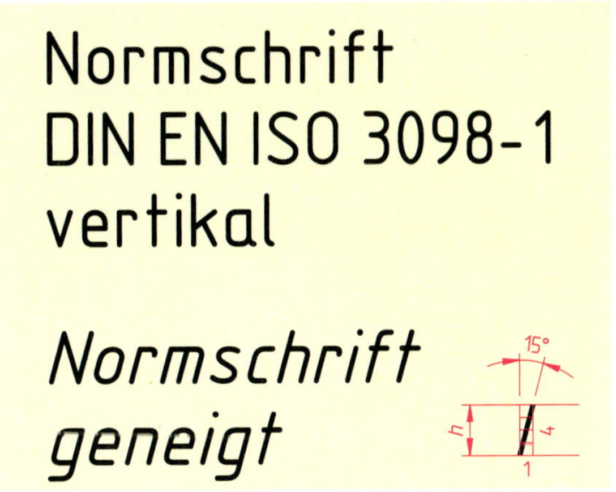

Normschrift nach ISO 3098-1

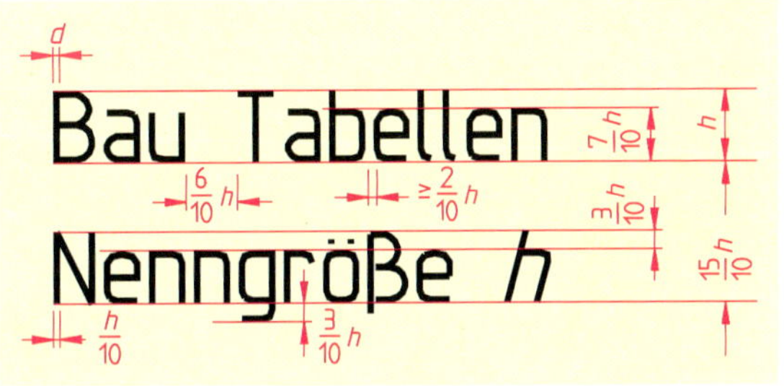

Maße der Schriftform B, vertikal (V) nach DIN EN ISO 3098-1
(Abstand zwischen Schriftzeichen von zwei Linienbreiten zur Sicherstellung der Lesbarkeit; Verringerung des Abstandes auf eine Linienbreite, wenn Schriftzeichen wie z. B. TV, LA zusammentreffen, um ein gutes Schriftbild zu erzielen.)

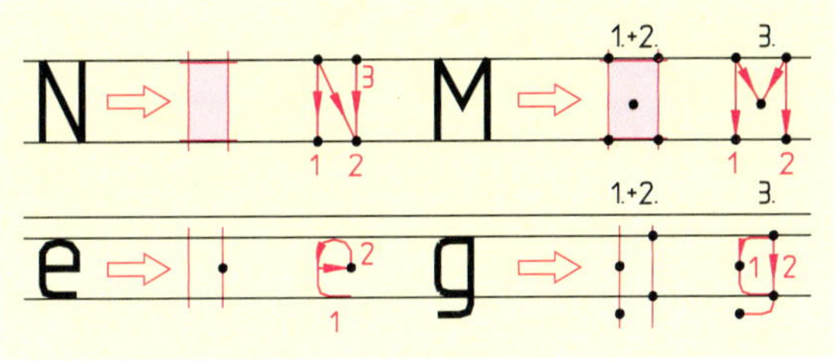

Normschrift von Hand: Ausführungshilfen

1. Buchstabenbreite festlegen (Hilfslinien)
2. Buchstabeneckpunkte markieren
3. Strichführung in empfohlener Reihenfolge und Pfeilrichtung

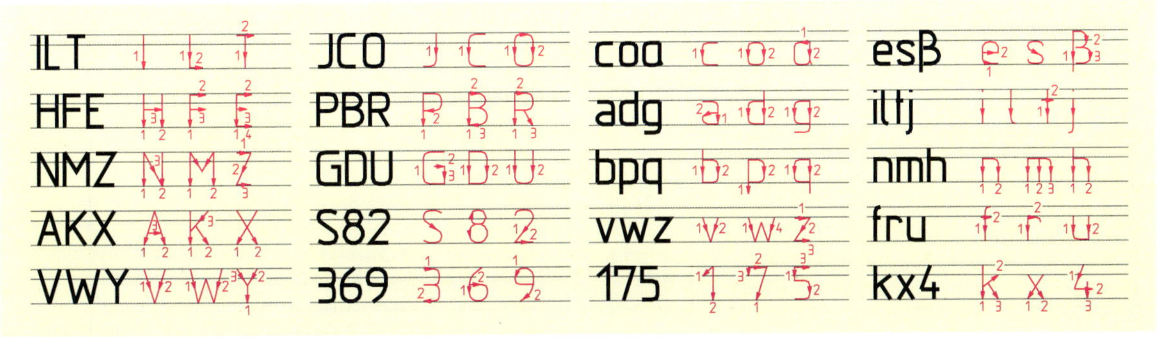

Reihenfolge der Linienführung beim „Schreiben" frei Hand am Beispiel vertikaler Normschrift

Schriftübungen vertikal und kursiv auf vorbereiteten und karierten Blättern (hier Schriftgrößen 5 mm und 7 mm, Unter- und Oberlängen annähernd bestimmen).

ILT
HFE
NZM
AKX
VWY
JCU
POQ
DGR
069
DBP
RSU
ÄÖÜ

1 Normschrift B vertikal (V)

ilt
irj
fuü
nmh
foö
cbd
pqb
vwz
xyk
aqg
ecs
12345
67890

2 Normschrift B vertikal (V)

ILT
HFE
NZM
AKX
VWY
JCU
POQ
DGR
069
DBP
RSU
ÄÖÜ

3 Normschrift B geneigt (S)

ilt
irj
fuü
nmh
foö
cbd
pqb
vwz
xyk
aqg
ecs
12345
67890

4 Normschrift B geneigt (S)

ILT
HFE
NZM
AKX
VWY
JCU
POQ
DGR
690
DBP
RSU

5

ilt
irj
fuü
nmh
foö
cbd
pqb
vwz
xyk
aqg
ecs
123

6

Schriftzeichen Normschrift Datum
Fach Einfamilienhaus Grundriss
Schnitt Kellergeschoss Erdgeschoss
Obergeschoss Dachgeschoss Maß-
stab 1:50 1:2 Wärmedämmschicht
Holzwolle-Platten Sperrschicht
Bitumenpappe Holz Zement
Beton Mörtel Fliesen Putz Gips
Kalk Hausentwässerung Detail
Pfettendach Sparren Deckenbalken
Trockenbau Traufe Fertigfußboden
First Walm Ansicht Westen Osten
Süden Norden Konstruktion Statik

Weitere Wörter nach Ihrer Wahl

7 Normschrift

7.4 Bemaßen von Bauzeichnungen

Die in Ausführungszeichnungen dargestellten Bauteile müssen so bemaßt sein, dass alle für die Ausführung notwendigen Maße eindeutig abgelesen werden können. Für die Bemaßung von Zeichnungen sind daher Ausführungsregeln vorgeschrieben.

7.4.1 Maßstäbe

Um ein übersichtliches Bild von Bauteilen zu erhalten, werden diese in Zeichnungen meist verkleinert dargestellt. Die Form der Bauteile wird dabei nicht verändert, da die Zeichnung maßstäblich ausgeführt wird.

Unter **Maßstab** versteht man das Größenverhältnis einer Strecke auf der Zeichnung gegenüber ihrer wirklichen Länge. Dieses Verhältnis wird mit der Abkürzung **1:*n*** ausgedrückt. Dabei bedeutet **1** die **Länge in der Zeichnung** und ***n*** die **wirkliche Länge**. Maßstab 1:50 bedeutet: 1 cm in der Zeichnung entspricht 50 cm in Wirklichkeit oder anders ausgedrückt, die wirkliche Länge wird in der Zeichnung 50-mal kleiner dargestellt. Es kann auch ein Vergrößerungsmaßstab vorkommen, z.B. 2:1. Dieser Maßstab sagt aus, dass die Strecke in der Zeichnung doppelt so lang ist wie die wirkliche Länge.

Der in der Zeichnung verwendete Maßstab ist im Schriftfeld anzugeben. Weitere Maßstäbe sind mit den zugehörigen Zeichnungen darzustellen.

$$\text{Zeichnungslänge (cm)} = \frac{\text{wirkliche Länge (cm)}}{\text{Verhältniszahl } n}$$

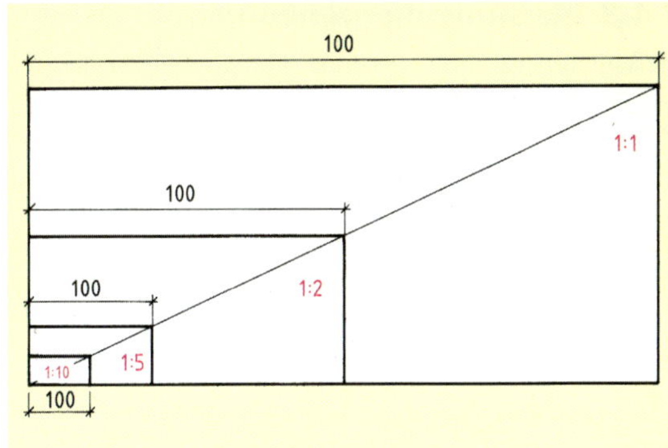

Maßstäblich gezeichnete Flächen

Maßstäbe	Anwendungsbereich
1:500; 1:1000	Lagepläne
1:200; 1:500	Vorentwurfspläne
1:100	Entwurfspläne
1:100	Baueingabepläne
1:50	Ausführungszeichnungen
1:1; 1:5; 1:10; 1:20; 1:25	Detailzeichnungen

Maßstäbe im Bauwesen

7.4.2 Maßlinien, Maßhilfslinien, Hinweislinien

Zur Bemaßung der Zeichnung werden Maßzahlen, Maßlinien, Maßlinienbegrenzungen, Maßhilfslinien und gegebenenfalls Hinweislinien angewendet.

Maßlinien verlaufen parallel zur Messstrecke und sollen von der Körperkante einen Abstand von etwa **10 mm** und untereinander einen Abstand von mindestens **7 mm** haben. In Schülerzeichnungen soll der Abstand der Maßlinien vom gezeichneten Bauprojekt 15 mm und untereinander stets 10 mm betragen. Maßlinien gehen etwas über die Maßhilfslinien hinaus (3...5 mm).

Maßhilfslinien sind zur Bemaßung erforderlich, wenn Maße nicht zwischen den Begrenzungslinien der Flächen eingetragen werden. Sie stehen im Regelfall rechtwinklig zur Maßlinie und gehen etwas darüber hinaus (2...3 mm). Von den zugehörigen Körperkanten sind die Maßhilfslinien stets abzusetzen.

Hinweislinien (Bezugslinien) werden angewendet, wenn für Maßzahlen und Beschriftung zwischen den Maßhilfslinien kein Platz vorhanden ist. Sie sind möglichst rechtwinklig anzuordnen und dürfen nur einmal abgewinkelt werden. Das schräge Herausziehen wird empfohlen, wenn es zur Deutlichkeit der Zeichnung erforderlich ist.

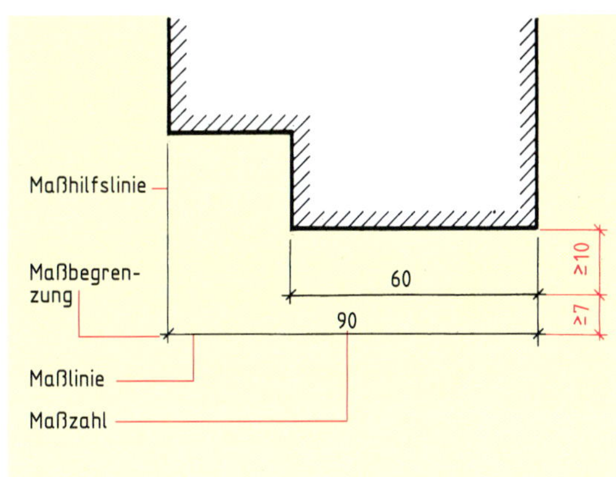

Maßlinien, Maßbegrenzung, Maßzahlen

L 3.8.2

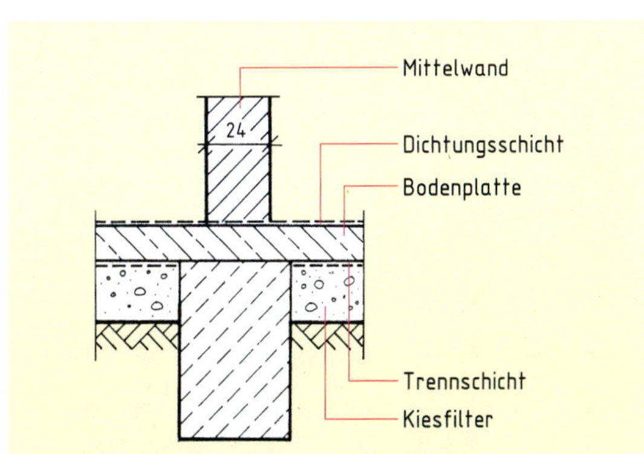

Hinweislinien

7.4.3 Maßlinienbegrenzungen

Maßlinienbegrenzungen kennzeichnen die Strecke, für die die eingetragene Maßzahl gilt. Zur Maßlinienbegrenzung werden in Bauzeichnungen bevorzugt Schrägstriche, Punkte und Kreise angewendet.

Schrägstriche verlaufen unter einem Winkel von 45° von links unten nach rechts oben bezogen auf die Leserichtung der zugehörigen Maßzahl. Der Schrägstrich ist etwa 4 mm lang und durchläuft den Schnittpunkt von Maßlinie und Maßhilfslinie. **Punkte** und **Kreise** werden mit einem Durchmesser von 1 mm oder 1,4 mm gezeichnet.

7.4.4 Maßzahlen, Maßeinheiten, Maßeintragung

Maßzahlen müssen deutlich lesbar und in ihrer Größe der Zeichnung angepasst sein. Für Ausführungszeichnungen sind die Ziffern mindestens 3,5 mm groß zu schreiben. Die Maßzahlen müssen so eingetragen werden, dass sie von unten oder von rechts lesbar sind, wenn die Zeichnung in Leserichtung gehalten wird.

L 3.8.2 **Maßeinheiten** in Bauzeichnungen sind wegen der Größe der Bauwerke üblicherweise in **cm** und **m** angegeben. Alle Maße unter einem Meter werden in cm (z. B. 99), alle Maße ab einem Meter werden in m angegeben (z. B. 1,00, 1,24). Millimetermaße werden durch hochgesetzte Ziffern gekennzeichnet (z. B. 11^5).

Die Maßzahlen werden über die Maßlinie geschrieben und dürfen diese nicht berühren. Verlaufen Maßlinien schräg, z. B. bei der Bemaßung von Schrägbildern, müssen die Maßzahlen ebenfalls so eingetragen werden, dass sie von unten oder von rechts lesbar sind. Ist der Platz für die Maßzahl zu eng, z. B. bei der Bemaßung von Belag- und Wanddicken, ist die Maßzahl möglichst rechts darüber einzutragen.

Zur Vereinfachung können **Rechteckquerschnitte** (z. B. von Balken und Kanthölzern) durch Angabe ihrer Seitenlängen in Bruchform (Breite zu Höhe) bemaßt werden, z. B. 12/16. Das **Quadratzeichen** wird verwendet, wenn die quadratische Form durch die Bemaßung der Ansicht nicht erkennbar ist, z. B. □ 40.

Runde Querschnitte erhalten vor der Maßzahl das Durchmesserzeichen ∅, z. B. ∅ 30.

Radien sind vor der Maßzahl mit dem Großbuchstaben **R** zu kennzeichnen, z. B. R 1,25. Die zugehörigen Maßlinien erhalten die in der Zeichnung angewendete Maßlinienbegrenzung (Schrägstrich, Kreis oder Punkt) oder einen Maßpfeil am Kreisbogen.

Maßzahlen:
- von unten oder von rechts lesbar, stets über der Maßlinie, ohne Maßeinheit.

Maßanordnung:
- in der Regel rechts und unter der Zeichnung.

Die Kenntnis der Bemaßungsregeln ermöglicht das fehlerfreie Lesen der Bemaßung in Bauzeichnungen.

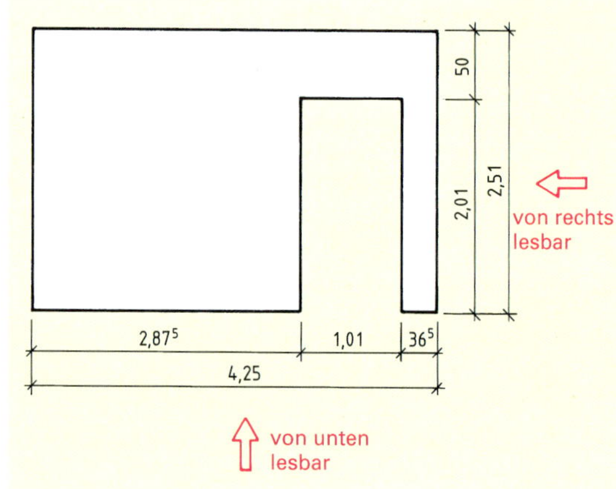

Maßeintragung und Leserichtung
(Bemaßung in m und cm)

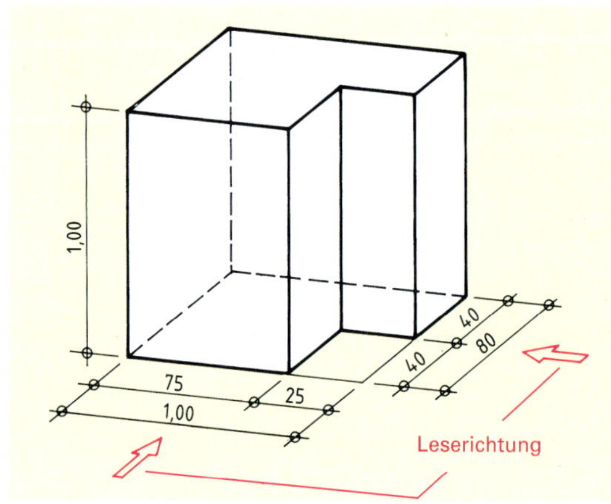

Bemaßen von Schrägbildern
(Maßhilfslinien in Verlängerung der zugehörigen Körperkanten)

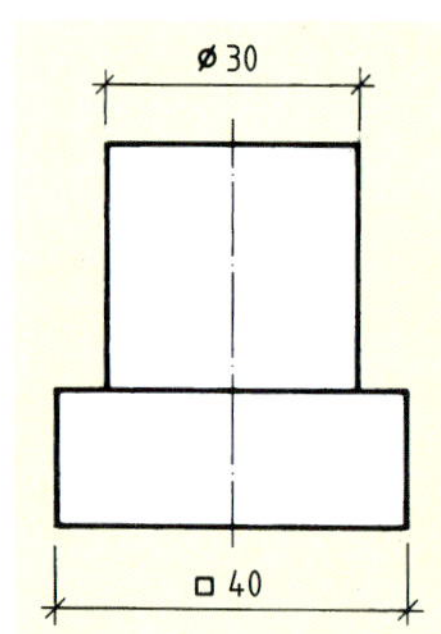

Maßzahlen mit Symbolen

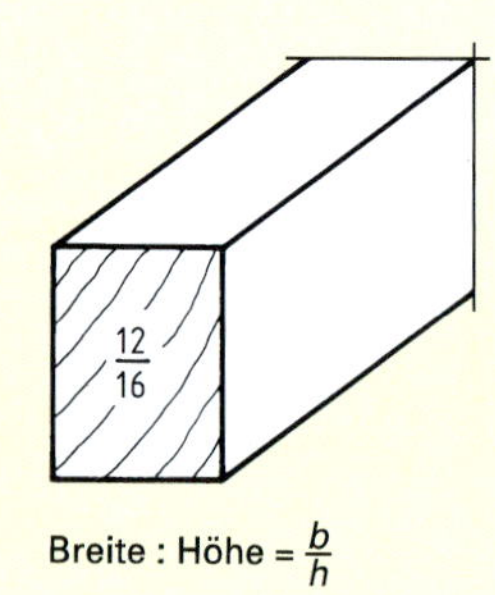

Rechteckquerschnitt als Bruch (z. B. Kantholz)

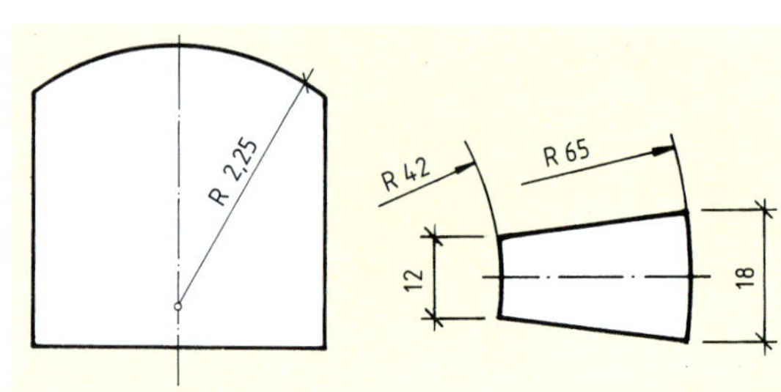

Kennzeichnung von Radien mit R (für Radius) vor der Maßzahl

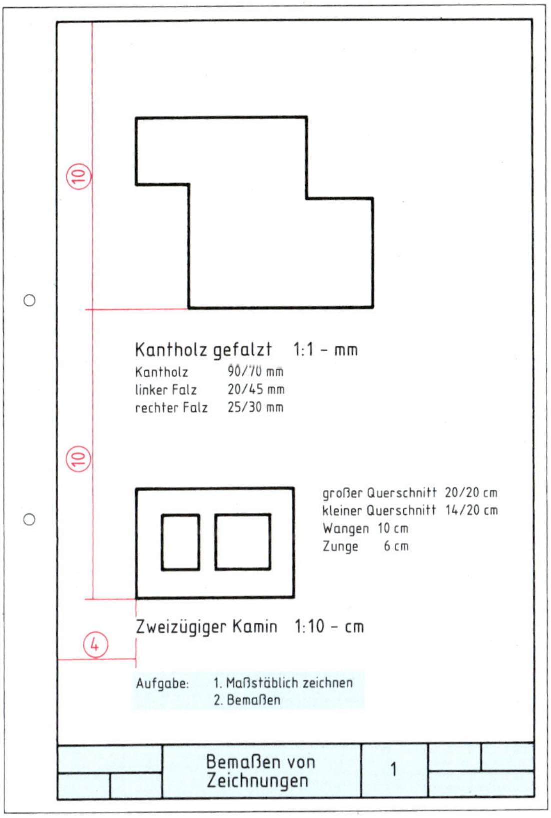
10
10
4
Kantholz gefalzt 1:1 – mm
Kantholz 90/70 mm
linker Falz 20/45 mm
rechter Falz 25/30 mm
großer Querschnitt 20/20 cm
kleiner Querschnitt 14/20 cm
Wangen 10 cm
Zunge 6 cm
Zweizügiger Kamin 1:10 – cm
Aufgabe: 1. Maßstäblich zeichnen
2. Bemaßen
Bemaßen von Zeichnungen
1

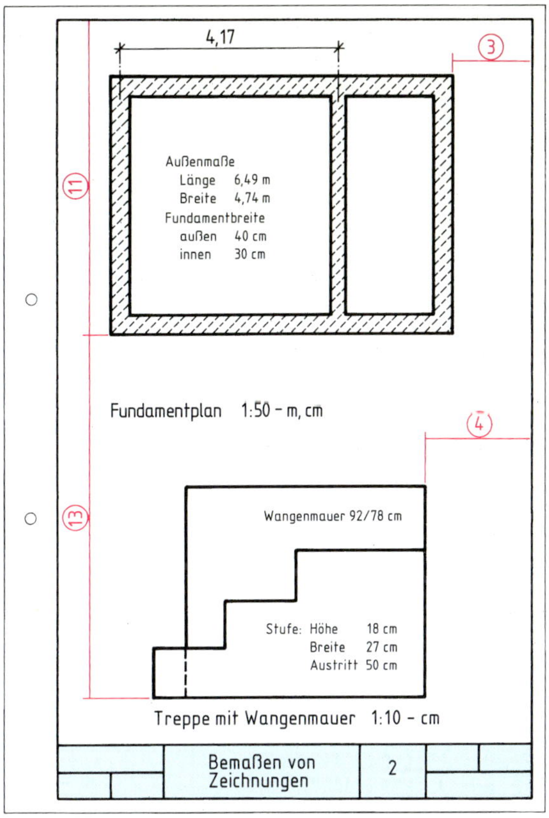
4,17
3
11
Außenmaße
Länge 6,49 m
Breite 4,74 m
Fundamentbreite
außen 40 cm
innen 30 cm
Fundamentplan 1:50 – m, cm
4
13
Wangenmauer 92/78 cm
Stufe: Höhe 18 cm
Breite 27 cm
Austritt 50 cm
Treppe mit Wangenmauer 1:10 – cm
Bemaßen von Zeichnungen
2

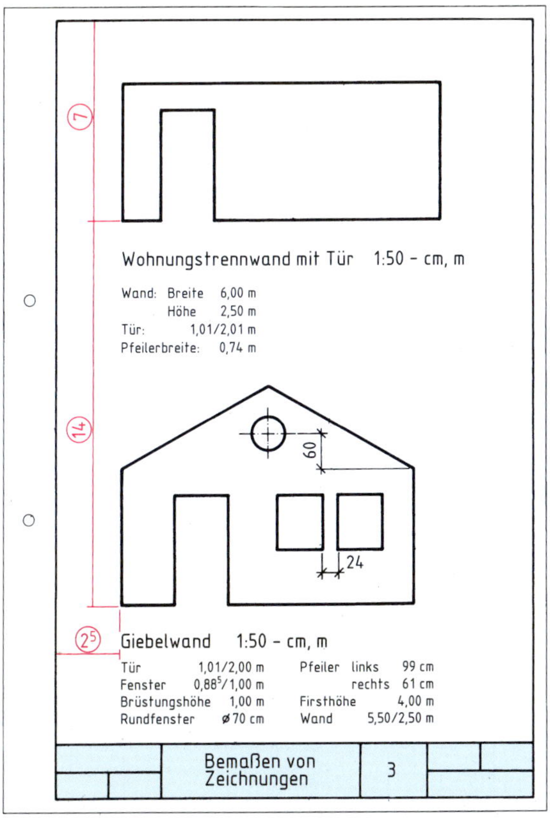
7
Wohnungstrennwand mit Tür 1:50 – cm, m
Wand: Breite 6,00 m
Höhe 2,50 m
Tür: 1,01/2,01 m
Pfeilerbreite: 0,74 m
14
60
24
25
Giebelwand 1:50 – cm, m
Tür 1,01/2,00 m
Fenster 0,88⁵/1,00 m
Brüstungshöhe 1,00 m
Rundfenster ⌀ 70 cm
Pfeiler links 99 cm
rechts 61 cm
Firsthöhe 4,00 m
Wand 5,50/2,50 m
Bemaßen von Zeichnungen
3

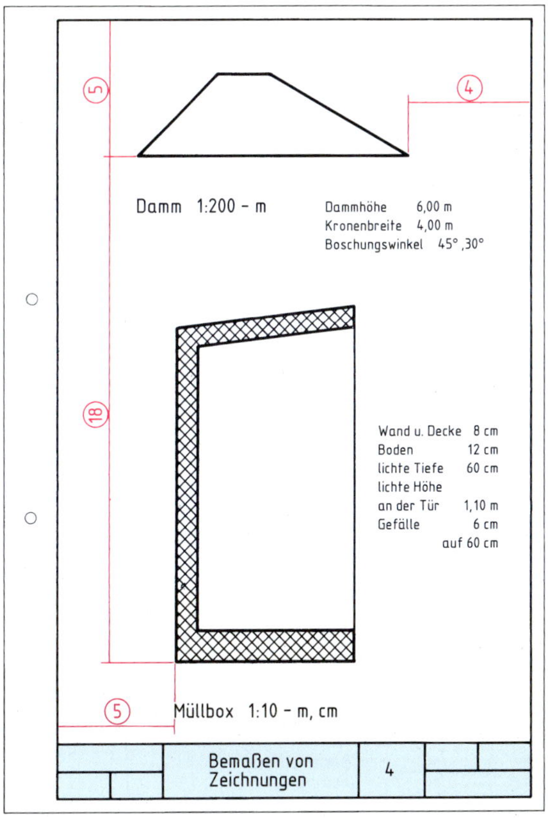
5
4
Damm 1:200 – m
Dammhöhe 6,00 m
Kronenbreite 4,00 m
Boschungswinkel 45°, 30°
18
Wand u. Decke 8 cm
Boden 12 cm
lichte Tiefe 60 cm
lichte Höhe
an der Tür 1,10 m
Gefälle 6 cm
auf 60 cm
5
Müllbox 1:10 – m, cm
Bemaßen von Zeichnungen
4

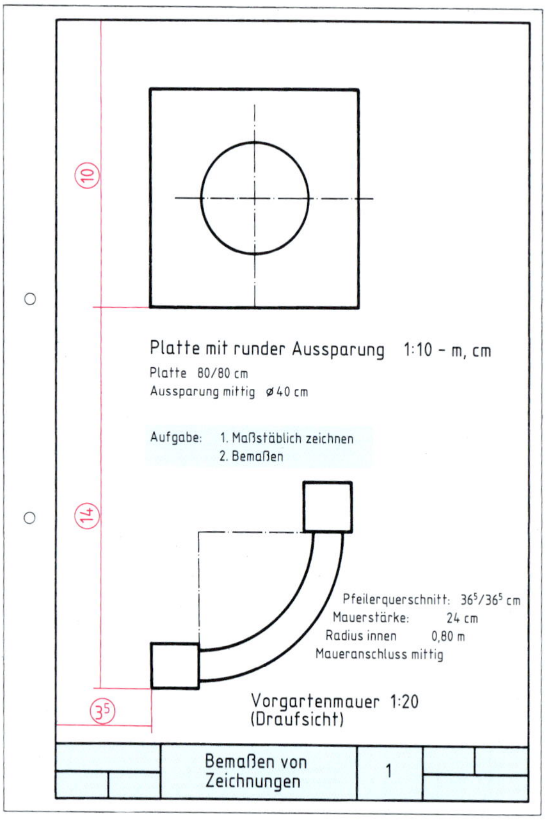
Platte mit runder Aussparung 1:10 – m, cm
Platte 80/80 cm
Aussparung mittig ⌀40 cm
Aufgabe: 1. Maßstäblich zeichnen
2. Bemaßen
Pfeilerquerschnitt: 36⁵/36⁵ cm
Mauerstärke: 24 cm
Radius innen 0,80 m
Maueranschluss mittig
Vorgartenmauer 1:20
(Draufsicht)
Bemaßen von Zeichnungen
1

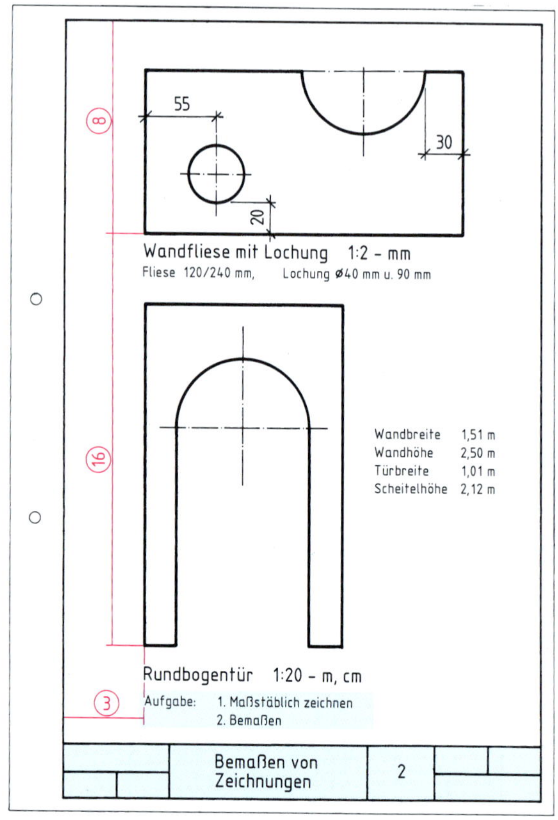
55
30
20
Wandfliese mit Lochung 1:2 – mm
Fliese 120/240 mm, Lochung ⌀40 mm u. 90 mm
Wandbreite 1,51 m
Wandhöhe 2,50 m
Türbreite 1,01 m
Scheitelhöhe 2,12 m
Rundbogentür 1:20 – m, cm
Aufgabe: 1. Maßstäblich zeichnen
2. Bemaßen
Bemaßen von Zeichnungen
2

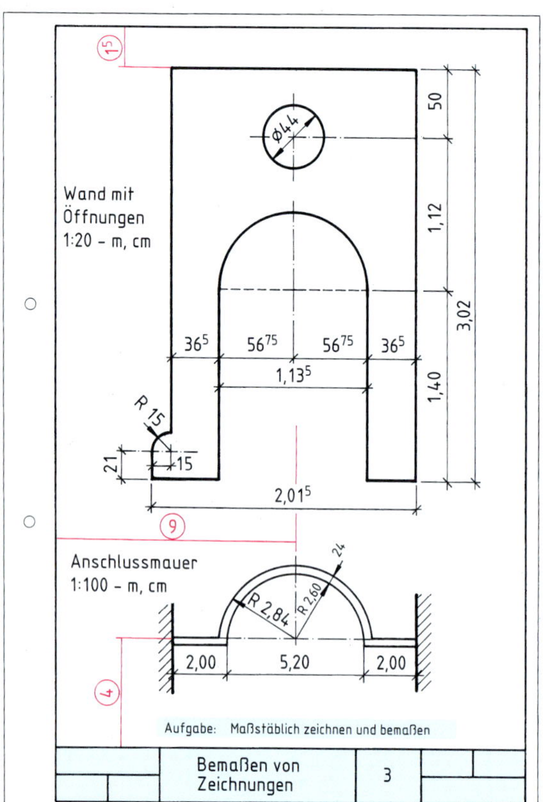
Wand mit Öffnungen
1:20 – m, cm
⌀44
50
1,12
3,02
1,40
36⁵
56⁷⁵
56⁷⁵
36⁵
1,13⁵
R 15
21
15
2,01⁵
Anschlussmauer
1:100 – m, cm
24
R 2,84
R 2,60
2,00
5,20
2,00
Aufgabe: Maßstäblich zeichnen und bemaßen
Bemaßen von Zeichnungen
3

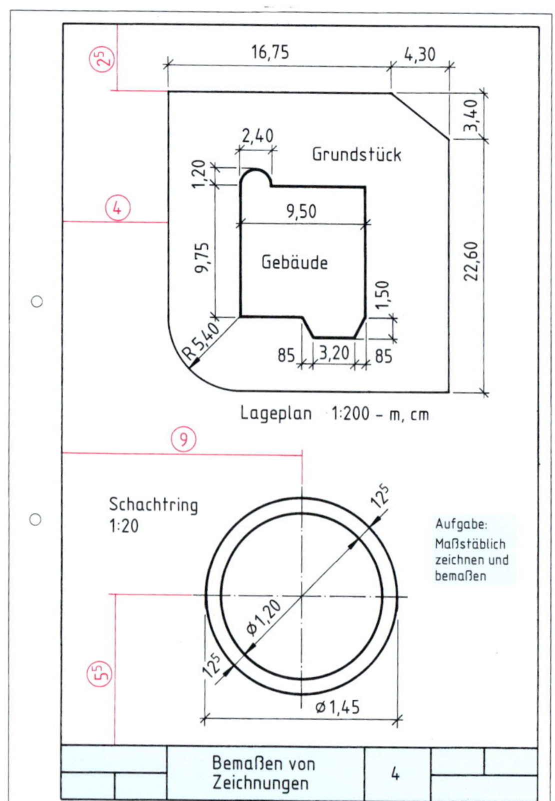
16,75
4,30
3,40
2,40
Grundstück
1,20
9,50
9,75
Gebäude
22,60
1,50
R 5,40
85
3,20
85
Lageplan 1:200 – m, cm
Schachtring
1:20
12⁵
⌀1,20
12⁵
⌀1,45
Aufgabe: Maßstäblich zeichnen und bemaßen
Bemaßen von Zeichnungen
4

7.5 Geometrische Grundkonstruktionen

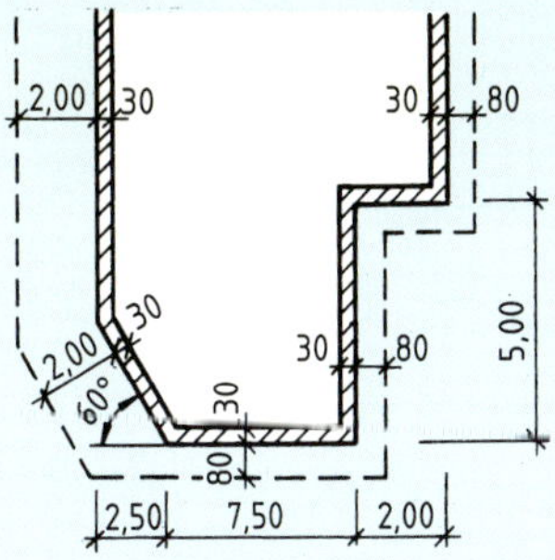

Grundriss
(Parallelen)

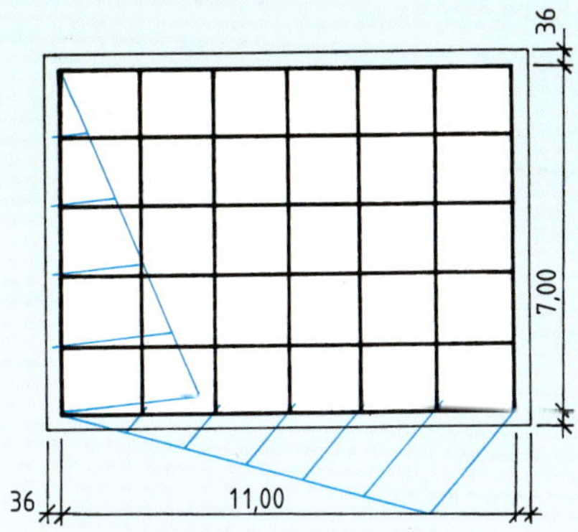

Kassettendecke
(Streckenteilung)

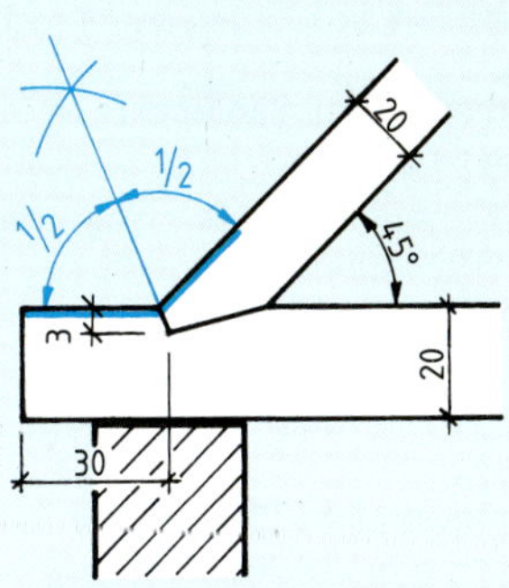

Fußpunkt am Sparrendach
(Winkelteilung)

Bei der Ausführung von technischen Zeichnungen werden geometrische Grundkonstruktionen angewendet. Darunter versteht man die Konstruktion von Parallelen, rechten Winkeln, das Teilen von Strecken, Kreisbögen und Winkeln und das Übertragen von Winkeln. Die oben dargestellten Beispiele technischer Zeichnungen zeigen die Anwendung solcher Konstruktionen.

7.5.1 Parallele Geraden

Gerade Linien verlaufen parallel, wenn sie stets den gleichen Abstand haben. Abstand ist die rechtwinklig gemessene Entfernung.

Parallelen kann man auch an den Winkeln erkennen, die sie mit einer schneidenden Geraden bilden (z. B. an Stufenwinkeln).

Beim Zeichnen von Parallelen auf dem Reißbrett mit Reißschiene und Zeichendreiecken wird diese Erkenntnis angewendet. Reißschiene und Führungskante bilden an jeder Stelle den gleichen Winkel (Stufenwinkel). Dies ist auch der Fall, wenn das Zeichendreieck an der Reißschiene (Führungskante) bewegt wird. Die Führungskanten müssen aber stets gerade sein (warum?).

Zeichnen von Parallelen durch Parallelverschieben des Zeichendreiecks:

1. Dreieck mit einem Schenkel an die gegebene Gerade anlegen.
2. An den anderen Schenkel des Dreiecks eine Reißschiene oder ein zweites Dreieck als Führungskante anlegen.
3. Das Dreieck an der Führungskante in die gewünschte Lage verschieben und die Parallele zeichnen.

Aufgabe: Zu einer Geraden g durch einen Punkt P ist die Parallele zu konstruieren.

1. Auf der Geraden g Punkt A beliebig festlegen.
2. Kreisbogen um A mit $r = AP$ zeichnen; Schnittpunkt B.
3. Kreisbögen mit gleichem Radius um B und P schlagen; Schnittpunkt in C.
4. Gerade durch P und C ziehen. Sie ist die Parallele zu g.

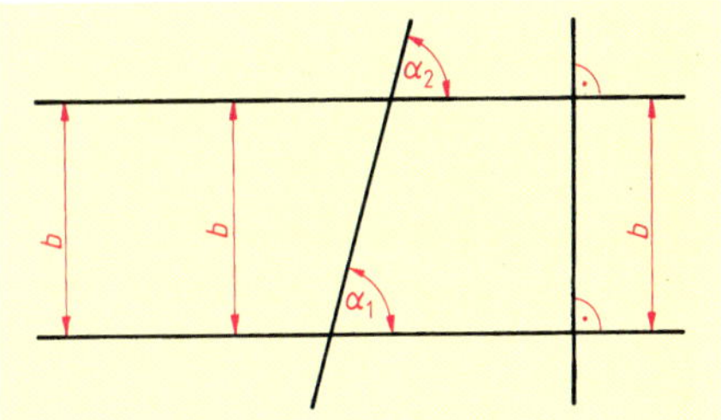

Winkel an Parallelen (α_1 und α_2 = Stufenwinkel)

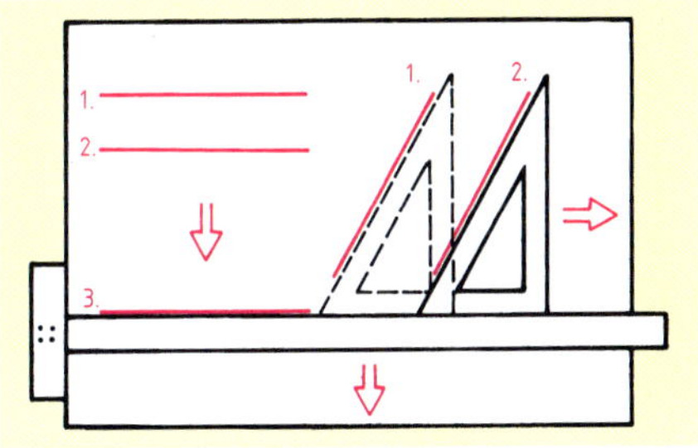

Parallelverschiebung mit Zeichenschiene und Zeichendreieck

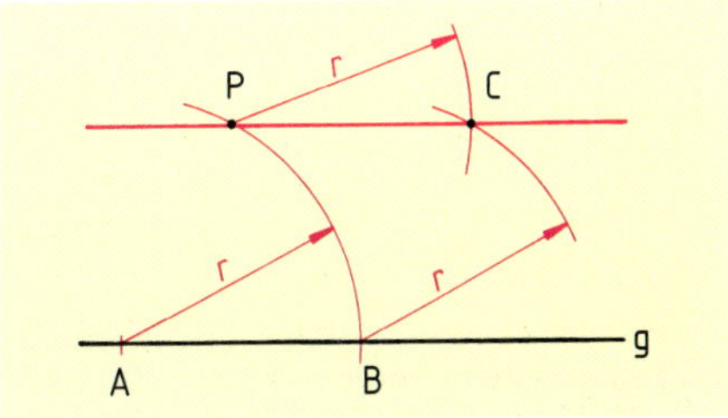

Parallelenkonstruktion mit Zirkel und Lineal

7.5.2 Senkrechte und Lote

Senkrechte und Lote sind Geraden, die zu einer Geraden unter 90° verlaufen. Werden Senkrechte oder Lote konstruiert, so werden damit rechte Winkel konstruiert.

Aufgabe: Eine Senkrechte ist im Punkt D einer Geraden zu errichten.

1. Kreis um Punkt D mit beliebigem Radius zeichnen; Schnittpunkte A und B.
2. Kreisbögen mit gleichem Radius um A und B schlagen; Schnittpunkt in C.
3. Gerade von D durch C ziehen = *Senkrechte in D.*

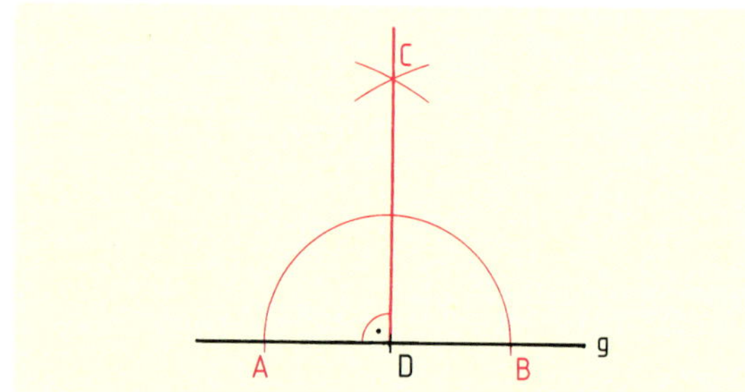

Senkrechte in einem Punkt

Aufgabe: Eine Senkrechte ist im Endpunkt einer Strecke zu errichten.

1. Kreis um Endpunkt B mit beliebigem Radius zeichnen; Schnittpunkt C.
2. Auf dem Kreisbogen von C aus zweimal Kreisbogen mit r = BC abtragen; Schnittpunkte D und E.
3. Kreisbögen um D und E mit beliebigem Radius zeichnen; Schnittpunkt in F.
4. Gerade von B durch F ziehen = *Senkrechte in B.*

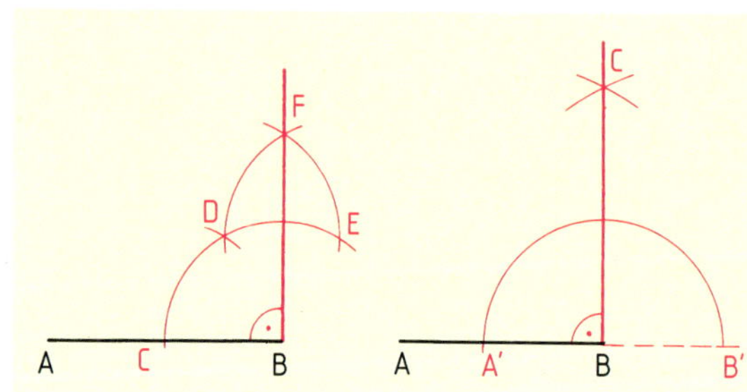

Senkrechte im Endpunkt einer Strecke

Aufgabe: Ein Lot ist von einem Punkt D aus auf eine Gerade zu fällen.

1. Kreisbogen um D zeichnen; Schnittpunkte mit der Geraden in A und B.
2. Kreisbögen um A und B mit beliebigem Radius zeichnen; Schnittpunkt in C.
3. Gerade durch D und C ziehen = *Lot auf Gerade g.*

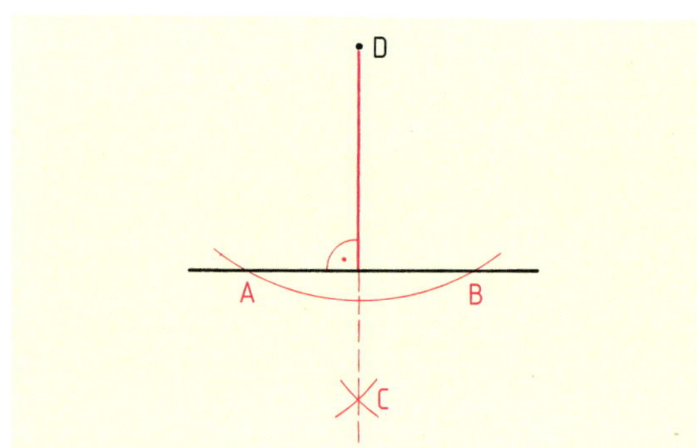

Lot fällen

7.5.3 Streckenteilung

Strecken sind begrenzte Geraden; sie werden mit ihren Endpunkten bezeichnet, z. B. **Strecke AB**. Die geradlinigen Begrenzungen von Flächen und Körpern sind Strecken. Teilungen von Strecken werden mit Zirkel und Lineal durchgeführt.

Aufgabe: Eine Strecke ist zu halbieren (vierteln).

1. Kreisbogen um Streckenendpunkte A und B zeichnen $\left(r > \frac{AB}{2}\right)$; Schnittpunkte in C und D.
2. Gerade durch C und D ziehen; Schnittpunkt in M. Der Punkt M halbiert die Strecke AB.

Die Gerade durch C und D ist **Mittelsenkrechte** der Strecke AB.

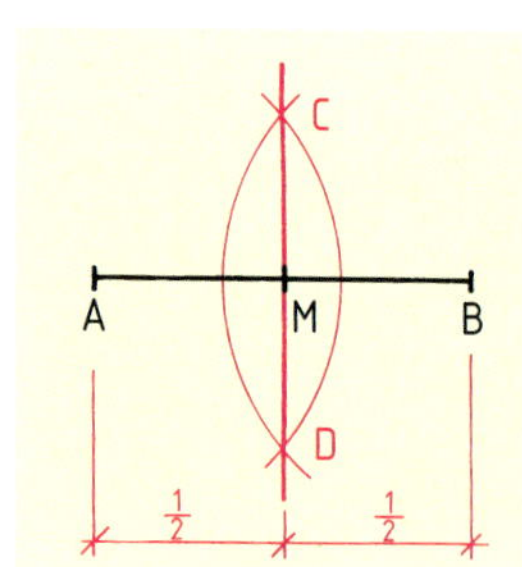

Strecke halbieren

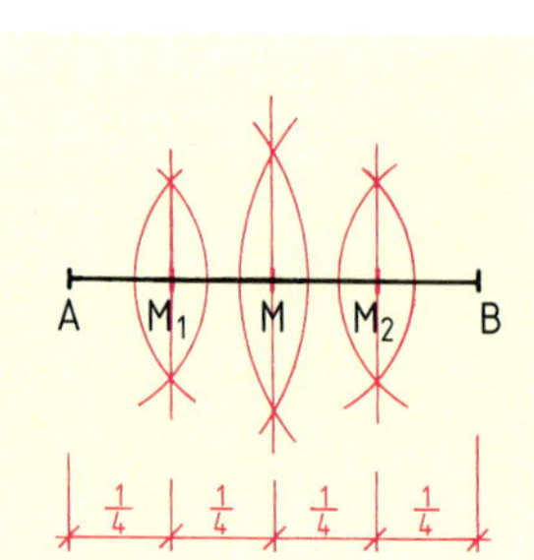

Strecke vierteln

Aufgabe: Eine Strecke ist in mehrere gleiche Teile zu teilen (hier sieben Teile).

1. Von Punkt A unter einem Winkel von etwa 30° zur Strecke eine Hilfsgerade ziehen.
2. Auf dieser von A aus mit dem Zirkel so viele beliebig große, aber gleiche Teilstrecken abtragen, wie Teilungen verlangt sind (Teilpunkte 1′, 2′... C).
3. Letzten Teilpunkt C mit Endpunkt B der Strecke AB verbinden.
4. Parallelen zu BC durch die Teilpunkte der Hilfsgeraden ziehen. Deren Schnittpunkte mit der Strecke AB sind die gesuchten Teilungspunkte.

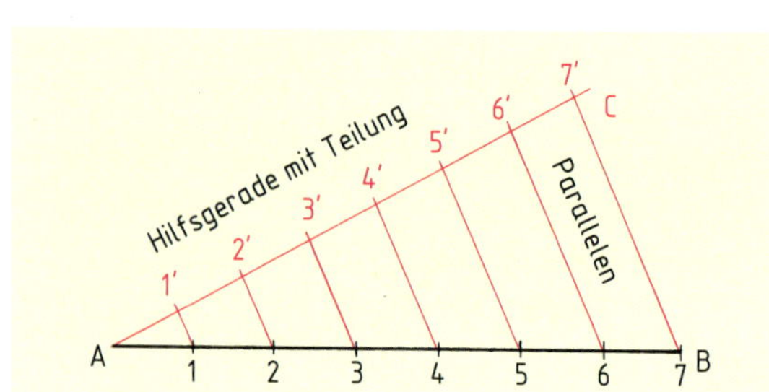

Streckenteilung (hier sieben Teile)

7.5.4 Winkelteilung

Winkel entstehen, wenn sich zwei Geraden schneiden. Diese Geraden bilden die Schenkel des Winkels; ihr Schnittpunkt ist der Scheitelpunkt.

Ein Winkel entsteht auch, wenn einer von zwei aufeinander liegenden Strahlen um einen Punkt, den Scheitelpunkt, gedreht wird. Der Strahl erfährt eine Richtungsänderung. Je größer der Richtungsunterschied ist, umso größer ist der Winkel.

Da jeder Punkt des sich drehenden Strahls auf einem Kreisbogen wandert, werden die Winkel mit Kreisbögen gemessen. Bei einer vollen Umdrehung entsteht ein Vollkreis. Sein Umfang wird in 360 (oder 400) gleiche Teile geteilt. Der 360ste Teil ist ein **Grad** (1°), der 400ste Teil ist ein **Gon** (1 gon).

Winkel zwischen 0° und 90° heißen **spitze** (1), zwischen 90° und 180° **stumpfe** (3), über 180° **überstumpfe** Winkel (5). 90° ergeben einen **rechten Winkel** (2), 180° einen **gestreckten** Winkel (4), 360° einen **Vollwinkel** (6).

Weitere Winkelarten:

Scheitelwinkel werden von denselben Geraden gebildet, sie sind einander gleich.

Nebenwinkel haben einen gemeinsamen Schenkel, sie ergänzen sich zu 180°.

Wechselwinkel und **Stufenwinkel** entstehen, wenn parallele Geraden von einer dritten geschnitten werden, sie sind gleich groß.

Gegenwinkel sind die in einem Parallelogramm diagonal gegenüberliegenden Winkel; sie sind gleich groß.

Aufgabe: Ein Winkel ist zu halbieren.

1. Kreisbogen um Scheitelpunkt S mit beliebigem Radius zeichnen; Schnittpunkte A und B.
2. Kreisbögen um A und B mit gleichem Radius; Schnittpunkt in C.
3. Von S durch C Gerade ziehen = *Winkelhalbierende*.

Aufgabe: Ein 90°-Winkel ist zu dritteln.

1. Kreisbogen um Scheitelpunkt mit beliebigem Radius; Schnittpunkte A und B.
2. Um A und B Kreis mit gleichem Radius schlagen; Schnittpunkte C und D.
3. Geraden von S durch C und D ziehen = *Winkeldrittelung.*

Aufgabe: Ein Winkel ist zu übertragen
(hier: Winkel α an Gerade g in Punkt P antragen).

1. Kreisbögen mit beliebigem r um Scheitelpunkt S und Punkt P zeichnen; Schnittpunkte A, B und C.
2. Kreis um C mit r_1 = AB schlagen; Schnittpunkt in D.
3. Gerade von P durch D ziehen. ∢ASB = ∢CPD.

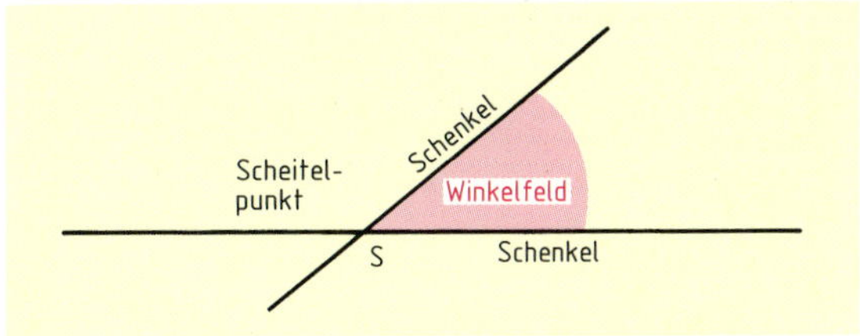

Winkel

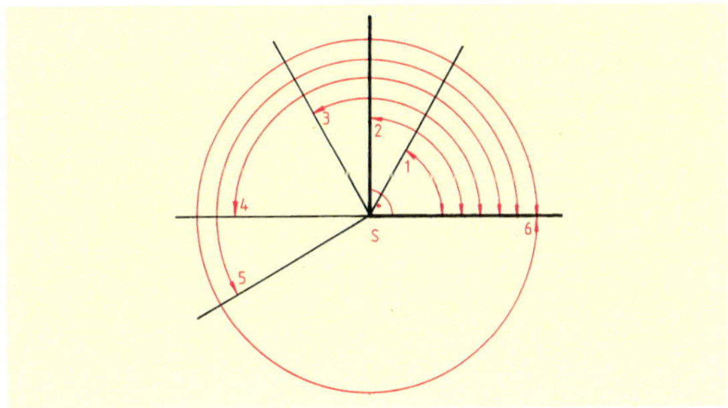

Winkelarten

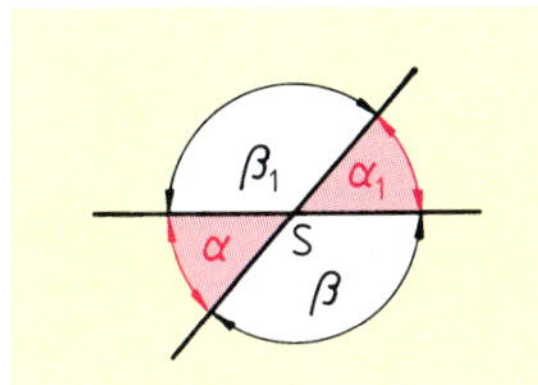

Scheitelwinkel $\alpha = \alpha_1$; $\beta = \beta_1$

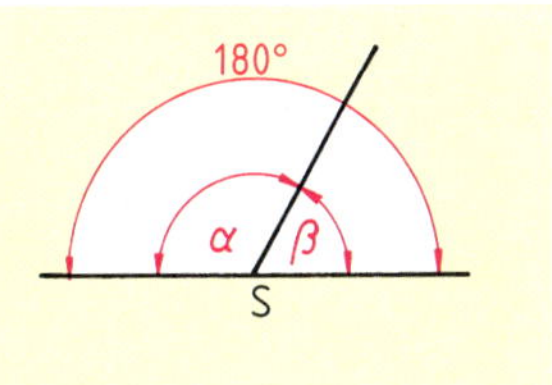

Nebenwinkel $\alpha + \beta = 180°$

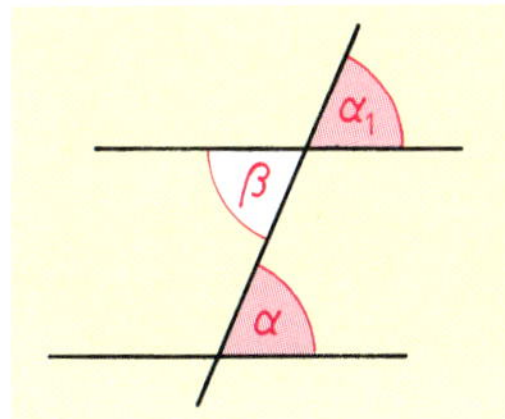

Stufenwinkel (α, α_1)
und Wechselwinkel (α, β)

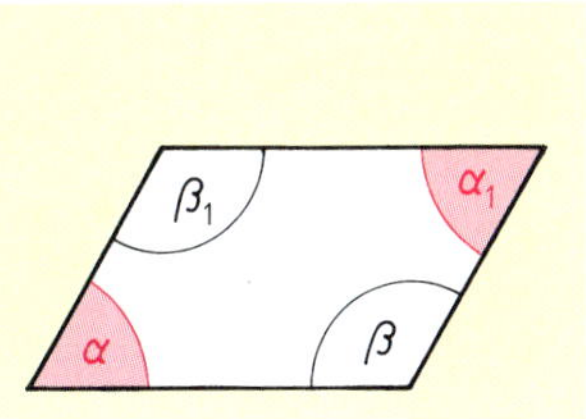

Gegenwinkel (α, α_1; β, β_1)

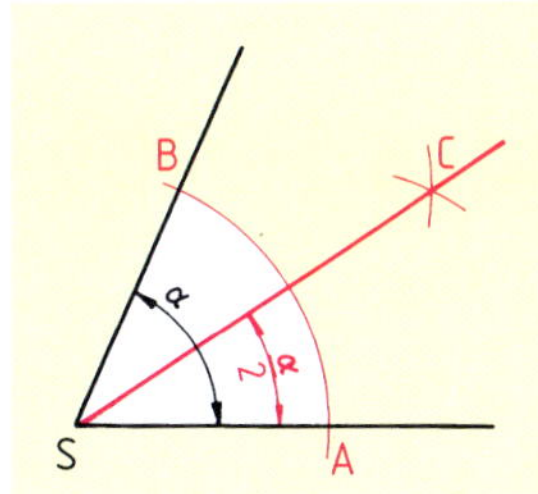

Winkel halbieren

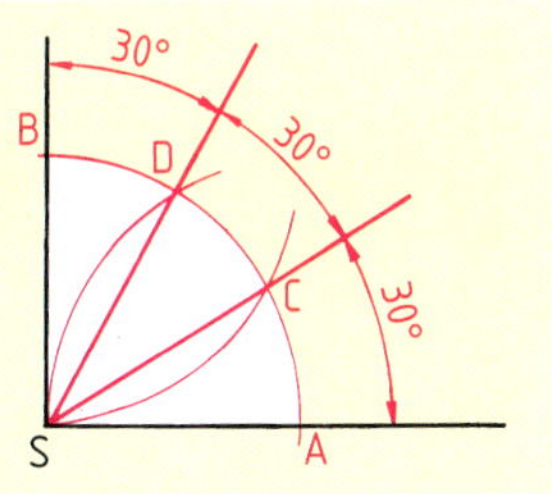

90°-Winkel dritteln

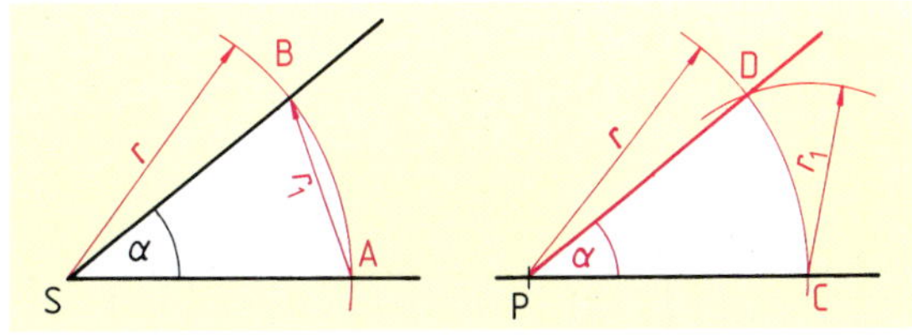

Winkelübertragung

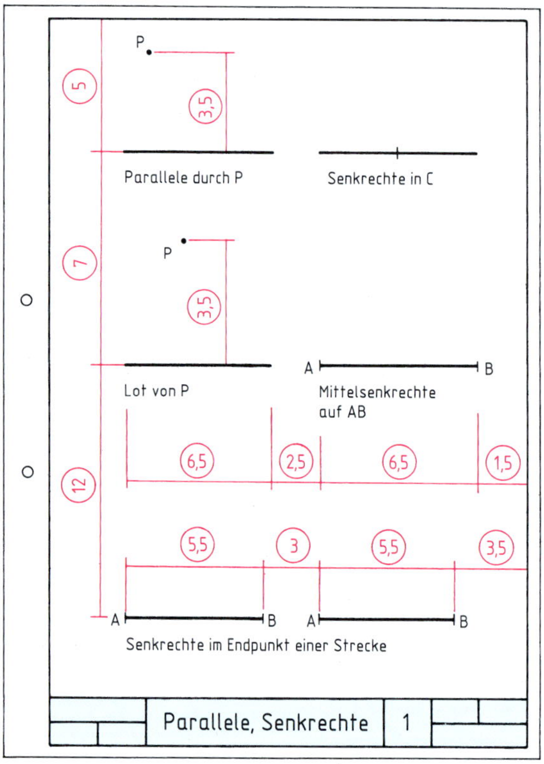
P
3,5
5
Parallele durch P
Senkrechte in C
P
3,5
7
Lot von P
A
B
Mittelsenkrechte auf AB
6,5
2,5
6,5
1,5
12
5,5
3
5,5
3,5
A
B
A
B
Senkrechte im Endpunkt einer Strecke
Parallele, Senkrechte
1

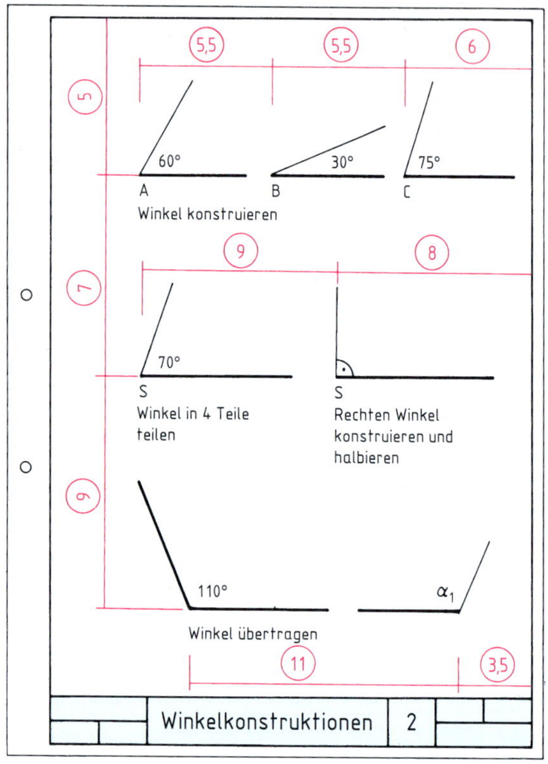
5,5
5,5
6
5
60°
30°
75°
A
B
C
Winkel konstruieren
9
8
7
70°
S
Winkel in 4 Teile teilen
S
Rechten Winkel konstruieren und halbieren
9
110°
α_1
Winkel übertragen
11
3,5
Winkelkonstruktionen
2

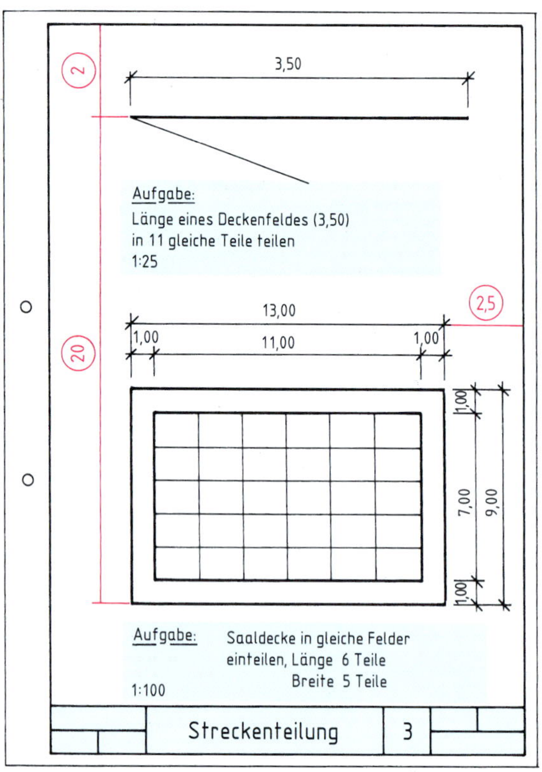
2
3,50
Aufgabe:
Länge eines Deckenfeldes (3,50) in 11 gleiche Teile teilen
1:25
13,00
2,5
1,00
11,00
1,00
20
1,00
7,00
9,00
1,00
Aufgabe:
Saaldecke in gleiche Felder einteilen, Länge 6 Teile
Breite 5 Teile
1:100
Streckenteilung
3

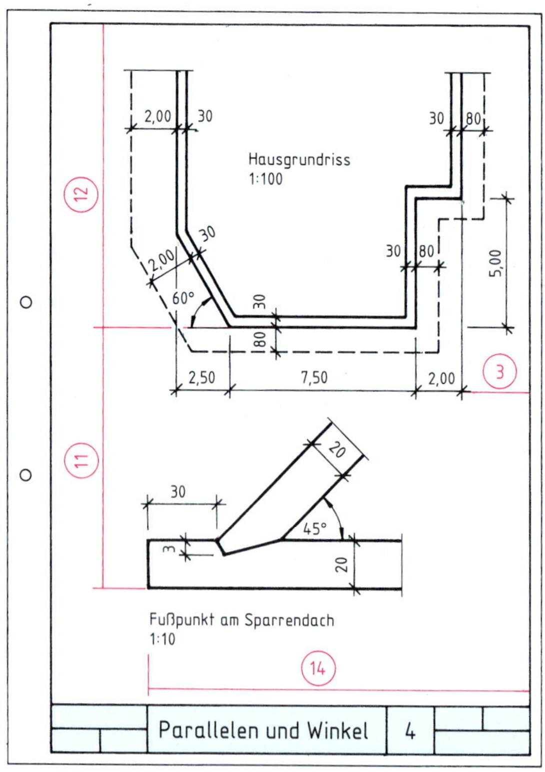
2,00
30
30
80
Hausgrundriss
1:100
12
30
2,00
30
80
60°
30
80
5,00
2,50
7,50
2,00
3
11
30
20
45°
3
20
Fußpunkt am Sparrendach
1:10
14
Parallelen und Winkel
4

7.5.5 Vielecke (Anwendungsbeispiele)

1

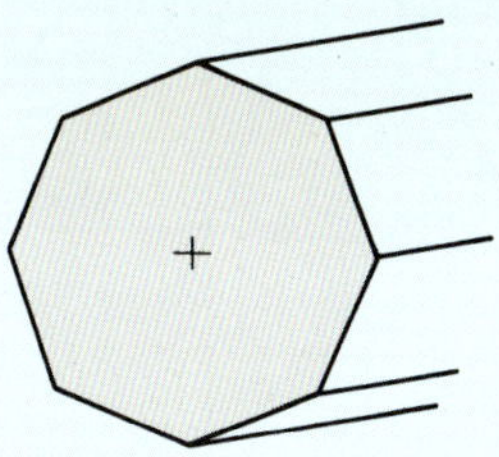

Profilstab

2

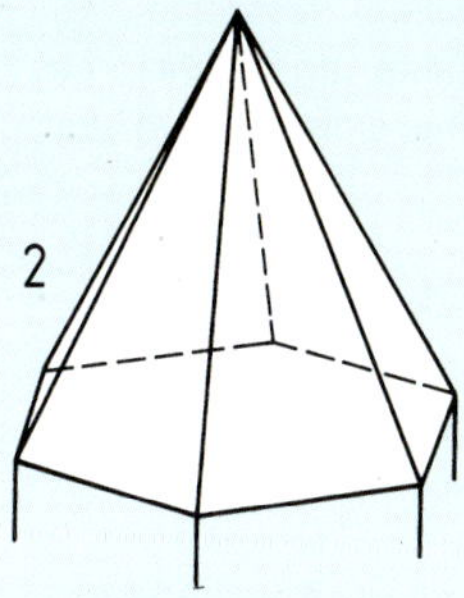

Turmdach mit sechseckiger Grundfläche

3

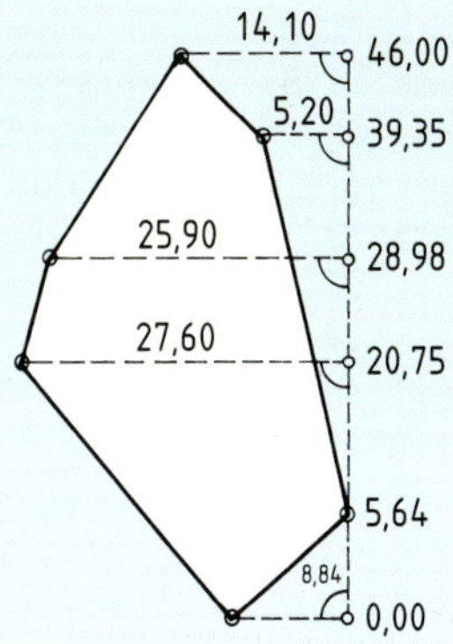

Unregelmäßiges Vieleck
(Grundstücksaufnahme)

Vieleckige Flächen kommen z. B. als Profile bei Stäben und Stählen (1), als Grundrissfläche bei Turmdächern (2) und als Grundstücksflächen (3) vor.

Als **Vielecke** werden Flächen mit mehr als vier Ecken bezeichnet. Man unterscheidet regelmäßige und unregelmäßige Vielecke. Die Konstruktion regelmäßiger Vielecke wird als Hilfskonstruktion angewandt, z. B., wenn Kreislinien in gleiche Teile zu teilen sind.

7.5.6 Regelmäßige Vielecke

Bei regelmäßigen Vielecken sind alle Seiten und Winkel gleich groß. Sie haben einen Um- und einen Inkreis.

Aufgabe: In einem jeweils gegebenen Kreis sind ein Sechseck und ein Zwölfeck zu zeichnen.

Sechseck

1. Kreis um M und Mittelachsen zeichnen; Schnittpunkte A, D.
2. Kreisbögen mit Umkreishalbmesser *r* um A und D zeichnen; Schnittpunkte B, C, E, F. Punkte A, B, C, D, E, F sind Sechseckpunkte.

Eine Sechseckseite entspricht dem Halbmesser des Umkreises.

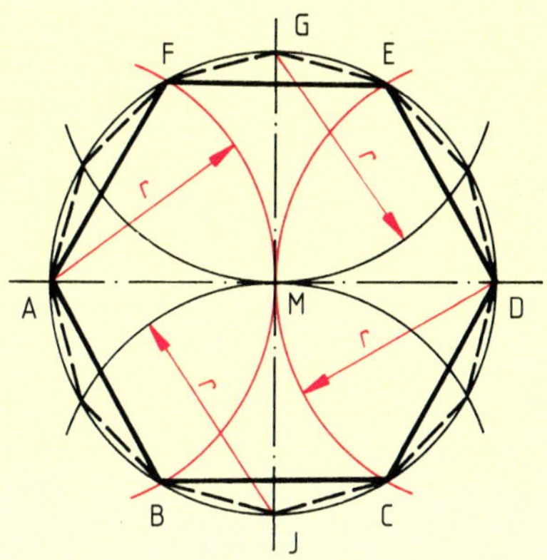

Sechseck und Zwölfeck

Zwölfeck

Bei der Konstruktion eines Zwölfecks werden Kreisbögen mit einem Halbmesser *r* um die Achsenschnittpunkte A, D, G, J gezeichnet. Die Schnittpunkte mit der Kreislinie sind Zwölfeckpunkte, die zusammen mit den Punkten A, D, G, J das Zwölfeck ergeben.

Aufgabe: Ein Achteck ist zu konstruieren.

a) In gegebenem Umkreis

1. Kreis mit *r* um M und Mittelachsen zeichnen; Schnittpunkte A, B, C, D (Quadrat).
2. Mittelsenkrechte von AC und BC konstruieren (Linien unter 45° zu den Mittelachsen); Schnittpunkte mit Kreislinie in E, F, G, H.

   Punkte A, B, C, D, E, F, G, H sind Achteckpunkte.

b) Nach gegebener Seite

1. Achteckseite zeichnen (hier FD).
2. Von F und D aus 45°-Winkel anwenden.

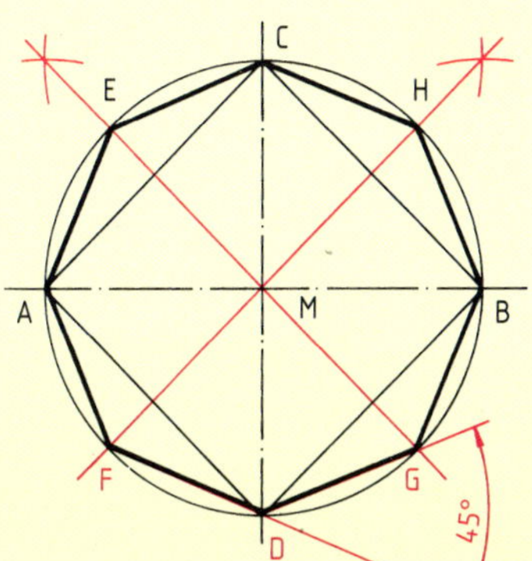

Achteck

7.5.7 Unregelmäßige Vielecke

Bei unregelmäßigen Vielecken gibt es keine Gesetzmäßigkeiten zwischen Seiten, Winkeln und Diagonalen. Zum Zeichnen solcher Flächen wird eine Bezugslinie (Messlinie) festgelegt. Sie dient zum Einmessen der Vieleck-Lotfußpunkte, von denen aus die Vieleckpunkte rechtwinklig zur Bezugslinie eingemessen werden.

Aufgabe: Ein im Gelände mittels einer Handskizze aufgenommenes Grundstück ist zu zeichnen.

1. Messlinie zeichnen und Nullpunkt festlegen.
2. Entfernung der Lotfußpunkte vom Nullpunkt aus auf der Bezugslinie einmessen.
3. Lage der Vieleckpunkte von den Lotfußpunkten aus rechtwinklig einmessen.
4. Vieleckpunkte verbinden und Maßzahlen einschreiben.

Die Maßzahlen für die Entfernungen der Lotfußpunkte werden rechtwinklig zur Messlinie und vom Nullpunkt aus lesbar eingeschrieben; die Maßzahlen für die Abstände der Eckpunkte von der Messlinie werden mittig auf den Loten, vom Nullpunkt aus lesbar angegeben.

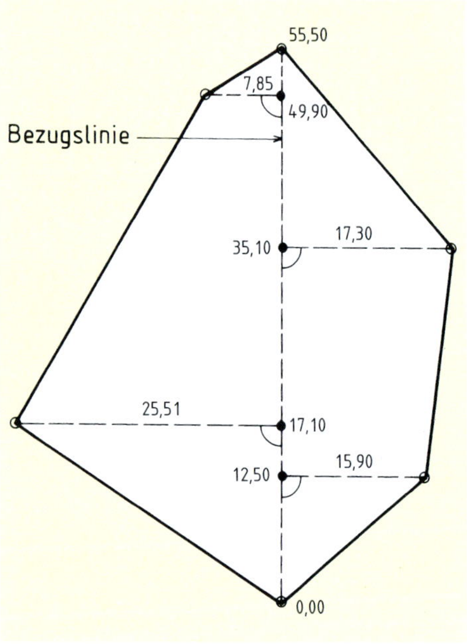

Unregelmäßiges Vieleck (Grundstücksaufnahme)

Aufgaben:
1. Zeichnen Sie die regelmäßigen Vielecke; gegeben ist jeweils der Umkreis. (Fünfeck: Eingekreiste Ziffern weisen auf Konstruktionsfolge hin.)
2. Zeichnen Sie das unregelmäßige Vieleck der Abbildung 3 auf Seite 311.

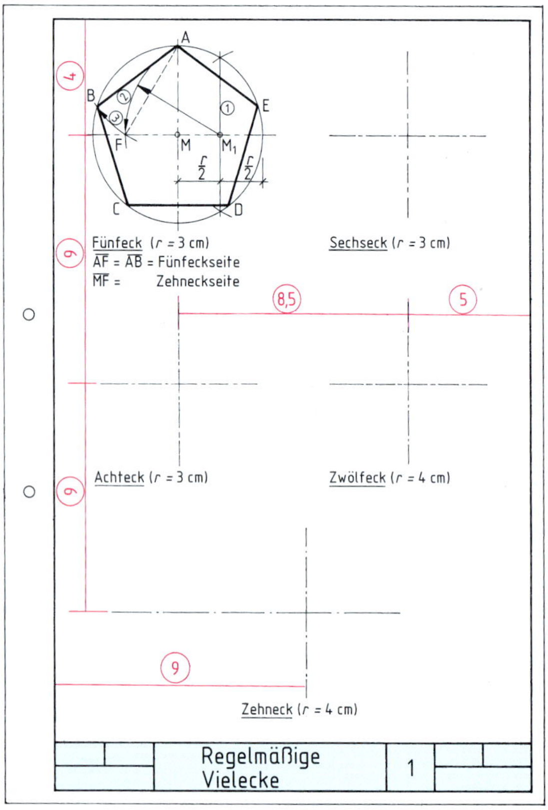

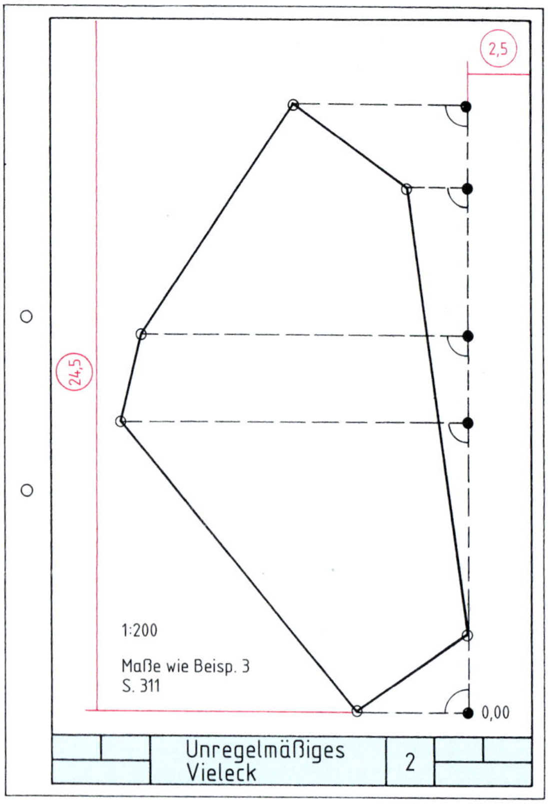

7.6 Schräge Parallelprojektion

Die Form zusammengesetzter Bauteile ist aus den Ansichts- und Schnittzeichnungen oft schwierig zu erkennen. In solchen Fällen ist die Anfertigung von Schrägbildern (Raumbildern) zu empfehlen. Dabei sind die einzelnen Teile und deren Zusammenhang besser zu sehen. Schrägbilder werden entweder mit Zeichengeräten (Zeichenwinkel, Lineal) gefertigt oder als Bauskizzen freihand dargestellt.

7.6.1 Schrägbildarten

Nach DIN ISO 5456-3 sind mehrere Schrägbildarten (axonometrische Darstellungen) genormt:

Die isometrische Projektion – Isometrie (Isometrie = gleiches Maß, unverkürzte Kanten). Die Höhen werden senkrecht gezeichnet, Langen und Breiten im Winkel von 30° zur Waagerechten. Alle Kanten werden unverkürzt dargestellt.

Die dimetrische Projektion – Dimetrie (Dimetrie = zwei Maße, z. T. verkürzte Kanten). Höhen und Längen werden im Maßstab 1:1, die Breiten im Maßstab 0,5:1 aufgetragen. Die unverkürzte Länge des Körpers wird im Winkel von 7°, die verkürzte Breite im Winkel von 42° zur Waagerechten rechts steigend gezeichnet.

Bei der **Kavalierprojektion** wird von der unveränderten Vorderansicht ausgegangen und die Breite des Körpers unter 45° steigend gezeichnet. Diese wird nach der Norm nicht verkürzt, was jedoch eine starke Verzerrung ergibt. Deshalb wird hier eine Verkürzung empfohlen, die erreicht wird, wenn man auf kariertem Papier für 1 cm Breite eine Karo-Diagonale verwendet.

Für Freihandskizzen eignen sich auch andere nicht genormte Darstellungen.

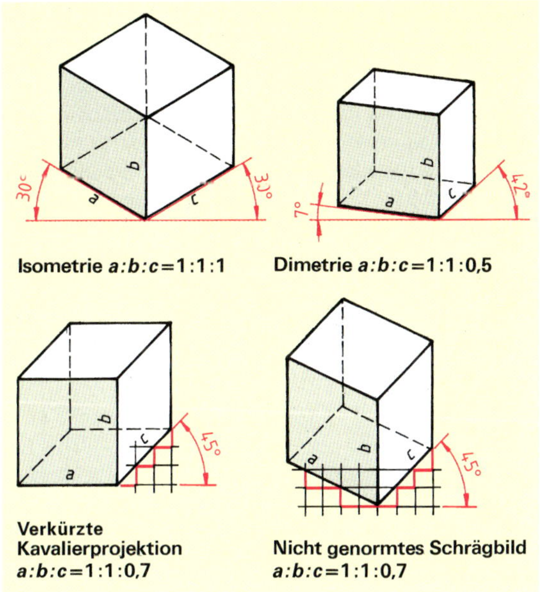

Schrägbildarten

7.6.2 Die Konstruktion von Schrägbildern

Beispiel: isometrische Zeichnung eines Winkelkörpers

Zuerst ist die Platzeinteilung vorzunehmen. Die Lage der vordersten Kanten wird festgelegt (Ausgangspunkt P); dabei ist besonders auf den größeren Höhenbedarf des Schrägbildes zu achten.

1. Achsenrichtungen antragen (hier: 30° für Isometrie).
2. Gesamtmaße der Länge und Breite antragen und Grundfläche zeichnen, Teilmaße festlegen.
3. Grundfläche ergänzen und Höhen errichten.
4. Gesamthöhe antragen, gegebenenfalls Körperumriss (Hüllkörper) zeichnen, Teilhöhen festlegen.
5. Waagerechte Deckflächen parallel zu den Grundkanten ergänzen.
6. Sichtbare Kanten ausziehen, nichtsichtbare Kanten soweit zweckmäßig darstellen. Dünne Hilfslinien können belassen werden.

Bemaßung von Schrägbildern: Statt der üblichen Schrägstriche sind Kreise oder Punkte als Maßbegrenzung zweckmäßiger.

Schrägbilder erhöhen die Anschaulichkeit von Körpern. Im Bauwesen werden sie häufig skizzenhaft gezeichnet. Verdeckte Kanten, die nicht zur Verbesserung der Anschaulichkeit beitragen, können vernachlässigt werden.

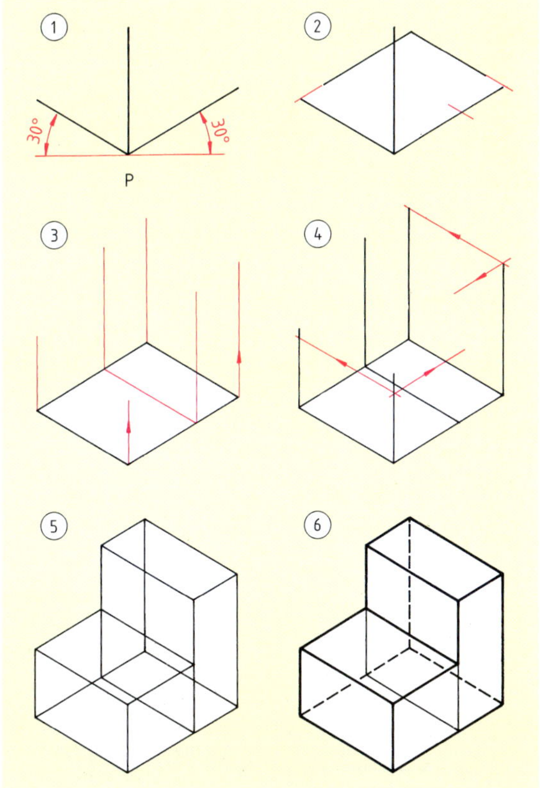

Darstellung der Konstruktion in Schritten

7.7 Rechtwinklige Parallelprojektion

Die schräge Parallelprojektion bringt zwar ein anschauliches Bild eines Körpers, die technische Verwendbarkeit ist jedoch begrenzt: Strecken und Winkel werden größtenteils nicht in wahrer Größe wiedergegeben. Bei der rechtwinkligen Parallelprojektion werden für prismatische Körper wahre Abbildungen erreicht.
Sie ist deshalb die für Bauzeichnungen (technische Zeichnungen) übliche Projektionsart.

Die Projektionsebenen

Um Bauteile oder Werkstücke herstellen zu können, sind in der Regel Zeichnungen in drei Ansichten nötig. Sie werden nach der Methode der rechtwinkligen Parallelprojektion gezeichnet. Dazu denkt man sich den darzustellenden Körper frei schwebend in eine **„Raumecke“** aus drei Projektionsebenen so gestellt, dass seine Flächen parallel zu diesen Ebenen sind. Treffen nun parallele Projektionsstrahlen senkrecht auf die Ebenen, so erzeugen sie ein wahres Bild der jeweiligen Ansichtsfläche.

Die Projektion von vorn ergibt die **Vorderansicht**, von oben die **Draufsicht** und von der Seite die **Seitenansicht**.

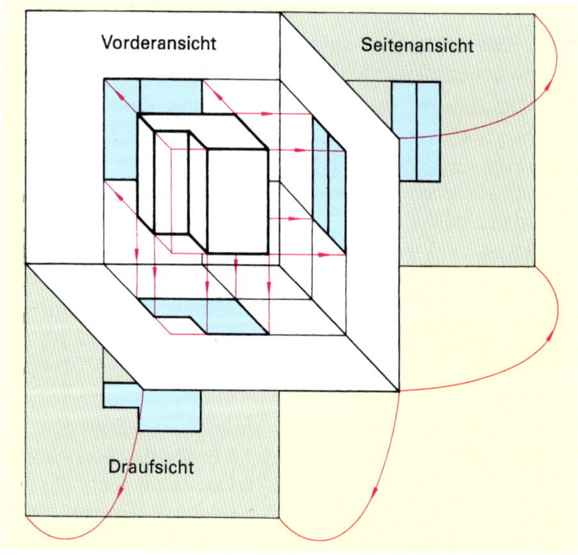

Projektionsebenen

Anordnung der Ansichten

Klappt man die drei Projektionsflächen in eine Ebene, so liegen die Draufsicht unter der Vorderansicht, die Seitenansicht neben der Vorderansicht. Die Verbindungslinien gleicher Punkte in benachbarten Ansichten nennt man **Projektionslinien**. Komplizierte Baukörper erfordern oft mehr als drei Ansichten. Die Anordnung der Ansichten ist in DIN ISO 128-30 genormt.

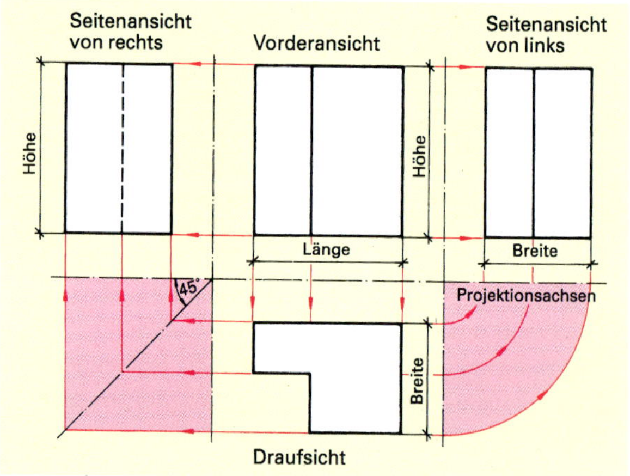

Anordnung der Ansichten nach DIN ISO 128-30

Die Vorderansicht ist genau über der Draufsicht angeordnet. Beide Projektionen zeigen die *gleiche Länge*. Die Seitenansicht von rechts wird links, die Seitenansicht von links wird rechts von der Vorderansicht gezeichnet. In Seitenansichten und Draufsicht erscheint die *gleiche Breite*. Vorderansicht und Seitenansichten haben die *gleiche Höhe*.

Beim Zeichnen einfacher Körper auf Karopapier wird auf die Verwendung von Zirkel und Projektionsachsen verzichtet. Die Abstände zwischen den Ansichten werden nach Gesichtspunkten der Blatteinteilung gewählt (z. B. 2 cm). Die Breiten der Draufsicht werden mithilfe der Karozahl oder mit dem Maßstab in die Seitenansichten übertragen.

Aufgabe:

Zeichnen Sie den in der Isometrie dargestellten Winkelstein (Betonfertigteil) nach der gegebenen Blatteinteilung in vier Ansichten.

Beginnen Sie bei der Blatteinteilung immer mit der unteren Kante der Vorderansicht ⓐ und messen Sie dann die linke Kante von Draufsicht bzw. Vorderansicht ein ⓑ.

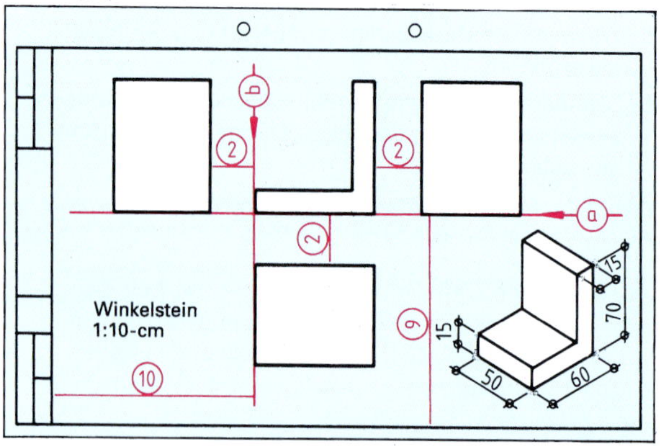

7.7.1 Ansichten nach Schrägbild

Aufgaben:

Zeichnen Sie die dargestellten Körper 1 bis 10 in vier Ansichten und dazu ein Schrägbild als Kavalierprojektion oder Dimetrie (vgl. nebenstehende Musterlösung).

Sämtliche Körper sind von Prismen der Größe 5 × 4 × 7 cm (*l* × *b* × *h*) umhüllt. Die Maße der Aussparungen und Ausklinkungen sind nach den gegebenen Schrägbildern selbst zu wählen. Es ist vorteilhaft, zuerst den **Hüllkörper** mit Hilfslinien darzustellen und danach die Aussparungen einzuzeichnen. (Auch beim Schrägbild geht man so vor.)

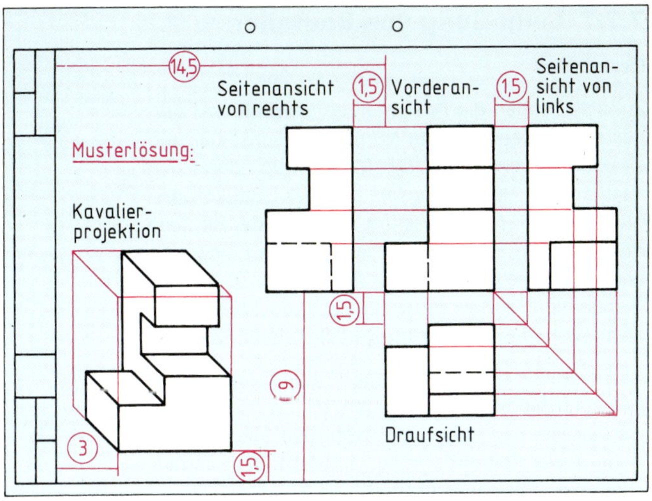

1. Gebäudegruppe
2. Fertigteil mit Aussparung
3. Waagerechter Schlitz
4. Stütze mit Binderauflager
5. Holzverbindungen: Schlitz
6. ... Zapfen
7. ... Zapfen mit Gehrung
8. ... Schlitz mit Gehrung
9. Wasserspeier für Flachdach
10. Lüftungsstein mit Öffnungen

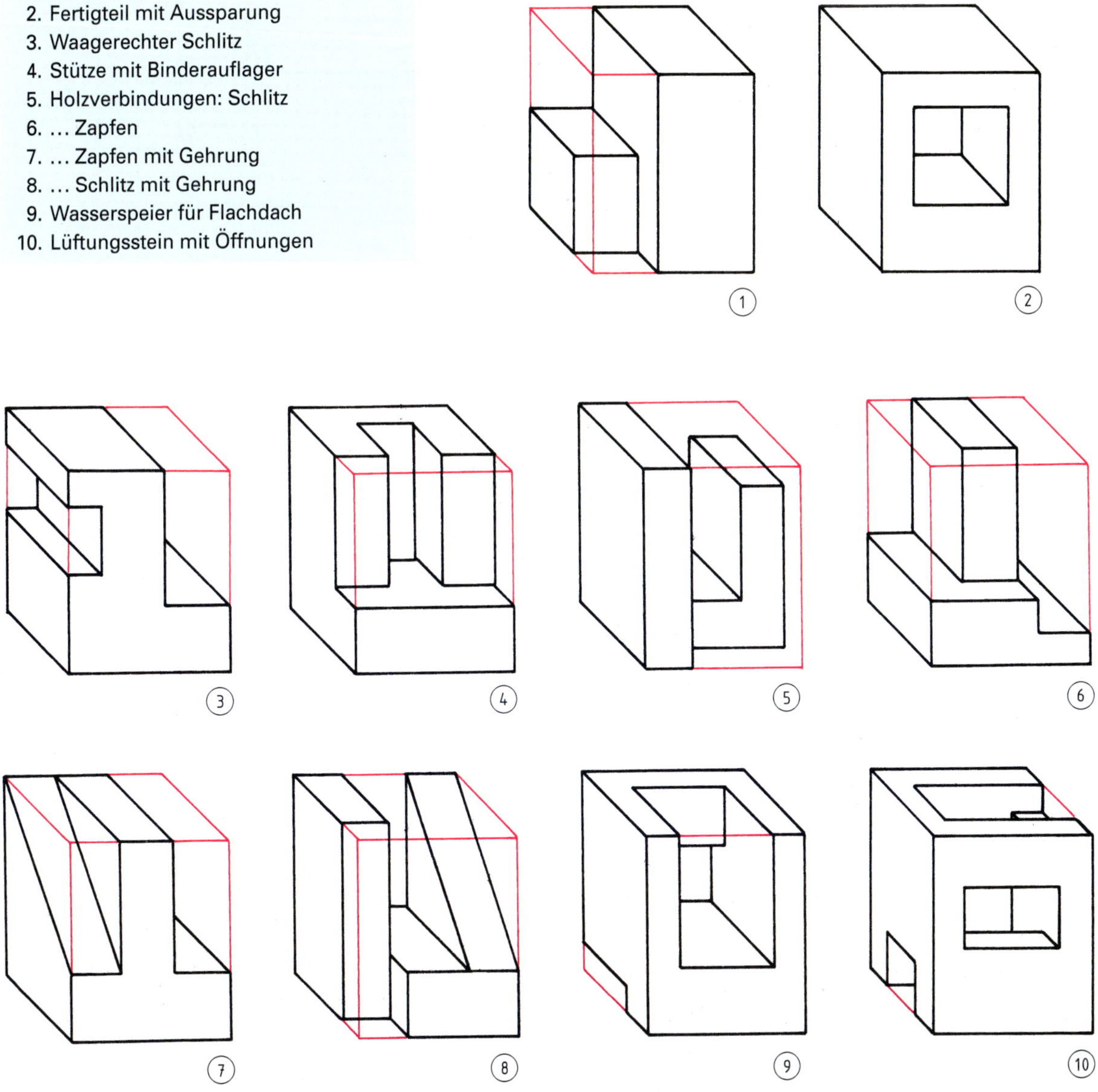

7.7.2 Bemaßung von Bauteilen

Grundsätze:

Zunächst sollen die Ansichten so gewählt und dargestellt werden, dass der Körper möglichst klar und eindeutig erkennbar ist. Der Maßeintrag richtet sich nach dem Herstellungsablauf des Baukörpers; Maße sollen nur an schon bestehende Bauteile bzw. Kanten „angebunden" werden. Nur ungenau herzustellende Kanten oder Flächen, z. B. Fundamentsohlen, dürfen nicht als Ausgangskanten verwendet werden („fertigungsgerecht" bemaßen).

Im Bauwesen sind „Kettenmaße" üblich. Dabei werden auch Teilmaße eingetragen, die zwar errechnet werden können, aber der Kontrolle dienen. Die Summe der Teilmaße muss mit dem Gesamtmaß übereinstimmen (nachprüfen!).

Damit die Zeichnung übersichtlich bleibt, ist die Zahl der Maße auf das Nötigste zu beschränken; gleiche Maße sollen in den einzelnen Ansichten nicht mehrfach erscheinen.

Die Draufsicht zeigt alle Maße der waagerechten Ausdehnungen (Längen, Breiten, Tiefen). Die Ansichten und Schnitte enthalten hauptsächlich Höhenmaße.

Im **Musterbeispiel** ist die Platzeinteilung für die folgenden Übungsaufgaben gegeben.

Die hier erscheinende Stütze ist unmaßstäblich (verkürzt) dargestellt; zu diesem Zweck wird die Maßzahl unterstrichen (3,00).

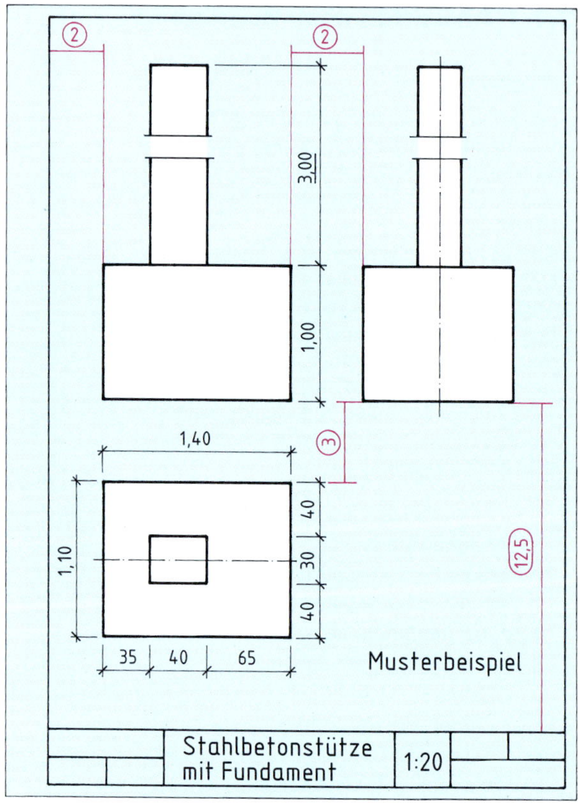

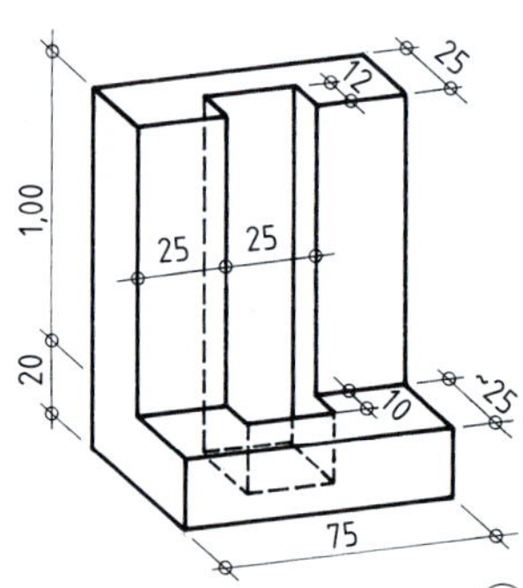

①

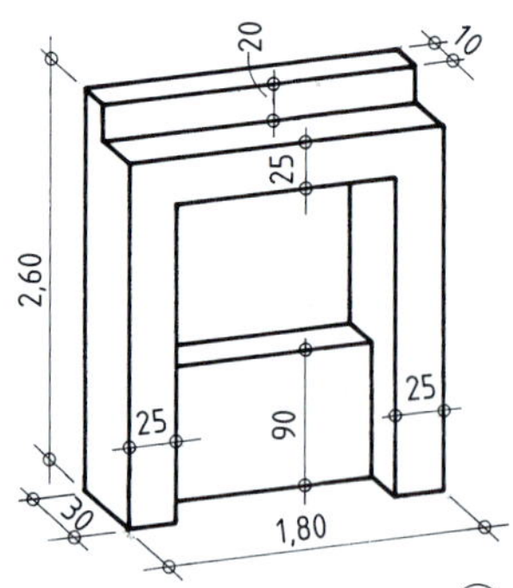

②

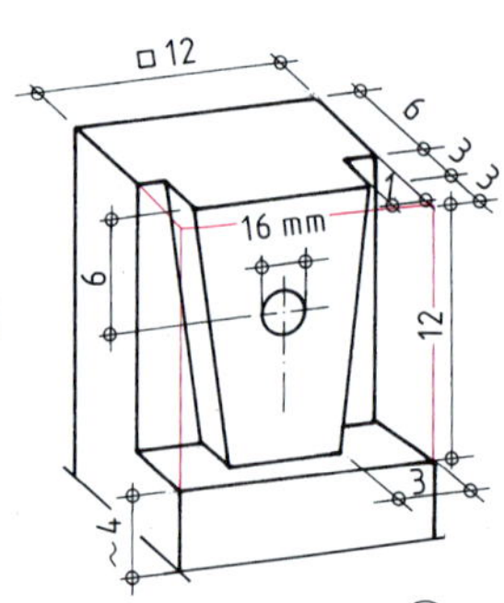

③

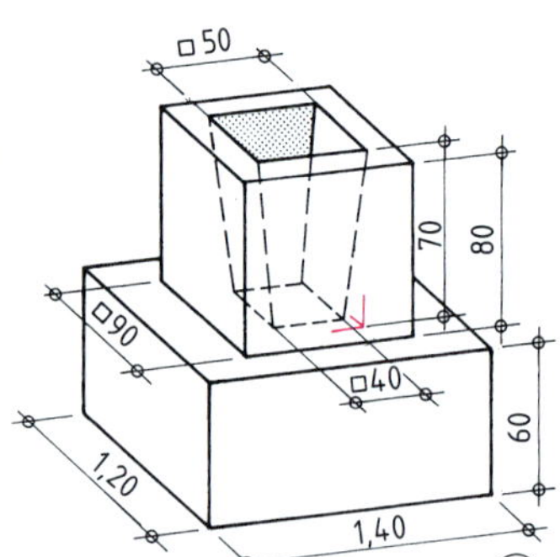

④

Aufgaben:

Zeichnen Sie jeweils drei Ansichten nach der im Musterbeispiel gegebenen Platzeinteilung und bemaßen Sie diese.

1. **Wandschlitz und Deckendurchbruch** Maßstab 1:10 – m, cm.
2. **Wandelement** mit Fenster (Betonfertigteil) Maßstab 1:20 – m, cm.
3. **Schwalbenschwanz** mit Bohrung Maßstab 1:2 – cm, mm.
4. **Köcherfundament** Maßstab 1:20 – m, cm (Köcherfundamente dienen zur Aufnahme von Fertigteilstützen).
5. Messen Sie ein beliebiges Betonteil in Ihrer Werkstätte auf (Kaminformstein, Blumentrog oder eine Werkbank), stellen Sie es in drei Projektionen dar und bemaßen Sie.

7.8 Schnitte

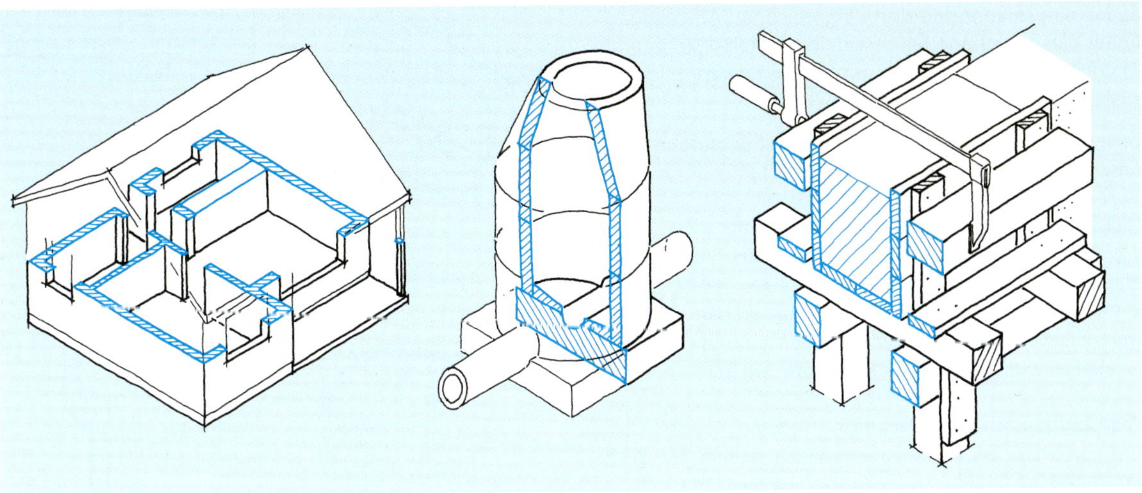

Bauwerke bestehen aus vielerlei einzelnen Bauteilen, deren Zusammenhang in der Regel „von außen" nicht genügend oder überhaupt nicht zu erkennen ist. Deshalb denkt man sich die Bauwerke/Bauteile aufgeschnitten, damit Räume, Aussparungen, Profile oder verdeckte Kanten sichtbar werden. Gebäudegrundrisse sind die häufigsten Schnittdarstellungen. Außer den Ansichten von Bauwerken oder Bauteilen sind alle übrigen Zeichnungen Schnitte.

7.8.1 Begriffe

Was versteht man unter Schnitten?

Man stellt sich vor, der Baukörper sei mit einer Säge auseinander geschnitten und der die Schnittfläche verdeckende Teil sei weggenommen. Es zeigt sich die Schnittfläche.

Die Ansicht der Schnittfläche eines Baukörpers wird als Schnitt bezeichnet.

Statt eines Sägeschnitts denken wir uns die Bauteile durch Schnittebenen geteilt.

Die Abbildung von Schnittflächen erfolgt durch Parallelprojektion senkrecht zur Schnittebene. So ersetzt z. B. ein Grundriss eine Draufsicht.

Schnittarten (DIN ISO 128-40)

Es wird zwischen Schnitt (Vollschnitt), Halbschnitt und Teilschnitt unterschieden.

Schnitte werden je nach Schnittführung waagerecht oder senkrecht ausgeführt. Sie werden durch den ganzen Baukörper geführt.

- Waagerechte Schnitte
- Der Grundrissplan zeigt die Draufsicht der waagerecht geschnittenen Bauteile (Wände, Pfeiler usw.).
- Senkrechte Schnitte (bei Bauwerken: „Schnitte")
- Man unterscheidet den Querschnitt und den Längsschnitt.

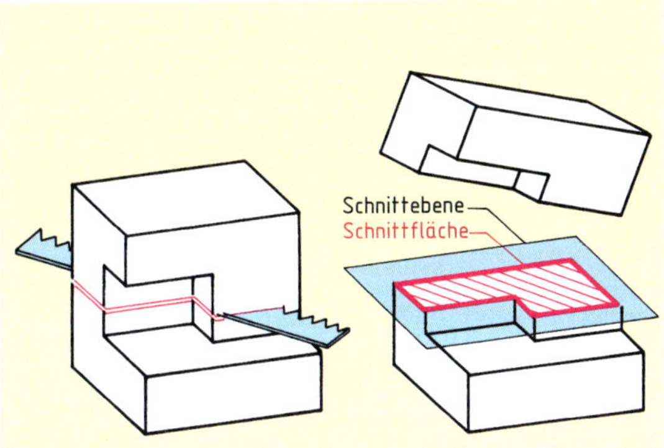

Schnittführung

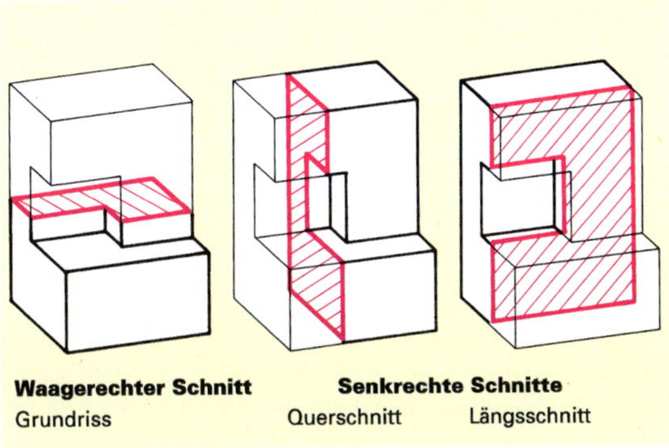

Schnittarten

In die geeignete Ansicht gedrehter Schnitt: Die Schnittflächen werden innerhalb einer Ansicht in die Zeichenebene eingeklappt und dort eingezeichnet. Anwendung findet diese Methode hauptsächlich in Holz-, Stahl- und Stahlbetonbauzeichnungen, um Querschnittsprofile darzustellen.

Schräg liegende Bauteile werden immer so geschnitten, dass die wahre Querschnittsfläche entsteht.

Halbschnittansichten/Halbschnitte werden verwendet, wenn symmetrische Körper sowohl in der Ansicht als auch in der Schnittfläche Wichtiges zeigen sollen. Damit kann eine getrennte Schnittzeichnung erspart werden. Der Halbschnitt wird bis zur Mittelachse geführt: Die eine Hälfte zeigt die Ansicht, die andere den Schnitt.

Teilschnittansichten/Teilschnitte werden angefertigt, um nur einen Teil eines Baukörpers zu zeigen. Sie sind im Bauwesen selten.

Schnitte werden als waagerechte, senkrechte oder in die geeignete Ansicht gedrehte Schnitte geführt. Halbschnitt und Teilschnitt zeigen Körper teilweise im Schnitt. Schnittflächen sind immer „wahre Größen".

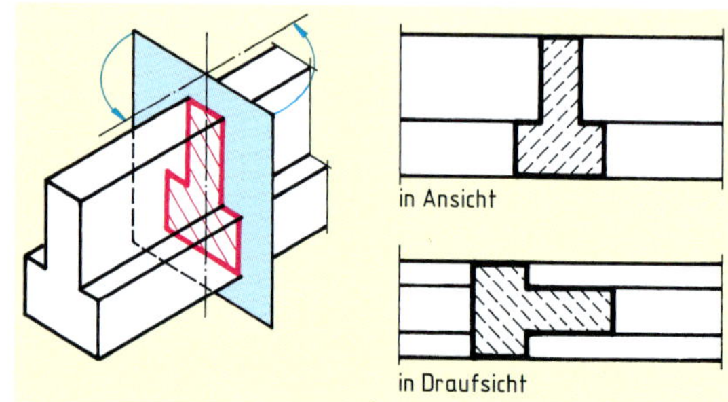

In die geeignete Ansicht gedrehter Schnitt (Fundament)

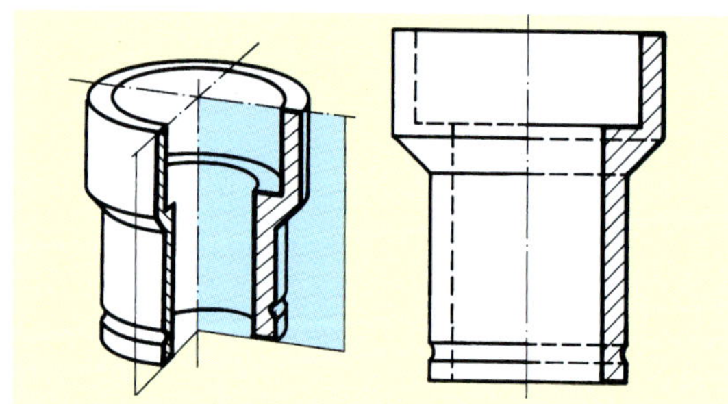

Halbschnitt

7.8.2 Zeichenregeln für Schnitte

Schnittflächen werden besonders hervorgehoben. Die Begrenzung der Schnittflächen erfolgt mit *breiten Volllinien* (0,5; 1,0; abhängig vom Maßstab). Die Flächen werden unter 45° zu den Hauptbegrenzungskanten mit schmalen Volllinien in gleichen Abständen schraffiert oder farbig dargestellt. Die Abstände der Schraffurlinien richten sich nach dem Maßstab und der Größe der Schnittfläche; bei großen Flächen kann die Schraffur auf die Randzone beschränkt werden. Aneinander stoßende Teile werden in verschiedenen Richtungen schraffiert.

L 3.8.3 Bei konstruktiven Schnitten werden Schraffuren den Baustoffen entsprechend angewendet. In den grundlegenden Abschnitten des Kapitels 7 werden diese noch nicht berücksichtigt.

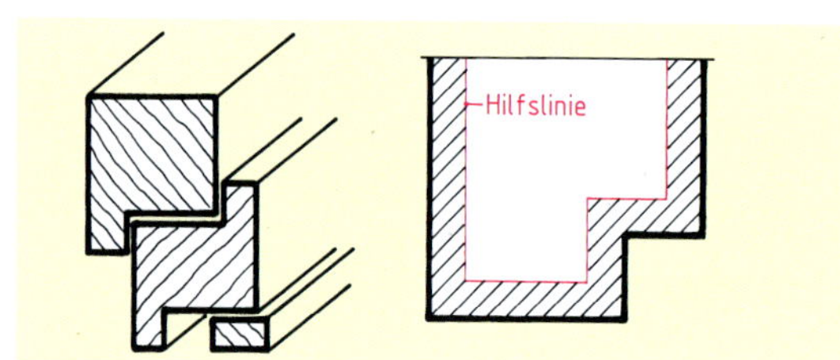

Schraffur von Schnittflächen

Der **Verlauf von Schnittebenen** wird durch breite Strichpunktlinien (0,5; 1,0; abhängig vom Maßstab) dargestellt. Die Projektionsrichtung wird mit Pfeilen oder Dreiecken am Ende der Strichpunktlinie angezeigt. Die Dreiecke/Pfeile zeigen in die Projektionsrichtung. Großbuchstaben am Ende der Schnittlinie benennen den Schnitt; sie sind in Leserichtung anzuordnen. Der Verlauf von senkrechten Schnitten wird in der Regel in der Draufsicht, der von waagerechten Schnitten in der Ansicht eingezeichnet.

Die Schnittzeichnung zeigt außer der Schnittfläche auch noch die verbleibenden sichtbaren Kanten. Nicht sichtbare Kanten werden innerhalb der Schnittfläche nur gezeichnet, wenn sie zum Verständnis der Zeichnung nötig sind.

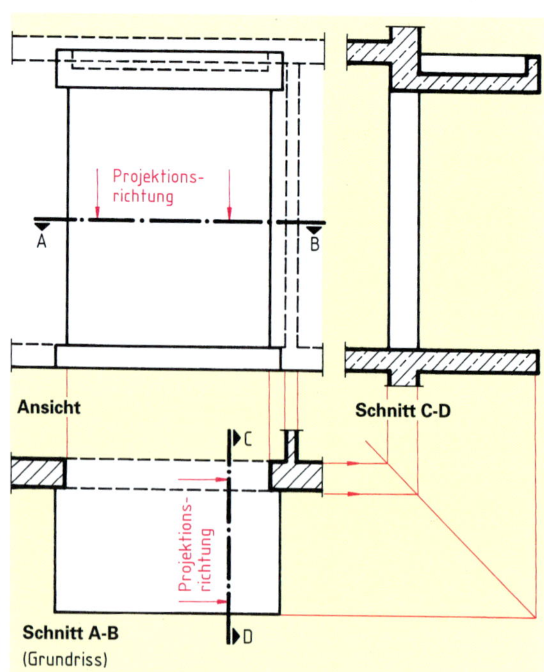

Darstellung von Schnitten (Hauseingang)

Aufgaben:

Zeichnen Sie die gegebenen Körper 1 bis 9 als Schnittdarstellungen in vier Projektionen. Wählen Sie Größe und Platzeinteilung wie in der Musterlösung, Hüllkörper 8 × 6 × 8 cm. Teilmaße sind nach den Rasterangaben selbst zu wählen.

Die Schnittebenen können Sie entsprechend den grau angedeuteten Flächen festlegen.

1. Schlitz (Holzverbindung)
2. Mauerecke mit Fenster
3. Haustür mit Stufe und Decken
4. Kontrollschacht
5. Wasserspeier (Betonfertigteil)
6. Stütze mit Unterzügen und Decke
7. Winkelstützmauer mit Strebe
8. Holzskelettbauweise, Knotenpunkt
9. Schalung für eine Betonwand

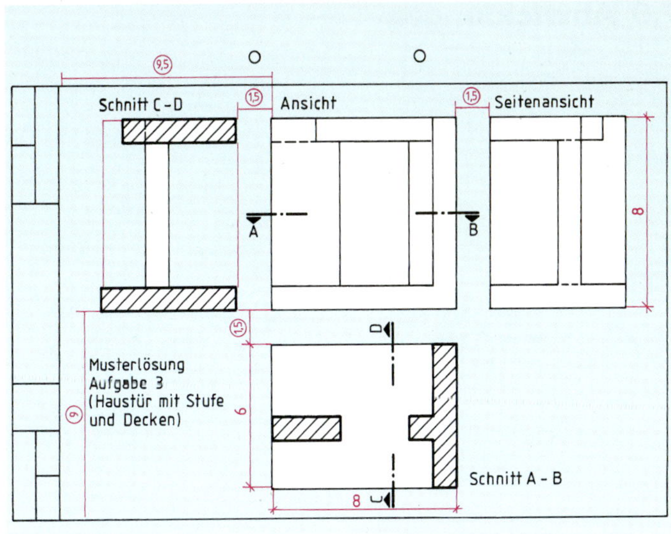

**=schwierige Aufgabe („Sternchenaufgabe")*

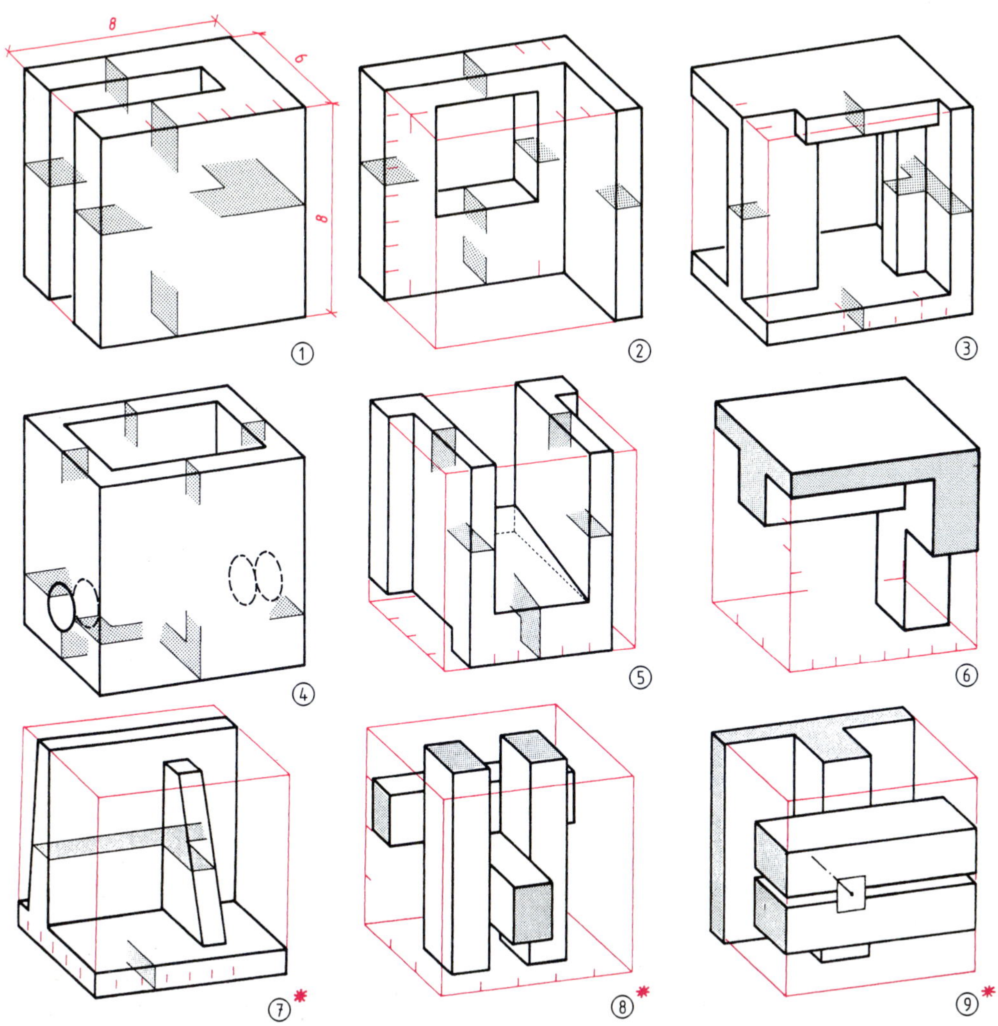

7.9 Abwicklungen

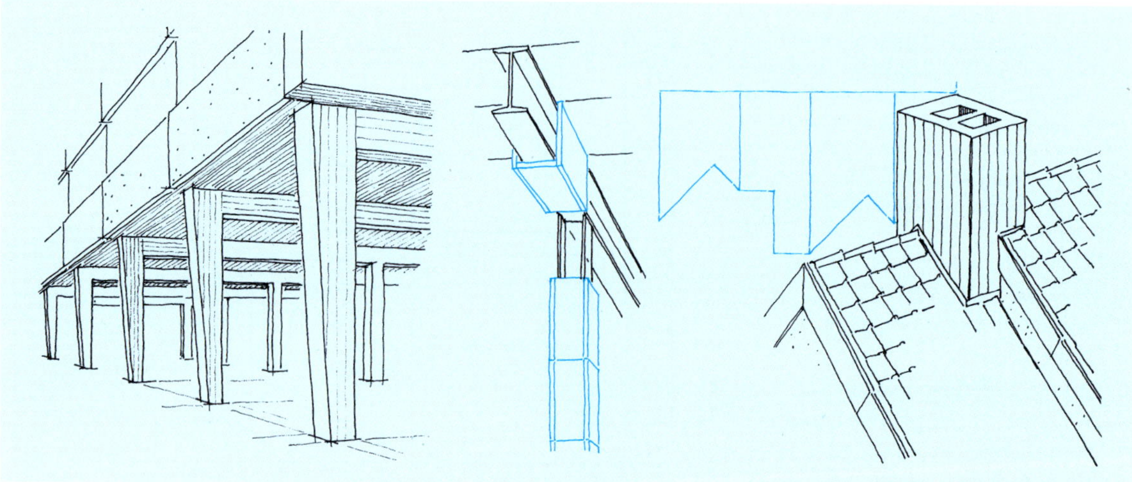

Zur Herstellung von Betonschalungen, Blechzuschnitten, Böschungsbefestigungen, Trockenputz- und Dachdeckungsarbeiten sind „Abwicklungen" von Baukörpern erforderlich. Abwicklungsflächen sind „wahre Flächen".
Beim Aufzeichnen von Zuschnitten ist auf geringen Werkstoffverbrauch und rationelles Fertigen zu achten.

7.9.1 Abwicklung prismatischer Körper

Bei Abwicklungen werden die Flächen eines Körpers so aneinander gereiht (abgewickelt), dass sie in **einer** Ebene (Ansichtsebene oder Draufsichtsebene) berührend nebeneinander liegen. Sämtliche Flächen werden dabei in „wahrer Größe" dargestellt: Kanten erscheinen in richtiger Länge und Winkel in richtiger Größe. Die zusammenhängend dargestellten Seitenflächen werden auch als „Mantel" bezeichnet.

Zeichnerische Konstruktion

Das nebenstehende Schrägbild zeigt, wie die senkrechten Prismenflächen (Vorder-, Seiten- und Rückfläche) nebeneinander angeordnet werden. Grund- und Deckfläche schließen sich an die Vorderfläche an. Die Länge (*l*) und Breite (*b*) werden der Draufsicht, die Höhe (*h*) wird der Ansicht entnommen.

Beachten Sie: Die Abwicklung darf nicht mit der üblichen Projektionsdarstellung nach DIN ISO 5456-3 verwechselt werden!

Die Abwicklung ist die zeichnerische Darstellung der zusammenhängenden Flächen eines Körpers **in einer Ebene**. Sämtliche Flächen erscheinen in **wahrer Größe**. Längen und Flächen werden in wahrer Größe abgebildet, wenn sie parallel zur Bildebene liegen.

Aufgabe:

Fertigen Sie aus Zeichenkarton das Modell eines Prismas von 5 × 3 × 8 cm Kantenlänge, indem Sie zuerst die Abwicklung zeichnen und dann ausschneiden.

Wegen des Zusammenklebens gibt man etwa 5 mm breite Klebefälze zu und ritzt sämtliche Biegekanten mit einem Messerrücken vorsichtig ein.

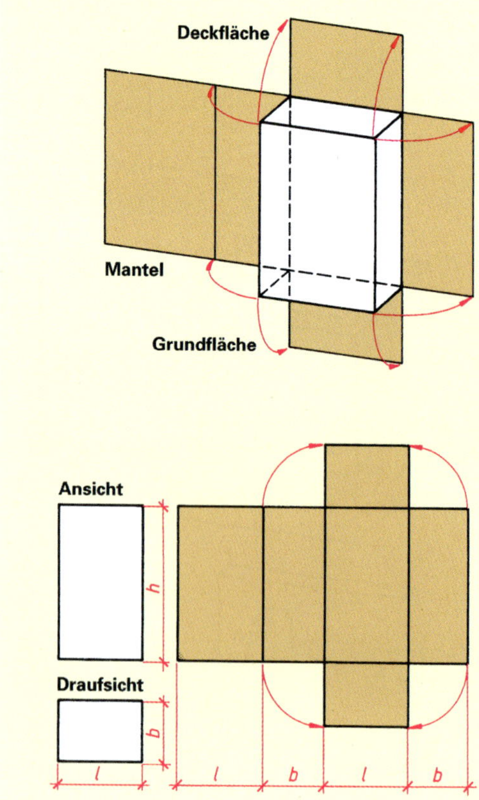

Abwicklung eines Prismas

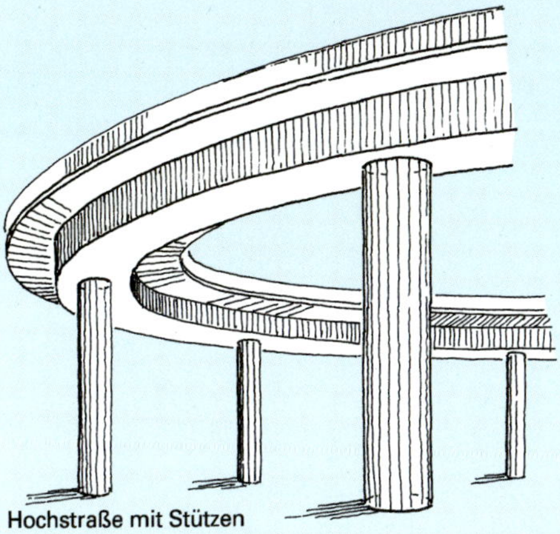
Hochstraße mit Stützen

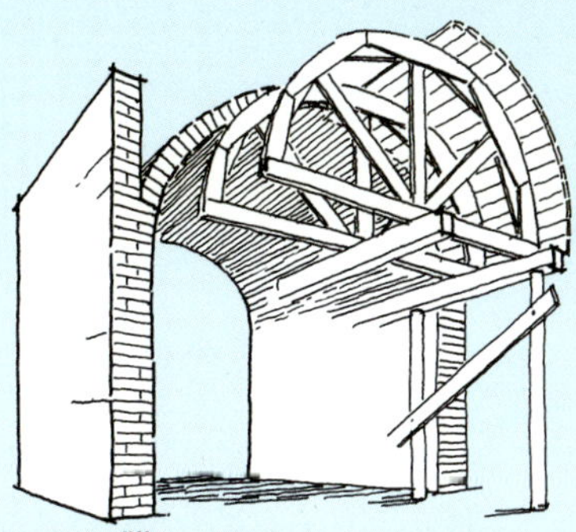
Tonnengewölbe

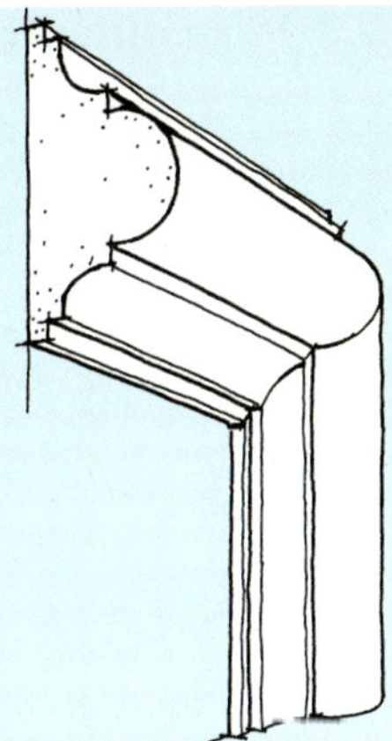
Stuckprofil

Im Ingenieur-, Hoch- und Tiefbau sind vielfach Betonschalungen für Säulen, Silos, Durchlässe und zylindrisch gekrümmte Brüstungen erforderlich. Auch Lehrgerüste für kreisförmige Bögen und Gewölbe, Betontröge und Stuckprofile haben zylindrische Formen.

Im Schalungsbau müssen solche Schalungen entweder aus ebenflächigen Schalelementen zusammengesetzt (Bretter, Schaltafeln) oder aus dünnen Platten gebogen werden. Für die Schalungszeichnungen und für den Zuschnitt auf der Baustelle sind Abwicklungen erforderlich.

7.9.2 Abwicklung zylindrischer Körper

Die Mantelfläche eines Zylinders wird so abgewickelt, dass sie in einer Ebene liegt. Dabei ergibt sich ein Rechteck, das aus der Zylinderhöhe h und dem Kreisumfang U besteht.

Der **Umfang** wird durch Abstecken mit dem Zirkel ermittelt. Je kleiner die Teilstücke, desto genauer ist das Ergebnis.

Für viele Konstruktionen empfiehlt es sich, den Umfang mithilfe der Zeichendreiecke in regelmäßige Teile aufzuteilen:

8 Teile = 45°, 90° ... (noch ungenau)
12 Teile = 30°, 60°, 90° ...
16 Teile = 22,5°, 45°, 67,5° ...

Am genauesten wird der Umfang durch Rechnung ermittelt: $U = d \cdot \pi$

Der durch Rechnung ermittelte Umfang wird mithilfe der Streckenteilung in die gewünschte Zahl von Teilen unterteilt.

Die Darstellung zylindrischer Körper

Die Draufsicht erhält zwei senkrecht zueinander stehende Mittelachsen, die Ansicht eine Mittelachse. Eine Seitenansicht erübrigt sich.

Die Abwicklung des Zylindermantels ergibt eine Rechteckfläche.

Aufgabe:

Fertigen Sie aus Zeichenkarton das Modell eines Zylinders mit 4 cm Durchmessr und 7 cm Höhe.

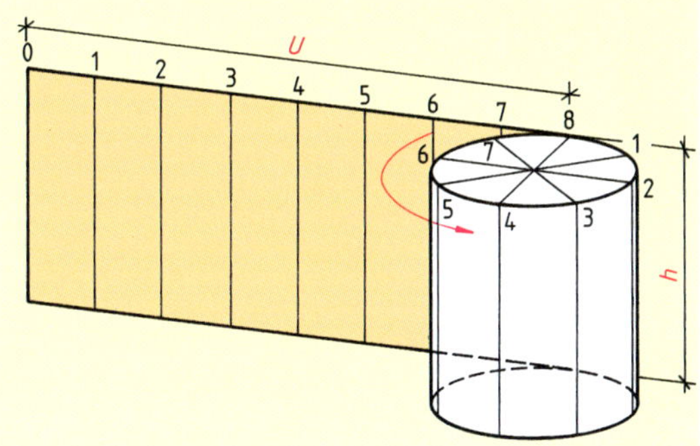

Teilen des Umfangs in 8 Teile

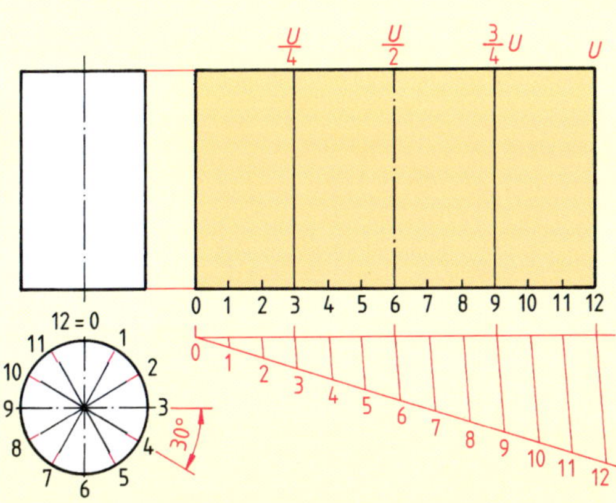

Teilen des Umfangs in 12 Teile:
zeichnerisch rechnerisch

Abwicklung eines Zylinders

7.9.3 Pyramidenförmige Körper

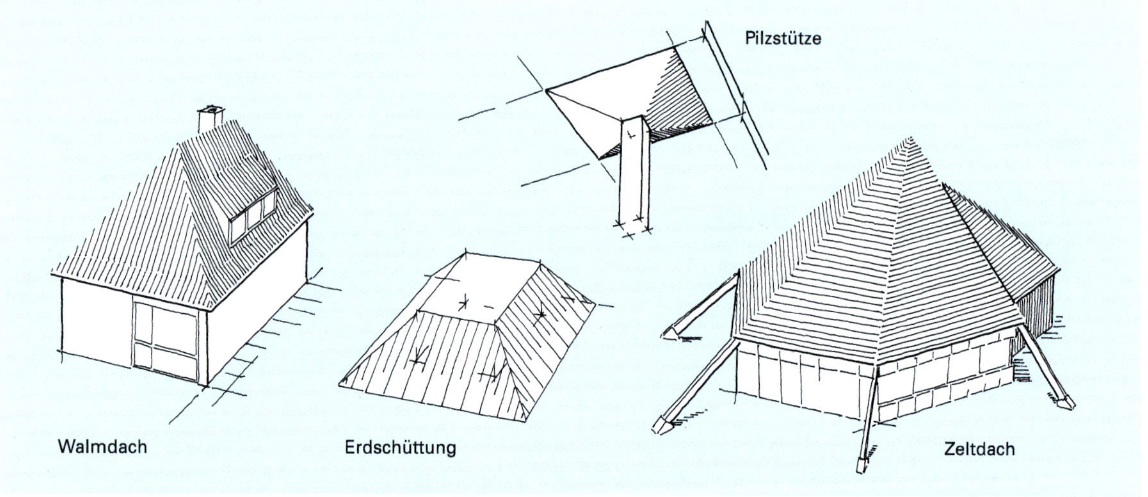

An Walmdächern, zusammengesetzten und pyramidenförmigen Dächern, bei Betonschalungen und aufgeschütteten Erdkörpern treten Kanten und geneigte Flächen auf, die in den Ansichten nicht in wahrer Größe erscheinen.
Um die wahre Größe solcher Kanten und Flächen zu ermitteln, müssen sie in die Bildebene gedreht werden.

Bezeichnungen an zugespitzten Körpern

a_1, a_2	= Grundlinien
ABCD	= Grundfläche
S	= Spitze
h	= Pyramidenhöhe
AS, BS ...	= Gratlinien
ABS, DAS ...	= Pyramidenflächen
l_1 ...	= Höhe der Pyramidenfläche

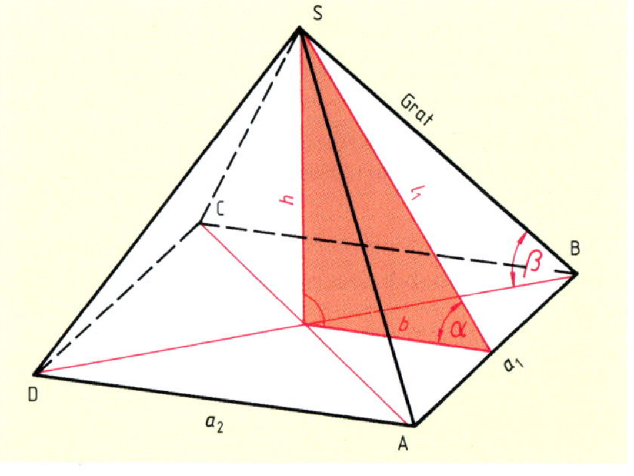

Pyramide

Neigung von Kanten und Flächen

Bei pyramidenförmigen Körpern sind zwei verschiedene Neigungswinkel zu beachten:

α = Neigungswinkel einer Mantelfläche
β = Neigungswinkel einer Gratlinie

Die Neigung von Geraden oder Flächen kann mit dem Neigungswinkel oder mit dem Neigungs-(Steigungs-) Verhältnis ausgedrückt werden.

Höhe : Grundlänge = $h : b$ (= tan α)
$h : b = 1 : 1$ ($\alpha = 45°$)
$h : b = 1 : 2$ ($\alpha \approx 27°$)
$h : b = 2 : 3 = 1 : 1,5$ ($\alpha \approx 33°$)
$h : b = 2 : 1$ ($\alpha \approx 56°$)

Die Anwendung erfolgt hauptsächlich bei Böschungen im Erd- und Straßenbau.

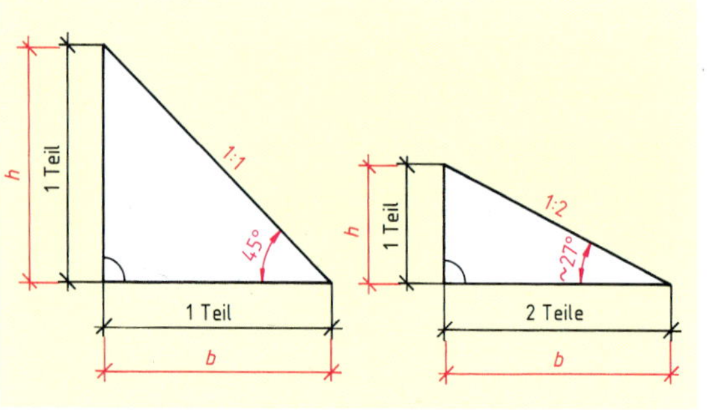

Neigungs-(Steigungs-)Verhältnisse

Aufgabe:

Fertigen Sie aus Zeichenkarton das Modell einer Pyramide mit den Grundkanten $a_1 = 6$ cm, $a_2 = 5$ cm und der Höhe $h = 4,5$ cm.

Wahre Längen

In den Ansichten einer Pyramide wird nur die Grundfläche in wahrer Größe abgebildet. Die Gratlinien AS, BS ... verkürzen sich in Draufsicht und Ansicht ①.

Die Verkürzung erfolgt, weil die Gratlinien zu keiner Projektionsebene parallel sind.

Wird die Pyramide so um ihre senkrechte Achse gedreht, dass die Gratlinien B'S und D'S parallel zur Ansichtsebene liegen, werden diese in der Vorderansicht in wahrer Größe abgebildet ②. Bei regelmäßigen Pyramiden genügt es, nur **eine** Gratlinie zu drehen ③.

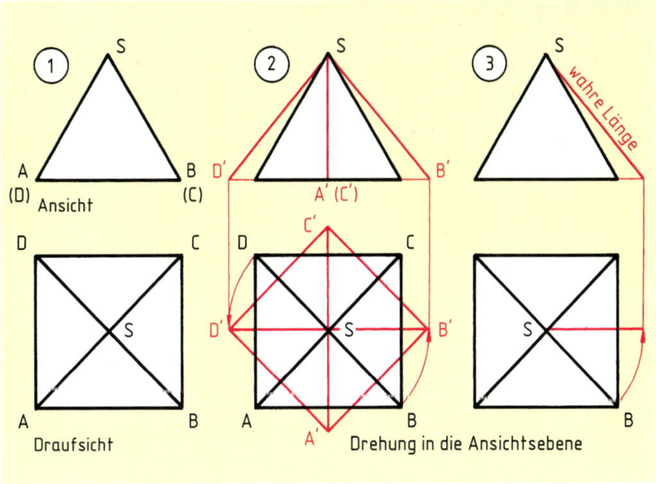

Pyramide, wahre Länge

Wahre Flächen

Die Mantelflächen erscheinen in wahrer Größe, wenn man sie in die Grundrissebene klappt (Parallelität mit der Bildebene). Die Klappung zeigt sich in der Ansicht als Kreisbogen; in der Draufsicht wird die Spitze S rechtwinklig zur Grundkante nach außen projiziert. Die Dreieckshöhe l_1 (l_2) erscheint in der Ansicht somit in wahrer Größe.

Beim Zeichnen der wahren Mantelflächen ergeben sich auch die wahren Längen der Gratlinien.

Kontrolle: Zusammengehörige Gratlinien müssen gleich lang sein.

Diese Methode wird häufig für die Darstellung wahrer Größen (Abwicklungen) von Dachflächen und Betonschalungen zugespitzter Baukörper verwendet.

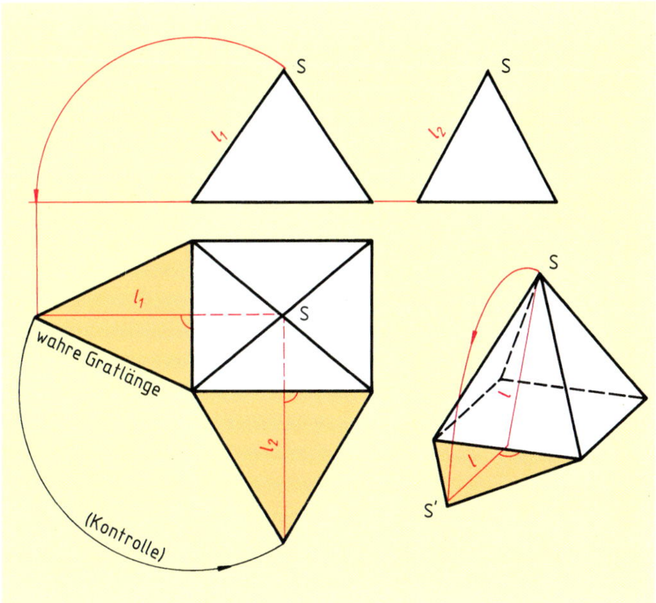

Pyramide, wahre Flächen (Klappverfahren)

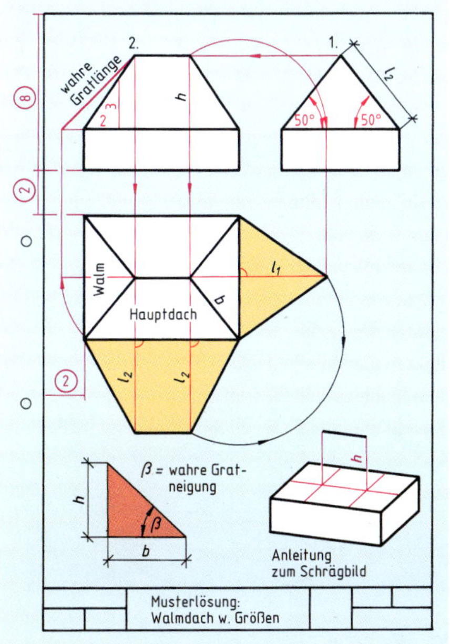

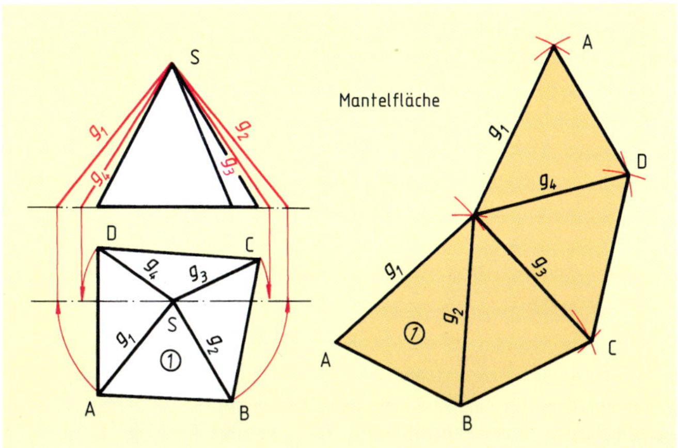

Unregelmäßige Pyramide, wahre Größen

7.9.4 Kegelförmige Körper

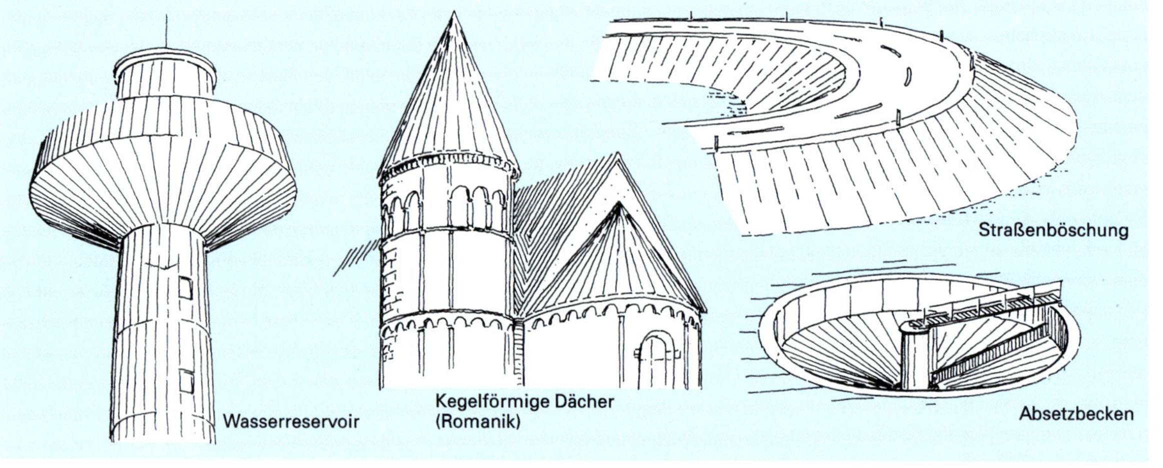
Wasserreservoir
Kegelförmige Dächer (Romanik)
Straßenböschung
Absetzbecken

Die Grundfläche eines Kegels ist eine Kreisfläche. Die Mantelfläche weist eine zur Spitze zunehmende Krümmung auf. Deshalb sind kegelförmige Körper aus den im Bauwesen üblichen Werkstoffen schwieriger herzustellen. Betonschalungen für Silos, Klärbecken und Pilzstützen haben Kegelform; Turmdächer und Erker bereiten bei Bedachungsarbeiten oft Schwierigkeiten. Der „Schüttkegel" spielt bei Böschungen eine wichtige Rolle.

Darstellung kegelförmiger Körper

Die Draufsicht zeigt die kreisförmige Grundfläche mit dem Kreisumfang. Jeder Punkt der Umfangslinie ergibt mit der Spitze verbunden eine **„Mantellinie"** (*l*). Nur die beiden die Ansichten begrenzenden Mantellinien werden in wahrer Größe, alle übrigen Mantellinien werden verkürzt abgebildet. Da alle Mantellinien gleich lang sind, kann z.B. für die Konstruktion der Abwicklung die Mantellinie *l* aus der Ansicht entnommen werden.

Abwicklung des Kegels

Die Mantelfläche des Kegels ist ein Kreisausschnitt, dessen Radius der Mantellinie *l* und dessen Bogenlänge dem Umfang des Grundkreises entsprechen.

Konstruktion: Grundkreis in gleiche Teile teilen (8, 12, 16 Teile); Kreisbogen mit Mantellinie *l* schlagen und darauf die Teile des Grundkreises mit dem Stechzirkel abtragen.

Je flacher der Kegel ist, desto größer ist die Bogenlänge im Verhältnis zur Mantellänge *l*.

Die Abwicklung des Kegelmantels ist ein Kreisausschnitt.

Aufgabe:

Fertigen Sie aus Zeichenkarton das Modell eines Kegels mit der Grundfläche $d = 7$ cm und der Höhe $h = 5{,}5$ cm.

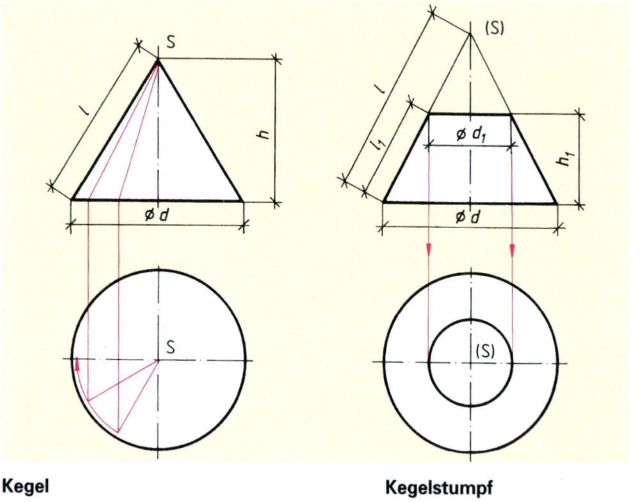

Kegel **Kegelstumpf**

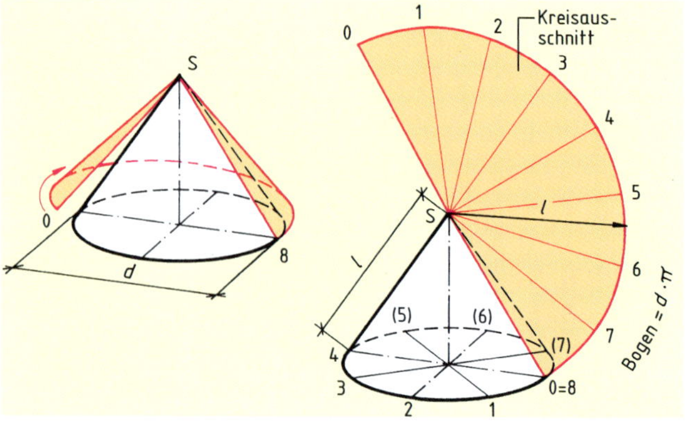

Abwicklung eines Kegels

8 Was Baufachleute über Computer wissen sollten

Der Einsatz von Computern ist fester Bestandteil in Handwerksbetrieben und Industrieunternehmen, in Architektur- und Ingenieurbüros und in den Ämtern der Bauverwaltungen. Diese Entwicklung wird durch die erhöhte Leistungsfähigkeit der Anwenderprogramme begünstigt. Auch dadurch wird die Forderung nach wirtschaftlichem Einsatz der Datenverarbeitungsanlagen erfüllt. Die Baufachleute erarbeiten mit den Programmen Bauwerksentwürfe und führen Berechnungen durch, deren Ergebnisse sie kritisch bewerten und umsetzen.

8.1 Grundlagen der Computertechnik

8.1.1 Aufgaben

Die ersten programmgesteuerten Rechner – sie heißen Computer – wurden vom Jahr 1941 an zu Forschungszwecken eingesetzt. Heute finden Computer in der Planung, Herstellung und Vermarktung von Produkten sowie im Freizeitbereich Anwendung. Sie sind auch aus dem Dienstleistungsbereich nicht mehr wegzudenken. Computer vereinfachen viele Aufgabenlösungen im Bauhandwerk und in der Bauindustrie.

Computer im Dienstleistungsbereich

Computer ermöglichen in vielen Hinsichten Vereinfachungen und Verbesserungen:

- Der Bordcomputer eines Autos teilt dem Fahrer den jeweiligen Kraftstoffverbrauch mit und überwacht die Funktion vieler Teile.
- Wir können zu jedem Zeitpunkt Geld am elektronischen Bankschalter abheben. Weiterhin ist die Abwicklung von Bankgeschäften durch den Personal Computer und die Datenfernübertragung möglich (Home Banking).
- Der Fahrkartenverkauf wird mithilfe von Computern vorgenommen.
- Informationen werden aus dem Internet gewonnen.

Computer in der Bauwirtschaft und anderen Wirtschaftszweigen

Bei der Planung und Erstellung unseres Reihenhauses fallen viele Aufgaben an, die mit dem Computer bearbeitet werden. Der Architekt erstellt viele Pläne für das Reihenhaus am Computer: Lageplan, Entwässerungsplan, Grundrisse, Ansichten und Schnitte. Der Tragwerksplaner, früher auch Statiker genannt, nutzt den Computer für die statischen Berechnungen und die Bewehrungspläne sowie für die bauphysikalischen Nachweise. Das Leistungsverzeichnis bildet die Grundlage für die Ausschreibung der Gewerke des Reihenhauses. Die Kalkulation durch die Baufirmen und die Vergabe des Bauauftrags wird durch die Computeranwendung vereinfacht. Das Erfassen des Aufmaßes und die Abrechnung der ausgeführten Gewerke werden durch die Computer wesentlich beschleunigt. Elektronische Rechner regeln im Baugewerbe Produktionsprozesse überall dort, wo Fertigungsvorgänge unter gleichbleibenden Bedingungen mehrfach ausgeführt werden. Dies gilt für Fertigteilwerke und Transportbetonwerke.

Roboter führen viele industrielle Fertigungsvorgänge aus. 3D-Drucker können Bauteile und sogar kleine Bauwerke herstellen.

Frauenkirche Dresden in CAD-Darstellung

Computergesteuerter 3D-Drucker

8.1.2 Das EVA-Prinzip

Jeder informationsverarbeitende Prozess läuft nach demselben Prinzip: Eingabe – Verarbeitung – Ausgabe, kurz EVA. Das gilt für den Menschen genauso wie für Computer.

	Eingabe ⇨	Verarbeitung ⇨	Ausgabe
Mensch	Ohr, Haut, Auge, Mund	Gehirn	Hand, Fuß, Gesicht
Computer	Tastatur, Maus, Kamera, Mikrofon	Mainboard mit Prozessor und Arbeitsspeicher	Monitor, Drucker, Lautsprecher

Beispiele: Menschen sehen eine Situation, das Gehirn deutet diese als Gefahr und der Mensch geht weg.

Über die Tastatur wird ein Zeichen eingegeben, in der Verarbeitungseinheit wird dieses verarbeitet und auf dem Monitor angezeigt.

8.1.3 Begriffe

Durch die Computertechnik entstehen neue Begriffe und Abkürzungen. Einige sind im Folgenden erklärt:

Arbeitsspeicher auch Hauptspeicher, sehr schneller Speicher in den der Mikroprozessor Arbeitsdaten ablegen kann. Bei Stromunterbrechung werden Daten des Speichers gelöscht.

Bit Abkürzung von **Bi**nary Digi**t** (deutsch: Binärziffer). Ein Bit ist die kleinste Speichereinheit und kann nur 2 Zustände annehmen, üblicherweise 1 und 0.

Byte Es besteht aus 8 Bit und ist die kleinste adressierbare Speichereinheit.

CAD **C**omputer-**A**ided **D**esign bedeutet computerunterstütztes Entwerfen und Konstruieren.

CPU Abk. für **C**entral **P**rocessing **U**nit
Ist das funktionale Kernstück eines Computers. Bausteine des Prozessors sind heute auf einem Mikrochip integriert, deshalb auch Mikroprozessor. Weitere Bezeichnungen: Zentralprozessor, Hauptprozessor.

Cursor Der Cursor ist das Laufzeichen zur Markierung der Stelle auf dem Bildschirm, die gerade beschrieben werden kann. Der Cursor wird u.a. mit der Tastatur oder mit der Maus gesteuert.

Datei So wird eine Sammlung von Daten bezeichnet, die auf einem Speichermedium (z.B. DVD) abgelegt sind.

DSL **D**igital **S**ubscriber **L**ine, Übertragungsstandard für digitalen Breitbandanschluss mit hohen Übertragungsraten. Fax, analoges Telefon oder ISDN stehen auch während des DSL-Betriebs zur Verfügung.

EDV Abk. für **E**lektronische **D**aten**v**erarbeitung; Begriff für die Erfassung und Bearbeitung von Daten mit dem Computer.

Hardware Dieser Begriff bezeichnet die gesamte materielle Maschinenausrüstung des Computers, z.B. Mainboard, RAM, Gehäuse.

Mainboard Das Mainboard heißt auch Motherboard oder Hauptplatine. Das Mainboard ist ein wichtiger Bestandteil im Inneren des PCs. Die meisten anderen Elemente werden auf oder an das Motherboard gesteckt.

Peripherie Geräte, die sich außerhalb eines Computers befinden. Sie dienen meist der Ein- und Ausgabe von Daten oder auch zur (externen) Speicherung.

Programme Sie enthalten Befehle und andere Anweisungen als Arbeitsvorschrift für Datenverarbeitungsanlagen.

Prozessor allg.: elektronische Schaltung, die über Software andere Computerbestandteile steuert s.a. CPU.

RAM **R**andom **A**ccess **M**emory bedeutet Direktzugriffsspeicher. Über ein System von Adressen kann auf einen beliebigen Speicherplatz zugegriffen werden. Der Speicher ist im Gegensatz zum ROM-Speicher auch beschreibbar (siehe auch Arbeitsspeicher).

ROM **R**ead **O**nly **M**emory wird mit Festspeicher übersetzt. Aus diesem Speicher wird ausschließlich gelesen.

SDRAM **S**ynchrones **d**ynamisches **RAM**. Die SDRAM-Chips sind viel leistungsfähiger und schneller als die RAM-Chips.

Software Dieser Begriff ist die Sammelbezeichnung für alle Programme, d.h. die Systemprogramme des Betriebssystems und die Anwendungssoftware zur Lösung verschiedener Aufgaben.

Zentraleinheit Sie besteht aus Mikroprozessor, Speicherbausteinen sowie der Ein-/Ausgabesteuerung

Zusammenfassung

Computer finden im Dienstleistungsbereich und in allen Industriezweigen verbreitet Anwendung.

Computer arbeiten nach dem EVA-Prinzip.

Die Computer-Technologie führte u.a. folgende Begriffe in die deutsche Sprache ein:

- Hardware – Bit – Chip – Programme
- Software – Byte – Cursor – Daten, Datei.

Aufgaben:

1. *Nennen Sie Beispiele für den Einsatz von Computern aus Ihrer berufspraktischen Erfahrung.*
2. *Beschreiben Sie das Prinzip, nach dem der Computer arbeitet.*
3. *Erklären Sie die Begriffe*
   - *Hardware – Cursor*
   - *Software – CAD.*

8.2 Hardware

Unter Hardware versteht man alle technischen Bestandteile eines Computers, d.h. alle Geräte einschließlich deren Bestandteile.

Bei einem Computerarbeitsplatz sind das z.B. Monitor, Tastatur, Computergehäuse, CD u.v.m. → eben „Alles, was man anfassen kann".

8.2.1 Mainboard

Auf dem Mainboard (auch Motherboard oder Hauptplatine) befinden sich die unterschiedlichsten Bauteile und Anschlüsse, z.B. Mikroprozessor, Arbeitsspeicher, CMOS für Systemeinstellungen, Steckplätze für Karten mit Schnittstellen für Maus, USB u.a.

Für einen Computerneukauf spielt die Entscheidung für den Mikroprozessor und die Größe des Arbeitsspeichers eine wesentliche Rolle.

Der Mikroprozessor (CPU → Central Processing Unit)

Die CPU ist die Hauptkomponente eines Computers. Sie organisiert den gesamten Datenverkehr im System (mit über 100 Mio. bis zu 1,7 Mrd. Transistoren).

Die Chips werden nicht einzeln hergestellt, sondern auf sogenannten Wafern. Das sind Siliziumscheiben mit einem Durchmesser von heute 300 mm und einer Dicke von 775 µm (0,775 mm). In Reinräumen werden darauf durch hunderte komplizierte Verfahren und Arbeitsschritte in wochenlanger Arbeit die Chips hergestellt. Die Geschwindigkeit, mit der das Steuerwerk und alle anderen Bestandteile des Mikroprozessors Daten verarbeiten können, ist die Taktfrequenz. Die Frequenz wird in Hz (Hertz) angegeben. Da die Taktfrequenzen heute aber im Millionen- und Milliardenbereich liegen, werden die Taktraten in MHz (Megahertz) und GHz (Gigahertz) angegeben. 1 GHz = 1 Milliarde Schaltimpulse pro Sekunde.

Die Prozessoren wurden durch neue Technologien und neue Materialien immer schneller. Die aktuellen Taktfrequenzen können bei 2,3...3,6 GHz liegen. Das bedeutet, dass der Chip 2,3...3,6 Milliarden Arbeitsschritte pro Sekunde erledigt. Bei solchen Geschwindigkeiten lässt es sich nicht vermeiden, dass Wärme entsteht. Darum wird der Prozessor gekühlt. Das kann durch Kühlelemente geschehen oder auch durch einen kleinen Lüfter, der auf dem Prozessor montiert wird.

Der Mikroprozessor eines Computers kann Buchstaben, Befehle und sämtliche Informationen nur in digitaler Form verarbeiten. Das bedeutet, dass der Prozessor nur mit sogenannten Bits arbeiten kann, die jeweils nur den Wert 0 oder 1 annehmen können. Diese Bits werden in Achtergruppen zu einem Byte zusammengefasst. Ein Byte entspricht dabei einem Zeichen. Die Umwandlung in Bits und deren Verarbeitung in extrem hoher Geschwindigkeit zeichnet einen leistungsstarken Computer aus.

Auf dem Prozessor sind ein Steuerwerk und ein Rechenwerk integriert, die aber nicht sichtbar voneinander getrennt sind.

Mainboard

Mikroprozessor

Prozessoren als Wafer

Prozessor auf einer Fingerspitze

Wafer, stark vergrößert

Aufgaben: Steuerwerk (Control Unit)

- verantwortlich für zeitliche Folge und Entschlüsselung der Befehle
- steuert die Abarbeitung eines Programms
- Lesen und Speichern von Daten im RAM
- Verarbeitung der Eingaben und Ausgaben peripherer Geräte

Aufgaben: Rechenwerk

- verknüpft Daten miteinander
- Durchführen von Rechenoperationen

Arbeitsspeicher (Hauptspeicher)

Ein Arbeitsspeicher besteht aus mehreren Chips und ist das schnellste Speichermedium im Computer. Seine Zugriffszeit liegt im Nanosekundenbereich:

1 Nanosekunde = 0,000 000 001 Sekunden.

Der Arbeitsspeicher in einem Computer dient dazu, Daten, die während eines Programmablaufes benötigt werden, kurzfristig zu speichern. Dabei verändert sich der Inhalt des Arbeitsspeichers ständig, weil immer wieder Daten gelöscht und neue gespeichert werden.

Je größer dieser Arbeitsspeicher ist, desto mehr Daten können dort bereitgestellt werden. Sie stehen so schneller zur Verfügung, als wenn sie erst von der Festplatte geladen werden müssten. Während der gesamten Arbeit am Computer versuchen die Programme, möglichst viele Daten im Arbeitsspeicher abzulegen.

Bei den heutigen Speicherpreisen sollte man sich also gut überlegen, ob man bei der Größe des Arbeitsspeichers spart. Es gilt das Motto: Die einzige Alternative zum Arbeitsspeicher ist mehr Arbeitsspeicher.

Übliche Größen des Arbeitsspeichers sind heute 4 ... 16 Gigabyte.

Aber Vorsicht! Der RAM ist ein flüchtiger Speicher, d. h., beim Ausschalten des Computers gehen sämtliche Daten des Arbeitsspeichers verloren! Denken Sie also daran, dass die wichtigste Regel für die Arbeit mit dem Computer lautet:

REGELMÄSSIG DATEN SICHERN!!!

Der Arbeitsspeicher

- ist für eine schnelle Verarbeitung verantwortlich,
- speichert Befehle und Daten,
- behält seinen Inhalt nur, wenn der Computer angeschaltet ist, d. h., beim Ausschalten gehen sämtliche Daten verloren.

Arbeitsspeicher mit mehreren Chips

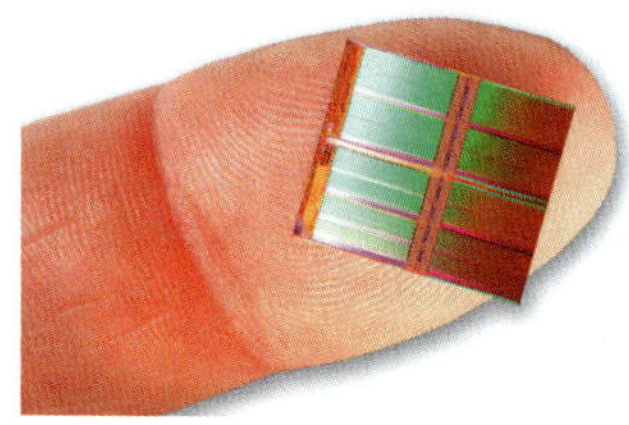

128-Gigabit-Chip

0	[ ]	1	[☺]	2	[☻]	3	[♥]	4	[♦]
8	[◘]	9	[○]	10	[■]	11	[♂]	12	[♀]
16	[►]	17	[◄]	18	[↕]	19	[!!]	20	[¶]
24	[↑]	25	[↓]	26	[→]	27	[←]	28	[∟]
32	[ ]	33	!	34	"	35	#	36	$
40	(	41	)	42	*	43	+	44	,
48	0	49	1	50	2	51	3	52	4
56	8	57	9	58	:	59	;	60	<
64	@	65	A	66	B	67	C	68	D
72	H	73	I	74	J	75	K	76	L

Ausschnitt aus Tabelle für ANSI-Code

Kodierung von Informationen

In der Mathematik wird normalerweise mit dem Dezimalsystem gerechnet. Das bedeutet, dass unser Zahlensystem aus 10 Ziffern (0 ... 9) besteht.

Der Computer hingegen kann so nicht arbeiten. Eine Verarbeitung kann erst erfolgen, wenn sämtliche Eingaben (Zahlen, Buchstaben, Zeichen usw.) in das Binärsystem (Dualsystem) umgewandelt sind. Dieses Zahlensystem basiert auf der Zahl 2. Der ANSI-Code ist ein Standard der festlegt, welches Zeichen in welche Binärzahl umgewandelt wird. Er ist ein 8-Bit-Code, wodurch insgesamt 256 Zeichen darstellbar sind. Der ANSI-Code umfasst neben dem deutschen Schriftsatz mit Groß- und Kleinbuchstaben Buchstaben aus anderen Schriftsätzen, Ziffern und Sonderzeichen sowie spezielle Steuerzeichen für Textbearbeitung, Grafiken und für Drucker.

dezimal (dekadisch)	dual	2^3 8	2^2 4	2^1 2	2^0 1
0	0	0	0	0	0
1	1	0	0	0	1
2	10	0	0	1	0
3	11	0	0	1	1
4	100	0	1	0	0
5	101	0	1	0	1
6	110	0	1	1	0
7	111	0	1	1	1
8	1000	1	0	0	0
9	1001	1	0	0	1
⋮					
15	1111	1	1	1	1

Zahlendarstellung im Dualsystem

Umwandlung von Zahlen in das Binärsystem

Wie erwähnt, kann ein Bit nur 2 Zustände annehmen, nämlich 0 oder 1. Grundlage ist also die Zahl 2.

8 Bit werden immer zu einem Byte zusammengefasst. Dadurch werden Stellenwerte festgelegt.

Das rechte Bit 2^0 kann nur die Werte 0 oder 1 annehmen. In der Kombination mit einem weiteren Bit 2^1 können nun schon 4 Dezimalzahlen dargestellt werden.

Das Beispiel zeigt die Darstellung der Zahl 170.

Bit	8	7	6	5	4	3	2	1
	2^7	2^6	2^5	2^4	2^3	2^2	2^1	2^0
Wert des Bits (leitend = 1)	128	64	32	16	8	4	2	1
170 (binär)	1	0	1	0	1	0	1	0

Binäre Darstellung der Zahl 170

Der Computer arbeitet im Binärsystem.

Ein Bit (Binary Digit) ist die kleinste Informationseinheit. Ein Byte besteht aus 8 Bits.

Es gilt: 1 KByte = 1000 Bytes,
1 MByte = 1000 KBytes.

8.2.2 Die Peripherie

Die Peripherie eines Rechners umfasst alle Geräte, die die Eingabe und die Ausgabe von Daten vornehmen.

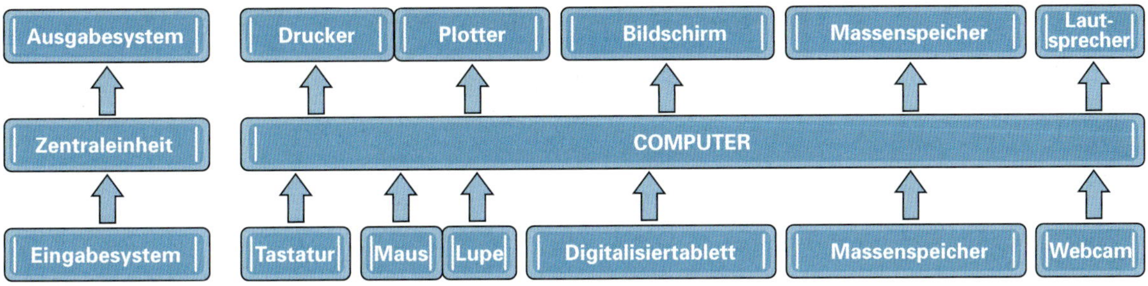

Schematische Darstellung von Computer und Peripherie

Maus

Die Maus ist ein typisches Eingabegerät des Computers. Mit ihr können Sie bestimmte Elemente auf dem Bildschirm ansteuern und auswählen.

Die optischen Mäuse haben die mechanischen Mäuse fast vollständig ersetzt. Ein entscheidender Vorteil ist, dass optische Mäuse keine mechanischen Teile haben und sich somit nicht abnutzen und wartungsfrei sind. Sie funktionieren auf allen Flächen, die nicht spiegeln oder lackiert sind. Die Maus wird über eine PS/2-Schnittstelle oder, immer häufiger, über USB angeschlossen. Ob eine kabellose Maus sinnvoll ist, muss jeder selbst entscheiden, da diese auch leicht in Papieren und Aktenbergen verschwinden kann.

Die Grundtechniken kann man wie folgt beschreiben:

Zeigen → Cursor wird auf einem Bildschirmobjekt bewegt

Klicken → kurzer Klick mit der rechten oder linken Maustaste

Doppelklicken → zweifaches Klicken mit linker Maustaste

Anfassen/Ziehen → mit gedrückter Maustaste ein Objekt verschieben

Drucker

Daten können in verschiedenen Schriftarten ausgedruckt werden. Zusätzlich ist die genaue Abbildung von Grafiken sowie die Ausgabe von Bildern in Fotoqualität möglich. Drucker arbeiten mit der Tintenstrahl- oder der Lasertechnik.

Maus

Farbdrucker

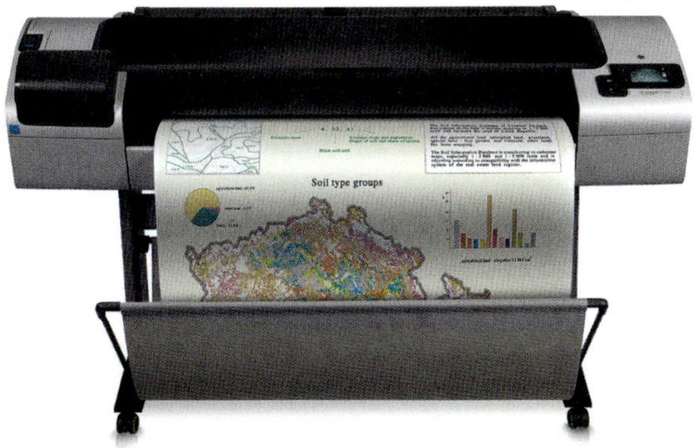

Plotter

Plotter dienen überwiegend als Zeichengeräte, die digital gespeicherte Daten als Zeichnung ausgeben.

3-D-Drucker

Der 3-D-Drucker druckt nicht in der Fläche, sondern dreidimensionale Teile. Er kann z. B. Bestandteile eines Bauwerks ausdrucken.

Bildschirm

Der Bildschirm gibt Daten in Textform aus oder stellt sie als Grafik dar. Die Bildschirmgröße wird durch die Länge der Bildschirmdiagonalen in Zoll ausgedrückt. Gängig sind Bildschirme zwischen 19″ und 24″. Ein Zoll entspricht 2,54 cm.

Tastatur

Die Tastatur eines Computers besteht aus vier Tastenblöcken:

① Funktionstastenblock

② Schreibmaschinenblock

③ Cursortastenblock

④ Numerischer Block

Viele Tasten sind doppelt oder dreifach belegt.

Mehrfunktionstastatur (MF-Tastatur)

Einige Tasten sind im Folgenden erklärt:

Leertaste	Sie fügt ein Leerzeichen ein.
Cursorsteuertasten → ← ↓ ↑	Sie steuern den Cursor auf dem Bildschirm jeweils in Richtung des Pfeils.
Zeichentasten % 5, A	Sie dienen zur Eingabe von Zeichen und Buchstaben.
Umschalttaste ⇧	Zum Umschalten der Buchstaben auf Großschrift oder Eingabe der oberen Zeichen.
Steuertaste Strg	In Verbindung mit anderen Tasten ergeben sich bestimmte Funktionen.
Tabulatortaste ⇆	Sie setzt den Cursor auf eine bestimmte Markierung
←	Backspace- oder Korrekturtaste. Sie löscht Zeichen nach links.
Alt	Alternate (= Alternative). In Verbindung mit anderen Tasten ergeben sich bestimmte Funktionen.

Esc	Escape (= Abbrechen). Diese Taste dient in Anwendungsprogrammen dazu, eine Aktion abzubrechen.
Eingabe-(Enter-) oder Returntaste ↵	Mit dieser Taste wird ein Zeilenumbruch (z. B. Textverarbeitung) erzeugt oder eine Eingabe/ein Befehl bestätigt.
Einfg	Ist diese Taste aktiviert, werden beim Einfügen von Zeichen gleichzeitig die dahinterstehenden Zeichen überschrieben.
Entf	Sie löscht einzelne Zeichen, die rechts von der Schreibmarke stehen.
Num	Die Num-Taste aktiviert die Belegung des numerischen Tastaturfeldes.
AltGr	Durch diese Taste lässt sich die 3. Tastenbelegung nutzen, z. B. €, @ usw.

Digitalisiertablett

Ein elektronischer Stift wird auf einem Tablett bewegt. Der Computer registriert die ausgeführten Bewegungen, speichert sie und überträgt sie auf den Bildschirm. Weiterhin ermöglicht das Tablett die Menütechnik.

Modem

Ein Modem wandelt die digitalen Informationen von EDV-Systemen in akustische Signale um und umgekehrt. Die akustischen Signale können dann per Telefonleitung übertragen werden.

Massenspeicher

Zu den Massenspeichern zählen
- Festplatten
- CDs (Compact Discs)
- DVDs (Digital Versatile Discs)
- USB-Memory-Sticks
- Blu-ray Discs

Sie dienen der Speicherung von Daten.

Festplatten gibt es zum festen Einbau und als externe Festplatten (meist mit USB-Anschluss). Ihre Speicherkapazität liegt mittlerweile bei 500 Gigabyte bis zu 1,5 Terabyte.

Auf **CDs** lassen sich bis zu 900 MB speichern. Es gibt sie als „Recordable" (CD-R – beschreibbar) und „Re-Writeable" (CD-RW – wiederbeschreibbar).

Die **DVDs** stellen Speicherkapazitäten bis zu mehreren Gigabyte zur Verfügung, können jedoch auf normalen CD-ROM-Laufwerken nicht abgespielt werden. Dafür benötigt man spezielle DVD-Laufwerke, die auch CDs lesen können.

USB-Memory-Sticks gibt es bis zu 256 Gigabyte. Sie können nur an USB-Ports betrieben werden. Sie haben die Größe von Schlüsselanhängern, sind leicht, manche wiegen unter 20 g, und können von Betriebssystemen ohne besondere Treiber erkannt werden. Da sie gegen Erschütterung nicht anfällig sind, können sie in Jacken- und Hosentaschen transportiert werden.

Blu-ray Discs können durch die kürzere Wellenlänge des Lasers beim Brennen mit höherer Präzision arbeiten. So können die Daten auf der Disc enger gepackt werden als auf einer CD oder DVD. Bei einem gleichen Scheibendurchmesser von 12 cm können bis zu 50 GB (bei Double Layer) gespeichert werden. Blu-ray Player können auch CDs und DVDs abspielen.

Folgende Varianten der Blu-ray Disc sind erhältlich

BD-ROM: vorbespielte Disc für Filme, Spiele, Software etc.

BD-R: einmal beschreibbar

BD-RE: wiederbeschreibbar

Festplatte

DVD-Rohling

USB-Sticks

Blu-ray Disc

Zusammenfassung

Die Tastatur setzt sich aus vier Tastenblöcken zusammen.

Das Betriebssystem ermöglicht dem Benutzer den Einsatz von Hardware und Software.

Auf Festplatten lassen sich Daten dauerhaft speichern. Zum Austausch von Daten bieten sich USB-Sticks an, da jeder Computer heute die entsprechende Schnittstelle besitzt.

Aufgaben:

1. *In welche Tastenblöcke wird die Tastatur unterteilt?*
2. *Wozu dienen Festplatten?*
3. *Beschreiben Sie die Benutzeroberfläche Ihres Betriebssystems.*
4. *Welche Regeln sind bei der Inbetriebnahme eines Computers zu beachten?*
5. *Nennen Sie weitere Bezeichnungen für die Eingabetaste.*

Das Erstellen von Programmen ist zeitaufwendig und oft kompliziert. Der Leiter eines Handwerksbetriebs kann die erforderliche Zeit nicht aufbringen. Daher entstanden Softwarefirmen, die Programme nach dem Bedarf von Anwendern schreiben. Der Softwaremarkt bietet heutzutage Programme zur Bearbeitung nahezu aller technischen und kaufmännischen Fragen.

8.3 Software

8.3.1 Menütechnik

Die Anwenderprogramme umfassen meist **mehrere Leistungen** in einem **Programmpaket**. Die Leistungen werden über ein sogenanntes **Menü** auf dem Bildschirm angeboten. Die Auswahl aus dem Menü geschieht durch

- Eingabe eines Buchstabens oder Wortes.
- Eingabe einer Kennzahl.
- Bewegung des Cursors zur gewünschten Menüzeile und Drücken der Eingabetaste.
- Ansteuern des Menüpunktes mit der Maus.

	01	AUSSCHREIBUNG / VERGABE
	02	BAUABRECHNUNG
	03	KOSTENPLANUNG
	04	DATEN-AUSTAUSCH
	11	TEXTVERARBEITUNG
	88	PARAMETER-EINSTELLUNG
	99	DATENSICHERUNG
DRUCKER 1	>00<	
PRN	<ES>=ENDE D=DATUM P=DRUCKERWAHL ?=TASTEN	

Hauptmenü eines Programmpakets aus der Baubranche

8.3.2 Standardsoftware

Standardsoftware hat den beruflichen und den privaten Softwareanwender als Zielgruppe und ist daher sehr weit verbreitet.

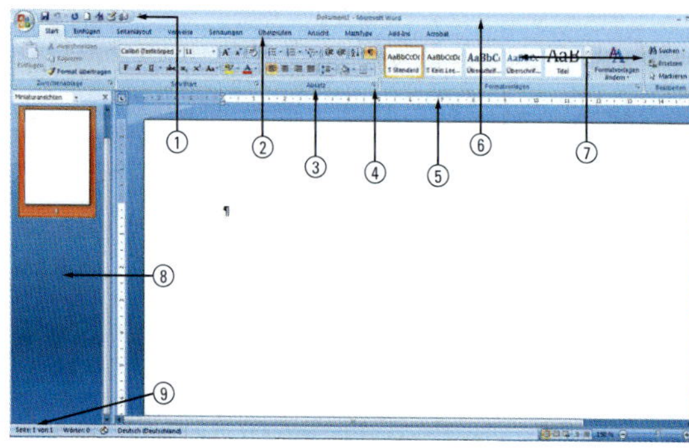

1 Schnellzugriff
2 Registerkarten
3 Gruppen
4 Startbutton für Gruppe
5 Lineal
6 Titelleiste mit Dateinamen
7 Menüband
8 Navigationsbereich
9 Statusleiste

Bildschirmanzeige eines Textverarbeitungsprogramms

Textverarbeitungsprogramme

Sie erleichtern den geschäftlichen Schriftverkehr. Textverarbeitungsprogramme werden für **Kundenbriefe**, zur **Rechnungsschreibung** und zur Erstellung von **Leistungsverzeichnissen** eingesetzt, da sie u.a. folgende Vorteile haben:

- Texteingabe mit umfangreichen Korrekturmöglichkeiten wie Überschreiben, Löschen und Einfügen von Zeichen oder ganzen Abschnitten.
- Festlegung des linken und rechten Zeilenrandes.
- Automatischer Zeilen- und Seitenumbruch.
- Möglichkeit zur automatischen Silbentrennung und Rechtschreibkontrolle.
- Arbeiten mit Textbausteinen.
- Kopieren von Textabschnitten aus verschiedenen Dateien zu einer neuen Datei, z.B. für weitere Ausschreibungen.
- Serienbriefe.
- Automatische Seitennummerierung.
- Adressverwaltung mit einer Datenbank, welche im Softwareumfang enthalten ist.

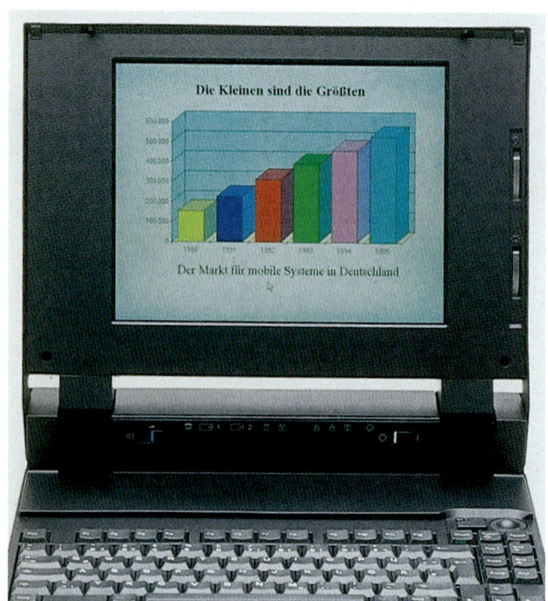

Darstellung eines Ergebnisses bei einem Tabellenkalkulationsprogramm

Tabellenkalkulationsprogramme

In der Bautechnik werden sie zur Aufgabenlösung in der **Tragwerksberechnung** und beim Wärmeschutznachweis eingesetzt. Sie dienen als Rechenhilfe für die **Angebotskalkulation** sowie für **Aufmaß** und **Abrechnung**. Umfangreiche Tabellen lassen sich vereinfacht als Diagramm darstellen. Durch die Bereitstellung von Eingabehilfen, Funktionen und Umrechnungstools wird die Anwendung immer leichter.

Die Programme unterteilen den Bildschirm in **Zeilen** und **Spalten**. Die entstandenen **Felder** dienen zur Eingabe von Texten und Zahlen. Die Zahlenfelder werden durch eine Formeleingabe verknüpft. Die Ergebnisse stehen in Feldern, die der Programmbenutzer festlegte.

Der **Vorteil** dieser Programme besteht u.a. darin, dass bei Eingabe einer geänderten Zahl das **neue Ergebnis** nach **sehr kurzer Rechenzeit** zur Verfügung steht.

Präsentationsprogramme

Das am meisten verbreitete Präsentationsprogramm ist PowerPoint. Mithilfe dieses Programms können einfach und schnell eindrucksvolle Präsentationen erstellt werden. Funktionen und Menüs sind übersichtlich und verzweigen sich nicht in spezielle Untermenüs.

Eine Präsentationsdatei besteht aber nicht nur aus starren Folien, sondern allen Objekten, Zeichnungen, Bildern und Texten können Animationen zugewiesen werden. Aber Vorsicht: Nicht jedes Objekt einer Präsentation muss animiert sein und es müssen auch nicht alle Animationsarten in einer Präsentation verwendet werden. Das lenkt vom Vortragsinhalt ab.

Folien können verkleinert als Handreichung ausgedruckt werden, damit sich die Zuhörer mehr auf den Vortrag als auf das Abschreiben der Folien konzentrieren. Zur eigentlichen Präsentation werden ein Computer und ein **Beamer** benötigt.

Tragbarer Beamer (2,9 kg)

Beamer für Großveranstaltungen (Bilddiagonale bis 13 m)

8.3.3 Branchensoftware

Branchensoftware bietet Lösungen zu **speziellen Problemen** an, deren Bearbeitung mit anderer Software zu aufwendig, zu umständlich oder gar nicht möglich wäre. Branchensoftware wird eingesetzt von:

- Architektur- und Ingenieurbüros,
- Ämtern der Bauverwaltungen,
- Betrieben des Bauhandwerks und der Bauindustrie.

Softwarefirmen programmieren die Branchensoftware anhand des **Anforderungskatalogs** des **Kunden**. Hierbei entstehen **Einzellösungen** oder Programmpakete, die den Anforderungen eines erweiterten Interessentenkreises entsprechen. So kann **ein Kalkulationsprogramm für mehrere Baufirmen** geeignet sein oder durch geringfügige Änderungen an die besonderen Anforderungen einer Firma angepasst werden. Zur weiteren **Qualitätssteigerung** der Branchensoftware benötigen die Softwarefirmen den **kritischen Erfahrungsbericht** der **Baufachleute**, welche die Software anwenden und somit auch prüfen.

AVA-Programme

Verwaltungen, Architekten und Ingenieure führen die Ausschreibung, Vergabe und Abrechnung (AVA) von Bauleistungen teilweise

ORDNUNGS-ZAHL Z1 Z2 POS.	TEXT	MENGE	EIN-HEIT	EIN-HEITS-PREIS EURO	GESAMT-PREIS EURO
1. 2.	ERDARBEITEN				
1. 2. 41.	OBERBODEN ABTRAGEN BIS 50 M FÖRDERWEG	50	M3	0,61	30,68
1. 2. 42.	EINBAUEN SEITL. GELAG. OBERBODEN	40	M3	1,43	57,26
1. 2. 43.	AUSBRECHEN BIT. SCHICHTEN 25 BIS 40 CM	120	M3	2,61	312,91
1. 2. 44.	BIT. SCHICHTEN ANHAUEN UND ABKANTEN	30	M	17,38	521,52
1. 2. 45.	AUSBAUEN BORDSTEINE ALLE FORMATE	100	M	8,95	894,76
1. 2. 46.	BAUGRUBEN AUSHEBEN BIS 3 M TIEFE	1500	M3	1,43	2147,43
1. 2. 47.	BIS 6 M TIEFE	1700	M3	1,43	2433,75
1. 2. 48.	GRÄBEN IN BAUGRUBEN TIEFE BIS 1,75 M	500	M3	12,58	6288,89
1. 2. 49.	BODEN IN FLÄCHEN ABTRAGEN	250	M3	0,41	102,26
1. 2. 54.	AN LEITUNGEN BIS DN 300	15	M	93,06	1395,83
1. 2. 56.	ZULAGE FÜR FUNDAMENTE USW.	10	M3	25,05	250,53
1. 2. 58.	ABTRANSPORT 23 BIS 26 KM	1800	M3	6,75	12148,30
1. 2. 60.	AUFFÜLLGEBÜHREN ERSTATTEN	1800	M3	7,06	12700,49
1. 2. 61.	BODEN EINBAUEN IN BAUGRUBEN	450	M3	6,08	2737,97
1. 2. 62.	IN ARBEITSRÄUMEN EINBAUEN	350	M3	6,24	2183,22
1. 2. 64.	ZULAGE FÜR SIEBSCHUTT	500	M3	18,84	9420,55
1. 2. 66.	ZULAGE FÜR KIESSAND UND KIES 16/32 MM	40	M3	26,18	1047,13
1. 2. 67.	ZULAGE FÜR SCHOTTER-SPLITT-SAND 0/56 MM	400	M3	18,51	7403,51
1. 2.	SUMME Z2				62076,97

Liste eines Leistungsverzeichnisses

oder vollständig mit AVA-Programmpaketen durch. Diese ermöglichen die rasche Erstellung von Leistungsverzeichnissen, deren Auswertung sowie die Massenermittlung und die Abrechnung von Bauleistungen.

CAD-Programme

Die CAD-Technik (Computer-Aided Design) unterstützt den Entwurf und die konstruktive Planung von Bauwerken. Die Hardware für einen CAD-Arbeitsplatz ist teuer. Der Plotter zeichnet die Pläne, die am Bildschirmarbeitsplatz entwickelt wurden.

Die CAD-Technologie wird in vielen Gebieten der Bautechnik angewendet. Im Folgenden sind einige CAD-Anwendungsbereiche des Bauwesens aufgeführt:

- Architektur: Gebäudeentwurf mit allen zugehörigen Plänen wie Lageplan, Entwässerungsplan, Grundrisse, Ansichten und Schnitte.
- Konstruktiver Ingenieurbau: Entwurf von Tragwerken und deren Bemessung. Das Tragwerk besteht aus den Bauteilen, die Lasten in den Baugrund abtragen. Für die Baustelle werden Schal- und Bewehrungspläne gezeichnet.
- Tief- und Straßenbau, Vermessungswesen: Zeichnen von Lageplänen, Höhenplänen, Regelquerschnitten und Querprofilen sowie Geländedarstellungen.

Die CAD-Technologie bietet folgende Vorteile:

- Jederzeit Zugriff zu Daten, die einmal erstellt wurden. Die Daten sind somit mehrfach verwendbar.
- Alle Baustoffmengen werden ermittelt. Sie stehen somit für Ausschreibungsunterlagen (Leistungsverzeichnisse) zur Verfügung.
- Bauteile und Bauwerke können am Rechner fotorealistisch dargestellt werden.

Bauwerke in 3-D-CAD-Darstellung

Geplantes Bauteil in fotorealistischer Darstellung

Building Information Modeling (BIM)

Ein Bauwerk wird im Rechner als Modell abgebildet. Dies wird Projektdatei genannt. Werden nun am Modell vom Architekten oder den Fachplanern Änderungen vorgenommen, so stehen diese Änderungen sofort allen an der Bauplanung und an der Bauausführung Beteiligten zur Verfügung.

Die BIM-Software ermöglicht auch die Bauzeitenplanung und die Personaleinsatzplanung. Die Kosten für Herstellung und Betrieb des Bauwerks können erfasst werden.

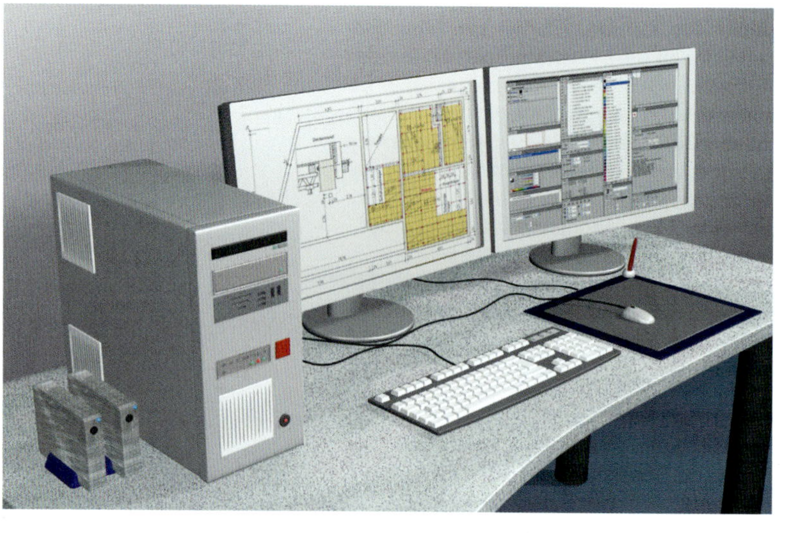

CAD-Arbeitsplatz

Kalkulationsprogramme

Eine Bauunternehmung kann anhand des Leistungsverzeichnisses und des Kalkulationsprogramms die voraussichtlichen Kosten einer Bauleistung erfassen. Die Aufwandswerte und die Baustoffpreise für eine bestimmte Bauleistung sind in einer Datenbank enthalten. Der Einheitspreis und der Gesamtpreis werden für jede Position kalkuliert und die Angebotssumme berechnet.

Abbundprogramme

Abbundprogramme berechnen aus den Konstruktionsmaßen des Dachstuhls die Abbundmaße. Diese werden der Abbundmaschine übermittelt. Das Konstruktionsprogramm weist dem Maschinensteuerungsprogramm die Aggregate, z.B. Bohrer oder Fräse, automatisch zu. Die Abbundstraße wird mit der richtigen Rohware beschickt und der vollautomatische Abbund beginnt. Mit dem Abbundprogramm und einem Plotter können auch Lehren im Maßstab 1:1 gezeichnet werden.

Programme zur Tragwerksplanung

Sie waren die erste Branchensoftware, die von Bauingenieuren eingesetzt wurde (s.a. Abschn. 8.4.1, Geschichtliche Entwicklung der Datenverarbeitung). Zunächst wurden Einfeld- und Mehrfeldträger sowie Rahmentragwerke elektronisch berechnet. Heute leisten die Programme auch die Berechnung und Bemessung von Bauwerken, die technisch sehr anspruchsvoll sind. Die Laufzeiten der Programme werden immer kürzer. Viele Programme zur Tragwerksplanung haben Datenschnittstellen zu CAD-Programmen.

Straßenplanung im Geländemodell

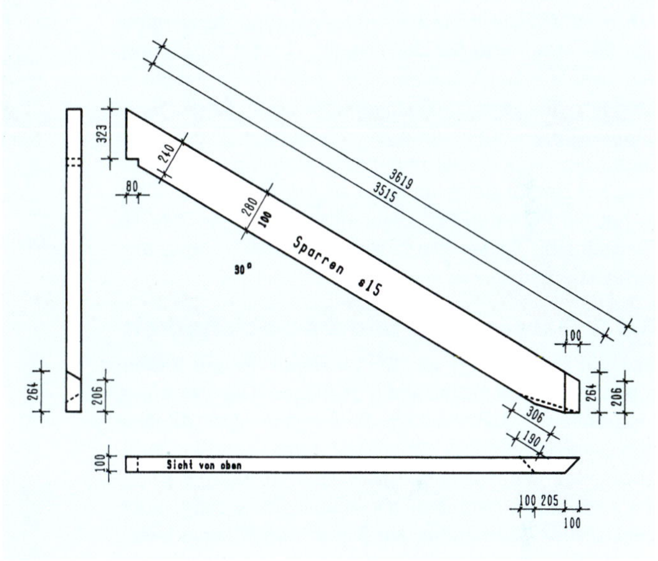

Berechnungsbeispiel für den vollautomatisierten Abbund

Zusammenfassung

Die Menütechnik ermöglicht das Auswählen eines Programmteils aus einem Programmpaket.

Standardsoftware ist weit verbreitet.

Der Softwaremarkt bietet u.a. an:
- Textverarbeitungsprogramme,
- Tabellenkalkulationsprogramme,
- Präsentationsprogramme.

Baufachleute setzen als Branchensoftware ein:
- AVA-Programme,
- CAD-Programme,
- Programme zur Tragwerksplanung,
- Kalkulationsprogramme,
- Abbundprogramme.

Aufgaben:

1. *Erklären Sie den Begriff „Menütechnik".*
2. *Wozu dient Standardsoftware?*
3. *Unterscheiden Sie die Branchensoftware von der Standardsoftware.*
4. *Erstellen Sie mit Ihrem Textverarbeitungsprogramm einen Arbeitsbericht und einen Geschäftsbrief.*
5. *Nennen Sie Anwendungsmöglichkeiten für Tabellenkalkulationsprogramme.*
6. *Stellen Sie Ihren Betrieb in einer Präsentation vor.*
7. *Weshalb sollten Baufachleute dem Softwarehersteller einen Erfahrungsbericht über die eingesetzte Software geben?*
8. *Für welche Zwecke kann die CAD-Technologie in der Bauplanung eingesetzt werden?*
9. *Beschreiben Sie den Einsatz von Abbundprogrammen.*

8.4 Auswirkungen der Computertechnik

8.4.1 Geschichtliche Entwicklung der Datenverarbeitung

Seit Jahrtausenden versuchen Menschen, maschinelle Rechenhilfen zu entwickeln. Um 1100 v. Chr. wurde in China mit dem **Abakus**, einer einfachen Zählmaschine, gerechnet. Im 17. Jahrhundert erfanden Mathematiker **mechanische Rechner** und **Rechenschieber**, die erst um 1970 durch **Taschenrechner** abgelöst wurden.

Abakus

Entwicklungsstufen elektronischer Rechner

1941 entwickelte der Bauingenieur Konrad Zuse einen Rechner, der im Binärsystem mit der **Drahtrelaistechnik** arbeitete. Ab 1946 wurden **Röhren** zum Rechnerbau verwendet. Die genannten Rechner bilden die erste Rechnergeneration. Ab 1957 wurden die Zentraleinheiten der Rechner der zweiten Generation mit Transistoren bestückt. Die dritte Rechnergeneration verwendete ab 1964 **integrierte Schaltkreise** (IC, C steht für **C**ircuit). Die rasante Entwicklung der Halbleitertechnik machte es möglich, die gesamte Rechnereinheit auf einem Speicherbaustein unterzubringen. 1-Gigabit-Chips sind Stand der Technik. Die höherwertigen Chips benötigen weniger Zeit für Berechnungen als ihre Vorgänger. Heute hat ein PC einen Prozessor mit mindestens 3,2 GHz Taktfrequenz. Dieser Prozessor führt auch komplizierte Berechnungen sehr schnell durch.

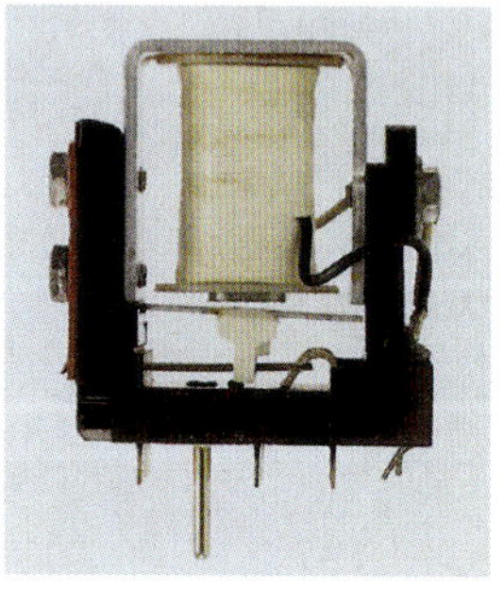
Drahtrelais

8.4.2 Datenschutz und Datensicherheit

Seit der Entwicklung der Digitaltechnik ist die Bedeutung des Datenschutzes stetig gestiegen. Die Erfassung, Verarbeitung, Speicherung, Weitergabe und Analyse von Daten wird immer einfacher. Interesse an personenbezogenen Informationen haben sowohl staatliche Stellen als auch Unternehmen. Deshalb ist es wichtig, einen gesetzlichen Rahmen für den Schutz persönlicher Daten zu schaffen.

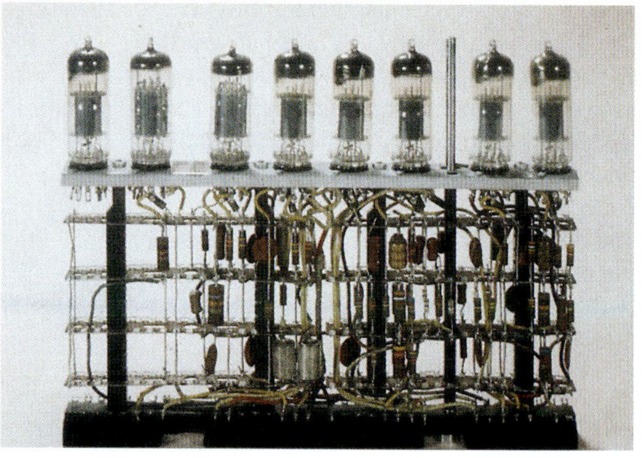
Röhrensteckeinheit

Gesetze

Die rechtmäßige Handhabung der Daten wird durch folgende Gesetze festgelegt:

- das **Bundesdatenschutzgesetz** und
- die **Datenschutzgesetze der Länder**.

Der Bund und die Länder benennen **Beauftragte**, die den Datenschutz durch Kontrollmaßnahmen wie stichprobenartige Einzelfallüberprüfungen und die Untersuchung komplexer, oft weit verzweigter Datenverarbeitungssysteme gewährleisten sollen.

Passwörter

Daten können weiterhin durch Passwörter (Buchstaben und/oder Zahlenkombinationen) geschützt werden, die nur dem zugriffsberechtigten Dateibenutzer bekannt sind. So kann mit einer Scheckkarte am Bankterminal nur dann Geld abgehoben werden, wenn die zugehörige Codenummer eingegeben wird. Unbefugten ist der Zugriff zu einer Datei somit erschwert. Der Benutzer kann sein Passwort z.B. monatlich ändern und dadurch die Sicherheit erhöhen.

Datenschutz muss sein

Kopie von Daten

Der Schutz von Daten gegen unbeabsichtigten Verlust wird durch regelmäßige Abspeicherung auf Massenspeicher erreicht. Darüber hinaus sollten die Daten nochmals auf einen weiteren Datenträger kopiert werden. Hierdurch werden die Daten gesichert, auch wenn ein Datenträger beschädigt wird. Originaldatenträger, die kommerzielle Software enthalten, werden an einem sicheren Ort aufbewahrt. Von CDs können Arbeits-CDs gefertigt werden, falls der Softwarehersteller dies vertraglich nicht ausschließt.

Softwareschutz

Software, die auf Original-CDs, Arbeits-CDs oder Festplatten vorhanden ist, darf nur von **befugten Personen** genutzt werden. Das **Kopieren** von Software ist nur **im Rahmen** der **Vertragsbedingungen** zulässig. **Alle anderen Kopien („Raubkopien") sind widerrechtlich.** Wer sie anfertigt, muss mit **Strafverfolgung** rechnen.

Computerviren

Computerviren sind Programme, die vor allem über das Internet in einen **Rechner übertragen** werden. Ein Computervirus kann Dateien ändern oder vernichten sowie das Zusammenwirken der Hardwarekomponenten beeinträchtigen oder stilllegen. Viren können durch Virenschutzprogramme aufgefunden und beseitigt werden. Um umfassenden Schutz zu haben, muss das Virenschutzprogramm ständig aktualisiert werden.

8.4.3 Computer und Umwelt

Pro Jahr entstehen in der Bundesrepublik Deutschland 1 200 000 Tonnen Elektronikschrott. Die Entsorgung von Computern, Computerteilen und Druckern sowie anderen Hardwareteilen darf nicht mit dem Hausmüll erfolgen. Computermüll sollte der **Wiederverwertung** (Recycling) zugeführt oder derart entsorgt werden, dass **keine Umweltbeeinträchtigung** entsteht. Die Entsorgung von Computermüll ist teuer.

Die Umweltbelastung wird durch die Computer etwas vermindert, die im Betriebszustand bei Nichtbenutzung in den Energie-Spar-Modus schalten. Flachbildschirme sind inzwischen Standard. Ihr Energieverbrauch ist geringer als der von Röhrenbildschirmen.

8.4.4 Internet

Das Internet (**W**orld **W**ide **W**eb) ist ein weltweites Datennetz. Es verbindet länderübergreifend Computernetze von Hochschulen, Schulen, Banken, Firmen, Behörden usw., auch eine Vielzahl von Einzelrechnern ist zeitweise oder auch dauerhaft an das Internet angeschlossen.

Den Zugang stellen Internetprovider oder Onlinedienste zur Verfügung. Der Informationsaustausch erfolgt mit speziellen Programmen, die als Browser bezeichnet werden. Mit ihrer Hilfe lassen sich u. a.

- E-Mails lesen, erstellen und versenden,
- www-Seiten lesen und erstellen,
- Programme, Treiber und sonstige Dateien auf den eigenen Rechner kopieren,
- Suchanfragen (Suchmaschinen) durchführen.

Notebook

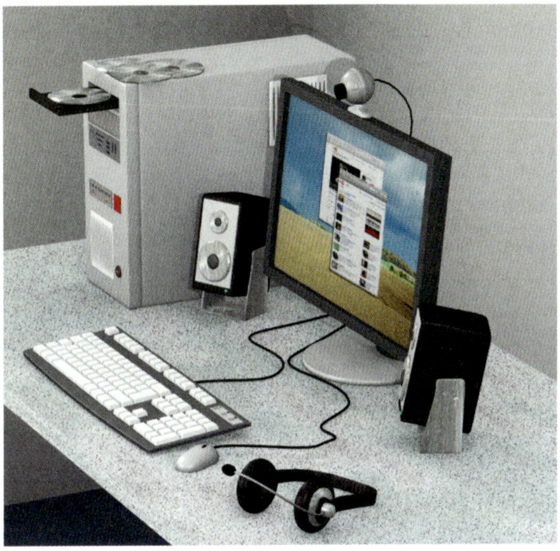

Multimediacomputer

Adressen von Suchmaschinen

www.google.de
www.fireball.de
www.yahoo.com
www.bing.com
duckduckgo.com
www.metager.de
www.allesklar.de

Suchmaschinen, die das Auffinden von Internetseiten zu eingegebenen Begriffen ermöglichen

Alle Internetadressen sind gleich aufgebaut. Sie lauten: www.unternehmensname.land. So ist die Internetadresse der Berufsgenossenschaft der Bauwirtschaft www.bgbau.de. Die Adresse wird in die Adressenzeile des Browserfensters eingegeben.

Weitere für Baufachleute interessante Internetadressen finden Sie am Ende des Tabellenanhanges.

8.4.5 Ausblick

Die Anwendung von Computern ist im Berufsfeld Bautechnik und in anderen Berufsfeldern weit verbreitet.

Die **technische Entwicklung** von Mikrocomputern wurde auf sehr **leistungsfähige, tragbare Computer** ausgedehnt. Ein **tragbarer Rechner** wird als **Notebook** oder **Laptop** bezeichnet. Der Einsatz dieser Rechner ist **standortunabhängig**. Handcomputer sind noch kleiner und leichter als Notebooks. Beide sind mobil. So ist das Erfassen des Aufmaßes von Bauleistungen auf der Baustelle problemlos möglich. Die Entwicklung auf dem Softwaresektor zeigt, dass die Programme in Zukunft noch einfacher zu bedienen sein werden. Dies bedeutet für den Programmbenutzer eine verkürzte Einarbeitungszeit und damit eine gesteigerte Wirtschaftlichkeit sowie eine vereinfachte Anwendung der Programme. Der Anwender muss jedoch weiterhin **Daten und Programmergebnisse kritisch** auf ihre sachliche Richtigkeit **untersuchen**, um Fehler auszuschließen, die aus möglichen Schwachstellen der Software herrühren können. Computer sind Multimediageräte. Sie verknüpfen Text, Grafik, Musik, Sprache, Foto und Film in einem System. Zur Herstellung werden viele seltene und teure Rohstoffe benötigt. Deshalb sollten Computer am Ende ihres Lebenszyklus unbedingt rezykliert werden.

Roboter

Im Automobilbau steuern Computer ganze Produktionsstraßen. Roboter führen nahezu alle Schweißarbeiten aus. In der Elektronikindustrie werden Digitalkameras, Fernsehgeräte und HiFi-Anlagen nahezu vollautomatisch hergestellt. In der Bautechnik wird der Robotereinsatz zur werkseitigen Herstellung von gemauerten Wandscheiben getestet. Viele Verbindungsmittel des Ingenieurholzbaus werden durch Roboter hergestellt.

Computer und Gesundheit

Langes Arbeiten am Computer darf die Gesundheit nicht beeinträchtigen. Daher hat die **Berufsgenossenschaft Vorschriften** zur richtigen Gestaltung der **Bildschirmarbeitsplätze** und **Empfehlungen** zur höchstzulässigen Dauer einer Arbeitssitzung herausgegeben („Verordnung über Sicherheit und Gesundheitsschutz bei der Arbeit an Bildschirmgeräten").

Zusammenfassung

Die Weiterentwicklung von Hard- und Software verläuft sehr zügig.

Datenschutz erfolgt u. a. durch Gesetze, Datenschutzbeauftragte, Passwörter und Arbeits-CDs.

Software darf nicht widerrechtlich kopiert werden.

Computerviren zerstören Dateien.

Computermüll ist kein Hausmüll.

Notebook-PCs sind standortunabhängig.

Das Internet verbindet weltweit Millionen von Computern. Internetanwender haben Zugriff auf viele Informationen.

Vorsortierung zum Computerrecycling

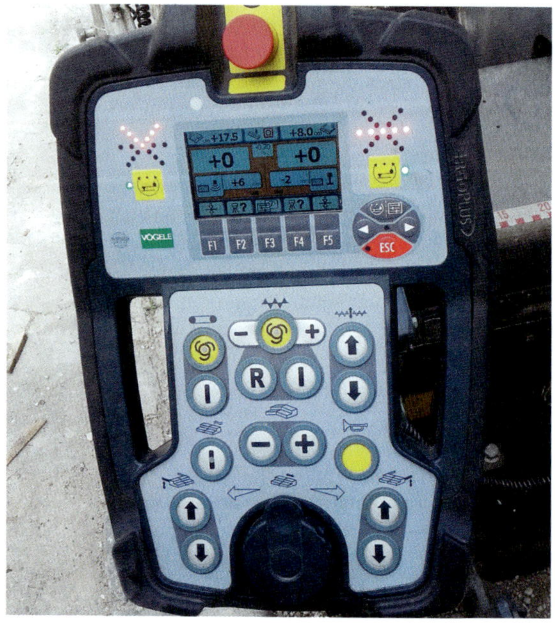

Bedienungskonsole eines Straßenfertigers

Aufgaben:

1. *Beschreiben Sie die Entwicklung der Elektronik.*
2. *Weshalb müssen Daten geschützt werden?*
3. *Begründen Sie, weshalb EDV-Ergebnisse überprüft werden sollen.*
4. *Welche Vorteile haben tragbare Computer?*
5. *Wohin mit Hardwareteilen, die nicht repariert werden können?*
6. *Wodurch können Computerviren in den Computer kommen?*
7. *Wählen Sie im Internet einen Kran für unsere Baustelle aus (siehe auch Aufgabe 5, Seite 27). Anforderungen an den Kran:*
   - *Tragfähigkeit 20 kN,*
   - *Ausladung 25 m,*
   - *Tragfähigkeit bei voller Ausladung 9 kN.*

   Hinweis:
   Besuchen Sie die Web-Adresse „www.liebherr.de".
8. *Informieren Sie sich im Internet zu*
   a) Betonpumpen (z. B. unter „www.putzmeister.de"),
   b) Gerüsten (z. B. unter „www.layher.de").

Fachbegriffe Deutsch/Englisch

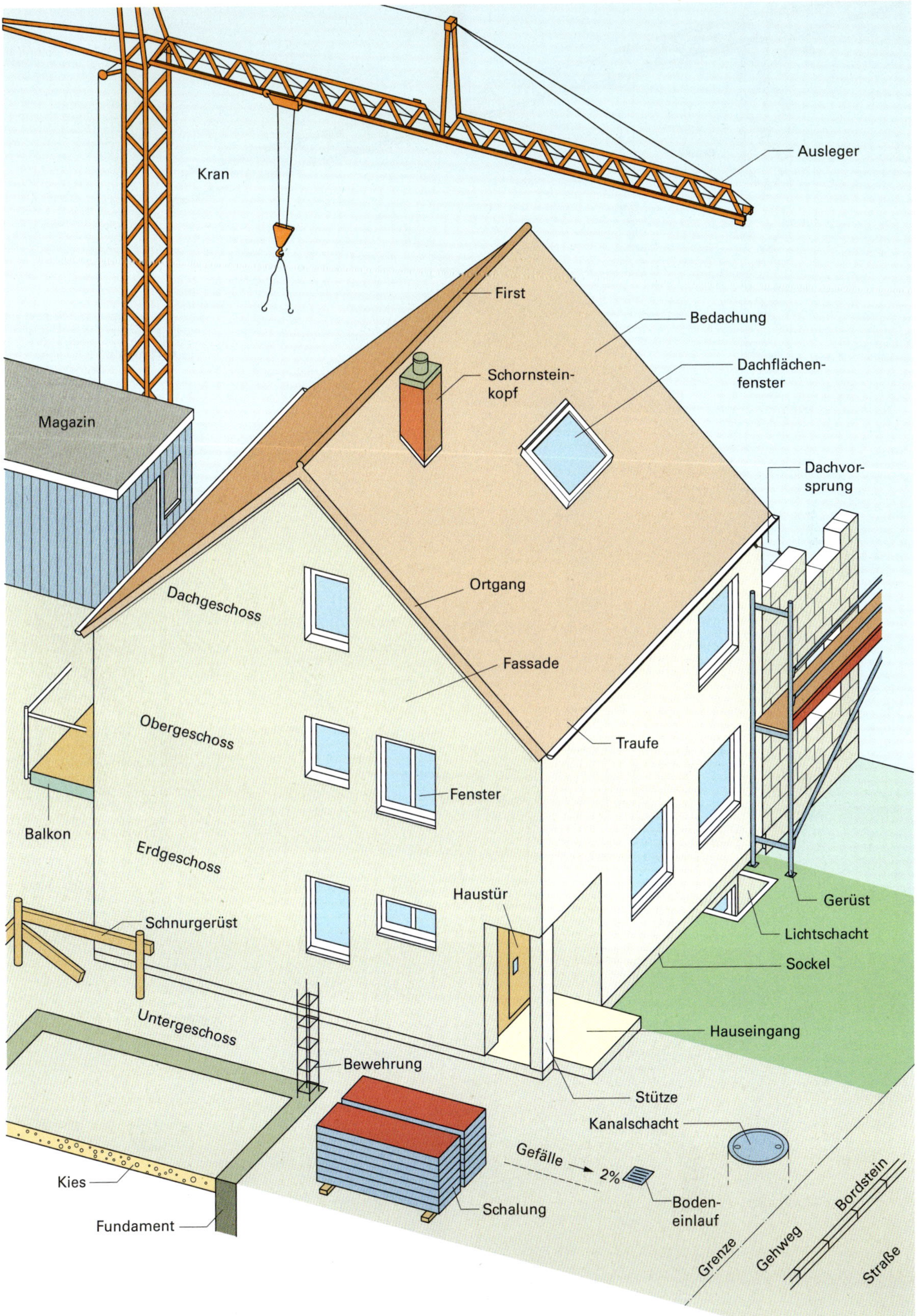

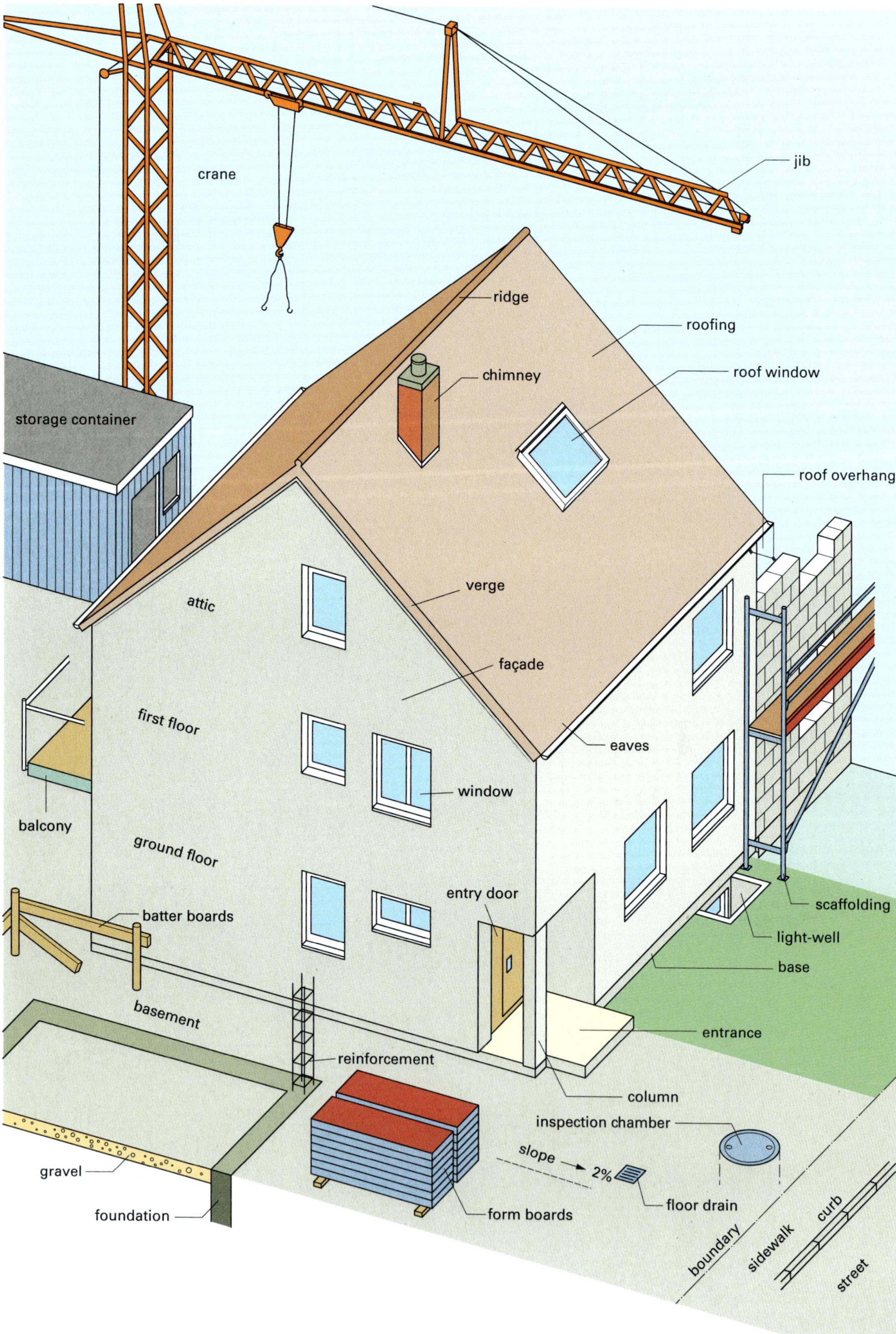
crane
jib
ridge
roofing
chimney
roof window
storage container
roof overhang
verge
attic
façade
first floor
eaves
window
balcony
ground floor
entry door
scaffolding
batter boards
light-well
base
basement
entrance
reinforcement
column
inspection chamber
slope
2%
gravel
floor drain
foundation
form boards
boundary
sidewalk
curb
street

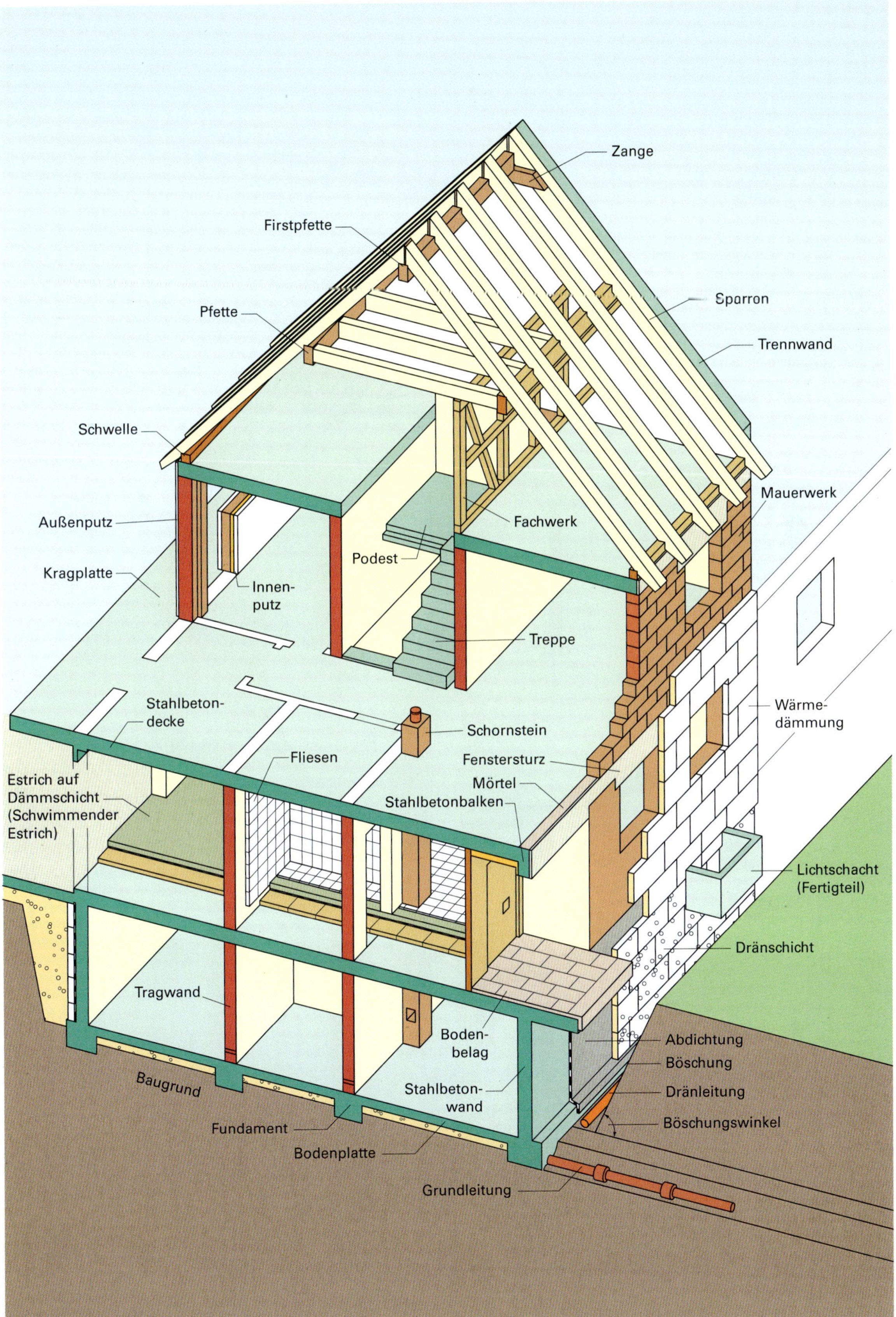
Zange
Firstpfette
Sparren
Pfette
Trennwand
Schwelle
Mauerwerk
Außenputz
Fachwerk
Podest
Kragplatte
Innen-
putz
Treppe
Stahlbeton-
decke
Wärme-
dämmung
Schornstein
Fliesen
Fenstersturz
Estrich auf
Dämmschicht
(Schwimmender
Estrich)
Mörtel
Stahlbetonbalken
Lichtschacht
(Fertigteil)
Dränschicht
Tragwand
Boden-
belag
Abdichtung
Böschung
Baugrund
Stahlbeton-
wand
Dränleitung
Böschungswinkel
Fundament
Bodenplatte
Grundleitung

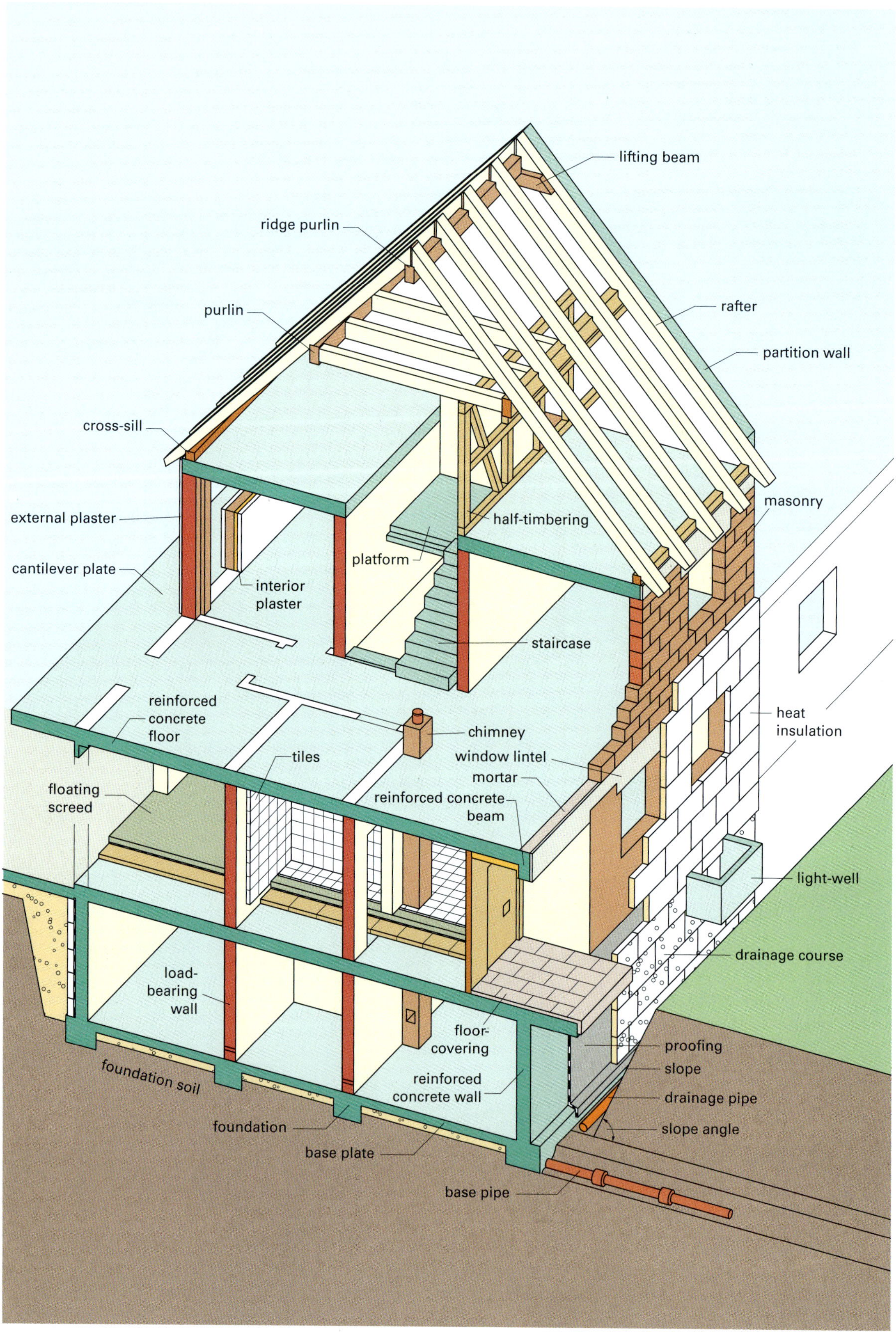
lifting beam
ridge purlin
purlin
rafter
partition wall
cross-sill
masonry
external plaster
half-timbering
cantilever plate
platform
interior plaster
staircase
reinforced concrete floor
heat insulation
chimney
window lintel
tiles
mortar
floating screed
reinforced concrete beam
light-well
drainage course
load-bearing wall
floor-covering
proofing
slope
foundation soil
reinforced concrete wall
drainage pipe
foundation
slope angle
base plate
base pipe

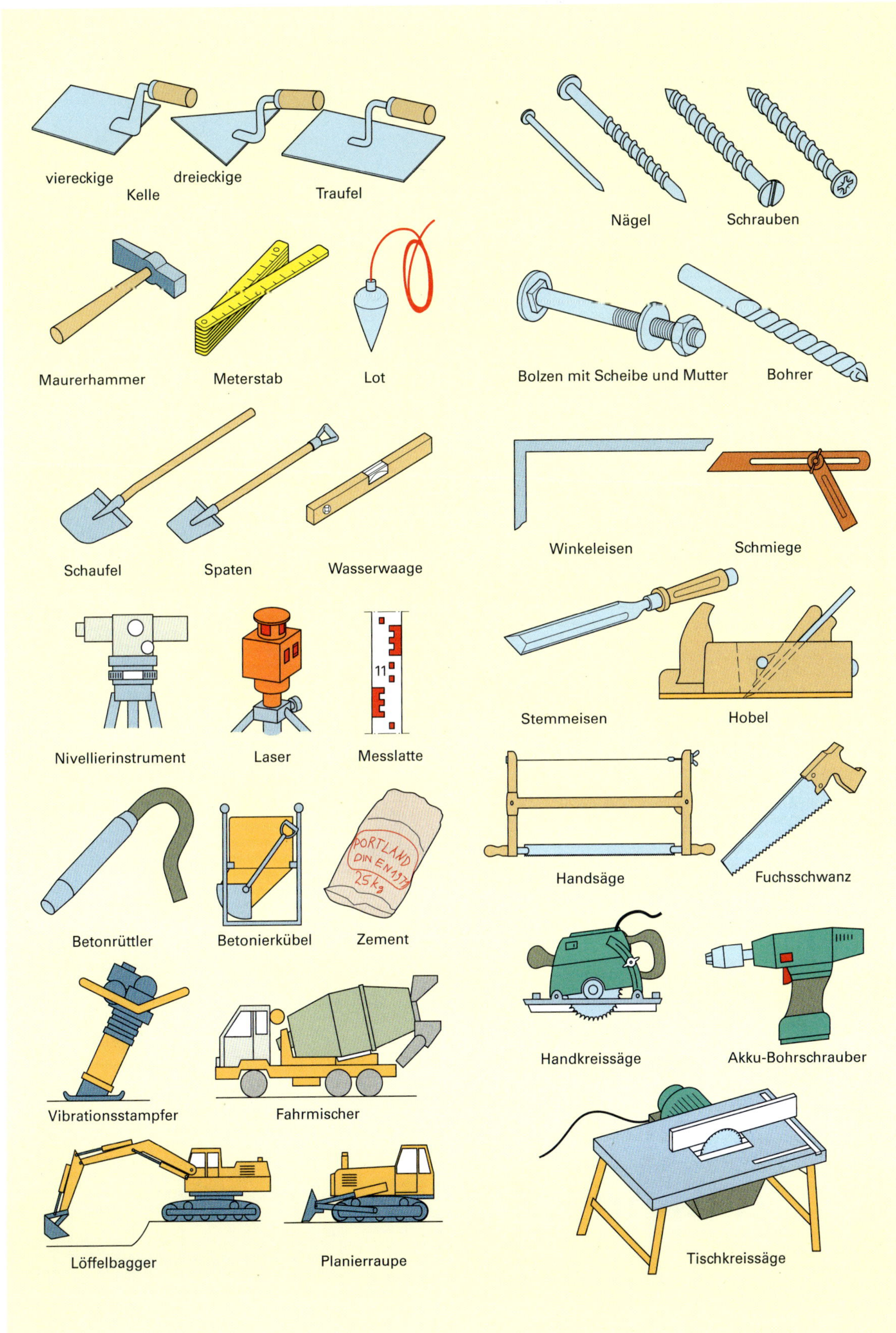
viereckige
dreieckige
Kelle
Traufel
Nägel
Schrauben
Maurerhammer
Meterstab
Lot
Bolzen mit Scheibe und Mutter
Bohrer
Schaufel
Spaten
Wasserwaage
Winkeleisen
Schmiege
Nivellierinstrument
Laser
Messlatte
Stemmeisen
Hobel
Betonrüttler
Betonierkübel
Zement
Handsäge
Fuchsschwanz
Handkreissäge
Akku-Bohrschrauber
Vibrationsstampfer
Fahrmischer
Löffelbagger
Planierraupe
Tischkreissäge

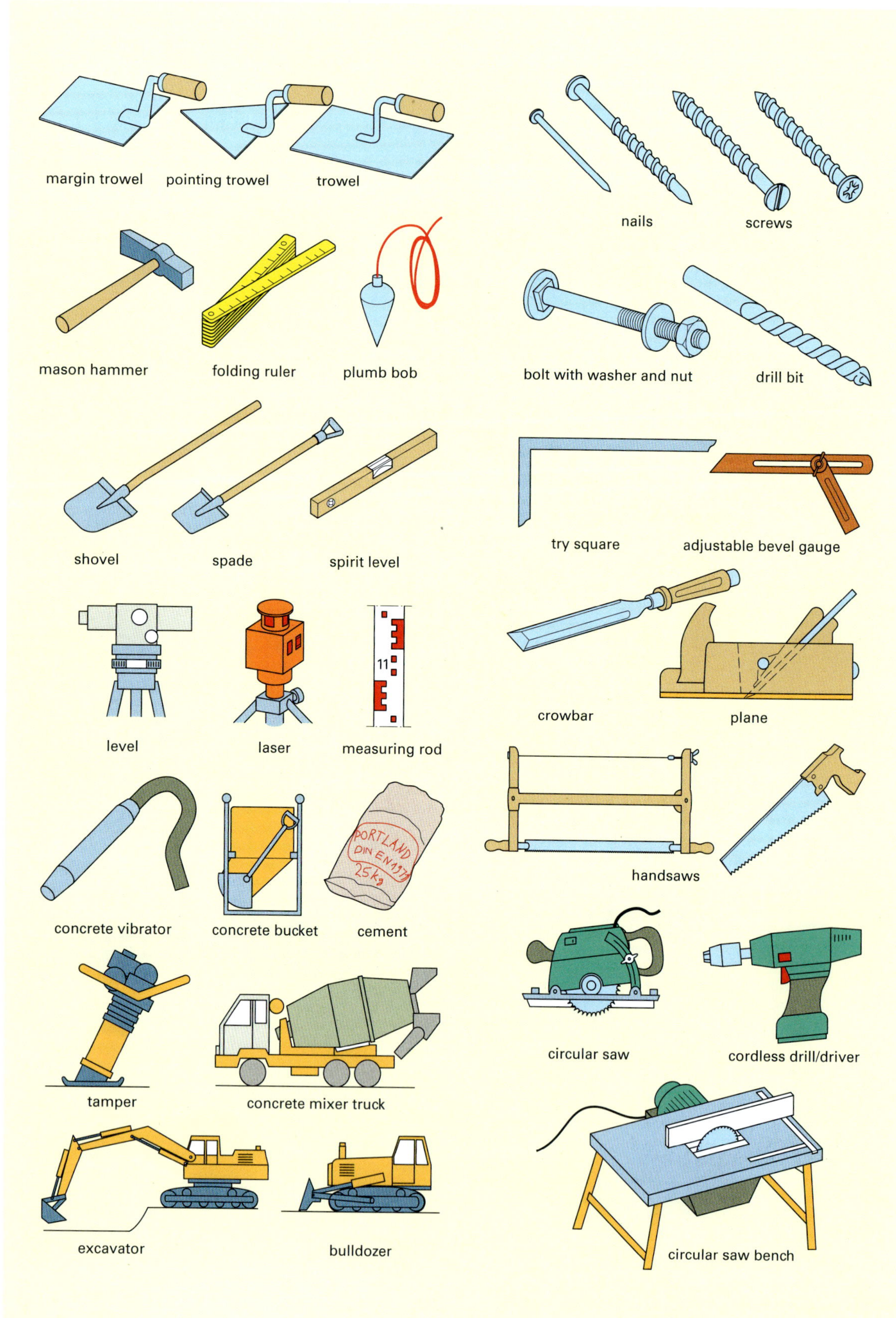
margin trowel
pointing trowel
trowel
mason hammer
folding ruler
plumb bob
shovel
spade
spirit level
level
laser
11
measuring rod
concrete vibrator
concrete bucket
PORTLAND
DIN EN 197
25 kg
cement
tamper
concrete mixer truck
excavator
bulldozer
nails
screws
bolt with washer and nut
drill bit
try square
adjustable bevel gauge
crowbar
plane
handsaws
circular saw
cordless drill/driver
circular saw bench

Baustoffbedarf für Mauerwerk je m² Wand

Bedarf an Mauersteinen und Mörtel *)

Steinformat	Anwendung	Abmessungen in cm Länge/Breite/Höhe	Bedarf je m² Wand	
			Anzahl Steine	Mörtel in Liter
a) Steine mit glatten, vermörtelten Stoßflächen				
DF	11,5	24 / 11,5 / 5,2	66	35
NF	11,5 24	24 / 11,5 / 7,1 11,5 / 24 / 7,1	50 100	27 70
2 DF	11,5 24	24 / 11,5 / 11,3 11,5 / 24 / 11,3	33 66	20 55
3 DF	17,5 24	24 / 17,5 / 11,3 17,5 / 24 / 11,3	33 44	30 50
2 + 3 DF	30		je 33	65
5 DF	24 30	30 / 24 / 11,3 24 / 30 / 11,3	26 33	40 55
6 DF	24 36,5	36,5 / 24 / 11,3 24 / 36,5 / 11,3	22 33	40 65
10 DF	24 30	30 / 24 / 23,8 24 / 30 / 23,8	13,5 16,5	25 33
12 DF	24 36,5	36,5 / 24 / 23,8 24 / 36,5 / 23,8	11 16,5	23 38
b) Steine mit Nut und Feder, unvermörtelte Stoßfuge				
6 DF	11,5	37,3 / 11,5 / 23,8	11	8
8 DF	11,5	49,8 / 11,5 / 23,8	8,3	8
7,5 DF	17,5	30,8 / 17,5 / 23,8	13,5	12
9 DF	17,5	37,3 / 17,5 / 23,8	11	12
12 DF	17,5	49,8 / 17,5 / 23,8	8,3	12
10 DF	24	30,8 / 24 / 23,8	13,5	17
12 DF	24	37,3 / 24 / 23,8	11	17
16 DF	24	49,8 / 24 / 23,8	8,3	17
10 DF	30	24,8 / 30 / 23,8	16,5	22
12 DF	30	30,8 / 30 / 23,8	13,5	22
20 DF	30	49,8 / 30 / 23,8	8,3	22
12 DF	36,5	24,8 / 36,5 / 23,8	16,5	26
24 DF	36,5	49,8 / 36,5 / 23,8	8,3	26
14 DF	42,5	24,8 / 42,5 / 23,8	16,5	30
16 DF	49	24,8 / 49 / 23,8	16,5	35
Ausfugen von Sichtmarken			–	10

*) Bedarf an Normal- oder Leichtmauermörtel in Liter für Lochsteine; für Vollsteine und Vollblöcke (Mz, KS, V, Vbl) kann ein um etwa 15 % geringerer Bedarf angenommen werden.

Steinformate

Bezeichnung	$l \cdot b \cdot h$ in am	Maße in mm		
		Länge	Breite	Höhe
DF	$2 \cdot 1 \cdot \frac{1}{2}$	240	115	52
NF	$2 \cdot 1 \cdot \frac{2}{3}$	240	115	71
2 DF	$2 \cdot 1 \cdot 1$	240	115	113
3 DF	$2 \cdot 1\frac{1}{2} \cdot 1$	240	175	113
4 DF	$2 \cdot 2 \cdot 1$	240	240	113
5 DF	$2\frac{1}{2} \cdot 2 \cdot 1$	300	240	113
6 DF	$3 \cdot 2 \cdot 1$	365	240	113
8 DF	$2 \cdot 2 \cdot 2$	240	240	238

Bezeichnung	$l \cdot b \cdot h$ in am	Maße in mm		
		Länge	Breite	Höhe
9 DF	$3 \cdot 1\frac{1}{2} \cdot 2$	365	175	238
10 DF	$2 \cdot 2\frac{1}{2} \cdot 2$	240	300	238
12 DF	$2 \cdot 3 \cdot 2$	240	365	238
15 DF	$3 \cdot 2\frac{1}{2} \cdot 2$	365	300	238
16 DF	$4 \cdot 2 \cdot 2$	490	240	238
18 DF	$3 \cdot 3 \cdot 2$	365	365	238
20 DF	$4 \cdot 2\frac{1}{2} \cdot 2$	490	300	238
24 DF	$4 \cdot 3 \cdot 2$	490	365	238

Zusammensetzung, Mischungsverhältnisse für Normalmauermörtel (Baustellenmörtel) (Angaben in Raumteilen)

Mörtelgruppe	Luftkalk		Hydraulischer Kalk (HL2)	Hydraulischer Kalk (HL5), Putz- und Mauerbinder (MC5)	Zement	Sand[1] aus natürlichem Gestein
	Kalkteig	Kalkhydrat				
I	1	–	–	–	–	4
	–	1	–	–	–	3
	–	–	1	–	–	3
	–	–	–	1	–	4,5
II	1,5	–	–	–	1	8
	–	2	–	–	1	8
	–	–	2	–	1	8
	–	–	–	1	–	3
IIa	–	1	–	–	1	6
	–	–	–	2	1	8
III	–	–	–	–	1	4
IIIa[2]	–	–	–	–	1	4

[1] Die Werte des Sandanteils beziehen sich auf den lagerfeuchten Zustand.
[2] Die größere Festigkeit soll vorzugsweise durch Auswahl geeigneter Sande erreicht werden.

Abmessungen von Kanthölzern und Dachlatten

Kanthölzer	Querschnitt	cm	6/10	6/12	6/14	8/8	8/10	8/12	8/14	8/16	8/18	8/20	0/10
		cm²	60	72	84	64	80	96	112	128	144	160	100
	Querschnitt	cm	10/12	10/14	10/16	10/18	10/20	10/22	12/12	12/14	12/16	12/20	12/24
		cm²	120	140	160	180	200	220	144	168	192	240	288
	Querschnitt	cm	12/26	14/14	14/16	14/18	14/20	16/16	16/20	16/22	16/24	18/18	18/22
		cm²	312	196	224	152	280	256	320	352	384	324	396
	Querschnitt	cm	18/24	20/20	20/24	20/26							
		cm²	432	400	480	520							
Dachlatten	Querschnitt	mm	24/48	30/50	40/60	Doppellatten	50/80		Längenstufung innerhalb eines Meters				
		cm²	11,5	15	24		40		0,00	0,25	0,50	0,75	1,00 m

Fliesen- und Plattenbedarf für 1 m²

Modulare Vorzugsmaße

Koordinierungsmaß cm	Stück/m² *)	Koordinierungsmaß cm	Stück/m² *)	Koordinierungsmaß cm	Stück/m² *)
M 10×10	100	M 20×10	50	M 25×25	16
M 15×7,5	89	M 20×15	34	M 30×15	23
M 15×15	45	M 20×20	25	M 30×30	12

Nichtmodulare Maße

Werkmaße in cm		Fugenbreite mm	Stück/m² *)
Breite	Länge		
7,5	15	2/3	86/84
10	10	2	97
10	15	3	96
10	20	3	48
10,8	10,8	2	83
10,8	21,6	3	42
15	15	2/3	44/43
15	20	2	33

Werkmaße in cm		Fugenbreite mm	Stück/m² *)
Breite	Länge		
15	30	3/4	22
20	20	2	25
20	30	4	17
20	40	5	13
25	25	4	16
30	30	4	11
30	40	5	9
40	40	5	7

*) Je nach Verlegemuster kann ein Zuschlag von 2...5% für Bruch und Verhau erforderlich werden.

Mörtelbettdicken (DIN 18352)

Belag	Dicke mm
Bodenbeläge	20
Bodenbeläge auf Trennschicht	
– innen	30
– außen	50
Bodenbeläge auf Dämmschicht	
– innen	45
– außen	50
Wandbekleidungen	15

Mörtelbedarf für Belagarbeiten

Die erforderliche Mörtelmenge richtet sich nach der Fläche und der Dicke der Mörtelschicht.

Je m² Fläche und je mm Mörteldicke wird 1 l Mörtel (feste Mörtelmenge) benötigt.

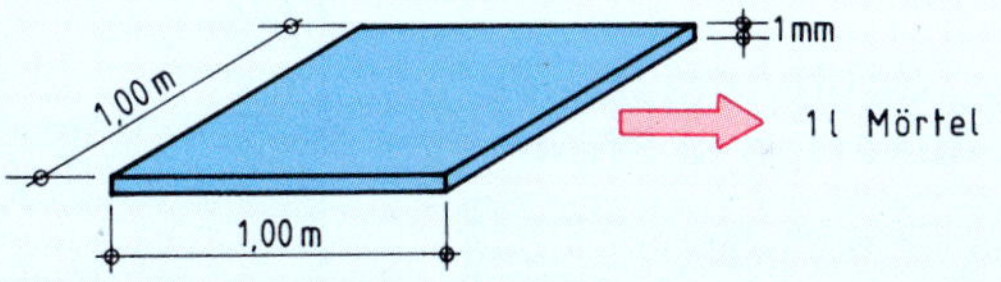

Abmessungen von Betonstahl

Nenndurchmesser d in mm	6	8	10	12	14	16	20	25	28
Querschnittsfläche A_Q in cm²	0,283	0,503	0,785	1,13	1,54	2,01	3,14	4,91	6,16
Längenbezogene Masse in kg/m	0,222	0,395	0,617	0,888	1,21	1,58	2,47	3,85	4,83

Zusammensetzung von Standardbeton (Anhaltswerte)

Konsistenz	Druckfestigkeitsklasse	Sieblinienbereich	Baustoffbedarf		
			Zement in kg/m³	Gesteinskörnung in kg/m³	Wasser in kg/m³
steif C1, F1	C8/10	③ ④	230 250	2045 1975	140 160
	C12/15	③ ④	290 320	1990 1915	140 160
	C16/20	③ ④	310 340	1975 1895	140 160
plastisch C2, F2	C8/10	③ ④	250 270	1975 1900	160 180
	C12/15	③ ④	320 350	1915 1835	160 180
	C16/20	③ ④	340 370	1895 1815	160 180
weich C3, F3	C8/10	③ ④	280 300	1895 1825	180 200
	C12/15	③ ④	350 380	1835 1755	180 200
	C16/20	③ ④	380 410	1810 1730	180 200

Bemessungswerte $\sigma_{R,d}$ des Sohlwiderstands bei bindigen Bodenarten in kN/m²

(Fundamentbreiten 0,5 ... 2,0 m)

Einbindetiefe in m	Gemischtkörniger Boden		
	steif	halbfest	fest
0,50	210	310	460
1,00	250	390	530
1,50	310	460	620
	Ton		
	steif	halbfest	fest
0,50	130	200	280
1,00	150	250	340
1,50	180	290	380
	Toniger Schluff		
	steif	halbfest	fest
0,50	170	240	390
1,00	200	290	450
1,50	220	350	500
	Schluff		
0,50	180		
1,00	250		
1,50	310		

Achtung! die angegebenen Werte sind **Bemessungswerte des Sohlwiderstands** und **keine** aufnehmbaren Sohldrücke bzw. zulässigen Bodenpressungen wie in früheren Ausgaben der DIN 1054.

Bemessungswerte $\sigma_{R,d}$ Sohlwiderstands bei nichtbindigen Bodenarten in kN/m²

Einbindetiefe in m	Fundamentbreite in m				
	0,50	**1,00**	**1,50**	**2,00**	**2,50**
0,50	280	420	460	390	350
1,00	380	520	500	430	380
1,50	480	620	550	480	410
2,00	560	700	590	500	430

Bei Einbindetiefen 0,30 ... 0,50 m und Fundamentbreiten ≥ 0,30 m gilt $\sigma_{R,d} = 210$

Roh- bzw. Schüttdichten einiger Baustoffe

Baustoff	Rohdichte (R) Schüttdichte (S) in kg/m³	
Bodenarten (erdfeucht)		
Sand	1800	S
Kiessand, ungleichkörnig	1900	S
Kies, sandfrei	1700	S
Ton	2000	S
Lehm, Mergel	2150	S
Natursteine		
Granit	2800	R
Basalt	3000	R
Kalkstein, dicht	2800	R
Sandstein	2600	R
Gneis	3000	R
Zement		
Zement, locker geschüttet	1200	S
Zement in Säcken	1600	S
Mörtel		
Kalkmörtel	1800	S
Kalkzementmörtel	2000	S
Zementmörtel	2100	S
Beton		
Normalbeton	2300	R
Stahlbeton	2500	R
Mauerwerk aus		
Hochbauklinker	2000	R
Vollziegel	1800	R
Kalksandvollstein	1800	R
Lochziegel (ϱ = 1,2 kg/dm³) [1]	1400	R
Hohlblocksteine aus Leichtbeton (ϱ = 1,2) [1]	1200	R
Porenbeton (ϱ = 0,6) [1]	800	R
Sandstein	2600	R
Kalkstein, dicht	2800	R

Baustoff	Rohdichte (R) Schüttdichte (S) in kg/m³	
Hölzer (lufttrocken)		
Eiche	750	R
Pappel	450	R
Kiefer	520	R
Fichte	480	R
Tanne	450	R
Lärche	600	R
Metalle		
Stahl	7850	R
Aluminium	2700	R
Kupfer	8900	R
Blei	11400	R
Kunststoffe		
PVC-U (Polyvinylchlorid)	1380	R
PE-HD (Polyethylen)	950	R
PS (Polystyrol)	1050	R
Dämmstoffe		
Polystyrolschaum	20	R
Polyurethan-Hartschaum	30	R
Faserdämmstoffe	30…200	R
Plattenförmige Werkstoffe		
Faserzementplatten	1800	R
Holzspanplatten	800	R
Gipsplatten	900	R
Belagstoffe		
Linoleum	1200	R
Dachpappe	1100	R

[1]) Bei Angabe der Steinrohdichte ist die Verwendung der Einheit kg/dm³ üblich.

Längenausdehnungszahlen von Baustoffen

Stoff	Längenausdehnungszahl α in mm/m · K
Mauerwerk	
aus porigen Ziegeln	0,006
aus Vormauerziegeln	0,008
aus Klinkern	0,01
aus Kalksandsteinen	0,008
Beton	
Normalbeton, Stahlbeton	0,010
Bimsbeton	0,008
Blähtonbeton, unbewehrt	0,006
Porenbeton	0,008

Stoff	Längenausdehnungszahl α in mm/m · K
Metalle	
Stahl	0,012
Aluminium	0,024
Kupfer	0,017
Blei, Zink	0,029
Grauguss	0,012
Kunststoffe	
PVC (Polyvinylchlorid)	0,08
PE (Polyethylen)	0,2
Glasfaserverstärkter Polyester	0,02

Formeln

Prozentrechnen

Grundwert (G)	Prozentwert (P)	Prozentsatz (p)
$G = \frac{P \cdot 100\%}{p\%}$	$P = \frac{G \cdot p\%}{100\%}$	$p = \frac{100\% \cdot P}{G}$

Pythagoras

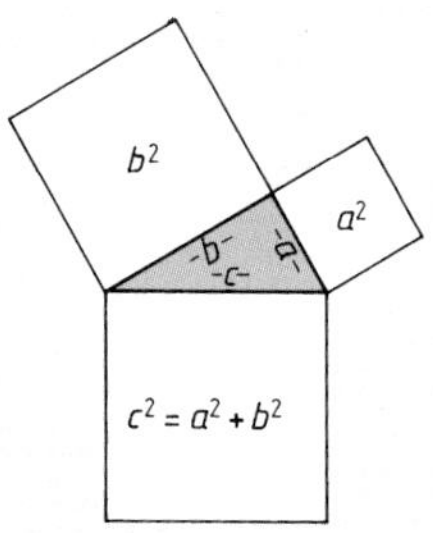

$c^2 = a^2 + b^2$

$c = \sqrt{a^2 + b^2}$

$a = \sqrt{c^2 - b^2}$

$b = \sqrt{c^2 - a^2}$

Diagonale im Quadrat

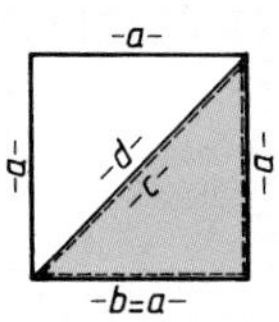

$d = a \cdot \sqrt{2}$

$d = 1{,}414 \cdot a$

$a = \frac{d}{\sqrt{2}}$

$a = \frac{d}{1{,}414}$

Steigung, Neigung, Gefälle

Verhältniszahl (n)		Prozentsatz (p)
$n = \frac{l}{h}$	$1{:}n = \frac{1}{n} \cdot 100\%$	$p = \frac{h \cdot 100}{l}$
$h = \frac{l}{n}$	Höhe (h)	$h = \frac{p \cdot l}{100}$
$l = n \cdot h$	Länge (l)	$l = \frac{h \cdot 100}{p}$

Vierecke

Quadrat

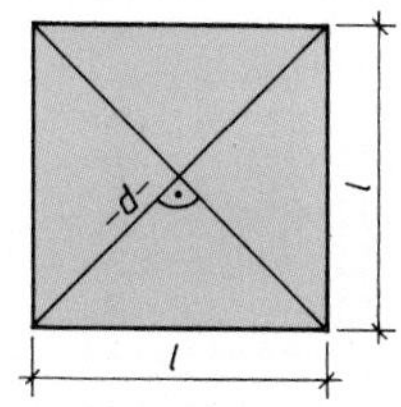

$A = l^2$

$U = 4 \cdot l$

$l = \sqrt{A}$

$d = 1{,}414 \cdot l$

Rechteck

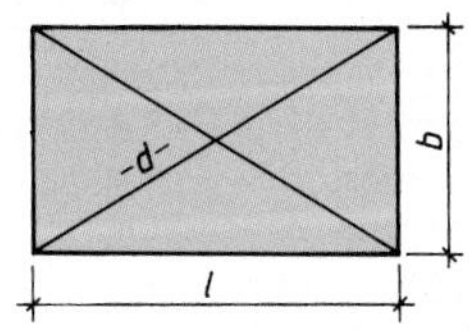

$A = l \cdot b$

$U = 2\,(l + b)$

$l = \frac{A}{b}$

$b = \frac{A}{l}$

Parallelogramm

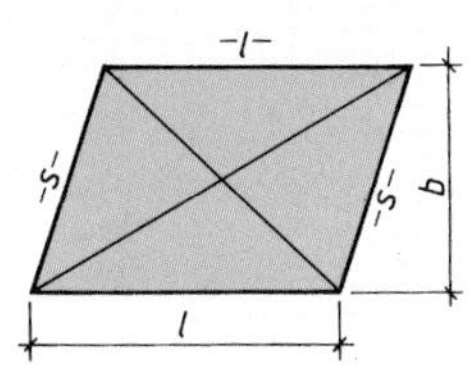

$A = l \cdot b$

$U = 2\,(l + s)$

Raute

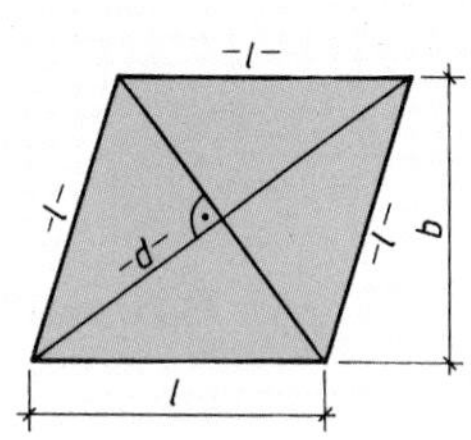

$A = l \cdot b$

$U = 4 \cdot l$

(Die Diagonalen schneiden sich in der Mitte und stehen senkrecht zueinander.)

Trapez

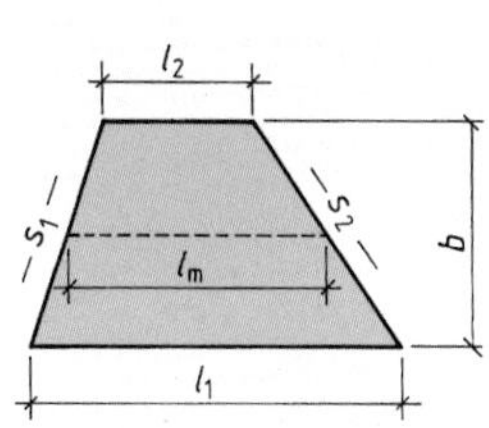

$A = \frac{l_1 + l_2}{2} \cdot b$

$U = l_1 + l_2 + s_1 + s_2$

$l_m = \frac{l_1 + l_2}{2}$

Dreiecke

rechtwinklig

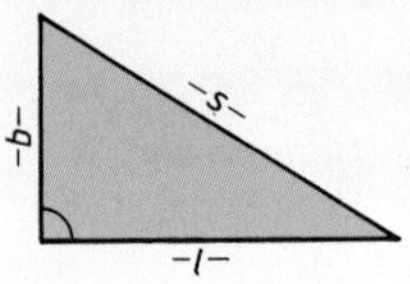

$$A = \frac{l \cdot b}{2}$$
$$U = l + b + s$$

spitzwinklig

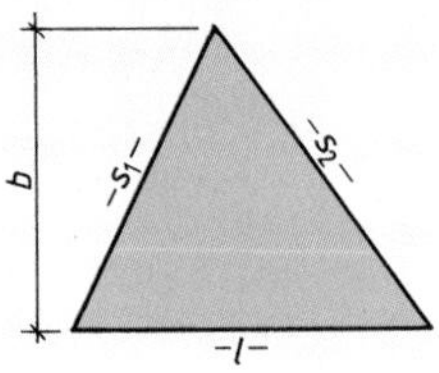

$$A = \frac{l \cdot b}{2}$$
$$U = l + s_1 + s_2$$

stumpfwinklig

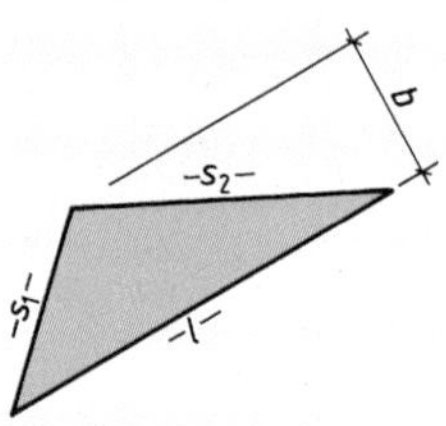

$$A = \frac{l \cdot b}{2}$$
$$U = l + s_1 + s_2$$

gleichseitig

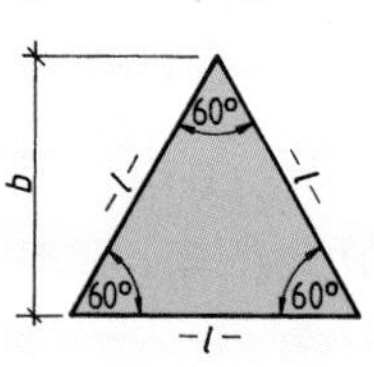

$$A = \frac{l \cdot b}{2}$$
$$U = 3 \cdot l$$
$$b = \frac{l \cdot \sqrt{3}}{2}$$

gleichschenklig

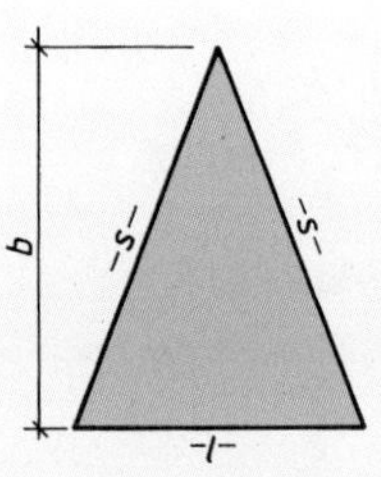

$$A = \frac{l \cdot b}{2}$$
$$U = l + 2s$$

Kreis und Ellipse

Kreis

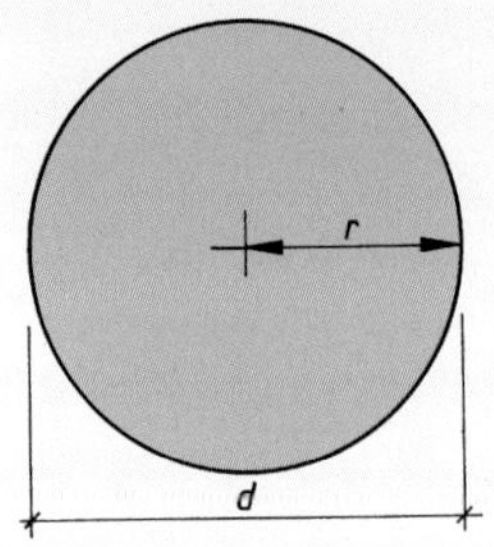

$$A = \frac{d^2 \cdot \pi}{4}$$
$$A = 0{,}785 \cdot d^2$$
$$U = d \cdot \pi$$
$$U = 3{,}1415 \cdot d$$

Kreisausschnitt

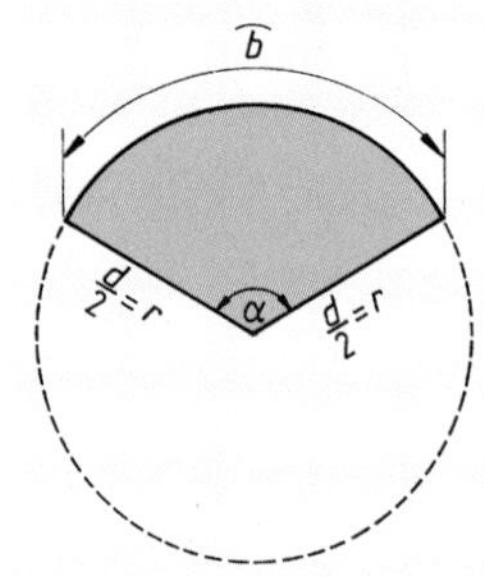

$$A = \frac{d^2 \cdot \pi \cdot \alpha°}{4 \cdot 360°}$$
$$b = \frac{d \cdot \pi \cdot \alpha°}{360°}$$
$$A = \frac{b \cdot r}{2}$$

Kreisabschnitt

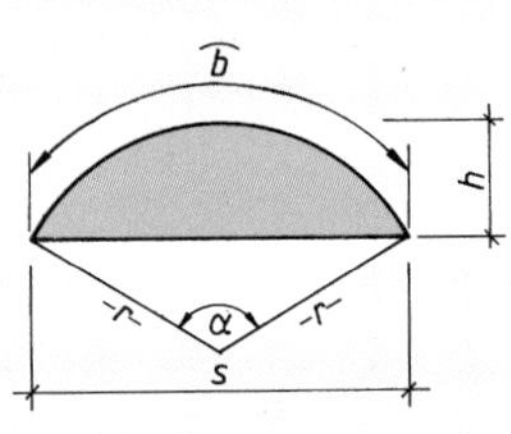

$$A \approx \tfrac{2}{3} \cdot s \cdot h$$
$$b = \frac{d \cdot \pi \cdot \alpha°}{360°}$$
$$r = \frac{h}{2} + \frac{s^2}{8h}$$

Ellipse

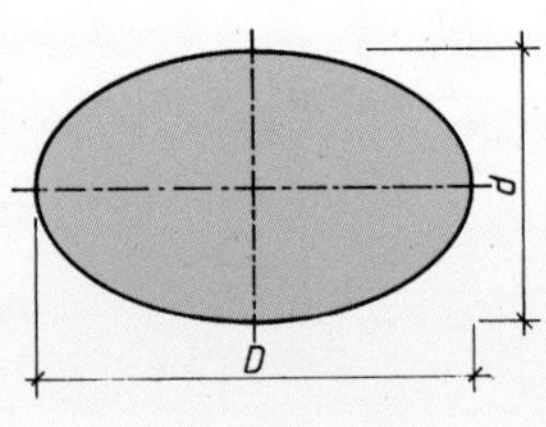

$$A = \frac{D \cdot d \cdot \pi}{4}$$
$$A = 0{,}785 \cdot d \cdot D$$
$$U \approx \frac{D + d}{2} \cdot \pi$$
$$U \approx 1{,}57 \cdot (D + d)$$

Prismen und Zylinder

Quader

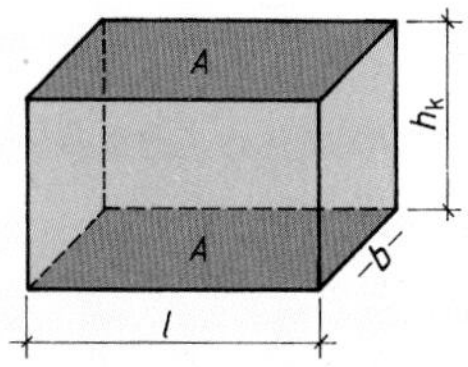

$V = A \cdot h_k$

$V = l \cdot b \cdot h_k$

$A_M = U \cdot h_k$

$A_M = 2 \cdot (l + b) \cdot h_k$

$A_O = 2 \cdot A + A_M$

$A_O = 2\,l \cdot b + 2\,(l + b) \cdot h_k$

A_M = Mantelfläche

A_O = Oberfläche

Würfel

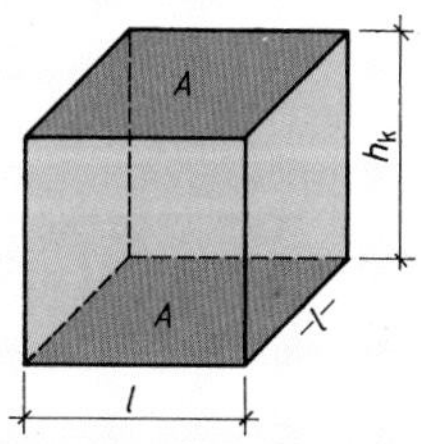

$V = l^3$

$A_M = 4 \cdot l^2$

$A_O = 6 \cdot l^2$

Prisma

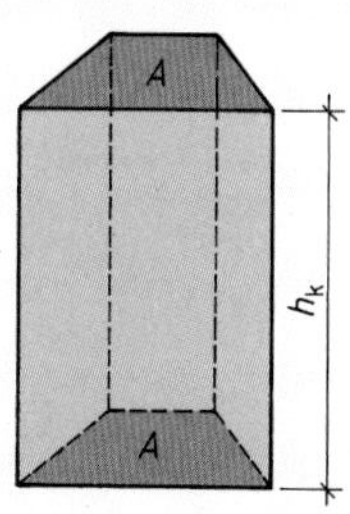

$V = A \cdot h_k$

$A_M = U \cdot h_k$

$A_O = 2 \cdot A + U \cdot h_k$

Zylinder

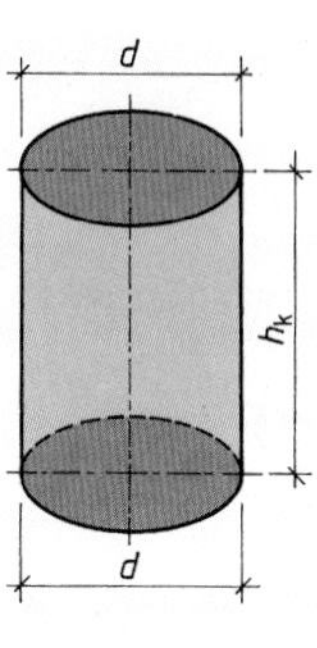

$V = \frac{\pi \cdot d^2}{4} \cdot h_k$

$A_M = \pi \cdot d \cdot h_k$

$A_O = \pi \cdot d \left(\frac{d}{2} + h_k\right)$

Spitze Körper

Pyramide

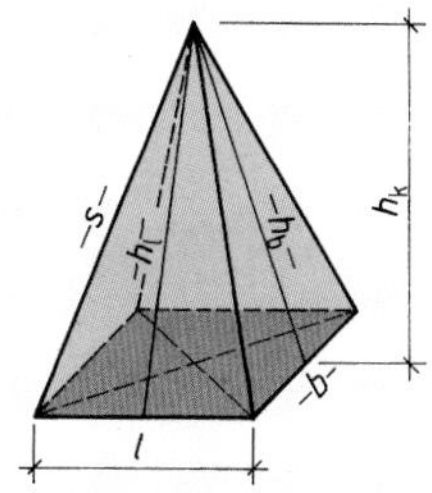

$V = \frac{A \cdot h_k}{3}$

A_M = Summe der Dreiecksflächen

$A_O = A + A_M$

$h_b = \sqrt{(h_k)^2 + \left(\frac{l}{2}\right)^2}$

$h_l = \sqrt{(h_k)^2 + \left(\frac{b}{2}\right)^2}$

$s = \sqrt{(h_l)^2 + \left(\frac{l}{2}\right)^2}$

$s = \sqrt{(h_b)^2 + \left(\frac{b}{2}\right)^2}$

Kegel

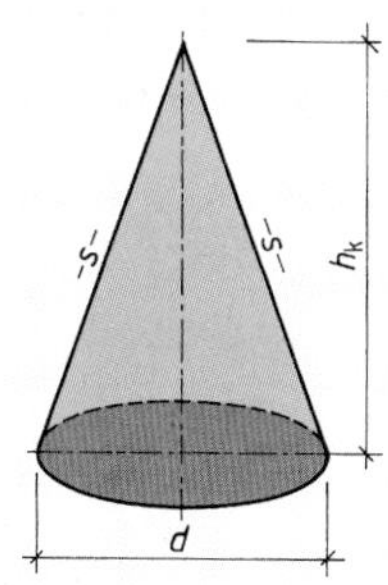

$V = \frac{\pi \cdot d^2 \cdot h_k}{12}$

$A_M = \frac{\pi \cdot d \cdot s}{2}$

$A_O = \frac{\pi \cdot d}{2} \cdot \left(\frac{d}{2} + s\right)$

$s = \sqrt{(h_k)^2 + \left(\frac{d}{2}\right)^2}$

Pyramidenstumpf

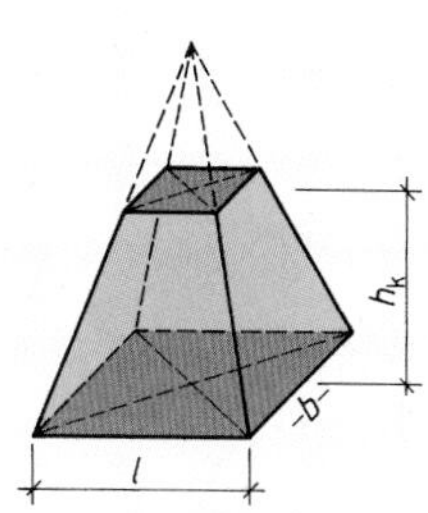

$V = \frac{h_k}{6}\,(A_1 + A_2 + 4 \cdot A_m)$

$V = \frac{h_k}{3}\,(A_1 + A_2 + \sqrt{A_1 \cdot A_2})$

A_M = Summe der Trapezflächen

$A_O = A_M + A_1 + A_2$

Kegelstumpf

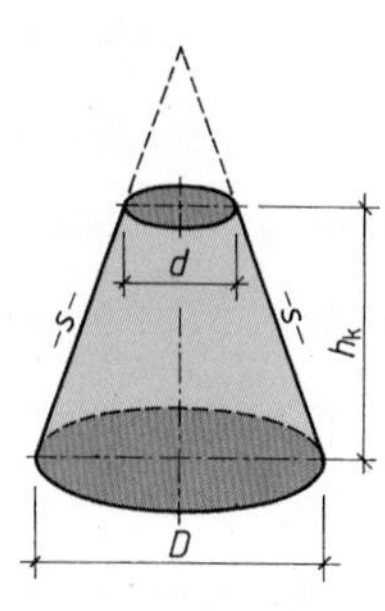

$V = \frac{h_k}{6}\,(A_1 + A_2 + 4 \cdot A_m)$

$V = \frac{\pi \cdot h_k}{12}\,(D^2 + d^2 + D \cdot d)$

$A_M = \frac{\pi \cdot s}{2}\,(D + d)$

$A_O = A_M + A_1 + A_2$

$s = \sqrt{(h_k)^2 + \left(\frac{D - d}{2}\right)^2}$

Schriftmuster der Schriftformen B und A

Schriftform B, geneigt (S)

Schriftform B, vertikal (V)

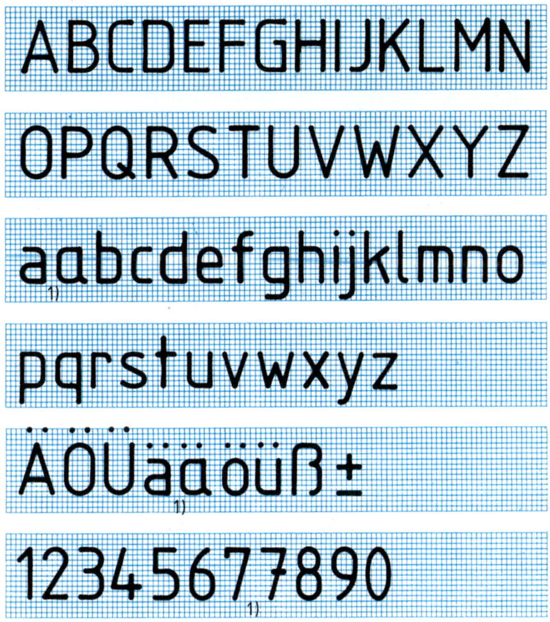

Schriftform A, geneigt (S)

Schriftform A, vertikal (V)

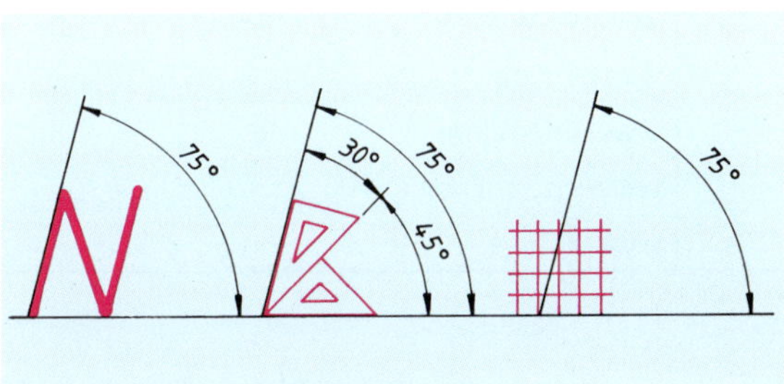

Schriftneigung bei Schrift geneigt (S)

Hinweis zu Fußnote 1:
In Deutschland sind die Zeichen a und 7 zu bevorzugen.

Internetadressen

Verband/Institution/Firma/Thema	Internetadresse
Arbeitsgemeinschaft Mauerziegel e.V.	www.ziegel.de
Arbeitsgemeinschaft Ziegeldach e.V.	www.ziegeldach.de
Baustahlgewebe GmbH	www.baustahlgewebe.com
Berufsgenossenschaft der Bauwirtschaft	www.bgbau.de
Beton.Wiki	www.wiki.beton-informationen.de
Bundesverband Ausbau und Fassade im ZDB	www.stuckateur.de
Bundesverband Baustoffe – Steine und Erden e.V.	www.bvbaustoffe.de
Bundesverband der Deutschen Kalkindustrie e.V.	www.kalk.de
Bundesverband der Deutschen Ziegelindustrie e.V.	www.ziegel.de
Bundesverband der Gipsindustrie e.V.	www.gipsindustrie.de
Bundesverband Deutscher Fertigbau e.V.	www.fertighausverband.de
Bundesverband Kalksandsteinindustrie e.V.	www.kalksandstein.de
Bundesverband Leichtbeton e.V.	www.leichtbeton.de
Bundesverband Porenbetonindustrie e.V.	www.bv-porenbeton.de
Deutsche Gesellschaft für Mauerwerksbau e.V. (DGfM)	www.dgfm.de
Deutscher Ausschuss für Stahlbeton e.V.	www.dafstb.de
Deutscher Holz- und Bautenschutzverband e.V.	www.dhbv.de
Deutsches Institut für Bautechnik	www.dibt.de
die bitumenbahn GmbH	www.derdichtebau.de
eurobitume	www.eurobitume.eu
Fachverband Mineralwolleindustrie e.V.	www.fmi-mineralwolle.de
Fachvereinigung Deutscher Betonfertigteilbau (FDB)	www.fdb-fertigteilbau.de
FBS – Fachvereinigung Betonrohre und Stahlbetonrohre e.V.	www.fbsrohre.de
Gesamtverband der Aluminiumindustrie e.V.	www.aluinfo.de
Gesellschaft für Rationelle Energieverwendung e.V. (GRE)	www.gre-online.de
Hauptverband der Deutschen Bauindustrie e.V.	www.bauindustrie.de
HeidelbergCement AG	www.heidelbergcement.com
Industrieverband Hartschaum e.V. (IVH)	www.ivh.de
Informationsdienst Holz	www.informationsdienst-holz.de
InformationsZentrum Beton	www.beton.org
IVPU Industrieverband Polyurethan-Hartschaum e.V.	www.ivpu.de
Kunststoffrohrverband e.V.	www.krv.de
Richtig Betonieren	www.richtig-betonieren.de
UNIPOR-Ziegel Marketing GmbH	www.unipor.de
Verband Bauen in Weiß (VBiW)	www.vbiw.de
Verband der Deutschen Holzwerkstoffindustrie e.V. (VHI)	www.vhi.de
Verband für Dämmsysteme, Putz und Mörtel e.V. (VDPM)	www.vdpm.info
Verein Deutscher Zementwerke e.V. (VDZ)	www.vdz-online.de
Zentralverband des Deutschen Baugewerbes e.V. (ZDB)	www.zdb.de

Sachwortverzeichnis

Sachwortverzeichnis

Sachwortverzeichnis

Bildquellenverzeichnis

Verfasser und Verlag danken den genannten Firmen, Institutionen und Privatpersonen für die Überlassung von Vorlagen und Abdruckgenehmigungen zu folgenden Abbildungen:

AAltrad Lescha Atika GmbH, Ahlen: Seite 94 (3)
BASF SE, Ludwigshafen: Seite 277 (1)
bga Beratungsstelle für Gussasphaltanwendung. e.V., Bonn: Seite 280 (2)
Böcker Maschinenwerke GmbH, Werne: Seiten 23 (3); 104 (2)
BP Europa SE: Seite 279 (1)
Bundesverband Kalksandsteinindustrie e.V., Hannover: Seiten U (4); 9 (1); 87 (2); 88 (1, 2)
Canon Deutschland GmbH, Krefeld: Seiten 329 (3); 333 (1)
CAPAROL Farben GmbH u. Co., Ober-Ramstadt: Seite 243 (1)
DESOWAG GmbH, Düsseldorf: Seiten 183 (1, 2, 3, 4); 184 (2, 3, 4, 5, 6, 7)
Deutsche Doka Schalungstechnik GmbH, Maisach: Seite 163 (1)
Deutsche Foamglas GmbH, Hilden: Seite 281 (1)
dpa Picture alliance GmbH , Frankfurt (Main): Seiten 327 (3, 4 ©dpa-Fotoreport)
Düker GmbH, Karlstadt: Seite 68 (2)
Karl-Friedrich Emig, Hamburg: Seite 281 (2)
geo-Fennel GmbH, Baunatal: Seite 30 (2)
GLUNZ Technik GmbH, www.glunz-technik.de, Recklinghausen: Seite 28 (4)
Harsco Infrastructure, Ratingen: Seite 261 (3)
h e h n p o h l architektur bda, Münster: Seite 83 (1)
HeidelbergCement AG/ Benno Riffel, Heidelberg: Seite 207 (2)
HEVO Zentralverwaltung GmbH, Hemmingen www.teppichscheune.de: Seite 276 (2)
Hewlett-Packard GmbH, Böblingen: Seite 329 (4)
IBM Deutschland, Ehningen: Seiten 325 (1, 2); 332 (2); 336 (2, 3, 4); 337 (1); 338 (1)
InformationsZentrum Beton GmbH, Erkrath: Seite 145 (3)
Institut für Stahlbetonbewehrung e.V., Düsseldorf: Seite 155 (4)
Intel GmbH, Feldkirchen: Seite 327 (1, 2, 5)
isorast GmbH, Taunusstein: Seite 277 (2)
Manfred Kielhorn, Bad Gandersheim: Seite 267 (1)
Kleemann GmbH, Göppingen: Seite 259 (2b)
Knauf Gips KG, Iphofen: Seiten 207 (1a+b); 211 (2, 3); 214 (3); 219 (3)
Landeshauptstadt Erfurt Stadtverwaltung, Erfurt: Seite 13 (1)
Liebherr-Mischtechnik GmbH , Schussenried: Seite 23 (1)
Lithonplus GmbH & Co. KG, Lingenfeld: Seite 79 (2)
METTEN STEIN+DESIGN GmbH & Co. KG, Overath: Seite 76 (1)
Micron Technology inc., Ismaning: Seite 328 (2)
NEC Display Solutions Europe GmbH, München: Seite 333 (2)
NEVARIS Bausoftware GmbH, A-Wals-Siezenheim: Seite 334 (2)
NOE-Schalttechnik Georg Meyer-Keller GmbH + Co. KG, Süssen: Seite 159 (2)
PCI Augsburg GmbH, Augsburg: Seiten 277 (3); 278 (1); 281 (3)
PERI GmbH, Weißenhorn www.peri.com: Seiten 21 (2); 137 (4); 162 (2); 163 (2); 264 (4); 269 (4)
Putzmeister Holding GmbH, Aichtal: Seiten 23 (2); 210 (1); 211 (1)
quick-mix Putztechnik GmbH & Co. KG, Ulm: Seite 95 (1)
RIB Bausoftware GmbH, Stuttgart: Seiten 334 (1); 335 (1)
Saint-Gobain Rigips GmbH, Düsseldorf: Seite 213 (1, 2)
Saint-Gobain Weber, Düsseldorf: Seite 268 (3)
Dr. Thomas Schauer, Geretsried: Seite 171 (3)
Seagate Technologie GmbH, München: Seite 331 (1)
Semmelrock International GmbH, A-Wien: Seite 76 (2)
Shutterstock Images LLC, New York, USA: Seite 325 (3©Ranglen)
Siemens AG, München: Seite 329 (2)
Spectra Precision / Trimble Kaiserslautern GmbH: Seite 73 (1, 2)
Sperling Info Design GmbH, Gehrden: Seiten 334 (3); 336 (5); 337 (2)
Steinzeug-Keramo GmbH, Frechen: Seiten 69 (1, 2); 72 (3); 73 (4)
stock.adobe.com: Seiten U (3©Kadmy); 13 (3©Michael Neuhauß); 16 (1©Kadmy); 31 (2©Roman Milert); 77 (3© Fashayan); 82 (3©Kadmy); 147 (3©WestPic); 276 (3©michaeljung); 328 (1©Robert Kneschke)
ThyssenKrupp Bauservice GmbH, Hückelhoven: Seite 50 (1)
UEZ Mischtechnik GmbH, Kernen i.R.: Seite 94 (4)
Valsabbia Deutschland GmbH, Aichach: Seite 148 (1)
VDE Prüf- und Zertifizierungsinstitut GmbH, Offenbach: Seite 34 (2a)
2013 Velux Gruppe www.velux.de: Seite 266 (4)
Verbatim GmbH, Eschborn: Seite 331 (4)
Verkehrsblatt-Verlag, Dortmund: Seite 24 (1, 2)
Verlag Bau + Technik GmbH, Düsseldorf: Seite 136 (1, 2, 3, 4)
Wavin GmbH, Twist: Seite 276 (1)
Wehrhahn GmbH, Delmenhorst: Seite 89 (4)
Wienerberger GmbH / Jens Krüger, Hannover: Seite 86 (1, 2, 3, 4)
Wienerberger GmbH, Hannover: Seite 85 (4)
Harro Wolter, Hamburg: Seite 331 (3)
Xella Deutschland GmbH, Duisburg: Seiten 90 (1); 103 (4); 212 (1)

Trotz intensiver Bemühungen ist es uns nicht gelungen, die Urheber einiger Abbildungen zu ermitteln. Die Rechte dieser Urheber werden selbstverständlich gewahrt. Die Urheber oder deren Rechtsnachfolger werden gebeten, sich mit dem Verlag in Verbindung zu setzen.